사회조사방법론

The Practice of Social Research

15th EDITION

***The Practice of Social Research,* Fifteenth Edition**

Earl Babbie

ISBN-13: 978-89-6218-519-5

Cengage Learning Korea Ltd.
14F YTN Newsquare 76 Sangamsan-ro
Mapo-gu Seoul 03926 Korea

Cengage is a leading provider of customized learning solutions with employees residing in nearly 40 different countries and sales in more than 125 countries around the world. Find your local representative at: **www.cengage.com**

To learn more about Cengage Solutions, visit **www.cengageasia.com**

Printed in Korea
Print Number: 04 Print Year: 2025

15th EDITION

The Practice of Social Research

Earl Babbie

사회조사방법론

고성호 김광기 김상욱 문용갑 민수홍 유홍준
이성용 이정환 장준오 정기선 정태인 옮김

Cengage

Australia • Brazil • Canada • Mexico • Singapore • United Kingdom • United States

옮긴이 소개

고성호 미국 코네티컷대학교(University of Connecticut) 사회학 박사(Ph.D.)
현 성균관대학교 학부대학 초빙교수

김광기 미국 보스턴대학교(Boston University) 사회학 박사(Ph.D.)
현 경북대학교 일반사회교육과 교수

김상욱 미국 아이오와대학교(University of Iowa) 사회학 박사(Ph.D.)
현 성균관대학교 사회학과 교수

문용갑 독일 브레멘대학교(University of Bremen) 정보사회학 박사(Ph.D.)
현 브레멘대학교 ITB 연구소 객원연구원

민수홍 미국 애리조나대학교(University of Arizona) 사회학 박사(Ph.D.)
현 경기대학교 경찰행정학과 교수

유홍준 미국 뉴욕주립대학교(State University of New York at Stony Brook) 사회학 박사(Ph.D.)
현 성균관대학교 사회학과 교수

이성용 미국 위스콘신대학교(University of Wisconsin at Madison) 사회학 박사(Ph.D.)
현 강남대학교 참인재대학 교수

이정환 미국 럿거스대학교(Rutgers, The State University of New Jersey) 사회학 박사(Ph.D.)
현 청주대학교 사회학과 교수

장준오 미국 캔자스대학교(University of Kansas) 사회학 박사(Ph.D.)
전 대한범죄학회장 및 현 성균관대학교 학부대학 초빙교수

정기선 미국 메릴랜드대학교(University of Maryland) 사회학 박사(Ph.D.)
현 서울대학교 사회발전연구소 객원연구원

정태인 미국 뉴욕주립대학교(State University of New York at Stony Brook) 사회학 박사(Ph.D.)
현 성균관대학교 사회학과 초빙교수

사회조사방법론 제15판

The Practice of Social Research, 15th Edition

제15판 1쇄 발행 | 2021년 8월 23일
제15판 4쇄 발행 | 2025년 2월 20일

지은이 | Earl Babbie
옮긴이 | 고성호, 김광기, 김상욱, 문용갑, 민수홍, 유홍준, 이성용, 이정환, 장준오, 정기선, 정태인
발행인 | 리리안후아, 탄록민
발행처 | 센게이지러닝코리아㈜
등록번호 | 제313-2007-000074호(2007.3.19.)
이메일 | asia.infokorea@cengage.com
홈페이지 | www.cengage.co.kr

ISBN-13 | 978-89-6218-519-5

정가 39,000원

역자 머리말

오늘날 사회조사의 중요성은 날로 커지고 있다. 선거와 관련해서 국민들의 정치적 성향 혹은 지지 후보에 대해 조사하기도 하고, 상품의 인지도나 소비자의 반응을 알아내기 위해 조사를 하기도 한다. 정부 및 지방자치단체의 정책을 평가하거나, 특정한 인구집단의 사회지표를 조사하여 정책의 기반으로 삼기도 한다.

사회과학에서 말하는 사회조사는 이런 실용적 차원을 훨씬 초월하여, 다양한 사회현상에 대해 탐색하거나 기술하며 또한 인과관계를 밝히는 전 범위의 과정을 포함한다. 주요 사회과학 학술지에 실리는 논문의 절대 다수가 사회조사방법을 사용하는 것으로 알려지고 있을 만큼 학문적으로도 사회조사의 비중은 커지고 있다. 관찰할 수 있는 구체적인 증거와 자료가 결핍된 주장은 한낱 사변에 불과하며, 따라서 이론이나 주장은 사회조사를 통해 뒷받침되고 검증되어야 함을 반영하는 현상이라 하겠다. 사실 우리 학계에서도 이 점을 인정하고 있으며, 그래서 사회조사는 대부분의 사회과학 분야에서 중요하게 다루어지고 있다. 하지만 한국의 경우 사회조사에 대한 학문적 논의가 초보적 수준을 벗어나지 못한 상태라고 아니할 수 없다. 사회과학 관련 학술지에 사회조사를 주제로 하는 논문이 좀처럼 실리지 않고 있으며 사회조사 관련 전문서적이 얼마 되지 않은 현실이 이를 뒷받침해준다. 결과적으로, 사회조사에 관한 지식을 전달해줄 적절한 교재를 찾아보기가 그리 쉬운 일이 아니다.

물론 그 동안 사회조사 관련 교재가 국내에서도 일부 출판되었으며, 이 교재들이 사회조사에 대한 지식의 확산과 발전에 기여한 공헌을 인정하지 않을 수 없다. 그러나 대부분의 교재는 그 내용을 '요점정리식'으로 소개하거나 전개한 것에 치중한 면이 있어, 학생들이 스스로 읽고 이해하는 데 어려움이 있으며 또한 내용을 오해할 소지가 있음도 부인할 수 없다. 특히 사회조사방법은 주제의 선정에서부터 관찰, 그리고 분석에 이르는 폭넓은 경험적 지식을 필요로 한다는 점에서 그렇다. 이런 맥락에서, 우리 역자들은 사회조사방법에 관한 보다 실용적인 교재가 필요한 실정이라는 점에 공감했다. 그러나 사회조사에 관한 지식과 노하우가 취약한 우리의 실정을 감안해볼 때, 독창적인 사회조사방법론 교재를 새로이 집필한다는 것은 우리에게 역부족임을 실토하지 않을 수 없었다. 그래서 차선이나

마 미국의 대학에서 널리 활용되고 있는 교재를 번역하기로 의견을 모았다.

우리가 번역하여 출판하게 된 『사회조사방법론』은 미국 채프먼대학(Chapman University)의 교수인 얼 배비(Earl Babbie)가 집필한 『The Practice of Social Research』이다. 이 책은 1973년에 초판이 출간된 이후 평균적으로 매 2~3년마다 개정판이 나올 만큼 미국 유수의 대학에서 사용되고 있으며, 세계 여러 나라에서 번역 · 출판될 만큼 호평을 받고 있는 교재이다. 이 책은 사회조사에 대한 종합적이고도 체계적인 내용을 담고 있을 뿐만 아니라, 많은 구체적 사례를 통해 독자들이 쉽게 이해할 수 있도록 쓰인 것이 큰 특징이다. 물론 이런 예들은 상당 부분 미국의 경우에서 따온 것이지만, 저자가 지적하고 있듯이 다른 문화권이나 사회에서도 충분히 적용되고 활용될 수 있는 일반적 측면을 지니고 있다.

첫 번째 번역판은 원서의 9판을 번역한 것인데, 2002년에 출판된 이래로 호평을 받으며 대학교의 교재로 혹은 사회조사사 수험참고서 등 개인적 용도로 활용되어왔다. 그 사이 원서는 15판이 출판되었는데, 개정 때마다 많은 내용이 첨삭되었다. 이에 우리 번역진도 최신판 번역의 필요성을 느껴왔으며, 원서의 출판사인 ㈜센게이지러닝(Cengage Learning)의 요청을 받아 11판, 13판, 그리고 15판의 역서를 내놓게 되었다. 결과적으로, 이번에 출간하게 된 책은 역서로서는 4판에 해당하며, 초판과 그 이후 개정판의 연장이라고 할 수 있다.

이 책의 초판이 나오기까지는 초벌 번역을 포함하여 여러 번의 검토와 수정 단계를 거쳤는데, 각 역자는 원칙적으로 2개의 장을 맡아 번역했다. 그러나 원서가 개정되면서 몇 개의 장이 없어지고 그 장의 주요 내용이 다른 장에 편입되는 등 크고 작은 변화가 일어났다. 따라서 차후의 개정판의 경우 2개의 장을 번역한다는 원칙을 지킬 수 없었다. 이번 개정4판의 번역은 1장(인간 탐구와 과학)과 14장(양적 자료분석)은 유홍준, 2장(패러다임, 이론, 조사연구)과 12장(평가연구)은 장준오, 3장(사회조사의 윤리와 정치)과 4장(연구설계)은 고성호, 5장(개념화, 조작화, 측정)은 정태인, 머리말과 6장(지수, 척도, 유형)은 민수홍, 7장(표집의 논리)과 15장(다원분석의 논리)은 이성용, 8장(실험)은 정기선, 9장(서베이 조사)은 이정환, 10장(질적 현장연구)과 13장(질적 자료분석)은 김광기, 11장(비개입적 연구)과 16장(사회통계학)은 김상욱, 그리고 17장(사회조사 읽기 및 보고서 작성)은 문용갑이 담당했다. 개정4판이 각각 초판과 차후 개정판의 연장이라고 볼 때, 개정4판 각 장의 역자는 부분적으로 다른 역자의 도움을 받은 셈이라고 할 수 있다.

이 책은 보다 충실한 번역을 위해 다소 복잡한 절차를 거쳤다. 초판의 경우, 초벌 번역이 이루어지면 다른 번역자들이 각기 2개의 장을 검독 · 수정하여 초벌 번역자에게 보내졌다. 초벌 번역자는 이를 바탕으로 초고를 수정했으며, 이런 과정이 두 번 더 진행되었다. 결과적으로 각 장은 적어도 3번 이상의 수정을 거쳤으며, 또한 최종적으로 3명으로 구성된 편집진(고성호 · 정기선 · 이성용)이 다시 검독하면서 형식과 용어는 물론 문장도 다듬었다. 개정판의 경우는 이런 과정이 생략된 대신 전문가가 교정 · 교열을 담당했고, 최종적으로 고성호가 각 장의 형식 및 용어를 전체적 맥락에서 조율했다.

번역도 하나의 창조과정이라고 할 수 있으며, 이 과정에는 많은 어려움과 고뇌가 따르기 마련이다. 특히 이 책은 양이 방대하고 주제가 포괄적이다 보니 11명이나 되는 역자들이 동원되었으며, 이로 인해 번역과정에서 내용적인 부분은 물론 계획과 조정을 포함하는 관리작업도 꽤 수반하게 되었다. 특히 학기 중에는 물론 방학기간에도 번역과 수정을 계속해야 하는 강행군을 하지 않을 수 없었으며, 서로의 일정차이를 조정해야 하는 문제가 큰 부담이 되었고, 이 때문에 편집 책임자는 때때로 '회초리'를 들지 않을 수 없었다.

내용 검토는 서로 '목소리'를 높일 만큼 많은 논란이 빚어진 부문이다. 문체의 문제는 차치하고라도, 용어통일이 무엇보다도 큰 문제로 대두되었다. 예를 들어, 이 책의 핵심 용어인 research를 '연구'라고 할 것인지 혹은 '조사'라고 할 것인지에 대한 논란이 제기되었다(이는 원칙적으로 각 장의 번역자가 문맥에 따라 결정하기로 했다). bias라는 용어도 문제가 되었다. '왜곡', '편향', 그리고 '어긋남'이라는 용어를 놓고 고민했으나, 결국 합의된 결론에 도달하지 못했다(이 문제도 각 장의 번역자에게 일임했다). 이 외에도 용어번역에 따른 논란이 있었으나(이 문제는 권말에 있는 '영문-국문 용어대조표'를 참조할 것), 그것이 최선의 역서를 낳으려면 반드시 겪어야 할 진통이라는 점에 모두 동의했기에 큰 무리 없이 해결될 수 있었던 것으로 이해한다.

이 책이 나오기까지에는 다양한 분야에서 다양한 분들의 다양한 지원이 있었으며, 이 기회를 빌려 감사의 말씀을 드리고자 한다. 먼저 이 책의 번역을 흔쾌히 허락해준 ㈜센게이지러닝의 관계자 여러분에게 감사드리며, 쫓기는 일정 속에서도 원만히 작업을 마칠 수 있도록 협조해준 번역진에게도 감사드린다. 김월화와 이혜진 등 성균관대학교 사회학과 대학원생들도 초판의 편집과정에 많은 기여를 했으며, 이 기회를 빌려 그들에게도 감사의 말씀을 전한다. 개정4판이 출판되면서 많은 수정이 이루어지기는 했지만, 이 책의 출간을 위한 이들의 역할과 노력은 결코 과소평가될 수 없다.

그리고 개정4판의 경우에도 많이 분들이 기여를 했다. 특히 센게이지러닝의 권오영 차장, 편집을 책임진 황은교 대리, 윤문과 교열을 담당한 김묘선과 박혜정 선생 등에게 많은 신세를 졌기에 이 기회를 빌려 정중히 감사드린다. 특히 개정4판은 코로나 19 사태로 인해 대면접촉을 할 수 없는 상황에서 출판과정이 '점

조직'으로 운영되었기에 그 노고가 특별했을 것으로 믿는다.

일일이 거명은 하지 않지만, 이 책의 출판을 고무해준 학계의 여러 인사에게 감사드린다. 사실상 이 책의 번역은 조사방법론에 대한 학계의 지식과 관심을 반영한 것이다. 그 동안 학계에서 축적해온 지식과 경험이 역서를 내는 데 큰 밑거름이 되었으며, 이 책의 애용은 초판에 이어 개정4판까지 출간하는 데 큰 격려가 되었다. 그럼에도 불구하고, 우리는 이 책을 내면서 과연 학계의 관심과 기대에 맞는 수준이 될 것인지 자문하지 않을 수 없다. 이제 개정4판을 내기까지 많은 수정과 보완을 하기는 했지만, 여전히 크고 작은 번역상의 오류와 편집의 문제점이 적지 않을 것이기 때문이다. 이런 문제점은 앞으로도 지속적으로 개선해나갈 것을 약속드리며, 이에 다시금 학계의 동료 및 선후배 여러분들의 질책과 고언을 기대하는 바이다. 마지막으로 이 책의 초판과 개정판을 널리 활용해주신 교수님과 독자 제위께 거듭 감사를 올리며, 개정4판도 널리 활용해줄 것을 머리 숙여 바란다.

2021년 8월 역자를 대표하여

고성호, 유홍준

저자의 편지

글쓰기는 내 기쁨이고, 사회학은 내 열정입니다. 나는 사람들이 웃으며 학습하게 만드는 방식으로 글을 쓰는 것을 즐깁니다. 사회학도 일련의 단어들로 표현됩니다. 사회학은 지구에 대한 우리의 최후이자 최선의 희망으로 우리를 훈련시키고 함께 살 수 있는 방법을 찾습니다. 나는 사회학이 마침내 시대적 사상으로 주목받는 시점에 와 있음에 특별한 흥분을 느낍니다.

나는 버몬트와 뉴햄프셔의 작은 마을에서 자랐습니다. 자동차 수리공이 되고 싶다고 했을 때, 선생님은 내 아버지처럼 수리공이 되지 말고 대학에 가야 한다고 말했습니다. 말콤 리틀이 어린 시절에 변호사가 되고 싶다고 했을 때, 그의 선생님은 '흑인 소년'은 목수 같은 직업을 가져야 한다고 했습니다. 우리가 갖는 경험의 차이는 '공평한 경쟁의 장'이라는 신념에 대해 많은 생각을 하게 만듭니다. 말콤 엑스가 재차 지적했듯이, 인종 간의 불평등은 뿌리 깊습니다.

나는 하버드대학교, 미국 해병대, UC 버클리대학교를 거쳐 하와이대학교에서 12년 동안 강의를 하면서 외부 세계로 모험을 떠났습니다. 1980년에 강의를 그만두고 교실의 부름이 무시할 수 없을 만큼 커질 때까지 7년 동안 글을 쓰는 일에만 전념했습니다. 내게 가르치는 것은 재즈를 연주하는 것과 같습니다. 같은 곡을 반복해서 연주해도 같은 방식으로 나오는 법이 없고, 그 소리를 들을 때까지 정확히 어떤 소리가 날지 모릅니다. 가르치는 것은 목소리로 글을 쓰는 것과 다름없습니다.

캘리포니아 남부에 위치한 채프먼대학교에서 20여 년간 교편을 잡은 후, 이제는 아칸소로 옮겨 미국 남부와 중서부의 삶을 몸소 경험하고 있습니다. 이곳에 살면서 주기적으로 내 고향인 버몬트로 귀환을 하면서 두 삶이 균형을 이룰 때 내 사회학적 경험이 다방면에 걸쳐 있음을 느낍니다.

채프먼대학교에 더 이상 상근하지 않지만, 나는 명예교수로서 적극적으로 활동하고 있습니다. 내가 은퇴하자, 채프먼대학교는 학부 연구소를 설립하고 관대하게도 내 이름을 따라 배비연구소로 명명했습니다. 나는 채프먼대에 있는 친구들, 동료들과 함께 연구소 일에 적극적으로 참여하고 있습니다.

저자 머리말

당신 손에 들려 있는 이 책은 40여 년에 걸쳐 만들어졌다. 이 책은 내가 서베이 조사에 대한 세미나 과목을 맡으면서 구상하기 시작했다. 이 주제에 대한 좋은 교재가 없음에 좌절하고는 '서베이 조사를 위한 요리책과 우화(A Survey Research Cookbook and Other Fables)'라는 이름의 책을 출간하기를 꿈꾸기 시작했는데, 1973년에 『서베이 조사방법론(Survey Research Methods)』이라는 건조한 제목으로 출판되었다.

이 책은 출간되자마자 대 성공을 거두었다. 그러나 서베이 조사라는 주제에 국한된 강좌가 당시에는 거의 없었다. 전국의 여러 교수들이 더 일반적인 방법론 책을 쓸 수 있는지 물었고, 2년 뒤에 『사회조사실습(The Practice of Social Research)』이란 책이 등장했다. 『사회조사실습』은 이번 15판과 함께 사회조사 교육에서 터줏대감이 되었다. 두 권으로 구성된 중국어판이 2000년 베이징에서 출판되었으며, 그 밖에 전 세계에서 각국의 언어로 번역되었다.

이 책은 초판 이후에 미국 전역과 전 세계 동료들의 제안, 논평, 요청, 수정에 상당 부분 기초하여 계속적으로 개정되어 왔다. 많은 동료들이 좀 더 응용된 얇은 책을 요청했다.

20세기의 삼사분기(1951년부터 1975년까지)에는 양적 연구와 순수 연구에 큰 비중을 두었던 반면, 그 이후 응용 사회학 연구(때로는 사회조사실습으로 불림)에 대한 관심이 부활하면서 질적 연구가 새롭게 주목받으며 세기의 막을 내렸다.

제15판에서의 변화

이번 개정에서는 이전 판을 사용해온 학생들과 교수진의 의견을 대거 수용했다. 이들의 제안 중 일부를 받아들여 각 장에 다음과 같은 두 가지 새로운 특징이 추가되었다.

전면적인 변화

- 각 장은 그 장에서 논의할 가장 중요한 〈학습목표〉로 시작한다.

- 각 장은 학생으로 하여금 생각하게 하는 퍼즐인 〈어떻게 생각하는가〉로 시작한다. 그리고 장의 뒷부분에 있는 〈어떻게 생각하는가: 재논의〉에 답이 수록되어 있다.
- 각 개정판에서와 마찬가지로, 나는 가능한 모든 곳에 예시자료(미국 인구조사, 여론조사, 관찰연구)를 포함시켰다. 자료 사용의 방법론적 목적을 바꾸려는 것이 아니라 독자들이 현실 세계를 더 가까이 접하도록 하려는 것이다.
- 〈책이 학생에게 보내는 편지〉는 내가 (이 책의 요약본) 『사회조사의 기초』에서 개발한 것으로 『사회조사실습』 독자들도 이 편지를 즐기고 도움을 받을 수 있을 것이라고 생각했다.
- 새로 추가한 특징인 〈어떻게 생각하는가〉는 각 장의 도입부에 퍼즐을 제기하고 장에서 다룬 내용을 활용하여 장의 후반부에서 답을 알려준다.

장의 변화

책 전반의 변경사항 외에도, 책의 특정 장에 추가된 갱신 사항이 몇 가지 있다. 이러한 변경 중 많은 것이 학생들과 교수진의 의견과 요청에 따라 이루어진 것이다.

Part 1_ 탐구로의 초대

1장 인간 탐구와 과학

- 출산율(fertility rate)을 특정 연령대별로 전환, 〈표 1-1〉 갱신
- 확률적 인과관계에 대한 논의 확대
- '인간 탐구의 윤리'에 대한 소개 추가
- 동성애자에 대한 태도의 GSS 표를 2014년까지 갱신
- 〈최고의 히트〉 글상자 삭제
- 〈사회연구가 만드는 차이〉 글상자 추가
- 새로운 〈그림 1-1〉 추가
- 〈출산율이 함축하는 의미〉 글상자 추가
- '과학의 바퀴' 그림을 2장으로 이동
- '달의 어두운 면'에 대한 언급을 명확히 함
- 초기 사회조사에서 여성의 역할을 소개한 〈사회과학의 여성〉 글상자 추가

2장 패러다임, 이론, 조사연구

- 고전 문헌에 일부 서지 인용 추가
- 논리와 합리성에 대한 서문 토론 추가
- 〈패러다임의 힘〉 글상자 추가

- 〈가설 만들기〉 글상자 추가
- 〈교회참석〉 글상자 추가
- 1장에 있던 '과학의 바퀴' 그림 이동
- '현실세계에서 이론의 중요성' 절 추가

3장 사회조사의 윤리와 정치

- 사전동의 위반 사례에 대한 Facebook 2012 연구와 Facebook의 윤리 검토과정 생성 사례 추가
- 질적 연구의 기밀성 및 익명성 예시 추가
- AAPOR 윤리 강령의 2015년 개정판 안내

Part 2_ 탐구의 구조: 양적 탐구와 질적 탐구

4장 연구설계

- 대학원생 현장경험을 보고하는 〈사회조사 작동하기〉 글상자 추가
- 〈그림 4-1〉에 대한 논의 확대
- 시간변수와 다른 설계를 비교하는 새로운 수치 추가
- 종단적 조사에 관한 피터 린(Peter Lynn)의 책 인용
- 혼합유형에 대한 새로운 섹션 추가
- 환경 악화 연구에 대한 평가에서 아컬로프와 케네디(Akerlof and Kennedy) 인용
- 미국인의 두려움(2014, 2018)에 대한 새로운 동향연구 소개
- 질적 패널 연구에서 패널 감소에 대한 논의
- 마리화나 승인에 대한 자료를 2016 GSS로 갱신
- 여가용 마리화나를 합법화한 주 갱신
- 통계적 유의도 개념 소개
- 사례기술적/법칙정립적 비교를 덜 반복적으로 함
- 〈요점〉에서 필요원인과 충분원인에 대한 설명 확대
- 〈요점〉에서 생태적 오류에 대한 설명 개선
- 종단적 설계에 대한 섹션을 수정하면서 이전 예제 삭제

5장 개념화, 조작화, 측정

- 영국 콘월 카운티의 인종 측정에 대한 논의 추가
- 인지 면접에 대한 토론 추가
- 직장 내 괴롭힘 사례 추가

- 아기나 태아의 단어 사용이 낙태에 대한 태도에 미치는 영향에 대한 검사 추가
- 강간 정의와 다른 변수에 대한 논의 추가
- 한국어 인지 면접 사용에 대한 섹션 추가
- 〈성별과 인종〉 글상자를 본문에 통합
- 〈개념화〉에 대한 글상자 추가
- 〈할리우드로〉 글상자 추가
- 총기 규제에 관한 편향된 질문의 예 추가

6장 지수, 척도, 유형

- 거트만 척도의 낙태 사례를 2012 GSS로 갱신
- Vision of Humanity의 세계 평화지수 인용
- 142개 국가를 평가한 세계경제포럼의 '세계 경쟁력 지수' 인용
- 건강에 대한 주 순위 자료 갱신
- 온라인에서 다양한 리커트 형식 사용이 미치는 영향에 대한 토론 추가
- 〈미국 최고의 대학〉에 대한 글상자 추가
- 〈여성의 지위평가〉에 대한 글상자 추가

7장 표집의 논리

- 대선 여론조사 갱신
- 연쇄 소개(chain referral) 용어 소개
- 할당표집의 부활에 대한 마이클 브릭(Michael Brick)의 예측 추가
- 휴대전화 통화에 대한 FCC 규정 논의
- 온라인 설문조사 표집에 대한 논의 확대
- 부록 A의 새로운 표로 인해 난수 선택에 대한 글상자 수정
- 미국(또는 다른 곳) 표집에 이란 표집 관련 글상자 추가
- 네이트 실버(Nate Silver)의 FiveThirtyEight.com 여론조사원 등급 인용
- 눈덩이표집의 문제를 제기하는 연구 추가
- 2015~2016년 공화당 대선 후보선출과 2020년 대선 예비경선 민주당 후보 선출을 위한 여론조사 활용 비판
- 〈대표성이 있는 표집〉 글상자 추가
- 무선 전화기 규모에 대한 자료 갱신

Part 3_ 관찰의 유형: 양적 관찰과 질적 관찰

8장 실험

- 온라인 실험에 대한 소개 확대
- 윤리문제를 제기하는 온라인 실험의 예 추가

9장 서베이 조사

- 무선 단말기에 대한 AAPOR 보고서 인용
- 태블릿 기반 서베이에 대한 기사 인용
- 네이트 실버(Nate Silver)의 FiveThirtyEight.com 여론조사원 등급 인용
- 웹 서베이에 대한 퓨 센터(Pew Center)의 도움말 추가
- 응답률 낮은 전화 서베이와 비확률 온라인 서베이의 비교 추가
- 일원 및 다원분석에 무응답이 미치는 영향에 대한 연구 추가
- Survey Monkey의 대안으로 Google Forms 언급

10장 질적 현장연구

- 남아프리카의 참여연구 사례 추가
- 자료 수집을 위한 동영상 사용에 대한 인용 추가
- 방글라데시 PAR 연구에서 참여자 의견 추가
- 크룩 카운티(Crook County) 법원에 대한 밴 클리브(Van Cleave) 연구 추가
- 백인우월주의자에 대한 면접연구 보고
- 갱년기 여성을 연구하기 위해 온라인 포럼을 활용한 연구 추가

11장 비개입적 연구

- Google의 공개자료 소개
- Topsy Social Analytics 소개
- 종교자료기록원 협회(Association of Religious Data Archives)와 측정 마법사(Measurement Wizard) 소개
- 빅데이터 간 허위 상관관계에 대한 타일러 비겐(Tyler Vigen)의 연구 논의
- 어머니 날 카드와 아버지 날 카드 비교연구 추가
- 남녀 소득 비교 갱신
- 민속지학에 대한 사회학적 관점(Sociological Perspectives) 특별호 추가

12장 평가연구

- 비영리단체에 의한 평가연구 글상자 추가

- 〈문제점이 없는 해결책〉 글상자 추가
- 사형제도가 있는 주와 없는 주의 살인율 갱신

Part 4_ 양적 및 질적 자료분석

13장 질적 자료분석

- 2016 선거 지도 갱신
- QDA 목록에 웹 기반의 조사자료 관리 및 분석 애플리케이션인 dedoose 추가

14장 양적 자료분석

- 교회출석에 대한 GSS 자료 갱신
- 마리화나 사용과 연령에 대한 표 갱신
- 성별과 교회출석에 대한 표 갱신
- 임금의 성별차이를 설명하는 표 갱신

15장 다원분석의 논리

- 변화 없음

16장 사회통계학

- '판별분석' 절 삭제
- 2016 선거 결과 수치 갱신
- 인구통계분석에 대한 섹션 추가

17장 사회조사연구의 활용과 생산

- 내 전자책에 표절방지 인용 추가
- URL 참조 인용 예시 제공

교수법의 특징

학생들과 교수들은 모두 이 책의 이전 판이 효과적인 학습 도구였다고 말했지만, 나는 이 책을 개정하면서 교수법의 관점에서 재검토하는 기회로 삼아 어떤 요소는 면밀하게 다듬고 새로운 내용을 추가하기도 했다. 15판의 최종본은 다음과 같은 내용을 포함한다.

- **학습목표** 각 장에는 장의 내용에 대한 학생의 이해를 돕기 위해 학습목표가

수록되었다.

- **머리말** 각 장은 머리말로 시작한다. 머리말은 그 장의 주요 내용을 소개하고 다른 장의 내용과 연결한다.
- **명확하고 흥미를 유발하는 예시** 학생들은 어렵고 추상적인 개념을 이해하는 데 (실제적이거나 가설적인) 예시가 도움이 된다고 말하곤 한다. 그래서 이 책에는 이전 판에서 특별히 가치 있다고 입증된 예시에 새로운 예시를 많이 추가했다.
- **그래픽** 나는 조사방법론을 처음 수강할 때부터 대부분의 주요 개념을 도식 형태로 이해했다. 그래서 이 책에는 내 머릿속의 그림을 글과 동시에 시각적 그래프로 나타내려 했다. 컴퓨터 그래픽의 발전 덕분에 내 머릿속에 있는 도식과, 학생들과 공유하고 싶은 도식을 출판사의 그래픽 전문가에게 쉽게 전할 수 있었다. 나는 개정판에 새롭게 제시된 도식에 만족한다.
- **글상자 예시와 토론** 특정 개념이나 연구를 글상자로 제시하는 것은 이들을 강조할 뿐만 아니라 이 책의 형식을 다양하게 해서 학생들이 좋아했다. 개정판에서 연구 요소의 논리를 자세히 설명하기 위해 〈쟁점과 통찰〉 글상자, 실용적 지침을 제공하는 〈어떻게 할 것인가〉 글상자, 학생들이 책으로 배운 것을 실제 조사 프로젝트와 자신의 삶에 어떻게 적용하는지 알 수 있게 하는 〈일상생활에 개념 적용하기〉 글상자를 최신으로 갱신했다.
- **난외(欄外) 용어정리** 본문 전반에 난외 용어정리가 있다. 핵심용어를 고딕체로 강조하고, 그 용어의 정의는 처음 등장한 쪽에 제시했다. 이렇게 하면 학생들이 핵심용어의 정의를 더 쉽게 배우고 각 장의 문맥 속에서 이들을 개관할 수 있게 된다.
- **요점** 각 장 끝부분에 요점을 간결하게 열거하여 장 요약과 복습에 도움되도록 했다. 학생들은 요점을 통해 각 장에서 초점을 두어야 할 개념을 정확히 알게 된다.
- **핵심용어** 요점 뒤에 핵심용어를 열거했다. 학생들은 이것을 통해 필요한 용어를 배우게 된다. 열거된 새 용어는 각 장의 문맥 속에서 설명했다. 열거된 새 용어는 고딕체로 표시하여 쪽 좌우에 위치한 난외 용어정리에서 정의했고 책의 뒤에 있는 〈용어 설명〉에도 수록했다.
- **사회조사연구 제안** 이 일련의 연계된 연습으로 학생들은 각 장에서 배운 내용을 자신의 연구제안서에 적용하게 된다.
- **복습문제** 이 복습 보조기구를 통해 학생들은 각 장의 개념을 잘 이해했는지 확인하고 배운 내용을 적용할 수 있게 된다.
- **부록** 이전 판에서처럼, 부록을 통해 학생들에게 난수표 등과 같은 조사도구

를 제공한다.

- **명확하고 이해하기 쉬운 글쓰기** 이것이 아마도 교수법에서 가장 중요한 요소일 것이다. 모든 저자들은 글을 명확하고 이해하기 쉽게 쓰려고 노력한다. 바로 이 점이 지난 14판을 거듭하면서 이 책이 가장 크게 칭찬받은 특징 가운데 하나였다는 것에 자부심을 느낀다. 이 사실은 내게 편지를 보낸 학생들이 가장 자주 언급한 바이기도 하다. 15판에서는 편집자들과 함께 특별히 이 책의 모든 문장 하나하나를 재검토하여 간결하게 다듬고 꾸미고 최대한 '독자 친화적' 문장을 만들기 위해 가끔은 문장을 재구성하기도 했다. 여러분이 이 책을 처음 접하든지 아니면 이미 익숙하든지 간에 이 책의 어느 장이든지 펼쳐서 문장의 난이도를 평가해보기를 권하고 싶다.

감사의 글

이 책의 집필에 도움을 준 모든 분들에게 감사를 표하기는 아마도 불가할 것이다. 내가 전에 쓴 방법론 교재 『사회조사방법(Survey Research Methods)』은 사무엘 스토퍼(Samuel Stouffer), 폴 라자스펠드(Paul Lazarsfeld), 찰스 글록(Charles Glock)에게 헌정되었는데, 여기서 다시 한번 이들의 도움에 감사를 전한다.

많은 동료 교수들이 이 책과 이 책의 요약본 『사회조사의 기초(The Basics of Social Research)』의 개정에 도움을 주었다. 이들의 공헌은 전 세계 학생과 교수진들의 자발적인 논평과 제안의 최종 산물인 이번 개정판에도 여전히 살아있다.

세월이 흐를수록 편집자들의 중요한 역할에 점점 더 큰 감명을 받고 있다. 1973년부터 워즈워스에서 다양한 사회학 편집자들과 함께 일했는데, 편집자들은 많은 성공적인 결혼에 꼭 필요한 그런 종류의 조정을 담당했다.

이 책은 비록 내 이름으로 출간되었지만, 출판 전문가 팀의 작업에 힘입은 바가 큼을 알아주길 바란다. 책의 내용을 다듬어준 많은 사람들 중 특히 제품 매니저 코리 알렉산더(Kori Alexander), 학습 디자이너 에마 기튼(Emma Guiton), 콘텐츠 매니저 캐시 샌즈보머(Kathy Sands-Boehmer), 아트 디렉터 나딘 발라드(Nadine Ballard), 디지털 책임자 맷 알티에리(Matt Altieri), 제품 대리 셸비 블레이키(Shelby Blakey), 교열 담당자 데비 스톤(Debbie Stone)의 이름을 밝히고 싶다. 이들의 아낌 없는 시간 투자와 사려 깊은 관심이 없었다면, 이 책은 펼치지 못한 꿈이 되어 내 컴퓨터에 고스란히 남았을 것이다. 감사한 마음이다.

나는 이 책을 내 영혼의 반려자이며 절친한 친구인 아내 수잔 배비에게 바쳤다. 나는 아내에게서 내가 가장 자랑스러워하는 것들의 순수한 형태를 본다. 아내는 인간의 가능성을 고취하고, 나는 아내가 모범을 보인 덕분에 더 나은 사람이 된다.

책이 학생에게 보내는 편지

내가 수강생 여러분과 사적인 대화를 나눌 수 있도록, 이 책의 저자인 배비와 과목 담당 교수님 두 분께 잠시 우리를 벗어나 담화를 나누시도록 부탁했습니다. 여러분이 이 책을 읽기 전에 알려주고 싶은 것이 있습니다. 나는 여러분이 나를 원하지 않을 수도 있다는 것을 압니다. 여러분은 이 강좌를 수강하고 싶지 않았을 수도 있습니다. 내 생각에는 조사방법론 수업이 필수과목이기 때문에 여러분이 나를 읽고 있는 것 같습니다. 그렇다면 중매결혼 같은 경우이겠지요.

나는 또한 여러분이 이 과목의 잠재적인 어려움에 대해 약간 우려하고 있다는 것도 알고 있습니다. 여러분 혼자서만 그런 걱정을 하는 것은 아닙니다. 나는 단연코 그런 걱정을 만들고 싶지 않습니다. 하지만 수년간의 개인적인 경험을 통해 많은 학생들이 사회조사방법론을 공부하려 할 때 불안감을 느낀다는 것을 알고 있습니다. 나는 이 짧은 대화를 통해 조사방법론 공부가 생각만큼 나쁘지 않을 것이라고 안심시키고 싶습니다. 여러분은 심지어 이 코스를 즐길 수도 있습니다. 알다시피, 전 세계의 많은 학생들이 저자에게 다음과 같은 내용의 편지를 썼답니다. 처음에는 이 과목을 걱정했지만 결국 진정으로 즐겼다고 말입니다.

그러니까, 분명히 말하자면, 나는 여러분의 대학 생활을 비참하게 만들 음모를 꾸미는 괴물이 아닙니다. 나는 물론 학장도 아닙니다. 나 자신을 여러분의 친구라고 부르기는 좀 이르지만, 실제로 그렇게 많이 불린답니다. 나는 우리가 함께 일할 수 있다고 확신합니다.

저명한 작가이자 소아과 의사인 벤자민 스팍(Benjamin Spock)은 자녀 돌보기에 대한 책 서두에서 초보 부모들은 자신들이 생각하는 것보다 아이를 돌보는 것에 대해 훨씬 더 많이 알고 있다고 그들을 확신시킵니다. 나도 같은 말로 시작하고 싶습니다. 여러분은 나를 읽기 시작하면 사회조사 실천에 대해 자신이 이미 많은 내용을 알고 있음을 알게 될 것입니다. 사실 여러분은 평생 사회조사를 해왔습니다. 그런 관점에서 이 책은 여러분이 이미 지니고 있는 기술을 갈고 닦을 수 있도록 돕고, 어쩌면 여러분이 생각하지 않았을 몇 가지 비법을 보여주려 합니다.

이런 과목에서 통계가 걱정된다면 꼭 들려줄 말이 있습니다. 이 책에는 통계가 나오긴 합니다. 하지만 여러분이 생각하는 그런 사악한 숫자의 무리가 아닙니다. 통계에는 놀라운 일을 할 수 있게 해주는 논리가 있습니다. 적절하게 선정된 약 2천 명을 설문조사해서 1억 명이 넘는 사람들의 투표 결과를 예측할 수 있다는 사실을 아십니까? 그런 종류의 일이 어떻게 작동하는지 이해하기 위해서 몇 가지 통계를 배우는 것은 가치 있다고 생각합니다. (한평생 교과서로 살면서 나는 그런 예에 싫증을 낸 적이 한 번도 없답니다.)

14장부터 16장까지는 양적(수치적) 자료분석을 다루기 때문에 상당히 많은 통계를 수록하고 있습니다. 솔직히 이 책의 저자는 학생들에게 통계를 사용하지 않으면서 통계 분석법을 가르치는 방법을 찾아내지 못했답니다. 하지만 여러분은 수학적인 계산보다 통계학의 논리에 더 중점을 두게 될 것입니다.

비밀을 하나 알려줄게요. 이 책의 저자는 기초 통계학 수업을 한 번도 듣지 않았답니다. 그의 학부 전공에서 통계는 필수과목이 아니었답니다. 그가 대학원에 진학했을 때, 단순한 오해(정말, 이것에 대해 그를 비난할 수는 없답니다)로 실제로는 듣지 않았는데 이미 통계학 개론을 수강했다고 밝히게 되었습니다. 그는 대학원 고급 통계 과목이 계산보다는 통계의 논리에 치중했기에 A학점을 받았을 뿐입니다. 통계는 계산식을 외우지 않고도 그에게 이해되었답니다.

저자에게는 여러분에게 알리고 싶지 않을 더 창피한 비밀이 있습니다. 그가 1973년에 첫 조사방법론 교과서를 출판했을 때, 통계를 다룬 장에는 세 개의 계산이 있었는데 그중 두 개는 틀렸답니다. (저자는 계산 실력이 많이 좋아졌습니다만, 만약 여러분이 어떤 실수를 발견한다면 그에게 알려 주세요. 나는 내 모든 것이 질서정연할 때가 훨씬 행복하답니다.)

통계적 분석의 중요성을 과소평가하려고 이런 고백을 하는 것은 아닙니다. 나는 여러분에게 통계분석을 최고의 존경심을 가지고 제시하겠습니다. 내 목적은 통계는 수학 마법사만이 들어가는 신비로운 세계가 아니라는 것을 알리는 것입니다. 통계는 여러분이 주변 세상을 이해하는 데 도움이 되는 강력한 도구입니다. 나와 저자는 여러분이 그 도구를 유용하게 사용할 수 있을 만큼 충분히 배울 수 있게 돕고 싶을 뿐입니다.

만약 여러분이 이 책이나 수업에서 이해할 수 없는 무언가를 발견한다면 어떻게 해야 할까요? 다음과 같은 몇 가지 선택이 있습니다.

1. 사는 데 그렇게 큰 문제가 되지 않을 것이라고 가정하고 인생을 계속 살아간다.
2. 그런 고도의 복잡한 생각을 이해하기에는 너무 어리석다고 판단한다.
3. 다른 수강생에게 이해하는지 물어본다.

4. 교수에게 설명을 요청한다.
5. 긴급한 경우, 저자에게 전자 우편(ebabbie@mac.com)을 보낸다.

처음 두 가지 선택은 바람직하지 않으니, 3번, 4번 5번의 순으로 시도해보십시오.

5번에 관해서는, 전 세계 수만 명의 학생들이 매 학기마다, 여러 언어로, 이 책을 사용하고 있기 때문에, 저자가 당신에게 회신을 하기까지 시간이 조금 걸릴 수 있음을 알아주십시오. 저자는 그를 돕는 방법론 요정들의 공방을 가지고 있지 않답니다. 여기 한 가지 정보를 제공해보자면, '양적 연구와 비교해서 질적 연구의 이점 세 가지는 무엇인가?'와 같은 시험 형식으로 질문을 만들지는 마십시오. 저자는 그런 종류의 질문에 대답하지 않습니다. 여러분은 이제서야 시험을 치르지만 그는 이미 시험을 충분히 많이 치렀답니다. 게다가 그의 답변에는 담당 교수님이 수업 중에 제공할 모든 훌륭한 자료들이 빠져있을 것입니다.

과목 담당 교수님에 대해서 말하자면, 이 과목이 가르치기 쉽지 않다는 것을 알아두십시오. 비록 통계가 여러분이 생각하는 것만큼 어렵지 않더라도, 여러분은 새로운 방식으로 보고 이해해야 합니다. 그것은 쉬운 일이 아니며, 담당 교수님은 여러분이 경험할 수 있는 어떤 혼란이나 불편함에도 불구하고 여러분을 안내하는 일을 맡았답니다. 그러니 교수님을 너무 괴롭히지 마세요.

이 과목을 맡은 교수님들은 통상 평균보다 더 낮은 강의평가 점수를 받는다는 것을 알고 있습니다. 나는 개인적으로 그 이유가 학생들이 갖는 두려움만이 아니라 과목의 내용 때문이라고 생각합니다. 따라서 평가 기간이 되면 담당 교수님의 성과와 과목 내용에 대한 여러분의 우려를 따로 떼어내십시오. 물론, 여러분은 사회과학 조사의 주제를 완전히 즐기고 있는 자신을 발견할지도 모릅니다. 나와 저자 그리고 담당 교수님도 마찬가지입니다. 우리는 그 즐거움을 당신과 나누기 위해 가능한 모든 것을 할 계획입니다.

만약 여러분이 세상의 상태에 대해 조금이라도 걱정하고 있다면(그리고 나는 그렇게 해야 한다고 생각합니다.), 사회조사가 대부분의 주요 문제를 해결하는 열쇠임을 알 필요가 있습니다. 농담이 아니에요. 예를 들어 인구과잉 문제를 생각해봅시다. 저자는 그것을 '모든 사회 문제의 어머니'라고 부르기를 좋아합니다. (나를 읽다 보면 그의 유머 감각에 익숙해질 것입니다. 그건 그렇고, 용어집을 꼭 확인하십시오.)

어쨌든 다시 인구과잉으로 돌아가봅시다. 간단히 말해서, 지구상에는 지구가 지탱할 수 있는 인원보다 훨씬 더 많은 사람들이 살고 있습니다. 많은 사람들이 고통받고 있는 가난한 생활수준에서 봐도 그렇습니다. 지구상의 모든 사람들이 선진국 사람들처럼 산다면 우리의 자원은 약 1주일 반이면 소진될 것이고, 우리의 탄소 발자국(우리가 발생시킨 온실가스의 총량)은 우리를 벌레처럼 짓눌러 버릴 것입니다. 그리고 세계 인구는 매년 약 8천만 명씩 증가하고 있는데, 즉 4년마다 미국 인구만큼 늘어나는 셈입니다.

그런 문제에 대한 대답을 어디에서 얻겠습니까? 저자는 인구과잉에 대해 처음에 사람들은 "아이가 어떻게 생기지?"라고 물었고 생물학자들에게 도움을 청했다고 말하길 좋아합니다. 하지만 사람들은 아기가 생기는 원인이 무엇인지 알아도 문제를 해결하지 못했습니다. 솔직히 사람들은 성관계를 포기할 생각이 없었습니다. 그래서 사람들은 피임도구를 만드는 고무 산업에 눈을 돌렸습니다. 피임도구로 약간의 차이가 생겼지만, 인구는 계속해서 증가했습니다. 결국 사람들은 화학공업에 눈을 돌렸습니다. "알약을 먹으면 아기를 낳지 않고도 성관계를 할 수 있지 않을까?" 곧 알약이 개발되어 약간의 효과가 있었지만, 인구는 여전히 증가했습니다.

내가 저자에게 배운 바와 같이, 인구 성장의 핵심은 인간 종을 영속시키는 데 필요한 인원(대략 한 쌍에 아이 두 명)보다 더 많은 수의 아기를 낳게 하는 사회구조에 있습니다. 예를 들어, 여자는 출산하기 전에는 '진짜 여자'가 아니라는 사회적 믿음이나, 남자는 아이의 아버지가 되기 전까지는 '진짜 남자'가 아니라는 보완적 믿음을 생각해봅시다. 어떤 사람들은 그들이 늙었을 때 자녀들의 돌봄을 받기 위해, 혹은 그들의 이름(대부분의 경우 아버지의 이름)을 영속화하기 위해 아이를 낳아야 한다고 생각합니다. 그 외 많은 사회적 관점들로 인해 적정 수준 이상의 아이를 낳게 됩니다.

생물학자, 화학자, 고무 제조업자들은 인구과잉의 원인을 해결할 수 없습니다. 그래서 바로 사회조사자들이 참여하게 됩니다. 사회조사자들은 인구과잉, 편견, 전쟁, 기후변화(예, 심지어 기후변화까지)와 같은 사회 문제의 가장 강력한 원인을 발견하고 그에 대한 대처 방법을 탐구할 수 있습니다.

잘 훈련된 사회조사자들이 절실히 필요하기 때문에 저자와 과목 담당 교수가 사회조사방법론에 대한 책도 쓰고 강의도 하는 것입니다. 그것은 또한 여러분이 원하지 않아도 이 수업을 들어야 하는 이유가 됩니다. 우리는 주변 세상에 강력한 변화를 만들기 위해 여러분을 무장시키고 있습니다. 그 새로운 능력으로 무엇을 하느냐는 여러분에게 달려 있지만, 우리는 여러분이 그것을 선을 위해서만 사용하기를 바랍니다.

이제 저자에게 여러분을 넘기겠습니다. 나는 이 과목이 재미있고 유용한 과정이 되도록 하기 위해 할 수 있는 모든 것을 하겠습니다.

요약 차례

차례

CHAPTER 05

개념화, 조작화, 측정 193

CHAPTER 06

지수, 척도, 유형 245

CHAPTER 07

표집의 논리 287

PART 03

관찰의 유형: 양적 관찰과 질적 관찰

CHAPTER 08

실험 350

CHAPTER 09

서베이 조사 383

CHAPTER 10

질적 현장연구 447

CHAPTER 11

비개입적 연구 513

CHAPTER 12

평가연구 563

PART 04

양적 및 질적 자료분석

CHAPTER 13

질적 자료분석 610

CHAPTER 14

양적 자료분석 655

CHAPTER 15

다원분석의 논리 692

사회조사 방법론

CHAPTER

01

인간 탐구와 과학

개관

우리 모두는 사회세계를 이해하고 예측하려고 노력한다. 과학, 특히 사회연구는 인간의 일상적인 탐구가 빠지기 쉬운 일반적인 오류를 피하기 위해 설계된 것이다.

© Monkey Business Images/Shutterstock.com

학습목표

⊙ 사람들이 어떤 다른 방식들로 사실을 판명하는지를 알 수 있다.

⊙ 사회과학의 기본을 설명할 수 있다.

⊙ 사회과학 연구를 함에 있어 기초적인 요소들을 이해할 수 있다.

1.1 머리말

이 책은 현상을 아는 방법에 관한 것인데, 무엇을 알 것인가라기보다 그것을 어떻게 알 것인가에 관한 것이다. 아마도 여러분이 이미 알고 있을 몇 가지 현상을 살펴보면서 시작해보자.

여러분은 지구가 둥글다는 것을 안다. 또한 달의 어두운 면이 춥다는 것도 알 것이며, 중국에서는 중국어를 사용한다는 것도 안다. 비타민 C가 감기를 예방하고, 콘돔을 사용하지 않으면 AIDS에 걸릴 수 있다는 것도 안다.

여러분이 어떻게 아는가? 잠시 생각해보자면, 당신은 누군가가 여러분에게 그렇다고 이야기해주었기 때문에 아는 것이며, 여러분이 들은 바를 믿기 때문에 안다는 것을 알 수 있다. 일본에서는 사람들이 일본어를 사용한다는 것을 「내셔널 지오그래픽(National Geographic)」이라는 잡지에서 읽고, 그럴듯하다고 여겼기 때문에 의문을 갖지 않았을 것이다. 달의 어두운 면이 춥다는 것은 아마도 물리학이나 천문학 강사가 말해주었거나 NPR(National Public Radio)에서 들었을 수도 있다.

여러분이 알고 있는 일부는 여러분에게 전적으로 명백해 보인다. 만약 누군가가 여러분에게 지구가 둥근 것을 어떻게 아느냐고 묻는다면 아마도 "그것은 모두가 알고 있다."라고 답할 것이다. 세상에는 모든 사람들이 알고 있는 것이 많다. 물론 한때는 모든 사람들이 지구가 편평하다고 '알았다'.

그러므로 여러분과 내가 알고 있는 것의 대부분은 동의와 믿음의 문제이다. 이러한 것들은 개인적인 경험이나 발견에 근거한 것이 거의 없다. 사실상 어느 사회이건 성장과정의 큰 부분은 주변의 모든 사람들이 '알고 있는' 것을 그대로 받아들이는 학습과정이다. 만약 여러분이 그러한 것을 모른다면, 여러분은 실제로 그 집단의 일부가 될 수 없다. 만약 여러분이 지구가 정말로 둥근지를 심각하게

어떻게 생각하는가

아이를 가진다는 것은 지극히 개인적인 결정이다. 미국에서는 그 누구도 아이가 어느 연도에 몇 명이 태어나야 한다는 식의 결정을 하지 않는다. 결혼을 하거나 낚시를 할 땐 허가서가 있어야 하지만, 아이를 가질 땐 필요치 않다. 많은 커플들은 임신을 미루거나, 의도치 않았지만 임신이 되고, 또는 원해서 아이를 가진다. 이러한 불확실성이 많은데, 대체 유아식이나 기저귀 제조업체는 어떻게 매년 얼마만큼의 물자를 만들어야 할지 아는 걸까? 이 장이 끝나갈 무렵이면 여러분은 이 질문에 답할 수 있을 것이다.

이 장의 말미에 있는 〈어떻게 생각하는가: 재논의〉를 참조하라.

Earl Babbie

의심한다면, 금방 다른 사람들로부터 고립될 것이다. 아마도 그러한 것들에 의문을 제기한 다른 사람들과 함께 살도록 병원으로 보내질 수도 있다.

여러분이 대부분은 들은 바를 믿고 있음을 깨닫는 점이 중요하다 할지라도, 그 점에서 여러분에게 잘못이 없음을 이해하자. 이것이 바로 인간사회가 구조화된 방식이며, 이것은 꽤 유용한 자질이다. 지식의 기반은 합의이다. 우리가 개인적 경험과 발견만으로 모든 것을 배울 수 없기 때문에, 다른 사람들이 말해주는 것을 믿기만 하면 되도록 되어 있다. 일부 현상은 전통을 통해 알고, 일부는 '전문가'에게서 배운다. 그렇다고 해서 이러한 주워들은 지식에 의문을 제기하면 안 된다고 말하는 것은 아니며, 다만 세상 돌아가는 일에 대해 개인과 사회가 통상 그러한 식으로 합의한다는 점을 지적하고자 하는 것이다.

하지만 현상을 아는 다른 방식도 존재한다. 합의를 통해 현상을 아는 것과는 대조적으로, 관찰을 통한 직접 경험을 통해 현상을 아는 것도 가능하다. 만약 여러분이 캐나다의 로키산맥을 통해 흘러 내려오는 빙하 물살에 뛰어든다면, 다른 사람이 그 물이 차갑다고 말해줄 필요가 없다.

그러나 우리의 경험이 다른 모든 사람들이 알고 있는 것과 상충될 때, 경험을 버리고 합의를 취할 가능성이 매우 높다. 예를 들어, 여러분이 우리 집에서 열린 파티에 왔다고 상상해보자. 이 파티는 상류층 사람들의 행사이고 음료수와 음식이 모두 훌륭하다. 특히 내가 접시에 담아 돌리고 있는, 빵가루를 입혀 튀겨낸 향긋한 전채요리를 먹었다. 너무 맛있어서 2개를 먹었다. 이윽고 여러분은 내가 이 요리접시를 들고 다니는 곳마다 홀 안을 슬며시 따라다닌다.

마침내 더 이상 참을 수가 없다. "그게 뭐죠? 요리법을 어떻게 알 수 있을까요?"라고 묻는다. 그러면 나는 비밀을 알려준다. "당신이 먹은 것은 빵가루를 입혀 튀겨낸 지렁이에요." 여러분의 반응은 극적이다. 위가 울렁거리고 아마도 곧

바로 거실 카펫 위에 모든 것을 토해낼 것이다. 끔찍하다! 손님에게 이게 무슨 접대야!

이 이야기의 핵심은 전채요리에 관한 여러분의 느낌 두 가지가 모두 매우 실제적이라는 것이다. 여러분 자신의 직접적인 경험에 기반하여 처음에 그 요리를 좋아한 것도 분명히 실제였다. 지렁이를 먹었다는 것을 알았을 때의 역겨움도 마찬가지이다. 하지만 엄밀히 말하면 이 역겨움은 지렁이는 먹는 것이 아니라는 주위 사람들과의 합의의 산물에서 나온 것임이 명백하다. 여러분이 먼지 구덩이에 앉아서 입에 지렁이 반쪽이 매달려 꿈틀거리는 것을 여러분의 부모가 처음 보았을 때의 첫 경험에서 시작된 합의이다. 나머지 반쪽의 지렁이를 찾기 위해 부모들이 여러분의 입을 벌리고 목구멍 깊숙이 손가락을 집어넣었을 때, 지렁이가 우리 사회에서 음식물이 아니라는 것을 배웠다.

우리는 무언가를 경험으로 배우거나 다른 사람들로부터 배운다. 사진의 젊은이는 자신의 직접 경험으로 배우려는 것으로 보인다.

이러한 합의를 제쳐둔다면, 지렁이를 먹는 것이 무슨 문제인가? 아마도 지렁이는 단백질이 풍부하고 칼로리는 낮을 것이다. 한입에 쏙 들어가도록 포장된다면 유통업자의 꿈이 이루어지는 것이다. 우리처럼 지렁이가 혐오스럽다는 합의가 없는 사회에 사는 사람들에게 지렁이는 진미이기도 하다. 어떤 사람은 지렁이는 좋아하지만 오히려 튀긴 빵가루 껍질을 싫어할 수도 있다.

여기에 여러분이 생각해볼 문제가 있다. "지렁이는 먹기에 '정말로' 좋은가, '정말로' 나쁜가?" 더 흥미로운 질문은 다음과 같다. "여러분은 둘 중 어느 것이 정말이라는 것을 어떻게 알 수 있을까?" 이 책은 두 번째 질문에 답하기 위한 것이다.

1.2 실제에 대한 탐색

실제란 교묘한 문제이다. 아마 여러분은 자신이 '알고 있는' 것 중 일부는 진실이 아닐 수도 있다고 의심하겠지만, 무엇이 실제인지 어떻게 정말 알 수 있을까? 사람들은 수천 년 동안 이 문제와 씨름해왔다.

합의 실제에 기반한 지식

이러한 고민 속에서 나온 해답의 하나가 과학이다. 과학은 합의적 실제와 경험적 실제 두 가지 모두에 대한 접근법을 제공한다. 과학자들은 자신들이 개인적으로 경험하지 않은 어떤 실제를 받아들이기 전에 반드시 충족되어야 할 어떤 기준을

쟁점과 통찰 **사회연구가 만드는 차이**

손으로 적은 처방전으로 치료를 하는 전통적인 방법에서 발달된 CPOE(Computerized Physician Order Entry)는 미국에서 매년 777,000명의 환자들이 의료 오류에 의해 죽거나 악화되는 것에 대한 해결책으로 널리 알려졌다.

의학계는 대체적으로 이 새로운 기술을 받아들였지만, 2005년 3월에 *Journal of the American Medical Association*에 실린 기사는 모두에게 충격을 안겨주었다. 사회학자 로스 코플과 그의 동료들은 이 책에서 여러분이 배우게 될 여러 방법을 통해 이 새로운 기술이 효과적인지 살펴보았다. 그 결과, CPOE는 알려진 것처럼 효과적이지 못했다. 즉 CPOE는 약물 치료 시 오류의 발생을 막지 못했다.

당연히 기계 제조사나 판매사는 이 뉴스를 반기지 않았고, 의료계에서는 토론이 시작되어 지금까지도 이어지고 있다. 결국 코플은 이 분야에서 알아주는 전문가가 되었다.

출처: Kathryn Goldman Schuyler, Medical Errors: Sociological Research Makes News, *Sociological Practice Newsletter* (American Sociological Association, Section on Sociological Practice), Winter 2006, p. 1.

가지고 있다. 일반적으로 과학적인 주장은 논리적(logical)이고 경험적(empirical)인 입증이 필요하다. 수긍할 만해야 하고, 실제의 관찰과 상충되어서는 안 된다. 지구에 사는 과학자가 달의 어두운 면이 춥다는 주장을 왜 받아들이는가(태양에게서 멀어져 있을 때에)? 첫째, 왜냐하면 달 표면의 열은 태양광선으로부터 오기 때문에 춥다는 것이 납득할 만한 일이기 때문이다. 둘째, 달의 어두운 면에 대한 과학적 측정이 이러한 논리적 기대를 확증하기 때문이다. 그래서 과학자들은 자신이 개인적으로 경험하지 않은 실제를 받아들인다. 즉, 합의 실제(agreement reality)를 받아들인다. 하지만 이렇게 하기 위한 특별한 기준이 있다.

합의 실제
우리가 주위 사람들과 함께 공유하는 문화의 부분이나 그 자체로서 '알고 있는' 것들

인식론
앎의 과학, 지식의 체계

방법론
발견의 과학, 과학적 연구의 절차

그러나 이 책의 취지에 더욱 걸맞게, 과학은 개인의 경험을 통한 실제의 발견에 대해 특별한 접근법을 제공한다. 다시 말해, 탐구라는 작업에 특별한 접근법을 제공한다. 인식론(epistemology)은 앎의 과학이며, 방법론(methodology, 인식론의 하위 분야)은 발견의 과학이라고 할 수 있다. 이 책은 사회과학방법론을 검토하고 제시하는 것, 즉 사회과학자들이 어떻게 인간의 사회생활을 알아보는지에 관한 것이다. 여러분은 이 책에서 제시하는 몇 가지 방법론은 흔히 알고 있는 전통적인 과학연구 방법론과 비슷한 양상을 띠지만, 나머지는 사회적 문제점에 맞게끔 변형되었다는 것을 볼 것이다.

이번 장에서 우리는 탐구라는 것을 행위의 일종으로 보겠다. 탐구라는 것을 인간의 자연스러운 행동으로써, 여러분이나 내가 매일같이 하는 것이라 생각하고 접근해보자. 다음으로는 우리가 평범한 탐구에 있어서 흔히 발견하는 오류들을 검토하고, 왜 과학이 그와 다른지 연구함으로써 결론을 내리도록 하겠다. 즉, 어떻게 과학이 인간의 탐구 오류를 방지할 수 있는지 알아보도록 하자.

〈쟁점과 통찰: 사회연구가 만드는 차이〉는 '모두가 아는 것'에 사회연구가 대항하는 예가 된다.

일상적인 인간의 탐구

사실 모든 사람들은 자신의 미래 상황을 예견하고자 하는 욕망을 드러낸다. 더불어, 인간들은 인과적 · 확률적 추론(causal and probabilistic reasoning)을 이용하여 이러한 일을 행하고 싶어한다. 첫째, 일반적으로 우리는 미래 상황이 어쩌다 보니 현재 상황으로부터 야기되거나 조건되었다고 인식한다. 우리는 어쩌면 산호초 너머까지 수영함으로써 상어와 마주하는 불행한 상황이 올 수도 있음을 안다. 학생으로서, 우리는 더 열심히 공부하면 점수를 잘 받으리라는 것을 알고 있다.

둘째, 사람들은 그와 같은 원인과 결과의 유형이 본질적으로 확률적이라는 것도 알고 있다. 다시 말해, 항상 그러한 것은 아니지만, 원인이 없을 때보다 원인이 있을 때 결과가 더 자주 발생하는 것을 알고 있다. 따라서 학생들은 항상 그러한 것은 아니더라도, 더 열심히 공부하면 대부분의 경우는 성적이 좋아진다는 것을 안다. 산호초 너머까지 수영하는 것이 모든 경우에 꼭 치명적인 결과를 낳는다고 믿지 않더라도 그것이 위험하다고 인식한다.

이 책을 통해 알게 되겠지만, 과학은 이러한 인과성과 확률의 개념을 더 분명히 하고, 일상적인 인간의 탐구보다 더 철저하게 이것을 다루는 기법을 제공한다. 이것은 우리의 탐구에서 우리를 보다 의식적이고 엄격하고 명백하게 함으로써 우리가 이미 가지고 있는 솜씨를 정교화시킨다.

일상적인 인간의 탐구를 살펴볼 때, 예측과 이해를 구분하는 것은 중요하다. 종종 우리는 이해 없이도 예측할 수 있다. 무릎관절이 아프면 비가 올 것을 예측할 수 있을 것이다. 그리고 종종 왜 그런지 이해하지 못한다 하더라도, 입증된 예측능력에 근거하여 기꺼이 실행에 옮긴다. 경마가 벌어지는 날의 세 번째 경주에서 3등으로 예측된 말이 항상 이긴다는 것을 발견한 경마광은 아마도 왜 그렇게 되는지 알지도 못하고 관심도 없이, 계속 돈을 걸 것이다.

인간과 동물을 동기유발하는 원초적 충동이나 본능이 무엇이든 간에, 그들을 만족시키는 것은 미래 상황의 예측능력에 크게 달려 있다. 하지만 인간에게 있어서 예측의 노력은 종종 지식과 이해의 맥락 속에 놓인다. 만약 여러분이 왜 현상들이 서로 연관되어 있는지, 왜 특정한 규칙적 유형이 발생하는지 이해할 수 있다면, 단순히 그러한 유형을 관찰하고 기억하는 것보다 더 잘 예측할 수 있다. 따라서 인간의 탐구는 '무엇'과 '왜'라는 두 가지 질문에 대한 답을 목표로 삼고, 관찰과 해석을 통해 이러한 목표의 달성을 추구한다.

이 장에서 이미 시사했듯이, 세상에 대해 알고자 하는 우리의 노력은 일부만 직접적 · 개인적 탐구 또는 경험과 연결되어 있다. 또 다른 더 큰 부분은 다른 사람들이 우리에게 알려준 합의된 지식, 즉 '모든 사람이 알고 있는' 지식에서 나온다. 이러한 합의 실제는 우리가 발견하고자 하는 노력에 도움이 되기도 하고 방해가 되기도 한다. 어떻게 해서 그런지를 보기 위해, 우리의 간접적 지식의 중요한 두 원천인 전통과 권위를 살펴보자.

전통

우리 개개인은 세상사에 관해 굳게 받아들여진 지식으로 구성된 문화를 전수받는다. 봄에 옥수수를 심으면 신의 도움을 얻을 수 있고, 사탕을 많이 먹으면 충치가 생기며, 원의 둘레는 대략 지름의 22/7이고, 자위 행위를 하면 눈이 멀게 된다고 사람에게서 배운다. 우리는 스스로 이러한 '진실' 중 몇 가지를 검증해볼 수도 있지만, 대부분을 그냥 받아들인다. 이러한 것이 '모두가 아는' 것들이다.

이러한 의미의 용어인 전통은 인간의 탐구에서 몇 가지 명백한 이점을 지닌다. 모두가 아는 것을 받아들임으로써, 규칙성과 이해를 찾아 무(無)에서 출발하는 엄청난 과제에서 벗어난다. 지식은 누적되고 물려받은 정보와 지식은 더 많은 지식을 개발하기 위한 시작점이 된다. 종종 "거인의 어깨 위에 서있다."라고 말하는데, 이는 이전 세대를 의미한다.

동시에 전통은 인간의 탐구에 걸림돌이 될 수도 있다. 모든 사람들이 이미 이해하고 있고 항상 이해해온 어떤 것에 대해 새롭게 다른 이해를 추구한다면, 바보로 여겨질 수도 있다. 하지만 핵심은 모두가 진실로 '알고 있는' 무엇인가를 다르게 이해하려는 노력은 우리에게 거의 일어나지 않는다는 것이다.

권위

전통의 힘에도 불구하고, 새로운 지식은 매일 쏟아져나온다. 우리는 자신의 개인적 탐구 외에 일생 동안 다른 사람들이 이루어낸 새로운 발견과 이해의 도움을 받게 된다. 종종 이러한 새로운 획득이 어떻게 받아들여지는가는 발견자의 지위에 달려 있다. 예를 들어, 여러분은 감기가 키스를 통해 옮을 수 있다고 주장하는 옆집 아저씨의 얘기보다는 전염병 학자의 말을 더 잘 믿을 것이다.

전통처럼, 권위도 인간의 탐구를 돕거나 방해할 수 있다. 우리는 특히 논란에 직면하면, 주어진 문제에 특별한 훈련을 받은 사람이나 전문능력, 자격요건을 갖춘 사람의 판단을 신뢰한다. 동시에, 정통성을 부여받은 사람들이 자신의 영역에서 정도에서 벗어나 접근하는 것을 거부한다면 탐구는 방해를 받는다. 생물학자도 결국 생물학 분야에서 실수를 한다.

탐구는 자신의 전문영역 밖에서 떠드는 전문가의 권위에 의존할 때도 방해를 받을 수 있다. 예를 들어, 아무런 의학적 · 생화학적 전문지식을 갖지 못하고도 마리화나 흡연이 뇌를 손상시킨다고 말하는 정치인이나 종교인을 생각해보자.

광고산업은 이처럼 심각하게 권위를 오용하는 한 가지 사례가 되는데, 예를 들어 인기 운동선수에게 아침에 먹는 시리얼의 영양가에 대해 논하게 하거나 영화배우에게 자동차 성능을 평가하게 하는 것이다.

그렇다면 전통과 권위 두 가지는 세상에 대한 지식 추구에서 칼의 양면에 해당한다. 간단히 말해, 전통과 권위는 탐구의 출발점을 제공하지만, 잘못된 지점에서 출발하게 하거나 잘못된 방향으로 밀어넣을 수 있다.

탐구에서의 오류와 해결방안

전통과 권위의 잠재적 위험과 별도로, 우리는 스스로 배우려고 할 때 종종 비틀거리고 제대로 일어서기가 어렵다. 우리가 일상적인 탐구에서 저지르는 일반적 오류 몇 가지와, 과학이 그러한 오류를 저지르지 않도록 감시하는 방법을 살펴보자.

부정확한 관찰

우리는 관찰에서 매우 빈번하게 오류를 저지른다. 예를 들어, 방법론 강사는 첫 수업시간에 어떤 옷을 입고 있었는가? 만약 여러분이 기억을 더듬어서 추측해야 한다면, 이는 우리의 일상적 관찰의 대부분이 엉성하고 뚜렷하게 의식적이지 못하기 때문이다. 이런 이유로 우리는 종종 실제로 발생한 일에 동의하지 않는다.

일상적 탐구와 대조적으로, 과학적 관찰은 의식적인 활동이다. 관찰을 좀 더 의도적으로 하는 것만으로도 오류를 줄이는 데 도움이 된다. 수업 첫날 강사가 어떤 옷을 입고 있었는지 추측해야 한다면, 아마 오류를 범할 것이다. 하지만 강사가 어떤 옷을 입고 있었는지 관찰하고 기록하려는 의식적 계획을 가지고 첫 수업에 들어갔다면, 정확히 기억할 가능성이 훨씬 높다.

많은 경우 단순하건 복잡하건 간에 측정도구는 부정확한 관찰을 하지 않는 데 도움이 된다. 게다가 보조장치 없는 인간의 감각 역량을 훨씬 뛰어넘을 만큼 정확하다. 예를 들어, 그날 여러분이 강사의 컬러사진을 찍었다고 상상해보라.

과도한 일반화

우리가 주위에서 관찰하는 특정 현상들에서 유형을 찾을 때, 우리는 종종 몇 개의 비슷한 사건들을 일반적 유형의 증거로 여긴다. 다시 말해, 제한된 관찰에 기반하여 과도한 일반화를 하는 것이다. 이와 같은 일반화는 탐구를 잘못된 방향으로 이끌거나 방해할 수 있다.

여러분이 동물보호론자들의 시위를 취재하는 기자라고 상상해보자. 단 두 시간 내에 기사를 제출하라는 명령을 받은 기자는 그들이 왜 시위를 하는지 알아야 한다. 시위현장으로 달려가 시위자에게 이유를 물으며 취재하기 시작한다. 만약 처음에 인터뷰한 세 사람이 궁극적으로 같은 이유를 대면, 단순히 그 외 3천 명도 같은 이유로 시위를 하고 있을 것이라고 추측할 것이다. 그러나 불행하게도, 기사가 보도된 후 여러분의 편집자는 전혀 다른 이유로 시위에 참여했던 사람들에게서 수많은 항의를 받게 될 것이다.

물론 우리는 살기 위해서라도 어느 정도는 일반화해야 될 필요가 있다는 점을 염두에 두어야 한다. 나를 문 방울뱀이 독사인지 여부를 끊임없이 묻는 것은 좋은 생각이 아니다. 그 종류는 다 독사라고 추정해야 한다. 반면에 과도한 일반화를 하는 경향도 있다.

과학자들은 미리 충분한 크기의 관찰표본을 확보함으로써 과도한 일반화를 피하려 한다. 또 다른 안전장치는 탐구의 반복(replication)이다. 기본적으로, 반복이란 매번 같은 결과가 나오는지 보기 위해 연구와 확인을 되풀이하는 것을 의미한다. 더 나아가 약간 변경된 조건하에서 연구를 되풀이할 수도 있다.

반복
오차를 드러내거나 감소시키기 위해 실험을 되풀이하는 행위

선별적 관찰

과도한 일반화의 한 가지 위험은 그것이 선별적인 관찰로 이끌 수 있다는 점이다. 여러분이 특정한 유형이 존재한다고 결론짓고 왜 그런지에 대해 일반적 이해를 일단 해버리면, 그러한 유형에 일치하는 미래의 사건과 상황에 초점을 맞추고 그렇지 않은 것은 무시하게 될 가능성이 크다. 인종차별과 민족차별이 지속되는 것은 주로 선별적 관찰에 기반한다.

또 다른 예를 들어, 루이스 힐(Lewis Hill)이 버몬트 주에서 살았던 경험을 한 번 보자.

> 건초작업은 독립기념일(7월 4일) 바로 뒤에 시작되었다. 이웃집 농가들은 더 일찍 건초작업을 시작했다가는 6월의 태풍과 노인들이 흔히 말하던 화약이 불타는 소음과 연기로 인해 발생한다던 휴일 이후의 폭풍 등의 피해를 입을 것이라고 생각했다. 어머니는 할아버지와 다른 남북전쟁 참전용사들이 큰 전투를 치른 후에는 어김없이 비가 많이 내렸다고 말씀하시곤 했다. 당연히 모든 일이 그들이 말하는 대로 항상 풀리지 않았음에도, 모두들 일이 생각한 대로 이루어진 시간들만 기억했다.
>
> (2000: 35)

때로 연구설계는 결론에 도달하는 근거로 앞으로 행할 관찰의 수와 종류를 미리 정한다. 만약 남자보다 여자가 낙태선택의 자유를 더 열렬히 지지하는지 알고 싶다면, 연구 프로젝트에서 그 질문에 관해 인원수를 정해놓고 관찰하는 데 전념

할 것이다. 그 이슈에 관해 면접할 1천 명의 사람을 조심스럽게 선택할 수 있다. 그 대신 동물보호 시위를 연구하는 경우처럼 한 사건을 직접 관찰할 때, 사회조사자는 일반적인 유형에 들어맞지 않는 '일탈적인 경우들'을 발견하기 위해 특별한 노력을 기울인다.

비논리적 추론

일상생활에서 일어나는 현상이 어떠한지에 대한 우리의 이해와 상충되는 관찰을 하게 만드는 방법이 있다. 확실히 인간의 마음이 창조해낸 가장 놀라운 것 중의 하나는 '규칙을 입증하는 예외(the exception that proves the rule)'이다. 이 생각은 매우 납득하기 어렵다. 어떤 예외는 기존의 법칙이나 가정된 법칙의 관심을 끌 수 있지만 어떤 논리체계에서도 그것이 반박하는 규칙을 입증할 수는 없다. 그럼에도 불구하고, 우리는 종종 모순을 떨쳐버리기 위해 단순한 일필의 비논리로 이러한 함축된 속담을 사용한다. 이 점은 특히 전형화된 집단에서 보편적이다. 어떤 비백인, 여성 혹은 게이 남성이 그들이 속한 집단에 대해 사람들이 일반적으로 지니고 있던 전형화에 어긋나더라도 그것은 단지 하나의 예외일 뿐이고, 대부분의 이들에게 그 전형화가 '타당하다'는 점을 '검증'해줄 뿐이다. 예를 들어, 사내에 친절하고 여성스러운 여자 임원이 있는 경우, 이는 다른 모든 여자 임원들이 비열하고 남성적이라는 '증거'로 여겨진다.

통계학자가 '도박꾼의 오류(gambler's fallacy)'라고 부르는 것이 일상적 추론에서의 비논리성에 대한 또 다른 한 예이다. 종종 우리는 좋은 운이나 나쁜 운이 지속되는 것을 정반대의 상황이 나타날 전조로 여긴다. 저녁 포커 게임에서의 나쁜 운은 승리의 손이 가까이 다가와 있다는 믿음을 부추길 수 있고, 많은 포커꾼들이 그러한 잘못된 믿음 때문에 게임에 더 오래 머물며 많은 돈을 잃는다. (하지만 더 타당한 결론은 포커를 잘 하지 못하는 사람인 것이다.)

비록 우리 모두가 때로는 당황스럽게도 비논리적 추론에 빠지기는 하지만, 과학자들은 의식적이고 분명하게 논리체계를 사용하여 이러한 함정을 피하려고 노력한다. 과학의 논리에 대해서는 2장에서 더 깊이 배워보도록 하겠다. 지금으로선 논리적 추론은 과학자들에게 있어서 의식적 활동이라는 점, 그리고 그들은 다른 동료들이 항상 주위에 있기 때문에 정직해진다는 점을 주목하는 것으로 충분하다.

그러므로 과학은 일반적 탐구의 공통적인 오류로부터 과학적 탐구를 보호하는 시도를 하는 것이다. 실제를 정확하게 관찰하고 이해하는 것은 명백하거나 쉬운 문제가 아니라는 것을 이번 장에서 배우게 될 것이다.

다음 주제로 넘어가기 전에, 과학적 이해는 항상 변화하고 있다는 것을 염두에 두라고 경고하고 싶다. 과학의 역사를 보면 언제나 오래된 '지식'은 새로운 '지식'으로 대체되는 것을 볼 수 있다. 백 년 전 또는 천 년 전의 과학자들에 비해 우월감을 느끼기는 쉬우나, 이러한 경향은 변화를 과거로 치부하는 것에 있다. 이제 우리는 현재의 상황을 안다.

사무엘 아베스만(Samuel Arbesman)은 『사실의 반평생(The Half-Life of Facts)』(2012)에서 현대 사회의 과학적 '사실'이 얼마나 오랫동안 대체되지 않고 버티는지와 그에 따른 새로운 발견에 대해 이야기한다. 예를 들면, 의학에서 알고 있는 간염이나 경화증에 대한 사실의 절반은 45년 전에 대체되었다.

이렇게 과학 지식이 항상 발전하는 것은 과학 학문의 힘을 보여준다. 문화적 믿음이나 미신이 몇 백 년 동안 바뀌지 않는 것과는 반대로, 과학자들은 세상을 더 잘 이해하고자 하는 목표가 있다. 이 책의 목적은 여러분도 이러한 과학적 목표를 갖게 하고자 함이다.

1.3 사회과학의 기반

과학의 두 기둥은 논리와 관찰이다. 즉, 세상에 대한 과학적 이해는 (1) 납득할 만해야 하고, (2) 동시에 우리가 관찰한 것과 일치해야 한다. 이 두 가지 요소는 과학의 본질이며 이론, 자료수집, 자료분석이라는 사회과학적 연구활동 체계의 세 가지 주요 측면과 연관되어 있다.

최대한 단순화시켜 말하면, 과학적 이론은 과학의 논리적 측면을 다루며, 자료수집은 관찰의 측면을 다룬다. 이에 따른 자료분석은 관찰된 것의 유형을 찾는 것이며, 논리적으로 기대되는 바를 실제 측정된 바와 비교하는 것이다. 비록 이 책이 기본적으로는 자료수집과 자료분석에 관한 것, 즉 사회연구를 어떻게 수행하는가에 관한 것이지만, 사회과학에 위에서 언급한 세 가지 측면이 연관되어 있다는 사실을 인지하자. 그러므로 이 책의 2장은 연구의 이론적 맥락에 할애되었다. 2부와 3부에서는 자료수집에 초점을 두고 4부에서는 자료분석을 소개한다. 〈그림 1-1〉은 이 책이 어떤 방식으로 사회과학의 세 가지 측면을 다룰 것인지 보여준다.

그렇다면 이제 사회과학이 사회현상을 바라보는 방식들과 어떻게 다른지에 대한 기본적인 이슈를 살펴보도록 하자.

철학이나 신념이 아닌 이론

오늘날 사회이론은 '무엇이 되어야 한다(what should be)'가 아니라, '무엇이다

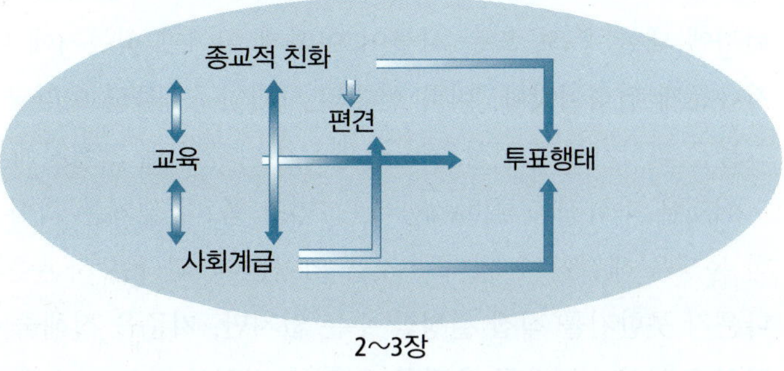

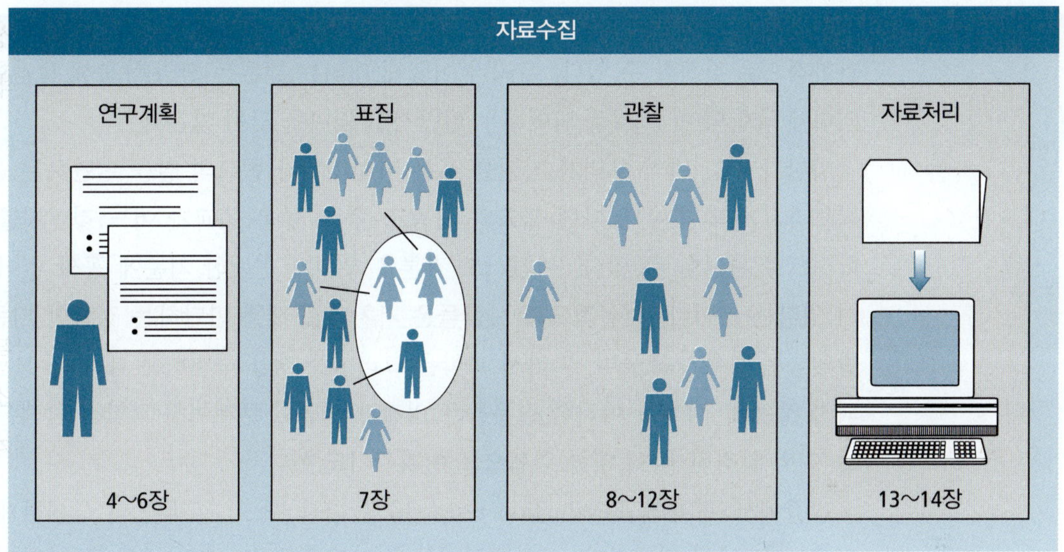

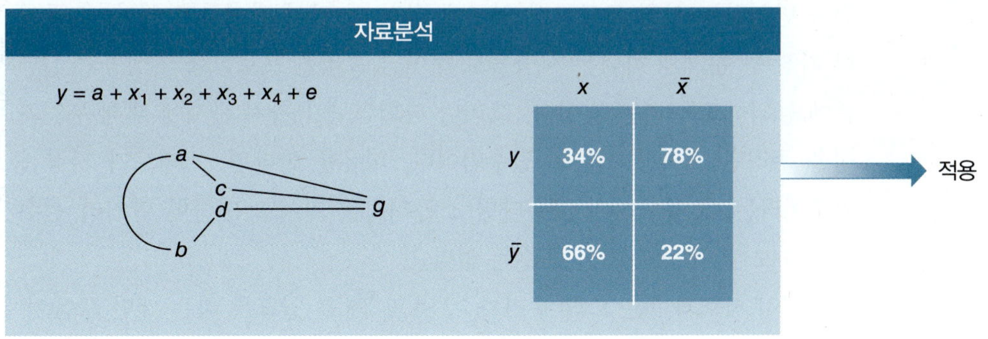

그림 1-1 사회과학 = 이론 + 자료수집 + 자료분석
이 그림은 사회조사의 각 주요 단계에 대한 개요를 제공하며, 이 책에서 각 단계가 논의되는 장을 표시해준다.

(what is)'와 관련되어 있다. 그러나 수세기 동안 사회이론은 이 두 가지 지향을 구분하지 않았다. 사회철학자들은 자기 주변에서 발생한 바에 대한 관찰과 왜 그런지에 대한 추측, 또는 사물이 어떻게 되어야 하는지에 대한 자신들의 생각을 자유롭게 뒤섞어왔다. 비록 현대의 사회연구자들도 이따금 같은 일을 할지라도, 그들은 과학자로서 현상들이 실제로 어떠하며 왜 그런지에 초점을 둔다.

이론
생활의 특정한 측면과 연관된 관찰을 체계적으로 설명한 것. 예를 들어, 청소년 범죄, 사회계급 또는 정치혁명 등이 있다.

이것은 과학적 이론(theory)이, 그리고 좀 더 넓게는 과학 그 자체가 가치에 대한 논쟁을 해결할 수 없다는 것을 의미한다. 과학은 자본주의가 사회주의보다 더 나은지 못한지를 직접 결정할 수는 없지만, 기준을 정해줄 수는 있다. 우리는 인간의 존엄성과 자유를 측정할 수 있는 정의와 기준에 대해 먼저 동의한 경우에만 자본주의와 사회주의 중 어느 쪽이 인간의 존엄성과 자유를 더 잘 지지하는지를 과학적으로 결정할 수 있다. 우리가 이렇게 내리는 결론은 정의를 통해 특정화된 의미에 국한되며, 그것을 넘어서는 일반적인 의미를 갖지 않는다.

마찬가지로, 만약 우리가 자살률 혹은 자선행위가 종교의 질을 판단하는 좋은 척도라고 동의할 수 있다면 불교와 기독교 중 더 좋은 종교가 어느 것인지를 과학적으로 판단할 수 있다. 여기서도 결론은 우리가 선택한 기준에 꼼짝 없이 묶여 있다는 것이다. 현실적으로 사람들은 가치의 문제를 판단하는 정확한 기준에 합의하는 경우가 드물며, 따라서 과학은 그러한 논쟁을 해결하는 데 거의 도움이 되지 않는다. 사실상 이러한 질문들은 의견과 신념의 문제여서 과학적 탐색은 종종 '이미 알려진' 바에 대한 위협으로 여겨지기도 한다.

12장에서 '평가연구(evaluation research)'를 다룰 때 이 문제를 더 상세하게 고려해보자. 알게 되겠지만, 사회연구자들은 인권운동이나 복지개혁 등 이념적 관점을 반영하는 사회 프로그램 연구에 점점 더 많이 관여하고 있다. 그들이 직면한 가장 큰 문제의 하나는 사람들로 하여금 그러한 프로그램의 성공과 실패의 기준에 동의하도록 하는 것이다. 그러나 사회연구가 가치 문제에 대해 무언가 유용성을 주려면 그러한 기준은 필수적이다. 비유를 한다면, 스피드가 가장 중요한 기준이라는 데 동의하지 않는다면 스톱워치를 가지고 연습한 단거리 선수가 다른 선수보다 더 낫다고 말할 수는 없다.

그래서 사회과학은 오직 우리가 '무엇'과 '왜'를 알도록 하는 데만 도움이 된다. 우리는 이러한 동의가 비록 거의 이루어지지 않는다고 해도, 어떤 결과가 다른 것보다 더 나은지를 결정하는 기준에 합의한 경우에만 해당 결정에 사회과학을 이용할 수 있다. 이 사실을 인지했으니, 이제 우리가 뭐가 어떤지, 또는 왜 그런지에 대한 이론을 발전시키도록 도와주는 사회과학의 본질적인 아이디어들을 알아보자.

사회적 규칙성

사회연구는 대체로 사회생활의 규칙성의 유형을 찾아내려는 목적을 갖는다. 이러한 목적은 물론 모든 과학 분야에 적용되지만, 종종 처음 사회과학을 접할 경우 장애물로 여겨질 수도 있다.

실제로, 많은 경우 사회에서의 공식적인 표준은 상당한 규칙성을 만들어낸다. 예를 들면, 특정 나이가 된 사람들만 투표가 가능하다. 미국의 군대에서는, 최근까지도, 남자들만 전투에 참여할 수 있었다. 이러한 사회의 정규적인 처방은 사회 행동을 규제하게 된다.

공식적 규정과는 별도로, 더 많은 규칙성을 만들어내는 사회적 규범들도 눈에 띈다. 등록된 유권자들 가운데 공화당원은 민주당원보다 공화당 후보를 찍을 가능성이 더 높다. 대학교수는 비숙련 노동자보다 수입이 더 많을 가능성이 높다. 남성은 여성보다 수입이 더 많은 경향이 있다. (이러한 유형에 대한 깊은 논의는 이후 이 책에서 다뤄질 것이다.) 규칙성의 예는 끝없이 들 수 있다.

이러한 사회적 규칙성에 대해 종종 세 가지 반론이 제기된다. 첫째, 규칙성의 일부는 평범해 보인다. 예를 들어, 공화당원이 공화당 후보를 찍는 것은 누구나 알고 있다. 둘째, '규칙성'이 전적으로 규칙적이지 않음을 드러내는 모순적인 사례들이 거론될 수 있다. 일부 노동자들은 일부 교수들보다 수입이 더 많다. 셋째, 규칙성 속에 있는 사람은 원하기만 한다면 전체를 뒤흔들 수 있다.

이러한 반론을 하나씩 다루어보자.

평범하다는 비판

제2차 세계대전 중 뛰어난 사회과학 연구자의 한 사람인 사무엘 스토퍼(Samuel Stouffer)는 전투활동을 지원하기 위한 연구를 수행하기 위해 미 육군에 조사팀을 조직했다(Stouffer et al., 1949~1950). 주요 연구내용은 병사의 사기(morale)에 관한 것이었다. 스토퍼와 그의 연구진은 군대 사기의 기반과 관련하여 상당한 정도의 '상식(common wisdom)'이 있다는 것을 발견했다. 그들의 연구는 주로 이처럼 '분명해' 보이는 진실을 검증하는 것이었다.

예를 들어, 사람들은 오랫동안 진급이 군대의 사기에 영향을 미친다고 생각해 왔다. 군인이 진급을 하고 진급체계가 공정해 보인다면, 사기는 높아진다. 게다가 진급하는 사람들은 진급체계가 공정하다고 생각하는 경향이 있다는 것과 그렇지 못한 사람들은 진급체계가 불공정하다고 생각할 것이라는 것도 그럴듯하다. 이를 확장해보면, 진급률이 낮은 부서에 근무하는 군인들은 진급체계를 불공정하다고 생각하고 빨리 승진되는 부서에 있는 사람들은 진급체계를 공정하다고 생각하는 것도 말이 된다. 하지만 이것이 진짜 그들이 생각하는 바였을까?

스토퍼와 연구진은 두 개의 부대에 초점을 맞춰 연구했는데, 군대 내에서 진급이 가장 느린 헌병부대와 진급이 가장 빠른 육군항공대(미 공군의 전신)였다. 헌병들은 진급체계가 불공정하다고 생각하고 항공대원들은 공정하다고 생각한다는 것이 추론의 골자였다. 하지만 연구는 정반대의 결과를 보여주었다.

이 같은 상황에서 연구자가 직면하는 딜레마를 생각해보라. 한편으로 그러한 관찰은 말이 안 되는 것처럼 보인다. 다른 한편으로 분명히 그럴듯해 보이는 설명은 사실의 지지를 받지 못했다.

웬만한 사람이라면 이 문제를 '미래의 연구'로 남겨두었을 것이다. 하지만 스토퍼는 이러한 관찰에 대한 설명을 추구했고 결국 성공했다. 컬럼비아대학교의 로버트 머턴(Robert Merton, 1950)과 일군의 사회학자들이 이른바 준거집단 이론(reference group theory)에 대해 생각하고 글을 발표하기 시작했다. 이 이론은 사람들이 자신의 운을 객관적인 조건보다는 주위에 있는 사람들, 즉 준거집단과 비교한다는 것이다. 예를 들어, 만약 여러분이 가난한 사람들과 함께 산다면, 5만 달러의 연봉은 여러분을 백만장자처럼 느끼게 해줄 것이다. 그러나 만약 1년에 50만 달러를 버는 사람들과 함께 산다면 같은 5만 달러의 소득임에도 불구하고 못산다고 느낄 것이다.

스토퍼는 이러한 추론을 자신이 연구한 군인들에게 적용했다. 비록 특정한 헌병이 오랫동안 진급하지 못했다고 하더라도, 그 헌병이 자신보다 능력이 부족하지만 더 빨리 진급한 사람을 알 가능성은 적었다. 헌병대에서는 누구도 진급되지 않았다. 만약 그가 항공대에 있고 빠른 속도로 여러 번 진급했다면 능력이 부족하면서도 더 빨리 진급한 누군가를 지적할 가능성은 높다. 이때 헌병의 준거집단은 그의 헌병대 동료들이며, 항공대원들은 자신을 동료 항공대원들과 비교한다. 그래서 스토퍼는 궁극적으로 진급체계에 대한 군인들의 태도에 대해 (1) 일리가 있고, (2) 사실과 부합하는 이해에 도달했다.

이 이야기는 자연과학이든 사회과학이든 분명한 것을 증명하는 것이 과학의 가치 있는 기능이라는 것을 보여준다. 찰스 다윈(Charles Darwin)은 자신이 수행한 연구를 가리켜 '바보의 실험(fool's experiment)'이라고 불렀는데, 자신이 검증한 연구들은 다른 사람들이 모두 '이미 알고 있는' 것이었기 때문이다. 다윈이 잘 이해한 것처럼, 너무 자주 분명해 보이는 것이 틀린 것으로 밝혀진다. 따라서 분명한 평범함이라는 것이 어떤 과학적 탐구노력에든 적절한 비판은 되지 못한다.

예외가 되는 경우는?

어떤 사회적 규칙성에든 항상 예외가 존재한다는 반대 의견도 규칙성 자체가 중요하지 않다거나 실제가 아니라는 것을 의미하지는 않는다. 특정한 한 여성이 대부분의 남성들보다 더 많은 돈을 벌 수도 있지만, 이는 남성들보다 전반적으로 수입이 더 적은 대다수 여성들에게 작은 위안이 될 뿐이다. 경향은 여전히 존재하는 것이다. 다시 말해 사회적 규칙성은 확률적 경향을 나타내는 것이고, 일부 사례들이 일반적인 유형에 들어맞지 않는다고 해서 덜 실제적인 것은 아니다.

이 점은 사회과학뿐만 아니라 자연과학에도 적용된다. 예를 들어, 초미립자 물리학도 확률의 과학이다. 유전학에서 푸른 눈을 가진 사람과 갈색 눈을 가진 사람이 결합하면 갈색 눈의 자녀를 갖게 될 것이다. 푸른 눈을 가진 아이가 출생한다고 해서 관찰된 규칙성을 반박하는 것은 아니다. 왜냐하면 유전학은 갈색 눈의 자녀를 가질 가능성이 높다고 말하는 것이고, 더 나아가 갈색 눈의 자녀는 일정 비율로 태어나게 될 것이라고만 이야기하기 때문이다. 사회과학자도 이와 비슷한 확률적 예측을 하는데, 즉 여성이 전반적으로 남성보다 수입이 적을 가능성이 크다는 것이다. 일단 이러한 경향이 관찰되면, 사회과학자는 왜 그러한지에 대해 질문할 근거를 가지게 된다.

사람들이 방해할 수 있다는 문제

마지막으로, 행위자의 의식적인 의지로 인해 관찰된 사회적 규칙성이 뒤집힐 수 있다는 반론은 사회과학에서는 심각한 도전이 되지 못한다. 이러한 상황이 자연과학에서 발생한다면 특별한 것으로 여겨질 것이다(비록 초미립자 물리학의 확률적인 속성으로 인해, 한때 일부 학자들은 전자가 자유의지를 갖고 있다고 가정했지만, 자연물은 물리학의 법칙을 벗어날 수 없다고 가정된다). 광신적이며 극우적인 편협한 사람이 선거조사를 하는 정치학자를 혼란시키려 든다면 투표소에서 불가지론을 가진 좌파의 급진적 흑인 후보에게 표를 던질 수 있다는 점을 부인할 수는 없다. 선거에서 모든 유권자들이 갑자기 마음을 바꾸어 의외의 인물에게 투표하여 여론조사자를 좌절시킬 수도 있다. 이와 유사하게, 노동자들도 일찍 출근하거나 직장에 나가지 않고 집에 머물러서 예상했던 출근시간대 교통혼잡을 초래하지 않을 수도 있다. 그러나 이러한 일은 사회적 규칙성의 관찰을 심각하게 위협할 정도로 빈번하게 일어나지는 않는다.

따라서 사회적 규칙성이란 실제 존재하고, 사회과학자는 이것을 탐색하고 그 효과를 관찰할 수 있다. 시간이 지나면서 이러한 규칙성이 변할 때 사회과학자들은 그러한 변화를 관찰하고 설명할 수 있다.

사회조사를 특히 어렵게 만드는 약간 다른 형태의 인적 방해요인이 있다. 사회조사는 가역적(recursive) 특성을 띠기도 한다. 즉, 우리가 조사를 통해 사회에 대해 알게 된 점으로 인해 상황을 변하게 만들게 되어서 결국 알게 된 사실이 더 이상 사실이 아니게 될 수 있다. 예를 들어, 이따금 '가장 살기 좋은 곳 10선' 같은 식의 보고서를 접할 것이다. 크게 붐비지 않으면서도 지역에 필요한 모든 시설(학교, 상권, 공공기관 등)이 잘 갖추어져 있고 유병률이 낮고 국민당 의사수가 많은 등의 조건이 열거될 것이다. 이러한 정보가 공개되면 무슨 일이 벌어질까? 사람들이 그곳으로 이사를 가고 동네가 붐비기 시작하면서 결국은 살기에 그리 좋지 못한 장소가 된다. 사람이 가장 적게 몰리는 해변이나 낚시 명소가 공개되었을 때 어떤 결과가 나타날지 상상해보면 더 쉽게 이해할 수 있다.

2001년 엔론(Enron) 사는 도산 직전으로 내몰렸고 몇몇 고위 임직원들은 자신들의 회사지분을 조용히 처분하고 있었다. 이 기간 중에, 바로 그 임원들이 종업원들에게 회사의 재정상태가 건실하다고 확신시키면서 퇴직금을 회사에 투자하도록 권유하고 있었다. 이러한 사기극의 결과로 종업원들은 실업자가 됨과 동시에 퇴직금의 대부분을 날리게 되었다.

엔론 사에서 발생한 이러한 사건에 대해 스탠포드 경영대학원 교수인 데이비드 라커와 아나스타샤 자콜류키나(David Larcker and Anastasia Zakolyukina, 2010)가 임원들이 거짓말을 하고 있었을 때 이것을 방지할 수 있었을지에 대해 연구했다. 수만 건의 회의자료를 분석하고 임원들이 사소한 거짓말을 한 경우들을 추려내고 사실과 동떨어진 얘기를 한 유형을 확인했다. 예를 들어, 거짓말을 할 때 임원들은 사업전망이 '좋다'고 말하는 대신 '환상적이다(fantastic)'라는 식으로 과장하는 경향이 있음을 밝혀냈다. 연구는 다른 실마리들도 확인했는데, 임원들이 거짓말을 할 때는 주주나 자신에 대한 언급을 덜하는 경향이 있다는 것이었다. 이 연구로부터 도출된 정보는 거짓말을 할 때의 특징적인 실마리들을 밝힌 것인데, 이 정보로 가장 득을 본 사람이 누구일까? 아마도 기업의 임원들이나 그들에게 의사소통 방법을 코치해주는 전문가들일 것이다. 향후 10년 내에 고위 임원들에 대한 추가 연구가 이루어진다면 오늘날과는 매우 다른 화법이 사용될 것이라고 확신한다.

개체가 아닌 집합체

존재하는 사회적 규칙성은 이론적이거나 실증적인 연구를 할 가치가 있다. 그러므로 사회과학자들은 주로 개인보다는 사회적인 패턴을 연구한다. 이렇게 연구되는 패턴은 일반적으로 개인보다는 수많은 사람들의 집합행동을 반영한다. 비록 사회과학자들이 개인들에게 영향을 끼치는 동기에 관해 연구할지라도, 개인 자체는 대체로 사회과학의 연구주제가 아니다. 즉, 사회과학자들은 개인생활보다는 집단생활의 속성에 대한 이론을 만들어낸다. 심리학자들이 개인 '내부'에서 벌어지는 일에 집중하는 반면, 사회과학자들은 그들 '사이'에서 발생하는 일을 연구하는 것이다: 두 사람 사이에서 일어나는 일부터 시작해서, 소규모 집단, 조직, 전체 사회에 이르기까지 모두가 연구대상일 뿐만 아니라, 심지어 서로 다른 사회들 간의 상호작용도 연구한다.

때때로 집합적 규칙성은 놀랄 만하다. 예를 들어 출생률을 생각해보자. 사람들은 다양한 개인적 이유로 아이를 갖는다. 어떤 사람들은 부모가 손주를 원해서 그렇게 한다. 어떤 이들은 그것이 자신의 여성성 혹은 남성성을 완성하는 방식이라 느끼기도 한다. 또 다른 사람들은 결혼생활을 견고히 하기 위해 아이를 가진다. 또 어떤 이들은 실수로 아이를 갖기도 한다.

만약 여러분이 아이를 낳았다면 훨씬 더 상세하게 자신만의 남다른 이유를 말할 수 있을 것이다. 여러분은 왜 1년 전 혹은 1년 후가 아닌, 바로 그때 아이를 갖게 되었는가? 어쩌면 집에 화재가 나서 양육을 감당하기 위해 1년 정도 미루었어야만 했을 수 있다. 또는 자녀를 가짐으로써 성숙함을 느끼고, 이러한 느낌이 직장에서 승진으로 이어질 수 있다고 생각했을 수도 있다.

이렇듯, 작년에 아이를 가진 모든 사람은 각기 다른 이유를 갖고 있다. 그러나 이러한 엄청난 다양성과 개인적 이유들의 유별성에도 불구하고 사회의 전반적 출생률, 즉 인구 1천 명당 태어난 아이의 수는 매년 놀랄 정도로 비슷하다. 미국의 출생률을 보여주는 〈표 1-1〉을 보자.

만약 미국의 5년간 출생률이 연속하여 30, 20, 70, 55, 80명이라면, 인구학자는 맥을 못 출 것이다. 하지만 보다시피, 사회생활은 이보다 매우 질서정연하다. 게다가 이러한 규칙성은 사회 전반적인 규제 없이도 생겨난다. 몇 명의 아이가 태어나야 하고 누가 아이를 가져야 하는지를 결정하는 사람은 아무도 없다. [출

표 1-1 미국의 출생률: 2006~2013년

연도	여성(15~50세) 천 명당 출생률
2006	54.9
2007	55.0
2008	58.5
2009	57.0
2010	54.6
2011	54.0
2012	54.1
2013	51.6

출처: U.S. Bureau of the Census, Historical Table 3. Births in the past year per 1,000 women, by Age: ACS, 2006–2013 [XLSX], accessed July 15, 2016, at http:// www.census.gov/hhes/fertility/data/cps/historical.html.

일상생활에 개념 적용하기 | 출생률이 함축하는 의미

잠시 시간을 가지고 방금 본 표에 대해 생각해보자. 이 장의 〈어떻게 생각하는가〉에서 유아식 또는 기저귀 제조업체들이 어떻게 물자량을 정하는지를 질문했다. 미국 출생률이 보여주는 일관성은 이것이 문제가 아님을 보여준다.

또 누가 이런 분석을 통해 이득을 볼 수 있을까? 의료진들이나 교육자들? 또 누가 있을까?

만약 우리가 출생률을 지역에 따라 또는 인종, 수입 등으로 나눈다면? 당연히 현재 있는 정보보다 더 유익한 정보가 완성될 것이다. 나는 여러분이 사회연구원이 이용할 수 있는 여러 연구법에 대해 알게 됨으로써, 사회 전체를 위한 실질적인 가치에 감사하게 될 것이라고 생각한다.

생률을 분석하는 것이 어떤 목적을 성취하는지에 대해서는 〈일상생활에 개념 적용하기: 출생률이 함축하는 의미〉를 참조하라.]

그러므로 사회과학자들의 목표는 집단에 속해 있는 개인들이 변함에도 불구하고 왜 집단행동이 일정한 유형을 보이는지 설명하려는 것이다. 사회과학자는 사람조차도 설명하려고 하지 않는다고 말할 수 있다. 그들은 사람들이 작동하는 '체계'를 이해하려고 하는데, 여기서 체계란 왜 사람들이 그러한 식으로 행동하는지를 설명하는 체계를 말한다. 그러한 체계의 요소는 사람이 아니라 '변수'이다.

개념과 변수

우리가 무언가를 이해하려고 하는 가장 자연스러운 시도는 구체적이고도 남다르게 일어난다. 그것이 바로 우리가 생각하는 방식이다.

누군가가 여러분에게 "여자는 원래 속해 있던 부엌으로 돌아가야 돼."라고 말한다고 가정해보자. 여러분은 여러분이 그러한 말을 하는 사람에 대해 알고 있는 정도까지만 그 말을 받아들일 것이다. 만약 그 말을 한 사람이 나이 든 해리(Harry) 아저씨이고, 기억하건대 예전부터 일광시간 절약, 우편번호, 개인용 컴퓨터(PC) 등에 강하게 반대했던 사람이라면, 이 주장도 전반적인 현상에 대해 시대에 뒤처진 아저씨의 관점에나 들어맞는다고 생각할 것이다.

반대로, 만약 여성 경쟁후보를 추격하던 정치인이 여자는 너무 감정적이라서 정치를 잘 할 수 없다는 주장을 펼친 것이라면, 여러분은 아마도 그의 주장을 정치적인 도전으로 해석할 것이다.

두 가지 예 모두에서, 여러분은 특정 인간의 행동을 이해하려고 하는 것이다. 사회연구에서는 이러한 이해를 뛰어넘어 개인의 계급 혹은 유형에 대한 통찰을 추구한다. 위에 언급된 두 가지 예에 관해 여러분은 아마도 '고지식하다', '편협하다' 등의 표현을 사용할 것이다. 즉, 사람들은 각각의 개개인을 특정적인 사고에 기반한 비슷한 특성의 개인들로 대체하고자 노력하는 것이다.

사회과학자들은 이렇게 개개인을 분석함으로써 한 명이 아닌 여러 명에 대한 정보를 얻게 된다. 편협한 정치인이 왜 저러한 생각을 하는지에 대해 연구함으로써, 그와 비슷한 사람들에 대해서도 배우게 되는 것이다. 다르게 말하면, 그들은 편협에 대해 '편협한' 만큼 공부하지 않은 것이다.

여기서 편협심은 변하기 때문에 '변수'로 취급된다. 어떤 사람들은 다른 사람들보다 더 편협하다. 그러므로 사회과학자들은 어떤 유형의 사람들에게 편협심이 더 높게 발생하는지에 대한 변수의 체계를 이해하는 것에 관심이 있는 것이다.

변수들로 구성된 체계라는 개념이 다소 낯설므로 한 가지 비유를 들어보자. 의사가 주의를 기울이는 대상은 환자이다. 만약 환자가 아프면, 의사의 목표는 환자가 회복되도록 돌보는 것이다. 반면 의학자가 관심을 두는 주제는 다르다. 예를 들면 질병을 야기하는 변인을 찾는 것이다. 의학자가 의사의 환자를 연구하기도 하겠지만, 연구자에게 있어서 그 환자는 오직 질병의 감염체로서만 관심이 있다.

당연히, 의학자들도 실제 사람들에게 관심이 있지만, 실질적인 연구에서는 연구를 통해 질병에 관해 무슨 결과를 얻을 수 있는지에 초점을 맞춘다. 사실상 의학자들은 실제 환자들에게 개입하지 않고 질병을 의미 있게 연구할 수만 있다면 그들은 그렇게 한다.

그래서 사회연구는 변수들과 그 관계들을 연구하는 것이다. 사회이론은 변수 언어로 쓰이고 사람들은 그러한 변수들의 '보유자(carrier)'로 여겨진다. 아래에서 사회과학자들이 말하는 변수와 속성이 무엇인지 더 자세히 알아보자.

속성(attributes) 또는 값은 어떠한 사물을 묘사하는 특징이나 질을 말하며, 이 경우에는 사람이 되겠다. 예를 들면, 여성, 아시아인, 소수의, 보수적인, 결백하지 못한, 영리한, 농부이다. 당신 자신이나 다른 사람을 묘사할 때 쓰는 모든 것이 속성이 된다.

속성
사람이나 사물의 특성

이와 달리, 변수(variables)는 속성의 논리적인 집합체를 말한다. 변수 직업은 농부, 교수 또는 트럭 운전사 등의 속성을 포함한다. 사회계급은 상류층, 중산층, 하류층 등의 속성을 포함한다. 속성을 변수가 만들어지는 카테고리의 일종이라고 생각하면 편하다. 사회과학자들이 말하는 변수와 속성이 무엇인지에 대해서는 〈그림 1-2〉를 참조하라.

변수
속성의 논리적인 집합. 성(sex)이라는 변수는 남성과 여성이라는 속성으로 구성된다.

성(sex)과 사회적 성(gender)은 변수의 예이며, 이 변수들은 서로 같은 개념이 아니지만 구분하기가 쉽지 않다. 지금 여기서 이 변수들에 관해 정리하고, 이 개념으로 이 책의 나머지도 이어가도록 하겠다.

최대한 간단히 말하자면, 성은 생물학적이고 신체적인 요소이며, 속성으로 말하자면 남성, 여성, 남자, 여자, 남자아이, 여자아이 정도가 있겠다.

그에 반해 사회적 성은 사회적인 요소로 주로 남자나 여자가 사회적으로 어떻

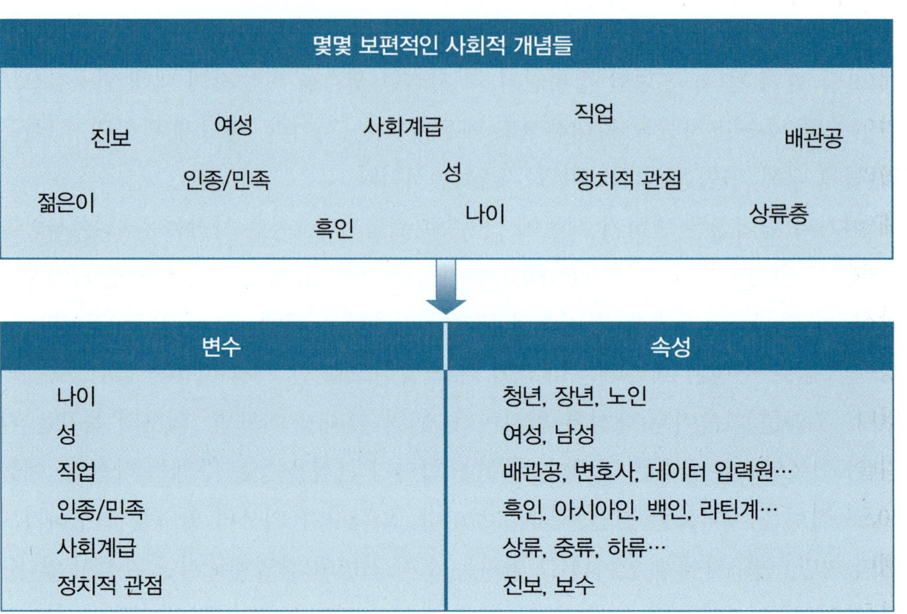

변수	속성
나이	청년, 장년, 노인
성	여성, 남성
직업	배관공, 변호사, 데이터 입력원…
인종/민족	흑인, 아시아인, 백인, 라틴계…
사회계급	상류, 중류, 하류…
정치적 관점	진보, 보수

그림 1-2 **변수와 속성**
학력 또는 편견 등의 변수와 그에 따른 속성(교육받음/교육받지 않음, 편견이 있음/편견이 없음) 등은 사회연구의 인과관계를 조사하는 기반이 된다.

게 행동해야 하는지를 뜻한다. 여기서 '주로 어떻게 행동해야 하는지'에 대한 부분은 문화에 따라 다르다는 것을 염두에 두자. 또한 어떤 남자는 여성스러운 행동과 특성을 가지고 있을 수도 있으며, 어떤 여성은 남성스러운 특성을 가지고 있을 수도 있음을 이해하자. 그러므로 사회적 성을 구성하는 속성은 '남성스러운' 또는 '여성스러운'이 된다.

하지만 여기서 더욱 큰 어려움은 신체적인 이유가 아닌 다른 이유로 여성이라는 계급이 남성이라는 계급과 차별을 받을 때 생긴다. 좋은 예는 성별에 따른 수입의 차이이다. 이 책에서 차차 알게 되겠지만, 미국에서 여성은 남성보다 직장이나 능력에 차이가 없어도 수입이 더 적다. 이는 여성스러움이나 남성스러움과는 전혀 무관하며 그들의 신체적 차이와도 무관하다. 대신, 이러한 수입의 차이는 사회적으로 이해되고 있는 여자와 남자의 차이에 의거한다. 전통적으로 미국에서는 남성이 집의 가장으로서 수입을 벌어왔고, 여성이 밖에서 벌어오는 돈은 부수적이었다. 비록 이러한 현상이 많이 바뀌었고 여성도 이제 가정 수입의 상당 부분을 책임지고 있지만, 남성이 여성보다 돈을 더 많이 번다는 사실은 매우 천천히 변하고 있다.

그러므로 우리는 '성'이라는 단어를 남자와 여자가 생물학적으로 다를 때에만 사용하도록 하겠다. 예를 들면, 남자가 보통 여자보다 키가 크듯이, 성과 키에는 차이가 있다. 이것은 사회적 차이가 아닌 신체적 차이이다. 하지만 앞으로 이 책에서 다룰 여성과 남성의 차이점은, 투표로 뽑힌 남자 정치인에 비해 여자 정치인이 수입이 적듯이, 대부분 사회적 차이에 근거한다. 그럴 때 우리는 사회적 성이라고 표현하도록 하겠다. 여성이나 남성 같은 속성은 성과 사회적 성 둘 다에 해당된다.

속성과 변수의 관계는 과학에서 기술과 설명의 중심에 놓여 있다. 예를 들어, 남성과 여성이란 속성에 따라 관찰된 빈도를 보고하면서, "그 학급의 60%는 남성이고 40%는 여성이다."는 식으로 변수인 성별로 대학의 학급구성을 기술할 수 있다. 실업률도 고용과 실업이라는 속성에 따라 '노동력의 고용상태'라는 변수를 기술한 것으로 생각할 수 있다. '도시 가구소득'에 대한 보고조차도, 13,124달러, 30,980달러, 55,000달러 등의 경우처럼 소득이란 변수를 구성하는 속성을 요약한 셈이다. 때로는 사회과학 개념의 기저에 있는 개념의 의미가 즉시 명확해진다. 다른 경우에는 그렇지 못하다.

속성과 변수의 관계는 설명의 경우에 더 복잡해지고, 과학이론에서 변수언어의 중심이 된다. '교육'과 '편견'이라는 두 변수를 가진 단순한 예를 들어보자. 단순화를 위해 교육이라는 변수가 단지 두 가지 속성, 즉 '교육받은 사람'과 '교육받지 못한 사람'만을 가지고 있다고 가정하자(이러한 것들이 어떻게 정의되고 측정되는지에 대해서는 5장에서 설명한다). 마찬가지로 편견이라는 변수 역시 '편견이 있음'과 '편견이 없음'의 두 속성으로만 이루어져 있다고 가정하자.

이제 교육받지 못한 사람의 90%가 편견이 있고, 10%는 편견이 없다고 가정하자. 그리고 교육받은 사람의 30%가 편견이 있고, 다른 70%는 편견이 없다고 가정하자. 이것은 〈그림 1-3a〉에 그려져 있다.

〈그림 1-3a〉는 '교육'과 '편견'이란 두 변수의 관계를 보여준다. 이 관계는 두 변수들의 속성을 짝지은 것이라고 볼 수 있다. 두 가지 짝짓기가 두드러진다. (1) 교육을 받았고 편견이 없는 사람과 (2) 교육을 받지 못했고 편견이 있는 사람이다. 이 관계를 보여주는 2개의 다른 유용한 방법이 있다.

첫째로, 어떤 사람이 편견이 있는지 없는지를 맞히는 여러분의 능력에 돈을 거는 게임을 한다고 생각하자. 나는 한 번에 한 명씩 고르고(내가 누구를 골랐는지는 여러분에게 말하지 않고), 여러분은 각 사람이 편견이 있는 사람인지 없는 사람인지 그 여부를 추측해야 한다. 〈그림 1-3a〉에 있는 20명 모두에 대해 이렇게 할 것이다. 이 경우 여러분이 맞히기 위한 최선의 전략은 매번 편견이 있다고 답하는 것이다. 왜냐하면 20번 중 12번의 경우가 그렇게 범주화되어 있기 때문이다. 그렇게 되면 12번은 맞고 8번은 틀리게 되어, 4번을 순순히 이기는 셈이다.

이제 내가 한 사람을 고를 때마다, 그 사람이 교육을 받은 사람인지 아닌지를

a. 교육을 덜 받은 사람이 교육을 많이 받은 사람보다 편견이 더 많다.

b. 교육과 편견 간에는 분명한 관계가 없다.

그림 1-3 **두 변수 간 관계의 예(두 가지 가능성)**
교육이나 편견 같은 변수와 그 속성들은 사회조사에서 인과관계 조사의 기초이다.

말해주어야만 한다고 가정해보자. 여기서 여러분의 최선의 전략은 교육받지 못한 사람에 대해서는 모두 편견이 있다고 답하고, 교육받은 개개인에 대해서는 편견이 없다고 답하는 것이다. 만약 여러분이 그 전략을 따른다면, 16번은 맞고 4번은 틀리게 된다. 교육수준을 앎으로써 편견을 예측하는 데 여러분이 향상을 이룬 그 점이 바로 변수들이 서로 연관되어 있다는 말의 의미를 보여주는 예이다.

둘째, 반대로, 만약 교육과 편견이 서로 연관이 없다면 20명이 어떻게 분포될지 고려해보자. 이는 〈그림 1-3b〉에 그려져 있다. 반수는 교육을 받고 반수는 교육을 받지 못했음을 주목하라. 또한 20명 중 12명(60%)이 편견이 있음에도 주목하자. 만약 각 집단에서 10명 중 6명이 편견이 있다면, 두 변수는 서로 연관이 없다고 결론을 내릴 것이다. 이 경우 한 사람의 교육수준 정도를 안다는 것이 그 사람이 편견이 있는지를 추측하는 데 아무런 가치가 없다.

우리는 4부에서 변수들 간 관계의 특성에 대해 더 자세히 살펴볼 것이다. 특히

일상생활에 개념 적용하기 **독립변수와 종속변수**

연애에 대해 알아보자. 어떤 데이트는 좋고 어떤 데이트는 실망스럽다; 나머지는 그 중간쯤이 되겠다. 그러므로 데이트의 성공도는 변수이며, '아주 좋다', '괜찮다', '실망스럽다' 등은 그 변수를 설명하는 속성이다. (만약 연애가 여러분과 관계없는 얘기라면, 다른 비슷한 개념을 적용해 생각해보라.)

좋은 데이트에서는 어떤 점이 달랐는지 생각해본 적이 있는가? (만약 데이트를 안 한다면, 다른 비슷한 경우를 생각하라.) 아마도 그것은 데이트를 한 사람이나, 같이 한 활동, 여러분이 한 행동, 얼만큼의 비용이 들었는지 등에 관한 것이다. 그러한 요인을 유효하다고 식별할 수 있는 이름을 지정할 수 있는가? (매력적인 정도, 시간을 잘 지키는지 등) 해당 변수를 구성하는 속성 집합을 식별할 수 있는가?

데이트의 질과 특징을 생각해보라: 무엇이 독립변수이고 무엇이 종속변수인가? (12장에서 여러분이 규명한 변수가 진짜로 문제가 되는지 결정하는 방법을 배우게 될 것이다.)

연구분석에서 이러한 관계를 발견하고 해석하는 방식을 알아볼 것이다. 하지만 변수들 간의 관계에 대한 일반적인 이해를 하면, 여러분이 사회과학적 이론의 논리를 음미할 수 있게 될 것이다.

이론은 우리가 변수들 간에 논리적으로 기대하는 관계를 기술한다. 종종 그러한 기대는 '인과관계'라는 개념을 내포한다. 한 변수에 있어, 개인의 속성은 다른 변수의 특정한 속성을 야기하거나 성향 짓거나 고무시킨다는 점이다. 〈그림 1-3a〉에서 보듯이, 사람이 교육을 받고 못 받고의 여부가, 그 사람이 편견이 있는지 없는지의 여지를 초래한다.

나중에 보다 상세히 언급하겠지만, 이 예에서 '교육'과 '편견'은 각각 독립변수(independent variables)와 종속변수(dependent variables)로 여겨진다. 편견(prejudice)은 무언가 다른 것에 종속되어 있기 때문에 종속변수라고 불리고, 종속변수가 종속되어 있는 것은 독립변수이며 여기서는 교육(eduction)이 독립변수이다. 사람마다 교육수준의 차이가 다를 수는 있지만, 교육은 편견으로부터 독립적이기 때문에 '독립'변수인 것이다.

교육수준의 차이가 동시에 다른 무엇인가에 종속된 것으로 밝혀질 수도 있다. 부모의 교육수준이 높은 사람일수록 부모의 교육수준이 낮은 사람에 비해 더 많은 교육을 받을 가능성이 크다. 이 관계에서 주체의 교육수준은 종속변수가 되고 부모의 교육수준은 독립변수가 된다. 우리는 독립변수가 원인이고, 종속변수는 그 효과라고 말할 수 있다. [〈일상생활에 개념 적용하기: 독립변수와 종속변수〉를 참조하라.]

〈그림 1-3〉은 자료분석을 보여준다. 우리는 20명의 분포를 두 변수를 가지고 살펴보았다. 사회과학적 이론을 구성하는 데 있어서, 우리가 각각의 변수에 대해 알고 있는 바를 기초로 두 변수 간의 관계에 대한 기대를 도출할 수 있다. 예를

독립변수
어떤 분석에서 별 문제가 되지 않고 주어진 것으로 여겨지는 변수. 독립변수는 종속변수를 초래하거나 결정한다고 여겨진다. 만약 우리가 신앙의 정도를 성의 일부, 즉 여성이 남성보다 신앙심이 더 강하다고 생각하면 성은 독립변수이고 신앙심은 종속변수이다. 주어진 변수는 분석의 한 부분에서는 독립적이고 다른 부분에서는 종속된 것으로 취급될 수 있음을 유의하자. 신앙심은 범죄율의 측면에서 독립변수가 될 수 있다.

종속변수
(독립변수라고 불리는) 다른 변수에 종속되거나 그것에 의해 발생된다고 여겨지는 변수. 만약 소득이 부분적으로 정규교육 수준의 함수라면, 소득은 종속변수로 취급된다.

들어, 우리는 교육이 사람들을 폭넓은 문화적 다양성과 다양한 관점에 노출시킨다는 것, 즉 관점을 확장시킨다는 점을 안다. 반면에 편견은 편협한 관점을 대변한다. 그렇다면 논리적으로 교육과 편견이 다소 양립하기 어렵다는 것을 기대할 수 있다. 따라서 교육의 증가는 편견의 발생을 감소시킨다는 기대에 도달할 수 있고, 이는 관찰에 의해 지지된다.

〈그림 1-3〉이 두 가지 가능성을 보여주기 때문에—교육이 편견의 여지를 감소시키거나 효과가 없거나—실제는 어떠한지 관심이 있을 것이다. 물론 다양한 유형의 편견이 있다. 이러한 예를 보여주려는 목적에서 게이와 레즈비언에 대한 편견을 예로 들어보자. 오랜 기간에 걸쳐 종합사회조사(General Social Survey, GSS)는 미 전역의 성인 표본집단에게 두 어른들 간의 동성애에 대해 '항상 나쁘다, 거

어떻게 할 것인가 GSS를 이용한 온라인 자료분석

만약 인터넷에 접속할 수 있다면 여러분 자신에 대해 편견과 교육 간의 관계를 검증할 수 있다. 이것에 대해서는 14장에서 더 상세하게 논의할 것이지만, 만약 흥미가 생긴다면 여기서 간단하게 살펴보자.

http://sda.berkerley.edu/sdaweb/analysis/?dataset=gss14+에 가면 그림에 보이는 것과 같은 웹페이지를 보게 된다. 그림에서 보듯이 페이지는 두 부분으로 나뉘어, 왼쪽에 변수들을 열거하고 오른쪽에는 다양한 필터, 옵션, 필드를 포함한 형식이 게시되어 있다. 동성애에 관한 태도를 다루는 설문문항을 확인해서 변수들의 체계를 갖추는 방식을 보여주기 위해 'HOMOSEX'를 예로 선택했다.

오른쪽의 형식에서 교육수준이 다름에 따라 태도가 어떻게 다른지를 분석하기 원한다고 하자. 거기서 교육수준은 'DEGREE'라는 변수로 측정되었다. 'YEAR(2014)'를 선택 필터 영역에 타이핑하면 2014년에 수행된 GSS를 이용해서 이를 분석할 수 있다.

스스로 이것을 해보고 싶다면 내가 한 것처럼 틀을 채우면 된다. 그러고 나서 틀의 맨 밑에 있는 'Run the Table'이라고 표시된 버튼을 클릭하라. 그렇게 하면 결과를 보여주는 표를 얻게 될 것이다. 일단 그렇게 한 다음에 관심이 있는 다른 변수들로 대체해보라. 혹은 HOMOSEX와 DEGREE의 관계가 1996년에도 거의 같았는지를 확인해볼 수도 있다.

시카고대학에 있는 전국여론조사센터(National Opinion Research Center, NORC)는 사회조사 연구자들이 그와 같은 자료를 분석에 이용할 수 있도록 미국인들의 공적 의견을 묻는 전국 사회조사를 연례적으로 행한다. 이 프로젝트는 종합사회조사(General Social Survey, GSS)라고 부른다.

1972년부터 시작해서 상당 규모의 전국 표본이 매년 대면면접을 통해 조사되었고, 1994년부터 시작해서는 매 2년 단위로 빈도수가 감소해왔다. 비록 빈번하게 조사가 이뤄진 것은 아니지만, GSS 면접은 한 시간 이상이 걸릴 정도로 길어서 미국인들의 인구학적 특성과 의견에 대한 폭넓은 정보를 얻을 수 있게 되어 있다. 한 서베이에 포함되는 주제의 수는 전체 표본의 일부 표본 대상자들에게 다른 질문들을 던짐으로써 더 증가해왔다. 그다음의 서베이에서 일부 질문들은 항상 되풀이된 반면, 몇몇 질문들은 이따금씩만 반복되었다. 그래서 정치적 지향성, 종교집회에 대한 참석 혹은 낙태에 대한 태도 같은 것에 대해서는 변화의 양상을 추적할 수 있다.

종합사회조사는 학부 학생부터 교수에 이르기까지 모든 이들이 방대한 자료에 접근할 수 있도록 해주기 때문에 사회과학자들에게는 대단한 연구자료이다. GSS 초창기에는 연구자들에게 카드나 테이프 등 물리적인 형태로 데이터를 우편으로 발송했다. 미시간대학에서 운영하고 있는 공식 웹사이트에 가면 GSS에 대해 더 많이 배울 수 있다. 앞서 살펴보았지만, 유형은 완벽하지 않은 경우라도 실제이고 중요하다.

표 1-2 교육과 게이 반대 편견

응답자의 교육수준	동성애는 항상 나쁜 것이라는 응답률
고졸 미만	60
고졸	43
전문대학 졸업	34
대학 졸업	27
대학원 졸업	27

의 항상 나쁘다, 때로 나쁘다, 전혀 나쁘지 않다' 중에서 어떻게 생각하는지 질문했다. 2014년 조사에서 응답자 중 40%가 동성애는 항상 나쁘다고 응답했다.

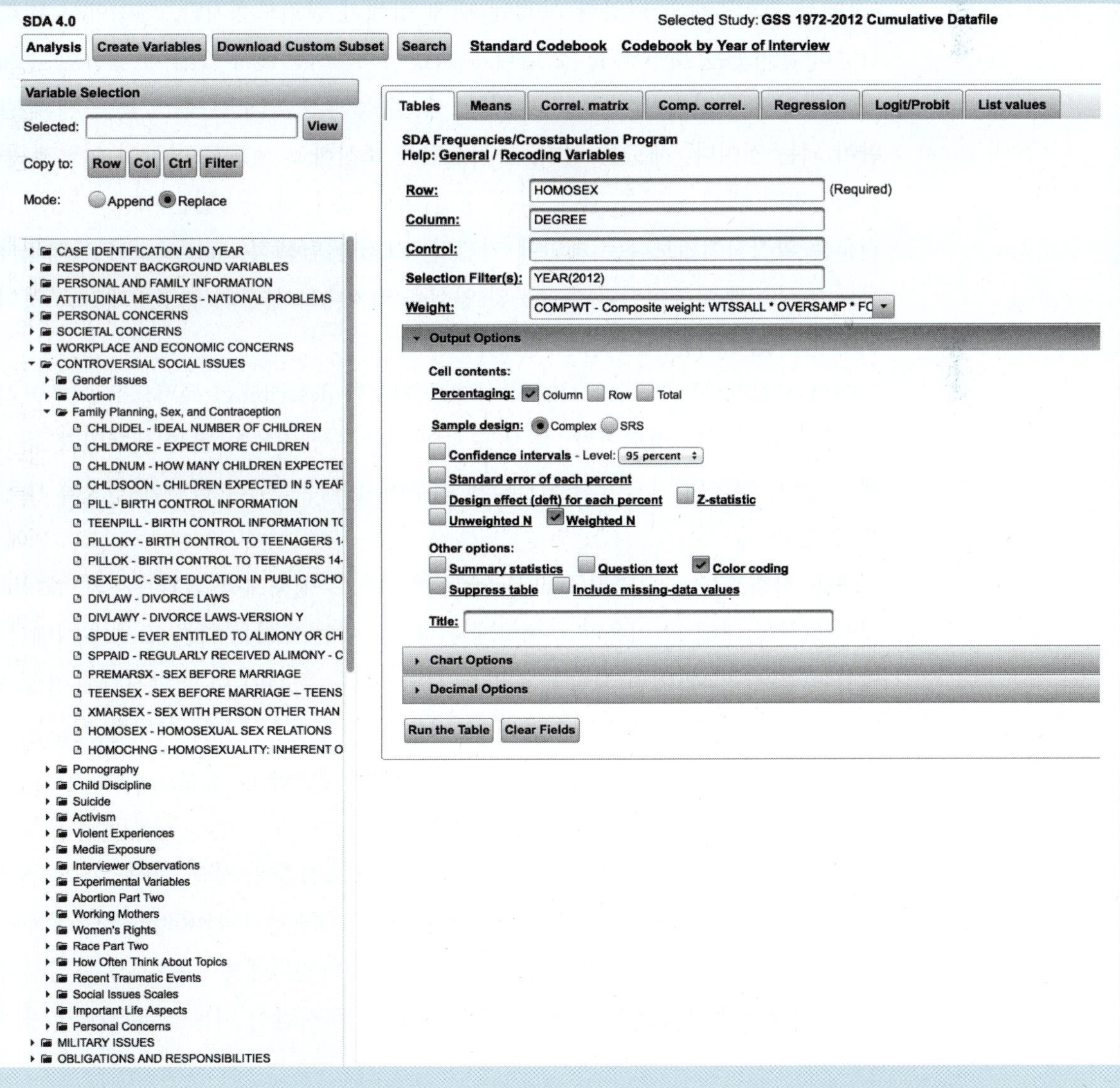

하지만 이러한 응답률은 〈표 1-2〉에서 보듯 응답자의 교육수준에 따라 크게 달랐다.

이론은 교육과 편견이라는 두 변수로 이루어지는 것이지, 그러한 사람들로 이루어지는 것이 아니라는 점을 주목하라. 사람들은 그러한 두 변수의 보유자이기 때문에 변수들 간의 관계는 우리가 사람들을 관찰했을 때에만 볼 수 있다. 하지만 궁극적으로 이론은 변수언어를 사용한다. 이론은 우리가 논리적으로 상이한 변수들의 특정한 속성들 간에 존재할 것으로 기대하는 관계를 기술하는 것이다. 여러분은 인터넷만 있으면 이런 자료분석을 혼자서 할 수 있다. 자세한 내용은 〈어떻게 할 것인가: GSS를 이용한 온라인 자료분석〉을 참조하라.

사회연구의 목적

4장에서 사회조사의 다양한 목적에 대해 상세히 살펴보겠지만, 여기에서 미리 간단히 훑어보는 것이 좋을 것 같다. 우선, 사회조사는 향후 연구가 필요한 주제가 무엇인지 확인하는 데 동력이 된다. 즉, 다음에 또 연구될 수 있는 주제의 발판이 되는 것이다. 새로운 정치, 종교집단을 조사하고 새로운 마약이 어떻게 통용되는지에 대해 뭔가를 알게 되는 것일 수도 있다. 조사방법은 매우 다양하고 결론은 확정적이기보다는 제안에 가깝다. 그러한 탐색적(exploratory) 사회조사라도 조심스레 이루어진다면 잘못된 인식을 떨쳐내고 향후의 연구주제가 무엇이어야 할지를 정하는 데 도움이 된다.

어떤 사회조사는 사회적 사안의 상태를 기술할(describing) 목적으로 이루어진다. 실업률이 어느 정도인가, 특정 도시의 인종구성 비율이 몇 퍼센트인가 등이 예가 된다. 경험적 기술이 조심스럽게 이루어지면 추측이나 막연한 인상을 대신할 수 있다.

종종 사회조사는 설명적(explanatory) 목적으로 행해져서 인과관계의 형태로 어떤 현상에 대해 그 이유를 부여하게 된다. 왜 어떤 도시는 다른 도시에 비해 실업률이 높은지, 왜 어떤 사람들은 다른 사람들보다 편견이 더 심한지, 왜 여성은 남성과 같은 일을 하면서도 수입이 더 적은지 등이 예가 된다. 이러한 질문들에 대해 일상에서도 여러 답변들을 하지만, 그러한 답변들 중 일부는 오류이다. 설명적 사회조사는 보다 믿음직한 설명을 제시한다.

일부 연구들은 이 세 가지 목적 중의 하나에 초점을 두지만, 종종 한 연구가 이 세 요소를 모두 담고 있기도 하다. 예를 들어, 캐슬린 보글(Kathleen A. Bogle, 2008)은 '대학생 동거' 현상을 연구하기 위해 대학생들에게 심층면접을 실시했는데, 기대하지 않았던 몇 가지 면을 밝혀냈다. 두 사람이 서로를 유혹하고 거기에 넘어가서 동거의 수준으로 사귈 때, 육체관계를 했다는 의미인가? 보글은 그 점에서 본질적인 모호성을 찾아냈다. 일부 학생들은 성행위를 하는 것이 그러한 연애 형태의 정의에 포함된다고 생각한 반면, 그렇게 생각하지 않은 학생들도 있었다.

그녀의 연구는 학생들의 다양한 '대학생 동거' 경험에 대한 훌륭한 서술(description)을 제공했다. 한 지역의 두 학교에서 76명의 학생들을 대상으로 하여 이루어진 심층면접이 미국의 모든 대학생들에 대한 통계적 일반화가 되는 것은 아니지만, 그 현상에 대해 훌륭한 질적 기술을 했고 그 현상에 공통의 규범이 있는 것이 아니라 커다란 변이 또한 존재한다는 것을 보여주었다. 스티븐(Stephen)처럼 성관계 중 파트너가 그의 몸에 구토를 했거나 결정적인 순간에 스티븐이 아닌 앤소니(Anthony)를 부른 것과 같은 경험을 한 사람은 많지 않을 것이다. (질적 연구와 양적 연구의 차이에 대해 더 많이 배우게 될 것이다.)

보글은 또한 면접을 통해 대학생 동거의 유형이 다르게 나타나는 원인이나 설명에 대해서도 알아보았다. 예를 들면, 친구들의 행동에 대한 믿음은 학생들의 행동방식에 강한 영향을 미친다. 그러므로 이 연구는 세 가지 요소를 모두 담고 있기 때문에 단순히 탐색적 · 기술적 혹은 설명적 연구의 어느 하나라고 분류하기가 어렵다.

여기서 어떤 연구들은 단순히 이해를 돕기 위한 것이지만, 어떤 연구는 고의적으로 사회변동을 초래할 의도를 갖고 있어서 더 나은 혹은 공정한 사회를 만들기 위한 목적을 가진다는 점에 주목할 필요가 있다.

인간 탐구의 윤리

이 책의 대부분은 사회조사의 논리와 기술에 할애되었지만, 머지않아 여러분은 윤리적인 문제들이 있음을 알게 될 것이다. 의학, 사회학, 그리고 인간에 대한 그 외 분야들이 비윤리적 방법을 택했던 사실을 배울 것이다. 3장에서는 윤리적인 조사와 비윤리적인 조사를 구분하는 여러 관심들에 대해 공부해보자.

이러한 윤리적 논란은 실제로 사용되는 사회조사 기술을 접하면 이해하기가 더 쉬워진다. 이것을 염두에 두고 각 장을 읽도록 하라.

1.4 사회연구의 변증법

사회연구를 하는 데는 한 가지 방법만 있는 것이 아니다(만약 그렇다면, 이 책은 분량이 훨씬 적었을 것이다). 사실상 사회연구의 효험과 잠재력은 그것이 담고 있는 많은 타당한 접근방식에 있다.

다양한 연구접근법은 네 가지로 구분할 수 있다. 비록 이러한 차이점이 서로 경쟁적인 선택의 문제로 여겨지지만, 훌륭한 사회연구자는 이러한 지향을 모두 배운다. 이것이 내가 의미하는 사회연구의 '변증법(dialectics)'이다. 다음에 기술하고자 하는 상호보완적 개념들 사이에는 유익한 긴장이 있다.

사례기술적 설명과 법칙정립적 설명

우리 모두는 현상을 설명하면서 살아간다. 매일 하는 일이다. 왜 시험을 잘 봤는지 혹은 망쳤는지를 설명하고, 왜 가장 좋아하는 팀이 이겼는지 혹은 졌는지, 왜 데이트를 잘 하지 못하는지 혹은 좋은 직업을 갖지 못하는지를 설명한다. 우리의 일상적 설명에서 비록 일상적으로 구분하지는 않더라도, 두 가지의 구별되는 인과추론을 한다.

때때로 우리는 한 상황을 완벽하게 설명하려고 시도한다. 그래서 예를 들면, (1) 그날 시험이 있다는 것을 잊어버렸다거나, (2) 가장 못하는 과목이었다거나, (3) 교통체증 때문에 지각했다거나, (4) 룸메이트가 시끄러운 음악을 시험 전날에 밤새 틀어서 잠을 설쳤다거나, (5) 경찰이 룸메이트가 도난당한 스테레오를 어떻게 했는지 또 그것 때문에 룸메이트에게 어떻게 했는지를 취조하면서 새벽까지 붙들고 있었다거나, (6) 야생 코요테 무리가 교재를 먹어치웠다는 등의 이유를 댄다. 이 모든 상황에서 시험을 못 치른 것은 당연하다.

사례기술적
어떤 특정한 조건이나 현상을 초래한 개별적인 사례를 원인을 찾아내어 설명하려는 접근법. 왜 현재 재학 중인 대학을 선택하게 되었는지 모든 이유를 열거해본다고 상상해볼 것. 이 모든 이유가 주어지면, 다른 선택을 한다는 것이 상상하기 어려울 것이다.

법칙정립적
어떤 일련의 조건이나 현상에 영향을 미친 몇몇 인과요인을 찾아내어 설명하려는 접근법. 학생들이 어떤 대학을 선택하는지를 결정하는 2~3개의 핵심 요인—지리적 근접성, 명성 등—을 상상할 것

이러한 유형의 인과추론은 사례기술적(idiographic) 설명이라고 불린다. 이 문맥에서 'idio–'라는 접두사는 'idiosyncrasy'라는 단어에서와 마찬가지로, '유일한', '분리된', '특이한' 혹은 '구별되는' 등을 의미한다. 우리가 한 설명을 마쳤을 때, 우리는 이 특정한 경우에 어떤 일이 발생한 것인지를 완전히 이해했다고 생각한다. 동시에 우리가 설명한 범위는 눈앞의 한 사례에 국한된다. 개별기술적 설명의 일부는 다른 상황에도 적용되겠지만, 우리의 의도는 한 가지 사례를 완전히 설명하려는 것이다.

이제 다른 종류의 설명을 살펴보자. 다른 학생들과 스터디 그룹을 만들어 공부를 하면, 혼자 공부할 때보다 성적을 더 잘 받는다. 여러분이 응원하는 팀이 원정경기보다 홈경기에서 더 잘한다. 남학생 사교클럽(fraternity)이나 여학생 사교클럽(sorority) 회원들이 생물학 클럽(biology club) 회원들보다 데이트를 더 많이 한다. 이러한 유형의 설명은 보다 일반적이고 경험과 관찰을 폭넓게 담는다. 변수들 간의 관계에 대해 함축적으로 표현하는데, 예를 들면 (1) 그룹으로 공부하는지 아닌지, (2) 시험을 얼마나 잘 쳤는지 등이다. 이러한 유형의 설명은 법칙정립

적(nomothetic) 설명이라고 하며, 한 사례보다는 일군의 상황 혹은 사건을 설명하려고 시도한다. 게다가 오직 하나나 몇 개만의 설명요인을 가지고 '경제적으로' 설명하려고 시도한다. 마지막으로, 완전한 설명보다는 부분적인 설명으로 만족한다.

이 각각의 예들에서, 여러분의 인과적 진술은 '대체로', '주로', 혹은 '다른 모든 것이 같다면' 등의 단어나 어구를 사용하여 제한할지도 모른다. 그래서 다른 학생들과 스터디 그룹을 이루어 공부할 때 혼자 할 때보다 주로 더 좋은 성적을 받지만 항상 그러한 것은 아니다. 마찬가지로, 여러분이 응원하는 팀은 원정경기에서 간혹 이기지만 홈경기에서 간혹 지기도 한다. 매력적인 생물학 클럽 회장이 데이트를 즐기는 동안, 돼지우리를 치우는 보선공은 많은 토요일 밤을 혼자서 농기구를 다루며 보낼지도 모른다. 이러한 예외들이 존재하는 것은 더 폭넓은 전반적인 설명을 하기 위함이다.

이해를 위한 사례기술적 설명과 법칙정립적 설명의 양 접근법 모두 일상생활에서 유용할 수 있다. 예를 들어, 여러분이 발견하는 법칙정립적 유형은 여러분의 학습습관을 계획하는 길잡이가 될 수 있으며, 사례기술적 설명은 여러분의 보호감찰원(parole officer)에게 설득력이 있을 수 있다.

마찬가지로 특이점 위주나 포괄적 추론은 모두 사회연구의 강력한 도구이다. 소년원의 무리나 세계적인 대기업의 리더들을 꼼꼼히 이해하고자 하는 연구원들은 사례기술적인 연구를 하는 셈이다: 그들은 특정 그룹의 사람들을 최대한으로 이해하고자 한다.

리빈과 코헨맨스필드(A. Libin and J. Cohen-Mansfield, 2000)는 노인들을 연구(노인학)하는 데 있어서, 사례기술적 접근과 법칙정립적 접근이 사용되는 방식을 둘 다 보여주었다. 일부 연구들은 개인들이 그들의 삶을 살아오는 동안의 개인적인 경험에 비중을 두는 반면에, 다른 연구들은 노인층 전반을 묘사해주는 통계적 유형을 찾는 데 초점을 두었다. 저자들은 결론적으로 노인학에서 두 가지 접근법을 결합시키는 연구방법을 사용할 것을 제안했다.

많은 사회과학 연구들은 통계적인 자료의 분석을 요구한다. 전체적인 유형을 파악하는 것도 중요하지만, 개개인의 특성도 고려해야 한다. '거시'와 '미시'는 둘 다 사회적 역동성을 위해 중요하고, 몇몇 사회연구는 사회 밑바탕의 실제 삶에 치중하기도 한다. 이 책에서는 계속해서 사회적인 삶을 이해하는 이러한 연구들을 언급할 것이다.

통계학적으로, 미국의 가난한 지역에서 일어나는 혼전 임신은 몇 년간 계속해서 문제를 일으킨다. 출산 이후 엄마와 아이가 모두 힘들다. 아이들은 학교에서 부진할 가능성이 크고, 엄마들은 수입이 적은 직장에서 고생을 하거나 아니면 정부에서 주는 돈으로 연명할지도 모른다. 가난한 사람들 사이에서 혼전 임신은 최근 극적으로 늘어났다. 이러한 현상에 반응한 부시 정부는 2005년에 아이를 가진 젊은 부부들을 결혼하도록 권장하는 '건강한 결혼 선제(Healthy Marriage Initiative)'를 발표했다. 이 프로그램에 대한 찬성과 반대는 대단했다.

『내가 지킬 수 있는 약속(Promises I Can Keep)』이라는 책에서 캐서린 에딘과 마리아 케팔라스(Kathryn Edin and Maria Kefalas)는 이 문제에 대한 해결책을 만들어내기 전에 제기되었을 법한 의문을 제기했다. "왜 가난한 엄마들이 미혼인 상태로 아이들을 낳고 키우는가?" 이 두 사회과학자들은 5년에 걸쳐 미혼인 상태로 아이를 기르고 있는 젊은 여성들을 대면 면접했다. 그들이 확인한 것의 일부는 미혼에 대해 널리 퍼져 있는 다양한 이미지들과는 전혀 상반되는 것이었다. 많은 사람들이 가난한 사람들 사이에서는 결혼식을 대수롭지 않게 여긴다고 생각한 반면, 면접 대상 여성들은 결혼제도에 대해서 동의하고 있었고 자신들도 결혼하기를 원했다고 밝혔다. 하지만 많은 미혼모들은 믿을 만하고 안정적인 사람과 정착하기만을 바랐다. 나쁘게 끝날 결혼을 하느니 결혼하지 않은 상태로 지내기를 더 선호한 것이다.

사회과학의 여성

현재 여성은 남성과 동일한 파트너로서, 오히려 여성이 남성보다 사회과학 학위가 더 많을 정도로 사회연구를 한다. 하지만 항상 이렇지는 못했다. 예전에는 여성 사회학자들이 있음에도 남성이 더 많았고, 여성들의 업적은 무시되는 경우가 많았다.

예를 들면, 오귀스트 콩트(Auguste Comte)는 프랑스 단어 'Sogiologie'를 만든 사람으로서 일반적으로 사회학의 아버지라 여겨진다. 그의 글은 새로운 과학의 장을 열었다. 그의 업적이 너무 대단하다 여겼던 영국의 해리엇 마티노(Harriet Martineau)가 그의 글을 영어로 번역했다. 머지않아, 콩트는 학생들에게 프랑스어 원본 대신 해리엇의 영어 번역본을 읽으라고 하고 있었다. 어떻게 보면, 마티노는 가족, 아이들, 종교, 인종관계에 사회연구의 발을 들여놓게 한 셈이다.

플로렌스 나이팅게일(Florence Nightingale)은 크리미안 전쟁 동안 간호학을 전문적 학문으로 바꾼 것으로 유명하다. 또한 그녀는 이보다는 덜 알려졌지만 왕성한 질적 연구가로서 위생, 건강, 성, 그리고 이와 관련된 분야를 많이 연구했다. 또한 그녀는 인포그래픽, 즉 파이차트나 그래프 등의 선구자로 결과 자료를 눈으로 보기 쉽게 만들었다.

미국에서 제인 아담스(Jane Addams)는 시카고의 헐 하우스(Hull House) 사회 기여로 유명하지만, 미국 사회학 잡지와 연계하여 활동한 연구가였다. 아담스는 사회학에서 사회 운동의 힘이 되었는데, 그 이후에는 아쉽게도 쇠락했다. 그녀는 사회학으로 노벨상을 받은 유일한 사람이다(1931년 수상).

이들은 사회연구의 발전에 기여한 소수의 여성에 불과하다. 사회과학 분야가 유일하게 여성이 무시되어온 분야는 아니지만, 이제는 바뀔 때가 되었다.

출처: Mark J. Perry, *Women earned majority of doctoral degrees in 2017 for 9th straight year and outnumber men in grad school 137 to 100*, AEIdeas blog, October 3, 2018, http://www.aei.org/publication/women-earned-majority-of-doctoral-degreesin-2017-for-9th-straight-year-and-outnumber-men-in-grad-school-137-to-100-2/. Fiona Armstrong, *Celebrating the impact of women in social science*, Economic and Social Research Council blog, August 3, 2018, https://blog.esrc.ac.uk/2018/03/08/celebrating-the-impact-of-women-in-social-science/.

동시에 이 젊은 여성들은 여성으로서 자신들의 궁극적인 가치는 아이들을 키우는 데 있다고 믿고 있었다. 대부분은 '아이가 없는 여성'이기보다는 '결혼하지 않은 엄마'가 되기를 더 선호하고 있었는데, 그들의 눈에는 아이가 없는 여성이 진짜 비극으로 여겨졌다. 이런 관점은 그저 평소에 생각되는 사실, 어쩌면 당신이 생각하는 것과 다른 하나의 예일 뿐이다.

〈사회과학의 여성〉에서는 여성이 사회과학 연구의 대상만이 아니라 연구자일 수도 있다고 설명하고 있다.

보다시피, 사회과학자들은 두 가지 방법의 설명에 모두 접근할 수 있다. 물리학자들이 빛을 때로는 입자로, 때로는 파동으로 이해하는 것과 마찬가지로, 사회과학자들 역시 지금은 폭넓은 관계를 탐구하지만 내일은 특정 문제를 탐색할 수 있다. 양자 모두 훌륭한 과학이고 가치가 있으며, 재미있을 수 있다.

귀납적 이론과 연역적 이론

사례기술적 설명 및 법칙정립적 설명과 마찬가지로, 귀납적 사고와 연역적 사고는 양자 모두 우리의 일상생활에서 작용한다. 이것들 역시 사회연구의 중요한 차이점을 드러낸다.

다른 학생들과 함께 공부를 하면 시험을 더 잘 볼 수 있다는 결론에 이르는 데는 두 가지 길이 있다. 대학을 반 정도 다니고 나면 왜 어떤 때는 시험을 아주 잘 치르면서 또 다른 어떤 때는 망치는지, 뭔가 이상하다는 것을 발견할 수 있다. 여러분이 치른 모든 시험을 열거해놓고 각 시험에서 어느 정도였는지 확인할 수 있다. 그리고 시험을 잘 치렀던 모든 경우와 망친 모든 경우에 공통적으로 어떤 상황이 있었는지 기억을 더듬어볼 수 있다. 더 잘 치른 시험이 객관식 시험인가, 아니면 주관식 논술시험인가? 아침에 치른 시험인가, 아니면 오후에 치른 시험인가? 자연과학 시험인가, 인문학 시험인가, 아니면 사회과학 시험인가? 혼자 시험을 준비했을 때인가 … 오호라! 거의 대부분 다른 학생들과 함께 시험을 준비했을 때였다는 것이 떠오른다. 이러한 방식의 탐색은 귀납(induction)이라고 알려져 있다.

귀납
특정한 관찰에서부터 일반 원리가 발전된다는 논리적 모델. 유대교도나 가톨릭교도가 기독교도보다 민주당에 투표하는 경향이 높은 것을 보고 미국에서 종교적 소수자는 민주당에 더 가깝다는 결론을 내릴 수 있고, 그렇다면 그 이유가 무엇인지를 찾아야 된다. 이것이 귀납의 예이다.

귀납적 추론 혹은 귀납은 특정한 것에서 일반적인 것으로, 일련의 특정한 관찰로부터 주어진 모든 사건에 대해 일정 정도의 질서를 드러내는 유형을 발견하는 데로 이행한다. 하지만 여러분이 발견한 것은 그냥 그렇다는 것이지 '왜' 그러한 유형이 존재하는지를 꼭 말해주는 것은 아니라는 점에 주목하자.

시험 준비를 하는 문제와 관련하여 같은 결론에 도달할 수 있는 두 번째 방법은 아주 다르다. 대학에서 첫 번째 중간고사가 다가온다고 상상해보라. 여러분은 어떻게 하는 것이 시험에 대비하는 가장 좋은 방법인지 궁리할 것이다. 교재를 얼마나 복습해야 할지, 얼마만큼 강의노트에 중점을 두어야 할지 등이다. 몇몇 학생들은 노트를 질서정연하게 다시 써보는 식으로 준비를 한다는 것을 알게 된다. 그리고 일정한 페이스로 대비해야 할지, 아니면 시험 전날 밤샘 준비를 할지 생각한다. 이러한 종류의 조율을 하는 가운데, 학급의 다른 학생들과 함께 준비할 것인지 아니면 혼자 공부해야 할 것인지를 자문할 것이다. 여러분은 두 방법의 장점과 단점을 평가할 수 있다.

다른 사람들과 함께 공부하는 것은 여러분이 이미 알고 있는 것에 많은 시간이 허비될 가능성이 있기 때문에 효율적이지 못할 수 있다. 반면에, 다른 사람들에게 여러분이 알고 있는 바를 설명함으로써 더 잘 이해하게 될 수도 있다. 그리고 다른 학생들이 여러분이 아직 이해하지 못한 부분을 이해하고 있을 수도 있다. 여러분이 지나쳤던 여러 가지 생각들이 드러날 수 있다. 또한 다른 학생들과 함께 공부하게 되면 텔레비전을 보는 대신 공부할 가능성이 높다.

이러한 방식으로 여러분은 장점과 단점을 차곡차곡 새겨보면서 논리적으로 다른 학생들과 함께 시험을 준비하는 것이 낫다는 결론을 내릴 수 있다. 공부를 하는 것이 하지 않는 것보다 시험을 더 잘 본다는 것이 타당하다고 여겨지는 것처럼, 이러한 결정이 타당하게 여겨진다. 때때로 우리는 이러한 현상을 '이론상' 옳다고 말한다. 이러한 결론을 온전히 검증하기 위해 시험 중 몇 과목은 혼자 준비하고 다른 몇 과목은 다른 학생들과 함께 준비해본다. 이러한 절차는 여러분의 논리적인 추론을 검증해줄 것이다.

연역

일반 원리에 기반하여 특정한 가설적 기대가 발전된다는 논리적 모델. 학장들은 모두 완고하다는 일반 원리에서 출발해서, 이 분도 수강 변경을 허락하지 않을 것이라고 기대할 수 있다. 이러한 기대가 연역의 결과이다.

연역적 추론 혹은 연역(deduction)이라고 알려진 이 두 번째 탐구양식은 일반적인 것에서 특수한 것으로 옮겨간다. 그것은 (1) 논리적이거나 이론적으로 기대되는 유형에서 (2) 기대한 유형이 실제로 발생하는지를 검증하는 관찰로 옮겨간다. 연역은, 귀납과는 정반대로, '왜'로 시작하여 '그런지, 그렇지 않은지'로 이동한다는 것을 염두에 두자.

이 책의 뒷부분에서 보겠지만, 이 두 가지의 매우 다른 접근방법 모두가 타당한 과학적 방식이다. 각각의 방법은 모두 연구과정을 자극할 수 있고, 연구자로 하여금 특정한 질문을 제기하고 질문을 처리하는 방식을 결정할 때 유용하다. 게다가 이 두 방식이 보다 강력하고 완전한 이해를 위해 빈번하게 함께 사용되기도 한다는 것을 알게 될 것이다.

여기서 연역과 귀납 간의 차이가 법칙정립적 설명과 사례기술적 설명 간의 차이와 꼭 일치하지는 않는다는 점에 주목하자. 예를 들면, 여러분은 데이트할 상대에 대해 아는 모든 지식을 떠올리며 어떻게 준비할 것인지, 즉, 어떤 옷을 입을지, 어떤 행동을 하고, 머리 모양을 어떻게 할지, 입 냄새를 처리하면서 사례기술

위주의 연역적인 방식으로, 논리적으로 준비하여 성공적인 데이트를 하게 된다. 혹은 사례기술 위주의 설명이면서 귀납적으로, 도대체 정확히 무엇 때문에 마지막 데이트 때 구조대원을 부르는 일이 발생했는지 이해하려고 시도할 수도 있다. 법칙정립적이면서 연역적인 접근방법은 여러분이 다른 사람에게 '데이트 규칙'에 대해 가르쳐줄 때, 다시 말해 로큰롤(rock and roll) 리듬에 숨어 있는 저주스러운 메시지의 위험성에 대해 열띤 토론을 하는 것을 듣고 왜 그들의 데이트가 인상적으로 남을지를 현명하게 설명해줄 때 성립된다. 여러분이 나중에, 생애를 돌아보며 왜 더 많은 음악가들과 데이트를 하지 않았는지 의문을 가지게 된다면, 그것이 법칙정립적 귀납을 하는 것이다. 즉, 위의 네 가지 접근법은 사회연구뿐만 아니라 일상생활에서의 가능성도 대변한다.

귀납과 연역의 문제는 책의 뒷부분에서 더 다룰 것이다. 이제 사회연구에서 풍부한 다양성을 낳는 세 번째 큰 차이점을 살펴보자.

결정론 대 주체적 행위

앞의 두 부분은 본질적인 이슈에 관련된 내용이다. 사회조사방법을 이용한 연구를 하다 보면 특히 자료분석을 통해 인과성을 설명하려고 시도할 때, 사회조사와 사회철학을 잇는 영역에서 발생하는 골치 아픈 딜레마에 직면하곤 한다. 바로 결정론 대 주체적 행위자의 문제이다. 인과적 사회조사의 예를 살펴보면 이 문제가 분명해진다.

인종적 편견을 갖는 원인에 대한 연구를 하도록 연구비를 받았다고 생각해보자. 편견을 측정할 수 있는 합리적인 측정치를 만들어서 편견의 정도가 높은 사람들과 낮은 사람들을 구분할 수 있게 되면, 그 원인을 찾을 수 있을 것이다. 예를 들어, 어떤 지역에 사는 사람들이 전반적으로 다른 지역에 사는 사람들보다 편견이 더 심하다는 것을 발견할 수 있다. 특정한 정치적 지향성이 편견을 강화하는 것으로 보일 수도 있고, 특정 종교적 지향이 그러한 경향을 보이는 것으로 확인될 수도 있다. 경제적 불안이 편견을 증가시켜 특정한 희생양을 낳는 결과를 초래할 수도 있다. 또는 연구대상자의 성장과정에서, 예를 들어 그 부모들이 어느 정도의 편견을 드러내 표현했는지 확인할 수 있다면 편견의 원인에 대해 더 많이 알게 될 수 있다.

전형적으로 이러한 '원인들' 중 그 어느 것도 단정적인 것은 없고 각 원인이 편견의 가능성을 높이는 데 합쳐져 영향을 미친다. 예를 들면, 한 여성이 편견을 가진 부모에 의해 평균적으로 편견 정도가 높은 지역에서 성장했다고 하자. 그래서 현재 그러한 편견을 반영한 정치 · 종교적 관점을 가지고 있고, 그로 인해 일자리를 잃을지도 모른다는 위기감을 느낀다고 하자. 그러한 모든 원인들을 합치면 그러한 사람들이 편견을 가지고 있을 가능성은 매우 높다.

여기서 '높은 가능성'의 중요성에 집중해보자. 앞에서 언급했듯이, 사회과학자들은 확률적 원인을 다룬다. 그러므로 앞서 말한 편견을 만드는 이유들이 우리의 관점에서 어떤 한 사람이 편견이 있을 것이라는 가능성을 높이는 것이다. 여기서 이 접근방식의 결정론은 완벽하진 않아도, 어찌되었든 결정론적인 것이다.

이 분석에서 빠진 것은 '선택', '자유의지' 혹은 사회과학자들이 선호하는 표현으로 '주체적 행위성'이라고 다양하게 지칭되는 것이다. 개인에게 실제 무슨 일이 일어났는가? 그러한 분석에서 연구대상이 된다는 점에 대해 어떤 생각이 드는가? 여러분이 그렇게 된 것이 여러분이 통제할 수 없는 힘과 여러 요인들에 의해서 그렇게 운명지어진 것이라고 말하고 싶은가? 아마 그렇지는 않을 것인데, 그 점이 사회조사 연구자들이 빈번하게 직면하는 인과분석의 저변에 깔려 있는 묵시적인 논리이다.

여기서 제기되는 철학적 질문은 인간이 자신을 둘러싼 특정한 환경에 의해 결정되는 존재인가, 아니면 개인적인 선택이나 주체적 행위를 통해 느끼고 행위하는 존재인가이다. 이 질문은 인류의 역사를 통해 철학자와 관련 분야 학자들이 풀려고 애써왔던 문제이기에 내가 이에 대해 궁극적인 답변을 제시하지는 못한다. 그러나 수십 년간 인간행동을 관찰하고 분석한 결과로 내가 이르게 된 잠정적인 결론은 다음과 같다.

내가 내린 잠정적인 결론은 (1) 인간은 모두 상당 정도의 자유선택 혹은 주체적 행위성을 가지고 있지만, 또한 (2) 기꺼이 자신을 외부 환경적 힘과 요인들에 의해 통제되도록 내맡기는 존재이기도 하다. 앞의 편견에 관한 예에서 확인한 것처럼 말이다. 이 책이나 다른 사회조사 문헌들에서 인과분석의 많은 예들을 살펴보다 보면 주체적 행위성을 저버린다는 점을 분명히 확인하게 될 것이다.

여러분 자신이나 다른 사람들이 일상생활에서 하는 대화를 주의 깊게 들어보면, 사람들이 선택권이나 주체성을 갖고 있다는 점을 끊임없이 부정한다는 점을 확인하고 놀라지 않을 수 없다. 다음의 몇 가지 예를 보자.

> "담배를 피우는 사람하고는 데이트를 할 수 없어."
> "그걸 차마 엄마에게 말할 수는 없어."
> "핵무기를 만드는 회사에서 일할 수는 없지."

이러한 예는 끝도 없지만, 논쟁은 분명하다. 인간이 주체적 행위자라는 관점에서 보면 사람은 무엇이든 할 수 있지만 하지 않음을 선택한 것뿐이다. 하지만 사람들이 자신의 행동이나 감정을 선택의 관점에서 설명하는 일은 드물다. 만약 친구가 함께 파티에 가자거나 영화를 보러 가자고 했을 때 "안돼. 내일 시험이 있어."라고 답했을 경우, 사실은 여러분은 시험을 망치더라도 함께 놀 수 있지만 그렇게 하지 않기로 선택한 셈이다. (그렇지 않은가?) 하지만 사람들이 그러한 결정에 대해 스스로 책임을 지는 경우는 거의 없다. 대신 외부적인 요인의 탓으로 돌린다: "왜 하필 교수님은 큰 파티가 있는 바로 그다음 날에 시험을 치르게 하시는 거지?"

사랑의 경우에 상황은 더 분명해진다. 우리가 누군가를 사랑하거나 사랑에 빠지려고 선택해본 적이 있는가? 그 대신에 우리는 "사랑에 빠졌다."고 말하는데, 이는 감기에 걸렸다거나 도랑에 빠졌다고 말하는 것과 비슷하다. 이러한 과정을 잘 드러내는 표현의 백미가 1913년 작사가 조셉 매카시(Joseph McCarthy)의 노래에 잘 담겨 있다.

> 당신은 내가 당신을 사랑하게 만들었어.
> 난 원하지 않았는데.

이 논의를 시작하면서 말했듯이, 결정론 대 주체적 행위성 간의 딜레마는 끊임없이 철학자들을 괴롭히고 있으며 이 책 여기저기에서도 이따금 돌출되는 문제라는 점을 알게 될 것이다. 이것에 대해 궁극적인 해답을 줄 수는 없지만, 이러한 문제가 있다는 점은 일러두고 싶다.

여기서 책임(responsibility)의 문제는 이 주제에서 중요한 측면이다. 비록 이 책의 범주를 넘어서는 문제이지만 짧게 언급하려고 한다. 사회조사는 사람들이 처한 상황과 살면서 겪는 경험이 누구의 책임인지에 대한 사회정치적 논쟁의 맥락에서 이루어진다. 예를 들어, 여러분이 가난하다면 낮은 사회경제적 지위에 놓이게 된 책임이 여러분 자신에게 있는가, 아니면 다른 사람들, 조직이나 제도에 있는가?

사회조사는 전형적으로 (상호작용 유형에서 전체 사회에 이르기까지) 사회구조가 사회구성원의 경험과 상황에 영향을 미치는 방식을 탐구한다. 그러므로 한 사람의 가난은 아주 가난한 집안에 태어나서 사회이동의 기회를 거의 갖지 못한 결과일 수 있다. 아니면 산업이 쇠퇴하고 일자리가 해외로 이동하거나 전 세계적 불황이 빈곤의 원인일지도 모른다.

이러한 접근법은 앞서 논의한 주체적 행위성 개념에 반한다는 점에 주목하자. 더구나 사회과학자들은 사회적 문제가 사회적 수준에서 입법절차를 거쳐 해결되어야 한다고 생각하는 경향이 많은데, 이는 개인을 무시하는 관점이라는 점도 분명하다. 만약 가난, 낮은 성적, 취업의 실패 등이 스스로 통제할 수 없는 외부적 힘에 의한 결과라고 보는 관점을 취한다면 스스로 아무런 힘이 없다고 인정하는 셈이다. 스스로가 주변 환경의 영향에 놓인 힘없는 희생자라고 가정하는 것보다 주체적 힘을 갖고 있다고 생각하는 것이 더 낫다. 주위를 둘러싼 사회적 힘의 영향력을 부인하지 않더라도 가능한 일이다. 사실 개인적 책임을 활용해서 여러분의 삶에 영향을 미치는 사회적 힘을 바꾸려고 시도할 수도 있다. 이러한 복잡한 관점 때문에, 사회조사를 수행하는 데 있어서 중요한 능력인 건강한 모호성 관용(tolerance for ambiguity)을 필요로 한다.

모호성 관용
상충되는 견해를 부정하거나 무시하지 않고 그것들을 동시에 마음속에 간직할 수 있는 능력

질적 자료와 양적 자료

사회연구에서 양적 자료(quantitative data)와 질적 자료(qualitative data)의 차이는 본질적으로 수치자료와 비수치자료의 차이이다. 여러분이 누군가를 지적이라고 말할 때, 이는 질적인 주장이다. 심리학자 등이 IQ 점수로 지능을 측정할 때, 그들은 이와 같은 질적 평가를 수량화하려고 시도하는 것이다. 예를 들어 심리학자라면 어떤 사람은 IQ가 120이라고 말할 것이다.

모든 관찰은 그것이 누군가의 지적 능력에 대한 우리의 경험이건, 계량기에서 바늘이 가리키는 수치이든, 질문지에 포함된 체크 표기이든 간에 처음에는 질적이다. 이것들 중 어느 것도 본질적으로 수치적이거나 양적이지 않지만, 때로는 이를 수치의 형태로 전환시키는 것이 도움이 된다. (14장은 특히 자료의 양화에 대해 다룬다.)

양화(quantification)는 종종 우리의 관찰을 보다 분명하게 해준다. 또한 자료를 합치거나 요약하기 쉽게 만들어준다. 더 나아가 단순한 평균값으로부터 복잡한 공식과 수학적 모델에 이르기까지의 통계적 분석을 할 수 있는 가능성을 열어준다. 예를 들어, 한 사회연구자가 여러분이 나이가 많거나 또는 적은 사람들 중 누구와 데이트를 하려고 하는지 알려고 한다고 치자. 연구자는 여러 대학생들에게 데이트 상대의 나이를 물어보고 이를 평균 내어서, 응답자들의 평균나이와 비교하면 된다. 이로써 끝이다.

진짜 그런가? 여기서 '나이'는 사람들이 살아온 햇수를 의미하지만, 때로 사람들은 용어를 다르게 사용한다. 아마 어떤 사람들에게 '나이'는 '성숙함'을 의미할 것이다. 데이트 상대가 나이가 더 어릴지라도 훨씬 더 성숙하게 행동하는 사람이어서 같은 '나이'로 여겨질 수도 있다. 또는 어떤 사람들은 '나이'를 데이트 상대가 얼마나 젊게 혹은 나이 들어 보이는지의 문제로 생각할 수도 있고, 인생 경험과 세상살이의 차이 정도를 의미하는 것으로 받아들이기도 한다. 이러한 후자의

의미들은 평균나이를 양적으로 계산할 때에는 빠질 수밖에 없다. 양적 자료는 질적 자료보다 더 의미 있고 세밀하다. 이것은 "그는 나이보다 더 늙었다."는 표현에서 분명해진다. 이 표현의 시적 의미는 나이가 얼마나 더 많이 들었는지를 계산하려는 시도에서는 사라진다.

의미의 다양성은 부분적으로 모호한 점이라는 것에서 시작된다. 어떠한 것을 읽었을 때 그 글의 표현이 여러분에게 의미를 준다면, 그 의미 자체는 여러분이 알던 사람이나 다른 사람들이 그러한 표현을 쓰는 것을 들은 여러분의 경험에서 나온 것이다. 이 표현에서 두 가지는 분명하다. (1) 여러분과 내가 아마도 똑같은 의미를 생각하고 있지는 않으며, (2) 여러분이 내가 의미하는 바를 정확하게 알지 못하고 나 역시 그렇다는 것이다.

이 개념을 양화하는 것은 웬만큼 가능하다. 예를 들어, 우리는 '세상살이'에 대해 다음과 같은 인생 경험을 일련의 목록으로 만들 수 있다.

- 결혼
- 이혼
- 부모 사망
- 살인 목격
- 체포
- 추방
- 해고
- 서커스단을 따라 가출

우리는 사람들의 세상살이 경험을 그들이 가진 경험의 횟수로 양화할 수 있다. 즉 경험이 많을수록 세상살이 경험이 많은 것이다. 만약 우리가 몇몇 경험을 다른 것들보다 더 강하게 느낀다면, 우리는 그러한 경험에 더 많은 점수를 줄 수 있다. 일단 우리가 목록을 만들고 점수체계를 만들면, 사람들을 점수 매기고 그들의 세상살이 경험을 수치척도상 비교하는 것은 간단한 문제이다. 이로써 누가 누구보다 더 많은 점수를 받는가 하는 것이 동의하기 쉬워졌다.

세상살이 같은 수치화되지 않은 개념을 양화하기 위해서는 개념이 무엇을 뜻하는지 명확히 할 필요가 있다. 그러나 개념을 측정할 때 어떤 의미를 내포할지 정하고 그 외 의미는 배제한다. 어쩔 수 없이 다음과 같은 타협을 할 수밖에 없다: 어떤 정교한 양적 측정도 이에 상응하는 질적 기술에 비해 의미가 제한될 수밖에 없다.

이 무슨 딜레마인가! 그렇다면 우리는 어떤 접근법을 취해야 할까? 어느 것이 더 나은가? 어느 것이 사회연구에 더 적절한가?

다행인 점은 선택할 필요가 없다는 것이다. 사실, 그래서는 안 된다. 질적 방법과 양적 방법 모두 사회연구에서 유용하고 타당하다. 몇몇 연구상황과 연구주제는 질적인 조사에 적합하고 다른 것들은 양적인 조사에 적합하다. 우리는 결국 둘 다 필요한 셈이다.

하지만 두 방법은 서로 다른 숙련과 절차를 필요로 하기에, 여러분은 둘 중의 어느 하나에 보다 자연스럽고 익숙해질 수는 있다. 하지만 두 가지 접근법을 효과적으로 사용할 수 있게 되면, 여러분은 훌륭한 연구자가 될 것이다. 분명한 것은 모든 연구자들이 자신들의 성향이 어떻건 간에, 두 가지 모두의 정당성을 인정해야 한다는 것이다.

드디어 여러분은 여기서 질적인 접근방법이 사례기술적 설명과 더 잘 연계되고, 법칙정립적 설명은 양화를 통해 더 쉽게 얻을 수 있다는 것을 알았을 것이다. 비록 이것이 사실일지라도, 이러한 관계는 절대적인 것이 아니다. 게다가 두 접근방법은 모두 상당한 '회색지대'를 갖고 있다. 질적인 연구와 양적인 연구의 차이를 인식한다고 해서 여러분의 연구활동이 이 중 하나만 사용하고 다른 것은 배척한다는 것을 의미하는 것은 아니다. 한 주제에 대한 완전한 이해는 종종 두 가지 기법을 모두 필요로 한다.

이 두 접근방법의 공헌은 널리 알려져 있다. 예를 들어 웨일즈대학의 비들 연구팀(Stuart J. H. Biddle et al., 2001)이 경기 및 운동심리학 분야에서 조사연구의 위치를 탐색하기 시작했을 때, 양적 및 질적 기법 모두의 사용을 조심스레 조사했고, 생각 외로 특정 방법이 다른 방법에 비해 덜 사용되는 이유에 주목했다.

이 두 가지 기본적인 접근법 간의 분명한 상충에 대해 폴 탐슨(Paul Thompson)이 잘 요약하고 있다.

> 오직 일부 사회학자들만이 사회조사에서 양적 방법과 질적 방법 양자의 강점을 결합해서 사용하는 논리에 대해 공개적으로 부정하고 있다. 하지만 원리상 더 넓은 방법론에 대한 열망이 있음에도 불구하고, 실제로 사회조사 연구자들은 유감스럽게도 점점 더 양 진영으로 나눠지고 양 진영이 명시적으로 서로 적대적이지는 않더라도 상대편에 대해 거의 모르게 되었다.
>
> (2004: 238-239)

질적 방법과 양적 방법 중 어느 것이 더 나은가에 대한 빈번한 논쟁들을 검토한 앤서니 온웨그부지와 낸시 리치(Anthony Onwuegbuzie and Nancy Leech,

2005)는 두 접근법이 차이점보다는 유사성이 더 많고, 사회조사는 두 방법 모두를 사용하면서 강화되었다는 점을 강조했다. 이 책에서 나의 의도도 두 접근법 간의 눈에 띄는 경쟁보다는 양자가 상호보완적이란 점에 초점을 두고 있다.

이제 여러분은 사회연구의 기초를 다졌으니, 이러한 연구들이 얼마나 멋지고 재미있는지 알아챘기를 바란다. 우리에게 필요한 것은 열린 마음과 감행하고자 하는 모험심이다. 그리고 사회연구의 탄탄한 기본기이다.

연구제안서

이 장을 마무리하면서 연구제안서를 준비한다는 것이 어떤 특징이 있는지 알 수 있도록 실질적인 연습 방법을 소개하려고 한다: 연구제안서 작성. 대부분의 조직적 연구는 프로젝트의 계획이 무엇인지에 대한 기술로 시작된다. 즉, 어떤 문제를 질문으로 제기하고 어떻게 그 질문에 답할 것인가이다. 종종 이러한 제안서는 조사 실행에 필요한 자원을 확보할 목적으로 만들어진다.

이 과목의 주제들이 무엇인지를 배우는 방법 중의 하나는 여러분이 배운 내용에 기반하여 연구제안서를 써보는 것이다. 각 장은 마지막에 절차대로 제안서 작성을 연습하도록 구성되었다. 여러분이 실제로 중요한 연구 프로젝트를 실행하지는 않더라도 그렇게 한다고 가정하고 계획을 세워볼 수 있다. 이 과목의 강사가 숙제로 낼 수도 있지만, 그렇지 않더라도 각 장이 끝나고 나서 맨 뒤에 있는 〈사회조사연구 제안〉 연습문제를 풀어보며 그 장의 내용을 제대로 이해했는지 평가해볼 수 있다.

연구제안서를 작성하는 조직화된 구조는 여러 종류가 있다. 나는 이 책에서 여러분이 활용할 수 있도록 꽤 전형적인 구조를 하나 만들었다. 제안서의 골격을 다음과 같이 소개하는데, 이 책의 어느 장들이 각 주제에 가장 직접적으로 연관되는지도 일러두었다.

- 머리말(1장)
- 문헌연구(2장, 17장)
- 문제, 질문, 주제 정하기(5장, 6장, 12장)
- 연구설계(4장)
- 자료수집 방법(4장, 8~11장)
- 조사대상 선택(7장)
- 윤리적 쟁점(3장)

어떻게 생각하는가 재논의

이 장은 통제되지 않는 사회의 변화, 특히 출산에 관한 질문으로 시작되었다. 우리는 그 어느 누구도 매년 얼마만큼의 아기들이 태어날지 관리하지 않는다는 것을 안다. 실제로 많은 아기들은 의도치 않게 생긴다. 많은 경우에 매년 아기를 낳는 여성은 다르며, 각각은 심각한 개인적인 이유가 있다.

집합적 사회 생활은 사회 생활에 대한 개인의 경험과는 다르게 나아간다. 특정 개인이나 부부가 언제 아이를 갖기로 결정할 것인지 예측하는 것은 어렵지만 그룹, 조직 및 사회 수준에서는 더 전형화된 규칙이 존재한다. 이러한 규칙성은 개인이 어쩌면 인식하지 못하는 사회 구조, 문화 및 그 외 요소들에 의해 만들어진다. 예를 들어, 주거가 표준과 달리 대가족을 수용하기에는 너무 적은 수의 집을 제공하는 주택 산업의 영향을 반영하기도 한다. 이러한 단일 요소는 특정 사람이나 부부의 결정에는 확실한 영향을 미치지 않을지 몰라도, 전체적인 사회학적 관점에서 봤을 땐 영향을 미친다. 그리고 사회학자들은 주로 사회학적인 유형을 알리고 이해하는 것에 관심이 있고, 개개인의 행동에는 관심이 없다. 이 책은 사회학자들이 주로 어떤 논리와 방식으로 이러한 도전을 하는지에 대해 여러분과 공유하고 있다.

- 문헌조사(2, 17장)
- 자료분석(13~16장)
- 참고문헌(17장)

각각의 주제에 대해서는 각 장에서 차후에 더 살펴보겠지만, 제안서의 머리말에 들어갈 이 장의 복습문제부터 시작해보자. 4장에도 연구제안서에 대한 더 상세한 내용이 담겨 있고 17장에서는 제안서의 모든 부분을 일관된 하나로 통합할 기회를 제공할 것이다.

머리말

- 이 책의 주제는 어떻게 우리가 사회적 실제를 발견하는가에 대한 것이다.

실제에 대한 탐색

- 우리가 아는 많은 것들은 경험에 의해 알게 된 것이기보다 합의에 의해 인정된 것들이다. 과학자들은 합의 현실을 받아들이지만 그렇게 하기 위한 특별한 기준을 가지고 있다.
- 아는 것의 과학은 인식론이고, 발견의 핵심은 방법론이다.
- 탐색은 자연스러운 인간활동이다. 일상적인 인간 탐구의 대부분은 사건을 설명하고 미래의 사건을 예측하고자 한다.
- 우리가 직접적 경험을 통해 이해한다는 것은 우리가 관찰하고 관찰한 것에서 규칙성의 유형을 찾으려는 것이다.

- 합의된 지식의 두 가지 중요한 원천은 전통과 권위이다. 그러나 이 유용한 지식의 원천은 우리를 잘못된 길로 이끌 수도 있다.
- 우리가 종종 부정확하게 관찰하는 데 반해, 연구자들은 주도면밀하게 관찰함으로써 그러한 오류를 피한다.
- 우리는 때때로 단지 몇 개의 관찰에 근거하여 일반적 결론으로 비약한다. 그래서 연구자들은 충분한 수의 관찰을 행하고 연구를 되풀이함으로써 과도한 일반화를 피하려 한다.
- 우리의 기대에 부응하는 관찰만 중요하다고 여기는 위험이 발생할 수도 있다. 이것은 선택적 관찰이다.
- 우리는 일상생활에서 때때로 비논리적으로 추론한다. 연구자들은 관찰의 경우와 마찬가지로, 추론에서도 주의 깊고 계획적이 되게 함으로써 비논리적 추론을 피하고자 시도한다. 게다가 과학의 공공적인 특성은 잘못된 추론을 반박할 다른 사람들이 항상 있다는 것을 의미한다.

사회과학의 기반

- 사회연구는 무엇이 되어야 된다는 것보다는 무엇인지를 말하고 설명하려고 시도한다. 이론은 철학이나 신념과 혼동되어서는 안 된다.
- 사회과학은 사회생활의 규칙성을 찾는다.
- 사회과학자들은 개인들이 아니라, 인간들의 집합을 설명하는 데 관심이 있다.
- 이론은 변수언어로 쓰인다.
- 변수는 일련의 논리적인 속성들로 구성된다. 속성은 특징을 의미한다. 성은 여성과 남성이라는 속성을 가진 변수이다. 그리고 사회적 성은 신체와는 관련이 없는 속성들을 가지고 있다.
- 인과적 설명에서 가정된 원인은 독립변수이고, 영향을 받는 변인은 종속변수이다.
- 사회연구는 세 가지 목적이 있다: 사회현상 탐구, 묘사 및 설명. 많은 연구 프로젝트들은 이 목표들 중 한 가지 이상을 목적으로 할 수 있다.
- 윤리는 사회연구에서 중요한 역할을 한다.

사회연구의 변증법

- 사례기술적 설명이 특정한 사례들을 완벽하게 이해하려고 하는 반면, 법칙정립적 설명은 많은 사례들의 일반화된 이해를 추구한다.
- 귀납적 이론은 특정한 관찰로부터 일반적 유형을 추론해낸다. 연역적 이론은 일반적 진술로 시작하여 특정한 관찰을 예측한다.
- 전통적인 과학의 기반이 되는 논리 중에는 비록 연구자들이 그렇게 말하지 않고 꼭 그렇게 믿는 것도 아니지만, 개인이 아무런 선택권이 없다는 결정론적인 원인–결과 모델이 함축되어 있다.
- 일부 연구자들은 연구대상자들이 능동적이고 스스로 선택하고 결정을 내리는 주체적 행위자라는 점에 초점을 두기도 한다. 결정론 대 주체적 행위성 간의 이슈는 철학의 오랜 논쟁거리로, 사람들은 일상생활의 행동에서 상충적 지향을 드러내어 때로는 자유를 주장하다가도 다른 때는 그것을 부정하곤 한다.
- 양적 자료는 수치적이고, 질적 자료는 그렇지 않다. 두 가지 유형의 자료 모두 서로 다른 연구목적에 유용하다.

핵심용어

귀납(induction)
모호성 관용(tolerance for ambiguity)
반복(replication)
방법론(methodology)
법칙정립적(nomothetic)
변수(variable)
사례기술적(idiographic)
속성(attribute)
연역(deduction)
이론(theory)
인식론(epistemology)
종속변수(dependent variable)
합의 실제(agreement reality)

복습문제

1. 변수와 속성에 대한 논의가 물리학, 화학, 생물학에 어떻게 적용되는가?
2. 논의되어야 한다고 생각하는 사회 문제를 생각해보라. 어떠한 변수들이 있는가? 이러한 변수들 중 여러분은 어떤 변수를 문제를 해결했다는 판단이 설 때까지 계속해서 관찰할 것인가?
3. 여러분이 노인들의 삶의 질을 연구한다고 가정해보자. 어떠한 질적 또는 양적 요소들을 탐구할 것인가?
4. 사회학적 연구가 의사, 변호사, 회사 사장, 경찰, 또는 신문 기자들에게 어떠한 이득을 주는가?

CHAPTER

02

패러다임, 이론, 조사연구

개관

사회과학적 탐구는 이론과 연구, 논리와 관찰, 귀납과 연역, 그리고 패러다임으로 알려져 있는 근본적인 준거틀 간의 상호작용으로 이루어진다.

Thomas La Mela / Shutterstock.com

학습목표

- 주요 사회과학 패러다임을 말할 수 있고 설명도 할 수 있다.
- 사회조사연구에 사용되는 연역법과 귀납법의 차이를 설명할 수 있다.
- 연역적 분석을 하는 도해의 사례를 보여줄 수 있다.
- 이론과 조사방법이 상호 간에 어떻게 영향을 미치는지를 설명할 수 있다.
- 이론이 조사윤리에서 나타나는 이슈들을 어떻게 선택하는지에 대한 사례를 보여줄 수 있다.

2.1 머리말

패러다임
우리가 무엇을 보고 어떻게 그것을 이해하는지를 결정짓는, 관찰과 이해를 위한 모델이거나 뼈대이다. 갈등적 패러다임은 사회행동을 한 방향으로 보게 유도하지만, 상호작용주의적 패러다임은 그것을 다르게 볼 수 있도록 유도한다.

이 장에서는 사회생활을 조사하는 동안 이론과 조사연구가 서로 작동하는 특별한 방법에 대해 탐구할 것이다. 먼저, 우리는 패러다임(paradigms)이라 불리는 여러 가지 기본적인 준거틀을 볼 것이다. 이 패러다임 안에는 사회이론과 우리의 의문과 문제점을 해결해주고 지식을 강화시켜줄 수 있는 과정이 내재되어 있다. 이론은 설명하는 방법을 찾는 반면에, 패러다임은 현상을 볼 수 있는 방법을 마련해준다. 패러다임은 제 스스로 어떤 것도 설명하지 않는다. 그러나 패러다임은 이론이 창출해내는 영역 안에서 논리적 체계를 마련한다. 패러다임과 이론은 사회생활에 대한 의미를 찾는 과정 속에서 서로 뒤섞여 있다.

'논리(logic)'라는 단어를 자주 사용하게 되는 이 장에서는 논리의 의미를 명확히 할 것이다. '논리'나 '합리성(rationality)'이라는 단어는 때때로 서로 교체해 쓰기도 한다. 그러나 이는 잘못된 것이다. 논리는 어떤 설명에 대한 타당성을 결정하는 원칙적 체계이다. 예를 들어, 신이 선과 악에 대해 보상과 처벌을 한다는 종교적 믿음은 설명의 논리적 체계를 마련하고 있다.

합리성은 설명의 논리적 체계로 공간적으로는 정의하기 힘든 과학과 주로 연계되어 있다. 합리적 논리는 초자연적 설명을 제외한 자연적 영역에서 작동한다. 이는 과학자들의 개인적 믿음이나 감정의 영향을 받지 않는 '객관적'이라는 단어로 설명되기도 한다. 합리적 논리는 가능한 한 경험적 관찰과 연계되어 있다. 만일 여자와 남자가 어떤 면에 있어서 다르다고 논리적으로 사유한다면, 이것이 사실인지 아닌지를 관찰을 통해 알아볼 수 있다. 논리적 기대치를 검증하기 위해서

어떻게 생각하는가

조지 허버트 미드(George Herbert Mead)와 같은 학자들은 사회생활이 실제적으로 상호작용의 산물이고 그에 대한 잉여물이라고 강력하게 주장하고 있다. 여러분과 나는 처음으로 서로 만나, 서로의 의견을 타진하고, 서로 대하는 것에 대해 규칙을 만든다. 다음에 우리가 만날 때에는 이런 규칙에 의존하여 우리라는 개념으로 만날 것이다. 새로운 교수를 만나거나 새로운 친구를 만나는 것을 생각해 보라. 미드는 우리가 경험하는 모든 사회적 패턴과 구조가 이런 규칙에 따라 행해진다고 시사하고 있다.

칼 마르크스(Karl Marx)와 같은 학자는 사회생활은 기본적으로 사회집단 간의 투쟁이라고 주장하고 있다. 마르크스에 의하면, 사회는 계급투쟁으로 '가진 자'와 '가지지 못한 자'가 서로를 지배하거나 지배받지 않기 위해 투쟁하고 있다. 행동의 규칙은 개인들에 의한 상호작용으로 창조되기보다는 사회의 경제구조에 의해 생긴다고 주장한다.

Earl Babbie

사회를 보는 매우 상이한 관점들 중에서 어떤 것이 사실일까? 혹은 진실은 다른 곳에 있지 않을까?

이 장의 말미에 있는 〈어떻게 생각하는가: 재논의〉를 참조하라.

는 성공의 가능성뿐 아니라 실패의 가능성도 반드시 포함시켜야 한다.

이 책의 상당부분은 사회조사연구의 합리적 원칙과 실행에 대해 사례와 도해 등을 이용하여 분명하게 보여줄 것이다. 예를 들어, 인과관계의 필요조건으로 사건의 원인은 효과가 일어나기 전에 발생한다는 점을 내세우고 있다. 이런 논의는 조금 더 중요한 설명으로 결론지을 것이다. 사회과학을 합리적으로 설명하는 데 있어서 인간행동 그 자체는 합리적이라 가정하지 않는다. 이런 가정은 가끔은 맞고 가끔은 틀리기도 한다. 비합리적이고 불합리한 행동조차도 합리적으로 설명할 수 있다.

미국에는 선거철마다 저녁식사를 하는 손님들을 대상으로 정치여론조사를 하는 식당들이 여러 군데 있다. 이 조사는 당선자를 예측하는 데 섬뜩할 정도의 정확도를 가지고 있기 때문에 매우 진지하게 받아들이는 사람들도 있다. 한편, 몇몇 영화관에서는 봉지에 민주당과 공화당을 상징하는 당나귀와 코끼리가 그려진 팝콘을 제공하여 이와 유사한 효과를 거두고 있다. 몇 년 전에는 미국 중서부의 곡물창고에서 농부들로 하여금 그들의 정치적 선호도를 나타내는 곡물 포대를 선택하게 하는 방법을 통해 여론조사를 하기도 했다.

이와 같이 추세를 확인하는 사례기술적(idiosyncratic) 방법들은 재미있기는 하지만, 오랜 시간 동안 동일한 패턴을 따르므로 한동안은 잘 맞는 듯해도 시간이 지나면 적중률이 떨어진다. 게다가 이러한 방법이 왜 실패하고 언제 들어맞지 않는지를 예측할 수가 없다.

이러한 비정상적인 여론조사의 기법들은 오직 패턴의 관찰에만 의존하는 '조사결과'의 중대한 결점을 드러내고 있다. 만일 이러한 패턴에 대해 논리적 설명을 할 수 없다면, 우리가 관찰한 일정한 규칙성은 단순히 요행이거나 또는 우연히 얻은 것일지도 모른다. 동전을 오랫동안 계속 던진다면, 동전의 앞면이 연속적으로 열 번이 나올 수도 있을 것이다. 사회과학자들은 이러한 현상을 일반인들의 표현을 빌려 "패턴이 나타나고 있다."고 묘사한다.

논리적 설명이란 이론이 제공하고자 하는 것을 찾는 것이다. 이론은 조사연구에서 세 가지 방식으로 기능한다. 첫째, 이론은 우리가 요행에 현혹되는 것을 방지한다. 만약 마즈 다이너(Ma's Diner)라는 식당에서 시행한 선거에 대한 성공적 예측을 설명할 수 없다면, 우리는 요행을 지지하는 위험을 감수해야 할 것이다. 이러한 요행이 왜 발생했는지를 알아야 앞으로도 요행이 작동할 것인지 아닌지 예측할 수 있다.

둘째, 이론은 관찰된 패턴을 이해할 수 있게 만들어 실현 가능한 다른 일을 제안할 수 있다. 예를 들어, 결손가정이 정상적인 가정보다 자녀에 대한 부모의 감시가 적어 청소년들의 비행을 더 많이 양산하게 된다는 것을 이해한다면, 우리는 '방과 후 청소년 프로그램' 등과 같은 효과적인 대책을 제시할 수 있다.

셋째, 이론은 경험적 관찰을 통해 발견에 이르도록 연구노력을 구체화하고 방향을 설정한다. 어두운 거리에서 잃어버린 열쇠를 찾고 있다면, 우리는 손전등을 가지고 열쇠를 잃어버렸음직한 장소를 찾아볼 것이다. 또는 기억을 더듬어서 보다 가능성이 높은 지역으로 국한시켜서 찾을 것이다. 이론이란 우리가 흥미를 가질 수 있는 사회생활의 패턴을 가장 많이 관찰할 수 있는 곳으로 연구자의 손전등을 이끌어주는 것에 비유할 수 있다.

그렇다고 해서 모든 사회과학 연구가 사회적 이론과 밀접하게 연관되어 있다는 것을 의미하지는 않는다. 사회과학자들은 때때로 사건 그 자체를 발견하는 단순조사를 행하기도 한다. 예를 들어, 혁신적 사회 프로그램이 제대로 작동하는지 평가하는 일이나 선거후보자가 선거에서 이길 수 있는지를 알아보는 여론조사 등이 그러하다. 이와 유사하게, 선사시대에 대한 인류학적 설명과 같은 서술적 기술은 가치 있는 정보를 산출해낼 뿐 아니라 그 자체로 사물에 대한 견해를 만들어낸다. 그러나 이러한 조사연구에서도 경우에 따라서는 단순한 서술적 기술을 넘어서 '왜' 그런지 묻게 된다. 이론이란 '왜'라는 질문과 직접적으로 관련되어 있다.

Earl Babbie

사회생활을 이해하는 방법에는 여러 가지 경로가 있다.

2.2 사회과학 패러다임

일반적으로 사물을 이해하는 데는 하나 이상의 방법이 존재한다. 예를 들어, 일상생활에서 자유주의자와 보수주의자는 학교에서 발생하는 십대들의 총기사건과 같은 동일한 현상을 다르게 설명하고 있다. 아마도 십대 청소년들이나 그 부모들도 십대들의 총기사건과 같은 하나의 현상을 다르게 설명할지도 모른다. 이렇게 차이 나는 설명 또는 이론을 우리는 패러다임이라고 말한다. 구체적으로 말해, 패러다임은 관찰이나 추론을 구성하기 위해 사용하는 근본적인 모델이나 준거틀이다.

패러다임은 가끔 인지하기가 곤란하다. 너무 함축적이거나 추정적이거나 또는 당연한 것으로 받아들여지기 때문이다. 패러다임은 여러 개의 관점들 중 하나의 관점이라기보다는 '사물이 있는 방식 그대로(the way things are)' 보이기 쉽다. 한 예를 들어 이 말의 의미를 알아보자.

여러분은 인권에 대한 견해 중 어느 편을 지지하는가? 여러분은 정말로 각 개인이 신성하다고 믿는가? 미국의 독립선언문에서 주장했듯이 '개인들은 그들의 창조주에 의해 양도할 수 없는 권리를 부여'받은 것인가? 정부가 시민에게 해서는 안 되는 혹은 요청해서는 안 되는 어떤 것이 있는가?

오늘날 세상의 다른 문화권들은 서구의, 특히 미국의 개인 존엄성에 대한 믿음을 별난 것으로 생각하고 있다. 역사적으로 이런 관점은 소수의 의견이 확실하다. 예를 들어, 많은 아시아 국가들이 개인에게 속하는 몇몇 '권리'들을 지지하지만, 이런 권리들은 넓게는 가족이나 조직, 또는 사회의 '권리'들과 균형을 이루어야 한다. 인권 침해로 비판받는 아시아 국가의 지도자들은 서구사회에서 범죄의 증가와 사회해체 현상을 소위 과격한 '개인숭배(cult of the individual)'의 대가라고 지적하고 있다.

우리의 믿음이 무엇이든지, 이런 문제들에 대한 관점과 감정은 우리가 사회화되어온 패러다임의 결과라는 것을 인식할 필요가 있다. 개인에 대한 존엄성은 본질에 대한 객관적 사실이 아니며 패러다임의 관점이다. 우리 모두는 이러한 패러다임 안에서 활동하고 있다.

어떤 패러다임 내에서 우리가 행동한다는 것을 인식할 때, 두 가지 이점이 생긴다. 첫째, 다른 패러다임 내에서 활동하는 다른 사람의 낯선 행동과 관점을 보다 잘 이해할 수 있다. 둘째, 때때로 우리는 우리의 패러다임 밖으로 나감으로써 이득을 취할 수 있다. 이러한 행동은 우리로 하여금 사물을 보거나 설명할 수 있는 새로운 방법을 취할 수 있게 한다. 우리의 패러다임을 실체로 오인하는 한, 우리는 이러한 것들을 볼 수 없을 것이다.

우리의 일상생활에서 그러하듯이, 패러다임은 과학에서도 근본적인 역할을 수행한다. 토마스 쿤(Thomas Kuhn, 1970)은 자연과학의 역사 속에서 작동하는 패러다임의 역할에 관심을 가졌다. 중요한 과학적 패러다임은 코페르니쿠스(Copernicus)의 지동설(천동설이 아닌) 개념, 다윈(Darwin)의 진화론이나 뉴턴(Newton)의 만유인력 법칙, 또는 아인슈타인(Einstein)의 상대성 원리 등과 같은 근본적인 관점을 포함하고 있다. 어떤 과학적 이론들이 더 '이치에 맞는지'는 과학자들이 어떤 패러다임을 유지하느냐에 달려 있다.

우리는 때때로 과학이 시간의 경과에 따라 발견과 발명을 통해 점차적으로 발달한다고 생각한다. 그러나 쿤은 과학적 패러다임이 실질적이고 중요한 변화에 저항하는 자기방어에 빠지게 된다고 주장한다. 궁극적으로 패러다임의 약점은 패러다임이 제시한 기대치를 위반하는 관찰이라는 형태로 명백히 나타나고 있다. 이런 관찰은 때때로 이상현상(anomaly)이라고 부르는데, 기대된 혹은 정상적인 패턴 밖에서 형성된다. 다른 사회와 마찬가지로, 오랫동안 미국 사회에서는 남성만이 고등교육을 받을 수 있다는 성(sex)과 성별(gender)에 관한 기본적인 믿음체계가 있었다. 이러한 상황에서 확실히 배운 모든 여성들은 전통적인 관점에 대한 이례적인 도전이었다. 옛날의 패러다임이 적절하게 도전받았을 때, 새로운 패러다임이 나타나고 옛날의 패러다임을 대체할 것이라고 쿤은 제시했다. 이에 관한 쿤의 고전적 저서가 바로 『과학혁명의 구조(The Structure of Scientific Revolutions)』이다.

사회과학자들은 사회적 행동을 이해하기 위해 여러 가지 패러다임을 개발해왔다. 사회과학에서 대체된 패러다임의 운명은 자연과학에서 쿤이 관찰한 패러다임과는 다르다. 자연과학자들은 일반적으로 한 패러다임에서 다른 패러다임으로의 계승을 거짓된 관점에서 진실된 관점으로의 진보로 믿고 있다. 예를 들어, 태양이 지구를 돌고 있다는 것을 믿는 현대의 천문학자는 한 명도 없다.

반면에, 사회과학에 있어서 이론적 패러다임들은 인기를 얻거나 잃을 수도 있으나, 이들이 함께 폐기되는 일은 거의 없다. 사회과학의 패러다임은 다양한 관점을 제시한다. 각각의 관점들은 한쪽에서 무시한 사회생활의 관점을 다른 한쪽에서 밝혀내는 한편, 다른 쪽에서 결여된 통찰력을 제시하기도 한다.

이제 우리가 살펴보려는 각각의 패러다임은 인간의 사회생활을 바라보는 다양한 방법을 제시한다. 각각의 패러다임은 사회적 실체의 본질에 대한 특정한 가정을 만들어내고 있다. 궁극적으로 패러다임 자체는 참이거나 거짓이 아니다. 다만 보는 방법에 따라 유용함의 정도가 다를 뿐이다. 각 패러다임은 새로운 이해를 가능하게 하며, 다른 종류의 이론을 제시할 수 있고, 여러 가지 종류의 조사연구를 장려할 수도 있다.

거시이론과 미시이론

그럼 지금부터 우리가 논의할 여러 패러다임의 초점이 어떻게 다른지 살펴보기로 하자. 어떤 사회이론가들은 사회 전체 또는 적어도 사회의 큰 부분에 초점을 맞춘다. 거시이론(macrotheory)은 사회의 총체적 실체 또는 사회 전체까지도 다룬다. 이러한 거시이론에 대한 연구주제로는 경제적 계급 간의 갈등, 국제관계 또는 사회의 주요 제도나 기관(정부, 종교, 또는 가족) 간의 상호관계 등이 포함된다.

한편, 어떤 학자들은 사회생활에 대해 보다 친밀한 견해를 나타낸다. 미시이론(microtheory)은 개인이나 소집단 수준에서의 사회생활 이슈를 연구대상으로 다룬다. 데이트 행동이나 배심원의 평결, 또는 사제지간의 상호작용 등이 미시이론의 적절한 주제이다. 이러한 연구들은 가끔 심리학 영역에 보다 가깝게 접근한다. 그러나 심리학자들은 전형적으로 인간 내면에서 무엇이 진행되고 있는가에 초점을 맞추는 반면, 사회과학자들은 인간들, 즉 개인들 사이에서 무엇이 진행되고 있는가에 초점을 맞춘다. 어떤 학자들은 사회 전체에 대한 연구를 '거시이론'으로 제한하기도 한다. 거시이론과 미시이론 사이의 중간적 수준을 메조이론(mesotheory)이라 부른다. 메조이론은 조직이나 지역사회 혹은 성별(gender)과 같은 사회적 범주를 연구하는 이론이다.

거시이론과 미시이론의 구분은 우리가 분석하고자 하는 다른 패러다임에도 적용될 수 있다. 상징적 상호작용론이나 민간방법론(ethnomethodology) 등과 같은 패러다임은 미시이론에 가까운 반면, 갈등이론과 같은 패러다임은 미시이론이나 거시이론 양쪽에 다 적용할 수 있다.

거시이론
제도, 전체 사회, 또는 사회 속 상호작용의 '거대한 그림'을 이해하기 위한 이론. 칼 마르크스의 계급투쟁에 대한 연구가 거시이론의 한 예이다.

미시이론
개인의 친밀한 관계나 상호작용 수준에서의 사회생활을 이해하기 위한 이론. 소녀의 행동이 소년의 행동과 어떻게 다른가를 실험하는 것이 미시이론의 한 예이다.

초기 실증주의

프랑스의 철학자 오귀스트 콩트(Auguste Comte, 1798~1857)는 1822년 사회학이라는 용어를 만들면서 지적 모험이 시작되었고, 이와 같은 노력은 지금까지도 계속되고 있다. 콩트는 사회를 과학적으로 연구할 수 있는 하나의 현상으로 간주했다. [콩트는 처음에 그가 하는 일을 '사회물리학(social physics)'이라고 명명하려 했으나, 이 단어는 이미 다른 학자에 의해 사용되고 있었다.]

콩트 시대 이전에 사회는 단순히 사회 그 자체로서 존재했다. 사람들이 다양한 종류의 사회나 시간의 흐름에 따른 사회의 변화를 인식하기 이전까지는 종교적 패러다임이 사회적 변화에 대한 설명을 지배했다. 사회적 상황은 종종 신의 의지가 반영된 것으로 여겨졌다. 인간은 원죄와 무신론을 대체할 '신의 도시(City of God)'를 창조하도록 요구받았다.

콩트는 그의 탐구를 종교로부터 분리시켰다. 그는 종교적 믿음이 과학적 객관성으로 대치될 수 있다고 생각했다. 그의 '실증철학(positive philosophy)'은 세 단계의 역사를 가정했다. '신학적 단계(theological stage)'는 서기 1300년 정도까지 세계를 지배했다. 이후 500년 동안, '형이상학적 단계(metaphysical stage)'는 신을 '자연'이나 '자연법'과 같은 철학적 이념으로 대체했다.

콩트는 역사의 세 번째 단계인 실증적 단계를 열었고, 이 단계에서는 과학이 종교나 형이상학을 대체할 것이라고 생각했다. 이 단계에서는 종교적 믿음보다는 오감을 통한 관찰을 기초로 한 지식이 적용되는 과학이 다른 것들을 대체할 것으로 생각했다. 콩트에 의하면, 사회는 합리적으로 연구되고 이해될 수 있는 것이다. 사회는 생물학이나 물리학처럼 과학적일 수 있다는 것이 그의 생각이었다.

어떤 의미에서 모든 사회연구는 콩트로부터 계승된다고 말할 수 있다. 사회가 과학적으로 연구될 수 있다는 그의 생각은 사회과학의 발전을 위한 기초를 형성하게 되었다. 경험적 관찰과 논리적 분석을 통해 과학적 사실을 긍정적으로 증명할 수 있다고 믿는 콩트는 과학적 접근방법을 서술하는 실증주의(positivism)라는 단어를 만들어냈다. 차후에 이에 대한 논의를 하겠지만, 실증주의에 대한 이념은 지난 수 십 년 동안 심각하게 도전받아왔다.

실증주의
오귀스트 콩트에 의해 소개된 철학적 체계로, 과학적 주장에 대한 합리적 증거나 반증으로 인식할 수 있는 객관적 실체를 나타낸다.

갈등 패러다임

칼 마르크스(Karl Marx, 1818~1883)는 사회적 행동이 갈등의 과정으로서 가장 잘 나타난다고 시사했다. 이러한 갈등에는 한 사람이 다른 사람을 지배하려는 시도나 다른 사람의 지배를 피하려는 시도 등이 포함된다. 그의 갈등 패러다임은 기본적으로 경제계급 간의 갈등에 초점을 맞췄다. 특히 자본주의가 산업자본가를 통해 노동자를 억압하는 방법을 검증했다. 그의 관심은 분석적 연구에서 끝나지 않고 경제관계에서 노동자의 억압을 종식시킬 수 있는 이념적인 재구성에 전념했다.

갈등 패러다임은 경제적 분석에만 국한되지 않았다. 게오르그 지멜(Georg Simmel, 1858~1918)은 마르크스가 관심을 가지고 있는 계급투쟁과는 반대로, 소규모 갈등(small-scale conflict) 관계에 특별한 관심을 두었다. 예를 들어, 단단하게 밀착되어 있는 집단구성원 간의 갈등은 소속감이나 친근감이 결여된 집단의 구성원보다 더 강하게 나타난다고 언급했다.

최근의 갈등 패러다임에서 보는 바와 같이, 국제통화기금(IMF)과 세계은행(World Bank)을 분석한 초수도프스키(Michel Chossudovsky, 1997)는 이 두 개의 기구들이 글로벌 빈곤을 퇴치시키기보다는 빈곤을 더 증대시킨다고 주장하면서, 빈곤퇴치 과정에 포함되어 있는 경쟁하는 이해관계자에게 초점을 맞추었다. 이 이론의 주요 관심사는 세계의 가난한 사람들이나 제3세계의 빈곤한 국가들이었다. 그런데 이 조사를 통해서 국제통화기금과 세계은행에 대출을 해주는 금융기관들이나 값싼 노동력과 상품시장을 찾는 다국적 기업들과 같은 이해관계의 집단들이 이익을 얻었음을 확인할 수 있었다. 초수도프스키의 분석에 의하면, 은행과 기업의 이해관계가 은행과 기업의 수혜자여야 하는 가난한 자들의 이해관계보다 더 우선한다는 것이다. 그는 또한 개발도상국의 많은 정책들이 민주적 정부형태뿐 아니라 국가 경제도 약화시키고 있다고 주장하고 있다.

갈등 패러다임은 계급과 성별 또는 인종 간 투쟁에도 초점을 맞추고 있으며, 경쟁적 이해관계가 있는 여러 집단에도 적용될 수 있다. 예를 들어, 학생과 교수 간의 행정적 관계라든가, 남녀 기숙사의 신입회원 가입경쟁 내지는 조직 내 부서들 사이의 관계를 이해하는 데 이러한 패러다임을 효과적으로 적용할 수 있다.

이런 사례들은 갈등 패러다임의 시각에서 사회생활을 볼 수 있는 방법에 대해 설명해야 한다. 갈등 패러다임의 적용가능성을 살펴보기 위해 신문이나 뉴스관련 잡지들을 훑어보고 사건들을 확인할 것이다. 이 과정에서 개인이나 집단이 상대에 대해 지배적인 힘을 행사하거나 혹은 지배를 당하지 않기 위한 시도에 대한 분석을 할 수 있다. 갈등 패러다임의 이론적 개념과 전제는 이러한 사건들을 이해하는 것을 도울 것이다.

상징적 상호작용론

마르크스가 역사라는 하나의 진행과정 속에서 사회 전체 또는 거대한 제도나 기관인 거시이론에 초점을 맞춘 반면에, 지멜은 상호작용하는 개인 혹은 '미시적' 관점의 사회에 더 많은 관심을 쏟았다. 지멜은 두 사람으로 이루어진 양자관계(dyad)라는 집단과 세 사람으로 된 3자관계(triad)라는 집단의 관계를 조사했다. 이와 유사하게 지멜은 '집단가입망(the web of group affiliations)'에 대해서도 언급했다(Wolff, 1950).

지멜은 미국 사회학 발전에 영향을 미친 유럽 사회학자 중 한 사람이었다. 상호작용의 본질에 초점을 맞춘 그의 이론은 미드(George Herbert Mead, 1863~1931)나 쿨리(Charles Horton Cooley, 1864~1929), 그리고 원인규명을 통해 연구조사를 위한 강력한 패러다임으로 발전시킨 사람들에게 영향을 미쳤다.

쿨리는 '일차집단(primary group)'이라는 개념을 소개했다. 이 개념은 가족이나 친구처럼 소속감을 나눌 수 있는 친밀한 제휴자 또는 동지를 뜻한다. 쿨리는 '거울자아(looking-glass self)'에 대해서도 언급했다. 거울자아란 우리 주위에 있는 사람들의 반응을 통해 자신을 형성하는 것을 의미한다. 예를 들어, 만일 모든 사람들이 우리를 아름답다고 한다면 우리는 자신이 정말로 그런 줄 알 것이다.

그러면 지금부터 이러한 패러다임이 마르크스의 사회적 수준의 관심과 근본적으로 어떻게 다른지 주목해보자.

이와 유사하게, 미드는 다른 사람의 역할을 취할 수 있는 인간 능력의 중요성을 강조했다. 다른 사람의 역할을 취하는 것은 다른 사람이 특정 상황에서 어떻게 느끼고 어떻게 행동하는가에 달려 있다. 이를 통해 사람들은 일반적으로 어떻게 사물을 볼 것인가에 대한 개념을 얻게 되는데, 미드가 말하는 '일반화된 타자(generalized others)'에 대한 감각을 개발하게 된다(Strauss, 1977). 미드는 또한 인간의 상호작용에 특별한 관심을 보였다. 대부분의 상호작용은 개인이 보편적인 이해에 도달하는 과정에서 주기적으로 일어난다. 이 과정에서 개인은 언어나 상징을 사용하는데, 이를 '상징적 상호작용론(symbolic interactionism)'이라 한다.

이런 패러다임을 우리의 생활에 적용할 수도 있다. 새로운 사람을 만날 때 상호작용의 과정을 통해 각자의 지식을 어떻게 펼치는지를 살펴보자. 다른 사람의 마음 속에 당신이 만들어낸 이미지를 어떻게 관리하는지를 주목해보자.

이 패러다임은 일상적인 사회생활에서 일어나는 상호작용의 본질에 대한 견해를 제공해주기도 하고, 비정상적인 형태의 상호작용에 대한 이해를 돕기도 한다. 예를 들어, 에머슨(Robert Emerson), 페리스(Kerry Ferris), 그리고 가드너(Carol Brooks Gardner, 1998)가 '스토킹(stalking)'의 본질을 어떻게 이해했는지 보자. 수많은 스토킹 피해자와의 인터뷰를 통해 그들은 스토커의 다양한 동기, 스토킹의 발전단계, 스토킹을 당한 사람들의 스토킹 인식방법 및 대응 등을 밝혀냈다.

민간방법론

사회과학의 몇몇 패러다임은 사회구조가 인간행동에 미치는 영향을 강조한다. 이러한 영향으로는 규범, 가치, 통제인자 등의 효과를 들 수 있다. 현대 사회학자인 해럴드 가핑클(Harold Garfinkel, 1917~2011)에 의하면, 사람들은 그들 행위의 상호작용을 통해 계속적으로 사회구조를 창조하고 있다. 다시 말해, 그들은 자신의 사회적 실체를 창조하고 있다는 것이다. 학생과 교수가 기말 리포트에 대해 논의하기 위해 만났을 때 학생이 어떻게 행동해야 하는지에 대해 수많은 예상이 기대되는 상황에서, 학생들의 대화는 전에 했던 내용과는 달라질 것이고, 두 사람 각자가 어떻게 행동하는지가 학생의 미래에 대한 기대를 어느 정도 바꾸게 될 것이다. 기말 리포트에 대한 논의는 그 학생이 다른 교수나 학생들과 주고받을 수 있는 미래의 상호작용에 영향을 미칠 것이다.

이러한 관점에서 실체에 대한 검증을 한다면, 사람들은 자신이 경험한 생활을 계속해서 정당화하려는 시도를 한다고 가핑클은 주장한다. 어떤 점에서는 모든

일상생활에 개념 적용하기 | 패러다임의 힘

이 장에서는 사회생활을 이해하고 형성하는 사회과학 패러다임에 대해 살펴볼 것이다. 또한 이런 패러다임이 우리가 관찰해왔던 것에 대한 효과를 살펴보고 이것들이 어떻게 해석되는지에 대해서도 살펴볼 것이다. 이런 패러다임의 힘은 과학의 영역을 뛰어넘기도 한다. 세상 어디에서든지 종교적, 윤리적, 정치적 패러다임의 갈등, 혹은 다른 문화적 패러다임의 갈등을 쉽게 볼 수 있다.

2001년 9월 11일, 미국의 세계무역센터와 미국방성에 가해진 공격을 상기해보자. 오사마 빈 라덴에 대한 공격, 사담 후세인, 이스라엘, 부시행정부, 신, 동성애, 페미니스트 등을 비난하는 급진적이고 서로 다른 패러다임들을 반영한 광범위하고 다양한 분석들이 나왔다. 어떤 설명은 여러분을 혼란스럽게 만들었으나, 그들 나름대로의 세계관에서 설명을 훌륭하게 정당화하였다. 이것이 바로 모든 생활영역에서 발생하는 패러다임의 힘이다.

사람이 사회과학자처럼 행동한다는 것이다. 이를 가핑클은 '사람들의 방법론' 또는 '민간방법론(ethnomethology)'이라고 말하고 있다.

여러분은 어떻게 사람들의 기대에 대해 배우며, 그들은 어떻게 그들의 세계를 정당화하는가? 민간방법론자들이 사용하는 한 가지 기술은 사람들의 기대를 저버리는 식으로 일정한 규칙들을 깨뜨리는 것이다. 따라서 만일 여러분이 나에게 기말 리포트에 대해 말하려고 하지만 내가 미식축구에 대한 이야기를 계속한다면 여러분은 내 행동에 대해 어떤 기대감을 나타낼 것이다. 또한 여러분이 내 행동을 어떻게 정당화하는가를 보게 될 것이다. (또는 사회체계이론을 이해하기 위해 비유적으로 축구에 대해 논의할지도 모른다.)

헤리테지(John Heritage)와 그레이트배치(David Greatbatch, 1992)는 민간방법론의 또 다른 예시로 영국의 정치연설에서 박수의 역할을 시험했다. 연설자는 어떻게 박수를 이끌어낼 수 있나? 혹은 연설자가 연설을 마무리하는 데 박수는 어떤 역할을 할까? 민간방법론 패러다임 내에서의 조사연구는 자주 이런 의사소통에 초점을 맞춘다.

여러분은 민간방법론 패러다임을 시도할 수 있는 흥미로운 기회를 자주 접할 것이다. 예를 들어, 엘리베이터를 탔을 때, 사람들의 예상과 달리 앞쪽(문쪽)을 보지 마라. 대신, 엘리베이터 뒤쪽을 향해 조용히 서있어라. 다른 사람들이 이 행동에 어떻게 반응하는지를 보라. 과연 다른 사람들이 어떻게 느끼는지에 주목하라. 이런 실험을 몇 차례 시도했다면, 여러분은 이런 민간방법론 패러다임에서 느끼는 기분을 개발하게 될 것이다.* 이 주제를 더 공부하려면 〈일상생활에 개념 적용하기: 패러다임의 힘〉을 참조하라.

* 이 실험을 가능하게 해준 동료 버나드 맥그레인(Bernard McGrane)에게 감사한다. 바니(Barney) 역시 자신이 가르치는 학생들에게 손으로 저녁식사를 먹게 하고, 텔레비전을 켜지도 않은 채 보게 하며, 그 외 괴상한 행동을 하게 했다(McGrane, 1994).

민간방법론을 10장의 현장조사연구에서 다시 살펴볼 것이다. 지금은 다른 패러다임을 살펴보기로 하자.

구조기능주의

구조기능주의(structural functionalism)는 때때로 '사회체계이론'이라 불리며, 콩트나 다른 학자들이 소개한 개념으로부터 생겨났다. 이 이론에 따르면 하나의 조직이나 전체 사회와 같은 사회적 존재를 하나의 유기체(organism)로 간주한다. 다른 유기체처럼 사회체계는 여러 개의 부분으로 구성되어 있으며, 이들 각자는 전체가 기능하는 데 기여한다.

인간의 신체를 통해 이를 유추해보자. 심장, 폐, 콩팥, 피부, 두뇌와 같은 각 부분은 각기 다른 특별한 역할을 수행한다. 전체로서의 신체는 이들 각 부분이 기능하지 못한다면 존재할 수 없으며, 부분이 전체 신체의 일부분으로 존재하지 못하면 그 자체도 존재할 수 없다. 다른 예로 자동차를 들어보자. 자동차는 타이어, 운전대, 연료탱크, 스파크 플러그 등과 기타 다른 부품들로 구성되어 있다. 이 부품들 각각은 전체를 위해 한 가지 기능을 한다. 이러한 모든 부품이 함께 하나의 체계로 작동하기에 우리는 자동차를 몰고 마을을 가로질러 갈 수 있다. 그러나 각각의 부품이 그 자체로서 우리에게 유용한 것은 아니다.

사회를 하나의 사회체계로 보는 관점은 다양한 구성요소에 의해 작동하는 '기능'들을 찾고 있다. 사회체계로서의 미식 축구팀을 예로 들어보자. 쿼터백이나 런닝백, 혹은 공격라인은 하나의 팀으로서 그들이 맡은 역할을 수행하고 있다. 다른 예로 심포니 오케스트라를 생각해보자. 지휘자나 수석 바이올리니스트, 혹은 다른 연주자들은 하나의 오케스트라로 제 역할을 수행하고 있다.

구조기능주의 패러다임을 사용하는 사회과학자에 의하면, 경찰의 기능은 사회를 통제하고 시민들로 하여금 그 사회규범을 준수하도록 기능할 뿐 아니라, 규범을 위반하는 사람들이 사법제도의 심판을 받게 만드는 것이다. 범죄자들이 사회 내에서 어떤 역할을 하는지를 물어보았을 때, 기능주의자들의 패러다임 내에서 범죄자들은 경찰의 직장을 보장해주는 역할을 수행하고 있다고 말할 수 있다. 에밀 뒤르켐(Emile Durkheim, 1858~1917)은 이와 관련된 관찰을 통해 범죄와 처벌은 사회

Earl Babbie

기능주의 패러다임은 한 가지 가설을 전제로 하고 있다. 부정적인 요소를 포함한 사회의 모든 요소들은 전체 사회를 위해 기능한다. 예를 들어, 범죄는 경찰을 고용하는 효과를 가지고 있다. 그렇다고 해서 범죄를 정당화하는 것은 아니다. 이런 해석은 범죄가 사회 전체에 어떻게 엮여 있는가를 설명하는 것이다.

의 가치를 재확인할 수 있는 기회를 부여하는 것이라고 말한다. 절도범을 체포하고 처벌함으로써 우리는 사유재산에 대한 집합적 중요성을 재확인한다.

구조기능주의 패러다임에 대해 이해하기 위해 여러분이 다니는 대학교의 카탈로그를 살펴보자. 여러분은 아마도 학교의 카탈로그를 재빨리 훑어보거나 총장이나 학장, 교무과장, 경비직원 등과 같은 교직원의 명단을 모아 정리할지도 모른다. 그런 연후에 학교가 제대로 돌아가기 위해서는 강의와 연구가 어느 정도로 기능하는지를 밝혀낼 수 있다. 다른 종류의 기관을 예로 들어보자. 보험회사에는 얼마나 많은 학교행정의 기능들이 필요할까?

기능주의 패러다임을 일상에 적용할 때 사람들은 때때로 기능성(functionality), 안전성, 통합성이 반드시 필요한 선(善)이거나, 기능주의자적 패러다임이 그러한 가정을 도출해낸다고 생각하는 실수를 저지른다. 그러나 사회연구자들이 빈곤, 인종차별, 또는 여성 억압 등에 관한 '기능'을 찾을 때, 그들은 그러한 기능들을 정당화하지 않는다. 오히려 그 반대이다. 그들은 왜 그러한 기능들이 주장되며 어떻게 제외되는가를 이해하는 한 방법으로서 좀 더 커다란 사회에서 작동하는 기능을 이해하려고 한다.

페미니스트 패러다임

랠프 린턴(Ralph Linton)이 그의 인류학적 고전인 『남성 연구(The Study of Man)』(1937: 490)에서 "남성에게 그가 알고 있는 것보다 더 나은 생활을 약속하는 지식의 축적"에 대해 말했을 때, 어느 누구도 이러한 주장에서 여성이 제외되었다고 불만을 나타내지 않았다. 린턴은 그 시대의 언어학적 관례에 따라, 남성에 대해 언급할 때마다 묵시적으로 여성을 포함시켰다. 그는 정말 그랬을까?

페미니스트들이 성(性)을 애매하게 표현하는 명사나 대명사에서 남성을 사용하는 것에 대해 의구심을 나타내기 시작했을 때, 그들의 관심은 사소한 것으로, 심지어는 어리석은 것으로 간주되었다. 대부분의 경우에 이러한 문제를 느끼는 많은 사람들은 자신의 감정이 상하고 자아가 상처를 입은 여성 중의 한 명이라는 것이었다. 그러나 솔직하게 표현해서 여러분이 린턴의 글을 읽었을 때에 머릿속에 어떤 그림을 그렸는가? 성별 구분이 없는 무정형의 인간인가, 아니면 남성이었다가 여성이 되기도 하는 양성형이었는가, 또는 남성 그 자체였는가?

비슷한 방법으로, 페미니스트 패러다임(feminist paradigm)의 관점에서 세상을 보는 연구자들은 다른 패러다임에 의해 밝혀지지 않은 사회생활에 관심을 집중시켜왔다. 부분적으로, 페미니스트 이론과 조사연구는 성적 차이에 초점을 맞추고 그것이 나머지 사회조직과 어떻게 연관되어 있는지에 초점을 맞춰왔다. 이와 같은 조사방향에 따라 많은 사회에서 여성에 대한 억압에 주의를 기울이게 되었다. 여성 억압에 대한 관심은 곧 사회 전체에 걸친 일반적인 억압으로 확장되었다.

페미니스트 패러다임은 여성에 대한 처우나 억압의 경험에 관해 밝힐 뿐 아니라, 사회생활의 다른 관점이 검증되고 이해되는 부분에서 발생하는 제한에 대해서도 빈번하게 지적하고 있다. 예를 들어, 페미니스트 관점은 환경에 대한 관심과 연결되어 있는 일이 잦다. 그레타 가드(Greta Gard)는 다음과 같이 제시한다.

> 서양의 지적 전통 속에서 여성과 자연이 역사적으로 개념화된 방법은 여성, 감정, 동물, 자연, 그리고 신체와 관련된 것은 어떤 것이든 간에 평가절하된 반면에 남성, 사유, 인간, 문화, 그리고 마음과 연관된 것은 가치가 평가절상되었다. 생태 페미니즘의 과제 중 하나는 이러한 이중성을 드러내는 것이었으며, 여성화된 자연과 자연화 또는 동물화된 여성이 여성, 동물, 지구의 지배를 정당화하는 방법을 노출시키는 것이었다.
>
> (1993: 5)

페미니스트 패러다임도 사회에 전반적으로 퍼져 있는 사회적 합의에 도전해왔다. 사회의 지배적인 믿음, 가치 또는 규범에 대한 묘사는 대부분 사회의 일부를 대표하는 사람들에 의해 쓰였다. 한 예로, 미국에서 이와 같은 분석은 중산층 백인 남성에 의해 쓰이고 있다. 이들은 자신만이 나누어 가질 수 있는 믿음, 가치, 규범에 대해 써왔다. 조지 허버트 미드가 우리들이 인식하고 '역할을 취하는' '일반화된 타자'에 대해 언급했음에도 불구하고, 페미니스트 패러다임은 그러한 일반화된 타자가 존재하는지에 대해 의구심을 품고 있다.

더 나아가 미드는 일반화된 타자를 어떻게 학습하는지에 대해 야구경기의 예를 들어 설명했다. 자넷 레버(Janet Lever)의 연구는 소년의 경험을 이해하는 것이 소녀의 경험을 이해하는 데 별로 도움이 되지 않는다고 지적하고 있다.

> 소녀들의 게임과 놀이는 매우 다르다. 이들은 매우 자발적이며 상상력이 풍부하고 규칙이나 조직의 구조로부터 자유롭다. 여럿이 함께하는 줄넘기에서 자신의 차례를 기다리는 행위는 명확한 목표 없이도 진행된다. 소녀들은 개인 간 경쟁에 대한 경험이 매우 적다. 소녀들의 경쟁은 얼굴과 얼굴을 맞대는 직접적인 경쟁이기보다는 간접적이며, 팀의 소속감을 강조하기보다는 개인적이다. 지도자의 역할은 없거나 또는 무작위적으로 채워지기도 한다.
>
> (1986: 86)

사회연구자들 사이에서 여성과 남성의 지적 차이에 대한 인식이 점점 증대되는 가운데, 심리학자 벨렌키(Mary Field Belenky)와 그녀의 동료들은 '사물을 인지하는 여성만의 방법'(1986)에 대해 언급했다. 45명과의 심층면접에서, 연구자들은 사물을 인지하는 다섯 가지 관점을 식별해냈는데, 이는 기존의 명백하고 직설적인 탐구과정에 도전하는 것이다.

- **침묵** 여성들 중에서 특히 젊은 여성들은 자신들이 세상의 지식과는 격리되어 있으며 그들의 삶은 외적 권위에 의해 결정된다고 느끼고 있다.
- **받아들여진 지식** 여성은 외적 권위로부터 유래한 지식을 받아들이고 유지한다고 느끼고 있다.
- **주관적 지식** 직관을 포함한 개인적이며 주관적인 지식의 가능성에 대해 문호를 개방하고 있다.
- **절차적 지식** 여성들은 객관적인 절차를 통해 지식을 습득하는 과정을 배운다고 느끼고 있다.
- **이미 구축된 지식** 여성은 모든 지식을 전후 사정과 관련된 지식으로 간주하며, 그들은 자신을 지식의 창조자로 경험하고, 지식을 인지하기 위한 객관적이고 주관적 전략 모두를 가치 있는 것으로 생각한다.

(Belenky et al. 1986: 15)

'이미 구축된 지식'은 특히 앞에서 논의한 바와 같이 흥미롭다. 콩트의 실증적 패러다임은 '주관적 지식'이나 맥락에 따라 진실이 다양하다는 견해 그 어디에도 속하지 않는다. 한편, 민간방법론은 이 모든 견해를 포함할 수도 있다.

'페미니스트 관점 이론(feminist standpoint theory)'이란 가끔 여성들이 남성에게는 없는 자신들만의 신분이나 경험에 대한 지식을 가지고 있다는 사실을 언급하는 데 사용되는 용어이다. 낸시 하트삭(Nancy Hartsock, 1983)은 이러한 관점이 오랫동안 진화되어왔다고 소개했다. 예를 들어, 학자들은 오직 여성만이 가질 수 있는 경험은 없다고 인식해왔다. 더구나, 재산이나 인종 혹은 연령이 다양한 여러 유형의 여성들은 매우 다른 형태의 사회생활을 경험했으며, 그들이 여성이기 때문에 오랫동안 함께 공유할 수 있는 어떤 것이 있다고 학자들은 인식해왔다. 여성의 경험에서 나타나는 다양성에 대한 민감성은 1990년대부터 시작된 '제3의 페미니즘 물결(third-wave feminism)'의 기본 요소가 되기도 한다.

페미니스트 패러다임을 적용하기 위해 여러분은 아마도 여성에 대한 편견이 대학에 존재하는지를 탐구하고 싶을지도 모른다. 고위 관리직 지위가 여성과 남성에게 동등하게 분배되고 있는가? 사무직과 비서직은 어떠한가? 여성 스포츠와 남성 스포츠는 동등하게 지원받고 있는가? 여러분 학교의 공식적 역사를 읽어보라. 이 역사에는 남성과 여성이 동등하게 포함되어 있는가? (만일 여러분이 전교생이 남성이거나 여성인 학교에 다니고 있다면 이러한 질문들은 적용되지 않을 것이다.)

앞서 언급했듯이, 페미니스트 패러다임은 여성에 대한 불공평한 처우와 남성과 여성이 전반적으로 사회를 다르게 인지하고 이해하는 인식론적 인지(epistemological recognition) 모두를 반영한다. 남성에 의해 창조된 사회이론이 규범으로 작용하기 때문에 미처 인지되지 않은 편견의 위험이 존재한다. 이와 유사한 경우를 백인에 의해 배타적으로 형성된 이론에서 찾을 수 있다.

비판적 인종이론

일반적인 규칙으로서 패러다임 혹은 이론이라는 이름으로 '비판적'이라는 단어를 발견할 때마다, 이 단어는 비전통적 관점을 나타내는 경향이 있다. 이것은 학문적 규칙이나 사회의 주요 구조에 널리 퍼져 있는 패러다임과는 조화를 이루지 못하고 있다.

비판적 인종이론(critical race theory)의 근간은 1950년대 중반의 시민인권운동 및 1960년대 인종관련 입법과 관계가 있다. 평등으로의 진전이 막다른 길에 이르렀다는 두려움을 느끼면서 1970년대 중반에 시민인권운동가와 사회과학자가 인종자각과 인종정의(racial justice)에 대한 패러다임을 체계화하기 시작했다.

이것이 미국 사회에서 비(非)백인의 지위에 대해 사회학자들이 관심을 가진 첫 번째 시기는 아니었다. 역사 속에서 이 분야에 가장 잘 알려진 아프리카계 미국인 사회학자는 뒤부아(W. E. B. Dubois)였다. 그는 1903년에 『흑인 민중의 영혼(The Soul of Black Folk)』이라는 책을 출판했다. 특히 뒤부아는 아프리카계 미국인이 미국인, 그리고 흑인이라는 '이중의식(dual consciousness)' 속에서 살아왔다고 지적했다. 반대로 백인계 미국인은 백인이라는 것에 대해 거의 자각하지 않는다. 만약 여러분이 미국인이라면, 일단 백인이라고 가정될 것이다. 만약 백인이 아니라면, 여러분은 예외적으로 보이며 자신 또한 그렇게 느낄 것이다. 사회적 신분에 대한 이론을 만들어내는 아프리카계 미국인 사회학자와 백인계 사회학자 사이의 차이점을 상상해보라. 사회적 신분에 대한 분석에 있어서 신분에 대한 그들의 이론은 굳이 자신의 인종에 국한시키지 않더라도 몇 가지 근본적인 면에서 차이가 있다.

비판적 인종이론을 내세우는 상당수 현대 학자들의 입장은 법학자나 사회과학자들이 다루는 정치와 정부에서의 인종에 대한 역할과 관계가 있다. 예를 들어,

벨(Derrick Bell, 1980)은 대법원의 획기적인 사건인 '브라운 대 교육위원회' 사건의 결정을 비판했는데, 이 결정은 '분리는 하되 평등하게'라는 학교격리제도를 철폐시켰다. 그는 법원이 아프리카계 미국인 학생의 교육 평등이라는 관점보다는 백인 다수의 경제적 · 정치적 이해관계에 의해 동기화되었다고 시사했다. 그는 이 사건의 분석에서 이익수렴(interest convergence)이라는 개념을 소개했다. 이에 따르면 법이란 오직 백인의 이해관계와 연관되어 있을 때에만 아프리카계 미국인에게 이득이 되도록 개정된다는 것이다. 델가도(Richard Delgado, 2002)는 벨의 논의에 대해 이후의 비판적 인종이론 학자들이 얼마나 많은 후속연구를 했는지 잘 개관하고 있다.

이익수렴
다수집단원은 어떤 행동이 다수집단의 이익을 지지할 때만 소수의 이익을 지지한다는 의제

합리적 객관성 재고

사회는 합리적이고 객관적으로 연구되어야 한다는 콩트의 주장을 살펴보면서, 이 패러다임에 관해 논의하기로 하자. 콩트 이후로 과학은 성장하고 미신은 쇠퇴하며 관료적 구조가 증가했으며 합리성을 강조하는 경향이 사회생활의 중심으로 자리 잡았다. 우리들 대부분은 합리성이 근본적인 것이라고 생각하는 반면, 몇몇 현대 학자들은 이 점에 회의를 품고 있다.

예를 들어, 실증주의적 사회과학자들은 인간이 항상 합리적으로 행동한다고 가정하는 실수를 저지르고 있다. 여러분도 알다시피, 우리들의 경험은 이와 반대되는 증거를 내보이고 있다. 그러나 수많은 현대의 경제모델은 사람들이 합리적 선택을 통해 경제적 행위를 한다고 가정한다. 사람들은 임금이 높은 직업을 선택하고 물건값을 낮게 지불하려고 한다는 것이다. 이러한 가정은 인간행동을 결정하는 데 있어서 이성과 경쟁적 관계에 있는 요소들인 전통, 충성심, 상상력의 힘을 무시한 것이다.

더 섬세한 실증주의 입장에서는 비합리적인 행동조차도 합리적으로 이해하고 예측할 수 있다고 주장하기도 한다. 한 예로 유명한 '애시 실험(Asch Experiment)'을 들 수 있다(Asch, 1958). 이 실험에서는 한 대상집단에게 한 화면에 있는 여러 개의 선을 보여주고, 그중 길이가 같은 두 개의 선을 식별하라고 주문했다.

여러분이 이 실험의 대상이라고 상상해보라. 여러분이 여섯 명의 실험대상이 있는 교실의 맨 앞줄에 앉아 있고, 일련의 선이 여러분 앞의 벽에 비춰진다[〈그림 2-1〉 참조]. 실험을 하는 사람이 여러분을 포함한 대상집단 사람들에게 차례로 A, B, C 중에서 X와 같은 길이의 선을 골라보라고 주문을 한다. 여러분에게는 B가 정답이라는 것이 명백하다. 그러나 놀랍게도 다른 사람들은 모두 똑같이 이와는 다른 대답을 하는 것을 발견한다.

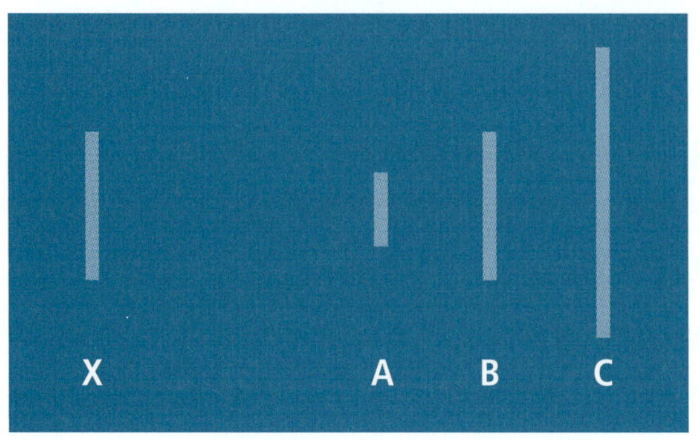

그림 2-1 애시 실험
애시 실험의 주제는 A, B, C 중 어느 것이 X와 같은 길이인가를 결정하는, 쉬워 보이는 과제를 포함한다. 그러나 여기에는 시각측정 이상의 과정이 포함되어 있다.

실험자는 집단 중에서 오직 한 사람만 제외하고 모두 정확한 대답을 했다고 발표한다. 여러분이 유일하게 B라고 대답한 사람이기 때문에, 여러분 혼자만 틀렸다는 결론에 이른다. 이후 다른 세트의 선을 제시하고 똑같은 실험을 계속한다. 명백히 올바른 대답이라고 보이는 것이 다른 모든 사람에게는 잘못된 답으로 보일지 모른다.

사실은 이 실험에서 여러분만이 유일한 실험대상이고, 나머지 사람들은 실험자와 함께 의도적으로 잘못된 답을 말하는 사람이다. 이 실험의 목적은 일반 대중의 압력으로 인해 여러분의 결정이 잘못된 쪽으로 흔들리는가를 보기 위한 것이다. 첫 번째 실험에 참가한 대상의 1/3 정도가 그들의 결정을 바꿨다.

단순한 실험에서 명백히 잘못된 답을 고르는 것은 비합리적 행동의 예이다. 그러나 애시가 보여주었던 것처럼, 이 실험은 실험대상자들로 하여금 잘못된 답을 하도록 유도하는 상황을 검증했다. 이와 비슷한 연속적인 실험에서 애시는 실험집단의 표본수와 잘못된 대답을 하는 '반대자'들을 다양하게 구성함으로써, 비합리적 행동을 합리적이고 과학적으로 연구했다.

우리는 이보다 더 파격적인 방법으로 사회생활이 합리적 원칙을 따르는지 질문할 수 있다. 혼돈이론(chaos theory)이나 퍼지논리(fuzzy logic) 또는 복합성과 같은 물리학 분야에서의 발전은 우리로 하여금 물리적 세계에서 일어나는 사건들의 질서에 대해 근본적으로 다시 생각하도록 해주었다.

하지만 실증주의에 대한 현재의 도전은 합리적으로 행동하는가에 대한 의문을 갖게 한다. 실증주의에 대한 일부 비판은 실증주의적 이상이 가정하듯 과학자들이 객관적일 수 있는가에 도전하고 있다. 과학자들이 연구하고 관찰하려고 하는 것들, 또는 이러한 관찰로부터 도출해낸 결과에 개인적 감정이 영향을 미칠 수 있을 것이라는 데 대해 대부분의 과학자들은 공감할 것이다.

객관성이라는 관념에 대해 보다 급진적인 비판들이 많이 나오고 있다. 앞서 페미니즘이나 민간방법론에서 논의했듯이, 과학적 객관성은 의심할 여지가 없이 이상적이라고 오랫동안 유지되어온 반면, 몇몇 현대의 연구자들은 어떤 상황에서는 주관성을 선호한다고 주장하고 있다. 그러면 객관성과 주관성의 변증법적 논리로 잠시 돌아가보자.

우리의 모든 경험은 주관적인 판단에서 벗어날 수 없으며 이로부터 빠져나올 길도 없다. 우리는 눈을 통해 사람을 볼 수 있으며, 우리의 시각에 독특하게 인식되는 것들은 우리가 보는 것들의 모양을 결정짓는다. 우리는 귀와 음파를 해석하여 뇌에 전달함으로써 소리를 들을 수 있다. 여러분과 나는 다른 사물의 실체를 보고 소리를 듣는다. 우리 모두는 어떤 사물에 대해 박쥐가 하는 것과는 상당히 다른 물리적 '실체(realities)'를 경험한다. 우리가 생각하는 완벽한 어둠 속에서도 박쥐는 날아다니는 곤충과 같은 사물에 음파를 내보냄으로써 그것이 어떤 것인지를 '본다'. 물론 박쥐는 인간들이 들을 수 없는 음파를 발산한다. 박쥐는 음파를 반사하여 조그만 곤충을 입으로 물고 어둠 속에서 자신의 집에 정확히 도착할 수 있도록 '소리사진(sound picture)'을 만들어내고 있다. 같은 맥락에서 과학자들은 잔두(Xandu)라는 가상의 행성에서, 인간들이 상상조차 할 수 없는 지각감지 장치를 통해 물리학이론을 개발할지도 모른다. 이 장치를 통해 엑스선을 보기도 하며 색상을 들을 수 있을지도 모른다.

우리 인간은 객관적이라고 알려지고 모두들 '정말로 사실'이라고 알려진 것을 굳게 믿고 있다. 객관성이란 개인적 견해를 넘어선 개념적 시도이다. 이런 시도는 우리의 주관적 경험에서 공통된 근거를 찾으려는 것처럼 궁극적으로는 의사소통의 문제이다. 우리가 연구에 성공할 때마다 우리는 객관적 실체를 다루고 있다고 말한다. 이것은 1장에서 논의한 바와 같이 실체에 대한 합의이기도 하다.

사회과학의 역사 속에서 가장 중요한 연구는 1930년대 터키계 미국인이며 사회심리학자인 세리프(Muzafer Sherif, 1935)에 의해 실행되었다. 그는 '자동운동적 효과(autokinetic effect)'에 대한 연구를 하고 싶다고 장난스럽게 이야기했다. 이 연구를 하기 위해 그는 작은 집단을 완전하게 어두운 방에 집어넣었다. 참가자의 앞에 놓인 벽 중앙에는 한 점의 불빛을 비추었다. 세리프는 빛이 곧 움직일 것이라고 설명했고 실험대상자들에게 그 불빛이 얼마나 멀리 움직이는가를 보고하게 했다. 길이(length)나 거리(distance)를 가늠할 수 있는 그 어떤 것도 볼 수 없는 어려운 과제였다.

놀랍게도, 각 집단은 한 점의 불빛이 움직인 거리에 대해 합의할 수 있었다. 그러나 이상하게도 다른 집단은 다른 결론에 도달했다. 불가사의하게도 독자 여러분이 추측했을지 모르지만, 불빛은 움직이지 않고 그대로 있었다. 오랫동안 고정된 한 점의 불빛을 응시하게 되면 그것이 움직이는 것처럼 보일 것이다(세리프의 '자동운동적 효과'). 그러나 각 집단이 특정한 망상에 합의했다는 점에 주목하라. 그들에게 빛의 운동은 사실적이었다. 그것은 아무것도 없는 것에서 창조된 실체였다. 다시 말해, 사회적으로 형성된 실체였다.

주관성이 개인적인 데 반해 객관성에 대한 탐구는 사회적이다. 이것은 과학에서뿐만 아니라 모든 생활에서도 참(true)이다. 여러분과 내가 서로 다른 음식을 먹으려고 한다면, 무엇을 먹을 것인가 또는 먹지 않을 것인가에 대해 동의해야 할 것이다. 다른 유형의 소비형태에서도 이와 같은 논쟁이 일어날 수 있다. 실체에 대한 합의점이 형성되지 않는다면 텔레비전이나 영화를 보거나 또는 운동을 하러 가는 것도 불가능할 것이다.

사회과학자들도 사회적으로 동의한 객관적 실체의 개념으로부터 반사이익을 얻고 있다. 사람들은 그들의 생활경험에 질서를 부여함으로써 객관적 실체의 개념이 집합적 행동의 목적을 추구하는 데 유용하다는 것을 발견한다. 예를 들어, 사물에 대한 주관적 경험이 무엇이든 간에 교육수준이 증가하면 일반적으로 편견이 감소하는 경향을 발견할 수 있다. 서로가 독립적으로 이러한 현상을 발견하기 때문에 우리는 이러한 현상을 객관적으로 참(true)이라고 말한다.

17세기부터 20세기 중반에 이르기까지, 사람들이 볼 수 있고 보다 명확하게 측정할 수 있다는 객관적 실체(objective reality)에 대한 믿음이 과학을 주도해왔다. 대체로 이러한 상황은 단순히 하나의 유용한 패러다임이 아니라 참으로 간주되었다. 실증주의(positivism)라는 용어는 논리적으로 질서정연하고 객관적 실체에 대한 믿음을 대표해왔다. 그러나 오늘날 우리의 인식과 경험만이 실체라고 주장하는 탈현대주의자나 그 밖의 다른 사람들은 이러한 관점에 도전하고 있다.

사람들은 객관성이라는 관념 자체가 현상에 대한 진실을 밝혀내는 만큼이나 진실을 숨기고 있다고 말한다. 앞에서 본 바와 같이, 과거에 서구의 사회과학에서 객관성이라고 간주되었던 것들은 실제로 유럽의 백인, 중산층 남성의 합의에서 도출된 것들이었다. 여성이나 소수인종, 비서구 문화 또는 가난한 사람의 보편적이고 실제적인 경험이 실체를 대표한다고는 볼 수 없었다.

따라서 초기 인류학자들은 세계의 문맹 원시종족들을 미신적이고 야만적이라고 묘사하면서 자신들의 믿음이나 관행에서 현대적이고 서구적인 의미를 찾고자 한 점에 대해 비판을 받게 되었다. 우리는 종종 먼 옛날부터 구전된 믿음을 '창조신화'라고 부르면서 우리 자신의 믿음을 '역사'라고 외치기도 한다. 오늘날에는 다양한 종류의 사람들이 자신들의 생활이 타당하다고 믿고, 그들 자신의 입장에서 생활을 이해하려는 자신만의 고유한 논리를 찾으려는 시도가 증가하고 있다.

궁극적으로 우리는 결코 주관적으로 경험한 것이 객관적 실체인지 혹은 객관적 실체에 대한 개념이 단지 환상인지를 알 수 없다. 하지만 실증주의자나 탈현대주의자는 자신들의 관점이 실제적이고 진실하다는 믿음을 갖기 때문에, 우리는 무엇이 정말 실제인지를 애타게 알고 싶어한다. 여기에는 두 가지 아이러니가 상존한다. 먼저, 객관적 세계에 대한 실증주의자들의 믿음은 궁극적으로 자신들의 확고한 믿음에서 시작된다. 이것은 매우 중요한 쟁점으로 '객관적' 과학에 의해 입증될 수 없기 때문이다. 그리고 객관적으로 할 수 있는 것이 아무것도 없다고 주장하는 탈현대주의자들은 객관적 실체의 부재야말로 사물이 '실제로' 존재하는 방법이라고 느낀다.

탈현대주의(postmodernism)는 흔히 사회과학의 가능성을 부정하는 것으로 묘사되었다. 그러나 이 책에서는 객관적 실체의 존재나 부재에 대해 어떤 가정도 하지 않는다. 동시에 인간은 '실체'가 무엇인지에 대해 합의하려는 광범위하고 강건한 능력(ability)을 밖으로 드러낸다. 이러한 현상은 바위와 나무, 귀신과 신, 심지어 충성과 반역과 같이 이해하기 어려운 이념에도 잘 나타난다. '편견'과 같은 것이 실제로 존재하든 안 하든 간에 그 본질에 관한 조사에 착수할 수는 있다. 왜냐하면 많은 사람들이 편견은 존재한다고 합의하기 때문이며, 연구자들은 합의된 탐구의 기술을 사용할 수 있기 때문이다.

또 다른 사회과학 패러다임인 비판적 현실주의(critical realism)에서는 '실체'가 어떤 효과가 나타나는 것으로 정의한다고 말하고 있다. 이러한 관점에서 볼 때, 편견이 명백하게 우리의 생활에서 관찰할 수 있는 효과를 나타내기 때문에 반드시 '실제'한다고 평가되어야 한다. 이 패러다임은 흥미롭게도 초기 미국의 사회학자인 토마스(W. I. Thomas)의 "인간이 어떤 상황이 실재한다고 정의한다면, 그 결과도 실재한다."(1928: 571-572)라는 문구를 통해 자주 인용되고 있다.

비판적 현실주의
사물이 효과를 나타내는 한 실제로 존재한다고 주장하는 패러다임

이 책은 독자로 하여금 실증주의나 탈현대주의 혹은 그 외 패러다임 중 하나를 선택하라고 요구하거나 권장하지 않는다. 사실, 여러분이 여러분 주위에 존재하는 또는 존재하지 않는 세계를 이해하려고 시도하는 것처럼, 나는 여러분이 어떤 가치를 또는 모든 가치를 찾도록 초대하려 한다.

사회연구자로서 우리는 다행히도 실증주의나 탈현대주의 접근방법 중 어느 하나에 전적으로 우리를 맞추라고 강요당하지 않는다. 대신 우리는 서로 다른 두 가지 접근방법을 화살통 속에 들어 있는 서로 다른 두 개의 화살로 취급하면 된다. 각각의 접근방법은 유용한 조사방법을 제시하는 보완적 관점을 보임으로써 다른 방법의 취약점을 보강한다.

예를 들어, 유명한 영국의 물리학자 스티븐 호킹(Stephen Hawking)은 실증적 모델의 매력적인 단순성을 품위 있게 묘사했다. 그는 그의 의견을 과학의 실행방법에 관한 인식과 잘 조화시킨다.

이러한 사고방식에 따르면 과학적 이론은 우리가 행한 관찰을 묘사하고 구체화한 수학 이론이다. 훌륭한 이론은 소수의 단순한 가정을 기반으로 현상의 광대한 범위를 묘사할 것이며, 검증될 수 있는 한정적 예견을 만들어낼 것이다. 만일 예견이 관찰과 일치한다면, 비록 이 이론이 옳은 것이라고 입증할 수 없더라도 검증을 통해 살아남을 것이다. 반면, 관찰이 예견과 일치하지 않는다면 사람들은 이 이론을 포기하거나 수정해야 한다(적어도 그러한 일이 일어나리라고 추측된다. 실제로, 사람들은 관찰의 정확성과 신뢰도, 그리고 관찰하는 사람의 도덕적 특성에 대해 자주 의문을 제기한다).

(2001: 31)

간단히 요약하면, 이론적 패러다임의 무수한 다양성은 사회생활에 대한 연구를 유발한다. 연구에 참고할 수 있는 이러한 준거틀이 있기 때문에 유용한 이론들이 구성된다. 이어서 이론구성에 포함되어 있는 몇 가지 이슈를 살펴보자. 이 이슈들은 실증주의자나 탈현대주의자 또는 그 중간 어딘가의 관점을 취하는 모든 사람들에게 유용하고 흥미로울 것이다. 이제 사회조사를 구성하기 위한 또 다른 기본 요건을 살펴보자.

2.3 사회이론의 요소

앞서 언급했듯이 패러다임은 일반적인 틀, 또는 사물을 보는 '관점(viewpoint)'이다. 이러한 관점은 사회생활을 바라보는 방법을 제시하고 실체의 본질에 대한 일련의 가정에 근거를 둔다.

패러다임이 현상을 보는 방법을 제공한다면, 이론은 우리가 보는 것을 설명하는 데 그 목표가 있다. 이론은 사회생활을 설명하기 위한 일련의 체계적으로 상호 연관된 진술들이다. 이러한 진술들은 사회생활의 여러 가지 측면들을 설명하려고 시도한다. 따라서 이론은 살을 붙여 내용을 충실하게 만들고 패러다임을 보다 구체화한다. 패러다임이 사회생활을 바라보는 방법을 제시한다면, 이론은 우리가 보는 것을 설명하는 데 중점을 두고 있다. 1장에서 언급했듯이, 사회과학자들은 사례기술적(idiograhpic) 설명과 법칙정립적(nomothetic) 설명 모두를 사용하고 있다. 사례기술적 설명은, 예를 들어 어느 특정 여성이 왜 투표를 했는지와 같이 하나의 제한된 현상을 가능한 한 완벽하게 설명하려고 한다. 반면에 법칙정립적 설명은, 일반적인 투표행위를 많이 설명할 수 있는 몇 가지 요소를 확인하는 것같이 폭넓은 현상을 설명하려 한다.

이론의 기본 요소를 좀 더 세밀하게 살펴보기로 하자. 1장에서 언급했듯이 과학은 관찰에 근거한다. 사회연구에서 관찰(observation)은 일반적으로 보고, 듣고, 때로는 만지는 것을 의미한다. 이에 상응하는 개념이 바로 사실(fact)이다. 철학자들에게 '사실'이라는 것은 '실체(reality)'만큼 복잡하지만, 사회과학자들에게는 이것이 관찰된 사실과 같은 현상으로 간주된다. 예를 들어, 2016년 대통령 선거에서 도널드 트럼프(Donald Trump)가 힐러리 클린턴(Hillary Clinton)을 물리친 것을 사실이라고 말할 수 있다.

과학자들은 법칙(law)이라는 '규칙'하에 많은 사실을 정리하기를 열망하고 있다. 에이브러햄 캐플런(Abraham Kaplan, 1964: 91)은 법칙이란 '사실들'에 대한 보편적인 일반화라고 정의하고 있다. 중력의 법칙이 고전적인 예이다. 물체는 질량에 비례하고 거리에는 반비례해서 서로 끌어당긴다.

그런데 법칙은 반드시 보편적이어야 하며, 사실들의 특별한 집합 속에서 그저 우연히 발견되는 패턴이어서는 안 된다. 캐플런이 지적했듯이(1964: 92), 1920년부터 1960년까지 미국 대통령 선거에서 가장 긴 이름을 가진 후보가 승리한 것은 하나의 사실이었다. 그러나 이러한 현상이 그 후의 세 차례 선거에서 밝혀진 것처럼 하나의 법칙인 것은 아니다. 앞서 나타난 패턴은 연속적으로 일어난 우발적인 사건이었다.

법칙은 때때로 원칙(principle)이라고 불리며, 현상이 무엇인가를 말해주는 중요한 진술이다. 우리는 그것을 '발견했다'고 말하며, 패러다임은 우리가 보는 것과 찾고자 선택하는 것에 영향을 미친다는 것을 전제로 한다. 법칙 그 자체나 법칙 스스로는 어떤 현상도 설명하지 못한다. 법칙은 사물이 있는 그대로를 간략하게 말하는 것이다. 이후 간략하게 살펴보겠지만, 사물에 대해 설명하는 것은 이론의 기능이다.

자연과학에는 보편적인 확실성을 주장하는 법칙이 있으나, 사회과학에는 그러한 법칙이 존재하지 않는다. 때때로 사회과학자들 사이에서는 이러한 주장과 병행하여 그러한 법칙들이 발견될 것인가에 대해 많은 논쟁을 한다. 아마도 사회생활 그 자체가 불변의 법칙을 따르지 않기 때문일 것이다. 그렇다고 해서 사회생활이 너무 무질서하거나 혼란스러워서 예측하거나 설명하는 것을 무시한다는 의미는 아니다. 1장에서 보았듯이, 우리는 사회적 행동을 설명하기 위해 그에 대한 논리의 이면을 살펴보기도 하지만, 실제로 사회적 행동은 우리가 당연하다고 생각하는 패턴의 테두리 내에서 이루어진다.

방금 지적했듯이, 우리는 법칙을 이론과 혼동해서는 안 된다. 하나의 법칙이 관찰된 규칙성인 데 반해, 이론(theory)은 우리의 특정한 생활양식과 연관되어 있는 관찰에 대한 체계적인 설명이다. 예를 들어, 특정한 생활양식과 관련된 관찰로는 청소년의 비행, 편견 또는 정치적 혁명 등이 있으며, 이는 이론으로 제시될 수 있다.

이론은 개념이라는 방법으로 관찰을 설명한다. 터너(Jonathan Turner, 1989: 5)는 이러한 개념들을 '이론을 구성하는 기초적인 벽돌'이라고 부르고 있다. 개념(concept)은 연구영역 내 현상들을 대표하는 추상적인 요소이다. 예를 들어, 청소년 비행 이론과 연관 있는 개념들로는 '청소년'과 '비행'을 들 수 있다. 서로 몰려다니며 같은 정체성을 나누는 '또래집단'은 청소년 비행이라는 현상에 포함되는 또 다른 개념이다. '사회계급' 또는 '인종'은 의심할 여지없이 청소년 비행 이론에 포함되는 또 다른 개념이기도 하다. '학업성취도' 역시 관련된 개념 중 하나이다.

변수(variable)는 특별한 형태의 개념이다. 1장에서 보았듯이 각각의 변수는 일련의 속성들로 구성된다. 가장 단순한 경우, 비행(delinquency)은 비행인 것과 비행이 아닌 것으로 구성된다. 비행 이론은 왜 어떤 청소년은 비행을 저지르고, 어떤 청소년은 비행을 지르지 않는가에 대해 설명하는 것을 목표로 한다.

공리(axiom) 또는 가정(postulate)은 이론에 기초를 두며 사실로 여겨지는 기본적인 주장이다. 청소년 비행 이론은 "모든 사람이 물질적 안락을 갈구한다."는 주장이나, "합법적으로 물질적 안락을 누리기 위한 능력은 가난한 사람보다 부유한 사람이 더 크다."는 공리로 시작할 수 있다. 이러한 공리적 토대로부터 유래한 개념들 사이의 관계에 대해 특별한 결론을 도출할 수 있다. 우리는 이것을 '명제(proposition)'라고 부른다. 예를 들어, 청소년 비행에 대한 공리에서 출발해서 가난한 청소년들은 물질적 안락을 추구하기 위해 부유한 청소년들보다 법을 더 잘 어길 수 있다는 명제를 합리적으로 공식화할 수도 있다.

이러한 명제는 사회의 일탈을 설명하는 로버트 머턴(Robert Merton)의 시도와 우연히 일치하고 있다. 머턴(1957: 139-157)은 사회의 합의된 수단과 방법을 언급했는데, 비일탈자는 자신이 바라는 목표(예를 들어, 새 차 갖기)와 그것을 성취하기 위한 수단(예를 들어, 차를 사는 것)에 대해 사회적 합의를 가진다는 것이다. 머턴은 네 가지 형태의 일탈자에 대해 언급하는데, 그중의 하나가 '혁신자(innovator)'이다. 혁신자란 바라는 목표는 있으나 이를 성취하기 위한 수단을 가지고 있지 못한 자들을 의미한다. 이들은 목표를 충족시키기 위해 범죄와 같은 다른 수단을 찾는다는 것이다.

가설
더 일반적인 명제로부터 나온 경험적 실제에 대한 구체적이고 검증 가능한 기대이다. 더 일반적으로 말하자면, 이론으로부터 도출된 사물의 본질에 대한 하나의 기대이다. 이것은 만약 이론이 옳다면 실제 세계로부터 관찰될 수 있는 것에 대한 진술이기도 하다.

명제로부터 우리는 가설을 도출해낼 수 있다. **가설(hypothesis)**이란 더 일반적인 명제로부터 나왔으며 경험적 실제에 대한 구체적이고 검증 가능한 기대이다. 따라서 연구자들은 "가난한 청소년들은 부유한 청소년들보다 높은 비행률을 나타내고 있다."라는 가설을 공식화할 수 있다. 연구는 이러한 가설을 검증하기 위해 설계되는 것이다. 다시 말해, 연구는 이론과 명제로부터 도출된 가설의 검증을 통해 이론을 단지 간접적으로 지지하게 되거나 또는 지지하지 않게 된다.

그러면 이론과 조사연구가 어떻게 연결되는지를 보다 자세히 살펴보기로 하자.

2.4 두 가지 논리체계 재방

1장에서 연역법과 귀납법을 설명하면서 뒤에 다시 소개하겠다고 한 바 있다. 그 내용을 여기서 다시 설명한다.

과학의 전통적 모델

우리 대부분은 어느 정도 '과학적 방법'에 대해 이상적인 생각을 갖고 있다. 우리는 이러한 과학적 방법을 초등학교 이래 또는 더 나아가 대학의 물리학 교육에서 배웠다. 물론 과학에 대한 이러한 전통적인 방법이 과학적 방법의 일부분만 다룰지라도 과학적 방법의 논리를 이해하는 데는 많은 도움을 준다.

과학의 전통적 모델에는 세 가지 주요 기본 요소가 있다. 그것은 다름 아닌 이론, 조작화, 그리고 관찰이다. 지금부터 각각의 기본 요소들을 차례대로 살펴보자.

이론

이 시점에서 우리는 이론에 매우 익숙해져 있다. 과학의 전통적 모델에 따르면 과학자들은 검증 가능한 '가설'로 이론을 시작한다. [〈어떻게 할 것인가: 가설 만들기〉를 참조하라.] 예를 들어, 우리는 사회과학자들처럼 청소년 비행의 원인에 대한 이론을 갖고 있다. 비행이 사회계급(social class)과 부적(negative) 관계를 가지고 있다는 가설을 가정해보자. 이 가설에 따르면 사회계급의 위치가 상승함에 따라 비행은 줄어든다.

조작화

이러한 가설을 검증하기 위해 관찰을 할 때에는 가설에 포함되어 있는 모든 변수들의 의미를 구체화해야 한다. 이 경우 변수로는 사회계급(social class)과 비행(delinquency)을 들 수 있다. 이 변수들에 구체적인 의미를 부여하기 위해, 우리는 비행을 '범죄로 인한 체포', '범죄로 인한 기소' 또는 다른 그럴듯한 의미로 정의할 수도 있다. 또한 사회계급은 가족의 수입이라는 의미로 구체화할 수 있다.

변수들을 정의한 후에는 이들을 어떻게 측정할 것인가를 구체화할 필요가 있다. 조작화(operationalization)에는 문자 그대로 변수를 측정하는 조작이 포함된다.

조작화
개념화 다음에 나타나는 단계. 조작화는 조작적 정의를 개발하는 과정이거나 변수측정에 포함되어 있는 정확한 조작을 구체화하는 것이다.

어떻게 할 것인가 **가설 만들기**

지금까지 살펴본 것처럼, 조사연구의 연역법은 전형적으로 가설을 검증하는 데 초점을 맞추고 있다. 그럼 검증하기 위한 가설을 어떻게 만들어내는지 잠깐 살펴보기로 하자.

가설은 두 개 혹은 그 이상의 변수들 사이에서 기대되는 인과관계를 명시한다. 학생들의 정치적 성향에 관심이 있다고 가정했을 때, 문헌연구나 스스로의 추론으로 대학전공이 학생들의 정치적 성향을 결정하는 데 어느 정도 역할을 한다고 말할 수 있을 것이다. 이런 과정에는 '전공'과 '정치적 성향'이라는 두 개의 변수가 포함되어 있다.

그럼 여기서 각각의 변수를 구성하는 속성에 대해 구체화할 필요가 있다. 간단히 두 개의 정치적 성향(진보적 또는 보수적 성향)에 대해 가정해보자. 대학전공과 관련해서는 경영학과 학생과 사회과학대 학생 사이의 차이에 대한 연구에 흥미를 보인다고 가정하자.

변수들을 이렇게 단순화하는 것과 병행하여, 진보적 혹은 보수적 성향을 어떻게 인식할 것인가에 대해 더 명확하게 구체화할 필요가 있다. 이런 구체화 과정은 5장에서 심도 있게 논의할 것이다. 여기서는 학생들에게 자신이 진보적인지 보수적인지를 물어본다고 가정하자. (후에 다시 논의하겠지만, 이런 단순한 이분법은 실제로는 잘 발생하지 않는다. 실제로 어떤 학생은 자신을 독립적이라고 생각하거나 또 다른 견해를 보인다.)

학생들의 전공을 확인하는 것은 여러분이 생각하는 것만큼 단순하지 않다. 예를 들어, 사회과학에 속하는 학과에는 어떤 것이 있나? 학생들이 이미 자신의 전공을 정했는지 아니면 여러 분야에서 하나를 전공으로 선택할 것인지에 대한 문제가 있다.

이런 이슈들이 정리된 후에, 여러분의 가설을 기술할 준비가 된 것이다. 예를 들어 '사회과학을 전공하는 학생들은 경영학을 전공하는 학생들보다 자신들이 보다 더 진보적이라고 생각한다'는 가설을 만들 수 있을 것이다.

이런 기본적인 기대와 더불어, '보다 더(more likely)'라는 말이 '얼마나 더 많이'라는 말로 구체화되기를 바랄지도 모른다(이에 대해 14장에서 다른 사례를 보여줄 것이다).

변수를 측정하는 방법은 가설을 검증하는 여러 가지 방법에 따라 매우 다양하다.

단순하게 고등학생을 대상으로 조사를 진행 중이라고 가정해보자. 우리는 비행을 조작화하기 위해 설문지에 "당신은 물건을 훔친 적이 있습니까?"라는 질문을 포함시킬 수 있을 것이다. 이 질문에 "예."라고 대답한 응답자는 비행 청소년으로 분류되는 반면, "아니오."라고 대답한 응답자는 정상적인 청소년으로 분류될 것이다. 이와 유사하게 사회계급을 조작화하기 위해서 응답자에게 "지난해 가계소득이 얼마입니까?"라고 질문할 수 있다. 가계소득의 범주는 25,000달러 미만, 25,000~49,999달러, 50,000~99,000달러, 100,000달러 이상 등으로 나눌 수 있다.

여기서 어떤 사람은 '비행'이 물건을 한두 번 훔치는 것 이상의 의미를 가지기도 하며, 물건을 훔치는 것과는 다른 현상일 수도 있다고 반박할 수 있다. 또는 사회계급이 가계소득과 반드시 일치하지는 않는다고 반론을 제기할 수 있을 것이다. 일부 부모들은 비록 자녀들이 물건을 훔치지 않더라도 귀걸이를 하기 위해 신체의 일부를 뚫는 것을 비행의 조짐이라고 생각할 수도 있을 것이다. 또한 '사회계급'에는 가계소득 외에도 지역사회에서의 위치나 명망 등과 같은 요소가 포함될 수도 있다고 생각할 것이다. 그러나 가설을 검증하는 조사연구에서 변수들의 의미는 조작적 정의(operational definition)가 구체화된 것일 뿐이다.

조작적 정의
관찰이 분류될 수 있는 조작이라는 관점에서 어떤 것에 대한 명확하고 구체적인 정의. '학과목에서 A학점 받기'의 조작적 정의는 '기말시험에서 90% 이상의 정답'이다.

이러한 점에서 과학자들은 루이스 캐롤(Lewis Carroll)의 소설『거울나라의 앨리스(Through the Looking Glass)』에 나오는 험프티 덤프티(Humpty Dumpty)와 같다. 험프티 덤프티는 앨리스에게 "내가 어떤 단어를 사용하면, 그 의미는 내가 의도하는 의미 그 자체이며 그 이상도 그 이하도 아니다."라고 말한다. 그러자 앨리스는 "그렇다면 문제는 당신이 만든 단어들이 여러 가지 의미를 가지고 있다는 것 아닌가요?"라고 반문했다. 이에 대해 험프티 덤프티는 "문제는 어떤 것이 지배적인가이다."라고 대답했다[(1895) 2009: 190].

과학자들은 관찰과 측정, 그리고 의사소통에서 정확성을 기하기 위해 조작적 정의의 '대가(大家)'가 되어야 한다. 그렇지 않다면 어떤 변수 하나를 측정할 때 연구결과가 우리의 결과와 다르게 나온 이유가 다른 절차를 밟아서인지, 입증하고자 하는 가설의 의미가 바뀌었기 때문인지 알 길이 없다. 이 말은, 청소년 비행이나 사회계급에 대한 연구결과를 평가할 때 이러한 변수들을 어떻게 조작화했는지 알 필요가 있다는 것을 의미한다.

그러나 실제 조사연구가 아니라 우리의 머릿속에서 출발한 연구들은 변수들을 조작화하는 방법에 있어서 또 다른 문제들을 야기할 수 있다. 아마도 몇몇 응답자들은 물건을 훔쳤는지에 대해 거짓말을 할 것이며, 따라서 연구결과는 그들을 비행자로 정의하지 못할 것이다. 어떤 응답자들은 자기 가계소득을 잘 몰라서 잘못된 대답을 할 수도 있다. 또 다른 응답자들은 대답하기 힘든 질문에 당황해서 거짓 대답을 할 수도 있을 것이다. 이에 대한 논의는 2부에서 자세히 다룰 것이다.

현재까지 언급된 우리의 조작화된 가설은 다음과 같다. 비행을 가장 많이 저지르는 사람은 가계소득이 가장 낮은 25,000달러 미만의 가족구성원에게서 발견될 것이며, 가계소득이 25,000~49,999달러인 사람은 상대적으로 비행을 적게 저지를 것이다. 가계소득이 50,000~99,999달러인 사람은 비행을 더 적게 저지를 것이고, 비행을 가장 적게 저지르는 사람은 가계소득이 100,000달러 이상의 가족구성원에게서 발견될 것이다.

관찰

과학의 전통적 모델의 마지막 단계는 세상을 바라보고, 본 것을 측정하는 실질적 관찰이다. 이론적 명확성을 기하고 특정한 기대를 진술하고, 또한 찾고자 하는 전략을 생각해냈다면, 이제 남은 일은 현상을 있는 그대로 보는 방법을 찾는 것이다.

서베이 결과, 다음과 같은 자료가 만들어졌다고 가정해보자.

가계소득	비행자 백분율
25,000달러 미만	20
25,000~49,999달러	15
50,000~99,999달러	10
100,000달러 이상	5

이러한 자료를 창출해내는 관찰은 우리의 가설을 더욱 뒷받침해줄 것이다. 그러나 우리의 연구결과가 다음과 같다고 상상해보자.

가계소득	비행자 백분율
25,000달러 미만	15
25,000~49,999달러	15
50,000~99,999달러	15
100,000달러 이상	15

이러한 연구결과가 가계소득과 비행이라는 측면에서 우리의 가설과 다르다는 것을 발견하게 될 것이다. 관찰이 우리의 기대를 지지하지 않는다는 반증가능성(disconfirmability)은 어떤 가설에서든지 필수적이다. 다시 말해, 가설이 반증될 수 있는 기회가 존재하지 않는다면, 어떤 것도 의미 있다고 말할 수 없다. 만일 가설이 거짓이 될 가능성이 있는 검증이 없다면 가설이 참인지를 검증할 수도 없다.

예를 들어, 비행이라는 의미 속에 범죄행위가 내재되어 있기 때문에 '비행청소년(juvenile delinquents)'이 '비행청소년이 아닌 청소년(non-delinquents)'에 비해 더 많은 범죄를 저지른다는 가설은 반증할 수 없다. 어떤 젊은이들이 체포되지 않거나 비행자로 낙인찍히지 않으면서 비행을 저지른다고 해서 그러한 사실이 우리의 가설을 위협하는 것은 아니다. 왜냐하면 우리의 관찰은 그들이 법을 잘 지키는 정상적인 청소년이라고 결론지을 것이기 때문이다.

〈그림 2-2〉는 과학적 조사의 전통적인 도식적 모델을 나타내고 있다. 이 모델에서 청소년 비행과 같은 하나의 현상에 대한 관심에서 연구가 시작된다는 것을 알 수 있다. 다음 단계로는 이론적 이해가 전개되고 있다. 이 단계에서는 사회계급과 같은 단순한 개념이 다른 것들을 설명한다. 이러한 이론적 고려는 이론이 올바르다고 가정했을 때, 어떤 것이 반드시 관찰될 것이라는 기대를 불러일으키게 된다. *Y*(예를 들어, 비행)는 *X*(예를 들어, 사회계급)에 달려 있다거나, *Y*의 함

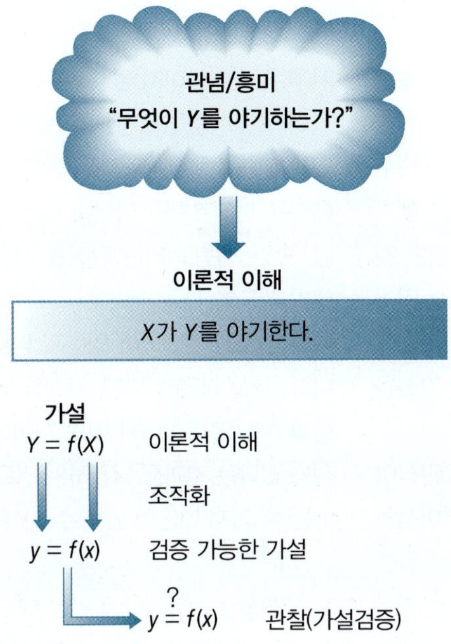

그림 2-2 과학의 전통적 이미지
과학적 조사의 연역적 모델은 때때로 불분명하거나 일반적인 질문에서 시작된다. 연역적 모델은 특정화 절차를 거쳐 가설이 되는데, 이것은 경험적 관찰을 통해 검증된다.

수 [$Y=f(X)$]라는 언급이 바로 이론적 기대에 대한 전통적인 표현방법이다. 그러나 이 수준에서 X와 Y는 아직도 일반적인 의미만을 가지고 있다. 일반적인 의미란 서로 다른 관찰이나 측정을 초래할 수 있다는 것을 의미한다. 조작화 단계에서는 변수를 측정하기 위한 절차를 구체화한다. 그림에 나타나 있는 소문자 y는 대문자 Y를 정확하게 측정하게 할 수 있는 척도이다. 이러한 조작화 절차를 통해 검증 가능한 가설을 만들어내는 것이다. 예를 들어, 자기기입식 설문지에 나타난 절도는 가계소득과 밀접한 관계를 가지고 있다. 표의 마지막 줄에 나와 있는 관찰은 가설검증(hypothesis testing)의 일부이며, 관찰의 목표는 이러한 진술들이 실체를 정확하게 진술했는지를 밝혀내는 데 있다. [가설을 구성하는 자세한 내용은 〈쟁점과 통찰: 가설진술을 위한 힌트〉를 참조하라.]

이런 조작화 과정은 측정 가능한 가설을 만들게 된다. 예를 들어, 가계소득의 증가는 자기기입식 설문지에 나타난 절도를 감소시킨다. 이것이 참인지를 밝혀내는 것을 목표로 하는 관찰은 우리가 '가설검증'이라 부르는 과정의 일부이다.

연역법과 귀납법의 비교

1장에서 보았듯이 과학의 전통적 모델은 연역적 추론을 사용한다. 여기서 우

쟁점과 통찰 가설진술을 위한 힌트

가설은 연구에서 검증되어야 하는 기본 진술이다. 가설은 전형적으로 두 변수 간의 관계를 진술한다. (비록 세 개 이상의 변수를 사용할 수 있을지라도 여기서는 두 개의 변수만을 생각하라.) 가설은 이러한 두 변수 간의 관계를 예측하기 때문에 검증 가능해야 하며, 이러한 예측이 옳은 것인지 그른 것인지는 검증한 결과를 토대로 결정할 수 있어야 한다. 가설은 반드시 명확하게 검증 가능해야 하며, 애매하지 않게 서술되어야 한다. 다음은 검증 가능한 가설을 개발하기 위한 제안이다.

'여성해방에 대한 태도'와 같은 현상의 예측에 관심이 있다고 가정해보자. 그리고 이것을 측정하기 위해 '여성해방에 반대', '중립적인 입장', '여성해방을 지지'한다는 일련의 척도를 만들었다고 가정해보자. 또한 이론적 뒷받침이 부족하기 때문에 여성해방에 대한 태도와 유사한 '예감'에 의존한다고 가정해보자.

여러분은 다음과 같은 가설구성을 생각할 수 있을 것이다. 예를 들어 "____은 여성해방에 대한 태도와 관련이 있다."라는 변수와의 관계를 진술하는 가설을 만들 수 있다. 한 변수가 여성해방 변수와 그럴듯하게 연결되어 있다고 생각해보자. 그리고 빈칸을 채울 수 있는 변수와 여성해방에 대한 태도의 관계를 서술하는 가설을 하나 생각해보자. 여러분은 조금 더 정확한 방법으로 이와 같은 관계를 진술해야 하며, 그런 다음 조사결과를 가지고 가설을 받아들일지 혹은 받아들이지 말지를 명료하게 결정할 수 있다.

이러한 과정을 결정할 수 있는 열쇠는 가설을 구성하고 있는 단어들을 신중하게 정의하는 데 있으며, 이에 대한 예측은 여러분뿐만 아니라 다른 사람에게도 명료해야 한다. 만일 '연령'이라는 단어를 사용해 "연령은 여성해방에 대한 태도와 관련이 있다."라고 말하는 것은 두 변수가 정확히 어떻게 연결되어 있는지 명확하게 진술하는 것이 아니다. 사실 그렇게 되면, 가설을 반증하는 유일한 길은 연령과 여성해방에 대한 태도 사이에 어떤 통계적인 유의미성도 없다는 결과를 발견하는 경우밖에 없다. 이러한 경우에는 두 가지 대안이 있을 수 있다.

1. "연령은 여성해방에 관한 태도와 관련이 있으며, 나이 든 성인보다는 젊은 성인의 지지도가 더 높다." (이와 달리 나이 든 사람들이 여성해방을 더 지지한다고 믿는다면, 가설을 반대로 정할 수 있을 것이다.)
2. 연령은 여성해방과 부적인(negative) 관계가 있다. 이 경우에 여성해방을 지지하는 쪽으로 방향을 구체화하고 부적인 관계를 예측했다는 것을 주목하라. 다시 말해, 나이가 들수록 여성해방에 대한 지지가 줄어든다는 것이다.

이 가설에서 연령(age)은 독립변수 또는 '원인'으로, 그

리는 연역적 추론이 사회과학 연구에서 어떻게 사용되는지, 그리고 귀납법 추론과는 어떻게 상반되는지를 살펴볼 것이다. 과학철학자인 베버리지(W.I.B. Beveridge)는 다음과 같이 두 개의 논리체계를 묘사했다.

> 논리학자들은 귀납적 추론과 연역적 추론으로 구분한다. 전자는 특정한 사례로부터 일반적인 원리로 혹은 사실로부터 이론으로 발전하는 추론을 사용하는 반면에, 후자는 이론을 특정한 사례에 적용함으로써 일반적인 것으로부터 특정한 사례로 발전하는 추론을 사용한다. 귀납적 추론은 관찰된 데이터로부터 출발하여 관찰된 객체 간의 관계를 설명하는 일반화로 발전한다. 한편, 연역적 추론은 일반적 법칙으로부터 출발하여 이것을 특정한 사례에 적용하는 추론이다.
>
> (1950: 113)

리고 여성해방은 종속변수 또는 '결과'로 정하고, 그 범위는 '낮다(low)'부터 '높다(high)'로 정할 수 있다. 이와 같은 변수들의 관계를 묘사하기 위해서 여러분은 부적(–) 또는 정적(+)이라는 단어를 사용할 수 있다.

여성해방과 성별 간의 관계를 가정해보자. 성별은 남성 또는 여성으로 구분되는 명목변수(nominal variable, 명목변수에 대해서는 5장에서 다시 언급된다.)이기 때문에 이 변수의 범위를 '낮다(low)' 또는 '높다(high)'고 표현할 수는 없다. 결과적으로 가설을 불명확하게 진술하지 않도록 주의를 기울여야 한다.

1. '성별(gender)은 정적(또는 부적)으로 여성해방과 관련이 있다.'는 적절한 가설이 아니다. 성별이 여성해방과 어떻게 관련이 있는지를 구체화하지 않았기 때문이다. 다시 말해, 남성 또는 여성이 여성해방을 긍정적으로 더 지지하는지(more supportive)를 말하지 않았기 때문이다.
2. "여성은 여성해방과 정적인 관계가 있다."라고 말하고 싶을 것이다. 그러나 실제로는 그럴 수 없다. (성별은 여성과 남성을 모두 포함하는 변수이므로) 여성(female)은 성별에 대한 하나의 속성에 지나지 않기 때문이다.
3. "성별은 여성들이 남성보다 여성해방을 더 지지한다는 점에서 여성해방과 관련이 있다."를 추천하고 싶다. 또는 "남성은 여성보다 덜 지지한다."라고 말하면 동일한 예측이 된다. (물론 원한다면 남성이 여성보다 더 지지한다는 반대의 예측도 할 수 있다.)
4. "여성이 남성이 하는 것보다 여성해방을 지지할 가능성이 더 높다."는 표현도 똑같이 정당하다. ("남성이 하는 것보다"라는 표현에 주목하라. "남성보다"라고 하면, "여성은 남성을 지지하는 것보다 여성해방을 지지할 가능성이 더 높다."는 가설로 오인될 수 있다.)

앞에서 언급한 예들은 연령이나 성별의 '특성'과 여성해방에 대한 태도의 '지향성(orientation)' 간의 관계를 가정하고 있다. 연령과 성별은 태도보다 인과적으로 앞서기 때문에 이들에 대한 인과적 순서는 명확하다. 따라서 앞에서 언급한 가설들을 인과적 가설이라고 부를 수 있다.

끝으로, **영가설(null hypothesis)**에 관한 언급을 접할 수 있다. 특히 통계적인 측면에서는 이를 자주 접하게 된다. 이러한 가설은 두 변수 간의 관계가 없음을 예측하거나, 또는 두 변인 간에 통계적으로 유의미한 관계가 없음을 예측하는 것이다. 가설은 가설검증에서 항상 절대적(implicit)이다. 기본적으로, 연구자가 정적(또는 부적) 관계를 가정한 경우에는 연구결과가 영가설을 기각하고 가설적 관계를 입증하기를 바라게 된다.

라일리 던랩(Riley E. Dunlap)
Department of Sociology, Oklahoma State University

연역적 추론은 전통적 실례로 '모든 인간은 반드시 죽는다. 소크라테스는 인간이다. 고로 소크라테스는 반드시 죽는다.'와 같은 삼단논법을 사용한다. 이 삼단논법은 이론과 이론의 조작화를 나타내고 있다. 이것을 입증하기 위해 아마도 소크라테스는 반드시 죽는다는 경험적 검증을 실행할지도 모른다. 이것이 전통적 모델에서 논의했듯이 필수적인 접근방법이다.

귀납적 추론은 '소크라테스는 반드시 죽을 뿐 아니라 다른 사람들도 죽는다는 것을 관찰한다.'라는 말로 시작한다. 그런 연후에 관찰된 모든 사람이 반드시 죽는다는 말을 할 것이다. 따라서 모든 사람은 반드시 죽는다는 실험적 결론에 도달할 것이다.

이론과 조사연구에 있어서 연역적 추론과 귀납적 추론의 역할을 비교하는 실

영가설
가설검증 및 통계적 유의도의 검증과 연관되어 있으며, 연구대상 변수들 간에는 아무런 관계가 존재하지 않는다는 가설이다. 통계적으로 영가설을 기각한 후에는 변수들 간에 관계가 있다고 결론지을 수 있다.

제 조사연구를 살펴보자.

사례 설명

1967년에 찰스 글록(Charles Glock), 벤자민 링어(Benjamin Ringer), 그리고 나 자신은 미국 성공회(Episcopal Church) 교인들의 예배참석에 영향을 미치는 원인을 발견하기 위한 작업에 착수했다. 일련의 이론적 또는 유사이론적(quasi-theoretical) 입장에서 가능한 해답을 찾아보았다. 여기서는 오직 한 가지 입장에만 초점을 맞출 것인데, 그것을 우리는 '위로가설(comfort hypothesis)'이라 부르기로 한다.

우리는 이 가설을 부분적으로 성경구절에 나오는 '가난한 자, 장애인, 그리고 눈 먼 이'들과 '고생하며 무거운 짐을 진 자'를 돌보는 기독교적 의무에 초점을 맞추어 생각해보았다. 동시에, 우리는 종교가 '대중의 아편'이라는 마르크스의 주장을 언급하는 정반대 측면에도 주목했다. 이 두 가지 언급을 가지고 우리의 가설을 정당화했는데, 우리의 가설은 다음 글을 인용해 살펴보기로 하자. "속세의 만족과 성취감이 박탈된 교인에게는 교회가 위로와 대체적 보상을 얻는 곳이 된다."(Glock et al., 1967: 107-108)

이러한 일반적인 가설을 가지고 검증을 시작했다. 속세에서 만족감을 박탈당한 사람은 만족감이 높은 사람보다 더 종교적일까? 이러한 질문에 대답하기 위해 우리는 누가 박탈당한 사람인가를 밝혀내야 했다. 위로가설을 검증하기 위해 구성된 설문지에는 여러 가지 항목들이 포함되어 있는데, 이 항목들은 교인들의 만족감이 상대적으로 더 박탈되었는지, 또는 덜 박탈되었는지를 구분할 수 있는 척도들로 구성되어 있다.

우리는 남성 주도적인 사회에서 남성이 여성보다 더 나은 사회적 지위를 누리고 있다고 추론해왔다. 별로 새롭지 않은 이러한 결론은 위로가설을 검증하기 위한 기반을 마련해주었다. 만일 우리의 가설이 옳다면, 여성은 남성보다 더 종교적이어야 할 것이다. 조사자료를 수집해 분석한 결과, 성과 종교에 대한 우리의 기대는 명백하게 확인되었다. 종교적 참여에 대한 세 개의 분리된 측정—의식(교회출석), 조직(교회단체에 소속), 지식(교회간행물 구독)—에 따르면, 여성은 남성보다 더 종교적인 것으로 나타났다. 전반적으로 여성은 남성보다 50%나 더 높게 종교적인 것으로 나타났다.

또 다른 위로가설의 검증에서는, 젊음을 지향하는 사회에서 노인은 젊은 사람보다 세속적 만족에 대해 더 박탈감을 느낄 것으로 추론했다. 이러한 가설에 대한 기대는 우리의 조사자료를 통해 한 번 더 확인되었다. 가장 연로한 교인은 중년층의 교인보다 더 종교적이며, 중년층은 젊은 사람들보다 더 종교적이었다.

학력과 수입으로 측정한 사회계급은 위로가설의 또 다른 검증을 가능케 했다. 결과는 가설을 입증했다. 사회적 지위가 낮은 사람은 사회적 지위가 높은 사람보다 교회에 더 많이 참석하고 있었다.

이 가설은 모든 사람들의 상식선에서 기대에 반하는 검증조차 입증했다. 예를 들어, 교회의 포스터가 젊은 사람들의 가정의 신앙심을 보여주고 '함께 모여 함께 기도'라는 슬로건을 내걸더라도, 자녀가 있는 기혼가정의 교인이 세속적 만족을 즐길 것이라는 위로가설을 제시했다. 다시 말해, 자녀가 있는 기혼가정들은 자녀가 없거나 또는 미혼가정보다 덜 종교적이어야 할 것이다. 따라서 우리는 독신이며 자녀가 없는 교인이 더 종교적이라고 가설을 세웠다. 아니면 배우자가 있거나 자녀가 있는 사람들은 어느 정도 덜 종교적이라는 가설도 생각할 수 있을 것이다. 더 나아가, 포스터에서 보여주듯, 자녀가 있는 이상적인 기혼가정은 가장 덜 종교적이라는 가설을 세울 수 있을 것이다. 그리고 우리는 그러한 가설이 옳다는 것을 확인했다.

끝으로, 위로가설은 다양한 종류의 세속적 박탈감이 점차로 누적된다는 것을 시사했다. 다시 말해 박탈감과 관련된 모든 특성을 지니고 있는 사람은 가장 종교적이며, 박탈감이 전혀 없는 사람은 가장 비종교적이어야 한다는 것이다. 박탈감에 대한 네 가지 개별 변수들을 모두 함께 묶었을 때(6장 참조), 이론적 기대는 그대로 확인된다. 극단적인 두 예를 비교해보면, 독신이고 자녀가 없으며 늙고 하위계급에 속하는 여성 교인은, 기혼이고 젊은 상위계급에 속하는 남자 교인에 비해 세 배나 많은 박탈감을 보이고 있었다. 이는 위로가설이 맞다는 것을 확인해주는 결과이다.

내가 이 연구의 예를 좋아하는 이유는 연역적 모델의 논리를 아주 명료하게 설명하기 때문이다. 사회적 박탈감이 종교적 참여에 영향을 미친다는 일반적인 이론적 기대로부터 구체적인 가설을 이끌어내며, 이 가설은 '연령'이나 '예배참석' 등과 같은 구체적인 측정변수와 연관되어 있다. 또한 경험적인 사실이 연역적 기대를 입증하는지를 결정하기 위해 실제적인 경험적 자료를 분석했다.

지금까지 나는 예배참석과 관련된 사례가 어떻게 입증 가능한가에 대해 말했다. 그러나 나는 슬프게도 거짓말을 했다. 솔직히 말해, 처음에는 성공회 교인들 사이에서 예배참석의 변화를 야기하는 변수들을 발견하는 데 관심을 가지고 출발했지만, 실제로 위로가설이나 그와 비슷한 다른 가설로부터 출발하지는 않았다. (사실 이 연구는 글록 교수와 링어 교수에 의해 시작되었고, 나는 자료가 수집된 후에 합류했다.)

설문지는 어떤 교구의 교인들이 다른 교구의 교인들보다 예배참석을 더 많이 할지 모른다는 관점에서 정보를 수집하도록 만들어졌다. 그러나 설문지의 구성

일상생활에 개념 적용하기 **교회참석**

지역사회에서 교회의 기능이 신자들의 행동을 결정짓는다고 교회지도자들이 믿고 있음에도 불구하고, 글록의 연구는 교회참석은 일차적으로 세속사회에서 만족을 얻을 수 없는 사람의 위안 욕구를 반영한다고 시사한다. 교회는 이런 결과를 얼마나 반영하는가?

교회는 신도들의 필요가 반영되어 있는 참가유도 프로그램에 적응하도록 유도할 것이다. 교회는 신자들의 만족감 욕구에 대해 연구할 것이고 이런 욕구들을 만족시키는 프로그램을 더욱더 발전시킬 것이다.

한편, 교회는 신도들에게 교회참석을 통해 올바른 행동을 배우고 실천하는 데 목적이 있음을 상기시키려 할 것이다. 이런 전략을 따른다면 교회참석의 패턴이 변할지 모른다. 새로운 신도를 끌어들일 수도 있고 떠나게 할 수도 있다.

이 구체적이고 연역적인 이론에 의해 유도된 것은 아니었다. 자료가 수집된 후에 사람들의 생활에 영향을 미칠 수 있는 성별, 연령, 사회계급, 가족의 지위와 같은 변수들을 분석함으로써 신앙심의 차이를 설명하는 일이 시작되었다. 이 네 개의 변수들은 앞서 언급한 바와 같이 예배참석과 강하게 연관되어 있는 것으로 나타났다. 게다가 이 변수들은 누적된 효과를 가지고 있었다. 이러한 사실은 연역적 설명에 대한 딜레마를 잘 나타내고 있다.

글록 교수는 컬럼비아대학의 교수식당에서 그가 연구에서 발견한 것들을 동료들과 논의한 바 있다. 이 자리에서 글록 교수는 앞에서 언급한 각각의 개별 변수들의 영향을 설명하는 표를 보이면서 이 변수들의 누적된 효과에 대해 설명했는데, 한 동료 교수가 그 표가 무엇을 의미하는지 물었다. 글록 교수는 당황해서 어찌할 바를 몰라했다. 이유는 한 가지였다. 앞서 언급한 변수들이 예배참석과 왜 그렇게 강하게 연관이 있는지를 설명하지 못했기 때문이다.

이 질문으로부터 종교적 믿음에 대한 영향력을 제외하고 상식적인 여러 가지 변수들이 무엇인지에 대한 추론과정이 시작되었다. 결국 우리는 네 개의 변수 각각이 세속적 사회에서의 차등적 지위(differential status in the secular society)를 반영한다는 것을 알게 되었다. 동료 교수는 아마도 위로라는 쟁점을 생각했을지도 모른다. 따라서 귀납적 과정은 명확한 관찰로부터 일반적인 이론적 기대로 옮겨갔다. [글록 교수의 연구를 더 살펴보려면 〈일상생활에 개념 적용하기: 교회참석〉을 참조하라.]

도표 대조

앞의 사례에서 나타나듯이, 이론과 조사는 연역적이든 귀납적이든 간에 양쪽 모두를 통해 유용하게 진행될 수 있다. 〈그림 2-3〉은 연역적 방법과 귀납적 방법의 도표를 비교해 보여준다. 연역적이거나 귀납적인 경우 모두에서, 우리가 홍미를 가지고 있는 것은 시험공부를 한 시간과 그 시험의 점수(학점) 간의 관계이다. 연역적인 방법을 사용해 이러한 관계를 검증하는 것을 논리적으로 생각해보자. 시험을 잘 보는 것은 기억력이라는 능력을 잘 반영한 것이기도 하며 학생이 가지고 있는 정보를 잘 활용한 결과이기도 하다. 이 두 가지 능력은 학생이 시험 전에 정보에 노출되어야 커진다. 이러한 관점에서 우리는 공부시간과 학점 간의 '정적(positive)' 관계를 제시하는 가설에 도달할 수 있다. 우리가 정적이라고 말하는 이유는 공부하는 시간이 증가하면 학점이 높아지기 때문이다. 만일 공부시간은 증가했으나 학점이 떨어진다면, 이는 '부적(negative)' 또는 '반비례적' 관계라

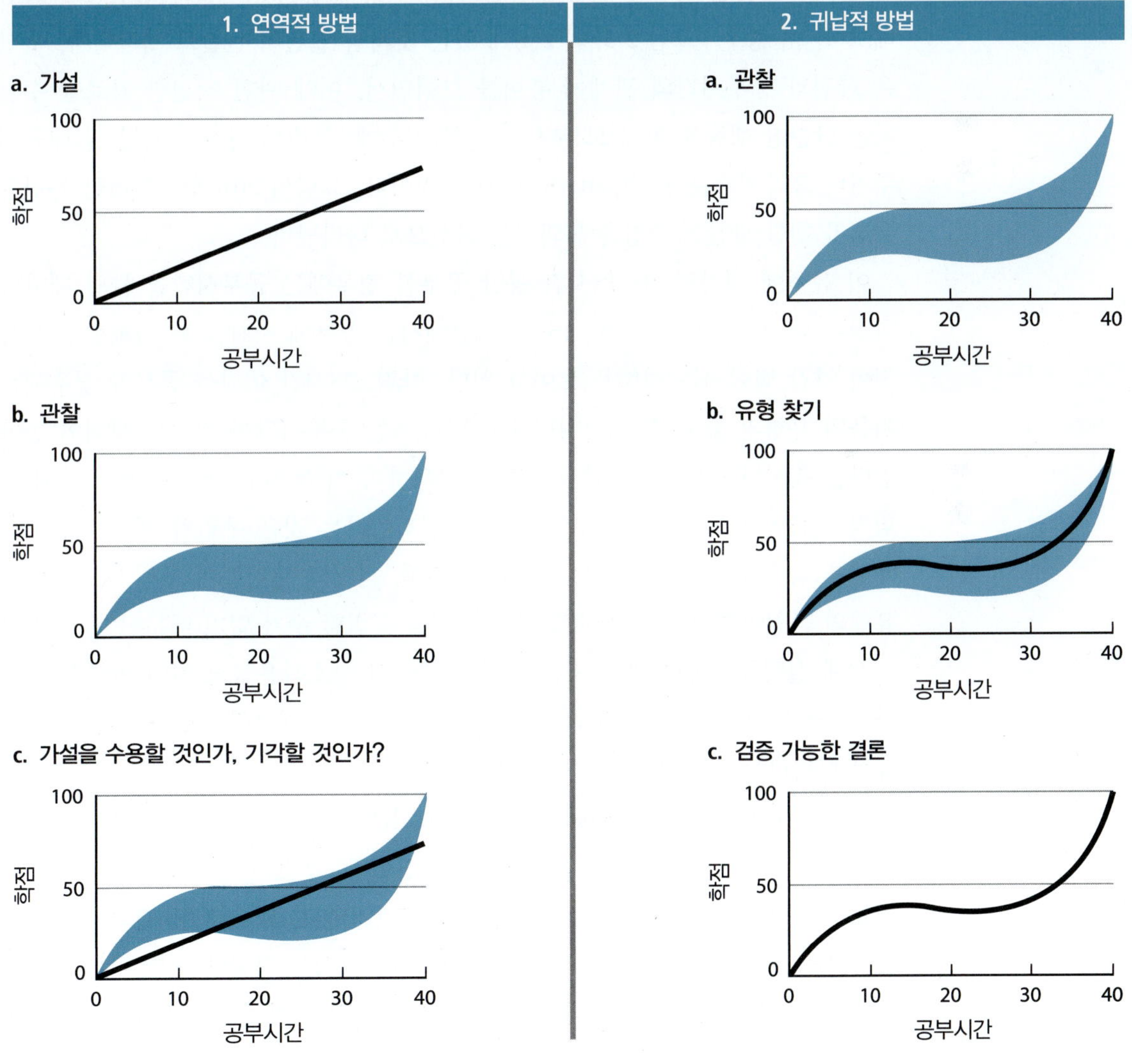

그림 2-3 **연역적 방법과 귀납적 방법**

연역법과 귀납법은 모두 사물을 이해하는 데 있어 합법적이며 가치 있는 접근방법이다. 연역법은 기대된 유형으로부터 시작하는데, 이러한 유형은 관찰에 의해 검증된다. 반면 귀납법은 관찰로부터 시작하여 그 관찰들 내에서 유형을 찾는다.

고 설명할 수 있다. 이러한 가설은 연역적 모델을 대표하는 〈그림 2-3〉의 1(a)에 잘 나타나 있다.

우리의 가설을 검증하기 위한 다음 단계는 관찰을 하는 것이다. 그림의 1(b)에서 음영으로 칠해진 부분은 학생들이 얼마나 공부했으며 그에 따라 어느 정도의 학점을 받았는지를 수없이 많이 관찰한 결과이다. 끝으로 그림의 1(c)는 가설과 관찰을 비교한 것이다. 실제 생활에서는 관찰이 우리의 기대와 완벽하게 맞아떨어지는 경우가 거의 없기 때문에, 관찰과 실제 생활 간의 비교가 우리가 주장하는 가설과 얼마나 잘 맞아떨어지는지를 결정해야 한다. 다시 말해, 현실세계와의 차이를 가정하면서도 가설이 보편화된 유형을 묘사한다고 결론 내릴 수 있는가?

연구와 관련된 이러한 질문에 응답하기 위해, 귀납적 방법을 사용한다고 가정해보자. 이 경우 〈그림 2-3〉의 2(a)에 있는 것처럼 일련의 관찰로 시작하자. 우선은 학점과 공부시간의 관계에 흥미를 보이면서, 이에 관한 적절한 자료를 수집하는 단순한 행동을 할지 모른다. 그러한 연후에, 우리의 관찰을 가장 잘 대표해주거나 요약해주는 유형(pattern)을 찾을 것이다. 그림의 2(b)에서 이러한 유형은 우리가 행한 관찰의 중앙을 통과하는 곡선으로 나타난다.

이 유형에 의하면, 1~15시간 동안 공부할 경우에는 공부시간을 늘릴 때마다 학점이 더 높아진다. 그러나 15~25시간에서는 공부에 시간을 더 할애할수록 학점이 약간 떨어지는 경향을 보이고 있다. 한편, 25시간 이상을 공부할 경우에는 처음의 유형과 같은 결과를 나타내고 있다. 즉, 공부시간이 길수록 학점이 높아진다는 것이다. 우리는 귀납적 방법을 사용하여 이 두변수 간의 관계에 관해 실험적 결론에 도달할 수 있다. 결론이 실험적이라는 것은 우리가 행한 관찰들이 유형을 검증할 수 없기 때문이다. 다시 말해, 앞서의 관찰들이 우리가 만들어낸 유형의 근원이라서 이를 가지고 다시 유형을 실험할 수가 없기 때문이다.

실제 실행에서 이론과 연구는 연역과 귀납의 상호작용을 끝없이 반복하고 있다. 월터 월리스(Walter Wallace, 1971)는 이런 과정을 〈그림 2-4〉에서 수정된 형태로 나타나는 순환적 과정이라고 말한다.

에밀 뒤르켐(Emile Durkheim)[(1897)1951]은 자살률에 대한 공식통계표를 지역별로 계속 조사하면서 한 가지 사실을 발견했다. 그것은 천주교 국가보다는 개신교 국가에서 자살률이 지속적으로 높다는 것이었다. 왜 이러한 결과가 나왔을까? 그의 주된 관찰은 종교, 사회통합, 아노미, 그리고 자살에 대한 이론을 만들어내게끔 유도했다. 또한 그의 이론적 설명은 더 많은 가설들과 관찰들을 이끌어냈다.

요약하면, 논리적 추론의 과학적 규범은 이론과 연구를 연결하는 양방향 통행로를 마련하는 것이다. 과학적 조사 실습은 전형적으로 연역법과 귀납법을 교체

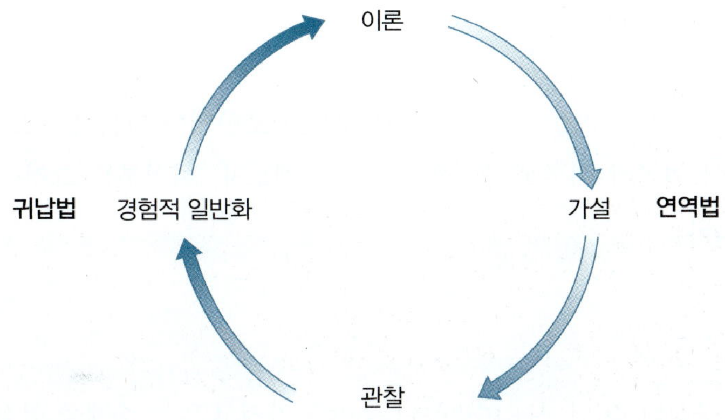

그림 2-4 과학의 바퀴
이론과 조사의 사이클은 계주경기와 비교할 수 있다. 비록 모든 참가자들이 동시에 출발하거나 정지할 수 없을지라도 그들은 공통의 목적을 가지고 있다. 그것은 사회생활의 모든 수준을 검증하는 것이다.
출처: Adapted from Walter Wallace, *The Logic of Science in Sociology* (Hawthorne, NY: Aldine, 1971).

해가며 사용하고 있다. 연역적 과정 중에는 관찰을 하기 위해 추론을 하며, 귀납법 과정 중에는 관찰을 통해 추론을 한다. 연역적 방법과 귀납적 방법 모두는 사회이론을 구성하는 방법을 제시하며 추론과 관찰 모두는 필수적인 조건이다.

귀납적 방법과 연역적 방법 모두는 과학적 조사연구에 타당함에도 불구하고, 개인에 따라 어느 한 방법에 비해 다른 방법을 선호하기도 한다. 아서 코난 도일(Arthur Conan Doyle)의『보헤미아의 스캔들(A Scandal in Bohemia)』의 경우를 한번 생각해보자. 이 소설에서 탐정 셜록 홈즈는 왓슨 박사의 조사에 대해 다음과 같이 대화를 이어갔다.

> "이게 무엇을 의미한다고 추측합니까?"라고 셜록 홈즈가 질문했다. 박사가 대답하기를, "아직 자료를 가지고 있지 않습니다. 자료를 갖기 전에 이론화하는 것은 큰 실수입니다. 사람들은 사실에 맞추기 위해 이론을 만들기보다는 이론에 맞추기 위해 사실을 무의식적으로 왜곡하기도 하지요."
>
> [Doyle, (1891) 1892: 13]

어떤 사회과학자들은 귀납적 입장을 받아들이고 어떤 과학자들은 연역적 방법을 받아들이지만(10장의 현장기반이론에 대한 논의 참조), 대부분의 과학자들은 양쪽 방법 모두를 선호한다. 이론과 연구의 귀납적 또는 연역적 연결을 이해하기 위해서는 이 두 방법을 사용하여 이론이 어떻게 구성되는가를 좀 더 구체적으로 살펴볼 필요가 있다.

2.5 연역적 이론의 구성

연역적 이론의 구성과 가설검증에는 어떤 것들이 포함되어 있는가를 보기 위해, 여러분 자신이 연역적 이론을 구성한다고 상상해보자. 여러분은 그것을 어떻게 전개시키겠는가?

출발

연역적 이론 구성의 첫 단계는 여러분이 흥미를 가지고 있는 주제를 선정하는 것이다. 주제는 매우 광범위할 수 있다. 예를 들어, '사회의 구조란 무엇입니까?'와 같이 추상적이고 광범위한 주제부터, '사람들은 왜 여성이 낙태할 권리에 대해 반대도 하고 찬성도 하는 걸까요?'라는 구체적인 주제도 될 수 있다. 주제가 무엇이든 간에 여러분이 이해할 수 있고 설명할 수 있는 주제여야 한다.

주제를 선정한 후 다음 단계는, 이미 알려지거나 생각하고 있었던 주제에 대한 목록을 작성하는 것이다. 다시 말해 여러분 자신의 관찰이나 아이디어를 적는 것이다. 더불어 다른 사람과 대화를 나누고 다른 학자들이 어떻게 말해왔는지를 배우는 것이다.

여러분은 기초연구를 통해서 이전의 학자들에 의해 밝혀진 일관된 패턴의 전모를 밝혀낼 것이다. 예를 들어, 종교적 또는 정치적 변수들은 낙태에 대한 태도를 결정하는 데 중요한 인자가 될 수 있다. 이러한 발견들은 여러분 자신만의 이론을 창출해내는 데 매우 유용할 것이다. 우리는 이 책을 읽는 동안 '문헌검토'의 기술에 대해 논의할 것이다.

이러한 과정 속에서 자기반성이라는 가치를 간과해서는 안 된다. 진행에 대한 반응, 잘못될까 걱정하는 두려움, 그리고 편견 등과 같이 자기 자신의 개인적 진행과정을 살펴볼 때마다 우리는 인간행동에 대한 새로운 통찰력을 얻을 수 있다. 모든 사람이 그런 것은 아니지만, 연구조사에서 자기반성을 통해 통찰력의 유용한 원천을 얻을 수 있다.

여러분의 이론구성

이론을 구성할 때 정확히 같은 방식을 선택하지 않더라도, 여러분이 할 수 있는 이론구성의 기본 요소들은 다음과 같은 단계를 포함하고 있다.

1. 주제를 구체화한다.
2. 여러분의 이론이 다루는 현상의 범위를 구체화한다. 여러분의 이론을 세상

의 모든 사회생활에 다 적용할 수 있는가, 아니면 미국인에게만 적용할 수 있는가, 또는 젊은 사람들에게만 적용할 수 있는가 등을 구체화한다.

3. 주요 개념과 변수들을 밝혀내고 구체화한다.
4. 변수들 간의 관계가 어떤지 알아본다. 다시 말해, 명제가 무엇인지 알아본다.
5. 이러한 명제들로부터 여러분이 검증하고자 하는 구체적인 주제에 이르기까지 논리적으로 추론한다.

우리는 이미 항목 (1)에서부터 (3)까지 논의했다. 지금부터는 항목 (4)와 (5)에 대해 이야기해보자. 지금까지 여러분은 이론구성에서 적절한 개념을 만들고 어떤 것들이 논의되었는지 알아보았기 때문에, 이번에는 주제를 설명할 수 있는 명제를 구성해보기로 하자.

다음 예를 통해 연역적 이론구성과 경험적 조사가 얼마나 잘 들어맞는지 살펴보기로 하자.

연역적 이론의 예: 분배적 정의

학자들의 주요 관심사 중의 하나는 분배적 정의(distributive justice)라는 개념이다. 예를 들어, 사람들이 생활 속에서 공평한 대우를 받는가에 대한 인식이나 또는 '자신의 몫'을 제대로 받는가 등이 여기에 속한다. 질러미나 재소(Gillermina Jasso)는 분배정의의 이론을 다음과 같이 좀 더 공식적으로 설명하고 있다.

> 이론은 개인이 가지고 있는 재화(아름다움, 지능 또는 부)를 다른 사람들의 것과 비교하는 과정을 수학적으로 진술하는 것이다. 이 과정에서 사람들은 근본적이고 즉각적인 정의에 대한 평가(J)의 중요성을 경험할 수 있다. 또한 정의에 대한 평가는 자연적 재화나 사회적 재화의 분배가 공평한가 또는 불공평한가에 대한 사람들의 느낌을 말하는 것이다.
>
> (1988: 11)

재소는 주요 변수를 나타낼 수 있는 상징을 만들었다. 예를 들어 J는 분배적 정의를 상징한다. 그녀가 이러한 상징을 사용한 이유는 수학적 공식을 이론에 인용하기 위해서였다. 이론들이 자주 수학적으로 표현되지만, 여기서는 깊이 생각하지 않기로 하자.

재소는 자신의 이론에 세 가지 가정이 있다고 언급했다. "첫 번째 가정은 근본적인 공리(axiom)를 명백하게 해주는 역할을 하는데, 여기서 근본적인 공리란 이론이 출발하는 중요한 관점이다." 그녀는 또한 다음과 같이 말하고 있다.

> 이론은 이미 인지된 비교공리(Axiom of Comparison)에서 출발하는데, 이 공리는 현상에 대한 폭넓은 분야의 지속적인 관점을 공식화한다. 현상에 대한 폭넓은 분야로는 행복, 자아존중, 분배정의 등을 들 수 있다. 이러한 현상은 비교하는 과정에서 발생한 부산물로 이해할 수 있을 것이다.
>
> (1988: 11)

따라서 생활에서 좋은 것들을 '공정'하게 분배받았는지는 다른 사람과 비교했을 때 알 수 있다. 만약 이러한 비교를 통해 공정한 분배 여부가 명백히 밝혀진다면, 공리에 결점이 없다고 말할 수 있다. 이론이 출발할 때에는 공리가 당연히 있어야 한다는 점을 명심하라.

재소는 이론에 대한 기초 작업을 계속하면서 여러 가지를 밝혀냈다. 첫째, 분배정의에 대해 사람들이 느끼는 것은 일종의 '실제적인 소유 A(Actual Holding, A)와 상대적 소유 C(Comparison Holding, C)'가 기능한 결과이다. 금전을 가지고 예를 들어보자. 내가 실제로 가지고 있는 돈과 다른 사람이 가지고 있는 돈을 비교하는 기능을 분배정의라고 할 수 있다. 비교의 두 요소를 구체화하면, 재소의 이론은 구체화된 것들을 변수로 사용할 수 있다.

두 번째로 재소는 '측정의 법칙'을 제시하는데, 이 법칙은 두 변수 A와 C를 어떻게 개념적으로 구체화하는가를 말해주는 것이다. 예를 들어, 금전처럼 검증되는 재화는 명확하게 나타나서 공통적으로 측정될 수 있는 반면, 존경과 같은 변수는 덜 유형적이고 덜 명확하게 드러난다는 점에서 이 단계가 필요하다. 금전과 같은 변수는 전통적인 방법을 통해 측정할 수 있으나, "존경과 같은 변수는 선정된 비교집단 내에서 개인들의 상대적 지위에 따라 측정을 달리한다."라고 재소는 언급하고 있다. 이론은 이러한 측정을 가능케 하는 수학적 공식을 마련할 것이다(Jasso, 1988: 13).

이러한 관점에서 재소는 추가적인 요인들을 소개하고 있는데, 이 요인들은 수학적 공식 안에서 거미줄처럼 얽혀 있다고 보고 있다. 수학적 공식은 여러 가지 사회적 상황에서 분배정의의 작동에 대한 예측을 이끌어내기도 한다. 이러한 이론화 과정의 예를 들어보자(1988: 14-15).

- 다른 조건이 같다면, 한 개인은 외부인보다는 자신이 속한 집단의 사람에게서 물건을 훔치는 것을 선호할 것이다.

- 이러한 선호는 부유한 집단보다는 빈곤한 집단에서 더 많이 발생하고 있다.
- 절도의 경우, 다른 집단 간의 절도에서만 밀고가 발생하는데, 밀고자는 절도범이 속한 집단의 구성원이다.
- 여름캠프에 일주일 늦게 도착한 사람이나 대학의 새내기는 숙련을 요하는 게임을 하는 사람보다는 우연히 게임을 하는 사람을 친구로 사귈 확률이 높다.
- 사회의 부(富)가 증가함에 따라, 그 사회는 지출에 있어서 적자를 보기 쉽다.
- 인구팽창이 권장되는 사회는 부(富)와 같이 가치 있는 재화를 적어도 한 가지는 갖추어야 한다.

이상에서 본 바와 같이 재소의 이론은 여러 가지 다른 명제들을 이끌어내고 있다. 그러나 이러한 예들이 이론이 되려면 연역적 이론화 과정이 필요하다. 이러한 추론이 어떻게 명제로 발전하는지 알아보기 위해, 절도와 연관된 두 가지 명제에 대한 논리를 잠시 살펴보기로 하자.

- 다른 조건이 같다면, 한 개인은 외부인보다는 자신이 속한 집단의 사람에게서 물건을 훔치는 것을 선호할 것이다.

절도범들이 자신들의 부를 상대적으로 최대화한다는 가정하에, 물건을 훔치는 행위가 어떤 때 가장 효율적인가를 질문해보자. 특히 자신이 속한 집단 내에서 훔치는 것과 집단 밖에서 훔치는 것을 비교할 때, 어떤 것이 부를 가장 최대화할 것인가를 생각해보자. 어떤 경우이든지 훔치는 일은 훔치는 사람의 실제적 소유 A를 증가시킬 것이다. 그렇다면 상대적 소유 C는 어떠한가?

언뜻 생각하면 비교집단 내의 사람들에게서 훔치는 일은 그들의 소유를 감소시킬 것이며, 더 나아가 자신의 상대적 부는 증가시킬 것이다. 비교집단에 당신과 내가 있고, 당신과 나는 각자 미화 100달러를 가지고 있다고 가정해보자. 당신이 우리 집단 밖의 사람에게서 50달러를 훔쳤을 때 당신의 돈은 150달러가 되고 내 돈은 100달러가 되어서, 당신은 나보다 상대적 부를 50% 증가시킨 셈이다. 그러나 당신이 내게서 50달러를 훔쳤다면, 당신은 150달러가 되고 나는 50달러가 되기 때문에, 당신의 상대적 부는 200% 증가할 것이다. 따라서 비교집단 내에서 재화를 훔치면 당신의 목표를 최대로 이룰 수 있다.

- 절도의 경우, 다른 집단 간의 절도에서만 밀고가 발생하는데, 밀고자는 절도범이 속한 집단의 구성원이다.

여러분은 왜 이러한 현상이 밀고자에게 타당하다고 보는가? (1) 왜 밀고는 오직 다른 집단에서 절도하는 경우에만 발생할까? (2) 왜 밀고자는 절도범이 속한 집단의 구성원이어야 하는가? 이 명제는 모든 사람이 자신의 상대적 기준(예를 들어, 부)을 증가시키려 한다는 기본적 가정에 기초를 두고 있다. 여러분과 내가 동일한 비교집단 내에 있으며 여러분이 우리 집단 내의 사람에게서 재화를 훔쳤을 경우, 나의 상대적 기준은 변화하지 않는다. 비록 여러분의 부는 증가했을지라도(다른 사람의 부가 동일한 양만큼 감소했기 때문에), 비교집단 내의 평균적인 부는 종전과 같다. 같은 이유로 나의 부는 그대로 남아 있다. 나에게는 여러분을 밀고할 유인동기가 없다.

그러나 여러분이 집단 밖의 사람에게서 훔친다면, 여러분의 불순한 수입은 우리 비교집단의 전체 부를 증가시킨다. 그러나 집단 내에서의 나의 상대적 부는 감소한다. 따라서 나는 당신의 절도를 중단시키기 위해 당신을 밀고하려 할 것이다. 이것이 바로 밀고자가 다른 집단에서 절도한 경우에 발생한다는 근거이다.

이러한 연역법은 밀고자가 절도범 자신의 비교집단에서 발생하는 이유도 설명해준다. 지금까지 우리는 당신의 절도행위가 나의 상대적 부를 얼마나 감소시키는지 알아보았다. 그렇다면 당신이 훔친 다른 집단의 개인의 부를 제외한 나머지 구성원의 부의 구성은 어떠한가? 당신이 다른 집단의 부를 훔침으로써 그 집단의 전체 부는 감소했으나, 그 집단의 각 개인은 실질적으로 이득을 보게 된다. 따라서 그들이 당신을 밀고할 이유가 없다. 이러한 논리는 밀고자가 절도범 자신의 비교집단에서 발생한다는 분배정의의 이론적 예측을 가능하게 만들었다.

지금까지 재소가 유도한 방법은 우리에게 연역법에 대한 감각을 제공했다. 물론 어떤 예측도 이 이론에 의해 보장되는 것은 아니다. 연구의 역할은 바로 이러한 각각의 예측이 실제 생활에서 논리적으로 발생하는지 검증하는 것이다.

과학에는 중요한 두 가지 요소가 있다. 그것은 논리적 완전성과 경험적 검증이다. 두 요소는 모두 과학적 조사나 발견에 필수적이다. 논리 그 자체만으로는 충분치 않다. 한편, 단순한 관찰과 경험적 사실의 수집은 우리의 이해를 돕지 못한다. 예를 들어, 전화번호부는 과학적 결과인 것이 아니다. 그러나 관찰은 사회과학 이론구성의 발판이 될 수 있다. 이것을 귀납적 이론의 경우에서 살펴보기로 한다.

2.6 귀납적 이론의 구성

사회과학자들은 종종 사회생활상을 먼저 관찰한 뒤에 상대적으로 보편적인 법칙을 나타내는 유형을 발견하는 방식으로 귀납적 방법을 통해 이론을 구성한다. 글레이저와 스트로스(Barney Glaser and Anselm Strauss, 1967)는 이러한 방법과 관련하여 현장기반이론(grounded theory)이라는 용어를 만들었다.

진행 중인 사건을 직접적으로 관찰하는 현장조사는 관찰을 통한 이론 개발에 자주 사용된다(10장 참조). 많은 장점을 지닌 이 방법은 인류학에서 오랫동안 사용되어왔다.

현대의 사회과학자 중에서 어빙 고프먼(Erving Goffman)만큼이나 관찰을 통해 인간행동의 유형을 제대로 살펴본 사람도 드물 것이다.

> 체스 게임은 게임을 하는 사람에게 게임판에 적절한 공간을 만들어주고 그들의 존재를 확인할 수 있는 수평면을 제공하며, 겉으로 보기에 무수히 다른 상황과 행동을 내포하고 있는 등장인물을 만든다. 이런 다양한 상황과 행동을 통해 게임의 본질과 방향을 인식하게 된다. 그러나 체스 게임의 상당 부분은 게임하는 사람들 간의 서로 반응하는 법칙들과 게임실행으로 이루어져 있다. 만일 일상활동의 의미가 제한적이고 한정적인 법칙의 틀에 의존한다면, 이런 법칙에 대한 해설은 사회생활을 분석하는 데 강력한 수단을 제공할지도 모른다.
>
> (1974: 5)

고프먼은 다양한 연구를 통해 정신병원에서의 삶(1961)이나 '훼손된 정체성(spoiled identity)'(1963)을 다루는 일과 같은 다양한 행동의 법칙을 발견했다. 고프먼은 각각의 경우에서 현상을 심도 있게 관찰하여 행동을 지배하는 법칙들을 끌어냈다. 고프먼의 연구는 '현장기반이론'의 근간으로서 질적 현장조사의 좋은 예를 제시했다.

앞에서 언급한 위로가설과 예배참석의 예에서 살펴보았듯이, 질적 현장조사가 귀납적 이론을 개발하는 데 기여하는 유일한 관찰방법인 것은 아니다. 양적 분석을 사용하는 귀납적 이론의 구성을 설명하는 다른 예를 자세히 살펴보기로 한다.

귀납적 이론의 예: 왜 사람들은 마리화나를 피우는가?

1960년대와 1970년대에 미국 대학의 마리화나 흡연은 대중매체의 중요한 토론

주제였다. 어떤 사람은 마리화나 흡연의 대중성에 난색을 표하는 반면, 마리화나 흡연을 찬성하는 사람들도 있었다. 여기서 우리의 관심사는 왜 어떤 학생은 마리화나를 피우고, 어떤 학생은 그렇지 않은가 하는 점이다. 이 질문에 대답할 수 있는 자료는 다케우치(David Takeuchi, 1974)의 하와이대학교 학생에 대한 연구에서 제시되었다. 마리화나 흡연에 대한 추론과 실행이 변화하는 동안, 이들을 설명할 수 있는 마리화나에 대한 재정의가 미묘하게 변화했으며 이는 아직까지 유익한 변화였다.

이 연구가 진행되는 동안 마약복용에 대한 수많은 설명들이 제시되었다. 예를 들어, 마약복용을 반대하는 사람의 입장에서 마리화나 흡연자들은 혹독한 대학생활을 이겨내지 못한 학업의 실패자들이다. 한편, 마리화나 흡연을 찬성하는 사람들에게 흡연은 새로운 가치를 찾는 행위로 여겨졌다. 찬성하는 사람들은 마리화나 흡연자들을 중산층 가치를 위반한 행위를 경험한 사람들이라고 말하고 있다.

그러나 다케우치의 자료분석(1974)은 앞서 언급한 어떤 주장도 지지하지 않았다. 이 조사연구에 따르면, 마리화나 흡연자들은 그렇지 않은 학생들과 비슷한 수준의 학업성적을 나타냈고, 두 집단은 모두 전통적으로 '학교의 정신을 살릴 수 있는' 활동에 동등하게 참여했다. 또한 두 집단은 모두 동등하게 대학생활에 잘 적응한다고 생각했다.

그러나 두 집단 간에는 다른 차이점들이 있었다. 구체적으로는 다음과 같다.

1. 여성은 남성보다 마리화나를 덜 피웠다.
2. 학생회의 상당수를 차지하고 있는 동양계 학생들은 비동양계 학생들보다 마리화나를 덜 피웠다.
3. 집에서 학교를 다니는 학생들은 아파트에서 따로 사는 학생들보다 마리화나를 덜 피웠다.

앞에서 언급한 신앙심의 예에서 보듯이, 세 가지 변수가 학생의 마리화나 흡연 가능성에 독립적으로 영향을 미치고 있는 것을 볼 수 있다. 집에서 학교를 다니는 동양계 여학생 중 10%가 마리화나를 피웠고, 아파트에 살면서 학교에 다니는 비동양계 남학생 중 80%가 마리화나를 피웠다. 이러한 유형에 대해 설명하기 전에, 연구자들은 마약복용에 대한 강력한 패턴을 발견했다.

이와 같은 설명을 바꾸어 생각해볼 필요가 있다. 연구자들은 왜 어떤 학생이 마리화나를 피우는지 설명하는 대신, 왜 어떤 학생은 마리화나를 피우지 않는지 설명했다. 모든 학생이 마약복용에 대한 동기를 가지고 있다고 가정한다면, 학생들의 그러한 동기를 통제하는 '사회적 압박' 정도가 다르다고 연구자들은 주장했다.

전반적으로 미국 사회는 일탈행위에 있어서 여성보다는 남성에게 더 관대한 것을 볼 수 있다. 예를 들어, 술을 마시고 떠들썩한 남성집단을 생각해보자. 남성들의 이러한 행동에 대해 '우정이나 동료애' 또는 '즐거운 시간을 보내는' 정도로 간과하지만, 여성들의 똑같은 행동에 대해서는 강하게 거부하는 현상을 볼 수 있다. "사내들은 어쩔 수 없다(Boys will be boys)."라는 표현은 있어도, 여성에 대해 이에 상응하는 표현은 없다.

따라서 연구자들은 마리화나를 피우게 되면 여성이 남성보다 잃는 것이 많을 것이라고 추론했다. 다시 말해, 여성이라는 점 때문에 마리화나를 피워서는 안 된다는 구속을 더 많이 받는다는 것이다.

집에서 학교를 다니는 학생의 경우는 그렇지 않은 학생의 경우에 비해 마리화나 흡연에 대해 확실한 '구속'을 받고 있었다. 기회의 차별성은 접어두더라도, 집에서 학교를 다니는 학생은 부모에게 좀 더 의존적이며, 따라서 규율이나 법을 어길 경우 추가적인 처벌을 더 많이 받는 것으로 보였다.

끝으로, 하와이의 동양계 문화는 비동양계 문화에 비해 전통적으로 법에 대한 복종을 더 중시해왔다. 따라서 동양계 학생들은 마리화나를 흡연하다 잡힐 경우에 잃을 것이 더 많았을지도 모른다.

전반적으로 '사회긴장'이론은 마리화나 흡연 가능성에 대해 관찰된 차이점을 잘 설명해주는 이론이었다. 학생들에 대한 사회적 구속이 더 클수록 마리화나를 덜 피운다. 연구자들은 연구를 시작할 때 이러한 결과를 전혀 예측하지 못했다. 이 이론은 자료의 검증으로부터 얻은 결과이다.

2.7 이론과 조사연구의 연계

이 장에서는 사회과학 연구에서 이론과 조사연구 사이의 여러 가지 연관점을 살펴보았다. 연역적 모델에서 조사연구는 이론을 검증하기 위해 사용되었으며, 귀납적 모델에서 이론은 조사자료를 분석하는 것으로부터 전개되었다. 이 장의 마지막 부분에서는 실제 사회과학 연구에서 이론과 조사연구가 연결되는 방법을 좀 더 자세히 살펴보았다.

지금까지는 이론과 조사연구를 연결하는 두 가지 이상적인 논리적 모델에 대해 논의해왔다. 사회과학 부문의 연구는 이 두 가지 주제에 대해 상당히 많은 변화를 겪어왔다. 때때로 이론적 이슈는 단순히 경험적 분석을 위한 배경요소로서만 소개되기도 한다. 다른 연구에서는 이론적 논쟁을 보강하기 위해 선택된 경험적 자료를 인용하기도 한다. 어떤 경우에도 새로운 설명을 찾아낼 목적으로 이론과 조사연구를 연결하지 않았다.

예를 들어, 어떤 연구들은 이론을 전혀 사용하지 않는다. 구체적으로 특정 사회의 음식과 의복에 대한 인류학적 설명은 특정 사회의 사회적 상황만을 인류학적 관점에서 서술한다.

그러나 사회조사 보고서들을 읽다 보면 저자들이 자신의 경험적 연구가 사회이론에 대해 갖는 함의와 그 반대의 경우를 의식하고 있다는 것을 자주 발견할 수 있다. 여기서 몇 가지 예를 들어본다.

뉴먼(W. Lawrence Neuman, 1998)은 미국 역사상 신탁자산과 같은 독점의 문제점에 대한 검증을 시작했으며 사회운동이 사회를 어떻게 변형시키는지 살펴보는 이론의 적절성에 대해 살펴보았다. 그는 기존의 이론들이 이를 설명하기에는 부적절하다는 것을 확신했다.

> 국가변형이론(state transformation theory)은 사회운동을 국가정책 형성과정에 연결하는 이론이다. 이 이론은 조직화된 정치적 갈등에서 나타나는 문화적 의미의 역할에 초점을 맞추고 있다. 개념과 관심이 유사함에도 불구하고 구성주의자의 발상은 이론과는 맞지 않는 사회문제, 사회운동, 그리고 상징정치의 문헌에 나타나고 있다. 나는 이러한 세 가지 종류의 문헌이 국가변형이론을 강화하는 것에 관심을 두었다.
>
> (1998: 315)

뉴먼은 국가변형이론을 계속 수정하면서 이론적 도구를 만들었다. 이러한 이론적 도구는 그의 조사와 분석을 1880년대부터 시작하여 1차 세계대전까지 지속된 독점과 연계되어 있는 정치적 술수로 유도했다. 다시 말해, 이론은 조사연구의 원천으로서 역할을 수행하는 동시에 이론에 의해 수정되기도 한다.

이와 유사한 연구에서, 케베데와 노트네루스(Alemseghed Kebede and J. David Knottnerus, 1998)는 카리브해 지역에서 에티오피아의 옛 황제를 숭배하는 자메이카 종교(Rastafarianism)의 부흥을 조사하기 시작했다. 그러나 연구자들은 이 지역에서 최근의 사회운동 이론 중 자원동원 이론에 초점을 맞추는 것은 너무 실증적이라고 느꼈다.

그들이 생각하고 있는 자원동원 이론은 다음과 같다.

> 자원동원 이론은 운동의 동기, 인식 그리고 운동 참여행동 등을 경시하고 … 대신,

자원이 왜 동원되고 어떻게 동원되는지에 집중했다. 전형적으로 이론적인 조사연구의 문제들은 다음과 같은 질문을 포함하고 있다: 자원의 흐름을 정례화하고 자원을 동원하는 운동조직이 어떻게 출현하는지, 또는 기존의 정치 조직이 어떻게 조직의 자원에 영향을 미치는지에 대한 문제에 관심을 표명하고 있다.

(1998: 500)

위의 자메이카 종교를 좀 더 적절하게 연구하기 위해 그들은 현대 사회심리학의 여러 가지 개념을 추가할 필요성을 느꼈다. 특히 그들은 집합적 사고와 의미가 내포하고 있는 문제점을 다루는 모델을 찾고자 했다.

슈미트와 마틴(Frederika Schmitt and Patricia Yancey Martin, 1999)은 성공적인 성폭력 대응센터가 무엇을 창출해내고, 조직적이고 정치적인 환경에 어떻게 대처하는지를 발견하는 데 깊은 흥미를 느끼고 있었다. 이 조사연구자들은 이론적 구성이 그들의 연구과정에 적절하다는 것을 찾아냈다.

— 남가주 성폭력 대응센터의 사례연구는 페미니스트 조직이 경찰, 학교, 검찰, 그리고 주정부 및 국가조직을 변화시키기 위해 어떻게 일해왔는지를 심층 조사했다. 이를 위해 1974년부터 1994년에 이르는 문헌 자료, 관찰 자료, 인터뷰 데이터를 사용했다. 맨스브리지(Mansbridge)의 거리이론 개념과 카첸슈타인(Katzenstein)의 비개입적 동원(unobtrusive mobilization)과 왜곡된 정치(discursive politics)라는 개념은 이 연구의 분석을 이끌었다.

(1999: 364)

요약하면, 사회과학 조사연구를 행하는 데 있어서 단순한 처방은 없다. 사회과학 조사연구는 과학에 대한 전통적 관점보다 더 개방적이다. 궁극적으로 과학에는 두 가지 범주의 행위가 있는데, 그것은 논리와 관찰이다. 이들은 이 책 전반에 걸쳐 여러 가지 형태로 함께 나타나고 있다.

2.8 '현실세계'에서 이론의 중요성

이 단계에서 여러분은 "이론과 조사연구는 OK, 그러면 실제의 현실세계에서는 어떻게 작동하지?"라는 의문을 가질 것이다. 사회조사연구는 심리학부터 사회개혁에 이르기까지 다양하게 실천적으로 적용되었다. 예를 들어, 다른 연구자가 다케우치의 마라화나 흡연 조사연구를 응용할 수 있는지 생각해보자.

이론이 그러한 적용에서 어떻게 작동할 수 있을까? 어떤 사람의 마음속에는 이론적이고 실천적인 문제가 정반대로 나타나기도 한다. 그러나 사회과학자들은 과학을 다르게 사용하고 있다.

미국 사회학회의 초대 회장이었던 레스터 워드(Lester Ward)는 사회조사연구의 실천적 적용이나 특별한 목적을 가진 조사연구의 응용에 전념했다. 그는 순수사회학과 응용사회학을 다음과 같이 구분했다.

> 순수사회학이 '무엇을' '왜', '어떻게'라는 질문에 응답하는 것을 목표로 삼듯이, 응용사회학은 '무엇을 위한(what for)'이라는 질문에 응답하는 것을 목표로 삼는다. 순수사회학이 사실, 원인과 원칙을 다루는 반면에, 응용사회학은 객체와 목표와 목적을 다룬다.
>
> (1906: 5)

목적이 얼마나 실천적이든 이상적이든 간에 이론적으로 얼마나 이해했는지가 성공과 실패를 가를 수 있다. 워드는 "개혁은 사회구조의 바람직한 변경으로 정의될지도 모른다. 이런 시도는 사회구조의 본질에 대한 지식에 근거함이 틀림없다. 그렇지 않다면, 그것은 실패가 분명하다."(1906: 4)라고 보았다.

미국의 빈곤을 가정해보라. 사회학자 갠스(Herbert Gans, 1971)는 빈곤이 빈곤하지 않은 사람들을 위해 기능한다는 이해가 결정적이라고 제시한다. 예를 들어, 빈곤의 지속이라 함은 다른 사람이 원하지 않는 일을 아주 적은 보수에 기꺼이 하는 것을 의미한다. 값싼 노동력을 이용할 수 있다는 것은 빈곤하지 않은 사람들에게 주어지는 안락함이다.

마찬가지로, 빈곤은 사회복지사, 실업 중인 사무원, 경찰 등에게 많은 취업기회를 준다. 만일 빈곤이 사라진다면, 대학의 사회복지학과는 어떻게 될까?

그렇다고 사람들이 빈곤한 상태로 계속 남아 있거나 사회복지사의 직업을 보장하기 위해 빈곤을 유지하자고 주장하는 것은 아니다. 또한 빈곤의 어두운 그림자가 밝은 희망을 내포하고 있다고 주장하는 것도 아니다. 다만, 워드나 갠즈, 그리고 수많은 사회학자들이 지적한 바를 이해하기를 바랄 뿐이다. 만약 사회가 변하기를 원한다면, 여러분은 이해의 작동원리를 알아야 할 것이다. 윌리엄 화이트(William White, 1997)는 "이론은 질문들을 만들어내고, 연구계획을 설계하며, 결과를 예측하도록 도움을 주고, 검증 없는 설계를 막아주는 역할을 한다."고 주장한다.

어떻게 생각하는가 재논의

사회를 연구하기 위한 여러 가지 다양한 패러다임이 제시되었다. 도입부에 소개된 〈어떻게 생각하는가〉에서는 어느 것이 진실인지를 물어보았다. 여러분은 여기서 "아무것도 진실된 것이 없다."라는 대답을 보게 될 것이다. 그러나 어느 패러다임도 거짓인 것이 없다.

패러다임은 자체의 본질상 어느 것이 참이고 어느 것이 거짓이라고 말할 수 없다. 대상을 보고 설명을 찾는 방법이 다르기 때문이다. 패러다임은 참인지 거짓인지를 판단하는 것이 아니라, 유용한지 아니면 유용하지 않은지를 판단하는 것이다.

여러분이 친구들과 함께 완전히 어두운 방에 있고 각자 손전등을 가지고 있다고 상상해보자. 자신의 손전등을 켰을 때 방안에 무엇이 있는지 부분적인 그림을 그릴 수 있을 것이다. 그러나 나머지 부분은 밝혀지지 않은 채 남아 있을 것이다. 친구의 차례가 와서 손전등을 켰다고 상상해보자. 각각의 손전등은 방안에 있는 사물의 각기 다른 사진을 보여줄 것이다. 그것은 방안의 전체가 아니라 일부일 것이다.

패러다임은 바로 이 손전등 이야기와 유사하다. 각각의 패러다임은 주어진 상황 속에서 유용한 혹은 유용하지 못한 특정한 관점을 나타낸다. 어느 패러다임도 전체 사진, 혹은 '진실'을 나타낼 수는 없다.

2.9 조사윤리와 이론

이 장에서는 조사연구를 유도하는 패러다임과 이론이 우리가 관찰한 것과 해석한 것에 대해 어떻게 영향을 미치는지 살펴보았다. 특정 패러다임이나 이론을 선택한다고 해서 특정 조사연구가 특정 결론을 내는 것은 아니다. 그러나 우리가 찾고자 하는 것이나 우리가 간과한 것에 영향을 미치는 것은 사실이다. 지역사회와 경찰과의 관계를 연구하는 데 있어서, 기능주의 패러다임을 선택할 것인지 아니면 갈등 패러다임을 선택할 것인지는 커다란 차이를 나타낸다.

이러한 선택은 윤리적 문제를 제기할 수 있다. 특정한 결론을 유도할 목적으로 어떤 이론적 성향을 선택하는 것은 일반적으로 비윤리적인 것으로 간주된다. 그러나 조사가 사회적 변동을 발생시키기 위한 시도와 연결되어 있다면, 조사연구자는 아마도 자신이 의도한 이론적 성향을 선택할 것이다. 여러분이 지역사회 경찰의 노숙자 처우에 관심을 가지고 있다고 생각해보자. 여러분은 자신만의 조사를 위해 상호작용주의자 혹은 갈등 패러다임과 이론을 선택할지도 모르는데, 이 선택이 잘못된 선택으로 밝혀질 수도 있다. 이론적 성향에 대한 편견으로 조사연구를 위험에 빠뜨릴 수 있다.

이러한 잠재적 편견으로 두 가지 요인을 만날 수 있다. 첫째, 이 책의 나머지 부분에서 볼 수 있듯이, 관찰과 분석의 다양한 방법을 사용하는 사회과학 조사의 기술은 우리가 기대했던 것을 단순하게 보는 것에 대해 악평을 한다. 비록 여러분이 노숙자를 학대하는 경찰을 발견하길 기대하고 그런 학대를 다루는 이론과 방법들을 사용할지라도, 그 이론과 방법이 적절하지 않다면 여러분은 거기에 무엇이 빠졌는지 관찰할 수 없을 것이다.

둘째, 사회조사의 집합적 본질은 더 많은 보완책을 제시한다. 15장에서 더 많은 논의를 하겠지만, 조사연구자들이 다른 조사자의 성과를 평가하는 동료평가(peer review)는 조잡하고 편견을 지닌 조사들을 밝혀낼 것이다. 같은 현상을 다른 패러다임이나 이론 혹은 방법으로 연구하는 조사연구자들은 편견을 지닌 조사결과를 생산해낼 위험이 줄어든다.

머리말

- 이론은 논리적 설명에 초점을 맞추고 있다.

사회과학 패러다임

- 패러다임은 사물에 대한 우리의 관점을 만들어주는 근본적인 모델이다.
- 사회과학자들은 사회생활을 어떻게 이해하고 조사할 것인지를 구성하기 위해 다양한 패러다임을 사용한다.
- 다양한 패러다임을 구성하는 이론의 유형은 크게 거시이론과 미시이론으로 나눌 수 있다. 거시이론은 사회의 대규모 특성에 대한 이론을 다루고, 미시이론은 사회의 소규모 단위와 특성을 다룬다.
- 실증주의적 패러다임은 사회생활을 지배하는 법칙을 과학적으로 발견할 수 있다고 가정한다.
- 갈등 패러다임은 개인이나 집단이 다른 개인이나 집단을 지배하려는 시도 또는 지배당하지 않으려는 시도에 초점을 맞춘다.
- 상징적 상호주의 패러다임은 사회적 상호작용 과정에서 다른 사람과 공유하는 의미나 사회적 패턴이 어떻게 발전하는지를 검증한다.
- 민간방법론은 사람들이 일상생활 속에서 사회생활을 타당하게 만드는 방법에 초점을 맞춘다.
- 구조기능(또는 사회체계적) 패러다임은 사회의 많은 요소들이 사회 전체를 위해 어떻게 기능하는지를 발견하고자 한다. 예를 들어, 어머니의 기능, 노동조합이나 라디오 대담쇼의 기능 등을 들 수 있다.
- 페미니스트 패러다임은 대부분의 사회에서 여성에 대한 억압에 관심을 두는 것 외에도, 사회적 실체에 대한 종래의 이미지가 남성의 경험에서 어떻게 발생했는지를 강조한다.
- 페미니스트 패러다임과 마찬가지로, 비판적 인종 이론은 아프리카계 미국인 같은 사회집단의 불리한 위치를 검증하고 사회를 보고 이해하는 다른 장점들을 제공한다.
- 현대의 몇몇 이론가와 연구자들은 오랫동안 지속되어 온 객관적 실체에 대한 신념에 도전해왔다. 여기서 객관적 실체란 합리적 법칙을 준수하는 실체를 말한다. 이론가나 연구자들은 '상호주관적' 실체를 인정하는 것이 가능하다고 지적한다.

사회이론의 요소

- 사회이론의 기본 요소들에는 관찰되는 실체와 연관이 있는 관찰, 사실, 법칙 등이 있고, 이론 그 자체의 논리적 구성요소가 되는 개념, 변수, 공리 또는 가정, 전제, 가설 등이 있다.

두 가지 논리체계 재방

- 과학의 전통적 이미지를 구성하기 위해 과학자들은 이론으로부터 조작화를 통해 관찰로 옮겨간다. 그러나 이러한 이미지가 과학조사가 실제로 어떻게 행해

지는지에 대해 정확한 그림을 제공하는 것은 아니다.

- 사회과학의 이론과 조사연구는 연역법과 귀납법이라는 두 가지 논리적 방법을 통해 연결된다. 연역법이라는 논리적 방법은 기대와 가설이 이론으로부터 나오는 방법을 의미하며, 귀납법은 특정한 관찰로부터 일반화를 이끌어내는 방법을 의미한다.
- 실제로 과학은 연역법과 귀납법을 교차적으로 전개시키는 과정이다.

연역적 이론의 구성

- 분배적 정의에 관한 재소의 이론은 공식적 추론이 관찰에 의해 검증될 수 있는 다양한 이론적 기대를 어떻게 유도하는지에 관해 설명한다.

귀납적 이론의 구성

- 하와이대학교 학생들의 마리화나 흡연에 영향을 미치는 요소를 연구한 다케우치의 연구는 수집한 관찰이 어떻게 일반화와 설명적 이론을 유도하는지에 관해 설명한다.

이론과 조사연구의 연계

- 사실상 이론과 조사연구 간에는 여러 가지 연계가 가능하며, 사회조사를 실행하는 데에도 여러 가지 방법이 있다.
- 사회가 어떻게 작동하는지를 이해하기 위해 이론을 사용하는 것은 사회문제를 실질적으로 해결하기 위한 열쇠이다.

'현실세계'에서 이론의 중요성

- 사회조사연구를 실행하는 연구자의 목적이 무엇이든 간에, 대상을 이론적으로 얼마나 이해하는지가 성공과 실패의 차이를 나타낸다.
- 사회를 변화시키려 한다면, 그 사회가 어떻게 작동하는지에 대한 논리를 이해할 필요가 있다.

조사윤리와 이론

- 조사연구자는 바람직한 조사결과를 얻기 위해 패러다임과 이론을 선택하는 데 있어서 편견을 가져서는 안 된다.
- 사회조사연구의 집합적 본질은 편견을 지닌 조사 결과를 막는 보완책을 제공한다.

핵심용어

가설(hypothesis)
거시이론(macrotheory)
미시이론(microtheory)
비판적 실제론(critical realism)
실증주의(positivism)
영가설(null hypothesis)
이익수렴(interest convergence)
조작적 정의(operational definition)
조작화(operationalization)
패러다임(paradigm)

사회조사연구 제안: 이론

이 장에서 지적되었듯이 사회조사연구는 수많은 패러다임 내에서 추구될 수 있으며, 각 패러다임은 연구질문에 대해 다소 상이한 접근법을 제시한다. 제안서의 이 부분에서는 여러분의 연구설계를 구성할 수 있는 패러다임(들)을 밝혀야 한다.

우리는 패러다임이 인과이론을 발전시킬 수 있는 틀을 제공한다는 점도 보았다. 아마도 여러분의 연구 프로젝트는 기존 이론을 탐색하거나 검증하는 것일 것이다. 아니면 좀 더 야심차게 검증을 위한 자신만의 이론이나 가설을 제안할 수도 있다. 여러분 프로젝트의 이러한 측면을 기술하는 것은 제안서의 바로 이 부분이다.

모든 연구 프로젝트가 이론과 가설의 생성이나 검증을 중심으로 공식적으로 조직되는 것은 아니다. 그러나 여러분의 연구는 이론적 개념을 포함하게 되며 그 개념들은 제안서의 이 부분에 기술되어야 한다. 15장에서 좀 더 충분히 보게 되겠지만, 연구제안서의 이 부분은 여러분의 연구계획의 틀을 만들어준 선행 이론과 연구에 대한 문헌을 반영할 것이다.

복습문제

1. 1장에서 언급한 교육과 편견의 관계를 고려해보자. 이러한 관계를 (a) 연역적 방법과 (b) 귀납적 방법을 통해 어떻게 검증하는지 서술하라.
2. 전쟁이나 공해, 인구과잉, 편견, 또는 빈곤과 같이 여러분이 관심 있는 사회문제를 골라라. 그런 연후에 여러분이 선택한 문제를 설명할 수 있고 이 장에서 설명한 패러다임을 하나 선택하라. 문제의 연구 속에 포함되어 있는 주요 변수들이 무엇인지 밝혀라. 이 변수들은 문제들을 야기하는 것이거나 해결책에 대한 열쇠일 수도 있다.
3. 패러다임과 이론의 차이를 여러분의 말로 설명하라.
4. 고객들의 요구를 충족시키는 특별한 건강유지 조직을 제대로 평가하기 위해 고용된 적이 있다고 가정한다면, 여러분은 아래의 패러다임 중 어느 것을 사용하여 이런 연구를 어떻게 수행할 수 있는가? (a) 상호주의자 패러다임, (b) 사회체계 혹은 기능주의 패러다임, (c) 갈등 패러다임.

CHAPTER

03

사회조사의 윤리와 정치

개관

사회조사는 사회적 맥락에서 이루어진다. 따라서 조사자는 조사를 설계하고 수행할 때 과학적 고려사항과 더불어 많은 윤리적 · 정치적 고려사항을 염두에 두어야 한다. 그러나 첨예한 윤리적 · 정치적 쟁점에 대한 명확한 해답은 좀처럼 얻기 힘들다.

PastedGraphic-8.tiff/Earl Babbie

학습목표

⊙ 사회조사에서의 핵심적인 윤리적 쟁점을 확인하고 기술할 수 있다.
⊙ 로드 험프리스와 스탠리 밀그램의 연구가 왜 윤리적으로 논란을 가져왔는지 설명할 수 있다.
⊙ 정치적 쟁점이 사회조사에 어떠한 영향을 행사하는지에 대한 예를 들 수 있다.

3.1 머리말

이 책에서는 사회조사에 대한 현실적이며 유용한 소개를 하기 위해 과학적, 행정적, 윤리적, 그리고 정치적 한계 등 사회조사연구에 있어서 발생하는 네 가지 주요 한계를 고려할 것이다.

이 책의 대부분은 과학적 · 행정적 한계에 초점을 맞추고 있다. 우리는 과학의 논리가 특정한 연구절차를 수반한다는 점을 알게 되겠지만, 과학적으로 '완벽한' 연구설계를 수행하는 데는 비용과 시간이 너무 많이 들기 때문에 행정적으로 불가능하다는 점도 알게 될 것이다. 따라서 이 책 전체를 통해서 적용할 수 있는 타협안을 다룰 것이다.

연구에 대한 과학적 · 행정적 한계를 논의하기에 앞서, 실제로 조사를 수행할 때 발생하는 두 가지 중요한 고려사항, 즉 윤리와 정치의 문제를 탐색하는 것도 유용하다. 실천 불가능한 절차가 일부 있듯이, 일부 절차는 윤리적으로 금지되어 있거나, 정치적으로 어렵거나 불가능하다. 아래의 이야기는 이 말이 무엇을 의미하는지를 보여준다.

나는 몇 년 전에 캘리포니아의 법률교육에 대한 연구설계 모임에 초대를 받아 참석한 적이 있다. 그 프로젝트는 대학연구소와 주법률가협회가 공동으로 수행할 예정이었다. 그 프로젝트의 목적은 법학대학원에서의 어떤 경험이 사법시험에서의 성공과 관련되어 있는지를 알아냄으로써 법률교육을 개선하는 것이었다. 본질적으로 그 계획은 개인의 법학대학원 경험에 관한 상세한 자료를 얻기 위한 설문지를 작성하는 것이었다. 사람들은 사법시험을 치를 때 그 설문지에 응답하도록 요구될 것이다. 우리는 상이한 법학대학원 경험을 가진 사람들이 사법시험을 어떻게 치렀는지 분석함으로써, 어떤 유형이 도움이 되었고 어떤 유형이 도움

어떻게 생각하는가

조사윤리에 대해 논할 때마다, 제2차 세계대전에서 나치(Nazi)가 행한 의료 실험이 역사상 가장 끔찍하게 윤리 기준을 침해한 사건으로 떠오른다. 나치 수용소의 민간인과 군인 포로들은 냉동, 말라리아, 겨자 가스, 설퍼닐러마이드(sulfanilamide) 항균제, 뼈 · 근육 · 신경 이식, 황달, 불임, 홍반열, 다양한 독약, 인화상 등의 고문에 처해졌다. 많은 이들이 죽어갔고 나머지는 평생 불구가 되었다. 모두가 끔찍한 육체적, 심리적 고통을 겪었다. 그러나 어떤 사람들은 진짜 윤리위반은 고통이나 죽음 자체에 있는 것이 아니라고 주장한다. 도대체 어떤 것이 이보다 더 나쁜 윤리위반이 될 수 있단 말인가?

PastedGraphic-8.tiff/Earl Babbie

이 장의 말미에 있는 〈어떻게 생각하는가: 재논의〉를 참조하라.

이 되지 않았는지를 발견할 수 있다. 그 조사의 결과는 법학대학원에서 이용할 수 있을 것이며, 궁극적으로는 법률교육이 개선될 수 있다.

법률가협회와 협동하는 것이 흥미로운 점은, 일반적으로 성가신 잔무가 해결될 수 있다는 것이었다. 예를 들면, 그 시험과 관련한 설문지를 돌리기 위해 허가를 받는 문제도 없을 것이고, 무응답 문제도 함께 제거될 수 있다.

나는 그 연구의 전망에 대해 흥분한 상태에서 모임을 나섰다. 나는 그 연구에 대해 동료에게 말하면서, 무응답을 절대적으로 통제할 수 있다는 점에 대해 자랑했다. 그러나 그녀의 즉각적인 말 한마디에 모든 것이 완전히 뒤집혔다. "그것은 비윤리적이지. 설문지를 요구할 수 있는 아무런 법도 없으며, 연구 참여는 자발적이야 돼." 그 연구는 결국 수행되지 않았다.

이 이야기를 말할 때, 참여를 강요하는 것이 부적절하다는 점은 명백하다. 여러분은 내 동료의 언급에 대해 말하기 전에 이 문제를 알아차렸을지 모른다. 나는 그 문제에 대해 아직도 조금은 당혹감을 느낀다. 그러나 나 자신에 관한 이 이야기를 하는 데는 특별한 목적이 있다.

우리 모두는 스스로를 윤리적이라고 생각한다. 완벽하지는 못하더라도 다른 사람만큼은, 아마도 대부분의 사람들보다는 말이다. 일상생활에서도 그렇겠지만, 사회조사에서의 문제는 윤리적 고려사항이 항상 겉으로 드러나는 것이 아니라는 점에 있다. 결과적으로 우리는 종종 다른 사람에게는 드러날 수도 있고, 지적을 받는다면 우리에게도 명백해질 수 있는 윤리적 쟁점을 알지 못한 채 일에 착수한다. 예를 들어, 내가 기획팀의 다른 사람들에게 보고했을 때 아무도 참여 요구의 부적절성에 대해 반대하지 않았었다. 모두가 그 문제를 알아차리지 못한

데 대해 조금씩 당황했다.

우리는 누구나 어린아이를 고문하는 연구가 비윤리적이라는 점을 즉각 알 수 있다. 만약 내가 사람들의 성생활에 대해 인터뷰를 하고 지방신문에 그들이 말한 바를 발표하자고 제안한다면 여러분은 즉각 목소리를 높일 것이라고 믿는다. 그러나 여러분이 아무리 윤리적이라고 하더라도 어떤 상황에서는 윤리적 문제를 완전히 놓쳐버릴 수 있고, 이는 우리 모두 마찬가지이다.

이 장의 전반부에서는 사회조사의 윤리를 다룬다. 조사에 있어서 무엇이 윤리적이고 무엇이 윤리적이지 않은지에 대해 포괄적으로 동의된 규범의 일부를 제시한다. 그러나 단순히 지침을 아는 것보다 더 중요한 것은, 조사의 윤리적 요소에 민감해짐으로써 연구를 설계할 때마다 주의하는 것이다. 어떤 상황에 대해 윤리적 측면이 논쟁거리가 될 경우에도 주장할 점이 있다는 것을 알아야 한다. 이런 맥락에서, 많은 직업은 윤리적 제한을 받으며 활동하고 이런 제한은 직업마다 다르다는 점을 주목할 가치가 있다. 그래서 목사, 외과의사, 법률가, 기자, 그리고 TV 제작자들은 서로 다른 윤리적 제한을 받으며 활동한다. 이 장에서는 사회조사를 지배하는 윤리원칙을 살펴볼 것이다.

조사에 있어서 정치적 고려사항 또한 미묘하며, 모호하고, 논쟁이 될 수 있다. 법학대학원에 관한 예에는 윤리는 물론 정치도 포함되어 있다는 점에 주목하라. 사회조사자들은 연구참여가 자발적이어야 한다는 윤리규범을 가지고 있지만, 이 규범은 분명히 시민의 자유를 보호하려는 미국의 정치 규범에서 나왔다. 일부 국가에서는 계획된 어떤 연구가 매우 윤리적이라고 여겨질 것이다.

이 장의 후반부에서는 정치적 고려 때문에 짓뭉개졌거나 거의 그렇게 되었던 사회조사 프로젝트를 살펴볼 것이다. 윤리적 관심과 마찬가지로, 특정 상황에 대한 '올바른' 견해가 무엇인지를 확인하기는 때때로 어렵다. 선의를 가진 사람도 반대한다. 나는 정치적으로 무엇을 수용할 수 있으며 무엇을 수용할 수 없는지에 관한 당파적 노선에 대해 말하고자 하는 것이 아니다. 핵심은, 윤리와 마찬가지로 사회조사의 정치적 차원에 대해서도 민감해져야 한다는 점이다.

3.2 사회조사의 윤리적 쟁점

대부분의 사전과 일반적 용법에서 윤리(ethics)는 전형적으로 도덕성(morality)과 관련되어 있으며, 이 둘은 옳고 그름의 문제를 다룬다. 그런데 무엇이 옳은 것이며 무엇이 그른 것인가? 그 차이의 원천은 무엇인가? 개인에게 있어서 그 원천은 상이하다. 종교, 정치적 이념, 혹은 작동하는 것과 그렇지 않은 것에 대한 실용적 관찰일 수 있다.

『웹스터스 뉴월드 사전(Webster's New World Dictionary)』은 전형적으로 윤리적(ethical)이라는 말을 "특정 직업이나 집단의 행위 표준에 순응하는" 것으로 정의하고 있다. 이 정의를 보면, 도덕적 절대성을 찾는 사람들은 좌절감을 느끼겠지만, 우리가 일상생활에서 도덕과 윤리로 간주하는 것은 집단 구성원 간 동의의 문제임을 알 수 있다. 그리고 놀랄 필요도 없이, 상이한 집단은 상이한 행동강령에 동의한다. 특정한 사회에서 성공적으로 살아가기 위해서는 부분적이나마 그 사회가 무엇을 윤리적으로 그리고 비윤리적으로 간주하는지 알아야 한다. 사회조사 공동체도 마찬가지이다.

그러므로 사회과학 조사에 참여하는 사람은 누구나 과학적 탐구를 수행할 때 무엇이 적절하며 부적절한지에 대해 조사자들이 공유하는 일반적 동의에 대해 알아야 한다. 이 절에서는 사회조사에서 두드러진 가장 중요한 윤리적 동의의 일부를 소개한다.

자발적 참여

항상 그런 것은 아니지만, 사회조사는 종종 사람들의 생활에 침투하게 된다. 면접자가 문을 두드리든지 아니면 설문지가 우편으로 도착하면서 응답자가 요청하지 않은, 그리고 상당한 시간과 정열을 요하는 활동이 시작된다. 사회실험에 참여하면 연구대상자의 일상적 활동은 방해받는다.

더욱이 사회조사는 종종 사람들로 하여금 자신들에 대한 정보, 즉 친구나 동료들에게 알려지지 않았을 수도 있는 정보의 공개를 요구한다. 그리고 사회조사는 종종 그런 정보를 낯선 사람에게 공개할 것을 요구한다. 의사나 법률가와 같은 직업인들도 그런 정보를 요구하기는 하지만, 그들의 요청은 그 정보가 응답자의 개인적 이익에 도움이 된다는 점에서 정당화될 수 있다. 그러나 사회조사자는 좀처럼 이런 주장을 할 수 없다. 의학자들처럼 조사노력이 궁극적으로 모든 사람에게 도움이 된다고 주장할 수 있을 따름이다.

의료조사 윤리의 주요 원리는 실험에의 참여가 자발적이어야 한다는 점이다. 사회조사에도 동일한 규범이 적용된다. 누구도 참여를 강요당해서는 안 된다. 그러나 이런 규범은 이론상 수용하기는 쉬어도 실제로 적용하기는 어렵다.

다시 말하지만, 의료조사가 유용한 비유이다. 많은 실험 약품들이 죄수를 상대로 테스트된다. 매우 윤리적인 경우, 죄수들에게 그 실험의 성격과 가능한 위험에 대해서 말해주며, 참여는 완전히 자발적이라고 말해준다. 그리고 참여한다고 해서 조기석방과 같은 특별한 보상을 기대할 수 없다는 점도 아울러 고지된다.

iStock.com/Phorawa

다른 생활분야도 그러하듯이 사회조사에서도 수용될 수 있는 것에는 한계가 있다.

이런 상황에서도 종종 참여자들은 협조함으로써 개인적으로 혜택을 받을 것이라는 믿음에서 동기를 얻을 것이라는 점이 분명하다.

사회학개론 수업시간에 교수가 학생들에게 자신이 분석해서 발표하고자 하는 설문지에 답을 작성하라고 요구할 때는 언제나 학생들에게 그 서베이 참여가 완전히 자발적임을 주지시켜야 한다. 그렇다 하더라도 대부분의 학생은 만약 참여하지 않는다면 자신의 성적이 영향을 받을지 모른다고 두려워할 것이다. 따라서 교수는 이러한 내포된 제재에 각별히 민감해야 하며, 이를 불식시키기 위해 특별한 조치를 취해야 한다. 예를 들면, 설문지에 응답하는 동안 교수가 자리를 비우는 것이다. 혹은 설문지를 우편으로 보내거나 다음 수업까지 교실문 옆의 상자에 갖다 놓으라고 요청할 수도 있다.

이러한 것이 필수적인데도 불구하고, 자발적 참여라는 규범은 일부 과학적 관심사항에 직접적으로 배치된다. 일반적으로 말한다면, '일반화'라는 과학적 목적은 실험대상자나 서베이 응답자들이 그런 작업에 의도적으로 참여하는 유형의 사람일 때 위협을 받는다. 이런 경향이 보다 특정한 인성의 특징을 반영하기 때문에 조사결과를 모든 유형의 사람들에게 일반화할 수 없을 것이다. 기술적 서베이의 경우 과학적으로 선택된 표본의 절대 다수가 실제로 참여하지 않는다면, 조사자는 그 표본 서베이의 발견을 전체 모집단, 즉 참여의사가 있는 응답자와 참여의사가 없는 응답자 전체에 일반화할 수 없다는 점은 명확하다.

10장에서 보게 되겠지만, 현장조사는 이와 관련하여 고유의 윤리적 딜레마를 내포하고 있다. 조사자는 연구가 노출되면 연구되고 있는 사회과정에 유의미한 영향을 행사할 것이라는 점을 두려워하여, 연구가 진행 중이라는 것도 노출할 수 없다. 이런 경우 연구대상에게 자발적으로 참여하거나 참여를 거부할 기회가 주어지지 않을 것임이 명백하다. 자발적 참여라는 규범이 중요하지만, 이 규범은 종종 지킬 수 없다. 그 규범을 어기는 것이 정당하다고 느낄 경우, 연구대상인 사람들에게 해를 끼쳐서는 안 된다는 것과 같은 과학적 조사의 다른 윤리적 규범을 지키는 것이 더 중요하다.

참여자에 대한 무해

연구대상에게 해를 입혀서는 안 된다는 규범의 필요성은 부분적으로 의료 연구자들의 끔찍한 행위에서 기인했다. 그 목록의 꼭대기에는 제2차 세계대전 중 나치 연구자들이 전쟁포로들에게 행한 의료실험이 자리할 것이다. 차후 뉘른베르크(Nuremberg)에서 열린 전범 재판의 결과, 연구 및 정치 윤리 언어에 반인륜적 범죄라는 구절이 추가되었다.

미국 보건청(Public Health Service)이 1932년과 1972년 사이에 실시한 터스키기(Tuskegee) 매독실험은 덜 알려져 있다. 그 연구는 매독으로 고통받고 있던 거의 400명의 시골 극빈 아프리카계 미국 남자들의 운명을 추적했다. 그 연구대상들에게는 페니실린이 매독에 효과적 치료제로 알려진 후에도 치료제를 주지 않았으며 심지어는 마을에서 치료받지도 못하도록 금지했다. 왜냐하면 연구자들은 그 병의 진행에 대해 완벽히 관찰하고자 했기 때문이다. 척추의 통증과 같은 진단도 매독이 치료되는 것이라고 거짓으로 알려줬다.

터스키기 매독실험의 세부사항이 광범위하게 알려지자 미국 정부는 행동을 취했는데, 거기에는 빌 클린턴 대통령의 공식 사과 그리고 연구대상 가족에 대한 금전적 보상 프로그램이 포함되어 있다.

터스키기 추문에 대한 아마도 가장 구체적인 반응은 생의학 및 행동 연구에서 인간 대상의 보호를 위한 국가위원회(National Commission for the Protection of Human Subjects of Biomedical and Behavioral Research)를 설치한 1974년의 「국가 연구법(National Research Act)」일 것이다. 그 위원회는 인간 대상에 대한 연구를 규제할 근본적인 윤리적 원칙을 결정하는 역할을 부여받았다. 그 후 그 위원회는 세 가지 핵심 원칙을 상세히 기술한 『벨몬트 보고서(Belmont Report)』를 발간했다.

1. **인간 존중** 참여는 완벽히 자발적이어야 하며 어떤 내용이 있는지 충분히 이해한 바탕에서 이루어져야 한다. 더욱이, 미성년자 그리고 완전한 자율성이 결여된 사람(예를 들면, 죄수)에게는 특별히 주의해야 한다.
2. **선행** 대상은 연구에 의해 해를 입지 말아야 하며, 이상적으로는 편익을 누려야 한다.
3. **정의** 연구의 부담과 편익은 사회에서 공정하게 분배되어야 한다.
4. 「국가 연구법(National Research Act)」은 대학이 인간 대상을 포함하는 연구에서 윤리적 기준이 준수되는지를 감독할 제도적 검토위원회(Institutional Review Board, IRB)의 설치를 의무화했다. IRB의 역할에 대해서는 이 장의 뒷부분에서 다시 언급한다.

대상자들이 사회조사 연구과정에서 심리적으로 해를 입을 수 있기 때문에, 조사자는 아무리 작은 위험이라도 조심하고 경계해야 한다. 조사대상자는 종종 일탈행위, 비일상적이라고 느끼는 태도, 혹은 저소득과 복지기금 수혜 등 부끄러운 개인적 특징을 공개할 것을 요청받는다. 그런 정보의 공개는 대개 연구대상자들을 불편하게 만들곤 한다.

사회조사 프로젝트는 참여자로 하여금 자신들이 평소 고려하지 않는 제반 측면에 직면하게 할 수도 있다. 이런 문제는 정보가 직접 조사자에게 공개되지 않을 때에도 발생할 수 있다. 돌이켜보면, 어떤 과거의 행동은 불공정하거나 비도덕적으로 보일 수 있다. 그러므로 프로젝트는 대상자에게는 지속적인 개인적 고통의 원천이 될 수 있다. 예를 들어, 그 연구가 윤리적 행위규범에 관한 것이라면, 연구대상자는 자신의 도덕성에 의문을 갖기 시작할 수 있으며, 그 개인적 우려는 연구가 완성되고 보고된 후에도 오랫동안 지속될 수 있다. 예를 들어, 캐묻는 질문을 계속하면 연약한 자긍심에 상처를 입힐 수 있다.

심리학자인 필립 짐바도(Philip Zimbardo)는 1971년 죄수와 간수 간 상호작용의 역학을 연구하기 위해 '스탠포드 교도소 연구'로 널리 알려진, 죄수의 생활에 대한 유명한 모의실험을 실시했다. 짐바도는 스탠포드 학생들을 연구대상으로 고용하여 그들에게 무작위적으로 죄수와 간수의 역할을 할당했다. 여러분도 알아차릴지 모르지만, 그 실험은 교도소장 역할을 한 짐바도 자신을 포함하여 모든 참가자들에게 재빠르고 점증적으로 현실화되었다. 수많은 학생 죄수들이 모의감금의 결과 심리적 손상을 입었으며 일부 학생 간수들은 후에 자신들의 자아 이미지에 도전이 될 정도의 잔학성을 보이기 시작했음이 드러났다.

이런 상황 전개가 뚜렷해지자 짐바도는 그 실험을 종결했다. 그러고는 사후설명 프로그램을 가동하여 모든 참가자들이 이 경험에서 얻은 지속적 손상을 피할 수 있도록 조언을 받았다.

여러분이 수행할지도 모를 연구는 거의 모두 다른 사람들에게 어떤 방식으로든 위해를 가할 가능성이 확실히 있다. 이 모든 가능한 위험에 대처하는 것은 불가능하지만, 어떤 연구설계는 그 가능성이 더 크다. 특정 조사절차가 서베이 응답자에게 일탈행위를 말해달라는 등과 같이 대상자에게 불쾌한 결과를 가져올 것 같으면, 조사자는 그 조사를 수행하는 분명한 과학적 기반을 갖고 있어야 한다. 만약 그런 연구설계가 필수적이며 대상자에게 불쾌할 가능성이 있다면, 여러분은 윤리적으로 지옥에 빠져서 개인적 고뇌를 겪을 수 있다. 고뇌가 그 자체로 별 가치가 없다 할지라도, 이것은 여러분이 그 문제에 민감해졌음을 보여주는 건강한 징표일 수 있다.

고지된 동의
연구대상이 연구에 내포된 위험 가능성을 충분히 이해하고 자발적으로 참여해야 한다는 규범

자발적 참여 그리고 참여자에 대한 무해라는 윤리적 규범은 점차 고지된 동의(informed consent)라는 개념으로 공식화되었다. 이 규범은 대상자들이 조사 프로

젝트에 연관될 수 있는 위험에 대해 충분히 이해하여 자발적으로 참여해야 한다는 점을 의미한다. 의료 실험의 경우를 예로 들면, 대상자는 실험 및 자신들이 처할 수 있는 모든 위험에 대한 논의를 제공받을 것이다. 그들은 또한 그 위험을 알고 있지만 참여하기로 결정했다는 점을 보여주는 진술서에 서명해야 할 것이다. 그런 절차의 가치는, 예를 들어 대상자들에게 신체적 영향을 유발하도록 설계된 약품을 주입하는 경우에 더 명확한 반면, 참여관찰자가 일탈행동을 연구하기 위해 도시폭동 현장으로 달려가는 경우에는 거의 적절하지 못하다. 후자의 경우 조사자가 관찰되는 사람들에게 해를 끼쳐서는 안 된다는 규범으로부터 벗어날 수 없지만, 고지된 동의를 얻는 것은 그 목적을 달성하는 수단이 아니다.

반면, 많이 공론화된 2012년의 페이스북 실험은 방금 논의한 두 가지 윤리원칙을 보여준다. 이 실험은 매일, 매시간, 매분마다 일어나는 수백, 수천만의 인터넷 활동으로 생성된 이른바 '빅데이터'(11장 참조)를 자료로 사용했다. 페이스북의 연구자들은 구독자들이 자신들의 페이스북 페이지에 올라온 긍정적 혹은 부정적 반응에 따라 어떻게 영향을 받는지 알아내는 것이 흥미롭다고 생각했다. 그래서 그들은 일부 구독자에게는 긍정적인 말을 그리고 다른 구독자에게는 부정적인 말을 해주었다. 그러고는 그 2개의 구독자 집단들로부터 긍정적이거나 부정적인 게시물을 추적했다.

70만 명에 달하는 실험대상 중 그 실험에 의해 해를 입었다고 주장한 사람은 아무도 없지만, 연구자들은 의심의 여지없이 고지된 동의라는 규범을 위반했다. 실험대상 어느 누구도 그 조사에 참여할 것인지를 결정할 기회를 갖지 못했다. 그 실험으로부터 입을 수도 있는 잠재적 피해에 대해 고지받은 적도 없다. 피해의 가능성은 언제나 명확한 것이 아니다.

그 페이스북 연구를 둘러싸고 일어난 논쟁은 긍정적 영향을 가져왔다. 재크먼과 캐너바(Jackman and Kanerva, 2016)가 상술하듯이, 페이스북은 조사윤리에 대해 연구했고 조사 프로젝트의 제안서를 윤리적 관점에서 검토하는 공식적 체계를 수립했다. 내부 검토위원회는 연구제안서가 민감한 모집단 혹은 연구대상을 다루고 있는지에 대해 초기 평가를 하고, 추가적인 전문가 자문을 요구하기도 한다(2016: 9). 답변이 긍정적인 제안서는 외부의 검토를 받기 위해 IRB로 보내진다.

종종 인식하지 못하고 지나가지만, 대상자가 피해를 입는 또 하나의 원천은 자료 분석과 보고이다. 조사대상자는 때때로 자신들이 참여한 연구에 관해 출판된 책을 읽는다. 상당히 명석한 대상자는 여러 지수와 표에 자신들이 나타나 있음을 알 수 있다. 그렇게 함으로써 그들은 이름이 밝혀지지는 않더라도, 자신들이 편견 있고, 비애국적이며, 비종교적이라는 등으로 특징 지어져 있음을 발견할 수 있다. 적어도 그런 특정화는 그들을 괴롭히고 그들의 자아상에 위해를 가할 수 있다. 그러나 조사 프로젝트의 전체 목적은 왜 일부 사람들은 편견이 있고 다른 사람들은 그렇지 않은지를 설명하는 것일 수 있다.

여성 신도에 관한 한 서베이(Babbie, 1967)의 경우, 교회 표본에 들어 있는 목사들에게 지정된 신도 표본에게 설문지를 배포하고, 수집하여, 연구실로 보내 달라는 요청을 했다. 목사 한 명이 설문지를 돌려보내기 전에 표본 설문지를 읽고는 신도들에게 지독한 설교를 하면서, 많은 신도들이 무신론자이며 지옥으로 가게 될 것이라고 말했다. 그 목사가 특정한 응답을 한 사람들을 지적하지는 않았지만, 많은 응답자들이 그 행위에 의해 개인적으로 해를 입었을 것임은 틀림없다.

자발적 참여와 마찬가지로, 사람들에게 피해를 입히지 않는다는 것은 이론상으로는 쉬워도 실천하기는 종종 어렵다. 그러나 이를 적용하는 데 있어서 그 쟁점과 경험에 대해 민감하게 되면 미묘한 조사분야의 요령을 향상시키는 데 도움이 된다.

최근 사회조사자들은 이 규범을 준수하는 데 점차 커다란 지지를 받아왔다. 연방연구자금 지원 기관이나 기타 기관은 전형적으로 조사계획서상의 인간 대상자를 다루는 데 대해 독립적인 평가를 요구하며, 지금 대부분의 대학은 이 평가기능을 수행하기 위해 인간 대상자 위원회를 운영하고 있다. 가끔 성가시고 부적절하게 적용되기도 하지만, 이런 요구는 비윤리적 조사를 방지할 뿐 아니라, 아무리 사려 깊은 조사자라도 간과하기 쉬운 윤리적 쟁점을 지적해줄 수 있다. 미국 보건부(Department of Health and Human Services)의 지침을 알아보려면, 〈어떻게 할 것인가: 고지된 동의의 기본 요소〉를 참조하라.

익명성과 비밀성

대상자의 이익과 복지 보호에서 가장 분명한 관심은 그들의 신원 보호이며, 특히 서베이 조사의 경우에 그렇다. 서베이 응답을 공개함으로써 그들에게 어떤 방식으로든 해를 끼칠 수 있을 때, 이 규범에 대한 준수는 더욱 중요해진다. 이와 관련하여 종종 혼동되기도 하는 두 가지 기법, 즉 익명성과 비밀성이 조사자에게 도움이 된다.

익명성

익명성은 연구자와 연구결과의 독자 모두가 특정 응답과 응답자를 찾아낼 수 없을 때 보장된다.

익명성

조사 프로젝트의 익명성(anonymity)은 조사결과를 읽는 사람만이 아니라 조사자 자신이 특정 응답과 특정 응답자를 확인할 수 없을 때 보장된다. 이 말은 면접자가 확인할 수 있는 응답자로부터 정보를 수집한다는 점에서, 인터뷰 서베이 응답

어떻게 할 것인가 **고지된 동의의 기본 요소**

보건부는 인간 대상을 포함하는 연구과제의 공식 제안서에 반드시 포함되어야 하는 내용과 관련하여 연방정부의 지침을 발간했다. 이 요구사항은 2005년 6월 23일에 효력이 발생했다. 다음은 그 문서의 발췌문이다.

1. 그 연구가 조사를 포함한다는 진술, 그 조사의 목적과 예상되는 대상의 참여기간에 관한 설명, 진행절차에 대한 기술, 그리고 실험절차의 공개
2. 그 대상에게 가해질 것으로 합리적으로 예견되는 위험이나 불편에 대한 기술
3. 그 연구를 통해 연구대상 혹은 다른 사람들에게 합리적으로 기대될 수 있는 편익에 대한 기술
4. 그 대상에게 이익이 될 수도 있는 적절한 대안적 절차나 처리 과정의 공개
5. 그 대상의 신원이 포함된 기록의 비밀이 유지되는 정도를 기술하는 진술
6. 최소한도 위험의 이상을 포함하는 조사의 경우, 상해가 발생할 때 얻을 수 있는 보상과 진료를 얻을 수 있는지, 그리고 그렇다면 그 보상과 진료가 무엇인지 혹은 추가 정보를 얻을 수 있는지에 대한 설명
7. 그 조사와 조사대상의 권리에 관련된 질문에 대한 답변을 얻기 위해 누구와 접촉할 수 있는지 그리고 연구대상에 연구와 관련된 상해가 발생할 경우 누구와 접촉할 수 있는지에 대한 설명
8. 참여는 자발적이고, 참여 거부가 그 대상이 얻을 수 있는 혜택의 감소나 상실을 수반하지 않을 것이며, 그 대상은 얻을 수 있는 혜택의 감소나 상실 없이 언제든 참여를 중단할 수 있다는 진술

웹을 조사해보면 여러분의 연구에서 모델로 활용할 수 있는 고지된 동의 문구의 여러 견본을 얻게 될 것이다. 조사연구와 기타 조사기법은 고지된 동의의 획득 필요성이 면제된다는 점을 주목할 가치가 있다.

출처: Code of Federal Regulations Title 21. http://accessdata.fda.gov/scripts/cdrh/cfdocs/cfcfr/cfrsearch.cfm?fr=50.25.

자들이 결코 익명적으로 간주될 수 없음을 의미한다. (여기서 나는 표준 표집방법을 따랐음을 가정한다.) 익명성의 예는 설문지가 연구실로 되돌아오기 전까지 어떤 확인번호도 설문지에 부여되지 않은 우편 서베이이다.

9장 '서베이 조사'에서 볼 수 있듯이, 익명성을 보장하면 누가 설문지를 반송했으며 누가 반송하지 않았는지 추적하기가 어렵다. 이런 문제가 있음에도 불구하고, 필요한 대가를 치러야 하는 경우가 있음을 알아야 한다. 나는 대학생의 약물복용 연구에서, 응답자들의 신원에 대해 알아보지 않기로 결정했다. 나는 정직하게 익명성을 보장함으로써 응답 가능성과 정확성이 증가할 것이라고 느꼈다. 또한 약물복용자의 이름을 밝히라는 당국의 요구를 받게 될 입지에 서고 싶지도 않았다. 응답자들이 자신들의 이름을 자발적으로 밝힌 경우에도, 그런 정보는 설문지에서 즉각 지워버렸다.

비밀성

조사 프로젝트의 비밀성(confidentiality)은 조사자가 특정인의 응답을 규명할 수 있지만 본질적으로 공개하지 않을 것이라고 약속할 때 보장된다. 인터뷰 서베이를

비밀성
연구자가 특정인의 응답을 밝힐 수 있지만 그렇게 하지 않겠다고 공개적으로 약속할 때 비밀이 보장된다.

예로 들면, 특정 응답자가 보고한 소득을 공개할 수 있는 위치에 있을 수 있지만, 그렇지 않을 것이라는 점이 응답자에게 보장되어야 한다.

조사 프로젝트가 익명적이라기보다는 비밀적일 때, 조사자는 그 점을 응답자에게 명확히 밝힐 책임이 있다. 더욱이, 조사자는 비밀성을 의미할 목적으로 익명성이라는 용어를 사용해서는 안 된다.

일부의 예외(예를 들어, 응답을 공표하는 데 동의하는 공인에 대한 서베이)를 제외하고, 응답자들이 제공하는 정보는 적어도 비밀이 유지되어야 한다. 이것은 법원이 사회조사 자료를 목사나 법률가들에게 인정되는 일종의 '특권적 의사소통(privileged communication)'으로 인정하지 않기 때문에 항상 따르기가 쉬운 규범은 아니다.

보호되지 않은 비밀성의 보장은 1991년에 거의 재앙이 되다시피 했다. 2년 전 엑슨 밸디즈호(Exxon Valdez) 유조선이 알래스카의 프린스 윌리엄 해협(Prince William Sound)에서 좌초되어 천만 갤런의 원유를 밸디즈 만에 유출시켰다. 경제적 그리고 환경적 손실이 광범위하게 보도되었다.

그러나 미디어는 그 지역 주민들이 겪은 심리적, 사회적 피해에 관해서는 거의 주의를 기울이지 않았다. 원유 유출에 의해 야기된 알코올중독자의 증가, 가정폭력, 그리고 기타 부수적 혼란의 결과에 관해 일회성 보도가 있을 뿐이었다. 궁극적으로, 프린스 윌리엄 해협과 알래스카 만의 22개 공동체가 주민들이 겪은 경제적, 사회적, 그리고 심리적 피해에 대해 엑슨사에 소송을 제기했다.

피해의 양을 결정하기 위해 그 공동체들은 샌디에이고의 한 조사회사를 위촉하여 주민들로 하여금 가족문제의 증가에 대해 매우 개인적인 질문에 응답하도록 요구하는 가구 서베이를 실시했다. 주민 표본은 절대적 비밀을 보장받고 고통스럽고 당혹스러운 정보를 밝혀줄 것을 요청받았다. 궁극적으로, 그 서베이 결과에 의해 다양한 개인문제와 가족문제가 원유 유출 이후 상당히 증가했음이 밝혀졌다.

그 고통을 입증하기 위해 서베이 자료가 제출될 것이라는 사실을 안 엑슨사는 비범한 조치를 취했다. 즉, 서베이 설문지를 소환해줄 것을 법원에 요청한 것이다! 법원은 피고의 요청을 허락하고 연구자에게 신원정보 모두를 포함한 설문지 제출을 명령했다. 엑슨사의 의도는 서베이 응답자들을 법정에 세워, 비밀을 보장하고 면접자에게 제공한 답변에 대해 일일이 확인하려는 것으로 보였다. 더욱이 많은 응답자들은 그런 공표를 매우 고통스러운 것으로 여기는 문화적 규범을 지닌 원주민들이었다.

다행히도 엑슨 밸디즈 사례는 서베이 응답자들이 공개법정에서 증언을 해야 하는지를 법원이 결정하기 전에 해결되었다. 하지만 불행하게도 잠재적 재앙은 남아있다.

이런 쟁점의 심각성은 기존 조사회사에만 국한된 것이 아니다. 릭 스케어스(Rik Scarce)는 워싱턴 주립대학의 대학원생이었을 때 동물보호 활동가들 사이에서 참여관찰을 실시했다. 그는 그 조사에 기반을 두고 1990년『생태전사: 급진적 환경운동의 이해(Ecowarriors: Understanding the Radical Environmental Movement)』라는 제목의 책을 출판했다. 스케어스는 1993년 대배심에 소환되어 그가 연구한 활동가의 신원을 밝힐 것을 요구받았다. 그 젊은 조사자는 비밀성이라는 규범에 맞춰 대배심의 심문에 답변을 거부했으며 스포케인 군(Spokane County) 형무소에서 159일을 보냈다. 그는 다음과 같이 보고하고 있다.

> 검사의 많은 심문에 답변을 했지만, 32개의 심문에는 "당신의 심문은 내 연구활동 중 비밀을 보장하고 제공한 정보를 요구하는 것이다. 그 심문에 답하는 것은 비밀 대화를 깨는 행위가 된다. 결과적으로 미국사회학회(ASA)의 회원으로서 윤리적 책무가 있으며 1차 수정헌법에서 기자, 연구자, 그리고 작가에게 확대 적용될 수 있는 특권이 있기에 그 심문에는 답하지 않겠다."라면서 답변을 거절했다.
>
> (Scarce, 1999: 982)

스케어스는 대배심 출정과 투옥 당시 미국사회학회의 윤리강령이 그의 윤리적 입장을 강력히 지지하고 있다고 느꼈으며, ASA는 그를 위해 우호적으로 변론했다. ASA는 1997년 강령을 수정했는데, 여전히 비밀준수 규범을 유지하는 한편 연구대상에게 비밀을 약속할 수 있는 능력을 제한하는 법과 규칙에 대해 연구자들이 알아야 한다고 경고했다.

여러분은 여러 기법을 사용하여 그런 위험에 대처하고 비밀 보장에 대해 더 잘 수행할 수 있어야 한다. 먼저 면접자 및 응답자의 신원에 접근할 수 있는 사람들은 윤리적 책임에 관해 훈련받아야 한다. 훈련을 넘어, 가장 근본적인 기법은 필요성이 사라지자마자 신원정보를 바로 제거하는 것이다. 서베이를 예로 들면, 모든 이름과 주소를 설문지에서 삭제하고 번호로 대체해야 한다. 후에 빠진 정보나 모순된 정보를 수정할 수 있도록 번호와 이름을 연결하는 신원 파일을 만들어야 하지만, 이 파일은 정당한 목적을 제외하고는 사용하지 말아야 한다.

마찬가지로 인터뷰 서베이의 경우 면접이 실시되었음을 확인하고 또 아마도 최근의 면접에서 빠진 정보를 얻기 위해 다시 접촉할 수 있도록 처음에는 응답자의 신원을 기록할 필요가 있을 것이다. 그러나 인터뷰를 확인하고 응답자로부터 더 이상의 정보가 필요 없음이 확실해지면 인터뷰 책자로부터 즉시 모든 신원정보를 안전하게 삭제할 수 있다. 종종 인터뷰 책자는 첫 페이지에 모든 신원이 포함되도록 인쇄되어 있다. 응답자의 신원이 더 이상 필요하지 않을 때는 곧바로 찢어버려야 한다. J. 스티븐 피코(J. Steven Picou, 1996a, 1996b)는 데이터 파일에서 신원정보를 제거한다고 해서 응답자의 비밀성을 충분히 보호할 수 있는 것은 아니라는 점, 즉 연방법정에서 거의 일 년을 보내면서 얻은 교훈을 지적한다. 경우에 따라서는 특정한 응답자의 모든 응답을 주의 깊게 조사하면 그 사람의 신원을 유추할 수도 있다. 예를 들어, 어떤 여자가 특정 회사의 전 직원이었다고 가정해보자. 그 사람의 성, 연령, 민족집단, 그리고 기타 특징을 알게 되면 그 회사가 그 사람의 신원을 알아낼 수도 있다.

모든 신원정보를 제거하고자 하더라도 그렇게 하지 않았다고 가정해보자. 경찰이나 판사가 조사대상에게 얻은 응답을 제출하라는 명령을 받았을 때 어떻게 할 것인가?

연구대상을 어떻게 보호할 것인지에 대한 견해가 다르다 하더라도, 비밀성 유지는 사회조사자에게는 진정한 문제이다. 예를 들어, 로퍼 단체(Roper Organization)의 부회장인 오닐(Harry O'Neill)은 최상의 해결책은 응답자와 응답을 확인할 수 있는 가능성을 한꺼번에 버리는 것이라고 주장했다.

> 어떻게 하면 그렇게 할 수 있을까? 매우 단순하다고 할 수 있는데, 법원이 요구해도 응답자의 신원을 밝힐 수 있는 정보를 가지지 말아야 한다는 것이다. 나는 변호사 의뢰인과 처음 만났을 때, 서베이가 완료되고 인증되면 응답자의 신원을 알 수 있는 모든 정보가 즉각적으로 제거되고 파쇄되어야 한다는 점을 분명히 했다. 물론 완성된 설문지, 자료 테이프, 방법론, 면접자와 감독의 이름 등 서베이와 관련된 다른 모든 것은 얻을 수 있다.
>
> (O'Neill, 1992: 4)

이사회 회장인 로퍼(Burns Roper, 1992: 5)는 그런 절차는 연구방법의 타당성에 대한 의문을 제기할 수 있다며 반대했다. 대신 필요하면 감옥에 갈 준비를 해야 할 것이라고 말했다. (그는 그럴 경우 오닐 부회장이 면회를 가겠다는 약속을 했다고 했다.)

미국 보건부는 연구대상 자료가 경찰이나 기타 관청에 의해 강제적으로 공개되는 것을 보호하기 위해 '비밀성 증명서(Certificate of Confidentiality)'를 발급하는 프로그램을 2002년에 공표했다. 모든 연구과제가 그와 같이 보호받을 자격이 있는 것은 아니지만, 많은 경우 연구윤리에 대한 의미 있는 지원이 되고 있다.

> 공중보건법(42 U.S.C. 241(d)) 제301(d)조에 따라, 보건부장관은 생의학, 행동, 임상,

> 혹은 기타 연구에 종사하는 자들로 하여금 그 연구의 대상인 개인들의 프라이버시를 보호하도록 권한을 부여할 수 있다. 이 권한은 국가보건원(NIH)으로 이관되었다. NIH로부터 연구대상의 프라이버시를 보호할 권한을 부여받은 자는 어떠한 연방, 주, 혹은 지방의 민법, 형법, 행정법, 입법, 기타의 절차로부터도 연구대상의 이름이나 기타 신원을 알 수 있는 특징을 나타내도록 요구받아서는 안 된다.
>
> (U.S. Department of Health and Human Services, 2002)

놀고 있는 어린이에 대한 동영상 촬영, 호스피스 환자에 대한 사진 촬영 등 사회조사에서 시각적 기법의 사용 증가는 연구대상을 보호하는 데 새로운 문제를 야기했다. 이런 문제는 와일스 등(Rose Wiles and her colleagues, 2012: 41)이 언급했다. 그들은 이런 쟁점에 대한 몇 가지 지형을 설계했는데, "사진이 촬영되고 소비되는 맥락, 사진이 공공의 영역에 존재하는 수명, 그리고 사진의 미래 사용과 2차분석 가능성을 포함한다."는 것이다.

이 장에서 논의한 조사 윤리의 모든 측면에서 전문 연구자들은 단순히 확립된 윤리 준칙을 준수하여 문제를 해결하려고 해서는 안 된다. 오히려 어떻게 해야 연구대상의 이해를 적절히 보호할 수 있는지 지속적으로 질문을 던져야 한다. 어느 마을 사람들의 신앙생활을 연구하는 질적 연구와 관련하여 베커(Penny Edgell Becker)가 다룬 비밀성 쟁점은 다음과 같다.

> 나는 몇몇 최근의 연구를 따라 그 마을의 진짜 이름, 즉 오크 파크(Oak Park)를 명시했다. 그 마을의 복잡한 역사를 몇 개의 내재적인 차원으로 환원하거나 동료 연구자 몇 명으로 구성된 소집단만이 그 마을의 진짜 이름을 알고 나머지 사람들은 깜깜이가 되는 내부자/외부자 역학을 조성하기 싫었기 때문이다. … 모든 경우에 있어서 신원 공개를 허락한 루터교 목사 피니(Jack Pinney)를 제외하고 개별적 신원은 모두 감췄다. '마을 침례교인(City Baptist)'은 그 교회 지도부의 요청으로 사용된 가명이다. 선한 목자 루터교회(GSLC)의 지도자들은 그 교회의 진짜 이름을 사용하도록 허락했다.
>
> (1998: 452)

손더스, 키칭어, 그리고 키칭어(Benjamin Saunders, Jenny Kitzinger, and Celia Kitzinger, 2015)는 익명성과 비밀성이 입원 환자와 그 가족들에 대한 질적 연구에서 야기할 수 있는 문제에 대해 보고하면서 '익명화 자료'를 '균형 행위'라고 불렀다. 물론 그들은 자신들의 연구대상에게 가공의 이름을 할당할 수 있었지만, 병원의 직원들은 그 환자들의 진료기록과 가족환경이 상세히 묘사되면 의심의 여지없이 찾아낼 수 있다. 그리고 역설적으로 보면, 사망한 환자에게 가공의 이름을 붙이는 것은 유족들에게 불경스럽게 여겨질 수도 있다.

기만

대상자의 신원 취급은 중요한 윤리적 고려사항이라는 점을 알았다. 조사자로서 여러분 자신의 신원을 다루는 것 또한 미묘하다. 가끔은 연구하고자 하는 사람들에게 여러분 자신을 조사자라고 신원을 밝히는 것이 유용하고 필수적이기도 하다. 여러분은 사람들로 하여금 실험실에서의 실험에 참여시키기 위해 혹은 연구를 수행 중이라는 사실을 밝히지 않고 긴 설문지를 채우도록 하기 위해서는 노련한 사기 예술가가 되어야 할 것이다.

여러분의 조사 신원을 숨겨야 하는 경우에도 다음 사항을 고려할 필요가 있다. 사람을 속이는 것은 비윤리적이기 때문에 사회조사에서의 기만은 긴박한 과학적 혹은 행정적 관심으로 정당화될 필요가 있다. 그렇다 하더라도, 그 정당화는 논란의 소지가 있다.

가끔 조사자는 조사를 하고 있다고 인정하지만 왜 그 조사를 하는지 그리고 누구를 대상으로 하는지에 대해서는 둘러댄다. 여러분이 공공 복지관으로부터 수혜자의 생활수준에 대한 연구를 수행해달라는 요청을 받았다고 가정해보자. 그 기관이 상황을 개선시킬 수 있는 방안을 찾고 있음에도 불구하고, 수혜자인 연구 대상자는 '사기꾼'에 대한 마녀사냥을 하고 있는 것이 아닌지 두려워할 가능성이 있다. 따라서 그들은 실제보다 더 빈곤한 것처럼 꾸미는 응답을 하고 싶을 것이다. 그러나 그들이 진실한 응답을 하지 않는다면, 생활조건을 효과적으로 개선하는 데 도움이 될 정확한 자료를 생산하지 못할 것이다. 이 경우 여러분은 어떻게 하겠는가?

복지기관과의 관계를 감추고 대학 연구 프로그램의 일부로 그 조사를 수행하고 있다고 대상자에게 말하는 것도 하나의 해결책일 것이다. 그렇게 한다면, 연구의 과학적 질은 개선되겠지만, 심각한 윤리적 쟁점이 유발된다.

연구목적에 대해 거짓말을 하는 것은 실험실 실험에서 보편적이다. 조사를 수행하고 있다는 사실을 감추기는 어렵지만, 대개 목적을 감추는 것은 단순하며 가끔은 적절하다. 예를 들어, 여러 사회심리학 실험에서는 대상자들이 자신들이 관찰한 증거를 포기하고 다른 사람이 표현한 견해를 선호하는 정도를 검증한다. 심리학 수업에서 종종 되풀이되는 고전적 애시(Asch) 실험의 선을 보여주는 〈그림 2-1〉을 보라. 그 실험에서 대상자들에게 크기가 다른 세 개의 선(A, B, C)을 보여주면서 네 번째 선(D)과 비교하라고 요청한다. 그 후 대상자들은 "처음에 보여준 세 개의 선 중 어느 것이 네 번째 선과 길이가 같은가?"라는 질문을 받는다.

그 실험의 목적은 사람들이 자신의 판단을 포기하고 집단의 동의를 선호하는지를 알아보는 것임을 2장의 내용을 통해 상기해보라. 나는 동조가 연구하고 이해할 필요가 있는 유익한 상황이며, 대상자를 속이지 않고는 실험적으로 동조를 연구할 수 없음을 여러분이 알 수 있으리라고 생각한다. 이 장 후반부에서 스탠리 밀그램(Stanley Milgram)이 수행한 유명한 실험에 대해 논의하면서 유사한 상황을 검토하기로 하자. 문제는 실험이 작동하기 위해서는 기만이 필요하다는 윤리적 쟁점을 어떻게 다루는가이다.

조사자들이 적절하다고 생각하는 하나의 해결책은 실험 후 대상자에게 결과를 알려주는 것이다. 사후설명(debriefing)은 연구경험에서 발생했을 수 있는 문제를 발견해서 그 문제를 해결하려는 면접을 수반한다. 대상자가 연구에 참여하기 전에 그 연구의 진짜 목적에 대해 들을 수 없다 하더라도, 통상 사후에도 그래야 할 아무런 이유가 없다. 사후에 그들에게 진실을 말함으로써 애초에 어쩔 수 없이 속인 것을 보상해줄 수 있을 것이다. 그러나 이 또한 조심스럽게 해야 하는데, 대상자들이 감정을 가지거나 실험 수행에 근거해서 자신들에 대해 의구심을 갖지 않도록 해야 한다. 이런 절차가 복잡하게 보이더라도, 이는 다른 사람의 생활을 연구주제로 사용하는 데 대해 우리가 지불해야 할 대가일 따름이다.

사후설명
연구에 참여한 경험에 대해 알아보기 위해 연구대상과 인터뷰하는 것. 연구대상이 연구에 참여함으로써 해를 입었을 가능성이 있는 경우 매우 중요하다.

이처럼 사회조사자로서 여러분은 연구대상자에게 많은 윤리적 의무를 가진다. 〈쟁점과 통찰: 인간의 성행위에 대한 조사에서의 윤리적 쟁점〉에서는 구체적 연구 분야에 포함된 윤리적 문제의 일부를 보여준다.

분석과 보고

조사자는 대상자에 대한 윤리적 의무 이외에도 과학공동체의 동료에게도 윤리적 의무가 있다. 이런 의무는 자료분석과 그 결과가 보고되는 방법과 관련된다.

견실한 연구라면 조사자는 그 연구의 기술적 한계와 실패에 관해 그 누구보다도 잘 알 것이다. 조사자는 한계와 실수를 인정함으로써 어리석게 보인다고 하더라도 그런 결점을 독자에게 알릴 의무가 있다.

예를 들어, 부정적 발견은 분석과 관련이 있다면 보고해야 한다. 불행히도 과학적 보고는 긍정적 발견만 보고할 가치가 있다는 신화(학술지 편집자도 가끔은 이런 믿음을 가지고 있음)가 있다. 그러나 과학에서는 두 개의 변수가 관련되어 있다는 점을 아는 것만큼이나 관련이 없다는 점을 아는 것도 때때로 중요하다.

마찬가지로, 조사자는 자신들의 발견을 실제로는 그렇지 않은데 마치 주의 깊게 사전에 계획된 분석전략의 산물인 양 기술함으로써 체면치레를 하고자 하는

쟁점과 통찰 인간의 성행위에 대한 조사에서의 윤리적 쟁점

어떤 유형이라도 인간의 행위를 연구할 때는 윤리적 관심이 커다란 문제이다. 이런 진술은 인간의 성행위 연구의 경우 더욱 절실하다. 왜냐하면 그 주제는 고도로 개인적이며, 매우 특이하며, 위협이 될 수도 있는 성격을 지닌 주제이기 때문이다. 인간의 성행위 조사에 대해 일반인과 국회의원들이 우려를 표명해왔다. 통상적으로 논의되는 세 가지 윤리적 기준이 인간의 성행위 분야 연구와 구체적으로 관련된다.

고지된 동의 이 기준은 대상자나 응답자에게 조사의 성격에 관해 정확한 정보를 제공하고 참여에 대한 구두 혹은 서면 동의를 받아야 하는 중요성을 강조한다. 참여를 강요하기 위해 위협을 해서는 안 되며, 대상자는 어느 시점에서라도 조사참여를 그만둘 수 있어야 한다. 많은 경우 이런 기준에 대한 위반이 가능하다. 조사자가 거부율이 높거나 그릇된 자료를 두려워하여 당혹스럽거나 개인적인 연구주제를 기술할 때 허위진술 혹은 기만을 할 수 있다. 일부 관찰연구처럼 은밀한 조사 또한 대상자가 그들이 연구 중이라는 사실을 모른다는 점에서 고지된 동의의 기준을 위반하는 것이다. 고지된 동의는 일부 집단에게 특수한 문제를 야기할 수 있다. 예를 들어, 어린이의 성행위에 관한 연구는 어린이들이 인지적으로 그리고 정서적으로 고지된 승낙을 할 수 없을 것이라는 염려 때문에 제한을 받는다. 이미 논의된 문제가 있을 수 있지만, 대부분의 사회조사는 분명히 자발적이어야 하고, 참여자로부터 고지된 동의를 얻어야 한다.

사생활권 성행위가 고도로 개인적 성격을 가지고 있으며, 성행위에 대한 사회통제에 관해 사회의 관심도 지대하다는 점에 비추어볼 때, 이 분야의 조사에서 사생활권은 매우 중요한 관심사이다. 개인들은 성생활의 특정 측면이 공개되면, 자신들의 직업을 잃거나, 가족 문제가 발생하거나, 혹은 동료에 의해 추방될 위험도 있다. 이는 성도착과 같이 일탈적으로 범주화된 성행위를 하는 개인들에게 특히 그렇다. 사생활권 침해는 조사자가 그들이 연구한 특정 집단 구성원의 신분을 밝히거나, 개인의 자료나 응답을 공개 혹은 공유하거나, 혹은 은밀히 성행위를 관찰할 때 발생한다. 서베이 조사의 경우, 자기기입식 설문지는 익명적일 수 있으며 면접은 비밀로 할 수 있다. 관찰연구의 경우, 연구 중인 사람이나 집단의 신원은 출판될 때 가장될 수 있다. 대부분의 조사방법에 있어서 자료분석과 보고는 집단이나 집합 수준에서 이루어져야 한다.

피해보호 피해에는 신체적 피해는 물론 정서적 · 심리적 피해가 포함된다. 잠재적 피해는 조사방법에 따라 다르다. 피해는 관찰 조사나 서베이 조사보다는 조사자가 대상자를 조종하는 등 어떤 행위를 할 수 있는 실험연구에서 나타날 가능성이 더 높다. 그러나 정서적 고통은 인간의 성행위에 관한 연구 모두에서 가능하다. 응답자는 불안을 유발하거나 불쾌한 기억을 되살리거나 혹은 자신을 비판적으로 평가하도록 하는 질문에 대해 응답을 요청받을 수 있다. 조사자는 익명적 자기기입 설문지 혹은 훈련을 잘 받은 면접자를 이용하고 민감한 질문은 주의 깊게 작성함으로써 연구할 때 발생할 수 있는 고통을 감소시킬 수 있다.

이 모든 세 가지 윤리적 기준은 매우 주관적이다. 가끔 대상에 대한 위해보다는 사회에 대한 혜택이 더 크다고 주장함으로써 침해가 정당화되기도 한다. 물론 여기에서의 쟁점은 누가 그런 중요한 결정을 내리느냐이다. 통상적으로 그런 결정은 조사자와 종종 윤리적 관심을 다루는 검토위원회가 내린다. 대부분의 창의적 조사자는 이 세 가지의 모든 윤리적 기준을 지키면서도 중요한 조사를 할 수 있다.

캐슬린 매키니(Kathleen McKinney)
Department of Sociology, Illinois State University

유혹에서 벗어나야 한다. 돌아보건대, 당연한 것으로 보일지 모르지만 수많은 발견은 우연히 이루어진다. 그래서 흥미로운 관계가 우연히 발견되었다—그래서 어떻단 말인가? 그런 상황을 가공의 가설로 기술하여 장식하는 것은 정직하지 못하다. 또한 이것은 경험이 얕은 조사자로 하여금 모든 과학적 탐구는 견실하게 사전 계획되고 조직된다고 믿게 함으로써 피해를 끼친다.

안타깝게도 일부 '연구자'들은 부정직한 방향으로 발을 더 깊이 들여넣는다. 15장에서는 다른 사람의 업적을 자신의 것이라고 주장하는 표절(plagiarism)의 문제를 다룰 것이다. 그러나 종종 과학적 연구를 수행했다는 주장이 전적으로 사기이며 허위인 사례에 대해 읽어보게 될 것이다. 최근의 예는 대중적 흥미가 있는—예를 들어, 육식은 이기주의와 관련이 있고, 쓰레기 투기는 인종주의적 행동으로 이어진다고 주장하는—많은 논문을 발표한 네덜란드의 심리학 교수이자 학장인 한 연구자와 관련된 것이다. 그러나 그가 말한 연구는 한 번도 수행된 적이 없음이 탄로 났다(Bhattacharjee, 2013). 이런 잘못된 행동은 출판된 연구의 일부에 불과하지만, 기만적 연구를 온라인상으로 감시하는 것이 정당할 만큼 빈번하다. (그와 같은 온라인 감시의 예는 http://retractionwatch.wordpress.com에서 살펴보라.)

일반적으로, 과학은 정직과 개방을 통해서 진보한다. 자기방어와 기만은 발전을 늦춘다. 조사자는 특정한 탐구과정에서 경험한 모든 잘못과 문제에 대해 진실을 말함으로써 자신들의 동료 그리고 과학적 발견 전체에 큰 봉사를 할 수 있다. 아마도 이들은 다른 사람이 동일한 문제에 빠지지 않도록 구원해줄 것이다.

마지막으로, 단순한 부주의나 소홀함도 윤리적 문제로 간주될 소지가 있다. 연구과제가 한정된 자원을 소진하고 혹은 연구결과가 대상에게 아무런 편익도 가져다주지 못한다면, 연구공동체의 많은 학자들은 이 또한 윤리적 침해로 간주하기도 한다. 그렇다고 모든 연구가 긍정적 결과를 가져와야 한다는 것은 아니지만, 연구는 그럴 가능성을 증진시키는 방법으로 진행되어야 한다는 것이다.

제도적 검토위원회

사람을 참여시키는 연구에서 조사윤리의 쟁점은 지금은 연방법에 의해서도 통제된다. 연방 연구지원을 얻고자 하는 기관(대학이나 병원 등)은 모두 대상자의 권리와 이익 보호가 보장될 수 있도록 인간 대상을 포함하는 모든 연구계획서를 검토하는 교수단인 '제도적 검토위원회(Institutional Review Board, IRB)'를 설립해야 한다. 이 법은 특정적으로는 연방기금의 지원을 받는 연구에 적용되지만, 많은 대학들은 모든 연구, 다시 말해 연방정부가 아닌 곳으로부터 지원받는 연구 그리고 학생 연구와 같이 비용이 들지 않는 연구에도 위와 같은 기준과 절차를 적용한다.

IRB의 주요 책임은 조사 참여자가 직면하는 위험이 최소화되도록 보장하는 것이다. 어떤 경우 IRB는 조사자에게 연구설계의 수정을 요구할 수 있으며, 다른 경우에는 연구 승인을 거절할 수도 있다. 최소한도의 위해를 피하기 어려운 경우, 조사자는 그런 위해를 명확히 기술한 '고지된 동의' 양식을 준비해야 한다. 대상자는 위험에 대해 알고 있으며 자발적으로 수용한다는 표시로서 그 진술을 읽고 서명한 후에만 연구에 참여할 수 있다.

IRB의 설립 동기는 인간에 대한 의료실험과 깊은 관련이 있는데, 많은 사회과학 연구설계는 일반적으로 IRB의 검토에서 면제된다고 여겨진다. 예를 들면 대규모의 응답자 표본에게 보내는 익명적 서베이이다. 연방 예외조항(45 CFR 46.101 [b])에 수록된바, IRB가 지켜야 하는 지침은 다음과 같은 다양한 연구상황을 예외로 하고 있다.

1. 기존의 혹은 통상적으로 인정되는 교육기관에서 수행되는 연구로서, ① 정규적이며 특수한 교육 전략에 관한 연구 혹은 ② 강의 기법, 교과과정, 혹은 수업관리 방법의 효과 혹은 그 비교에 관한 연구를 포함한다.
2. 교육 시험(인지, 진단, 적성, 성취 등), 서베이 절차, 인터뷰 절차, 혹은 공공 행위 관찰의 활용을 포함하는 연구로서, 다음을 예외로 한다.
   ① 획득된 정보가 기록되어서 인간 대상의 신원을 직접적으로 혹은 그 대상과 연관된 착안사항을 통해 알 수 있는 경우, ② 인간 대상의 반응이 연구 외적으로 노출되어 연구대상이 형사 혹은 민사책임의 위험을 지게 하거나 연구대상의 금전적 지위, 취업가능성, 혹은 명예에 해가 될 수 있는 경우
3. 교육 시험(인지, 진단, 적성, 성취 등), 서베이 절차, 인터뷰 절차, 혹은 공공 행위 관찰의 활용을 포함하는 연구는 다음의 경우 조항 (b) (2) 항목에 의해 예외로 인정되지 않는다.
   ① 인간 대상이 선출직 혹은 임명직 공무원인 경우, 혹은 ② 연방법이 개인적으로 신원 확인이 가능한 정보에 대한 비밀이 연구기간 및 그 이후 유지되어야 한다고 예외 없이 규정한 경우
4. 기존 자료, 문서, 기록물, 병리학적 견본, 혹은 진단 견본의 수집 혹은 연구를 포함하는 조사로서, 이런 자료가 공개적으로 입수 가능하거나 그 정보가 연구대상의 신원을 직접적으로 혹은 그 연구대상과 연관된 착안사항을 통해 알 수 없도록 연구자가 정보를 기록한 경우
5. 과장이나 기관장의 승인에 의해 혹은 승인을 받아야 하는 연구나 발표계획서로서 다음 내용을 연구, 평가, 혹은 기타 검토하기 위해 설계된 경우
   ① 공공의 편익 혹은 서비스 프로그램, ② 그런 프로그램에 따라 편익이나 서비스를 얻기 위한 절차, ③ 그러한 프로그램이나 절차에서 가능한 변화 혹은 대

안, 혹은 ④ 그러한 프로그램하에서 편익이나 서비스에 대한 지불 방법이나 수준에서의 가능한 변화

6. 기호품이나 식품의 질 평가와 소비자 수용 연구로서 다음의 경우

① 첨가물이 없는 위생 식품이 소비되는 경우 혹은 ② 식품의약청(FDA)의 안전기준 이하 혹은 환경보호청이나 미국 농업부의 식품안전검사기관의 승인을 획득한 물질을 포함한 식품이 소비되는 경우

이 발췌문의 문항 (2)는 이 책에 기술된 사회연구의 많은 부분을 예외로 인정하고 있다. 그럼에도 불구하고, 대학은 법조항을 가끔 부적절하게 적용한다. 예를 들면, 나는 대학 IRB 의장으로서 의료보험회사에 보낼 고지된 동의 편지를 검토하도록 요청받은 적이 있다. 고지된 동의 편지는 자신들의 프로그램에 어떤 치료행위가 포함되는지를 묻는 서베이에 참여하는 데 동의해달라는 요청을 담고 있다. 관련자들이 법적 차원에서 아무런 문제를 갖고 있지 않다는 점은 명확하다. 이와 같은 경우, 고지된 동의를 획득하는 적절한 기법은 설문지를 발송하는 것이다. 회사가 설문지에 응답을 하면 동의했음을 의미한다. 그렇지 않으면 동의하지 않은 것이다.

다른 IRB들은 공공 집회나 행사의 참여자를 관찰하기 전이나, 대부분의 일상적 문제에 관해 서베이를 실시하기 전에 연구자가 승낙을 받을 필요가 있다고 주장한다. 크리스토퍼 세이(Chritopher Shea, 2000)는 원래 입법을 촉진한 윤리적 논리를 지지하는 한편, 위와 같이 의문시되는 일부의 법 적용을 기록했다.

IRB에 대한 비판이 있다고 해서 인간 대상자 보호의 중요성이 감소된다고 생각하지 말라. 사실 일부 대학은 예를 들어 연방 이외의 재정지원을 받는 연구에 대해서도 IRB의 검토를 요구하는 등 합리적이며 책임감 있게 연방 기준을 넘어선다. 더욱이 사회조사자들은 젊은이들과 죄수 등 취약 집단을 다룰 때 특히 주의를 한다.

종종 새로운 연구기법이 오래된 관심사를 되돌아보도록 하기 때문에 연구윤리는 계속 진화하는 주제이다. 예를 들어, 2차 연구를 위해 공개된 자료를 더 많이 사용하기 때문에 IRB는 연구자가 GSS 자료를 사용하고자 할 때마다 그런 연구계획서를 재검토할 필요가 있는지에 대해 고심하고 있다. 대부분의 IRB는 이런 절차가 불필요하다고 결정했다. [이에 대한 추가적 논의는 Skedsvold(2002)를 참조하라.]

마찬가지로, 인터넷에 관한 그리고 인터넷을 사용한 연구의 전망은 이미 윤리적 관심을 제기했다. 예를 들어, 미국과학진흥회(American Association for the Advancement of Science)는 1999년 11월에 이 주제로 워크숍을 개최했다. 그 위

크숍을 통해 만들어진 보고서의 전반적 결론에는 이 장에서 이미 검토된 주요 관심사가 요약되어 있다.

> 인간 대상을 보호하기 위한 현재의 윤리적, 법적 틀은 자율성, 선행, 그리고 정의의 원리에 근거를 두고 있다. 첫 번째인 자율성의 원리는 연구대상은 자율적 행위자로 존중해주기를 요구하며 자율성이 모자란 사람들은 특별한 보호를 받을 자격이 있다고 확언한다. 실천적으로 이 원리는 고지된 동의 과정에 반영되어 있다. 다시 말해, 연구의 위험과 편익이 연구대상자에게 알려져야 한다는 것이다. 두 번째인 선행의 원리는 연구대상에게 편익과 이익을 극대화하는 반면 그 연구로부터 가능한 피해와 위험의 양을 최소화해야 한다는 것이다. 지식이라는 과실은 연구 참여자가 희생을 하여 나온 것일 수 있기 때문에 마지막의 정의의 원리는 연구와 관련된 부담과 편익의 공평한 분배를 추구하는 것이다. 그래서 특정 개인이나 집단이 편익을 거두는 반면 다른 개인이나 집단이 불비례적으로 위험을 안아서는 안 된다는 것이다.
>
> (Frankel and Siang, 1999: 2-3)

조사 윤리와 제도적 검토위원회에 대한 언급은 단지 미국의 연구에만 적용되는 것이 아니다. 마틴 해머슬리와 애너 트레이아노(Martyn Hammersley and Anna Traianou, 2011)는 영국의 사회조사와 연구윤리위원회(research ethics committee, REC)에 대해 많은 쟁점과 문제를 언급하고 있다. 더욱이 연구설계가 연구과정 중에 진화할 수도 있는 질적 조사자가 직면하는 특별한 문제에 대해 보고하고 있다. 일부의 경우, REC는 연구과정 내내 그런 조사의 윤리적 측면을 감시해야 한다고 주장했다.

전문가 윤리강령

사회조사에서의 윤리적 쟁점은 중요하면서도 모호하다. 이 때문에 대부분의 전문 사회조사학회는 무엇이 수용될 수 있고 무엇이 수용될 수 없는 직업적 행위 인지를 기술하는 공식적 행동강령을 만들어 공표한다. 한 예로서, 〈그림 3-1〉에는 사회과학의 학제간 조사학회인 미국여론조사학회(American Association for Public Opinion Research, AAPOR)의 행동강령이 제시되어 있다. 대부분의 전문학회는 그런 윤리강령을 가지고 있다. 예를 들어, 미국사회학회, 미국심리학회, 미국정치학회 등을 참조하라. 여러분은 그 학회의 웹사이트에서 이런 강령을 많이 볼 수 있다. 더욱이 인터넷연구자협회(Association of Internet Researchers, AoIR)는 온라인으로 접근가능한 윤리강령을 가지고 있다.

AAPOR 전문가 윤리와 실천 강령

미국여론조사학회(AAPOR)의 회원인 우리는 다음 강령에 명시되어 있는 원칙을 준수한다. 우리의 목적은 서베이와 여론조사를 수행하고 그런 연구를 공적·사적 영역에서 정책결정과 의사결정을 위해 활용함에 있어서 건전하고 윤리적인 활동을 지원하는 것이며, 서베이와 여론조사 방법에 대한 대중적 이해 그리고 그런 조사결과의 적절한 이용을 증진시키는 것이다.

우리는 우리의 직무를 수행하고 분석하며 보고함에 있어서, 서베이 응답자와 우리 고객과의 관계를 수립하고 유지함에 있어서, 그리고 궁극적으로 의사결정 목적으로 그 연구를 이용하는 사람들 및 일반 대중과 소통함에 있어서 고도의 과학적 능력, 진실성, 그리고 투명성을 유지할 것을 맹세한다. 우리는 또한 이 강령의 원칙에 부합되지 않는 활동을 요구하는 어떤 과업이나 과제도 거부할 것을 맹세한다.

이 강령은 서베이와 여론조사의 신뢰성을 뒷받침하기 위해 이 학회나 다른 학회의 회원 여부에 관계없이 모든 조사전문가들이 가져야 한다고 믿는 의무에 대해 언급한다.

이 강령의 목적은 특정 조사방법의 장점을 판단하는 데 두어서는 안 된다. AAPOR 집행위원회는 종종 서베이 그리고 기타 형태의 여론조사의 설계, 수행, 보고와 관련하여 최상의 실천 지침과 권고를 내릴 수 있다.

I. 사람을 다룰 때의 전문적 책임 원칙

A. 응답자와 잠재적 응답자

1. 우리는 서베이 응답자나 잠재적 응답자에게 피해, 위험, 모욕, 혹은 심각한 오해를 가져올 수 있는 연구나 방법을 회피한다.
2. 우리는 특정한 서베이 질문에 응답하지 않거나 조사자에게 다른 정보를 제공하지 않겠다는 욕구를 표현하는 응답자를 존중한다. 우리는 그들이 연락 정보를 어떻게 획득하는지에 대한 질문에 응답해야 한다.
3. 서베이나 기타 다른 형태의 여론조사에 대한 참여는 10년마다 하는 센서스와 법으로 규정된 몇몇 정부 서베이를 제외하고는 자발적이다. 우리는 연구에 포함하도록 선택된 모든 사람들에게 참여에 대해 고지하고 자유로운 결정을 하기에 충분하도록 조사에 대한 설명을 제공할 것이다. 연구의 후원자나 목적에 대해 기만적인 혹은 오도된 주장을 하지 않으며 그 연구에 대한 직접적 질문에 진실한 답변을 제공할 것이다. 만약 공개가 본질적으로 응답을 왜곡할 수 있거나 질문자를 위험에 빠뜨릴 수 있다면 일부 정보는 공개할 수 없다거나 혹은 그 연구가 종결될 때까지 공개하지 않을 것이라고 밝히는 것으로 충분하다.
4. 우리는 서베이와 여론조사를 수행한다는 명목으로 우리의 조사를 이용하지 않으며 (판매, 모금, 혹은 정치적 홍보와 같은) 기타 활동을 수행하지 않을 것이다.
5. 응답자가 특정한 용도를 위해 명시적으로 비밀성을 유보하지 않는 한 우리는 단독적으로 혹은 기타 방법으로 획득할 수 있을 것으로 여겨지는 정보와 결합하여 응답자와 그의 응답을 알아내는 데 사용될 수 있는 모든 정보를 특권과 비밀이 있는 것으로 간주할 것이다.
6. 우리는 연구결과가 사법절차에서 사용된다고 하여 모든 응답자 신원정보의 비밀을 유지해야 한다는 윤리적 의무로부터 면책되는 것이 아니라는 점을 이해하고 있다.

B. 고객 혹은 후원자

1. 우리는 사적인 고객을 위해 연구를 하는 경우 그 고객이 명시적으로 그 정보의 유포를 허가할 때 혹은 정보공개가 이 강령의 I–C 혹은 III–E 상황에서 필수적인 경우를 제외하고는 그 고객 그리고 고객을 위한 연구 행위와 결과에 대해 얻은 모든 소유 정보를 비밀로 한다. 필수적 제공의 경우에도, 노출은 조사의 수행 및 발견과 직접 관련된 정보로 한한다.
2. 우리는 연구기법과 능력의 한계를 인식하고 이런 한계 내에서 합리적으로 달성하기를 기대할 수 있는 조사 과제만을 수용할 것이다.

C. 대중

1. 우리는 공개되는 조사연구를 수행하는 고객들에게 AAPOR 노출 기준에 따라 연구가 어떻게 진행되었는지에 대한 일부 필수 정보를 공개해야 함을 고지하며, 또한 고객으로 하여금 자신들의 공개과정에서 그런 노출기준을 준수하도록 고무하기 위해 합리적 노력을 다할 것이다.
2. 우리는 결과의 해석에 영향을 미칠 수 있는, 우리의 연구에서 알려진 어떤 오류도 수정하고, 수정내용을 연구내용의 최초 수령자들에게 전파할 것이다.

그림 3-1 미국여론조사학회 윤리강령

출처: Material taken from the AAPOR Code of Ethics and Practice. The 2015 revision of the code is accessible at http://www.aapor.org/Standards-Ethics /AAPOR-Code-of-Ethics.aspx.

3. 우리는 필요할 경우 우리 연구의 동반자, 공동연구자, 후원자, 혹은 고객에 의해 만들어진 내용을 포함하여, 자료나 분석의 잘못된 표시 혹은 왜곡을 수정하기 위해 노력할 것이다.

D. 전문가

1. 우리는 우리의 연구에서 나온 사고와 발견을 세베이와 여론조사학계에 가능한 한 자유스럽게 전파할 책무가 있음을 인정한다.
2. 우리는 응답자, 고객이나 후원자, 대중, 그리고 전문가와의 관계에서 이 학회 회원의 지위 그리고 이 강령의 준수를 긍지를 가지고 지적할 수 있다. 그러나 우리는 이 학회가 어떤 개인이나 단체도 승인하지 않는다는 점에서, 학회 회원의 지위나 이 강령의 준수를 전문적 능력의 증거로 인용하지 않는다.

II. 연구 수행에서의 전문적 실천 원칙

A. 우리는 연구설계나 도구를 개발함에 있어서 그리고 자료의 수집, 가공, 분석에 있어서 적절한 주의를 기울여 결과의 신뢰성과 타당성을 확보할 수 있는 모든 합리적인 절차를 수행한다.

1. 우리는 전문적 판단으로 보아 당면 연구문제에 잘 부합하는 분석 도구와 방법만을 추천하고 사용한다.
2. 우리는 알면서 잘못된 결론을 생산할 수 있는 연구도구와 방법을 선택하지 않는다.
3. 우리는 가용 자료와 일치하지 않는 연구결과를 해석하지 않으며 그런 해석을 암묵적으로도 허용하지 않는다. 우리는 개인적 발표이든 공적 발표이든, 보고하는 발견이 모두 연구결과를 균형 있고 정확히 묘사하도록 확인한다.
4. 우리는 알면서도 우리의 해석에 있어서 자료가 실제로 허용하는 이상의 신뢰를 부여하는 점을 암시하지 않는다. 우리는 표본을 활용하여 모집단에 대한 진술을 할 때, 사용된 표집틀과 방법이 허용하는 정밀한 주장만을 한다. 예를 들어, 자발적 혹은 스스로 선택한 자원 표본에 근거하여 표집오차의 한계를 보고하는 것은 오도행위이다.
5. 우리는 알면서도 위조나 변조에 가담하지 않는다.
6. 우리는 우리 연구에 인용된 참고자료의 서베이와 여론에 대해 방법론, 내용, 비교가능성이라는 측면에서 정확히 기술한다.

B. 우리는 모든 연구결과를 보고함에 있어서 우리의 방법과 발견을 III 절에 구체화된 노출 기준을 준수하여 정확히 그리고 적절하게 상세히 기술한다.

III. 노출 기준

훌륭한 전문적 실천은 모든 서베이 및 여론조사자에게 그 연구가 어떻게 진행되었는지에 대한 어떤 필수 정보의 공개를 부과한다. 대중적으로 발표되는 조사연구를 수행할 경우에는, 일부 정보를 즉각적으로 얻을 수 있지는 않겠지만, 그 결과를 발표할 때 완벽하고 완전히 노출하는 것이 최선이다. 사적 고객을 위해 작업을 할 경우에도 그 결과를 고객에게 제공할 때 그 고객이 동일한 필수 정보를 얻을 수 있도록 해야 한다.

A. 우리는 연구결과를 보고할 때 다음의 요소를 포함하며 혹은 그 보고서의 공개와 더불어 즉시 그 요소를 얻을 수 있도록 한다.

1. 누가 그 조사연구를 후원했는지, 누가 그 연구를 수행했는지, 그리고 알 수 있는 한 모든 초기 자금 지원기관을 포함하여 누가 후원했는지.
2. 결과가 보고되는 질문과 응답의 정확한 자구와 표현
3. 연구 중인 모집단의 정의, 지리적 위치, 그리고 이 모집단을 확인하는 데 사용된 표집틀에 대한 기술. 표집틀을 제3자로부터 제공받았다면 그 공급자가 거명되어야 한다. 표집틀이나 명단이 사용되지 않았다면 이도 지적해야 한다.
4. 응답자가 선택(혹은 자원)되거나 모집되는 방법이 서베이 도구나 현장조사에 적용된 할당 혹은 추가적 표본 선택과 더불어, 표본 설계에 대한 기술. 표집틀과 표본 설계에 대한 기술은 응답자를 확률표집으로 선택했는지 비확률표집으로 선택했는지를 결정할 수 있도록 충분한 세부사항을 포함해야 한다.
5. 표본의 크기와 발견의 정밀성에 대한 토론. 확률표집의 경우 표집오차의 추정 그리고 가중치 부여 혹은 추정절차에 사용된 변수에 대한 기술을 포함. 발견의 정밀성에 대한 토론은 보고된 표집오차의 한계 혹은 통계분석이 혹시 집락 혹은 가중치 부여에 따른 설계효과가 조정된 것인지에 대해 진술해야 한다.
6. 어떤 결과가 전체 표본이 아닌 일부 표본에 근거했는지 그리고 그 부분의 규모
7. 자료수집 방법과 날짜

B. 우리는 자료에 대한 요청이 있을 때 다음과 같은 항목을 30일 이내에 얻을 수 있도록 한다.

그림 3-1 미국여론조사학회 윤리강령(계속)

1. 면접자나 응답자에 대한 사전 지시 그리고 보고된 결과의 응답에 영향을 끼쳤을 것으로 합리적으로 기대되는 사전 질문이나 지시
2. 시각적 혹은 감각적 표현물이나 카드와 같은 관련 있는 자극
3. 목표 모집단에 대한 표집틀의 범위에 대한 기술
4. 표본이 사전 모집된 패널이나 응답자 집단으로부터 추출되었을 경우, 패널을 모집하는 데 사용된 방법
5. 참여 자격, 선별 절차, 추가표본의 성격, 그리고 혹시 제공된 보상/유인책을 포함하여 표본 설계에 대한 세부사항
6. 확률표본의 응답률 그리고 비확률표본의 참가율을 계산할 수 있도록 하는 연구별 표본 기록물의 처리에 대한 요약
7. 가중치가 적용된 가중계수와 방법의 참고자료
8. 자료를 검증하는 데 사용된 절차. 해당될 경우, 면접자 훈련, 감독, 추적 방법도 공개되어야 한다.

C. 응답률을 보고하는 경우, 응답률은 AAPOR 표준 정의에 따라 계산되어야 한다.

D. 보고된 결과가 다중 표본 혹은 다중 모드에 기반을 둘 경우, 이 항목들은 각각 공개되어야 한다.

E. 우리의 연구가 이 강령을 위반했다는 주장에 대해 AAPOR 집행위원회의 승인을 받고 시작한 공식조사의 대상이 되는 경우, 우리는 어떤 동료 연구자라도 그 연구에 대해 전문적 평가를 수행할 수 있을 정도로 상세히 자신의 조사연구에 대해 추가적인 정보를 제공해야 한다.

그림 3-1 미국여론조사학회 윤리강령(계속)

3.3 윤리적 논쟁 두 가지

이미 짐작했겠지만, 직업적 행위강령을 채택하고 공표했다고 해서 조사윤리의 쟁점이 완전히 해소되는 것은 아니다. 사회조사자들은 일부의 일반적 원리에 반대하고 있으며, 원리에 동의하는 사람은 종종 구체적인 사항에 대해 논쟁을 한다.

이 절에서는 윤리적 논란과 논쟁을 야기한 두 가지 조사 프로젝트에 대해 간단히 기술한다. 첫 번째 프로젝트는 공중 화장실에서의 동성애 행위를 연구했고, 두 번째 연구는 실험실에서 복종을 조사했다.

찻집 사건

대학원생인 로드 험프리스(Laud Humphreys)는 동성애 행위에 대한 연구에 흥미를 가졌다. 그는 일부 남자 비동성애자가 참여하는 우연한 그리고 일시적인 동성애 행위에 관해 특별한 관심을 가졌다. 특히 그의 조사 관심은 동성애자들 사이에서 '찻집'이라고 부르는 공원의 공중화장실에서 만나는 이방인끼리의 동성애 행위에 초점을 맞췄다. 그 결과 1970년에 『찻집의 거래(Tearoom Trade)』가 출판되었다.

찻집의 활동에서 특히 험프리스의 흥미를 끈 것은 참여자가 '가정이 있는 남자(family men)'로서 전통적인 삶을 살고 공동체의 일원으로 인정받는 것으로 보인다는 점이다. 그들은 동성애자로 간주될 만한 행동은 이것 외에 아무 것도 하지

않았다. 따라서 그들은 찻집을 방문할 때 익명을 유지하는 것이 중요했다. 여러분이라면 이 행위를 어떻게 연구하겠는가?

험프리스는 사회적 상황구조를 이용하기로 결심했다. 전형적으로 찻집에서의 만남에는 세 사람이 관련되어 있다. 두 사람은 성행위에 실제로 가담하며 한 사람은 '감시여왕(watchqueen)'이라고 부르는 망꾼이다. 험프리스는 공중화장실에 나타나서 필요하다고 생각할 때마다 감시여왕이 되겠다고 제안하기 시작했다. 감시여왕의 반대급부는 그 행위를 주시할 수 있는 기회이므로, 험프리스는 정치적 집회나 사거리에서의 무단횡단 행위를 연구하듯이 현장관찰을 수행할 수 있었다.

험프리스는 찻집의 거래에 대한 이해를 완성하기 위해 참여한 사람들에 대해 추가적 정보가 필요했다. 그 사람들은 십중팔구 인터뷰를 탐탁하게 생각하지 않을 것이므로 험프리스는 다른 해결책을 모색했다. 가능한 한 그는 참여자의 승용차 번호를 적고는 경찰을 통해 그들의 이름과 주소를 추적했다. 그러고는 그들이 알아보지 못할 만큼 변장하여 그들의 집을 방문하고는 서베이를 실시하고 있다고 말했다. 그는 그런 방법으로 화장실에서는 얻을 수 없는 개인 정보를 수집했다.

여러분이 생각할 수 있듯이, 험프리스의 조사는 사회과학 공동체 내외에서 커다란 논쟁을 불러왔다. 일부 비판가들은 과학이라는 이름으로 사생활을 크게 침해했다고 비난했다. 공중화장실에서 무엇을 했는지는 그들 자신의 일이다. 다른 사람들은 대부분 사용한 기만법에 대해 우려했다. 험프리스가 참여자로 하여금 자신이 관음증 환자라고 믿게 함으로써 참여자를 속였다는 것이다. 찻집 참여자들이 공공시설을 사용했기 때문에 이들을 관찰하는 것이 정당하다고 믿는 사람들도 추적 서베이(follow-up survey)에 대해서는 반대했다. 그들은 험프리스가 참여자를 집까지 쫓아가서 가장하여 인터뷰를 한 것은 비윤리적이라고 느꼈다.

어떤 사람들은 험프리스의 조사를 정당화했다. 그들은 그 주제가 연구 가치가 있다고 말했다. 다른 방법으로는 연구할 수 없으며, 험프리스가 찻집 활동을 공개하여 대상들에게 피해를 입히지 않도록 주의했다는 점을 지적하면서 그 기만은 본질적으로 무해한 것으로 여겼다. 험프리스 연구의 결론 중 하나는 공공장소에서 행하는 익명의 성행위 참여자가 기타 생활영역에서는 기본적으로 전통적임을 보여주면서 그들에 대한 일부 고정관념에 도전하는 것이었다.

『찻집의 거래』 논쟁은 결말을 보지 못했다. 아직도 논쟁 중에 있으며, 감정을 유발하고 사람들이 동의하지 않는 윤리적 쟁점을 포함하기 때문에 앞으로도 계속 논쟁이 될 것이다. 여러분은 어떻게 생각하는가? 험프리스가 그렇게 한 것이 윤리적인가? 여러분이 믿기에 그 조사에는 수용할 수 있는 부분과 수용할 수 없는 부분이 있는가?

인간의 복종 관찰

두 번째 예는 여러 면에서 첫 번째와는 상이하다. 험프리스의 연구가 참여관찰을 수반했다면 이 연구의 장소는 실험실이다. 험프리스의 연구는 사회학적 연구이며, 이 연구는 심리학적 연구이다. 그리고 험프리스가 많은 사람들이 일종의 일탈이라고 여기는 행동을 조사한 반면, 이 연구의 조사자는 복종과 순응을 조사했다.

제2차 세계대전에서 나온 혼란스러운 상투적 표현 가운데 하나는 잔학행위에 대한 독일 병사들의 공통된 변명, 즉 "나는 명령에 복종했을 뿐이다."였다. 이런 말을 하는 관점에서 보면, 어떤 행동이 아무리 괘씸하다 할지라도 다른 사람에게 책임을 전가할 수 있다면 정당화될 수 있다. 상관이 병사에게 아기를 죽이라고 명령했다면 그 명령으로 인해 그 병사는 그 행위에 대한 개인적 책임을 면할 수 있을 것이다.

전범사건을 심리한 군사법원이 이 해명을 받아들이지 않았지만, 사회조사자와 다른 사람들은 이런 관점이 사회생활을 지배하는 정도를 인식해왔다. 사람들은 종종 상관이 그렇게 하도록 명령을 내렸다고 주장할 수 있다면 다른 사람들이 보기에 잘못되었다고 생각하는 일을 기꺼이 할 것이다. 베트남의 마일라이(My Lai) 비극의 경우에도 같은 유형의 정당화가 이루어졌다. 당시 미군들은 단지 마일라이라는 마을이 베트콩의 요새라는 이유만으로 어린이를 포함해서 300명 이상의 비무장 민간인을 살해했다. 이런 유형의 정당화는 일상적인 시민생활에서는 그렇게 극적으로 나타나지 않을 것이다. 이처럼 권위에 의존한다는 점에 반대할 사람은 거의 없지만, 그 주제에 대한 스탠리 밀그램(Stanley Milgram)의 연구(1963, 1965)는 상당한 논쟁을 유발했다.

명령을 받은 사람들이 기꺼이 타인에게 해를 입히는지를 관찰하기 위해, 밀그램은 연구 상황을 만들 목적으로 설계된 실험실로 각계각층에서 40명의 성인 남자를 데려왔다. 여러분이 그 실험의 대상이었다면 여러분은 다음과 같은 경험을 했을 것이다.

여러분은 또 한 명의 대상이 학습 실험에 참여하게 될 것이라는 통보를 받는다. 제비를 뽑아 여러분은 '선생'의 역할을 부여받고 여러분의 동료 대상은 '학생'의 역할을 부여받는다. '학생'은 다른 방으로 끌려가서 의자에 묶인다. 그의 팔목에 전기선을 매단다. 여러분은 선생으로서 다이얼, 계기, 그리고 스위치로 덮인 강력한 전류통제 장치 앞에서 앉는다. 여러분은 각각의 스위치가 15에서 315에 이르기까지 볼트가 서로 다른 표지가 붙어 있음을 안다. 그 스위치에는 다른 딱지도 붙어 있는데, 몇 개의 스위치에는 '고압 충격', '위험–심각한 충격' 그리고

'XXX' 등 끔찍스러운 문구가 붙어 있다.

실험은 이와 같이 진행된다. 여러분은 학습자에게 단어 쌍의 목록을 읽어주고는 그 단어를 짝지을 수 있는 능력을 검증한다. 여러분은 학습자를 볼 수 없으므로, 통제판의 불이 그의 대답을 알려준다. 여러분은 학습자가 실수할 때마다 가장 낮은 전압부터 스위치를 눌러 학생에게 전기충격을 주라는 지시를 실험자로부터 받는다. 두 방 사이에 열려 있는 문을 통하여 여러분은 충격에 대한 학생의 반응 소리를 듣는다. 그러고는 다른 쌍의 단어 목록을 읽어주고 다시 검증한다.

실험이 진행됨에 따라 보다 강력한 충격이 가해지고 마침내 그 학생은 살려달라고 외치며 실험을 끝내달라고 빈다. 여러분은 어쨌든 다음번 충격을 가하라는 지시를 받는다. 잠시 후 그 학생은 방 사이에 있는 문을 걷어차기 시작하고 계속 소리를 지른다. 무자비한 실험자는 여러분에게 다음번 충격을 주라고 말한다. 마침내 여러분이 또 하나의 목록을 읽어주고 학생의 대답을 요구하지만, 아무런 반응이 없으며 그 방에는 정적이 흐른다. 실험자는 무응답을 오답으로 간주하라고 알려주며 다음번의 더 높은 충격을 가하라고 지시한다. 이런 과정이 계속되어 마지막에는 'XXX' 충격까지 올라간다.

그 학생이 비명을 지르기 시작했을 때 여러분은 실제로 어떻게 했을 것이라고 생각하는가? 그가 벽을 걷어차기 시작했을 때는? 혹은 그가 완전히 침묵을 지키고 살아있다는 아무런 표시도 하지 않았을 때는? 여러분이라면 충격을 지속시키는 것을 거절하겠지요? 그리고 대부분의 사람들이 거절할 것이다.

우리는 그렇게 생각할지 모르지만 밀그램은 다른 것을 발견했다. 밀그램이 검증한 첫 번째 40명의 성인 남성 중에서 그 학생이 방 사이에 있는 벽을 걷어차기 시작할 때까지 전기충격 가하기를 거부한 사람은 아무도 없었다. 40명 중에서 5명은 그제서야 전기충격을 거부했다. 대상의 2/3, 즉 40명 중 26명은 실험이 끝날 때까지 지시받은 대로 계속해서 가장 높은 전기충격을 가하기까지 했다.

여러분이 이미 추측했겠지만, 전기충격은 가짜였으며 그 '학생'은 실험자와 한패였다. '선생'만이 진짜 실험 대상이었다. 여러분은 대상으로서 실제적으로 다른 사람에게 해를 입히지는 않았지만 그렇게 생각하도록 유도되었다. 그 실험은 어쩌면 사람을 사망에 이르게 할 수도 있는 명령도 따를 수 있는지에 대한 의지를 검증하기 위해 설계되었다.

밀그램의 실험은 방법론적으로 그리고 윤리적으로 모두 비판받았다. 윤리적 측면에서, 비판자들은 특히 대상자에 대한 실험의 영향을 지적했다. 많은 대상자들은 다른 사람에게 가해지고 있다고 생각하는 것만큼이나 개인적으로 고통을 겪은 것으로 보인다. 그들은 연구자에게 충격을 주는 것을 중지하도록 호소했다. 그들은 말할 수 없을 정도로 기분이 상하고 신경이 날카로워졌다. 일부는 통제불

능의 발작도 했다.

여러분은 이 조사에 대해 어떻게 느끼는가? 이 주제가 그런 조치를 정당화할 만큼 중요하다고 생각하는가? 대상에게 사후설명을 한다면 가능한 피해를 충분히 완화시킬 수 있는가? 그 조사자가 복종을 검증할 수 있는 다른 방법을 생각해 볼 수 있는가?

미국사회학회는 사회조사에서 윤리문제의 중요성을 인정하여 상당히 다양한 사례연구와 그 자료를 수록한 '커리큘럼상의 교육윤리(Teaching Ethics throughout the Curriculum)'라는 제목의 웹사이트를 게시했다.

국가보건원은 인간 대상 연구에 대한 역사, 쟁점, 과정과 관련된 온라인 과목을 설치했다. 그 과목은 연방연구기금을 신청하는 연구자들을 특정하여 설계했지만, 이 주제에 흥미를 가진 사람은 누구나 접근할 수 있고 누구에게나 유용하다.

3.4 사회조사의 정치

이미 지적했듯이, 윤리와 정치는 모두 이념적 관점에 달려 있다. 어느 한 관점에서는 수용할 수 있는 것이 다른 관점에서는 수용할 수 없을 것이다. 정치적 그리고 윤리적 쟁점은 종종 밀접하게 관련되어 있지만, 두 가지 측면에서 이들을 분리하고자 한다.

첫째, 사회조사의 윤리는 대체로 이용되는 방법에 초점을 두는 데 반해, 정치적 쟁점은 조사의 내용과 사용에 초점을 맞추는 경향이 있다. 예를 들면, 일부 비판가는 밀그램의 실험에 대해 윤리적 반대를 하며, 그 방법이 대상에게 피해를 주었다고 말한다. 정치적 반대의 경우에는 (1) 우리는 상급자의 명령을 따르는 사람들의 의지를 다루어서는 안 된다거나, (2) 조사결과가 사람들로 하여금 더 복종적이게 만드는 데 악용될 수 있기 때문에 복종은 적절한 연구주제가 아니라는 것이다.

사회조사의 윤리적 측면과 정치적 측면의 두 번째 차이는 용인되는 정치행위에 대한 공식적 강령이 없다는 점이다. 일부 윤리적 규범에 정치적 측면이 포함되기는 하지만(예를 들면, 대상자에게 피해를 입히지 말아야 한다는 구체적인 규정은 분명 시민적 자유의 보호와 관련되어 있음), 모든 사회조사자들이 수용하는 일단의 정치적 규범을 만든 사람은 아무도 없다.

정치적 규범의 부재에 대한 부분적인 예외가 있다면, 그것은 조사자의 개인적 정치성향이 과학적 조사에 개입하거나 부당하게 영향을 끼쳐서는 안 된다는 견해가 일반적으로 받아들여진다는 점이다. 조사자가 자신의 정치적 견해를 내세울 방편으로 그럴듯한 기법을 사용하거나 조사를 왜곡하거나 거짓말을 하는 것은 부적절하게 여겨질 것이다. 그러나 여러분도 알다시피 연구는 종종 이런 규범을 침해한다고 공격을 받는다.

객관성과 이념

나는 1장에서 사회조사는 조사자가 인간이며, 따라서 주관적일 수밖에 없기 때문에 결코 완벽하게 객관적일 수는 없다고 주장했다. 과학은 집합적 업무로서 상호주관성(intersubjectivity)을 통해 객관성의 등가물(equivalent of objectivity)을 성취한다. 즉, 주관적 견해를 가진 상이한 과학자가 수용된 조사기법을 사용할 때 동일한 결과에 도달할 수 있으며 도달할 수 있어야 한다. 이는 본질적으로 각자가 연구하는 동안에 자신의 개인적인 가치와 견해를 유보할 수 있는 한 유지된다.

사회과학에서의 객관성과 중립성에 관한 고전적 진술은 '직업으로서의 과학(Science as a Vocation)'([1925] 1946)이라는 막스 베버(Max Weber)의 강의이다. 이 강의에서 베버는 가치배제적 사회학(value-free sociology)이라는 문구를 만들고, 사회학이 사회에 특별한 공헌을 하고자 한다면 다른 과학처럼 개인적 가치에 의해 방해를 받아서는 안 된다고 촉구했다. 자유주의자와 보수주의자는 모두 사회과학의 '사실'이 자신들의 개인적 신념과 부합하는지 여부에 관계없이 그 사실을 인정해야 한다.

정치는 다른 생활분야와 마찬가지로 사회조사도 침범할 수 있다.

대부분의 사회조사자는 이런 추상적 이상에 동의하지만, 모두 다 그런 것은 아니다. 예를 들어, 마르크스주의자와 신마르크스주의자는 사회과학과 사회적 행위는 분리할 수 없으며 분리해서도 안 된다고 주장한다. 그들의 주장에 의하면, 사회의 현상태(status quo)에 대한 설명은 동일한 현상태를 방어하는 데 교묘히 침투한다. 예를 들어, 차별의 사회적 기능에 대한 단순한 설명은 쉽게 차별의 지속에 대한 정당화가 될 수 있다. 같은 논리로, 사회를 좀 더 인간적으로 만들고자 하는 헌신이 없이 단순히 연구한다는 것은 무책임한 것이라고 주장한다.

2004년에 미국사회학회 회장인 마이클 버러워이(Michael Burawoy)는 공공사회학(public sociology)을 ASA 연간 학회의 주제로 삼았다. 최근 많은 학자들이 이 용어를 옹호해왔다. 이런 연구자들은 사회학이 사회에 어떤 영향을 행사할지 혹은 사회의 어느 부문이 영향을 받아야 할지에 대해서는 동의하지 않겠지만, 연구가 의도적 영향을 가져와야 한다는 점에는 일반적으로 동의한다. 현대 사회학에서 일어난 이런 운동의 배경으로 '응용(applied)' 혹은 '순수(pure)' 연구에 대한 논의를 상기해보라(2장 참조). 이 문제를 좀 더 탐색하고자 한다면, 그 주제에 관한 『현대 사회학(Contemporary Sociology)』(2008)의 특별 심포지엄을 조사해보라.

10장에서는 참여행동 연구(participatory action research)를 검토할 것이다. 참여행동 연구는 연구대상이 의도하고 중시하는 뚜렷한 목적을 갖고 사회조사를 하는 것이다. 예를 들면, 공장 노동자들의 노동조건을 향상시키려는 연구자들은 그 노동자들에게 자신들이 원하는 결과를 규정해달라고 그리고 의도된 결과를 성취하는 데 적합한 사회조사 수행에 참여해달라고 요청할 수 있다. 연구자들의 역할은 노동자들이 전문적 조사방법을 이용할 수 있도록 보장하는 것이다.

사회과학이 가치중립적일 수 있는지 혹은 가치중립적이어야 하는지에 대한 추상적 불일치는 제외하고라도, 많은 사람들은 특정 조사 행위가 가치중립적인지 아니면 조사자가 자신의 정치적 가치의 침투를 수반하는지에 대해 논쟁했다. 전형적으로, 조사자는 그런 침투를 부정해왔으며 그 부정은 도전을 받아왔다. 이 쟁점이 야기한 논쟁의 일부 예를 보기로 하자.

사회연구와 인종

사회연구와 정치가 인종관계 분야에서보다 더 논쟁적으로 얽힌 분야는 없다. 사회연구자는 이 주제를 오랫동안 연구해왔으며, 사회조사의 산물은 종종 실제 정치에 반영되어왔다. 이 점을 보여주는 몇 개의 짤막한 예를 보자.

1896년에 미국 대법원은 '분리 그러나 평등' 원리를 14차 수정헌법에 나타난 아프리카계 미국인의 평등보장 조치와 격리 규범을 조화시키는 방법으로 수립했을 때, 사회과학 연구를 요청하지도 않았으며 인용하지도 않았다. 그럼에도 불구하고 많은 사람들은 대법원이 당시 이 분야의 선도적 사회과학자였던 윌리엄 그레엄 섬너(William Graham Sumner)의 저술의 영향을 받았을 것으로 믿고 있다. 섬너는 한 사회의 원규와 민습이 입법과 사회기획에 상대적으로 둔감하다는 견해로 유명하다. 그의 견해는 종종 "국가 방식이 민습이 되는 것이 아니다(stateways do not make folkways)."라는 말로 풀이된다. 따라서 대법원은 "사회적 편견이 법으로 극복될 수 있다."는 가정을 수용할 수 없다고 판결했으며 "공동체의 일반적 정서와 상충되는 법"의 지혜를 부정했다(Blaunstein and Zangrando, 1979: 308). 많은 정치가들이 말하듯이, "도덕을 법제화할 수는 없다."

'분리 그러나 평등' 원리가 1954년(브라운 대 토피카 교육위원회) 번복되었을 때, 새로운 대법원의 결정은 격리가 부분적으로 아프리카계 미국인 어린이들에게 해로운 영향을 행사한다는 결론에 기반을 두고 있다. 그 결론을 내릴 때 대법원은 사회학적 그리고 심리학적 연구 보고서를 인용했다(Blaunstein and Zangrando, 1970).

대부분 금세기의 사회연구자는 미국에서 아프리카계 미국인 평등의 대의명분을 지지해왔으며, 그 신념이 종종 연구의 자극제가 되어왔다. 더욱이 그들은 연구가 사회변화를 유발하기를 기대해왔다. 예를 들어, 미국 인종관계에 관한 군나 뮈달(Gunnar Myrdal)의 두 권짜리 고전적 연구(1944)는 이 연구주제에 의미 있는 충격을 주었음을 부인할 수 없다. 뮈달은 다량의 자료를 축적하여 아프리카계 미국인의 지위가 사회적 · 정치적 평등이라는 미국의 가치와 정면으로 충돌한다는 점을 보여주었다. 더욱이 뮈달은 이 문제에 있어서 자신의 견해를 숨기려 하지 않았다.

많은 사회연구자들은 시민권 운동에 직접 개입했으며, 일부는 보다 급진적으로 개입했다. 평등이라는 이상이 광범위한 지지를 얻고 있다는 점에 비추어볼 때, 평등이라는 대의명분을 지지하는 연구결과는 거의 혹은 전혀 비판을 받지 않는다. 이 문제에 있어서 일반적 사회과학의 입장이 얼마나 공고한지를 알아보려면 지배적인 이념적 입장과 상충되는 결론을 지니는 몇 개의 연구 프로젝트를 점검해보면 된다.

대부분의 사회조사자는 적어도 묵시적으로 학교 격리의 종식을 지지했다. 따라서 1966년에 존경받는 사회학자인 제임스 콜만(James Coleman)이 인종과 교육에 대한 전국적 연구결과를 발표했을 때 즉각적이면서 뜨거운 논쟁이 촉발되었다. 콜만은 일반적 동의와는 반대로 통합된 학교에 다니는 아프리카계 미국 학생과 격리된 학교에 다니는 흑인 학생의 학업수행에 있어서 거의 차이를 발견하지 못했다. 사실 도서관, 실험시설, 그리고 학생당 지출 비용과 같은 명확한 요인도 거의 차이를 유발하지 못했다. 대신 콜만은 가족과 근린 요인이 학업성취에 가장 큰 영향을 행사한다고 보고했다.

콜만의 발견은 시민권 운동에 활동적이었던 많은 사회연구자로부터 좋게 대접받지 못했다. 일부 학자는 콜만의 작업을 방법론적 근거에서 비판했지만 많은 학자들은 그 발견이 격리주의식 정치적 결과를 가져올 것이라는 근거에서 혹독하게 반대했다. 콜만의 보고서를 둘러싸고 휘몰아친 논쟁은 이보다 1년 전 미국 흑인 가족에 대한 비판적 분석에서 대니얼 모이니헌(Daniel Moynihan, 1965)이 촉발한 논쟁을 연상시킨다. 어떤 사람들은 모이니헌이 희생자를 비난하고 있다고 느끼는 반면, 다른 사람들은 그런 문제를 노예 유산으로 추적하는 것에 반대했다.

인종과 관련된 사회조사를 둘러싸고 벌어진 정치적 논쟁에 대한 또 하나의 예로는 IQ 점수를 들 수 있다. 1969년에 하버드대학의 심리학자인 아더 젠슨(Arthur Jensen)은 『하버드 교육 논총(Harvard Educational Review)』에 게재할 IQ 검사 결과의 인종적 차이를 검토하는 논문을 준비해달라는 요청을 받았다. 그 논문에서 젠슨은 아프리카계 미국인의 평균 IQ 점수가 낮은 원인은 아프리카계 미국인과 백인 간의 유전적 차이라는 결론을 내렸다. 젠슨은 그 입장과 동일시되어서, 미국 전역의 대학에 출현하여 그 문제를 토론했다.

젠슨의 조사는 많은 방법론적 근거에서 공격을 받았다. 비판가들은 젠슨의 결론이 근거로 삼은 많은 자료가 부적절하며 그럴듯하게 보일 뿐이라고 비판했다. 여러 IQ 검사가 있으며, 일부는 잘못됐다는 것이다. 마찬가지로 젠슨은 사회환경적 요인을 충분히 고려하지 않았다는 주장도 제기되었다. 다른 방법론적 반대를 제기한 사회조사자들도 있었다.

그러나 과학적 비판을 뛰어넘어 젠슨은 많은 사람들에게 인종주의자로 비난을 받았다. 그의 공개적 발표는 적대적 군중의 야유에 파묻혔다. 공교롭게도, 많은 대학교 청중에게 받은 대우는 1세기 전 노예제도를 유지하자는 의견이 지배적일 때 노예제도 폐지론자가 받은 대우와 큰 차이가 없었다.

많은 사회조사자는 모이니헌, 콜만, 그리고 젠슨의 조사에 대한 반대를 과학적, 방법론적 근거로 한정했다. 그러나 이런 연구가 유발한 정치적 불바다는 종종 이념이 사회조사에 어떻게 개입되는지를 보여준다. 추상적 과학모델이 이념과는 유리되어 있다 할지라도 과학의 실행은 그렇지가 않다.

성행위 연구의 정치

이미 지적했듯이, 로드 험프리스의 찻집 거래 연구는 연구자들이 아직도 토론하고 논쟁하는 윤리적 쟁점을 야기했다. 동시에 그 연구가 일으킨 소동의 많은 부분은 주제 자체와도 명백한 관련이 있는 것 같다. 나는 어디엔가 다음과 같이 쓴 적이 있다.

> 로드 험프리스는 단지 **성-행-위**만 연구한 것이 아니라 **동성** 성행위를 관찰하고 논의했다. 그리고 그것은 우연히 동성인 두 사람 간의 사랑하는 관계가 아니라 공중 화장실에서 낯선 사람 간의 야한 만남이었다. 1970년 기독교인 아기의 희생만 더해졌더라면 절대다수의 미국인들에게 더 큰 분노를 야기했을 것이다.
>
> (Babbie, 2004: 12)

험프리스의 연구주제가 많은 사람들에게 보통 이상으로 자극적인 반면, 훨씬 순치된 성행위 연구 또한 대중적 소동을 야기했다. 생물학자인 알프레드 킨지

(Alfred Kinsey)와 그의 동료들은 1940년대와 1950년대에 미국 남성(1948년)과 여성(1953년)의 성행위에 대한 기념비적 연구를 출판했다. 킨지는 광범위한 인터뷰를 하여 성행위 빈도, 혼전 성행위와 혼외정사, 동성애 등에 관해 보고할 수 있었다. 그의 연구는 대중적 분노와 그의 인디애나대학의 연구소 폐쇄 시도를 촉발했다.

오늘날 대부분의 사람들은 더 이상 킨지 보고서에 관해 흥분하지 않지만, 미국인들은 여전히 성 연구에 민감한 경향이 있다. 1987년 에이즈 치료법을 찾으라는 임무를 부여받은 국가보건원(NIH)은 효과적인 에이즈 박멸 프로그램을 설계하기 위해서는 현대의 성행위 관행에 관한 자료가 필요하다는 점을 발견했다. 그들의 연구계획서는 에드워드 로만(Edward O. Laumann)과 그의 동료들에 의해 정교한 연구설계가 이루어졌다. 연구계획서는 상이한 생애과정에 특징적인 상이한 유형의 성행위에 초점을 맞췄으며, NIH와 그들의 자문가들로부터 격찬을 받았다.

제시 헤음스(Jesse Helms, 노스캐롤라이나, 공화당) 상원의원과 윌리엄 댄마이어(William Dannemeyer, 캘리포니아, 공화당) 하원의원은 어떤가? 헤음스와 댄마이어는 1989년 로만의 연구에 대해 알고는 그 연구를 무산시키고 동일한 금액을 십대 순결 프로그램에 전용하려는 운동을 시작했다. 앤 포스토스털링(Anne Fausto-Sterling)은 로만 연구에 대한 반대를 이해하고자 했다.

> 헤음스의 주장에 의하면, 그 서베이는 진정으로 '**에이즈 확산을 멈추고자 하는**' 의도로 실시된 것이 아니다. "진정한 목적은 동성애가 정상적이며 수용가능한 생활양식이라는 좌익 자유주의자의 주장을 지원하기 위한 이른바 과학적 사실을 편찬하는 것이다." … 헤음스는 "내가 상원의 직에 있는 한 그런 종류의 일에는 결코 양보하지 않겠다. 그것은 단지 또 하나의 생활양식이라고 할 수 없다. 그것은 수간(sodomy)에 불과할 따름이다."라고 덧붙였다
>
> (Fausto-Sterling, 1992)

헤음스는 미국 상원에서 그의 수정안에 대해 66 대 34의 찬성을 얻었다. 그 수정안이 하원에서 부결되고 공동위원회에서 기각되었지만, 로만의 연구에 대한 정부의 재정지원은 유보되었다. 로만과 그의 동료들은 사적 영역으로 눈을 돌렸고 연구 규모가 작아지기는 했지만 사설 재단으로부터 재정지원을 받았다. 그들의 연구결과는 1994년에 『성행위의 사회조직(The Social Organization of Sexuality)』이라는 이름으로 출판되었다.

정치와 센서스

인간의 사회적 행동을 연구하려는 시도에는 십중팔구 정치적 차원이 있다. 헌법에 의해 보장된, 십 년마다 실시되는 미국의 센서스를 생각해보라. 원래의 목적은 하원의석의 적절한 대표성을 결정하기 위해 여러 주의 인구규모를 찾아내는 것이었다. 각 주에는 상원의원이 2명 있게 되는 반면, 큰 주에는 작은 주보다 하원의원이 더 많이 있게 된다. 그래서 이보다 더 단순한 방법이 뭐가 있을까? 각 주의 인구수를 헤아려보라.

미국과 같이 산개된 전국 인구의 머리수를 헤아리는 일은 애초부터 단순하지 않았다. '사람'에 대한 정의조차도 뚜렷하지 않았다. 예를 들어, 한 명의 노예는 센서스의 목적상 3/5명의 사람으로 계산되었다. 그렇게 하면 노예를 소유한 남부 주의 대표성이 감소되며, 노예를 완전한 사람으로 계산하면 그들에게도 투표권을 부여해야 한다는 급진적 견해를 제기할 수 있다.

더욱이 교외지역 주택, 도시의 아파트, 대학 기숙사, 군대 막사, 농장, 산간의 통나무집, 그리고 불법주택에 거주하는 사람의 수를 세는 병참적 문제는 거주지가 없는 사람의 수를 세는 문제와 더불어 항상 어려운 문제를 야기했다. 이것이 바로 사회연구자들이 흥미를 가지고 맞닥뜨리는 유형의 도전이다. 그러나 접근하기 힘든 사람을 발견하고 그런 기법을 발견하는 데 문제가 있다고 해서 정치망을 벗어날 수는 없다.

1998년에서 2001년 사이 센서스청을 운영했던 케니스 프르위트(Kenneth Prewitt)는 머리수 헤아리기의 일부 정치적 측면을 다음과 같이 기술하고 있다.

> 1910년에서 1920년 사이, 농촌의 남부 주에서 북부 산업 도시로 대규모 인구이동이 있었다. 1920년 센서스에는 미국 역사상 처음으로 도시 거주자가 농촌 거주자보다 많아졌다. 도시형 미국은 새롭고도 혼란스러웠는데, 독립적 농부들이 민주주의를 가장 잘 보호한다는 제퍼슨식 믿음을 갖고 있는 사람들에게 특히 그러했다. 이런 믿음을 갖고 있는 사람들 중에는 남부와 서부의 농촌 출신 보수적 국회의원이 있었다. 그들은 의석을 재분배한다면 권력이 동북부 도시에 집중된 노동조합과 정치적으로 급진적인 이민자들로 옮겨갈 것이라고 보았다. 의회의 보수주의자들은 당시 센서스가 1월 1일부로 시행되었기 때문에 임시 농업 노동자들이 봄 파종기에 돌아갈 농장이 아니라 도시에서 '부정확하게' 계수되었다는 불평도 하면서 의석 재분배를 무산시켰다. (센서스 일자는 후에 4월 1일로 변경되었으며, 그 후 지금까지 그렇다.) 이런 주장은 10년간이나 질질 끌려왔으며, 다음 센서스 후에나 되어서야 의석 재분배가 이루어졌다.
>
> (Prewitt, 2003)

최근 도시 빈민의 누락에 관한 관심이 정치적 쟁점이 되어왔다. 누락으로 인해 잃을 것이 많은 대도시는 전형적으로 공화당보다는 민주당에 투표한다. 따라서 여러분은 어느 당이 인구조사 방법을 증진시키려는 노력을 지지하고 어느 당이 관심이 덜한지 추측할 수 있을 것이다. 같은 이치로, 사회과학자들이 인구의 전수 조사를 근대적 서베이 표집방법(7장 참조)으로 대체하자고 주장했을 때, 이와 같은 방법론적 전환으로 잃을 것이 많은 공화당보다는 얻을 것이 많은 민주당에게 더 큰 지지를 얻었다. 이런 상황은 민주당이 공화당보다 과학을 더 지원한다는 점을 시사하기보다는 우리가 살아가면서 사회연구를 수행하는 정치적 맥락이 어떻게 연구에 영향을 끼치는지에 대한 또 하나의 예가 된다.

소문자 'p'의 정치

사회조사가 종종 정치적 이념에 의해 혼란스러워지지만, 사회조사의 '정치(politics)'는 훨씬 깊다. 경합되는 사회적 쟁점과 관련한 사회조사는 전적으로 객관적일 수 없으며, 사회과학 자료 분야에서 서로 상이한 이념이 대결할 때 특히 그렇다.

이해가 상충되는 사람들 간의 논쟁에서 조사가 이용될 때에도 마찬가지이다. 예를 들어, 법정에서 '전문가 증인'으로 활동했던 사회연구자라면 '진리탐구'라는 과학의 이상이 재판이나 소송에서는 더없이 순진하게 보인다는 점에 십중팔구 동의할 것이다. 전문가 증인은 기술적으로 법정에서 어느 한편을 대표하는 것은 아니지만, 그럼에도 불구하고 단지 한편에서 출두를 요청받으며 그들의 증언은 증언의 대가를 지불하는 편을 지원하는 경향이 있다. 그렇다고 해서 이 증인들이 자신들의 고객을 위해서 거짓말을 한다는 것은 아니다. 그러나 소송의 경합자들은 자신을 공격하는 증언보다는 지원하는 증언에 비용을 지불할 가능성이 더 높다는 점을 알 수 있다.

따라서 전문가 증인으로서 여러분은 여러분의 과학적이고 정직한 판단이 증언의 대가를 지불하는 대상의 이익과 일치할 때에만 법정에 선다. 그러나 일단 법정에 도착하여 모든 진실만을 말하겠다고 서약하면, 객관적 사고라는 이상과는 동떨어진 낯선 세계에 서게 된다. 갑자기 이기고 지는 것이 규범이 된다. 물론 전문가 증인으로서 아무리 많이 잃는다 해도 그것은 위신(그리고 아마도 장차 전문가 증인으로서 돈을 벌 수 있는 기회)뿐이다. 그래도 그런 걸림돌이 대부분 사회연구자에게는 불안을 일으키기에 충분하다.

내 생각으로 매우 그럴듯한 연구에 기반하여 생활비 보조금(cost-of-living allowance, COLA)이 삭감된 시민서비스 종사자를 위해 연방법원에서 증언했던 사례가 기억난다. 나는 공무원에게 부정적으로 작용하는 불공정성을 보여주는 보다 '과학적'인 연구를 수행하도록 계약을 했다(Babbie, 1982: 232-43).

나는 흡사 존경받는 교수이며 교재 집필자처럼 느끼면서 증언대에 섰다. 그러나 잠시 후 나는 교단에서 하키장으로 이동했음을 알았다. 갑자기 통계적 유의도와 표집오차 검증은 빰때리기보다도 못했다. 한 시점에서 워싱턴 출신의 법률가는 내가 어떤 전문 학술지와 친숙하다는 점에 동의하도록 유혹도 했다. 불행히도 그런 전문 학술지는 존재하지도 않았다. 나는 모욕감을 느꼈고, 갑자기 나 자신이 술책이나 쓰는 전문가가 되었다. 그 점에 대해 잘 생각해보지 않았기 때문에 친절한 칩스(Mr. Chips) 씨가 되기보다는 닌자 교수와 유사해졌다. 나는 그 법률가에게 모욕을 줄 때까지 충분히 만족하지 못했을 것이며, 사실 모욕을 주는 데 성공했다.

그 공무원들이 자신들의 생활비 보조금을 되찾는 데 성공하기는 했지만, 법정의 청중 앞에서 내가 어떻게 보였는지에 관해서도 우려했다는 점을 인정하지 않을 수 없다. 나는 과학적 그리고 객관적 조사를 포함하는 인간 상호작용의 개인적 '정치'를 보여주기 위해 이 일화를 말하려는 것이다. 우리는 사회조사자가 인간이기 때문에 인간처럼 행동할 것이라는 점을 깨달을 필요가 있으며, 자신들의 발견을 평가함에 있어서도 이 점을 고려해야 한다. 이런 점을 인정한다고 해서 자신의 연구를 무효화하거나 우리가 싫어하는 발견을 거절하는 구실이 되는 것은 아니지만, 이 점을 고려할 필요는 있다.

유사한 질문들이 사회과학계 밖에서도 정기적으로 제기되었다. 예를 들어, 여러분은 신약의 안전성을 입증하는 의학자의 연구에 관한 보도와 문제의 연구가 그 약을 개발하고 시판하기 위해 FDA의 승인을 신청하는 제약회사의 지원을 받았다는 보도를 읽었을지 모른다. 그 연구의 질이 매우 높더라도, 이해상충(conflict of interest)으로 얼룩지지 않았는지 질문을 하는 것은 적절하다. 마찬가지로 석탄이나 석유산업의 후원을 받은 연구가 지구적 기후변화가 인간이 만든 문제가 아니라는 결론을 내렸을 때, 여러분은 그 연구가 왜곡되었다고 가정할 필요는 없겠지만 그 가능성은 열어 두어야 한다. 최소한 그런 연구의 후원자는 공개되어야 한다.

미국여론조사학회(AAPOR)는 서베이 연구에 대한 이런 유형의 관심을 적용하여 2009년에 '투명성 구상(Transparency Initiative)'을 제안했는데, 모든 학회 회원에게는 연구방법의 세부사항을 공개적으로 그리고 충분히 보고할 것을 요구하고 기타 다른 서베이 연구자들에게도 그렇게 하도록 촉구했다. AAPOR 회장인 피터 밀러(Peter V. Miller)는 그 프로그램이 다음과 같다는 점을 인정했다.

최근의 사건으로 우리는 공개 그 자체가 조작될 수 있음을 배우게 되었다. 여론조사가 사실은 실시되지 않았거나 다른 방식으로 실시되었음에도 불구하고 특정한 방법을 사용하여 실시되었다고 주장하는 것은 우려할 정도로 쉽다. 우리는 연구 참여자의 정직성을 신뢰해야 하지만, 신뢰만 가지고 나아갈 수는 없다. 우리는 우리가 접수하는 정보를 검사할 수 있는 방법을 개발해야 한다. AAPOR 인정의 가치는 이에 달려 있다.

(2010: 606)

정치성 조망

조사의 윤리적 차원과 정치적 차원이 원리상 다르기는 해도, 이들은 상호 관련되어 있다. 정치가나 대중이 사회조사가 윤리적 기준이나 도덕적 기준을 침해하고 있다고 느낄 때마다, 그들은 곧바로 자신들의 수정안을 제시한다. 더욱이 그들이 방어하는 기준은 조사 공동체의 기준과 다를 수 있다. 그리고 연구자들이 조사가 진행된 방법과 관련된 측정 목표를 지지할 때에도 규정이나 법에 의해 구체화된 수단이 조사의 효과를 줄일 수 있다.

최근 '과학의 정치화'가 특별히 뜨거운 주제가 되었는데, 보수와 진보 양 진영이 모두 비난한다. 한편으로는 진화론 교육에 반대를 다시 제기하는 반면 창조론 교육에 대한 요구는 지적 창조론(Intelligent Design)에 대한 지지로 대체해왔다. 이와 관련하여, 과학은 종교에 기반한 견해에 대한 도전으로 여겨지며 과학자들은 반종교적 행동을 한다고 비난을 받기도 한다. 반면 수천 명의 과학자가 공동 서명한 관심 과학자 연합(Union of Concerned Scientists, 2005)의 성명서는 정치권력의 일당 집중이 과학적 연구의 독립적 작용에 위협이 될 수 있다는 우려를 예시한다.

미국은 과학적 연구에 대한 투자 및 과학자의 독립에 대한 존중과 관련하여 인상적인 역사를 갖고 있다. 결과적으로, 우리는 세계과학계에서 필적할 수 없는 리더십은 물론 지속적인 경제발전과 공중보건을 향유해왔다. 그러나 정치지명자의 최근 행동은 최상의 과학으로 하여금 우리의 건강, 안전, 환경에 심각한 결과를 가져오는 정책 결정에 조언할 수 없게 함으로써 이러한 유산을 파괴하려고 위협하고 있다.

정치지명자는 광범위한 쟁점들, 이를테면 유아 납중독과 수은 배출에서부터 기후 변화, 성적 건강, 핵무기에 이르기까지 수립된 정책과 상충되는 과학적 발견을 왜곡하고 삭제했다. 어떤 경우, 내재하는 과학을 조작하여 그 결과를 사전에 결정된 정치적 결정과 일치시켰다.

(Union of Concerned Scientists, 2005)

어떻게 생각하는가 재논의

나치의 의료 실험은 많은 면에서 분개할 만했다. 일부 실험은 엽기적이고 가학적이라고밖에 할 수 없다. 시험의 과학적 등급은 종종 저급했다. 그러나 일부 사람들은 연구로부터 고통을 받고 심지어 죽기도 한다고 주장할 수 있다. 우리는 종종 그 연구에서 나올 것으로 기대되는 인간에 대한 편익이라는 명분으로 이러한 위험을 용서한다. 일부 나치 의사들도 자신의 양심을 구제하기 위해 이런 정당화를 사용했을 것이라는 점은 의심의 여지가 없다.

나치의 의료 실험은 이 장에서 논의한 근본적인 윤리적 규범을 위반했다. 이는 나치 전쟁기계에 속한 일부 의료인들이 "독일 제국과 전쟁 중인 국가의 시민과 군인들에 대해 **대상자의 동의 없이** 의료 실험이 포함된 계획과 사업 [강조는 내가 한 것임]"을 한 혐의로 뉘른베르크 재판에 기소되었다(*Trials of War Criminals*, 1949~1953). 가장 끔찍한 실험은 수행되지 않았지만 그리고 인간에 대한 조사를 할 때는 항상 위험이 있다는 점을 인정한다 하더라도, 고지된 동의 없이 사람들을 위험에 처하도록 하는 것은 결코 받아들일 수 없다.

여러분은 이 논의로부터 네 가지 교훈을 얻기 바란다. 첫째, 과학은 정치와 무관하지 않다. 정치 및 관련된 이념의 침투는 사회연구에만 한정된 것이 아니다. 자연과학도 유사한 상황을 경험해왔고 지금도 계속 경험하고 있다. 그러나 특히 사회과학은 사회생활의 일부이다. 사회연구자는 사람들에게 문제가 되는 것, 사람들이 뚜렷한 개인적 느낌을 가진 것, 그리고 사람들이 생활에 영향을 주는 것을 연구한다. 더욱이 연구자는 인간이며, 그들의 감정이 종종 자신들의 직업생활에 스며든다. 이와 다르게 생각하는 것은 순진한 것이다.

둘째, 과학은 정치적 논쟁과 호전성 속에서 진행된다. 연구자들이 화가 나고 서로 욕을 할 때 혹은 연구 공동체가 외부의 공격을 받을 때에도 과학적 탐구는 지속된다. 연구가 진행되고, 보고서가 발간되며, 새로운 사실이 습득된다. 결국 이념적 논쟁이 있다고 해서 과학이 멈추는 것이 아니라 보다 도전적이며 흥미롭게 된다.

셋째, 이념적 고려를 인식하면 사회과학 방법에 대한 연구와 실행이 풍부해질 수 있다. 기존의 많은 과학적 기법은 우리 인간의 결점, 특히 우리가 인식하지 못하는 결점을 상쇄하거나 제어하는 기능을 한다. 그렇지 않다면 우리는 세계를 들여다보고도 우리의 개인적 편견과 믿음의 반영 외에 그 어떤 것도 보지 못할 것이다.

마지막으로, 연구자들은 자기 자신의 가치가 자신들 연구의 질과 정직성을 방해하도록 해서는 안 되겠지만, 그렇다고 해서 연구자들이 공적 토론에 참여해서 자신들의 과학적 전문성과 개인적 가치에 대해 표현할 수 없다거나 해서는 안 된다는 것을 의미하는 것은 아니다. 여러분은 편견에 반대하고 그렇게 말하는 한편 인종적 편견에 관해 과학적으로 뛰어난 연구를 할 수 있다. 일부의 사람들은 과학자들이 회의 작동에 대해 과학적 전문지식을 갖고 있기 때문에 자신들의 역할을 정치인, 기자, 그리고 토크쇼 진행자에게 맡겨둘 것이 아니라 목소리를 내야 할 의무가 있다고 주장한다. 허버트 갠스(Herbert Gans)는 '공공 사회학자'의 필요성에 대해 다음과 같이 말한다.

공공 사회학자는 사회학(넓은 의미로 정의되는)이 언급하고자 하는 사회적(역시 넓은 의미로 정의되는) 쟁점에 대해 사회학적 관념과 발견을 적용하는 공공 지식인이다. 공공 지식인은 공적 어젠다에 올라오는 쟁점이 무엇이든지 간에 그에 대해 언급을 한다. 공공 지식인은 그들의 사회학적 통찰과 발견을 적용할 수 있는 쟁점에 대해서만 그렇게 한다.

머리말

- 기술적인 과학적 · 행정적 고려 외에도 윤리적 · 정치적 고려가 사회조사 문제를 형성한다.

사회조사의 윤리적 쟁점

- 조사에서 무엇이 윤리적이며 비윤리적인지는 궁극적으로 조사자 공동체가 무엇이 옳고 그른지에 대한 동의의 문제이다.
- 조사자들은 조사 참여가 보통 자발적이어야 한다는 점에 동의한다. 그러나 이 규범은 일반화라는 과학적 필요와 상충될 수 있다.
- 조사자는 조사 참여자들이 고지된 동의를 함으로써 기꺼이 그리고 알면서도 피해 위험을 감수하겠다고 하지 않는 한 그 참여자들에게 해를 입혀서는 안 된다는 점에 동의한다.
- 익명성이란 조사자조차도 정보에 의해 기술되는 사람들의 구체적 신원을 규명할 수 없는 상황을 의미하는 반면, 비밀성이란 조사자가 대상자에 대한 정보를 비밀로 유지할 것을 약속하는 상황을 의미한다. 비밀을 지킬 수 있는 가장 직접적인 방법은 신원정보가 더 이상 필요 없을 때 그 정보를 파기하는 것이다.
- 많은 연구설계는 다소간 대상자에 대한 기만을 수반한다. 사람을 속이는 것은 윤리적 행위라는 보편적 기준을 침해하는 것이기 때문에, 조사에서의 기만은 설득력 있는 정당성을 필요로 하며, 그럴 때에도 그 정당성은 도전되어야 한다.
- 사회연구자는 대상자는 물론 연구자 공동체에 대해서도 윤리적 의무가 있다. 이런 의무에는 연구에서 발견된 실수, 한계, 그리고 기타 결점을 밝히는 것은 물론이고 결과를 충분하고도 정확하게 보고하는 것이 포함된다.
- 제도적 검토위원회는 연구대상을 포함하는 조사계획서를 검토하여 연구대상의 권리와 이익 보호가 보장되도록 해야 한다.
- 여러 분야의 전문학회는 연구자를 안내할 윤리강령을 공표한다. 이런 강령은 필수적이며 도움이 되지만, 모든 윤리적 문제를 해결해주는 것은 아니다.

윤리적 논쟁 두 가지

- 로드 험프리스의 '찻집'의 만남에 관한 연구와 스탠리 밀그램의 복종에 관한 연구는 오늘날까지 논쟁이 되는 윤리적 쟁점을 야기한다.

사회조사의 정치

- 사회조사는 불가피하게도 정치적 · 이념적 차원을 가지고 있다. 과학이 정치적 문제에 대해 중립적이긴 하

지만, 과학자들은 그렇지 않다. 더욱이 많은 사회연구에는 불가피하게 연구 공동체 외부 사람들의 정치적 신념이 개입된다.

- 대부분의 연구자들은 정치적 지향이 연구에 불공정하게 영향을 행사해서는 안 된다는 점에 동의하지만, 실행할 때는 정치와 이념을 연구 수행으로부터 분리하는 것이 매우 어려울 수 있다. 일부 연구자는 연구가 사회행위와 사회변동의 도구가 될 수 있으며 또 되어야 한다고 주장한다. 미묘하게도, 공유된 이념은 연구자들이 사회조사연구를 수용하는 방법에 영향을 행사할 수 있다.
- 과학의 규범이 개별 연구자로 하여금 자신의 개인적 가치를 포기하도록 할 수는 없지만, 과학의 상호주관적 성격으로 인해 '과학적' 발견이 단지 편견의 산물이 되지 않도록 감시하게 된다.

핵심용어

고지된 동의(informed consent)
비밀성(confidentiality)
사후설명(debriefing)
익명성(anonymity)

사회조사연구 제안: 윤리적 쟁점

여러분이 실제로 연구 프로젝트를 제안하고 있다면, 여러분은 제안서를 학교의 제도적 검토위원회(IRB)에 제출해야 할 것이다. 이 경우, 여러분은 거기에 관련된 형태와 절차를 숙지해야 할 것이다. 여기서의 핵심적 관심은 연구대상의 보호이다. 즉, 대상의 위험을 피하고 프라이버시를 지켜주며 기타의 주제 등 이 장에서 논의된 바와 같다.

복습문제

1. 다음과 같은 실제적이며 가상적인 연구 상황을 고려해 보라. 각각의 예에 나타난 윤리적 요소는 무엇인가? 여러분은 그것에 대해 어떻게 느끼는가? 기술된 절차를 궁극적으로 수용할 수 있다고 생각하는가, 아니면 수용할 수 없다고 생각하는가? 이런 상황을 학급 동료와 논의해보면 유용할 것이다.
   a. 심리학 교수가 심리학개론 수업에 참여한 학생들에게 학술지에 발표할 논문을 준비할 때 분석하고 사용할 설문지를 완성해달라고 부탁했다.
   b. 폭동 중 일탈행동에 대한 현장연구를 실시한 후, 법 집행관이 여러분이 목격한 약탈자들의 신원을 밝히라고 요구했다. 조사자는 공모자로 체포될 위험 대신에 그 요구를 들어주었다.
   c. 조사 프로젝트 보고서의 최종본을 완성한 후, 연구자는 2,000명의 서베이 면접자 중 25명이 면접원에 의해 꾸며졌다는 사실을 발견했다. 그 저자는 방대한 분량의 연구를 보호하기 위해 이 정보를 제외하고 책을 발간했다.
   d. 연구자들은 연구하고자 하는 우익 급진주의자의 목록을 입수했다. 그들은 그 급진주의자를 접촉하여 '공공 여론'을 표집하기 위해 일반 모집단에서 '무작위로' 선택되었다고 설명했다.
   e. 불공정한 꾸중의 효과를 검증하려고 하는 대학교수가 특정 과목의 두 개 분과에서 한 시간 동안 시험을 치렀다. 두 개 분과의 전반적 수행성적은 본질적으로 동일했다. 그러나 한 분과의 성적을 인위적으로 내리고는 학생들에게 성취도가 낮다고 꾸중했다. 그러고는 동일한 기말시험을 두 개 분과에 실시하여 불공정하게 꾸중을 들은 분과의 수행성적이 더 나빠졌음을 발견했다. 가설이 인정되었으며, 그 조사보고서가 출간되었다.
   f. 조사자는 성행위 연구에서 부끄러운 행동으로 간주할 수 있는 행위에 대해 대상자들이 보고하기 꺼리는 것을 극복하고자 했다. 그들의 꺼림을 극복하기 위해, 조사대상들에게 "모든 사람은 종종 자위행위를 합니다. 여러분은 얼마나 자위행위를 합니까?"라는 질문을 했다.
   g. 학교 기숙사 생활을 연구하는 조사자가 60%의 거주자가 음주 규제를 위반했음을 발견했다. 이 발견을 공표하면 십중팔구 학교 공동체에 소동이 일

어날 것이다. 음주에 대한 광범위한 분석이 계획되어 있지 않기 때문에, 그 조사자는 이 발견을 비밀에 부치기로 결정했다.

h. 사람들이 사전 정보가 전혀 없는 문제에 대해 태도를 표명함으로써 체면을 유지하고자 하는 정도를 검증하기 위해, 조사자는 가공의 쟁점에 관한 그들의 태도에 대해 질문했다.

i. 대학 등록 절차의 일부로서 학생들에게 설문지가 배포된다. 학생들은 그 설문지를 완성해야 한다는 말은 듣지 않았지만, 학생들이 그렇게 해야 한다고 믿음으로써 완성도를 높이려는 기대가 있다.

j. 연구자가 급진적 정치집단을 연구하기 위해 그 집단에 가입하고자 했으며 성공적으로 내부 기획단의 일원으로 받아들여졌다. 그 집단이 다음과 같은 계획을 한다면 연구자는 어떻게 해야 하는가?

(1) 불법적이지만 평화적인 시위

(2) 사람들이 없는 것이 확실한 시간에 공공 건물 폭탄 투하

(3) 공무원 살해

2. 복종에 관한 밀그램의 실험 논의를 다시 보라. 여러분이라면 밀그램에게 가해진 윤리적 비판을 피하면서도 동일한 목적을 완성할 수 있는 연구를 어떻게 설계하겠는가? 여러분의 설계도 마찬가지로 타당할 것인가? 동일한 결과를 가져올 것인가?

3. 과잉인구 문제에 대한 반응으로서 개인적으로 소규모 가족을 선호하는 한 연구자가 왜 일부 사람들은 많은 어린이를 원하는지를 알아보기 위한 서베이를 실시하고자 한다고 가정해보라. 그 연구자가 직면하게 될 개인적 개입의 문제가 무엇이며 어떻게 하면 그 문제를 피할 수 있는가?

4. 문제 3번의 조사자는 연구설계를 할 때 어떤 윤리적 쟁점을 고려해야 하는가?

CHAPTER

04

연구설계

개관

이 장에서는 어떻게 연구설계를 할 것인지를 포함하여 사회연구자들이 이용가능한 다양한 연구설계, 즉 누가 혹은 무엇이 연구대상이며 언제, 어떻게, 어떤 목적으로 연구를 할지 정확히 구체화하는 방법을 알게 될 것이다.

학습목표

- 사회조사연구에서 탐색, 기술, 그리고 설명의 역할에 대해 논할 수 있다.
- 사례기술적 설명의 논리와 절차에 대해 논할 수 있다.
- 법칙정립적 설명에 대한 정당한 판단기준과 잘못된 판단기준을 거명하고 논할 수 있다.
- 필요원인과 충분원인을 구분하고 예를 들 수 있다.
- 사회연구에서의 일부 공통적 분석단위를 규명하고 그 개념이 왜 중요한지 설명할 수 있다.
- 시간차원에 기반을 두고 공통적인 연구설계를 확인하고 기술할 수 있다.
- 혼합유형 설계의 일부 장점에 대해 설명하고 예시할 수 있다.
- 연구 프로젝트의 설계에서 핵심 요소를 확인하고 논할 수 있다.
- 연구제안서의 요소와 구조에 대해 기술할 수 있다.
- 연구설계가 어떻게 하여 윤리적 함의를 가질 수 있는지에 대한 예를 들 수 있다.

4.1 머리말

과학은 '발견하기(findingout)'에 몰두하는 작업이다. 그러나 무엇을 발견하려고 하든지 간에, 발견하는 방법은 수없이 많을 것이다. 일반적으로 인생도 마찬가지이다. 예를 들어 특정한 승용차, 이를테면 새로운 버포블래스토(BB)가 여러분에게 좋은 차인지 아닌지 알고 싶다고 가정해보자. 물론 여러분은 그 차를 사서 알아낼 수 있을 것이다. 혹은 수많은 BB 소유자와 이야기를 해보거나 그것을 사려고 했지만 포기한 사람들과 이야기를 해볼 수 있을 것이다. 싼값으로 팔리는 BB가 있는지를 알아보기 위해 광고란을 볼 수도 있다. 버포블래스토에 대한 소비자 잡지의 평가를 읽을 수도 있다. 과학적 탐구에서도 유사한 상황이 발생한다.

과학적 탐구는 궁극적으로 관찰하기와 관찰한 것을 해석하기로 압축되며, 이는 이 책의 3부와 4부의 주제이다. 그러나 관찰하고 분석하기 전에 계획이 필요하다. 여러분은 무엇을 관찰하고 분석하려고 하는지, 왜 그리고 어떻게 하려고 하는지를 결정할 필요가 있다. 이것이 바로 연구설계에 관한 것이다.

세부사항은 무엇을 연구하려는지에 따라 다르지만, 연구설계에는 적어도 두 가지 주요 과업이 있다. 첫째, 발견하고자 하는 것이 무엇인지 가능한 한 명확히 구체화해야 한다. 둘째, 그렇게 할 수 있는 최선의 방법이 무엇인지 결정해야 한

어떻게 생각하는가

교무처장은 대학 신문에 게재된 다음의 편지에서 예전에 보도된 자료에 대해 반박했다.

나는 4월 19일자 「팬터(The Panther)」의 사설에 실린 잘못된 진술을 바로잡기 위해 이 글을 씁니다. 지난 가을 이런 진술의 배경 개념을 편집진에게 제시한 바 있습니다.

현재 수치 오류가 시정되기 바랍니다. "교수진의 약 52%는 시간제로서"라는 진술문에 사용된 수치는 명백히 잘못된 것입니다.

사설의 취지가 채프먼대학이 학생들을 교육하고 계발시키려는 욕구에 부응할 능력이 있는지에 관한 것이라면, 전임교수진과 시간제 교수진 간 차이에 대한 적절한 측정방법은 얼마나 많은 학점이나 과목을 담당하는지가 되어야 할 것입니다.

지난 4년 동안 전임 교수진은 매 학기 학생들이 등록한 학점의 약 70%를 담당해왔습니다. 그래서 우리 교수진의 절대 다수는 강의, 학생 지도, 집회 참가, 복도와 식당에서 학생들과 상호작용을 하는 등 전임입니다.

한 번 더 말하지만, 진실을 제기하는 기회를 갖게 돼서 기쁩니다.

「팬터」의 미래 판은 시간제 교수진의 기여에 대해 할애하기를 바랍니다.

교무처장 해리 L. 해밀턴

가끔 자료는 아무런 의미도 없이 하늘에서 떨어진 것처럼 보인다. 이 사례에서 누가 옳은가? 원래의 신문 보도인가 아니면 교무처장의 설명인가? 아니면 양쪽 모두 옳은가? 그렇다면 왜 그런가?

이 장의 말미에 있는 〈어떻게 생각하는가: 재논의〉를 참조하라.

Earl Babbie

다. 흥미롭게도 첫 번째 고려사항을 충분히 다룰 수만 있다면, 두 번째 고려사항도 동일한 과정에서 다룰 수 있을 것이다. 수학자들이 말하듯이, 적절히 형성된 질문에는 답이 들어 있다.

테러리즘에 관한 사회조사를 실시하는 데 흥미가 있다고 하자. 제프리 로스(Jeffrey Ross, 2004)가 이 쟁점을 다룰 때, 그는 기존 연구가 다양한 질적 · 양적 접근을 취하고 있었음을 발견했다. 예를 들어, 질적 연구자들은

- 자서전
- 사건 보고 및 설명
- 테러리스트에 대한 납치자의 경험
- 정책추진에 대한 일차적 설명

을 통해 초기 자료를 생산했다. 로스는 질적 연구자들이 사용한 2차자료에 대해서도 논하고 있는데, '테러리스트의 일대기, 테러조직에 대한 사례연구, 테러리즘 유형에 대한 사례연구, 특정 테러사건에 대한 사례연구, 그리고 선택된 지역

과 국가에서 발생한 테러에 대한 사례연구'(2004: 27) 등이다. 반면 양적 연구자들은 테러리즘에 대해 다양한 방법, 이를테면 미디어 보도 분석, 테러사건에 대한 통계적 모델, 그리고 그 주제와 연관된 다양한 자료원을 사용하는 것이다. 이 장에서 보게 되겠지만, 어떠한 연구주제도 다양한 방향에서 접근할 수 있다. 우리가 검토하게 될 각각의 주제는 질적 연구와 양적 연구 둘 다와 관련되어 있으며, 다만 일부의 주제는 질적 · 양적 연구 중 어느 하나와 관련성이 좀 더 높을 수 있다.

이 장은 연구설계에 대해 전반적으로 소개한다. 2부의 다른 장들에서는 구체적 측면을 정교화한다. 실천적으로, 연구설계의 모든 측면들은 서로 연관되어 있다. 2부가 진행됨에 따라 이런 부분 간의 상호관련성은 보다 명확해질 것이다.

먼저 사회조사연구의 주요 목적을 간단히 조사하고 사례기술적 접근과 법칙정립적 접근에 대해 배울 것이다. 그리고 분석단위, 즉 무엇 또는 누구를 연구하려는지를 고려할 것이다. 다음에는 사회연구에서 시간을 다루는 대안적 방법, 즉 시간이 지남에 따라 변하는 이동 표적을 어떻게 연구할 것인지를 들여다본다.

이런 생각을 염두에 두고, 연구 프로젝트를 어떻게 설계할 것인지에 주목할 것이다. 연구과정에 대한 개관은 두 가지 목적을 가진다. 즉, 어떻게 연구를 설계할 것인지를 기술하는 것 외에, 이 책의 나머지 부분에 대한 하나의 길잡이가 된다.

다음에는 연구계획서의 요소를 볼 것이다. 여러분은 주요 프로젝트에 대한 자금지원을 받기 위해 혹은 수업 프로젝트에서 교수의 승인을 얻기 위해 실제로 연구를 수행하기 전에 여러분의 의도를 상세히 적을 필요가 있을 것이다. 여러분은 그 연구계획서가 연구의 모든 측면을 미리 고려할 수 있는 뛰어난 기회가 될 것이라는 점을 알게 될 것이다. 또한 이 절은 여러분이 연구를 할 경우 이 장의 끝에 있는 연구계획서와 관련된 연습을 하는 데 도움을 줄 것이다.

마지막으로, 연구설계의 윤리적 함의를 고려할 것이다. 이와 관련하여 이 장을 읽으면서 사회조사연구의 실행이 더 큰 쟁점을 야기할 수 있다는 점에 대해 생각해보라.

4.2 연구의 세 가지 목적

사회연구에는 많은 목적이 있다. 연구의 가장 일반적이며 유용한 목적은 탐색(exploration), 기술(description), 설명(explanation) 세 가지이다. 대부분 그러하듯이 특정 연구에 하나 이상의 목적이 있을 수 있지만, 각 목적은 연구설계의 다른 측면에 상이한 함의를 갖기 때문에 이를 분리하여 검토하는 것이 유용하다.

탐색

많은 사회연구는 특정 주제를 탐색하기 위해 혹은 연구자가 그 주제와 친숙해지기 위해 수행된다. 이런 접근은 연구자가 새로운 관심을 조사하거나 연구주제 자체가 비교적 새로운 경우에 발생한다.

예를 들어, 정부에 대한 납세자의 광범위한 불만이 납세자 혁명으로 분출된다고 가정해보자. 사람들이 세금 납부를 거부하기 시작하며, 그 쟁점을 중심으로 조직을 결성한다. 그러면 여러분은 그 운동에 대해 보다 많이 알고자 할 것이다: 얼마나 광범위한가? 그 공동체에는 어떤 수준에서 어느 정도의 지지가 있는가? 그 운동은 어떻게 조직되어 있는가? 그 조직에서는 어떤 유형의 사람이 활동하고 있는가? 탐색적 연구는 이런 질문 중 일부에 대해 적어도 근접한 대답을 얻는 데 도움이 된다. 예를 들어, 세무공무원과 함께 수치를 검토하고, 그 운동에 대한 문헌을 수집 · 연구하며, 집회에 참석하고, 지도자와 인터뷰를 할 수도 있다.

탐색적 연구는 보다 지속적인 현상에도 적절하다. 예를 들어, 여러분이 대학 졸업자격에 불만이 있어서 그 자격을 변경시키고 싶다고 가정해보자. 여러분은 그 자격의 역사를 연구하고, 현재의 기준이 설정된 이유를 알아보기 위해 대학 당국자와 만날 수도 있다. 여러분은 그 주제에 대한 다른 학생들의 감정을 대략이나마 알아보기 위해 일부 학생과 이야기를 나눌 수도 있다. 그렇게 한다고 해서 학생 여론에 대해 정밀하고 정확한 그림을 그릴 수 있는 것은 아니지만, 보다 강도 높은 연구의 결과가 어떻게 나타날 것인지에 대한 시사점을 얻을 수 있을 것이다.

탐색적 연구는 초점집단(focus group)을 활용하거나 유도 소집단 토의(guided small group discussion)를 통해 추구되기도 한다. 이 기법은 시장조사(market research)에서 종종 이용되는데, 이는 10장에서 좀 더 조사할 것이다.

탐색적 연구는 세 가지의 목적을 가지는 것이 일반적이다. (1) 연구자의 호기심과 보다 나은 이해를 얻고자 하는 욕구를 만족시키며, (2) 보다 강도 높은 연구의 시행가능성(feasibility)을 검증하며, (3) 차후의 연구에서 이용할 수 있는 방법을 개발하는 것이다.

연구설계는 많은 다양한 요소의 창조와 통합을 포함한다.

탐색적 연구는 사회과학 연구에 매우 가치가 있다. 탐색적 연구는 연구자가 새로운 작업에 착수할 때 필수적이며, 언제나 연구주제에 대해 신선한 통찰력을 제공해준다. 또한 탐색적 연구는 10장에서 논의되듯이 현장기반이론(grounded theory)의 원천이다.

탐색적 연구는 해답을 암시하고 어떤 연구방법을 사용해야 결정적 해답을 얻을 수 있는지 시사해줄 수는 있지만, 가장 큰 결점은 연구문제에 대해 좀처럼 만족스러운 해답을 제공하지 못한다는 점이다. 탐색적 연구가 그 자체로서는 좀처럼 결정적이지 못한 이유는 대표성과 관련이 있다. 즉, 탐색적 연구에서 연구대상인 사람들은 여러분이 관심을 두는 규모가 더 큰 모집단의 전형이 아닐 수 있다. 대표성을 이해한다면, 주어진 탐색적 연구가 실제로 그 조사문제에 해답을 주었는지 아니면 해답에 대한 방향만 제시해주었는지를 알 수 있을 것이다. (대표성은 7장에서 상세히 논의된다.)

기술

많은 사회과학 연구의 주요 목적은 상황과 사건을 기술하는 것이다. 연구자는 관찰하고 관찰한 바를 기술한다. 그러나 과학적 관찰은 주도면밀하고 의도적이기 때문에 과학적 기술은 보편적으로 일상적 기술보다 더 정확하고 정밀하다.

미국 센서스는 기술적 연구의 한 예이다. 센서스의 목적은 미국 전체 인구는 물론, 주와 카운티 같은 소지역 인구의 다양한 특징을 정확하고 정밀하게 기술하는 것이다. 기술적 연구의 다른 예로는 인구학자들이 행하는 성별·연령별 특징 계산, 도시의 범죄율 계산, 그리고 특정한 제품을 사용하는 혹은 사용하려는 사람들을 기술하는 제품 시장조사가 있다.

많은 질적 연구는 일차적으로 기술을 목표로 한다. 예를 들어, 인류학적 민속지학(ethnography)은 특정한 문명전 사회(preliterate society)의 문화를 상세히 기록하기 위해 노력할 수 있다. 동시에, 그런 연구는 좀처럼 단지 기술적 목적에 국한되는 것은 아니다. 연구자들은 보통 관찰된 유형이 왜 존재하는지 그리고 이런 유형이 무엇을 의미하는지를 추가적으로 조사한다.

설명

사회과학 연구의 세 번째 일반적인 목적은 설명하는 것이다. 기술적 연구는 '무엇이, 어디서, 언제, 어떻게'에 대한 질문에 답을 주며, 설명적 연구는 '왜'에 대한 질문에 답을 준다. 윌리엄 샌더스(William Sanders, 1994)는 깡패집단 행위의 다양성을 기술하면서, 깡패집단 조직의 폭력사건을 야기한 과정을 민족집단별로 재구성하고자 했다.

선거구민의 투표 경향에 대한 보고는 기술적이지만, 왜 어떤 사람들은 후보 A에게 투표하고자 하고 다른 사람들은 후부 B에 투표하려고 하는지에 대한 보고는 설명적이다. 왜 일부 도시는 다른 도시보다 범죄율이 더 높은지에 대해 설명하는 '변수'를 찾는 것은 설명을 하는 것이다. 왜 낙태반대 시위가 경찰과의 폭력적 대결로 귀결되었는지를 알고자 하는 연구자는 단지 무엇이 발생했는지를 기술하는 것과 비교해볼 때 설명적 목적을 가지고 있다.

구체적 사례를 보자. 여러분은 어떤 요인이 마리화나의 합법화에 대한 태도를 결정할 것으로 보는가? 이 문제에 답하기 위해서, 여러분은 먼저 남성과 여성의 견해가 상이한지 고려할 것이다. 2016년도 종합사회조사(GSS) 자료를 설명적으로 분석해보면, 남성의 65%와 여성의 56%가 마리화나가 합법화되어야 한다고 말했다.

정치적 지향에 대해서는 어떠한가? GSS 자료에 의하면, 자유주의자의 74%가 마리화나가 합법화되어야 한다고 말했으며, 이는 중도자의 54% 그리고 보수주의자의 42%와 비교된다. 더욱이 민주당원의 62%가 마리화나의 합법화를 지지했으며, 이는 무소속의 57% 그리고 공화당원의 42%와 대비된다.

여러분은 이런 통계를 가지고 마리화나 합법화에 대한 태도를 설명하기 시작할 것이다. 성(gender)과 정치적 지향을 더 연구해보면 이런 태도에 대해 더 심층적으로 설명할 수 있게 된다.

우리는 1장에서 사회연구(그리고 일상생활) 설명에는 두 가지 상이한 접근법이 있음을 알았다. 그러면 이들 접근법에 대해 알아보자.

이 장의 나머지 절에서는 연구에 대한 일반적 접근 그리고 여러분이 선택할지도 모르는 연구설계의 요소를 조사할 것이다. 연구설계를 할 때, 고도의 연구계획도 여러분이 현장에서 부닥치게 될 상황과 완벽히 부합되지 않을 수 있음을 명심하라. 〈어떻게 할 것인가: 사회조사 작동하기〉는 현장에서 겪는 한 대학원생의 경험에 대해 보고하고 있다.

4.3 사례기술적 설명

1장을 돌이켜보면, 사례기술적 설명(idiographic explanation)은 단일의 혹은 제한된 사례에 보이는 사건 및 상황을 야기하는 원인에 대해 포괄적인 이해를 추구한다. 여러분이 왜 학생운동이 특정한 대학 캠퍼스에서 발생했는지 이해하고자 한다면, 여러분은 특정 대학에서 학생운동이 발생한 모든 이유를 알아내려 할 것이다. 여러분은 대학의 역사, 조직 구조, 학생회의 성격, 영향력 있는 개인(행정가, 교수, 학생, 기타)의 행동, 학생운동의 전국적 맥락, 유발사건(예를 들어, 학생조직의 폐쇄와 학생 체포) 등을 고려하게 될 것이다. 여러분은 여러분이 수집한 설명요인에 의해 학생운동이 불가피하게 일어났고 이런 요인 중 어느 것이라도 없었더라면 학생운동이 발생하지 않았을 때 비로소 여러분의 분석이 완성된

제이콥 페리(Jacob Perry)는 아칸소 주의 리틀락 시(Little Rock, Arkansas)에 있는 클린턴 공공서비스 대학원(Clinton School of Public Service)의 대학원생으로서, 그는 북아프리카에서 한 학기 동안 현장업무를 하기로 했다. 그는 학교에서 배운 조사기법이 그 조사 상황에 절대적으로 부합되는 것이 아니라는 것을 재빨리 알아차렸다. 그는 다음과 같이 기술하고 있다.

> 우리 미국 사람들은 조사가 무엇인지에 대해 치밀한 준비, 완벽한 문헌 검토, 세부사항의 윤곽을 논의할 충분한 토론, 행동을 취할 시간표, 연구수행을 위한 책임과 활동 계획 등 매우 고정된 관념을 가지고 있다. 평판 있는 조사를 수행하기 위해서는 이런 것들이 있어야만 한다는 것이다. 그리고 조사가 시작되기 전에 모든 것에 대해 합의를 이루어야 한다는 것이다. 이것이 미국적 방식이며(또한 국제적으로도 수용되는 방식이다) 여러 방면에서 조직화되고, 즉각적이며, 신뢰할 수 있는 의무이며 시간 지향적 문화를 반영한다. 그러나 나는 조사 프로젝트를 수행하기 위해 모로코에 와 있으며, 모로코 문화는 시간, 책임, 계획에 대해 매우 다른 관점을 가지고 있다. 여기에서 시간은 엄격하지도 않고 고정되지도 않는다. 시간은 소실되는 것이 아니라는 의미에서 선형적이지 않고 순환적이다. 차후에 다시 복원될 뿐이다. 생활은 지금이고 현재적이며 거의 무계획적이다.

제이콥은 자신의 조사 훈련을 잘 사용하기 위해 동료 조사자들과 친분을 발달시키는 법을 알아냈다.

> 나는 첫 두 주를 신뢰, 친밀감, 편안함, 다시 말해 관계를 쌓는 데 보냈다. 이런 작업은 우리 팀이 어떤 합의에 도달하기 위해 솔직히, 정직하게, 그리고 종종 공격적으로 토론할 수 있다는 점에서 프로젝트의 진행에 필수적이었다. 나는 또한 현지어를 사용하는데, 이로 인해 모로코 동료들이 언어적 안락 지대에서 프로젝트 작업과 관련한 대화를 통제하며 그들의 나라를 '구조'하기 위해 여기에 온 외국인에 의해 신식민화되고 있다는 느낌이 들지 않도록 했다.

궁극적으로 제이콥은 그 프로젝트가 성공을 거두었다고 느꼈으며, 이는 젊은 사회연구자에게 강력한 학습 경험이 되었음이 확실하다.

> 나는 나와 자신의 사회를 발전시키려는 목표, 필요, 그리고 접근법을 이미 확립해 있었던 모로코인과의 동료라는 점에서 모로코에서의 프로젝트에 대해 매우 만족하고 있다. 이 프로젝트는 전적으로 현지의 전문성과 주도성에 달려 있다. 나는 나 자신과 그들의 도시를 발전시키려는 현지인이 상호 간 명확한 이해를 가지고 있기 때문에 여기에 온 것이다. 그리고 그 프로젝트는 모든 팀의 구성원이 자신들의 견해를 개진한 지속적 토론으로 인해 진척되었다. 요약하건대 학습, 배려, 그리고 현지 문화에 대한 존중이 국제발전 연구가 성공하는 데 필수적이었으며, 나는 모로코 땅 위에서 효과적인 발전 연구의 위대한 사례를 경험하고 있는 중이다.

출처: 사적 대화(2013.6.24.)

다는 것을 알게 될 것이다.

그러나 언제 이러한 분석적 성공을 성취하게 되었는지 말해줄 수 있는 통계검정은 존재하지 않는다. 이 결론은 사회연구의 '기술(art)'에 달려 있는데, 이는 일차적으로 경험을 통해 축적된다. 즉, 다른 사람의 분석을 읽고 자신의 분석을 수행함으로써 얻어진다. 여기에 고려할 몇 가지 기법이 있다.

- **여러분이 연구하는 사회과정을 살아가는 사람들이 제시하는 설명에 주의를 기울여라.** 물론 그들이 하는 말을 모두 믿을 필요는 없겠지만, 그곳에 살고 있는 사람보다 그 상황을 더 잘 이해하고 있다는 착각은 하지 말아야 한다. (이 점과 관련하여, 사회연구자들은 종종 어느 정도의 오만을 가지고 있다는 비난을 받는다.) 만약 어떤 요인의 중요성에 대해 광범위한 동의가 이루어지면, 그것이 연구 중인 사건의 원인이라는 확신을 높여줄 것이다. 매우 상이한 견해를 가진 참여자가 동의를 할 때 더욱 그러할 것이다. 학생운동의 사례에서, 행정가와 학생은 어떤 일이 발생했는지에 대해 매우 다른 견해를 가질 가능성이 크지만, 학생운동가의 체포가 유발사건이라는 데 모두가 동의한다면 그것이 중요한 원인이었을 것이다.
- **상이한 장소 혹은 같은 장소이지만 상이한 시간에 발생한 유사 상황과 비교하면 직관을 높일 수 있다.** 아마 문제의 대학에는 예전에도 학생운동이 발생했었거나 발발하다가 그친 때가 있었을 것이다. 그런 사례를 알게 되면 연구 중인 사례와 유용하게 비교하고 대비시킬 수 있다. 마찬가지로, 다른 학교에서 발생한 학생운동이나 발발하지 않은 운동도 유용한 비교가 될 수 있다.

4.4 법칙정립적 설명의 논리

어떤 요인이 마리화나 합법화에 대한 태도를 유발하는지에 대한 1장의 논의는 법칙정립적(nomothetic) 설명의 사례이다. 이 모델에서는 주어진 현상의 변이를 설명할 수 있는 몇 개의 요인(독립변수)을 발견하고자 한다는 점을 상기해보자. 이 설명 모델은 단일 사례에 대한 완전하고도 심층적 이해를 추구하는 사례기술적 모델과 대비된다.

법칙정립적 접근은 사례기술적 접근과는 대조적으로, 전반적인 정치적 지향이 마리화나 합법화에 대한 견해 차이의 많은 부분을 설명해준다고 볼 수 있다. 이 모델은 내재적으로 확률적(probablistic)이기 때문에 종종 사례기술적 모델보다 오해와 잘못된 해석의 가능성이 높다. 사회연구자가 어느 변수가 (법칙정립적으로) 다른 변수의 원인이 된다고 말할 때 그 말의 의미가 무엇인지 알아보자. 그리고 그것이 의미하지 않는 바가 무엇인지 들여다볼 것이다.

법칙정립적 인과관계의 판단기준

사회연구에서 법칙정립적 인과관계를 판단하는 데는 (1) 변수들이 상호 연관되어 있으며, (2) 원인이 결과에 우선하여 발생하며, (3) 변수들이 허위관계가 아니라는 세 가지 기준이 있다.

상관

두 변수 사이에 어떤 실제적인 관계, 즉 상관(correlation)이 발견되지 않으면 인과관계가 존재한다고 말할 수 없다. GSS 자료를 분석해보면 정치적 지향은 마리화나 합법화에 대한 태도의 원인이라는 점을 시사한다. 자유주의자와 보수주의자가 같은 백분율로 합법화를 지지했다면, 정치적 지향이 태도의 원인이라고 말할 수 없다. 이 기준이 분명한 것이기는 하지만, 사회연구의 주장은 가정이 아니라 실제적인 관찰에 기반을 둘 필요가 있다고 강조하는 것이다.

상관
두 변수 간 경험적 관계에서 (1) 한 변수의 변동이 다른 변수의 변동과 관련되어 있거나 (2) 한 변수의 특정한 속성이 다른 변수의 특정한 속성과 관련되어 있는 경우. 예를 들면, 교육수준이 높아질수록 소득수준이 높아진다는 점에서 교육과 소득은 상관이 있다고 말한다. 상관은 그 자체로 두 변수 간 인과관계를 구성하지는 않지만, 인과관계에서 하나의 판단기준이다.

시간순서

시간적으로 원인이 결과에 선행하지 않는다면 인과관계가 존재한다고 말할 수 없다. 대부분 어린이들의 종교는 그들 부모들의 종교에 의해 유발된다고 하는 것이 부모의 종교가 그들 자식들의 종교에 의해 유발된다고 말하는 것보다 일리가 있다는 점을 주시하라. 물론 여러분이 종교를 바꾸고 이를 따라 여러분 부모가 바꾸는 것도 가능할 수는 있다. 법칙정립적 설명은 '대부분'의 사례를 다루는 것이지 모든 사례를 다루는 것은 아니라는 점을 기억하라.

마리화나 예에서 보면, 성(gender)이 어느 정도 합법화에 대한 태도의 원인이 된다고 말하는 것은 일리가 있지만, 마리화나에 대한 견해가 특정한 사람의 성을 결정한다고 말하는 것은 일리가 없다. 그러나 정치적 지향과 합법화에 대한 태도를 연결하는 시간순서(time order)는 그렇게 명확하지 않다는 점을 주목하라. 물론 일반적 지향이 특정한 견해의 원인이 된다고 추론하는 경우도 있다. 그리고 이따금 분석은 동시에 성립되는 두 개 이상의 독립변수를 포함한다. 예를 들면, 투표 행위에 미치는 성과 인종의 영향을 조사하는 것이다. 다음 장에서 보게 되겠지만, 시간순서의 쟁점은 복잡한 문제가 될 수 있다.

비허위관계

인과관계의 세 번째 조건은 그 영향이 제3변수에 의해서 설명되어서는 안 된다는 점이다. 예를 들어, 아이스크림 판매량과 익사 간에는 상관관계가 있다. 즉, 아이스크림이 많이 팔릴수록 익사자가 많으며, 그 반대도 마찬가지이다. 그러나 아이스크림과 익사는 직접적인 관련이 없다. 여기에 작용하는 제3변수는 계절 혹은 기온이다. 대부분의 익사는 여름에 일어나며, 이 시기가 아이스크림 판매가 절정일 때이다.

허위관계(spurious relationships) 혹은 사실이 아닌 관계를 보여주는 두 가지 예를

허위관계
변수 간에 우연히 발견되는 통계적 상관으로서, 어떤 제3의 변수에 의해 유발된다.

관찰된 상관

정적(직접적) 상관

신발이 크면 수학 실력도 좋으며,
그 반대도 그렇다.

그림 4-1 허위적 인과관계의 예
두 변수 간 경험적 상관을 발견한다고 하여 인과관계가 성립되는 것은 아니다. 가끔 관찰된 상관은 다른 변수를 포함하는 다른 인과관계가 우연히 일어난 결과이다.

제시한다. 지역별로 보면 노새의 수와 박사학위자의 수는 부정적인 관계가 있다. 즉, 노새의 수가 많을수록 박사의 수는 적으며, 그 반대도 마찬가지이다. 아마도 여러분은 이 표면적 관계를 설명할 수 있는 다른 변수를 생각할 수 있을 것이다. 대답은 '농촌 대 도시의 환경'이다. 농촌 지역에는 노새의 수가 더 많고 박사의 수가 적은 반면, 도시는 그 반대가 사실이다.

또는 학생들의 신발 크기와 수학 실력 간의 정적인 인과관계를 생각해보자. 여기서, 이 황당한 관계를 설명하는 제3변수는 '연령'이다. 평균적으로 나이 든 아이들이 나이 어린 아이들보다 발이 더 크며, 수학 실력도 더 잘 발달되었다. 허위관계가 도식화되어 있는 〈그림 4-1〉을 보라. 관찰된 관계는 양방향이라는 점을 주목하라. 즉, 어느 한 변수가 발생하거나 변화하면 다른 변수도 그렇게 된다.

이 그림의 상단에는 신발 크기와 수학 실력 사이의 관찰된 상관이 그려져 있다. 양방향 화살표는 어느 변수가 또 다른 변수의 원인이 되는지 모른다는 점을 보여준다. 그림 하단의 왼쪽을 보면 수학 실력이 신발 크기의 원인이 된다거나 혹은 신발 크기가 수학 실력의 원인이 된다는 것은 진짜의 인과관계가 아니라 허위관계임을 시사한다. 그림 하단의 오른쪽은 실제로 어떤 일이 작동되고 있는지를 보여준다. 나이 든 아이들일수록 발이 크고 수학 실력이 높다는 점에서 연령이라는 제3의 변수가 신발 크기의 '원인'인 것이다.

목록은 계속된다. 황새가 많은 지역은 출생률이 높다. 황새가 적은 지역은 출생률이 낮다. 실제로 황새가 아기를 낳는가? 출생률은 도시보다 시골이 더 높으며, 황새는 도시보다 시골에 더 많이 산다. 여기서 제3의 변수는 '도시/농촌 지역'이다.

마지막으로, 불자동차가 많을수록 구조물의 피해도 크다. 제3의 변수가 무엇인지 생각해볼 수 있는가? 이 경우 화재의 '규모'가 제3의 변수이다.

이와 같이 사회연구자가 예를 들어 교육과 인종적 관용 간에 인과관계가 있다고 말하면, 이는 곧 (1) 이 두 변수 간에 통계적 상관이 존재하며, (2) 교육수준이 현재의 관용 수준 혹은 편견보다 더 먼저 발생하고, (3) 관찰된 상관이 허위라고 설명할 수 있는 제3의 변수가 존재하지 않음을 의미한다.

법칙정립적 인과관계 분석과 가설검정

법칙정립적 모델은 가설검정이 가능하다(2장 참조). 여러분은 가설을 검정하기 위해 변수 측정방법을 구체화하는 것은 물론 인과관계가 있는 것으로 여겨지는 변수를 조심스럽게 구체화할 것이다. (이런 절차는 5장에서 개념화와 조작화라는 용어로 더 자세히 논의할 것이다.)

두 개의 변수가 서로 관련이 있다는 가설을 설정하는 것 말고도, 진짜 관계가 존재한다고 결론짓는 데 요구되는 '유의도 수준'을 구체화할 수도 있다. 7장(표집의 논리)에서 알게 되겠지만, 표집오차와 같은 요인이 모집단에서는 존재하지 않는 환상적 상관을 야기할 수도 있다.

마지막으로, 관찰된 관계가 살아남을 수 있도록 허위관계 검정을 구체화할 수 있다. 예를 들어, 교육의 증대가 편견의 수준을 감소시킬 것이라는 가설뿐만 아니라, 그 가설적 관계가 이를테면 정치적 지향의 산물이 아닐 것이라고 구체화하는 것이다.

법칙정립적 인과관계의 잘못된 판단기준

원인과 결과라는 개념은 일상적 언어와 논리에 깊숙이 박혀 있기 때문에 인과관계를 말할 때 사회연구자가 의미하지 않는 것을 구체화하는 것도 중요하다. 어느 한 변수가 다른 변수의 원인이라고 말한다고 해서 완전한 인과관계를 시사하는 것은 아니며, 예외적 사례를 설명하지도 않을뿐더러 다수의 사례에서 인과관계가 존재한다고 주장하는 것도 아니다.

완전한 인과관계

인과관계에 대한 사례기술적 설명은 비교적 완전한 데 반해, 법칙정립적 설명은 확률적이며 통상 불완전하다. 이미 보았듯이, 사회연구자들은 모든 자유주의자가 찬성하는 것도 아니며 모든 보수주의자가 반대하는 것도 아니지만 정치적 지향이 마리화나 합법화에 대한 태도의 원인이 된다고 말할 수 있다. 따라서 정치적 지향은 태도를 결정하는 원인의 하나일 뿐 유일한 원인이라고 말하지 않는다.

예외적 사례

법칙정립적 설명에서 예외가 있다고 해서 인과관계가 부정되는 것은 아니다. 예를 들어, 미국의 경우 여성이 남성보다 더 종교적이라는 점이 일관적으로 발견되고 있다. 따라서 여러분의 삼촌이 광신도이거나 어떤 여자가 무신론자라고 공언한다고 해도, 성은 신앙심의 원인이 될 수 있다. 이런 예외적 사례가 있다고 해서 전반적 인과 유형이 부정되는 것은 아니다.

다수의 사례

다수의 사례에 적용되지 않는 경우에도 인과관계가 성립할 수 있다. 예를 들어, 방과후 보호를 받지 않은 어린이가 보호를 받는 어린이보다 비행을 저지를 가능성이 더 높고, 따라서 보호의 결여가 비행의 원인이라고 말할 수 있다. 이 인과관계는 보호를 받지 않는 어린이 중 일부만이 비행을 저지르는 경우에도 성립한다. 보호를 받는 어린이보다 비행을 저지를 가능성이 높은 한 인과관계가 있다고 말한다.

인과 설정에 대한 사회과학적 관점은 일반 사람들이 원인이라는 용어를 보편적으로 어떤 것을 완전히 유발한다는 의미로 사용한다는 점에서 여러분이 익숙한 것과는 다를 수 있다. 사회과학자들이 사용하는 다소 상이한 기준은 필요조건과 충분조건이라는 면에서 보다 명확히 볼 수 있다.

4.5 필요원인과 충분원인

필요원인(necessary cause)은 결과가 뒤따르기 위해서는 반드시 존재해야 하는 조건을 나타낸다. 예를 들어, 여러분이 학위를 얻기 위해서는 반드시 대학 과목을 들어야 한다. 과목을 안 듣는다면, 학위는 결코 받지 못할 것이다. 그러나 단지 과목을 듣는 것만이 학위를 얻는 충분원인은 아니다. 여러분은 적절한 과목들을 수강하고 통과해야 한다. 마찬가지로, 여성인 것이 임신을 할 수 있는 필요조건이지만, 충분원인은 아니다. 그렇지 않다면 모든 여성이 임신하게 될 것이다.

〈그림 4-2〉는 '성'과 '임신'이라는 변수들 간의 관계에 대해 이들 변수가 결합하

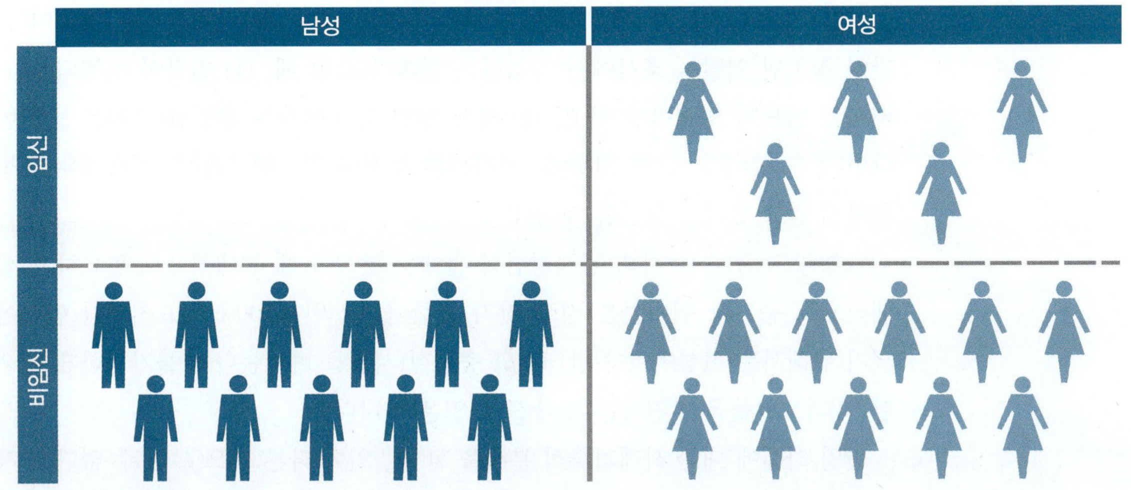

그림 4-2 필요원인
여성인 것은 임신의 필요원인이다. 즉 여성이 아니라면 임신을 할 수 없다.

여 나올 수 있는 가능한 결과를 보여주는 매트릭스이다.

반면, 충분원인(sufficient cause)은 만일 그것이 존재한다면 그 결과가 보장되는 조건을 말한다. 그렇다고 충분원인이 어떤 특정한 결과의 유일한 원인이라고 말하는 것은 아니다. 예를 들어, 비록 학생들은 다른 방법으로도 특정 과목에서 낙제할 수 있지만, 시험을 빼먹는 것은 과락의 충분원인이 된다. 이와 같이, 원인은 충분할 수는 있지만 필요하지는 않는다. 〈그림 4-3〉은 시험을 치르느냐 치르지 않느냐와 과목의 통과와 낙제의 관계를 보여주고 있다.

그림 4-3 충분원인
무작위로 답변하는 등 과락을 할 수 있는 방법이 여럿 있지만, 시험을 치르지 않는 것은 과락의 충분원인이다.

물론 필요하고도 충분한 원인의 발견은 연구에서 가장 만족스러운 결과이다. 만일 청소년 일탈을 조사에서 가정하는 결과라고 할 때, (1) 일탈이 진행되기 위해서는 반드시 있어야만 하고, (2) 항상 일탈을 초래하는 유일한 조건을 발견한다면 좋을 것이다. 그런 경우에, 여러분은 무엇이 청소년 일탈을 일으키는지 정확하게 알고 있다고 확신할 것이다.

불행히도, 변수들 간의 법칙정립적 관계를 분석할 때 절대적으로 필요하고 절대적으로 충분한 원인들은 결코 찾지 못한다. 그러나 100% 필요하거나(임신이 되기 위해서는 여성이어야 함) 100% 충분한(시험을 빼먹는다면 불가피하게 낙제함) 인과요인들을 발견하는 것이 드문 일은 아니다.

단일 사례에 대한 사례기술적 분석을 할 때, 일이 다른 식으로 될 수 없다고 가정하는 것이 합리적일 정도로 깊이 있는 설명에 도달할 수 있다. 이때 이 특정한 결과에 대한 충분원인들을 결정했음을 시사한다. (유전적 형질, 양육, 그리고 그에 뒤따르는 경험들에 있어서 세부사항이 동일한 사람은 누구든지 대학에 갈 것이다.) 동시에, 동일한 결과에 도달하는 다른 인과 경로도 항상 존재할 수 있다. 따라서 사례기술적 원인은 충분하지만 필요하지는 않다.

4.6 분석단위

분석단위

연구대상 혹은 연구대상자. 사회과학 연구에서 가장 전형적인 분석단위는 개인이다.

사회연구에서 무엇을 혹은 누구를 연구할 것인지, 다시 말해 분석단위(units of analysis)는 거의 한계가 없다. 이 주제는 법칙정립적(nomothetic), 양적 연구에서 그 의미가 가장 분명하다 하더라도, 실제로 모든 유형의 사회연구에 적합하다.

분석단위에 대한 관념은 연구, 특히 법칙정립적 연구가 종종 다수의 사람들이나 사물들 혹은 집합(aggregates)을 연구하기 때문에 처음에는 불분명하게 보일 수 있다. 분석단위와 우리가 일반화하고자 하는 집합을 구분하는 것이 중요하다.

예를 들어, 연구자는 민주당원, 대학생, 30세 미만의 흑인 여자, 기타 집단 등 일군의 사람들을 연구할 수 있다. 그러나 연구자가 상이한 개인들의 집단이 어떻게 달리 행동하는지를 탐색, 기술 혹은 설명하는 데 관심이 있을 경우, 분석단위는 집단이 아니라 개인이다. 연구자가 공화당원보다 민주당원이 마리화나의 합법화를 선호한다고 말하는 것처럼 개인들의 집합에 관해서 일반화할 때도 그렇다.

이렇게 생각해보자. 마리화나에 대한 태도를 가진다는 것은 집단이 아니라 단지 개인의 속성일 수 있다. 즉, 태도를 가질 수 있는 집단 '마음'은 존재하지 않는다. 그래서 민주당원에 대해 일반화할 때도, 개별적으로 그들이 가지고 있는 속성에 대해 일반화하는 것이다.

이와 대조적으로, 우리는 가끔 집단으로서의 속성을 가지고 있는 개별 '행위자들'이나 개체들(entities)로 여겨지는 집단을 연구하고자 할 때도 있다. 예를 들어, 상이한 유형의 노상 깡패집단들의 특징을 비교하고자 할 수 있다. 그 경우 분석단위는 노상 깡패집단들(그 집단의 구성원이 아니라)이 되며, 상이한 유형의 깡패집단에 대하여도 일반화를 할 수 있다. 예를 들어, 남성 깡패집단들이 여성 깡패집단들보다 더 폭력적이라고 결론지을 수 있다. 각각의 깡패집단(분석단위)은 다음의 두 가지의 변수로 기술될 것이다. (1) 구성원의 '성'은 무엇인가?, (2) 그 활동이 얼마나 '폭력적'인가? 그래서 52개의 깡패집단을 연구하고는 40개는 남성이고 12개는 여성이라는 등으로 보고할 수 있다. 일부 특징들이 깡패집단의 요소(구성원)에서 도출한 것이라 할지라도 '깡패집단'이 분석단위가 된다.

사회과학자는 개인을 분석단위로 선택하는 경향이 있다. 연구자들은 성, 연령, 출생지역, 태도 등 개개인의 특징에 주목할 수 있다. 그리고 이런 기술을 조합하여 골목길 깡패집단이든 아니면 전체 사회이든 그 개인들이 대표하는 집단의 복합적 모습을 그릴 수 있다.

예를 들어, 정치학 110번 과목에 등록한 각 학생의 연령과 성에 주목하고는 그 학생들의 집단을 남자 53%, 여자 47%, 그리고 평균연령 18.6세로 기술적으로 특징지을 수 있다. 최종적 기술이 전체 학급에 관한 것이라 하더라도, 그 기술은 개인으로서 그 학급의 구성원의 특징에 근거하고 있다.

분석단위와 집합 간의 동일한 구분이 설명적 연구에서도 일어난다. 공부습관이 좋은 학생들이 공부습관이 나쁜 학생들보다 정치학 110번 과목에서 좋은 성적을 받는지를 발견하고자 한다고 가정해보자. 여러분은 공부습관이라는 변수를 아마도 주당 공부시간으로 조작하고 측정할 것이다. 그러고는 공부습관이 좋은 학생들과 공부습관이 나쁜 학생들의 성적을 각각 합계하여, 그 과목에서 어느 집단이 좋은 성적을 얻었는지 확인할 것이다. 그 연구의 목적은 왜 일부 집단의 학생이 다른 집단의 학생보다 그 과목에서 성적이 더 좋았는지 설명하고자 하는 것이지만, 분석단위는 여전히 학생 개인이다.

한 연구에서 분석단위는 보통 관찰단위이기도 하다. 따라서 정치학 과목에서의 성공을 연구하기 위해 개별 학생들을 관찰한다. 그러나 가끔은 분석단위를 간접적으로 '관찰'한다. 예를 들어, 사형제도에 관한 견해 차이가 이혼을 야기하는지 알아보고자 한다고 가정해보자. 이 경우, 우리는 그 쟁점에 대해 동의하는 부부와 반대하는 부부를 구분하기 위해 사형제도에 대한 그들의 태도에 관해 질문함으로써, 남편과 아내를 '관찰'한다. 이 경우 관찰단위는 아내와 남편이지만 분석단위(우리가 연구하고자 하는 것)는 부부이다.

그러므로 분석단위는 모든 해당 단위별로 요약적으로 기술하고, 그 단위들 간 차이를 설명하기 위해 우리가 조사하는 것이다. 대부분의 연구 프로젝트에서, 분석단위는 십중팔구 명확할 것이다. 그러나 분석단위가 명확하지 않으면, 그것이 무엇인지를 결정하는 것이 긴요하다. 그렇지 않으면, 누구 혹은 무엇에 대해 어떤 관찰을 할 것인지를 결정할 수 없다.

일부 연구에서는 두 개 이상의 분석단위를 기술하거나 설명하고자 한다. 이런 경우 연구자는 분석단위와 관련하여 어떤 결론을 끄집어내고자 하는지 예견해야 한다. 예를 들어, 우리는 어떤 유형의 대학생(개인)이 직업에서 매우 성공적인지 발견하고자 할 수 있다. 또한 어떤 유형의 대학(조직)이 가장 성공적인 졸업생을 배출하는지 알고자 할 수도 있다.

분석단위의 복합성을 보여주는 예를 여기에 제시한다. 살인은 극히 개인적 문제이다. 즉 어느 개인이 다른 개인을 죽이는 것이다. 그러나 캐리스 큐브린과 로날드 와이처(Charis Kubrin and Ronald Weitzer, 2003: 157)가 "왜 이 근린에는 살인율이 높은가?"라고 질문했을 때, 그 구절에서의 분석단위는 근린이다. 여러분은 살인율이 높은 특정한 유형의 근린(예, 빈곤한 지역, 도시지역)과 살인율이 낮은 근린의 유형(예, 부유층 지역, 교외지역)을 생각해볼 수 있을 것이다. 여기서 분석단위(근린)는 경제수준, 지역, 살인율과 같은 변수로 범주화될 것이다.

그러나 큐브린과 와이처는 분석을 하면서 상이한 유형의 살인에도 관심을 가졌다. 특히 구타나 모욕과 같이 어떤 앞서의 사건에 대한 보복으로 일어나는 유형이 여기에 속한다. 여러분은 다음 발췌문 모두에 공통적인 분석단위를 규명할 수 있는가?

1. 살인의 표본은 …
2. 코딩 도구는 살인과 관련된 80개 이상의 항목을 포함한다.
3. 1985년에서 1995년까지 발생한 2,161건의 살인 중에서 …
4. 동기가 규명된 사건 중에서 19.5%(n=337)는 보복적이다. (Kubrin and Weitzer, 2003: 163)

각각의 발췌문에서 분석단위는 살인이다. 첫 번째 발췌문에서 보았듯이, 가끔은 표집방법을 기술하는 데서 분석단위를 알아낼 수 있다. 두 번째 발췌문(살인을 코딩하는 80가지 방법)에서 보았듯이, 분류방법에 대한 논의에서도 분석단위를 알아낼 수 있다. 2,161건의 살인, (살인의) 19.5% 등과 같이 양적 요약에서도 알아낼 수 있다. 특정 분석에서 두 개 이상의 분석단위가 사용되는 경우에도 조금만 연습을 하면 대부분의 사회조사 보고서의 분석단위를 알아낼 수 있을 것이다.

이 주제를 좀 더 심도 있게 탐색하기 위해서 사회조사에서 사용되는 몇 개의 공통적 분석단위를 검토해보자.

개인

앞서 언급했듯이, 사회과학 연구에서는 아마도 개인들이 가장 전형적인 분석단위일 것이다. 연구자들은 개인에 대한 기술을 종합하고 분석함으로써 사회집단과 상호작용을 기술하고 설명하는 경향이 있다.

어떤 유형의 개인도 사회과학 연구의 분석단위가 될 수 있으며, 연구는 일반적으로 특정한 유형 혹은 집단의 개인들을 다룬다. 이 점은 처음 읽을 때 보이는 것보다 더 중요하다. 사회과학이 일반적인 인간의 행동을 이해하고자 하는 한, 과학적 발견은 모든 유형의 사람들에게 적용될 때 가치가 클 것이다. 그러나 실제적으로 사회과학자들이 모든 유형의 사람을 연구하는 경우는 거의 없다. 대개 그 연구들은 한 나라에 살고 있는 사람들에게 국한된다. 일부 비교연구가 국경을 초월하기도 하지만 종종 이런 연구들은 매우 제한되어 있다.

연구를 위해 선택할 수 있는 개인 수준의 예로는 대학생, 동성연애자, 자동차 업계 노동자, 미국 유권자, 편부모, 교회 신도를 들 수 있다. 각각의 용어가 개개인의 특정 모집단을 암시한다는 점에 주목하라.

집단

사회조사연구에서 사회집단도 분석단위가 될 수 있다. 즉, 우리는 하나의 개체(entity)로 여겨지는 어느 한 집단의 특징에 관심을 가질 수 있다. 범죄 깡패집단의 구성원을 조사하여 범죄자를 연구하고자 할 때, 개인(범죄자)이 분석단위가 될 것이다. 그러나 어느 도시에 있는 모든 깡패집단을 연구하면서 그들의 차이, 예를 들어 대규모 깡패집단과 소규모 깡패집단 간 차이, 도시 외곽 깡패집단과 중심부 깡패집단 간 차이 등을 알아보고자 할 때 개별적 구성원보다는 깡패집단에 더 많은 관심이 있을 것이다. 이 경우 분석단위는 사회집단인 깡패집단이다.

다른 예를 들어보자. 상이한 사회집단 간 컴퓨터 접근성 문제에 관심이 있다고 하자. 여러분은 가족을 연간총수입 그리고 컴퓨터 소유 여부에 따라 기술할 수 있다. 그러고는 이들 가족들을 모아서 가족 평균소득과 컴퓨터 보유율을 기술할 수 있다. 그러면 이제 여러분은 소득이 높은 가족이 소득이 낮은 가족보다 컴퓨터를 보유할 가능성이 더 높은지를 결정할 수 있는 위치에 있게 된다. 이 경우,

분석단위는 가족이 된다.

다른 분석단위도 그렇지만, 개별 구성원의 특징으로부터 사회집단의 특징을 유도할 수 있다. 따라서 가족을 가구주의 연령, 인종, 혹은 교육수준이라는 측면으로 기술할 수 있다. 기술 연구의 경우 가구주가 대학을 졸업한 가족의 백분비를 알 수 있다. 설명적 연구의 경우 그런 가족이 가구주가 대학을 졸업하지 못한 가족보다 평균적으로 자녀수가 더 많은지 혹은 더 적은지 결정할 수 있다. 이러한 각각의 예에서는 가족이 분석단위이다. 이와 대조적으로, 대학교육을 받은 개인이 그보다 교육수준이 낮은 상대보다 자녀수가 더 많은지 혹은 더 적은지에 대해 질문한다면, 개인이 분석단위가 될 것이다.

조직

공식적인 사회조직도 사회과학 연구의 분석단위가 될 수 있다. 예를 들어, 연구자는 개별 기업체들을 연구할 수 있다. 이때 연구자는 개별 기업들을 통해 모든 기업체를 포함하는 모집단을 연구한다. 개별 기업체들은 종업원의 수, 연간순이익, 총자산, 방위산업 계약 건수, 인종 혹은 소수 민족집단 종업원 비율 등으로 특징지을 수 있다. 대규모 기업체가 고용하는 소수 민족집단 종업원의 비율이 소규모 기업체보다 더 큰지 혹은 작은지를 결정할 수 있다. 분석단위로 적합한 공식적인 사회조직의 다른 예로는 성직자 집단, 대학, 군대의 사단, 학과, 그리고 슈퍼마켓을 들 수 있다.

〈그림 4-4〉는 서로 다른 분석단위와 그 분석단위에 대해 말할 수 있는 진술을 그림으로 보여준다.

사회적 상호작용

가끔은 사회적 상호작용이 적합한 분석단위가 된다. 개인을 분석단위로 사용하는 대신 전화, 키스, 춤, 논쟁, 주먹다짐, 이메일 교환, 잡담 등 개인들 사이에 어떤 일이 일어나고 있는지를 연구할 수 있다. 2장에서 보았듯이 사회적 상호작용은 사회과학에서 일차적인 이론적 패러다임 중 하나의 기반이며, 사회적 상호작용이 제공하는 분석단위의 수는 거의 무한정하다.

사회적 상호작용에서는 통상적으로 개인들이 행위자이기는 하지만, (1) 상이한 인터넷 서비스 제공자에 가입하는 사람들의 유형 비교(개인이 분석단위임)와 (2) 동일한 업체가 제공하는 채팅방에서의 토론의 길이를 비교(토론이 분석단위임)하는 데는 차이가 있다.

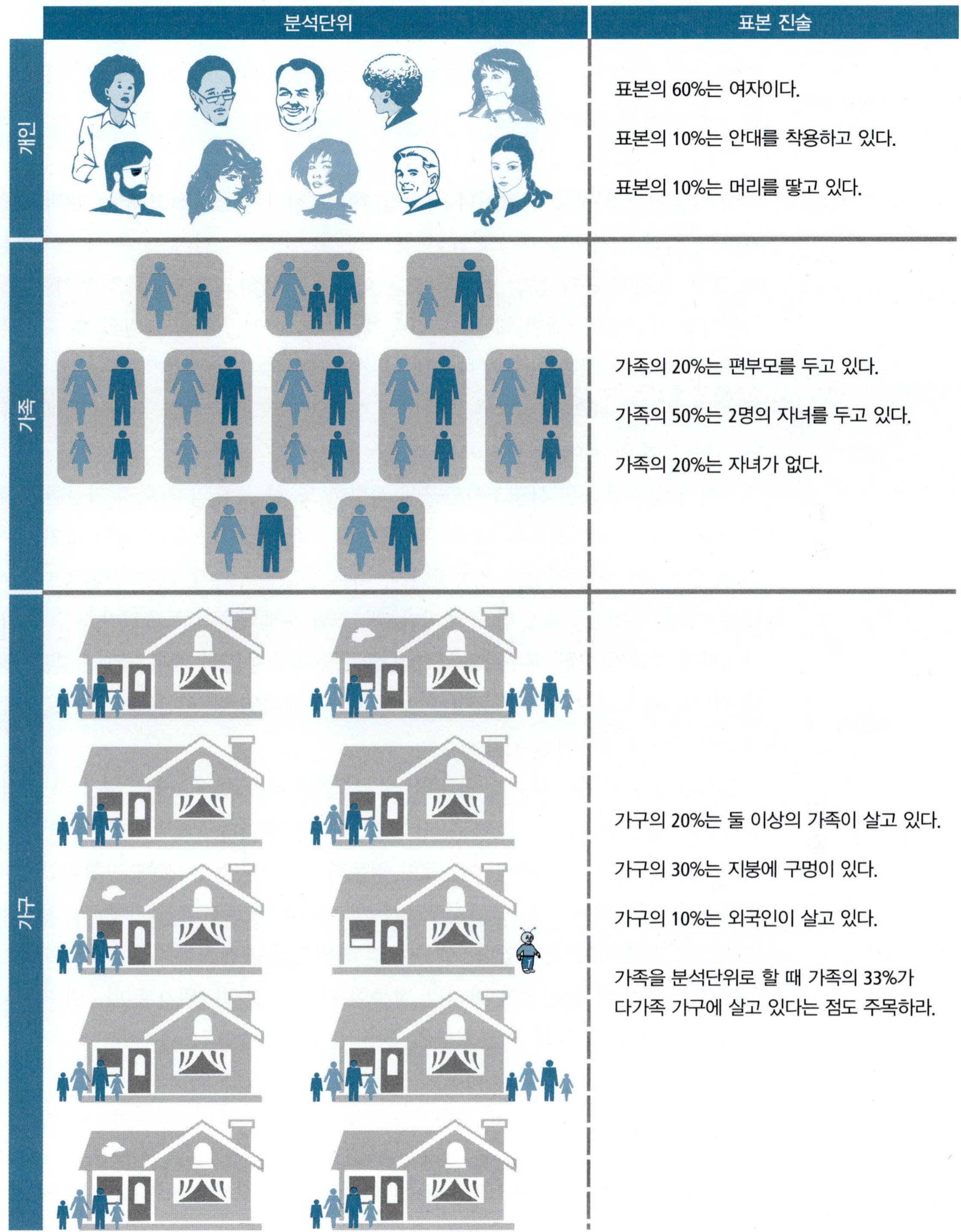

그림 4-4 분석단위 예시
사회조사에서 분석단위는 개인이거나 집단 혹은 비인간 개체도 될 수 있다.

사회적 가공물

사회적 가공물
사회적 존재의 생산물 혹은 행동. 분석단위가 될 수 있다.

또 하나의 분석단위는 사회적 가공물(social artifacts), 즉 모든 인간의 생산물과 행동이다. 사회적 가공물에는 책, 시, 그림, 자동차, 건물, 노래, 도자기, 농담, 결시에 대한 학생의 변명, 그리고 과학적 발견과 같은 구체적 대상이 포함된다.

이 예들이 시사하듯 사람이나 사회집단이 모집단을 함축하고 있는 것과 마찬가지로, 각각의 사회적 대상도 모든 책, 모든 소설, 모든 전기, 모든 사회학 개론서, 모든 요리책 등과 동일 범주의 모든 대상을 함축하고 있다. 책을 분석단위로 사용하는 연구에서, 개별 책은 크기, 무게, 분량, 가격, 내용, 그림의 수, 판매부수, 혹은 저자에 대한 기술 등에 의해 특징지어질 수 있다. 그러므로 모든 책 혹은 특정 유형의 책의 모집단은 기술이나 설명 목적으로 분석할 수 있다. 예를 들면, 어떤 종류의 책이 잘 팔리며 그 이유는 무엇인가?

사회적 상호작용은 사회조사연구에 적합한 또 한 종류의 사회적 가공물을 형성한다. 예를 들어, 결혼에 대해 급진적으로 혹은 종교적으로 혼합된 것인지 아닌지, 결혼식이 종교적인지 세속적인지, 이혼으로 끝나는지, 혹은 결혼 상대자에 대해 ('결혼 유경험', '오클랜드 레이더 팬', 'FBI 수배 중'처럼) 특징지을 수 있다. 연구자가 종교가 다른 배우자와의 결혼식이 종교가 동일한 배우자와의 결혼식보다 더 세속적으로 거행될 가능성이 높다고 보고한다면, 분석단위는 결혼을 하는 개인이 아니라 결혼식이 된다.

분석단위가 될 수 있는 그 외 사회적 상호작용에는 친구 선택, 재판 사례, 교통사고, 이혼, 주먹질, 선박 진수, 항공기 납치, 인종 폭동, 기말시험, 학생 시위, 국회 청문회가 있다. 예를 들어, 국회 청문회가 선거운동 기간에 진행되었는지, 위원장이 다른 고위직 운동을 하고 있는지, 이익단체로부터 선거자금을 받았는지 등으로 특징지어질 수 있다. 그 청문회를 위원장 측면에서 특징짓고 비교한다 하더라도, 개별적 위원장이 아니라 청문회 자체가 분석단위가 된다. 더 자세히 알려면 〈어떻게 할 것인가: 분석단위 규명〉을 참조하라.

분석단위 복습

이 절의 예는 사회과학 연구의 분석단위가 거의 무한정하다는 점을 시사한다. 개인들이 전형적인 연구대상이지만, 많은 연구질문은 다른 분석단위를 조사함으로써 보다 근접하게 대답할 수 있다. 사실 사회과학자는 사회생활과 연관된 거의 모든 것을 연구할 수 있다.

더욱이, 이 절에서 열거한 분석단위의 유형이 모든 가능성을 망라하는 것은 아니다. 예를 들어, 모리스 로젠버그(Morris Rosenberg, 1968: 234-48)는 개인, 집단,

어떻게 할 것인가 | 분석단위 규명

분석단위는 연구설계에서 그리고 차후 자료분석에서 중요한 요소이다. 그러나 가끔은 이를 규명하는 것이 쉽지 않다. 분석단위를 규명하는 가장 쉬운 방법은 연구 중인 변수와 관련된 진술을 검토하는 것이다.

다음을 고려해보자. "평균 가구소득은 $40,000이다." 소득이 관심 변수이지만 누가 혹은 무엇이 소득을 가져오고 있는가? 이 예에서는 가구이다. 우리는 여러 가구의 소득을 조사하여 주어진 진술에 도달할 것이다. 평균 소득을 계산하기 위해서는 모든 가구 소득을 합해서 가구수로 나눌 것이다. 가구가 분석단위이다. 소득이라는 변수로 분석되는 단위인 것이다.

다른 진술을 고려해보자. "이탈리아 영화는 미국 영화보다 더 많이 신체를 노출시킨다." 여기서의 변수는 신체노출(nudity)이 보이는 정도이지만 누가 혹은 무엇이 신체노출을 보여주는가? 영화이다. 영화가 분석단위인 것이다.

분석단위를 규명하는 하나의 방법은 도달된 결론으로 귀결되는 과정을 상상하는 것이다.

이 연구결과를 고려해보자. "24%의 가족은 적어도 연간 $30,000 이상을 버는 성인이 한 명 이상 있다." 확실히 성인이 소득을 올리고 있지만 이 진술문은 가족 중에 그런 성인이 있는지 여부를 나타낸다. 이런 진술을 하기 위해서는 여러 가족을 연구해야 할 것이다. 우리는 각 가족에게 $30,000 이상을 버는 성인이 2명 이상인지 물을 것이며, 이와 관련하여 각 가족은 '그렇다' 혹은 '아니다'라고 기록되게 될 것이다. 마지막으로, '그렇다'라고 기록된 가족의 백분율을 계산할 것이다. 따라서 가족이 분석단위이다.

조직, 제도, 공간, 문화, 그리고 사회적(societal) 분석단위에 대해서 말한다. 존 로플랜드와 그 동료들(John Lofland and colleagues, 2006: 122-32)은 실천, 에피소드, 만남, 역할, 관계, 집단, 조직, 주거, 사회적 세계, 생활양식, 그리고 하위문화를 적절한 연구단위라고 말한다. 여기서 중요한 점은 분석단위의 논리를 이해하는 것이다. 그렇게 되면 유익한 연구의 가능성은 단지 상상력에 의해서만 제한될 따름이다.

가능한 분석단위를 모두 범주화하면 개념이 필요 이상으로 복잡해질 것 같다. 집단이든 공식조직이든 혹은 사회적 가공물이든, 분석단위를 무엇이라 불러도 상관없다. 핵심은 분석단위가 무엇인지를 명확히 하는 것이다. 연구 프로젝트를 수행할 때, 연구대상이 결혼인지 결혼상대인지, 범죄인지 범인인지, 기업인지 기업경영자인지를 결정해야 한다. 그렇지 않으면, 어느 한 분석단위에 대한 주장은 실제로 다른 분석단위의 조사에 기반을 두기 때문에 부당한 결론을 내릴 위험이 있다. 우리는 다음 절에서 생태학적 오류를 살펴보면서 이 쟁점의 예를 볼 것이다.

분석단위에 대한 잘못된 추론: 생태학적 오류와 환원주의

이쯤에서 우리가 주의해야 할 두 가지 유형의 잘못된 추론, 즉 생태학적 오류와 환원주의를 소개하는 것이 적절하겠다. 각 오류는 분석단위와 관련된 잠재적 오류를 대표하며, 각각은 조사를 하고 그 결과로부터 결론을 내릴 때 발생할 수 있다.

생태학적 오류

여기서 '생태학적'이라는 말은 집단, 무리(sets), 체제 등 개인보다 큰 어떤 것을 의미한다. 생태학적 오류(ecological fallacy)는 어느 한 생태학적 단위에 대해 알고 있는 어떤 것이 그 단위를 구성하고 있는 개인들에 대한 어떤 것을 말해준다고 가정하는 것이다. 이 오류의 가상적 예를 고려해보자.

생태학적 오류
집단에 대한 관찰만으로 개인에 대해 잘못 결론을 이끌어 내는 것

최근의 시 선거에서 여성 후보자가 받은 투표 지지의 성격을 알아보는 데 관심이 있다고 가정해보자. 각 선거구마다 투표수 집계 자료를 가지고 있기 때문에 그 후보가 어느 선거구에서 가장 많은 지지를 얻었고 어느 선거구에서 가장 적은 지지를 얻었는지 알 수 있다고 가정해보자. 또한 각 선거구의 특징이 기술된 센서스 자료를 가지고 있다고 가정해보자. 그런 자료를 분석하면, 상대적으로 젊은 유권자가 많은 선거구가 나이 든 유권자가 많은 선거구보다 그 여성 후보에게 더 많은 비율로 투표했음을 보여줄는지 모른다. 우리는 이런 발견으로부터 젊은 투표자들이 나이 든 투표자들보다 여성 후보에게 투표했을 가능성이 더 높다고, 즉 연령이 정치에서 여성 후보를 지지하는 데 영향을 미친다는 결론을 내리고 싶을 것이다. 그런 결론을 내리게 되면, 생태학적 오류를 범할 위험이 있다. 왜냐하면 그 여성에게 투표를 한 사람은 '젊은 유권자' 선거구에 사는 나이 든 유권자일 수 있기 때문이다. 문제는 선거구를 분석단위로 조사했으나 투표자에 대해 결론을 끌어내고 싶어한다는 점이다.

흑인 인구가 많은 도시가 흑인 인구가 적은 도시보다 범죄율이 더 높다는 점을 발견했을 때도 같은 문제가 발생할 수 있다. 우리는 범죄가 실제로 흑인에 의해 저질러졌는지를 알지 못한다. 혹은 자살률이 가톨릭 국가보다 개신교 국가에서 더 높다는 점을 발견했을 때도, 가톨릭교도보다 개신교도들이 더 많이 자살했는지 확신할 수 없다.

이런 위험에도 불구하고, 사회과학자들은 종종 특정한 연구문제를 생태학적 분석을 통해 다루지 않을 수 없다. 아마도 가장 적절한 자료는 쉽게 획득할 수 없을 것이다. 예를 들어, 처음의 예에서 언급한 선거구별 투표결과와 선거구의 특징은 쉽게 얻을 수 있겠지만, 개별 투표자들에게 선거 후 서베이를 실시할 자원을 가지고 있지 못할 수 있다. 그런 경우, 생태학적 오류를 인정하고 주목하면서 잠정적인 결론을 내릴 수 있다.

생태학적 오류를 범하지 않기 위해서 조심해야 하기도 하지만, 그렇다고 하여 이른바 개인주의적 오류(individualistic fallacy)를 범해서도 안 된다. 사회연구에 처음으로 접근하는 일부 사람들은 일반적인 태도 및 행위 유형과 개별적인 예외를 일치시키는 문제를 가지고 고생한다. 2장에서 이미 논의했듯이 일반화와 확률적 진술은 개별적인 예외에 의해 부정되는 것이 아니다. 예를 들어, 부유한 민

일상생활에 개념 적용하기 **적색 가족과 청색 가족**

최근 미국의 선거운동에서 '가족 가치(family value)'에 대한 관심은 종종 자극적인 쟁점으로 부상했다. 전형적으로, 보수적 공화당원들은 이혼율, 청소년 임신, 동성결혼 등을 인용하면서 그런 전통적 가치의 쇠퇴를 경고했다. 그러나 이는 범퍼스티커에나 적합한 것 이상으로 복잡한 문제이다.

나오미 칸과 준 카본(Naomi Cahn and June Carbone)은 보수적 '적색 가족(red family)'과 진보적 '청색 가족(blue family)'을 분석하여 다음과 같이 보고하고 있다.

> 적색 가족 옹호자들이 한부모 가족 수의 증가가 다음 세대의 복지를 위협한다는 지적한 것은 올바른 것이며 남성의 충실(fidelity)과 여성의 '정절(virtue)'이 가족관계를 강화시킨다는 관찰 역시 올바른 것이다. 그러나 이 나라의 적색 지역(red regions)은 청소년 임신율이 높고, 강제결혼(shotgun marriages)이 더 많으며, 평균 결혼연령과 첫 출산연령이 낮다.
>
> (2010: 2)

조나산 로치(Jonathan Rauch)는 칸과 카본의 연구를 검토하고는 "'가족 가치'가 가족을 약화시키는가?"라는 제목하에 다음과 같이 자료를 요약하고 있다.

> 2007년 이혼율이 가장 낮은 7개의 주 중 6개의 주가 그리고 2006년 청소년 출생률이 가장 낮은 7개의 주 모두가 두 번의 선거에서 모두 청색(민주당 후보)을 찍었다. 2007년 이혼율이 가장 높은 7개의 주 중 6개가 그리고 청소년 출생률이 가장 높은 7개의 주 중 5개의 주가 적색(공화당 후보)을 찍었다. 이것은 마치 가족 협착증(stricture)이 가족 구조(structure)를 약화시킨 것과 같다.
>
> (Rauch, 2010)

칸과 카본은 어린 사람들이 성행위를 할 것이라 전제하면서, 성교육, 피임, 낙태를 반대하는 '전통적 가족 가치'는 전형적으로 그들로 하여금 강제결혼을 하게 함으로써 계획되지 않은 출산으로 귀결될 것이다. 이는 다시 그들의 교육을 중단시키고, 취업기회를 제약하며, 빈곤으로 이끌고 결국 더 이상 유지할 수 없는 불안정한 결혼으로 귀결될 것이다. 자료에 대한 이러한 해석이 완벽히 타당할지 모르지만, 여러분은 여기서 제기할 수 있는 방법론적 쟁점을 인식할 수 있나요? 생태학적 오류(ecological fallacy)를 생각해보라.

이 분석에서 사용된 분석단위는 미국의 50개 주이다. 관련된 변수는 (1) 주의 전반적인 투표 유형이며 (2) 이들 주의 가족 문제율이다. 전반적으로 공화당을 찍는 주들은 전반적으로 민주당을 찍는 주들보다 더 많은 문제를 갖고 있다. 그러나 그 자료가 공화당 가족이나 그 가족의 십대가 민주당의 상대방보다 더 많은 문제가 있다는 점을 보장하지는 않는다. 생태학적 자료는 그러하다고 시사하지만, 공화당 주에 거주하는 민주당원이 가족 문제가 가장 많으며 민주당 주의 공화당원이 가장 적을 수도 있다. 그럴 것 같지 않지만, 그럴 수도 있는 것이다.

여기서 도출할 수 있는 결론에 대해 더 확신을 갖기 위해서는 가족 혹은 개인이 분석단위인 연구를 해볼 필요가 있을 것이다.

출처: Naomi Cahn and June Carbone, *Red Families v. Blue Families: Legal Polarization and the Creation of Culture* (New York: Oxford University Press, 2010): Jonathan Rauch, "Do 'Family Values' Weaken Families?" *Dallas Morning News*, May 2010, http://www.dallasnews.com/opinion/commentary/2010/05/28/Jonathan-Rauch-Do-family-9089.

주당원을 안다고 해서, 대부분의 부유한 사람들이 공화당을 찍는다는 일반적 유형이 부정되는 것은 아니다. 마찬가지로 공교육을 전혀 받지 못하고도 부자가 된 사람을 안다고 해서, 교육수준이 높으면 소득수준도 높다는 일반적 패턴이 부정되는 것이 아니다.

생태학적 오류는 전혀 다른 문제를 다룬다. 즉, 분석단위를 혼동함으로써 단지 집단만을 관찰하고는 개인에 대해 결론을 내리는 것이다. 집단 수준에서 관찰된 변수 간의 패턴이 사실이라 해도, 우리가 실제로 개인을 관찰하지 않은 상태에서 관찰된 집단의 속성으로부터 그 집단을 구성하는 개인의 속성을 추론할 때는 위험이 있다.

〈일상생활에 개념 적용하기: 적색 가족과 청색 가족〉은 상이한 분석단위에 의해 제기되는 복잡성의 일부를 보여준다.

환원주의

환원주의
일부 연구자의 오류로서 연구 중인 현상에 적합한 것으로 여겨지는 유형의 개념을 엄격하게 제한(환원)하는 것

분석단위와 연관된 두 번째 유형의 잠재적 오류 추정은 환원주의이다. 환원주의(reductionism)는 특정한 현상을 제한적이거나 하위 개념으로 설명하려고 시도하는 것을 포함한다. 환원주의자의 설명이 전적으로 잘못된 것은 아니다. 단지 지나치게 제한적이라는 것이다. 그래서 여러분은 각 팀에 소속되어 있는 개별 선수들의 역량에 초점을 맞추어 올해 전국농구협회(NBA)의 승자와 패자를 예측하고자 시도할 수 있다. 이것이 멍청하거나 부적절한 것이 아님은 확실하지만, 팀의 성공과 실패는 단지 그 팀에 속해 있는 개인들 이상을 포함한다. 즉, 지도, 팀워크, 전략, 재정, 시설, 팬의 충성도 등을 포함한다. 여러분은 어떤 팀이 왜 다른 팀보다 더 우수한지 이해하기 위해 '팀'을 분석단위로 삼을 것이며, 선수의 자질은 아마도 그 팀에 대해 기술하고 분류하는 데 사용하고자 하는 하나의 변수가 될 것이다.

더욱이 상이한 학술분야는 동일한 현상에 대해 매우 다르게 접근한다. 사회학자들은 사회학적 변수(가치, 규범, 역할 등)를 고려하는 경향이 있으며, 경제학자들은 경제학적 변수(공급과 수요, 한계가치 등)를 생각하며, 심리학자들은 심리학적 변수(인성 유형과 외상 등)를 점검한다. 모든 혹은 대부분의 인간 행위를 경제학적 요인으로 설명하는 것은 경제학적 환원주의, 심리학적 요인으로 설명하는 것은 심리학적 환원주의 등으로 불린다. 이 쟁점이 2장에서 논의된 이론적 패러다임과 어떤 연관이 있는지 주목하라.

사회생물학
사회행위를 단지 유전적 특징과 행동으로 설명할 수 있다는 견해에 기반을 둔 패러다임

많은 사회과학자들에게 있어서, 모든 사회현상을 생물학적 요인으로 설명할 수 있다고 주장하는 사회생물학(sociobiology) 분야는 환원주의의 대표적 예이다. 예를 들면, 에드워드 윌슨(Edward O. Wilson, 1975)은 인간의 이타적 행위를 유전적 구성으로 설명하고자 했다. 윌슨은 그의 신다윈주의 견해에 따라, 개인들이 이따금 전체 종의 이익을 위해 자신을 희생할 필요가 있는 방식으로 인간은 진화해왔다고 주장한다. 어떤 사람들은 그런 희생을 인간 사이에 존재하는 이상(ideals) 혹은 온정이라는 개념으로 설명할 것이다. 그러나 윌슨의 패러다임에서

보면 유전자가 본질적 단위이며, 인간은 "더 많은 DNA를 만드는 DNA의 방식일 뿐"이라는 그의 유명한 언명을 낳았다.

어떤 유형의 환원주의이든 특정한 분석단위 혹은 변수가 다른 것보다 더 적합하다고 주장하는 경향이 있다. "무엇이 미국 혁명을 유발했는가?"라고 묻는다고 가정해보자. 개인적 자유라는 가치에 대한 공유된 집착이었는가? 영국과 비교하여 열악한 식민지의 경제사정인가? 건국의 아버지들이 가졌던 과대망상증인가? 단 하나의 원인에 대해서 탐구하는 순간 환원주의의 위험을 안게 된다. 공동의 가치를 미국 혁명의 원인이라고 간주하면, 분석단위는 식민지 주민이 될 것이다. 그러나 경제학자라면 13개의 식민지를 분석단위로 선택하여 각 식민지의 경제조직과 상황을 조사할 것이다. 심리학자라면 인성을 조사할 목적으로 개별 지도자를 분석단위로 선택할 것이다. 물론 미국 혁명을 설명하기 위한 일환으로 이런 분석단위를 선택하는 데는 잘못이 없지만, 나는 여러분이 이들 각각이 독립적으로는 완전한 해답을 제공하지 못함을 알고 있다고 생각한다.

생태학적 오류와 마찬가지로, 환원주의는 부적절한 분석단위를 사용할 때 발생할 수 있다. 그러나 특정한 연구질문에 적절한 분석단위가 항상 명확한 것은 아니다. 사회연구자들, 특히 전공영역이 다른 경우 이 쟁점은 자주 논란이 된다.

4.7 시간 차원

지금까지 이 장에서는 연구설계를 어떤 측면을, 누구를, 어떤 목적으로 관찰할 것인지를 결정하는 과정으로 간주했다. 이제는 이런 고려사항 각각에 해당하는 시간과 연관된 일단의 선택사항을 고려해야 한다. 우리는 어느 한 시점에서 관찰할 것인지 아니면 긴 기간 동안 관찰할 것인지를 선택할 수 있다.

시간은 연구하는 데 걸리는 시간을 제외하고라도 연구설계와 수행에서 많은 역할을 한다. 사건과 상황의 시차가 인과관계를 결정하는 데 결정적이라는 점은 이미 언급했다. (이 점은 4부에서 다시 다룰 것이다.) 시간은 연구 발견의 일반화에도 영향을 행사한다. 특정한 연구에서 나온 기술과 설명은 10년 전의 상황이나 10년 후의 상황을 정확히 대표하는가, 아니면 현재의 상황만을 대표하는가? 연구자가 연구설계에서 시간 쟁점을 다루기 위해 가용한 것에는 횡단연구와 종단연구라는 두 가지 주요 선택사항이 있다.

횡단연구

횡단연구
단일 시점을 대표하는 관찰에 근거한 연구

횡단연구(cross-sectional study)는 어느 한 시점에서 사람이나 상황의 표본, 혹은 단면을 관찰하는 것이다. 탐색적 연구와 기술적 연구는 종종 횡단적이다. 예를 들어, 개별 미국 센서스는 한 특정 시점에서 미국 인구를 기술하려는 목적을 가진 연구이다.

많은 설명적 연구 또한 횡단적이다. 인종적 · 종교적 편견의 원천을 조사하기 위해 대규모의 전국 서베이를 실시하는 연구자는 단 하나의 시간틀을 다룬다. 말하자면 특정 시점에서 관찰되는 편견의 원천에 대한 스냅사진을 찍고 있을 가능성이 매우 높다.

설명을 하기 위한 횡단연구는 내재적 문제를 안고 있다. 횡단연구는 결론이 한 시점에서 실시한 관찰에 근거하지만, 일반적으로 여러 시점에서 발생하는 인과과정을 이해하려는 목적을 가진다. 이 문제는 물체의 움직임을 고정시키는 고속 스냅사진에 근거하여 움직이는 물체의 속도를 결정하는 것과 어느 정도 유사하다.

예를 들어, 얀지에 비안(Yanjie Bian)은 현대 중국 도시사회의 계층연구를 목적으로 텐진시 노동자 서베이를 실시했다. 그러나 그는 1988년 그 서베이를 수행하면서, 1949년의 중국혁명(이 혁명으로 중국의 공산주의자가 집권했다.)에서부터 현재까지 지속되고 있는 프롤레타리아 문화혁명 등 일련의 국가적 운동이 가져온 중요한 변화를 인식하게 되었다.

> 이런 운동은 정치환경을 변화시켰고 사람들의 노동 활동과 비노동 활동에 영향을 주었다. 이런 운동 때문에, 이 책에 제시된 것처럼 횡단적 사회조사를 통해 중국 직장의 일반적 패턴과 그 패턴이 노동자에게 끼친 영향에 대해 결론을 내리는 것이 어렵다. 이런 결론은 어느 한 기간에 한정될 수 있으며 다른 시점에서 수집된 자료에 근거하여 추가적인 검증을 받아야 한다.
>
> (1994: 19)

'스냅사진'으로부터 사회생활에 대해 일반화하는 문제는 이 책이 반복적으로 다루는 문제이다. 하나의 해결책은 비안이 마지막에 제시한 것처럼, '다른 시점'에서 자료를 수집하는 것이다. 사회연구는 종종 현상을 재방문하고 초기 연구의 결과에 근거해서 이루어진다.

종단연구

종단연구
상이한 시점에서 수집된 자료를 포함하는 연구설계

종단연구(longitudinal study)는 횡단연구와 대조적으로 동일한 현상을 긴 기간동안 관찰할 수 있도록 설계된다. 예를 들어, 어떤 연구자는 어느 UFO 숭배집단에 참가하여 초창기부터 해체될 때까지 그 활동을 관찰할 수 있다. 다른 종단연구는 시간에 따른 변동을 연구하기 위해 기록이나 가공물을 활용한다. 예를 들어, 신문 사설이나 대법원 판결의 시간적 추세를 분석할 때, 그 연구는 연구자의 실제적 관찰과 분석이 어느 한 시점에서 이루어졌든 아니면 연구 중인 실제적 사건의 흐름에 따라 이루어졌든 종단적이다.

직접적 관찰과 때로는 심층면접도 함께하는 많은 현장조사 프로젝트는 자연히 종단적이다. 예를 들어, 라모나 애셔와 개리 파인(Ramona Asher and Gary Fine, 1991)이 알코올중독자 남편을 둔 아내들의 생애 경험을 연구했을 때, 그들은 그 여자들의 고통스러운 결혼관계가 시간이 지나면서 변화하는 것을 조사할 수 있는 위치에 있었으며, 조사 자체에 대해서 연구대상자들이 보이는 반응까지도 연구에 포함시켰다.

『예언이 실패할 때(When Prophecy Fails)』(1956)라는 고전적 연구에서 리언 페스팅어, 헨리 라이커, 그리고 스탠리 샥터(Leon Festinger, Henry Reicker, and Stanley Schachter)는 숭배집단이 한 외계인과의 상봉 예측이 실패로 드러났을 때 어떻게 되었는지에 관심을 가졌다. 그 집단의 회원들은 그 집단을 해체시켰는가? 아니면 그들의 믿음에 더욱 집착했는가? 해답을 얻기 위해서는 종단연구가 요구되었다. (그들은 새로운 회원을 얻기 위해 배전의 노력을 기울였다.)

대규모 서베이와 같은 양적 연구에 있어서 종단연구는 더 힘들 수 있다. 그럼에도 불구하고, 시간에 따른 변화를 연구하는 데는 최선의 방법이다. 우리가 알아야 할 종단연구에는 세 가지 특수한 유형, 즉 추세연구, 코호트 연구, 패널연구가 있다.

추세연구

추세연구(trend study)는 시간에 따른 모집단의 변화를 조사하는 종단연구의 한 유형이다. 단순한 예를 든다면, 수십년 간의 미국 센서스를 비교하면서 인구구조의 변동을 보여주는 것이다. 마이클 카피니와 스콧 키터(Michael Carpini and Scott Keeter, 1991)는 이와 유사한 문헌자료를 사용하여, 요즈음 미국 시민들이 전 세대보다 정치에 대해 더 식견이 많은지 적은지를 알아보고 싶었다. 그들은 그 결과를 알아내기 위해 1940년대와 1950년대에 실시한 여러 갤럽조사의 결과를 정치적 지식에 대해 같은 질문을 한 1989년 서베이와 비교했다.

추세연구
모집단의 특정 특징을 시간에 따라 추적하는 종단연구의 한 유형

전반적으로, 이 분석에 의하면 요즈음 시민들은 전 세대 시민들보다 지식이 더 많다는 점을 시사한다. 1952년에는 표본의 67%가 미국의 부통령 이름을 알았던 것과 비교하여, 1989년에는 74%가 알고 있었다. 1947년 사람들보다 훨씬 더 많

은 비율이 대통령의 거부권과 대통령의 거부권에 대한 의회의 거부권을 설명할 수 있었다. 반면에 1989년 표본의 29%만이 자신의 하원의원이 누구인지 지명할 수 있었던 데 반하여, 1947년 표본의 경우 더 많은 사람들(38%)이 그가 누구인지 지명할 수 있었다.

그러나 심층분석에 의하면, 정치적 식견의 소폭 증가는 1989년 표본에 들어 있는 사람들이 그전 표본에 들어 있는 사람들보다 교육수준이 더 높다는 사실에 기인한 것임을 알 수 있다. 연구자들이 교육수준별로 비교했을 때 정치적 식견은 실제로는 감소했다는 결론을 내렸다.

모든 추세연구는 분만기를 가지고 있는데, 미국인의 두려움에 대한 2014년의 채프먼 서베이(Chapman survey)는 분만되고 있는 추세연구의 좋은 사례이다. 데이, 베이더, 그리고 고든(Day, Bader, and Gordon, 2014)은 미국인들이 무엇을 두려워하는지에 대한 추세를 핼러윈 날짜에 맞춰 매년 추적하기 시작했다. 2014년 상위권의 개인적 두려움과 관심은 다음과 같았다.

- 상이한 공간에서의 안전
- 미래에 대한 불안(질병, 직업 안정성 등)
- 인터넷 관련 두려움(아이디 도난, 정부의 감시 등)
- 범죄 희생(살인, 강도, 대중 총격 등)
- 공포증(광대, 밀집공간, 혈액 등)

2018년(Day, Bader, and Gordon)에는 주요 두려움이 다음과 같은 것으로 상당히 많이 변화했다.

- 정부 관리의 부패
- 해양, 하천, 호수의 오염
- 식수 오염
- 미래에 대한 예비 자금의 부족
- 사랑하는 사람이 중병에 걸리는 것

코호트 연구
관찰을 할 때 상이한 구성원으로부터 자료를 수집한다 할지라도, 특정한 하위모집단, 즉 코호트가 시간이 지남에 따라 연구되는 연구. 예를 들어, 설문지를 5년마다 발송하여 1970년 학급의 직업경력을 조사하는 연구는 코호트 연구가 될 것이다.

코호트 연구

코호트 연구(cohort study)의 경우 연구자는 특정한 하위집단, 즉 코호트가 시간이 지남에 따라 어떻게 변동하는지를 조사한다. 전형적으로 코호트는 1950년대에 출생한 사람들과 같은 연령집단이지만 베트남 전쟁기간 동안 출생한 사람, 2012년 결혼한 사람 등과 같이 다른 시간집단일 수도 있다. 코호트 연구의 예로는 미국의 세계문제 개입에 대해 제2차 세계대전 기간 동안 태어난 코호트의 태도를 연구하기 위해 매 20년마다 실시한 일련의 전국 서베이를 들 수 있다. 15~20세 연령으로 구성된 표본에 대해 1960년에 서베이를 하고, 35~40세 표본에 대하여는 1980년에, 그리고 55~60세 표본에 대하여는 2000년에 서베이를 할 수 있다. 각각의 서베이에서 조사한 특정한 사람들은 서로 다르지만, 각각의 표본은 1940~1945년에 출생한 코호트를 대표한다.

〈그림 4-5〉는 코호트 설계를 그래프로 예시한다. 이 예에서 세 개의 연구가 비교되고 있는데, 즉 1990년의 연구, 2000년의 연구, 그리고 2010년의 연구이다. 1990년 연구에서 20세였던 사람들은 2000년 연구에서는 30세, 그리고 2010년 연구에서는 40세의 사람들과 비교된다. 세 집단 각각에 기술된 대상은 다르지만, 각 집단의 대상은 동일한 코호트, 즉 1970년에 태어난 사람들을 대표한다.

에릭 플루처와 마이클 버크맨(Eric Plutzer and Michael Berkman, 2005)은 코호트 설계를 사용하여 연령과 교육에 대한 지지와 관련하여 앞서 내린 결론을 완전히 뒤집었다. 논리적으로 볼 때, 유년기를 훌쩍 넘어 성장해가면서 교육 재정지원에 대한 지지가 감소할 것이라고 기대할 수 있을 것이다. 더욱이, 횡단 자료는 이런 기대를 지지한다. 연구자들은 65세 이상자는 65세 이하자보다 교육 재정지원에 더 낮은 지지도를 보여주는 여러 자료를 제시하고 있다.

그러나 이런 단순한 분석은 일반적으로 미국 사회에서 시간이 지남에 따라 교육 재정지원을 점차 더 많이 지지한다는 중요한 변수를 남겨두고 있다. 연구자들은 이 변수에 '세대교체(generational replacement)'라는 개념을 첨가하고 있는데,

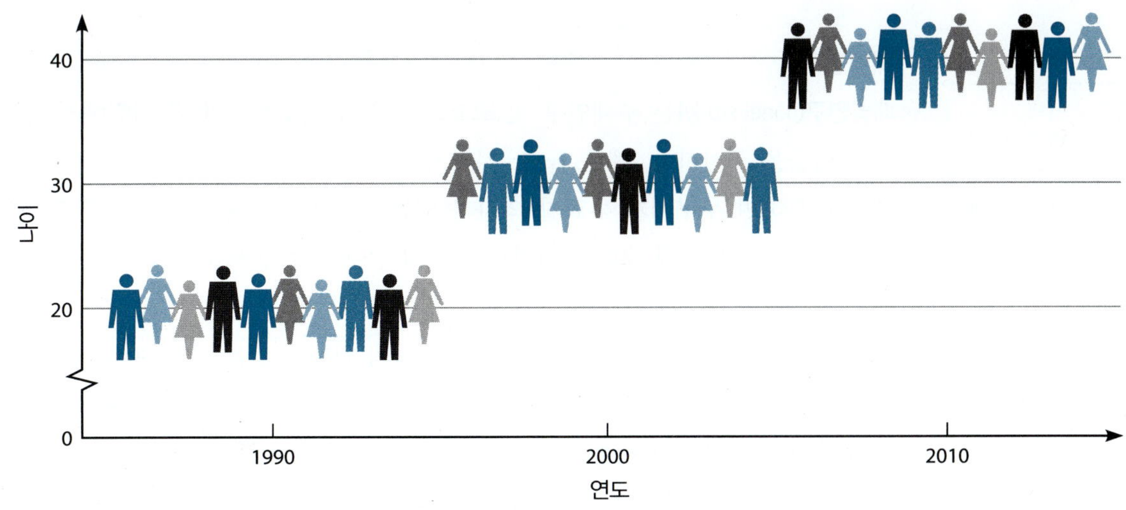

그림 4-5 코호트 연구설계
여기에 나타난 세 집단 각각은 1970년에 출생한 사람들을 대표하는 표본이다.

표 4-1 연령과 정치적 진보주의

서베이 연도	1972~1974	1977~1980	1982~1984	1987~1989
코호트 연령	20~24	25~29	30~34	35~39
공산주의자	72%	68%	73%	73%

이 개념은 나이 든 서베이 응답자들은 교육 일반에 대한 지지가 약한 시기에 성장한 반면 젊은 응답자들은 전반적 지지도가 높은 시기에 성장했다는 점을 의미한다[〈표 4-1〉 참조].

코호트 분석을 한 결과 연구자들은 시간이 지남에 따라 특정한 코호트의 태도에 어떤 변화가 있었는지 결정할 수 있었다. 예를 들어, 1940년대에 출생한 미국 사람들인 그 코호트 구성원을 여러 시점에서 인터뷰했을 때 교육 재정지원이 너무 낮다고 응답한 비율을 여기에 제시한다(Plutzer and Berkman, 2005: 75).

인터뷰 연도	교육 재정지원이 너무 낮다고 말한 비율
1970년대	58
1980년대	66
1990년대	74
2000년대	79

이 자료가 보여주듯이, 1940년대에 출생한 사람들은 성장기를 지나면서 교육 재정지원에 대한 지지가 꾸준히 늘었다.

패널연구

패널연구
종단연구의 한 유형으로서, 자료는 여러 시점에 걸쳐 동일한 사람들(표본 혹은 패널)로부터 수집된다.

패널연구(panel study)는 추세연구 및 코호트 연구와 비슷하지만 각 시점에서 동일한 사람들을 조사한다. 예를 들어, 선거기간 동안 매월 동일한 표본의 유권자들을 인터뷰하여 누구에게 투표할 의사가 있는지를 질문할 수 있다. 그런 연구를 통해 상이한 후보자에 대한 유권자의 전반적 선호도 추세를 분석할 수 있고 의도의 일관성과 변동 유형을 정밀하게 알 수도 있다. 예를 들어, 후보 A와 후보 B 각각이 9월 1일과 10월 1일 정확히 유권자 절반의 지지를 얻는 것을 보여주는 추세연구는 선구구민 어느 누구도 투표계획을 바꾸지 않았거나, 모든 유권자들이 처음과는 다른 후보를 지지하기로 했거나 혹은 그 중간인 것으로 해석할 수 있다. 패널연구라면 다른 사실은 물론 어떤 유형의 유권자가 A에서 B로 지지를 변경했는지 아니면 B에서 A로 변경했는지를 보여줌으로써 추세연구가 갖는 이런 혼란을 제거할 수 있을 것이다.

조셉 베로프, 셜리 해체트, 그리고 엘리자베스 도반(Veroff, Hatchett, and Douvan, 1992)은 신혼부부들의 결혼생활 적응이 백인과 흑인 간에 차이가 있는지 알아보고자 했다. 그들은 연구대상을 얻기 위해 1986년 4월부터 6월까지 미시간 주의 웨인 군(Wayne County)에 결혼신고를 한 부부 중에서 표본을 선택했다.

연구자들은 그들의 연구가 연구대상 부부들의 결혼생활 적응에 미칠 수도 있는 영향을 우려하여, 그 표본을 무작위적으로 반분했다. 즉, 실험집단과 통제집단이다. (이 개념은 8장에서 좀 더 탐색할 것이다.) 실험집단의 부부는 4년 동안 강도 높은 인터뷰를 했으며, 통제집단의 부부는 매해 간단히 접촉했다.

연구자들은 동일한 부부들을 여러 시점에서 연구함으로써, 그들 사이에서 발생하는 특정 문제와 그 문제를 해결하는 방법을 추적할 수 있었다. 그들은 이 연구의 부산물로서 강도 높게 연구한 사람들이 결혼생활에 적응을 약간 더 잘 할 수 있음을 발견했다. 연구자들은 인터뷰를 함으로써, 부부들이 그렇지 않았다면 묻혀버렸을지도 모를 문제를 토론하게 되었다고 믿는다.

패널 사망력
일부 패널 연구대상자들이 연구에 지속적으로 참여하지 않는다.

패널 사망력(panel mortality), 즉 연구대상이 연구에서 탈락하는 현상은 패널연구의 근본적 문제이다. 연구자들은 수년에 걸쳐 소실되는 연구대상을 추적하기 위한 많은 기법을 개발했다. 브라이언 로즈와 엘렌 마크스(Bryan Rhodes and Ellen Marks, 2011)는 전화나 우편으로 연락이 되지 않는 종단연구의 구성원들을 추적하는 방법으로 페이스북을 사용했다. 그들은 연구대상의 1/3을 찾아내는 데 성공했다.

로저 투랜죠와 콩 예(Roger Tourangeau and Cong Ye, 2009)도 패널 사망력을 낮추는 데 골몰했다. 구체적으로 그들은 연구대상들을 유지시키기 위해 긍정적, 부정적 유인책을 고려했다. 그들은 결과를 알아내기 위해 그들의 패널 조사 표본을 무작위적으로 반분하여, 그들 두 개의 집단에 계속 연구에 참여하도록 호소했다. 그들은 하나의 하위표본에는 누구든 연구에 계속 남아 있으면 이익을 주겠다고 강조했다. 그리고 다른 하위표본에는 사람들이 중도에 그만두면 연구에 지장을 초래한다고 강조했다. 후자인 부정적 메시지가 지속적 참여를 10% 포인트나 높였다.

스티븐 패럴 등(Steven Farrall et al., 2016)은 상대적으로 작은 규모의 표본이 그 문제를 해결하기 위한 가중치 부여의 가능성을 차단한다는 점에서 패널 사망력은 특히 질적 종단연구에 문제를 가져온다고 지적한다. 한 가지 효과적 기법은 소실되는 연구 참여자에게 어떻게 연락할 수 있는지를 알 가능성이 높은 가족과 친구의 이름, 주소, 전화번호가 있는 연락처를 유지하는 것이었다. 그들은 이와 관련하여 친구보다는 가족 구성원이 더 믿을 만했으며 누이가 가장 확실했다는 점을 발견했다. 다른 연구자들은 생일 카드와 휴가 인사 등을 통해 참여자와 지속적으로 연락을 유지하는 것이 유용하다는 점을 발견했다.

세 가지 유형의 종단연구 비교

추세연구, 코호트 연구, 그리고 패널연구 간 차이를 명확히 하기 위해 동일한 변수, 즉 '종교적 소속감'을 가지고 세 가지 연구설계를 비교해보자. 추세연구라면 갤럽조사가 정기적으로 하는 것과 같이 미국의 종교적 소속감의 변화를 조사할 것이다. 코호트 연구라면 '9.11 세대', 구체적인 예로 2001년 9월 11일에 10세에서 20세였던 사람들의 생애 전반에 걸쳐 2011년에는 20~30세의 표본을, 2021년에는 30~40세인 새로운 표본을 연구할 수 있다. 패널연구라면 전체 인구의 표본 혹은 특정 하위집단의 표본으로 시작하여 바로 그 사람들을 여러 시점에서 연구할 것이다. 패널연구만이 '무종교'를 포함한 종교적 소속감의 여러 범주 사이에 나타나는 이동 현상을 충분히 보여줄 것이라는 점에 주목하라. 코호트와 추세연구라면 단지 순변동만을 파악할 수 있다.

종단연구는 여러 시점에 걸쳐 진행되는 과정을 기술하는 정보를 획득함에 있어서 횡단연구보다 더 명확한 이점이 있다. 그러나 이 이점을 얻기 위해서는 특히 대규모 서베이인 경우 종종 시간과 금전적 비용을 부담해야 한다. 관찰은 사건이 발생할 때 이루어져야 하며 관찰방법은 많은 연구 종사자를 필요로 한다.

시간적 변화에 대한 가장 포괄적 자료를 얻을 수 있는 패널연구는 특별한 문제, 즉 앞서 언급한 패널 사망력이라는 문제에 직면한다. 첫 번째 서베이에서 연구한 응답자의 일부가 다음번 서베이에 참가하지 않을 수 있다. [이는 8장에서 다루는 피험자 사망(experimental mortality)의 문제와 비교할 수 있다.] 그 위험은 연구에서 이탈하는 사람들이 전형적이지 않기 때문에 연구결과를 왜곡할 수 있다는 점이다.

〈그림 4-6〉은 우리가 토의해온 여러 연구 유형에 대한 도해적 비교이다.

	횡단	종단		
		추세	코호트	패널
특정 시점에서의 스냅샷	x			
시간의 경과에 따른 측정		x	x	x
시간의 경과에 따른 연령집단 추적			x	
동일인에 대한 반복 연구				x

그림 4-6 연구설계의 유형 비교

종단연구 근접화

종단연구가 여러 시점에서 발생하는 과정을 연구할 수 있는 실행 가능하고 실용적인 수단을 항상 제공하는 것은 아니다. 다행히 연구자들은 종종 횡단적 자료만을 가지고도 그런 과정에 대해 종단연구와 근접한 결론을 얻을 수 있다. 그렇게 하는 방법이 몇 가지 있다.

가끔 횡단적 자료는 단순한 논리에 근거해 시간적 과정을 내포한다. 예를 들어, 2장에서 언급한 하와이대학에서 실시한 학생 마약사용 연구에서 학생들은 몇 가지 마약을 사용해본 적이 있는지에 대해 답변하도록 요청받았다. 그 연구에 의하면, 일부 학생은 마리화나와 LSD를 모두 사용한 적이 있으며, 일부 학생은 그 중 하나만, 다른 학생은 어느 것도 사용한 적이 없다. 이 자료는 한 시점에서 수집되었으며 일부 학생이 차후에 마약을 사용할 수도 있다는 점에서 그 연구는 학생들이 처음에 사용한 것이 마리화나인지 LSD인지 분간할 수 없을 것으로 보인다.

그러나 그 자료를 좀 더 면밀히 조사해본 결과, 일부 학생은 마리화나를 사용해본 적은 있지만 LSD를 사용한 적이 없으며, LSD만을 사용한 학생이 이 연구에는 아무도 없음을 알았다. 연구자들은 이런 발견을 통해 상식과 유사하게 LSD보다 마리화나를 더 먼저 사용한다고 추론했다. 마약 실험과정이 반대순으로 나타난다면, 특정 시점에서의 연구는 일부 학생이 마리화나가 아니라 LSD를 사용했고 마리화나만 사용한 학생은 없어야 한다는 점을 발견해야 한다.

연구자들은 변수의 시간 순서가 명확할 때마다 논리적 추론도 할 수 있다. 대학생에 대한 횡단연구에서 사립고등학교에서 교육받은 학생이 공립학교에서 교육받은 학생보다 대학 성적이 더 좋았다는 점을 발견한다면, 고등학교 유형이 대학 성적에 영향을 행사했다고 결론을 내릴 수 있으며, 그 반대의 결론은 내릴 수 없다. 따라서 한 시점에서만 관찰을 했다 하더라도 여러 시점에서 발생한 과정에 대해 정당하게 결론을 내릴 수 있을 것이라고 믿는다.

종종 횡단연구에서 발견한 연령 차이는 시간적 과정을 추론하는 기반이 된다. 전형적인 생애과정에서 건강이 악화되는 유형에 관심이 있다고 가정해보자. 여러분은 큰 병원에서 연례검진의 결과를 연구함으로써 이 주제를 추구할 수 있을 것이다. 여러분은 검진받은 사람들의 연령별로 건강 기록부를 나누어 시력, 청력, 혈압 등 여러 건강상태 항목별로 각 연령집단에 점수를 매길 수 있을 것이다. 각 건강상태에 대한 연령집단별 점수를 읽어 내려감으로써 개인의 건강이력에 근접한 결과를 얻을 수 있을 것이다. 그러나 그 차이가 전반적인 사회적 추세를 반영할 수도 있다는 점에서 이러한 가정에 주의를 기울여야 한다. 아마도 학교에서 제도화된 청력검진이 개선됨으로써 여러분의 연구대상 중 젊은 사람들에게만 영향을 끼쳤을 수 있다.

사람들로 하여금 과거를 회상하게 하는 것도 여러 시점에서 이루어지는 관찰에 근접하는 또 하나의 보편적 방법이다. 연구자들은 사람들이 어디에서 출생했는지 혹은 언제 고등학교를 졸업했는지, 혹은 1988년에 누구에게 투표를 했는지 질문할 때 이 방법을 쓰는 셈이다. 질적 연구자는 종종 심층적 '생애사' 인터뷰를 실시한다. 예를 들어, C. 린 카(C. Lynn Carr, 1998)는 '말괄량이(tomboyism)'를 연구할 때 이 기법을 사용했다. 25세에서 40세에 이르는 그녀의 응답자들은 말괄량이로 규정할 수 있는 경험을 포함하여 어린 시절부터 생활을 재구성하도록 요청받았다.

이 기법의 위험은 명백하다. 가끔 사람들은 기억을 잘 하지 못한다. 가끔은 거짓말을 한다. 선거 후 여론조사에서 누구에게 투표했는지를 질문하고 그 결과를 보면, 정작 선거일에 투표한 후보자보다 당선자에게 투표했다고 답하는 사람이 언제나 더 많다. 일련의 심층적 인터뷰의 일부로서, 그런 보고는 다른 보고의 세부 맥락에서 검증할 수 있다. 그러나 서베이에서 단 하나의 질문에 근거한 결과는 주의 깊게 고려해야 한다.

코호트도 횡단자료로부터 시간에 따른 과정을 추론하는 데 사용될 수 있다. 예를 들어, 프렘 색세나와 그의 동료들(Prem Saxena and colleagues, 2004)은 전시 상황이 사람들의 결혼 연령에 영향을 끼치는지 조사하고자 했을 때 레바논 여성의 서베이로부터 얻은 횡단자료를 사용했다. 1975년에서 1990년 사이의 레바논 내란 동안 많은 젊은 남자들이 다른 나라로 이주했다. 그들은 서베이 응답자들이 처음 결혼한 해에 주목하여 평균 초혼연령이 전쟁이 시작되면서 상승했다고 결론을 내릴 수 있었다.

종단연구 방법론에 대해 더 심층적이고 포괄적인 분석을 하기 위해서는 피터 린(Peter Lynn, 2009)이 편집한 책을 고려해보라. 여러 저자들이 이 개론서에서 다룰 수 있는 것보다 더 많은 측면의 주제를 다루고 있다.

시간이 사회연구에서 문제가 되는 방법에 대한 논의를 보면 여러분 자신의 연구 프로젝트에서 직면하게 될 몇 개의 문제를 제시할 수 있다. 어떤 연구이든 설계를 할 때는 시간과 관련하여 가지고 있는 명시적, 묵시적 가정을 반드시 조사해보라. 여러분은 시간이 지남에 따라 발생하는 과정을 기술하거나 설명하는 데 관심이 있는가? 아니면 단지 지금 무엇이 존재하는지에 관심이 있는가? 시간에 따라 발생하는 과정을 기술하고자 한다면, 그 과정의 여러 시점에서 관찰을 할 수 있는가 아니면 지금 관찰할 수 있는 것으로부터 논리적 추론을 함으로써 그런 관찰에 근접해야 하는가? 여러분이 종단 설계를 선호한다면, 어떤 방법이 여러분의 연구목적에 가장 잘 부합하는가?

연구전략 예시

지금까지의 논의가 함의하듯이, 사회과학 연구는 다양한 경로를 따른다. 다음의 짧은 문구는 이 점을 보여준다. 각 문구를 읽으면서, 각 연구의 내용과 주어진 주제를 연구할 때 사용하는 방법에 주목하라. 연구가 탐색적인가, 기술적인가? 아니면 설명적인가? (혹은 이들을 병행하는 것인가?) 각 연구의 자료원은 무엇인가? 분석단위를 지적할 수 있는가? 시간 차원이 적합한가? 그렇다면, 어떻게 다룰 수 있는가?

- 남부 캘리포니아 강간 위기센터의 은밀한 동원에 대한 사례연구는 문헌, 관찰, 인터뷰 자료를 사용하여 어떻게 여권운동조직이 1974년부터 1994년까지 경찰, 학교, 검찰, 그리고 일부 주와 전국 조직을 변화시켰는지 탐색한다. (Schmitt and Martin, 1999: 364)
- 이 연구는 생애사 서술을 활용하여 스스로 말괄량이로 규정하는 여자 14명의 행위와 의식 과정을 조사한다. (Carr, 1998: 528)
- 우리는 구소련 에스토니아 공화국의 운동가들과 인터뷰를 함으로써, 수용적인 하위문화와 반대적인 하위문화들이 존재하며 이들이 사회운동으로 성공적으로 전환되는 조건들을 구체화한다. (Johnston and Snow, 1998: 473)
- 이 보고서는 소도시에 위치한 에이즈 봉사조직에 대한 민속학적 연구의 결과를 제시한다. 이 보고서는 참여관찰, 참여자와의 면접, 그리고 조직 기록의 검토를 조합한 데 기반을 두고 있다. (Kilburn, 1998: 89)
- 1992년, 1993년, 그리고 1994년 팔레스타인에서 현장조사를 하는 동안 실시한 인터뷰를 사용하여, 나는 팔레스타인 페미니즘 담론이 팔레스타인 여성들이 활동하고 상호작용하는 사회정치적 맥락에 의해 형성되고 영향을 받았다고 주장한다. (Abdulhadi, 1998: 649)
- 이 논문은 여자 51명과의 심층 면접을 통해 밝혀진 바로서, 대중 앞에서의 모유수유 경험에 관해 보고한다. (Stearns, 1999: 308)
- 나는 면접과 현장 관찰 자료를 이용하여 참여 일터에서의 임시 고용 체계가 어떻게 하여 초입 노동자들의 열망과 직업적 목표를 착취하고 형성하는지를 보여줄 것이다. (V. Smith, 1998: 411)
- 나는 정기간행물, 책, 팸플릿, 라디오와 텔레비전의 대본, 그리고 신문과 잡지 기사를 비롯하여 몇몇 공적 담론 매체에서 [백인분리주의자 수사학에 대한] 자료를 수집했다. (Berbrier, 1998: 435)
- 다음 분석에서는 1980~1981년에 사회보장 노인연금을 받기 시작한 사람들의 전국 표본을 사용하여 취업과 은퇴에서의 인종별, 성별 불평등을 분석할

것이다. (Hogan and Perrucci, 1998: 528)

- 이 연구는 여성 마약 판매인들과의 면접을 통해 그들이 체포를 피하기 위해 사용하는 기법을 탐색한다. (Jacobs and Miller, 1998: 550)

4.8 혼합유형

나는 이 장에서 실험, 서베이 조사(전화, 직접, 온라인), 그리고 현장조사 등 사회조사를 수행하는 많은 방법에 대해 언급했다. 내가 오랫동안 관찰한 바에 따르면, 조사자들은 사회현상을 이해하기 위해서는 둘 이상의 접근법을 사용할 가치가 있다고 종종 말해왔다. 그러나 조사자들은 자신들이 편안하고 숙달된 기법을 발견하면서 여러 가지 기법의 사용은 실천에 옮기지 않고 말로만 지지하는 데 그쳤다. 그러나 지금은 변하고 있는 것 같다. 문헌검토를 해보면 부분적으로 서베이 조사자들이 직면한 문제가 커짐에 대응하여 점차적으로 많은 연구들이 실제로 혼합유형을 사용하고 있음을 알 수 있다.

예를 들어, 미국 에너지 정보청의 주택 에너지 소비 서베이(Residential Energy Consumption Survey, RECS)는 미국의 에너지 사용에 대해 상세한 정보를 찾는다. 가구 면접은 많은 필요 정보를 제공하지만, 조사자들은 가구의 연구대상자들이 보통 자신들의 에너지 소비에 대해 세세한 사항을 모두 제공할 수 없음을 발견했다. 그래서 그 기관은 에너지 공급회사로부터 요금청구서 자료를 수집하여 그 자료를 면접한 가구와 맞춰본다(Worthy and Mayclin, 2013).

지구 반대편에서는 페기 쿠프맨보이덴과 마가렛 리차드슨(Peggy Koopman-Boyden and Magaret Richardson)이 '일상생활에서 상호작용을 하는 노인 및 조직 대표자들의 경험과 인식을 분석하려는' 목적으로 3년에 걸쳐 뉴질랜드 노인을 연구하기 위해 일기와 초점집단을 사용했다(2013: 392). 참여 노인들은 자신들의 상호교류에 대해 일지를 쓰도록 요청받았으며 그들의 경험에 관한 정기적인 토론에 참여하도록 초청받았다. 이 조사에 따르면, 그 노인들은 조사자들에게 보다 심도 있고 폭이 넓으며 풍부한 자료를 제공하는 것 이외에, 조사 일지 작성 경험에 대한 초점집단 토론과 같이 다양한 방법으로 이익을 얻었다.

뉴질랜드로부터 인디아로 옮겨가서, 프렘 색세나와 디렌드라 쿠마르(Prem Saxena and Dhirendra Kumar)는 사회적 지위를 규정하는 노동의 중요성에 초점을 맞추면서 은퇴 후 노인들의 사망위험을 조사했다. 이 연구자들은 은퇴 관련 문제에 대한 많은 사회심리학적 연구라는 맥락에서 선행 연구에 보탤 수 있도록 회계청(Office of the Accountant General)에서 자료원을 발견했는데, 이를 통해 은퇴 후의 전반적 사망력 유형을 조사할 수 있었다. 그들은 궁극적으로 "개발도상국의 경우 은퇴를 기다리는 사람은 거의 없으며 다수는 은퇴를 두려워한다. 그러나 연금수령자가 반응하는 방법은 주로 그들의 사회적 책임과 은퇴 당시 충족되지 않은 욕구에 따라 다르다."(1997: 122)고 결론지었다.

사회조사자들은 오랫동안 혼합유형의 탐구법을 사용해왔지만, 이 접근은 이제서야 많은 관심을 끌기 시작했으며 더 중요한 것은 최근에 실제로 더 많이 사용되고 있다는 점이다. 나는 여러분이 미래에 보다 많은 혼합유형을 볼 수 있을 것이며 여러분 자신이 이 접근법을 사용하게 될 것이라고 생각한다.

4.9 연구 프로젝트 설계방법

여러분은 방금 프로젝트를 설계할 때 사회연구자가 쓸 수 있는 일부의 선택사항을 보았다. 이제 실제로 연구 프로젝트를 설계하는 과정을 관찰함으로써 여러 부분들을 종합해보기로 하자. 여러분이 조사연구를 수행할 예정이라고 가정해보라. 어떻게 시작할 것인가? 그리고 어떻게 진행해나갈 것인가?

연구설계는 연구 프로젝트를 시작할 때 이루어지지만, 프로젝트가 진행되면서 거치게 되는 모든 절차에도 계속 관계된다. 그러므로 연구설계에 대한 논의는 연구 프로젝트를 어떻게 시작할지를 안내해주며 이 책의 다음 장들에서 다룰 주제들에 대한 개관을 제공한다.

〈그림 4-7〉에는 사회과학 연구과정에 대한 도식적 견해가 제시되어 있다. 나는 이런 견해를 마지못해 제시하는데, 그 이유는 이런 도식이 조사연구를 실제보다 훨씬 더 단계적으로 진행되는 것같이 제시하기 때문이다. 그럼에도 불구하고, 연구과정에 대한 이상적인 개관은 사회연구에서 특정 요소들의 구체적 세부사항에 대한 맥락을 제공한다. 본질적으로 이 도해는 2장에 제시된 과학적 과정을 더 상세히 나타낸 그림이다.

도해의 시작에는 흥미, 아이디어, 이론이 있으며, 이들이 연구 수행의 출발점이 될 것이다. 문자(A, B, X, Y 등)는 편견이나 소외와 같은 변수 혹은 개념을 나타낸다. 따라서 무엇이 일부 사람들이 다른 사람들보다 더 많은 편견을 갖도록 유발하는가를 발견하는 데 전반적인 흥미가 있을 수 있고, 소외의 결과에 대해서 알고자 할 수도 있다. 대안적으로, 일들이 되어 가는 방법에 대한 구체적 견해를 가지고 탐구를 시작할 수도 있다. 예를 들어, 하위수준의 서비스 직업(예, 패스트푸드 매장)이 소외를 유발한다는 견해를 가지고 있다고 가정해보자. 도해에 있는 의문부호는 일들이 그러리라고 생각하는 바와 같이 존재한다고 확신하지 못함을 나타낸다. 이 점이 바로 연구를 하는 이유이다. 이론이 변수 일련의 복합적 관계로 나타나 있음에 주목하라.

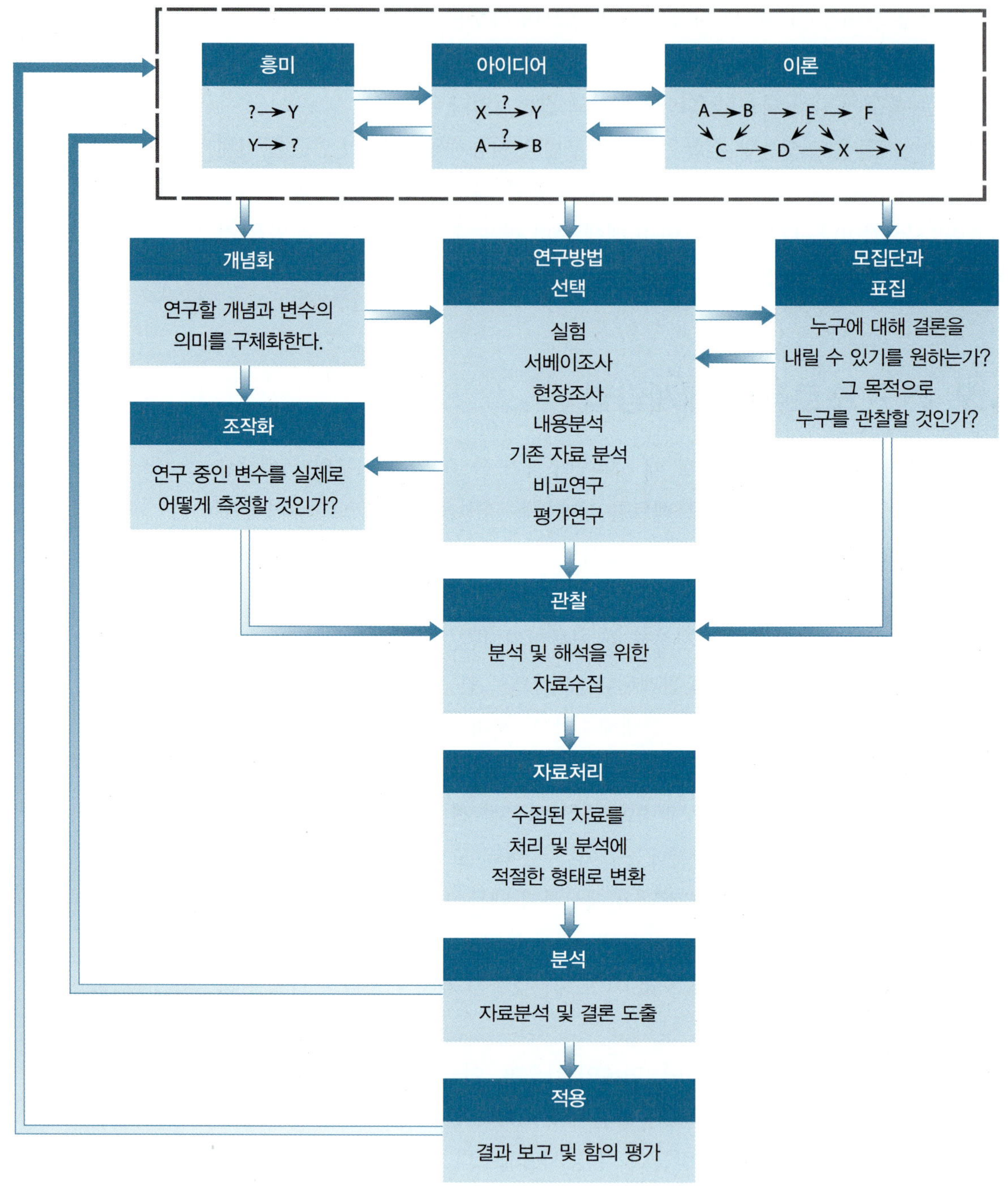

그림 4-7 연구과정
이 책의 전반에 걸쳐 우리가 조사하게 될 일부 핵심 요소, 즉 사회조사연구의 전체를 구성하는 조각들이 제시되어 있다.

혹은 이 질문, '청소년 무리집단에서의 리더십이 어떻게 형성되는가?'에 대해 생각해보라. 여러분은 연령, 힘, 가족과 친구 간의 유대감, 명석함, 혹은 기타 변수들이 누가 통제하는지를 결정하는 데 얼마나 스며드는지 궁금해할 것이다. 우리는 작동하고 있는 인과관계에 대해 명확한 이론을 가지고 시작하는 것이 아니다.

'흥미', '아이디어', '이론' 사이의 이중화살표(⇄)는 종종 이런 몇 개의 가능성을 왔다 갔다 하는 움직임이 있음을 보여주기 위한 것이다. 초기의 흥미로부터 아이디어를 만들고, 이 아이디어로부터 더 커다란 이론이 만들어지며, 이론은 새로운 아이디어를 만들고 새로운 흥미를 유발한다.

이 세 가지 모두는 경험연구의 필요성을 시사한다. 그런 연구목적은 흥미를 탐색하거나, 구체적 아이디어를 검증하거나 혹은 복합적 이론을 확인하는 것이 될 수 있다. 어떤 목적을 가지고 있든 간에 연구자는 도해의 나머지 부분에 나타나 있듯이 다양한 결정을 할 필요가 있다.

이 논의를 좀 더 구체화하기 위해 구체적인 연구 예를 들어보자. 낙태라는 쟁점에 대해 왜 일부 대학생들은 낙태권을 지지하며 다른 대학생들은 반대하는지를 알아내는 데 특별한 흥미가 있다고 가정해보자. 한걸음 더 나아가, 인문사회과학 학생들이 자연과학 학생들보다 낙태권에 대한 견해를 더 많이 지지하는 경향이 있다는 인상을 형성했다고 해보자. (이런 유형의 사고가 있기 때문에 사람들은 종종 사회조사를 설계하고 실시한다.)

기술적 그리고 설명적 관심 둘 다를 가지고 있을 것이다. 즉, 여성의 낙태권을 지지하는 학생의 비율이 얼마인지(기술), 혹은 어떤 이유로 학생들이 여성의 낙태권을 지지하고 반대하는지(설명)에 관심이 있을 수 있다. 이 경우 분석단위는 개인, 즉 대학생이다. 현재의 상태에 대해 아는 것에 만족한다고 가정해보자. 여러분은 횡단연구가 여러분의 목적에 부합할 것이라고 결정할 수 있다. 횡단연구가 시간상의 과정에 대해 직접적 증거를 제공하지는 않겠지만, 여러분이 시간이 지남에 따른 학생들의 태도 변화를 추구한다면 일정한 종단분석에 근접할 수 있다.

출발

연구 초기의 흥미는 아마도 탐색적일 것이다. 여기서 낙태권에 대한 학생들의 태도에 대한 여러분의 관심을 추적할 때 여러분은 몇 개의 가능한 활동 중에서 선택할 것이다. 먼저, 그 쟁점에 관해 문헌을 읽고자 할 것이다. 태도가 어느 정도 전공과 관련되어 있다는 생각이 들면, 다른 연구자들이 이에 관해 어떤 논문을 썼는지 알아볼 수 있다. 낙태를 지지하는 사람과 그렇지 않은 사람과 이야기를 나누거나 낙태 관련 집회에 참석할 수도 있다. 이 모든 활동을 통해 우리가 지금 조사하고자 하는 연구설계에 대한 다양한 결정을 다룰 준비를 할 수 있다.

연구설계를 하기 전에, 연구 프로젝트의 목적을 규정해야 한다. 어떤 유형의 연구를 수행할 것인가? 탐색적 연구인가? 기술적 연구인가? 아니면 설명적 연구인가? 그 연구논문은 수업 과제물로 쓰려는 것인가 아니면 졸업논문으로 쓰려는 것인가? 여러분의 목적이 낙태권의 찬성과 반대를 뒷받침할 정보를 얻는 데 있는가? 그 논문은 대학 신문용인가 아니면 전문 학술지용인가? 여러분은 낙태권에 관한 기존의 연구문헌을 검토할 때, 다른 연구자들이 내린 결정이 여러분의 목적에 부합한지 의문을 가지면서 그러한 연구설계 결정에 주목해야 한다.

통상적으로 연구를 수행하는 목적은 보고서 형태에서도 나타날 수 있다. 여러분이 프로젝트를 설계할 때 첫 단계는 보고서의 윤곽을 잡는 것이 좋다(15장 참조). 최종보고서가 초기의 모양과 흡사하지는 않겠지만, 이런 훈련을 하면 어떤 연구설계가 적절한지를 파악하는 데 도움이 된다. 이 단계에서는 연구가 종결되었을 때 내릴 수 있는 진술의 유형을 명확히 기술하라. 그런 진술의 예를 들면 다음과 같다. "학생들은 개인적으로 관심이 있는 사회적 쟁점을 논의할 때 종종 낙태권에 대해 언급했다." "X퍼센트의 주립대학생들은 여성의 낙태 선택권을 선호한다." "공과대학 학생들은 사회학과 학생들보다 낙태권을 선호할 가능성이 더 크다/작다."

개념화

목적이 잘 규명되고 성취하고자 하는 결과의 유형이 명확히 기술되었다면, 다음 단계의 연구설계, 즉 개념화로 진행할 수 있다. 우리는 종종 편견, 소외, 신앙심, 진보주의 등과 같은 사회과학 개념에 대해 매우 일상적으로 말하지만, 의미 있는 결론을 유도하기 위해는 이 개념이 무엇을 의미하는지 명확히 해야 한다. 5장에서는 개념화를 심층적으로 검토한다. 지금은 우리가 가지고 있는 가상적 사례에 무엇이 포함될 수 있는지 알아보기로 하자.

여러분이 대학생들이 낙태에 대해 어떻게 느끼는지 그리고 왜 그렇게 느끼는지를 연구하고자 한다면, 가장 먼저 구체화해야 할 것은 '낙태권'이 무엇을 의미하는지이다. 낙태에 대한 지지가 상황에 따라 다를 것이기 때문에, 낙태를 용인하거나 반대할 수 있는 상이한 상황에 주의를 기울이고자 할 것이다. 예를 들어 여성의 생명이 위독한 경우, 성폭력이나 근친상간의 경우, 혹은 단지 개인적 문제 등과 같은 상황이다.

마찬가지로, 여러분이 연구하고자 하는 다른 모든 개념의 의미를 확실히 구체화할 필요가 있을 것이다. 낙태에 관한 견해와 전공 간 관계를 연구하고자 한다면, 공식적인 전공만을 고려하고자 하는지 아니면 전공에 대한 학생의 의사도 포함시키고자 하는지를 결정해야 할 것이다. 전공이 없는 학생은 어떻게 할 것인가?

서베이와 실험에서는 그런 개념을 미리 구체화해야 한다. 개방형 인터뷰와 같이 덜 구조화된 조사의 경우, 조사의 중요한 부분은 개념의 상이한 차원, 측면 혹은 의미 발견이 될 수 있다. 그런 경우, 프로젝트를 시작할 때 명확하지 않았던 사회생활의 제반 측면을 조사에서 발견하고 보고할 수 있다.

조사방법 선택

3부에서 논의하겠지만 각 조사방법은 장점과 약점이 있으며, 어떤 개념은 특정 방법을 통해야만 더 적절히 조사할 수 있다. 낙태권에 관한 태도 조사의 경우, 서베이, 즉 학생들과의 인터뷰나 학생들로 하여금 설문지에 응답해달라고 요청하는 것이 적절한 방법이 될 수 있다. 서베이는 여론을 연구하는 데 특히 잘 맞는다. 3부에서 제시된 다른 방법을 사용할 수 없다는 의미는 아니다. 예를 들어, 편집자에게 보낸 기고문을 조사하는 내용분석 방법을 사용하여 기고자가 낙태에 관해 갖고 있는 상이한 이미지를 분석할 수 있다. 현장조사라면 사람들이 낙태 쟁점과 관련하여 서로 어떻게 교류하는지, 어떻게 논의하는지, 그리고 어떻게 마음을 바꾸는지를 이해하는 하나의 방법을 제공해줄 수 있다. 3부에 소개된 다른 방법들 또한 이 쟁점을 연구하는 데 사용할 수 있다. 통상적으로 최선의 연구설계는 복수의 연구방법을 사용하여 서로 다른 장점을 이용하는 것이다. 앞 절의 끝에서 사용한 실제적 연구에 대한 간단한 예를 다시 보면, 연구자들이 한 연구에서 많은 방법들을 사용한 예를 여럿 보게 될 것이다.

조작화

일단 연구 개념을 구체화하고 조사방법을 선택했다면, 다음 단계는 조작화, 즉 측정기법을 결정하는 것이다. (5장과 6장에서 좀 더 자세히 논의된다.) 연구 변수의 의미는 그 변수들이 어떻게 측정되는지에 의해 결정된다. 여기서 원하는 자료를 어떻게 수집할 것인지, 즉 직접 관찰인지, 공식 자료 검토인지, 설문지인지, 아니면 다른 기법인지를 결정하는 작업도 일부 있다.

낙태권에 대한 태도를 조사하기 위해 서베이를 사용하기로 결정했다면, 설문지 문항 작성을 결정하는 것도 조작화의 일부이다. 예를 들어, 성폭력이나 근친상간의 경우, 임신으로 인해 여자의 생명이 위협받는 경우 등 여러분이 개념화한 각각의 상황에서 여자의 낙태권을 승인하는지 여부에 대해 응답자에게 질문함으로써 주요 변수를 조작화할 수 있다. 응답자로 하여금 각 상황에서 찬성 혹은 반대를 표현하도록 질문지를 설계할 수 있다. 마찬가지로, 응답자들이 어떻게 자신들의 전공을 표현할 것인지, 전공을 선택하지 못한 학생들에게는 어떤 선택을 하게 할 것인지를 명확히 구체화해야 할 것이다.

모집단과 표집

개념과 측정방법을 세련화하는 것 이외에, 누구를 그리고 무엇을 연구할 것인지 결정해야 한다. 연구 모집단은 여러분이 그들에 대해 결론을 내리고자 하는 (일반적으로는 사람들의) 집단이다. 그러나 관심이 있는 모집단의 구성원 모두를 연구하는 것은 거의 불가능하며, 그들에 대해 모든 것을 관찰할 수도 없다. 그러므로 각각의 경우 이상적으로 수집하고 연구할 수 있는 자료 가운데서 표본을 선택한다. 물론 정보의 표집은 일상생활에서 하며 종종 왜곡된 관찰을 하기도 한다. (1장의 '선별적 관찰'에 대한 논의를 기억하라.) 사회연구자들은 관찰할 것을 표집하는 데 매우 신중을 기한다.

7장에서는 우리가 관심을 가지고 있는 전체 모집단을 적절히 반영하는 표본을 선택하는 방법을 기술한다. 모집단과 표집에 대한 결정은 사용할 연구방법의 결정과 관련된다는 점을 〈그림 4-7〉에서 주목해 보라. 확률표집 기법이 대규모의 서베이나 내용분석에 적합한 반면, 현장조사자는 연구상황에 대해 균형 잡힌 모습을 보여줄 정보원만을 선택할 필요가 있을 것이며, 실험자는 연구대상을 비교가 가능하도록 실험집단과 통제집단에 할당할 수 있을 것이다.

낙태 태도에 대한 가상적 연구의 경우, 적합한 모집단은 여러분이 다니는 대학의 학생일 것이다. 그러나 7장에서 알게 되겠지만, 표본을 선택하는 작업은 매우 구체적이어야 한다. 전업 학생은 물론 시간제 학생도 포함시킬 것인가? 학위 취득 예정자만을 대상으로 할 것인가, 아니면 모든 학생을 할 것인가? 미국 시민은 물론 외국인 학생도 포함되는가? 학부생인가, 대학원생인가 아니면 이들 모두인가? 이런 질문은 많이 있다. 각각의 질문에는 연구목적이라는 측면에서 응답해야 한다. 예를 들어, 낙태에 관한 어느 지방의 찬반투표에서 학생들이 어떻게 투표할 것인지 예측하는 것이 목적이라면, 모집단을 투표권자나 투표할 가능성이 있는 사람으로 한정하고자 할 것이다.

관찰

무엇을, 누구로부터, 어떤 방법으로 조사할 것인지를 결정했다면, 이제는 관찰 즉 경험적 자료를 수집할 준비가 되었다. 다양한 조사방법을 기술하는 3부의 장들에는 각 조사방법에 적절한 상이한 관찰기법이 제시되어 있다.

낙태에 관한 서베이를 실시하기 위해서는 설문지를 복사하고 선택된 학생 표본에 보내려고 할 것이다. 대안적으로, 인터뷰 팀을 구성하여 전화 서베이를 실시하도록 할 수도 있다. 이런 가능성의 상대적 이점과 결점에 대해서는 9장에서 논의된다.

자료처리

선택한 연구방법에 따라, 즉각적으로 해석할 수 없을 정도로 방대한 양의 관찰자료를 축적하게 될 것이다. 노상깡패들을 한 달 동안 직접 관찰한다면, 한 권의 책을 쓰는 데 충분한 현장수첩(field notes)을 갖게 될 것이다. 여러분 학교의 민족적 다양성에 관한 역사적 연구라면 다량의 공식자료와 직원 등과의 인터뷰 자료를 축적하게 될 것이다. 13장과 14장에서는 사회과학 자료가 양적 혹은 질적 분석을 위해 처리 혹은 변환되는 과정의 일부를 기술한다.

서베이의 경우, '원(raw)' 관찰은 응답 항목이 체크되고 빈 공간에 응답이 쓰여진 설문지 형태가 전형적일 것이다. 서베이의 자료처리 국면은 적어놓은 답변을 분류(코딩)하고 모든 정보를 컴퓨터로 이전하는 과정을 포함한다.

분석

수집된 자료가 적절한 형태를 갖추게 되면, 탐구를 시작하게 한 흥미, 아이디어, 이론을 반영하는 결론을 내릴 목적으로 자료들을 해석할 준비가 된 것이다. 13장과 14장은 자료를 분석할 때 쓸 수 있는 일부 선택사항들을 기술한다. 〈그림 4-7〉에서 분석 결과가 초기의 흥미, 아이디어, 이론으로 되돌아온다는 점에 주목하라. 이 피드백은 종종 또 하나의 탐구의 순환이 시작됨을 의미한다.

낙태권에 관한 학생 태도 서베이의 경우, 분석 국면에서는 기술적 목적과 설명적 목적 모두를 추구할 수 있다. 먼저 몇 개의 상이한 항목들 각각에 대해 찬성하거나 반대하는 학생의 퍼센트를 계산할 수 있다. 이런 몇 개의 퍼센트들을 종합해보면, 이 쟁점에 관한 학생들의 견해를 나타내는 좋은 그림을 그리게 될 것이다.

단순한 기술을 넘어서서, 학생들을 전공별 하위집단으로 나누고 하위집단별 견해를 기술할 수도 있다. 응답자의 다른 정보도 얻을 수 있도록 설계되어 있다면, 여자와 남자, 혹은 신입생, 2학년, 3학년, 4학년, 대학원생, 혹은 연구에 포함된 다른 범주 간 차이를 알아볼 수도 있을 것이다. 하위집단을 기술하게 되면 설명적 분석으로 나아갈 수도 있다.

적용

연구과정의 마지막 단계는 수행한 연구와 결론을 이용하는 것과 관련 있다. 먼저, 여러분은 아마도 다른 사람들이 알 수 있도록 여러분의 발견을 전달하고자 할 것이다. 보고서를 작성하고 경우에 따라서는 출판하는 것도 적절할 것이다. 전문가 모임이나 학회에서 발표하는 논문처럼 여러분은 구두 발표를 할 수도 있다. 다른 학생들도 여러분이 무엇을 발견했는지 듣는 데 관심이 있을 수 있다.

여러분이 발견한 것을 단순히 발표하는 것 이상으로 발견의 함의를 논의하고자 할 수도 있다. 이 발견이 정책 목표를 달성하기 위해 취할 수 있는 행동에 어떤 함의를 가지고 있는가? 낙태권 찬성자와 반대자가 모두 관심을 가질 것이다.

캐런 아컬로프와 크리스 케네디(Karen Akerlof and Chris Kennedy, 2013)는 사회조사가 환경 악화를 방지할 수 있는 프로그램을 설계하고 평가하는 데 사용될 수 있는 총괄적 분석 방법을 제시했다. 그들은 다음과 같은 다섯 가지 주요 부분을 규명했다.

1. 우호적 태도를 증진시켜라.
2. 개인적 대리인을 증가시켜라.
3. 감정적 동기를 촉진시켜라.
4. 지원하는 사회적 규범을 전달하라.
5. 환경적 맥락에 따라 선택을 설계하라.

마지막으로, 여러분이 연구한 주제를 차후에 다시 연구할 때 무엇을 제시할 수 있는지 반드시 고려하라. 장래의 연구에서는 어떤 잘못이 교정되어야 하는가? 연구에서 어떤 길이 조금이라도 열렸는가? 더 추구될 가치가 있는가?

연구설계 복습

여기서 제시된 개관에서 알 수 있는 바와 같이, 연구설계에는 어떤 주제를, 누구에게서, 어떤 연구방법으로, 어떤 목적으로 연구해야 하는지에 대한 일단의 결정이 포함된다. 여러분은 대상을 연구하는 많은 방법을 고려하고, 다양한 기법에 대한 지식은 물론 상상력을 사용하고자 하겠지만, 연구설계는 특정한 연구목적에 맞게 선택 범위를 좁히고 관점에 초점을 맞춰 가는 과정이다.

여러분의 수업을 위해 연구 프로젝트를 수행한다면, 방법(예를 들면, 실험)과 주제(예를 들면, 편견과 같은 특정 주제에 관한 과목에서처럼)를 포함하여 여러 측면의 연구설계가 이미 구체화되어 있을 수 있다. 다음의 요약은 여러분이 자유로이 주제와 연구전략을 선택할 수 있다는 가정하에서 이루어졌다.

연구 프로젝트를 설계할 때, 여러분의 관심, 능력, 가용 자원 등 세 가지를 우선적으로 평가하면서 시작하는 것이 유용하다는 점을 알게 될 것이다. 이 고려사항 각각은 가능한 수많은 연구들을 제시할 것이다.

어느 정도 통상적인 연구 프로젝트의 시작을 모방해보라. 즉, 무엇을 이해하는 데 관심이 있는지 스스로에게 질문하라. 여러분은 사회행위와 태도에 관해 몇 가지 의문점이 있을 것임에 틀림없다. 왜 일부 사람들은 정치적으로 자유주의적이고 다른 사람들은 보수적인가? 왜 일부 사람들은 다른 사람들보다 더 종교적인가? 왜 사람들은 민병대에 가담하는가? 대학은 아직도 소수집단(minority) 교수를 차별하는가? 왜 어떤 여자는 여전히 학대를 당하는가? 여러분의 흥미와 관심을 끄는 질문 유형에 대해 시간을 내서 생각해보라.

여러분 자신에게 답하는 데 관심이 있는 질문이 몇 개 있으면, 그 질문에 답하는 데 필요한 정보의 종류에 관해 생각해보라. 어떤 분석단위가 가장 적합한 정보를 제공해줄 것인가? 대학생인가? 젊은 여자인가? 이웃인가? 도시인가? 아니면 회사인가? 이 질문은 여러분의 생각과 연구주제에 대한 질문과 분간하기 어려울 것이다. 그러므로 분석단위의 어떤 측면이 여러분의 연구질문에 답하는 데 필요한 정보를 제공해줄 것인지 질문하라.

여러분의 목적에 적합한 정보의 유형에 대해 아이디어를 구상했다면, 그 정보를 얻기 위해 어떻게 할 것인지 자문해보라. 그 적합한 자료는 어디에선가(예를 들어, 정부 간행물) 얻을 수 있는가 아니면 스스로 그 자료를 수집해야 하는가? 여러분이 자료를 수집해야 한다면, 어떻게 수집할 것인가? 수많은 사람들을 서베이해야 하는가 아니면 소수의 사람들에게 심층적인 인터뷰를 해야 하는가? 어떤 집단 모임에 참가함으로써 알고자 하는 것을 알 수 있는가? 도서관에 있는 책에서 필요한 자료를 수집할 수 있는가?

이런 질문에 답하는 과정에서 여러분은 이미 연구설계 과정에 깊숙이 들어가게 될 것이다. 여러분이 실제적으로 수행할 수 없을 정도로 완벽한 연구설계를 할 필요는 없다. 여러분은 전에 사용해보지 않은 연구방법을 시행하여 그 방법을 배우고자 시도할 수도 있지만, 너무 힘들지 않도록 주의하라.

무엇을, 어떻게 연구할 것인지에 대해 일반적인 아이디어가 있다면, 논문집과 책에 나와 있는 기존의 연구를 주의 깊게 검토하여 다른 연구자들이 그 주제를 어떻게 다루었는지 그리고 거기서 무엇을 얻었는지를 알아보라. 문헌연구를 하게 되면 여러분의 연구설계를 수정하게 될 것이다. 아마도 여러분은 이전 연구자의 방법을 사용하거나 심지어는 이전의 연구를 반복하겠다는 결정을 할지도 모른다. 기존 연구 프로젝트를 독립적으로 반복(replication)해보는 것은 물리학에서는 표준적인 절차이며, 사회과학자들이 그 점을 경시하는 경향이 있기는 하지만 사회과학에서도 마찬가지이다. 혹은 반복 이상으로 나아가 예전의 연구자들이 간과했다고 여겨지는 주제의 일부 측면을 연구하고자 할 수도 있다.

여러분이 취할 수 있는 접근법이 하나 더 있다. 어떤 주제가 현장조사 방법을 사용하여 연구되었다고 가정해보자. 예전의 연구자가 찾아낸 발견을 검증할 실험을 설계할 수 있겠는가? 아니면 그들의 결론을 검증하는 데 사용할 수 있는 기존 통계를 생각할 수 있는가? 대규모 서베이에 여러분이 현장관찰이나 심층 인터뷰를 통해 매우 상세하게 탐색하고 싶은 결과가 있는가? 동일한 발견을 검증하기 위해 여러 개의 상이한 조사방법을 사용하는 것을 가끔 삼각측량(triangulation)이라고 하는데, 항상 이 방법을 소중한 연구전략으로 기억하라. 각각의 조사방법은 특정한 장점과 약점이 있기 때문에, 조사 발견이 적어도 부분적으로나마 탐구방법을 반영할 위험이 있다. 여러분 자신의 연구설계가 그 주제와 관련된 하나 이상의 조사방법들을 따르는 것이 최선이다.

4.10 연구계획서

연구 프로젝트를 설계함에 있어서, 여러분은 다른 사람의 검토나 승인을 위해 계획의 세부사항을 보여줘야 할 때가 종종 있다. 예를 들어, 수업 프로젝트의 경우 교수가 여러분이 작업을 시작하기 전에 여러분이 작성한 '계획서'를 보고자 하는 것도 당연하다. 차후에 여러분이 주요 프로젝트를 수행하고자 한다면, 여러분은 재단이나 정부기관으로부터 연구비를 지원받을 필요가 있을 수도 있다. 이때 이들 기관은 여러분이 지원받은 자금을 어떻게 쓸 것인지를 상세히 기술한 연구계획서를 분명히 보고자 할 것이다. 여러분은 공공기관이나 사설기관이 모두 자신의 연구를 대신해줄 사람을 찾아 회람시키는 연구계획 요청서(request for proposals, RFP)에 대응할 수 있다.

그러면 연구계획서를 어떻게 준비할지에 대해 간략히 논의해보자. 이렇게 함으로써 여러분은 이 책의 나머지 부분에서 상세히 다루는 연구과정 전반에 대해 또 하나의 개요를 얻게 될 것이다.

연구계획서의 요소

일부 자금지원 기관(혹은 여러분의 교수)이 연구계획의 요소나 구조에 대해 구체적 요구를 할 수도 있지만, 여기서는 여러분이 포함시켜야 할 일부 기본 요소를 제시한다. 또한 여러분이 계획서의 일부 핵심 요소를 설정하는 데 도움이 될 몇 가지 질문을 하겠다.

문제 혹은 목적

정확히 무엇을 연구하고자 하는가? 왜 그것이 연구할 가치가 있는가? 계획된 연구는 실용적 중요성이 있는가? 그 연구는 사회이론 구성에 기여하는가?

문헌검토

다른 사람들은 이 주제에 대해 무엇이라고 말했는가? 어떤 이론에서 그 주제를 다루며, 그 이론은 무엇을 제시하는가? 예전에 어떤 연구가 수행되었는가? 발견이 일관적인가 아니면 과거의 연구결과가 서로 다른가? 기존의 연구물에 여러분이 개선할 수 있다고 여겨지는 약점이 있는가?

여러분은 사회과학 연구보고서를 읽기 위해서는 특별한 기술이 필요하다는 점을 알게 될 것이다. 지금 과목을 들으면서 문헌검토를 할 필요가 있다면 15장으로 건너뛸 수 있다. 그러면 다양한 유형의 연구문헌과 여러분이 원하는 것을 어떻게 찾고 어떻게 읽을 것인지에 대해 친숙해질 것이다. 15장에서는 특별히 전자자료를 어떻게 사용할 것인지와 어떻게 인터넷 정보의 유혹에서 벗어날 것인지에 대해 논의하고 있다.

문헌검토는 여러분의 연구에 사용하고자 하는 자료수집 방법의 영향을 부분적으로 받을 것이다. 동일한 기법을 사용하는 선행 연구설계를 검토한다면 조기에 여러분 자신의 연구를 기획할 수 있을 것이다. 동시에, 다른 연구자들이 어떤 방법을 사용했는지에 관계없이, 여러분의 연구주제에 초점을 맞추면서 찾아야 한다. 이를테면 인종 간 결혼에 대해 현장연구를 기획하고 있다면, 그 주제에 대한 서베이의 발견내용에서 유용한 통찰력을 얻을 수 있을 것이다. 더욱이 인종 간 결혼에 대한 과거의 현장연구는 그 주제에 대한 서베이를 설계하는 데 매우 가치가 높을 수 있다.

문헌검토는 연구계획 초기에 나타나므로 여러분이 다룰 주제에 대해 독자들에게 소개할 목적으로 작성해야 한다. 그래서 과거 연구자들이 그 주제에 대해 무엇을 알게 되었는지, 그 주제에 대한 우리의 지식에 어떤 결점이 있는지, 그 결점을 어떻게 치유할 것인지를 논리적인 방법으로 제시해야 한다. 좀 다르게 표현하면, 문헌검토를 통해 기존 연구의 발견내용 간에 비일관성 혹은 불일치를 발견할 수도 있다. 이 경우, 연구계획은 우리를 괴롭히는 모호성을 해소하려는 목적을 가질 수 있다. 나는 여러분에 대해 모르지만 여러분이 수행하고자 하는 연구에 대해서는 이미 상당히 기대하고 있다.

연구대상

자료를 수집하기 위해 누구를 혹은 무엇을 연구할 것인가? 연구대상을 일반적, 이론적 개념으로 규명하고, 그 연구를 하는 데 누구를 접촉할 수 있으며 그 사람들을 어떻게 만날 것인지를 보다 구체적인 개념으로 밝혀라. 표본을 선택하는 것이 적절할 것인가? 그렇다면 어떻게 표본을 선택할 것인가? 여러분의 연구가 연구대상에게 영향을 행사할 가능성이 있다면, 어떻게 하여 그 연구가 그들에게 해가 되지 않도록 보장할 것인가?

여러분이 사용할 구체적 연구방법은 이런 일반적 질문을 초월하여 문제를 보다 구체화할 것이다. 예를 들어 여러분이 실험이나 서베이 혹은 현장연구를 하려고 기획하고 있다면, 주제 선정을 위한 기법은 크게 달라질 수 있다. 다행히도 이 책의 7장에서는 질적 연구와 양적 연구 둘 다를 위한 표집기법을 다룬다.

측정

연구의 핵심 변수가 무엇인가? 그 변수를 어떻게 정의하고 측정할 것인가? 여러분의 정의와 측정방법은 이 주제에 관한 기존의 연구와 동일한가 아니면 다른가? 이미 측정방법(예를 들면, 설문지)을 개발했거나 혹은 다른 사람들이 이미 개발한 방법을 사용할 것이라면, 계획서의 부록에 복사본을 수록하는 것도 적절할 것이다.

자료수집 방법

실제로 연구를 위해 자료를 어떻게 수집할 것인가? 실험인가 아니면 서베이인가? 현장조사를 할 것인가 아니면 다른 사람이 이미 준비한 통계의 재분석에 초점을 맞출 것인가? 아마도 여러분은 한 가지 이상의 방법을 사용할 것이다.

분석

여러분이 수행하고자 하는 분석유형을 제시하라. 분석의 목적과 논리를 명확히 하라. 정밀한 기술에 관심이 있는가? 현상이 왜 그러한지 설명하고자 하는가? 예를 들어, '왜 일부 학생은 다른 학생들보다 더 진보적인가?'와 같이 성향의 차이를 설명하고자 하는가? 여러분의 분석에서 고려할 설명변수는 무엇이 될 수 있으며, 변이를 적절히 설명했는지를 어떻게 확인할 것인가?

시간계획

다양한 연구단계에 대한 시간계획을 제시하는 것도 적절할 때가 있다. 계획서에는 제시하지 않는다 하더라도, 여러분 자신을 위해 시간을 계획하라. 여러 연구단계를 완성하고자 하는 시점과 여러분이 어떻게 하고 있는지를 알려줄 시간표가 없다면 결국 여러분은 어려움을 겪게 될 것이다.

예산

다른 누군가에게 연구비를 부담하도록 요청할 때는 그 돈을 어디에 쓸 것인지를 구체화하는 예산서를 제시할 필요가 있다. 비용이 많이 드는 대규모 프로젝트에

어떻게 생각하는가 재논의

교무처장과 학생 신문 간에 시간제 교수의 강의 정도에 대해 의견이 다르다면, 그들은 상이한 분석단위를 사용했기 때문이다. 신문은 교수진의 52%가 시간제라고 말했으며, 교무처장은 학점의 70%를 전임 교수진이 담당한다고 말한 것이다. 여기에 제시된 표는 전형적인 시간제 교수는 한 과목 즉 3학점을 가르치는 반면 전형적인 전임 교수는 세 과목 즉 9학점을 가르친다고 가정하여 위의 두 주장이 어떻게 모두 옳은지 보여준다. 단순화를 위해, 교수가 100명이 있다고 가정한다.

이런 가상적 예시에서, 전임 교수진은 588학점 중 432학점인 73%를 담당했다. 여러분도 알 수 있듯이, 분석단위가 무엇인지를 명확히 하는 것이 매우 중요한 문제가 된다.

교수 지위	수	교수별 담당 학점	담당 총학점
전임	48	9	432
시간	52	3	156
합계			588

는 인력, 장비, 소모품, 전화, 우편요금과 같은 예산항목이 포함된다. 스스로 비용을 감당하는 프로젝트의 경우에도 시간을 들여서 사무용품, 복사, 컴퓨터 디스켓, 전화, 교통 등에 들어가는 비용을 예상하는 것도 좋은 생각이다.

제도적 검토위원회

연구설계에 따라서는 인간 대상자들에 대한 보호를 보장하기 위해 여러분의 계획서를 학교의 제도적 검토위원회에 제출하여 승인을 받을 필요가 있다. 여러분의 교수가 이와 관련하여 자문해줄 수 있다.

곧 알 수 있겠지만, 사회조사 프로젝트의 수행에 관심이 있다면 교수나 자금지원 기관이 요구하지 않더라도 자신을 위해 연구계획서를 준비하는 것이 좋다. 여러분이 그런 프로젝트에서 시간과 에너지를 투자한다면 여러분은 투자에 대한 수익을 보장받기 위해서라도 할 수 있는 일을 해야 한다.

여러분은 지금쯤 사회조사에 대한 전반적 개요를 습득했을 테니 이 책의 나머지 장으로 진행해서 정확히 어떻게 설계하며 각각의 구체적 단계를 어떻게 실행해나갈 것인지에 대해 공부할 수 있다. 실제로 흥미를 끄는 주제를 발견했다면 그 주제에 대해 어떻게 연구할 것인지를 알게 될 것이므로 그 주제를 명심해두기 바란다.

4.11 연구설계의 윤리

연구 프로젝트 설계에서는 윤리적 차원에 대해 심각히 고려할 필요가 있다. 우선 인간 대상자들의 참여가 필요하면, 그 연구의 개연적 이익이 참여자들이 기여하게 될 시간과 노력에 합당한지를 결정해야 한다.

또한 여러분은 3장에서 논의한 윤리 지침에 부합하도록 연구를 설계하고자 할 것이다. 예를 들면, 연구대상자들의 사생활과 복지가 보호를 받을 수 있도록 해야 한다. 이미 지적했듯이 연구설계는 제도적 검토위원회가 검토하도록 하는 것이 적절할 수 있다.

요점

머리말

- 어떤 연구설계이든 연구자들은 발견하고자 하는 것을 가능한 한 명확히 구체화하고 그렇게 할 수 있는 최선의 방법을 결정해야 한다.

연구의 세 가지 목적

- 사회연구의 주요 목적에는 탐색, 기술, 설명이 있다. 조사연구에는 종종 하나 이상의 목적이 있다.
- 탐색은 어떤 현상에 대한 초기의 개략적 이해를 하기 위한 시도이다.
- 기술은 연구 중인 인구나 현상의 특징에 대한 정밀한 보고 또는 측정이다.
- 설명은 연구 중인 현상의 제반 측면 간 관계의 발견과 보고이다. 기술적 연구가 '무엇이 어떠한가?'라는 질문에 답을 주는 반면, 설명적 연구는 '왜?'라는 질문에 답을 주는 경향이 있다.

사례기술적 설명

- 사례기술적 설명은 하나 혹은 제한된 사례의 사건과 상황을 야기한 원인에 대해 포괄적 이해를 추구한다.
- 연구 중인 사회과정을 살아가는 사람들이 제공하는 설명에 주의를 기울여라.
- 서로 다른 장소나 혹은 동일한 장소이지만 서로 다른 시간에 발견할 수 있는 유사한 상황을 비교하면 통찰력을 얻을 수 있다.

법칙정립적 설명의 논리

- 사례기술적 설명 모델과 법칙정립적 설명 모델은 둘 다 인과관계 설정이라는 관념에 기반을 둔다. 사례기술적 모델은 모든 적합한 인과 요인을 사용하여 특정한 현상에 대해 완전히 이해하는 데 목표가 있다. 법칙정립적 모델은 소수의 적절한 인과 요인을 사용하여 일단의 현상에 대해—반드시 완전한 이해가 아니라—일반적으로 이해하는 데 목표가 있다.
- 법칙정립적 분석에서 인과관계를 설정하는 데는 다음과 같은 세 가지 기본적 판단기준이 있다. (1) 변수들은 경험적으로 관련, 즉 상관이 있어야 하며, (2) 원인 변수는 그 변수가 영향을 줄 것이라고 말하는 변수보다 시간적으로 앞서 발생해야 하며, (3) 관찰된 결과는 다른 변수의 효과로 설명되어서는 안 된다.

필요원인과 충분원인

- 단지 관련, 즉 상관이 있다고 해서 그 자체로 인과관계가 성립되는 것은 아니다. 허위 인과관계는 실제로는 하나 이상의 다른 변수에 의해 유발되는 관계이다. 이에 대해서는 15장의 다원분석에서 자세히 들여다볼 것이다.

분석단위

- 분석단위는 사회연구자가 관찰, 기술, 설명하는 사람 혹은 사물이다. 사회연구의 분석단위는 전형적으로 개인이지만, 사회집단, 공조직, 사회적 상호작용, 사회적 가공물, 혹은 생활양식 등 다른 현상일 수도 있다.

- 생태학적 오류는 집단 속성(선거구)에 대한 분석으로부터 이끌어낸 결론이 개인들(투표자)에게 적용되는 것을 포함한다.
- 환원주의는 많은 이유가 있는데도 불구하고 미국혁명을 단지 경제학(혹은 정치적 이상주의나 심리학) 측면에서 설명하려는 시도와 같이, 좁은 범위의 개념으로 복합적 현상을 이해하려는 시도이다.

시간 차원

- 시간에 따라 일어나는 과정에 대한 연구는 횡단연구나 종단연구를 통해 다룰 수 있는 사회적 도전이 된다.
- 횡단연구는 한 시점에서 이루어진 관찰에 기반을 두고 있다. 이런 연구는 이러한 특징에 의해 제한을 받지만, 연구자들은 가끔 시간에 따라 일어나는 과정을 추론할 수 있다.
- 종단연구의 경우 여러 시점에서 관찰이 이루어진다. 그런 관찰은 모든 사람으로부터 추출된 표본(추세연구)이나 구체적 하위집단에서 추출된 표본(코호트 연구), 혹은 매번 동일한 사람들(패널연구)에 대해 이루어질 수 있다.

혼합유형

- 대부분의 연구는 자료를 수집하기 위해, 이를테면 서베이, 실험, 현장조사 등 단일 방법을 사용하지만 어느 한 연구에서 둘 이상의 방법을 사용하면 보다 종합적으로 이해할 수 있다.

연구 프로젝트 설계방법

- 연구설계는 초기의 흥미, 아이디어, 혹은 이론적 기대를 가지고 출발하며, 개념, 방법, 절차가 잘 규정되도록 연구의 초점을 좁혀나가는 일련의 연관된 단계를 거친다. 좋은 연구계획은 이런 단계를 모두 사전에 설명한다.
- 연구자들은 연구를 시작할 때 연구개념 혹은 변수의 의미를 구체화하고, 연구방법(예를 들어, 실험 대 서베이)을 선택하며, 연구집단을 그리고 경우에 따라서는 그 집단을 어떻게 표집할 것인지를 구체화한다.
- 연구자는 연구할 개념을 조작화하기 위해 연구에서 사용되는 변수들을 어떻게 측정할 것인지 정확하게 진술한다. 그리고 연구는 관찰, 자료의 가공과 분석, 그리고 결과 보고와 함의 평가 등의 적용 순서로 진행한다.

연구계획서

- 연구계획서는 왜 연구를 수행하며 어떻게 수행할 것인지에 대한 예고이다. 연구 프로젝트를 진행하기 위해서는 종종 승인이나 필요한 자원을 얻어야 한다. 그렇지 않은 경우에도 연구계획서는 유용한 도구이다.

연구설계의 윤리

- 연구설계는 사회조사사의 윤리적 제한을 어떻게 준수할 것인지를 보여줘야 한다.
- 제도적 검토위원회가 여러분의 연구계획서를 검토하도록 하는 것이 적절할 것이다.

핵심용어

분석단위(units of analysis)
사회생물학(sociobiology)
사회적 가공물(social artifact)
상관(correlation)
생태학적 오류(ecological fallacy)
종단연구(longitudinal study)
추세연구(trend study)
코호트 연구(cohort study)
패널 사망력(panel mortality)
패널연구(panel study)
허위관계(spurious relationship)
환원주의(reductionism)
횡단연구(cross-sectional study)

사회조사연구 제안: 설계

이 장에서는 사회연구가 구조화될 수 있는 여러 가지 방법들을 열거했다. 연구 프로젝트를 설계할 때는 이들 중 어느 것을 활용할 것인지 구체화할 필요가 있을 것이다. 여러분의 목적이 특정 주제를 탐색하는 것인가? 혹은 관찰하는 사회의 차이와 과정에 대해 상세하게 기술하는 것인가 아니면 설명하는 것인가? 인과분석을 계획하고 있다면, 어떻게 조직할 것인지에 대해 기술하고 그 목적을 추구해야 한다.

어느 한 시점의 자료를 수집할 것인가 아니면 서로 다른 시점의 자료를 비교할 것인가? 어떤 자료수집 기법을 사용할 것인가?

복습문제

1. 이 장에서 사용된 하나의 예는 정치적 지향이 마리화나 합법화에 대한 태도의 원인이 된다는 점을 시사한다. 여러분은 시간 순서가 여기서 가정된 것과 반대라는 주장을 펼칠수 있는가?
2. 실제 연구주제의 예가 몇 개 있다. 각각에 대해 분석단위를 말해보라. (해답은 이 장의 끝에 있다.)
   a. 여성은 남성보다 집 밖에서 일하는 시간이 더 적기 때문에 남성보다 TV를 더 많이 시청한다. … 흑인들은 백인보다 하루 평균 약 3/4시간 이상 TV를 더 본다. (Hughes, 1980: 290)
   b. 1960년에 인구가 10만 명 이상인 130개 미국의 법정도시들 중 126개 도시에는 2개의 미국병원협회가 인정하는 단기 비영리 일반 병원이 있다. (Turk, 1980: 317)
   c. 초기의 TM(초월적 명상) 조직은 소규모이며 비공식적이었다. 1959년 6월에 시작한 로스앤젤레스 집단은 회원의 집에서 모였는데, 그 집에는 우연히도 마하리시(Maharishi)가 살고 있었다. (Johnston, 1980: 337)
   d. 그러나 간호사들은 간호체계를 변경하는 결정 … 에 대해 강력한 영향을 행사하는 것으로 보인다. … 반대로 행정가와 의사가 지배하는 결정 중에는 … (Comstock, 1980: 77)
   e. 2백만 명의 미국 농부 중에서 667,000명이 여성이지만, 여성은 역사적으로 농부라기보다는 농부의 아내로 여겨져왔다. (Votaw, 1979: 8)
   f. 정신장애인 집단거주시설에 대한 공동체의 반대를 분석한 바에 의하면, 하류층 근린은 반대조직을 결성할 가능성이 높지만, 중상층 근린은 지방 공무원에게 개인적으로 접근하는 방법을 선호할 가능성이 높다. (Graham and Hogan, 1990: 513)
   g. 1960년대의 분석가들은 흑인의 경제적 야심과 정치적 호전성의 증가로 인해, 흑인 주류의 '내세' 교회에 불만이 촉발될 것이라는 예측을 했다. (Ellison and Sherkat, 1990: 551)
   h. 이 분석은 현대 조직론의 명제와 경험적 발견이 사적 생산물을 직접 생산하는 조직(PPO)과 공적 인간 서비스 조직(PSO)에 적용되는지를 탐색한다. (Schiflett and Zey, 1990: 569)
   i. 이 논문에서는 직무역할들 간 직제구조의 차이를 조사한다. 1985년 3,173개의 캘리포니아 시민서비스 체제의 직제들을 분석하여 직위, 기능, 혹은 특정 조직의 입지를 차별화하는 업무 범주들을 양산함에 있어서 어떻게, 왜 직무들에 차이가 있는지 조사한다. (Strang and Baron, 1990: 479)
3. 허위관계의 논리를 복습하시오. 두 개의 변수 간에 관찰된 관계가 실제로는 제3의 변수에 의해 설명되는 예를 생각해볼 수 있는가?
4. 연구자가 생태학적 오류를 범하는 예를 이 교재에서 다룬 것과 다르게 만들어보라.

복습문제 2번의 분석단위 해답

a. 남성과 여성, 흑인과 백인(개인)
b. 미국의 법정도시(집단)
c. 초월적 명상 조직(집단)
d. 간호진(집단)
e. 농부(개인)
f. 근린(집단)
g. 흑인(개인)
h. 서비스 및 생산 조직(공조직)
i. 직제(가공물)

CHAPTER

05

개념화, 조작화, 측정

▶ 개관

개념화, 조작화, 측정이라는 서로 연관된 세 가지 단계는 연구자로 하여금 연구주제를 위한 일반적인 아이디어를 현실세계 연구를 위한 유용하고 타당하며 실제적인 측정으로 바꿀 수 있게 해준다. 이 과정의 중요한 본질은 일상어처럼 상대적으로 모호한 용어들을 명확하게 정의하고 측정할 수 있는 의미를 지닌 정확한 연구대상으로 바꾼다는 것이다.

Dragon Images/Shutterstock.com

학습목표

- 구상개념, 개념 및 구성이 현실과 어떻게 관련되는지를 설명할 수 있다.
- 개념화 과정에 대해 설명할 수 있다.
- 정의가 설명적 연구보다 기술적 연구에서 더 중요하다는 주장에 대해 논의할 수 있다.
- 조작 변수에 대해 여러분이 가진 많은 선택지를 식별하고 설명할 수 있다.
- 정밀도, 정확성, 신뢰성 및 유효성을 구별하고 측정 기술의 품질에 어떤 영향을 미치는지 논의할 수 있다.
- 측정에 관련된 결정이 윤리적인 문제를 동반할 수 있다는 것을 설명할 수 있다.

5.1 머리말

이 장과 다음 장에서는 연구자들이 연구하고자 하는 일반적인 아이디어를 가지고 어떤 방식으로 현실세계를 효과적이고 잘 정의된 측정을 통해 조사하게 되는지를 살펴본다. 이 장은 서로 연관된 과정인 개념화, 조작화, 그리고 측정을 다룬다. 6장에서는 이에 기반하여 보다 복잡한 측정 유형에 관해 살펴볼 것이다.

'대학에 대한 만족'이라는 개념을 생각해보라. 여러분은 매우 만족한 사람들을 몇몇 알고, 아주 불만족한 사람들도 알고, 이 두 집단의 중간에 있는 많은 친구들을 알고 있을 것이다. 더구나 여러분 자신을 이 만족 수준 스펙트럼상의 어딘가에 위치시킬 수도 있을 것이다. 일반적으로는 아마 이 정도면 되겠지만, 다른 많은 학생들을 이 지점에 위치시키려면 어떻게 측정해야 하는가?

학생들이 대화 중에 ("이 대학은 형편없어."라고 말하는 것처럼) 그 학생을 어디쯤에 놓으면 될지 실마리가 될 만한 내뱉는 말을 참고할 수 있다. 아니면 더 적극적으로 노력해서, 학생들의 만족 수준을 알아내기 위해 ("너는 ~에 대해 어느 정도 만족하니?" 같은) 질문을 만들어낼 수도 있다. 수업출석, 캠퍼스 시설 이용도, 학장실에 방화하기 등과 같은 특정 행동들이 상이한 수준의 만족도를 드러낼 수도 있다. 여러분이 대학생활 만족도를 측정하는 방법을 생각한다면, 이 장의 주제에 진입한 셈이다.

먼저, 사랑, 미움, 편견, 신앙심, 급진성, 소외 등과 같은 삶의 문제들을 측정하는 것이 정말로 가능한지에 대해 사람들이 때때로 가지게 되는 우려에 대한 논의로 이 장을 시작해보자. 다음 몇 장에서는 연구자들이 존재하는 것이라면 어떤

어떻게 생각하는가

사람들은 때때로 중요한 무엇에 대해서 사회연구자가 측정하고 공부하는 능력을 의심하곤 한다. 예를 들자면, 많은 사람들에게 종교적 신앙은 깊고 중요한 삶의 일부다. 하지만 신앙심이 있든 없든 사람들은 사회연구자가 어떤 사람이 얼마나 신앙심이 깊은지를 측정하는 능력이나—더 어렵지만—왜 어떤 사람들은 종교적이고 다른 이들은 그렇지 않은지를 측정하는 능력을 의심할 수 있다.

사회연구자는 어떤 사람이 종교적이다, 또는 어떤 특정 인구에 있어서 얼만큼의 사람들이 종교적이다 등의 문제에는 정확히 답하지 못할지라도, 종교 신앙심의 원인은 어느 정도까지 측정할 수 있다. 어떻게 하는 것일까?

이 장의 말미에 있는 〈어떻게 생각하는가: 재논의〉를 참조하라.

Steve Broer/Shutterstock.com

것이든 측정할 수 있다는 것을 살펴볼 것이다. 일단 그 점을 확인한 다음에, 실제로 연구자들이 어떻게 측정하는지를 하나씩 단계적으로 살펴보자.

5.2 존재하는 무엇이건 측정하기

이 책의 앞에서 과학의 양대 지주 중 하나가 관찰(observation)이라고 밝혔다. 관찰이라는 용어가 일상적이고 수동적인 행위를 의미할 수 있기 때문에, 과학자들은 이 대신에 측정(measurement)이란 용어를 종종 쓰는데, 이는 변수를 구성하는 속성에 의해 대상이나 현상을 기술해내기 위해 현실세계를 조심스럽게 또 의도적으로 관찰한다는 의미이다.

〈어떻게 생각하는가〉에 언급된 사람들처럼, 여러분은 과학이 인간의 사회적 존재의 진짜 중요한 측면들을 측정할 능력이 있다는 점을 완전히 믿지 못할 수도 있다. 만약 여러분이 진보주의, 신앙심, 혹은 편견 같은 문제를 다룬 연구보고서를 읽는다면, 연구자들이 연구대상을 측정한 방식이 불만족스러울 수도 있다. 너무 추상적이거나 정말로 가장 중요한 측면을 놓치고 있다고 느낄 수도 있다. 신앙심을 교회에 가는 날 수로 측정했을 수도 있고, 어떤 한 선거에서 어떻게 투표했는가로 진보주의의 정도를 측정했을 수도 있다. 측정방식에 의해 당신 자신이 잘못 범주화되었음을 알게 되면 더욱더 그 조사에 불만족을 느낄 것이다.

당신의 불만족감은 사회조사에 관한 중요한 사실을 반영하고 있다. 우리가 연구하고자 하는 대부분의 변수들은 바윗덩이가 존재하는 것과 같은 식으로 실제로 존재하는 것이 아니다. 실제로 이것들은 만들어진다. 더구나 단 하나만의 분명한 의미를 가지고 있는 경우는 드물다.

이 의미를 명확히 하기 위해, '정당에 대한 선호'를 연구하려 한다고 가정해보자. 이 변수를 측정하기 위해, 우리는 등록된 유권자 명부를 보면서 이들이 민주당원 혹은 공화당원으로 등록되었는지를 알아보고 이를 정당선호의 측정치로 삼을 것이다. 그러나 사람들에게 어떤 정당을 좋아하는지를 단순히 물어보아서 그 응답을 측정치로 삼을 수도 있다. 이 두 가지 서로 다른 측정 가능성은 '정당 선호도'에 대해 약간 상이한 정의를 반영한다는 점에 주목할 필요가 있다. 심지어 다른 결과가 나올 수도 있다. 어떤 이는 오래전에 민주당원으로 등록했지만 시간이 지나면서 공화당의 정치철학으로 점점 더 기울었을 수도 있다. 혹은 어느 정당에도 가입하지 않았지만, 질문을 받으면 자신이 가장 친밀하게 느끼는 한 정당을 선호한다고 답할 수도 있다.

종교적 선호(religious affiliation)에도 마찬가지 문제가 적용된다. 때로 이 변수는 특정 교파에 공식적으로 등록된 신자의 수를 의미하기도 하고, 경우에 따라서는 단지 어떤 종교를 믿을 경우에 자신이 가장 가깝게 속한다고 생각하는 교파를 의미하기도 한다. 미사에 참석하는 것 등 다른 측면을 의미할 수도 있다.

여기서 한 가지 진실은, 현실의 객관적인 측면을 '실제(reality)'라고 의미 부여하는 경우에 '정당 선호'이건 '종교적 선호'이건 전혀 '실제' 의미를 갖지 않는다는 점이다. 이런 변수들은 자연상태로 존재하지 않는다. 이것들은 사회연구를 수행하기 위한 경우처럼 특별한 목적에 따라 만들어지고 특정한 의미가 부여된 용어에 불과하다.

많은 사회연구자들(그리고 다른 사람들)에게 흥미로운 변수 주제인 '편견'에 대해 더 자세히 살펴보자.

1970년 초반에 일리자 앤더슨(Elijah Anderson)은 흑인 노동자 계급이 집중되어 있는 시카고 남쪽에 위치한 젤리스라는 바 겸 양주집을 3년 동안 공부했다. 많은 사람들이 여전히 도심지역의 낙후된 동네는 사회적으로 혼란스럽고 비조직화되어 있다고 믿는 반면에, 앤더슨의 연구는 그곳에도 분명한 사회구조가 있어서 구성원들의 행동을 이끈다는 것을 확실히 보여주었다. 그의 관심 대부분은 사회적 지위의 체계에 집중되었고 55세 이상의 중년 남자들이 친구들 사이에서 지위를 점하기 위해서 젤리스 바에서 어떻게 지내는지를 관찰했다.

도시생활에 관한 이 고전적 연구의 2판 『A Place on the Corner: A Study of Black Street Corner Men』(2004)에서 앤더슨은 젤리스 바와 그 이웃에게로 돌아갔다. 거기서 그는 여러 가지 변화를 발견했는데, 제조업 일자리들이 해외로 대거 아웃소싱되어서 그 지역 거주자들에게 경제적, 정신적인 공황을 초래했기 때문이었다. 이러한 변화는 또한 사회조직의 성격을 바꾸었다.

조사방법을 배우는 학생들에게 그의 책은 자연적인 상황에서 자신들이 관찰의 대상이 되는 사람들과 어떻게 좋은 관계를 확립해야 되는지에 대해 많은 통찰력을 제공한다. 더 나아가 앤더슨의 연구는 질적 연구를 통해 개념이 어떻게 확립되는지에 대한 훌륭한 예를 제시해준다.

PETER TOBIA/KRT/Newscom

사회학자 일리자 앤더슨

여러분은 인터넷에 "일리자 앤더슨 '구석 자리'"를 검색해서 이 노련한 사회연구자가 어떻게 길거리 사회의 체계를 밝혀냈는지 더 자세히 볼 수 있다. 여기서 배운 내용은 다른 많은 연구에도 적용 가능하다.

변수나 단어의 정의는 사회연구에서 그리고 실제 삶에서 중요하다. 2012년 선거에서 당시에 미주리주의 의원이던 토드 아킨은 '합법적 강간'은 보통 임신이 되지 않는다는 말을 하여 논란이 되었다; 즉 그의 입장에서 강간은 낙태에 대한 정당한 이유가 아니었던 것이다. 아킨의 별난 단어 선택에 의하면, 한발 더 나아가 '합법적 살인' 또는 '합법적 은행 강도짓' 등이 가능해진다. 분석을 해보자면 아마 그 의원은 '진짜 강간'에 가까운 의미를 뜻했겠지만, 그마저도 의미가 불분명하며, 결국 개개인에게 정의를 내리게 만든다. 어떤 단어를 선택했든 간에, 정의는 결국 '알아서 내리는' 것이 되어버린다. 하지만 우리가 어떻게 알겠는가? 당연히 단어는 개개인에게 다른 의미를 뜻한다. 대학 관계자들이 학교 내에서 일어나는 놀라운 강간 사건들을 처리하려고 할 때, 그들은 '강간'이 정확히 어떤 것을 의미하는지 모호하여 어려움을 겪었다.

당연히 우리는 어떤 남성이 여성을 쓰러트리고 칼을 목에 들이밀며 강제로 성관계를 한 것을 강간이라 정의할 수 있을 것이다. 또는 폭력을 쓰겠다는 협박이나, 데이트 폭력 마약 로힙놀 (루피) 등을 사용하는 것도 강간이라 정의할 수 있다. 하지만, 그 이상은 불분명하다. 강간을 다른 종류의 성폭력, 예를 들면 손으로 더듬는 것과 같은 행위와 구분해야 한다. 하지만 어느 시점에 더듬는 것 같은 성폭력이 강간이 되는 것인가? 꼭 삽입이 있어야만 하는 것인가?

'동의'를 표한다는 것도 복잡하다. 여성이 제대로 된 동의를 표하지 못하는 상황에 대한 문제들이 있다. 당연히 잠시 정신을 잃었다면 동의를 표하지 못하겠지만, 만약 술에 취한 것이라면? 얼마나 술에 취했으며 어떤 상황인지도 중요하지 않은가? "싫어요."를 "싫어요."로 제대로 이해하지 못하는 남성들은 "좋아요."가 정말 "좋아요."인지도 알기 어려울 수 있다.

강간은 매우 실제적인 문제이며, 우리는 실질적인 해결책이 필요하다. 처음에는 별것 아닌 것처럼 보였어도 이제는 정의를 내리는 것이 얼마나 중요한지 알았다. 강간이라는 단어를 떠나서, 테러리스트, 편협자, 진보주의자, 보수주의자,

기독교인 아니면 무슬림이라는 말은 또 어떤가? 우리는 늘상 이런 단어들을 쓰는데, 여러분은 이 단어들을 어떻게 정의하겠는가?

구상개념, 개념, 실제

여러분과 나는 삶을 살아가면서 많은 것을 관찰하게 되고 우리가 관찰했기 때문에 그것들이 실제라는 것을 알며, 다른 사람들에게서도 실제인 것 같은 이야기를 듣는다. 예를 들면 다음과 같다.

- 우리는 사람들이 소수집단 사람들에 대해 나쁘게 말하는 것을 개인적으로 듣곤 한다.
- 사람들은 여성이 남성보다 더 열등하다고 말하는 것을 듣는다.
- 우리는 흑인들이 린치를 당했었다는 것을 읽었다.
- 여성과 소수민족들이 똑같은 일을 하고도 임금을 덜 받는다는 사실을 책에서 읽기도 한다.
- 우리는 한 인종집단이 다른 집단을 몰살하려고 하는 '인종청소'와 전쟁에 대해 알고 있다.

경험이 더 풍부하다면, 더 많은 것을 알 것이다. 흑인 린치에 가담한 사람들은 또한 더 나쁜 명칭으로 흑인을 부를 여지가 크다. 게다가 그런 사람들의 다수는 여성들이 '여자들의 자리에 머무르기를' 원하는 것처럼 여겨진다. 마침내 이런 여러 경향이 종종 같은 사람에게서 함께 나타나는 것으로 보이고 공통점이 있음을 알아차렸다. 그런데 누군가가 "그런 사람들을 일컫는 말로 '편견적'이라는 용어를 사용하자. 비록 그들이 이 모든 짓을 하지는 않더라도, 그들이 이런 점과 상당히 비슷하다면 이 용어를 쓸 수 있다"는 훌륭한 아이디어를 생각해냈다.

기본적으로 동의할 만하고 효율적인 방식이라고 여겨졌기 때문에, 우리는 이 방식을 따르기로 동의했고, 여기서 '편견적'이라는 표현이 나온 것이다. 우리는 절대로 그것을 관찰하지 못한다. 우리는 삶 속에서 우리 각자가 관찰한 일련의 분명하게 연관된 현상들을 표현하는 하나의 간편한 방법으로, 즉 명칭으로 사용하기로 동의한 것뿐이다. 결국 우리가 그것을 만든 것이다.

편견이 우리가 그 용어를 특정한 방식으로 사용하기로 대략 동의한 것과 분리되어서 존재하는 무언가가 아니라는 것을 보여주는 또 다른 실마리를 보자. 우리 각자는 우리가 관찰한 일련의 실제 현상이 일반적으로 무엇을 표현하며 어떤 공통점을 갖는지에 대해 우리 자신의 정신적 이미지를 개발한다. 내가 '편견'이란 단어를 말하면, 여러분의 마음속에 어떤 정신적 이미지가 불러일으켜진다. 이는 우리 마음속에 수천 장의 종이를 담고 있는 서류 서랍이 있고, 각 종이의 오른쪽 위에 라벨이 붙어 있는 것과 같다. 우리 각자의 마음속에 있는 한 종이 위에는 편견이란 용어가 쓰여 있다. 그 종이 위에는 편견에 관해 우리가 들은 모든 내용과 편견의 예로 여겨져서 관찰된 온갖 것이 담겨 있다. 내 종이에는 내가 들은 내용에 덧붙여서 그것의 예로 여겨져서 내가 관찰한 것이 담겨 있고, 그것은 여러분의 종이에 있는 내용과 꼭 같지는 않다.

관습화와 조작화는 우리가 관심을 갖는 변화를 측정하는 방법을 찾는 것을 포함한다.

그런 정신적 이미지에 대한 기술적인 용어, 즉 우리의 정신적인 서류 서랍의 종이가 구상개념(conception)이다. 다시 말해서 나는 편견에 대한 구상개념을 갖고 있고, 여러분도 마찬가지이다. 우리는 이러한 정신적 이미지를 직접 커뮤니케이션할 수는 없다. 그래서 우리는 우리 자신의 정신적 종이의 오른쪽 상단 구석에 쓰인 용어를 우리의 구상개념 및 그와 관련되어 있다고 관찰한 것을 전달하는 방법으로 사용한다. 이 용어들은 우리로 하여금 커뮤니케이션을 할 수 있도록 하고 결국 이 용어들을 통해 우리가 특정하게 의미하는 바가 무엇인지에 동의할 수 있도록 해준다. 사회조사에서 어떤 용어가 의미하는 바에 동의해가는 과정을 개념화(conceptualization)라고 하고, 결과는 개념(concept)이라고 부른다.

개념
'의자'와 같이 실제 의자의 전체적인 집합체를 대표하는 개념

크게 보면, 언어와 의사전달은 우리가 정신적 서류에 갖고 있는 내용이 상당히 일치하는 정도로만 작동한다. 그 서류에 담긴 내용의 유사성은 우리 사회에 존재하는 동의를 나타낸다. 우리가 성장하면서, 비록 우리의 국적, 성, 인종, 민족, 지역, 언어 혹은 다른 문화적 요인들이 개념에 대한 이해를 가려버린다고 하더라도 우리는 어떤 용어를 처음 배우면서 거의 동일한 얘기를 듣는다.

사전은 우리 사회가 그런 용어에 대해 갖고 있는 동의를 공식화한다. 그러면 우리 각자는 그 동의와 맞는 자신의 정신적 이미지를 형성한다. 그러나 우리 모두가 다른 경험과 관찰을 하기 때문에 어떤 두 사람도 자신의 서류체계의 어떤 종이에든 정확히 같은 내용을 담고 있지는 않다. 우리가 '편견' 혹은 '동정'을 측정하려고 한다면 우리는 연구목적에 따라 정확히 무엇이 편견 혹은 동정을 설명하는지를 규정해야만 한다.

구성물로서의 개념

에이브러햄 캐플런(Abraham Kaplan)은 과학자들이 측정하는 세 가지 유형의 현

상을 구분한다. 첫 번째 유형은 직접 관찰할 수 있는 대상이다. 우리가 간단히 그리고 직접적으로 관찰할 수 있는 것들로서, 사과의 색깔 또는 앞에 있는 사람이 뭘 입고 있는가 등에 대한 것이다. 두 번째는 간접적으로 관찰할 수 있는 것으로, "상대적으로 더 미묘하고, 복잡하고, 또는 간접적인 관찰"(1964: 55)을 요한다. 우리가 질문지에서 '여성' 옆에 체크표시를 한다면, 그것은 간접적으로 그 사람의 성별을 관찰한 것이 된다. 역사책 또는 기업 이사회의록은 지나간 사회적 행동에 대한 간접적인 관찰을 제공한다. 마지막으로 세 번째 관찰은 직접적이건 간접적이건 관찰될 수는 없지만, 관찰에 기초한 이론적인 창조물인 구성물(constructs)이다. 한 가지 좋은 예는 지능지수, 즉 IQ이다. IQ는 IQ 검사의 많은 질문에 주어진 대답에 대한 관찰로부터 수학적으로 구성된 것이다. 어느 누구도 IQ를 직접적이건 간접적이건 관찰할 수는 없다. 동정심이나 편견과 마찬가지로 IQ는 사람들의 '실제' 특성이 아니다[요약은 〈표 5-1〉 참조].

요약하면, 개념은 서로간의 동의에 의해 정신적 이미지들(구상개념)로부터 상호간 동의가 이끌어낸 구성물이다. 우리의 구상개념은 관련이 있어 보이는 관찰들과 경험들의 집합이다. 관찰과 경험이 주관적으로는 실제라고 하더라도, 구상개념과 그것으로부터 나온 개념들은 정신적인 창조물일 따름이다. 개념과 연관된 용어들은 서류철과 커뮤니케이션을 위한 목적으로 창조된 도구일 뿐이다. 객관적으로 말해서, 편견 같은 용어는 알파벳을 모아 놓은 것에 불과하다. 그 이상의 본질적인 실재는 없다. 우리가 그것에 부여하기로 동의한 의미가 있을 따름이다.

하지만 보통 우리는 그렇게 구성된 용어들이 본질적인 의미를 갖고 있다고 믿는 함정에 빠져서 세상의 어떤 실체를 지칭한다고 믿곤 한다. 그런 용 어들을 심각하게 생각하고 정밀하게 이용하려고 들 때 위험성은 더 커진다. 게다가 그 용어들이 무엇을 의미하는지 보통 사람들보다 더 잘 알 만한 전문가들에게 그 위험성은 더 커 보인다: 이런 상황에서는 전문가를 믿기가 더 쉽기 때문이다.

일단 우리가 편견이나 동정심 같은 용어들이 실제 의미를 갖고 있다고 가정하면, 그 실제 의미가 무엇이며 그것을 어떻게 하면 정말로 측정할 수 있는지를 밝히려고 하는 곤란한 작업에 몰두하게 된다. 구성물을 실제로 간주하는 것을 물화

표 5-1 사회과학자들이 측정하는 것

	예
직접적으로 관찰 가능한 것	관찰하거나 면접대상인 사람의 신체적 특성들(성, 키, 피부색)
간접적으로 관찰 가능한 것	자기기입식 설문지에 응답한 것으로 드러나는 한 개인의 특성들
구성물	직접 혹은 간접적으로 관찰 가능한 여러 가지를 결합해서 만들어낸 척도(scale)에 의해 측정된 소외의 수준

(reification)라고 한다. 이런 논의가 동정심, 편견, 그리고 이와 유사한 구성물들이 측정될 수 없음을 의미하는가? 흥미롭게도 그렇지 않다. (그리고 좋은 일이기도 하다. 그렇지 않다면 많은 사회조사자들이 할 일을 잃을 것이다.) 우리는 실제적인 것은 무엇이건 측정할 수 있다고 이야기했다. 구성물은 나무가 실제인 것과 같은 방식으로는 실제가 아니지만, 그것들이 유용하다는 점에서 다른 중요한 장점을 갖고 있다. 다시 말해, 우리가 실제인 현상을 조직하고 이해하고, 그것에 관해 커뮤니케이션하는 것을 도와준다. 그것들은 우리가 실제 현상에 대해 예측하는 것을 도와준다. 그런 예측들 중 일부는 사실로 밝혀지기도 한다. 구성물은 그 자체로는 실제가 아니고 관찰될 수 없더라도, 실제이고 관찰가능한 현상들과 분명한 관계를 맺고 있기 때문에 예측에 도움이 되는 것이다. 직 · 간접적으로 관찰가능한 것과 유용한 구성물을 연결해주는 과정이 개념화라고 부르는 과정이다.

5.3 개념화

개념화(conceptualization)는 우리가 연구에서 특정한 용어를 사용할 때 무엇을 의미하는지 정확하게 구체화하는 과정이다. 예를 들어 여성이 남성보다 더 동정심이 많은지 밝히기를 원한다고 가정하자. 내 생각으로는 많은 사람들이 그렇게 생각하겠지만, 그것이 진짜로 그러한지를 밝히는 것은 흥미로운 일이다. 이 경우에 우리는 그 대답에 동의하는 것은 둘째치고라도, 동정심의 의미에 대해 어떤 정확한 작업상 동의를 하지 않고서는 질문을 의미 있게 연구할 수 없다. 그 동의는 질문에 대해 우리가 일을 하도록 허용한다는 의미에서 '작업상' 동의이다. 우리는 어떤 특정한 구체화가 궁극적으로 가장 좋은 것이라는 주장에 대해 동의하거나 또는 동의하는 체할 필요도 없다.

개념화
모호하고 정밀하지 않은 생각(개념)들이 보다 구체화되고 정확해지는 정신적 과정. 예를 들어 편견을 연구한다면, 여러분은 '편견'을 어떤 의미로 쓰는가? 편견에는 어떤 종류가 있으며, 그것들은 무엇인가?

따라서 개념화는 연구목적의 개념에 대한 특정적이고 동의가 이루어진 의미를 만든다. 이처럼 정확한 의미를 특정화하는 과정은 개념을 측정하기 위해 사용할 지표와 차원이라고 불리는 개념의 서로 다른 측면들을 기술하는 것을 포함한다.

지표와 차원

개념화는 우리가 생각하고 있는 하나 혹은 그 이상의 지표들을 특정화함으로써 개념에 명확한 의미를 부여한다. 지표(indicator)는 우리가 연구하는 개념이 존재하거나 또는 존재하지 않음을 나타내는 한 징표이다. 한 가지 예를 들어보자.

지표
연구하고자 하는 변수를 반영한 것으로 여겨서 선택한 관찰, 예를 들면, 예배에 참석하는 것은 종교성의 한 지표로 고려될 수 있다.

우리는 크리스마스에 아동병원을 방문하는 것이 동정심을 나타내는 한 지표라는 데 동의할 수 있을 것이다. 새 둥지에 어린 새들을 다시 넣어 주는 것을 또 다른 지표로 동의할 수도 있을 것이다. 만약 연구의 분석단위가 개인이라면 우리는 연구대상인 사람들 각자에 대해 각각의 지표가 존재하는지 혹은 나타나지 않는지를 관찰할 수 있을 것이다. 그것을 넘어서서 각 개인으로부터 관찰된 동정심의 여러 지표를 더할 수도 있을 것이다. 예를 들어, 10개의 구체적인 지표에 대해 동의하고, 팻에 대한 연구에서 6개가 존재하며, 존(John)에게는 3개, 메리(Mary)에게는 9개의 지표가 나타난다는 식이다.

여성들이 남성들보다 더 동정심이 많을 것이라는 문제로 돌아가서, 우리가 연구했던 여성들이 동정심 지표 중 평균 6.5개를 가지며, 남성들은 평균 3.2개를 갖는 것으로 계산되었다고 하자. 집단 간 차이에 대한 양적 분석에 기초하여, 전체적으로 여성이 남성보다 더 동정심이 많다고 결론을 내릴 수 있을 것이다.

그러나 일반적으로 그렇게 간단하지는 않다. 당신이 소규모 근본주의자 종교집단이 동성애자, 무신론자, 페미니스트 등의 다양한 집단에 대해 가지고 있는 부정적인 관점에 관심이 있다고 상상해보자. 그들은 자신들의 집단에 참여하기를 거부하거나 자신들의 계율을 지키기를 거부하는 누구이건 "지옥에 가서 불탄다."고 주장한다. 당신이 동정심에 대해 가지고 있는 관심의 여지에서 보면, 그들은 별로 동정심이 없어 보인다. 하지만 이 집단의 기록들은 종종 다른 이들에 대한 그들의 동정심을 말하고 있고, 당신은 이 역설적인 면을 확인하려고 한다.

이 연구관심을 끌고 나가려면, 그 종교집단 구성원들과 같이 어울리는 경우를 만들어야 하고 그들을 알아가면서 그들의 관점에 대해 더 많이 배워야 한다. 당신은 그들에게 그 집단에 대해 알기를 원하는 사회연구자라고 말할 수도 있고, 아니면 이유를 말하지 않고 그냥 더 아는 데 관심이 있다고 표현할 수도 있다.

그 집단 구성원과 대화를 하는 중이거나 종교의례에 참여하는 과정에서, 그 집단 구성원들이 '동정심'이라는 용어를 통해 의미하고자 하는 바를 이해하게 되는 상황에 이를 수도 있다. 예를 들어, 당신은 그 종교집단 구성원들이 지옥에서 불타는 죄인들에 대해 너무 많은 걱정을 한 나머지 사람들의 죄스러운 생활방식을 바꾸도록 하기 위해서 일부러 공격적이거나 심지어는 폭력적이 되기도 한다는 점을 알게 될 수도 있다. 이렇게 보면, 그들 자신의 관점에서 볼 때, 그 종교집단 구성원들은 게이나 창녀 혹은 낙태수술을 하는 의사를 폭행하는 것을 동정심에서 나온 행위로 볼 것이다.

사회연구자들은 연구대상자들이 단어나 행위에 부여하는 의미에 주의를 기울인다. 그렇게 하는 것은 관찰되는 행동들을 종종 명백하게 해주고, 위의 경우에 그 종교 신자들이 왜 폭력적 행동을 동정심 있는 것으로 보는지를 이해할 수 있게 해준다. 반면에 단어나 행위가 연구대상자들에게 의미하는 것에 주의를 기울이게 되면 거의 항상 연구자가 관심으로 하는 개념을 복잡하게 만든다.

우리가 개념을 심각하게 다루고 그것이 의미하는 바를 특정화하기 시작할 때마다, 우리는 불일치와 비일관성을 발견하게 된다. 여러분과 내가 동의하지 못할 뿐 아니라, 우리 각자는 자신의 정신적 이미지 속에서도 많은 혼란을 발견할 가능성이 있다. 여러분이 동정심이 의미하는 것을 생각하기 위해 잠시 시간을 갖는다면 아마도 자신의 이미지에 여러 종류의 동정심이 있다는 것을 발견하게 될 것이다. 여러분의 정신적 이미지에 있는 내용은, 말하자면 친구에 대한 동정심, 동료 종교인에 대한 동정심, 인간에 대한 동정심, 새에 대한 동정심 등 집단이나 하위집단으로 결합될 수 있는 것이다. 결합하는 여러 전략을 발견할 수도 있을 것이다. 예를 들어, 그 내용을 감정과 행동으로 분류할 수도 있을 것이다.

그런 분류에 사용되는 기술적 용어는 차원(dimension)이며, 이는 한 개념의 특정한 측면을 뜻한다. 예를 들어, 우리는 동정심의 감정 차원과 행동 차원을 말할 수 있을 것이다. 다른 분류체계에서는 인간에 대한 동정심을 동물에 대한 동정심과 구분할 수 있을 것이다. 또는 동정심을 도움을 필요로 하는 사람들이 원하는 바를 베풀어주는 사람들의 특성과 자기 자신을 위해 원하는 것으로 구분할 수도 있다. 더 다르게는, 용서로서의 동정심과 연민으로서의 동정심을 구분할 수도 있다.

차원
개념의 특정화될 수 있는 측면. 예를 들어 '종교성'은 신념 차원, 의례 차원, 헌신 차원, 지식 차원 등으로 특정화될 수 있다.

따라서 우리는 동정심을 명확하게 규정된 여러 종류의 차원에 따라 구분할 수 있다. 완벽한 개념화는 차원을 구체화하고 각 차원에 대해 다양한 지수를 명시하는 것 모두를 포함한다.

조나단 잭슨(Jonathan Jackson)은 '범죄에 대한 두려움'을 측정하려고 했을 때 일곱 가지 차원을 고려했다.

- 살고 있는 근린에서 3가지 대인범죄와 2가지 재산범죄의 피해자가 될 수 있다고 작성하는 빈도
- 지역에서 각 범죄의 피해자가 될 수 있는 가능성에 대한 평가
- 지역에서 각 범죄의 피해자가 될 수 있는 가능성을 통제할 수 있다고 인식하는 정도
- 각 범죄 결과의 심각성에 대한 인식
- 지역에서 각 범죄의 발생 빈도에 대한 믿음
- 근린의 사회적, 물리적 무례함의 정도에 대한 인식
- 비공식적 사회통제와 신뢰/사회적 자본을 포함한 공동체 응집성에 대한 인식

(2005: 301)

한 변수의 상이한 차원을 분명히 구분하기 위한 개념화가 때로는 다른 종류의 구분을 낳기도 한다. 우리는 같은 단어를 의미상 구분될 수 있는 여러 개념들로

사용해왔다고 인정할 수 있다. 아래 예에서 연구자는, 첫째로 '폭력'이 '대량학살'을 충분히 묘사하지 못한다는 점, 둘째로 '대량학살' 개념 자체가 여러 가지 다른 현상을 내포한다는 점을 발견한다. 이 결론에 이르게 된 과정을 살펴보자.

다니엘 치롯과 제니퍼 에드워즈(Daniel Chirot and Jennifer Edwards)가 '대량학살' 개념을 정의하려고 시도했을 때, 그들은 기존에 있는 가정들이 그들의 연구 목적에 비추어 매우 정확하지 않다는 것을 알게 되었다.

> UN은 애초 이 용어를 '전반적이든 부분적이든 간에, 국가적, 민족적, 인종적, 혹은 종교적 집단을' 멸망시키려는 시도라고 정의했다. 만약 대량학살이 다른 유형의 폭력과 구분된다면, 이 용어는 그 자체만의 독특한 설명을 필요로 한다.
>
> (2003: 14)

이 인용문의 마지막 문장에 주의할 필요가 있는데, 왜냐하면 그것이 연구자들이 자신들이 연구하는 개념을 특정화하는 데 왜 그렇게 조심스러워하는지에 대해 중요한 통찰력을 제공하기 때문이다. 만약 유태인 대량학살(홀로코스트) 같은 대량학살이 강도나 살인처럼 단순히 폭력의 또 다른 예에 불과하다면, 일반적인 폭력에 대해 우리가 알고 있는 바가 대량학살을 설명할 것이다. 만약 그것이 다른 형태의 폭력과 다르다면, 우리는 그것에 대한 다른 설명을 필요로 할 것이다. 그래서 이 연구자들은, 그들의 연구목적상 '대량학살'이 '폭력'과 구분되는 개념이라는 착안에서 시작했다.

그러고 나서 치롯과 에드워즈는 대량학살의 역사적 사례들을 조사해감에 따라, 대량학살적 무차별 폭력을 시작하는 동기들이 매우 달라서 모두 '대량학살'이라고 불리기는 하지만 실제로는 전혀 다른 네 가지 구분되는 현상을 대변한다고 결론짓기 시작했다.

1. **편의** 때때로 한 집단 사람들을 말살하려는 시도는 줄리어스 시저(Julius Caesar)가 전투에 패한 부족을 말살하려고 시도했던 것처럼, 다스리기 힘들 것이라는 점을 우려해서 이루어진다. 혹은 19세기 초반에 미국 남동부 체로키 인디언 땅에서 금이 발견되었을 때 '눈물의 이주'라고 알려진 것처럼 그들이 오클라호마로 강제 이주된 것도 한 예인데, 이 과정에서 고향을 강제로 떠나야 했던 인디언의 반수가 결국 죽고 말았다.
2. **복수** 2차 세계대전 초반에 난징의 중국인들이 일본군의 침략에 용감하게 대항했을 때 점령 일본군은 그들이 미천하게 여겼던 자들에게 모욕을 당했다고 느꼈다. 1937~1938년 '난징대학살'에서 수만 명의 중국인이 살육되었다.

3. **두려움** 전 유고슬라비아에서 최초에 발생했던 인종청소는 적어도 부분적으로는 코소보의 알바니아인 인구가 증가해서 숫자상 정치적 힘을 얻을 것이라는 우려와 경제적 경쟁에 따른 동기가 깔려 있다. 이와 비슷하게 르완다에서 후투족이 투치족을 말살하려는 시도 역시 되돌아오는 투치 피난민들이 국가통제를 장악할지도 모른다는 두려움에서 출발했다. 종종 이러한 집단 간의 두려움은 오랜 역사를 통한 서로 간의 잔학행위에 기인한다.
4. **정화** 아마도 대량학살 사례 중 가장 널리 알려진 나치의 홀로코스트는 '아리안 민족'의 정화를 위해 의도되었다. 유태인이 주 목표였지만 집시, 동성애자 및 다른 여러 집단들도 포함되었다. 다른 예로는 1965~1966년에 인도네시아에서 공산주의자에 대해 이루어진 마녀사냥이나 1970년대 폴포트 정권에서 크메르족이 아닌 캄보디아인들을 말살하려고 했던 시도가 있다.

대량학살에 관한 어떤 단일 이론도 이 다양한 형태의 폭력(파괴)을 설명할 수 없다. 실제 이런 개념화는 네 가지 구분되는 현상이 있음을 시사하는데, 각각은 별도의 설명이 필요하다.

한 개념의 다른 차원을 구체화하는 것은 종종 우리가 연구하고 있는 것을 더 세련되게 이해하기 위한 길을 놓아주는 경우가 많다. 또 다른 예를 들어보자면, 우리는 감정적인 면에서는 여성이 더 동정심이 있으며 남성은 행동적인 면에서 더 동정심이 있다거나 또는 그 반대라는 것을 관찰할 수 있을 것이다. 어느 쪽이 사실로 밝혀지건 간에 사실이 그렇다면, 우리는 남성 또는 여성 중 어느 쪽이 실제로 더 동정심이 있는지를 말할 수 없을 것이다. 우리의 연구조사는 그 질문에 대한 유일한 답이 없다는 것을 보여주게 될 것이다. 이것만으로도 우리가 현실을 이해하는 데 있어서 진일보했다는 것을 보여준다.

지표의 호환성

지표가 '비현실적'인 구성을 통해, 현실을 이해하려는 우리의 시도를 도와줄 수 있는 다른 길이 있다. 잠시 우리가 동정심과 그것의 다양한 차원에 대해 100개의 지표목록을 작성했다고 가정하자. 더 나아가 어떤 지표가 동정심의 존재나 부재를 가장 명백하게 증명해주는지에 대해 상당한 불일치가 존재한다고 가정하자. 만약 우리가 일부 지표에 대해 상당히 동의한다면 그 지표에 주목할 수 있을 것이며, 그 지표가 제공하는 대답에 대해 아마도 동의할 수 있을 것이다. 그러나 그 지표 중 어떤 것에도 정말로 동의하지 않는다고 가정하자. 놀랍게도 우리는 여전히 남성과 여성 중 어느 쪽이 더 동정심이 있는지에 대해 동의에 이를 수 있다.

그 방법은 지표의 호환성에 달려 있다.

그 논리는 다음과 같다. 우리가 지표들의 값에 대해 완전히 동의하지 않는다면, 하나의 해결책은 그 지표 모두를 연구하는 것이 될 것이다. 여성이 당신이 좋아하는 모든 지표와 내가 좋아하는 모든 지표, 다시 말해 100개 모두의 지표에서 남성보다 더 동정심이 있는 것으로 나타났다고 가정하자. 그러면, 일반적으로 동정심이 정확히 무엇을 의미하는지에 대해서는 동의하지 않을지라도, 여성이 남성보다 더 동정심이 있다는 것에는 동의할 수 있을 것이다.

지표의 호환성(interchangeability of indicators)이란 여러 다른 지표 모두가 일정 정도 동일한 개념을 대표하면, 그 지표 모두는 개념이 실제로 존재하고 관찰될 수 있는 것처럼 사용되는 것과 마찬가지 방식으로 움직일 것이라는 것을 의미한다. 따라서 무엇이 '동정심'인지에 대한 기본적인 동의를 전제로 하여, 여성이 일반적으로 남성보다 더 동정심이 있다면, 우리는 동정심에 관한 어떤 그럼직한 측정을 이용하건 간에 그 차이를 관찰할 수 있어야만 한다. 반대로, 만약 여성들이 일부 지표에서는 남성들보다 더 동정심이 많고 일부 지표에서는 그렇지 않다면, 우리는 그 두 지표들이 동정심의 다른 차원을 나타내고 있지 않은가를 살펴보아야 한다.

이제 우리는 개념화와 측정의 기본적인 논리를 알게 되었다. 다음의 내용들은 주로 지금까지 논의해온 것을 정교화하고 확장하는 것이다. 그러나 측정의 기술적인 정교화로 넘어가기 전에, 기준, 일관성, 공통성 등이 담겨 있는 용어에 사회연구자들이 의미를 부여하는 방식을 살펴보면서 개념화를 보완할 필요가 있다.

실제적, 명목적, 조작적 정의

앞에서 살펴본 것처럼, 사회연구의 설계와 실행은 개념과 실제에 대한 혼동을 명확히 정리할 것을 요구한다. 이러한 목적을 위해서 논리학자들과 과학자들은 세 가지 종류의 정의를 구분하는 것이 유용하다는 것을 발견했는데, 실제적 정의, 명목적 정의, 조작적 정의가 그것이다.

그중 첫 번째는 용어의 물화를 반영한다. 칼 헴펠(Carl Hempel)이 지적한 내용을 살펴보자.

> 전통적인 논리에 따르면, "실제적" 정의는 어떤 표현의 의미를 규정하는 것이 아니라, 어떤 전체의 '본질적인 특징' 혹은 '본질적인 속성들'을 지칭하는 것이다. 하지만 본질적인 특징이라는 의미는 너무 모호해서 엄밀한 조사 목적으로는 그런 특정화가 쓸모없어진다.
>
> (1952: 6)

다시 말해, 개념들의 '실제' 의미를 특정화하려고 시도하는 것은 꼼짝할 수 없는 구렁텅이에 빠지게 할 따름이다. 즉 실체가 오도된 구성의 오류를 낳는다.

과학적 탐구에서 개념의 특정화는 그 대신 명목적 정의와 조작적 정의에 기반한다. 명목적 정의(nominal definition)란 정의가 '실제'의 실체를 반영하고 있다는 어떤 주장도 없이 단지 한 용어에 부여된 정의이다. 명목적 정의는 임의적이지만—만약 내가 원한다면, 동정심을 '바둥거리는 새에서 새털 뽑기'라고 정의할 수도 있다—어쨌든 유용하다. 대부분의 경우에, 특히 커뮤니케이션을 위해서는 동정심에 관한 바로 앞의 정의가 쓸모없을 것이다. 대부분의 명목적 정의는 특정한 용어가 어떻게 사용되는지에 대한 일정한 동의 혹은 관습을 바탕으로 한다.

앞서 2장에서 언급되었기에 기억하고 있을 법한 조작적 정의(operational definition)는 한 개념이 어떻게 측정되어야 하는지를 정확하게 구체화한다. 다시 말해, 우리가 어떻게 조작을 수행할 것인가를 보여준다. 조작적 정의는 실제라기보다는 명목적이며, 주어진 연구의 맥락 속에서 개념이 무엇을 의미하는지를 가장 명백하게 드러내는 장점이 있다. 한 용어가 '실제로' 무엇을 의미하는지에 대해 불일치와 혼동이 있는 가운데서 우리는 조사 목적으로 작업상의 정의를 구체화할 수 있다. 예를 들어, 한 연구에서 사회경제적 지위(socioeconomic status, SES)를 조사하기 위해서 SES란 단지 소득과 교육수준을 합친 것으로 취급한다고 구체화할 수 있다. 이런 결정을 내릴 때, 우리는 SES의 다른 가능한 측면들인 직업지위, 은행예금, 자산, 가문, 생활양식 등을 무시한 것이다. 따라서 조사의 발견은 SES의 개념 정의가 우리가 확인하려는 목적에 유용한 경우에만 흥미 있는 것이 된다. 자세히 알려면 〈어떻게 할 것인가: 개념화〉를 참조하라.

당연히 질문에 쓰인 단어 선택은 답을 좌지우지하지만, 어떤 단어가 어떤 영향을 미칠지 어떻게 알겠는가? 인지 면접(cognitive interviewing)은 이를 위해 유익한 도구이다. 가능한 질문들이 준비되면, 여러분은 사람들이 대답하고 답변하도록 유도할 수 있다.

인지 면접
응답자가 질문을 이해하거나 해석하는 방법을 배우기 위해 면접 환경에서 진행되는 잠재적인 질문

카밀라 프리드와 스티븐 패럴(Camilla Priede and Stephen Farrall, 2011)은 인지 면접을 통해 사회연구 질문의 질을 알아보는 방법을 설명한다. 한 예로 '말하며 생각하기' 방법은 대답하는 사람들이 답을 하면서 질문에 대해 말하도록 한다: 예를 들면 "여기서 나는 내가 마리화나를 사용하고 있다는 것을 당신이 알고 있는지 알고 싶었다고 가정한다." 또는 연구자들은 '언어 조사'를 통해 답을 도출할 수 있다. 미리 준비한 질문이나 아니면 인지 면접 동안에 생각난 질문: "브라우니 빵이 마리화나를 포함하고 있다는 걸 알았을 때 어땠나요?"

랄프 페브르와 그의 동료들(Ralph Fevre and his colleagues, 2010)은 유럽 나라들의 직장에서 동료들이 서로를 괴롭히는 현상을 공부했다. 결론적으로 그들은

어떻게 할 것인가 | 개념화

여기까지 읽었다면 여러분은 언어의 모호함에 대해 대강 감을 잡았을 것이다. 이러한 현상은 사회연구자들에게 어려운 숙제이지만, 실생활에서도 마찬가지다. 캘리포니아 버클리대학의 언어학과 인지 과학과 교수 조지 라코프(George Lakoff)는 오랜 시간 미 선거에 있어서 언어 선택의 중요성에 대해 공부해왔다. 그는 특히 보수가 진보보다 더 유리하다고 제안한다. 예를 들자면, 세금을 내는 것은 시민으로서 정돈된 사회의 규정에 따르는 애국적인 행동이다. 그러므로 세금을 내지 않는 것은 비애국적인 행동이다. 이 상황에서 우리는 종종 세금 회피 또는 탈세라는 단어 대신 세금 감면이라는 단어를 듣는데, 이는 시민들이 정부에 의해 부당하게 짐을 지고 그 불의에 반발하는 이미지를 만드는 것이다. 지적으로 개념화하는 것은 일상생활에 실질적인 결과를 가져온다.

질적 설문을 하고 싶었지만, 괴롭힘 연구에 보다 적당한 방법을 쓰길 원했다. 따라서 그들 연구의 많은 부분은 더 많은 질문을 가진 질적 면접이 차지했다. 이 과정은, 예를 들자면, 참여자들이 괴롭힘을 학교에 국한된 개념으로 생각하고 있어 직장에서의 괴롭힘과 혼돈이 있음을 보여주었다. 더 넓고 깊은 면접 질문들로 인해 설문 대답들은 더 정확한 주제에 맞는 답으로 도출될 수 있었다.

단어 선택은 사회연구자들에게 끝이 없는 도전이며, 다른 단어들을 시험하는 것 또한 끝이 없다. 예를 들면, 엘리노어 싱어와 믹 쿠퍼(Eleanor Singer and Mick Couper, 2014)는 논란이 많은 낙태 관련 이슈가 아기이냐 아니면 태아이냐에 따라 달라질 것이라 여겼다. 이를 알아내기 위해서, 일부 응답자는 태아라는 용어를 사용하여 낙태에 대한 의견을 묻는 테스트를 수행하고, 다른 응답자는 아기라는 단어를 사용하여 동일한 질문을 하고 대답을 요청했다. 놀랍게도 이 경우 단어의 다름은 아무런 결정적 차이를 주지 않았다.

박현주, 만디 샤, 그리고 율린 판(Hyunjoo Park, Mandy Sha, and Yulin Pan, 2014)은 인지 면접이 영어권이 아닌 문화에서는 더 특별한 주의가 필요하다고 밝혔다. 예를 들면 한국에서는 비판적인 질문이 예의에 어긋난다고 여겨졌고, 그래서 인지 면접의 효율성에 문제가 되었다. 하지만 각 문화에 맞는 주의를 기울임으로써, 그들은 인지 면접이 효과적으로 진행될 수 있음을 발견했다.

개념적 질서의 창조

개념을 명확하게 하는 것은 사회연구에서 끊임없이 지속되는 과정이다. 캐서린 마셜과 그레첸 로스만(Catherine Marshall and Gretchen Rossman, 1995: 18)은 연구자의 관심이 점차 좁혀지게 되는 '개념적 깔때기'가 있다고 주장했다. 따라서 사회행동주의에 관한 일반적인 관심이 '권력 획득과 사회 변동에 헌신하는 개인들'로 좁혀지고, 더 나아가서는 '어떤 경험이 사회행동주의자를 만드는가'와 같은 질문의 답을 구하는 데로 초점이 좁혀진다. 이런 초점화 과정은 우리가 사용하는 언어와 어쩔 수 없이 연계되어 있다.

어떤 질적 조사연구에서는 개념을 명백히 하는 것이 자료수집의 가장 중요한 요소이다. 미국 사회에서 억압에 저항해 싸우는 급진 정치집단에 대해 면접과 관찰을 수행하고 있다고 가정해보라. 여러분이 그 구성원들의 경험과 세계관에 접근해가면 갈수록 억압이라는 의미가 어떻게 변화할지를 상상해보라. 예를 들어, 처음에 여러분은 억압을 육체적이거나 아니면 경제적인 의미로 생각했을 수 있다. 하지만 그 집단에 대해 더 알면 알수록, 심리적인 억압의 가능성에 대해 더 관심을 두게 될 수 있다.

의미가 보다 확고한 것처럼 보이는 맥락에서조차도 같은 논리가 적용된다. 예를 들어, 문장 성분을 분석하는 데에서 사회연구자는 때때로 훨씬 더 깊은 이해를 뜻하는 순환적인 과정인 '해석학적 원주(hermeneutic circle)'를 이야기하는 경우가 있다.

> 한 문장에 대한 이해는 마치 각 부분의 의미가 기대된 바대로 문장의 전반적인 의미에 의해 결정되는 과정을 통해 이루어진다. 각 부분의 의미에 대한 보다 상세한 규정은 결국 애초에 기대되었던 전체의 의미를 변화시키고, 이것이 다시 각 부분의 의미에 다시 영향을 미치고, 이런 과정은 다시 되풀이된다.
>
> (Kvale, 1996: 47)

'편견'이라는 개념을 생각해보자. 이 용어에 대한 정의를 글로 쓸 필요가 있다고 가정하자. 먼저 인종적, 민족적 편견을 떠올리면서 시작할 수 있지만, 글을 쓰다 보면 아마도 성에 대한 편견, 종교적 편견, 동성애에 대한 편견 같은 것을 그 정의에 포함시켜야 한다는 것을 인식하게 될 것이다. 이처럼 편견에 대한 특정한 유형들 각각에 대해 검토를 하다 보면 일반적인 개념을 전체적으로 이해하는 데 영향을 끼칠 것이다. 하지만 그 개념에 대한 여러분의 일반적인 이해가 변하게 되면, 각각의 편견에 대해 다소 다르게 보게 될 것이다.

모든 사회조사 방법에서 개념을 지속적으로 세련되게 만드는 작업이 이루어진다. 종종 최종보고서를 쓰면서도 중요 개념의 의미를 세련화시키는 경우도 겪게 될 것이다.

비록 개념화가 지속적인 과정이기는 하지만, 연구설계의 초기단계에서 개념을 구체화시키는 것이 매우 중요하며, 특히 서베이(survey)나 실험처럼 엄정하게 구조화된 연구설계에서는 더욱 중요하다. 예를 들어, 서베이에서는 조작화(operationalization)가 연구대상 개념을 측정하는 특정화된 질문문항을 만드는 데 중요한 역할을 한다. 이런 역할이 없다면 연구가 더 이상 진전되기 어렵다.

하지만 덜 구조화된 연구방법의 경우에도 자료수집이나 해석과정에서 정교화될 수 있도록 처음부터 나름의 의미를 새겨서 시작하는 것이 중요하다. 어떤 예상이나 선입견 없이 삶을 관찰할 수 있다고 믿는 사람은 아무도 없기 때문에, 과학적인 관찰자는 이러한 개념적인 출발점을 명확히 하고 잘 인식하고 있어야만 된다.

초기의 개념화가 서베이나 실험같이 구조화된 탐색에 적용되는 방식을 알아보자. 명목적 정의를 구체화하는 것이 관찰 전략에 도움이 되긴 하지만, 이것을 가지고 관찰할 수는 없다. 다음 단계로 우리는 무엇을 관찰하려고 하는지, 어떻게 관찰할 것인지, 어떤 해석을 내릴 것인지 등에 관해 정확하게 구체화할 필요가 있다. 이 모든 심화된 구체화 작업이 개념의 조작적 정의를 이룬다.

사회경제적 지위(SES)에 대한 예로 돌아가서, SES를 소득과 교육수준으로 측정하기로 결정했다고 하자. 우리는 설문 응답자들에게 다음의 두 가지 질문을 할 수 있다.

1. 지난 12개월 동안 귀하의 총가구소득은 얼마였습니까?
2. 귀하의 최종학력은 무엇입니까?

자료를 정리하기 위해서 우리는 사람들이 한 대답을 범주화하기 위한 체계를 구체화하려고 할 것이다. 소득에 대해서 '25,000달러 미만', '25,000달러에서 49,999달러' 등과 같은 범주를 사용할 수 있을 것이다. 이와 비슷하게 교육수준도 고졸 미만, 고졸, 대졸, 대학원 이상 등의 범주로 분류할 수 있을 것이다. 마지막으로, 이 두 질문에 대한 응답을 SES 측정치를 만들기 위해 결합시키는 방법을 구체화할 것이다.

이런 방식으로 SES의 작업 정의를 만들어내게 될 것이다. 비록 다른 사람들이 우리의 개념화와 조작화에 동의하지 않을 수도 있지만, 그 정의는 완전히 구체적이고 명확하다는 점에서 중요한 과학적 장점을 갖게 될 것이다. 심지어 어떤 사람이 우리가 내린 정의에 동의하지 않는다 하더라도, 우리의 분석과 결론에 반영된 SES라는 용어에서 우리가 의미하는 바가 정밀하고 분명하기 때문에, 그 사람은 우리 연구조사의 결과를 어떻게 해석할 것인지를 잘 알게 될 것이다.

다음 표는 용어가 무슨 의미인지에 대한 모호한 인식에서 시작해서 완벽하게 구조화된 과학적 연구에서 특정하게 측정되기까지의 측정 단계의 진전을 보여준다.

측정 단계	예: 사회계급
개념화	'사회계급'이란 개념의 상이한 의미와 차원에는 어떤 것이 있는가?
명목적 정의	이 연구에서는 '사회계급'을 경제적 차이 특히 소득을 대변하는 것으로 정의한다.
조작적 정의	경제적 차이를 "작년에 귀하의 세전 연소득은 얼마입니까?"라는 설문 응답으로 측정한다.
실제의 측정	조사원이 "작년에 귀하의 세전 연소득은 얼마입니까?"라고 묻는다.

개념화의 예: 아노미 개념

연구에 있어서 개념화에 관한 전체적인 과정를 종합하기 위해서. 간단하게나마 특정한 사회과학적 개념이 형성된 역사를 살펴보자. 도시폭동을 연구하는 연구자들은 종종 무력한 느낌이 도시폭동에 미치는 역할에 관심을 갖는다. 사회과학자들은 때때로 이 경우에 아노미(anomie)라는 용어를 사용한다. 이 용어는 유명한 프랑스 사회학자인 에밀 뒤르켐(Emile Durkheim)에 의해 1897년에 그의 고전적 연구인『자살(Suicide)』에 최초로 등장하면서 사회과학에 도입되었다.

뒤르켐은 유럽의 다양한 지역과 국가의 자살률에 대한 정부기록들만을 이용하여 분석적 천재성을 드러낸 업적을 산출했다. 종교가 자살에 미치는 영향을 확인하기 위해, 그는 개신교가 지배적인 국가의 자살률을 천주교가 지배적인 국가의 자살률과 비교했고, 가톨릭 국가 내의 개신교 지배적인 지역의 자살률을 개신교 국가 내의 천주교 지배적인 지역의 자살률과 비교하는 등의 작업을 했다. 기후가 자살에 미칠 수도 있는 가능성을 검토하기 위해서 유럽 북부와 남부 국가 및 지역의 자살률을 비교했고, 한 해 중 서로 다른 달과 계절의 자살률도 분석했다. 이렇게 함으로써 그는 개인에 관한 자료가 전혀 없이도 주로 개별적이고 개인적인 행위에 대한 결론을 이끌어낼 수 있었다.

약간 일반적인 수준에서 말하면, 뒤르켐은 자살이 특정 사회구성원들 간의 동의가 분명하고 안정적인 정도를 반영한다고 주장했다. 사회적 격변기나 변화의 시기에 개인들은 무슨 일이 벌어질 것인지에 대해 불확실성을 느끼게 된다는 점에 주목하여, 뒤르켐은 그러한 불확실성이 혼돈, 불안, 심지어는 자아파괴를 유발한다고 주장했다. 이러한 무규범적인 사회상황을 기술하기 위해 뒤르켐은 아노미라는 용어를 선택했다. 뒤르켐이 이 용어를 만든 것은 아니다. 독일과 프랑스 양국에서 사용되던 그 본래 의미는 '법이 없다'는 것을 뜻한다. 'anomy'라는 영어식 용어는 뒤르켐 이전에 적어도 3세기 동안이나 신성한 법을 경시한다는 의미로 사용된 바 있다. 하지만 뒤르켐은 아노미의 사회과학적 개념을 창조해냈다.

뒤르켐의 시대 후에도 사회과학자들은 아노미를 유용한 개념이라 여겼고, 많은 이들이 그 사용을 더욱 확장했다. 로버트 머턴(Robert Merton)은 『사회구조와 아노미(Social Structure and Anomie)』(1938)라는 고전적인 논문에서 아노미가 사회적으로 규정된 목표와 수단 간의 괴리에서 발생한다고 결론짓고 있다. 예를 들면, 돈을 많이 벌어 성공하는 것은 우리 사회에서 광범위하게 공유된 목표이지만, 모든 사람들이 사회적으로 받아들여지는 수단을 통해 이를 달성할 수 있는 자원을 갖고 있는 것은 아니다. 머튼은 부를 축적하기 위한 전통적인 방법을 갖지 못한 사람들이 정당하지 못한 수단을 통해서라도 이를 달성하려고 하기 때문에, 목표에 대한 강조 그 자체가 무규범성(normlessness)을 낳는다고 주장했다. 이렇게 보면, 머튼의 논의는 아노미 개념을 한걸음 더 나아가 개념화한 것으로 여겨질 수 있다.

비록 뒤르켐은 애초에 아노미 개념을 사회의 특징으로 여겼고, 머튼도 이를 따랐지만, 다른 사회과학자들은 아노미 개념을 개인을 묘사하는 데 사용하기도 했다. 이런 구분을 명백히 하기 위해서 일부 학자들은 아노미(anomie)는 원래의 사회적인 의미를 나타내는 데 쓰고, 아노미아(anomia)라는 용어를 개인적 특성을 나타내는 개념으로 사용하기도 했다. 그렇다면 어떤 특정 사회에서 일부 개인들은 아노미아를 느끼고 일부는 그렇지 않은 것이 된다. 머튼의 연구 이후 20년이 지나서 엘윈 파월(Elwin Powell)은 개인들의 특성으로서 (비록 아노미라는 용어를 쓰기는 했지만) 아노미아를 다음과 같이 개념화했다.

> 행위의 목적이 모순적이거나 달성하기 어렵거나 중요하지 않을 때, 아노미의 조건이 창출된다. 전반적으로 지향을 상실한 것과 '공허함'이나 반감의 감정이 합쳐진 특징으로서, 아노미는 무의미성(meaninglessness)으로 여겨질 수 있다.
>
> (1958: 132)

파월은 두 가지 유형의 아노미아가 있다고 제시하면서 이 두 가지가 종종 자살을 야기하는 상이한 직업적 경험으로부터 어떻게 나타나는지를 분석했다. 하지만 파월은 자신의 연구에서 아노미아 그 자체를 측정하지 않고, 자살과 직업 간의 관계를 연구하면서 두 유형의 아노미아에 대한 추론을 했다. 따라서 이 연구는 아노미아의 조작적 정의를 제공하는 대신에 개념화를 더 발전시킨 셈이다.

비록 많은 연구자들이 아노미아에 대한 조작적 정의를 했지만, 한 연구자가 두드러져 보인다. 파월의 논문이 출간되기 2년 전 레오 스롤(Leo Srole, 1956)은 개인들에 의해서 경험되는 아노미아의 좋은 측정치에 해당한다는 설문항목을 발표했다. 그것은 연구대상자들에게 동의하는지 아닌지를 물어보는 다섯 개의 문항으로 이루어졌다.

1. 일부 사람들이 아니라고 하지만, 보통 사람들의 생활은 더 나빠지고 있다.
2. 미래의 상황이 더 나빠지는 꼴을 보이는 이 세상에 아이를 낳는 것은 좋지 못하다.
3. 요즘 사람들은 오늘을 위해 살아야 하고, 내일은 어찌되건 내버려두어야 한다.
4. 오늘날 사람들은 누구를 믿어야 할지 정말 모른다.
5. 공무원들은 보통 사람들의 문제에 관심이 없기 때문에 청원서를 써도 소용이 없다.

(1956: 713)

이것이 발표된 이후 수십 년간 스롤의 척도는 사회과학자들에게 조사의 귀감이 되었다. 학술지에 발표된 많은 연구에서 아노미아에 대한 이 특정한 조작화가 이용된 것을 볼 수 있다.

사회과학적 개념으로서의 아노미와 아노미아에 대한 이 간략한 역사는 여러 가지 점들을 시사해준다. 첫째, 일반 개념이 조작화된 측정치로 바뀌는 과정을 보여주는 좋은 예이다. 하지만 아노미나 아노미아를 어떻게 조작화할 것인가 하는 문제가 일거에 해결되었다는 이야기는 아니다. 학자들은 분명히 앞으로도 계속해서 항상 더욱 유용한 측정치를 찾으면서 이 개념들을 재개념화하고 재조작화하려고 시도할 것이다.

스롤의 척도는 또 다른 중요한 점을 보여준다. 개념화와 조작화의 여지를 열어놓는다고 해서 우리가 걱정할 만한 무원칙과 혼란이 꼭 발생하는 것은 아니다. 종종 나름대로의 질서가 세워진다. 우선, 비록 아노미아를 우리가 선택한 어떤 방식으로 정의할 수 있다고 하더라도—말하자면, 신발 크기—우리는 다른 사람들의 정신적 이미지와 크게 다르지 않은 방식으로 정의하게 마련이다. 만약 우리가 정말로 엉뚱한 정의를 사용한다면, 다른 사람들이 당신을 무시해버릴 것이다.

두 번째 질서의 원천은 연구자들이 한 개념에 대한 특정한 개념화와 조작화의 유용성을 발견하고 그것을 채택하여 개념들에 대한 표준화된 정의에 이르게 된다는 점이다. 스롤의 척도 외에 IQ 검사나 미국 센서스청에서 개발한 다수의 인구학적 및 경제적 측정치들의 경우도 마찬가지이다. 그렇게 이미 잘 정리된 측정치를 사용하는 것은 두 가지 이득이 있다. 이런 측정치들은 광범위하게 예비조사가 이루어지고 탐색이 이루어졌으며 같은 척도를 이용한 연구들을 비교할 수 있다. 만약 당신과 내가 같은 스롤 척도를 이용해서 상이한 집단에 대해 별도의 연구를 한다면, 우리는 아노미아에 대해 두 집단을 비교할 수 있다.

그렇다면 사회과학자들은 실제인 것은 무엇이든 측정할 수 있고, 개념화와 조작화를 통해 실제가 아닌 것도 꽤 제대로 된 측정을 할 수 있다. 사회경제적 지위, 편견, 동정심 및 아노미아 같은 개념들이 궁극적으로는 실제가 아니더라도, 사회과학자들은 그것들을 다루는 데 있어서 나름의 질서를 세운다.

5.4 기술적 연구와 설명적 연구에서의 정의

4장에서 언급된 것을 기억하겠지만, 연구조사의 일반적인 두 가지 목적은 기술(description)과 설명(explanation)이다. 이들 간의 구분은 정의와 측정의 과정에서 중요한 함의를 갖는다. 여러분이 기술이 설명보다 더 단순한 작업이라는 견해를 갖고 있다면, 설명적 연구조사에서보다 기술적 연구조사에서 정의가 더 문제가 된다는 것을 알고 놀라게 될 것이다. 측정의 다른 측면에 대해 살펴보기 전에 이것이 왜 그런지를 기본적으로 이해하는 것이 중요하다.(이 점에 대해서는 4부에서 더 상세히 논의할 것이다.)

기술적 연구조사에서 명백하고 정밀한 정의가 중요하다는 것은 쉽게 볼 수 있다. 우리가 한 도시의 실업률을 기술하여 보고하기를 원한다면, 이 과제에서 실업의 정의는 분명히 매우 중요하다. 그 정의는 노동력인구라는 또 다른 용어의 정의에 기반하게 될 것이다. 세 살짜리 아이가 실업상태에 있다고 보는 것이 분명히 황당한 것으로 여겨지는데, 그 이유는 그런 아이가 노동력인구라고 여겨지지 않기 때문이다. 따라서 미국 센서스청(U.S. Census Bureau)의 관례를 따라 14세 미만의 모든 인구를 노동력 인구에서 제외할 것이다.

그러나 이 관례 하나만으로는 만족스러운 정의가 되지 않을 것이다. 왜냐하면 이 관례는 고등학생, 퇴직자, 장애인, 가정주부와 같은 사람들을 실업자라고 계산할 것이기 때문이다. 우리는 한걸음 더 나아가 '고용되어 있거나, 직장을 찾고 있거나, 일시해고 또는 휴가로 다시 직장으로 복귀할 것을 기다리는 14세 이상의 모든 사람'으로 노동력인구를 정의하게 될 것이다. 그러면, 학생, 주부 또는 퇴직자는 일자리를 찾고 있지 않으므로, 그런 사람들은 노동력인구에 포함되지 않을 것이다. 그러면 실업자는 정의된 대로, 노동력인구 중에서 고용되어 있지 않은 사람들이 해당된다.

그러나 '일자리를 찾고 있다'는 것이 무엇을 의미하는가? 정부 고용서비스 센터에 등록을 해야만 하는가 아니면 일자리를 찾아서 집집마다 돌아다녀야 하는가? 또는 일자리를 적극적으로 원해야 하는가 아니면 어떤 일자리이든 제공되면 할 자세가 되어 있는 것으로 충분할 것인가? 관례적으로 설문조사에서 '일자리를 찾고 있다'는 것은 면접자가 "귀하는 지난 7일 동안 일자리를 찾고 있었습니까?"라고 질문하는 데 대해 '그렇다'는 응답을 하는 것으로 조작적으로 정의된다.(7일은 가장 많이 사용되는 기간이다. 그러나 연구목적에 따라서는 그 기간을 줄이거나 늘리는 것이 더 적절할 수 있다.)

여기서 보듯이 실업률에 대한 기술적 연구의 결론은 각각의 정의가 어떻게 이루어지는가에 달려 있다. 사람들이 일자리를 찾고 있는 것으로 계산되는 기간이 증가하면 더 많은 실업자들을 노동력인구로 규정하여, 결국 보고되는 실업률을 증가시키는 효과를 갖게 될 것이다. 또 다른 관례를 따라 민간노동력인구와 민간 실업률에 대해 말한다면, 군인들을 제외하게 된다. 군인들은 정의상 고용되어 있기 때문에 이 또한 보고되는 실업률을 높이게 된다. 따라서 한 도시의 실업률이 3%, 9% 또는 어떤 숫자라고 하는 기술적인 진술은 사용된 조작적 정의에 직접적으로 의존한다.

노동력인구나 실업과 관련해서 받아들여지는 관례가 여럿 있기 때문에, 이 예는 상대적으로 명백하다. 이제 "이 학교 학생의 45%는 정치적으로 보수적이다." 라는 말을 하기 위해 필요한 정의에 대해 동의하는 것이 얼마나 어려울 것인가를 생각해보자. 실업률처럼 이 비율도 측정되는 대상(여기서는 '정치적 보수성')이 어떻게 정의되는가에 직접적으로 연관되어 있다. 다르게 정의를 하면, "5%의 학생이 정치적으로 보수적이다."는 결론에 이를 수도 있을 것이다.

전체 인구의 몇 퍼센트가 '장애인'이라고 생각하는가? 이는 라스 그론빅(Lars Gronvik, 2009)이 스웨덴에서 제기한 질문이다. 그는 스웨덴에서 장애에 대한 네 가지 다른 정의 혹은 측정방식을 포함한 여러 데이터베이스를 분석했다. 한 연구는 사람들에게 듣기, 보기, 걷기나 다른 기능적 문제를 갖고 있는지를 물었다. 다른 두 가지 측정치는 정부의 두 가지 장애지원 제도 중 어느 한 가지의 지원을 받고 있는지에 기반을 두었다. 또 다른 연구에서는 스스로 장애인이라고 생각하는지를 응답자들에게 물어보았다.

이 네 가지 측정치들은 '장애인'이라고 정의된 국민 수와 다른 수치를 보였고, 각 측정치는 성, 연령, 교육수준, 주거나 경제활동 참여 등의 인구학적 특성이 상이한 다른 집단을 구분해냈다. 잘 알겠지만, 용어의 의미를 측정하지 않고서 이런 질문에 기술적으로(descriptive) 답하기는 불가능하다.

흥미롭게도 설명적 연구조사의 경우에는 정의가 덜 문제가 된다. 정치적 보수주의를 설명하는 데 관심이 있다고 가정하자. 왜 어떤 사람들은 보수적이고 다른 사람들은 그렇지 않은가? 더 구체적으로 나이가 들면서 사람들이 더 보수적으로 되는지에 관심이 있다고 가정하자. 만약 우리가 '보수성'에 대한 25개의 조작적 정의를 가지고 있지만, 어떤 정의가 가장 좋은 정의인지 동의할 수 없다면 어떻게 되는가? 이미 지표에 관한 논의에서 보았던 것처럼, 이것이 우리의 연구조사에서 절대로 이겨낼 수 없는 어려움이 되지는 않는다. 예를 들어, 25개의 모든 정의에서 나이 든 사람들이 젊은이들보다 더 보수적이라는 것을 발견했다고 가정해보자. 분명히 정확한 정의는 별 영향을 끼치지 않는다. 우리가 생각할 수 있는 보수성에 대한 모든 적절한 정의에서 나이 든 사람들이 젊은 사람들보다 더 보수적이라는 점을 확인했다면, 우리의 정의는 문제가 되지 않을 것이다. 비록 우리가 보수성이 정확히 무엇을 뜻하는지에 대해서는 동의하지 못한다고 하더라도 나이 든 사람들이 일반적으로 나이 어린 사람들보다 더 보수적이라는 결론을 내리게 될 것이다.

실제로는 설명적 연구가 이 예에서 제시된 것처럼 분명한 결과를 낳는 경우가 많지 않지만, 실제 조사에서도 일반적인 유형은 거의 공통적이다. 인간의 사회생활에는 일관된 연구결과를 낳는 일관된 관계의 유형이 있다. 하지만 그런 일관성이 기술적 연구상황에서는 드러나지 않는다. 정의를 바꾸면 거의 불가피하게 상이한 기술적 결론을 낳게 된다.

5.5 조작화에서의 선택

개념화에 대해 논의하면서 빈번하게 조작화에 관해 언급을 했었는데, 그 이유는 이 두 가지가 매우 밀접하게 연관되어 있기 때문이다. 다시 정리하면, 개념화는 추상적인 개념을 정교화하고 구체화하는 것이고, 조작화는 실제 세계에서 그런 개념들을 드러내는 경험적 관찰을 할 수 있도록 하기 위해 구체적인 조사절차를 발전시키는 일이다. 자료수집의 방법과 마찬가지로, 사회연구자는 개념을 조작화할 때 이용할 수 있는 다양한 선택의 여지가 있다. 비록 여러 선택들은 긴밀하게 연결되어 있지만 논의를 위해 따로 떼어서 분리했다. 그러나 조작화는 체계적인 점검표를 통해 진행되는 것이 아니라는 점을 염두에 두기 바란다.

변이의 범위

어떤 개념을 조작화할 때, 연구자는 자신들에게 관심이 있는 변이의 범위에 대해 명확히 하는 것이 중요하다. 문제는 변수의 속성을 꽤 큰 범주로 어느 정도까지 통합하려고 하는가이다.

우리가 어떤 연구에서 기존의 문서나 면접으로부터 정보를 수집해서 사람들의 소득을 측정하려고 한다고 가정하자. 사람들이 받는 최고 연간소득은 수백만 달러에까지 이르겠지만 많은 사람들이 그만큼을 버는 것은 아니다. 여러분이 극단적으로 높은 범주를 세세하게 유지하는 것은, 적어도 최고 부유층을 연구하는 것이 아니라면 연구에 그다지 보탬이 되지 않을 것이다. 어떤 사람들을 연구하느냐에 따라 최고 소득 범주를 훨씬 낮은 한도—아마 25만 달러 이상—로 설정하기 원할 수도 있을 것이다. 이 결정으로 1년에 수십억 달러를 버는 사람들과 겨우 25만 달러를 버는 사람들을 같은 범주로 넣게 될 것이지만 그렇게 합쳐도 연구를 전혀 손상시키지 않을 것이다. 최저 소득 범주에 대해서도 마찬가지로 동일한 결정을 내리게 될 것이다. 미국인들에 대한 일반적인 연구에서는 25,000달러 이하로 최저 범주를 잡으면 대개 전혀 문제가 없다.

태도와 성향에 대한 연구에서는 변이의 범위가 다른 차원의 문제를 내포한다. 주의를 기울이지 않으면 실제로 의도하지 않게 태도의 절반만을 측정하는 결과를 낳을 수도 있다. 무슨 의미인지를 보여주는 한 예가 있다.

여러분이 핵발전소의 확대에 대한 사람들의 태도에 관심이 있다고 가정하자. 일부 사람들은 핵발전을 수레바퀴 발명 이후 최대의 발명이라고 여길 수도 있고 다른 사람들은 전혀 이에 관심이 없다는 것을 예상했다고 하면, 사람들에게 핵발전을 확대하는 것에 대해 어느정도 선호하는지 질문을 던지는 것이 그럴듯해 보이며, 이 경우에 응답 범주는 '매우 선호한다'에서부터 '전혀 선호하지 않는다'까지 응답 범주를 제시할 수 있을 것이다.

그러나 이러한 조작화는 핵발전에 관한 태도 범위의 절반을 감추고 있다. 많은 사람들은 단순히 선호하지 않는 정도를 넘어서서 강도의 차이는 있지만 적극적으로 핵발전을 반대한다. 이 경우에, '0'점의 왼쪽으로 상당한 변이가 있게 된다. 어떤 이들은 약간 반대하고, 어떤 이들은 상당히 반대하고, 다른 이들은 매우 크게 반대한다. 따라서 변량의 전체 범위를 측정하기 위해서는 매우 선호하는 것에서부터 어느 쪽이든 별 감정이 없는 것을 지나 매우 크게 반대하는 것까지의 범위를 정하여 핵발전에 대한 태도의 변이를 조작화하기를 원할 수 있을 것이다.

이러한 고려는 사회과학에서 연구되는 많은 변수들에 적용된다. 거의 모든 공공적인 쟁점은 각각 다른 정도의 변이를 가지면서 지지와 반대 모두를 포함한다. 정치적 성향은 매우 자유주의적에서 매우 보수주의적까지 있으며, 여러분이 연구하고자 하는 사람들에 따라서는 한편 또는 양 끝에 급진주의자들을 포함시킬 필요도 있을 것이다. 비슷한 맥락으로 사람들은 단지 더 종교적이거나 덜 종교적인 것이 아니라, 어떤 사람들은 반종교적이다.

어느 경우에든 항상 전체 변이의 범위를 측정해야만 한다는 것을 의미하는 것은 아니다. 그러나 연구목적에 비추어 그것이 필요한지를 항상 생각해야만 한다. 만약 비종교적인 것과 반종교적인 것 간의 차이가 연구와 관련이 없다면 관심을 꺼라. 누군가가 실용주의를 "어떤 차이도 만들지 않는 차이는 차이가 아니다."라고 표현한 바 있다. 실용적이 돼라.

마지막으로, 변이의 범위에 대한 결정은 연구대상으로부터 예상되는 속성의 분포에 의해서도 결정되어야 한다. 고등교육의 가치에 대한 대학교수들의 태도에 대한 연구에서 '가치가 없다'는 범주까지만 사용하고, 고등교육이 학생들의 건강에 해롭다고 생각하는 사람들에 대해서는 걱정하지 않아도 될 것이다. (그러나 여러분이 학생들을 대상으로 하여 연구하고 있다면, 상황은 다르다.)

극단치 간의 변이

정밀성의 수준은 변수를 조작화하는 데 고려할 두 번째 사항이다. 결국 문제는 한 변수를 구성하는 다양한 속성 간의 구분을 얼마나 정밀하게 할 것이냐 하는 것이다. 어떤 사람이 17살인지 혹은 18살인지가 정말로 중요한가, 또는 10대로 명칭된 집단에 함께 분류해 넣어도 조사에 지장이 없는가? 너무 빨리 대답하지 말라. 여러분이 유권자 등록과 투표율에 대해 연구하기를 원하면 연구대상이 투표하기에 충분한 나이인지 확실히 알기를 원할 것이다. 일반적으로 연령을 측정하려고 하면 연구의 목적과 과정을 보고, 연령을 세분화하거나 대강 나누는 것이 연구에 중요한지를 결정해야만 한다. 서베이에서는 적절한 설문지를 구성하기 위해서 이러한 결정을 내려야만 한다. 심층면접의 경우라면, 이런 결정이 어느 정도 상세하게 질문을 할 것인지의 정도를 조건지을 것이다.

다른 변수들에도 마찬가지 상황이 적용된다. 만약 여러분이 정치적 성향을 측정한다면 어떤 사람이 자유주의적 민주당원인지 아니면 보수적인 민주당원인지를 알아내야 하는가, 아니면 그저 소속 정당을 아는 것으로 충분할까? 종교적 성향을 측정하면서 어떤 사람이 개신교도라는 것을 아는 것으로 충분한가, 아니면 교파를 알 필요가 있는가? 어떤 사람이 결혼했는지의 여부만을 알 필요가 있는가, 아니면 그 사람이 결혼한 적이 없는지, 별거 중인지, 사별했는지, 또는 이혼했는지를 아는 것이 차이가 있을 것인가?

물론, 이런 질문에 대해 일반적인 해답은 없다. 해답은 연구목적 혹은 왜 우리가 특정한 방식으로 측정을 하는지로부터 나온다. 하지만, 유용한 지침을 줄 수는 있다. 얼마나 구체적으로 측정을 할 것인지 확신하지 못하는 경우라면 언제이든 매우 자세하게 하는 것이 그렇지 않은 경우보다 낫다. 심층면접 대상자가 37살이라고 답하면, 30대라고 적어 놓기보다는 '37세'라고 적어두어라. 자료를 분석하는 과정에서, 세밀한 속성을 보다 일반적인 범주로 합치는 일은 필요하다면 언제든 가능하지만, 관찰과 측정과정에서 한데 묶은 변이를 분리하는 것은 전혀 가능하지 않다.

차원에 대한 주의

우리는 차원을 개념의 한 특징으로 이미 언급한 바 있다. 연구자가 변수의 조작적 측정치를 만들면서, 종종 변수의 어떤 차원에 자신들이 정말로 관심이 있는지 명확하지 않다는 점—심한 경우에는 이 점을 인지하지도 못하지만—을 발견하는 경우가 많다. 한 가지 예를 들어보자.

우리가 정부에 대한 사람들의 태도를 연구하고 있고, 부정부패에 대한 사람들의 생각을 포함하기로 했다고 가정하자. 우리가 검토할 수 있는 여러 차원 중 일부를 제시하면 다음과 같다.

- 사람들이 정부에 부정부패가 있다고 생각하는가?
- 어느 정도의 부정부패가 있다고 생각하는가?
- 부정부패 정도에 대한 자신들의 판단에 어느 정도 자신하는가?
- 사회문제로서 정부의 부정부패에 대해 어떻게 느끼는가?
- 부정부패를 야기하는 이유가 무엇이라고 생각하는가?
- 부정부패가 불가피하다고 생각하는가?
- 부정부패에 대해 어떤 대책이 있어야만 한다고 느끼는가?
- 정부의 부정부패를 척결하기 위해 사람들은 개인적으로 어떤 일을 할 의사가 있는가?
- 사람들은 자신들이 할 것이라고 말한 것을 기꺼이 할 의사가 있다는 데 대해 얼마나 확실한 입장을 가지고 있는가?

문항의 리스트는 더 있을 수 있다. 사람들이 정부의 부정부패에 대해 어떻게 느끼는가에는 많은 차원이 있다. 연구자의 탐구에서 어느 차원이 중요한가에 대해 명확한 입장을 갖는 것이 중요하다. 그렇지 않을 경우, 실제로는 사람들이 얼마나 부정부패가 있다고 생각하는지를 알기 원하면서 그 대신에 사람들이 어떻게 느끼는지를 측정하게 되거나 또는 그 반대가 될 수 있다.

자료를 어떻게 수집할 것인가를 일단 결정했고(예를 들어, 서베이나 현장조사 등), 적절한 변이의 범위, 변이의 극단치 간에 필요한 정밀성의 정도, 변수에 대해 관심 있는 차원이 무엇인지를 결정했으면 또 다른 선택이 필요한데 이는 수학논리적인 것이다. 다시 말해, 어떤 측정수준을 사용할 것인지를 결정할 필요가 있다. 이 점을 논의하기 위해서는 변수의 속성과 그것이 변수와 맺는 관계를 다시 들여다볼 필요가 있다.

변수와 속성의 정의

속성이란 어떤 것의 특성이나 성질을 말하는 것임을 기억할 것이다. '여성'이 한 예가 된다. 마찬가지로 '늙은' 혹은 '학생'도 예가 된다. 한편 변수란 속성들의 논리적 집합이다. 따라서 사회적 성은 여성과 남성이라는 속성들로 구성된 변수이다. 어떻게 하면 더 쉬워질까?

개념화와 조작화 과정은 변수를 특정화하고 그 변수를 구성하는 속성들을 특정화하는 것으로 볼 수 있다. 따라서 실업을 연구하는 맥락에서, 고용지위는 취업과 미취업이라는 속성(attributes)을 가진 변수(variable)이다. 속성은 앞에서 논의했던 것처럼 가정주부 같은 또 다른 항목을 포함하는 것으로 확장될 수 있다.

모든 변수는 두 가지 중요한 특징이 있어야 한다. 첫째, 변수를 구성하는 속성들은 망라적(exhaustive)이라야 한다. 변수가 연구에서 유용하게 사용되려면, 우리는 변수를 구성하는 속성 중 하나의 모든 관측 정수를 분류할 수 있어야 하는 것이다. 만약 정치적 성향을 단순히 '공화당' 또는 '민주당'으로만 표현한다면, 우리가 조사하게 될 어떤 사람들은 녹색당, 자유당, 아니면 또 다른 조직, 아니면 (종종 큰 비중을 차지하는) 정치적 성향이 없다고 할 수도 있기에, 우리는 문제에 직면하게 된다. 무엇을 하든 간에, 우리는 모든 관찰을 구분할 수 있어야 한다.

동시에, 변수를 구성하는 속성들은 상호배타적(mutually exclusive)이어야 한다. 그 말인즉슨, 우리는 모든 관찰을 단 한 가지 속성으로 구분 지을 수 있어야 한다는 것이다. 예를 들면, 우리는 '채용됨'과 '채용 안 됨'을 어떤 사람이든 동시에 둘 다 할 수 없게끔 해야 한다. 즉, 직장에서 일하고 있지만 구직 중인 사람을 분류할 수 있다는 의미이다. (우리는 어쩌면 멋지고 신나는 사회연구자가 되고 싶어하는 재직 중인 진흙 격투기 선수를 만날 수도 있는 것이다.) 이러한 상황에서, 우리는 속성을 정의하여 '고용됨'이 '고용 안 됨'보다 더 우선적인 조건이며, 직장에서 일하는 사람은 구직 중이든 아니든 모두 고용됨이라고 정의한다.

변수들을 개념화하는 과정은 상황에 따라 다르다. 어떤 상황에서 적용되었다고 해서 다른 상황에도 적용된다는 보장은 없다. 말콤 윌리엄스와 커린 허스크(Malcom Williams and Kerryn Husk, 2013)는 인종을 조사함에 있어서 생기는 문제들을 연구했다. 우선, 여러 인종을 구분 짓는 정의가 없다; 사회적인 인식은 있지만, 그것은 사람마다 다르고 시간이 지남에 따라 바뀐다. 그들이 영국의 콘월 마을에 집중해서 연구를 진행했지만, 저자들의 분석은 보다 광범위한 인종 측정에 실제로 적용되며, 일반적 개념화에 적용되기도 한다.

두 가지 일반적인 결론이 나왔다. 첫째, 변수의 개념화는 연구 인구에 따라 다르다. 콘웰에서 진행된 설문 인종 카테고리에는 '콘웰족'이 있지만, 알칸사스에서 진행될 설문지에는 그 문항을 넣지 않는다. 둘째, 개념화는 연구의 목적에 따라 맞춰져야 한다. 인종의 경우에는 4개나 5개의 광범위한 분류가 나올 수 있지만, 다른 의도가 있는 경우 보다 세밀한 구분이 필요할 수 있다.

측정수준

모든 변수들은 속성들로 구성되지만, 우리가 살펴볼 것처럼 속성들은 다른 방식으로도 역시 연관될 수 있다. 예를 들어, 변수들을 구성하는 속성들은 상이한 측정수준을 나타낼 수 있다. 여기서 우리는 측정의 네 가지 수준인 명목측정, 서열측정, 등간측정, 비측정에 대해 알아보려고 한다.

명목측정

변수의 속성이 오직 망라적인 특성과 상호배타적인 특성만을 가진 변수는 명목측정(nominal measures)이다. 이런 예에는 성별, 종교적 선호, 정당 선호, 출생지, 대학의 전공, 머리 색깔 등이 있다. 비록 이런 각각의 변수를 구성하는 속성들—성별이라는 변수가 남성과 여성이라는 속성으로 구성되듯이—이 별개이고 사람들이 갖는 성별의 가능성을 총망라한다고 해도, 그것은 다른 부가적인 특성을 아무것도 가지고 있지 않다. 명목측정은 특징들에 대해 단지 이름이나 명칭을 부여할 따름이다.

명목측정
변수의 속성이 오직 망라적인 특성과 상호배타적인 특성만을 가진 변수. 다시 말해, 서열, 등간 및 비측정과는 달리 변수를 단지 서로 다른 속성으로 구분하는 측정수준이다. 성별이 명목측정의 한 예이다.

그런 한 가지 변수로 특징지어지고 또 적용된 속성에 의해 물리적으로 무리 지어진 한 집단을 상상해보자. 예를 들어, 우리가 모여 있는 많은 사람들에게 그들이 태어난 주에 따라 모여달라고 한다고 치자. 버몬트 주에서 태어난 사람들이 한 집단을 이루고, 캘리포니아 주에서 태어난 사람들이 다른 집단을 이루는 식이 된다. 출생 장소가 변수이며, 속성은 캘리포니아 출생, 버몬트 출생 등이 된다. 같은 집단에 서 있는 모든 사람들은 최소한 한 가지 공통점을 가지며, 다른 모든 집단의 사람들과 다르다. 이루어진 한 집단 속에서 각 개인이 서로서로 얼마나 가까운지, 그 집단이 방을 어떻게 배정받았는지 등의 문제는 상관없는 문제이다. 한 가지 중요한 점은 한 집단의 구성원들은 출생한 주가 같다는 점이고, 각 집단은 서로 다른 주를 출생지역으로 한다는 점이다. 명목변수의 견지에서 우리가 두 사람에 대해 할 수 있는 말은 그들이 같거나 다르다는 것뿐이다.

서열측정

논리적으로 순위를 매길 수 있는 속성들을 가진 변수를 서열측정(ordinal measures)라고 한다. 서열측정의 상이한 속성들은 변수의 상대적 많음과 적음을 나타낸다. 이런 형태의 변수로는 사회계급, 보수주의, 소외, 편견, 지적 세련 등이 있다. 서열측정에서는 두 사람이 같거나 다르다는 것에 덧붙여서 한 사람이 다른 사람보다 '더 하다'고 말할 수 있다. 예를 들면, 더 보수적이다, 더 종교적이다, 더 나이가 많다 등이다.

서열측정
변수를 어떤 차원에서 순서를 매길 수 있는 속성으로 기술하는 측정수준이다. 고, 중, 저의 속성으로 구성된 사회경제적 지위가 한 예이다.

물리학에서는 물체의 견고성이 가장 빈번하게 서열측정의 예로 인용된다. 만약 다이아몬드 같은 한 물질이 유리 같은 다른 물질을 긁어서 흠을 낼 수 있다면, 전자가 후자보다 더 견고하다고 할 수 있지만 그 반대라고는 할 수 없다. 다른 물질로 여러 가지 물질을 긁어본 후, 우리는 결국 이런 물질들을 가장 부드러운 것부터 가장 단단한 것 순서로 배열할 수 있다. 절대적인 견지에서 특정한 물질이 얼마나 단단한지 말할 수는 없지만, 단지 상대적인 견지에서 어느 것이 더 단단한 물질이고 어느 것이 더 부드러운 물질인지 말할 수 있다.

모여 있는 많은 사람들을 집단으로 분류하는 앞의 예를 다시 들어보자. 대학을 졸업한 사람들을 한 집단에 서게 하고, 고등학교만 졸업한 사람들을 다른 집단에 서게 하고, 고등학교도 못 마친 사람들을 세 번째 집단에 서도록 요청한다고 상상해보자. 이런 방식으로 사람들을 분류하는 것은 앞에서 논의한 망라성과 상호배타성의 요구를 충족한다. 하지만 거기에 덧붙여서 우리는 세 집단을 그들이 받은 정규교육의 상대적인 수준이라는 속성의 관점에서 논리적으로 배열할 수 있다. 가장 많이 정규교육을 받은 사람들에서부터 가장 적게 정규교육을 받은 사람들에 이르기까지 세 집단을 순서대로 세울 수 있다. 이런 배열은 서열측정이 어떻게 물리적으로 표현되는지를 보여준다. 만약 두 사람이 어느 집단에 속하는지 안다면, 한 사람이 다른 사람에 비해 더 많이 교육을 받았다거나, 더 적게 혹은 같은 정도로 정규교육을 받았다는 결론을 내릴 수 있다.

이 예에서 교육수준별 집단들이 서로 얼마나 가깝게 위치하는지 혹은 멀리 떨어져 있는지는 상관없다는 것에 주목하자. 대학 졸업자와 고등학교 졸업자들이 5피트 떨어져 서 있거나 그보다 낮은 교육수준의 집단이 500피트 떨어져 서 있을 수 있지만, 이러한 실질적 거리는 아무런 의미가 없다. 하지만 고교 졸업자 집단은 고교 미만 졸업자 집단과 대졸자 집단 사이에 서 있어야만 하는데 그렇지 않으면 서열순서가 부정확한 것이 된다.

등간측정

어떤 변수를 구성하는 속성들 중에는 그런 속성들을 분리시키는 실질적인 거리가 의미를 갖는 속성이 있다. 그러한 변수가 등간측정(interval measures)이다. 이런 척도에서는 속성들 간의 논리적 거리가 의미 있는 표준간격으로 표현될 수 있다.

등간측정
변수를 순서가 있고 인접한 값 간에 같은 거리를 갖는 속성으로 기술하는 측정수준이다. 화씨 온도가 한 예인데, 17도와 18도 간의 거리가 89도와 90도 간의 거리와 같기 때문이다.

예를 들어, 화씨 온도에서 80도와 90도의 차이 또는 간격은 40도와 50도의 간격과 같다. 하지만 화씨 80도가 40도에 비해 두 배만큼 더 뜨거운 것은 아닌데, 왜냐하면 화씨 온도이든 섭씨 온도이든, 0도가 임의적인 것이기 때문이다. 0도가 실제로 열이 없는 것을 의미하지는 않는다. 마찬가지로 섭씨와 화씨 모두에서 −30도가 열이 없는 것보다 30도만큼 더 낮다는 것을 의미하지도 않는다. [반대로, 켈빈(Kelvin) 온도 척도는 절대 0점에 기반하며, 열이 전혀 없는 상태를 의미한다.]

사회과학 연구에서 통상적으로 사용되는 거의 유일한 등간측정은 지금까지도 대체로 수용되고 있는 표준화된 지능검사와 같이 구성된 측정이다. 지능지수 점수 100과 110을 분리하는 간격은 지능지수 점수 110과 120을 분리하는 간격과 같은 것인데, 이는 다년간에 걸쳐 검사에 참여했던 수많은 사람들로부터 얻어진 관찰된 점수의 분포 덕택이다. 그러나 지능지수 점수가 150인 사람이 100인 사람에 비해 50퍼센트 더 지적이라고 추론하는 것은 정확한 것이 아니다. (비록 우리가 그런 사람이 대학교수나 대학생이 되는 것이 적합하지 않다고 느낄 수는 있다고 하더라도, 지능검사에서 0점을 받은 사람이 엄격하게 말해 지능이 전혀 없다고 말할 수는 없다.)

등간측정으로 두 사람을 비교할 때, 우리는 그들이 서로 다르다고 말할 수 있거나(명목측정), 한 사람이 더 많다고 말할 수 있다(서열측정). 또한 이에 덧붙여 점수에 따라 '얼마나 더 많은지'를 말할 수 있다.

비측정

등간측정에 대한 최소한의 필요조건을 충족시키는 대부분의 사회과학 변수들은 비측정(ratio measures)을 위한 필요조건 역시 충족시킨다. 비측정에서 변수를 구성하는 속성들은 위에서 언급했던 모든 구성적 특성들을 갖는 것 외에 실질적인 0점에 기초하고 있다. 켈빈 온도 척도가 그런 척도 중의 하나이다. 사회과학 연구에서의 예는 나이, 특정 장소에 거주한 기간, 가입한 기관의 수, 특정한 기간 동안 교회에 나간 횟수, 결혼한 횟수, 아랍인 친구의 수 등이다.

비측정
변수를 명목, 서열 및 등간측정의 모든 특징에 덧붙여 '실질적인 0점'에 기반한 속성으로 기술하는 측정수준이다. 나이가 비측정의 한 예이다.

사람들을 집단으로 모으는 예로 되돌아가서, 우리는 사람들에게 나이별로 모이라고 요청할 수 있다. 한 살짜리가 함께 모이고(혹은 앉거나 눕거나), 두 살짜리가 함께 모이고, 세 살짜리가 함께 모이는 것처럼 말이다. 한 집단의 성원은 같은 나이를 가지고 다른 집단들은 다른 공유된 나이를 가진다는 사실은 명목측정으로서의 최소한 필요조건을 만족시킨다. 가장 어린 경우부터 가장 나이 많은 식으로 한 줄로 집단을 배열시키는 것은 서열측정이 요구하는 부가적인 필요조건을 충족시키고, 우리로 하여금 한 사람이 다른 사람에 비해 나이가 더 많은지, 더 어린지 혹은 같은 나이인지를 알 수 있게 해준다. 근접한 각 두 집단 사이에 같은 간격이 생기도록 집단들을 배열했다면, 등간측정에 필요한 부가적 필요조건을 만족시키며, 나이 많은 어떤 사람이 또 다른 사람에 비해 얼마나 더 많은지를 말할 수 있게 해준다. 마지막으로, 나이에 포함된 속성의 하나가 실질적인 0(산모의 복중에서 막 출산하려는 아기)을 나타내기 때문에, 비측정의 필요조건 역시 충족시키며 우리로 하여금 한 사람이 다른 사람에 비해 두 배나 더 나이를 먹었다고 말할 수 있게 해준다. 비측정의 또 다른 예는 소득인데, 이 경우는 절대 0으로부터 마이크로소프트사 창업자의 경우처럼 거의 무한대까지에 이른다.

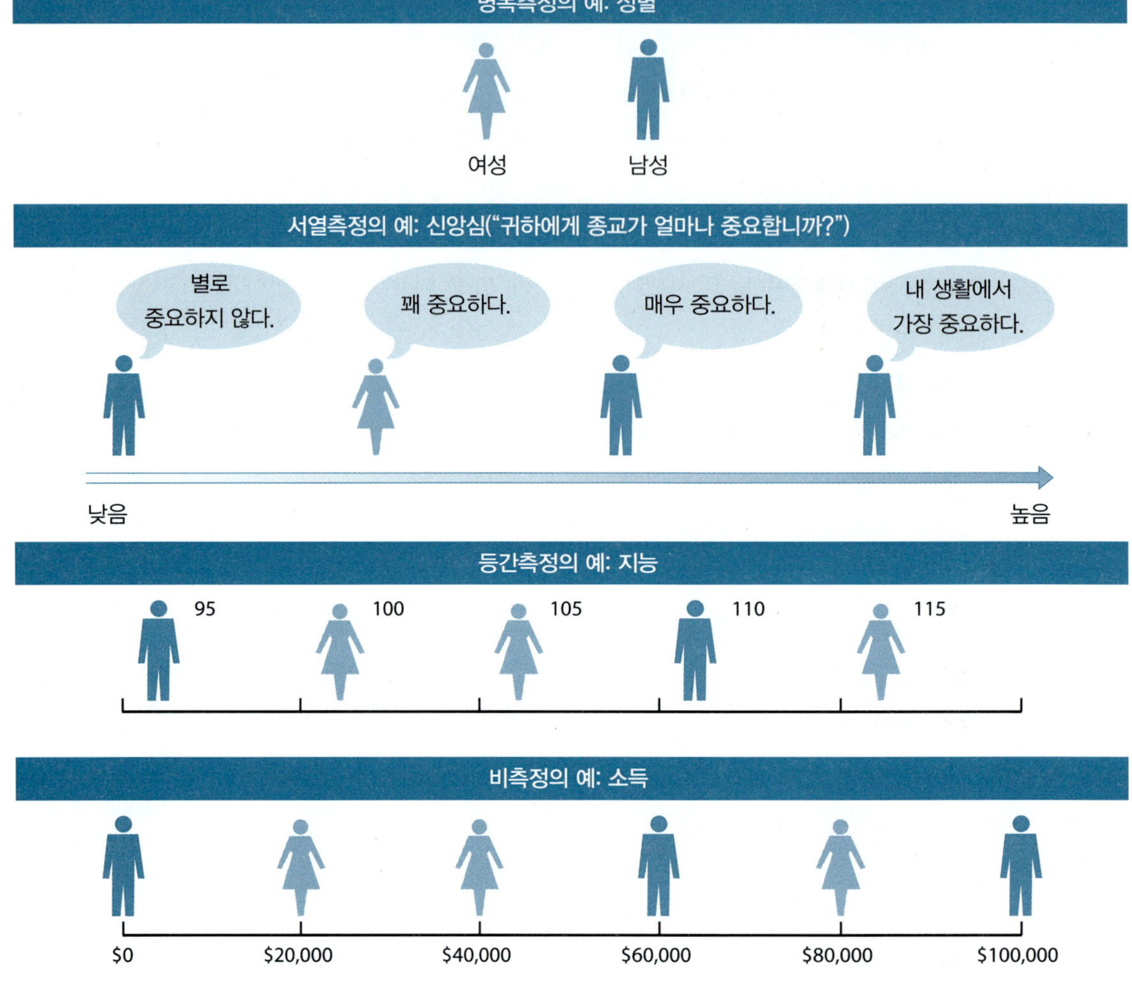

그림 5-1 **측정수준**
명목, 서열, 등간 혹은 비측정 네 가지 수준에서 선택할 수 있는데, 아래로 갈수록 더 많은 정보를 담고 있다.

두 사람을 비측정으로 비교하는 것은 우리로 하여금 (1) 그들이 다르거나 같다는 점, (2) 한 사람이 다른 사람보다 더 많다는 점, (3) 얼마나 다른지, (4) 둘 간의 비가 어떤지를 결정할 수 있게 해준다. 〈그림 5-1〉은 방금 논의한 네 가지 측정수준의 도식을 요약해 보여준다.

측정수준이 갖는 함의

방금 묘사한 것처럼 사람들을 실제로 집단에 모이게 하는 일에 착수할 가능성이 적기 때문에(한번 이런 시도를 하고 나면, 다른 모임엔 절대 초대받지 못할 것이다), 구분되어온 차이점들이 어떤 실질적인 함축을 시사하는지에 관심을 돌려보자. 그런 시사점은 주로 자료를 분석할 때 나타나지만(4부에서 논의), 연구 프로젝트를 구성할 때 이러한 시사점들을 예상할 필요가 있다.

어떤 양적 분석기법은 측정에서 특정한 최저수준을 충족시키는 변수를 요구한다. 연구에서 조사되는 변수들이 특정한 측정수준(예, 서열측정)에 한정되는 정도에 따라, 분석기법을 이것에 맞추어 계획해야 한다. 더 정확하게 말하면, 변수에 사용한 측정수준에 적합한 연구결론의 도출을 예상해야 한다. 예를 들어 연구 중인 모집단의 평균 나이를 측정해서 보고하는 것은 이치에 닿는 계획일 수 있지만, 종교적 선호도의 평균치를 보고할 계획은 세우지 말아야 한다. 왜냐하면 종교적 선호도는 명목변수지만 평균치는 비측정 수준의 자료를 요하기 때문이다. (종교적 선호도의 최빈값을 보고할 수는 있다.)

동시에, 어떤 변수는 여러 다양한 측정수준을 나타내는 것으로 취급할 수 있다. 비측정이 측정의 가장 높은 수준이고, 그다음이 등간측정, 서열측정이고 명목측정이 측정의 가장 낮은 수준이다. 가장 높은 측정수준을 나타내는 변수—비측정이라고 하자—는 더 낮은 측정수준—서열측정이라고 하자—을 나타내는 것으로도 취급될 수 있다. 예를 들어, 나이가 비측정이었음을 상기해보자. 만약 나이와 어떤 서열수준의 변수—자신이 인식하는 신앙심의 정도로서 높다, 중간이다, 낮다로 응답한다고 하자—간의 관계만을 조사하려 한다면, 나이 역시 서열수준의 변수로 취급할 수 있다. 연구대상을 나이 범주로 나누어서 청년, 중년, 노년으로 구분할 수 있다. 마지막으로 어떤 연구목적을 위해서는 나이가 명목수준의 변수로도 사용될 수 있다. 사람들을 1930년대의 대공황 기간 중에 태어난 사람들과 그렇지 않은 사람들로 나눌 수도 있다. 나이가 아니라 출생일에 기초한 또 다른 명목측정은 점성술의 별자리에 따라 사람들을 분류하는 것이다.

그렇다면, 일부 변수는 본질적으로 특정한 측정수준에 한정된다는 것을 기억하면서, 주어진 변수에 대해 어떤 분석을 하려고 하는가에 따라 변수의 측정수준을 결정해야 한다. 여러 다른 측정수준을 요하는 다양한 방식으로 변수가 사용되려면, 연구설계는 요구되는 가장 높은 측정수준을 얻도록 설계되어야 한다. 예를 들어, 연구대상자에게 정확한 나이를 질문하면, 응답은 나중에 서열이나 명목측정으로 범주화될 수 있다.

하지만 반드시 최상의 측정수준에서 변수를 측정할 필요는 없다. 만약 서열적 측정수준 이상으로 사람들의 나이를 알 필요가 없다는 확신이 들면, 예를 들어 20대, 30대 등과 같이 나이 범주로 답해달라고 요청할 수 있다. 기업자산을 연구할 때, 기업을 순위 매기기 위해 더 정밀한 정보를 찾기보다는 던 앤드 브래드스트리트 평가치(Dun and Bradstreet rating)로 충분하다. 하지만 연구조사의 목적이 전적으로 명확하지 않을 때는 가능한 한 최상의 측정수준을 얻는 것이 바람직하다. 비측정은 나중에 서열측정으로 전환될 수 있지만, 서열측정을 비측정으로

일상생활에 개념 적용하기 할리우드로

당신은 할리우드 작가가 되고 싶다. 당신이 빌비와 빌비 연구(1999)를 통해 어떻게 경력 향상을 꾀할 수 있을까? 또는 일이 잘 풀리지 않아 작가가 되기 위한 학교를 다니기 시작했다고 가정하자. 빌비의 연구가 과목 계획에 어떤 영향을 줄까? 마침내 당신이 문화산업 내의 차별에 맞서 싸우는 사회운동가라면 연구결과가 얼마나 유용할까?

전환시키는 것은 불가능하다. 보다 일반적으로 말하면, 낮은 수준의 측정을 높은 수준의 측정으로 전환시킬 수는 없다. 이것은 기억해둘 가치가 있는 일방통행로이다.

측정수준은 변수에 어떤 수리적 조작이 적용될 수 있는지와 그런 조작을 이용한 통계기법의 적용이라는 측면에서 중요하다. 아래 표는 한 예로 소득을 비교해서 진술하는 방식을 통해 측정수준의 함축된 의미를 요약해 보여준다.

측정수준	수리적 조작	Jan은 연 8만 달러를 벌고 Andy는 4만 달러를 번다는 사실을 표현하는 방식
명목(nominal)	= ≠	Jan과 Andy는 버는 돈이 **다르다.**
서열(ordinal)	> <	Jan이 Andy보다 **더** 많이 번다.
등간(internal)	+ −	Jan이 Andy보다 **4만 달러를 더** 번다.
비(ratio)	÷ x	Jan이 Andy의 **두 배를** 번다.

조사연구 프로젝트는 전형적으로 서로 다른 측정수준의 변수들을 다룰 것이다. 예를 들어, 빌비와 빌비(William Bielby and Denise Bielby, 1999)는 법칙정립적 접근방법 및 시계열 분석방법을 이용하여 영화와 TV 세계를 분석했다. 그들이 '문화산업'이라고 일컫는 영역에서, 저자들은 명성(서열변수)이 극작가의 미래 생산성을 예측하는 가장 좋은 예측변수라는 것을 발견했다. 흥미로운 점은 '주류(혹은 엘리트)' 에이전시에서 작업했던 극작가가 다음 일자리를 찾을 여지(명목변수)가 훨씬 클 뿐만 아니라, 더 많은 임금을 주는(비변인) 일자리를 찾는다는 것이었다. 다시 말해, 연구자들은 에이전시의 명성(서열)이 극작가의 경력상 성공을 예측하는 핵심 독립변수라는 점을 확인한 것이다. 더불어 연구자들은 나이가 많거나(비), 여성이거나(명목), 소수민족에 속하거나(명목), 경력이 오래거나(비) 하는 것이 작가의 경력에 불리하다는 것을 발견했다. 반면에 전년도에 높은 임금을 받은 것(서열 범주로 측정됨)은 미래에 긍정적으로 작용했다. 이들은 이것을 "성공이 성공을 잉태한다."는 말로 표현했다(1999: 80). 빌비의 연구를 자세히 보고 싶다면 〈일상생활에 개념 적용하기: 할리우드로〉를 참조하라.

단일지표 또는 복합지표

사회과학적 변수를 조작화하는 데 있어서 선택할 수 있는 대안이 많으므로 올바른 선택을 할 수 있을지에 대해 걱정할 수도 있다. 이런 우려를 없애기 위해 확실성과 안정성에 대한 이야기를 더 해보자.

많은 사회과학적 변수들은 꽤 명백하게 측정된다. 어떤 식으로 나누든 간에 성별은 보통 남성 혹은 여성으로 구분되고, (항상 그렇지는 않지만) 한 번 보거나 아니면 통상 한 번만 물어보면 한 번의 관찰로 측정될 수 있는 명목수준의 변수이다. 가족의 인원수를 알려고 하는 연구에서, 입양된 아동의 수나 보호아동의 수 혹은 부모들이 재혼을 해서 새로 구성된 가족의 경우까지도 생각해볼 수 있지만, 한 가족이 얼마나 많은 자녀들을 두고 있는가를 알아보는 것은 보통 매우 쉽다. 대부분의 연구목적상 한 국가의 거주인구는 그 국가의 거주인구이고 이는 연감을 찾아보면 쉽게 답을 얻을 수 있다. 이렇게 볼 때 많은 변수들은 명백한 하나의 지표를 가진다. 단지 한 조각의 정보를 얻을 수 있으면, 여러분이 필요한 것을 얻은 셈이다.

하지만 때로는 우리가 변수에 대해 정말로 원하는 측정치를 제공할 한 개의 지표가 존재하지 않는다. 이 장의 앞에서 논의했듯이, 많은 개념들은 다양하게 해석될 여지가 있고, 각각은 몇 가지의 가능한 지표를 갖게 된다. 이러한 경우에, 주어진 변수에 대해 몇 가지 관찰을 하려고 할 것이다. 그러면 문제의 변수에 대해 수집된 몇 가지 정보를 결합하여 복합적인 측정치를 만들 수 있다. 6장에서 그 방법을 논의하므로 여기서는 한 가지 간단한 예만 들어보자.

'대학에서의 학업성취'라는 개념을 생각해보자. 우리는 어떤 학생들은 수업에서 좋은 학점을 얻고 다른 학생들은 그렇지 못하다는 것을 안다. 이런 차이를 연구하는 데 있어서, 어떤 특성들과 경험이 높은 학업성취와 연관되어 있는지를 확인하려고 할 것이다. 전반적인 학업성취를 어떻게 측정해야 하는가? 어떤 한 과목의 점수가 학업성취의 잠정적인 지표가 될 수는 있지만, 이것 또한 학생의 전반적인 학업성취를 대표하지 못할 수 있다. 이런 문제에 대한 해결책이 매우 분명하게 잘 마련되어 있는데, 평균학점(GPA)이 그것이다. 복합적인 측정치를 얻기 위해, 학생이 얻은 전체 점수를 합한 뒤 그 점수를 학생이 수강한 과목수로 나누는 것이다. (만약 수강한 과목들의 학점수가 다르면 그에 따라 점수를 조정한다.) 사회과학 연구조사에서는 종종 이러한 복합적인 측정치를 만드는 것이 적절하다. 우리는 GPA처럼 개개인을 묘사하기 위해 복합 측정치를 만들 수도 있고, 대학, 교회, 아니면 나라 등을 묘사하기 위해 만들 수도 있다.

조작화에서의 선택

사회연구자가 이용할 수 있는 모든 조작화의 선택 여지를 한데 모으고 그러한 가능성의 잠재력을 보여주기 위해서, 다양한 연구문제를 다루는 나름대로의 방식을 몇 가지 살펴보자. 각각의 경우에 변수를 조작화하는 다양한 방식은 사회연구가 우리의 창의력과 상상력을 자극하는 도전적인 기회를 보여주는 것이다. 실제 상황에서 모든 대안이 동일하게 적절하지는 않겠지만, 문제를 단순화하기 위해 한 대안이 다른 대안보다 더 우수한 연구조건들을 기술하지는 않겠다.

1. 여성이 남성보다 더 동정심이 있는가?
   a. 같은 수의 남성과 여성을 가지고 연구대상 집단을 선택한다. 그들에게 어떤 사람이 어려움에 처해 있다는 가설적인 상황을 제시한다. 그들에게 그런 상황에 접했을 때 어떻게 할 것인지 묻는다. 예를 들어, 길을 잃고서 부모를 찾아 울고 있는 어린아이를 만나게 된다면 어떻게 할 것인가를 묻는다. 그 아이를 돕거나 달래는 것을 포함하는 대답이면 어떤 것이든 동정심이 있는 것으로 생각하고, 남성과 여성 중에 누가 더 동점심이 있는 것으로 나타날지를 본다.
   b. 어린아이에게 돈을 주고, 길을 잃은 것처럼 가장하도록 하는 실험을 계획한다. 그 아이를 사람들이 많이 다니는 보도에 서 있도록 하고, 남성과 여성 중 어느 쪽이 더 도움을 제공하는지 관찰한다. 한쪽 성별의 사람들이 더 많이 지나갈 수도 있기 때문에 남성과 여성이 몇 명씩 지나가는지 그 수를 세야 한다는 것도 명심하라. 이 경우에 도움을 주는 남성의 비율과 여성의 비율을 계산하면 된다.
   c. 사람들을 표집하여 그들에게 어떤 조직에 소속되어 있는지를 물어보는 서베이를 하라. 여성 또는 남성 중에 어느 쪽이 동정심을 반영하는 것으로 보이는 조직에 더 많이 소속되어 있는지 계산하라. 일반적으로 여성보다 남성이 더 많은 조직에 소속되어 있다는 것 혹은 그 반대의 경우를 고려해서, 연구대상인 각 사람에 대해 동정심을 반영하는 조직의 회원인 비율을 계산하라. 남성 또는 여성 중 어느 쪽이 평균적으로 비율이 높은지를 보라.
2. 사회학과 학생들과 회계학과 학생들 중에 어느 과 학생들이 세계적인 문제에 대해 더 잘 알고 있는가?
   a. 세계적인 문제에 대한 간단한 문제를 준비하여, 유사한 수준의 사회학 강의와 회계학 강의를 듣는 학생들에게 답하도록 하라. 만약 여러분이

어떻게 할 것인가 **대학생활 만족도 측정**

이 장의 앞부분에서 사람들이 종종 얘기하는 개념의 예로 '대학생활에 대한 만족도'를 살펴보았다. 하지만 그런 개념을 연구하기 위해서는 개념화와 조작화의 과정을 거칠 필요가 있다. 이 과정을 간단하게 살펴볼 것인데, 그러면 여러분은 거기서 더 나아가 볼 수 있을 것이다.

대학생활 만족도는 어떤 차원들을 포함할까? 여러분을 위해 몇 가지를 제시해본다.

- 학술적 질: 교수, 강좌, 전공
- 물리적 시설: 강의실, 기숙사, 식당, 운동장
- 체육과 비교과 활동
- 자금과 재정지원의 정도
- 학생, 교수, 직원들의 사교성
- 안전, 캠퍼스 내의 범죄

또 어떤 차원이 학생들의 학교 만족도 또는 불만족도에 연관이 있을까?

이 각각의 차원을 여러분이라면 어떻게 측정할 것인가? 한 방법은 표집된 학생들에게 "아래 각각에 대해서 여러분이 느끼는 만족수준을 평가하시오."라고 요청하면서 여기에 열거된 것과 유사한 항목 리스트를 보여주고 그들이 체크할 수 있는 일련의 항목(매우 만족, 만족, 불만족, 매우 불만족)을 제공하는 것이다. 그러나 사회조사를 수행할 시간이나 돈이 없고 여러 학교들 간에 전반적인 만족 수준을 비교하는 데 관심이 있다고 생각해보자. (분석단위인) 학교들에 대해 어떤 자료를 구하면 알고자 하는 답을 구할 수 있을까? 재학률이 아마도 일반적인 지표가 될 수 있는데 여러분은 다른 지표를 생각해볼 수 있는가?

대학의 질을 긍정과 부정의 양면에서 측정할 수 있다는 점에 주목하라. 와이파이(wi-fi)에 접근할 수 있는 현대화된 강의실은 긍정적으로 쳐줄 수 있지만 캠퍼스 내에서 발생한 범죄횟수는 부정적으로 셈해진다. 그러나 이 후자도 대학의 질을 측정하는 데 사용될 수 있는데, 범죄율이 낮다면 질이 높은 것으로 측정될 수 있다.

사회학 전공과 회계학 전공 학생을 비교하기 원한다면 어떤 전공인지 확실하게 묻는다.

b. 사회학과 학생들과 회계학과 학생들의 평균 학점을 얻도록 한다.

c. 사회학 강의와 회계학 강의실에 "유엔 본부를 뉴욕으로 옮기자."라고 요구하는 청원서를 갖고 간다. 각 강좌에서 몇 명이나 청원서에 서명을 하는지, 그리고 몇 명이나 유엔 본부가 이미 뉴욕에 있다고 알려주는지 그 수를 센다.

3. 사회과학, 자연과학, 인문학 분야 강사들 중 어느 분야 강사가 학교에서 가장 인기 있는가?

   a. 학교에서 학생들이 강사에 대한 평가를 한다면, 최근의 결과를 검토하고 각 집단의 평균점을 계산한다.

   b. 각 분야의 개론 수준의 강의실을 찾아가서 강좌에 참석하고 있는 학생들의 수를 센다.

   c. 연말쯤 각 분야의 강사들을 선정하고, 학생들에게 받은 카드와 선물의 수를 기록하도록 요청하여 어느 강사가 가장 많이 받았는지 본다.

이 예들이 시사하는 점은 이것들이 꼭 좋은 연구 프로젝트안이라는 것이 아니라 변수가 조작화될 수 있는 방법이 무수히 많다는 것을 보여주고자 하는 것이다.

〈어떻게 할 것인가: 대학생활 만족도 측정〉은 이 장에 언급된 개념이라는 면에서 어떤 단계를 거치는지 간략히 보여준다.

계속되는 조작화

개념화와 조작화가 자료수집과 분석에 선행하는 활동인 것처럼, 예를 들어 설문지를 배포하기 전에 질문항목을 설계해야만 하는 것처럼 논의해왔지만, 이 두 과정은 서베이를 통해 자료가 수집되고 분석된 후에도 연구조사 프로젝트가 수행되는 과정 내내 계속된다는 것을 알아야 한다. 우리가 이미 살펴봤듯이, 현장조사처럼 덜 구조화된 연구방법의 경우에 적절한 개념을 확인해내고 구체화하는 작업은 계속되는 관찰의 과정과 분리될 수 없다.

예를 들어, 신흥 종교집단 구성원들에 대한 질적 관찰연구를 수행하면서 더 종교적인 사람들과 덜 종교적인 사람들을 구분해내려고 한다고 상상해보자. 특정한 유형의 의례행동에 초점을 맞추어 시작할 수 있고, 궁극적으로는 그 집단 구성원들이 종교적 경험이나 확고한 믿음을 강조한다는 점을 발견할 수도 있다.

아마도 개념화와 조작화의 개방성은 양적 연구보다 질적 연구에서 더 분명한데, 그 이유는 자료수집과 분석을 하는 동안에 어느 시점에서건 변경할 수 있기 때문이다. 사회조사나 실험 같은 양적 방법에서는 특정한 측정구조를 필요로 한다. 예를 들어, 일단 설문지가 인쇄되고 조사가 시작되면 측정을 바꾼다는 점이 전혀 불가능하지는 않다고 하더라도 실제로 매우 어렵다. 하지만 설문지의 경우에도 분석 단계에서 변수를 측정하는 데 약간의 유연성을 가질 수 있는데, 이에 대해서는 다음 장에서 살펴보자.

그러나 이미 언급한 것처럼 질적 연구자는 이 점에서 유연성을 훨씬 더 많이 갖는다. 예를 들어, 심층 면접과정에서 애초에 계획했던 것과 다른 일련의 질문이 필요하다고 판단하게 되면 애초에 생각하지 않았던 길로 바꿔갈 수 있다. 나중에 분석을 위해서 기록한 것을 훑어보고 정리할 때도 예기치 않았던 패턴을 다시 확인하게 되면 분석 방향을 바꿀 수도 있다.

질적 혹은 양적 분석 방법 중 어느 것을 사용하든 간에, 연구자는 개념과 정의를 재검토하는 데 항상 열린 자세를 가져야 한다. 사회조사의 궁극적인 목적은 사회생활의 본질을 명확히 밝히는 것이다. 이런 점에서 우리가 밝히는 연구내용의 타당성과 유용성은, 우리가 아이디어를 교재나 꿈, 매제에게서 얻든 문제가 안 되듯이, 애초에 현상을 보는 방법에 대해 가졌던 구상에 의존하지 않는다.

5.6 측정 질의 판단기준

이 장에서 지금까지 많은 내용을 다루어왔다. 사회연구자들은 존재하는 모든 것을 측정할 수 있다는 다소 거친 주장으로 논의를 시작했다. 그러고 나서, 우리는 측정하고 연구하고자 하는 많은 것이 실제로는 존재하지 않는다는 것을 발견했다. 그다음에 그것들을 측정하는 것이 여하튼 가능하다는 것을 배웠다. 이제는 현상이 실제 존재하지 않을지라도 그 현상을 측정하는 데 대체로 성공한 것인지 실패한 것인지를 판단해줄 기준들에 관해 논의하면서 장을 마치려고 한다.

정밀성과 정확성

우선 측정의 정밀성 수준은 여러 가지일 수 있다. 조작화를 논의할 때 본 것처럼, 정밀성은 변수를 구성하는 속성들 간의 차이가 얼마나 세밀한지 하는 문제이다. 한 여성이 '43세'라고 묘사하는 것은 '40대'라고 하는 것보다 더 정밀하다. 우범자 집단이 '1996년 여름'에 형성되었다고 하는 것은 '1990년대'라는 표현보다 더 정밀하다.

일반적인 원칙상, 상식적으로 정밀한 측정은 비정밀한 측정보다 더 낫다. 정밀하지 못한 측정이 정밀한 측정보다 본질적으로 더 나아야 할 조건은 전혀 없다. 그렇다 하더라도, 꼭 정밀한 것이 항상 필요하거나 바람직한 것은 아니다. 만약 한 여성이 40대라는 것이 당신 연구의 요구사항을 충족시킨다면, 정확한 나이를 알기 위한 어떤 추가적인 노력이든 낭비일 따름이다. 그렇게 보면, 개념의 조작화는 부분적으로 필요한 정밀성의 수준이 어느 정도인지를 아는 것에 달려 있다. 만약 이것이 명확하지 않다면, 가능한 한 정밀한 것이 낫다.

하지만 정밀성을 정확성과 혼동해서는 안 된다. 누군가가 '뉴잉글랜드(New England)'에서 태어났다고 이야기하는 것은 '버몬트 주의 스토우(Stowe, Vermont State)'에서 태어났다고 말하는 것보다 덜 정밀한 것이지만, 그 사람이 실제로는 보스턴에서 태어났다고 가정해보자. 이 경우 덜 정밀한 기술이 더 정확한 것이며 실제 세계를 더 잘 반영하는 것이다.

정밀성과 정확성은 조사의 측정에서 중요한 요인이기 때문에 더 이상 설명할 필요가 없다. 하지만 사회과학자들이 측정을 구성하고 평가할 때 두 가지 기술적인 고려사항에는 특별한 주의를 기울이는데, 신뢰도와 타당도가 그것이다.

신뢰도

추상적인 의미에서 신뢰도(reliability)는 같은 대상에 대해 반복적으로 적용된 특정

신뢰도
같은 현상을 반복적으로 측정할 때, 매번 같은 결과를 얻을 수 있도록 하는 측정방법상의 특징이다. 서베이의 경우에 "지난 주에 교회에 갔는가?"라는 질문은"평생동안 예배에 몇 번 정도 참석했는가?"라는 질문에 비해 높은 신뢰도를 기대한다. 타당도와 혼동하지 말아야 한다.

기법이 매번 같은 결과를 가져오는지 여부의 문제이다. 당신이 내 몸무게가 얼마인지 알기를 원한다고 하자. 한 가지 기법으로, 다른 두 사람에게 내 체중을 짐작해보라고 요청한다고 하자. 만약 한 명은 150파운드라고 추정하고, 다른 사람은 300파운드라고 추정한다면 사람들로 하여금 체중을 추정해보라고 하는 것은 전혀 신뢰할 만하지 못하다고 결론지을 것이다.

이 대신에 측정기법으로 체중계를 이용한다고 치자. 체중계에 두 번 올라서고 각 경우의 체중을 확인할 수 있다. 두 번의 경우에 대해 체중계는 똑같은 수치를 보여줄 것이고, 사람들에게 체중을 추측해보라고 하는 것보다 체중계로 재는 것이 더 신뢰할 만한 기법이라는 것을 보게 될 것이다.

하지만 신뢰도가 정밀성을 보장하는 만큼 정확성을 보증하는 것은 아니다. 체중을 잴 때의 내 기분을 단지 좋게 하기 위해, 실제 체중에서 5파운드를 빼도록 체중계를 고정시켜 놓았다고 상상해보자. 비록 매번 같은 무게를 (신뢰할 수 있게) 알려주겠지만, 항상 틀린 것이다. 편향(bias)이라고 불리는 이 새로이 등장한 요인에 대해서는 7장에서 다룬다. 일단은 신뢰도가 정확성을 보증하지 않는다는 점만 유의하라.

다른 두 종류의 공장에서 일하는 공장 노동자들의 사기를 연구하는 데 관심이 있다고 하자. 한 종류의 공장들에서는 업무가 극단적인 분업을 반영하여 세분화되어 있다. 개별 노동자들은 긴 조립라인 앞에서 수행되는 전체과정 중 아주 작은 직무에 공헌한다. 다른 종류의 공장들에서는 각 노동자들이 여러 직무를 수행하며 소규모 작업팀이 전 과정을 완성한다.

어떻게 사기를 측정해야 하는가? 한 가지 전략은 각 공장의 노동자들을 관찰하면서 이들이 서로 간에 농담을 주고받는지, 미소를 짓고 많이 웃는지 등과 같은 것을 살펴보는 것이다. 그들이 어느 정도 일을 좋아하는지 물어볼 수도 있고, 현재의 일을 선호하는지 아니면 비교해서 연구되고 있는 다른 업무방식을 선호하는지를 물어볼 수도 있다. 서로 다른 공장에서 관찰한 바를 비교하면서, 어떤 조립과정이 더 높은 사기를 불러일으키는지에 대한 결론에 도달할 수 있다.

이제 이런 방법에 내재한 몇 가지 신뢰도 문제를 살펴보자. 먼저, 관찰할 때 우리가 어떻게 느끼는가가 우리가 본 것을 채색시킬 가능성이 있다. 우리는 우리가 본 것을 잘못 이해할 수 있다. 서로 농담을 주고받고 있는 노동자들을 보면서 그들이 논쟁을 벌이고 있다고 생각할 수도 있다. 아니면 아마 그들이 휴일에 관해 얘기하고 있다고 생각할 수도 있다. 만약 같은 노동자 집단을 며칠간 계속 관찰한다면, 매일 다른 평가에 도달할 수도 있다. 또한 더 나아가서 몇 명의 관찰자들이 같은 행동을 평가했다고 해도, 그들 또한 노동자들의 사기에 대한 다른 결론에 도달할 수도 있는 것이다.

사기를 측정하는 또 다른 정량적 전략이 하나 있다. 일정 시기 동안 노동조합에 얼마나 많은 고충처리가 접수되었는지 회사의 기록을 조사한다고 상정해보라. 아마 이것이 사기의 지표가 될 수 있을 것이다. 고충이 많을수록, 사기가 더 낮다. 이 측정전략은 더 신뢰할 만한 것으로 보인다. 왜냐하면 고충 사례수를 세어보고 또 세어보면, 같은 숫자에 도달하기 때문이다.

만약 우리가 고충사례의 수가 꼭 사기를 측정하는 것이 아니라고 생각한다면, 당신은 타당도에 관해 걱정을 하고 있는 것이지 신뢰도에 대한 걱정은 아니다. 타당도에 관해서는 곧 논의할 것이다. 여기서 중요한 점은 두 번째 방법이 체중계로 체중을 측정하는 것과 대체로 같아서 일관된 결과를 보여준다는 것이다.

신뢰도 문제는 사회과학 연구에서 여러 형태로 나타난다. 자료가 한 명의 관찰자에 근거할 경우는 그 관찰자의 주관성이 초래할 영향에 대해 방어막이 없기 때문에 항상 신뢰도가 문제가 된다. 우리는 보고된 내용 중 얼마만큼이 관찰된 상황에 근거한 것이고 얼마만큼이 관찰자로부터 나온 것인지 확인할 길이 없다.

하지만 주관성 문제가 한 명의 관찰자에게만 해당되는 문제는 아니다. 서베이 연구자들은 서로 다른 면접자들이 각기 다른 태도와 입장을 가지고 있기 때문에 응답자들로부터 상이한 응답을 얻는다는 점을 이미 오래 전부터 우려해왔다. 우리가 어떤 사회적 이슈에 대한 신문사설의 입장이 어떤 것인지에 관한 연구를 실시하기로 한다면, 수백 개의 사설을 읽는 일과 이슈에 관한 입장에 따라 사설을 분류하는 일을 맡기기 위해 한 무리의 코딩자를 모을 것이다. 불행하게도 서로 다른 코딩자들은 같은 사설에 대해서 다르게 코딩할 것이다. 혹은 우리가 수백 개의 구체적인 직업들을 몇 가지 표준화된 코딩체계, 즉 노동부 또는 센서스청에서 만든 분류 형태 같은 것에 따라 분류하기를 원할 수도 있다. 우리 모두가 그런 직업들을 같은 범주로 코딩하지는 않을 것이다.

이런 각각의 예는 신뢰도의 문제를 보여준다. 우리가 사람들에게 그들 자신에 관한 정보를 제공해달라고 요청할 때마다 비슷한 문제가 발생한다. 우리는 "교회에 몇 번이나 나갔는가?"와 같이 사람들이 답을 모르는 질문을 하곤 한다. 때로는 "당신은 현재 중국과 알바니아의 관계에 대해 만족하십니까?"의 경우처럼 사람들에게 전적으로 관련이 없는 일에 관해 질문을 하기도 한다. 그런 경우에, 사람들은 되는 대로 답을 만들기 때문에, 물어볼 때마다 다른 답을 할 것이다. 그리고 때로는 너무 복잡한 질문을 던져서 그 일에 대해 분명한 견해를 가졌던 사람도 두 번째 질문을 받았을 때는 그 질문에 대해 다른 해석에 도달할 수도 있다.

어떻게 신뢰할 수 있는 측정방법을 고안할 것인가? 연구설계가 사람들에게 정보를 물어보는 것을 포함할 경우에, 응답자들이 대답을 알고 있을 가능성이 있는 것만 질문하도록 한다. 그들에게 관련이 있는 것만을 질문하고 무엇을 질문하고 있는지 명료하게 하라. 물론 이런 기법들이 신뢰도에 관한 모든 문제를 해결해주지는 않는다. 다행스럽게도 사회조사연구자들은 자신들이 개발한 측정치의 신뢰도를 교차검증할 수 있는 여러 기법들을 발전시켜왔다.

검사–재검사 방법

때로는 동일한 측정을 한 번 이상 하는 것이 적절한데, 이를 검사–재검사 방법(test-retest method)이라고 한다. 만약 얻게 될 정보가 변하지 않는 것이라고 기대한다면, 두 번 모두 같은 응답을 얻어야 한다. 만약 응답이 달라진다면, 그 달라진 정도만큼 측정방식이 신뢰할 만하지 못한 것이다. 한 예를 들어보자.

예방의학의 한 분야인 건강위험평가(Health Hazard Appraisal)에 관한 연구에서 제프리 색스 등(Jeffrey Sacks, W. Mark Krushat, and Jeffrey Newman, 1980)은 의사가 환자를 적절히 상담할 수 있게 하기 위해, 여러 가지 삶의 양식과 전력 요인들이 질병의 위험도와 어떻게 연결되는지를 확인하려고 했다. 환자들 삶의 상황을 알게 되면서, 의사는 그들에게 생존의 잠재성과 어떻게 그것을 향상시킬 수 있는지에 관해 조언을 해줄 수 있었다. 물론 이러한 조언의 유용성은 연구대상자에 관해 수집된 정보의 정확성에 크게 달려 있었다.

자신들 정보의 신뢰도를 검증하기 위해, 색스와 동료들은 207명의 연구대상자 모두에게 그들의 특질과 행동에 관해 질문한 기초설문지에 완벽하게 응답하도록 했다. 3개월 후에, 동일한 대상자들에게 같은 질문을 하는 사후 추적 설문지가 배부되었고, 이 두 개의 설문조사 결과들이 비교되었다. 전반적으로, 단지 15%의 응답자만이 두 개의 연구에서 동일한 정보를 제공했다.

색스와 동료들은 다음과 같이 보고했다.

> 응답자 중 거의 10%는 사후 추적 검사에서 다른 신장치수를 보고했다. 세 명 중 한 명 이상에게서 부모의 나이가 다르게 보고되었다. 한 부모는 3개월 동안에 나이가 20년이나 더 늘었다. 이전까지 흡연 및 음주를 했던 응답자 5명 중 한 명꼴로 이전에 자신들의 흡연 및 음주성향을 기억해내는 데 명백한 어려움을 보였다.
>
> (1980: 730)

어떤 응답자는 이전에 보고한 심장통증, 당뇨병, 천식, 체포기록 그리고 자살충동에 관한 모든 흔적을 지워버렸다. 첫 번째 설문지에서 사망한 것으로 되어 있던 한 대상자의 어머니는 두 번째 시기에서는 명백히 살아있었고 건강했다. 한 응답자는 첫 번째 연구에서 난소 한 개가 없다고 보고했지만 두 번째 연구에서는 둘 다 가지고 있었다. 또 다른 경우에서는 첫 번째 조사 때 있었던 난소가 두 번째 조사에서는 없는 것으로 그것도 10년 동안이나 그랬다는 응답이 나왔다. 그러므로 검사–재검사 방법은 이 자료수집 방법이 유달리 신뢰할 만하지 못하다는 것을 보여주었다.

반분법

일반 원칙상, 편견이나 소외, 사회계급 같은 미묘하고 복잡한 사회적 개념을 측정할 때는 두 개 이상의 측정치를 만드는 것이 좋다. 이 절차로 신뢰도에 대해 또 한 번 조사할 여지가 생긴다. 여성에 대한 편견을 측정한다고 믿어지는 10개의 문항으로 구성된 설문지를 만들었다고 치자. 반분법(split-half method)을 사용하여 그 10개 문항을 무작위로 5개씩 두 세트로 나눌 수 있다. 지수의 호환성에 대한 논의에서 보았듯이, 각 질문 세트는 여성에 대한 편견을 적절히 측정하는 것이어야 하며, 그 두 세트의 질문지는 응답자들을 같은 방식으로 분류할 수 있어야 한다. 만약 두 질문 세트가 응답자들을 다르게 분류한다면, 당신은 변수를 측정하는 데 신뢰도 문제를 가지고 있을 가능성이 높다.

기존의 측정치 이용하기

사람들로부터 정보를 얻는 데 있어서 신뢰도를 보증할 수 있는 또 다른 방법은 기존의 연구에서 신뢰도가 확인된 측정치를 사용하는 것이다. 예를 들어, 아노미아를 측정하고자 한다면, 레오 스롤(Leo Srole)의 척도를 사용할 수 있다.

하지만 척도가 빈번히 사용된다고 해서 신뢰도를 보증하는 것은 아니다. 예를 들어, SAT(Scholastic Assessment Test)는 수십 년간 확립된 표준으로 학생들이 대학 교육에 얼마나 준비되었는가를 판단하는 데 기준으로 여겨져왔다. 그렇지만 시간이 지나면서 시험은 많이 변화되었다. 가장 최근에 개정된 2016 시험은 고등학교 교육을 잘 배웠는가를 판단하는 것에 더 초점이 맞추어져 있다.

연구보조원의 신뢰도

면접자나 코딩자 같은 연구보조원들에 의해 측정의 신뢰도가 훼손될 가능성이 있다. 그런 경우에 신뢰도를 조사하는 몇 가지 방법이 있다. 서베이에서는 면접자의 신뢰도 문제를 해결하기 위해서 감독자가 몇몇 표본 응답자들에게 전화를 걸어서 일부 문항에 대한 정보를 검증하는 것이 일반적이다.

연구재현은 다른 상황에서도 역시 효과가 있다. 만약 신문사설이나 직업분류가 신뢰할 만하게 분류되지 않았다고 걱정되면, 여러 코딩자들에게 같은 대상을 각기 독립적으로 코딩해보도록 시키면 된다. 일관성이 없이 코딩되는 경우가 있으면, 그것에 대해 더 조심스럽게 작업을 하면서 문제를 해결할 수 있다.

결론적으로 말하면, 명확성, 구체성, 훈련과 연습을 통해 상당한 정도로 신뢰도를 확보하고 골치 아픈 상황을 피할 수 있다. 만약 두 사람이 사회적 이슈에 대한 신문사설의 논조를 어떻게 평가할 것인지에 대한 명확한 합의에 도달하기 위해 여러 입장에 대해 토론을 하고 여러 사설을 함께 읽어보는 식으로 충분한 시간을 할애한다면, 각자 독립적으로 작업을 하더라도 같은 방식으로 분류하는 데 좋은 작업결과를 낳을 수 있을 것이다.

측정의 신뢰도는 사회조사에서 본질적으로 중요한 문제이며, 이어지는 장들에서도 이 문제를 다시 거론하게 될 것이다. 하지만 여기서는 완벽한 신뢰도조차도 한 측정치가 우리가 측정하고자 하는 바를 측정하는 것인지를 보장하지 않는다는 점을 염두에 두자. 이제 타당도의 문제를 다루어보자.

타당도

타당도
측정하려고 의도된 개념을 정확하게 반영하는 측정을 기술하는 용어. 예를 들어, 지적 능력을 측정하는 데 있어서 지능지수 점수를 측정하는 것이 도서관에서 보낸 시간을 측정하는 것보다 더 타당할 것이다. 비록 측정의 궁극적인 타당도는 결코 밝혀질 수 없지만 액면 타당도, 기준 관련 타당도, 내용 타당도, 구성 타당도, 내적 타당성 및 외적 타당성 등에 기초해서 상대적인 타당도에는 합의할 수 있다.

액면 타당도
어떤 변수의 합리적인 측정치로 보이도록 만드는 지수의 특성. 종교행사에 참여하는 빈도가 한 개인의 종교성을 나타내는 지표라는 점은 많은 설명이 없이도 수긍할 수 있는데, 이것이 액면 타당도이다.

관습적인 용법으로, 타당도(validity)는 경험적 척도가 연구대상 개념이 담고 있는 실질적 의미를 제대로 반영하는 정도를 의미한다. 사회계급 측정은 사회계급을 측정해야지 정치적 지향을 측정해선 안 된다. 정치적 지향성에 대한 측정은 정치적 지향성을 측정해야지 성적 개방성을 측정해선 안 된다. 타당성(validity)이란 우리가 측정하고 있다고 말한 그것을 실제로 측정하고 있다는 것을 의미한다.

아차! 우리는 이미 개념이 어떠한 실제적 의미도 가지지 않는다는 견해를 믿기로 했다. 그렇다면 척도가 개념의 의미를 충분히 반영했는지 도대체 어떻게 알 수 있는가? 물론, 궁극적으로는 알 수 없다. 동시에, 우리는 이미 사회조사를 포함해서 모든 사회생활은 우리가 사용하는 용어와 그것이 내포한 개념에 대한 합의에 기반해서 이루어진다는 것을 안다. 이처럼 동의가 이루어진 개념의 의미를 적절히 측정하는 데 있어 성공을 판단해주는 기준이 몇 가지 있다.

우선 첫째로, 액면 타당도(face validity)가 있다. 특정한 경험적 척도는 특정한 개념과 연관된 통상적인 합의나 우리 개인의 정신적 이미지와 일치할 수도 있고 일치하지 않을 수도 있다. 예를 들어, 노동자들의 사기를 측정하기 위해 노동조합에 접수된 고충사례 수를 세어서 측정하는 것이 적정한 방법인지에 대해 논쟁이 있을 수도 있다. 하지만 고충의 수가 사기와 어느 정도 연관되어 있다는 점에는 쉽게 동의할 것이다. 다시 말해, 그 측정은 '액면적으로는' 타당한 것이다. 만약 노동자들이 휴무일에 도서관에서 얼마나 많은 책을 대출해 갔는지를 가지고 사기를 측정하려고 한다면, 분명히 더 심한 반대를 초래할 것이다. 이 측정치는 아무런 액면 타당도를 가지지 않는다.

둘째, 우리는 이미 개념들을 정의해주는 보다 공식적으로 설립된 합의점들이 많이 있다는 것을 알고 있다. 예를 들어, 센서스청은 가족, 가구(household), 고용상태 같은 개념들에 대해 조작적 정의를 만들어냈고, 이것들은 이런 개념들을 사용하는 대다수 연구들에서 쓸 만한 타당도를 갖고 있다.

세 가지 다른 타당도 유형 역시 측정의 타당도를 검증하는 특정한 방식을 구체적으로 보여준다. 첫째는 기준관련 타당도(criterion-related validity)인데, 예측 타당도(predictive validity)라고도 불리며, 몇 가지 외부 기준에 근거한다. 예를 들어, 대학입학시험의 타당성은 대학에 들어와서 학생들이 어느 정도 성공적으로 학업을 수행할지를 예견하는 능력에 달려 있다. 이런 의미로, 운전면허 필기시험의 타당성은 시험에서 받은 점수와 이후 운전을 얼마나 잘 하는가의 관계에 의해 결정된다. 이런 예에서는 대학에서의 학업적 성공과 운전능력이 기준이 된다.

기준관련 타당도
측정이 어떤 외부의 기준에 연관된 정도. 예를 들어 대학입학시험의 타당도는 학생의 성공적인 대학 생활을 예측하는 능력과 연관되며, 예측 타당도라고 부른다.

기준관련 타당도를 어느 정도로 잘 이해하고 있는지를 보기 위해서 아래의 여러 가지 태도를 타당하게 예측하기 위해 사용할 수 있는 행동들을 생각해보라.

- 매우 종교적임
- 남성과 여성 간의 평등성을 지지함
- 극우 무장집단을 지지함
- 환경문제에 관심이 있음

이것들에 대한 몇 가지 가능한 예측 타당치들은 각각 교회출석, 여성 후보자에게 투표, NRA 소속, 시에라 클럽(Sierra Club) 소속 등이다. 때로는 이런 예처럼 직접적으로 측정을 타당화시킨다고 여겨지는 행동기준을 찾기가 어렵다. 하지만 그런 경우에는 종종 연구대상 변수가 이론적으로 다른 변수들과 어떻게 연관되어야 하는지를 고려하는 검증방식을 적용함으로써 그 기준을 짐작할 수 있다. 구성 타당도(construct validity)는 이러한 변수들 간의 논리적 관계에 기반한다.

구성 타당도
측정이 이론적 관계의 틀에서 기대된 바대로 다른 변수들과 연관된 정도

예를 들어 당신이 결혼만족도의 원인과 결과에 관심이 있다고 가정해보자. 연구의 일부로, 결혼만족도 척도를 개발하고 그것의 타당도를 평가해보려고 한다.

척도개발에 덧붙여, 당신은 또한 결혼만족도가 다른 변수들과 맺는 관계에 대해 어떤 이론적 예측을 구성할 것이다. 예를 들어 만족하는 부부들이 그렇지 못한 부부들보다 배우자들을 덜 속일 것이라고 가정하는 것은 합리적인 것으로 보인다. 만약 결혼만족도 척도가 예견된 방식으로 결혼충실성과 연관되어 있으면, 그것이 그 측정치의 구성 타당도가 된다. 하지만, 만약 만족하는 부부들과 불만족하는 부부들이 똑같이 배우자들을 속이는 것으로 나타난다면, 그것은 측정의 타당성에 문제가 있는 것이다.

그렇다면 구성 타당도를 검증하는 것은 결정적인 증거를 제시하기보다는 측

쟁점과 통찰 **타당성과 사회적 욕구**

연구 측정에 있어 문제는, 실제 범죄와 관련이 있거나 투표를 했는지의 여부와는 관계없이, 질문받은 태도나 행동이 일반적으로 사회적으로 바람직하지 않은 것으로 간주될 때 발생한다. (대선 후의 설문지에는 실제 투표율보다 더 많은 사람들이 투표를 했다고 답한다.)

혹시 있을 수 있는 오류를 줄이기 위한 한 가지 기법이 있지만, 이 또한 예상치 못한 결과를 낳았다. 예를 들면, "대통령이 X나 Y를 해야 한다고 생각하나요?"라는 질문이 너무 퉁명스럽게 느껴질 수 있어서, 연구자들은 이를 부드럽게 바꾸었다: "어떤 사람들은 대통령이 X를 해야 한다고 생각하는 반면에, 다른 사람들은 Y를 해야 한다고 생각한다." 이거와 크로스닉(Yeager and Krosnick, 2011, 2012)이 수행한 대면과 온라인 실험에 따르면, 이것은 좋은 방법이 아니다.

이것은 어쩌면 응답자가 다른 사람이 느끼는 바에 대한 생각을 바꿀 수는 있어도, 응답자의 의견에는 영향을 미치지 못했다. 실제로, 태도와 행동에 대한 독립적인 확인이 가능한 경우, '일부/기타' 방식은 연구결론의 타당성을 감소시켰다. 예를 들자면, 청소년들은 자신들이 실제로 한 일보다 더 못된 일을 했다고 주장하는 측면이 있다. 결론을 짓자면, '부드럽게' 바꾸는 말은 더 많은 말과 (시간)이 필요하고, 답변에 대한 유효성을 더해주는 효과가 없이 질문을 복잡하게만 만든다.

정치가 실제로 측정하려는 특성을 제대로 짚고 있는지 아닌지를 일정 부분 보여주는 것이지만, 이것이 무조건적으로 증명되는 것은 아니다. 비록 구성 타당도가 기준관련 타당도보다 덜 정확하기는 하지만, 주어진 상황에서 어떤 검증이 특정 변수(운전기록, 결혼충실도 등)를 더 잘 대변할지에 대해서는 쉽게 합의를 이루지 못할 여지가 크다. 이 두 유형의 타당도 검증을 구분하는 것보다 더 중요한 점은 그 검증들이 공통적으로 갖고 있는 타당성 확인의 논리를 이해하는 것이다. 만약 우리가 어떤 변수들을 성공적으로 측정했다면, 우리의 측정치는 논리적인 방식으로 다른 측정치들과 연계되어야만 한다.

내용 타당도
측정이 개념에 포함된 의미들의 범위를 포괄하는 정도

마지막으로, 내용 타당도(content validity)는 한 측정치가 어떤 개념에 내포된 의미들을 어느 정도 범위로 포괄하는가를 의미한다. 예를 들어, 수학 실력 측정시험은 더하기뿐만 아니라 빼기, 곱하기, 나누기 등을 포함해야 한다. 혹은 우리가 편견을 측정하고 있다면, 측정치가 인종 · 민족집단에 대한 편견, 소수종파에 대한 편견, 여성과 노인에 대한 편견 등을 모두 포함하는지가 관건이다.

〈쟁점과 통찰: 타당성과 사회적 욕구〉는 사람들에게 비정상적인 태도 혹은 행동에 대해 말하도록 요청하는 것과 관련된 특별한 도전에 대해 말하고 있다.

〈그림 5-2〉는 타당도와 신뢰도의 차이점을 그림으로 보여주고 있다. 만약 측정을 과녁판에 총을 되풀이해서 쏘는 것에 비유한다면, 신뢰도는 일관성에 해당하기 때문에 총탄자국이 어디를 맞추든 간에 '밀집된 형태'를 보이는 것을 의미한다. 반면에, 타당도는 총탄자국이 과녁판의 중앙을 중심으로 밀집해서 분포하는 것을 의미한다. 그림에서 보면, 신뢰도가 없는 경우에는 총탄자국이 과녁판에 아

신뢰할 만하지만 타당하지 않음

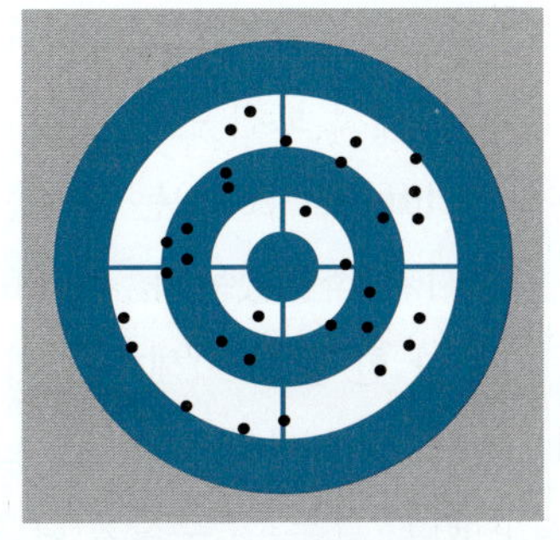
타당하지만 신뢰할 수 없음

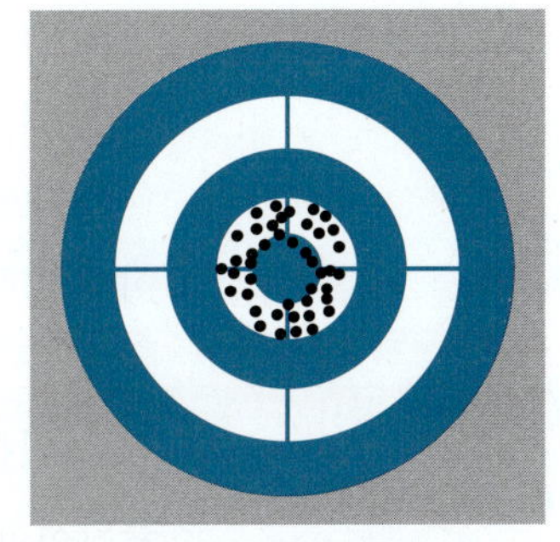
타당하고 신뢰할 만함

그림 5-2 타당도와 신뢰도 비유
좋은 측정기법은 타당하면서(측정하려고 의도하는 것을 측정) 동시에 신뢰할 만(연이어 유사한 측정을 산출)해야 한다.

무렇게나 흩어지고, 타당도가 없는 경우에는 체계적으로 중앙에서 벗어나는 것을 볼 수 있다. 신뢰도가 떨어지는 경우건, 타당도가 떨어지는 경우건 양자 모두는 별로 유용한 측정치가 될 수 없다는 것을 염두에 두라.

무엇이 타당한지를 누가 정하는가?

타당도에 대한 논의는 무엇이 실제인지에 대한 우리의 합의에 기반한다는 점으로 시작했고, 사회과학자들이 타당한 측정을 하기 위해서 서로 간에 합의할 수 있는 몇 가지 방식이 있다는 것을 살펴보았다. 그러나 타당도를 살펴보는 또 다른 방법이 있다.

사회연구자들은 때때로 자신들이 연구대상자들보다 더 우수하다고 묵시적으로 믿으면서 자신들이나 다른 연구자들을 서로 비판한다. 예를 들어, 연구자들은 종종 일반인들이 의식하지 않는 동기를 들춰내려고 시도한다. 어떤 사람은 자신이 신형차가 성능이 좋고 멋있어 보여 샀다고 생각하지만, 연구자들은 그 사람이 실제로는 더 높은 사회적 지위를 달성하려고 한다는 것을 안다.

이처럼 묵시적인 우월성의 느낌은 전적으로 실증적인 접근에서는 별 무리없이 적용될 수 있지만(생물학자가 실험실 테이블 위에 놓인 해부용 개구리보다 더 우월하다고 느끼는 경우처럼), 사회과학자들에 의해 수행되는 보다 인간적이고 전형적으로 질적인 접근법에서는 무리를 수반한다. 이 문제는 10장에서 심도 있게 논의될 것이다.

일반인들이 자신들의 세계를 의미 있게 구축해가는 방식을 이해하기 위해서 민간방법론자들(ethnomethodolgists)은 모든 사회과학자들이 개념화와 공유된 의미가 형성되는 이처럼 자연적인 사회적 과정에 더 주의를 기울여야 한다고 주장해왔다. 적어도, 과학자의 패러다임에서 볼 때 비합리적인 것으로 보이는 행동도 행위자 자신의 관점에서 보면 논리적 의미를 가질 수 있다.

클리포드 기어츠(Clifford Geertz)는 두툼한 묘사(thick description)라는 용어를 이해의 목적과 연관시켜 적용했는데, 문화요소가 그 문화 속에서 사는 사람들에게 갖는 의미를 가능한 한 깊게 이해하기 위한 것이다. 그는 외부의 관찰자는 그런 의미를 절대로 완전하게 파악할 수 없다고 보았지만 '문화분석'은 본질적으로 불완전하다고 경고했다. 그는 이 주장을 다음과 같이 더 정교화했다.

> 이런 문제를 피할 수 있는 몇 가지 방안에는 문화를 습속이나 상황으로 바꾸거나 혹은 구조로 바꾸는 것이 있다. 하지만 이 방법들은 쉽지 않다. 문화 개념을 제대로 이해하고 해석적인 접근을 하기 위해서는 민속지적인 관점을 가져야 되고 갤리(Gallie)가 써서 유명한 구절이 된 '본질적으로 경합할 만한' 입장을 수용해야 한다. 인류학, 적어도 해석인류학은 합의의 완벽성에 의해서 진전된 과학이라기보다는 논쟁의 정교화에 의해서 발전한 과학이다. 정밀성이 더 나은 방법론이다.
>
> (1973: 29)

궁극적으로 사회연구자들은 자신들이 연구하는 개념의 가장 유용한 의미와 측정에 대해 합의를 구하는 원천으로 동료들뿐만 아니라 연구대상자들까지 보아야 한다. 때때로 어느 한쪽이 더 유용한 원천이 되겠지만, 때로는 바뀔 수도 있다. 그러나 어느 한쪽도 무시되어서는 안 된다.

신뢰도와 타당도 간의 긴장

분명한 것은 우리는 우리의 측정치가 신뢰할 만하면서 동시에 타당하기를 원한다는 것이다. 하지만 신뢰도의 기준과 타당도의 기준 사이에는 종종 어떤 긴장이 존재한다.

서로 다른 공장에서 일하는 노동자들의 사기를 측정하는 앞의 예를 잠시 상기해보자. 연구자 자신이 매일 매일의 일상적인 조립 생산라인 일을 직접 경험하고 어떤 일이 벌어지는지를 관찰하고, 노동자들과 이야기를 나누어보는 것이 고충 사례 수를 세어보는 것보다는 사기를 측정하는 데 훨씬 더 타당한 측정치인 것으로 여겨진다. 즉, 앞의 방식을 통해 사기가 높은지 낮은지를 보다 명확하게 알 수 있다는 점은 분명해 보인다.

하지만, 앞에서도 밝혔듯이, 고충의 수를 세는 전략이 더 신뢰할 만하다. 이 상황은 연구 측정에서 발생하는 보편적인 긴장을 보여준다. 우리가 연구하려고 하는 진짜 흥미로운 대다수의 개념들은 많은 미묘한 뉘앙스를 가지고 있으며, 그래서 그것이 무엇을 의미하는지 정확하게 구체화하기는 어렵다. 연구자는 때로 그런 개념이 풍부한 의미를 갖고 있다고 말한다. 예를 들어, 아노미/아노미아에 대해 수많은 책과 논문이 나왔지만 그 의미는 여전히 논란이 되고 있다.

그래서 매우 자주, 신뢰도가 높은 조작적 정의를 내리고 측정을 구체화하는 것은 그런 개념의 풍부한 의미를 앗아가는 듯이 보인다. 사기가 높다는 것은 노동조합에 고충사례가 덜 신고되었다는 것 이상의 의미를 가지며, 아노미는 스롤이 창안한 5개 문항으로 측정되는 바를 훨씬 뛰어넘는다. 그러나 우리가 한 개념에 대해 더 많은 변이와 의미의 풍부함을 인정하면, 그 개념이 특정한 상황에 어떻게 적용되는지에 대해 일치하지 못할 여지를 더 주게 됨으로써, 결국 신뢰도를 낮추게 된다.

이런 딜레마는 사회조사연구에서 상당히 다른 두 가지 접근방법이 지속적으로 유지되는 배경을 어느 정도 설명한다. 그 하나는 서베이나 실험의 경우처럼 양적이고 법칙정립적(nomothetic)이며 구조화된 기법들이고, 다른 하나는 현장조사나 역사비교적 연구처럼 질적이고 개별 사례적인 기법들이다. 단순하게 일반화해서 말한다면, 전자의 방법은 신뢰도가 더 높고 후자의 방법은 타당도가 더 높다.

이런 문제를 미리 알아두면, 그 불가피한 딜레마에 대해 효과적으로 대처할 수 있을 것이다. 개념을 어떻게 측정할 것인지에 대해 명확한 합의가 없으면, 여러 다른 방식으로 측정하라. 만약 개념이 여러 차원을 가지고 있으면 그 모든 차원에 대해 측정하라. 덧붙여서, 그 개념은 당신과 내가 부여한 의미 외에는 어떤 의미도 없다는 것을 알고 있어라. 어떤 개념에든 특정한 의미를 부여하는 것에 대한 유일한 정당성은 그 유용함에 달려 있다. 우리를 둘러싼 세상을 우리가 이해할 수 있는 방식으로 개념들을 측정하라.

5.7 측정의 윤리

어떤 측정을 할 것인지를 결정하는 것은 때로 윤리적 기준에 의해서 판단될 수 있다. 사회연구자들에게 관심이 있는 개념의 대부분은 여러 가지 의미를 가질 수 있다는 것을 보아왔다. 예를 들어 미국의 낙태 이슈에 대한 여론을 표본조사하는 데 관심이 있다고 치자. 논쟁의 한 편을 '선택 옹호' 혹은 '낙태 옹호'로 개념화하는 것이 초래할 차이점을 생각해보자. 개인적인 편견으로 인해 낙태에 대한 반대를 최소화하기를 원한다면 '낙태 찬성'을 하는 사람들의 견지에서 개념과 측정을 정하고 싶은 유혹을 느낄지도 모른다. 이렇게 되면 낙태 자체를 특별히 선호하지

어떻게 생각하는가 재논의

사회과학자들이 종교성을 측정하고 그 이유를 밝힐 수 있는가? 여러분이 봤듯이, 종교성에 대해 서술적인 주장을 펼치는 것은 설명적인 주장을 펼치는 것보다 더 어렵다. 어느 누군가가 종교심이 있느냐 없느냐는 신앙심을 어떻게 정의했느냐와 직결된다. 어떤 정의에 의하면, 거의 모든 인구가 신앙심이 있으며, 다른 정의에 의하면 소수의 사람들만 그렇다.

그러나 지표의 상호 교환 가능성에 대한 논의에서 제안했듯이, 우리는 종교성의 원인에 대해 더 확신하고 명확하게 말할 수 있다. 예를 들자면, 미국에서는 종종 여성들이 남성들보다 더 종교적이라고 보고된다. 이 주장은 여성들이 남성들보다 예배참석, 기도, 믿음 등 거의 모든 신앙심 지표에서 더 많이 신앙심을 보였다는 관찰에서 나온다. 따라서 이러한 지표 중 종교성이라는 용어의 의미를 가장 잘 또는 가장 제대로 측정하는지에 동의하지 않더라도, 선택한 지표에 관계없이 여성은 남성보다 더 종교적이라는 결론이 나온다.

는 않지만 여성이 자신을 위해서 낙태를 선택할 권리를 가져야만 된다고 생각하는 사람들을 분석에서 제외하게 될 것이다. 하지만 이 전략을 추구하는 것은 연구윤리를 위반하는 것이 된다.

또 다른 예를 들자면, 전국총기협회(NRA)에서 우편으로 보낸 설문지에 포함된 다음의 질문들을 살펴보자[2017 전국 총 소지자 행동(NGA) 설문].

6. 당신은 당신이 소유하고 있는 모든 소총, 권총, 산탄총을 규제할 수 있는 미국의 주권을 박탈하여 유엔의 외교관들에게 그 권한을 부여하는 유엔의 조약에 반대합니까?

☐ 예 ☐ 아니오 ☐ 의견 없음

8. 마이클 블룸버그(Michael Bloomberg)와 같은 진보적 성향의 억만장자들은 총 금지, 총알 금지, 주와 마을 단계에서의 총 소지자 등록법 등을 위해 수천만 달러를 지출하고 있습니다. 당신은 이에 반격하여 당신이 거주하는 주에서 여러분의 권리를 방어하려는 NRA의 노력을 지지합니까?

☐ 예 ☐ 아니오 ☐ 의견 없음

머리말

- 개념화, 조작화 및 측정은 서로 연관된 과정인데, 연구자로 하여금 연구하려고 하는 일반적인 생각으로부터 실제에서의 효과적이고 잘 정의된 측정으로 이끌어 준다.

존재하는 무엇이건 측정하기

- 구상개념은 공통성을 가진 것처럼 보이는 관찰과 경험을 함께 묶기 위한 요약장치로서 우리가 사용하는 정신적 이미지이다. 이런 구상개념을 지칭하기 위해 용어 혹은 라벨을 사용한다.
- 개념은 구성물이다. 그것은 우리가 용어에 부여한 합의된 의미를 대변한다. 개념은 현실세계에는 존재하지 않아서 직접 측정할 수 없지만, 우리의 개념이 요약하는 바를 측정하는 것은 가능하다.

개념화

- 개념화는 조사연구의 목적을 위해서 개념에 특정한 의미를 부여하도록 관찰과 측정을 구체화하는 과정이다.
- 개념화는 개념의 지표들을 구체화하고 차원을 기술하는 것을 포함한다. 조작적 정의는 개념에 적합한 변수들이 어떻게 측정될 것인가를 구체화한다.

기술적 연구와 설명적 연구에서의 정의

- 정밀한 정의는 설명적 연구보다 기술적 연구에서 훨씬 더 중요하다. 요구되는 정밀도의 수준은 연구의 유형과 목적에 따라 다양하다.

조작화에서의 선택

- 조작화는 변수의 속성을 측정하기 위해 사용될 정확한 절차를 구체화하는 과정이며, 개념화의 연장선에 있다.
- 조작화는 일련의 서로 연관된 선택과정을 내포한다. 연구목적을 위해서 적절한 변이의 범위를 구체화하는 것, 변수를 얼마나 정밀하게 측정할지를 정하는 것, 변수의 적절한 차원들이 무엇인지에 관해 규명하는 것, 변수의 속성들을 명확하게 규정하고 그 관계를 정하는 것, 적절한 측정수준이 무엇인지를 정하는 것 등이 포함된다.
- 연구자는 제공하는 정보의 양이 상이한 네 가지 측정수준—명목, 서열, 등간, 서열—중에서 한 가지를 골라야 한다. 가장 적절한 수준은 측정의 목적이 무엇이냐에 달려 있다.
- 가끔 변수는 단 한 가지 지표로 측정이 가능(예, 성별)하지만 다른 때(예, 편견)는 여러 가지 지표가 필요하다.
- 주어진 변수는 때때로 서로 다른 수준에서 측정될 수 있다. 어느 것이 바람직한지 확신이 서지 않을 때, 연구자는 가장 많은 정보를 얻기 위해서 그 변수에 적합한 가장 높은 수준의 측정치를 써야 된다.
- 조작화는 연구의 설계 단계에서 시작하여 자료분석을 포함한 연구 프로젝트의 전 과정에 걸쳐 지속된다.

측정 질의 기준

- 측정 질을 평가하는 기준에는 정밀성, 정확성, 신뢰도, 타당도가 있다.
- 신뢰도가 같은 측정에서 일관된 결과를 얻는 것을 의미한다면, 타당도는 측정되는 개념을 정확히 반영하는 결과를 얻는 것을 의미한다.
- 연구자는 검사-재검사 기법, 반분법, 기존 측정의 사용, 연구보조자들이 한 작업을 재검증하는 것 등을 통해 측정의 신뢰도를 측정하고 향상시킬 수 있다.
- 측정의 타당도를 평가하는 기준에는 액면 타당도, 기준관련 타당도, 구성 타당도와 내용 타당도 등이 있다.
- 구체적이고 신뢰할 만한 측정치를 만드는 것이 종종 개념들이 내포한 의미의 풍부함을 감소시키는 것 같다. 이런 문제는 피할 수 없다. 가장 좋은 해결책은 개념의 다른 측면들을 짚어가면서 여러 가지 다른 측정치를 이용하는 것이다.

측정의 윤리

- 개념화와 측정은 편견에 기반하거나 특정한 연구결과를 미리 예단하고 이루어져서는 안 된다.

핵심용어

개념(concept)
개념화(conceptualization)
구성 타당도(construct validity)
기준관련 타당도(criterion–related validity)
내용 타당도(content validity)
등간측정(interval measure)
명목측정(nominal measure)
비측정(ratio measure)
서열측정(ordinal measure)
신뢰도(reliability)
액면 타당도(face validity)
인지 면접(congnitive interviewing)
지표(indicator)
차원(dimension)
타당도(validity)

사회조사연구 제안: 측정

이 장은 우리에게 측정의 문제를 더 깊게 소개했다. 앞의 복습문제에서 여러분의 연구 프로젝트에서 다루고자 하는 개념과 변수들을 정했다. 이제 개념화와 조작화의 견지에서 상세화가 필요하다. 여러분은 제안서의 이 부분에서 변수에 관해서 어떻게 정확하게 구분할 것인가의 방법을 기술하는 것으로 결론 맺고 싶을 것이다. 예를 들어 진보주의자와 보수주의자를 비교하기 원한다면 조사대상자의 정치적 지향성을 어떻게 정확하게 확인할 것인지가 문제이다.

이 연습문제가 얼마나 쉽고 어려울지는 여러분이 계획을 세우고 있는 자료수집의 형태에 따라 달라질 것이다. 일반적으로, 직접 알고자 하는 것들을 질문할 수 있기 때문에 설문 같은 양적 연구는 더 쉽다. 참여와 같은 질적 연구는 더 어려울 수 있다. 여러분은 그 연구에 가장 유용한 측정방법이 무엇인지를 실제로 이해하기 전까지 많은 노력을 해야 할 것이다. 질적 연구에서는 연구가 진행되면서 얻은 통찰력을 활용하여 변수 측정방식을 수정할 더 많은 기회가 있을 수 있다. 그러나 여기서의 기본 목적은 양적 연구에서와 똑같이 매우 중요하다. 여러분은 측정하려는 것이 무엇인지에 대해, 그리고 그것을 어떻게 측정하기 시작할 것인지에 대한 명확한 아이디어를 제시해야 한다.

정밀성, 정확성, 타당성, 신뢰성 같은 질적 기준 등은 모든 종류의 연구 프로젝트에서 매우 중요하다. 그러니 이런 기준들을 꼭 염두에 두고 제안서를 쓰길 바란다.

복습문제

1. 자유주의 혹은 소외 같은 사회과학적 개념을 택하여, 그 개념이 연구 프로젝트에 이용될 수 있도록 구체화하라. 사용하려는 지수들을 구체화하고, 개념화에 포함하기 원하는 차원과 배제하기 원하는 차원을 명확히 밝혀라.
2. 여러분이 아노미(anomie) 또는 규범 없는 두 사회를 비교하고 싶다면 어떤 지표를 살펴볼 수 있겠는가? 예를 들어 어떤 통계 지표를 조사하겠는가? 어떤 비통계적, 질적 지표를 조사하겠는가?
3. 다음 각각의 변수는 어떤 측정수준—명목, 서열, 등간, 비—을 나타내는가?
   a. 인종(백인, 흑인, 아시아인 등)
   b. 경주에서 결승선에 도착한 순서(첫째, 둘째, 셋째 등)
   c. 가족 내의 어린이 수
   d. 국민의 수
   e. 핵에너지에 대한 태도(매우 찬성, 찬성, 반대, 매우 반대)
   f. 출생 지역(북동 지역, 중서부 지역 등)
   g. 정치적 지향(매우 진보적, 약간 진보적, 약간 보수적, 매우 보수적)
4. 이 교재에 대한 만족도를 평가하기 위해 학생 그룹을 인터뷰하려고 센게이지러닝 출판사와 계약을 맺었다고 가정해보자. 만족도를 어떻게 측정하겠는가?

CHAPTER

06

지수, 척도, 유형

▶ 개관

연구자는 변수를 적절하고 타당하게 측정하기 위해서 종종 여러 개의 지표를 사용할 필요가 있다. 지수, 척도, 유형은 변수의 여러 지표들로 구성된 유용한 합성측정이다.

Picture Partners/Alamy Stock Photo

학습목표

- 사회조사에서 사용되는 지수와 척도를 구분할 수 있다.
- 지수의 구성과 그 타당도 검사에 필요한 단계를 알게 된다.
- 사회조사에서 흔히 사용되는 몇 가지 척도의 이름을 알고 설명할 수 있다.
- 유형을 지수 및 척도와 구분하고, 유형의 예를 들 수 있다.

6.1 머리말

5장에서 보았듯이 사회과학의 많은 개념들은 복잡하고 다양한 의미를 갖는다. 이러한 개념을 포착해서 측정하는 것은 어려운 일이다. 앞에서 배운 내용 타당도(content validity)를 기억해보면, 이것은 하나의 개념에 내포된 다양한 차원 모두를 포착했는지를 다루는 것이었다.

하나의 개념이 갖는 다양한 차원을 폭넓게 포함하기 위해 우리는 그 개념과 관련되는 다수의 관찰을 할 필요가 있다. 예를 들면, 브루스 버그(Bruce Berg, 1989: 21)는 심층면접원은 면접을 통해 '원하는 구체적인 정보를 끌어낼 주요 질문들'을 준비하도록 권한다. 이에 덧붙여서, 연구자는 '주요 질문들과 대강은 비슷하지만 표현을 약간 달리한' 추가적인 질문들도 준비해야 한다.

양적 자료에도 다수의 지표가 사용된다. 물론 관심이 있는 변수를 하나의 설문문항으로 파악할 수 있는 경우도 있다. 예를 들자면 성별의 경우이다. 그러나 다른 변수들은 복잡해서 이들을 적절히 측정하기 위해서는 여러 개의 질문문항이 필요하게 된다.

양적 자료분석가들은 여러 개의 지표를 하나의 측정치로 결합시키는 특정한 기법을 발전시켜왔다. 이 장에서는 변수에 대한 두 가지 형태의 합성측정인 지수와 척도에 대해 논의한다. 이러한 측정이 어떤 형태의 사회조사에서든 사용될 수 있지만, 서베이 조사와 그 밖의 다른 양적 방법에서 가장 자주 사용된다. 장의 끝부분에서 짧게 다루게 되는 유형(typology)은 질적 조사와 양적 조사 모두에 적절하다.

합성측정은 다음과 같은 이유로 양적 조사에서 자주 사용된다. 첫째, 사회과학자는 명확한 하나의 지표를 찾기 어려운 변수를 연구하는 경우가 종종 있다. 물

어떻게 생각하는가

데이터 분석은 많은 관찰을 보다 관리하기 쉬운 형태로 줄이는 것을 목표로 한다. 개념을 사용해서 많은 유사한 관찰을 나타내는 것이 한 예이다. 여기서 핵심은 줄어든 결과물이 원래의 관찰을 정확하고 유용하게 잘 나타내야 한다는 것이다.

이러한 종류의 감소는 양적 데이터 분석에서 달성될 수 있다. 예를 들어 사람들에게 다섯 가지 다른 질문에 답하도록 요청하고, 각 사람의 답변을 하나의 숫자로 줄이고, 그 숫자를 사용하여 그 사람의 대답을 재현한다. 따라서 누군가에게 3점을 할당했다면 그 응답자가 원래 다섯 개의 질문에 각각 어떻게 대답했는지 말할 수 있다.

Earl Babbie

도대체 어떻게 이처럼 작은 정보가 그렇게 많은 것을 전달할 수 있을까?

이 장의 말미에 있는 〈어떻게 생각하는가: 재논의〉를 참조하라.

론 연령처럼 하나의 지표로 충분한 변수도 있다. 우리는 응답자의 연령을 파악하기 위해 "몇 살이십니까?"라고 물어볼 수 있다. 마찬가지로 신문의 구독 부수를 알기 위해서는 신문사가 제시하는 수치를 보면 된다. 그러나 복잡한 개념의 경우 조사자가 실제로 조사하기 전에 단일한 지표를 만드는 경우는 드물다. 태도와 지향을 측정할 때 특히 그렇다. 예컨대 조사자가 응답자의 편견, 종교성, 정치적 성향, 소외 정도를 각각 하나의 설문문항으로 측정하기는 어렵다. 따라서 조사자는 변수가 갖는 여러 징조를 각기 측정하는 몇 개의 문항을 만들게 된다. 응답자가 각 문항을 개별적으로 보았을 때는 타당하지 않거나 신뢰할 만하지 못한 경우가 많다. 그러나 이 문항들을 합성해서 측정하게 되면 이런 문제를 극복하게 된다.

둘째, 조사자가 특정 변수(예를 들면, 소외)에 대해 잘 정의된 서열측정을 사용하여, 소외의 정도가 매우 낮은 경우에서부터 매우 높은 경우까지 몇 가지 서열 범주로 사례를 배열할 수 있다. 이 경우에 하나의 문항으로는 원하는 변이의 범위를 얻기에 부족할 수 있다. 그러나 여러 개의 문항으로 구성된 지수 혹은 척도는 필요한 범위를 제공할 수 있다.

마지막으로 지수와 척도는 자료분석을 위한 효율적인 도구이다. 만일 하나의 데이터 항목(data item)을 고려하면 주어진 변수에 대해 대략적인 징후만을 알게 되고, 여러 개의 데이터 항목들을 고려하면 종합적이고 정확한 징후를 알 수 있다. 예를 들면, 신문사설을 하나 읽어보면 그 신문의 정치적인 지향을 약간 알 수 있다. 사설 몇 개를 검토해보면 더 잘 평가할 수 있지만, 몇 개의 데이터 항목들을 동시에 다루는 것은 매우 복잡한 일일 수 있다. 지수와 척도는 (특별히 척도의 경우에) 데이터 축약의 효율적인 방법으로 모든 개별적 지표의 상세한 내용을 거의 그대로 유지하면서 여러 개의 지표를 하나의 숫자로 요약해준다.

6.2 지수 대 척도

지수와 척도는 사회조사 문헌에서 상호 호환 가능한 것처럼 잘못 사용되고 있다. 이 두 가지 측정 사이에 공통적인 특징이 있지만, 이 책에서는 이 둘을 구분하려고 한다. 그러나 연구문헌에서는 척도라는 용어가 이 책에서 구분하는 척도와 지수 모두를 의미하는 것으로 사용되는 경향이 있으니 조심하기 바란다.

먼저, 이 둘 사이의 공통점을 살펴보자. 척도와 지수는 모두 변수를 서열측정한다. 둘 다 종교성, 소외, 사회경제적 지위, 편견, 혹은 지적 세련됨과 같은 특정 변수의 정도에 따라 분석단위들의 순위를 서열화한다. 예를 들면 한 개인의 종교성 지수나 척도점수는 다른 사람과 비교해서 그 사람이 갖는 상대적인 종교성을 알려준다.

또한 지수와 척도는 모두 변수의 합성측정으로 둘 이상의 데이터 항목을 이용하여 측정한다. 따라서 설문 응답자의 종교성에 대한 척도나 지수점수는 여러 설문문항들에 대한 응답으로 결정되고, 그 응답 각각은 종교성의 어떤 징후를 나타낸다. 마찬가지로 한 개인의 IQ 점수는 많은 수의 검사 문항에 답변한 결과를 가지고 만든다. 신문의 정치적 지향은 다양한 정치 문제에 대한 편집방침을 반영하는 지수나 척도점수로 나타낼 수 있다.

이러한 공통된 특징에도 불구하고 지수와 척도를 구별하는 것이 바람직하다. 우리는 이 책에서 각각에 점수가 부여되는 방식으로 둘을 구분한다. 지수(index)는 개별 지표들에 할당된 점수를 합산해서 구성한다. 예컨대 각 응답자가 편견에 관한 진술문에 대해 동의한 문항수를 합하여 편견을 측정할 수 있다. 그러나 어떤 문항은 측정하고자 하는 변수의 정도를 상대적으로 더 약하게 나타내고 다른 문항은 좀 더 강하게 나타낸다는 점을 인식하여 응답의 유형에 점수를 부여하여 척도(scale)를 구성한다. 예를 들면 "여자는 남자와 다르다."에 동의하는 것은 "여자에게 투표권이 주어져서는 안 된다."는 진술문에 동의하는 것보다는 성차별의 정도가 낮다. 척도는 특정 변수의 속성들 가운데서 그 강도의 차이를 이용하여 구별되는 응답유형을 밝혀낸다.

지수
몇 개의 구체적인 관찰치들을 요약하고 서열을 매겨서 좀 더 일반적인 차원을 대표하는 합성측정의 유형이다.

척도
몇 개의 항목들 사이에 논리적 혹은 경험적 구조를 갖는 합성측정의 유형이다. 척도의 예로는 보가더스 사회적 거리, 거트만, 리커트, 서스톤 척도가 있다.

여기서 성차별에 대한 간단한 예를 조금 더 생각해보자. 앞에서 제시된 두 개의 진술문에 대해 동의여부를 묻는다고 가정하자. 어떤 응답자는 두 진술문 모두에 동의하고 또 다른 응답자는 모두에 반대할 수 있다. 그러나 어떤 응답자는 한 진술문에는 동의하고 다른 진술문에는 반대할 수 있다. 여러분은 그 사람이 어느 진술문에 동의하고 반대했는지 추측할 수 있겠는가? 나는 그 사람이 여자는 남자와 다르다는 진술문에 동의하고 여자에게 투표권이 주어져서는 안 된다는 진술문에는 반대했을 것으로 추측한다. 반대로 누군가 여자의 투표권에 반대한다

지수 구성의 논리

다음은 사람들이 취할 수 있는 몇 가지 정치적 행동들이다. 대체로 각 활동은 비슷한 수준의 정치적 행동을 나타낸다. 정치적 행동에 관한 전반적인 지수를 구성하기 위해서 사람들이 취한 각 행동에 1점씩을 부여한다.

공직자에게 편지 쓰기

정치적 탄원서에 서명하기

정치적인 목적을 위해 기부금 내기

정치가에게 기부금 내기

편집자에게 정치적 편지 쓰기

다른 사람이 투표에서 선택을 바꾸도록 설득하기

척도 구성의 논리

아래에 서로 상당히 다른 수준을 나타내는 정치적 행동이 제시되어 있다. 예컨대 단순히 투표하는 것보다 공직에 출마하는 것은 더 높은 수준의 정치적 행동을 나타낸다. 게다가 더 많은 개입이 요구되는 행동을 한 사람은 그 일보다 쉬운 일을 모두 했을 것으로 볼 수 있다. 정치적 행동에 대한 척도를 구성하기 위해, 아래의 그림에서처럼 어떤 유형이 그들을 가장 잘 기술하는 '이상적인' 유형인지를 확인하여 점수를 부여하게 된다.

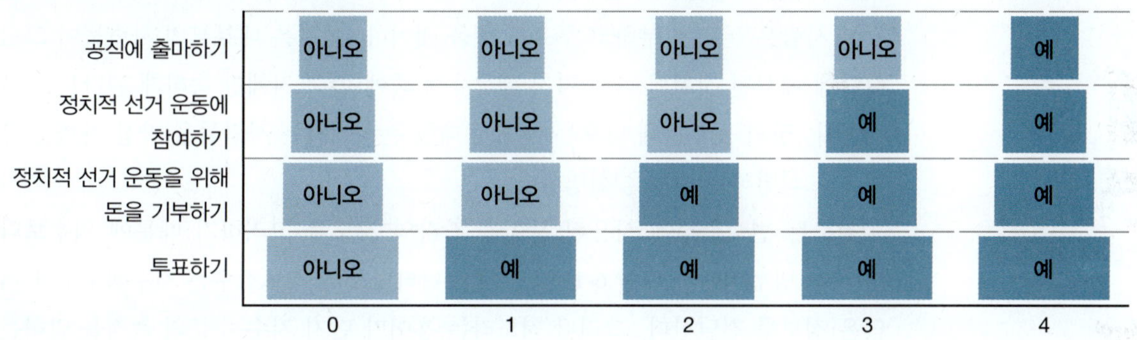

그림 6-1 **지수 대 척도**

지수와 척도는 모두 정치적 행동 같은 변수를 측정한다. 지수는 변수의 지표 수를 세는 데 반해 척도는 이들 지표의 차별적 강도를 고려한다.

고 하면서 남녀 간에 차이가 없다고 주장한다면 말이 되지 않는다.

우리가 각 응답자로부터 얻는 두 개의 응답은 모두 네 가지 유형, 즉 동의/동의, 동의/반대, 반대/동의, 반대/반대를 구성한다. 그러나 우리는 이 네 가지 중에 세 가지 유형만 말이 된다는 점을 살펴보았다. 지수점수는 응답자의 응답에 근거하고 척도점수는 응답유형에 기초해서 구한다. 즉 척도의 경우에 논리적인 응답유형을 정하고 응답자의 반응과 가장 가까운 응답유형의 점수를 준다.

〈그림 6-1〉은 척도와 지수의 차이를 그림으로 예시해준다. 정치적인 일에 매우 활발하게 참여하는 사람, 전혀 참여하지 않는 사람, 그 중간 어디쯤 있는 사람들을 구별하는 정치적 활동에 대한 측정을 개발한다고 가정하자.

〈그림 6-1〉의 첫 부분은 지수의 논리를 설명해준다. 그림에는 여섯 개의 서로 다른 정치적 행동이 나타난다. 물론 여러분과 내가 어떤 세부사항에 대해서 의견을 달리할지 몰라도, 여섯 개의 행동이 대략 같은 정도의 정치적 활동을 나타낸

다는 점에는 동의할 수 있을 것이다.

이 여섯 개의 문항을 이용해서 각 사람이 취한 각각의 행동들에 대해 1점씩을 줌으로써 정치적 행동의 지수를 구성할 수 있다. 만약 당신이 공직자에게 편지를 보냈고 탄원서에 서명했다면 2점을 얻게 된다. 만약 내가 정치 후보에게 기부금을 내고, 누군가에게 투표에서 마음을 바꾸도록 설득했다면, 나도 당신과 같은 점수인 2점을 얻게 된다. 이런 방법을 이용해서 당신과 내가 비록 다른 행동을 취했지만 같은 수준의 정치적 행동을 나타낸다고 결론 짓게 된다.

〈그림 6-1〉의 두 번째 부분은 척도 구성의 논리를 설명해준다. 여기에 나온 행동들은 명백히 다른 수준의 정치적 행동, 즉 단순히 투표하는 것부터 공직에 후보로 나서는 것까지를 나타낸다. 더구나 이 경우에는 어떤 행동유형을 가정할 수 있다. 예컨대 돈을 기부한 사람은 모두 투표를 했을 것이다. 선거 운동원으로 활동한 사람은 돈도 기부하고 투표도 했을 것이다. 이것은 대부분의 사람들이 그림 하단에 예시된 것처럼 다섯 가지 행동유형 중에 한 가지에만 속하게 된다는 것을 말한다. 장의 뒷부분에 나오는 척도에 대한 논의에서는 사람들을 가장 가까운 유형으로 식별하는 방법을 설명한다.

척도는 변수측정에 사용된 문항들 각각의 강도를 고려하기 때문에 지수보다 더 나은 방법이다. 〈그림 6-1〉의 예에서 나타나듯이 척도점수는 지수점수보다 더 많은 정보를 전달한다. 그러나 척도라는 용어가 단지 지수 수준의 측정을 말하는 것으로 잘못 사용되는 경우가 종종 있으니 주의하라. 어떤 측정치를 지수가 아닌 척도라고 부른다고 해서 더 좋아지는 것은 아니다.

여러분이 척도에 대해 주의해야 할 두 가지 점이 있다. 첫째, 여러 데이터 항목들의 조합이 척도가 되는지 여부는 연구의 대상이 되는 특정 표본에 달려 있다. 특정한 항목들이 어떤 표본 안에서는 척도를 구성할 수 있지만 다른 표본 안에서는 구성할 수 없는 경우가 있다. 그렇기 때문에 주어진 일련의 항목들이 이전의 연구에서 척도를 구성했다는 이유만으로 그것들이 척도라고 가정해서는 안 된다.

둘째, (거트만 척도 같은) 특정한 척도기법을 사용한다고 해서 척도가 구성되는 것은 아니다. 오히려 그런 기법은 일련의 항목들이 척도를 구성하는지 여부를 판단하는 데 쓰인다.

사회과학 연구 보고서를 실제로 조사해보면, 조사자들은 척도보다는 지수를 더 빈번하게 사용한다. 그러나 아이러니하게도 방법론 문헌을 찾아보면 척도 구성에 관한 논의는 쉽게 찾을 수 있는 데 반해서 지수 구성에 관한 논의는 거의 찾아보기 어렵다. 이런 차이가 생기는 이유를 두 가지로 생각해볼 수 있다. 첫째, 수중에 있는 자료를 가지고 척도를 구성하는 것이 어렵거나 불가능한 경우가 많기 때문에 지수가 더 자주 사용된다. 둘째, 지수 구성 방법은 명확하고 간단해 보여서 많은 논의를 필요로 하지 않는다.

그러나 지수를 구성하는 일이 단순한 것은 아니다. 지수 구성 기법을 발전시키지 못하기 때문에 사회조사에서 잘못된 지수가 많이 생겨난다. 이 사실을 명심해서 이 장의 절반 이상을 지수 구성 방법에 할애했다. 여러분이 이 논리를 확실히 이해하게 되면 지수와 척도 구성 모두를 더 잘 할 수 있을 것이다.

6.3 지수 구성

지수 구성에서 주요한 네 가지 단계(가능한 문항의 선정, 문항들 간 경험적 관계 검사, 지수에 대한 점수부여 및 타당도 검사, 결측자료의 처리)를 살펴보자. 우리는 여성의 지위가 나라별로 다르게 나타나는 흥미로운 결과를 제시하는 지수 구성에 대해 검토하면서 논의를 마칠 것이다.

문항 선정

지수 구성에서 첫 단계는 합성지수(composite index)를 만들기 위해 문항들을 선정하는 것이다. 합성지수는 어떤 변수를 측정하기 위해 만들게 된다.

액면 타당도

지수에 포함될 문항을 선정할 때 사용하는 첫 번째 기준은 액면 타당도(face validity 혹은 논리적 타당도)이다. 만약 정치적 보수주의를 측정하려면 각 문항은 그 액면상 보수주의(혹은 반대로 진보주의)를 나타내야 한다. 정당 가입은 그런 문항 중 하나일 것이다. 또 다른 문항은 응답자에게 저명한 보수주의자의 견해를 지지하는지 혹은 반대하는지를 물어보는 것이다. 종교성의 지수를 구성한다면 예배참석, 특정한 종교적 신념의 수용, 기도 횟수 등과 같은 문항들을 고려할 수 있을 것이다. 이 문항들 각각은 종교성의 어떤 징후를 제공하는 것으로 볼 수 있다.

Earl Babbie

합성측정은 새로운 것을 만들기 위한 요소의 결합을 수반한다. 이런 시도가 효과적일 때도 있고, 그렇지 않을 때도 있다.

단일차원성

개념화와 측정에 관한 방법론 문헌을 보면 지수와 척도 구성에서 단일차원성(unidimensionality)

의 필요를 강조한다. 즉 합성된 측정은 어떤 개념의 한 차원만을 나타내야 한다는 것이다. 따라서 정치적 보수주의와 종교성이 경험적으로는 서로 관계가 있다고 하더라도, 종교성을 반영하는 문항들이 정치적 보수주의를 측정하는 데 포함되어서는 안 된다.

일반적 혹은 구체적

측정은 동일한 차원을 이용해야 하지만 여러분이 측정하려는 일반적 차원(general dimension)에는 많은 미묘한 차이가 있을 수 있다. 종교성의 예에서 의례 참여, 신념 등 앞에서 언급한 지표들은 종교성의 서로 다른 유형을 나타낸다. 만약 종교의례 참여에 초점을 맞춘다면 당신은 예배참석과 성찬식, 유대교의 성년 축하, 메카를 향해 절하기 등과 같이 종교성의 이러한 유형을 구체적으로 나타내는 문항을 선정해야 한다. 만약 종교성을 좀 더 일반적인 방식으로 측정하려고 한다면 종교성의 다양한 유형들을 나타내는 문항들을 균형 있게 포함해야 할 것이다. 궁극적으로 당신이 선택한 문항의 성격에 따라 변수가 얼마나 구체적으로 또는 일반적으로 측정되는지가 결정될 것이다.

변이

지수를 만들기 위해 문항을 선택할 때는 문항들이 제공하는 변이의 정도도 고려해야 한다. 예를 들어 한 문항이 정치적 보수주의를 나타낸다면, 그 문항에 의해서 어느 정도의 응답자들이 보수주의자들로 밝혀질 것인지에 주목해야 한다. 만일 주어진 한 문항에서 그 누구도 보수주의자로 확인되지 않거나 모든 응답자가 다 보수주의자로 나타난다면, 예컨대 극우 정치인을 누구도 지지하지 않는다면, 그 문항은 지수 구성에서 도움이 되지 못할 것이다.

변이를 담보하기 위해 두 가지를 선택할 수 있다. 하나는 변수에 대한 사람들의 반응이 비슷하게 나눠질 수 있도록, 이를테면 응답자의 절반은 보수주의자이고 절반은 진보주의자로 나타나는 몇 개의 문항을 선택하는 것이다. 비록 하나의 응답으로 그 사람을 매우 보수주의적이라고 특성화하는 것을 정당화하기 어렵지만, 모든 문항에서 보수주의적으로 응답한 사람은 그렇게 특징지을 수 있다.

다른 하나는 변이가 상이한 문항들을 선택하는 것이다. 한 문항은 응답자의 절반가량을 보수주의자로 확인하고 다른 문항은 소수의 응답자만을 보수주의자로 확인할 수 있도록 한다. 이 두 번째 선택은 척도화에 필요하고 지수 구성에서도 합당한 방법이다.

경험적 관계 검사

지수 구성의 두 번째 단계는 지수에 포함시키기 위해 고려 중인 문항들 사이의 경험적 관계를 검사하는 것이다. (이 문제에 관해서는 14장에서 더 자세히 논의하겠다.) 예컨대 응답자가 설문지에서 하나의 질문에 어떻게 응답했는지를 알면 다른 질문에 어떻게 답변할지가 예측될 때 경험적 관계가 성립된다. 만일 두 문항이 서로 경험적으로 관계를 가지면 각 문항이 동일한 변수를 나타낸다고 주장할 수 있고, 동일한 지수에 두 문항을 모두 포함시킬 수 있다. 문항들 사이의 관계에는 두 가지 유형, 즉 이원(bivariate)과 다원(multivariate)이 있을 수 있다.

문항들 사이의 이원관계

이원관계를 간단히 표현하면 두 변수 간의 관계를 말한다. 미국이 UN에 참여하는 것을 응답자들이 얼마나 지지하는지 측정해본다고 가정해보자. 지지의 정도를 나타내는 한 지표로 다음의 질문이 사용될 수 있다. "미국의 UN에 대한 재정적 지원이 □ 너무 많다 □ 적당하다 □ 너무 적다."

UN 참여에 대한 지지의 두 번째 지표로는 다음의 질문을 사용할 수 있다. "미국은 UN의 평화유지 활동에 군인을 파병해야 하나? □ 확실히 해야 한다 □ 해야 할 것 같다 □ 해서는 안 될 것 같다 □ 절대로 해서는 안 된다."

이 두 질문 모두 액면상으로 다른 정도의 UN 지지를 반영하는 것으로 보인다. 그럼에도 불구하고 어떤 사람은 미국이 UN에 돈을 더 내야 하지만 파병을 해서는 안 된다고 느낄 수도 있다. 다른 사람은 파병을 지지하지만 재정 지원은 삭감해야 한다고 느낄 수도 있다.

만일 두 문항이 모두 동일한 것의 정도차이를 나타낸다면 두 문항에 대한 답변들이 서로 상응할 것으로 기대할 것이다. 구체적으로 군사적 지원을 지지하는 사람은 반대하는 사람보다 재정 지원을 지지할 확률이 더 높다. 역으로 재정 지원을 지지하는 사람은 반대하는 사람보다 군사 지원을 지지할 확률이 더 높다. 만일 이런 기대가 충족된다면 우리는 두 문항 사이에 이원관계가 있다고 말할 수 있다.

또 다른 예가 있다. 여성에게 낙태할 권리가 있는지에 대해 응답자들이 느끼는 정도를 확인해본다고 가정해보자. 우리는 다음과 같이 물어볼 수 있다. (1) "근친상간으로 인해 임신한 여성은 낙태할 권리가 있어야 한다고 생각합니까?" (2) "임신을 지속하면 생명이 심각하게 위태로워지는 경우 여성은 낙태할 권리가 있어야 한다고 생각합니까?"

어떤 응답자는 (1)에는 동의하고 (2)에는 동의하지 않을 수 있다. 다른 사람은

어떻게 할 것인가 '원인'과 '결과' 지표

교재에서 논의된 것처럼 동일한 변수의 지표들이 서로 정적인 관계를 갖는 것으로 이해되지만 항상 그런 것은 아니다.

지표들이 본질적으로 한 변수의 '결과'라면 이들은 서로 관계를 가져야 한다. 예컨대 자아존중감을 측정하기 위해서 우리는 다음의 질문을 응답자에게 물어볼 것이다. (1) "나는 좋은 사람이다." (2) "나는 나 자신에 만족한다." 자아존중감이 높은 사람은 두 질문에 모두 동의할 것이고 자아존중감이 낮은 사람은 아마 둘 다에 동의하지 않을 것이다. 각 문항이 자아존중감을 반영하거나 이에 따라 달라지기 때문에 우리는 이 문항들이 서로 정적인 관계를 가질 것으로 기대한다. 좀 더 일반적으로 표현하면 동일한 변수에 의존하는 지표들이 타당하게 측정됐다면 이들은 서로 관계를 가져야 한다.

그러나 지표들이 한 변수의 '결과'가 아니라 '원인'이 되는 경우에는 상황이 다르다. 이 상황에서 지표들은 서로 정적인 관계를 가질 수 있고, 부적인 관계를 가질 수도 있으며 전혀 관계를 갖지 않을 수도 있다. 예를 들면 우리는 차별 경험이라는 변수의 지표로 성과 인종을 사용할 수 있다. 유색인종이거나 여성이라면 차별을 경험할 확률이 커지기 때문에 둘 다 그 변수의 좋은 지표가 된다. 그러나 우리는 성과 인종이 서로 강한 관계를 가질 것으로 기대하지는 않을 것이다.

혹은 우리는 사회적 상호작용을 세 개의 지표(친구와 보낸 시간, 가족과 보낸 시간, 직장 동료와 보낸 시간)를 가지고 측정할 수 있다. 각 지표들이 타당해도 이들이 서로 정적인 관계를 가질 필요는 없다. 예컨대 친구와 보낸 시간은 가족과 보낸 시간과 부적인 관계를 가질 수 있다. 여기서 세 지표는 사회적 상호작용 정도의 '원인'이 된다.

마지막 예로 스트레스에의 노출은 최근에 이혼, 배우자의 죽음, 실직을 경험했는지 여부로 측정할 수 있다. 이 각 사건들이 스트레스를 나타낼 수 있지만 이들 간에 서로 상관관계를 가질 필요는 없다.

요약하면 우리는 지표들이 한 변수를 '반영'하거나 이에 따라 달라지는 경우에는, 즉 그 변수의 '결과'인 경우, 이들 간의 연관성을 기대한다. 그러나 변수가 지표에 의존하게 되면, 즉 지표가 '원인'인 경우에는 이들 지표들이 서로 정적인 혹은 부적인 관계를 가질 수도 있고 전혀 관계를 갖지 않을 수도 있다. 따라서 우리는 지표들의 타당성을 평가하기 위해 그 상호관계성을 사용하기 전에 지표가 변수의 원인인지 결과인지를 먼저 판단해야 한다.

케니스 볼런(Kenneth Bollen)
Department of Sociology, University of North Carolina, Chapel Hill

그 반대일 수 있다. 그러나 두 문항 모두 낙태에 대한 일반적인 의견을 측정하는 것이라면, 이 두 문항에 대한 답변은 서로 관계가 있어야 한다. 근친상간의 경우에 낙태할 권리를 지지하는 사람은 지지하지 않는 사람보다 임신부의 생명이 위험할 때 낙태를 더 지지하기 쉽다. 이것은 이원관계에 대한 또 다른 예가 된다.

지수에 포함될 것으로 고려되는 여러 문항들 간의 상대적 강도를 파악하기 위해서는 가능한 이원관계를 모두 검사해야 한다. 이를 위해서 백분율 표 혹은 고급 통계기법을 사용할 수 있다. 그러나 관계의 강도를 평가하는 방법은 다소 어려울 수 있다. 〈어떻게 할 것인가: '원인'과 '결과' 지표〉에서 이러한 어려움을 검토해보았다.

경험적으로 서로 관계가 없는 문항들은 조심하라. 이런 문항들은 같은 변수를 측정하지 않을 가능성이 있다. 다른 여러 문항들과 관계가 없는 문항은 빼버려야 할 것이다.

동시에 두 문항 간의 매우 강한 관계는 또 다른 문제를 제기한다. 만일 두 문항이 완벽한 관계를 갖는다고 하면 지수에 하나만 포함시켜야 할 것이다. 즉 한 문항은 다른 문항이 제공하는 징후를 그대로 나타내기 때문에 새롭게 추가되는 것이 없게 된다. (이 문제는 다음 단락에서 더 분명해질 것이다.)

지수 구성에서 이원관계를 검사하는 예를 들어보겠다. 나는 의과대학 교수들을 상대로 의사가 갖는 '과학적 관점'이 환자를 돌보는 데 어떤 영향을 미치는지 서베이 조사를 실시한 적이 있다. 과학적 경향이 있는 의사가 다른 의사보다 환자를 더 객관적으로 대하는지를 알아보고자 했다.

설문지에는 응답자의 과학적 관점을 알 수 있는 몇 가지 지표가 있었다. 설문 문항 가운데 다음 세 개의 문항이 의사가 과학적 지향을 갖는지 여부를 분명히 나타내는 것처럼 보였다.

1. 의대 교수로서 귀하의 가장 큰 공헌이라면 환자를 다루는 의사로서입니까 아니면 의학 연구자로서입니까?
2. 귀하의 의학 지식이 발전하면서 귀하의 궁극적인 의학적 관심은 종합적인 환자관리 혹은 근본 메커니즘 이해 중 어느 쪽에 있습니까? (이 질문 문항의 목적은 생물학적 작용에 주된 관심을 가진 사람과 종합적인 환자관리에 관심을 가진 사람을 구별하는 것이다.)
3. 귀하는 치료연구 분야에서 다양한 치료의 효율성 평가에 관한 논문과 치료의 근본원리를 밝히는 논문 중 어느 쪽에 더 관심이 있습니까? (마찬가지로 생물학적 작용에 대한 논문에 관심을 가진 사람과 환자관리에 관심을 가진 사람을 구별하려고 했다.)

(Babbie, 1970: 27-31)

이들 각 문항에서 두 번째 응답을 선택한 사람이 첫 번째 응답을 선택한 사람보다 더 과학적으로 지향되어 있다고 결론을 내릴 수 있다. 이런 비교적인 결론이 합리적이지만, 각 문항에서 두 번째 응답을 선택한 사람이 절대적 의미에서 과학자라고 잘못 생각해서는 안 된다. 그들은 단지 그 문항에서 첫 번째 응답을 선택한 사람보다 좀 더 과학적인 지향을 갖는다는 것이다.

이 점을 좀 더 분명하게 보기 위해서 각 문항에 대한 응답분포를 살펴보자. 첫 문항(교수로서의 가장 큰 공헌)에서 약 1/3 정도만이 과학적으로 지향된 것으로 나왔다. 즉 약 1/3이 조금 넘는 사람들이 의학 연구자로서 가장 큰 공헌을 한다고 밝혔다. 둘째 문항(의학에서 궁극적인 관심)에서 약 2/3가 과학적인 답변을 선택했다. 즉 자신들은 환자관리에 대한 학습보다 근본 메커니즘에 대한 학습에 더 많은 관심이 있다고 밝혔다. 셋째 문항(선호하는 논문)에서 대략 80%가 과학적인 답변을 선택했다.

이 세 가지 문항은 절대적인 의미에서 과학자를 구성하는 일련의 기준과 관련이 없기 때문에 이들을 가지고 표본 가운데 '과학자'가 몇 명 있는지를 알 수는 없다. 이런 목적으로 문항을 사용하면 표본에 몇 명의 과학자가 있는지에 대해서 세 가지 서로 다른 추정을 하는 문제가 생겨난다.

이 문항들은 의학에서 응답자가 갖는 과학에의 상대적 성향을 나타내는 세 개의 독립적인 지표를 제공한다. 각 문항은 응답자가 좀 더 과학적인지 아닌지를 구별하게 된다. 그러나 각 문항마다 과학적인 응답자를 확인하는 방식이 다소 다르다. 한 문항에서 과학적인 것으로 파악된 사람이 다른 문항에서는 그렇지 않게 나올 수 있다. 그럼에도 불구하고 각 문항이 동일한 일반적 차원을 측정한다면 각 문항에서 확인된 집단들 사이에서 일치를 발견하게 될 것이다. 한 문항에서 과학적인 것으로 파악된 사람은 그렇지 않은 사람보다 다른 문항에서도 과학적으로 파악될 가능성이 더 높다. 달리 표현하면 주어진 두 문항에 대한 반응에

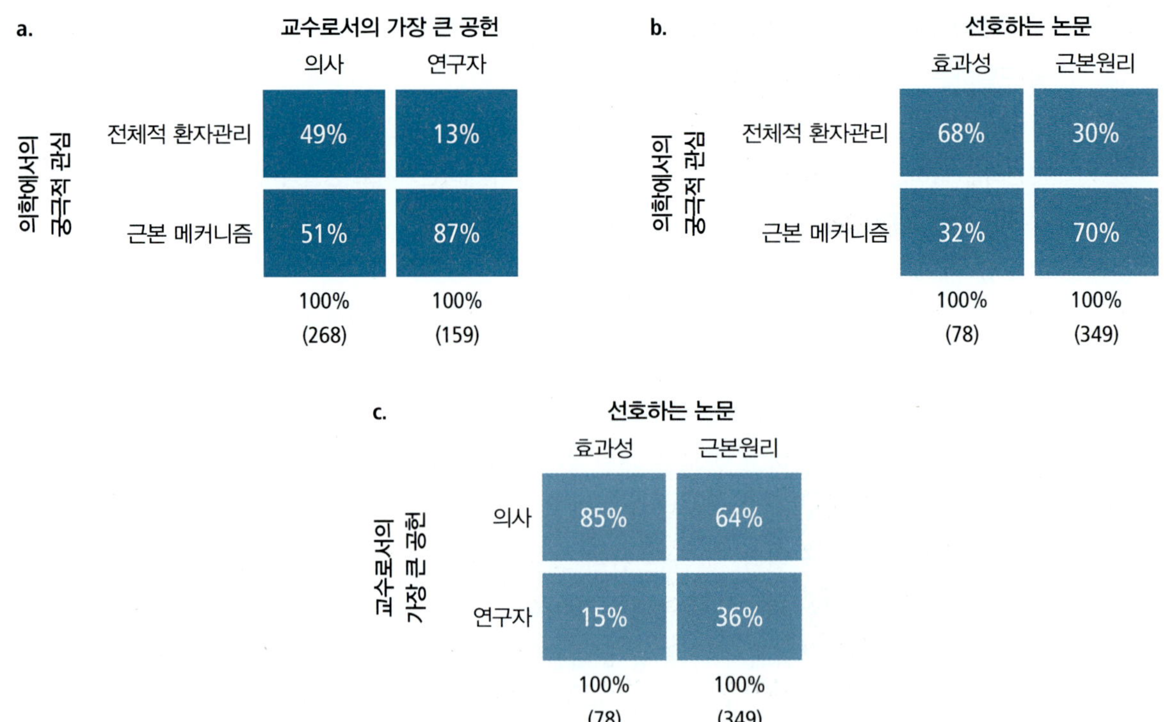

그림 6-2 과학적 지향 문항들 사이의 이원관계

만일 몇 개의 지표들이 동일한 변수를 측정한다면 이들은 서로 간에 상관관계를 가져야 한다.

서 상관관계 혹은 연관성을 발견하게 된다.

〈그림 6-2〉는 세 문항에 대한 반응들 사이의 연관성을 보여준다. 두 문항 사이에 있을 수 있는 반응의 분포를 보여주는 세 개의 이원관계표가 제시되어 있다. 그림에 제시된 세 개의 이원관계를 조사해보면 세 문항 모두 동일한 변수인 과학적 지향을 측정한다는 사실을 알 수 있다. 왜 그런지를 알아보기 위해서 먼저 첫 번째 이원관계를 살펴보자. 그림의 a를 보면, '연구자'로서 가장 큰 공헌을 할 수 있다고 응답한 교수들 가운데 87%가 자신들의 궁극적인 의료관심을 '근본적 메커니즘'에 있다고 밝힌 데 비해 '의사'로서 가장 큰 공헌을 할 수 있다고 밝힌 교수들 중에서는 51%만이 자신의 궁극적인 관심이 '근본적 메커니즘'에 있다고 밝혀서 '연구자'로 공헌할 수 있다는 교수일수록 '근본적 메커니즘'에 관심을 갖는 경향이 있음을 알 수 있다. 자신의 공헌을 '의사'로 응답한 사람의 궁극적인 의학적 관심이 절반씩 나누어진 것은 우리의 목표와는 상관없다. 관련이 있는 것은 오직 그들의 의학적 관심이 '연구자'로 응답한 사람들보다 덜 과학적이라는 점이다. 이 관계의 강도는 36% 차이로 요약할 수 있다.

이와 동일한 결론이 다른 이원관계에도 적용된다. 선호하는 논문과 궁극적인 의학적 관심 사이의 관계의 강도는 38%로 요약할 수 있고, 선호하는 논문과 교수로서의 가장 큰 공헌 사이에는 21% 차이가 있다. 요약하면 각 문항은 '과학적' 응답자와 '비과학적' 응답자들을 다르게 집단화한다. 그러나 각 문항에 답한 응답은 다른 문항들에 답한 응답과 다소간 상응한다.

처음에 세 문항은 그 액면 타당성—각 교수가 갖는 과학에의 지향을 나타내는—에 기초하여 선택되었다. 각 쌍의 문항들 사이의 이원관계를 검사함으로써 세 문항들 모두가 근본적으로 동일한 것을 측정한다는 기대에 대한 지지를 얻을 수 있었다. 그러나 지지를 얻었다고 해서 그 문항들이 합성지수에 정당하게 포함되는 것은 아니다. 하나의 지수로 합성하기 전에 우리는 몇 개의 변수들 사이의 다원관계를 검사해야 한다.

문항들 사이의 다원관계

이원관계는 한 번에 두 변수를 처리하는 반면에 다원관계는 두 개 이상의 변수를 사용한다. 앞서 살펴본 예에서 세 변수 간의 삼원관계를 제시하기 위해 먼저 의대 응답자를 (1) 교수로서의 가장 큰 공헌과 (2) 선호하는 논문에 따라 네 개의 집단으로 분류한다. 〈그림 6-3〉이 그렇게 분류한 것이다. 괄호 안의 숫자는 각 집단에 속하는 응답자 수를 말한다. 따라서 의대 교수 중 66명이 자신이 의사로서 가장 큰 공헌을 하며, 치료의 효율성에 대한 논문을 선호한다고 밝혔다. 그다음에 각각의 네 집단에 대해 의학에서 궁극적인 관심이 근본적 메커니즘에 있다고

근본 메커니즘에 관심 있는 사람의 퍼센트

선호하는 논문	교수로서의 가장 큰 공헌: 의사	교수로서의 가장 큰 공헌: 연구자
효과성	27% (66)	58% (12)
근본원리	58% (219)	89% (130)

그림 6-3 과학적 지향 문항들 사이의 삼원관계
동일한 변수의 지표들은 이원관계에서뿐만 아니라 다원관계 분석에서도 상관관계를 가져야 한다. 교수로서의 가장 큰 공헌과 선호하는 논문을 묻는 문항에서 과학적 지향을 나타내는 답변을 한 응답자들은 세 번째 문항에서도 과학적 지향을 나타내는 답변을 선택하기 쉽다.

밝힌 사람의 퍼센트를 밝힌다. 따라서 예컨대 언급한 66명의 교수 가운데 27%가 일차적으로 근본적 메커니즘에 관심이 있었다.

과학적 지향에 대해 앞에서 도출된 결론에 근거해서 네 집단으로 배열했다. 표의 좌측 상단에 속한 집단은 교수로서의 가장 큰 공헌과 선호하는 논문에 근거해 볼 때, 가장 과학적인 지향의 정도가 가장 낮은 경우이다. 우측 하단에 속한 집단은 같은 근거에서 볼 때 가장 과학적으로 지향한 것으로 추정되는 집단이다.

근본적 메커니즘에 일차적인 관심을 갖는 것 또한 과학적 지향을 나타내는 지표로 사용된다는 사실을 상기해보자. 그렇다면 우측 하단에 속한 사람들은 근본적 메커니즘에 가장 강한 관심(89%)을 나타내고, 좌측 상단에 속한 사람들은 가장 적은 관심(27%)을 나타낼 것이다. 교수로서의 가장 큰 공헌과 선호하는 논문에서 혼합된 반응을 보인 사람들은 근본적 메커니즘에 중간적인 관심을 보인다. (두 경우 모두 58%를 나타낸다.)

〈그림 6-3〉은 우리에게 많은 것을 알려준다. 첫째, 두 문항씩 짝을 지어 살펴본 애초의 관계는 제3의 문항이 있어도 유의미한 영향을 받지 않는다. 기억을 상기해보면 교수로서의 가장 큰 공헌과 의학에서의 궁극적인 관심 사이의 관계가 36% 차이를 나타내는 것으로 요약되었었다. 〈그림 6-3〉을 보면, 치료의 효과성을 다루는 논문에 관심을 나타내는 사람들 가운데 교수로서의 가장 큰 공헌과 궁극적인 의학적 관심 사이의 관계가 31%(첫째 열, 58%−27%)임을 알 수 있다. 동일한 관계가 근본원리를 다루는 논문에 관심을 가진 사람들 사이에서도 나타난다(둘째 열, 89%−58%). 〈그림 6-2〉에서 나타난 교수로서의 가장 큰 공헌과 의학에서의 궁극적인 관심 사이의 원래의 관계가 선호하는 논문에 의해서 과학적이거나 비과학적으로 판단된 응답자들 사이에서도 마찬가지로 나타났다.

근본 메커니즘에 관심 있는 사람의 퍼센트

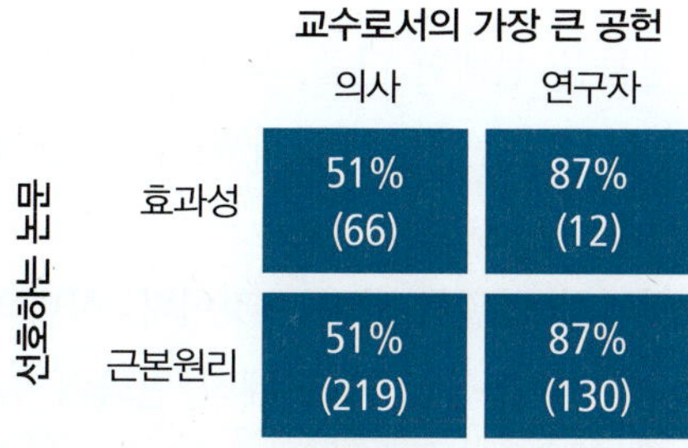

그림 6-4 과학적 지향 문항들 사이의 가설적 삼원관계
이 가설적인 관계는 세 개의 지표 모두가 지수합성에 효과적으로 기여하지는 않을 것임을 시사한다.

우리는 〈그림 6-3〉의 세로 행에서도 동일한 결론을 내리게 된다. 선호하는 논문과 의학에서의 궁극적인 관심 사이에서 나타난 원래의 관계가 38% 차이로 요약되었던 점을 상기해보라. 〈그림 6-3〉에서 의사만을 본다면, 두 문항 사이의 관계가 31%임을 알 수 있다. 연구자 사이에서도 동일한 관계가 발견된다.

가능한 다른 경우를 고려해보면 이러한 관찰의 중요성이 분명하게 이해된다. 가상의 자료에 근거하고 있는 〈그림 6-4〉는 〈그림 6-3〉의 실제 자료와는 매우 다른 관계를 나타낸다. 〈그림 6-4〉에서는 선호하는 논문을 추가해도 교수로서의 가장 큰 공헌과 의학에서의 궁극적인 관심 사이의 애초의 관계가 지속적으로 나타난다. 표의 각 열에서 '연구자'는 '의사'보다 근본적 메커니즘에 관심을 더 많이 나타내는 경향이 있다. 그러나 세로 행을 보면 선호하는 논문과 의학에서의 궁극적인 관심 사이에 아무런 관계가 없음을 알 수 있다. 만일 응답자가 의사로서 혹은 연구자로서 가장 큰 공헌을 할 수 있는지를 우리가 안다면, 응답자가 선호하는 논문은 그의 과학적 지향을 평가하는 데 아무런 도움이 되지 않는다. 만약 〈그림 6-4〉와 같은 결과가 실제 자료에서 나온 것이라면, 선호하는 논문은 지수합성에 새로운 기여를 하지 못하기 때문에, 교수로서의 가장 큰 공헌이 포함된 동일한 지수에 포함되어서는 안 된다는 결론에 이르게 된다.

지금까지 살펴본 예는 세 개의 문항만을 사용한 경우였다. 더 많은 문항을 사용한다면 네 개, 다섯 개, 혹은 그 이상의 변수를 포함하는 더 복잡한 다원관계표가 만들어질 것이다. 지수 구성에서 이 단계의 목표는 어느 문항이 바로 그 지수에 포함되어야 하는지를 결정하기 위해서 문항들 사이의 동시적인 상호작용을 발견하는 것이다.

지수 점수화

지수를 위한 최선의 문항들을 선택한 다음, 특정 응답들에 점수를 할당함으로써 여러 문항들로부터 하나의 합성측정을 만들게 된다. 이 단계에서는 두 가지 기본적 의사결정을 해야 한다.

첫째, 지수점수의 바람직한 범위를 정하는 것이다. 하나의 문항을 사용하는 것보다 지수를 구성하면 변수를 측정할 때 단계적 변화의 폭을 갖게 되는 장점이 있다. 앞에서 언급했듯이 정치적인 보수주의는 '매우 보수주의적'에서 '전혀 보수주의적이지 않음' 혹은 '매우 진보주의적'까지 측정할 수 있다. 그렇다면 지수는 어느 정도의 극단까지 확장해야 할 것인가?

이 결정을 할 때 변이의 문제가 다시 한번 등장한다. 지수의 극단이 확장될수록 극단에 해당하는 사례 수는 줄어든다. 정치적 보수주의를 매우 극단까지 측정하려고 한다면 그 범주에 해당하는 사람을 찾기가 어려울 것이다.

첫 번째 결정은 (1) 지수가 갖는 측정범위와 (2) 지수의 각 점수에 포함될 적절한 사례 수, 이 두 가지의 상충하는 요구 사이에서 이루어진다. 여러분은 이 두 가지의 상충하는 요구사항 사이에서 타협해야 할 것이다.

두 번째 결정은 각 특정 응답에 실제로 점수를 부여하는 것이다. 기본적으로 지수를 구성하는 문항들에 동일한 가중치를 부여할지 또는 다른 가중치를 부여할지를 결정해야 한다. 정해진 규칙이 있는 것은 아니지만 특별히 가중치를 다르게 주어야 할 분명한 이유가 없다면 동일한 가중치를 주는 것이 좋다. 즉 다른 가중치를 부여하는 데는 증명의 부담이 요구되고 동일한 점수부여가 표준이다.

물론 이런 결정은 앞에서 언급한 선택된 문항 간의 균형과 관련이 있다. 만약 주어진 변수의 대동소이한 측면들을 합성해서 지수를 나타낸다면 각 측면에 동일한 가중치를 주어야 한다. 그러나 두 문항이 기본적으로 동일한 측면을 나타내고 세 번째 문항이 다른 측면을 나타내는 경우가 있을 수 있다. 지수에 두 측면을 모두 동등하게 포함시키려고 한다면 다른 문항에 두 문항을 합성한 것과 같은 점수를 줄 수 있다. 예컨대 다른 문항에 최고 2점을 부여하고 동일한 측면을 측정하는 두 문항에는 각각 최고 1점씩을 부여할 수 있다.

응답에 점수를 부여하는 근거로 이런 것들을 고려해야 하지만, 연구자들은 일반적으로 변수의 다른 측면에 상대적 가중치를 부여할지 여부를 검토하는 동시에, 이 경우에 주어지는 사례의 분포와 범위를 염려하면서 다양한 점수부여 방법을 시험한다. 결국 선정된 점수부여 방법은 몇 가지 요구사항들 사이의 타협점이다. 물론 대부분의 연구 활동에서처럼 이런 결정은 이후의 조사결과에 근거해서 수정될 수 있다. 뒤에서 논의할 지수의 타당성 검사를 통해 완전히 다른 지수를 구성하게 될 수도 있다.

의대 교수 조사의 예에서 각 문항은 과학적 지향이라는 변수의 대동소이한 측면들을 나타내기 때문에 세 문항에 동일한 점수를 부여하기로 했다. 각 문항에서 '과학적' 답변을 하면 1점을 부여하고, '비과학적' 답변을 하면 0점을 부여했다. 그래서 각 응답자는 0, 1, 2, 3점 가운데 하나를 점수로 받게 된다. 이 점수부여 방법은 유용한 변이의 범위(네 개의 지수 범주)를 제공했고 각 범주에서 분석할 수 있는 충분한 사례를 제공했다.

다음은 업무 만족도 연구에서 나온 유사한 지수 점수화의 예이다. 이 연구의 주요 변수인 업무관련 우울증(job-related depression)은 근로자들에게 자신과 자신의 업무에 대해서 어떻게 느끼는지를 묻는 다음의 네 문항을 합성하여 지수로 측정했다.

- "나는 낙담하고 우울하다."
- "나는 이유 없이 피곤하다."
- "나는 불안하고 안정을 유지할 수 없다."
- "나는 평소보다 화를 더 잘 낸다."

연구자인 에이미 와튼과 제임스 배런(Amy Wharton and James Baron)은 "각 문항을 4=자주, 3=가끔, 2=별로 그런 일이 없음, 1=전혀 그런 일이 없음"으로 코딩했다(1987: 578). 이들은 다른 변수인 업무관련 자아존중감을 어떻게 측정했는지 설명하고 있다.

> 업무관련 자아존중감을 측정하기 위해 응답자에게 직장에서 자신을 어떻게 보는지 다음의 네 가지 문항(행복함/슬픔, 성공적임/성공적이지 못함, 중요함/중요하지 않음, 최선을 다함/최선을 다하지 않음)을 물어 측정했다. 각 문항은 1에서 7까지의 범위를 갖고 1은 행복하지 않고, 성공적이지 않고, 중요하지 않거나 최선을 다하지 않음에 대한 자아인식을 나타낸다.
>
> (1987: 578)

사회조사 분야의 문헌을 살펴보면 변수를 측정하기 위해 합성해서 지수를 구성하는 비슷한 예를 수없이 발견할 것이다. 지수로 만드는 과정은 〈일상생활에 개념 적용하기: 미국에서 가장 좋은 대학은 어디인가?〉에서 증명되듯이 논란이 많다.

지수나 척도로 측정되는 변수의 지표 간의 관계를 조사하는 것이 대개는 적절

일상생활에 개념 적용하기 **미국에서 가장 좋은 대학은 어디인가?**

「유에스 뉴스 앤드 월드 리포트(U.S. News and World Report)」는 매년 전국의 대학 순위를 발표한다. 이 순위는 학생 1인당 교육비, 졸업률, 지원자 중 입학허가를 받은 퍼센트, 신입생들의 SAT 평균점수 등 학교의 질을 나타내는 여러 항목으로 구성된 지수를 반영한다.

일반적으로 하버드대가 전국에서 1위로 나타나고 그 뒤를 예일대와 프린스턴대가 잇는다. 그러나 1999년 '미국 최고의 대학' 순위는 교육자, 대학 진학 예정자와 그 부모들을 놀라게 했다. 1998년에 전국 9위였던 칼텍(Caltech)이 1년 만에 1위로 뛰어오른 것이다. 하버드, 예일, 프린스턴은 여전히 높게 평가되었지만 이전의 순위에서 밀려 내려왔다. 칼텍에 무슨 일이 있었기에 학교의 질이 갑자기 좋아진 것인가?

이 질문의 답은 칼텍이 아닌 「유에스 뉴스 앤드 월드 리포트」에서 찾아야 한다. 이 잡지는 1999년에 순위 지수의 구조에 변화를 주었고, 그 결과로 큰 차이가 생겨난 것이다.

브루스 고틀리브(Bruce Gottlieb, 1999)는 지수 점수화 방식의 변화가 어떻게 차이를 만들어냈는지를 예시해준다.

> 어떻게 칼텍이 1위가 되었는가? 학교 순위를 내는 변수 중 하나는 학생 1인당 교육비로 칼텍은 이 범주에서 늘 1위를 해왔다. 그러나 이제까지 「유에스 뉴스」는 이 범주에서 얼마나 많은 돈을 투자했는지보다 1등, 2등처럼 학교의 순위만을 고려해왔다. 칼텍이 하버드보다 $1를 더 투자했는지 아니면 $100,000를 더 투자했는지는 문제가 되지 않았다. 금년에 순위가 오른 다른 두 학교는 MIT대(4위에서 3위)와 존스 홉킨스대(14위에서 7위)이다. 이 세 학교 모두 학생 1인당 교육비가 높은 학교로 이들 모두 특별히 과학분야가 강하다. 교수가 수업 이외로 수행하는 고가의 연구로부터 학생들이 직접적인 혜택을 입지 않아도, 대학은 학생 1인당 지출액에 그 연구비 예산을 포함시킨다.
>
> 2년 전 '최고의 대학'을 발표하면서 「유에스 뉴스」는 대규모 연구 프로그램과 의대가 있는 학교의 지출이 다른 학교보다 훨씬 더 높기 때문에 학생 1인당 지출의 실제 금액보다 순위만을 고려한다고 상세하게 밝힌 바 있다. 달리 표현하면 2년 전에 이 잡지는 학부학생 교육에 별 도움이 되지 않는 값비싼 실험실을 많이 가지고 있다고 해서 칼텍, MIT, 존스 홉킨스에 큰 점수를 주는 것이 불공평하다고 느꼈었다.

고틀리브는 지수 구성에서 생긴 각 변화를 살펴보고, 1998년에 9위였던 칼텍이 개정된 지수 구성으로 평가되었다면 1년 전에는 몇 등이었을지를 조사했다. 조사결과 칼텍이 1998년에도 1위였을 것이라고 결론을 내렸다. 달리 표현하면 갑자기 순위 상승을 한 것은 단지 어떻게 지수에 점수를 부여했는가의 문제였다.

'웹메트릭스 순위(Webometrics Ranking)'는 웹에 등록된 학교를 중심으로 각양각색의 대학과 대학교의 순위를 제시한다. 이 웹사이트는 지수에 포함된 항목들과 이들이 어떻게 결합되어 세계 고등교육기관의 전체 순위를 산출하는지에 대해 자세히 설명하고 있다. 2008년 1월, MIT는 미국 대학 1위였지만, 그것이 무엇을 의미하는지 알기 위해서는 방법론적 설명을 검토해야 할 것이다.

지수나 척도와 같은 합성측정은 사회를 이해하는 중요한 도구이다. 그러나 이 측정치들이 어떻게 구성되었는지와 그 구성된 것이 무엇을 의미하는지를 아는 것은 중요하다.

미국에서 가장 좋은 대학은 어디인가? 그것은 '가장 좋다'는 것을 어떻게 정의하는가에 달려 있다. 실제로 '가장 좋은' 것은 존재하지 않고, 우리가 만드는 다양한 사회적 구성물이 있을 뿐이다.

출처: "America's Best Colleges," *U.S. News and World Report*, 1999년 8월 30일; Bruce Gottlieb, "Cooking the School Books: How U.S. News Cheats in Picking Its 'Best American College,'" Slate, August 31, 1999, http://www.slate.com/articles/news_and_politics/crapshoot/1999/09/cooking_the_school_books.html.

하지만 지표가 서로 독립적인 경우도 있다는 사실을 알 필요가 있다. 스테이시 드 코스터(Stacy De Coster)는 가정의 스트레스를 나타내는 지표들이 동일한 변수의 원인이 되지만 서로 독립적일 수 있다는 점을 언급했다.

> 가정의 스트레스는 가정에서 발생한 스트레스가 많은 사건들의 척도이다. 부모의 실업, 부모의 별거, 부모의 질병 중에서 어느 한 사건의 경험은 다른 사건과 독립적이다. 스트레스 척도에 사용되는 사건들에 대한 선행연구 결과는 이 척도에 포함되는 사건들은 보통 서로 독립적이고, 이 척도의 신뢰도가 낮다는 사실을 보여준다.
>
> (2005: 176)

반면에 한 변수의 지표들이 논리적으로 서로 관련되어 있다면 그 관계는 어느 것이 더 좋은 지표인지를 결정하는 기준으로 사용되어야 한다.

결측자료의 처리

어떤 자료수집 방법을 사용하건 상관없이, 결측자료의 문제에 자주 직면하게 된다. 예컨대 신문의 정치적 지향에 대한 내용분석을 하다 보면 어떤 신문은 우리가 연구하는 주제에 대한 편집 입장을 전혀 밝히지 않았음을 알 수 있다. 연구대상을 수차례에 걸쳐 재검사하는 실험연구를 하다 보면 어떤 피험자는 일부 검사에 참여할 수 없는 경우가 있다. 서베이 조사를 하다 보면 어떤 응답자는 질문에 답하지 않기 마련이다. (혹은 '모르겠다'에 응답하기도 한다.) 결측자료는 분석의 모든 단계에서 문제가 되지만 특별히 지수 구성에 문제를 일으킨다. 그러나 이런 문제를 다루는 몇 가지 방법이 있다.

첫째, 결측자료를 가진 사례들이 상대적으로 적을 때는 지수 구성과 분석에서 결측자료를 배제시킬 수 있다. (나는 의대 교수 표본에서 이 방법을 택했다.) 이 경우에 우리가 첫째로 우려할 일은 배제시키고 남은 사례 수가 분석하기에 충분한지와 일부 응답자를 배제시킨 지수가 분석에 사용될 때 대표성이 없는 표본이 생성되는가이다. 후자의 가능성은 지수에 포함될 사람들과 배제될 사람들 사이의 다른 관련 변수들에 대해 차이가 있는지를 비교함으로써 검사할 수 있다.

둘째, 근거가 있는 경우에 결측자료를 하나의 응답으로 처리할 수 있다. 예를 들면, 응답자에게 다양한 활동에의 참여여부에 대해 '예' 혹은 '아니오'로 답하게 하는 설문지에서 많은 응답자들은 몇 가지 활동에 '예'로 표시하고 나머지는 응답하지 않고 남겨둘 수 있다. 이러한 경우에 응답하지 않은 것은 '아니오'를 의미하는 것으로 보고 결측자료를 응답자가 '아니오'로 응답한 것처럼 처리할 수 있다.

셋째, 결측자료를 세밀하게 분석하면 그 의미를 해석할 수 있는 경우가 있다. 예컨대 정치적 보수주의의 측정을 구성하는 경우에 주어진 한 질문에 응답하지 않은 응답자들이 다른 문항에서 보수적인 응답을 한 사람들만큼이나 보수주의적이라는 사실을 발견할 수도 있다. 결측자료 분석에서 그러한 해석이 나올 때는 언제든지 그에 맞춰 사례들에 점수를 부여할 수 있다.

결측자료의 문제를 처리하는 다른 많은 방법들이 있다. 한 문항에 대한 응답이 몇 가지 값을 갖는다면, 그 중간값을 결측자료를 갖는 사례에 부여할 수 있다. 예를 들면, 응답할 수 있는 값이 0, 1, 2, 3, 4라면 2를 결측자료에 할당할 수 있다. 연령처럼 연속변수인 경우는 결측자료를 가진 사례에 평균값을 부여할 수 있다. (여기에 대해서는 14장에서 더 다룬다.) 아니면 결측자료에 무작위로 값을 부여할 수 있다. 이러한 방법들을 사용하면 지수의 '순수성'이 약화되고 가설로 설정된 방식으로 다른 변수들과 관계를 가질 확률이 낮아지기 때문에 신중하게 판단해야 한다.

여러 문항들을 가지고 지수를 구성하는 경우에는 관찰한 것에 근거한 비율을 사용하여 결측자료를 처리할 수도 있다. 여섯 개의 지표로 구성된 지수에서 특정한 대상자가 네 문항에만 응답을 했다고 가정해보자. 만일 그 조사 대상자가 가능한 최대점수 4점에서 4점을 얻었다고 한다면 지수점수로 6점을 할당하는 것이다. 조사 대상자가 (네 개의 문항으로부터 얻을 수 있는 가능한 점수의 반인) 2점을 얻었다면 (여섯 개의 문항으로부터 얻을 수 있는 가능한 점수의 반인) 3점을 할당할 수 있다.

어떤 구체적인 방법을 사용할 것인가는 조사 상황에 달려 있기 때문에, 하나의 '최선'의 방법을 제안하거나 제시한 방법들 간에 서열을 매길 수는 없다. 결측자료를 가진 사례 모두를 배제시키면 발견한 연구결과의 대표성이 편향될 수 있다. 그러나 결측자료에 점수를 부여하여 그러한 사례를 포함시키게 되면 연구결과가 달라질 수 있다. 가장 안전하고 좋은 방법은 다른 대안적 방법들을 사용하여 지수를 구성하고 그 각각에서 동일한 결론에 이르는지를 보는 것이다. 당신이 가지고 있는 자료를 이해하는 것이 분석의 최종적인 목표가 된다.

지수 구성의 여러 측면을 다루어보았다. 이제 지표선정과 문항에의 점수부여에 대한 더 자세한 내용은 〈쟁점과 통찰: 당신이 사는 주는 얼마나 건강한가?〉를 참조하라.

지수의 타당도 검사

지금까지 우리는 어떤 변수를 측정하는 합성지수를 만들기 위해 문항을 선택하고 점수를 부여하는 모든 단계에 대해 살펴보았다. 앞에서 살펴본 각 단계를 세심하게 수행한다면 지수가 실제로 변수를 측정할 가능성이 높아진다. 그러나 성

1990년 이후로 연합건강재단(United Health Foundation), 미국 공중보건협회(American Public Health Association), 질병예방 동반자회(Partnership for Prevention)는 서로 연합하여 미국 내 50개 각 주의 건강지위를 매년 평가한다. 아래의 표는 2016년 보고서에 나온 전체적인 순위를 보여준다. 점수는 국가 전체와 비교했을 때 각 주가 위치한 상태를 나타낸다. 점수는 국가평균으로부터의 표준편차 점수를 나타낸다. 이 통계기법을 아직 배우지 않았을 수 있지만 당신이 사는 주가 국가평균보다 더 높은지, 더 낮은지는 알 수 있을 것이다. 2016년에 가장 건강한 주는 하와이였고 미시시피가 가장 낮은 점수를 받았다.

당신이 살고 있는 주의 순위가 궁금할 것이다.

지금쯤이면, 사회조사연구의 깐깐한 소비자가 된 독자는 "잠깐만요. 건강을 어떻게 측정했나요?"라고 질문할 것이다. 좋은 질문이다. 2010년 보고서에 제시된 아래의 표 '개별 측정의 가중치'는 건강을 구성하는 요소들을 정리해서 보여주고 있다. 지표가 많은 범주들을 포함하고 있는 것을 알 수 있다. 일부는 긍정적인 지표(예를 들면, 고등학교 졸업률)이고 다른 것들은 부정적인 지표(예를 들면, 흡연과 과음)이다. 더욱이 이 표는 각 주의 점수를 구성하는 각 지표에 할당된 가중치를 보여준다.

2016년 순위

순위	주	점수*	순위	주	점수*
1	하와이	0.905	26	일리노이	0.084
2	매사추세츠	0.760	27	캔자스	−0.012
3	코네티컷	0.747	28	펜실베니아	−0.016
4	미네소타	0.727	29	애리조나	−0.020
5	버몬트	0.709	30	알래스카	−0.031
6	뉴햄프셔	0.696	31	델라웨어	−0.077
7	워싱턴	0.582	32	노스캐롤라이나	−0.194
8	유타	0.578	33	텍사스	−0.208
9	뉴저지	0.571	34	미시간	−0.251
10	콜로라도	0.559	35	네바다	−0.304
11	노스다코타	0.473	36	플로리다	−0.307
12	네브래스카	0.432	37	미주리	−0.338
13	뉴욕	0.430	38	뉴멕시코	−0.363
14	로드아일랜드	0.422	39	인디애나	−0.372
15	아이다호	0.356	40	오하이오	−0.391
16	캘리포니아	0.346	41	조지아	−0.464
17	아이오와	0.343	42	사우스캐롤라이나	−0.532
18	메릴랜드	0.322	43	웨스트버지니아	−0.595
19	버지니아	0.264	44	테네시	−0.626
20	위스콘신	0.220	45	켄터키	−0.651
21	오리곤	0.211	46	오클라호마	−0.691
22	메인	0.192	47	앨라배마	−0.793
23	몬태나	0.178	48	아칸소	−0.834
24	사우스다코타	0.169	49	루이지애나	−1.043
25	와이오밍	0.116	50	미시시피	−1.123

출처: http://assets.americashealthrankings.org/app/uploads/ahr16-complete-v2.pdf, p. 6.

개별 측정의 가중치

결정요인(측정 명칭)	비율	점수에 미치는 영향
행위		
흡연율	7.5	부정적
과음률	5.0	부정적
비만율	7.5	부정적
고등학교 졸업률	5.0	긍정적
지역사회와 환경		
폭력범죄	5.0	부정적
산업재해 사망자	2.5	부정적
전염병	5.0	부정적
빈곤 아동	5.0	부정적
대기오염	5.0	부정적
공공정책과 건강정책		
건강보험 미가입자	5.0	부정적
공공의료 기금	2.5	긍정적
예방접종 범위	5.0	긍정적
임상치료		
초기 출산 전 건강관리	5.0	긍정적
1차 진료의사	5.0	긍정적
예방 가능한 입원	5.0	부정적
산출요인		
열악한 정신건강 일수	2.5	부정적
열악한 신체건강 일수	2.5	부정적
지리적 차이	5.0	부정적
유아 사망률	5.0	부정적
심혈관계 사망자	2.5	부정적
암 사망자	2.5	부정적
조기사망	5.0	부정적
전체 건강 순위	100.0	—

각 지표가 주의 건강을 반영하는지 살펴볼 필요가 있다. 어쩌면 다른 지표를 생각해낼 수도 있을 것이다.

보고서는 각 지표가 왜 선정되었는지를 잘 설명해주고 있고, 아래에 제시된 인터넷상의 파일 주소인 http://www.americashealthrankings.org/reports/annual로 들어가서 직접 자료를 다운로드할 것을 권하고 싶다.

출처: United Health Foundation, Public Health Association, and Partnership for Prevention, "America's Health Rankings: A Call to Action for Individuals and Their Communities." 2016 United Health Foundation. '2016 전체 순위'는 8쪽의 표 1과 2에서 가져왔고, '개별 측정의 가중치'는 United Health Foundation, Public Health Association, and Partnership for Prevention, "America's Health Rankings: A Call to Action for Individuals and Their Communities." 2016 United Health Foundation 41쪽의 표 36에서 가져왔다.

공을 증명하기 위해서는 지수의 타당도 검사(index validation)가 있어야 한다. 타당도 검사의 기본 논리에 따라 지수가 어떤 변수를 측정한다고 가정한다. 즉 지수의 점수는 그 변수를 기준으로 사례들을 서열 순으로 정렬한다고 가정한다. 정치적 보수주의를 나타내는 지수는 사람들의 상대적인 보수주의 측면에서 이들의 서열을 매긴다. 지수의 서열 매기기가 성공적으로 이루어지면 지수에서 상대적으로 보수적인 것으로 서열 매김된 사람들은 그들의 정치적 지향을 나타내는 다른 모든 징조(다른 설문 문항에 대한 응답)에서도 상대적으로 보수주의적으로 나타나야 한다. 지수의 타당도를 검사하는 방법에는 몇 가지가 있다.

문항분석

지수의 타당도 검사에서 첫 단계는 문항분석(item analysis)이라고 불리는 내적 타당도 검사이다. 문항분석은 지수가 이것을 구성하는 개별 문항들과 관련되는(혹은 응답을 예측하는) 정도를 말한다. 이 단계의 예를 들어보자.

의과대학 교수들의 과학적 지향에 대한 지수에서 지수점수의 범위는 0(환자를 돌보는 일에 가장 큰 관심을 갖는 경우)에서 3점(연구에 가장 큰 관심을 갖는 경우)까지이다. 지수를 구성하는 문항 중 하나를 생각해보자. 응답자가 종합적인 환자관리와 관련된 지식의 진보를 원하는지 아니면 근본적 메커니즘과 관련된 지식의 진보를 원하는지 묻는 문항을 선택해보자. 후자가 전자보다 좀 더 과학적 지향을 갖는 것으로 여겨진다. 아래의 빈 표는 지수와 지수를 구성하는 개별 문항의 관계를 검사하는 논리를 보여준다.

문항분석
합성측정에 포함된 각 문항이 측정에서 독립적인 공헌을 하는지 아니면 다른 문항이 공헌하는 바를 다시 반복하는지에 대한 평가를 말한다.

	과학적 지향 지수			
	0	1	2	3
근본 메커니즘에 좀 더 관심을 갖는다고 응답한 교수의 퍼센트	??	??	??	??

시간을 내어 이 표를 살펴본다면 비어 있는 네 개의 칸 중에 두 칸에 들어갈 숫자를 알아낼 수 있다. 이 지수에서 3점을 얻으려면 응답자는 이 질문에 대해 '근본 메커니즘'이라고 응답했어야 하고 다른 두 개의 문항에 대해서도 '과학적인' 응답을 했어야 한다. 따라서 3점을 얻은 응답자 가운데 100%가 '근본 메커니즘'이라고 응답했다. 같은 이유로 지수에서 0점을 받은 응답자 모두는 이 문항에서 '종합적인 환자관리'로 응답해야만 한다. 따라서 이러한 응답자 가운데 0%가 '근본 메커니즘'으로 응답했다. 우리가 이미 알고 있는 정보에 근거해서 표는 다음과 같게 될 것이다.

	과학적 지향 지수			
	0	1	2	3
근본 메커니즘에 좀 더 관심을 갖는다고 응답한 교수의 퍼센트	0	??	??	100

만일 개별 문항이 전체 지수를 잘 반영한다면 1점이나 2점을 받은 경우는 0%에서 100% 사이에서 점진적으로 채울 것으로 예상된다. 2점을 받은 경우는 1점을 받은 경우보다 '근본 메커니즘'을 더 많이 선택해야 한다. 그러나 지수 구성 방식에 의해서 이런 결과가 나온다는 보장은 없다. 이것은 문항분석에서 답변해야

하는 경험적인 질문이다. 이 특정한 문항분석 결과는 다음과 같이 나타났다.

	과학적 지향 지수			
	0	1	2	3
근본 메커니즘에 좀 더 관심을 갖는다고 응답한 교수의 퍼센트	0	16	91	100

우리가 가정한 대로 2점을 받은 사람들이 1점을 받은 사람들보다 더 과학적으로 지향된 것을 볼 수 있다. 1점을 받은 사람들(16%)보다 2점을 받은 사람들(91%)이 더 '근본 메커니즘'이라고 응답한다.

지수를 구성하는 다른 두 문항들에 대한 내용분석의 결과도 아래에 나타난 것처럼 비슷하게 나왔다.

	과학적 지향 지수			
	0	1	2	3
의학 연구자로서 가장 잘 가르칠 수 있다고 응답한 교수의 퍼센트	0	4	14	100
근본원리에 관한 논문을 더 선호한다고 응답한 교수의 퍼센트	0	80	97	100

그렇다면 각 문항은 지수의 타당한 구성요소로 보인다. 각 문항은 그 지수가 전체적으로 측정하는 특질과 같은 것을 나타낸다고 할 수 있다.

많은 문항을 포함하는 복잡한 지수의 경우에 이 단계를 통해서 각 문항이 지수에 대해 독립적으로 공헌하는 정도를 간단히 검사할 수 있다. 만일 한 문항이 지수와 관련성이 낮은 것으로 밝혀지면 지수를 구성하는 다른 문항들이 이 문항의 공헌을 상쇄시켜 버린다고 추정할 수 있고, 그렇다면 지수에서 제외되어야 한다. 즉 문제의 그 문항이 지수에 아무런 공헌도 하지 못한다면 배제시켜야 한다.

문항분석이 지수의 타당도에 대한 중요한 첫 검사이긴 하지만 이것으로 충분하지는 않다. 만약 지수가 주어진 변수를 적절히 측정한다면 그 변수의 다른 징조(indications)들을 성공적으로 예측할 수 있어야 한다. 이 검사를 위해서 우리는 지수에 포함되지 않은 다른 문항들을 조사해야 한다.

외적 타당도

지수에서 정치적으로 보수적인 것으로 평가된 사람들은 (설문지의 다른 문항에 대한 응답 같은) 다른 측정에서도 보수적으로 나와야 한다. 물론 우리는 보수주의에 대해 절대적 정의를 내릴 수 없기 때문에 상대적 보수주의를 이야기한다. 그러나 지수에서 가장 보수적으로 나온 응답자는 다른 질문에 대한 답변에서도

표 6-1 과학적 지향 지수의 타당도 검사

	과학적 지향 지수			
	낮다			높다
	0	1	2	3
의대에서 과학적 강의에 관심이 있는 퍼센트	34	42	46	65
의대 교수는 의학 연구자의 경험이 있어야 한다는 퍼센트	43	60	65	89
의대 교수의 직무는 조사연구 활동만 포함해야 한다는 퍼센트	0	8	32	66
지난 학년도 연구를 수행한 퍼센트	61	76	94	99

보수적이어야 한다. 지수에서 가장 덜 보수적으로 나온 사람들은 다른 문항에서도 그렇게 나와야 한다. 사실, 지수에서 응답자 집단의 순위는 정치적 지향을 다루는 다른 질문에 대한 답변에서 그 집단의 순위를 예측해야 한다.

과학적 지향을 측정하는 지수의 예에서 설문지 질문 가운데 몇 가지가 그러한 외적 타당도(external validation)의 가능성을 제시한다. 〈표 6-1〉에 제시된 질문문항들은 타당도 검증에 사용되는 것들로 지수 타당도에 관해 몇 가지 교훈을 제공한다. 첫째, 네 개의 문항에서 과학적 응답이 갖는 서열순서가 지수 자체가 나타내는 서열순서와 정확히 일치한다는 사실로부터 지수가 타당도 검증 문항에 대한 응답을 강하게 예측한다는 점을 알 수 있다. 즉, 표의 열을 따라서 퍼센트를 읽어나갈수록 더 큰 과학적 지향이 나타난다. 각 문항은 전반적으로 과학적 지향의 다른 측면을 나타낸다. 예컨대, 타당도를 검증하는 마지막 문항은 의대 교수 중 대다수가 지난해에 조사연구를 수행했다는 사실을 나타낸다. 만일 이 문항이 과학적 지향을 나타내는 유일한 지표라면 우리는 거의 모든 교수가 과학적 지향을 갖는다고 결론지을 것이다. 그럼에도 불구하고 과학적 지향 지수에서 더 높은 점수를 받은 사람은 상대적으로 낮은 점수를 받은 사람보다 조사연구를 할 확률이 더 높다. 타당도를 검증하는 세 번째 문항은 또 다른 상황을 제공한다. 전체적으로 의대 교수 중 소수만이 전적으로 조사연구만을 하는 직무를 선호한다고 밝혔다. (지수에서 3점을 받은 사람들 중 대다수가 이 진술문에 동의한다.) 그럼에도 불구하고 이 문항에서 나타난 조사연구 선호의 상대적인 퍼센트는 지수에 할당된 점수와 상응한다.

외적 타당도
지수나 척도와 같은 측정이 동일한 변수의 다른 추정 지표와 어떤 관계를 갖는지 조사하여 측정의 타당도를 검증하는 과정이다. 예컨대, 지수가 편견을 잘 측정한다면 편견을 나타내는 다른 지표와도 연관성이 있어야 한다.

나쁜 지수 대 나쁜 타당도 입증 문항

지수를 구성하는 사람이라면 외적 타당도 검사에서 언젠가는 실패를 경험하게 된다. 만약 내적 문항분석에서 지수에 포함된 문항들과 지수 그 자체 사이에 일관성 없는 관계가 나타난다면 지수에 무언가 문제가 있음을 알 수 있다. 그러나 지수가 외적 타당도 검증 문항을 강하게 예측하지 못한다면 어떠한 결론을 내려야 할지 명확하지 않다. 이 경우에는 두 가지 가능성 중에서 하나를 선택해야 한다. (1) 지수가 문제의 변수를 적절히 측정하지 못하거나 (2) 타당도 검증 문항이 그 변수를 적절히 측정하지 않으므로 지수를 충분히 검사하지 못하는 것이다.

연구자가 오랫동안 신중하게 지수 작업을 해왔다면, 두 번째 결론에 자기도 모르게 이끌릴 수 있다. 연구자는 변수를 나타내는 최상의 지표들을 지수에 포함시켰다고 느낄 것이고 따라서 타당도 검증 문항들이 2등급의 열등한 지표로 여겨질 것이다. 그럼에도 불구하고 지수는 변수에 대한 매우 강력한 측정이라는 사실을 인정해야 한다. 따라서 그 변수를 엉성하게라도 측정하는 어떤 문항과도 어느 정도의 관계를 나타내야 한다.

외적 타당도 검사가 실패하면 타당도 검증 문항들이 무언가 부족하다고 결론짓기 전에 먼저 지수를 다시 검사해보아야 한다. 이 검사를 하는 한 가지 방법은 타당도 검증 문항들과 지수를 구성하는 개별 문항들 사이의 관계를 검사하는 것이다. 검사를 통해서 지수 구성 문항 가운데 일부는 검증 문항과 관계가 있고 나머지는 관계가 없다는 사실을 발견한다면 처음에 구성한 지수에 대해 더 잘 이해하게 될 것이다.

이 문제에 대해서 정해진 해결책은 없다. 이것은 신중한 연구자가 생존하기 위해 배워야 하는 고뇌이다. 궁극적으로 지수를 수용하기로 하는 결정은 이후의 분석에서 그 지수가 갖는 유용성에 의해 지혜롭게 결정될 것이다. 처음엔 그 지수가 훌륭하고 타당도 검증 문항에 문제가 있다고 결론지을 수 있다. 그러나 후에 (지수가 측정한) 그 문제의 변수가 당신이 예상한 방식으로 다른 변수들과 관계를 갖지 않는다는 사실을 발견할 수도 있을 것이다. 그렇다면 당신은 새로운 지수를 구성해야 할지 모른다.

여성의 지위: 지수 구성의 예

지수 구성에 대한 대부분의 논의는 서베이 조사의 구체적인 상황에 초점을 맞춰왔지만 다른 유형의 조사에서도 이런 합성측정이 사용된다. 예를 들면, UN(2015)이 전 세계 여성들의 지위를 조사할 때 두 가지 다른 차원을 나타내는 두 개의 지수를 구성했다.

인간개발지수(HDI)는 세 가지 지표인 평균 기대수명, 교육, 수입을 가지고 남자와 여자를 비교했다. 이러한 지표들은 세계에서 여성들의 지위를 측정하기 위해서 일반적으로 사용된다. 2014년 측정에서는 노르웨이, 덴마크, 네덜란드가 가장 높게 나타났다.

둘째 지수는 권력문제에 좀 더 초점을 맞춘 성불평등지수(GII)로, 다음의 세 가지 지표로 구성된다.

- 의회 의석 가운데 여성이 차지한 비율
- 행정직, 관리직, 전문직, 기술직 가운데 여성이 차지한 비율
- 직업 얻기의 용이성과 임금 측정

성 평등에서 높은 순위를 나타낸 국가는 슬로베니아, 스위스, 독일, 덴마크, 오스트리아였다. 성 평등에 대해 두 가지 다른 측정을 사용함으로써 조사자는 보다 세련된 구분을 할 수 있다. 예컨대 미국과 오스트리아 같은 몇 개 나라의 여성은 HDI 척도에서 상대적으로 상당히 높게 나타나지만 GII 척도에서는 매우 낮게 나타난다. 따라서 이런 국가의 여성들은 수입, 교육, 평균 기대수명에 있어서는 퍽 성공적이지만 권력은 주어지지 않는다. 부유한 국가들이 가난한 국가들보다 HDI에서 높은 점수를 얻지만 GII 점수를 보면 여성의 권한부여는 반드시 국가의 부에 의해 결정되는 것이 아니라는 사실을 알 수 있다. 많은 가난한 개발도상국가들이 그러한 권한부여에 있어서 부유한 산업국가들을 앞선다.

UN의 연구자들은 연구에 포함된 변수의 여러 차원들을 조사함으로써, 여성의 수입에 대해 일반적으로 간과되어 잘 알려지지 않은 측면을 밝혀냈다. 파퓰레이션 커뮤니케이션 인터내셔널(Population Communications International, 1996)은 연구결과를 다음과 같이 잘 요약하고 있다.

> UNDP(유엔개발계획) 보고서에 의하면 여성의 노동에 대한 무보상이나 저임금을 일반적인 시장가격으로 계산하면, 여성은 매년 세계경제에 11조 달러어치의 눈에 보이지 않는 공헌을 한다고 한다. 여성 노동에 대한 이러한 '저평가'는 여성의 구매력을 약화시킬 뿐만 아니라, 이미 낮은 그들의 사회적 지위를 낮춰서 재산을 소유하고 신용을 사용할 능력에도 영향을 미친다고 1995년의 HDR(인간개발보고서)은 밝히고 있다. 이 보고서의 주 저자인 마흐버브 울 하크(Mahbub ul Haq)는 "여성의 노동이 국가통계에 정확히 반영된다면 세계에서 남성이 생계를 책임지는 주된 사람이라는 신화가 깨질 것이다."라고 했다. UNDP 보고서에 따르면, 여성은 유급 및 무급 업무를 포함하여 거의 모든 국가에서 남성보다 더 오랜 시간 일한다. 개발도상국의 여성은 전체 노동의 53%를 수행하고, 수행한 노동의 2/3가 무보수 활동이다. 선진국 여성은 전체 노동의 51%를 수행하며, 개발도상국 여성과 마찬가지로 수행한 전체 노동의 2/3가 무급이다. 선진국 남성은 이들이 수행한 노동의 2/3에 대해 보상을 받는다.
>
> (Population Communications International, 1996: 1)

쟁점과 통찰 **세계를 지수화하기**

인터넷에서 지수를 검색해보면 좋은 예를 많이 찾을 수 있다. 세상의 상태나 그것의 많은 부분들을 조사하기 위해 사용된 사회지수의 사례들을 몇 가지 제시해본다.

국가의 복지는 일반적으로 1인당 국민총생산(GDP), 평균 소득, 주식시장 평균과 같은 경제 용어로 측정된다. 그러나 1972년에 산악국가인 부탄이 '국민총행복'을 제안하면서 세계의 이목을 끌었다. 국민총행복은 육체적 및 정신적 건강, 자유, 환경, 결혼의 안정성과 기타 비경제적 복지 지표를 통해 경제적 요인을 보강했다.

- 컬럼비아대학이 만든 '환경 지속가능성 지수'는 지구상 국가들이 환경에 미치는 영향을 조사하기 위한 측정 가운데 하나이다.
- Vision of Humanity는 세계 165개 국가를 대상으로 세계평화지수를 제시한다.
- 듀크대학이 만든 아동과 청년 복지지수는 미국 청년의 복지에 초점을 맞춘다.
- 세계경제포럼은 전 세계 142개 경제를 평가하는 '글로벌 경쟁력 지수'를 제공한다.
- 「Money Magazine」은 경제, 주택, 학교, 건강, 범죄, 기후, 공공시설과 같은 요인들을 이용해서 미국에서 살기 좋은 100곳의 지수를 만들었다.
- 헤리티지 재단(Heritage Foundation)은 전 세계적으로 사업을 계획하는 사람들을 위해 '경제적 자유 지수'를 제공한다.
- 종말을 믿는 기독교인들을 위한 휴거지수(Rapture Index)는 인플레이션, 기아, 홍수, 진보주의, 악마숭배를 포함하는 45개 지표를 사용하여 종말이 얼마나 가까이 왔는지의 판단을 제공한다.

이 밖에 유사한 지수를 인터넷에서 찾아보기 바란다.

일상생활에 개념 적용하기 **여성의 지위평가**

여성권한평가(Gender Empowerment Measure)에 대한 논의에서 우리는 전 세계 국가에서 여성의 지위를 분석했다. 이 분석 논리를 사용하여 당신이 다니는 대학이나 친숙한 회사와 같은 특정 조직에서 여성의 지위를 조사하고 평가할 수 있는가?

〈쟁점과 통찰: 세계를 지수화하기〉에서 세상 상태를 조사하기 위해 만들어진 지수의 몇 가지 다른 예를 찾을 수 있다.

지수는 다양한 목적을 위해 다양한 종류의 자료로부터 구성될 수 있다. [이 주제에 대한 자세한 내용은 〈일상생활에 개념 적용하기: 여성의 지위평가〉를 참조하라.] 이제 지수의 구성을 마치고 척도기법을 살펴보는 것으로 관심을 돌려보자.

6.4 척도 구성

좋은 지수는 주어진 변수의 사례들을 서열화시킨다. 모든 지수는 다음과 같은 가정에 근거한다. 열 개의 보수적인 입법안 중에서 일곱 개에 찬성한 상원의원은 이들 법안 가운데 네 개에만 찬성한 상원의원보다 더 보수주의적으로 여겨진다. 그러나 지수는 한 변수를 나타내는 모든 지표들이 그 중요성과 강도에서 균일하지 않다는 사실을 고려하지 못한다. 첫 번째 상원의원은 조금 보수적인 법안 일곱 개에 찬성한 반면에 두 번째 상원의원은 극단적으로 보수적인 법안 네 개에 찬성했을 수 있다. (두 번째 상원의원은 다른 6개의 법안이 너무 진보주의적이라고 생각해서 반대표를 던졌을 수 있다.)

척도는 지표들 간의 구조화된 강도를 이용함으로써 더 확실한 서열성을 제공한다. 합성하게 되는 여러 문항들은 변수의 강도 면에서 서로 다를 수 있다. 척도 구성에는 많은 방법이 있다. 우리는 어의차이(semantic differential)라는 기법과 더불어 가용한 많은 기법을 예시하기 위해서, 네 가지 척도 구성 절차를 살펴보겠다. 이런 예시들은 주로 설문지에 초점을 맞추고 있지만, 지수에서처럼 척도의 논리는 다른 조사방법에도 적용된다.

보가더스 사회적 거리 척도

가령 미국 시민들이 성범죄자와 교제하기 원하는 정도에 관심이 있다고 가정해보자. 다음과 같은 질문을 할 수 있을 것이다.

1. 당신은 이 나라에 성범죄자가 사는 것을 허용하겠습니까?
2. 당신은 이 지역사회에 성범죄자가 사는 것을 허용하겠습니까?
3. 당신은 이 동네에 성범죄자가 사는 것을 허용하겠습니까?
4. 당신은 옆집에 성범죄자가 사는 것을 허용하겠습니까?
5. 당신은 자녀가 성범죄자와 결혼하는 것을 허용하겠습니까?

이러한 질문에서 응답자가 성범죄자와 갖는 접촉의 긴밀도는 점점 증가한다. 성범죄자와 교제할 의사를 측정하기 위해 다양한 수준의 강도를 나타내는 몇 가지 질문들을 개발했다. 제시된 유형의 문항들은 에모리 보가더스(Emory Bogardus)가 만든 보가더스 사회적 거리 척도(Bogardus social distance scale)를 구성한다. 이 척도는 다른 유형의 사람들과 친밀한 사회적 관계를 차등적으로 맺고자 하는 의사를 측정하는 기법이다.

보가더스 사회적 거리 척도
다른 부류의 사람들과 사회적 관계를 맺기를 원하는 정도를 측정하는 기법. 몇 개의 구별된 응답을 요약하면서도 원래의 자료가 갖는 상세함을 효율적으로 유지할 수 있는 방법이다.

문항들 사이에 존재하는 분명한 강도 차이로부터 이들 사이에 구조가 있음을 알 수 있다. 어떤 사람이 주어진 한 종류의 교제를 수용한다면 그 사람은 강도가 더 약한 이전의 모든 문항들도 기꺼이 수용하려 할 것이다. 예컨대, 성범죄자가 동네에 사는 것을 허용하겠다는 사람은 확실히 국가와 지역사회에서도 그들을 수용하겠지만 이들을 이웃이나 친척으로 수용할 것인지는 명확하지 않다. 따라서 문항들 사이에는 고유한 논리적 강도의 구조가 존재한다.

경험적으로는 많은 수의 사람들이 같은 나라에 사는 것을 허용하지만 결혼은 소수만이 허용할 것이다. 이런 의미에서 우리는 '쉬운 문항'(예를 들면, 미국에 거주)과 '어려운 문항'(예컨대, 결혼)을 나눈다. 어려운 문항보다는 쉬운 문항에 더 많은 사람들이 동의한다. 피할 수 없는 예외가 있겠지만, 어떤 사람이 척도에서 제시된 관계를 거부한다면 그 사람은 논리적으로 그 이후에 나오는 더 어려운 모든 문항들 역시 거부할 것이다.

보가더스 사회적 거리 척도는 자료 축소 장치로서 척도가 갖는 중요한 간결성을 잘 예시해준다. 특정 응답자가 성범죄자와 얼마나 많은 관계를 수용할 것인지를 알면 우리는 어떤 관계가 수용되었는지를 알 수 있다. 따라서 단일한 숫자로 정보의 손실 없이 대여섯 개의 자료 문항을 정확히 요약할 수 있다.

모토코 리(Motoko Lee), 스티븐 삽(Stephen Sapp) 그리고 멜빈 레이(Melvin Ray)는 보가더스 사회적 거리 척도에 암묵적인 요소가 있음을 지적했다. 즉, 이것은 사회의 다수집단의 관점에서 본 사회적 거리이다. 이들 연구자들은 소수집단의 시각에서 사회적 거리를 보는 '역사회적 거리(reverse social distance)' 척도를 만들었다. 이들이 만든 질문은 아래와 같다(1996: 19).

> 당신이 아는 (어느 특정인이 아니고 최고나 최악의 사람이 아닌) 전형적인 백인계 미국인을 염두에 두고 아래의 질문에 대한 당신의 의견을 '예' 혹은 '아니오'에 표시하시오.
>
> 예, 아니오. 5. 그들은 당신이 이 나라의 시민으로 사는 것을 싫어합니까?
> 예, 아니오. 4. 그들은 당신이 같은 동네에 사는 것을 싫어합니까?
> 예, 아니오. 3. 그들은 당신이 옆집에 사는 것을 싫어합니까?
> 예, 아니오. 2. 그들은 당신을 친한 친구로 사귀는 것을 싫어합니까?
> 예, 아니오. 1. 그들은 당신이 결혼을 통해 그들의 친척이 되는 것을 싫어합니까?

원래의 척도에서처럼 소수민족 응답자들이 몇 개의 문항에 동의했는지를 알면 그들이 어느 문항에 동의했는지를 알 수 있었다. 이 경우에는 99% 알 수 있었다.

서스톤 척도

보가더스 사회적 거리 척도의 고유한 구조가 측정하려는 변수에 적합하지 않은 경우가 종종 있다. 실제로 그러한 논리적 구조가 여러 지표들 사이에서 명확히 나타나는 경우는 드물다. 루이스 서스톤(Louis Thurstone)이 만든 서스톤 척도(Thurstone scale)는 적어도 실증적 구조를 가지고 있는 특정 변수의 지표군(群)을 만들어내기 위한 형식(format)을 개발하려는 시도이다.

서스톤 척도
변수의 다양한 지표에 심사원이 부여한 가중치에 따라 구성한 합성측정 유형이다.

이런 기본 형식 가운데 하나가 '균등해 보이는 간격(equal appearing intervals)'이다. 특정 변수의 지표로 여겨지는 100여 개의 문항을 한 집단의 심사원들에게 나누어준 뒤 심사원에게 각 문항이 어떤 변수의 얼마나 강한 지표인가를 평가하여 1에서 13 사이의 숫자를 부여하도록 요구한다. 만약에 그 변수가 편견이라면 심사원들에게 가장 약한 편견의 지표에는 숫자 1을 부여하고, 가장 강한 지표에는 숫자 13을 부여하도록 요구하며, 중간적인 것으로 느끼게 되면 둘 사이에 있는 값을 부여한다.

심사원들이 이 평가작업을 마치게 되면 연구자는 심사원들이 각 문항에 부여한 점수를 검사하여 어떤 문항에 대해 심사원들이 높은 수준의 합의를 이루었는지 판단한다. 심사원들이 폭넓게 동의하지 않은 문항들은 애매한 문항이므로 제외하게 된다. 점수에서 일반적인 합의가 도출된 문항들 가운데 1에서 13까지의 각 척도점수를 대표하는 문항을 하나 이상 선택한다.

이런 식으로 선택된 문항들을 설문지에서 사용한다. 강도 5를 나타내는 문항에서 편견이 있는 것으로 나타난 응답자는 강도가 이보다 약한 문항에 대해서도 편견을 가졌을 것으로 기대할 수 있고, 강도 6을 나타내는 문항에서 편견이 나타나지 않은 응답자는 이보다 강도가 더 큰 문항에 대해서도 편견이 없을 것으로 예상할 수 있다.

서스톤 척도 문항을 적절히 개발하고 점수를 부여하면 보가더스 사회적 거리 척도가 갖는 자료 축소의 간결성과 효율성이 나타나게 된다. 각 응답자에게 하나의 점수(수용한 가장 어려운 문항의 강도에 상응하는)를 부여하면, 그 점수를 통해 응답자가 설문지의 다른 여러 문항들에 어떻게 응답했는지를 알 수 있다. 보가더스 척도에서처럼, 6점을 얻은 응답자는 5점 혹은 그 이하의 점수를 얻은 응답자보다 편견이 더 많은 것으로 판단하게 된다.

서스톤 척도는 10명에서 15명 사이의 심사원으로 하여금 문항에 점수를 부여하도록 하는 데 소요되는 시간과 에너지 때문에 오늘날 조사에서 자주 사용되지 않는다. 심사원들이 연구대상인 변수에 얼마나 많은 경험을 가지고 있는지에 그들의 판단의 질이 달려 있기 때문에 전문적인 심사원이 필요하다. 더욱이 주어진 변수를 나타내는 문항들의 의미는 시간이 흐름에 따라 변하는 경향이 있다. 따라서 문항이 가지는 가중치는 시간의 흐름에 따라 변할 수 있다. 서스톤 척도가 유효하기 위해서는 정기적으로 갱신될 필요가 있다.

리커트 척도

응답 범주가 '매우 찬성', '찬성', '반대', '매우 반대'로 되어 있는 설문지 문항을 리커트 척도라고 부르는 것을 종종 들어보았을 것이다. 렌시스 리커트(Rensis Likert)가 일반적으로 사용되는 이 질문의 형식(format)을 만들었지만, 엄밀히 말해 이것은 잘못된 표현이다. 리커트가 문항들을 하나의 척도로 만드는 기법도 만들었지만 이것은 거의 사용되지 않는 반면, 리커트의 응답 형식은 서베이 조사에서 가장 빈번하게 사용되는 것 가운데 하나이다.

이 형식(format)의 특별한 가치는 응답 범주의 명확한 서열성이다. 만일 응답자가 '다소 찬성', '굉장히 찬성', '정말로 찬성' 등의 응답을 하거나 선택할 수 있다면, 연구자는 다양한 응답자가 의도하는 찬성의 상대적인 강도를 판단할 수 없을 것이다. 리커트 구성은 이 문제를 해결한다.

리커트 척도법은 거의 사용되지 않지만 여러 문항들의 상대적 강도에 근거하여 이해하기 쉽다. 간단한 예로서, 여성에 대한 편견을 측정한다고 가정해보자. 이를 위해서 각기 편견을 반영하는 20개의 진술문을 만들었다. 이 문항들 가운데 하나는 "여자는 남자만큼 운전을 잘할 수 없다."일 수 있다. 또 다른 문항은 "여자에게 투표권을 주어서는 안 된다."이다. 리커트 척도기법은 이 두 문항 간 강도 차이를 나타낼 뿐만 아니라 나머지 18개 진술문의 강도를 정할 수 있다.

표본을 뽑아 그들에게 20개의 진술문 각각에 대해 찬성하는지 반대하는지 여부를 물어본다고 가정해보자. 여성에 대한 편견을 나타내는 각 지표에 1점을 부여한다면 지수점수는 0에서 20점까지의 범위를 가질 것이다. 진정한 **리커트 척도(Likert scale)**는 이 수준을 넘어서 각 개별 진술문에 찬성한 사람들의 평균 지수점수를 계산해낸다. 가령 여자는 남자보다 운전을 못한다는 데에 찬성한 모든 사람들의 평균 지수점수가 1.5(20점 만점)라고 가정해보자. 가령 여자에게는 투표권을 주어서는 안 된다는 데 찬성한 사람들은 19.5점의 평균 지수점수—이 점수는 그 응답에서 높은 수준의 편견이 반영되고 있음을 의미한다—를 나타낼 수 있다.

리커트 척도

렌시스 리커트가 사회조사에서 측정의 수준을 높이기 위해 개발한 합성측정 유형으로, 표준화된 응답 범주를 사용하여 설문지 문항들이 갖는 상대적인 강도를 결정한다. 리커트 문항은 매우 찬성, 찬성, 반대, 매우 반대와 같은 응답 범주를 사용한다. 이런 문항들은 리커트 척도 구성과 다른 유형의 합성측정에 사용된다.

이 문항분석의 결과, 척도를 구성하기 위해 응답자들에게 새 점수를 부여할 수 있다. 즉 여자가 운전을 잘하지 못한다는 데 찬성한 사람은 1.5점, 여자에게 투표권을 주어서는 안 된다는 사람은 19.5점, 그리고 다른 문항들이 처음의 단순한 지수와 어떻게 관계되어 있는지를 반영하여 점수를 부여할 수 있다. 만일 "나는 여자를 대통령으로 선출할 수 있다."는 진술문에 반대한 응답자들의 평균 지수점수가 15점이라면 척도는 이 진술문에 반대한 사람들에게 15점을 줄 것이다.

앞에서 언급했듯이 리커트 척도는 오늘날 잘 사용되지 않는다. 그러나 리커트가 개발한 문항 형식은 현재 설문지 설계에서 가장 일반적으로 사용되는 것 가운데 하나이다. 이 형식을 사용하면 지수 구성을 간단히 만들 수 있다. 가령 다섯 개 응답 범주에 문항의 방향을 고려하여(예컨대, 긍정적인 문항에 '매우 찬성'하면 5점, 부정적인 문항에 '매우 반대'하면 1점을 부여한다.) 0부터 4까지 혹은 1부터 5까지의 점수를 부여할 수 있다. 이렇게 되면 각 응답자는 개별 문항에 응답한 점수를 합산한 총 점수를 부여받는다.

리커트 형식이 온라인 설문 조사에서 인기를 얻게 되면서 마에다(Hotaka Maeda, 2015)는 다양한 컴퓨터 화면 디스플레이 옵션이 응답에 미치는 영향을 조사하게 되었다. 답변이 긍정에서 부정으로 배열되는가(예: 매우 찬성 … 매우 반대)? 또한 답변이 가로로 제공되는지 세로로 제공되는지에 따라 차이가 있는가? 마에다는 답변이 가로로 제시될 때 제일 왼쪽 답변으로의 경미한 편향이 있었지만 다양한 디스플레이 옵션이 미치는 영향은 거의 없다는 것을 발견했다. 약간의 편향이 모든 사람에게 적용될 것이기 때문에 응답자를 비교하는 것이 목적이라면 별 차이가 없을 것이다. 그와 동시에 마에다는 응답자들이 수평 배열에 대해 수직 배열보다 다소 빠르게 응답한다는 점을 발견했다.

어의차이

리커트 형식처럼 어의차이(semantic differential)는 응답자로 하여금 두 개의 상반된 입장을 나타내는 수식어를 선택하도록 한다. 어떻게 작동하는지 살펴보자.

새로운 음악감상 수업이 연구대상자의 음악감상에 미치는 효과를 평가한다고 가정해보자. 이 연구의 일부분으로 몇 가지 음악을 선곡하여 들려주고, 연구대상자로 하여금 자신의 느낌을 보고하도록 한다. 이런 느낌을 측정하는 좋은 방법이 바로 어의차이를 사용하는 것이다.

우선 대상자들이 각 선곡을 평가할 차원을 결정해야 한다. 그 뒤에 각 차원을 따라 양극단을 나타내는 두 개의 상반된 용어를 찾는다. 가령 관심 있는 차원이 연구대상자가 그 음악을 즐겼는지 여부라고 가정해보자. 이 경우에 두 개의 상반된 용어는 '재미있음'과 '재미없음'이다. 마찬가지로 연구대상자들이 선곡된 음악을 '어려움' 혹은 '쉬움'으로 느꼈는지, '조화로움' 혹은 '조화롭지 못함'으로 느꼈는지를 알아볼 수도 있다.

일단 적절한 차원을 결정하고 각 차원의 극단을 나타낼 용어를 찾아냈으면 응답자가 각 선곡에 대해 자신의 느낌을 기입할 등급용지를 준비한다. 〈그림 6-5〉는 등급용지의 예를 보여준다.

연구대상자는 음악을 듣고 느낀 점을 등급용지의 각 줄에 표시한다. 예컨대,

어의차이
응답자로 하여금 두 개의 서로 반대되는 형용사(예를 들면, 교과서를 '지루하다' 혹은 '흥미롭다'로 평가하는 것처럼)로 무언가를 '매우', '약간', '어느 쪽도 아님', '약간', '매우'와 같은 수식어를 사용하여 평가하도록 요구하는 설문지 형식이다.

	매우	약간	어느 쪽도 아님	약간	매우	
재미있음	☐	☐	☐	☐	☐	재미없음
쉬움	☐	☐	☐	☐	☐	어려움
조화롭지 못함	☐	☐	☐	☐	☐	조화로움
고전적임	☐	☐	☐	☐	☐	현대적임

그림 6-5 **어의차이: 음악 선곡에 대한 느낌**
어의차이는 응답자에게 서로 상반된 수식어로 대상을 기술하도록 요구한다.

그 음악이 재미있었는지 재미없었는지를 '약간'인지 아니면 '매우'인지로 표시한다. 그러한 문항들에 대한 응답이 한쪽으로 편향되어 나타나는 것을 피하기 위해서, 서로 관련이 있을 것 같은 용어를 다른 쪽에 배치하는 것이 좋다. 예를 들면, '조화롭지 못함'과 '고전적임'이 용지의 왼쪽에 함께 배치되어 있고, '조화로움'과 '현대적임'이 오른쪽에 있음을 볼 수 있다. 이것은 선곡된 음악이 '조화롭지 못함'으로 느껴졌다면 '현대적임'을 선택할 확률이 높기 때문에 반대편에 배치한 것이다.

리커트 및 어의차이 형식은 모두 다른 질문 형식보다 훨씬 더 엄밀하고 구조적이다. 앞에서 지적했듯이 이러한 형식을 통해 지수와 척도 모두에 적절한 자료가 만들어진다.

거트만 척도

오늘날 조사자들은 루이스 거트만(Louis Guttman)이 개발한 척도를 자주 사용한다. 보가더스, 서스톤, 리커트 척도와 마찬가지로 거트만 척도는 고려 중인 어떤 문항들이 변수의 다른 지표들보다 더 극단적인 지표일 수 있다는 사실에 근거한다. 한 가지 예로 이 유형을 설명하기에 충분할 것이다.

거트만 척도
여러 개의 구별된 관찰치들을 요약하여 더 일반적인 변수를 나타내는 합성측정 유형이다.

거트만 척도(Guttman scale)의 구성은 지수 구성의 일부 시작 단계와 동일하게 시작한다. 먼저 분석에 사용할 문항들의 액면 타당도를 검사하는 것에서 시작한다. 그다음 선정된 문항들 사이의 이원관계와 다원관계를 조사한다. 그러나 척도 구성에서는 조사 중인 변수의 상대적으로 '어려운' 지표와 '쉬운' 지표들을 찾을 수 있다.

앞에서 여성의 낙태할 권리를 이야기하면서 우리는 사람들의 의견에 영향을 미칠 수 있는 몇 가지 조건들을 논의했었다. 이를테면 그 여성이 결혼을 했는지,

그 여성의 건강이 위험한지 등이다. 이러한 다른 조건들은 거트만 척도의 훌륭한 예시가 된다.

2014년 GSS(General Social Survey) 표본에서 얻은 세 가지 조건에서 여성이 낙태를 할 수 있는 권리를 지지한 사람들의 퍼센트가 아래에 제시되어 있다.

- 여성의 건강이 심각하게 위험할 때 88%
- 강간에 의한 임신 78%
- 여성이 결혼하지 않았을 때 43%

세 가지 조건에서 낙태를 지지하는 퍼센트의 차이는 각 문항이 나타내는 낙태 지지 수준의 차이를 나타낸다. 예컨대, 산모의 생명이 위독한 경우에 낙태를 지지하는 것은 거의 모든 사람이 다 동의한다는 측면에서 낙태를 강하게 지지하는 것으로 보기 어렵다. 결혼하지 않은 여성의 낙태를 지지하는 것은 절반 이하의 표본만이 이런 입장을 나타내므로 낙태를 강하게 지지하는 것으로 볼 수 있다.

거트만 척도는 어떤 변수의 강한 지표를 지지한 사람은 약한 지표도 지지할 것이라는 생각에 기초하고 있다. 이 경우에 결혼하지 않은 여성의 낙태를 지지한 사람은 강간의 경우나 여성의 생명이 위험한 경우에도 낙태를 지지할 것으로 가정한다. 이 가정을 검증하기 위해 가능한 응답유형 각각에 몇 명의 응답자가 나타나는지를 〈표 6-2〉에 제시했다.

이 표에 있는 처음 네 가지 응답유형은 우리가 척도유형(scale types)이라고 부

표 6-2 낙태의 선택을 지지하는 척도, 2012년

	여성의 건강이 위험한 경우	강간의 경우	결혼하지 않은 여성	사례 수
척도유형	+	+	+	699
	+	+	−	508
	+	−	−	176
	−	−	−	156
				전체 = 1,539
혼합유형	−	+	−	35
	+	−	+	7
	−	−	+	2
	−	+	+	1
				전체 = 45

+ = 여성이 선택할 권리에 찬성함, − = 여성이 선택할 권리에 반대함

르는 척도적(scalar) 구조를 형성한다. 세 가지 모든 조건에서 낙태를 지지한 응답자(첫째 줄)들에 이어서 두 가지 상황에서 낙태를 지지한 응답자(둘째 줄)는 앞에 쉬운 두 가지 문항을 선택했음을 볼 수 있다. 한 가지 조건에서만 낙태를 지지한 경우(셋째 줄)는 셋 중에서 가장 쉬운 것(여성의 생명이 위험한 경우)을 선택했다. 그리고 마지막으로 세 가지 상황 모두에서 낙태를 반대한 응답자(넷째 줄)들이 있다.

이 표의 두 번째 부분은 문항들의 척도적 구조에 위배되는 응답유형인 혼합유형을 제시한다. 척도적 구조로부터 가장 급진적으로 일탈한 것은 마지막 두 가지 응답유형이다. 즉 가장 어려운 문항은 수용하고 가장 쉬운 문항은 거부한 사람들이다.

표의 마지막 행은 각 응답유형에 해당하는 사례 수를 보여준다. 대다수(1,539명 혹은 97%)는 척도유형 중 하나에 속한다. 그러나 혼합유형이 있다는 것은 그 문항들이 완벽한 거트만 척도를 구성하지 않는다는 것을 나타낸다. (그러한 자료가 거트만 척도를 완벽하게 구성하는 경우는 몹시 드물다.)

척도의 주요 기능 중 하나가 효율적인 자료 축소라는 사실을 기억해보자. 척도는 자료를 요약된 형태로 제시하면서 원래의 정보를 가능한 한 많이 유지하는 기법이다. 앞의 논의에서 과학적인 지향을 나타내는 문항들이 지수로 구성되었을 때 응답자들이 과학적 지향을 나타내는 응답을 할 때마다 이들에게 1점씩 주었다. 만약 과학적 지향을 나타내는 세 문항들이 거트만 척도로 점수화된다면 일부 응답자에게는 세 문항 모두에 대한 원래 답변을 가장 정확하게 재생할 수 있는 척도점수가 부여된다.

낙태에 대한 태도의 예에서, 척도유형에 속한 응답자들은 지수 구성에서와 동일한 점수를 받게 될 것이다. 세 가지 상황에서 모두 낙태를 지지한 응답자는 여전히 3점을 받고, 두 개의 쉬운 문항에서 낙태를 지지하고 어려운 문항에 반대한 사람은 2점을 받게 되는 식이다. 네 개의 척도유형 각각에 대해 우리는 점수에 근거해서 모든 응답자들이 제시한 실제 반응을 정확하게 예측할 수 있다.

그러나 표의 혼합유형에서는 문제가 생긴다. 첫 번째 혼합유형(− + −)은 한 가지 상황에서만 낙태를 지지한다는 의미로 지수에서 1점이 주어졌다. 그러나 척도점수로 1점이 부여되면 우리는 이 집단에 속한 35명 응답자가 가장 쉬운 문항(여성의 생명이 위험한 경우에 낙태를 승인함)만을 선택했다고 예측할 것이고 응답자의 답변유형을 (− + −)가 아닌 (+ − −)로 가정함으로써 그러한 각 응답자에 대해서 두 가지 오류를 범하게 될 것이다. 따라서 원래의 답변을 재구성할 때 오류를 최소화할 수 있도록 척도점수를 부여한다.

〈표 6-3〉은 앞의 예에서 각 응답유형에 부여될 지수점수와 척도점수를 보여준

표 6-3 지수와 척도점수

	응답유형	사례 수	지수점수	척도점수	전체 척도오류
척도유형	+ + +	699	3	3	0
	+ + −	508	2	2	0
	+ − −	176	1	1	0
	− − −	156	0	0	0
혼합유형	− + −	35	1	2	35
	+ − +	7	2	3	7
	− − +	2	1	0	2
	− + +	1	2	3	1

$$\text{재구성 계수} = 1 - \frac{\text{오류 수}}{\text{추측 수}}$$

$$= 1 - \frac{45}{1{,}584 \times 3} = 1 - \frac{45}{4{,}752}$$

$$= .9905 = 99\%$$

참고: 이 표에서는 혼합유형에 점수를 부여하는 하나의 일반적 방법을 제시하지만 다른 방법도 사용할 수 있다.

다. 혼합유형에서는 각 응답자에 대해 하나의 오류가 발생한다는 점에 유의하라. 이것은 혼합유형에서 우리가 희망하는 최소한의 오류이다. 예컨대 첫 번째 혼합유형에서 우리는 가장 쉬운 문항에서 낙태를 지지할 것으로 잘못 예측해서 전체적으로 35개의 오류를 범한다.

일군의 경험적인 응답들이 거트만 척도를 구성하는 정도는 척도점수를 가지고 원래의 응답을 재구성할 수 있는 정확성에 달려 있다. 이 예에서 1,584명의 응답자 각 사람에 대해 각기 세 개의 응답을 예측하게 되어 모두 4,752개의 예측을 하게 된다. 〈표 6-3〉은 부여된 척도점수를 사용하면 45개의 오류를 범하게 됨을 알 수 있다. 정확한 예측의 퍼센트는 재구성 계수(coefficient of reproducibility, 척도점수를 가지고 재구성할 수 있는 원래 응답의 퍼센트)라 부른다. 이 예에서 재구성 계수는 99%이다.

완벽한 재구성(100%)의 경우를 제외하고는, 일군의 문항들이 절대적인 의미에서 거트만 척도를 구성하거나 구성하지 못한다고 말할 수는 없다. 사실상 모든 그런 문항군(群)은 척도에 가깝다. 그러나 일반적인 지침으로 90% 내지는 95%의 계수가 기준으로 사용된다. 만약 관찰된 재구성 계수가 당신이 설정한 수준을 넘게 되면 그 문항들에 점수를 부여하여 척도로 사용하게 될 것이다.

이와 관련해서 기준에 관한 결정은 물론 자의적이다. 더욱이 재구성 정도가 높다고 해서 구성한 척도가 고려 중인 개념을 측정한다고 확신할 수는 없다. 다만 이것을 통해 모든 구성 문항들이 동일한 것을 측정한다는 확신은 높일 수 있다. 높은 수준의 재구성 계수는 사용한 문항의 수가 적을 때 얻기 쉽다.

거트만 척도에 대해서 한 가지 결론적으로 말한다면, 이것은 연구 중인 실제 자료에서 관찰되는 구조에 근거한다는 것이다. 이 중요한 점을 사람들이 종종 잘못 이해한다. 이전 연구자들이 개발했거나 사용한 일군의 설문지 문항들이 거트만 척도를 구성한다고 말하는 것은 사리에 맞지 않는다. 그보다는 이 문항들이 분석된 자료 안에서 척도를 형성한다고 말할 수 있다. 척도가능성(scalability)은 표본에 따라 달라지는 경험적인 문제이다. 예를 들면 한 묶음의 문항들이 한 서베이 표본에서 거트만 척도를 구성할 수 있지만, 그것들이 다른 표본에서도 그런 척도를 구성한다는 보장은 없다. 이런 의미에서 한 묶음의 설문 문항들이 자체로 척도를 구성하지 않지만 일군의 경험적 관찰이 척도를 구성할 수 있다.

이것으로 지수와 척도에 대한 논의를 마친다. 지수처럼 척도는 어떤 변수에 대한 합성측정으로 단일 지표가 포착할 수 있는 것 이상으로 변수의 의미를 확대시킨다. 척도와 지수는 모두 서열수준에서 변수를 측정하려고 한다. 그러나 척도는 지수와는 달리 개별 지표들 사이에 있을 수 있는 강도의 구조를 이용한다. 그러한 강도의 구조가 발견되고, 사람들 혹은 다른 분석단위로부터 수집한 자료가 그런 강도 구조의 논리와 맞는다면 우리는 서열 측정을 만들어냈다고 확신할 수 있다.

현재 「사회과학을 위한 통계 패키지(SPSS)」와 같이 다양한 척도점수를 계산할 수 있는 자료분석 프로그램이 많이 있지만, 이러한 분석 도구를 사용하기 전에 척도의 논리를 이해하는 것이 중요하다.

6.5 유형

이 장은 이제 유형구성 및 분석에 대한 짧은 토론으로 마무리 짓는다. 지수와 척도는 주어진 변수에 대한 서열 측정을 제공하기 위해 구성된다. 우리는 편견, 종교성, 보수주의 등이 증가하는 정도를 나타내는 방식으로 지수나 척도점수를 부여한다. 이 경우에 우리는 단일 차원을 다루고 있다.

유형
두 개 이상의 변수에 대한 특성에 따라 관찰(전형적으로 명목변수)한 것을 분류하는 것이다. 신문의 정치적 지향을 진보적-도시, 진보적-농촌, 보수적-도시, 혹은 보수적-농촌으로 분류하는 것이 한 예이다.

그러나 연구자는 두 개 이상의 변수들의 교차점을 요약하여 일군의 범주 혹은 유형을 만들고자 할 때가 종종 있고, 우리는 이것을 유형(typology)이라고 부른다. 예컨대 신문의 정치적인 지향을 국내문제와 대외정책으로 구분하여 조사한다고 하자. 〈표 6-4〉는 네 칸으로 제시된 유형을 나타낸다.

표의 A칸에 있는 신문은 대외정책과 국내정책 모두에서 보수주의적이고,

표 6-4 신문의 정치적 유형

		대외정책	
		보수주의적	진보주의적
국내정책	보수주의적	A	B
	진보주의적	C	D

D칸에 있는 신문은 모두에서 진보주의적이다. B와 C칸에 있는 신문은 한 편에서는 보수주의적이고 다른 편에서는 진보주의적이다.

또 다른 예로, 로드니 코츠(Rodney Coates, 2006)는 다음과 같은 두 가지 차원에서 구성된 '인종 패권' 유형을 만들었다.

1. 정치적 이데올로기
   a. 민주적
   b. 비민주적
2. 군대 및 산업의 고도화
   a. 낮음
   b. 높음

그런 다음, 그는 인종관계와 관련해서 식민통치의 근대 사례들을 조사하기 위해 유형을 사용했다. 그는 조사한 구체적인 사례들을 가지고 유형을 예시하고 개선할 수 있었다. 그는 이런 장치가 막스 베버의 '이념형'을 나타낸다고 언급했다.

> 베버가 규정한 이념형은 현실로부터 추상화된 유형을 나타낸다. 구체적인 사례로부터 도출된 요인들로부터 논리적으로 구성된 이러한 추상화는 우리가 현실을 조사할 수 있는 이론적 모델을 제공한다.
>
> (Coates, 2006: 87)

지수나 척도를 구성하려고 시도하는 과정에서 유형에 이르게 되는 경우가 자주 있다. 하나의 변수를 대표한다고 느꼈던 문항들이 두 개의 변수를 대표하는 것으로 나타나기도 한다. 우리는 신문의 정치적 지향에 대해 하나의 지수를 구성하려고 시도했지만, 경험적으로 대외정책과 국내정책이 분리되어야 한다는 사실을 발견할 수 있다.

어느 경우가 되었든지 유형분석이 갖는 고유의 어려움에 대해서 알아둘 필요가 있다. 유형이 독립변수로 사용될 때는 별 문제가 없을 것이다. 앞의 예에서,

민주당 후보를 지지하는 신문사의 퍼센트를 각 칸마다 계산할 수 있을 것이고, 이렇게 되면 대외정책과 국내정책이 정치적 후보 지지에 미치는 영향을 쉽게 검사할 수 있을 것이다.

그러나 유형을 종속변수로 분석하는 것은 매우 어렵다. 왜 신문들이 유형의 서로 다른 칸에 속하게 되는지를 밝혀내려 한다면 어려움에 봉착할 것이다. 이것은 여러분이 표를 구성하고 해석하는 방식을 생각해보면 분명해진다. 예컨대 지역사회의 크기가 정치 정책에 미치는 영향을 조사해본다고 가정해보자. 단일 차원이라면 지수나 척도점수에서 보수주의와 진보주의로 판단된 농촌과 도시 신문의 퍼센트를 쉽게 구할 수 있을 것이다.

그러나 유형을 사용하면 당신의 표본에서 도시지역 신문들이 A, B, C, D유형 가운데 어떻게 분포되어 있는지를 제시해야 한다. 그 뒤에 표본의 농촌지역 신문들에 대해서도 같은 과정을 반복해야 하고 이 두 가지 분포를 비교해야 한다. 가령 농촌지역 신문 중 80%가 A유형(두 차원에서 모두 보수주의적인)으로 나오고 도시지역 신문은 30%가 이 유형으로 나왔다고 가정해보자. 또한 농촌지역 신문의 5%만이 B유형(국내 문제에서만 보수주의적인)으로 나오고 도시지역의 40%가 이 유형으로 나왔다고 가정해보자. B유형만을 조사해서 도시지역 신문이 농촌지역 신문보다 국내문제에 대해 더 보수주의적이라고 결론 내리는 것은 부정확한데, 그것은 도시지역 신문의 70%에 비해 농촌지역 신문의 85%가 보수적인 특성을 갖기 때문이다. B유형에서 농촌지역 신문이 상대적으로 작게 나온 것은 농촌지역 신문이 A유형에 몰려 있기 때문이다. 이러한 자료를 기술하는 차원을 넘어 해석하는 것은 매우 어려운 일이라는 점이 분명해진다.

실제로 이러한 두 개의 차원을 분리해서 검사해야 한다. 특히 종속변수가 주어진 예보다 더 많은 응답 범주를 갖는 경우에는 더욱 그렇다.

사회조사에서 유형을 항상 피해야 할 것으로 생각하는 것은 잘못이다. 유형은 종종 자료를 이해하는 데 있어 가장 적절한 도구가 된다. 예컨대, '낙태를 지지하는(pro-choice)' 지향을 깊이 조사하기 위해서, 낙태와 사형 모두를 포함하는 유형을 만들어야 할지 모른다. 진보주의는 경제적 및 사회적 허용성 모두의 측면에서 살펴볼 수 있다. 그러나 유형을 종속변수로 사용할 때 생기는 특별한 어려움에 대해서는 위에서 이미 경고한 바 있다.

어떻게 생각하는가 재논의

만일 우리가 각 응답자에게 그들이 성범죄자와 기꺼이 교제하려는 모든 경우에 1점을 부여했고, 특정 응답자가 3점을 받았다면, 당신은 다음의 다섯 가지 답변을 각각 재현할 수 있는가?

이 논리는 보가더스 사회적 거리 척도의 경우에 매우 명확하지만, 사회조사 연구자들이 변수의 지표 간 강도차이를 고려하는 서스톤과 거트만 척도 같은 다른 유형의 척도를 만들 때도 그러한 구조에 어떻게 근사하게 접근하는지 살펴보았다.

1. 당신은 이 나라에 성범죄자가 사는 것을 허용하겠는가? 예
2. 당신은 이 지역사회에 성범죄자가 사는 것을 허용하겠는가? 예
3. 당신은 이 동네에 성범죄자가 사는 것을 허용하겠는가? 예
4. 당신은 옆집에 성범죄자가 사는 것을 허용하겠는가? 아니오
5. 당신은 자녀가 성범죄자와 결혼하는 것을 허용하겠는가? 아니오

머리말

- 하나의 지표로 변수를 측정하면 그 개념의 모든 차원을 다 포착하기 힘들고, 지표의 사용을 보증할 만큼 충분한 타당도를 갖기 어렵고, 서열순위를 허용할 만큼의 변이범위를 갖기 어렵다. 척도와 지수 같은 합성측정은 변수의 여러 지표들을 하나의 요약측정에 포함시킴으로써 이런 문제들을 해결한다.

지수 대 척도

- 지수와 척도 모두가 변수의 서열측정을 의도하지만, 척도가 지수보다 이러한 의도를 대체로 더 잘 만족시킨다.
- 지수는 변수의 지표들을 단순히 합하여 구성하는 데 반해서, 척도는 변수의 지표들 사이에 존재하는 논리적 혹은 경험적 강도 구조(intensity structure)를 이용한다.

지수 구성

- 지수를 구성하는 주요 단계에는 문항선택, 문항들 간의 경험적 관계 검사, 지수 점수화, 타당도 검사가 있다.
- 문항선택의 기준에는 액면 타당도, 단일차원성, 하나의 차원이 측정되는 구체성의 정도, 문항들이 제공하는 변이의 양이 있다.
- 만일 서로 다른 문항들이 동일한 변수의 지표라면 문항들 사이에는 경험적인 관계가 나타나야 한다. 연구자는 지수를 구성하면서 문항들 사이의 이원관계와 다원관계를 조사해야 한다.
- 지수에 점수를 부여할 때는 문항들이 동일한 가중치 혹은 차등의 가중치를 가질 것인가와 원하는 점수의 범위를 결정해야 한다.
- 다양한 기법을 사용하면 결측자료가 있는 문항들도 지수에 사용할 수 있다.
- 문항분석은 합성측정에서 개별 문항들과 측정 그 자체 사이의 관계에 근거한 내적 타당도의 한 유형이다. 외적 타당도는 합성측정과 측정에 포함되지 않은 변수의 다른 지표들 사이의 관계를 말한다.

척도 구성

- 네 가지 척도기법 유형에는 사람이 특정 집단과 교제하기 원하는 정도를 측정하는 도구인 보가더스 사회적 거리 척도, 다양한 지표들의 강도를 결정하기 위해

심사원들을 사용하는 기법인 서스톤 척도, 표준화된 응답 범주에 기초한 측정기법인 리커트 척도, 주어진 변수의 여러 지표들 사이에서 경험적인 강도 구조를 발견해내어 사용하는 방법인 거트만 척도가 있다. 거트만 척도는 오늘날 사회조사 분야에서 가장 인기 있는 척도기법일 것이다.

- 어의차이는 응답자에게 '매우 긍정적인'과 '매우 부정적인'과 같이 두 극단치 사이에서 등급을 지정하도록 요청하는 질문형식이다.

유형

- 유형은 사회조사 분야에서 종종 사용되는 명목적 합성측정이다. 유형은 독립변수로서는 효율적으로 사용될 수 있지만, 종속변수로 사용될 때는 해석하기가 어렵다.

핵심용어

거트만 척도(Guttman scale)
리커트 척도(Likert scale)
문항분석(item analysis)
보가더스 사회적 거리 척도(Bogardus social distance scale)
서스톤 척도(Thurstone scale)
어의차이(semantic differential)
외적 타당도(external validation)
유형(typology)
지수(index)
척도(scale)

사회조사연구 제안: 합성측정

이 장은 두 개 이상의 지표로 측정되는 변수들을 포함하도록 측정의 문제를 확장했다. 여러분은 이 장에서 배운 내용을 활용하여 제안서 작성 시 측정에 대한 논의를 확장할 수 있을 것이다. 두 개 이상의 지표를 사용해 측정하는 것이 양적 연구에서 더 쉽지만 다수 지표(multiple indicators)의 논리는 모든 조사방법에 적용될 수 있다.

만일 연구에 합성측정이 사용된다면 그 유형, 구성에 사용될 지표들, 합성측정을 만들고 검증할 방법을 찾아야 한다. 만약 여러분이 계획한 연구가 합성측정을 포함하지 않는다면, 여러분이 생각하고 있는 자료수집 방법과 변수를 일시로 바꿔서라도 이 장에서 배운 것들에 대한 이해를 시험해볼 수 있겠다.

복습문제

1. 척도와 지수의 차이를 자신의 말로 설명해보라.
2. 대학의 질을 평가하는 지수를 만든다고 할 때, 그러한 지수에 포함될 자료 문항 세 가지를 열거해보라.
3. 서스톤 척도가 사회과학에서 더 널리 사용되지 않는 이유는 무엇인가?
4. 원자력 발전에 대한 태도를 측정하면서 거트만 척도를 형성할 수 있는 질문 문항은 무엇인가?

CHAPTER

07

표집의 논리

▶ 개관

여러분은 어떻게 사회과학자들이 연구를 위해 몇 명의 사람들을 추출할 수 있는지를 볼 것이다. 그리고 그 연구를 연구하지 않은 수백만의 사람들에게 적용하는 것을 보게 될 것이다.

iStock.com/Gary Blakeley

학습목표

- ⦿ 사회연구에서 표집 발달에 결정적 영향을 주었던 사건들을 알 수 있다.
- ⦿ '비확률표집'이 의미하는 바를 기술하고 여러 기법들을 밝혀낼 수 있다.
- ⦿ 확률표집의 주된 요소들을 밝혀내고 설명할 수 있다.
- ⦿ 사회연구에서 모집단과 표집틀의 관계를 설명할 수 있다.
- ⦿ 여러 형태의 확률표집 설계들을 밝히고 기술할 수 있다.
- ⦿ 다단계 집락표본의 추출 단계를 기술할 수 있다.
- ⦿ 확률표집의 주된 혜택들을 기술할 수 있다.
- ⦿ 어떻게 표집설계 연구가 윤리적 함축을 가질 수 있는지를 설명할 수 있다.

7.1 머리말

설문조사 표집의 사용을 가장 잘 보여주는 한 예는 선거결과들에 의해 계속 검증을 받는 정치 여론조사이다. 표본 설문조사의 정확성을 의심하는 사람들이 있는가 하면, 정치 여론조사들이 선거결과를 예언하는 까닭에 선거운동에서 박진감이 없어진다고 불평하는 사람들도 있다.

2008년 대통령 선거는, 2000년과 2004년 선거와 달리, 누가 당선될지에 대한 유권자의 동의가 인종 경쟁에 가까웠다. 〈표 7-1〉은 선거 바로 며칠 전에 시행되었던 여론조사들의 목록이다. 약간의 변이에도 불구하고, 그 여론조사들은 전반적으로 놀랄 정도로 일치하며 또 선거 결과를 잘 나타냈다.

여러분은 여론조사자가 2~3%의 범위 내에서 약 1억 3천1백만 명이 넘는 유권자들의 행위를 추정하기 위해 얼마나 많은 사람을 인터뷰해야 한다고 생각하는가? 2천 명도 안 된다! 이 장에서는 사회연구자들이 어떻게 그런 마법을 부리는지 살펴볼 것이다.

2016년 대통령 선거에서 대통령 선거 여론조사들은 또다시 힐러리 클린턴(Hillary Clinton)과 도널드 트럼프(Donald Trump)에 대한 실제적인 국민투표에 가까웠다. 대부분의 여론조사들은 클린턴 후보가 2~3%포인트 차로 승리할 것을 정확하게 예측했다.

물론 대통령은 국가 차원의 전반적인 국민투표가 아니라 개별 주에서 투표가 진행되는 방식 곧 선거인단에 의해 결정된다. 비록 클린턴 후보가 국민투표에서

어떻게 생각하는가

1936년 리터러리 다이제스트(Literacy Digest)는 프랭클린 루스벨트(Franklin D. Roosevelt) 혹은 알프 랜던(Alf Landon) 중 누가 대통령 선거에서 승리할지를 예측하기 위해 200만 명의 유권자 정보를 수집했다. 최근 선거 여론조사에서는 점점 더 많은 여론조사 기관들이 전국에 걸친 2천 명의 유권자들로 전국 표본을 구성하고 있다.

어떤 기법이 더 효율적이라 생각하는가? 그 이유가 무엇인가?

이 장의 말미에 있는 〈어떻게 생각하는가: 재논의〉를 참조하라.

© Christopher Halloran/Shutterstock.com

280만을 득표했지만, 트럼프는 세 곳의 경합 주—미시간, 펜실베니아, 위스콘신—에서 비교적 적은 수의 10만 7천 명의 유권자들로부터 그들 주의 선거투표권을 넘겨받음으로써 대통령으로 당선되었다.

FiveThirtyEight.com은 많은 여론조사 기관들이 선거결과들을 예측하는 데 활용했던 유용한 분석과 평가방식을 제공하고 있다.

표집의 영향력을 보여주는 또 다른 강력한 예시로 2001년 9월 11일 테러리스트의 미국 공격 이전과 이후에 달라진 조지 부시 대통령의 지지율을 그래프로 살펴보자[〈그림 7-1〉 참조]. 여러 다른 여론조사 기관에서 보고한 자료들이 비슷한

표 7-1 2008년 대통령 선거 예측 여론조사

여론조사 기관	조사종료일	오바마	매케인
Fox	11월 2일	54	46
NBC/WSJ	11월 2일	54	46
Marist College	11월 2일	55	45
Harris Interactive	11월 3일	54	46
Reuters/C-SPAN/Zogby	11월 3일	56	44
ARG	11월 3일	54	46
Rasmussen	11월 3일	53	47
IBD/TIPP	11월 3일	54	46
DailyKos.com/Research 2000	11월 3일	53	47
GWU	11월 3일	53	47
Marist College	11월 3일	55	45
실제투표	11월 4일	54	46

참고: 기권자와 제3당의 지지자가 1%도 안 되기 때문에, 표의 간편성을 위해 이들을 오바마 혹은 매케인에게 투표한 것처럼 할당했다.
출처: 이 자료들은 2009년 1월 29일 Pollster.com(http://www.pollster.com/polls/us/08-us-pres-ge-mvo.php)에서 제시된 자료들을 재구성한 것이다. 공식적인 선거결과는 같은 날 연방선거위원회(http://www.fec.gov/pubrec/fe2008/2008presgeresults.pdf)에서 발췌한 것이다.

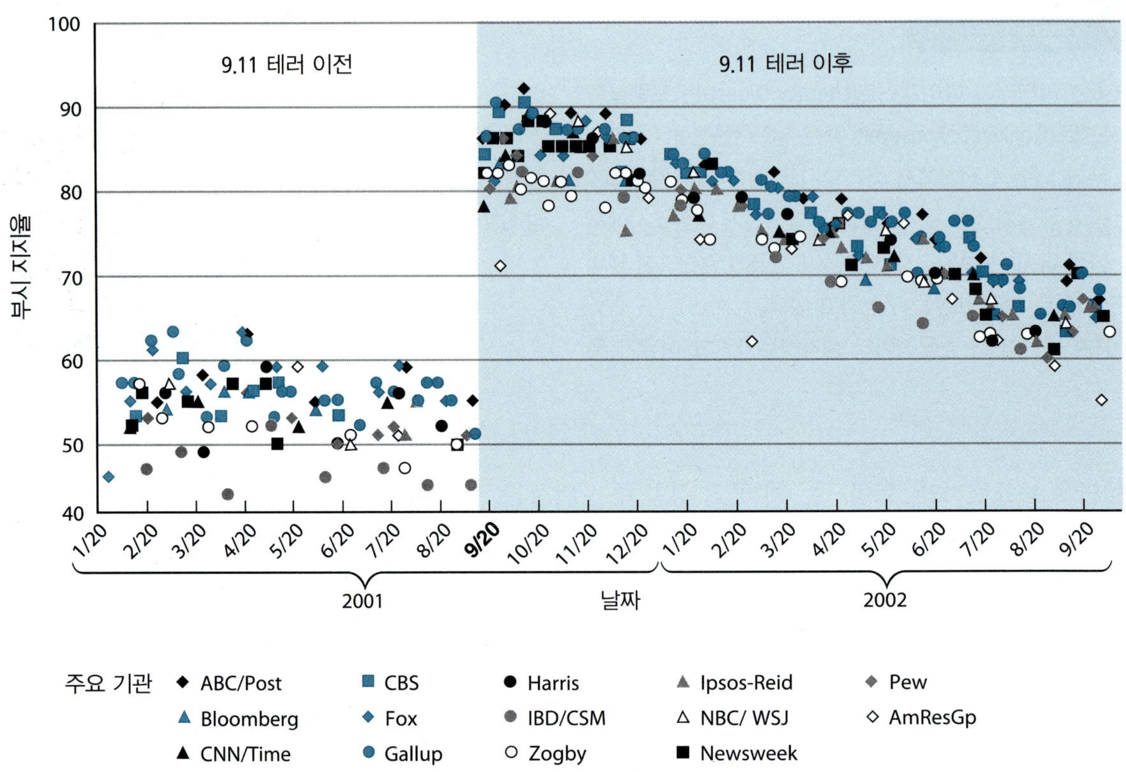

그림 7-1 부시 지지: 여론조사 원자료
이 그래프는 개별적인 여론조사들이 현실에 대해 어떻게 똑같은 그림을 산출하는지를 보여준다. 또한 국가 위기가 대통령의 인기도에 끼친 영향을 보여준다. 이 경우, 9.11 테러리스트의 공격과 조지 부시 대통령의 인기도에서 확인할 수 있다.
출처: drlimerick.com

패턴을 보인다.

다른 형태의 사회연구와 마찬가지로 정치 여론조사도 관찰에 의존한다. 그러나 여론조사자나 여타의 사회연구자들은 자신들의 관심사와 관련될 가능성이 있는 모든 것을 관찰할 수는 없다. 그렇다면 무엇을 관찰할지 말지를 결정하는 것은 사회연구의 관건이 된다. 예를 들어, 유권자들을 연구하고자 한다면 어느 유권자들을 연구해야 하는가?

표집(sampling)은 관찰대상을 추출하는 과정이다. 표집은 관찰단위를 추출하는 절차, 이를테면 복잡한 거리에서 매 열 번째 사람을 면접하는 절차를 의미할 수 있지만, 표본에서 커다란 모집단을 일반화하는 열쇠는 확률표집(probability sampling)이고, 확률표집은 무작위 추출(random selection)이라는 중요한 개념을 내포한다.

확률표집의 논리와 기법들은 이 장에서 많은 부분을 차지한다. 이 주제는 이 책의 다른 어떤 주제보다 더 엄격하고 정밀하다. 전반적으로 볼 때 사회연구는 과학이면서 예술(art)이지만, 표집은 과학에 더 가깝다. 이 주제는 전문 기술적이지만, 표집의 기본 논리를 이해하는 것은 어렵지 않다. 사실 이 주제의 논리는 매우 정연하므로 이를테면 개념화보다 더 쉽게 이해할 수 있다.

확률표집이 오늘날 사회연구에서 핵심이 되지만 비확률표집 방법에도 일부 시간을 할애할 것이다. 이 방법은 그 나름의 논리가 있고 사회탐구를 위한 유용한 표본을 제공한다.

두 가지 주된 형태의 표집을 논의하기 전에 표집의 약사를 통해 약간의 기본 사고를 소개하겠다. 앞으로 살펴볼 것이지만, 여론조사자들이 최근 선거 결과들을 정확하게 예측할 수 있었던 것은 연구자들이 과거 여론조사자들이 '고생길(the hard way)'에서 발견한, 잘못을 모면할 방법을 배웠기 때문이다.

7.2 표집의 약사

사회조사의 표집은 정치 여론조사와 손을 맞잡고 발달해왔다. 이는 의심할 여지없이 정치 여론조사야말로 사회연구자들이 자신들의 추정치에 대한 정확성을 발견할 수 있는 몇 안 되는 기회들 중 하나이기 때문이다. 선거 당일, 그들은 자신들이 잘했는지 잘못했는지를 알게 된다.

알프 랜던 대통령

알프 랜던(Alf Landon) 대통령? 그가 누굴까? 여러분은 미국 역사 수업의 역대 대통령 설명에서 졸았나요? 아닙니다. 알프 랜던은 「리터러리 다이제스트(Literary Digest)」의 유명한 여론조사 결과가 정확했더라면 대통령이 되었어야 할 사람이다. 이 잡지는 1890년에서 1938년 사이에 출판된 평판이 좋았던 뉴스 잡지이다. 1916년 「다이제스트」 편집인들은 6개 주의 사람들에게 엽서를 보내 우드로 윌슨(Woodrow Wilson)과 찰스 이반 휴스(Charles Evan Hughes) 중 누구에게 투표할 것인지를 물었다. 응답자 명부는 전화번호부와 자동차 등록부에서 추출되었다. 회수된 엽서에 기초하여 「다이제스트」는 윌슨이 당선될 것이란 사실을 정확하게 예측했다. 이후의 선거에서 「다이제스트」는 여론조사 풀의 크기를 확대했고 1920년, 1924년, 1928년, 그리고 1932년에 정확한 예측을 했다.

1936년에 「다이제스트」는 가장 야심적인 여론조사를 실시했다. 전화번호부와 자동차 등록부에 올라와 있던 1천만 명의 사람들에게 투표용지를 발송했다. 2백만 명 이상의 응답에서 공화당 경쟁자인 알프 랜던이 57%로 43%의 현직 대통령인 프랭클린 루스벨트를 압도적으로 이길 것으로 나타났다. 편집자들은 다음과 같이 완곡하게 경고했다.

> 우리는 오류의 가능성이 전혀 없다는 주장은 하지 않겠다. 우리의 여론조사에 그렇게 아낌없이 적용되어온 '불가사의한 정확성'이란 어구도 우리가 만든 것이 아니다. 수집된 표본이 아무리 막대하다고 할지라도, 그 방법이 아무리 과학적이라고 할지라도, 모든 비공식 투표에는 한계가 있다는 걸 너무 잘 알고 있다. 만일 48개의 모든 주에서의 선거당일 선거결과가 여론조사의 예측과 똑같이 나타난다면, 이는 아마 기적일 것이다.
>
> (Literary Digest, 1936a: 6)

2주 후 「다이제스트」의 편집자는 비공식 여론조사의 한계를 아주 확실하게 알게 되었다. 유권자들은 61%의 득표율로 루스벨트에게 역사상 가장 커다란 압도적인 승리를 안겨주었고 그를 재임시켰다. 랜던이 단지 8개의 선거구에서 승리한 반면, 루스벨트는 523개의 선거구에서 승리했다.

편집자들은 자신들의 불운에 당혹해했다. 어떻게 자신들의 여론조사가 그렇게 틀릴 수 있었을까? 그 대답의 일부는 분명 22%밖에 안 되는 여론조사의 회수율에 있다. 편집자들은 다음과 같은 의문을 가졌다.

> 왜 「다이제스트」가 보낸 투표용지를 받은 시카고 유권자 중 1/5만이 응답하는 노고를 아끼지 않았을까? 그리고 왜 그 20%의 응답자들에서 공화당이 우세했을까? 공화당원은 민주당원보다 공공분야에서 더 많은 협조를 제공한다. 공화당원은 우체통 근처에 사는가? 민주당원은 일반적으로 비공식 여론조사를 거부하는가?
>
> (Literary Digest, 1936b: 7)

실제로 보다 나은 설명은 「다이제스트」가 사용했던 전문용어, 소위 표집틀(sampling frame)에 있었다. 이 경우 표집틀은 전화 가입자와 자동차 소유주로 구성되었다. 1936년의 시대적 상황을 고려해볼 때, 그러한 설계는 미국 역사상 최악의 경제적 침체 말기였던 그 당시에 투표자 모집단의 표본에 부유한 사람들을 불균형적으로 많이 추출한 것이었다. 그 표본은 효율적으로 가난한 사람들을 배제시켰고, 그들은 루스벨트의 뉴딜 경기회복 정책을 압도적으로 지지했다. 「다이제스트」의 여론조사는 전화 가입자들과 자동차 소유주들의 투표 의향을 정확하게 나타내거나 나타내지 않을 수 있다. 편집진을 결정적으로 불행하게 만든 것은 그 표집틀이 모집단의 전반적인 투표 의향을 대표할 수 없다는 점이다.

토마스 E. 듀이 대통령

1936년 선거에서는 자신의 이름을 여론조사와 동일시하게 만든 한 명의 젊은 여론조사자가 등장했다. 「리터러리 다이제스트」와는 반대로, 조지 갤럽(George Gallup)은 루스벨트가 랜던을 이길 것이라고 정확하게 예측했다. 1936년 갤럽의 성공은 소위 할당표집(quota sampling)의 사용에 있었다. 뒤에서 자세히 설명하겠지만, 지금은 그것이 표본이 추출될 모집단의 특성들에 대한 지식, 즉 성비, 수입, 연령 등의 구성비 등에 대한 지식에 기초한다는 사실을 아는 것으로 충분하다. 할당표집에서는, 이를테면 가난한 백인 농촌 남자의 정확한 수, 부유한 도시 흑인 여성의 정확한 수와 같은 일련의 특성에 맞추어 사람들을 추출한다. 할당은 연구와 가장 관계되는 변수들에 기초한다. 갤럽 여론조사의 경우, 표본추출은 소득 수준에 기초했다. 그 추출 절차에 따라 각 소득 수준에서 정확한 구성비의 응답자들을 보장할 수 있었다.

Bettmann/Getty Images

「시카고 트리뷴(Chicago Tribune)」 신문은 여론조사에 근거해 듀이가 트루만을 꺾었다는 불행한 헤드라인을 제시했던 경쟁 신문을 비난했다.

갤럽과 그의 미국여론조사기관(American Institute of Public Opinion)은 할당표집을 사용하여 1936, 1940, 1944년의 대통령 선거 당선자를 정확하게 맞히는 좋은 성과를 내었다. 그러나 1948년에 갤럽과 대부분의 정치 여론조사자들은 뉴욕 주지사 토마스 듀이(Thomas E. Dewey)가 현직 대통령인 해리 트루만(Harry Truman)을 이길 것이란 예측을 함으로써 상당한 고통을 받았다. 여론조사자들의 당황스러운 실책은 선거일 밤까지 계속되었다. 신문 1면 헤드라인에 "듀이가 트루만을 꺾다."라고 인쇄된 신문을 높이 펼쳐 든 채 환희에 넘쳐 있는 트루만—그의 추종자들의 전투적 구호는 "해리, 그들을 혼내줘."였다—을 보여주는 사진은 유명하다.

1948년 여론조사의 실패는 여러 요인들로 설명된다. 첫째, 대부분의 여론조사자들은 선거운동 동안 트루만 지지의 꾸준한 상승 추세에도 불구하고 10월 초 여론조사를 중단했다. 게다가 많은 투표자들은 선거운동 기간 동안 지지후보를 결정하지 않았지만, 투표소로 들어섰을 때 압도적으로 트루만에게 표를 던졌다.

더 중요한 갤럽의 실패는 표본의 대표성이 없다는 것이다. 이전에는 효력이 있었던 할당표집이 1948년에는 갤럽의 파멸을 가져왔다. 이 기법은 연구자가 전체 모집단—이 경우에는, 유권자들의—에 관한 무언가를 알고 있다는 것을 전제한다. 전국 정치 여론조사는 그런 정보를 인구총조사(census) 자료에서 일차적으로 얻는다. 그러나 1948년에는 제2차 세계대전으로 인해 농촌에서 도시로 대규모의 인구이동이 일어났고, 그 결과 1948년 미국 인구의 특성은 1940년 인구총조사가 보여주었던 것과 매우 달랐다. 그런데도 갤럽은 1940년 인구총조사에 의존했다. 게다가 도시 거주자들은 민주당에 투표하는 경향이 있었다. 바로 여기에서 농촌 유권자를 과잉 대표한 갤럽의 여론조사는 민주당 유권자의 수를 과소 추정한 결과를 낳았다.

두 가지 표집 방법

1948년에는 일부 몇몇 학자들이 이미 확률이론에 근거한 표집의 형태를 실험하고 있었다. 이 기법은 표본을 추출할 모집단의 모든 사람들 이름을 포함하고 있는 목록에서 '무작위 표본'을 추출하는 것으로 이루어진다. 대체로 1948년에 사용되었던 확률표집 방법은 할당표집 기법보다 훨씬 더 정확했다.

오늘날 확률표집은 전국 정치 여론조사와 사회과학 연구를 위한 커다란 대표표본을 추출하는 일차적인 방법이다. 그러나 확률표집은 많은 연구 상황에서 불가능하거나 부적절하기도 하다. 따라서 확률표집의 논리와 기법을 알아보기 전에, 비확률표집 기법들과 그것들이 사회조사에서 어떻게 사용되는지를 먼저 살펴보자.

7.3 비확률표집

비확률표집
확률이론이 제시하지 않은 방식들로 표본을 추출하는 기법. 이용가능한 연구대상자 의존하기, 유의적(판단적) 표집, 할당표집, 눈덩이표집이 그 예에 속한다.

사회연구는 종종 대규모 사회조사에서 사용되는 유형의 확률표본을 얻을 수 없는 상황에서 시행된다. 노숙자를 연구하고자 한다고 가정해보자. 전체 노숙자들에 대한 목록은 없으며 만들 수도 없다. 게다가 앞으로 보겠지만, 확률표집이 가능하더라도 적합하지 않은 때가 있다. 그런 상황에서는 비확률표집(nonprobability sampling)이 요구된다.

이 절에서는 네 가지 형태의 비확률표집, 즉 이용가능한 연구대상자 의존하기, 유의적(有意的) 또는 판단적 표집, 눈덩이표집, 할당표집을 살펴보겠다. 그리고 정보제공자(informants)를 통해 사회집단에 관한 정보를 획득하는 기법을 짧게 논의하면서 마치겠다.

이용가능한 연구대상자들 의존

길모퉁이나 어떤 다른 장소에 서있는 사람들과 같이 이용가능한 연구대상자들에게 의존하는 것은 때때로 '편의(convenience)' 혹은 '우연(haphazard)' 표집이라 칭한다. 이것은 기자들이 일상적으로 길거리의 사람들을 면접하는 방법이긴 하지만, 사회연구에서는 매우 위험한 표집 방법이다. 이 방법에서 표본의 대표성에 어떤 통제도 가할 수 없다는 점은 명백하다. 이 방법은 단지 어느 특정 시점에 표본이 추출되는 장소를 지나가는 사람들의 특성들을 연구하는 경우라든가 덜 위험한 표집 방법이 불가능한 경우에만 정당화될 수 있다. 실행가능성이라는 근거에서 정당화될 때조차 연구자들은 자신의 데이터를 매우 조심스럽게 일반화해야만 한다. 또 이 방법에 연관된 위험들에 대해서도 독자들에게 경고해야만 한다.

대학의 연구자들은 자주 대규모 강의에 수강등록을 한 학생들을 대상으로 설문조사를 시행한다. 이 방법은 쉽고 비용이 적게 들기 때문에 인기가 많지만, 좀처럼 일반화된 값을 가진 자료를 산출하지 않는다. 이 표집 방법은 설문지의 사전검사에는 유용할 수 있지만, 학생들 전체를 의도적으로 기술하는 연구에는 사용하면 안 된다.

영양과 암에 관한 의대생과 가족전문의들의 지식 및 의견들을 조사한 보고서에 기록된 다음의 표집설계 부문을 살펴보자.

> 미니애폴리스에 있는 미네소타 의과대학 4년차 의대생들이 이 연구의 학생 모집단이었다. 전문의 모집단은 미네소타 대학의 평생의료교육과가 개설한 '가정의학의 과거와 현재'에 참석한 모든 전문의들로 구성되었다.
>
> (Cooper-Stephenson and Theologides, 1981: 472)

결국 이 연구의 결과들이 나타내려는 것은 무엇인가? 그것들은 미국은 물론 미네소타 주에서조차 의대생들과 가족전문의 간의 의미 있는 비교를 제공하지 않는다. 그 수업에 참가했던 전문의들은 누구였는가? 그들이 아마 다른 전문의들보다 평생교육에 더 관심을 가지고 있을 것이라고 추측할 수는 있지만, 확실하게는 말할 수 없다. 이런 연구는 유용한 통찰력을 제공하지만, 이로부터 과잉일반화를 하지 않도록 조심해야만 한다.

유의적 또는 판단적 표집

때로는 모집단과 모집단의 요소들에 대한 지식 및 연구의 목적에 기초해서 표본을 추출하는 것이 적절한 경우가 있다. 이런 형태의 표집을 유의적 표집(purposive sampling)[또는 판단적(judgmental) 표집]이라고 한다. 예를 들어, 설문지의 최초

유의적 표집
비확률표집의 한 형태로, 연구자의 판단하에 가장 유용하거나 가장 대표성이 있다고 생각되는 것들을 관찰될 단위들로 추출하는 방법이다. 판단적 표집(judgmental sampling)이라고도 한다.

설계에서 여러분은 질문들의 광범위한 적용가능성을 검정하기 위해 매우 다양한 응답자들을 추출하고자 할 수 있다. 이 연구의 결과는 어떤 의미 있는 모집단을 대표하지 않겠지만, 그 검사를 통해 설문지가 갖고 있는 특정 결점을 효과적으로 찾아낼 수 있다. 그러나 이런 상황은 최종 연구보다 사전검사(pretest)에서 고려될 것이다.

여러분은 커다란 모집단 내의 한 작은 하위집단을 연구하고자 할 수 있다. 그런데 그 하위집단의 성원들은 쉽게 파악될 수 있지만 그 성원들 모두의 집계는 거의 불가능한 경우가 있다. 예를 들어, 학생 저항 운동의 지도력에 대한 연구에서 많은 지도자들이 쉽게 눈에 띄지만 그들 모두를 정의하고 표본을 추출하는 것은 불가능할 것이다. 가장 눈에 띄는 지도자들 모두 혹은 그들의 표본을 연구한다면 여러분은 여러분의 목적을 달성하기에 충분한 자료들을 수집한 것이다.

좌파와 우파 학생들을 비교한다고 해보자. 여러분은 그런 학생들 모두를 집계하거나 표본을 뽑을 수 없기 때문에, 이를테면 녹색당(Green Party)이나 자유를 위한 미국 젊은이(Young American for Freedom)와 같은 좌파 혹은 우파 성향 집단의 성원들을 표집하기로 결정할 수 있다. 그런 표본설계가 좌파 혹은 우파 학생들 전체에 대해 잘 기술할 수는 없지만, 전반적인 비교 목적에는 충분할 것이다.

현장연구자들은 흔히 규칙적인 패턴에 대한 자신들의 이해를 보다 향상시키기 위해 일탈 사례들, 즉 규칙적인 형태의 태도와 행동에 상당히 들어맞지 않는 사례들을 연구하는 데 특히 관심을 가진다. 이를테면 우리는 궐기대회가 고조되었을 때 군중의 감정에 휩쓸리지 않는 사람들을 면접하거나 궐기대회에 전혀 참여하지 않는 학생들을 면접한다면, 학교 정신의 본질에 대한 중요한 영감을 얻을 수 있다. 연구를 위해 일탈 사례를 추출하는 것은 유의적 표집의 또 다른 예가 된다.

질적 연구 프로젝트에서 피실험자들의 표집은 연구할 상황의 구조가 점점 명료해지고 어떤 유형의 피실험자들이 다른 유형의 피실험자들보다 이해의 중심부를 차지하면서 서서히 전개될 것이다. 여러분은 대학의 급진적인 정치 집단의 성원들을 대상으로 면접연구를 시행하고 있다. 처음에는 집단 멤버십과 참여의 확산 통로로서 친구 연결망에 초점을 맞출 것이다. 초기의 면접자들을 분석하는 과정에서, 여러분은 사회과학부의 특정학과 교수들과의 상호작용에 대한 그들의 언급을 여러 번 발견할 수 있다. 그 결과, 여러분은 자신의 표본에 그 과의 교수들과 그 교수들과 상호작용한 다른 학생들을 포함시켜 확대하고자 할 것이다. 이것은 '이론적 표집(theoretical sampling)'이라 불리는데, 왜냐하면 피실험자에 대한 이론적 이해의 전개가 특정 방향으로의 표집을 가리키기 때문이다.

눈덩이표집

눈덩이표집

현장연구에서 자주 전개되는 비확률표집 방법이며, 면접을 한 각 개인들에게 다음에 면접할 사람들을 말해 달라고 요청할 수 있다.

또 다른 비확률표집 기법은 눈덩이표집(snowball sampling)으로, 이를 우발적 표집(accidental sampling)의 한 형태로 간주하는 사람들도 있다. 이 절차는 노숙자, 이주 노동자, 불법체류자 등과 같이 특정 모집단의 구성원들을 찾아내기가 어려울 때 적절하다. 눈덩이표집에서 연구자는 자신이 찾아낼 수 있는 몇 명의 목표 모집단 구성원들에 대한 자료를 수집한 다음, 그들에게 그들이 알고 있는 그 모집단의 다른 성원들에 대한 정보를 요청한다. '눈덩이'는 연구자가 찾아낸 각 피실험자에게 다른 피실험자들을 제시하도록 하여 축적하는 과정을 의미한다. 이 절차도 대표성이 의심스러운 표본으로 귀결되기 때문에 탐색적 목적을 위해 주로 사용된다. 때때로 '연쇄 소개(chain referral)'란 용어가 표본이 최초의 선정으로부터 점점 커지는 기법의 눈덩이표집과 관련되어 사용된다.

시간의 흐름에 따른 공동체 조직의 회원모집 유형을 알고자 한다고 가정하자. 여러분은 아주 최근에 가입한 신입회원들을 면접하고, 누가 그 집단에 소개해줬는지 물어봄으로써 시작할 수 있다. 그러면 이름이 언급된 사람들을 면접할 것이고, 또 그들에게 그들을 그 집단에 소개해준 사람이 누구인지 물을 것이다. 그러고 나면 여러분은 이름이 언급된 그 사람들을 면접하여 누가 그들을 그 집단에 소개해주었는지 물을 것이다. 느슨하게 구조화된 정치적 집단을 연구할 때라면, 참여자 중 한 사람에게 그 집단에서 가장 영향력이 있다고 생각되는 회원들이 누구인지 물을 것이다. 그러고는 그 사람들을 면접할 것이고, 그 면접 과정에서 그들이 생각하기에 누가 가장 영향력이 있는지 물어볼 것이다. 이런 각각의 예에서, 피면접자들이 다음에 면접할 사람들을 제시해주기 때문에 여러분의 표본은 '눈덩이'처럼 불어날 것이다.

사회과학 연구에서 이런 기법의 예들은 풍부하다. 카렌 화퀴하슨(Karen Farquharson, 2005)은 호주에서 담배 정책 수립자들의 연결망—연결망의 핵심부 사람들과 주변부 사람들 모두—을 발견하기 위해 사용했던 눈덩이표집의 방식에 대해 상세한 논의를 제공했다.

캐스 브라운(Kath Browne, 2005)은 사회적 연결망을 통한 눈덩이표집을 사용하여 영국의 작은 도시에서 비이성애자 여성들의 표본을 발달시켰다. 그녀의 보고서에 의하면, 그런 연결망에서 그녀 자신의 멤버십이 그런 유형의 표집을 상당히 용이하게 만들었고, 그 연구의 잠재적 피실험자들은 이성애자 연구자보다 그녀를 더 신뢰했던 것 같다.

보다 일반적인 이론적 용어로, 하임 노이(Chaim Noy)는 눈덩이표집의 선정 과정이 '자연적이고 유기적인 사회적 연결망의 동태들'(2008: 329)을 들춰내게 함으로써, 표본이 추출된 모집단에서의 중요한 측면들을 폭로한다. 여러분이 인터뷰한 사람들은 자신들과 유사한 사람들을 알고 있는가? 그들은 그런 사람들을 연구자에게 밝혀줄 의향이 있는가? 즉 눈덩이표집은 연구해야 할 사람들을 찾아내는 단순한 기법 이상의 것이다. 그것은 탐구에서 들춰내야 하는(revealing) 부분 그 자체가 된다.

하이메 워터스(Jaime Waters, 2015)는 눈덩이표집의 한계 일부를 발견했다. 불법마약의 성인(40세 이상) 사용자들을 연구하는 시도에서, 그는 자신의 최초 피실험자들이 다른 사용자들을 밝히기 싫어하거나 밝히려고 하지 않는다는 사실을 발견했다. 부분적으로, 이는 최초의 사용자들이 만약 자신들의 마약사용이 발견된다면 이로 인해 감내해야 하는 감정을 반영하는 것처럼 보인다. 또한 그는 자신의 성인 사용자들이 젊은 사용자들처럼 마약사용–연결망들에 연루되지 않는다는 사실을 발견했다. 그렇다 해도 눈덩이표집은 여전히 때때로 발견하기 힘든 피실험자들에게 효율적으로 접근하는 방식이 된다.

할당표집

할당표집은 조지 갤럽이 1936년 여론조사 재앙을 피하는 데 도움을 주었지만, 1948년 재앙을 초래한 방법이다. 확률표집과 마찬가지로 할당표집도 대표성의 문제를 다루고 있지만, 두 방법은 상당히 다른 방식으로 접근하고 있다.

할당표집
표본의 특성을 모집단의 특성과 동일하게 만들기 위해, 미리 특정화한 특성들에 근거하여 요소들을 표본에 추출하는 비확률표집이다.

할당표집(quota sampling)은 목표 모집단에 관련된 특성을 기술하고 있는 행렬 또는 표를 만드는 것으로 시작한다. 여러분은 연구 목적에 따라, 모집단에서 전체 남녀 구성비뿐만 아니라 다양한 연령 범주, 교육수준, 인종 등에 따른 남녀 구성비도 알 필요가 있다. 전국적인 할당표본을 만들려면 전국 인구 중 동부 지역, 남자, 25세 미만의 백인, 노동자 계급 등의 구성비뿐 아니라 그 속성들의 가능한 모든 조합도 알 필요가 있다.

일단 그런 행렬이 만들어지고 그 행렬의 각 칸에 상대적 구성비가 배정되고 나면, 각 칸의 모든 특성을 갖는 사람들로부터 자료를 수집하는 과정이 진행된다. 그런 다음 각 칸의 모든 사람에게 전체 모집단에서 그 칸이 차지하는 몫에 적합한 가중치를 할당한다. 모든 표본 요소들에 이처럼 가중치가 주어지면, 자료들은 전반적으로 전체 모집단을 타당하게 대표할 수 있게 된다.

할당표집은 확률표집과 유사하지만 몇 가지 본질적인 문제점을 가지고 있다. 첫째, 할당틀(각 칸이 나타내고 있는 구성비)은 정확해야만 하는데, 흔히 이를 위해 최신 정보를 얻는 데 어려움이 있다. 1948년 갤럽이 트루만을 대통령 당선자로 예측하는 데 실패한 것도 부분적으로 이 문제에 기인한다. 둘째, 각 칸에 할당된 표본 요소들의 추출은 그 칸이 모집단에서 차지하고 있는 구성비를 정확하게 추정했을 때조차 어긋날(biased) 수 있다. 면접자들이 일련의 복합적인 특성들을 갖고 있는 5명의 사람들을 면접하도록 지시받았을 때, 그들은 승강기가 없는 7층 아파트 꼭대기 층에 살거나, 유달리 낡은 집에 살거나, 또는 사나운 개가 있는 집에 사는 사람들을 면접하지 않아 표본에 어긋남을 초래할 수 있다.

최근 몇 년 동안, 확률표집 방법과 할당표집 방법을 조합하려는 시도가 이루어지고 있지만, 이런 노력의 효과는 아직 두고 볼 일이다. 만약 여러분의 목적이 기술통계라면 현재로서는 할당표집을 조심스럽게 취급할 것을 충고한다.

동시에 할당표집의 논리는 때때로 현장연구 프로젝트에 유용하게 적용된다. 공식 집단의 연구를 예로 들면, 여러분은 지도자들과 비지도자들 모두를 면접하고자 할 것이다. 학생 정치 조직을 연구할 때는 그 집단의 급진적, 중도적, 보수적 성원들을 면접하고자 할 것이다. 그런 경우에 할당표집을 사용하여 남자와 여자 모두, 젊은이와 나이 든 사람, 그 밖의 것들을 확실하게 면접함으로써 대표성을 충분히 갖출 수 있을 것이다.

마이클 브릭(J. Michael Brick, 2011)은 설문조사 표본의 미래를 고민하는 과정에서 할당표집의 재탄생 가능성을 제안했다. 그것은 응답률을 떨어뜨리고 온라인 설문조사를 엉망으로 만드는 대표성의 문제에 대한 해결책이었다. 이 쟁점은 9장의 서베이 조사에서 다룰 것이다.

정보제공자 선정

현장연구가 어떤 사회적 환경, 예를 들면 청소년 깡패집단이나 지방의 한 마을을 이해하려는 시도를 포함할 때, 그 이해의 상당 부분은 연구하고 있는 집단성원들의 협력에서 나온다. 사회연구자들은 응답자(respondent)들을 자신들에 대한 정보를 제공함으로써 그 응답자들이 대표하고 있는 집단에 대한 합성사진을 구축할 수 있게 해주는 사람들로 간주하는 반면, 정보제공자(informant)는 그 집단 자체에 대해 직접적으로 말할 수 있는 그 집단의 성원이다.

정보제공자
연구하고자 하는 사회 현상을 잘 알고 있으면서 알고 있는 바를 기꺼이 말해주는 사람. 응답자(respondent)와 혼동하지 말 것

인류학은 특히 정보제공자들에게 의존하지만, 사회과학 연구자들에게도 상당한 도움을 받을 수 있다. 예를 들어, 지역 공공 주택 프로젝트에서 비공식적인 사회 연결망에 관해 알고자 한다면, 여러분은 자신이 찾고 있는 것을 잘 알고 그것을 발견하는 데 도움을 줄 수 있는 사람들을 찾아야 할 것이다.

제프리 존슨(Jeffrey Johnson, 1990)이 노스캐롤라이나(North Carolina)의 연어잡이 어촌을 연구하기 시작했을 때, 몇 가지 기준으로 잠재적인 정보제공자들을 평가했다. 예를 들면, 그들이 그 마을의 다른 성원들과 정규적으로 상호작용을 할 수 있는 위치에 있는가 아닌가? (그는 목수가 보트 선장보다 더 광범위한 상

호작용을 하고 있음을 발견했다.) 그 마을에 대해 알고 있는 그들의 정보는 자신의 특정한 일에 제한되는가, 아니면 많은 측면의 일들도 포괄하고 있는가? 이런 기준과 그 외의 기준들은 잠재적 정보제공자들이 얼마나 유용한지를 결정하는 데 도움을 주었다. 이 사례는 잠시 후 다시 사용할 것이다.

통상적으로 연구자는 연구하려는 집단을 어느 정도 대표하는 사람을 정보제공자로 추출하고자 할 것이다. 그렇지 않으면 그들의 관찰과 의견들은 잘못된 판단으로 인도할 수 있다. 예를 들어, 의사들만 면접하면 마을의 의료 진료소가 어떻게 돌아가고 있는지에 대해 균형 잡힌 견해를 얻지 못할 수 있다. 이와 유사하게, 여자들이 외부인과 격리되어 있는 사회에서 남자들만 면접한 인류학자는 어긋난 견해를 얻을 수 있다. 같은 맥락에서 영어에 능통한 정보제공자들은 영어를 사용하는 미국 연구자에게는 편리하지만, 많은 사회들에서, 심지어 영어사용 국가들 내의 많은 하위집단들에서조차 그 구성원들을 대표하지 않는다는 사실을 알아야 한다.

외부 조사자들과 함께 작업하려는 의도를 가졌다는 이유만으로도, 정보제공자들은 거의 언제나 그들 집단 내에서 어느 정도는 '주변인'이거나 비전형적인 사람일 수 있다. 이는 때때로 금방 눈에 띄지만 연구과정에서 그들의 주변성(marginality)을 깨달을 때도 있다.

Earl Babbie

가능한 정보제공자가 많을 때, 연구자는 그들을 어떻게 선정해야 하는가?

존슨(Johnson)의 연구에서, 그 지역의 공무원은 분명 그 마을의 주류에 속한 것으로 보이는 한 어부를 소개해주었다. 그는 존슨의 연구에 협조적이었고 도움이 되었다. 하지만 존슨은 그 어부와 일을 하면 할수록, 그가 그 어촌에서 주변 성원이라는 것을 알게 되었다.

> 첫째, 그는 남부 도시 출신의 양키였다. 둘째, 그는 해군에서 연금을 받았다[그래서 그는 공동체의 다른 사람들에게 '진정한 어부'로 보이지 않았다]. … 셋째, 그는 대부분이 민주당원인 마을에서 활동하는 핵심 공화당원이었다. 마지막으로, 그는 마을 부두에서 멀리 떨어진 외딴곳에 자신의 보트를 정박시켰다.
>
> (1990: 56)

정보제공자들의 주변성은 여러분이 얻는 견해를 어긋나게 할 뿐만 아니라, 그의 주변적 지위는 여러분이 연구하려는 공동체의 다른 부문에 대한 그의 접근(따라서 여러분의 접근)도 제한한다.

이런 조언들은 비확률표집에 내포되어 있는 관심사항들을 직감적으로 깨닫게 한다. 나는 매우 사려 깊고 숙련된 질적 연구자 존 로플랜드(John Lofland)의 권고로 결론을 내린다.

> 여러분의 전반적 목표는 가능한 한 가장 풍부한 자료들을 수집하는 것이다. 그 풍부한 자료는 비교적 오랜 기간에 걸쳐 지속적이고 체계적인 방식으로 수집된 광범위하고 다양한 범위의 정보를 의미한다. 이상적으로 그런 자료는 여러분에게 연구 대상인 사람의 행동들 그리고 그러한 행동들이 구체화된 맥락을 이해하게 한다.
>
> (2006: 15)

다시 말해 비확률표집은 그 자체로, 특히 질적 연구 프로젝트에서 목적을 가진다. 그러나 연구자들은 반드시 비확률표집의 한계성을 인식해야 하는데, 특히 모집단을 정확하고 자세하게 대표할 때 그렇다. 이 점은 확률표집의 논리와 기법을 논의하면서 더욱 명확해질 것이다.

7.4 확률표집의 이론과 논리

비확률표집 방법은 일부 연구목적에는 적합할 수 있지만, 관찰한 표본이 전체 모집단을 대표한다고는 보장할 수 없다. 연구자들이 대규모의 모집단에 대한 정밀한 통계적 기술—예를 들어 실업 인구, 후보 X에게 투표하려는 사람, 또는 강간 피해자가 낙태권을 가져야 한다고 느끼는 사람의 백분율—을 하고자 할 때는 확률표집(probability sampling)으로 눈을 돌려야 한다. 모든 대규모의 설문조사는 확률표집 방법을 사용한다.

확률표집
표본이 확률이론, 특히 무작위 기제에 의해 추출되는 방법. 확률표집에는 균일확률추출방법(EPSEM), 크기비례표집(PPS), 단순무작위 표집, 계통적 표집 등이 있다.

확률표집의 적용은 세련된 통계학의 사용을 포함하지만, 확률표집의 기본논리는 이해하기 어렵지 않다. 만일 모집단의 모든 성원들이 인구학적 특성, 태도, 경험, 행동, 여타 모든 면에서 동일하다면, 조심스러운 표집 절차가 필요 없을 것이다. 사실 완벽한 동질성이 있는 극단적인 경우라면, 단 하나의 사례만으로도 전체 모집단의 특성을 연구하는 표본으로 충분할 것이다.

물론 실제로는 진짜 모집단을 구성하는 사람들은 매우 이질적이고, 많은 측면에서 다양하다. 〈그림 7-2〉는 이질적인 모집단을 단순화시킨 예를 보여준다. 100명으로 구성된 이 작은 모집단은 성별과 인종이 다르다. 우리는 이 가설적인 매우 작은 모집단을 사용하여 확률표집의 다양한 측면을 설명할 것이다.

확률표집의 기본 사고는 다음과 같다. 전체 모집단을 유용하게 기술하려면, 모

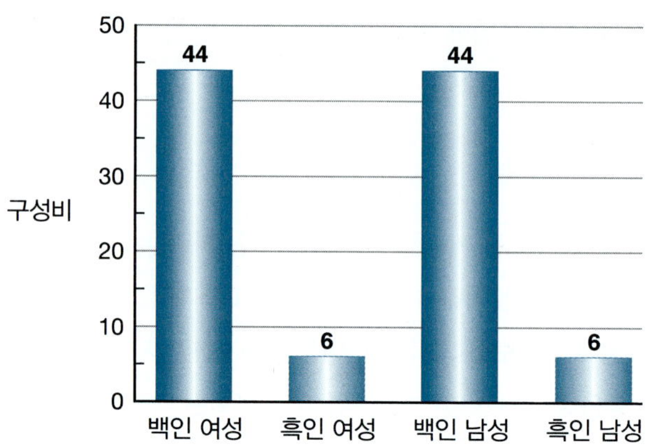

그림 7-2 100명의 모집단

전형적으로 표집은 대규모 모집단들의 특성과 동태를 반영한다. 설명을 간단하게 하기 위해 우리의 총 모집단이 단지 100명의 성원을 가진다고 가정하자.

집단에서 추출한 개인들의 표본은 필수적으로 모집단과 동일한 변이를 가져야 한다. 그러나 이는 보기보다 간단하지 않다. 연구자들이 잘못된 방향으로 갈 수 있는 일부 방식들에 대해 잠시 살펴보자. 그런 다음 어떻게 확률표집이 모집단에 존재하는 변이를 적합하게 반영해야만 하는 표본을 효율적으로 추출할 수 있는 방법을 제공하는지를 살펴볼 것이다.

의식적 표집 어긋남과 무의식적 표집 어긋남

언뜻 보면 표집은 매우 간단해 보일 수 있다. 100명의 대학생 표본을 추출하려면 대학 교정으로 가서 거기서 어슬렁거리는 학생들 중 처음에 만난 100명을 그냥 면접할 수 있다. 이런 유형의 표집 방법은 훈련받지 않은 연구자들이 종종 사용하지만, 표본에 어긋남을 도입할 위험이 매우 높다.

표집과 연관하여, 어긋남(bias)은 간단히 말해 표본에 추출된 자들이 그들이 선택된 커다란 모집단에서 전형적이지도 대표적이지도 않음을 의미한다. 이런 종류의 어긋남은 의도적이지 않다. 사실, 어긋남은 여러분이 자신의 경험에 의해 사람들을 골라낼 때는 거의 불가피하게 나타난다.

〈그림 7-3〉은 연구자들이 단순히 연구하기에 편리한 사람들을 추출할 때 어떤 문제가 발생하는지를 보여준다. 우리의 매우 작은 모집단에서 여자들이 50%를 점하고 있지만, 연구자에게 가장 가까이 있는 하위집단(오른쪽 아래 모퉁이)은 70%가 여성이다. 그리고 모집단의 12%가 흑인이지만, 표본에는 단 한 명도 추출되지 않았다.

편리한 사람들로 간단하게 연구할 때에 내재한 위험 이외에도 다른 문제들이

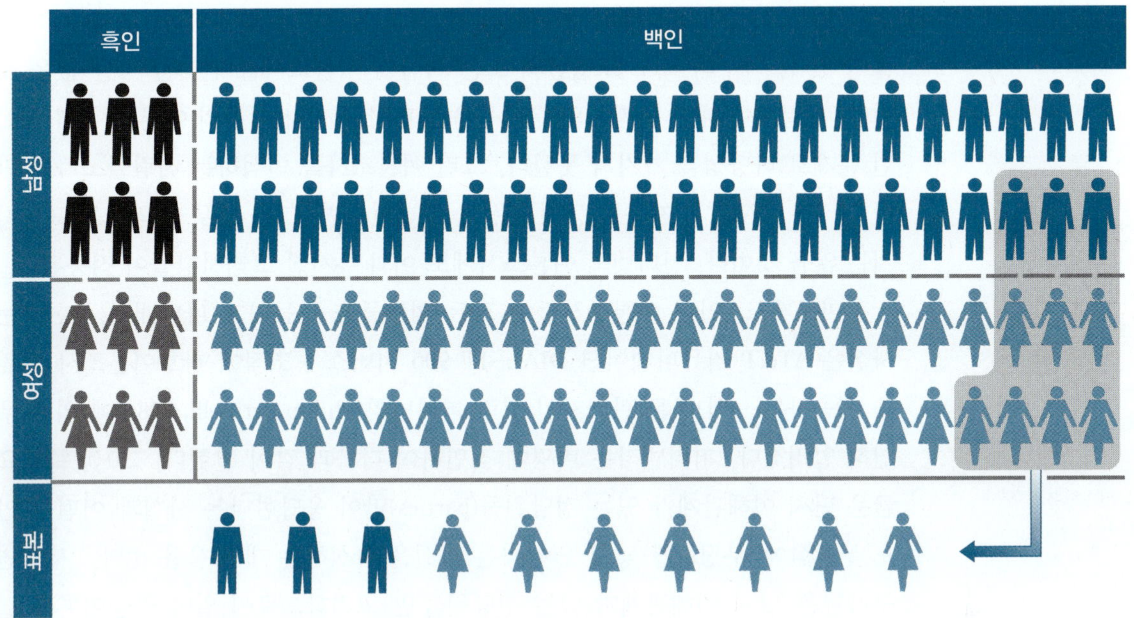

그림 7-3　편의 표본: 편리하지만 대표성은 없다.
가장 손쉽게 접근할 수 있는 사람들을 단순하게 관찰하고 추출하는 것은 아마 가장 간단한 방법이겠지만, 모집단을 정확하게 반영하는 표본을 제공하지는 않을 것이다.

발생할 수 있다. 우선 연구자의 개인적 성향이 표본에 영향을 미침으로써 그 표본이 목표 모집단을 진정으로 대표하지 못할 수 있다. 여러분이 자신의 연구 노력을 조롱할 것 같은 학생들에게 약간 겁먹고 있다고 가정해보자. 여러분은 아마도 그런 사람들을 면접하는 것을 의식적으로 또는 무의식적으로 피하고자 할 것이다. 또 너무나 강직한 태도를 가진 학생들은 여러분의 연구목적에 자신이 관계가 없다고 느끼고 그래서 면접하는 것을 피할 수 있다.

여러분이 '균형이 잡힌' 집단의 학생들을 면접하고자 할지라도, 다양한 유형의 학생들로부터 그런 균형을 구성할 수 있는 정확한 구성비를 모르며, 지나가는 학생들을 주시함으로써 그 구성비를 밝혀낼 수도 없을 것이다.

대학 도서관에 매 10번째로 들어오는 학생들을 면접하려는 의식적인 노력을 한다 해도, 표본이 대표성을 가졌는지 확신할 수 없다. 왜냐하면 학생들의 유형에 따라 도서관에 가는 빈도가 서로 다르기 때문이다. 그 표본은 도서관에 자주 오는 학생들을 과잉 대표하게 될 것이다.

마찬가지로 착호여론조사(call-in polls)—라디오 방송국이나 신문사들이 특정한 사람들의 전화번호, 텍스트 혹은 트윗(tweet)에 연결하여 그들의 의견을 기록하게 하는 것—는 일반 모집단을 신뢰성 있게 대표하지 않는다.

부주의한 표집으로 인해 어긋남이 생길 가능성은 수없이 많지만, 어긋남이 항상 분명하게 일어나는 것은 아니다. 다행히도 그런 어긋남을 피할 수 있는 기법들이 있다. 아무리 해도 모집단의 모든 사람이 여론조사를 인식할 수는 없을 것이다. 설문지에 대한 독자들의 응답들을 출판한 잡지나 신문의 여론조사 역시 이런 문제로 타당성을 가지지 못한다. 그런 여론조사를 인식하는 사람들조차도 만일 그 일이 우표, 편지봉투 등의 비용을 초래한다면, 그들 모두가 의견을 표명하지는 않을 것이다. 인터넷의 여론조사에도 이와 유사한 고려사항들이 적용된다.

흥미롭게도, 이런 여론조사들이 모든 의견들을 동등하게 나타내지 못한다는 사실은 AT&T 커뮤니케이션 DIAL-IT 900 서비스—조직에 착호여론조사 직원을 제공하는—의 전문 관리자인 필립 퍼리넬리(Phillip Perinelli, 1986)에 의해 우연히 알려졌다. 퍼리넬리는 비평에 직면하여 다음과 같이 말했다. "50센트의 요금은 단지 이해관계가 있는 정당원들(parties)만이 응답한다는 사실과 어떤 개인도 투표함에 '부정표를 넣지' 않는다는 사실을 확신하는 데 도움을 준다." 사회연구자들은 '단지 이해관계가 있는 정당원들'만 고려함으로써 일반 공공여론을 결정할 수는 없다. 이는 50센트 값어치를 우려하지 않는 사람들과 그런 여론조사들이 타당하지 않다는 사실을 인식하는 사람들을 배제시킨다. 이 두 유형의 사람들도 의견을 가질 것이고 선거 당일에 투표도 할 것이다. 50센트의 요금이 부정투표를 방지할 것이라는 퍼리넬리의 주장은 실제로 50센트를 지불할 여력이 있는 자들만이 부정선거를 할 것이란 사실을 의미한다.

표집 어긋남이 우연하게 일어날 가능성은 무수히 많지만 어긋남이 항상 분명하게 일어나는 것은 아니다. 다행히도 여러 기법들이 어긋남을 피할 수 있도록 도움을 줄 수 있다.

대표성과 추출 확률

대표성

표본의 특성이 그 표본이 추출될 모집단과 동일한 특성을 가지는 속성을 말한다. 함축적으로, 표본의 분석에서 유도된 기술과 설명은 모집단의 특성을 유사하게 나타낸다고 가정된다. 대표성은 표집 방법에 의해 향상되며 일반화 가능성과 추론통계의 사용을 제공한다.

대표성(representativeness)이란 용어는 어떤 정확한 과학적 의미를 가지고 있지 않지만, 여기서는 유용성이 있는 상식적 판단력이라는 의미를 가진다. 우리의 목적상, 표본은 그것의 총체적 특성이 모집단의 총체적 특성에 거의 근접할 경우, 추출된 모집단을 대표한다. 예를 들면, 모집단에서 여성이 50%를 차지하고 있다면, 표본이 대표적이 되기 위해서는 반드시 50% '가까이' 여성을 포함해야 한다. '얼마나 가까이'인지는 나중에 상세하게 토의할 것이다.

표본이 모든 측면에서 대표성이 있을 필요가 없다는 점에 주목하라. 대표성은 연구의 실질적 관심사에 관련된 특성들로 국한된다. 하지만 어떤 특성이 관련되는지를 미리 알 수는 없다.

확률표집의 기본 원리는 모집단의 모든 구성원들이 표본에 추출될 가능성이

일상생활에 개념 적용하기 **대표성이 있는 표집**

대표성은 단지 설문조사 표집만이 아니라 삶의 많은 부분들에 적용된다. 예를 들어 질의 통제를 고려하자. 전구를 생산하는 회사를 운영한다고 상상하자. 여러분은 전구들이 실제로 불이 켜지는지를 확인하고 싶지만 모든 전구들을 시험할 수는 없다. 하지만 여러분은 각기 상이한 생산 날짜, 생산 기계, 다른 공장 등에서 전구 표본을 선정하는 방법을 고안할 수 있다.

때때로 대표성이 있는 표집은 1장에서 논의한 것처럼 과잉 일반화에 대한 보호막의 역할을 수행한다. 여러분이 특별한 음식점에 갔는데 하필 그곳의 음식이나 서비스가 엉망이었다고 하자. 여러분은 머릿속의 음식점 목록에서 그곳을 쉽게 지워버릴 수도 있겠지만, 아마도 불쾌한 저녁이 되었을 그 음식점을 다시 한번 생각해본다. 어쩌면 요리사는 토요일부터 자신의 남자친구가 '마녀'와 침대에 함께 있는 모습을 보았고 그래서 고객을 접대하며 요리할 기분이 영 아니었을지 모른다. 아니면 그 '마녀'가 여러분에게 음식을 서빙하면서 자신의 어깨 너머로 어떤 사람이 커다란 고기 칼을 가지고 주방에서 뛰어나오는지를 계속 주시하고 있었을 것이다. 요컨대, 이러한 여러분의 첫 경험은 대표성이 있지 않을 것이다.

동일한 경우 표본은 그것이 추출된 모집단을 대표할 것이란 점이다. (우리는 추출된 표본의 크기 역시 대표성의 수준에 영향을 미친다는 것을 간략히 살펴볼 것이다.) 이런 특성을 가진 표본들은 흔히 균일확률 추출방법 또는 엡셈(EPSEM) 표본이라고 부른다. [균일확률 추출방법은 '동일한 확률로 추출되는 방식(Equal Probability of SElection Method)'을 나타낸다.] 나중에 이 원리의 변형들을 토의할 것이지만, 이 원칙은 확률표집의 기초를 형성하고 있다.

엡셈
일명 균일확률 추출방법으로, 모집단의 각 성원이 표본에 추출될 가능성을 동일하게 만든 표본설계이다.

이런 기본 원리를 뛰어넘어, 우리는 표본—조심스럽게 추출된 균일확률추출방법 표본들조차—이 좀처럼 그것이 추출된 모집단을 완벽하게 대표하지 못한다는 점을 인식해야만 한다. 그럼에도 불구하고, 확률표집은 두 가지 특별한 이점을 가지고 있다.

첫째, 확률표본은 결코 완벽한 대표성을 가지고 있지 않음에도 불구하고, 전형적으로 다른 유형의 표본들보다 더 나은 대표성을 가지는데, 왜냐하면 앞에서 논의된 어긋남들을 피하기 때문이다. 실제로 확률표본이 비확률표본보다 모집단을 잘 대표할 가능성이 더 높다.

둘째, 더 중요한 것은 확률이론을 통해 표본의 정확성 또는 대표성을 추정할 수 있다는 점이다. 지식이 없는 연구자들도 우연한 방법을 통해 큰 모집단을 거의 완벽하게 대표하는 표본을 추출할 수 있다. 그러나 그렇게 될 가능성은 거의 없으며, 우리는 그 연구자들이 대표성을 확보할 가능성을 추정할 수도 없다. 반면, 확률표집을 행하는 경우에는 성공 또는 실패에 대한 정확한 추정치를 제공할 수 있다. 우리는 이런 추정치가 어떻게 확보될 수 있는지를 잠시 후에 살펴볼 것이다.

나는 확률표집은 표본들이 우리가 연구하고자 하는 모집단을 대표한다는 것을 보장한다고 말한 바 있다. 곧 보게 되겠지만, 확률표집은 무작위 추출 절차를 사용한다. 그러나 이런 사고를 발달시키기 위해서는 두 가지 중요한 용어, 즉 요소와 모집단에 대해 좀 더 알아볼 필요가 있다.

요소
모집단을 구성하는 단위이자 표본에 추출된 단위이다. 이와 구별해야 하는 분석단위는 자료분석에서 사용된다.

요소(element)는 정보가 수집되는 단위이자 분석의 기초가 되는 단위이다. 설문조사 연구의 경우, 전형적인 요소는 개인이나 특정한 유형의 사람이다. 하지만 다른 유형의 단위도 사회연구에서 요소를 형성할 수 있다. 이를테면 가족, 사교모임 또는 회사가 연구 요소들이 될 수 있다. 연구에서는 흔히 요소와 분석단위가 동일시되지만, 전자는 표본추출에서, 후자는 자료분석에서 사용된다.

모집단
연구의 요소들을 이론적으로 특정화한 총합체이다.

지금까지 우리는 일반화하는 데 관심이 있는 집단 또는 집합체(collection)를 의미하기 위해 모집단이란 용어를 사용해왔다. 좀 더 공식적으로 말해, 모집단(population)은 연구에서 이론적으로 특정화된 요소들의 총합체(aggregation)이다. 미국인들이라는 애매한 용어는 연구의 목표가 될 수 있지만, 모집단의 윤곽도는 그 요소인 미국인들(이를테면, 시민권자, 영주권자)과 연구를 위한 준거시간(어느 시점의 미국인)에 대한 정의를 포함해야 할 것이다. 추상적인 '성인 뉴욕 사람들(adult New Yorkers)'을 작업이 가능한 모집단으로 전환하려면 그 성인들을 규정하는 연령과 뉴욕의 경계선을 정해야 할 것이다. 대학생이라는 용어를 특정화하는 데는 정규 학생과 시간제 학생, 학위취득 과정 학생과 비학위취득 과정 학생, 학부생과 대학원생 등을 고려해야 할 것이다.

연구 모집단
표본이 실제로 추출되는 요소들의 총합체이다.

연구 모집단(study population)은 표본이 실제로 추출되는 요소들의 총합체이다. 현실적인 문제로 인해 연구자들은 좀처럼 규정된 이론적 정의에 부합하는 요소들 모두가 실제로 표본에 추출될 기회를 가진다고 장담할 수 있는 입장에 있지 않다. 표집에 사용할 요소의 목록이 있는 경우에도, 그 목록은 대개 불완전하다. 학생명부에 이름이 올라 있지 않은 학생은 항상 있게 마련이다. 일부 전화가입자는 전화번호부에 기록되어 있지 않다.

연구자들은 흔히 자신의 모집단을 앞의 예들에서 지적한 것보다 더 심각하게 제한하기로 결정하기도 한다. 미국 여론조사 기관들은 현실적인 이유로 전국 표본을 하와이와 알래스카를 제외한 48개 주로 한정할 수 있다. 심리학 교수들의 표본을 추출하고자 하는 연구자는 자신의 연구 모집단을 심리학과에서 근무하는 교수들로 한정하고, 다른 학과에서 근무하는 심리학 교수들을 빠뜨릴 수 있다. 조사하려는 모집단이 이런 방식으로 변경될 때마다 연구자는 반드시 독자들에게 그 변경에 대해 명확하게 알려야 한다.

무작위 추출

이미 알고 있는 정의들로 표집의 궁극적 목적이 무엇인지를 정의할 수 있다. 즉 모집단에서 추출된 일련의 요소들이 그것들을 추출한 전체 모집단을 정확하게 기술할 수 있는 방식이 되게끔, 모집단에서 일련의 요소들을 추출하는 것이 궁극적인 목적이라고 할 수 있다. 확률표집은 이런 목적을 성취할 가능성을 높여주고, 성공 가능성의 수준을 추정하는 방법도 제공한다.

무작위 추출은 이 과정에서 핵심이 된다. 무작위 추출(random selection)에서 각 요소는 동등한 추출 기회를 가지며, 추출 과정에서 다른 사상들과 독립적이다. 동전 던지기는 가장 흔히 인용되는 예이다. 동전이 완벽하다면(즉 앞면 또는 뒷면이 나타나는 데 있어 어긋남이 없다면), 앞면이나 뒷면의 '추출'은 이전에 시행된 앞면 또는 뒷면의 추출과는 독립적이다. 앞면이 아무리 많이 연속적으로 나타난다고 하더라도, 다음 동전 던지기에서 '앞면'이 나타날 가능성은 정확히 50 대 50이다. 완벽한 주사위 던지기는 또 다른 하나의 예가 된다.

무작위 추출
각 요소들이 추출되는 과정에서 여타 다른 사상과 독립적이며 동일한 추출 기회를 가지는 표집 방법이다.

이와 같은 형태의 무작위 추출은 유용하기는 하지만, 사회과학 연구의 표집 방법으로 직접 적용되는 경우가 거의 없다. 보다 전형적인 것은, 사회조사자들이 무작위 수(난수표, tables of random number)나 컴퓨터 프로그램을 사용하여 표집단위들을 무작위 추출하는 것이다. 표집단위(sampling unit)는 표집의 어느 단계에서 추출대상으로 고려되는 요소 또는 요소들의 집합을 말한다. 설문조사 연구에 관한 8장에서는 컴퓨터로 면접할 전화번호를 무작위로 추출하는 방식, 소위 무작위 전화 걸기(random-digit dialing) 기법을 살펴볼 것이다.

표집단위
표집의 단계에서 추출을 위해 고려되는 요소나 요소들의 집합

무작위 추출이 사용되는 이유는 두 가지이다. 첫째, 이 절차는 연구자 측면에서 의식적 또는 무의식적 어긋남을 견제하는 역할을 한다. 직감에 근거하여 사례들을 추출하는 연구자는 당연히 자신의 연구 기대나 가설을 지지할 사례들을 추출하게 된다. 무작위 추출은 이런 위험을 제거해준다. 더 중요한 점은, 무작위 추출은 확률이론 체계에 접근할 수 있도록 해주는데, 확률이론 체계가 모집단의 특성을 추정할 수 있는 근거뿐만 아니라 표본의 정확성에 대한 추정치도 제공한다는 것이다. 자, 이제부터 확률이론을 상세하게 점검해보자.

확률이론과 표집분포, 표본오차의 추정

확률이론(probability theory)은 연구자가 대표성 있는 표본을 산출하는 표집 기법을 고안하고, 표집결과를 통계적으로 분석하는 데 필요한 도구를 제공하는 수학의 한 분야이다. 좀 더 공식적으로 말해, 확률이론은 모집단의 상수, 즉 모수를 추정하는 기반이 된다. 모수(parameter)는 모집단의 변수에 대한 요약 기술

모수
모집단에 있는 어떤 변수에 대한 요약 기술

Earl Babbie

어떻게 연구자는 이러한 동네에서 무작위 표본을 추출할 수 있을까? 이때 피해야만 하는 숨겨진 위험은 무엇인가?

(summary description)이다. 어느 도시의 모든 가족들에 대한 평균 소득은 모수이며, 그 도시의 전체인구에 대한 연령 분포도 모수이다. 연구자가 어떤 표본으로부터 일반화할 때는 모집단의 모수를 추정하기 위해 표본 관찰들을 사용하고 있는 것이다. 확률이론은 연구자에게 모수를 추정하게 해주고, 그 추정치가 모집단의 실제 모수를 정확하게 대표할 가능성이 얼마나 되는지 판단할 수 있게 해준다. 이를테면 확률이론은 여론조사자가 2천 명의 유권자 표본으로부터 1억 명의 모집단 유권자들이 어떻게 투표할 것인지를 추론하게 해주고, 그 추정치의 가능한 오차 한계가 얼마인지를 정확히 특정화하게 해준다.

확률이론은 이런 마술적으로 보이는 업적을 표집분포라는 개념을 통해 달성한다. 모집단에서 추출된 하나의 표본은 하나의 모수에 대한 추정치를 제공할 것이다. 다른 표본들은 동일하거나 약간 다른 추정치들을 제공할 것이다. 확률이론은 우리에게 수많은 그런 표본들로부터 산출되는 추정치들의 분포에 관해 말해준다.

표집오차의 논리는 다른 유형의 측정들, 예를 들어 평균 소득 혹은 평균 연령에도 적용될 수 있다. 하지만 백분비로 표현되는 측정은 이러한 일반 개념에 대한 가장 간단한 소개를 제공한다.

이것이 어떻게 작동하는지를 보기 위해 두 개의 표집분포를 조사할 것이다. 모집단이 단지 10개의 사례로 구성되어 있는 간단한 사례로 시작할 것이다.

10개 사례의 표집분포

어떤 집단에 열 명이 있고, 각자 주머니에 얼마의 돈을 가지고 있다고 가정하자. 단순화시켜, 한 사람은 한 푼도 없고, 다른 한 사람은 1달러, 또 다른 사람은 2달러, 이렇게 계속해서 9달러를 가진 사람까지 있다고 가정해보자. 〈그림 7-4〉는 열 명의 모집단을 나타낸다.

우리의 일은 한 사람이 가지는 평균 금액의 돈, 곧 평균 달러를 결정하는 것이다. 단순히 〈그림 7-4〉에서 보여주는 돈들을 모두 더한다면, 총합이 $45이므로 평균이 $4.50임을 알 수 있다. 이제 남은 훈련의 목적은 열 사람 모두를 실제로 관찰하지 않은 상태에서 그 평균을 추정하는 것이다. 이를 위해 우리는 그 모집단에서 무작위 표본들을 추출하고, 그 표본의 평균들을 사용하여 전체 모집단의 평균을 추정할 것이다.

먼저 열 명에서 단 한 사람으로 된 표본을 무작위로 추출한다고 가정하자. 그

그림 7-4 0~9달러를 갖고 있는 10명의 모집단
문제를 간단히 하기 위해, 0달러부터 9달러 내에서 각기 다른 금액을 주머니에 가지고 있는 10명의 모집단을 상상해보자.

러면 가능한 열 개 표본들은 〈그림 7-4〉에 있는 열 개의 사례들로 구성된다.

〈그림 7-5〉의 그래프에 표시된 열 개의 점은 그 열 개의 표본들을 나타낸다. 단 하나로 된 표본들을 취하고 있기 때문에, 그 표본들은 또한 우리가 모집단의 추정치로써 얻을 '평균'을 나타낸다. 그래프에 있는 점들의 분포는 표집분포

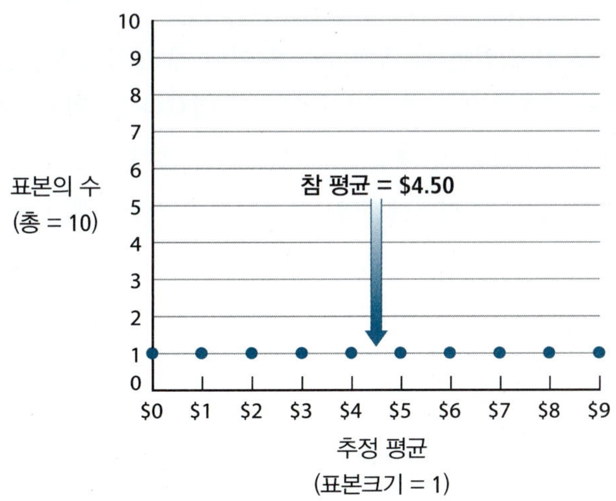

그림 7-5 단 하나로 된 표본들의 표집분포
이 단순한 예에서 사람들이 가지고 있는 평균 금액은 $4.50($45/10)이다. 만일 각 사람을 각기 다른 표본으로 뽑는다면, 평균 '추정치'는 전반적으로 펼쳐져 있을 것이다.

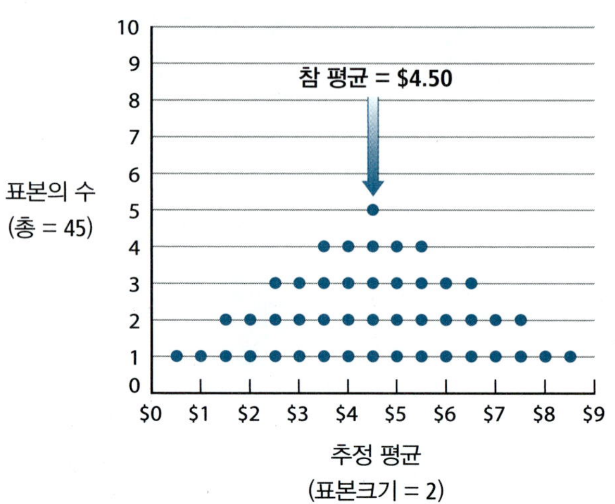

그림 7-6 두 개로 된 표본들의 표집분포
단지 표본의 크기를 2로 증가시키면, 그 표본들은 약간 더 나은 평균 추정치들을 제공할 것이다. 우리는 $0나 $9를 얻지 않을 것이고, 추정치들은 참 평균인 $4.50 주위로 모여 들기 시작할 것이다.

(sampling distribution)라고 불린다. 어떤 사람을 추출하는지에 따라 그 집단의 평균은 $0에서 $9 사이의 어딘가로 추정될 것이 분명하다. 그러고 나면 단 하나로 된 표본을 추출하는 것은 그다지 좋은 생각이 아니라는 것이 명백해지는데, 왜냐하면 참 평균인 $4.50를 놓칠 가능성이 상당히 높기 때문이다.

이제 두 명으로 된 표본을 택하기로 가정해보자. 〈그림 7-6〉에 나타난 바와 같이, 표본크기가 증가하면 추정치도 향상된다. 이제 45개의 가능한 표본, 즉 [$0 $1], [$0 $2],…[$7 $8], [$8 $9]이 있다. 게다가 이들 표본의 일부는 동일한 평균을 산출한다. 예를 들면, [$0 $6], [$1 $5], [$2 $4]는 모두 평균이 $3이다. 〈그림 7-6〉에서 평균 $3 위에 있는 세 개의 점들은 이런 세 개의 표본들을 나타낸다.

게다가 45개의 표본들은 표본크기가 하나일 때보다 덜 평평하게 분포되어 있다. 오히려 표본은 $4.50란 참 평균 주위에 얼마간 흩어져 있다. 단지 2개의 표본만([$0 $1], [$8, $9])이 참 평균에서 $4나 떨어져 있지만 5개의 표본이 참 추정치 $4.50를 제공하고, 8개의 표본은 그 점에서 단지 $0.5 떨어져 있다.

이제 더 큰 표본을 추출해보자. 그렇게 하면 평균의 추정치가 어떻게 될 것이라 생각하는가? 〈그림 7-7〉은 3, 4, 5, 6명으로 된 표본들에 대한 표집분포들을 보여준다.

표집분포의 진보가 명료하게 보인다. 표본크기가 증가함에 따라 평균 추정치들의 분포가 향상된다. 물론 이런 절차에서 극단적인 사례는 10명의 표본을 추출하는 것이다. 그러면 단지 하나의 가능한 표본(모든 사람들을 뽑는 것)이 있을 것이고, 그 표본은 우리에게 참 평균 $4.5를 제공할 것이다. 간략하게 살펴보았듯이

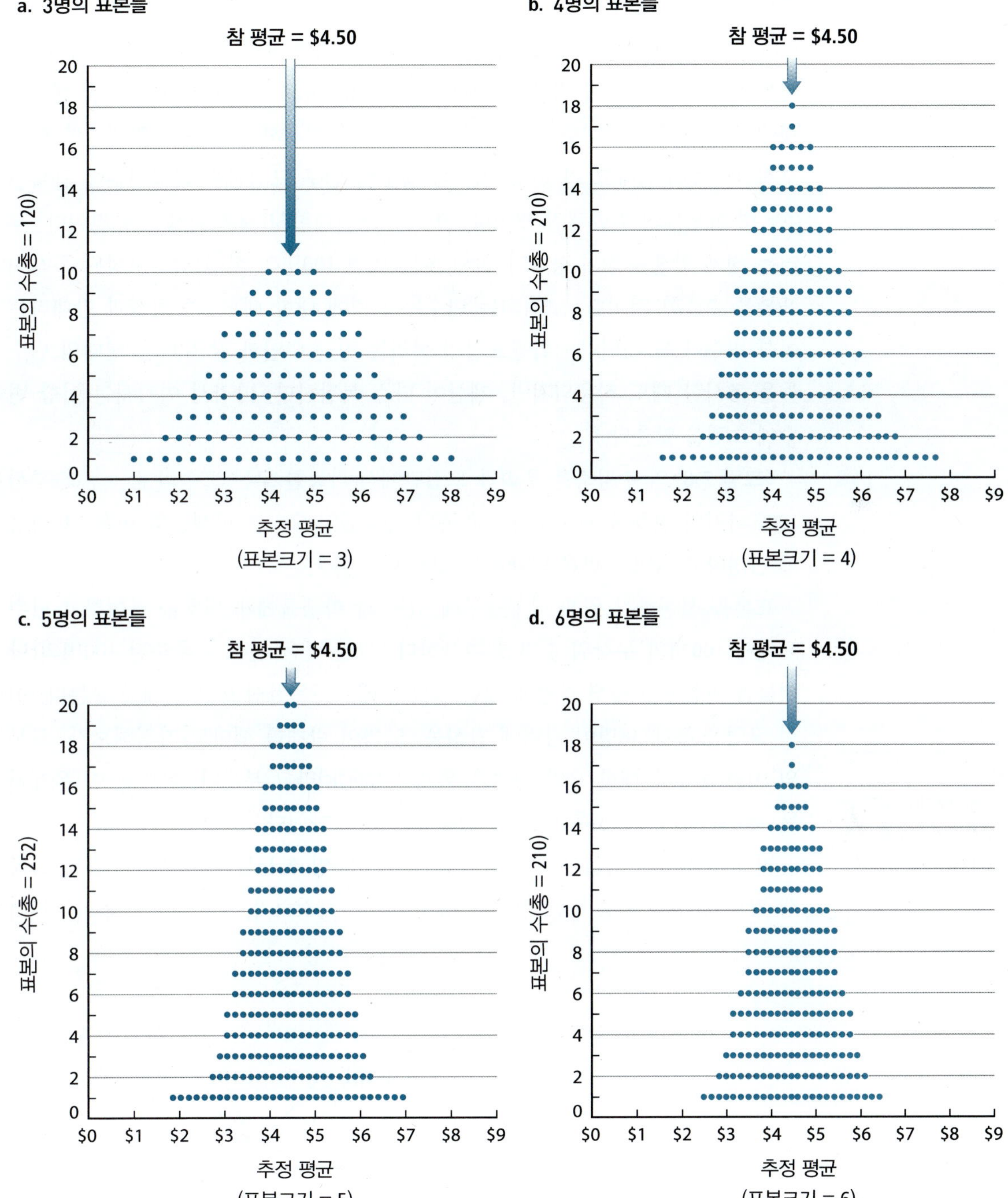

그림 7-7　3, 4, 5, 6명으로 된 표본들의 표집분포
표본크기가 증가할수록, 표본들은 참 평균 점수 둘레로 더욱 가까이 모여 든다. 극단적으로 부정확한 추정치들의 비율이 분포의 양 끝에서 감소되고, 참값에 가까운 표본의 백분비들은 점점 증가한다.

이런 원칙은 의미 있는 모집단들의 실질 표집에도 적용된다. 추출된 표본이 클수록, 표본이 추출된 모집단의 추정은 더욱 정확할 것이다.

표집분포와 표집오차의 추정

이제 훨씬 더 큰 모집단을 포함하는 좀 더 현실적인 표집 상황으로 돌아가서, 표집분포 개념이 어떻게 적용되는지를 살펴보자. 학교당국이 제안한 학생 행동강령에 찬성하거나 반대하는 학생들의 백분비를 결정하기 위해 주립대학의 학생 모집단을 연구한다고 가정해보자. 이 경우의 연구 모집단은 학생명부에 등록된 2만 명 학생들의 총합체일 것이다. 요소는 주립대학의 개별 학생들일 것이다. 우리는 전체 학생들을 추정하기 위해, 이를테면 100명의 학생으로 구성된 무작위 표본을 추출할 것이다. 고려되는 변수는 강령에 대한 태도, 즉 찬성과 반대라는 이항 변수가 될 것이다. (확률표집의 논리는 평균 수입과 같은 다른 형태의 변수들을 조사할 때도 적용되지만, 계산이 다소 복잡하다. 따라서 여기서는 이항 변수에 초점을 맞춘다.)

〈그림 7-8〉의 수평축은 우리가 모집단에서 가능한 모든 모수의 값, 즉 0%부터 100%까지의 찬성을 보여준다. 그 축의 중심점인 50%는 학생들의 반은 그 강령에 찬성하고 나머지 반은 반대하는 것을 나타낸다.

표본을 선정하기 위해 학생명부에 있는 각 학생들에게 번호를 부여하고 난수표에서 100개의 무작위 숫자를 추출한다. 그런 다음 번호가 추출된 100명의 학생들을 면접하여 학생 강령에 대한 그들의 태도, 즉 찬성 또는 반대를 묻는다. 이런 작업을 통해 48명이 강령에 찬성을, 52명이 반대를 했다고 가정해보자. 표본의 어떤 변수에 대한 요약 기술을 통계치(statistic)라고 부른다. 우리는 이 통계치를 48%를 나타내는 x축 위에 한 점을 찍어서 나타낸다.

통계치
표본의 변수에 대한 요약 기술로, 모집단의 모수를 추정하기 위해 사용된다.

이제 정확하게 똑같은 방식으로 또 다른 100명 학생들의 표본을 추출하고 학생 강령에 대한 찬성 또는 반대를 측정한다고 가정하자. 아마 두 번째 표본에서

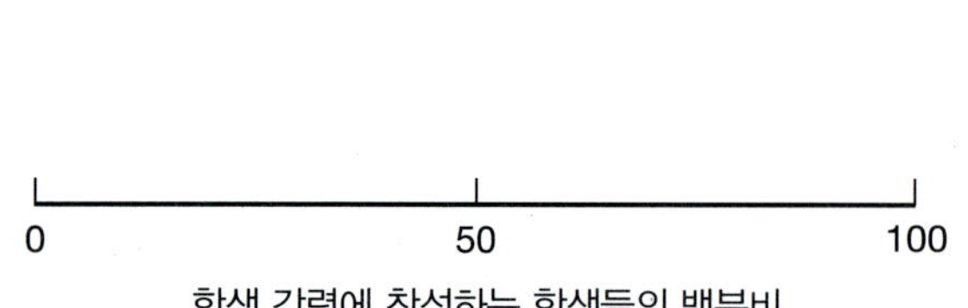

그림 7-8 표본 연구 결과들의 가능한 범위
좀 더 현실적인 예로 이동하기 위해, 어떤 제안된 행동 강령에 관한 학생 태도들의 표본을 원한다고 가정하자. 전체 학생의 50%는 찬성하고 50%는 반대한다고 가정하자. 물론 연구자는 그것을 알지 못한다.

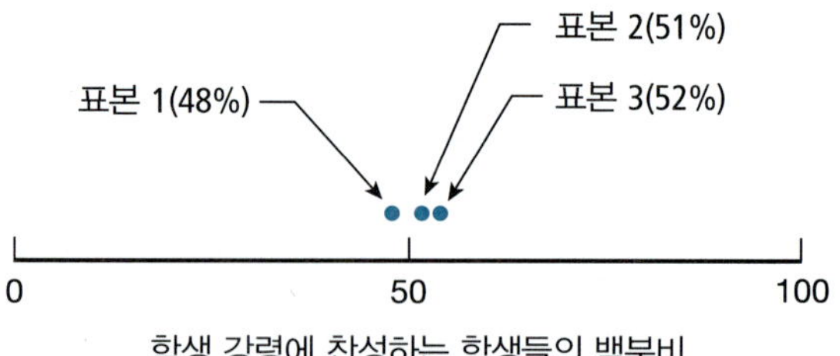

그림 7-9 세 가지 가설적 연구가 산출한 결과
커다란 학생 집단을 가정하기 때문에, 우리는 세 개의 다른 표본—각기 상당한 크기의—을 추출했다. 우리는 이러한 표본들이 전체 학생들의 태도를 완벽하게 반영할 것을 필연적으로 기대하지 않지만, 그것들이 상당히 근접할 것은 기대해야만 한다.

는 51명이 그 강령에 찬성할 것이다. 우리는 x축에서 합당한 지점을 찾아 그 위에 또 다른 점을 위치시킨다. 이런 과정을 한 번 반복하면, 세 번째 표본에서는 52명의 학생이 강령에 찬성하는 것을 발견할 수 있을 것이다.

〈그림 7-9〉는 세 개의 무작위 표본에서 학생 강령에 찬성하는 학생들의 백분비를 각기 나타내는 세 개의 표본 통계치를 보여준다. 무작위 표집의 기본 규칙은 모집단에서 추출된 표본들이 전체 모집단에 존재하는 모수의 추정치를 제공한다는 것이다. 그러므로 각각의 무작위 표본은 전체 학생들 중 학생 강령에 찬성하는 학생들의 백분비에 대한 추정치를 제공한다. 하지만 불행히도 우리는 세 개의 표본을 추출하여 서로 다른 세 개의 추정치를 얻었다.

이런 곤경에서 빠져나가기 위해 100명의 표본을 계속 뽑고, 각 표본에 그 강령에 대한 찬성 또는 반대를 묻고, 요약 그래프에 새로운 표본 통계치를 좌표로 표시해보자. 그러한 표본을 많이 추출하면, 새로운 표본의 일부가 10개 사례들의 도해에서처럼 동일한 추정치를 제공하는 것을 발견한다. 〈그림 7-10〉은 이를테면 수백 개 표본에 대한 표집분포를 보여주고 있다. 이러한 종 모양의 분포를 흔히 정규곡선(normal curve)이라고 한다.

추출하여 면접한 표본의 수가 증가함에 따라, 표집조작에 의해 제공되는 추정치의 범위 또한 증가한다는 점에 주목하라. 어떤 의미에서는 모수를 추측하려는 시도가 우리의 딜레마를 증가시키고 있다. 그러나 확률이론은 〈그림 7-10〉에 제시된 표집분포에 대한 중요한 규칙들을 제공한다.

첫째, 독립적인 무작위 표본들이 모집단에서 많이 추출되면, 이들 표본이 제공한 표본 통계치들은 모집단의 실제 모수 주위에 알려진 방식으로 분포될 것이다. 〈그림 7-10〉은 폭넓은 범위의 추정치들을 보여주지만, 그래프의 어느 곳보다 더

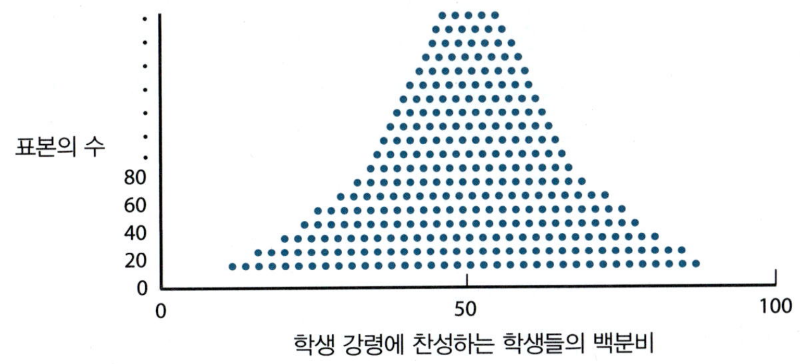

그림 7-10 표집분포
만일 많은 수의 좋은 표본을 추출한다면, 그것들이 참값(50%) 주위에 밀집해 있을 것으로 기대할 수 있다. 그러나 그러한 표본에서조차 몇 개는 그 중심에서 상당히 멀리 떨어져 있을 것이다.

많은 추정치들이 50% 부근에 몰려 있다. 그러므로 확률이론은 참값이 50% 부근에 있음을 말해준다.

둘째, 확률이론은 표본 통계치들이 참값 주위에 얼마나 밀집하는지를 추정할 수 있는 공식을 제공한다. 다른 방식으로 말해, 확률이론은 우리에게 **표집오차(sampling error)**—특정 표본설계에서 기대되는 오차의 수준—를 추정하게 해준다. 이 공식은 세 요인, 즉 모수, 표본크기, 표준오차(한 측정방식의 표집오차)로 이루어진다. 즉, 다음과 같다.

표집오차
확률표집에서 기대할 수 있는 오차의 수준. 표집오차를 결정하는 공식은 세 개의 요인 즉 모수, 표본크기, 표준오차를 포함한다.

$$s = \sqrt{\frac{P \times Q}{n}}$$

이 공식에서 기호 P와 Q는 이항 분포를 가진 모집단의 모수이다. 만약 60%의 학생이 강령에 찬성하고 40%가 반대한다면, P와 Q는 60%와 40%, 또는 0.6과 0.4이다. $Q=1-P$이며, $P=1-Q$라는 점에 주목하라. 기호 n은 각 표본의 사례 수이며, s는 표준오차(standard error)이다.

모집단의 실제 모수가 강령에 대한 찬성이 50%, 반대가 50%라고 가정하자. 우리는 각 표본들에 100개의 사례들을 추출해왔음을 상기하자. 이 숫자들을 공식에 집어넣으면, 표준오차가 0.05, 즉 5%임을 알 수 있다.

확률이론에서 표준오차는 매우 중요한 정보가 되는데, 왜냐하면 그것은 표본 추정치들이 모집단의 모수 주위에 분포되어 있는 정도를 알려주기 때문이다. [만약 통계학의 표준편차(standard deviation)를 잘 알고 있다면, 여기서의 표준오차가 표집분포의 표준편차임을 알 수 있을 것이다.] 구체적으로 확률이론은 어떤 구성비의 표본 추정치들이 모집단의 모수에서 특정 증가분—하나의 표준오차와 동일한—사이에 있음을 알려준다. 약 34%(0.3413)의 표본 추정치들이 모집단의 모수로부터 하나의 표준오차 증가분 사이에 있을 것이고, 다른 34%는 모집단의 모수로부터 하나의 표준오차 감소분 사이에 있을 것이다. 우리의 예에서 표준오차 증가분은 5%이므로 표본의 34%는 50%(모수)와 55%(상위 1표준오차) 사이에서 찬성 추정치를 제공할 것이고, 다른 34%의 표본은 50%와 45%(하위 1표준오차) 사이에서 찬성 추정치를 제공할 것이다. 그러므로 이 둘을 합치면 거의 2/3(약 68%)의 표본들이 모수±5% 내에서 추정치를 제공할 것임을 우리는 안다.

게다가 확률이론은 약 95%의 표본들이 참값±2표준오차 사이에 추정치들이 있고, 약 99.9% 표본들이 참값±3표준오차 사이에 추정치들이 있음을 지적한다. 그러고 나면 우리의 예에서는 1,000개의 표본들 가운데 단 하나의 추정치만이 35%보다 낮은 찬성률을 보이거나 65%보다 높은 찬성률을 보인다는 사실을 안다.

많은 수의 표본들이 추출되는 경우 방금 기술한 바와 같은 무작위 표집 절차에서 모수치에서 하나, 둘 또는 세 개의 표준오차 사이에 있는 표본들의 구성비는 일정하다. 하지만 특정 사례에서 표준오차의 크기는 모집단의 모수와 표본크기에 대한 함수이다. 잠시 공식으로 되돌아가서, 표준오차가 $P \times Q$의 양이 증가하면 증가하는 함수임에 주목하라. 게다가 그 양이 모집단이 똑같이 나눠질 때 극한값에 도달한다는 사실에 주목하라. 만약 $P = .5$이면 $PQ = .25$이고, $P = .6$이면 $PQ = .24$, $P = .8$이면 $PQ = .16$이고, $P = .99$이면 $PQ = .0099$이다. 계속해서, 만약 P가 0.0이나 1.0이면(학생 강령에 대한 찬성률이 0%나 100%라면), 표준오차는 0이 될 것이다. 즉, 만약 모집단의 모든 사람들이 동일한 태도(변이가 없음)를 가진다면, 모든 표본은 추정치를 정확하게 제공할 것이다.

표준오차는 표본크기의 함수—역함수—이기도 하다. 표본크기가 증가함에 따라, 표준오차는 감소한다. 달리 말해, 표본크기가 증가함에 따라, 여러 표본들은 참값 가까이에 모여들 것이다. 또 다른 지침이 이 공식에서 명백해진다. 제곱근이기 때문에, 표본크기가 4배가 될 때 표준오차는 1/2로 감소한다. 우리의 예에서, 표본크기가 100일 때 표준오차는 5%이다. 표준오차가 0.25%로 감소되기 위해서는 표본의 수가 400으로 증가되어야만 한다.

이 모든 정보는 대규모의 무작위 표본들과 관련된 기존 확률이론이 제공하는 것이다. [만약 여러분이 통계학 수업을 들었다면 '중심극한정리(Central Tendency Theorem)'를 알 것이다.] 만약 모집단 모수가 알려져 있고 많은 무작위 표본들이 추출된다면, 얼마나 많은 표본들이 모수의 특정 구간 내에 떨어질 것인지를 예측할 수 있다.

이런 토의는 단지 확률표집의 논리만을 설명하고 있음을 인식하라. 이는 연구가 실제로 수행되는 방식을 기술하는 것은 아니다. 보통 우리는 모수를 모른다. 우리가 표본 설문조사를 행하는 이유는 바로 그 모수의 값을 추정하기 위한 것이다. 게다가 우리는 실제로 표본들을 수없이 많이 추출하지도 않는다. 단 한 번 표본을 추출한다. 그럼에도 불구하고, 앞에서 논의한 확률이론은 전형적인 사회조사 상황에서 추론의 기초가 된다. 수천 개의 표본을 뽑으면 어떻게 될 것인지를 이해함으로써, 우리가 추출하여 연구하는 하나의 표본에 대한 가정을 만들 수 있다.

신뢰수준과 신뢰구간

확률이론이 수많은 가상의 표본들 중 68%가 모수±1표준오차 사이에 떨어질 추정치를 산출할 것이란 사실을 구체화하기 때문에, 우리는 그 논리를 뒤집어 어떤 무작위 표본의 추정치가 그 범위 내에 떨어질 가능성이 68%라는 점을 추론할 수 있다. 이런 관찰 결과는 우리가 두 개의 중요한 표집오차 추정치 성분, 즉 신뢰수준(confidence level)과 신뢰구간(confidence interval)에 다다르도록 이끈다. 표본 통계

신뢰수준
모수가 주어진 신뢰구간 안에 놓일 가능성을 추정한 확률. 즉 35% 내지 45%의 유권자들이 후보자 A를 선호하고 있음을 95% 확신할 수 있다.

신뢰구간
모수가 놓일 것으로 예상되는 값들의 범위이다.

치들의 정확성은 통계치가 모수로부터의 특정 구간 내에 떨어진다는 신뢰수준이란 용어를 사용하여 표현한다. 예를 들면, 우리는 표본 통계치(이를테면, 50%가 새로운 학생 강령을 찬성한다)가 모수±5% 사이에 있음을 68% 확신한다고 말할 수 있다. 통계치의 신뢰구간이 확장될수록, 우리의 신뢰는 증가한다. 예를 들면, 우리는 통계치가 참값±3표준오차 사이에 있을 것을 99.9% 확신한다고 말할 수 있다. (지금쯤 여러분들은 "통계란 확실하다고 말할 필요가 없다는 의미"라는 출처 불명의 속설이 무엇을 뜻하는지 알 수 있을 것이다.)

우리는 모수의 어떤 범위 내에 있음을 (어느 수준에서) 확신할 수 있지만, 그 모수의 값이 무엇인지를 좀처럼 알지 못한다는 점에 이미 주목해왔다. 이 문제를 해결하기 위해, 우리는 공식에서 모수를 표본의 통계치로 대치한다. 참값이 없기 때문에 최고로 유효한 추측으로 대치하는 것이다.

이러한 추론과 추정의 결과는 우리가 모수를 추정할 수 있고 또 모집단에서 추출한 하나의 표본에 기초해서 기대되는 오차의 수준도 추정할 수 있다는 것이다. "전체 학생 중 몇 %가 학생 강령에 찬성하는가?"라는 질문으로 시작하여, 100명의 학생들로 구성된 무작위 표본 하나를 추출하여 면접할 수 있다. 그러고는 우리의 최고 추정치는 학생 중 50%가 그 강령에 찬성한다는 것이고, 학생들의 찬성률이 40%에서 60% 사이(±2표준오차)에 있음을 95% 확신할 수 있다고 보고할 수 있다. 40%에서 60%의 범위는 신뢰구간이 된다. (68% 신뢰수준에서 신뢰구간은 45~55%일 것이다.)

신뢰수준과 신뢰구간의 논리는 또한 연구에 적합한 표본크기를 결정하는 기초가 되기도 한다. 일단 허용할 수 있는 표집오차의 수준을 결정하고 나면 표본에 필요한 사례들의 수를 계산할 수 있을 것이다. 예를 들어, 만일 여러분의 연구 발견들이 모수±5% 사이에 정확히 있음을 95% 확신하고자 한다면, 최소한 400명의 표본을 추출해야만 한다. (이 점과 관련하여 부록 D '추정 표집오차'는 좋은 안내서이다.)

그러고 나면 이것은 확률표집의 기본 논리가 된다. 무작위 추출은 연구자에게 표본에서 발견한 것을 확률이론 체계에 연결시켜 그 발견의 정확성을 추정하도록 해준다. 표집의 정확성에 대한 모든 진술은 신뢰수준과 신뢰구간 모두를 구체화해야 한다. 연구자는 모수가 두 개의 특정 값 사이에 있음을 *x*% 확신한다는 것을 반드시 보고해야 한다. 위의 예에서 나는 백분비로 분석된 변수들을 사용하여 표집오차의 논리를 설명해왔다. 이를테면 평균을 위한 표준오차의 계산에는 다른 통계 절차가 요구될 것이지만 전반적인 논리는 동일하다.

표본크기와 추정치의 정확성에 대한 논의 어디에서도 모집단 크기가 전혀 고려되지 않았다는 점에 주목하라. 모집단 크기는 거의 항상 관련이 없기 때문이다. 버몬트 주의 유권자를 대표하기 위해 적절히 추출된 2,000명 응답자의 표본이 미국의 모든 유권자를 대표하기 위해 적절히 추출된 2,000명의 표본보다 덜 정확한 것은 아니다. 비록 버몬트 표본이 그 작은 주의 유권자에서 차지하는 비율과 미국 전체 표본이 미국 전체 유권자에서 차지하는 비율을 비교할 때 전자가 상당히 높지만 말이다. 이러한 직관에 반하는 사실에 대한 근거는 표집오차를 계산하는 모든 등식들이 표본이 추출될 모집단이 무한적으로 크고 그래서 모든 표본이 전체에서 차지하는 비율이 거의 0%에 가깝다고 가정하는 데 있다.

물론 현실에서 이것은 참이 아니다. 2,000명의 버몬트 표본은 2016년 대통령 선거에 투표했던 버몬트 유권자의 0.63%를 나타내고, 2,000명의 미국 유권자 표본은 전국 유권자의 0.0014%에 불과하다. 그럼에도 불구하고 이들 구성비들은 표본이 무한하게 큰 모집단에서 끄집어낸다는 이상(ideal)에 접근할 정도로 충분히 작은 비율이다. 게다가 그런 구성비들은, 만일 표본이 그것이 추출된 모집단의 5% 혹은 그 이상을 대표하지 않는다면, 거의 상관없다. 드물게 상당히 높은 비율로 추출된 경우에는 '유한 모집단의 수정(finite population correction)'이 신뢰구간들을 조정하기 위해 계산될 수 있다.

아래 공식은 계산된 오차에 곱해야 할 비율을 계산한다.

$$\text{유한 모집단의 수정} = \sqrt{\frac{N-n}{N-1}}$$

이 공식에서 N은 모집단 크기이고 n은 표본크기이다. 전체 모집단을 연구하는 극단적인 경우(이 경우에는 $N-n$)에는 위 공식이 유한 모집단의 수정을 거의 0으로 산출한다는 사실에 주목하라. 이전 공식에서 계산된 표집오차에 0을 곱하면, 최종 표집오차는 0이 될 것이다. 물론 표집오차가 0인 표본은 바로 (모집단과 표본 크기가 동일한) 사례가 되는데, 왜냐하면 여러분은 표본을 뽑지 않았기 때문이다.

이러한 통계학 논의의 본질에 싫증나지 않기 위해, 우리가 조사해왔던 것들이 얼마나 놀라운 것인지를 인식하는 것이 유용하다. 무작위이고 무질서하게 보일 수 있는 것 안에는 놀라운 질서가 존재한다. 우리에게 이러한 관찰을 가르쳐준 연구자는 프란시스 갈톤 경(Sir Francis Galton, 1822~1911)이다.

> 명백한 혼돈(Chaos)에서의 질서. 나는 '오류빈도법칙(Law of Frequency of Error)'으로 표현되는 놀라운 형태의 우주 질서를 어떠한 상상력으로도 표출할 자신이 없다. 그리스 사람들이 그 법칙을 알았더라면 그 법칙은 의인화되어 신화되었을 것이다. 그 법칙은 가장 길들여지지 않은 혼란 속에서 완벽하게 겉으로 드러나지 않으면서 조용

하게 지배한다. 군중은 크면 클수록, 무질서하면 할수록 완벽하게 동요될 것이다. 이것이 비이성(unreason)의 최고법칙이다.

(Galton, 1889: 66)

확률표집의 기본 논리에 대한 논의의 결론을 내리기 전에 두 가지 주의가 요구된다. 첫째, 여기서 논의한 바와 같이 설문조사에서 확률이론의 사용은 전문 기술적 관점에서 볼 때 전적으로 정당화되지 않는다. 표집분포의 이론은 설문조사의 상황에서 거의 결코 적용되지 않는 가정들을 가지고 있다. 이를테면 표준오차의 특정 증가분 사이에 포함되는 표본들의 정확한 비율은 무한히 큰 모집단, 무한히 많은 수의 표본들, 그리고 추출된 모든 표집단위들은 '단지에 다시 집어넣어서' 또다시 추출될 수 있도록 하는 반복 표집 방식을 수학적으로 가정한다. 둘째, 우리의 논의는 여러 개 표본들의 분포로부터 하나의 표본에서 있음직한 특성들로 추론을 비약하는 지나친 단순화를 감행했다.

나는 표집에서 확률이론을 사용하는 접근방식에 대해 이러한 주의를 환기시키고자 한다. 사회연구자들은 흔히 확률이론을 사용해 산출한 추정치들의 정확성을 과대평가하는 것처럼 보인다. 내가 이 장의 어디에선가 그리고 이 책의 전반에 걸쳐 언급한 것처럼, 표집 기법들과 비표집 요인들은 그런 추정치의 합법성을 더욱 축소시킬 수 있다. 이를테면, 표본에 추출되었지만 참여를 거부하거나 참여하지 않은 자들은 표본의 대표성을 잘못되게 만든다.

수년간 대중은, 이를테면 정치 여론조사 결과들을 동반하는 표집오차의 범위를 보고하는 미디어에 점점 익숙해지고 있다. 하지만 개선의 여지는 여전히 남아있다. 2015~2016년 대통령 선거운동에서 17명이나 되는 많은 공화당 후보들이 나왔다. 이들의 논쟁을 텔레비전으로 방송하는 데는 많은 사람들과 장비가 동원되는 복잡한 작업의 실행계획 문제가 따랐다. 일반적인 해결책은 가장 인기 있는 후보자들로 논쟁을 제한함으로써 인기가 없거나 미미한 후보자들을 빼버리는 것이다. 하지만 어떻게 이런 인기도를 결정해야 하는가?

텔레비전 논쟁 프로그램의 참석 예정자들 각각은 약간씩 다르게 선정되었지만, 기본 논리는 목표대상자 수, 이를테면 10명을 결정하고, 논쟁에 앞서 전국단위로 일련의 설문조사들을 시행하는 것이다. 각 후보자는 후보자가 일련의 특정 여론조사들에서 얻은 평균 인기도 점수를 받을 것이다. 이는 합리적인 것처럼 보이지만, 후보자 10번과 11번의 인기도 점수 차이는 항상 표집오차 범위—때로는 1% 포인트도 안 되는—내에 있었다. 이것은 의미 없는 통계적 차이이지만, 중대한 정치적 차이가 되었다.

이는 공화당에 대한 편파적 비판이 아니다. 민주당 역시 2020년 대통령 경선 예비선거조사에서 공화당과 마찬가지로 이처럼 미미한 차이를 보이는 방식을 사용했다.

비록 이러한 방식들이 오용될 수 있지만, 그럼에도 불구하고 이 절에서 논의한 계산들은 여러분의 자료를 이해하고 평가하는 데 매우 중요한 정보를 제공할 수 있다. 비록 이 계산들이 일부 연구자들이 가정하는 만큼 정확한 추정치를 제공하지 못하더라도, 실용적인 목적에는 충분히 타당할 것이다. 그 계산들이 덜 엄격한 표집 방법에서 추론된 덜 엄격한 추정치보다 더 타당하다는 점은 의심의 여지가 없다. 더 중요한 것은 그 계산에 내재된 기본 논리에 익숙해짐으로써 여러분은 자신의 자료와 다른 사람들이 보고하는 자료에 현명하게 반응할 수 있다는 것이다.

7.5 모집단과 표집틀

앞 절에서는 사회연구 표집을 위한 이론적 모형을 소개했다. 우리는 학생으로서, 연구 소비자로서, 그리고 연구자로서, 그 이론을 이해할 필요가 있지만, 현장에 존재하는 불완전한 상황들을 평가하는 일도 그에 못지않게 중요하다. 이 절에서 우리는 이상적인 이론적 조건과 가정들과 타협을 요구하는 측면의 현장 조건, 즉 모집단과 표집틀 사이의 일치 혹은 불일치에 대해 살펴볼 것이다.

간단히 말해 표집틀(sampling frame)은 확률표본이 추출되는 요소들의 목록 또는 유사(quasi) 목록이다. 학생명부에서 학생들의 표본을 추출한다면, 그 명부는 표집틀이 된다. 복잡한 모집단 표본에 대한 일차 표집단위가 인구총조사 조사구(census block)라면, 인구총조사 조사구들의 명부가 표집틀—인쇄된 소책자, 테이프, 또는 기타 전산화된 기록의 형태로—을 형성한다. 여기 연구지에 실린 표집틀에 관한 보고 내용이 있다. 각각의 예에서 실제의 표집틀은 고딕 글씨체로 표시되었다.

표집틀
표본이 추출될 모집단을 구성하고 있는 단위들의 목록 또는 의사 목록. 만약 표본이 모집단을 대표하려고 한다면, 표집틀이 모집단의 모든(또는 거의 모든) 구성원들을 포함해야 함이 필수적이다.

— 이 연구의 자료는 워싱턴 주 야키마(YaKima) 군에 있는 공립학교와 종교계통 학교에서 3학년에 재학 중인 어린이들의 부모들의 무작위 표본에서 획득되었다.

(Petersen and Maynard, 1981: 92)

— 시점 1의 표본은 텍사스 주 루벅(Lubbock)의 전화번호부에서 무작위로 추출한 160명의 이름으로 구성되어 있다.

(Tan, 1980: 242)

— 이 논문에 보고된 자료는 … 48개 주 미국 본토의 가구들에 거주하는 18세 이상 성

인들에 대한 확률표본을 수집한 것이다. 1975년 가을, 미시간대학의 설문조사연구소는 1,914명의 응답자들에 대해 대인면접을 시행했다.

(Jackman and Senter, 1980: 345)

적절하게 추출된 표본들은 표집틀을 구성하고 있는 요소들의 모집단의 기술에 타당한 정보를 제공할 뿐 그 이상은 아니다. 나는 연구자의 지극히 상식적인 견해에서 이 논점을 강조할 것이다. 연구자는 주어진 표집틀에서 표본을 추출한 다음, 그 표집틀에 의해 정의된 모집단과 유사하지만 동일하지 않은 모집단에 대해 주장을 펼치곤 한다.

한 예로, 미국 의사들이 가장 빈번히 처방하는 약들에 대해 논의하고 있는 다음의 보고서를 보자.

처방약 판매들에 대한 정보를 얻기란 쉽지 않다. 그러나 뉴욕 주 올바니에 위치한 유니온대학의 올바니 약대 약학교수 리날도 V. 디누조(Rinaldo V. DeNuzzo)는 25년간 근처 약국들을 조사하여 처방약 판매를 추적해왔다. 그는 그 결과를 산업무역 잡지인 「MM&M」에 발표한다.

1980년도에 실시한 디누조의 가장 최근 조사는 뉴욕 주와 뉴저지 주의 48개 지역에 있는 66개 약국의 보고들에 기초하고 있다. 그 지역들이 다른 지역들과 구별되는 유별난 점이 없다면, 그의 발견은 이 나라 곳곳에서 일어나고 있는 것을 대표한다고 볼 수 있다.

(Moskowitz, 1981: 33)

이 초록에서 놀라운 것은 뉴욕과 뉴저지에 특이한 무엇이 있는지에 관한 인과적 조언이다. 당연히 특이한 것이 있다. 이 두 주의 생활방식은 다른 48개 주의 전형이라고는 거의 볼 수 없다. 우리는 도시화된 동부 해안의 거대한 주의 거주자들이 미시시피, 네브라스카, 혹은 버몬트 주의 거주자들과 약 사용 형태가 필연적으로 동일하다고 가정할 수 없다.

이 설문조사는 뉴욕과 뉴저지 주의 처방 유형이라도 대표하는가? 그것을 판단하기 위해, 우리는 48개의 지역과 66개의 약국들이 추출된 방식에 관해 무언가를 알아야만 할 것이다. 이런 점에서, '근처 약국들을 조사하여'란 말에 주의해야 한다. 앞으로 보겠지만, 대표성을 확신하는 표본을 추출하는 방법에는 여러 가지가 있으며, 그 방법들이 사용되지 않는다면 연구의 발견을 일반화해서는 안 된다.

표집틀은 우리가 연구하고자 하는 모집단에 충실해야 한다. 가장 간단한 표본설계에서도 표집틀은 연구 모집단을 구성하고 있는 요소들의 목록이 된다. 하지만 실제로는 연구 모집단으로 표집틀을 정의하기보다 흔히 기존의 표집틀로 연구 모집단을 정의한다. 우리는 종종 연구할 모집단을 마음에 두고 시작하며, 그런 다음 가능한 표집틀을 찾는다. 우리가 획득하여 사용할 수 있는 틀들을 조사하고 평가한 후에, 어떤 틀이 우리의 요구에 가장 적절한 연구 모집단을 제시하는지를 결정한다.

조직들의 연구는 흔히 표집에서 가장 간단한 것이 되는데, 왜냐하면 조직들은 전형적으로 회원명부를 가지고 있기 때문이다. 이 경우 구성원들의 명부는 매우 훌륭한 표집틀이 된다. 만일 무작위 표본이 구성원 명부에서 추출된다면, 그 표본에서 수집된 자료는—만일 모든 구성원들이 그 명부에 있다면—모든 구성원을 대표하는 것으로 간주할 수 있다.

표본이 추출될 수 있는 훌륭한 조직명부를 가지고 있는 모집단으로는 초등학교, 고등학교, 대학교 학생과 교원, 교회 신도, 공장 노동자, 남녀 동창회원, 사회단체, 봉사단체, 정치단체, 전문학회의 구성원 등을 들 수 있다.

앞의 조언은 일차적으로 지역의 조직들에 적용된다. 흔히 주 단위 조직이나 전국 단위의 조직들은 단일 회원명부를 가지고 있지 않다. 이를테면 성공회 교인들에 대한 단일 명부는 없다. 그러나 약간 좀 더 복잡한 표본설계는 먼저 교회들을 표본 추출하고 그다음 추출된 교회들의 교인명부에서 하위 표본을 추출하는 방법으로 지역교회 신도들의 명부를 활용할 수 있다. (나중에 좀 더 자세히 언급하겠다.)

다른 이용가능한 명부에는 자동차 소유주, 복지 수혜자, 납세자, 사업자 등록증 소지자, 전문직 면허소지자 등에 대한 명부들이 있다. 이들 명부 중 일부는 얻는 데 어려움이 있을 수 있지만, 명부는 특정한 연구목적에 매우 훌륭한 표집틀을 제공한다.

어떤 개인들의 목록들은 특별 연구의 필요성에 특히 관련될 것이다. 예를 들어 정부기관이 등록된 투표자들의 명부를 보관하기 때문에, 일부 정치 여론조사자들은 이러한 명부에 근거하여 등록 기반 표집(registration-based sampling, RBS)을 사용할 것이다. (하지만 어떤 경우에는 이런 파일들이 최신의 것이 아니다. 게다가 투표자로 등록된 사람이 실제로는 주어진 선거에 투표를 하지 않을 수 있다.)

연구에서 표집 요소가 개인들일 필요는 없다. 다양한 형태의 요소들 명부—대학, 사업체, 도시, 학술지, 신문, 노동조합, 정치단체, 전문직 단체 등—가 존재한다.

전화번호부는 '신속하고 하찮은' 여론조사에서 자주 사용된다. 의심할 필요도 없이, 전화번호부는 사용하기 쉽고 돈이 별로 들어가지 않는다. 바로 그것이 인기가 있는 이유이다. 만약 여러분이 전화 가입자들을 모집단으로 하여 주장을 펼치고자 한다면, 전화번호부는 매우 훌륭한 표집틀이 된다. (물론 전화번호부는 새로운 가입자들이나 등재되지 않기를 요구한 사람들을 포함하고 있지 않음을 인식하라. 표집은 비주거용 명단들이 포함되면 더 복잡해진다.)

초기 전화 설문조사들은 전문 연구자들에게 좋지 않은 평가를 받았다. 전화 설문조사는 정의상 전화를 가지고 있는 사람들로 제한된다. 몇 년 전만 해도 이 방법은 설문조사에서 가난한 사람들을 배제하는 방식으로 상당한 계급 편향을 가져왔다. 1936년 「리터러리 다이제스트」의 실패가 이를 생생하게 보여준다. 비록 투표자들이 우편으로 접촉되었지만, 표본의 일부에는 대공황 시기 미국에서 전혀 전형적이라 할 수 없는 전화가입자들이 추출되었다. 하지만 2009년에는 95.7%의 가구들이 전화를 가지고 있다. 따라서 이전의 계급 편향성은 실질적으로 사라졌다(U.S. Bureau of the Census, 2012: 712, 표 1132).

전화조사 표집에 관련된 또 다른 문제는 전화부에 없는 구성원들이다. 지역 전화부로부터 선정된 설문조사 표본은 자신의 전화번호가 등록되지 않은 사람들—특히 부자들—을 전부 빠뜨린다. 이러한 잠재적인 어긋남은 실질적으로 선진화된 전화 표집 기법인 무작위 전화 걸기(random-digit dialing, RDD)에 의해 제거된다.

일련의 7자리 숫자 전화번호를 무작위로 추출한다고 가정해보자. 자신의 번호가 전화번호부에 없는 사람들도 전화부에 있는 사람들과 마찬가지로 동일한 추출 확률을 가져야 할 것이다. 하지만 만일 당신이 무작위로 선정한 번호들로 전화를 건다면, 이들 중 상당수—정부 관료, 대기업가, 기타 등등—가 '응답하지 않음(not in service)'으로 나타날 것이다. 다행히도 전화를 잘 받는 거주자들의 번호를 획득하는 것은 가능하다. 이러한 일련의 번호들의 무작위 선정은 거주 가구들에 대한 대표성 있는 표본들을 제공할 것이다. 결론적으로 RDD는 전화조사에서 표준 절차가 되고 있다.

휴대폰(cell phones)의 대중성 증가는 설문조사 연구자들에게 새로운 근원에 대한 관심을 창출했다. 1991년에 전화소비자보호법령(Telephone Consumer Protection Act of 1991)은 전화 간청에 제한을 두었다. 전화를 받는 휴대폰의 수신자 비용 때문에 법령은 자동전화걸기 체제(예, 제품들의 특별세일을 여러분에게 알리는 자동녹음전화)를 불법으로 만들었다. 그러나 설문조사를 하지 못하는 곳에서는 누가 어떤 것을 판매하고 있지 않을까? 이러한 노력을 통해 연구자의 프로젝트는 공식적으로 면제되었지만, 미국여론조사학회[American Association for Public Opinion Research(AAPOR), 2010]는 멤버들에게 다음과 같이 경고했다.

이런 연방 법률에 동조하고 있다는 것을 확실히 하기 위해, 표본의 휴대폰 응답자의 사전 동의 의견이 부재하다는 것에 대해 전화 조사연구의 본부는 그들의 응답자들에게 전화번호를 수동으로 누르도록 해야 한다(이를테면, 인간이 전화번호를 손으로 걸 수 있는 곳에서).

더욱이 전적으로 휴대폰을 사용하는 사람들은 일반적으로 젊은 사람들인 경향이 있다. 2004년에 그들은 나이 든 유권자들보다 존 케리에게 더 많이 투표했다. 2008년에 그들은 일반 유권자보다 버락 오바마를 더 많이 지지했다. 이런 문제에 대한 연구에서 키터와 맥기니(Keeter and McGeeney, 2015)는 연령에 따라 구분되는 편향과 그런 편향에 밀접하게 관련된 변수들(혼인상태와 같은)이 단지 휴대폰으로만 접근할 수 있는 사람들과 유선전화로 접근할 수 있는 사람들을 구분한다는 사실을 발견했다.

예를 들어, 젊은이들, 히스피닉, 월세 거주자와 빈민들(미국 센서스에서 빈민 준거점으로 정의되는)은 휴대폰만 사용할 가능성이 훨씬 높다. 우리 표본에서 휴대폰만 사용하는 가구들이 과소 대표되는 만큼, 이들 집단들도 또한 과소 대표될 것이다.

(Keeler and McGeeny, 2015)

2008년에 AAPOR 모임에서 여러 논문들이 휴대폰 대중성(popularity)이 갖는 함의를 조사했다. 전반적으로 대부분의 연구자들은 휴대폰만 사용하는 사람들의 무시가 대개의 경우 설문조사 결과들을 심각하게 어긋나게 하지 않는다는 사실을 발견했다. 이는 그들이 모든 전화고객들 중 매우 적은 부분을 차지하기 때문이다. 국가보건 통계당국(National Center for Health Statistics, 2017)의 보고에서 보듯이, 이런 상황은 매우 빠르고 실질적으로 변화하고 있다.

2016년 후반은 대다수의 미국 가정들이 단지 무선전화만 사용한 첫 번째 시기이다. 2016년 7월부터 12월 사이 보건통계 면접조사(July-December 2016 National Health Interview Survey, NHIS)의 예비 결과물에 의하면, 미국 가정의 50.8%가 유선전화를 사용하지 않고 최소한 한 대의 무선전화를 사용하고 있다.

부분적으로 연구자들은 휴대폰 사용자들의 극적인 증가를 언급함으로써 주소 기반 표집(address-based sampling, ABS)—미국 우체국의 주소들에 기초한—에 비해 RDD 표집의 증가를 말하고자 했다. 연구자들이 거주자 주소들과 전화번호가 포함된 전화번호부를 사용하여 주소와 전화번호를 짝짓기하는(match) 것은

휴대폰 사용은 설문조사 표집을 한층 복잡하게 만든다.

가능하다. 짝짓기되지 않는 주소들에는 연구자들이 전화를 걸 수 있는 전화번호를 요청하는 우편을 보낼 수 있다. 우편에는 전화가 없는 잠재적인 설문조사 응답자들이 이용할 수 있는 800번 전화번호를 포함시킬 수 있다. 하지만 만일 두 개의 표집틀이 전개된다면, (1) 표집 전에 이중 거주자들을 제거하거나 (2) 유선과 무선 전화 모두를 가지고 있는 응답자들을 밝혀냄으로써 그들이 표본에 추출될 확률을 유선 혹은 무선 중 하나만 있는 사람들의 확률의 절반으로 만드는 것이 중요하다. 어느 방법이 선호되는지는 아직 연구 중이고 논쟁 중이다(Boyle, Lewis and Tefft, 2010).

퓨 센터(Pew Center)의 최신 보고서(Christian et al., 2010)는 유선만 가진 표본들과 휴대폰만 가진 가구들을 포함하는 이중–틀 표본들 간의 의견과 행위 추정 차이에 특별한 주의를 기울였다.

> 선정된 항목들은 우리의 두 센터에서 정기적으로 추적된 거의 주된 지표들 모두[예, 대통령 지지, 정당가입, 인터넷 사용, 광대역 채택(broadband adoption), 휴대폰에서 문자 메시지 주고받기]뿐만 아니라, 적절한 시간에 혹은 간헐적으로 질문한 다른 중요한 측정들에 대한 표본[예, 다과회(Tea Party)에 대한 동의, 건강조치 합법화에 대한 동의, 음악 청취 시 휴대폰 사용]을 포함한다.
>
> (2010: 2)

전반적으로 퓨 센터의 연구자들은 표본설계 덕택에 비교적 적은 어긋남을 발견했다.

> 휴대폰만 사용하는 가구의 증가에도 불구하고, 가능한 비포함 어긋남(non-coverage bias)의 크기는 테스트된 대다수의 측정들에서 비교적 작았다. 조사된 72개 질문 중 43개는 유선 표본과 가중치가 부여된 이중–틀의 표본에서 0%, 1%, 2%의 차이를 보였다.
>
> (2010: 2)

이것은 다가올 몇 해 동안 설문조사 연구자들이 면밀히 추적해야 할 쟁점이다. 왜냐하면 휴대폰 사용이 점점 지배적이 될 것이기 때문이다.

만일 휴대폰이 표집틀과 표집에 대한 문제를 생성한다 해도 그 도전은 온라인 설문조사에 새롭게 부상한 관심에 비하면 미약하다. 9장에서 보겠지만, 웹에서 설문조사 시행은 상당한 이점들이 있지만, 관심 모집단(예, 성인 모집단, 유권자)을 대표하는 표본으로부터 응답자를 획득하는 것은 특히 까다롭다. 가장 기본적으로, 인터넷에 모든 사람들이 참여하지는 않는다. 이는 모든 사람들이 전화를 소유하지 않았던 전화 여론조사의 초기 문제점에 필적한다. 이런 기본 문제를 뛰어넘어, 웹에서 활동하는 사람들은 다른 수준으로 참여하고 상이한 웹사이트들을 방문한다.

다양한 방법들이 검사되고 있지만 현재 대표성 문제에 관한 명확한 해결책은 없다. 이 장의 초반에서 언급한 바와 같이, 할당표집을 우리의 연구에 필요한 거대 모집단을 대표하는 온라인 표본을 생성하는 방식으로 재탄생시킬 수 있다. 앞에서 논의한 바와 같이, 이런 표집틀에 대한 또 다른 논쟁은 표집오차하에서 이루어지고 있다.

표집오차의 계산, 소위 오차한계(margin of error, MOE)는 다음의 두 가지 기준을 만족시키는 굳건한 통계적 기반을 가지고 있다. (1) 확률표본은 관심 모집단의 완벽한 목록에서 추출된다. (2) 추출된 모든 사람이 연구에 포함된다. 나쁜 소식도 있다: 이 두 기준 중 어느 것도 완벽하게 만족되는 경우는 거의 없다. 표집에 관한 우리의 논의에서, 연구 중인 모집단 전체에 대한 완벽한 목록이나 유사목록(quasi-listing)을 획득하는 것이 종종 매우 어렵다는 사실을 보아왔다. 전화조사의 경우, 휴대폰 확산을 수용하는 데 어려움이 있음을 보아왔다. 그리고 두 번째 기준도 떨어지는 응답률에 의해 점차 약화되고 있다. 즉, 설문조사 연구자들은 대표성 있는 모집단 추정치를 얻기 위해 그들의 결과에 가중치를 부여하느라 분투하고 있다.

이런 문제는 비확률표집, 즉 웹에서 행하는 '수신동의(opt-in)' 여론조사에서 더 크게 나타난다. 잠재적인 응답자들이 여론조사에 참여하도록 웹사이트 방문을 초대한다. 어떤 사람은 초대에 응할 것이고 어떤 사람은 응하지 않을 것이다. 하지만 확률표본이 추출되지 않기 때문에, 표집오차를 계산할 수 있는 편리한 확률통계 방식이 없다. 이런 딜레마에 반응하여, 여러분은 표집오차의 한계 형태(이를테면 95% 신뢰수준의 3% 포인트 오차)를 말하는 '신뢰구간' 보고를 발견할 수 있다. 그러한 추정들은 수신동의 응답자들이 더 큰 관심 모집단을 나타낸다고 믿는 연구자의 모델에 근거한다. 이러한 모델들은 비교적 새로운 기법이고 연구자들 간에 논쟁이 되고 있다. 미국여론조사학회는 신뢰구간들을 사용하거나 받아들이는 데 주의할 필요가 있음을 경고하고 있다.

모집단과 표집틀 복습

사회연구 문헌들이 놀라울 정도로 모집단과 표집틀에 관한 쟁점에 주의를 기울이지 않기 때문에, 여기서는 특별한 주의를 기울였다. 기억해야 할 주요 지침들은 다음과 같이 요약할 수 있다.

1. 표본에 기초한 발견은 단지 표집틀을 구성하는 요소들의 집합만을 대표하는 것으로 간주할 수 있다.
2. 많은 경우 표집틀은 실제로 그 명칭이 함축하고 있을 요소들 모두를 포함하지 않는다. 누락(omissions)은 거의 불가피한 것이다. 따라서 연구자는 반드시 누락의 정도를 평가하고 가능하면 수정하는 데 일차적인 관심을 가져야 한다. (물론, 연구자는 쉽게 수정될 수 없는 소수의 누락을 별 문제 없이 무시할 수 있다고 생각할 수 있다.)
3. 표집틀을 형성하고 있는 모집단으로 일반화하기 위해서는 모든 요소들이 반드시 틀 내에서 동등하게 대표되어야 한다. 전형적으로 모든 요소들은 단 한 번만 나타나야 한다. 두 번 이상 나타나는 요소들은 추출될 확률이 더 높을 것이며, 표본은 전반적으로 그런 요소들을 과잉 대표할 것이다.

모집단과 표집틀에 관련되는 다른 많은 실질적인 문제들이 이 책의 다른 곳에서 다루어질 것이다. 이를테면, 출판물, 3×5 카드 파일, CD-ROM, 자석 테이프에 있는 목록과 같은 표집틀의 형태는 그것을 사용하는 방식에 영향을 미칠 수 있다. 그리고 사용의 편리성은 흔히 과학적 고려사항보다 우선시될 것이다. 비록 힘든 목록이 목표 모집단에 더 타당하다 할지라도, '편리한' 목록이 '힘든' 목록보다 더 잘 선택될 것이다. 우리는 이와 관련하여 독단적인 입장을 취해서는 안 되지만 모든 연구자들은 그런 대안들의 장단점을 신중하게 저울질해야 한다.

7.6 표집설계의 형태

지금까지 우리는 단순무작위 표집에 초점을 두어왔다. 참으로, 사회연구자들이 전형적으로 사용하는 통계 체제는 그러한 표본을 가정한다. 그러나 잠시 후에 보겠지만, 표집 방법의 선택에 있어 여러 옵션이 있으며, 그중 단순무작위 표집은 좀처럼 선택되지 않는다. 거기에는 두 가지 이유가 있다. 첫째, 가장 단순한 표집틀임에도 불구하고 단순무작위 표집은 실행가능하지 않다. 둘째, 놀랄지 모르겠지만 단순무작위 표집은 이용가능한 가장 정확한 방법이 아닐 수 있다. 그러면 이제 단순무작위 표집과 이용가능한 다른 옵션들에 대해 논의해보자.

단순무작위 표집

앞서 지적한 바와 같이 단순무작위 표집(simple random sampling)은 사회통계학 연구의 계산에서 가장 기본으로 가정되는 표집 방법이다. 무작위 표집에 쓰이는 수학은 매우 복잡하기 때문에, 그 방식을 우회해서 살펴보겠다.

단순무작위 표집
모집단을 구성하는 단위들에 번호들이 할당되는 확률표집의 형태. 일련의 무작위 숫자들이 산출되고 나면, 그 번호들을 가진 단위들이 표본에 포함된다.

일단 표집틀이 적절하게 추출되고 나면 단순무작위 표집을 하기 위해 연구자는 목록에 있는 각 요소들에 하나의 번호를 할당하며, 그 과정에서 어떤 번호도 건너뛰면 안 된다. 그러고 나서 표본의 요소들을 추출하기 위해 난수표(부록 A)를 사용한다. 〈어떻게 할 것인가: 무작위 수 표 사용〉에서 그 사용법을 설명한다.

만약 표집틀이 하드 드라이브 파일이나 휴대용 저장장치처럼 기계로 읽을 수 있는 형태라면, 단순무작위 표집은 컴퓨터가 자동적으로 추출하게 할 수 있다. (결과적으로 컴퓨터 프로그램은 표집틀의 요소에 번호를 부여하고, 일련의 무작위 숫자들을 산출하여 추출한 요소들의 목록을 출력한다.)

〈그림 7-11〉은 단순무작위 표집을 그림으로 설명하고 있다. 가설적인 작은 모집단의 구성원들에 1부터 100까지 번호가 매겨져 있다는 점에 주목하라. 난수표에 따르면서, 세 번째 행(column)의 마지막 두 자리 숫자를 사용하기로 결정하고, 위에서 세 번째에 있는 숫자로부터 시작하기로 결정하자. 그러면 번호가 12인 사람이 표본에 처음으로 추출된다. 두 번째는 번호가 97, … 이런 식으로 계속해서 해나간다. (번호가 100번인 사람은 목록에 '00'이 나타나면 선출될 것이다.)

계통적 표집

단순무작위 표집은 실제로는 좀처럼 사용되지 않는다. 앞으로 보겠지만, 그 방법은 보통 가장 효율적인 방법이 아니며, 수작업으로 한다면 상당히 많은 노동이 들어간다. 일반적으로 단순무작위 표집은 요소들의 목록을 요구한다. 그런 목록이 이용가능할 때조차, 연구자들은 대개 단순무작위 표집보다 계통적 표집을 더 많이 사용한다.

계통적 표집(systematic sampling)의 경우, 전체목록의 매 k번째 요소가 (계통적으로) 선택되어 표본에 들어간다. 만일 목록에 1만 개의 요소들이 있고 1천 개의 표본을 원한다면, 매 10번째 요소를 표본으로 추출해야 할 것이다. 이런 방법을 사용하는 데 있어 어긋남이 들어가지 않음을 확신하기 위해, 첫 번째 요소는 반드시 무작위로 추출해야만 한다. 앞의 예에서는 먼저 무작위 숫자를 1과 10 사이에서 추출해야 할 것이다. 그 숫자를 가지고 있는 요소와 그 후 매 10번째 요소들이

계통적 표집
목록의 매번 k번째 요소들이 표본에 포함되는 확률표집의 형태. 예를 들어, 대학 학생명부에서 매 25번째 학생이 표본에 포함된다.

어떻게 할 것인가 **무작위 수 표 사용**

사회연구에서는 부록 A와 같은 표에서 일련의 무작위 숫자들을 추출하는 것이 적절한 경우가 많다. 그 방법은 다음과 같다.

총 9,300명의 모집단 중 400명(또는 다른 단위)의 단순 무작위 표본을 추출하고자 한다고 가정하자.

1. 우선 모집단의 성원들에게 번호를 부여한다. 이 경우 번호는 1에서 9300까지이다. 이제 문제는 400개의 무작위 숫자들을 추출하는 것이다. 일단 무작위 숫자들을 추출했다면, 추출된 번호를 가지고 있는 사람들로 표본이 구성될 것이다. (주: 여러분이 전체를 확실히 알고 있는 한, 그들에게 실제로 번호를 매길 필요는 없다. 예를 들어 목록에 그들이 있다면, 숫자들을 추출한 후에 명부를 통해 집계할 수 있다.)
2. 다음 단계는 추출한 무작위 숫자들에서 필요한 자리 수를 결정하는 것이다. 우리의 예에서 모집단은 9300명으로 구성되어 있기 때문에 그들 모두에게 추출 기회를 부여하기 위해서는 네 자리의 숫자가 필요할 것이다. (만약 모집단이 11,825명이면 다섯 자리 숫자를 추출할 필요가 있다.) 따라서 우리는 0001부터 9300의 범위에서 400개의 무작위 숫자를 추출하고자 한다.
3. 이제 부록 A의 첫 쪽으로 가보자. 거기에는 다섯 자리의 숫자들로 된 여러 열과 행들이 있는데 두 쪽이며, 행은 첫 번째 쪽에서 두 번째 쪽으로 계속된다. 표는 00001부터 99999까지 범위에 있는 일련의 무작위 숫자들을 제시하고 있다. 여러분이 가설적인 표본을 위해 이 표를 사용하고자 한다면, 다음의 질문들에 대답해야만 한다.
   a. 다섯 자리 숫자들에서 어떻게 네 자리 수의 번호를 만들 것인가?
   b. 번호들을 추출하기 위해 표에서 어떤 방식으로 이동할 것인가?
   c. 어디에서 시작할 것인가?

   이 각각의 질문들에는 만족할 수 있는 해답이 여러 개 있다. 중요한 것은 계획을 세우고 그것에 따라 실행하는 것이다. 여기 그 예가 있다.
4. 다섯 자리 수에서 네 자리의 번호를 산출하기 위해 표에서 다섯 자리의 수들을 추출하여 각 숫자에서 왼쪽의 네 자리만 사용하는 데 동의하기로 하자. 만일 첫 쪽에 있는 첫 번째 숫자, 51426을 추출한다면 단지 5142만을 사용할 것이다. 만일 오른쪽 네 자리를 사용하는 데 동의한다면 1426이 된다. 핵심은 계획을 세우고 엄격하게 지키는 것이다. 편의상 왼쪽의 네 자리를 사용하기로 하자.
5. 또한 우리는 행을 내려가든 올라가든, 오른쪽으로 가든 왼쪽으로 가든, 또는 대각선으로 가든 간에, 우리가 원하는 방식으로 표의 진행 방식을 선택할 수 있다. 그런 계획들이 엄격하게 지켜지는 한 잘 작동될 것이다. 편의를 위해, 행에서 아래로 움직이는 데 동의하자. 행의 맨 밑에 도달하면, 다음 행의 맨 위로 가야 할 것이다.
6. 어디에서 시작할 것인가? 눈을 감고 연필로 표를 찍어서 연필 끝이 닿은 곳에서 시작할 수 있다. (나는 이것이 건전한 과학적 방법이 아님을 알지만 별 문제는 없다.) 만약 책이 망가지는 것이 두렵다면, 눈을 감고 행과 열의 번호를 마음속으로 정하라. ("나는 둘째 행의 다섯째 열로 정할 것이다.") 그 번호에서 시작하라.
7. 이제 둘째 행의 다섯째 숫자로 시작하기로 결정했다고 가정하자. 부록 A의 첫 쪽을 보면, 시작 번호가 09599이다. 우리는 0959를 첫 번째 무작위 번호로 선정하고, 399번을 계속해서 더 움직인다. 둘째 행 아래로 움직이면서, 우리는 3333, 1342, 3695, 4484, 7074, 3158, 9435 등을 선택하면 된다. 9436이 문제이다. 왜냐하면 모집단에는 단지 9300명만이 있기 때문이다. 해결책은 간단하다. 그것을 무시하면 된다. 동일한 번호가 두 번 나오면, 두 번째는 무시하라. 기술적 용어로, 이를 '무대체 무작위 선정(random selection without replacement)'이라 부른다. 9436을 건너뛰고, 6661, 4592 등으로 진행한다. 둘째 행의 끝에 갔으면, 셋째 행의 맨 위로 이동한다.
8. 이것이 전부이다. 여러분은 400개의 무작위 숫자를 추출할 때까지 그 절차를 지킨다. 목록으로 되돌아와서, 여러분의 표본을 개인 번호 0959, 개인 번호 3333, 개인 번호 1342 등을 가진 사람들로 구성한다.

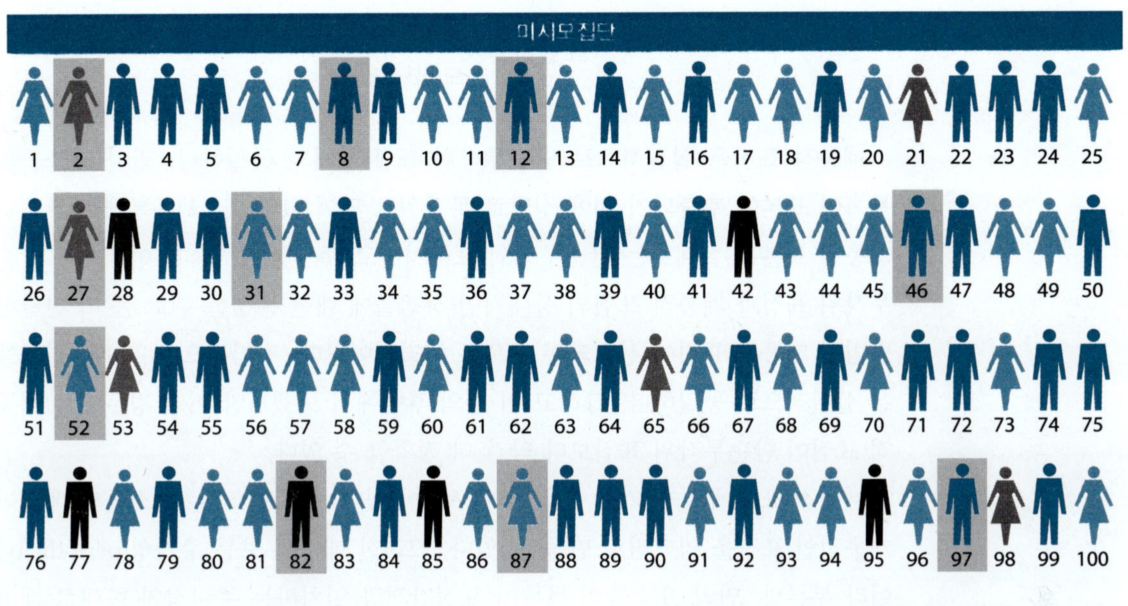

난수표

51426	00609	13501
50202	20368	36181
68568	00811	386 12
43803	59549	549 97
99389	22930	382 46
40012	09599	482 87
46202	33334	785 02
92106	13420	522 52
55478	36951	811 31
95888	44841	623 82
63752	70740	307 27
39706	31586	361 08
70394	94351	22457
24328	66613	72883
19300	45923	02358

표본

12 97 46 87 2

52 31 82 27 8

그림 7-11 단순무작위 표본
모집단의 모든 사람에게 번호를 매겼기 때문에 난수표를 사용하여 전체 모집단에서 대표성이 있는 표본을 추출할 수 있다. 난수표에서 번호가 선정된 사람은 표본에 들어간다.

표본에 포함된다. 이 방법은 기술적으로는 '무작위 시작을 가진 계통적 표본'이라고 한다. 계통적 표집과 관련해 두 개의 용어가 자주 사용된다. **표집간격(sampling interval)**은 표본에 추출되는 요소들 사이의 표준거리이다. 앞의 예에서는 10이다. **표집비(sampling ratio)**는 모집단 내의 요소들이 추출되는 비율이다. 앞의 예에서는 1/10이다.

표집간격
모집단에서 표본에 선출될 요소들의 표준거리이다.

표집비
모집단 요소들이 표본에 추출되는 비율이다.

$$\text{표집간격} = \frac{\text{모집단 크기}}{\text{표본크기}}$$

$$표집비 = \frac{표본크기}{모집단\ 크기}$$

계통적 표집은 실질적으로 단순무작위 표집과 거의 동일하다. 만약 요소들의 목록이 표본이 추출되기 전에 정말로 무작위로 되어 있다면, 그 목록에서 추출된 계통적 표본은 실제로는 단순무작위 표본이라고 주장할 수 있다. 이제까지 단순무작위 표집과 계통적 표집의 상대적인 장점들에 대한 논쟁은 주로 좀 더 간단한 방법인 계통적 표집이 선호되는 쪽으로 해결되어왔다. 경험적으로 볼 때, 결과들은 실질적으로 동일하다. 그리고 이 절의 후반에서 보겠지만 어떤 경우에는 계통적 표집이 단순무작위 표집보다 약간 더 정확할 수 있다.

계통적 표집에는 한 가지 위험이 내포되어 있다. 목록에 있는 요소들의 배열이 계통적인 표집을 엉터리로 만들 수 있다. 그러한 배열은 보통 주기성(periodicity)이라 부른다. 만약 요소들의 목록이 표집간격과 일치하는 주기적인 형태로 배열되어 있다면, 매우 어긋난 표본이 추출될 것이다. 그 위험을 설명하는 두 개의 예가 있다.

제2차 세계대전 중 병사들에 대한 고전적 연구에서 연구자들은 군대명부에서 계통적 표본을 추출했다. 명부에 있는 매 10번째 병사가 연구를 위해 추출되었다. 하지만 그 명부들은 조직표 위계순으로, 즉 맨 처음에는 하사관들이, 다음에는 상병(하사관 바로 아래 직급)과 졸병들이 분대별로 배열되어 있었다. 각 분대는 10명으로 구성되어 있었다. 결과적으로 명부에서 매 10번째에 있는 사람은 모두 분대 하사관이었다. 계통적 표본은 단지 하사관만을 포함하고 있었다. 물론 동일한 이유로 하사관이 단 한 명도 추출되지 않을 수 있다.

또 다른 예로, 아파트 건물에서 아파트의 표본을 추출한다고 가정하자. 만약 숫자의 순서로 배열된 아파트들의 목록(예를 들어, 101, 102, 103, 201, 202)에서 표본을 추출한다면, 표집간격이 어느 한 층에 있는 아파트의 번호와 일치할 위험이 있다. 따라서 표본은 단지 북서쪽 끝에 위치한 아파트나 승강기에 가까이 있는 아파트만을 추출할 수 있다. 만약 이런 유형의 아파트들이 어떤 독특한 특성들(예를 들어, 높은 임대료)을 공통적으로 갖고 있다면, 그 표본은 어긋날 것이다. 동일한 위험이 한 블록에 동일한 수의 집들로 배열되어 있는 하위 구역에서 추출한 집의 계통적 표본에서도 나타날 수 있다.

그래서 목록에서 계통적 표본을 추출하려고 할 때, 그 목록의 특성을 주의 깊게 조사해야 한다. 만약 요소들이 어떤 특정 순서로 배열되어 있다면, 그 순서가 추출된 표본을 어긋나게 할 것인지에 대해 먼저 생각해야만 하며, 그런 다음 가능한 어긋남을 제거시킬 조치를 취해야만 한다. (예를 들어, 주기성을 가진 부분에서는 단순무작위 표본을 취한다.)

하지만 대개 계통적 표집은 그 무엇보다도 편리함에 있어서 단순무작위 표집보다 더 우수하다. 표집틀에 있는 요소들의 순서로 인해 생기는 문제는 대개 매우 쉽게 해결될 수 있다.

층화표집

이제까지 우리는 목록에서 표본을 추출하는 두 가지 방법인 무작위 표집과 계통적 표집에 대해 논의했다. 층화(stratification)는 이들 방법에 대한 대안이 아니다. 오히려 이들 방법의 변형을 나타낸다.

층화
표집하기 전에 모집단을 구성하고 있는 단위들을 동질성 집단들(또는 층)로 묶는 것. 이 절차는 단순무작위 표집, 계통적 표집, 집락표집과 연계해서 사용할 수 있으며, 최소한 층화 변수하에서 표본의 대표성을 향상시킨다.

단순무작위 표집과 계통적 표집은 일정 정도의 대표성을 보장하고 존재하는 오차의 추정이 가능하다. 층화표집은 표집오차를 가능한 한 감소시켜 보다 향상된 수준의 대표성을 획득하는 방법이다. 이 방법을 이해하기 위해, 잠시 기본적인 표집분포 이론으로 돌아가야 한다.

표집오차가 표본설계의 두 요인에 의해 감소된다는 점을 상기하자. 첫째, 큰 표본은 작은 표본보다 더 작은 표집오차를 산출한다. 둘째, 동질적인 모집단은 이질적인 모집단보다 더 작은 표집오차를 가진 표본들을 생산한다. 만약 모집단의 99%가 어떤 진술에 동의한다면, 어떤 확률표본이든 동의 수준을 크게 잘못 나타낼 가능성은 거의 없다. 만약 모집단이 그 진술에 대해 50 대 50으로 갈라져 있다면 표집오차는 훨씬 더 커질 것이다.

층화표집은 표집이론의 두 번째 요소에 기초하고 있다. 대체로 연구자는 커다란 전체 모집단에서 표본을 추출하기보다 적합한 수의 요소들이 그 모집단의 동질적인 하위집단들에서 추출되어야 한다고 확신한다. 예를 들어, 대학생들의 층화표본을 얻으려면 먼저 모집단을 학년으로 조직화하고, 그런 다음 1학년, 2학년, 3학년, 4학년에서 적합한 수의 학생들을 추출해야 할 것이다. 층화되지 않은 표본의 경우, 학년의 대표성은 다른 변수와 마찬가지로 표본오차에 종속된다. 학년으로 층화된 표본의 경우, 학년 변수의 표본오차는 0이 된다.

좀 더 복잡한 층화 방법 역시 가능하다. 학년으로 층화할 뿐 아니라 성별, 학점 등으로 층화할 수 있다. 이런 방식을 쓰면 여러분의 표본이 학점이 3.5 이상인 2학년 남학생, 4.0 이상인 2학년 여학생 등과 같은 하위집단들을 적절한 수로 포함하고 있음을 확신할 수 있다.

그러고 나면 층화의 궁극적인 기능은 모집단을 동질적인 하위집단(하위집단들 간에는 이질적인)으로 나누어 조직하고, 각 하위집단에서 적절한 수의 요소들을 추출하는 것이다. 하위집단들이 층화 변수에 동질적인 한, 다른 변수들에서도 동질적이 될 수 있다. 연령은 대학의 학년과 관련되어 있기 때문에, 학년으로 층화된 표본은 층화되지 않은 표본들과 비교할 때 연령에서도 대표성이 더 있을 것이다. 직업적 열망이 성별과 관련된다면, 성별에 의해 층화된 표본은 직업적 열망하에서도 대표성이 더 있을 것이다.

층화 변수의 선택은 전형적으로 유용한 변수가 무엇인지에 따라 좌우된다. 성별은 대개 이름 목록에서 알 수 있다. 대학생 명부는 전형적으로 학년에 따라 배열되어 있다. 교수들의 명단은 그들의 소속 학과를 가리킬 것이다. 정부기관 문서들은 지역에 따라 배열될 수 있다. 유권자 명부는 선거구에 따라 배열된다.

그러나 그런 유용한 것들 가운데서 층화 변수를 추출할 때는 당신이 정확하게 대표하고자 하는 변수들과 관련되는 것들에 일차적인 관심을 가져야만 한다. 성별은 많은 변수들과 관련되며 흔히 층화에 유용하게 이용될 수 있기 때문에 자주 사용된다. 교육은 많은 변수들과 관련되지만, 많은 경우 층화에 유용하지 않다. 도시, 주, 혹은 국가 내의 지리적 위치는 많은 것들과 관련된다. 도시 내에서 지리적 위치로의 층화는 대개 사회계급, 인종집단 등에서 대표성을 향상시킨다. 국가 내에서도 지리적 위치로의 층화는 사회계급과 민족뿐만 아니라 다양한 측면의 태도들에서 대표성을 향상시킨다.

모집단의 모든 요소들이 등재되어 있는 간단한 명부를 가지고 작업할 때는 두 가지 층화 방법이 주로 사용된다. 한 방법은 층화 변수들로 사용되는 것이 무엇이든 그것에 기초하여 모집단 요소들을 이산(離散, discrete) 집단들로 분류하는 것이다. 특정 집단이 모집단에서 차지하는 상대적 구성비에 기초하여, 원하는 표본크기에서 동일한 구성비가 되도록 그 집단의 요소들을 무작위적이거나 계통적으로 추출하는 것이다. 예를 들어, 평점이 4.0인 2학년 남학생들이 학생 모집단에서 1%를 구성하고 있고, 1천 명 학생의 표본을 원한다면, 평점이 4.0인 2학년 남학생을 10명 추출해야 할 것이다.

다른 방법은 바로 위에서 기술한 바와 같이 학생들을 집단으로 묶고, 이를테면 평점이 4.0인 1학년 남학생에서 시작하여 평점이 1.0인 4학년 여학생으로 끝나는 식으로 집단들을 연속적인 명부로 편집하는 것이다. 그다음 여러분은 전체 명부에서 무작위 시작으로 계통적 표본을 추출할 수 있다. 목록에 배열이 주어지면, 계통적 표본은 각 하위집단에서 적절한 수(1 또는 2 오차범위 내로)의 요소들을 추출할 수 있다. (주: 그런 합성 명부에서 단순무작위 표본을 추출하면 층화를 없애는 것이 될 것이다.)

〈그림 7-12〉는 층화된 계통적 표집을 그림으로 도해하고 있다. 보는 바와 같이, 작은 모집단은 성별과 인종에 따라 배열되었다. 그런 다음, 무작위 시작 '3'에서 시작하고, 그 후 매 10번째 사람, 즉 3, 13, 23, …, 93을 추출한다.

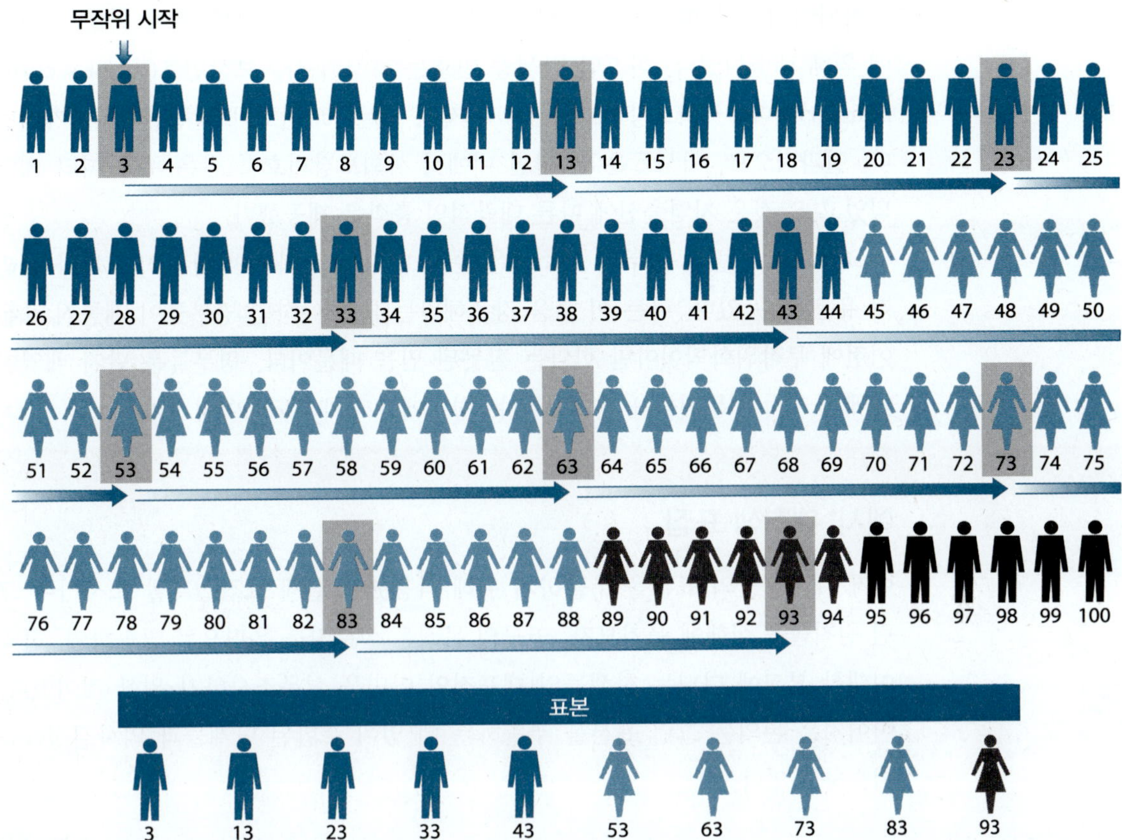

그림 7-12 무작위 시작으로 층화된 계통적 표본
층화된 계통적 표본은 두 단계를 포함한다. 하나는 모집단의 구성원들을 동질적인 층들로 모으는 것이다. 여기서는 간단하게 성별을 층화 변수로 사용했지만, 더 많은 변수들이 사용될 수 있다. 그런 다음 층화된 배열에서 k번째(여기서는 10번째) 사람을 표본에 추출한다.

층화표집은 층화 변수들의 적절한 대표성을 확신할 수 있어야 하며, 이런 사실은 차례로 층화 변수와 관련된 다른 변수들의 대표성도 향상시킨다. 그러므로 전체적으로 볼 때 층화 표본은 단순무작위 표본보다 여러 변수에서 대표성이 더 있을 가능성이 높다. 단순무작위 표본이 여전히 다소간 신성한 것으로 간주되고 있지만, 이제 여러분은 이보다 더 잘 할 수 있다는 사실이 분명해졌을 것이다.

계통적 표집 내의 암묵적 층화

나는 계통적 표집이 어떤 조건하에서는 단순무작위 표집보다 더 정확할 수 있다고 언급했다. 목록의 배열이 암묵적인 층화를 산출할 때가 바로 그 경우이다. 이미 언급했듯이, 대학생들의 명부가 학년에 의해 배열되어 있다면, 계통적 표본은 단순무작위 표본과 달리 학년에 의한 층화를 제공한다.

하와이대학의 학생 연구에서, 학생들은 학년으로 층화된 후에 학생증 번호에 의해 배열되었다. 하지만 학생증 번호는 학생의 사회보장번호(social security number)였다. 사회보장번호의 첫 세 자리 수는 그 번호가 발행된 주를 가리킨다. 결과적으로, 학생들은 한 학년 내에서 사회보장번호를 받은 주에 따라 배열되었고, 그것은 지역출신에 따른 대략적인 층화를 제공했다.

그러므로 정렬된 명부의 요소들은 순서 없이 무작위로 배열된 명부보다 훨씬 더 유용할 수 있다. 나는 이 점을 강조해왔는데, 왜냐하면 명부들이 계통적 표집 이전에 무작위화되어야만 한다는 잘못된 믿음 때문이다. 명부들은 단지 배열이 앞에서 지적된 문제들을 지니고 있는 경우에만 재배열되어야만 한다.

예시: 대학생 표집

이제 대학생들의 표본을 추출하기 위해 사용했던 실제 표집설계를 조사하여 그런 원칙들을 실행에 옮겨보자. 연구의 목적은 설문지를 우편으로 발송하여, 하와이대학 본교에 다니는 학생들의 대표적인 단면을 설문조사하기 위한 것이었다. 이어지는 논의는 그런 표본을 추출하는 데 있어 포함된 단계들과 의사결정들을 기술하고 있다.

연구 모집단과 표집틀

표본추출에 확실하게 이용가능한 표집틀은 대학 당국이 보관하고 있는 컴퓨터 파일이었다. 그 테이프에는 학생들의 이름, 현거주지와 원거주지, 사회보장번호, 전공분야, 학년, 연령, 그리고 성과 같은 다양한 정보들이 포함되어 있었다.

여하튼 컴퓨터 데이터베이스는 어떤 정의에 의해서건 학생이라고 불릴 수 있는 모든 사람들의 정보를 포함하고 있다. 이들 가운데 많은 사람들이 연구목적에 부적합하게 보인다. 그 결과, 연구자는 다소 엄격한 형태로 연구 모집단을 정의할 필요가 있었다. 최종 정의에는 그 대학의 마노아(Manoa) 캠퍼스 가을학기에 등록한 15,225명의 주간 프로그램 학위 지원자들이 포함되었는데, 여기에는 모든 학부와 학과, 학부생과 대학원생, 그리고 미국 학생들과 외국 학생들 모두가 포함되었다. 그러므로 표집에 사용된 컴퓨터 프로그램은 그 정의를 고려하여 적합한 학생들로 제한했다.

층화

표집 프로그램은 또한 표본추출 전에 학생들의 층화를 허용했다. 연구자들이 원한다면 그 학생들을 학년 내에서 성별과 학부 등으로 좀 더 층화할 수 있었지만,

학년에 의한 층화로도 충분할 것으로 판단했다.

표본 추출

일단 학생들을 학년으로 배열한 다음, 재배열된 전체 명부에서 계통적 표본이 추출되었다. 처음에는 연구를 위한 표본의 크기를 1,100명으로 정했다. 이 표본을 얻기 위해 표집 프로그램은 표집비를 1/14로 맞췄다. 프로그램은 1부터 14에서 무작위 번호를 산출했고, 그 번호를 가진 학생과 그로부터 매 14번째의 학생이 표본에 추출되었다.

표본이 추출된 다음, 자가접착 발송 라벨(self-adhesive mailing label)에 학생의 이름과 주소를 인쇄하도록 했다. 그런 다음 이러한 주소 라벨을 설문지를 동봉한 봉투에 단지 옮겨 붙였다.

표본 수정

이 표본의 최초 설계는 수정되어야 했다. 연구자들이 설문지를 발송하기에 앞서 예상하지 못했던 설문지 비용이 들어서 1,100명 모두에게 편지를 보낼 비용을 감당할 수 없게 되었다. 결과적으로 주소 라벨의 1/3을 계통적으로 추출하여(무작위 시작으로) 표본에서 배제시켰다. 따라서 연구를 위한 최종 표본은 733명으로 줄어들었다.

내가 이런 수정에 대해 언급하는 것은 연구계획을 중간에 빈번하게 변경해야 할 일이 생긴다는 사실을 설명하기 위해서다. 배제된 학생들은 최초의 계통적 표본에서 계통적으로 빠졌기 때문에, 나머지 733명의 학생들은 여전히 연구 모집단을 합당하게 대표하는 것으로 간주될 수 있을 것이다. 표본크기의 축소는 당연히 표본오차의 범위를 증가시켰다.

7.7 다단계 집락표집

앞 절들에서는 요소들의 명부에서 표본을 추출하는 다소 간단한 절차들을 다루었다. 그런 상황은 이상적이다. 하지만 안타깝게도 흥미로운 사회연구 중에는 표집을 쉽게 할 수 있는 목록이 없는 모집단에서 표본을 추출할 것을 요구하는 것이 많다. 그 예로는 도시, 주, 또는 국가의 모집단, 미국 내 모든 대학생들 등과 같은 것이 있다. 이런 경우에는 표본설계가 훨씬 더 복잡할 것이 틀림없다. 이 설계는 전형적으로 다단계 접근방식을 포함하고 있다. 다단계 접근방식은 먼저 요소들의 집단—집락(clusters)—을 추출한 다음, 그 추출된 집락들 각각에서 요소들을 추출하는 것이다.

집락표집
자연적인 집단(집락)들이 일차 표집된 다음, 선정된 각 집단에서 구성원들을 추출하는 다단계 표집. 예를 들어, 여러분은 학교 명부에서 미국 대학들에 대한 표본을 추출하고, 그 추출된 학교들 각각에서 학생들의 명부를 구한 다음, 각 학교에서 표본을 추출할 수 있다.

집락표집(cluster sampling)은 미국 내의 교인들의 경우에서처럼 목표 모집단의 구성요소들을 총망라한 목록을 수집하기가 현실적으로 불가능할 때 사용할 수 있다. 하지만 흔히 모집단 요소들은 이미 하위 모집단들로 집단화되어 있고, 하위 모집단들에 대한 목록은 존재하거나 현실적으로 만들어질 수 있다. 집락표본 형식에 따라, 연구자들은 교회명부에서 특정 방식(예를 들면, 층화된 계통적 표본)으로 표본을 추출한다. 다음으로, 표본으로 추출된 각 교회에서 교인 목록을 획득해야 할 것이다. 그러고 나서, 각 교회의 교인 목록에서 표본을 추출하여 연구용 교인들 표본을 제공해야 할 것이다.

집락표집이 사용되는 다른 전형적인 경우는 도시와 같은 모집단 지역들에서 표본을 추출하는 때이다. 도시 전체 시민들에 대한 어떤 단일 목록은 없지만, 시민들은 독립된 시 구역 또는 인구총조사 조사구(또는 구역)에 거주하고 있다. 따라서 연구자들은 먼저 그 구역들(blocks)의 표본을 추출한 다음, 추출한 각각의 구역들에 거주하고 있는 사람들의 목록을 만들고, 그런 다음 각 구역에서 사람들의 표본을 추출해야 한다.

좀 더 복잡한 설계에서라면 아마 (1) 구역들을 표본 추출하고, (2) 추출된 각 구역에서 가구들의 목록을 만들고, (3) 가구들의 표본을 추출하고, (4) 각 가구에서 거주하고 있는 사람들의 목록을 만들고, (5) 추출된 각 가구에서 사람들을 표본 추출해야 할 것이다. 이런 다단계 표본설계가 궁극적으로는 개인들의 표본에 대한 추출로 귀결되지만, 처음부터 도시 모집단에 거주하고 있는 모든 개인들의 목록을 요구하지는 않는다.

그러고 나면, 다단계 집락표집은 목록화와 표집이란 두 기본 단계의 반복을 내포한다. 일차 표집단위들(교회, 구역)의 목록을 작성하고, 아마 표집을 위해 층화할 것이다. 그다음 일차 단위의 표본을 추출한다. 추출된 일차 표집단위들의 목록을 만들고 아마 층화할 것이다. 그러고 나면 이차 표집단위들의 목록을 표본 추출하고, 이런 방식의 작업을 계속한다.

추출된 구역들에서조차 가구들의 목록화는 당연히 노동 집약적이고 많은 노력을 요하는 활동으로, 가구면접 설문조사의 비용을 높이는 요인 중의 하나이다. 이안나코인 등(Vincent Iannacchione, Jennifer Staab, and David Redden, 2003)은 이런 목적을 위해 우편번호를 사용한 최초의 성공사례를 보고했다. 그 목록은 완벽하지는 않았지만, 그들은 비용을 상당히 줄일 수 있다고 장담했다.

다단계 집락표집은 연구자들에게 그 방법이 아니면 불가능했을 연구들을 시행할 수 있게 해준다. 특별한 연구 환경은 '이란 표집(sampling Iran)'이 보여주는 바와 같이 자주 특별한 설계를 요구한다.

쟁점과 통찰 이란 표집

이 책에 있는 대부분 예들은 미국에서 가져온 것이지만, 다른 나라에도 적용할 수 있는 기본 표집 방법들이다. 동시에 연구자들은 지역적 조건들에 맞추어 변형할 필요가 있다. 예를 들어, 테헤란 대학의 압돌라히안과 아자달마키(Abdollahyan and Azadarmaki, 2002: 21)는 문화적 차이에 기초하여 나라를 층화하기 시작했다. 그 나라를 다음과 같은 9가지의 문화적 지대로 나누었다.

1. 테헤란(이란의 수도)
2. Isfahan, Arak, Qum, Yard와 Kerman과 같은 중심 지역
3. Hormozgan, Khuzistan, Bushehr와 Fars 같은 남부 지역
4. Lorestan, Charmahal과 Bakhtiari, Kogiluyeh와 Ealam를 포함한 서부 경계지역
5. 서쪽과 동쪽의 Azabaijan, Zanjan, Ghavin과 Ardebi를 포함한 서부 지역
6. Khorasan과 Semnan을 포함한 동부 지역
7. Gilan, Mazandran과 Golestan을 포함한 북부 지역
8. Systan
9. Kurdistan

이들 각 문화 지역 내에서, 연구자들은 센서스 구역들의 표본을 추출했고, 그 각 구역에서 가구들의 표본을 추출했다. 그들의 표본설계는 적절한 남녀의 응답자들을 얻는 규정을 만들었고 집에 아무도 없는 가구를 대치하는 규정도 만들었다.

미국과 이란은 정치적으로 문화적으로 다르지만, 모집단을 대표하는 적절한 표본을 추출하는 표집 방식은 같다. 이 장의 후반에서 미국 도시에서 가구 모집단의 표본을 추출하는 방식을 자세히 기술할 때, 여러분은 그것이 압돌라히안과 아자달마키가 이란에서 사용한 방식과 놀랄 정도로 유사하다는 것을 발견할 것이다.

출처: Hamid Abdollahyan and Taghi Azadarmaki. 2000. "Sampling Design in a Survey Research: The Sampling Practice in Iran." Paper presented to the meetings of the American Sociological Association, Washington, DC, August 12-16.

다단계 설계와 표집오차

집락표집은 매우 효율적이지만 그 효율성의 대가는 덜 정확한 표본이 된다. 모집단 목록에서 추출된 단순무작위 표본은 하나의 표집오차에 종속되지만, 두 단계 집락표집은 두 개의 표집오차에 종속된다. 첫째, 일차로 뽑은 집락들의 표본은 단지 어떤 범위의 표집오차 내에서만 집락들의 모집단을 대표한다. 둘째, 주어진 어떤 집락 내에서 추출된 요소들의 표본은 단지 어떤 범위의 표집오차 내에서만 그 집락의 모든 요소들을 대표한다. 이를테면 연구자는 부유한 사람들이 많이 사는 도시 구역들을 불비례적으로 많이 표본에 추출할 위험이 있고, 그래서 그런 구역들 내에서 부유한 가구들을 불비례적으로 많이 표본에 추출할 위험이 있다. 이런 문제에 대한 최선의 해결책은 처음에 추출된 집락들의 수와 각 집락에서 추출된 요소들의 수에 있다.

전형적으로 연구자는 전체 표본크기에 제약을 받는다. 이를테면 어떤 도시에서 2천 명을 면접하도록 제약을 받을 수 있다. 그렇기는 하지만 이런 포괄적인 제약 내에서도 집락표본의 설계에서는 여러 선택권을 가진다. 극단적으로는 하나의 집락을 선택하여 그 집락에서 2천 개의 요소들을 추출하거나, 또는 2천 개

의 집락을 선택하고 각 집락에서 요소 하나씩만을 추출할 수 있다. 물론 이 두 가지 극단적인 방식 모두 권장할 만한 것은 아니지만, 둘 사이에는 선택의 폭이 넓다. 다행히 표집분포의 논리는 이에 대한 일반적인 지침들을 제공한다.

표집오차가 두 요인, 즉 표본의 크기와 표본에 추출된 요소들의 동질성이 증가함에 따라 감소한다는 사실을 상기하자. 이 두 요인들은 다단계 표본설계의 각 차원에서 작동한다. 집락들의 표본이 모든 집락을 가장 잘 대표할 경우는 많은 수의 집락들이 추출되고 모든 집락들이 상당히 비슷할 때이다. 요소들의 표본이 주어진 집락의 모든 요소들을 가장 잘 대표할 경우는 많은 수의 요소들이 그 집락에서 추출되고 그 집락의 모든 요소들이 상당히 비슷할 때이다.

그러나 전체 표본의 크기가 주어졌기 때문에, 만약 집락의 수가 증가한다면 주어진 집락 내에서 추출하는 요소의 수는 감소해야만 한다. 이런 점에서 집락의 대표성은 각 집락을 구성하고 있는 요소들을 부실하게 대표하는 대가로 증가한다. 또는 그 반대의 상황일 수도 있다. 다행히도 동질성이란 요인이 이런 곤경을 완화시키는 데 사용될 수 있다.

전형적으로 모집단 내에서 자연적인 집락을 구성하고 있는 요소들은 전체 모집단을 구성하고 있는 요소들보다 더 동질적이다. 특정 교회의 신도들은 모든 교회의 신도들보다 더 유사할 것이다. 또한 도시의 특정 구역 거주자들은 도시 전체 거주자들보다 더 유사할 것이다. 결과적으로 어떤 자연적인 집락을 제대로 대표하는 데는 비교적 적은 수의 요소들이 필요한 반면, 집락들 간에 다양성이 발견되는 모집단을 제대로 대표하기 위해서는 많은 수의 집락들이 필요할 것이다. 이런 사실은 각 집락이 동일한 요소들로 구성되어 있지만 그 집락들 서로가 매우 다른 극단적인 경우에 가장 명료하게 나타난다. 그런 상황에서는 많은 수의 집락들이 그 전체 성원들을 제대로 대표할 것이다. 비록 이런 극단적인 상황이 실제로는 거의 존재하지 않지만, 대체적으로 그 반대의 극단적인 상황—매우 다양한 요소들로 구성된 동일한 집락들—보다는 실제로 일어나기 쉽다.

그래서 집락설계의 일반적인 지침은 각 집락 내에서 추출되는 요소의 수는 줄이는 반면 추출할 집락의 수를 최대화하는 것이다. 그러나 이런 과학적 지침들은 행정적 제한들에 균형을 맞추어야 한다. 집락표집의 효율성은 모집단 요소들의 목록화를 최소화하는 능력에 달려 있다. 먼저 집락을 추출하기 때문에, 전체 모집단의 모든 요소들이 아니라 단지 추출된 집락을 구성하고 있는 요소들만을 목록화할 필요가 있다. 하지만 집락의 수를 증가시키는 것은 이런 효율성 요인을 직접적으로 역행하도록 만든다. 적은 수의 집락이 많은 수의 집락보다 훨씬 더 빨리 그리고 값싸게 열거될 수 있다. (추출된 집락에서 단지 몇 개의 요소들만이 추출된다고 할지라도, 그 집락의 모든 요소들이 반드시 열거되어야만 한다는 사

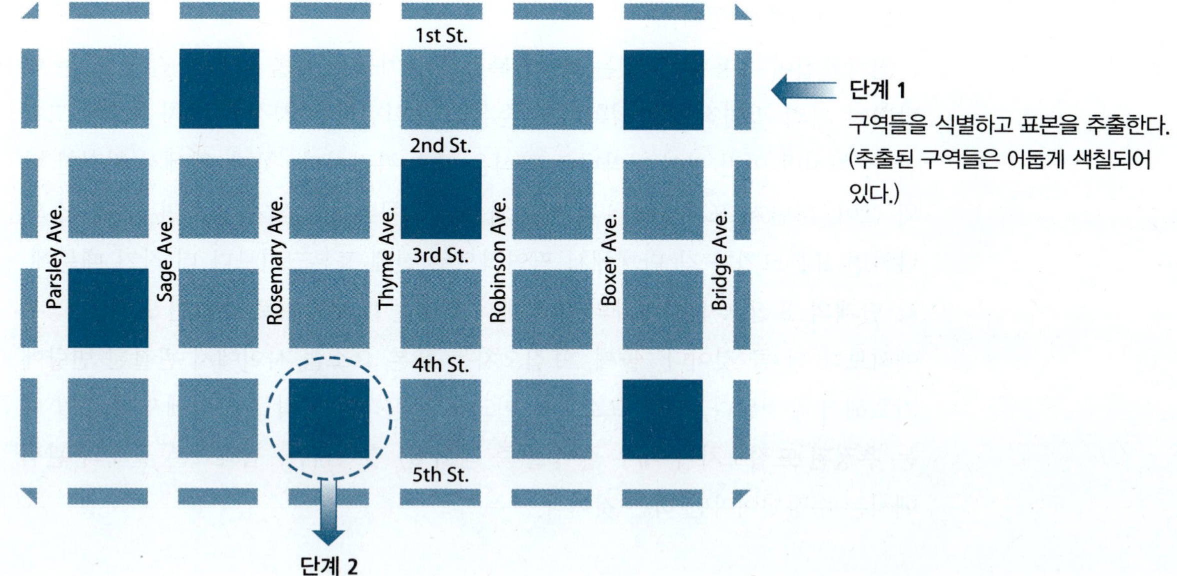

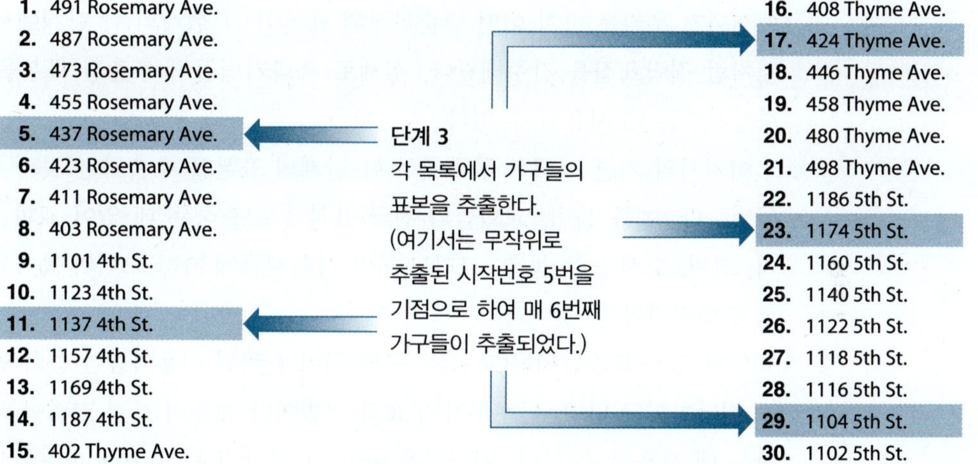

그림 7-13 다단계 집락표집
다단계 집락표집에서, 우리는 집락들(이 경우 도시 구역들)의 표본을 추출함으로써 시작한다. 그다음 요소들(여기서는 가구들)의 목록을 만들고, 각 추출된 집락에서 요소들의 표본을 추출한다.

실을 기억하라.)

최종 표본설계는 이런 두 가지 제약을 반영해야 할 것이다. 결과적으로 여러분은 아마 비용이 허락하는 한 최대한으로 많은 수의 집락들을 추출하고자 할 것이다. 이 문제에 대해 너무나 많은 해석을 남겨놓지 않도록 하기 위해, 한 가지 일반적인 지침이 있다. 인구 연구자들은 편의상 매 인구총조사 조사구당 5가구를 추출할 것을 목표로 삼는다. 만약 총 2천 가구를 면접하고자 한다면, 5가구씩 면접할 4백 개의 조사구를 목표로 삼는다. 〈그림 7-13〉은 이런 전반적인 과정을 그림으로 보여주고 있다.

집락표집이 유용할 수 있는 좀 더 복잡한 절차들로 눈을 돌리기 전에, 나는 이 방법이 거의 필연적으로 정확성의 손실을 포함한다는 사실을 재차 지적하고자 한다. 하지만 이런 것이 나타나는 방식은 다소 복잡하다. 첫째, 앞에서 지적한 바와 같이, 다단계 표본설계는 각 단계의 표집오차에 종속되지 않으면 안 된다. 왜냐하면 표본크기가 각 단계에서 필연적으로 전체 표본크기보다 더 작기 때문에, 각 단계의 표집오차는 하나의 단계에서 요소들이 무작위로 추출된 표본의 경우에서보다 더 클 것이다. 둘째, 표집오차는 표본 요소들 사이에서 관찰된 변량에 기초해서 추정된다. 그런 요소들이 비교적 동질적인 집락들 사이에서 추출될 때는 추정된 표집오차가 매우 좋아질(즉 작아질) 것이지만, 집락표본 설계의 관점에서는 수정되어야만 하는 것이다.

다단계 집락표집에서의 층화

이제까지 우리는 마치 어떤 단순무작위 표본이 그 설계의 각 단계에서 추출되는 것처럼 집락표집을 간주해왔다. 실제로 층화기법들이 추출될 표본을 정제하고 향상시키는 데 사용될 수 있다.

여기서의 기본 선택은 목록에서 한 단계의 표본을 추출하는 것과 본질적으로 동일하다. 예를 들어, 교회들의 전국 표본을 추출하는 데 있어 교파, 지리적 위치, 크기, 도시 또는 농촌, 그리고 아마 사회계급에 따라 교회의 목록을 우선적으로 층화시켜야 할 것이다.

일단 일차 표집단위들(교회들, 구역들)이 관련된 이용가능한 층화 변수들에 의해 집단화되고 나면, 단순무작위 표집 기법이나 계통적 표집 기법이 표본을 추출하는 데 사용될 수 있다. 여러분은 아마 각 집단 또는 층(stratum)에서 특정 수의 단위들을 추출하거나, 층화된 집락들을 연속적인 목록으로 배열하고 그 목록에서 표본을 계통적으로 추출할 수 있다.

집락들이 동질적인 층으로 조합되는 수준에 따라 그 단계의 표본오차가 감소할 것이다. 앞에서 말한 바와 같이, 층화의 일차적 목표는 동질성이 된다.

각 단계의 표집에서 층화가 발생하지 못할 이유는 없다. 추출된 집락 내에서 목록화된 요소들은 다음 단계의 표집 전에 층화될 수 있다. 하지만 전형적으로 이런 방식은 잘 행해지지 않는다. (집락들 내에는 비교적 동질성이 있다는 가정을 상기하라.)

크기비례 확률표집(PPS)

이 절에서는 대규모의 설문조사 표집 프로젝트에서 많이 사용되는 좀 더 복잡한 형태의 집락표집을 소개한다. 앞에서 나는 집락들을 무작위나 계통적으로 표본 추출한 다음, 추출된 각 집락에서 요소들의 표본을 무작위적이나 계통적으로 추출하는 것에 대해 이야기했다. 이런 절차가 전체 모집단의 모든 요소들이 추출될 확률이 동일해지는 전반적인 표집 체계를 산출하고 있음에 주목하라.

자, 이제 우리는 한 도시에서 가구들을 추출해보자. 만일 1,000개의 구역들이 있고 처음에 100개의 표본을 추출한다면, 각 구역이 추출될 가능성은 100/1000, 즉 0.1이 된다. 다음에는 추출된 구역에 거주하는 가구들 중 10가구당 하나꼴로 가구를 추출한다면, 그 구역에서 각 가구가 추출될 가능성은 0.1이 된다. 전체적인 체계에서 어떤 가구가 추출될 확률을 계산하려면, 각 단계에서 표본단위들이 추출될 확률을 단지 곱하기만 하면 된다. 즉 각 가구는 그 가구가 속한 구역이 추출될 확률 1/10과 그 가구가 속한 구역이 추출될 경우에 그 특정 가구가 추출될 확률 1/10을 가지고 있다. 전체적으로 볼 때 각 가구가 추출될 확률은 1/10×1/10=1/100이 된다. 각 가구는 동일한 추출 확률을 가질 것이기 때문에, 그렇게 추출된 표본은 도시의 모든 가구들을 대표할 것이다.

그러나 이런 절차에는 위험이 있다. 특히 구역들의 크기(가구들의 수로 측정된)가 다를 때 문제점이 제기된다. 도시 인구의 반이 고층아파트들로 꽉 찬 10개의 밀집 구역에 거주하고 있고, 도시 인구의 나머지 반은 나머지 900개의 구역들에 퍼져 있는 단독주택에 산다고 가정해보자. 우리가 먼저 구역들의 1/10 표본을 추출할 때, 10개의 인구밀집 조사구들을 빠뜨릴 가능성이 있다. 그렇게 되면 두 번째 단계의 표집이 어떻게 이루어지건 간에, 우리가 최종적으로 갖게 되는 가구들의 표본은 도시를 크게 잘못 대표하게 될 것이다. 왜냐하면 우리의 최종 표본은 단지 단독주택들로만 구성되어 있을 수 있기 때문이다.

표집된 집락들의 크기가 상당히 다른 때에는 크기비례 확률(probability proportionate to size, PPS)이라고 불리는 변형된 표집설계를 사용하는 것이 좋다. 이 설계는 방금 위에서 기술한 문제점에서 보호해주고, 각 요소들이 동일한 추출 확률을 가지는 최종 표본을 생산하게 해준다.

크기비례 확률
집락들이 동일한 확률이 아니라(EPSEM 참조), 집락들의 크기에 비례하는 확률—하위표집되는 단위들의 수에 의해 측정되는—로 추출되는 다단계 집락표집 형태를 말한다.

그 명칭이 제시한 바와 같이, 각 집락은 그 크기에 비례하여 추출될 기회를 가진다. 즉 200가구를 가진 도시 조사구는 단지 100가구를 가진 도시 조사구보다 2배의 추출 기회를 가진다. 그러나 각 집락 내에서, 추출되는 요소들의 수는 고정된다. 이를테면 각 구역당 5가구가 추출된다. 이런 절차가 어떻게 각 가구들의 동일한 추출 확률을 전반적으로 가져오는지에 주목하라.

이제 도시의 다른 두 개의 구역에 있는 가구들을 살펴보자. 구역 A는 100가구를, 구역 B는 단지 10가구를 가지고 있다. 크기비례 확률표집에서 우리는 구역 A에 구역 B보다 열 배나 많은 추출 확률을 부여할 것이다. 그래서 전반적인 표본 설계에서, 만약 구역 A가 1/20이란 추출 기회를 가진다면, 구역 B는 단지 1/200이란 추출 기회를 가진다. 이는 구역 A에 있는 모든 가구들이 1/20이란 추출 기회를 가지는 반면, 구역 B의 모든 가구들은 단지 1/200이란 추출 기회를 가진다는 사실을 의미함에 주목하라.

만약 구역 A가 추출되었고 추출된 구역에서 5가구를 취한다면, 구역 A에 있는 가구들이 그 구역의 표본에 추출될 기회는 5/100가 된다. 이와 같은 경우, 확률은 곱해질 수 있기 때문에 전체적인 면에서 볼 때 구역 A에 있는 가구들이 추출될 확률은 $1/20 \times 5/100 = 5/2000 = 1/400$이 된다.

다른 한편 만약 구역 B가 추출된다면, 그 구역의 요소들은 추출될 확률이 훨씬 더 높아진다. 즉 10가구 중 5가구가 선출되어 5/10가 된다. 하지만 이 높은 확률은 구역 B가 추출될 낮은 기회와 결합하면, 구역 A의 요소들이 추출될 기회와 동일해진다. 즉 $1/200 \times 5/10 = 5/2000 = 1/400$이 된다.

게다가 이런 설계를 잘 재련하면 보다 큰 집락표본들을 추출하는 데 있어 매우 효율적인 방법으로 사용될 수 있다. 하지만 현재로서는 여기에 있는 기본 논리를 이해하는 것만으로도 충분하다.

불비례 표집과 가중치 부여

궁극적으로, 만일 모집단의 모든 요소들이 표본에 추출될 확률이 동일하다면 확률표본은 그 모집단을 대표한다. 앞의 논의들에서 우리는 다양한 표집 절차들이 동일한 추출 확률—비록 최종적인 추출 확률이 여러 부분의 확률들을 곱한 것이지만—에 기인한다는 사실에 주목해왔다.

하지만 좀 더 일반적인 형태의 확률표집에서, 모집단의 각 요소는 영(0)이 아닌 알려진 추출 확률(a known nonzero probability of selection)을 가진다—비록 상이한 요소들은 상이한 확률을 가지지만. 만일 통제된 확률표집 절차에서 추출된 표본이 그것이 추출된 모집단을 대표하려고 한다면, 각 표본 요소에 가중치를 부여해야 하는데, 가중치는 그 요소들이 추출될 확률의 역수가 된다. 모든 표본 요소들이 동일한 추출 기회를 가지는 곳에서는 각 요소들에 동일한 가중치, 즉 1이 부여된다. 우리는 이것을 자기 가중치 부여(self-weighting) 표본이라고 부른다.

가중치 부여
서로 다른 확률로 표본에 추출된 사례들에 서로 다른 가중치를 배정하는 것. 가장 간단한 시나리오에서, 각 사례는 그것이 추출될 확률의 역수와 동일한 가중치를 부여받는다. 모든 사례들이 동일한 추출 확률을 가질 때는 가중치가 필요하지 않다.

때로는 어떤 사례들에 다른 사례들보다 더 많은 가중치를 부여하는 것, 즉 **가중치 부여(weighting)**라고 불리는 절차를 취하는 것이 좋다. 불비례 표집과 가중치 부여는 두 가지 기본 방식에서 작동한다. 첫째, 여러분은 각 하위 모집단을 분석할 수 있도록 충분한 수의 하위 모집단의 요소들을 표본에 불비례적으로 추출할 수 있다. 예를 들면, 어느 하위 도시지역은 그 도시지역 총인구의 1/4을 포함한다. 하지만 여러분은 그 지역에 대해 특히 좀 더 세세한 분석을 하고 싶고, 전체 표본크기의 1/4이 너무 작다고 느낄 수 있다. 그 결과 여러분은 그 하위 지역과 나머지 지역들에서 동일한 수로 가구를 추출하여 표본을 만들기로 결정할 수 있다. 그러면 그 하위 지역의 가구들은 그 도시의 다른 지역 가구들보다 추출될 확률이 불비례적으로 훨씬 더 높아진다.

그 두 지역을 분리하여 분석하거나 비교하여 분석하는 한, 여러분은 그 다른 표집에 대해 걱정할 필요가 없다. 하지만 만약 두 표본을 결합하여 전체 도시에 대한 합성 사진을 만들고자 한다면, 여러분은 반드시 그 불비례적인 표집을 고려해야만 한다. 만약 n이 각 지역에서 추출된 가구의 수라고 한다면, 그 하위 도시지역에 있는 가구들이 추출될 확률은 총인구의 1/4을 n으로 나눈 값이다. 도시의 총인구와 표본크기가 양 지역에 대해 동일해야 하기 때문에, 그 하위 도시지역에는 $1/4n$이란 가중치가 부여되고 나머지 지역의 가구에는 $3/4n$이란 가중치가 부여되어야만 한다. 가중치 부여 절차는 그 하위 도시지역 이외에서 추출된 가구들 각각에 3이란 가중치를 부여함으로써 간단하게 단순화시킬 수 있다. (이런 절차는 각 표본 요소에 비례적인 대표성을 준다. 만일 모수 추정을 원한다면 모집단 그림에 가중치 부여를 포함해야 할 것이다.)

불비례 표집에 가중치 부여 체계가 뒤따르지 않았을 때 생길 수 있는 문제들에 대한 한 예가 있다. 「하버드 비즈니스 리뷰(Harvard Business Review)」란 잡지가 직장에서의 성희롱이란 쟁점에 대해 그 잡지의 구독자들에게 설문조사하기로 결정했을 때, 남성 구독자의 수가 여성 구독자의 수보다 훨씬 더 많기 때문에 여성을 더 많이 표집하는 것이 좋다고 여겨졌다. 콜린스와 블로젯(Collins and Blodgett)이 그 문제를 설명한 방식은 아래와 같다.

> 우리는 또 다른 방식으로 그 표본을 치우치게 만들었다. 여성들의 대표성 있는 반응을 보장하기 위해 우리는 실질적으로 모든 여성 구독자들에게 설문지를 발송했기 때문에, 여성 대 남성의 비는 68% 대 32%가 되었다. 이런 어긋남은 52%의 남성과 44%의 여성이란 응답 결과를 가져왔다(나머지 4%는 성을 밝히지 않았다). HBR의 미국 구독자 비율은 93%가 남성이고 7%가 여성이란 사실과 비교해보라.
>
> (1981: 78)

이 인용문에서 두 가지 점에 주목해보자. 첫째로, '실질적으로 모든 여성'이 의미하는 것에 대해 좀 더 알아보는 것이 좋을 것이다. 분명히 이 연구의 저자들은 모든 여성 구독자들에게 설문지를 보내지는 않았겠지만, 누가 빠졌고 왜 빠졌는지에 대한 설명이 없다. 둘째로, 그들은 사회과학에서 일상적으로 사용되는 방식으로 '대표성이 있는(representative)'이란 용어를 사용하지 않았다. 물론 그들이 의도한 것은 여성들로부터 실질적인 또는 '충분히 많은' 반응을 얻고자 하는 것이었고, 과다표집(oversampling)은 그러한 것을 완벽하게 얻을 수 있는 합당한 방법이었다.

고지식한 방식의 확률표집 대신 더 많은 여성들을 표집함으로써, 저자들은 남자들(960명)과 많은 여성들(812명)을 '추출할' 수 있었다. 예를 들어, 그들이 여성의 32% 그리고 남성의 66%가 "직장에서의 성희롱이 상당히 과장되었음"에 동의한다고 보고할 때, 우리는 여성의 반응이 상당히 많은 수의 사례에 근거했음을 안다. 그것은 좋다. 하지만 문제점이 있다.

우선 구독자에 대한 설문조사는 항상 문제시된다. 이 경우 연구자들이 말할 수 있는 최상의 것은 "「하버드 비즈니스 리뷰」 구독자들이 생각하는 것"이다. 느슨하게 말해서 그 모집단이 법인 단체 내의 좀 더 세련된 성원들을 대표하는 것이라고 생각한다면 어느 정도는 이해가 될 수 있다. 안타깝게도 전반적인 응답률이 25%이다. 이는 구독자 설문조사에서는 좋은 수치이지만, 확률표본들로부터 일반화하는 데 있어서는 낮은 응답률이다.

하지만 그것 이외에도, 불비례 표본설계는 또 다른 문제를 산출한다. 저자들이 응답자들의 73%가 성희롱을 방지하려는 회사정책에 찬성한다고 진술할 때(Collins and Blodgett, 1981: 78), 그 숫자는 의심할 여지없이 너무 높다. 왜냐하면 표본이 불비례적으로 높은 비율로 여성들—여성들은 그런 정책에 더 호의적이다—을 포함하고 있기 때문이다. 그리고 연구자가 최상위 관리자들이 중간 관리자와 하급 관리자들보다 성희롱에 대한 주장이 과장되었음을 더 느낀다고 보고했을 때(1981: 81), 이 발견 또한 의심스럽다. 연구자가 보고한 바와 같이, 여성들은 하급 관리직에서 불비례적으로 대표되고 있다. 그것만으로도 관리자의 직급들 사이에 있는 분명한 차이점을 설명할 수 있을 것이다. 간단히 말해, 여성들이 과다하게 표집된 것을 고려하지 못한 것은 모든 조사 결과를 혼란스럽게 만들었는데, 왜냐하면 그 결과물은 젠더에 의해 구분된 발견이 아니었기 때문이다. 이런 문제에 대한 해결책은 앞에서 기술한 대로 응답들에 젠더 가중치를 부여하는 것이다.

최근 선거운동 여론조사에서 이러한 가중치가 매우 논쟁적인 화제가 되고 있다. 왜냐하면 일부 여론조사자들이 정당 가입과 다른 변수들에 기초하여 자신들의 결과들에 가중치를 준 반면 다른 여론조사자들은 가중치를 주지 않았기 때문이다. 이 예에서의 가중치 부여는 여론조사와 선거당일 민주당과 공화당의 다른 참여도, 그리고 이와 더불어 얼마나 많은 공화당원과 민주당원이 있는지에 대한 결정에 관한 가정을 포함한다. 이것은 다가올 해에 여론조사자와 정치가들 사이에서 논쟁 화제로 남을 것이다.

7.8 확률표집 복습

이 장의 대부분은 통제된 설문조사 연구에서 주로 사용되고 있는 표집 방법인 확률표집에 대한 것이었다. 여기서 검토한 여러 가지 변형된 확률표집 방법에서, 우리는 요소들이 모집단에서 영이 아니고 알려진 확률을 가진 무작위 추출에 기초하여 추출되는 것을 보아왔다.

현장의 상황에 따라 확률표집은 매우 간단하거나 어려워질 수 있고, 시간과 비용이 많이 들 수도 있다. 하지만 그 상황이 무엇이든 간에, 확률표집은 연구를 위한 요소들을 추출하는 데 있어 가장 효율적인 방법이다. 거기에는 두 가지 이유가 있다.

첫째, 확률표집은 요소들을 추출하는 데 있어 연구자의 의식적 또는 무의식적 어긋남을 피하게 해준다. 만약 모집단의 모든 요소가 동등한(또는 동등하지 않지만 가중치가 부여되는) 추출 기회를 가진다면, 그렇게 추출된 표본은 모든 요소들의 모집단을 근접하게 대표할 수 있는 매우 훌륭한 기회를 가지게 된다.

둘째, 확률표집은 표집오차에 대한 추정치를 계산할 수 있게 해준다. 어떤 확률표본도 모든 점에서 완벽하게 모집단을 대표할 수는 없지만, 잘 통제된 추출 방법은 연구자에게 기대오차의 수준을 추정할 수 있게 해준다.

이 기나긴 장에서 우리는 많은 사회연구에서 기본 쟁점이 되는 사항, 즉 우리가 실제로 발견했던 특정한 것보다 좀 더 일반적인 것을 우리에게 말해줄 수 있는 관찰들을 추출하는 방식을 다루었다. 이런 쟁점은 자신들이 관찰할 수 있고 완벽하게 기록할 수 있는 것보다 좀 더 많은 행위와 행위자들을 접하는 현장연구자들과, 선거를 예측하고자 하지만 모든 투표자들을 면접할 수 없는 여론조사자들을 대비시킨다. 우리는 이 책을 계속해서 진행하면서, 사회연구자들이 그런 쟁점을 다루는 방식들을 어떻게 발견했는지를 자세히 살펴볼 것이다.

7.9 표집의 윤리

이 장에서 논의된 표집 기법의 주된 목적은 연구자에게 비교적 적은 관찰들로 더

어떻게 생각하는가 재논의

일반 상식과 반대로, 표본에 추출된 사람들의 수가 사람들이 추출되는 방식보다 덜 중요하다는 사실을 알았다. 「리터러리 다이제스트」는 천만 명에게 여론조사용 편지를 발송하여 2백만 명에게서 응답을 받았다. 하지만 그 회사가 수집했던 엄청난 표본의 사람들—자동차 소유주와 전화 가입자—은 1936년 대공황기의 모집단을 대표하지 않았다. 전반적으로 표본 모집단은 대체로 투표 모집단보다 더 부유했다. 부유한 사람들은 일반 사람들에 비해 민주당보다 공화당에 투표할 가능성이 더 높기 때문에, 「리터러리 다이제스트」는 공화당에 투표할 사람들을 불비례적으로 집계한 것이다.

오늘날 확률표집 기술은 연구자들에게 적은 수이지만 훨씬 대표성이 있는 표본을 추출하도록 허용한다. 2천 명의 응답자들일지라도, 적절하게 추출하면, 1억 명의 유권자 행동을 정확하게 예측할 수 있다.

큰 모집단에 대한 정확한 그림을 그리는 것이다. 연구결과는 확률표집을 사용하는 양적 연구의 경우 표본에 기초한 통계적 개요그림(profile)이어야만 하며, 그 그림은 전체 모집단에서 얻을 수 있는 개요그림을 근접하게 반영해야 한다. 연구자는 합법적인 표집 기법을 사용하는 것과 더불어, 오차가 일어날 수 있는 가능성—표집오차, 표집틀에서의 결점, 무응답 오차 혹은 연구결과를 잘못 인도할 다른 어떤 것들을 통해—을 조심스럽게 지적해야만 한다.

질적 연구에서 더 전형적이지만, 때때로 표집의 목적이 '평균'이나 '모집단의 전형적'인 성원에 초점을 맞추기보다 모집단 내 변이의 폭을 포착하는 것일 수 있다. 이것은 합법적이고 가치 있는 접근방식이지만, 독자들이 차이들의 전시를 모집단의 특성 분포를 보여주기 위한 것으로 오인하게 할 위험이 있다. 그렇기 때문에, 연구자들은 독자들을 잘못 인도하지 않도록 노력해야 한다.

요점

머리말

- 사회연구자들은 관찰되지 않은 사람과 사건을 일반화할 수 있도록 관찰들을 추출해야 한다. 여기에는 흔히 표집, 즉 관찰할 사람들의 추출이 포함된다.
- 표집의 논리를 이해하는 것은 사회연구를 행하는 데 필수적이다.

표집의 약사

- 때때로 여러분은 자세한 통계 기법들을 사용할 수 있는 확률표본을 추출할 수 있고 또한 그래야만 한다. 그러나 비확률 기법이 더 적합할 때도 있다.

비확률표집

- 비확률표집 기법은 이용가능한 연구대상자들 의존, 유의적 또는 판단적 표집, 눈덩이표집, 그리고 할당표집을 포함한다. 게다가 사회 집단을 연구하는 연구자

는 정보제공자들을 이용할 수 있다. 이런 기법 각각은 각기 용도가 있지만, 그 어느 것도 결과로 생기는 표본이 모집단을 대표하고 있다고는 확신시켜줄 수 없다.

확률표집의 이론과 논리

- 확률표집 방법은 대규모의 알려진 모집단에서 대표적인 표본을 추출하는 데 있어 매우 훌륭한 방식을 제공한다. 이런 방법은 모집단의 각 요소에 (영이 아니고) 알려진 추출 확률을 부여함으로써 의식적 혹은 무의식적 표집 어긋남의 문제가 발생하는 것을 막아준다.
- 무작위 추출은 대개 확률표집에서 핵심이 된다.
- 아무리 조심스럽게 추출된 표본이라도 결코 그것이 추출된 모집단에 대한 완벽한 대표성을 제공하지는 못한다. 어느 정도의 표집오차는 항상 있다.
- 확률표집 방법은 목표 모수에 관한 표본들의 분포를 예측함으로써, 주어진 표본에서 기대되는 표집오차의 양을 추정하는 것을 가능하게 만든다.
- 어느 표본에서 기대되는 오차는 신뢰수준과 신뢰구간을 통해 표현된다.

모집단과 표집틀

- 표집틀은 모집단의 구성원들에 대한 목록 또는 유사(quasi) 목록이다. 이는 표본의 추출에서 사용되는 자원이다. 표본의 대표성은 표본이 대표하고자 의도하는 전체 모집단의 구성원 모두를 표집틀이 포함하고 있는 정도에 직접적으로 의존한다.
- 우리는 휴대폰의 확산이 원하는 모집단을 목록화하고 표본을 추출하는 작업을 복잡하게 만든다는 사실을 보아왔다.

표집설계의 형태

- 연구자가 이용가능한 표집설계에는 여러 가지가 있다.
- 단순무작위 표집은 논리적으로 확률표집에서 가장 기본이 되는 기법이지만 실제로는 거의 사용되지 않는다.
- 계통적 표집은 표집틀로부터 매 k번째 구성원들을 추출하는 것이다. 이 방법은 단순무작위 표집보다 더 실용적이다. 몇 가지 예외를 제외하고 계통적 표집은 단순무작위 표집과 기능적으로 동등하다.
- 층화, 즉 모집단의 성원들을 표집 전에 비교적 동질적인 층들로 집단화하는 과정은 표집오차의 수준을 감소시킴으로써 표본의 대표성을 향상시킨다.

다단계 집락표집

- 다단계 집락표집은 모집단의 모든 성원들에 대한 목록이 존재하지 않을 때 자주 사용되는 비교적 복잡한 표집 방법이다. 일반적으로 연구자들은 주어진 표본 크기에 맞게끔 반드시 집락의 수와 각 집락의 크기 사이에서 균형을 맞추어야만 한다. 층화는 다단계 집락표집에서 발생하는 표집오차를 줄이기 위해 사용할 수 있다.
- 크기비례 확률표집은 다단계 집락표집에서 특히 효율적인 방법이 된다.
- 만약 모집단의 성원들이 표본에 추출될 확률이 동일하지 않다면, 연구자들은 대표성 있는 전체 모집단의 그림을 제공할 수 있도록 반드시 각 관찰에 가중치를 할당해야만 한다. 기본적으로 특정 표본 성원에 할당되는 가중치는 그것이 추출될 확률의 역수여야 한다.

확률표집 복습

- 확률표집은 연구 요소들을 가장 효율적으로 추출하는 방법인데, 왜냐하면 (1) 연구자에게 요소 선정에서 어긋남을 피하게 해주고, (2) 오차 추정을 허용해주기 때문이다.

표집의 윤리

- 확률표집은 항상 오차의 위험을 수반하기 때문에, 연구자는 독자에게 연구결과를 잘못 인도할 수 있는 오차들을 말해주어야 한다.
- 때때로 비확률표집 방법은 모집단에서 변이의 폭을 얻기 위해 사용한다. 이 경우 연구자는 독자들이 변이를 모집단에서 전형적인 것으로 혼동하지 않도록 해주어야 한다.

핵심용어

가중치 부여(weighting)
계통적 표집(systematic sampling)
눈덩이표집(snowball sampling)
단순무작위 표집(simple random sampling, SRS)
대표성(representativeness)
모수(parameter)
모집단(population)
무작위 추출(random selection)
비확률표집(nonprobability sampling)
신뢰구간(confidence interval)
신뢰수준(confidence level)
엡셈(EPSEM)
연구 모집단(study population)
요소(element)
유의적(판단적) 표집[purposive(judgmental) sampling]
정보제공자(informant)
집락표집(cluster sampling)
층화(stratification)
크기비례 확률(Probability Proportionate to Size, PPS)
통계치(statistic)
표집간격(sampling interval)
표집단위(sampling unit)
표집비(sampling ratio)
표집오차(sampling error)
표집틀(sampling frame)
할당표집(quota sampling)
확률표집(probability sampling)

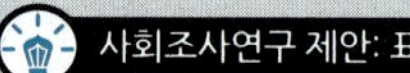

사회조사연구 제안: 표집

연구제안서 부분에서 여러분은 모든 가능한 관찰들 가운데서 선정한 방식을 기술할 것이다. 자료수집 방법에 따라 확률표집 혹은 비확률표집이 연구에 더 적합할 수 있다. 마찬가지로 제안서의 이러한 측면은 피실험자 혹은 정보제공자의 표집을 포함하거나 기업, 도시, 책 등에 대한 표집을 포함한다.

그리고 나서 제안서는 여러분이 표집하고자 하는 표집단위가 무엇인지를, 표본추출의 목적을 위해 사용하고자 하는 자료(표집틀과 같은 것), 실제로 사용하려고 하는 표집 방법이 무엇인지를 구체화해야만 한다.

복습문제

1. 토마스 듀이가 해리 트루먼을 이길 것이라고 예측했던 1948년 갤럽 여론조사에 대한 논의를 검토하라. 갤럽의 할당표본 설계를 수정하여 그런 오차를 피할 수 있는 방식을 논의하라.
2. 이 책의 부록 A를 사용하여, 1부터 9,876까지의 범위에서 10개의 숫자들로 된 단순무작위 표본을 추출하라. 이 과정에서 각 단계는 무엇인가?
3. 미국 대학에서 1학년 영어 수업을 택한 학생들에 대한 다단계 집락표본을 추출하는 데 관련되는 단계들은 무엇인가?
4. 9장에서는 인터넷 설문조사를 논의할 것이다. 표집틀, 대표성 등과 관련하여 예기될 수 있는 문제들은 무엇인가? 어떤 해결책이 있는가?

CHAPTER

08

실험

개관

실험은 인과관계를 검증할 수 있는 관찰의 한 유형이다. 사회연구에서 많은 실험들은 실험실의 통제된 조건하에서 실행된다. 그러나 사회 속에서 일어나는 사건들의 영향을 연구하기 위해 연구자는 자연발생적인 상황을 이용할 수도 있다.

Jacobs Stock Photography/Getty Images

학습목표

- 실험연구에 잘 맞는 주제와 실험연구에 맞지 않는 주제의 예를 들 수 있다.
- 고전적 실험에서 중요한 요소들을 도식적으로 설명할 수 있다.
- 실험대상을 선발, 배정하는 세 가지 방법을 논할 수 있다.
- 여러 유형의 실험설계를 이해할 수 있다.
- 사회조사에서 실험방식의 활용을 보여주는 예를 제공할 수 있다.
- 웹(Web)기반 실험의 장점과 단점을 논할 수 있다.
- '자연상태'에서의 실험의 의미를 설명하고 그 예를 들 수 있다.
- 사회조사에서 실험의 장점과 단점을 찾아내고 논의할 수 있다.
- 실험방식 활용과 관련한 윤리적 문제를 설명할 수 있다.

8.1 머리말

이 장에서는 흔히 자연과학과 연관되어 있는 연구방법인 통제된 실험을 다룬다. 비록 이 방법이 사회과학에서 가장 일반적으로 활용하는 접근은 아니지만, 우리는 이 방법으로 3부를 시작했다. 왜냐하면 이것이 설명적 연구의 논리 속에 있는 기본적 요소를 분명히 보여주기 때문이다. 만일 여러분이 통제된 실험의 논리를 이해할 수 있다면, 여러분은 그것이 보다 일반적으로 활용되는 기술들을 이해하기 위한 유용한 배경임을 발견할 것이다. 물론 이 장에서 사회과학자들이 실험을 행하는 창의적인 방법들 중 일부도 보게 될 것이며, 이는 일부 기본적인 실험기술을 보여주는 것이다.

가장 기본적인 수준에서, 실험은 (1) 행동을 취하고 (2) 그 행동의 결과를 관찰하는 것이다. 일반적으로 사회연구자들은 연구대상자 집단을 선정하고, 그들에게 무언가를 행한 다음 그 효과를 관찰한다.

비과학적 탐구에서도 우리는 종종 실험을 이용한다는 사실을 지적할 필요가 있다. 예를 들어, 스튜를 만들 때 우리는 소금을 넣고 맛을 보고 나서, 소금을 더 넣고 다시 맛을 본다. 폭탄의 뇌관을 제거하면서도 붉은 선을 자른 다음 폭탄이 터지는지 관찰하고, 파란 선을 자르는 식으로 실험한다.

우리가 살고 있는 세계에 대해 전반적인 이해를 얻고자 시도하는 과정에서 우리는 무수히 많은 실험을 한다. 먹고, 걷고, 자전거를 타고 등등 모든 기술은 실

어떻게 생각하는가

관찰자의 영향은 사회연구에서 실험의 유용성에 대해 여러 심각한 의문을 제기한다. 통제된 실험적 환경에서 사람들의 조작적 행위가 '자연스러운' 인간행동에 대해 어떤 것을 우리에게 말해줄 수 있는가? 결국, 실험은 단지 실험에 참여하고 있는 사람들이 어떻게 행동하는지를 보여주는 것이 아닐까?

이 장의 말미에 있는 〈어떻게 생각하는가: 재논의〉를 참조하라.

Earl Babbie

험을 통해 배운다. 이 장에서는 일반화된 이해를 얻기 위해 사회연구자들이 실험을 활용하는 방법들을 논의할 것이다. 우리는 사회연구자들이 활용가능한 다른 연구방법들과 마찬가지로 실험도 특별한 장점과 단점이 있음을 알게 될 것이다.

8.2 실험에 적절한 주제

연구의 주제와 목적에 따라 실험이 다른 연구방법들보다 더 적절한 경우가 있다. 실험은 비교적 제한적이고 잘 정의된 개념과 명제들을 가진 연구 프로젝트에 특별히 잘 맞는다. 과학의 전통적인 이미지에 비추어볼 때, 이 책의 앞에서도 논의했듯이 실험적 모델은 가설검증에 특히 적절하다. 실험은 인과관계를 규명하는 데 초점을 두기 때문에, 기술적 목적보다는 설명적 목적에 더 잘 맞는다.

예를 들어, 우리가 무슬림에 대한 편견을 줄이기 위한 방법을 찾으려 한다고 가정해보자. 무슬림들이 미국 역사에 기여한 바를 학습하는 것이 편견을 줄일 것이라 가정하고, 이 가설을 실험적으로 검증하기로 결정했다고 하자. 우선, 우리는 무슬림에 대한 편견의 수준을 알아보기 위해 실험대상자 집단을 조사할 것이다. 그다음으로 무슬림이 미국의 과학, 문학, 정치, 사회 발전에 여러 가지로 크게 기여했다는 것을 보여주는 다큐멘터리 영화를 실험대상자들에게 보여준다. 마지막으로, 그 영화의 관람이 실제로 편견을 줄였는지 확인하기 위해 실험대상자들이 무슬림에 대해 갖고 있는 편견의 수준을 측정할 것이다.

실험은 소집단 상호작용에 대한 연구에서도 성공적이었다. 이를테면, 소규모 실험집단을 만들어 승용차 함께 타기(car pools)를 대중화시키기 위한 권고문 만들기 같은 과제를 그들에게 부과한다. 그러고 나서, 이 집단이 어떻게 스스로를 조직화하여 그 문제를 다루고 있는지 관찰한다. 그러한 실험을 수차례 실시하는 과정에서 과제의 성격이나 성공적 과제수행에 대한 보상을 체계적으로 변화시킬 수 있다. 우리는 집단이 조직화되는 방식이라든가 다양한 조건하에서 작동하는 방식의 차이를 관찰함으로써, 소집단 상호작용의 본질과 그것에 영향을 끼치는 요인들에 대해 많은 것을 배울 수 있다. 예를 들어, 검사들은 때때로 어느 방식이 가장 효과적인지를 알아보기 위해 다른 모의 배심원들에게 상이한 방식으로 증거를 제시한다.

실험은 종종 어떻게 반응하는지를 보기 위해 사람을 일상적이지 않은 통제된 상황으로 집어넣기도 한다.

우리는 일반적으로 실험이 실험실에서 수행되는 것이라고 생각한다. 사실 이 장에서 예시하고 있는 대부분의 실험들은 실험실 내에서 이루어진다. 그러나 반드시 그럴 필요는 없다. 사회연구자들은 실험을 하기 위한 수단으로 인터넷을 점점 더 많이 활용하고 있다. 더 나아가 사회연구자들은 종종 자연상태에서의 실험(natural experiment)이라는 것을 하기도 한다. 이러한 실험은 일상적인 사회적 과정 속에서 이뤄지는 '실험'으로서 이 장의 뒷부분에서 논의할 것이다.

8.3 고전적 실험

자연과학과 사회과학 모두에서 실험의 가장 보편적인 형태는 세 가지 중요한 구성요소인 (1) 독립변수와 종속변수, (2) 사전조사와 사후조사, (3) 실험집단과 통제집단을 갖는 것이다. 이 절에서는 이들 구성요소 각각에 대해 살펴보고, 아울러 실험이 실행되는 과정에서 이들이 어떻게 연관되는지 살펴볼 것이다.

독립변수와 종속변수

본질적으로 실험은 종속변수에 대한 독립변수의 영향을 고찰한다. 독립변수는 전형적으로 실험자극의 형태를 취하며, 이 자극은 있거나 또는 없을 수도 있다. 말하자면, 자극은 이분법적 변수로서 '있다' 또는 '없다'라는 두 속성만을 가진다. 이러한 전형적 모델에서, 실험자는 자극이 있을 때 일어난 변화와 자극이 없을 때 일어난 변화를 서로 비교한다.

예를 들어, 무슬림에 대한 편견에 관한 예에서 '편견(prejudice)'은 종속변수가 되고 '무슬림 역사에 대한 노출'은 독립변수가 된다. 연구자의 가설은 부분적이나마 무슬림 역사에 대한 지식이 부족하기 때문에 편견이 나타난다는 것이다. 이

가설의 타당성을 검증하기 위해 연구대상자들 중 일부에게 다큐멘터리 영화와 같은 적절한 자극을 준다. 다른 말로, 독립변수는 원인이고 종속변수는 결과가 된다. 그리고 이를 통해, 우리는 영화를 본 것이 편견에 변화를 가져온다거나, 편견이 줄어든 것은 영화를 본 효과라고 말할 수 있다.

실험에 적절한 독립변수와 종속변수는 거의 무한하다. 더 나아가, 어떤 변수는 한 실험에서는 종속변수로 사용되고 다른 실험에서는 독립변수로 사용될 수도 있다. 예를 들어 앞의 예에서 편견은 종속변수가 되지만, 투표행위에 미치는 영향을 분석하는 실험에서는 독립변수가 될 것이다.

실험에서 독립변수와 종속변수를 적절히 사용하기 위해서는 조작적으로 정의해야 한다. 그러한 조작적 정의는 다양한 관찰방법과 연관이 있다. 예를 들어, 설문지에서의 응답이 편견을 정의하는 기초가 될 수도 있고, 무슬림에게 말을 걸거나 무시하는 것, 무슬림의 견해에 동의하거나 동의하지 않는 것 등은 소집단 환경에서 무슬림과의 상호작용에 대한 조작적 정의를 이루는 요소들이 될 수 있다.

관례적으로, 실험설계에서 종속변수와 독립변수는 실험이 시작되기 전에 조작적으로 정의되어야 한다. 그러나 서베이나 다른 연구방법들과 관련해서 보게 되겠지만, 때로는 자료수집의 과정에서 다양한 관찰을 먼저 하고, 그다음 분석 과정에서 변수들에 대한 가장 유용한 조작적 정의를 결정하는 것이 더 적절할 수도 있다. 그런데도 실험은 다른 양적 방법들과 마찬가지로 궁극적으로 구체적이고 표준화된 측정과 관찰을 요구한다.

사전조사와 사후조사

사전조사
피험자들이 독립변수를 나타내는 자극에 노출되기 전에 종속변수를 측정하는 것

사후조사
피험자들이 독립변수에 노출된 후에 다시 한번 종속변수를 측정하는 것

가장 단순한 실험설계에서라면, 피험자들을 대상으로 종속변수를 일단 측정하고(사전조사, pretesting), 독립변수의 역할을 하는 자극에 노출시킨 다음, 종속변수를 다시 한번 측정한다(사후조사, posttesting). 종속변수에 대한 첫 번째와 두 번째 측정 간의 모든 차이는 독립변수로 인해 나타나는 것이라고 여긴다.

편견과 무슬림 역사의 인지에 관한 앞의 예에서 우리는 피험자들의 편견 정도에 대해 우선 사전조사를 하면서 시작할 것이다. 이를테면, 무슬림에 대한 태도를 묻는 문항들을 사용하여 각 개인들이 보이는 편견의 정도와 전체 집단의 평균적인 편견수준 둘 다를 측정할 것이다. 그러고 나서 피험자들에게 무슬림 역사에 관한 영화를 보여준 뒤, 똑같은 설문으로 다시 한번 조사를 실시한다. 이 사후조사에서 나온 반응으로써 각 피험자들의 사후 편견의 정도와 전체 집단의 평균적인 편견수준을 측정한다. 만일 두 번째 설문조사에서 편견수준이 좀 더 낮게 나타난다면, 영화가 정말 편견을 줄였다고 결론을 내릴 수 있다.

편견과 같이 태도에 대한 실험에서는 타당도와 관련하여 특별히 실질적 문제에 직면하게 된다. 이미 짐작했을지도 모르지만, 피험자들은 자신의 태도가 실험조작(독립변수)에 의해 변하지 않았을 때조차도 두 번째 설문지(사후조사)에 다르게 응답할 수 있다. 첫 번째 설문지(사전조사)에 응답하는 동안에는 피험자가 연구의 목적을 알아채지 못했으나 두 번째 측정(사후조사)에서는 실험이 그들의 편견을 측정하고 있다는 것을 알아챌 수도 있다. 결국 어느 누구도 자신이 편견이 있는 사람으로 보이기를 원하지 않기 때문에, 피험자는 사후조사에서 자신의 견해를 '정화(clean up)'시킬 수도 있다. 결과적으로, 사실은 그렇지 않은데 영화가 편견을 줄인 것처럼 보이게 된다.

이는 다양한 형태의 사회조사를 괴롭히는 보다 일반적인 문제의 한 예이다. 말하자면, 어떤 현상을 연구한다는 행위 자체가 연구결과를 변화시킬 수 있다. 실험에 있어서 이 문제에 대처하기 위한 방법은 이 장의 여러 부분에 걸쳐 논의될 것이다. 첫 번째 방법은 통제집단을 사용하는 것이다.

실험집단
실험에서 실험자극을 받은 피험자 집단

통제집단
실험에서 실험자극을 받지 않았다는 점을 제외하고는 모든 점에서 실험집단과 유사한 피험자 집단. 실험이 끝날 무렵, 통제집단과 실험집단을 비교하여 실험자극의 효과를 보여준다.

실험집단과 통제집단

실험실 실험이 자극을 받는 실험집단(experimental group)의 관찰만으로 이루어지는 경우는 거의 없다. 실험집단과 더불어, 실험자극을 받지 않는 통제집단(control

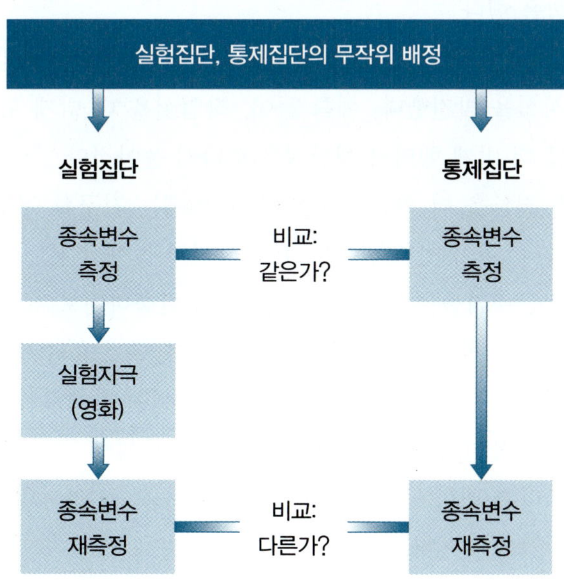

그림 8-1 기본적인 실험설계
실험의 기본 목적은 독립변수(실험에서 자극)가 종속변수에 줄 수 있는 효과를 분리하는 것이다. 실험집단(들)에는 자극을 주지만 통제집단에는 자극을 주지 않는다.

group)도 관찰한다.

편견과 무슬림 역사의 예에서, 우리는 두 집단의 피험자들을 실험할 수 있다. 먼저 무슬림에 대한 편견을 측정하도록 설계된 설문지를 각 집단에 나눠주고, 실험집단에만 영화를 보여준다. 마지막으로, 두 집단 모두에서 편견에 대한 사후조사를 한다. 〈그림 8-1〉에 이러한 기본적인 실험설계의 틀이 제시되어 있다.

연구자는 통제집단을 이용해서 실험 자체의 효과를 감지할 수 있다. 만일 사후조사상 통제집단에서 나타나는 편견의 전반적 수준이 실험집단만큼 떨어지는 것으로 나타났다면, 편견의 명백한 감소는 실험의 영향이거나 그게 아니라면 영화와 무관한 어떤 외적 요인의 영향인 것이 틀림없다. 반대로 만일 실험집단에서만 편견이 감소된다면, 이 감소는 피험자들이 영화를 보았기 때문일 것이다. 그것만이 이들 두 집단 사이의 유일한 차이이기 때문이다. 또는 편견이 두 집단에서 모두 감소되는데 통제집단보다 실험집단에서 더 큰 폭으로 감소된다면, 이 역시 영화가 편견을 줄인다고 가정하는 근거가 될 것이다.

사회조사에서 통제집단의 필요성은 1920년대 후반에서 1930년 초반 뢰슬리스버거와 딕슨(Roethlisberger and Dickson, 1939)이 수행한 종업원 만족도에 대한 일련의 연구를 보면 명백해진다. 이들 연구자는 어떠한 작업조건의 변화가 종업원의 만족도와 생산성을 높이는지를 알아보는 데 관심이 있었다. 이를 위해, 그들은 일리노이 주의 시카고 근교도시인 호손에 있는 웨스턴 일렉트릭 웍스(Western Electric Works)라는 회사의 '전신작업실(bank wiring room)'에서 작업조건에 대해 실험을 했다.

매우 만족스럽게도, 작업조건을 개선하면 종업원의 만족도와 생산성이 일관되게 증가된다는 사실을 발견했다. 예를 들어, 작업실을 더 밝게 했더니 생산성이 올라갔다. 전구를 더 밝게 했더니 생산성은 또다시 높아졌다.

그들의 과학적 결론을 더 확증하기 위해, 이번에는 전구를 어둡게 해봤다. 그러나 예상과는 달리, 어이쿠! 이번에도 또 생산성이 높아졌다!

여기서 작업실 근로자들은 개선된 작업조건에 반응하기보다는 연구자들이 자신에게 보여준 관심에 반응했다는 것이 분명해졌다. 호손효과(Hawthorne effect)라고 불리는 이러한 현상 때문에 사회연구자들은 실험 자체로 인한 효과에 보다 세심하게 주의를 기울이게 되었다. 전신작업실 연구에서 적절한 통제집단—작업조건에 어떠한 다른 변화가 없이 집중적으로 연구된 집단—의 사용은 이 효과의 존재를 보여주었을 것이다.

실험에서 통제집단의 필요성은 의학연구에서 가장 명백히 드러난다. 실험을 할 때마다, 실험에 참여한 환자들은 좋아지는 것처럼 보인다. 그런데 이들이 좋아지는 것이 실험처치 때문인지, 아니면 실험 그 자체 때문인지 불분명하다. 신약의 효능을 검사하면서, 의학자들은 종종 통제집단에 위약(placebo)—설탕 알약처럼 아무런 관련 효과가 없는 '약'—을 준다. 그래서 통제집단 환자들은 실험집단 환자들처럼 자신들도 시험 중인 약을 먹었다고 믿으며, 증세가 좋아지기도 한다. 그러나 만일 신약이 진정 효과가 있다면, 실제 약을 먹은 사람들이 위약을 먹은 사람들보다 더 많이 좋아져야 할 것이다.

사회과학적 실험에서 통제집단은 실험 그 자체의 효과뿐만 아니라 실험이 진행되는 동안 실험실 밖에서 일어나는 사건의 효과도 통제한다. 편견에 관한 앞의 예에서, 일주일이 걸리는 실험기간 중에 인기 있는 무슬림 지도자가 암살되었다고 가정해보자. 그러한 사건은 피험자들을 소름 끼치게 할 것이며, 무슬림에 대한 자신들의 태도를 돌아보게 하고, 결과적으로 편견을 줄이게 만들 수도 있다. 그러한 효과는 통제집단과 실험집단 구성원들에게 동일하게 일어나기 때문에, 실험집단에서 편견이 더 크게 감소한 것은 실험자극, 즉 다큐멘터리 영화의 영향을 나타내는 것으로 해석할 수 있다.

때때로 실험설계에는 하나 이상의 실험집단 또는 통제집단이 요구된다. 예를 들어, 다큐멘터리 영화의 경우, 우리는 사람들에게 무슬림 역사에 관한 책을 읽는 것이 미치는 영향을 시험하고 싶을 수도 있다. 그러한 경우 우리는 한 집단에게는 영화를 보여주고 책도 읽히며, 다른 집단에게는 영화만을 보여주고, 또 다른 집단에게는 책만을 읽게 하며, 통제집단은 어느 것도 하지 않게 할 수 있다. 이러한 유형의 설계로 우리는 각 자극의 개별적 영향뿐만 아니라 결합된 영향도 파악할 수 있다.

이중눈가림 실험

단지 신약을 먹었다는 생각만으로도 증세가 좋아졌다는 환자들처럼 때때로 실험연구자들도 결과를 성급히 판단하는 경향이 있다. 의학연구에서 실험자들은 위약을 먹은 환자들보다 실험 중인 약을 먹은 환자들이 더 호전되었다는 것을 관찰하고 싶어할 것이다. (아마도 약을 개발한 연구자들은 더욱더 그러할 것이다.) **이중눈가림 실험(double-blind experiment)**에서는 이와 같은 가능성을 배제한다. 이 설계에서는 피험자와 실험자 모두가 누가 실험집단이고 누가 통제집단인지 모르기 때문이다. 즉, 약을 나눠주는 연구자들과 증세호전을 측정하는 연구자들에게 진짜 약을 먹은 피험자들과 위약을 먹은 피험자들이 누구인지를 말해주지 않는다. 그리고 어느 피험자가 어느 집단에 속하는지 알고 있는 연구자는 실험에 참여하지 않는다.

이중눈가림 실험
실험자와 피험자 모두가 누가 실험집단이고 누가 통제집단인지 알지 못하도록 설계된 실험

의학실험에서처럼 사회과학적 실험에서도 실험자가 갖고 있는 편견의 위험성

은 종속변수의 조작적 정의가 분명하고 정확할수록 줄어든다. 이를테면, 의학연구자들은 환자의 체온을 잴 때보다는 환자의 무기력성을 평가할 때 자신도 모르는 사이에 편파적일 가능성이 더 크다. 같은 이유로, 소집단 연구자들은 어느 피험자가 말했는지 또는 그/그녀가 누구에게 말했는지를 인지할 때가 피험자의 코멘트가 협조적이었는지 혹은 경쟁적이었는지—정확한 행동적 용어로 정의하기 어려운, 보다 주관적 판단—를 인지할 때보다 잘못 인지할 가능성이 더 작다.

과민성 대장증후군에 대한 2010년 의학실험에 따르면 위약(placebo)의 역할은 여러분이 생각한 것보다 더 복잡할 수도 있다. 한 집단의 환자들은 '위약'이라고 표시된 병에 든 약을 받았고, 이 위약은 종종 설탕 알약이라고도 불리는데, 아무런 활성성분을 가지고 있지 않다는 설명을 들었다. 그리고 사람들은 때때로 이 위약을 먹고 효과를 보기도 한다는 말을 들었다. 통제집단은 아무런 처치를 받지 않았다. 21일이 지난 후 위약을 먹은 집단은 현저히 증상이 좋아진 반면, 통제집단은 그렇지 않았다.

그러나 이 실험은 위약을 받은 사람들이 진료와 상담도 받은 반면 통제집단은 아무런 관심도 받지 못했다는 사실로 인해 더 복잡해진다. 아마도 연구자들이 알고 있듯이, 이 긍정적 결과는 위약 하나만이 아니라 포괄적 처지 패키지로 인해 생겨난 것이다. 또한 증세호전의 평가는 자기평가였다고 한다. 생리적 측정에서는 아무런 호전반응을 보이지 않을 수도 있다. 그러나 문제를 더 복잡하게 하는 것은 '더 나아졌다고 느끼는 것'이 그러한 치료의 목적이 아니겠는가이다.

여러 번 지적했듯이, 우리는 완전히 정확하고 명백한 조작적 정의나 측정을 거의 고안해낼 수 없다. 이것이 왜 사회연구 실험에서 이중눈가림 설계를 활용하는 것이 적절한지에 대한 또 다른 이유이다.

8.4 피험자 선정

우리는 7장에서 모집단을 대표하는 표본의 선택과 관련된 표집의 논리에 대해 논의했다. 유사한 고려사항들이 실험에도 적용된다. 사회연구자들 대부분은 대학에 근무하기 때문에 대부분의 사회조사 실험실 실험이 학부생들을 피험자로 하여 수행된다. 일반적으로 실험자는 자신의 수업을 듣는 학생들에게 실험에 참여하도록 요청하거나 대학신문에 피험자를 모집하는 광고를 내기도 한다. 피험자는 그러한 실험에 참여하는 대가로 돈을 받기도 하고 받지 않기도 한다. (학생들에게 이러한 연구에 참여하도록 요청하는 것에 관련된 윤리적 문제는 3장을 참조하라.)

과학의 일반화 가능성이라는 견지에서 볼 때, 이러한 경향은 분명히 사회연구의 잠재적 결점을 나타낸다. 간단히 말해서 학부생들이 대체로 일반 대중을 대표하지는 않는다. 그러므로 우리가 아는 것은 일반적인 사회적 태도나 행위가 아니라 대학 학부생의 태도와 행위일 수 있다는 위험이 있다.

그러나 기술적 연구보다는 설명적 연구에서 이러한 잠재적 결점은 상대적으로 덜 중요하다. 사실 사전조사에서 대학 학부생 집단의 편견수준을 알았다고 해서 전체 일반 대중들도 이들 학부생과 동일한 수준의 편견을 가지고 있을 것이라고 확신할 가능성은 거의 없다. 반면, 만일 학부생들이 가지고 있던 기존의 편견수준이 무엇이든 간에 다큐멘터리 영화가 이를 줄였다는 사실을 발견했다면, 확실하지는 않지만 일반 사회에서도 이에 비견할 만한 효과가 있을 것이라고 좀 더 확신할 수는 있을 것이다. 인과관계의 사회적 과정과 유형은 어느 개인의 편견수준과 같은 특정한 특성보다는 좀 더 일반화하기 쉽고 안정적인 것 같다.

제롬 테일러(Jerome Taylor)가 고대 이집트까지 거슬러 올라가서도 발견되는 질병인 감기연구에 대한 한 코멘트에서 적고 있듯이, 학생들로부터 얻는 결과를 일반화하는 문제가 항상 문제가 많은 것처럼 보이지는 않는다. 잘 잡히지 않는 이 질병은 인간과 침팬지만을 공격한다. 그래서 여러분은 아마도 의학연구자들이 연구대상을 어떻게 선정하는지 추측할 수 있을 것이다. 그러나 여러분은 잘못 추측했을 것이다.

> 침팬지는 너무 비싸서 대량으로 수입할 수가 없었다. 그래서 20세기 초반 영국 과학자들은 감기가 어떻게 작동하는지를 런던의 성 바솔로뮤(St. Bartholomew) 병원의 의대생들을 대상으로 실험함으로써 살펴보기 시작했다.
>
> (Taylor, 2008)

일반화 가능성의 문제와는 별도로, 실험에서 피험자를 선정하는 핵심적인 법칙은 실험집단과 통제집단의 유사성 혹은 비교 가능성에 관한 것이다. 이상적으로는, 통제집단은 만일 실험집단이 실험자극에 노출되지 않았더라면 보여주었을 것과 같은 모습을 나타내야 한다. 그러므로 실험의 논리에서는 실험집단과 통제집단이 가능한 한 유사해야 한다. 이러한 목적을 달성하는 몇 가지 구체적인 방법은 다음과 같다.

확률표집

7장의 확률표집의 논리와 방법에 대한 논의에서, 서로 유사한 두 집단의 사람들을 선정하는 방법에 관해 논의한 바 있다. 연구자들은 연구 중인 모집단의 모든 사람들을 포함하는 표집틀을 바탕으로 두 개의 확률표본을 선정할 수 있다. 만일 이들 표본 각각이 이들이 소속되어 있는 전체 모집단을 닮았다면, 이들 또한 서로 비슷할 것이다.

그러나 확률표집에 의해 얻을 수 있는 유사성(대표성)의 정도는 표본의 크기에 달려 있다는 사실을 기억하라. 일반적으로 100명 이하의 확률표본은 그다지 대표적이지 못한데, 사회과학적 실험에서 실험집단이든 통제집단이든 그렇게 피험자들이 많은 경우는 드물다. 그 결과, 보다 규모가 큰 모집단에서 피험자들을 선택하는 확률표집은 실험에서는 거의 사용되지 않는다. 그 대신 연구자들은 피험자들을 실험집단과 통제집단에 배정할 때 무작위화의 논리를 사용한다.

무작위화

무작위화
피험자들을 실험집단과 통제집단에 무작위적으로 배정하는 기법

방법이 무엇이든 피험자들의 전체 집단이 구성되고 나면, 실험자는 실험집단 혹은 통제집단에 이들 피험자들을 무작위적으로 배정한다. 연구자는 피험자들 모두에게 일련번호를 부여한 뒤 난수표로 번호를 선정하는 방식으로 무작위화(randomization)를 실시할 수 있다. 또는 홀수번호를 가진 피험자들을 실험집단에, 짝수번호를 가진 피험자들을 통제집단에 배정할 수도 있다.

다시 확률표집의 기본 개념으로 돌아가보자. 예를 들어, 만일 우리가 (예를 들어, 신문광고를 통해) 모두 40명의 피험자를 뽑는다면, 이들 40명이 자신들이 속한 전체 모집단을 대표하는지 믿을 근거는 아무것도 없다. 또한 실험집단에 무작위적으로 배정된 20명의 피험자들이 보다 큰 규모의 모집단을 대표한다고 가정할 수도 없다. 그러나 실험집단에 무작위적으로 배정된 20명의 피험자들이 통제집단에 배정된 20명과 상당히 비슷할 것이라고는 상당히 확신할 수 있다.

앞에서 논의한 표집의 논리에 따르면, 40명의 피험자들을 두 개의 확률표본, 즉 실험집단과 통제집단이 추출된 모집단으로 볼 수도 있다. 이 경우 각 집단은 모집단의 반이다. 각 표본이 전체 모집단의 특성들을 반영하고 있기 때문에 이들 두 표본은 서로 비슷할 것이다.

7장에서 보았듯이 두 집단의 유사성에 대한 가정은 부분적으로는 관련된 피험자들의 수에 달려 있다. 극단적인 경우 우리가 단지 두 명의 피험자를 뽑아서 동전을 던져 한 명은 실험집단에 그리고 다른 한 명은 통제집단에 배정한다면, 이들 두 명이 서로 유사할 것이라고 가정할 근거가 없다. 그러나 상당히 많은 수의 피험자들이 있을 때라면 무작위화는 충분히 의미가 있다.

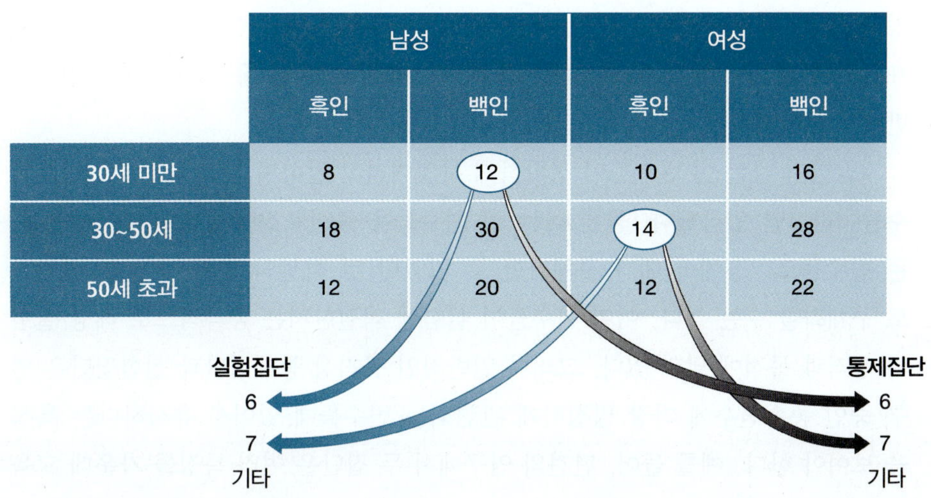

	남성		여성	
	흑인	백인	흑인	백인
30세 미만	8	12	10	16
30~50세	18	30	14	28
50세 초과	12	20	12	22

그림 8-2 할당 매트릭스 예시
때로는 피험자들을 짝짓기하여 한 명은 실험집단에, 그리고 다른 한 명은 통제집단에 배정함으로써 실험집단과 통제집단을 구성한다.

짝맞추기

실험집단과 통제집단 간의 유사성을 확보하기 위한 또 하나의 방법은 짝맞추기(matching)이다. 이 과정은 7장에서 논의한 할당표집과 유사하다. 만일 우리의 피험자들 가운데 12명이 젊은 백인 남자라면 무작위적으로 이들 중 6명은 실험집단에, 나머지 6명은 통제집단에 배정할 수 있다. 중년의 흑인 여성이 14명이라면, 각 집단에 7명씩 배정할 수 있다.

짝맞추기
실험에서 피험자들을 하나 또는 그 이상의 변수상 유사성에 근거하여 짝을 짓고 그들 중 한 사람은 실험집단에, 다른 한 사람은 통제집단에 배정하는 과정

전반적인 짝맞추기 과정은 가장 관련성이 높은 특성들을 모두 모아 구성한 할당 매트릭스(quota matrix)를 활용하여 가장 효율적으로 이뤄질 수 있다. 〈그림 8-2〉는 그러한 매트릭스를 단순화한 예이다. 여기서 실험자는 인종, 연령, 성이 관련성이 높을 것이라고 생각했다. 매트릭스의 각 칸에 짝수의 피험자들이 들어가도록 구성하는 것이 이상적이다. 그다음 각 칸의 피험자들의 반은 실험집단으로, 나머지 반은 통제집단으로 구성한다.

또 다른 방법으로, 실험설계가 요구하는 것보다 더 많은 수의 피험자들을 모집할 수도 있다. 그다음, 최초 대규모 피험자 집단의 많은 특징들을 검토해볼 수 있다. 그리고 아주 비슷한 피험자들의 쌍을 발견할 때마다 무작위적으로 한 명은 실험집단에, 다른 한 명은 통제집단에 배정한다. 이때 최초 집단에서 어느 누구와도 같지 않은 잠정적 피험자들은 모두 실험에서 배제시킨다.

어떤 방법을 이용하든 우리가 바라는 결과는 같다. 즉, 실험집단의 전반적인 평균적 모습은 통제집단의 그것과 동일해야 한다. 예를 들어, 두 집단은 동일한

평균 연령, 동일한 성비, 동일한 인종 구성비 등을 가져야 한다. 두 집단을 확률표집을 통해 구성했든 무작위화를 통해 구성했든 이러한 유사성에 대한 검증은 반드시 해야 한다.

지금까지 나는 이 변수들이 정확하게 무엇이라고 말하지 않고 다만 '적절한' 변수들이라고만 언급했다. 물론 나는 이 변수들을 층화표집에서 사용되어야만 하는 변수들로 7장에서 내가 구체화할 수 있었던 것 이상의, 어떤 확실한 방법으로 구체화할 수는 없다. 어떤 변수들이 실험에 적절한지는 궁극적으로 해당 실험의 성격과 목적에 달려 있다. 그러나 일반적인 규칙상 통제집단과 실험집단은 연구 중인 종속변수에 가장 밀접하게 관련되는 변수들에 있어서 유사하다는 특성을 보여야 한다. 예를 들어, 편견의 연구에서 두 집단은 여러 특징들 가운데 교육수준, 인종, 연령이 서로 유사해야 한다. 더 나아가 필요에 따라서는 종속변수가 처음으로 측정될 때까지 피험자들을 실험집단과 통제집단에 배정하는 것을 연기할 수도 있다. 예를 들어 피험자들의 편견을 측정하는 설문조사를 먼저 하고, 실험집단과 통제집단이 전체적인 편견수준에서 동일하다는 것을 확신한 후 실험을 진행하는 것이다.

짝맞추기 또는 무작위화?

피험자들을 실험집단과 통제집단에 배정할 때, 짝맞추기보다 무작위화를 선호하는 두 가지 주장이 무엇인지 알 필요가 있다. 첫째, 짝맞추기 과정에서는 어떤 변수가 적절한지 미리 알 수 없는 경우가 더 많다. 둘째, 실험결과를 분석하기 위해 사용되는 대부분의 통계기법은 무작위화를 전제로 하고 있다. 따라서 무작위화 방식으로 설계하지 않은 실험은 나중에 사용하게 되는 통계기법의 유의도를 떨어뜨리게 된다.

다른 한편, 무작위화는 확률표집의 법칙이 적용될 수 있도록 비교적 큰 피험자 집단을 가지고 있을 때만 의미가 있다. 피험자들이 소수라면 짝맞추기가 더 나을 것이다.

때때로 연구자들은 짝맞추기와 무작위화를 함께 쓰기도 한다. 밀턴 잉거와 그의 동료들(J. Milton Yinger et al., 1977)은, 예를 들어 청소년들의 교육 프로그램을 풍부하게 하는 실험을 수행하면서 각 집단을 구성하고 있는 학생들의 유사성을 확보하기 위해 여러 개의 실험집단과 통제집단에 다수의 13~14세 학생들을 배정해야 했다. 그들은 그 목적을 다음과 같은 방법으로 달성했다.

먼저 연구자들은 학생집단을 15개의 변수에 따라 서로 거의 동등한 층(strata)으로 나누었다. 각 층으로부터 학생들을 뽑아 서로 다른 실험집단과 통제집단에 무작위적으로 배정했다. 이러한 방식으로 연구자들은 통상적인 무작위화를 실제로 개선했다. 말하자면, 서베이 표집에서 전형적으로 이용하는 것보다 훨씬 더 많은 층화변수들을 사용했다는 점을 제외하고는 (7장에서 논의한) 층화표집의 절차를 이용한 셈이다.

지금까지는 고전적 실험, 즉 실험실에서 인과분석의 논리를 가장 잘 대표하는 실험설계에 대해 설명했다. 하지만 실제 사회연구자들은 매우 다양한 실험설계를 이용한다. 이제 이들 중 몇몇에 대해 다음 절에서 살펴보자.

8.5 다양한 실험설계

도널드 캠벨과 줄리안 스탠리(Donald Campbell & Julian Stanley)는 연구설계에 관한 그들의 고전적인 저서 『Experimental and Quasi-Experimental Designs for Research』(1963)에서 16가지의 서로 다른 실험설계와 유사 실험설계에 대해 설명하고 있다. 이 절에서는 이들 가운데 사회연구에서 실험의 잠재력을 보다 잘 보여주는 몇몇 실험설계에 대해 설명하고자 한다.

원시실험 연구설계

우선 캠벨과 스탠리는 세 가지 '원시실험 연구설계(preexperimental research designs)'를 소개하면서, 이 실험설계는 일반적으로 권장하지는 않지만 다소 덜 전문적인 연구에서는 자주 이용된다고 한다. 이 설계들은 실험설계의 과학적 기준을 충족시키지 못한다는 의미에서 '원시실험적'이며, 제대로 갖춘 실험의 조건들을 충족시키는 것이 불가능하기 때문에 사용되기도 한다. 첫 번째 그런 실험설계—단일집단 사례조사(one-shot case study)—에서 연구자는 실험대상이 되는 한 집단에 대해 실험자극을 부여한 다음 종속변수를 측정한다. 예를 들어 앞서 말했던 무슬림 역사 영화를 한 집단에게 보여주고 무슬림에 대한 편견을 측정하는 설문지를 나누어주었다고 가정해보자. 더 나아가 설문응답의 결과 낮은 수준의 편견이 나타났다고 가정해보자. 우리는 영화가 편견을 줄였다고 결론지을 수도 있다. 그러나 사전조사를 하지 않았기 때문에 이렇게 결론을 내릴 수 있는지 확신할 수 없다. 아마도 설문지가 실제로 편견에 대해 매우 민감하게 측정하지 못하거나, 아니면 우리가 연구하는 집단이 처음부터 편견이 낮았을 수도 있다. 이 두 경우에 비록 실험결과는 영화가 차이를 유발한 것처럼 생각하도록 우리를 호도하지만, 어느 경우에도 그 영화는 아무런 차이를 유발하지 못했을 수도 있다.

캠벨과 스탠리가 논의한 두 번째 원시실험 연구설계는 실험집단에 대한 사전조사를 추가하지만 통제집단이 없다. 이 실험설계—저자들은 단일집단 사전사후 조사설계(one-group pretest-posttest design)라고 부른다—는 독립변수 이외의 다른 어떤 요인(앞에서 기술한 시나리오인 존경받는 무슬림 지도자의 암살)이 사전조사 결과와 사후조사 결과 사이에 변동을 유발할 수도 있다는 가능성 때문에 문제가 된다. 그래서 편견이 줄어들었다는 것이 확인되더라도 영화를 보았기 때문에 그렇게 편견이 줄었는지는 확신할 수 없다.

원시실험 연구설계의 가능성을 마무리하면서 캠벨과 스탠리는 실험집단과 통

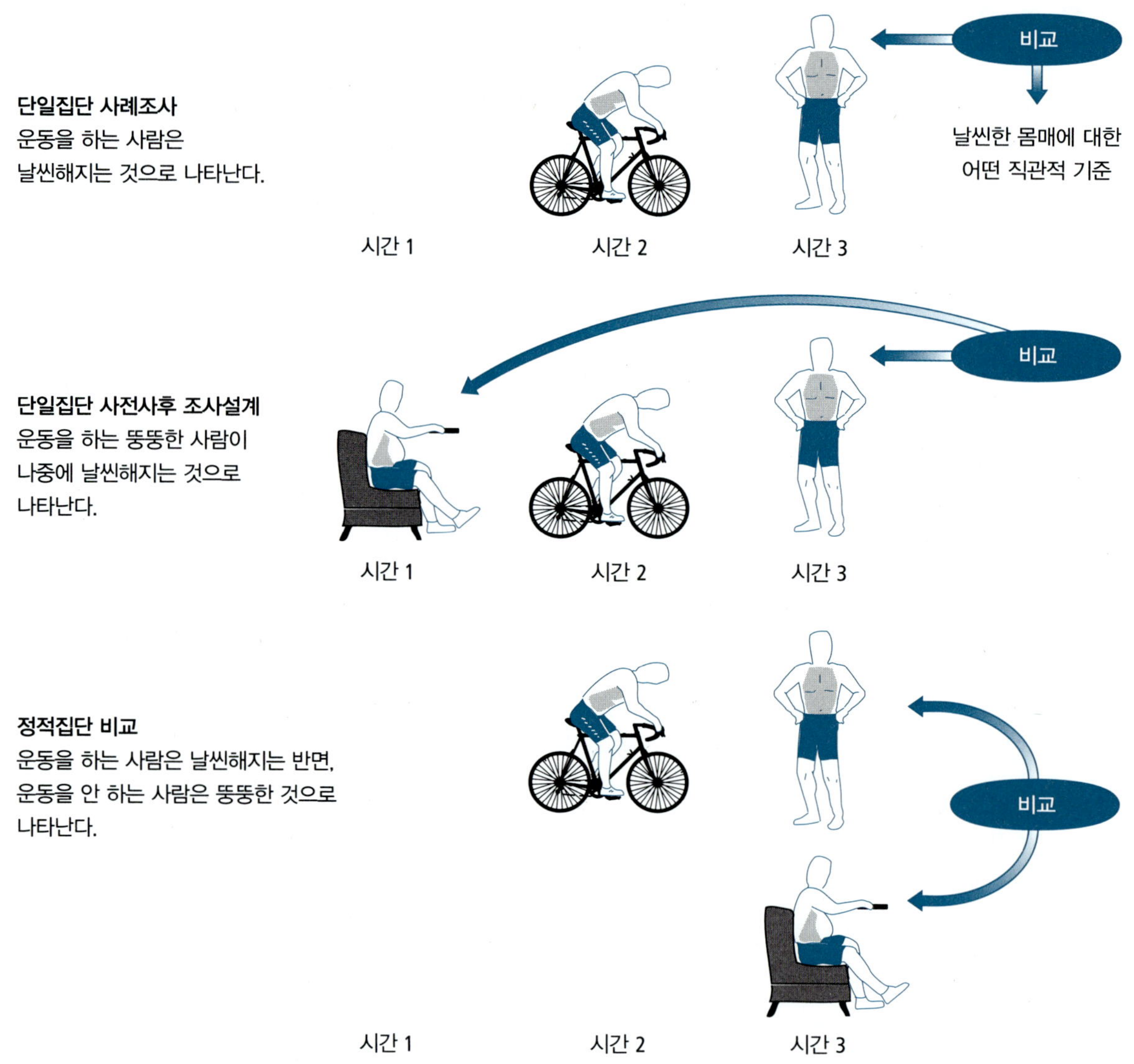

그림 8-3 세 가지 원시실험 연구설계
이 원시실험 연구설계는 진정한 실험의 논리를 기대하지만 해석상 오류의 여지를 남긴다. 여러분은 이 실험설계 각각이 범할 수 있는 오류를 알 수 있는가? 이러한 위험은 통제집단, 사전조사와 사후조사를 추가하면 해결된다.

제집단을 두지만 사전조사는 하지 않는 방법이 있다고 지적한다. 이러한 실험설계는 정적집단 비교(static-group comparison)라고 부른다. 예를 들어, 한 집단에 무슬림 역사 영화를 보여주고 다른 한 집단에는 보여주지 않은 다음 두 집단에서 편견을 측정한다. 실험의 결과, 실험집단에서 편견이 적게 나타났다면 영화 때문에 편견이 감소했다고 가정한다. 그러나 만일 피험자들을 무작위화하지 않았다면 처음부터 두 집단이 동일한 정도의 편견을 가졌는지 알 방법이 없다. 어쩌면 처음부터 실험집단이 편견을 덜 가지고 시작했을지도 모른다.

〈그림 8-3〉은 이들 세 가지 원시실험 연구설계를 다른 연구과제, "운동을 하면 체중이 감소하는가?"라는 질문을 사용하여 그림으로 예시하고 있다. 이들 실험설계를 더 명확하게 보여주기 위해, 그림에서는 집단보다는 개인을 보여주고 있다. 그러나 동일한 논리가 집단비교에도 적용된다. 이 새로운 예에서 세 가지 원시실험 연구설계를 비교해보자.

단일집단 사례조사는 일상생활에서 볼 수 있는 평범한 형태의 논리적 추론이다. 누군가가 우리에게 운동을 하면 체중이 감소하느냐고 묻는다면, 우리는 그 명제를 지지할 것 같은 예를 하나 떠올린다. 즉, 운동을 하고 있는 날씬한 누군가를 떠올린다. 그러나 이러한 추론에는 문제가 있다. 어쩌면 그 사람은 운동을 시작하기 오래전부터 날씬했을 수 있다. 아니면 덜 먹거나 아파서와 같은 뭔가 다른 이유 때문에 날씬해졌을 수도 있다. 그러나 그림이 보여주는 관찰에서는 이러한 다른 가능성들을 배제하고 있지 않다. 더욱이, 그림에 있는 남자가 잘 다듬어진 체형을 가졌다는 관찰은 잘 다듬어진 체형과 뚱뚱한 체형이 무엇인가에 대한 우리의 직관적인 생각에 따른 것이다. 결국 이것은 운동과 체중감소 간의 관계를 검증하기에는 매우 약한 증거이다.

단일집단 사전사후 조사설계는 운동이 체중을 감소시킨다는 명제에 약간 더 나은 증거를 제공한다. 특히, 그 사람이 운동을 시작하기 전부터 날씬했을 가능성을 배제시킨다. 그러나 우리는 그의 체중을 감소시킨 것이 운동이었는지에 대해 여전히 확신을 가질 수 없다.

마지막으로, 정적집단 비교는 무엇이 잘 다듬어진 체형이고 뚱뚱한 체형인지에 대한 정의가 의심스럽다는 문제를 해결한다. 이 경우, 우리는 운동을 한 사람의 체형과 운동을 하지 않은 사람의 체형을 비교할 수 있다. 그러나 이 실험설계에서도 운동을 한 사람이 처음부터 날씬했을 가능성은 여전히 남아 있다.

실험연구에서의 타당도 문제

이제 실험연구에 영향을 주는 요인들—이미 논의한 것뿐 아니라 추가적인 요인들—을 더 체계적으로 제시하기로 하자. 먼저, 캠벨과 스탠리가 내적 비타당도라고 불렀던 것들, 토마스 쿡과 도널드 캠벨(Cook and Campbell, 1979)이 그것들에 대해 후속 책에서 재차 논의하면서 확장시킨 내용을 살펴볼 것이다. 그다음으로 외적 비타당도, 즉 실험결과를 '실제' 세계에 일반화시키는 데 있어서의 문제점을 논의할 것이다. 이들을 검토하면서 사회과학 연구자들이 때때로 사용하는 보다 정교한 실험설계와 유사 실험설계의 이점에 대해서도 알게 될 것이다.

내적 비타당도의 근원

내적 비타당도
실험결과로부터 이끌어낸 결론이 실험에서 일어난 것을 정확하게 반영하지 않을 가능성을 의미한다.

내적 비타당도(internal invalidity)의 문제는 실험결과로부터 이끌어낸 결론이 실험에서 실제 발생한 내용을 정확히 반영하지 않을 수도 있다는 가능성을 말한다. 내적 비타당도의 위협은 실험자극 이외의 어떤 요인이 종속변수에 영향을 줄 수 있을 때 언제든지 존재한다.

캠벨과 스탠리(Campbell and Stanley, 1963: 5-6), 그리고 쿡과 캠벨(Cook and Campbell, 1979: 51-55)은 내적 비타당도를 유발하는 몇 가지 요인들을 지적하고 있다. 이와 관련하여 여기서는 이들 요인 중 여덟 가지를 소개하겠다.

1. **역사(history)** 실험이 진행되는 동안, 실험결과에 영향을 줄 수 있는 역사적 사건이 발생할 수 있다. 반무슬림 편견 줄이기 실험이 진행되는 동안 무슬림 지도자가 암살된 경우가 한 예이다.
2. **성숙(maturation)** 사람들은 지속적으로 성장하며 변화한다. 그리고 그러한 변화가 실험결과에 영향을 미칠 수 있다. 장기간에 걸친 실험에서, 피험자들이 점점 나이가 든다는(그리고 어쩌면 더 지혜로워진다는) 사실은 실험결과에 영향을 미칠 수 있다. 단기간의 실험에서도 피험자들은 점차 피로해지고, 졸리고, 지루해지고, 배가 고파지거나 또는 실험에서 그들의 행동에 영향을 주는 다른 방식으로 인해 변할 수 있다.
3. **조사(testing)** 조사와 재조사의 과정이 사람들의 행동에 영향을 주어 실험결과가 영향을 받을 수도 있다. 어떤 집단의 편견을 조사하기 위한 방법으로 설문조사를 실시했다고 가정해보자. 그다음 실험자극을 주고 편견을 다시 조사했다. 앞에서 보았듯이, 사후조사를 시행할 무렵 피험자들은 아마도 편견의 문제에 더욱 민감해지고 설문응답에 더욱 사려가 깊어진다. 사실, 그들은 우리가 그들이 얼마나 편견이 있는가를 발견하고자 시도하고 있다는 것을 눈치챌 수도 있다. 그러나 편견이 많아 보이기를 원하는 사람은 거의 없기 때문에 그들은 그들이 생각하기에 우리가 원하는 답 또는 자신들을 좋은 사람으로 보이게 하는 답을 의도적으로 제공할 수도 있다.

4. **측정도구(instrumentation)** 사전조사와 사후조사의 측정과정에서는 이 책의 앞부분에서 논의한 개념화와 조작화 문제들 중 일부가 일어날 수 있다. 만일 우리가 사전조사와 사후조사에서 다른 측정도구로 종속변수를 측정한다면(말하자면, 편견에 대해 다른 설문지를 사용하는 것), 우리는 어떻게 이 들 두 측정이 서로 유사하다고 확신할 수 있는가? 아마도 단순히 사전조사 측정이 사후조사 측정보다 더 민감하기 때문에 편견이 줄어들어 보일 수도 있다. 만일 실험자가 측정한다면, 그들의 기준과 능력이 실험 과정에서 변할 수도 있다.
5. **통계적 회귀(statistical regression)** 때때로 처음부터 극단적인 종속변수값을 가진 피험자들을 대상으로 실험을 실시하는 것이 적절할 수도 있다. 만일 여러분이 수학 부진아에게 수학을 가르치기 위한 새로운 방법을 시험한다면, 그 전부터 수학을 아주 못하는 사람들을 대상으로 실험을 하고자 할 것이다. 그러나 어떤 실험적 개입 없이 그런 사람을 그냥 놔둔다면 시간이 지남에 따라 그의 수학성적이 어떻게 될 것 같은지 잠시 생각해보라. 그들은 처음부터 너무 낮은 점수로 시작했기 때문에 최하위에 그대로 머무르거나 그게 아니라면 더 나아질 것이다. 다시 말해, 더 나빠질 수는 없다. 어떤 실험자극 없이도, 전체로서 그 집단은 시간이 지남에 따라 약간의 진전을 보이게 마련이다. 통계학자들은 평균으로의 회귀(regression to the mean)를 언급하면서, 한 집단으로서 극단적으로 키가 큰 사람들은 자신들보다 키가 작은 아이들을 가지려 할 것이며, 마찬가지로 한 집단으로서 극단적으로 키가 작은 사람들은 자신들보다 키가 큰 아이들을 가지려 할 것이라고 종종 지적한다. 이때 극단적인 점수로 시작한 피험자들에게 일어나는 변화를 실험자극의 효과로 오인할 위험이 있다.
6. **선정오차(selection biases)** 앞에서 실험을 위해 피험자를 선정하고 이들을 실험집단과 통제집단으로 배정하는 여러 가지 방법들을 검토하면서 선정오차에 관해 논의했다. 만일 실험을 시작할 때 집단들이 서로 유사하지 않다면, 집단 간의 비교는 아무런 의미가 없다.
7. **피험자 사망(experimental mortality)** 어떤 사회실험이 피험자들을 죽일 수 있다고 가정할 수 있을지라도, 피험자의 사망이란 이보다는 일반적이고 덜 극단적인 문제를 말한다. 실험집단의 피험자들이 실험이 종료되기 전에 실험에서 탈락하는 경우가 종종 있다. 그리고 이러한 중도 탈락은 통계적 비교와 결론에 영향을 미칠 수 있다. 실험집단과 통제집단, 그리고 사전조사와 사후조사를 갖춘 고전적 실험에서, 실험집단의 고집불통들이 무슬림 역사 영화를 보면서 너무 화가 나 실험자에게 자신들은 없었던 것으로 생각하라

고 말하고 나가버렸다고 가정하자. 그 결과 사후조사까지 남아 있었던 피험자들은 처음부터 편견이 덜했던 사람들이기 때문에, 집단 간 비교에서는 편견이 상당히 '감소'한 것으로 나타날 수 있다.

8. **사기저하(demoralization)** 다른 한편으로 통제집단이 박탈감을 느껴서 포기할 수도 있다. 교육실험에서 통제집단은 실험집단이 더 잘 대우받는다고 생각하고, 사기가 저하되어 공부하기를 그만두고 장난치고 떠들거나 화를 낼 수도 있다.

이상은 캠벨, 스탠리, 쿡이 인용한 실험에서의 내적 비타당도를 유발하는 요인들 중 일부이다. 실험자들은 이러한 요인들을 염두에 두고 이를 해결하려는 실험설계를 고안해왔다. 피험자의 적절한 선정 및 배정을 하면서, 고전적 실험은 이들 문제 각각을 해결해간다. 편견에 대한 우리의 가상적인 연구를 활용한, 〈그림 8-4〉에 그림으로 제시한 연구설계를 다시 한번 살펴보자.

〈그림 8-4〉가 보여주는 실험설계를 이용한다면, 우리는 무슬림 역사 영화 실험으로부터 두 가지 발견을 예상할 수 있을 것이다. 실험집단에 대해서는 사후조사에서 측정한 편견의 수준이 사전조사에서보다 더 낮을 것이라고 예상할 수 있다. 아울러 두 개의 사후조사를 비교했을 때에는 통제집단에서보다 실험집단에

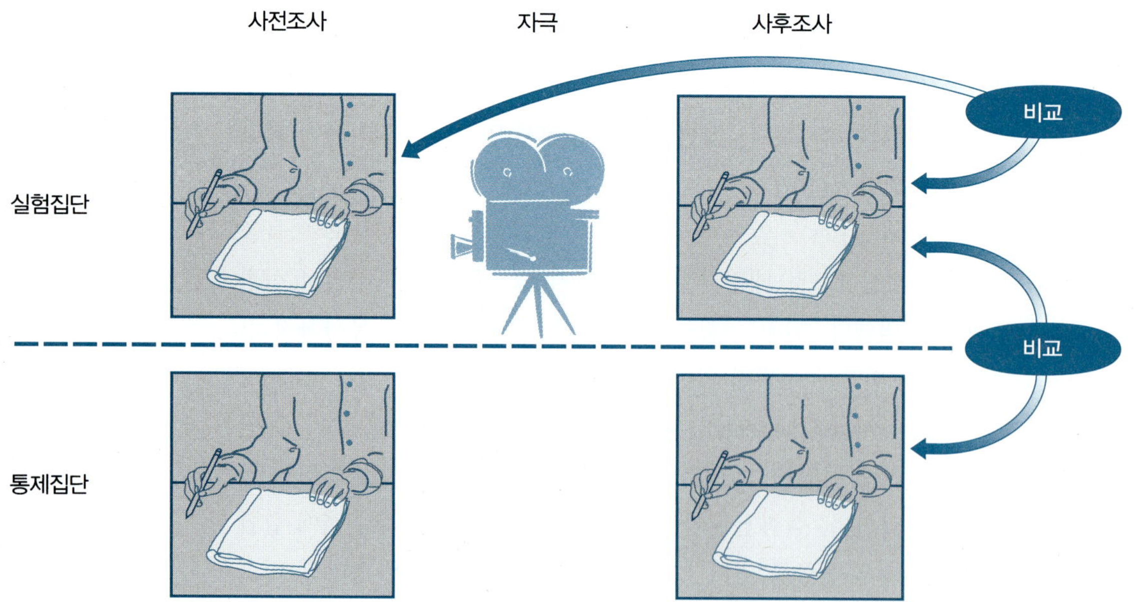

그림 8-4 고전적 실험: 무슬림 역사 영화를 이용한 편견 줄이기
이 그림은 영화가 편견에 미치는 영향을 시험하는 고전적 실험의 기본 구조를 보여준다. 통제집단, 사전검사, 사후검사가 어떻게 작용하는지 주목하라.

서 편견이 더 낮을 것이라고 예상할 수 있다.

이 실험설계는 또한 실험집단에 영향을 줄 수 있는 실험외적 영향이 통제집단에도 영향을 준다는 점에서 역사의 문제를 방지해준다. 결과적으로 사후조사 결과에서 실험집단과 통제집단의 차이는 여전히 존재한다. 피험자들이 무작위적으로 실험집단과 통제집단으로 배정되는 한, 이와 같은 비교는 성숙의 문제도 해결해준다. 조사와 측정도구도 문제가 되지 않는다. 실험집단과 통제집단은 모두 동일한 조사와 실험자의 영향을 받기 때문이다. 만일 피험자들이 무작위적으로 두 집단에 배정되었다면 편견에서 극단적인 점수를 얻은 사람들을 연구하더라도 통계적 회귀는 두 집단에 동일하게 영향을 준다. 선정오차는 피험자들을 무작위로 배정했기 때문에 해결된다. 피험자 사망은 다루기가 좀 더 복잡하지만 이 연구설계에서 제공된 자료에는 이를 다룰 몇 가지 방법이 있다. 사전조사 측정을 통해 실험집단과 통제집단에서의 중도 탈락자에 어떤 차이가 있는지를 발견할 수 있다. 약간의 설계 변형—통제집단에 위약(무슬림과 관계가 전혀 없는 영화)처치—을 통해 그 문제를 훨씬 쉽게 다룰 수 있다. 마지막으로, 사기저하 문제는 실험결과를 평가하면서 신경을 써보고 감안해볼 수 있다.

외적 비타당도의 근원

내적 비타당도는 실험자들이 직면하는 복잡한 문제들 가운데 일부만을 설명한다. 이에 덧붙여, 캠벨과 스탠리가 외적 비타당도라고 부르는 문제들이 있다. 외적 비타당도(external invalidity)는 실험에서 얻어진 결과를 '실제' 세계에 일반화할 수 있는 가능성과 관련된다. 실험결과가 실험 동안 일어난 것을 정확하게 측정하고 있다고 하더라도 그 결과가 정말 우리의 실제 사회생활에 관하여 무언가를 말해주는가?

외적 비타당도
실험결과로부터 이끌어낸 결론을 '현실'세계로 일반화시킬 수 없을 가능성

캠벨과 스탠리는 이러한 문제를 네 가지 형태로 기술한다. 이 가운데 한 가지를 예를 들어 제시해보겠다. 저자들이 지적하고 있듯이, 만일 실험상황과 실험자극 간에 상호작용이 있다면 실험발견의 일반화 가능성은 위협받는다(1963: 18). 여기에 이것이 구체적으로 무슨 뜻인지를 보여주는 예가 하나 있다.

편견과 무슬림 역사 영화에 대한 연구의 예에서, 실험집단—고전적 실험—의 사전조사에서보다 사후조사에서 덜 편견적이었으며, 실험집단의 사후조사는 통제집단의 사후조사보다 덜 편견적이었다고 하자. 우리는 영화가 실제로 실험집단 피험자들의 편견을 줄였다고 확신할 수 있다. 그러나 그 영화를 극장이나 텔레비전에서 보았다면 동일한 효과를 나타낼 수 있었을까? 우리는 확신할 수 없다. 왜냐하면 피험자들이 사전조사를 받으면서 그럴 수 있듯이, 영화는 피험자들이 편견의 문제에 민감해졌을 때만 효과적일 수 있기 때문이다. 이것이 바로 조

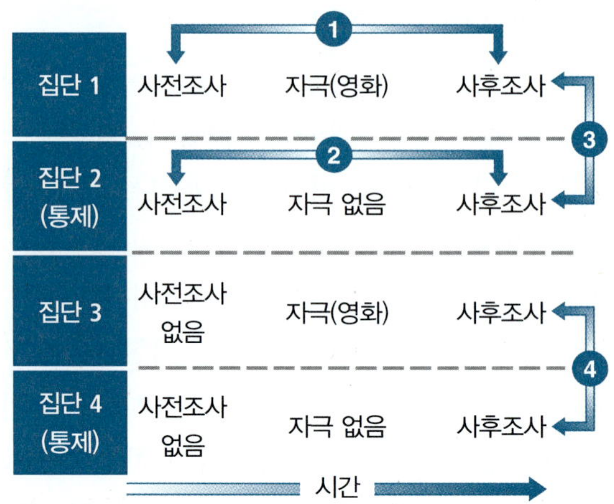

기대되는 결과

1. 집단 1에서 사후조사는 사전조사 때보다 편견을 더 적게 보여야 한다.
2. 집단 2에서 사후조사와 사전조사는 같은 정도의 편견을 보여야 한다.
3. 집단 1에서 사후조사는 집단 2 사후조사보다 편견을 더 적게 보여야 한다.
4. 집단 3에서 사후조사는 집단 4 사후조사보다 편견을 더 적게 보여야 한다.

그림 8-5 솔로몬 4집단 설계
고전적 실험에는 사전조사가 피험자들에게 영향을 줄 수 있는 위험이 있다. 그래서 솔로몬 4집단 설계에서는 사전조사를 하지 않은 실험집단과 통제집단을 추가한다. 그래서 이는 고전적 실험과 사후조사 유일설계 혹은 '정적집단 비교'를 결합한다.

사와 자극 간 상호작용의 예이다. 고전적 실험설계에서는 그런 가능성을 통제할 수 없다. 다행히도 실험자들은 이를 해결할 수 있는 다른 설계를 고안했다.

솔로몬 4집단 설계(Solomon four-group design)(Campbell and Stanley, 1963: 24-25)는 자극과 상호작용하는 조사의 문제를 다룬다. 말 그대로 이 설계에는 네 개의 피험자 집단이 참여하며 이들은 전체 집단으로부터 무작위적으로 배정된다. 〈그림 8-5〉는 이 설계를 그림으로 나타낸 것이다.

〈그림 8-5〉에서 집단 1과 2는 고전적 실험설계를 구성함에 주목하자. 집단 3에는 사전조사 없이 실험자극을 주며, 집단 4에는 사후조사만 실시한다. 이 실험설계에서는 4개의 의미 있는 비교가 가능하다. 만일 무슬림 역사 영화—내적 비타당도의 문제에 의해 설명되지 않고 조사와 자극 간의 상호작용에 의해서도 설명되지 않는—가 편견을 실제로 줄였다면, 우리는 다음 네 가지 사실을 기대해야 한다.

1. 집단 1에서 사후조사에서의 편견이 사전조사에서의 편견보다 더 적다.
2. 집단 2에서 사전조사와 사후조사에서 편견은 같은 수준이어야 한다.
3. 집단 1의 사후조사는 집단 2의 사후조사보다 더 적은 편견을 보여야 한다.
4. 집단 3의 사후조사는 집단 4의 사후조사보다 더 적은 편견을 보여야 한다.

발견 (4)는 조사와 자극 간의 어떤 상호작용도 배제하고 있다는 데 주목하라. 실험 전의 편견 정도는 집단 1과 집단 2에서만 측정했지만, 이러한 비교는 피험자들을 무작위적으로 다른 집단에 배정함으로써 처음에는 모든 집단이 동일한 정도의 편견을 가지고 있었다고 가정할 때에만 의미가 있음을 기억하라.

저자들이 지적하고 있듯이, 이러한 연구설계에는 부가적으로 따르는 이점이 있다. 솔로몬 4집단 설계는 조사와 자극 간의 상호작용을 배제할 뿐 아니라, 고전적 실험설계에서 얼마만큼의 상호작용이 일어나는지를 보여주는 비교자료를 제공한다. 비교를 통해 얻은 이 지식은 연구자로 하여금 더 단순한 설계를 사용한 이전의 다른 연구의 가치를 재평가할 수 있게 해준다.

내가 여기서 언급할 마지막 실험설계는 캠벨과 스탠리(1963: 25-26)가 사후조사 통제집단 설계(posttest-only control-group design)라고 부른 것이다. 이 설계는 솔로몬 설계의 반쪽, 즉 집단 3과 4로 구성된다[〈그림 8-5〉 참조]. 캠벨과 스탠리가 설득력 있게 주장하는 것처럼, 적절한 무작위화가 된다면 단지 집단 3과 집단 4만으로도 내적 타당도의 문제뿐만 아니라 조사와 자극 간의 상호작용 문제까지도 해결하는 진짜 실험을 할 수 있다. 피험자들을 실험집단과 통제집단에 무작위적으로 배정함으로써(이것이 이 실험설계와 앞서 논의한 정적집단 비교설계를 구분해주는 차이이다), 처음부터 피험자들을 종속변수에 대해 비교할 수 있다. 다시 말해, 결과를 평가하기 위해 사용하는 통상적인 통계검증을 만족시키기에 충분히 비교 가능하다는 것이다. 따라서 사전조사에서 종속변수들을 측정하는 것이 불필요하다. 캠벨과 스탠리는 이러한 상황에서 사전조사를 해야 한다는 것에 대한 유일한 정당화는 전통이라고 주장한다. 실험자들은 단순히 사전조사를 하는 데 익숙해 있고, 사전조사를 포함하는 연구설계가 더 확실하다고 느낀다. 그러나 이것은 피험자가 무작위적으로 실험집단과 통제집단에 배정된 실험에만 해당된다는 점을 명확히 해두자. 무작위화를 통해서만 두 집단이 실제 그러한지를 측정하지 않고서도 동일하다고 가정하는 것이 정당화되기 때문이다.

이상의 논의에서는 실험설계의 복잡함과 문제, 그리고 그에 대한 일부 해결책을 소개했다. 물론 소개된 것 외에 훨씬 더 많은 다른 실험설계들이 사용되고 있다. 어떤 실험설계는 하나 이상의 자극과 자극 간의 조합을 포함하기도 한다. 다른 실험설계는 시간의 경과에 따라 종속변수를 여러 번 조사하고, 시점과 집단을 달리하여 자극을 부과하기도 한다. 만일 이 주제에 관해 더 관심이 있다면, 캠벨과 스탠리의 책을 참고하기 바란다.

8.6 실험의 예시

실험은 사회과학의 매우 다양한 주제들을 연구하는 데 이용되어왔다. 어떤 실험들은 실험실 내에서 시행되며, 그 밖의 다른 실험들은 '실제 세계'에서 일어나며, 이를 현장실험(field experiment)이라 부른다. 다음 논의에서는 두 가지를 일별할 것이다. 현장실험의 예로 시작해보자.

현장실험
실험실 밖, 자연상태에서 행해지는 공식적 실험

조지 버나드 쇼의 널리 사랑받는 연극이자 뮤지컬 〈마이 페어 레이디(My Fair Lady)〉의 바탕이 된 〈피그말리온(Pygmalion)〉에서 일라이자 둘리틀(Eliza Doolittle)은 타인들이 우리의 사회적 정체감을 형성하는 데 갖는 힘에 대해 말한다. 그녀가 자신의 선생인 히긴스(Higgins) 교수가 자신을 대하는 방식과 히긴스의 친구인 피커링 대령(Colonel Pickering)이 자신을 대하는 방식을 어떻게 구분하는지 살펴보자.

> 당신은 정말로 그리고 진실로, 사람이 어떤 옷을 입고 어떤 말씨를 쓰는지에 상관없이, 숙녀와 꽃 파는 소녀와의 차이는 그녀가 어떻게 처신하는가에 달려 있는 것이 아니라, 그녀가 어떻게 대접받는가에 달려 있다는 것을 압니다. 나는 히긴스 교수한테는 항상 꽃 파는 소녀입니다. 왜냐하면, 그는 항상 나를 꽃 파는 소녀로 취급했고 항상 그렇게 할 것이기 때문입니다. 그러나 당신에게는 내가 숙녀라는 것을 나는 압니다. 왜냐하면, 당신은 항상 나를 숙녀로 대접해주었으며 항상 그렇게 대접할 것이기 때문입니다.
>
> (5막)

여기서 일라이자가 표현하는 감정은 기본적인 사회과학을 반영하고 있으며, 보다 공식적으로는 찰스 호턴 쿨리(Charles Horton Cooley, '거울자아')와 조지 허버트 미드(George Herbert Mead, '일반화된 타자')와 같은 사회학자들이 제기했던 것이다. 기본적인 요점은 우리가 자신을 어떻게 생각하는가—우리의 자아개념—와 우리가 어떻게 행동하는가는 대체로 다른 사람들이 우리를 어떻게 보고 어떻게 대하는가에 달려 있다는 것이다. 더 나아가 다른 사람들이 우리를 인지하는 방식은 대체로 그들의 기대에 의해 조건지어진다. 예를 들어, 만일 그들이 내가 어리석다는 말을 들었다면 그들은 나를 그렇게 볼 것이며, 나 역시 나 자신을 그렇게 보게 될 것이고, 실제로 그렇게 행동하게 될지도 모른다. '낙인이론

(labeling theory)'은 사람들이 다른 사람이 자신을 어떻게 인식하고 낙인찍느냐에 따라 행동하게 되는 현상을 말한다. 1983년 〈트레이딩 플레이스(Trading Places)〉 같은 수많은 영화들이 이 이론을 전제로 하고 있다. 이 영화에서 에디 머피(Eddie Murphy)와 댄 애크로이드(Dan Ackroyd)는 증권 브로커와 사회 낙오자의 역할을 서로 맞바꾸는 연기를 했다.

타인들에게서 우리가 볼 것으로 예상했던 것을 보는 경향은 쇼의 연극에서 그 이름을 따왔다. 피그말리온 효과(Pygmalion effect)라고 부르는 이것은 통제된 실험과 아주 잘 들어맞는다. 피그말리온 효과에 대해 가장 잘 알려진 실험연구 중 하나로, 로젠탈과 제이콥슨(Rosenthal and Jacobson, 1968)은 '굴절된 획득에 대한 하버드 테스트(Harvard Test of Inflected Acquisition)'라고 부르는 검사를 웨스트 코스트스쿨(West-Coast school)에 다니는 학생들을 대상으로 실시했다. 그러고 나서 그들은 학생들의 선생님을 만나 검사결과를 알려주었다. 특히, 로젠탈과 제이콥슨은 검사결과를 근거로 내년에 학과성적이 갑작스럽게 상승할 것 같은 학생들의 명단을 일러주었다.

차후에 IQ 점수를 비교했을 때 연구자들의 예측은 정확하게 맞아떨어졌다. 연구자들은 다음 해에 '성적급등자들'이 그들의 학우들을 훨씬 앞질렀다는 것을 발견했으며, 이는 예측검사가 강력한 것임을 시사한다. 그렇지만 사실 그 검사는 속임수였다! 연구자들은 실제로 공부를 잘하는 학생과 못하는 학생 모두를 포함시킨 가운데 무작위적으로 예측했던 것이다. 실제로 그들이 선생님에게 알려준 것은 학생들의 검사성적을 전혀 반영하지 않았다. '성적급등자들'의 성적향상은 단순히 선생님의 기대, 더 많은 관심과 격려, 그리고 성취에 대한 보상의 결과였다. (이 상황과 이 장의 앞에서 논의한 호손효과와의 유사성에 주목하라.)

로젠탈-제이콥슨의 연구는 상당한 인기를 끌었고 과학적인 주목도 받았다. 후속실험들은 귀인과정(attribution process) 또는 기대소통 모델(expectations communication model)이라고 알려진 것의 구체적인 측면에 초점을 두었다. 심리학자들이 주로 한 이 연구는 사회학자들의 연구와 비교된다. 사회학자들의 연구는 초점이 약간 다르며, 종종 '기대가치이론(expectations-states theory)'이라는 이름으로 불린다. 심리학적 연구들은 선생과 학생 혹은 상사와 부하와 같이 지배적인 위치에 있는 사람의 기대가 부하의 업무수행에 영향을 미치는 상황에 초점을 둔다. 이와 달리 사회학적 연구는 과제지향적인 소규모 집단에서 동등한 위치에 있는 사람들 사이에서의 기대의 역할에 더 많은 초점을 두는 경향이 있다. 예를 들어, 배심원들의 심리에서 어떻게 배심원들이 처음에 서로를 평가하고, 이러한 최초의 평가가 어떻게 나중에 그들의 상호작용에 영향을 미치는가 등의 문제에 초점을 둔다.

여기 다른 유형의 사회과학적 실험이 있다. 쉘리 코렐, 스티븐 버나드, 그리고 인백(Correll, Benard, and Paik, 2007)은 인종, 성, 그리고/혹은 자녀양육(parenthood)이 취업에서 차별을 유발할 수 있는지를 파악하는 데 관심이 있었다. 특별히 그들은 '여성의 자녀양육으로 인한 불이익(motherhood penalty)'이 있는지를 발견하기를 원했다. 이들 연구진은 학부생을 활용한 실험을 통해 이 주제를 연구하기로 했다. 연구에 참여한 학생 피험자들은 한 신생 커뮤니케이션 회사가 이스트코스트 사무실의 마케팅부를 관리할 매니저를 찾고 있다는 이야기를 들었다.

> 피험자들은 그 커뮤니케이션 회사가 젊은 사람들이 커뮤니케이션 기술의 주된 고객이기 때문에 젊은이들로부터 피드백을 받는 데 관심을 갖고 있다는 이야기를 들었다. 또한 피험자들에게 과제가 지향하는 바를 더 확실하게 하기 위해, 그들의 평가는 회사가 응시자들에 대해 수집한 다른 정보들과 통합될 것이며, 실제 채용결정에 영향을 줄 것이라고 말해주었다.
>
> (Correll, Benard, and Paik, 2007: 1311)

연구진은 그 매니저 자리에 지원한 가상의 응시자들을 기술하는 몇 개의 이력서를 만들었다. 처음에는 이력서에 인종, 성, 또는 자녀양육(parenthood) 여부를 나타내는 어떤 표시도 없었다. 피험자들에게 응시자들의 역량을 평가하도록 요청했다. 그 집단은 이들 이력서가 동일한 수준의 역량을 반영한다고 결정했다.

다음 단계의 실험에서 그 이력서에 추가적인 정보를 넣었다. 이름이 이력서에 추가되면서 성별이 분명하게 되었다. 특히 전형적인 흑인 이름[예를 들어, 여성의 경우 라토야(Latoya)와 에보니(Ebony); 남성의 경우, 티론(Tyrone)과 자말(Jamal)] 혹은 전형적인 백인 이름[예를 들어, 여성의 경우 앨리슨(Allison)과 사라(Sarah); 남성의 경우 브래드(Brad)와 매튜(Matthew)]을 사용함으로써 피험자들이 응시자의 인종을 추측하는 것이 가능했다. 마지막으로 학부모회 참여 또는 자녀명단을 추가하여 일부 응시자가 학부모임을 알 수 있도록 했다. 실험이 진행되면서 응시자의 다른 지위를 나타내는 지표들이 동일한 이력서에 추가되었다. 따라서 특정 이력서에서 흑인 어머니, 백인 무자녀 여성, 백인 아버지 등이 명확하게 나타났다. 물론, 어떤 피험자도 다른 지위를 가진 동일한 이력서를 평가하지는 않았다.

마지막으로, 피험자들에게 여러 세트의 이력서를 주면서 여러 가지 방법으로 평가하도록 했다. 예를 들어, 응시자가 얼마나 자신감이 있어 보이는지, 어느 정도 헌신적일 것 같은지 등에 답하도록 했다. 그들은 또한 특정 응시자에게 보수를 제시해보라고 요청받았으며, 그 응시자가 조직에서 얼마나 승진할 것 같은지를 예측해보도록 요청받았다. 그들은 심지어 그 응시자가 해고되기 전까지 얼마나 많은 결근 또는 지각을 허용해야 하는지도 지적해보라고 요청받았다.

이력서 각각은 다른 지위지표를 붙여서 평가를 받았기 때문에 그러한 지위가 차이를 유발하는지의 여부를 결정하는 것이 가능했다. 구체적으로 연구진은 자녀를 양육하는 어머니이기 때문에 받는 불이익(Motherhood penalty)이 있는지를 검증할 수 있었다. 그리고 연구진은 다음을 발견했다.

- 자녀를 양육하는 여성들은 그렇지 않은 여성들보다 덜 유능하고 덜 헌신적인 것으로 판단된다.
- 학생들은 자녀를 양육하는 여성들에게 그렇지 않은 여성들보다 더 낮은 보수를 제시했으며 결근이나 지각도 더 적게 허용했다.
- 학생들은 자녀를 양육하는 여성들이 그렇지 않은 여성들보다 승진할 가능성이 더 낮다고 보았다.
- 그리고 자녀를 양육하지 않는 여성을 채용할 것을 거의 2배로 높게 추천했다.

성별과 부모 됨에 대한 분석을 상세히 설명하면서, 연구진은 그러한 차이가 여성들보다 남성들에게서 더 적은 반면 아버지들은 아버지가 아닌 남성들보다 더 높게 평가된다는 것을 발견했다. 그리고 여성 응시자들의 경우에는 정반대의 결과가 발견되었다.

어머니이기 때문에 받는 불이익은 백인과 흑인 응시자 모두에게서 발견되었다. 더욱이 이러한 결과는 평가를 한 피험자의 성별과는 무관했다. 여성이건 남성이건 자녀를 양육하는 어머니들을 그렇지 않은 여성들보다 더 낮게 평가했다.

8.7 웹(Web)기반 실험

점차로 많은 연구자들이 사회과학 실험을 하기 위한 매체로 인터넷을 이용한다. 대부분의 실험에서는 표본의 대표성이 중요하지 않기 때문에 연구자들은 종종 온라인 초대에 응한 자원자들을 이용할 수 있다. 여러분은 '온라인 사회심리학연구'라는 사이트(http://www.socialpsychology.org/expts.htm)를 방문하여 이러한 형태의 실험에 대해 더 나은 아이디어를 얻을 수 있다. 이 웹사이트는 '대인관계', '믿음과 태도', '인성과 개인차' 등과 같은 주제에 대해 수많은 전문가 또는 학생 연구 프로젝트로 링크를 제공한다. 또한 이 사이트는 웹실험을 수행하는 데 필요한 자료들도 제공한다. 피험자로서 참여는 다른 연구자들을 위한 데이터를 제공하는 것이며, 여러분 자신의 사고패턴에 대한 통찰을 얻을 수도 있으며, 여러분이 시행하고 싶을 수도 있는 실험을 여러분에게 제시할 수도 있다.

웹실험은 3장에서 살펴본 새로운 윤리적 문제를 제기하기도 한다. 여기 한 온라인 실험의 초록이 있다.

> 페이스북상의 대규모 실험(689,003사례)을 통해, 우리는 감정상태가 자의식 없이 동일한 감정을 경험하도록 유인하는 감정전염을 통하여 다른 사람들에게 전이될 수 있다는 것을 보고자 한다. 우리는 감정전염이 사람들 사이의 직접적인 상호작용(어떤 감정을 표현하는 친구에게 충분한 노출) 없이, 그리고 비언어적 신호의 완벽한 부재 속에서 일어난다는 실험적 증거를 제공한다.
>
> (Kramer et al., 2014)

이 온라인 연구보고서에서 가장 흥미로운 것은 수많은 코멘트들에 있다. 윤리적 문제, 주로 고지에 입각한 동의에 대한 염려가 가장 많이 제기되었다. 일반적으로 새로운 모든 연구기법은 과학적 타당성뿐 아니라 새로운 연구윤리 문제를 제기하게 될 것이다. 그렇다고 사회연구가 더 약해질 것 같지는 않다.

8.8 '자연상태'에서의 실험

비록 사람들이 실험과 실험실 실험을 동일시하는 경향이 있지만, 실험은 때때로 실험실 밖에서 실행되기도 하며(현장실험), 웹상에서 실행될 수도 있다. 여타 중요한 사회과학 실험들은 통제된 환경 밖에서 함께 일어나며, 종종 정상적인 사회적 사건들의 과정에서 일어난다. 때로는 자연이 우리가 관찰하고 분석할 수 있는 실험을 설계하고 시행한다. 때때로 사회적 · 정치적 의사결정자들이 자연의 이러한 기능을 수행한다.

예를 들어, 허리케인이 어떤 마을을 덮쳤다고 상상해보라. 그 마을 사람들 중 일부는 심한 재정적 손실을 입었으며, 다른 사람들은 비교적 상태가 가볍다. 자연재해의 경험이 가져오는 행동적 결과는 무엇일까? 재해를 가장 심하게 겪은 사람들이 가장 적게 재해를 입은 사람들보다 미래의 재해에 대비해서 더 조심할까? 이러한 질문에 대답하기 위해, 우리는 허리케인이 지나가고 일정 시간이 흐른 다음 그 마을 사람들을 면접할 수 있다. 그들에게 허리케인이 오기 전 조심했던 정도와 현재 조심하고 있는 정도에 관해 묻고, 허리케인을 가장 심하게 겪었던 사람들과 상대적으로 경미하게 겪었던 사람들을 비교할 수 있다. 이러한 방식으로 자연상태에서의 실험이 가지는 이점을 취할 수 있다. 이러한 실험은 우리가 아주 집요하게 그렇게 하고자 해도 할 수 없는 것이다.

대부분 연구자는 일이 일어난 대로 받아들여야 하기 때문에, 자연상태에서의 실험에는 앞서 논의한 타당도 문제가 많이 제기된다. 따라서 스태니슬라브 캐슬, 루퍼트 치좀, 그리고 브렌다 에스케나치(Kasl, Chisolm, and Eskenaze, 1981)가 펜실베니아 주 스리마일 아일랜드(Three Mile Island, TMI)의 핵누출 사건이 공장 근로자들에게 미친 충격을 연구하고자 했을 때, 그들은 특별히 연구설계에 신경을 써야 했다.

> 재해연구는 필연적으로 기회주의적이고, 유사실험적이며, 사후해석적이다. 우리의 연구는 캠벨과 스탠리가 분류한 연구설계 중 고전적 분석들 가운데서도 취약한 연구설계의 하나로 간주되는 '정적집단 비교(static-group comparison)'에 속한다. 그러나 이 설계가 갖는 약점들은 잠재적인 것이며, 실제로 그러한 약점이 존재하는지의 여부는 각 연구가 직면하게 되는 독특한 상황에 달려 있다.
>
> (1981: 474)

이 연구의 기초는 2호 원자로의 냉각체계가 작동하지 않아서 우라늄이 녹아내리기 시작했던 1979년 3월 28일 스리마일 아일랜드에서 일했던 사람들에 대한 설문조사이다. 이 설문조사는 사건이 있은 지 5~6개월 후에 진행되었다. 서베이 설문지는 핵발전소에서 일하는 것에 대한 근로자들의 태도를 측정했다. 만일 연구자들이 TMI 근로자들의 사건 후 태도만을 측정했다면, 사건의 결과로 태도가 변한 것인지 알지 못했을 것이다. 그러나 그들은 근처의 외견상 비교 가능한 또 다른 핵발전소(약자로 PB)를 선정하여 그곳의 근로자들을 통제집단, 그러니까 정적집단 비교의 준거로 설문조사함으로써 자신들의 연구설계를 개선시켰다.

실험집단과 통제집단이 있었음에도 불구하고 이 연구자들은 자신들의 설계에 내재한 문제를 잘 인식하고 있었다. 특히 그들의 설계는 두 개의 근로자 집단이 핵누출 사건이라는 하나의 사실만 제외하고는 서로 비슷하다는 생각에 기초했다. 만일 이 연구자들이 무작위적으로 두 공장에 근로자들을 배정할 수 있었다면 이렇게 가정할 수 있을 것이다. 그러나 물론 그런 것은 아니었다. 그 대신 연구자들은 두 집단이 서로 비슷한지를 확인하기 위해 두 집단의 특성을 비교했다. 결국 연구자들은 두 근로자 집단이 매우 유사하며, 그들이 일하는 공장은 단순히 그들이 사는 지역에 따라 결정된 것이라고 결론을 내렸다.

두 근로자 집단이 비슷하다는 것을 받아들이더라도, 연구자들은 또 다른 비교가능성 문제에 직면했다. 그들은 사건 당시 TMI에서 일했던 모든 노동자들과 접촉할 수 없었다. 이 문제를 연구자들은 다음과 같이 논의하고 있다.

> 이 연구에서 특별한 피험자 소멸의 문제는 PB 피험자들이 아니라, TMI 피험자들 가운데 접촉이 안 되어 무응답한 사람들 중 일부가 사건 때문에 이곳을 영원히 떠나버렸을 가능성이다. 이러한 편중된 소멸은 아마도 충격의 추정 정도를 약화시킬 것이다. 끊겼거나 '서비스 중이 아닌' 전화번호들을 증거로 볼 때, 우리는 이러한 편중이 무시할 만하다(1퍼센트)고 추정한다.
>
> (Kasl et al., 1981: 475)

TMI의 예는 자연상태에서 하는 실험이 갖는 특별한 문제와 그러한 문제들을 감안하기 위한 가능성 둘 다를 지적한다. 일반적으로 사회연구에는 창의력과 통찰력이 요구되는데, 자연상태에서의 실험도 확실히 예외가 아니다.

이 장의 앞에서, 우리는 종족 역사를 다룬 영화가 사람들의 편견을 감소시키는지를 연구하는 가설적인 예를 사용했다. 샌드라 볼로키치, 조엘 그루브, 그리고 밀턴 로키치(Ball-Rokeach, Grube, and Rokeach, 1981)는 실생활에서 자연상태에서의 실험을 통해 이 문제를 다룰 수 있었다. 1977년 ABC방송국에서는 미국 흑인에 대한 대하 역사소설인 알렉스 헤일리(Alex Haley)의 『뿌리(Roots)』를 극화한 텔레비전 드라마를 8일 밤에 걸쳐 연속 방영했다. 이 드라마는 그 당시 텔레비전 역사상 가장 많은 시청자를 끌어들였다. 볼로키치와 그녀의 동료들은 〈뿌리〉가 흑인에 대한 미국 백인들의 태도를 변화시켰는지 알고자 했다. 그들은 1979년 그 속편인 〈뿌리: 그다음 세대(Roots: the Next Generation)〉가 방영되었을 때를 기회로 삼았다. (연구자의 관점에서는) 미국인들 모두를 그 드라마를 본 집단과 보지 않은 집단에 무작위적으로 배정했으면 좋겠지만, 그것은 불가능했다. 그 대신 연구자들은 워싱턴 주에서 네 개의 집단을 선정하여, 흑인에 대한 태도를 측정하는 설문지를 (드라마 방영 전에) 우송했다. 드라마의 마지막 회가 방영된 다음, 응답자들에게 전화하여 드라마를 보았다면 몇 회나 보았는지를 물었다. 그다음, 응답자들에게 흑인에 대한 태도를 측정하는 설문지를 다시 보냈다.

연구자들은 그 드라마를 본 사람들과 보지 않은 사람들의 사전 · 사후의 태도를 서로 비교하여 몇 가지 결론에 도달했다. 예를 들어, 평등주의적 태도를 이미 가지고 있었던 사람들이 흑인에 대해 보다 편견에 찬 태도를 가진 사람들보다 그 드라마를 더 많이 보는 경향이 있었는데, 이를 자기선택 현상(self-selection phenomenon)이라고 한다. 더욱이 드라마를 본 사람들의 전후 태도상 비교는 드라마 자체가 거의 영향을 미치지 않았음을 보여주었다. 드라마를 본 사람들이 드라마를 보고 난 후에 보기 전보다 더 평등주의적으로 변하지는 않았다.

이 예는 12장의 주제인, 자연상태에서 하는 실험의 특별한 한 가지 유형으로 볼 수 있는 평가연구(evaluation research)를 미리 보여준다. 앞으로 보게 되겠지만, 평가연구는 실제 생활에서 자극의 효과들을 관찰하고 평가하는 분야에 실험의 논리를 취하는 것이다. 이는 사회연구에서 점차 중요한 형태로 자리잡아 가고 있기 때문에 본서에서는 이를 위해 별도로 한 장을 할애했다.

8.9 실험방법의 장점과 단점

실험은 인과관계를 연구하는 일차적인 방법이다. 그러나 모든 연구방법과 마찬가지로 실험도 장점과 단점이 있다.

통제된 실험이 가지는 중요한 이점은 실험변수를 분리시키고 또한 시간에 따른 실험변수의 영향을 분리시킨다는 데 있다. 이것은 기본적인 실험 모델에서 가장 확연히 나타난다. 즉, 실험 초기에 어떤 특성을 가지는 피험자들을 선정하고 그들에게 실험자극을 부여한 다음, 그들이 어떤 특성의 변화를 보이는지를 확인한다. 피험자들이 다른 자극에는 노출되지 않았다고 가정할 수 있는 한, 우리는 피험자들의 변화가 실험자극에 의한 것이라고 결론을 내릴 수 있다.

더 나아가 개별 실험들은 범위가 상당히 제한되고 비교적 짧은 시간과 적은 돈, 그리고 소수의 피험자들을 요구할 때가 종종 있기 때문에, 우리는 특정 실험을 여러 다른 피험자 집단에 여러 번 반복적으로 시행할 수도 있다. (물론 항상 그런 것만은 아니다. 그러나 굳이 말하자면 설문조사보다는 실험을 반복하는 것이 통상 더 쉽다.) 다른 형태의 과학적 연구에서와 마찬가지로 동일한 실험결과를 반복적으로 얻으면 그 결과의 타당도와 일반화 가능성에 대한 우리의 확신은 증대된다.

실험실 실험의 가장 큰 약점은 인위성(artificiality)에 있다. 즉, 실험실 상황에서 일어나는 사회적 과정이 보다 자연스러운 사회적 상황에서는 일어나지 않을 수도 있다. 예를 들어, 무슬림 역사 영화가 정말 실험실 피험자들의 편견을 감소시켰을 수 있다. 그러나 그렇다고 해서 전국적으로 동네 영화관에서 상영된 같은 영화가 반드시 일반 대중의 편견을 줄일 것이라는 의미는 아니다. 한편 자연상태에서의 실험은 실험실에서 한 실험만큼 인위성이 문제가 되지는 않는다.

캠벨, 스탠리, 그리고 쿡이 언급한 내적 · 외적 타당도를 저해하는 요인들 가운데 몇몇을 논의하면서, 우리는 그러한 문제들을 논리적으로 통제하는 실험설계를 만들 수 있다는 것을 알 수 있었다. 이 가능성은 실험의 가장 큰 이점 가운데

어떻게 생각하는가 재논의

우리가 본 것처럼, 실험 그 자체가 피험자의 반응에 미치는 영향이 사회연구에서의 주 관심이다. 실험설계의 몇몇 요소들이 이런 관심과 연관된다. 첫째, 통제집단을 활용함으로써 연구자는 자극과 연관되지 않는 실험의 어떠한 영향도 설명할 수 있게 한다. 둘째, 솔로몬 4집단 설계는 사전조사가 종속변수에 끼칠 수 있는 영향을 조사한다. 그리고 마지막으로, 소위 자연상태에서의 실험은 실제생활 상황에서 시행되며, 자연스럽게 일어나는 사건에 실험적 틀(template)을 부과한다.

따라서 관찰자의 영향이 실험결과에 부정적으로 영향을 미칠 수 있다 할지라도, 연구자들은 이를 다룰 수 있는 방법들을 개발한다.

하나이다. 즉, 실험은 다른 형태의 관찰에서 종종 성취하기 어려운 논리적 엄격성을 유지하는 데 적합하다.

8.10 윤리와 실험

여러분이 보았듯이, 연구자들은 사회과학적 실험을 행하면서 많은 중요한 윤리적 문제를 생각해야만 한다. 여기서 나는 단지 두 가지만 언급할 것이다.

첫째, 실험에서는 거의 항상 기만(deception)을 하게 된다. 대부분의 경우, 피험자에게 실험의 목적을 설명해주면 아마도 그것이 그들을 다르게—예를 들어, 좋게 보이려고 노력하면서—행동하게 할 것이다. 그러므로 (1) 특정한 기만이 실험에 본질적인 것인지, (2) 실험을 통하여 알게 된 것의 가치가 윤리적 침해를 정당화하는지를 결정하는 것은 중요하다.

둘째, 실험은 전형적으로 피험자의 삶을 침범한다. 실험연구자는 일반적으로 피험자를 일상적이지 않은 상황에 들어가게 하며, 특별한 경험을 하게 한다. 피험자가 신체적으로 부상을 입는 경우는 거의 없지만(어쨌든 그렇게 해서는 안 된다), 이 장의 앞에서 제시한 예시들 중 일부에서 보듯이, 심리적으로 손상을 입을 가능성은 항상 있다. 기만의 경우에서처럼, 연구자는 피험자가 겪는 잠재적 피해에 비해 그 연구의 잠재적 가치를 저울질해보아야 한다.

머리말

- 실험에서 사회연구자들은 대개 피험자 집단을 선정하고 그들에게 어떤 것을 행한 다음 그 효과를 관찰한다.

실험에 적절한 주제

- 실험은 인과관계에 대해 통제된 검증을 할 수 있는 탁월한 수단이다.

고전적 실험

- 고전적 실험은 실험집단과 통제집단에 대한 사전조사와 사후조사를 통해 실험자극(독립변수)이 종속변수에 미치는 영향을 검증한다.
- 이중눈가림 실험은 실험자나 피험자들 모두 어떤 피험자가 통제집단 또는 실험집단에 속하는지 알지 못하기 때문에 실험자에 의해 발생하는 오류를 막는다.

피험자 선정

- 실험집단과 통제집단이 서로 유사한가보다 피험자 집단이 더 큰 모집단을 대표하는가는 일반적으로 덜 중요하다.
- 확률표집, 무작위화, 그리고 짝맞추기는 모두 실험집단과 통제집단의 비교 가능성을 확보하기 위한 방법들이다. 이 가운데 무작위화가 일반적으로 선호되는 방법이다. 어떤 실험설계에서는 무작위화를 짝맞추기와 함께 쓸 수도 있다.

다양한 실험설계

- 캠벨과 스탠리는 세 가지 형태의 사전 실험설계, 즉 단일집단 사례조사, 단일집단 사전사후 조사설계, 정적집단 비교를 제시한다.
- 캠벨과 스탠리는 실험설계의 내적 타당도를 저해하는 역사, 성숙, 조사, 측정도구, 통계적 회귀, 선정오류, 피험자 사망, 그리고 사기저하 등 8개의 요인들을 제시한다. 피험자를 무작위로 선정한 고전적 실험은 이들 저해요인들에 대비해 조심하게 한다.
- 실험은 외적 타당도의 문제에 직면한다. 실험에서 발견된 것들이 실제생활을 반영하지 않을 수도 있다.
- 조사와 실험자극 간의 상호작용은 고전적 실험이 막을 수 없는 외적 타당도를 저하시키는 한 가지 예이다.
- 솔로몬 4집단 실험설계와 고전적 실험의 다른 변형들은 외적 타당도가 저하되는 것을 막을 수 있다.
- 캠벨과 스탠리에 따르면, 피험자들을 실험집단과 통제집단에 무작위적으로 적절히 배정했다면, 실험에서 굳이 사전조사를 할 필요가 없다고 한다.

실험의 예시

- 통제된 현장실험에서, 연구자들은 실험설계에서 고려해야만 하는 한 현상으로서 피그말리온 효과를 경험한다.
- 실험실 상황에서의 최근 한 실험은 노동의 세계에서 '자녀를 양육하는 어머니이기 때문에 받는 불이익(Motherhood penalty)'이 존재함을 보여주었다.

웹(Web)기반 실험

- 인터넷은 사회과학 실험을 수행하는 점차 더 일상적인 매체가 되고 있다.

'자연상태'에서의 실험

- 자연상태에서 하는 실험은 실제 사회생활 과정 중에 종종 행해지며, 사회연구자들은 실험실 실험을 설계하고 수행하는 것과 어느 정도 비슷한 방식으로 이 실험을 실행할 수 있다.

실험방법의 장점과 단점

- 모든 연구방법과 마찬가지로 실험에도 장점과 단점이 있다.
- 실험의 주된 단점은 인위성이다. 즉, 실험실에서 일어난 것이 바깥세상에서 일어나는 것을 반영하지 않을 수도 있다.
- 실험의 장점은 인과적 추론을 가능하게 하는 독립변수의 분리, 실험반복의 용이성, 그리고 과학적 엄격성 등에 있다.

윤리와 실험

- 실험에서는 전형적으로 피험자를 기만하게 된다.

- 실험의 침범적 속성 때문에 피험자에게 의도치 않게 피해를 입힐 가능성이 있다.

핵심용어

내적 비타당도(internal invalidity)
무작위화(randomization)
사전조사(pretesting)
사후조사(posttesting)
실험집단(experimental group)
외적 비타당도(external invalidity)
이중눈가림 실험(double-blind experiment)
짝맞추기(matching)
통제집단(control group)
현장실험(field experiment)

사회조사연구 제안: 실험

다음의 연습에서 우리는 실험으로 시작하는 특별한 자료수집의 기술에 초점을 둘 것이다. 만일 여러분이 수업에서 과제의 하나로 이러한 연습문제를 푼다면, 여러분의 교수가 여러분이 사용하지 않는 방법을 다루는 장들을 건너뛸 것인지 여부를 말해줄 것이다. 만일 여러분이 이 책의 주제들에 대한 이해를 높이기 위해 스스로 이 연습문제를 푼다면, 모든 연습문제를 해보기를 제안한다. 여러분은 여러분이 제안한 자료수집의 방법을 일시적으로 변형할 수 있으며, 사용가능한 방법을 활용하여 여러분의 주제를 어떻게 연구하는지를 탐색할 수 있다.

실험의 경우에는, 여러분이 왜 다른 연구방법보다는 실험방법을 선택했는지, 그것이 어떻게 여러분의 연구목적에 가장 잘 맞는지를 명확하게 해야 한다. 좀 더 구체적으로, 여러분은 실험자극과 어떻게 이 자극을 처치할 것인지를 설명해야 하며, 여러분이 사용할 실험집단과 통제집단도 자세히 기술해야 할 것이다. 여러분은 또한 실험과 관련하여 사전조사와 사후조사도 기술할 필요가 있다. 여러분은 실험을 어디서 할 것인가? 실험실인가 아니면 보다 자연스러운 분위기에서인가?

만일 여러분이 이중눈가림 실험을 할 계획이라면, 어떻게 그런 실험을 성공시킬 수 있을지 기술해야만 한다. 여러분은 또한 실험의 결과분석을 복잡하게 할 수도 있는 내적 그리고 외적 타당성 문제들 중 일부를 탐구할 수도 있다.

마지막으로 실험모델은 특정 가설을 검증하기 위해 이용할 수 있으며, 여러분은 여러분의 연구에서 이를 어떻게 달성할 것인지 자세히 설명해야 한다. 어떤 기준에서 가설이 수용되거나 기각될 것인지를 결정해야 할 것이다.

복습문제

1. 내적 비타당도의 예시로 무엇이 있을까? 이 책에서 논의한 8가지 원인들 가운데 4개를 선택하여 각각을 설명할 수 있는 여러분 자신의 예를 만들어보라.
2. 여러분이 목격했거나 읽었던 최근의 자연재해에 대해 생각해보라. 이 자연재해를 하나의 '자연상태에서의 실험'으로 생각해서 어떤 연구문제를 연구할 수 있을까? 이 연구를 어떻게 할 수 있을지 두세 문단으로 약술하라.
3. 여러분이 새로운 운영시스템 혹은 다른 소프트웨어를 평가하기를 원하다고 해보자. 사람들이 이에 대해 실제 어떻게 생각하고 있는지를 알아보기 위해 어떻게 실험을 구상할 수 있을까? 통제집단과 위약효과를 활용하는 것을 명심하라.
4. 최근 널리 알려진 재판을 생각해보라. 어떻게 변호사들은 증거를 제시할 다른 전략들을 평가하기 위해 모의배심원들을 활용할 수 있겠는가?

CHAPTER

09

서베이 조사

개관

연구자가 서베이를 통해 자료를 수집하는 방법에는 우편 설문조사에서부터 대인 면접조사와 인터넷에 의한 온라인 서베이에 이르기까지 여러 종류가 있다. 사회연구자는 연구에 적합한 방법을 선택해서 이것을 효과적으로 시행하는 법을 알아야 한다.

Chris Ryan/OJO Images/Getty Images

학습목표

- ⊙ 서베이 조사에 알맞은 연구주제를 확인할 수 있다.
- ⊙ 서베이 설문지에 있는 질문을 하기 위한 핵심 규칙을 설명할 수 있다.
- ⊙ 서베이 설문지의 구성에 있어 일부 핵심적인 관심에 대해 논의할 수 있다.
- ⊙ 자기기입식 서베이의 실행에 포함된 단계를 설명할 수 있다.
- ⊙ 면접 서베이의 실행에 포함된 단계를 기술할 수 있다.
- ⊙ 전화 서베이의 실행에 포함된 단계를 요약할 수 있다.
- ⊙ 온라인 서베이의 장단점에 대해 논의할 수 있다.
- ⊙ 혼합양식 서베이의 예를 제공하고 이것에서 얻을 수 있는 장점을 설명할 수 있다.
- ⊙ 다양한 서베이 방법 중 특정 연구 프로젝트에 가장 적합한 방법이 무엇인지 이해할 수 있다.
- ⊙ 일반적인 서베이 조사의 핵심적인 강점과 약점을 확인할 수 있다.
- ⊙ 이차분석이란 무엇이며 또 이것의 핵심적인 장단점에 대해 설명할 수 있다.
- ⊙ 서베이 조사에서 제기될 수 있는 일부 윤리적인 문제에 대해 논의할 수 있다.

9.1 머리말

서베이 조사는 사회과학에서 빈번히 사용되는 관찰방법이다. 전형적인 서베이에서 조사자는 먼저 응답자의 표본을 선택하고 다음으로 이들에 대해 표준화된 설문을 가지고 조사를 시행한다. 7장에서는 표본추출의 기법에 대해 자세하게 알아보았다. 이 장에서는 설문을 어떻게 작성할 것인가에 대해 논의하고 또한 응답자들이 질문에 맞게 대답할 수 있게끔 해주는 조사를 시행하기 위한 여러 조건들을 기술하도록 하겠다.

이 장은 다른 사람이 수집한 서베이 자료를 분석하는 이차분석(secondary analysis)에 대해서도 간단히 논의한다. 최근에 서베이 결과의 사용은 서베이 조사의 중요한 측면이 되었으며, 학생들을 비롯해서 연구기금이 별로 없는 사람들에게 특히 유용하게 되었다. 이 장은 서베이 조사의 윤리적 의미에 대해 살펴보면서 끝을 맺는다.

그럼 먼저 연구자가 서베이 조사 방법을 사용해서 적절하게 연구할 수 있는 주제의 종류들을 살펴보면서 시작하기로 하자.

어떻게 생각하는가

우리 모두는 '서베이'에 참여해달라고 부탁하는 전화를 받는데, 실제에 있어 일부는 판촉용 전화이다.

> 발신자: 첫 번째 질문입니다. "미국의 초대 대통령은 누구입니까?"
> 여러분: 크레이지 호스(Crazy Horse).
> 발신자: 거의 맞혔습니다. 귀하는 방금 당첨되셨습니다. …

이것은 분명히 정당하지 않다. 그러나 무엇이 발생하는가를 여러분이 알아차리기 전에 교묘한 수법이 여러분을 가짜 판매홍보에 걸려들게 할 수 있다. '서베이'에 선정되었다고 알리는 전화를 받을 때, 이것이 진짜인지를 어떻게 알 수 있는가?

이 장의 말미에 있는 〈어떻게 생각하는가: 재논의〉를 참조하라.

iStock.com/killerb10

9.2 서베이 조사에 적합한 주제

서베이는 기술적, 설명적, 탐색적 목적으로 사용될 수 있다. 이것은 개인을 분석단위로 하는 연구에 주로 사용된다. 비록 이 방법이 집단이나 상호작용과 같은 다른 분석단위를 위해 사용될 수 있다고 하더라도, 개인이 응답자(respondent)나 정보제공자가 되어야만 한다. 그러므로 이혼이 분석단위가 되는 서베이를 할 경우에는 서베이 설문을 이혼한 사람(혹은 다른 정보제공자)에게 시행할 필요가 있다.

응답자
서베이 설문지에 응답함으로써 분석자료를 제공해주는 사람

서베이 조사는 직접 관찰하기에 너무 큰 모집단(population)을 기술하기 위해 원자료(original data)를 수집하는 데 관심이 있는 사회조사자에게 유용한 가장 좋은 방법이라고 할 수 있다. 주의를 기울인 확률표집은 모집단의 특성을 반영할 수 있는 응답자 집단을 제공하며, 신중하게 구성된 표준화된 설문은 모든 응답자로부터 나온 같은 형태의 자료를 제공해준다.

또한 서베이는 큰 모집단의 태도와 성향을 측정하는 뛰어난 도구이다. 예를 들어, 퓨(Pew), 갤럽(Gallup), 해리스(Harris), 로퍼(Roper)와 같은 여론조사는 이러한 사용이 잘 알려진 예이다. 사실, 여론조사가 너무 널리 행해지고 있어서 때때로 일반 사람들은 여론조사를 어떻게 생각해야 할지에 대해 확신하지 못하는 것 같다. 여론조사자는 여론조사가 정확하다고 생각하지(혹은 믿기를 원하지) 않는 사람들에게 비판을 받는다(여론조사에서 '지고 있는' 후보자들은 투표자들에게 여론조사를 믿지 말라고 자주 이야기하곤 한다). 그러나 또한 여론조사는 너무 정확하기 때문에 비판받는다(예를 들어, 실제 투표가 끝나기도 전에 미리 당선자

를 예측하기 위해 선거 당일에 출구조사가 사용되는 경우).

여론조사에 대한 일반적인 태도는 과학적으로 부적절한 '서베이'에 의해 훨씬 복잡해지는데, 그럼에도 불구하고 이런 서베이들은 다루고 있는 주제나 '발견'으로 인해 사람들의 주의를 사로잡기도 한다. 때때로 사람들은 〈어떻게 생각하는가〉에 제시한 것처럼 매우 다른 목적으로 서베이 조사의 겉모양을 이용한다. 예를 들어, 여러분이 서베이에 선택되었다고 말하면서, 그리고 첫 번째 질문이 "주당 수천 달러를 바로 귀하의 집에서 벌기를 원하지 않으십니까?"라는 것을 발견하게 되는 그런 전화를 받아보았을 것이다. 불행히도 몇몇의 비양심적인 전화판매원(telemarketer)들은 사람들이 서베이 조사자들에게 일반적으로 협조한다는 사실을 이용해 먹으려고 한다.

같은 방식으로 정당과 자선단체들도 가짜 서베이를 실시하기 시작했다. 어떤 이슈에 관한 여론을 수집한다고 가장하고는 전화를 건 사람이 결국에는 응답자에게 기부금을 요청하는 경우가 자주 있다.

최근의 정치캠페인은 '강요 여론조사(push poll)'라고 불리는 또 다른 형태의 가짜 서베이를 만들어냈다. 이러한 행태에 대해 '미국 여론조사학회(American Association for Public Opinion Research)'는 다음과 같이 비난한다.

> '강요 여론조사'는 잠재적인 유권자들에게 표를 부탁하기 위해 전화를 사용하는 텔레마케팅 기법으로서, 어떤 정보가 투표자의 선호에 어떻게 영향을 미치는가를 알아보기 위해 여론조사를 하는 척하면서 어떤 후보자에 관해 잘못되고 그릇된 정보를 유권자에게 제공한다. 사실, 의도는 여론을 알아보는 것이 아니라 조작하는 것이다. 즉 유권자를 한 후보자에게서 반대편의 다른 후보자에게로 밀어붙이는 것이다. 이러한 여론조사는 선정된 후보자들에 관한 그릇된 정보를 퍼뜨리면서 그 후보자들을 중상모략한다. 정당한 여론조사를 수행하고 있는 것처럼 의도를 가장하면서 선거운동 선전을 유포하는 것이다.
>
> (Bednarz, 1996)

간단히 말해 서베이와 여론조사라는 명칭은 가끔 잘못 사용된다. 그러나 알맞게 사용된다면, 서베이 조사는 사회 탐구를 위한 유용한 도구가 될 수 있다. 유용한(그리고 신뢰할 수 있는) 서베이 조사를 설계하는 것은 훌륭한 질문들을 정확하게 표현하는 데서 시작한다.

9.3 질문을 위한 안내 지침

사회조사에서 조사자들이 분석 및 해석을 하기 위한 자료를 수집하는 방식으로 사람들에게 질문을 할 때 변수들은 자주 조작화된다(operationalized). 질문은 때때로 면접자들이 하기도 하고, 또 때로는 글로 쓰인 후 응답자들에게 완성하도록 주어지기도 한다. 또 다른 경우, 일반적인 여러 안내 지침들은 조사자들이 한편으로는 무용하거나 그릇된 정보를 낳을 수 있는 함정을 피하면서, 다른 한편으로는 변수들에 대한 뛰어난 조작화로서 기여하는 질문을 구성하고 물어보는 것을 도와줄 수 있다.

서베이는 분석에 유용할 수 있는 정보를 이끌어내기 위해 특별히 고안된 수단인 설문지(questionnaire)의 사용을 포함한다. 다음에 나올 몇 가지 구체적인 요점들은 질적이고 심층적인 면접에 사용되는 보다 개방적인 설문지보다는 구조화된 설문지에 더 적합하다. 하지만 이 구체적인 요점들의 근저에 깔려 있는 논리는 우리가 자료를 모으기 위해 질문할 때마다 늘 가치가 있다.

설문지
분석에 적합한 정보를 이끌어내기 위해 고안된 질문과 그 외 유형의 문항들을 담고 있는 문서. 설문지는 주로 서베이 조사에 사용되나 실험, 현장조사, 다른 관찰양식에서도 사용된다.

적합한 질문 형태 선택하기

설문지를 만드는 데 유용한 몇 가지 선택사항들에 대해 먼저 살펴보기로 하자. 이러한 선택사항들은 질문이나 진술을 사용하고 개방형 질문이나 폐쇄형 질문을 선택하는 것을 포함한다.

질문과 진술

비록 설문지라는 용어가 질문들의 모음을 암시하더라도, 전형적인 설문지에 대한 검토는 아마도 질문들만큼이나 많은 진술들을 드러낼 것이다. 여기에는 이유가 있다. 조사자는 응답자가 특정한 태도나 관점을 지니고 있는 정도를 결정하는 것에 자주 관심을 가진다. 만약 여러분이 상당히 짧은 진술로 태도를 요약할 수 있다면, 여러분은 그 진술을 응답자에게 보여주면서 그 진술에 대해 찬성하는지 혹은 반대하는지를 물어볼 수 있다. 기억하는 것처럼, 렌시스 리커트(Lensis Likert)는 응답자가 매우 동의함, 동의함, 반대함, 매우 반대함, 또는 매우 찬성함, 찬성함 등과 같이 응답하게끔 하는 형태인 리커트 척도(Likert scale)를 만들어냄으로써 이러한 절차를 상당히 공식화했다.

질문과 진술은 둘 다 유익하게 사용할 수 있다. 주어진 설문지에 이 두 가지를 같이 사용하는 것은 항목을 설계하는 데 있어서 더 많은 유연성을 제공하며, 설문지를 더 흥미롭게 만들 수 있다.

개방형 질문과 폐쇄형 질문

개방형 질문
응답자가 자신의 말로써 답을 제공하도록 요구하는 질문. 심층적이거나 질적인 면접은 거의 전적으로 개방형 질문에 의존한다.

질문을 할 때 조사자들은 두 가지 선택을 가지고 있다. 이들은 개방형 질문(open-ended question)을 요구할 수 있는데, 이 경우에 응답자는 질문에 대해 자신의 답을 제공하도록 요청받는다. 예를 들어, 응답자는 "오늘날 미국이 직면하고 있는 가장 중요한 이슈가 무엇이라고 느끼십니까?"라는 질문을 받으며, 대답을 적을 수 있는 칸을 제공받는다(또는 면접자에게 말로 이야기하게끔 요청받기도 한다). 10장에서 보겠지만, 심층적이고 질적인 면접은 거의 모두 개방형 질문에 의존한다. 그런데 이것은 서베이 조사에서 사용되기도 한다.

폐쇄형 질문
응답자가 조사자가 마련한 보기 중에서 대답을 선택하도록 요청받는 서베이 질문. 폐쇄형 질문은 서베이 조사에서 매우 인기가 있는데, 그 이유는 이것이 탁월한 응답 통일성을 제공해주고 개방형 질문보다 응답을 더 쉽게 처리할 수 있다는 것이다.

폐쇄형 질문(closed-ended question)의 경우, 응답자는 조사자가 마련한 보기 중에서 대답을 선택하도록 요청받는다. 폐쇄형 질문은 서베이 조사에서 매우 인기가 있는데, 응답의 통일성을 제공해주고 개방형 질문보다 응답을 더 쉽게 처리할 수 있기 때문이다.

14장에서 자세히 논의하겠지만, 개방형 응답은 컴퓨터 분석을 위해 처리되기 전에 코딩되어야 한다. 코딩과정은 조사자가 응답의 의미를 해석할 것을 요구하는데, 이것은 그릇된 해석과 조사자가 지닌 편견의 가능성을 열어놓는다. 이 밖에 몇몇 응답자들이 조사자의 의도와 전혀 상관없는 대답을 줄 위험도 있다. 반면, 폐쇄형 응답은 컴퓨터 포맷(format)으로 직접 옮겨지는 경우가 자주 있다.

폐쇄형 질문의 주요 단점은 조사자가 응답을 구조화하는 데 있다. 주어진 질문에 연관된 대답이 상대적으로 분명할 때에는 아무 문제가 없다. 그러나 다른 경우, 조사자가 행하는 응답의 구조화는 몇몇 중요한 응답을 간과할 수 있다. 예를 들어, '미국이 직면하고 있는 가장 중요한 이슈'에 관한 질문에서 조사자의 이슈에 관한 체크리스트는 응답자가 중요하다고 이야기했을 수 있는 어떤 이슈를 빠뜨릴 수 있다.

폐쇄형 질문의 구성은 두 가지 구조적인 조건을 따라야 한다. 첫째, 제공된 응답 범주(category)는 망라적(exhaustive)이어야 한다. 응답 범주는 기대될 수 있는 가능한 모든 응답을 포함해야 한다. 조사자는 자주 '기타(구체적으로:__________)'와 같은 범주를 덧붙임으로써 이것을 확실하게 한다. 둘째, 응답 범주는 상호배타적(mutually exclusive)이어야 한다. 응답자가 두 개 이상의 응답을 선택하도록 강요받고 있다고 느껴서는 안 된다. (어떤 경우에 여러 개의 응답을 선택하기를 바랄 수가 있는데, 그러면 나중에 자료처리와 분석과정에서 어려움에 봉착할 수 있다.) 범주가 상호배타적이라는 것을 확실하게 하기 위해서 각 범주의 조합을 조심스럽게 살펴보아야 하며, 응답자가 두 개 이상을 자연스럽게 택할 수 있는지를 따져보아야 한다. 덧붙여, 응답자로 하여금 가장 알맞은 응답을 선택하도록 부탁하는 지시문을 질문에 추가하는 것도 유용할 수 있다.

하지만, 이러한 기법은 주의를 기울여 구성된 응답들에 대한 대체물로 사용할 수 없다.

문항 명료화하기

설문지의 문항(item)이 명료하고 애매하지 말아야 한다는 것은 두말할 필요가 없다. 그러나 서베이에서 불분명하고 애매한 질문이 광범위하게 확산된 만큼 이 점은 강조할 만한 가치가 있다. 우리는 조사하고 있는 어떤 주제에 대한 의견과 관점이 우리에게는 분명하지만 그 주제에 별다른 주의를 기울이지 않았던 응답자에게는 분명치 않은 그런 주제를 매우 깊이 다룰 때가 종종 있다. 그렇지 않고 만약 우리가 어떤 주제에 대해 단지 피상적으로만 이해한다면, 우리는 질문의 내용을 충분히 구체화하는 데 실패할 수 있다. "제시된 평화안에 대해 어떻게 생각하십니까?"라는 질문은 응답자에게서 "어떤 제시된 평화안?"이라는 대꾸의 질문이 나오게 만든다. 설문지의 문항은 정확해서 조사자가 무엇을 묻는지를 응답자가 정확히 알 수 있도록 해야 한다.

이와 유사하게, 미국 인디언을 의미하는 토착 미국인(Native American)이라는 용어의 사용은 서베이에서 이 민족집단이 과도하게 대표되게끔 자주 만든다. 분명히, 많은 응답자들은 이 용어를 '미국에서 태어난' 것을 의미하는 용어로 이해한다.

쌍렬식 질문 피하기

조사자는 응답자에게 실제로는 여러 개의 내용을 담고 있는 한 개의 질문에 대해 하나의 대답을 빈번하게 요구하곤 한다. 이런 질문 유형을 쌍렬식 질문(double-barreled questions)이라고 하며, 이는 조사자가 복합적인 질문을 개인적으로 지지할 때 매우 자주 발생한다. 예를 들어, 조사자는 응답자에게 "미국은 우주탐사 계획을 그만두고, 그 돈을 국내 문제에 써야 된다."라는 진술에 동의하는지의 여부를 물을 수 있다. 비록 많은 응답자들이 이 진술에 명료하게 동의하기도 하고 또 다른 사람들은 명료하게 반대한다고 할지라도, 여전히 또 다른 사람들은 대답할 수 없을 것이다. 어떤 사람들은 우주탐사 계획을 그만두고 그 돈을 납세자에게 되돌려주기를 원할 수 있다. 다른 사람들은 우주탐사 계획을 계속하면서 국내 문제에도 돈을 더 많이 책정하기를 원할 수 있다. 이러한 후자의 응답자들이 동의한다거나 반대한다고 했을 경우 여러분은 오도될 수 있다.

일반적으로 '그리고(and)'라는 단어가 질문이나 질문지의 문장에 등장하게 될 때마다 쌍렬식 질문을 하는 것인지를 검토해야 한다.

응답자는 대답할 수 있는 능력이 있어야 한다

응답자들에게 정보를 제공해주도록 부탁할 경우, 여러분은 이들이 과연 믿을 만하게 그 일을 해낼지를 계속해서 자신에게 물어보아야 한다. 자녀양육에 관한 연구에서 처음으로 부모한테 말대꾸를 한 나이를 이야기해달라고 응답자들에게 물어볼 수 있다. '부모에게 말대꾸를 한(talking back to parents)'을 규정하는 문제를 제쳐두고라도 대부분의 응답자들이 조금이라도 정확하게 기억해낼지는 의심스러운 일이다.

또 다른 예로, 학생회 간부들은 종종 학생회비가 어떻게 쓰여야 하는지에 관해 학생들에게 묻는다. 전형적으로, 응답자들은 긴 활동목록에 투입되어야 하는 유용한 자금의 비율을 표시해달라는 요청을 받는다. 이런 활동의 속성과 이런 활동에 포함된 비용에 대해 상당히 많은 지식이 없을 경우, 응답자들은 의미 있는 대답을 제공해줄 수 없다. 예를 들어, 행정비용은 비록 전반적으로 학생 프로그램에 있어서 필수적이라고 하더라도 별다른 지지를 얻지 못할 것이다.

십대들의 운전경험을 연구하는 한 조사팀이 운전면허증을 취득한 이후 운전한 거리에 관해 개방형 질문을 할 것을 주장했다. 한 전문가가 그러한 정보를 조금이라도 정확하게 추측할 수 있는 사람은 별로 없을 것이라고 주장했음에도 불구하고, 그 질문은 물어봐졌다. 질문에 대한 대답으로 몇몇 십대들은 수십만 마일을 운전했다고 이야기했다.

응답자는 기꺼이 대답할 수 있어야 한다

가끔 우리는 사람들에게서 우리와 공유하기를 꺼리는 것들을 알려고 한다. 예를 들어, 얀지에 비안(Yanjie Bian)은 중국 사람들에게서 솔직한 대답을 얻기가 종종 어렵다는 것을 지적한다.

> (여기) 사람들은 권위주의하에서 살아남기 위해 사적이지 않은 상황에서 말하는 것을 일반적으로 매우 조심스러워한다. 예를 들어, 1966년과 1976년 사이에 있었던 문화혁명 기간 동안에 전국에 걸친 급진적인 정치적 안건들과 긴장 때문에 중국인의 생활경험, 특성, 공산당 정권에 대한 태도에 대해 중국 내에서 믿을 만한 자료를 수집하기 위해 서베이 기법을 사용하는 것은 거의 불가능했다.
>
> (1994: 19-20)

때때로 미국의 응답자들도 사실 의견이 있더라도 자신들이 소수집단이라고 생각할 때 '아직 정하지 못함(undecided)'이라고 말할 수 있다. 이러한 조건하에서 이들은 낯선 사람에게 자신의 의견을 이야기하는 것을 꺼리는 것이다. 주어진 이런 문제에 대해, 예를 들어 갤럽은 '비밀투표(secret ballot)' 형태를 사용해왔는데, 이것은 '투표자'가 완전한 익명성을 즐기는 실제적인 선거조건을 자극시킨다. 1944년에서 1988년까지 갤럽의 선거자료에 대한 분석에서 앤드루 스미스와 G. F. 비숍(Andrew Smith and G. F. Bishop, 1992)은 이러한 기법이 누구에게 투표할지 결정하지 못했다고 이야기한 응답자들의 비율을 상당히 줄였음을 발견했다.

그러나 이 문제는 서베이 조사에만 한정되지 않는다. 리처드 미첼(Richard Michell)은 미국의 생존주의자(survivalist)에 대한 현장조사에서 이와 유사한 문제에 직면했다.

> 예를 들어, 생존주의자들은 그들의 신분과 성향을 숨기는 것에 대해 이중적이다. 그들은 비밀이 당장에는 자신들을 불신하는 다수집단의 조소로부터 보호해주지만, 강요된 분리주의가 충원과 정보교환의 기회를 감소시킨다는 것을 알고 있다. …
>
> '비밀주의적' 생존주의자들은 전화를 피하고, 편지교환을 통해 그들의 우편물을 세탁하며, 별명과 가명을 사용하고, 낯선 사람에게는 그들의 주소를 조심스레 감춘다. 그러나 나는 이들의 그룹모임에 초청되면서부터 이들이 협조적인 응답자임을 발견하게 되었다.
>
> (1991: 100)

질문은 응답자와 관계가 있어야 한다

이와 유사하게, 설문지에 있는 질문들은 대부분의 응답자들과 관계가 있어야 한다. 응답자들이 별로 생각해보지 않았거나 실제로 신경 쓰지 않는 주제에 대해 의견을 물을 때, 그 결과가 쓸모있을 것 같지는 않다. 물론 응답자들이 이러한 주제에 대해 생각한 적이 없으면서도 어떤 태도를 나타낼 수 있기 때문에, 여러분은 현혹당할 위험을 안고 있다.

이 점은 조사자가 가공의 인물과 이슈에 관계된 응답을 요구할 때 자주 나타난다. 내가 시행한 한 정치 여론조사에서 나는 응답자들에게 지역에 있는 15명의 정치인 각각에 대해 잘 알고 있는지 물어보았다. 방법론적인 연습으로서 나는 '탐 사쿠모토'라고 하는 이름을 하나 만들었다. 응답에서 9%의 응답자가 그를 잘 알고 있다고 이야기했다. 그를 잘 알고 있다는 이 응답자들 중에서 절반 정도가 그를 텔레비전에서 보았거나 신문에서 그에 관한 기사를 읽었다고 보고했다.

가공의 이슈에 대한 응답을 얻었을 때 여러분은 이러한 응답을 무시해버릴 수 있다. 그러나 이 이슈가 실제일 때, 여러분은 어떤 응답이 진짜 태도를 반영하는 것인지 그리고 어느 응답이 무관한 질문에 대한 무의미한 대답을 반영하는 것인지 알 방법이 없다.

이상적으로는, 이러한 경우에 우리는 응답자들이 상황을 잘 모른다거나 의견이 없다거나 또는 결정하지 못했다고 단순하게 이야기하기를 바란다. 그러나 불행히도 그들은 답을 자주 조작한다.

짧은 문항이 좋다

애매하지 않고 정확하며 이슈와의 관련성을 지적하기 위해 조사자는 길고 복잡한 문항을 만드는 경향이 있다. 그러나 이런 문항은 피해야 한다. 응답자들은 문항을 이해하기 위해 좀처럼 문항을 연구하려 들지 않는다. 응답자들은 문항을 빨리 읽고, 질문의 의도를 이해하고, 어려움 없이 답을 선택하거나 제공할 수 있어야 한다. 일반적으로, 응답자들이 문항을 빨리 읽고 답을 즉시 줄 것이라고 가정한다. 그러므로 이런 조건하에서 잘못 해석되지 않도록 명료하고 짧은 문항을 제공해야 한다.

부정어가 있는 문항은 피한다

설문지 문항에서 부정어의 등장은 오해를 낳기 쉽다. "미국은 쿠바를 승인해서는 안 된다."는 진술에 동의하느냐 혹은 동의하지 않느냐고 물어본다면, 상당한 비율의 응답자들이 '안'이라는 단어를 건너띄어 읽고, 그것에 근거해서 대답할 것이다. 그러므로 어떤 사람들은 승인을 지지하면서 이 진술에 동의할 것이며, 다른 사람들은 승인에 반대하면서 동의할 것이다. 그리고 여러분은 어느 것이 어느 것인지 결코 알지 못할 것이다.

비슷한 고찰이 다른 '부정적인' 단어에 적용된다. 예를 들어, 시민의 자유를 위한 지지에 대한 한 연구에서 응답자들은 "이러한 종류의 사람들이 공립학교에서 가르치는 것은 '금지'되어야만 한다."고 느끼느냐는 질문을 받고서 공산주의자, KKK 단원(Ku Klux Klansman) 등과 같은 항목들이 포함된 목록을 받았다. 응답 범주인 '예'와 '아니오'가 각 항목 옆에 주어졌다. 이 항목의 응답과 시민의 자유에 대한 지지를 반영하는 항목의 응답을 비교한 결과는 많은 응답자들이 그러한 사람이 가르치는 것을 금지해야 한다는 것을 나타내기보다는 그러한 사람이 가르치는 것에 대한 승낙을 나타내는 '예'라는 대답을 주었음을 강하게 시사했다. ('허용'과 '금지'의 대답 범주를 지닌 일련의 후속 연구는 보다 분명한 결과를 보여주었다.)

편견적인 문항과 용어는 피한다

사회과학에서 대표적으로 연구되는 어떠한 개념이든 궁극적으로 진실한 의미는 없다는 5장의 개념화와 조작화에 관한 논의를 상기해보자. 편견(prejudice)은 궁극적으로 정확한 정의를 갖고 있지 않다. 어떤 사람이 편견적인지의 여부는 그 용어에 대한 우리의 규정에 근거한다. 이와 똑같은 일반적 원칙이 우리가 설문지를 작성하는 사람으로부터 얻는 응답에 적용된다.

질문에 대한 어떤 사람의 응답이 지닌 의미는 대부분 질문의 문장에 의존한다. 이것은 모든 질문과 대답에 해당된다. 어떤 질문은 다른 질문에 비해 특정한 응답을 더 부추기는 것처럼 보인다. 설문지의 맥락에서 **왜곡(bias)**은 응답자에게 특정한 방식으로 대답하도록 부추기는 질문의 모든 속성을 일컫는다.

왜곡
측정되고 있는 것을 특정한 방향으로 잘못 대표하는 결과를 낳는 경향이 있는 측정기법의 특성. 예를 들어, "귀하는 대통령이 직무를 잘 수행한다고 생각하지 않습니까?"라는 설문 문항은 일반적으로 더 호의적인 응답을 조장하게끔 왜곡하는 것이라 하겠다.

대부분의 조사자들은 "…라는 미국 대통령의 의견에 동의하지 않습니까?"라고 시작하는 질문이 내포할 만한 효과를 인식하고 있으며, 훌륭한 조사자는 아무도 그런 문항을 사용하지 않는다. 불행히도 문항과 용어가 주는 편견의 효과는 이러한 예가 제시하는 것보다 훨씬 더 미묘하다.

단지 태도나 위치를 명성 있는 인물이나 기관과 동일시하는 것은 응답을 왜곡시킬 수 있다. "…라는 최근의 대법원 판결에 대해 동의하십니까? 반대하십니까?"라는 문항은 비슷한 효과를 가지고 있다. 물론 이러한 문장이 일치된 의견 또는 명성 있는 인물이나 기관과 동일시되는 입장을 지지하는 다수를 만들어내지는 못할 것이다. 하지만 이러한 문장은 그러한 동일화가 없을 때 얻을 수 있는 것 이상으로 지지 수준을 높여줄 것이다.

때때로 질문에 있어서 문장 형태의 차이에서 비롯되는 영향은 상대적으로 미묘하다. 예를 들어, 케니스 래신스키(Kenneth Rasinski, 1989)는 정부지출에 대한 GSS(General Social Survery)의 태도연구 결과를 분석했을 때 정책 프로그램이 동일화되는 방식이 그 정책 프로그램이 받는 대중적 지지의 양에 영향을 주는 것을 발견했다. 여기에 몇 가지 비교들이 있다.

더 많은 지지	더 적은 지지
'가난한 사람들에 대한 지원'	'복지'
'증가하는 범죄율을 멈추게 함'	'법 집행'
'마약중독을 다룸'	'마약으로부터의 회복'
'대도시 문제를 해결함'	"대도시에 대한 지원'
'흑인들의 조건을 개선함'	'흑인들에 대한 지원'
'사회보장을 보호함'	'사회보장'

예를 들어, 1986년에 62.8%의 응답자들이 '가난한 사람들에 대한 지원'에 돈이 너무 적게 쓰이고 있다고 말한 반면에, 같은 해의 동일한 서베이에서는 23.1%만이 '복지'에 돈이 너무 적게 쓰이고 있다고 말했다.

이러한 맥락에서 조사자들은 질문과 대답이 사회적 바람직함(social desirability)이라고 부르는 것에 빠지지 않도록 조심해야 한다. 사람들에게 정보를 요청할 때마다 그들은 자신들을 좋게 보이도록 만드는 여과과정을 거쳐 대답한다. 이것은 대면면접에서 특히 그렇다. 그러므로, 예를 들어 2008년 민주당 대통령 후보 예비선거에서 아프리카계 미국인(버락 오바마)이나 여성(힐러리 클린턴)에게 투표하기를 꺼렸을 많은 유권자들은 자신들의 인종적 혹은 성적 편견을 서베이 면접원에게 털어놓는 것 또한 꺼렸을 수 있다. (확신하건대 일부는 자신들이 느끼는 바에 대해 말하는 것을 꺼리지 않았다.)

프라우케 크로이터, 스탠리 프레서, 로저 투랑고(Frauke Kreuter, Stanley Presser, and Roger Tourangeau, 2008)는 응답자가 낙제를 하거나 학사경고를 받는 것과 같이 자신에게 좋지 못한 민감한 정보를 제공하려는 의지와 관련된 자료수집 기법의 영향을 알아보는 실험을 실시했다. 실험한 세 가지 방법들 중에서 응답자는 일상적인 전화면접으로 면접할 때 그런 정보를 가장 덜 자발적으로 제공하려 했다. 이들은 대화식의 기록에 의해 면접이 이루어질 때 어느 정도 자발적이었으며, 웹서베이를 통해 물어보았을 때 그러한 정보를 가장 잘 제공하는 경향이 있었다.

이런 문제를 막는 가장 좋은 방법은 응답자들에게 제공하려고 하는 모든 대답에 대해 여러분이 어떻게 느낄 것인가를 상상해보는 것이다. 만약 여러분이 어떤 특정한 대답에 당황하고, 타락하며, 비인간적이고, 어리석으며, 무책임하거나 아니면 사회적으로 불리하다고 느낀다면, 다른 사람이 그런 대답을 기꺼이 줄 것인가에 대해 깊이 생각해보아야 한다.

질병통제센터(Centers for Disease Control and Prevention)(Choi and Pak, 2005)는 용어의 선택으로 편견을 갖게 되거나 아니면 설문지에 대한 응답을 혼란스럽게 만들 수 있는 다양한 방식에 대해 훌륭한 분석을 제공해준다. 무엇보다도 이들은 애매하고, 전문적이고, 일상적이지 않으며, 모호한 단어의 사용을 경고한다. 이들의 철저한 분석은 많은 구체적 예시를 제공한다.

이런 점들이 분석과 해석을 위해 자료를 이끌어내는 질문을 작성할 때 따라야 할 몇 가지 일반적인 지침이다. 다음으로 설문지를 구성하는 방법을 살펴보도록 한다.

9.4 설문지 구성

설문지는 사회조사에서 많은 관찰양식과 연계되어 사용된다. 구조화된 설문지는 비록 서베이 조사의 기본이고 대부분 서베이 조사와 직접 연관된다고 하더라도, 실험, 현장조사, 그 외 자료수집 활동에서도 광범위하게 사용된다. 이러한 이유로 인해, 설문지 구성은 조사를 위해서 매우 중요한 실용적 기술이 될 수 있다. 설문지 구성을 위한 확립된 기법을 논의하는 데 있어서, 먼저 설문지 형태(format)에 대한 몇 가지 이슈들로 시작해보자.

일반적인 설문지 형태

설문지 형태는 물어보는 질문의 속성과 문장만큼이나 중요하다. 어울리지 않게 배치된 설문지는 응답자가 질문을 빼먹고, 원하는 자료의 속성에 대해 응답자를 혼동시키며, 심지어는 응답자로 하여금 설문지를 내버리게 만들 수 있다.

일반적으로 설문지는 문항들이 보기 좋게 정돈되어 있어야 한다. 경험이 없는 조사자들은 자신의 설문지가 너무 길어 보이지 않을까 걱정하는 경향이 있다. 결과적으로, 이들은 여러 질문들을 한 줄에 밀어 넣거나, 질문들을 줄이고, 가능한 한 적은 수의 페이지를 사용하려고 노력한다. 이러한 노력은 지각이 없으며 위험하기까지 하다. 줄 하나에 두 개 이상의 질문을 두는 것은 응답자로 하여금 두 번째 질문을 건너뛰게 만들 수 있다. 보다 일반적으로, 짧다고 여겨지는 설문지의 첫째 쪽에 상당한 시간을 보냈다는 것을 안 응답자는 처음에 길다고 여겨지는 설문지의 앞 쪽들을 아주 짧은 시간에 완성한 응답자보다 더 빨리 의욕을 잃어버릴 수 있다. 게다가 후자의 응답자는 실수를 더 적게 범하며, 혼란스럽고 생략된 질문을 다시 읽도록 강요당하지도 않을 것이다. 아울러 후자의 응답자는 좁은 여백에 긴 응답을 쓰느라 고생하지 않아도 된다.

이와 유사한 문제가 대면면접이나 전화면접에서 면접원에게 일어날 수 있다. 자기기입식 설문지를 작성하는 응답자처럼 면접원은 질문을 빼먹을 수 있고 그것들의 위치를 잃어버릴 수 있으며 일반적으로 좌절하고 당황하게 될 수도 있다. 면접 설문지는 특별한 지시와 지침을 포함하여 면접원의 일을 지원해주는 방식으로 설계될 필요가 있다.

설문지의 질문들이 펼쳐져야 한다는 것은 아무리 강조해도 지나치지 않다. 축약된 설문지는 응답자들이 스스로 완성했든지 또는 훈련된 면접원에 의해 관리되었든지에 상관없이 막심한 피해를 준다. 그리고 그런 설문지를 처리하는 것은 또 다른 악몽이다.

응답자를 위한 형태

설문지 문항의 가장 일반적인 유형에서는 응답자가 여러 개의 응답들 중 한 개에 표시하도록 되어 있다. 내 경험상 적절한 거리를 둔 표시난들이 이러한 목적에 가장 좋은 형식을 제공해준다. 현대의 문서작업은 표시난의 사용을 실용적인 기법으로 만든다. 표시난을 만드는 것 또한 쉽고 깔끔하게 할 수 있다. 각괄호를 사용하여 표시난처럼 만들 수도 있다.

표시를 하기 위한 난을 제공해주는 대신에 각 응답 옆에 번호를 인쇄하고, 응답자에게 적합한 번호에 동그라미를 치라고 요청할 수 있다[〈그림 9-1〉 참조]. 이 방법은 나중에 처리과정에서 입력되는 번호를 구체화해주는 부가적인 이점을 지니고 있다(14장 참조). 만약 번호에 동그라미를 치게 하려면, 응답자들에게 분명하고 눈에 띄는 지시문을 제공해주어야 된다. 왜냐하면 많은 사람들이 적합한 번호에 선을 긋는 경향이 있으며, 이럴 경우 자료처리가 더욱 어려워지기 때문이다. (면접인이 설문지를 작성하면 이 기법은 보다 안전하게 사용될 수 있는데, 이유는 면접인이 직접 응답을 기록하기 때문이다.)

조건부 질문

설문지에서 어떤 질문들은 어떤 사람들에게는 연관되지만 다른 사람들에게는 연관되지 않는 경우가 매우 자주 있다. 예를 들어, 산아제한에 관한 연구에서 여러분은 아마도 남자들에게 피임약 복용에 대해 물어보기를 원하지 않을 것이다.

이런 종류의 상황은 조사자가 어떤 주제에 관해 일련의 질문들을 물어보기 원할 때 가끔 생긴다. 여러분은 응답자들에게 어떤 특정한 조직에 소속되어 있는지, 만약 그렇다면 얼마나 자주 모임에 나가는지, 조직에서 직책을 가지고 있는

귀하는 지난 대통령 선거에서 투표한 적이 있습니까?

(1.) 예
2. 아니오
3. 모르겠음

귀하는 성차별의 희생자였다고 느끼신 적이 있습니까?

1. 예
(2.) 아니오
3. 모르겠음

그림 9-1 응답에 동그라미 치기

지 등등에 관해 물어보기를 원할 수 있다. 혹은 응답자들이 어떤 정치적 이슈에 관해 뭔가를 들었는지 물어보고 그 이슈를 들은 사람들의 태도를 알고자 할 수도 있다.

이와 같은 일련의 질문들에서 후속되는 각 질문은 조건부 질문(contingency question)이라고 부른다. 이 질문이 물어지거나 대답되는 것은 일련의 질문들에서 먼젓번의 질문에 대한 응답에 따르기 때문이다. 조건부 질문의 적절한 사용은 설문지를 완성하는 데 있어서 응답자의 일을 쉽게 만들어줄 수 있다. 왜냐하면 그들과 무관한 질문에 답하려고 노력하지 않아도 되기 때문이다.

조건부 질문
단지 몇몇의 응답자들에게만 해당되는 서베이 질문으로, 어떤 다른 질문에 대한 응답에 의해 결정된다. 예를 들어, 모든 응답자들에게 '코사노스트라 회사'에 다니는지를 물어볼 수 있는데, 이중에 "예"라고 응답한 사람에게만 얼마나 자주 회사모임과 피크닉에 가는지를 물어볼 수 있다. 이때 후자의 질문이 조건부 질문이다.

조건부 질문에는 여러 형태들이 있다. 〈그림 9-2〉에 소개된 것은 아마도 가장 분명하고 효과적이라고 할 수 있다. 이 형태에서 두 가지 핵심적인 요소들에 주목하자. 첫째, 조건부 질문은 옆으로 떨어져 배치되어 다른 질문과 분리되어 있으며 글상자 안에 있다. 둘째, 화살표가 조건부 질문을 관련 있는 대답에 연결시킨다. 그림에서 '예'라고 대답한 응답자들만 조건부 질문에 대답하게 되어 있다. 다른 응답자들은 그 질문을 그냥 건너뛰면 된다.

〈그림 9-2〉에 나온 질문들은 하나의 질문으로 처리될 수 있다는 점을 주목하자. 이 질문은 "마리화나를 얼마나 많이 피웠습니까?"로 쓰일 수 있다. 그럼, 응답 항목은 다음과 같다. '피운 적이 없음', '한 번', '2~5번' 등이다. 이 하나의 질문은 모든 응답자들에게 적용될 수 있으며, 각자는 적절한 응답 항목을 발견할 수 있다. 그러나 이러한 질문은 응답자에게 마리화나를 피운 것을 보고하라는 식의 압력을 줄 수 있다. 왜냐하면, 비록 이 질문이 **마리화나를 한 번도 피운 적이 없는 예외적인 경우**를 수용한다고 하더라도, 질문의 요지가 마리화나를 얼마나 많이 피웠는지를 물어보는 것이기 때문이다. (앞 문장에서 볼드체는 응답자들이 그 질문을 어떻게 읽을 것인지 잘 보여준다: 마리화나를 한 번도 피운 적이 없음

23. 귀하는 마리화나를 피운 적이 있습니까?

☐ 예
☐ 아니오

예라면, 마리화나는 몇 번 정도 피웠습니까?

☐ 한 번 ☐ 2~5번
☐ 6~10번 ☐ 11~20번
☐ 21번 이상

그림 9-2 조건부 질문의 형태
조건부 질문은 주제 영역에 대해 어느 정도 깊이 있고 논리적으로 탐구하기 위한 구조를 제공한다.

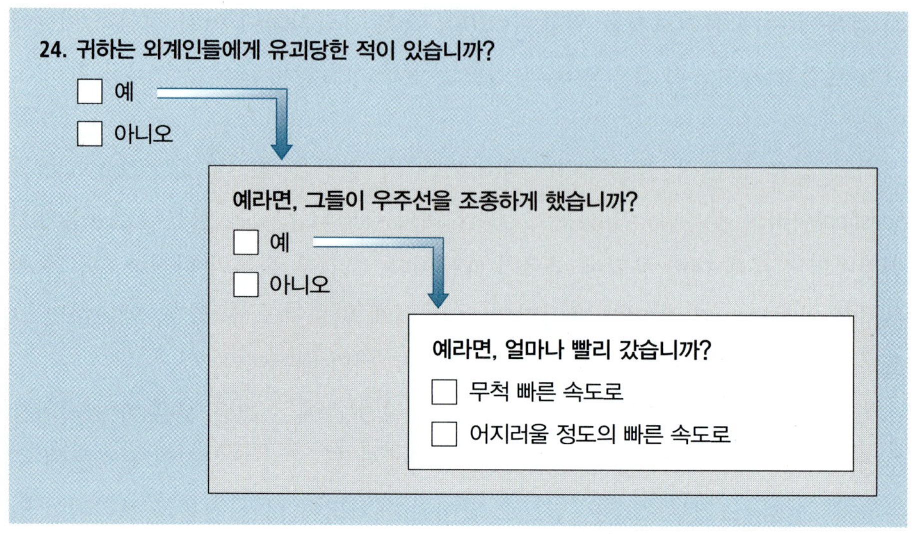

그림 9-3 조건부 표
때때로 어떤 유형의 응답자에게는 그들에게 해당되지 않는 질문을 건너뛰게 하는 것이 적절하다. 여러분은 혼동을 피하기 위해 목적에 맞게 명확히 지시해야 한다.

=예외적임.) 〈그림 9-2〉에 예시된 조건부 질문을 사용하면 마리화나를 피운 경험이 있다고 보고하는 응답자에게 가해지는 미묘한 압력을 감소시켜줄 것이다.

적절히 사용한다면 응답자들을 혼란시키지 않으면서도 훨씬 복잡한 일련의 조건부 질문들을 구성할 수 있다. 〈그림 9-3〉은 더 복잡한 예를 보여준다.

때때로 일련의 조건부 질문은 여러 쪽에 걸칠 정도로 길다. 여러분이 대학생의 정치 활동을 연구하면서 전국, 도, 시 단위의 선거에서 투표한 학생들에게 많은 수의 질문을 하기 원한다고 가정하자. 여러분은 "전국, 도, 시 단위의 선거에서 투표한 적이 있습니까?"라는 처음 질문을 통해 관련된 응답자들을 분리시킬 수 있을 것이다. 하지만 조건부 질문을 여러 쪽에 걸친 하나의 글상자 안에 위치시키는 것은 혼란을 일으킬 수 있다. 각 응답 항목 끝에 응답자로 하여금 그 조건부 질문에 대해 대답하거나 건너뛰라고 괄호에 지시문을 집어넣는 것이 더 이치에 맞을 것이다. 〈그림 9-4〉는 이러한 방법의 예이다.

13. 귀하는 전국, 도, 시 단위의 선거에서 한 번이라도 투표를 한 적이 있습니까?
- □ 예(문항 14~25에 응답해주십시오.)
- □ 아니오(문항 14~25는 넘어가주십시오. 8쪽에 있는 문항 26으로 바로 가십시오.)

그림 9-4 질문을 건너뛰라는 지시

이러한 지시문에 덧붙여 각 쪽의 맨 위에 조건부 질문만을 담고 있는 지시문을 두어야 한다. 예를 들어, "이 쪽은 전국, 도, 시 단위의 선거에서 투표를 한 적이 있는 응답자만을 위한 것입니다."라고 이야기할 수 있다. 이와 같은 분명한 지시문은 응답자에게 그들과 관계없는 문항들을 읽고 당황하면서 실망하는 일이 없도록 해주고 문항과 관계있는 사람만 응답할 가능성을 높여준다.

행렬식 질문

동일한 일련의 응답 범주를 가지고 있는 여러 개의 질문들을 묻기 원하는 경우가 매우 많다. 이것은 전형적으로 리커트 응답 범주가 사용될 때마다 나타나는 경우이다. 이 경우, 가끔 〈그림 9-5〉에 나와 있는 것처럼 행렬식의 문항과 응답을 구성하는 것이 가능하다.

이 형태는 다른 형태에 비해 여러 가지 장점을 제공해준다. 첫째, 이것은 공간을 효율적으로 사용한다. 둘째, 응답자는 아마도 이런 유형으로 제시된 일련의 문항들을 완성하는 것이 더 쉽다는 것을 발견할 것이다. 덧붙여, 조사자뿐만 아니라 응답자를 위해서도 이 형태는 다른 질문들에 주어진 응답들의 비교성을 증가시켜줄 것이다. 응답자가 일련의 응답에 있는 앞 문항의 답을 금방 검토할 수 있기 때문에 응답자는 응답 세트에 있는 이전의 답에 대한 찬성 정도를 비교함으로써 주어진 문항에 대해, 예를 들어 '매우 찬성'과 '찬성' 중에서 하나를 선택할 수 있다.

그러나 이런 접근은 몇 가지 본질적인 위험들을 지니고 있다. 서로 다르고 매우 특이한 응답 세트가 더 적합한 문항의 경우에도, 행렬식 문항이 주는 장점으로 인해 여러분은 응답이 행렬식 형태에 들어맞게끔 그 문항을 억지로 구성할 수 있다. 또한 행렬식 문항 형태는 응답자들에게 특정 응답 세트를 마음에 품게 할

17. 아래에 제시된 각각의 문장에 대해 옆에 있는 '매우 찬성', '찬성', '반대', '매우 반대', '모름'으로 대답해주십시오.

	매우 찬성	찬성	반대	매우 반대	모름
a. 이 나라가 필요로 하는 것은 더 많은 법과 질서이다	☐	☐	☐	☐	☐
b. 미국에서 경찰은 무장하지 말아야 한다	☐	☐	☐	☐	☐
c. 폭동 시 약탈자는 현장에서 사살되어야 한다	☐	☐	☐	☐	☐
등					

그림 9-5 **행렬식 질문 형태**
행렬식 질문은 동일한 응답 범주를 가지고 있는 일련의 폐쇄형 설문지 문항들을 제시하기 위한 효율적인 형태이다.

수 있다. 예를 들어, 이들은 모든 문항에 대해 찬성하는 유형을 발전시킬 수 있다. 이것은 특히 문항 세트가 앞에는 특정한 지향(예를 들어, 자유주의적인 정치 관점)을 나타내는 여러 문항들을 두고 뒤에는 반대의 지향을 대표하는 단지 몇 개의 문항들을 둘 때 발생할 수 있다. 응답자는 모든 질문이 같은 지향을 나타낸다고 가정하고는 급하게 잘못 읽고서 틀린 답을 줄 수 있다. 이런 문제는 다른 지향을 나타내는 질문들을 교대로 배치시키거나 모든 질문을 짧고 분명하게 만듦으로써 줄일 수 있다.

설문지 문항의 순서

설문지 문항이 제시되는 순서 역시 응답에 영향을 줄 수 있다. 첫째, 어떤 질문의 등장은 다음 질문의 답에 영향을 미칠 수 있다. 예를 들어, 만약 여러 질문들이 미국에 대한 테러 위험에 관해 묻고, 다음 질문이 응답자에게 미국에 대한 위험을 나타내는 것이라고 믿는 것을 기술하라고 하면, 테러는 다른 어느 예보다도 많이 언급될 것이다. 이 경우, 개방형 질문을 먼저 하는 편이 가장 좋다.

몇몇 연구자들은 문항의 순서를 무작위화함으로써 이러한 영향을 극복하려고 시도한다. 하지만 이런 노력은 보통 효과가 없다. 먼저 무작위적인 일련의 문항들은 응답자들에게 혼란스럽고 가치 없는 것으로 비춰질 수 있다. 또한 무작위적 순서는 응답자로 하여금 계속해서 주의를 한 주제에서 다른 주제로 옮겨가게 만들어 응답자가 대답하는 것을 더 어렵게 만든다. 마지막으로, 무작위적으로 배열된 문항들의 순서조차도 앞에서 논의한 영향을 지닌다. 더군다나 이제 여러분은 그 영향을 통제하지도 못할 것이다.

가장 안전한 해결책은 이 문제에 대한 민감성이다. 문항 순서의 효과를 피할 수는 없더라도 그 효과가 어느 정도인지 추정해서 결과를 의미 있게 해석할 수 있도록 노력해야 한다. 만약 문항 순서가 주어진 연구에서 특별히 중요하다면, 문항 순서가 서로 다른 두 개 이상의 설문지들을 구성해볼 수 있다. 최소한 다른 형태의 설문지를 사전조사(pretest)해야 한다. (사전조사에 대해서는 잠시 후에 논의하기로 한다.)

설문지 지시문

응답자가 완성하든지 면접자가 기입하든지 간에 모든 설문지는 적합한 위치에 명확한 지시문과 소개문이 들어가 있어야 한다.

모든 자기기입식 설문지는 완성도를 높이기 위해 기본적인 소개로 시작하는 것이 좋다. 비록 요즘 많은 사람들이 설문지에 응답해본 경험이 있더라도 이들에게 여러분이 원하는 것을 정확히 알려주면서 시작해야 한다. 응답자가 어떤 질문에 대한 답은 적합한 응답 보기 옆에 있는 난에 체크 표시나 X표를 하도록, 또는 요청이 있을 경우 답을 적도록 해야 한다. 만약 개방형 질문이 많이 사용된다면, 짧거나 긴 답이 요구되는지에 관한 지침을 응답자에게 주어야 한다. 만약 응답자로 하여금 폐쇄형 질문에 대한 답에 상세한 설명을 하도록 권하기를 원한다면, 이것 또한 확실히 알려주어야 한다.

만약 설문지가 정치적 태도, 종교적 태도, 배경 자료와 같은 하위부분들을 가지고 있다면, 각 부분에 대해 이것의 내용과 목적에 관해 짧은 글로 소개해주어야 한다. 예를 들어, "이 부분에서는 사람들이 가장 중요하게 생각하는 공동체 문제에 대해 알고자 합니다."와 같은 글이다. 자기기입식 설문지의 마지막에 있는 인구학적 문항은 다음과 같이 소개할 수 있다. "마지막으로, 우리가 지금까지 검토한 이슈에 관해 다른 유형의 사람들은 어떻게 느끼는가를 알아보기 위해 귀하에 관해 조금만 더 여쭈어보겠습니다."

이와 같은 간단한 소개문은 응답자가 설문지를 이해하는 데 도움을 준다. 이것은 설문지가 특히 다양한 자료를 얻고자 할 때 덜 혼란스럽게 보이도록 해준다. 그리고 이것은 응답자로 하여금 질문에 답하는 데 적합한 마음상태를 갖도록 도와준다.

몇몇 질문들은 알맞게 대답하는 것이 쉽도록 하기 위해 특별한 소개문을 필요로 한다. 이것은 특히 주어진 질문이 전체 설문지에 적용되는 일반적인 소개문과 다를 때 해당된다. 몇몇 특정한 예들이 이러한 상황을 보여줄 것이다.

폐쇄형 질문에서 상호배타적인 대답을 제공하려고 시도하지만, 가끔 두 개 이상의 답이 응답자에게 적용될 수 있다. 만약 한 개의 답을 원한다면, 질문에서 이것을 매우 분명히 해야 한다. 예를 들면 "다음 목록에서 대학 진학을 결정한 가장 근본적인 이유를 표시해주십시오."가 될 수 있겠다. 가끔, 주요 질문에는 다음과 같은 지시문을 괄호 속에 넣을 수 있다: "가장 알맞은 답 1개에만 표시해주십시오." 한편, 만약 응답자가 가능한 한 해당되는 응답을 많이 표시하기를 원한다면, 이것을 분명하게 해야 한다.

응답자가 일련의 응답 범주들을 서열화할 경우에 지시문이 이것을 알려주어야 하고, 다른 유형의 응답 형태가 사용되어야 한다(예를 들어, 표시난 대신에 공란). 이런 지시문은 얼마나 많은 응답이 서열화되어야 하는지를 알려주어야 한다(예를 들어, 모두, 첫 번째와 두 번째만, 첫 번째와 마지막 번째만, 가장 중요한 것과 가장 중요하지 않은 것). 또한 이런 지시문은 서열화의 순서를 이야기해주어야 한다(예를 들어, 가장 중요한 항목 옆에 1을, 그다음 중요한 항목 옆에 2를, 등). 그러나 응답을 서열화하는 것은 가끔 응답자들에게 어려울 수 있는데, 왜냐하면 응답자들이 목록을 여러 번 반복해서 읽어야 하기 때문이다. 따라서 이러한 기법은 바람직한 결과를 얻기 위한 다른 방법이 없을 경우에만 사용해야 한다.

설문지 사전조사

조사자가 설문지와 같은 자료수집 도구를 아무리 주의 깊게 설계하더라도 오류의 가능성—사실은 오류의 확실성—은 항상 있다. 조사자는 항상 약간의 실수를 하기 마련이다. 사람들이 응답할 수 없는 애매한 질문이나 방금 논의한 규칙의 위반 등과 같은 실수들이다.

이러한 오류를 가장 확실히 방지하는 방법은 설문지 전체나 일부분을 사전조사하는 것이다. 예를 들어, 여러분이 소속된 볼링모임의 회원 10명에게 설문지를 주어보라. 설문지와 조금이라도 연관된 사람들을 사용해야 하지만 일반적으로 사전조사의 대상이 대표적인 표본을 반드시 포함해야 하는 것은 아니다.

전반적으로, 사람들에게 오류를 찾기 위해 설문지를 자세히 읽으라고 하기보다는 설문지를 작성하라고 요청하는 것이 더 낫다. 질문이 처음 읽을 때는 이해되지만 대답하기에는 불가능하다고 입증된 경우가 허다하다.

스탠리 프레서와 쟈니 블레어(Stanley Presser and Johnny Blair, 1994)는 여러 가지 다른 사전조사 전략들을 기술하고 각각의 효과성에 대해 말해준다. 또한 이들은 다양한 방법들의 비용에 관한 자료를 제공해준다. 폴 비티와 고든 윌리스(Paul Beatty and Gordon Willis, 2007)는 '인지적 면접(cognitive interviewing)'에 대한 유용한 리뷰를 제공한다. 이 기법에서 사전조사는 설문지 자체에 대한 응답자의 논평을 모아서 연구자가 어떤 질문이 의사전달을 효과적으로 하고 얻고자 하는 정보를 수집하는가를 알 수 있게 해준다.

설문지 구성에 대해 더 많은 조언과 지침이 있지만 이 모든 것들을 다루자면 그 자체로 한 권의 책이 될 수 있다. 이제 이러한 몇몇 조언들이 실제에 있어서 어떻게 의미를 발견하는지를 보여주는 진짜 설문지의 예를 가지고 이 논의를 마치기로 하자.

설문지 예시

〈그림 9-6〉은 시카고대학의 NORC(National Opinion Research Center)가 GSS에서 사용한 설문지의 일부분이다. 이 설문지는 정부에 대한 일반인의 태도를 다루고 있으며, GSS의 설문지 대부분이 대면면접으로 진행되지만 이 설문지는 자기기입식으로 설계되어 있다.

10. 정부가 경제에 대해 할 수 있는 몇 가지 일들이 여기에 있습니다. 귀하가 찬성하거나 반대하는 행위의 번호에 동그라미를 쳐주십시오.

1. 매우 찬성	2. 찬성	3. 보통	4. 반대	5. 매우 반대

번호에 동그라미를 쳐주세요.

a. 입법에 의한 임금 통제	1	2	3	4	5	28/
b. 입법에 의한 물가 통제	1	2	3	4	5	29/
c. 정부 지출의 삭감	1	2	3	4	5	30/
d. 새로운 일자리를 만드는 사업에 대한 정부의 금융지원	1	2	3	4	5	31/
e. 기업에 대한 정부의 규제 완화	1	2	3	4	5	32/
f. 새로운 상품과 기술을 개발하는 산업에 대한 지원	1	2	3	4	5	33/
g. 일자리 보호를 위해 쇠퇴하는 산업 지원	1	2	3	4	5	34/
h. 더 많은 일자리를 창출하기 위해 작업일수 감소	1	2	3	4	5	35/

11. 아래에 나열된 것은 정부 지출의 여러 가지 영역들입니다. 각 영역에 대해 정부 지출이 더 많아져야 되는지 아니면 적어져야 되는지를 표시해주십시오. 만약 귀하께서 '훨씬 많이'라고 이야기한다면, 그것을 지불하기 위한 세금 인상이 필요하다는 사실을 기억하시기 바랍니다.

1. 훨씬 더 많은 지출	2. 더 많은 지출	3. 지금과 같은 지출
4. 더 적은 지출	5. 훨씬 더 적은 지출	8. 선택할 수 없음

번호에 동그라미를 쳐주세요.

a. 환경	1	2	3	4	5	8	36/
b. 건강	1	2	3	4	5	8	37/
c. 경찰과 법 집행	1	2	3	4	5	8	38/
d. 교육	1	2	3	4	5	8	39/
e. 군대와 국방	1	2	3	4	5	8	40/
f. 은퇴보험	1	2	3	4	5	8	41/
g. 실업보험	1	2	3	4	5	8	42/
h. 문화와 예술	1	2	3	4	5	8	43/

12. 만약 정부가 인플레이션을 낮추는 것과 실업률을 낮추는 것 중에 선택해야 한다면 귀하께서는 어디에 우선권을 주어야 한다고 생각하십니까?

인플레이션을 낮추는 것	1	44/
실업률을 낮추는 것	2	
선택할 수 없음	8	

13. 귀하께서는 이 나라의 노동조합이 어느 정도로 많은 힘을 갖고 있다고 생각하십니까?

지나칠 정도로 너무 많은 힘을	1	45/
너무 많은 힘을	2	
적절한 정도의 힘을	3	
너무 적은 힘을	4	
지나칠 정도로 너무 적은 힘을	5	
선택할 수 없음	8	

그림 9-6 설문지의 예

인용된 이 설문지는 전 세계 사회과학자들의 분석을 위한 주요 자료원인 종합사회조사(General Social Survey)에서 나왔다.

14. 기업과 산업은 어떻습니까? 귀하께서는 이들이 어느 정도로 많은 힘을 갖고 있다고 생각하십니까?

지나칠 정도로 너무 많은 힘을	1	46/
너무 많은 힘을	2	
적절한 정도의 힘을	3	
너무 적은 힘을	4	
지나칠 정도로 너무 적은 힘을	5	
선택할 수 없음	8	

15. 연방정부는 어떻습니까? 귀하께서는 이것이 어느 정도로 많은 힘을 갖고 있다고 생각하십니까?

지나칠 정도로 너무 많은 힘을	1	47/
너무 많은 힘을	2	
적절한 정도의 힘을	3	
너무 적은 힘을	4	
지나칠 정도로 너무 적은 힘을	5	
선택할 수 없음	8	

16. 일반적으로, 귀하께서는 노동조합이 이 나라를 위해 전체적으로 어느 정도 유익하다고 말하시겠습니까?

아주 좋다	1	48/
매우 좋다	2	
상당히 좋다	3	
매우 좋지 않다	4	
전혀 좋지 않다	5	
선택할 수 없음	8	

17. 아래의 각 산업에서 정부의 역할은 어떠해야 한다고 생각하십니까?

1. 소유해야 함
2. 가격과 이익은 통제하되 소유는 하지 말아야 함
3. 소유는 물론 가격과 이익에 대한 통제도 하지 말아야 함
8. 선택할 수 없음

번호에 동그라미를 쳐주세요.

a. 전기	1	2	3	8	49/
b. 철강	1	2	3	8	50/
c. 은행과 보험	1	2	3	8	51/

18. 전반적으로, 아래의 사항이 정부의 책임이라고 생각하십니까, 아니면 책임이 아니라고 생각하십니까?

1. 분명히 책임임
2. 아마도 책임임
3. 아마도 책임이 아님
4. 분명히 책임이 아님
8. 선택할 수 없음

번호에 동그라미를 쳐주세요.

a. 원하는 사람 누구에게나 일자리를 제공한다	1	2	3	4	8	52/
b. 물가를 통제한다	1	2	3	4	8	53/
c. 환자에게 의료보험을 제공한다	1	2	3	4	8	54/
d. 노인에게 품위 있는 수준의 삶을 제공한다	1	2	3	4	8	55/

그림 9-6 **설문지의 예(계속)**

이 설문지 예의 오른쪽 가장자리에 있는 이상하게 보이는 여러 개의 숫자들이 눈에 보일 것이다. 이것들은 설문지 설계의 결정적인 측면인 사전부호화를 반영한다. 설문지에 의해 수집된 정보는 대개 컴퓨터 포맷의 유형으로 전환되기 때문에 보통 설문지 자체에 자료처리 지시문을 포함시키는 것이 적절하다. 이러한 지시문은 특정한 정보가 기계가 읽을 수 있는 자료파일의 어디에 저장되는지를 알려준다.

9.5 자기기입식 설문지

지금까지는 질문을 어떻게 조직화하고 어떻게 효과적인 설문지를 설계하는가에 대해 논의했다. 이 작업만큼 중요한 것으로서, 설문지가 유용한 자료를 생산해내지 못한다면, 즉 응답자가 설문지를 실제로 완성하지 못한다면, 설문지 설계에 들어간 노력은 헛수고가 될 것이다. 이제 설문지에 대한 응답을 얻는 주요 방법들에 관해 살펴보기로 하자.

이 장에서 면접과 자기기입식 설문지에 대해 여러 차례 언급해왔다. 이러한 선상에서 응답자의 표본에 대해 서베이 설문지 방식을 시행하는 주요 방법에는 네 가지가 있다. 인쇄된 설문지를 응답자가 스스로 완성하도록 요구되는 전통적인 자기기입식 설문지, 대면 상태에서 면접자가 주관하는 서베이, 전화로 시행되는 서베이, 온라인으로 제시되는 서베이가 그것이다. 이 절과 다음 세 절에서는 이러한 방법에 관해 차례로 논의해보겠다.

가장 일반적인 형태의 자기기입식 설문지는 우편 서베이(mail survey)이다. 그러나 다른 여러 기법들도 자주 사용된다. 때때로 응답 집단을 같은 시간에 같은 장소에 모아 설문지 조사를 실시하는 것이 적합할 수 있다. 심리학개론을 수강하는 학생에 대한 서베이는 수업시간 중에 이러한 방법으로 시행할 수 있다. 고등학생은 홈룸(homeroom) 시간에 조사할 수 있다.

설문지의 가정배달과 관련해서 최근에 실험이 실시되고 있다. 조사자가 설문지를 표본 응답자의 가정에 전달하고 연구에 관해 설명한다. 그런 다음 설문지는 응답자가 완성하도록 남겨두고, 나중에 조사자가 그것을 찾으러 간다.

가정배달과 우편은 혼합해서 사용될 수도 있다. 설문지는 가정으로 우송되고, 다음에 조사자가 설문지를 찾기 위해 가정을 방문해서 설문지가 완성되었는가를 확인한다. 정반대의 기법은 조사자가 설문지를 직접 전달하고는 응답자에게 완성된 설문지를 조사기관으로 우송해줄 것을 부탁하는 것이다.

전반적으로, 조사자가 설문지를 전달하든지, 찾아가든지, 혹은 둘 다를 할 경우에 완성률은 단순한 우편 서베이보다 높은 것처럼 보인다. 이러한 기법을 사용한 또 다른 시도는 비용을 줄이면서도 완성률을 개선시키는 다른 방법을 시사해줄 수 있을 것 같다. 하지만 이 절의 남은 부분은 자기기입식 설문지의 대표적인 형태라고 할 수 있는 우편 서베이에 특별히 할애될 것이다.

우편 배포와 회수

우편을 통해 자료를 수집하기 위한 기본적 방법은 조사에 대해 설명하는 편지, 설문지를 회송받기 위해 수신인의 주소가 쓰여 있고 우표가 붙은 회송봉투, 그리고 설문지를 함께 보내는 것이다. 응답자는 설문지를 작성하고, 그것을 회송봉투에 넣어 돌려보내게 되어 있다. 혹시 만약 여러분이 그런 설문지를 받고 되돌려주지 못한 적이 있을 경우, 그때 돌려주지 못한 이유를 상기해서 다른 사람에게 설문지를 보내려고 할 때마다 그것을 기억해내는 것이 중요하다.

설문지를 되돌려주지 않는 공통적인 이유는 그것이 너무 귀찮기 때문이다. 이런 문제를 극복하기 위해 조사자는 설문지를 되돌려주는 것을 더 쉽게 만드는 여러 가지 방법을 개발해냈다. 예를 들어, 자기우편(self-mailing) 설문지는 회송봉투를 필요로 하지 않는다. 설문지가 일정한 방법으로 접히면, 수신인의 주소가 밖으로 나타난다. 그러면 응답자는 봉투를 잃어버릴 걱정을 할 필요가 없다.

보다 정교한 설계도 가능하다. 이 장의 후반에 기술될 대학생용 설문지는 특별히 두 장의 뒷표지가 있는 책자로 묶여 있었다. 설문지가 작성되면, 응답자는 그것을 책자로 싸서, 전체를 표지의 끝에 있는 접착면으로 봉했다. 접힌 표지에는 회송주소와 우표가 붙어 있었다. 이 연구를 몇 년간 반복한 후에 나는 설계를 개선했다. 앞뒤 표지를 모두 접는 장으로 만들었다. 봉투를 전혀 사용하지 않도록 하기 위해, 한 표지는 설문지를 보내기 위한 것으로, 다른 표지는 설문지를 되돌려 받기 위한 것으로 만들었다.

여기서 요점은 설문지를 작성하고 되돌려 받는 일을 더 쉽게 하기 위해 할 수 있는 일은 무엇이든지 조사를 향상시킬 수 있다는 것이다. 연구자에게 되돌려줄 때 준비를 전혀 안 해도 되는 설문지를 받는다고 상상해보자. 여러분이 (1) 봉투를 찾고, (2) 그 위에 주소를 쓰고, (3) 우푯값이 얼마나 들 것인지 계산하고, (4) 봉투에 우표를 붙이는 일을 가정해보자. 설문지를 되돌려주는 것이 얼마나 가능하겠는가?

우편 방법에 대해 몇 가지 간단한 의견들이 정리되어 있다. 설문지를 우송하고 그것을 되돌려받는 방법이 있다. 우송할 경우, 선택은 기본적으로 보통우편과 다량우편 중의 하나이다. 보통우편은 더 확실하고, 다량우편은 더 싸다. (요금과 절차에 관해서는 우체국에 문의해보라.) 되돌려받을 경우, 선택은 우표와 수취인 부담제 중의 하나이다. 여기서 비용의 차이는 보다 복잡해진다. 만약 우표를 사용하면, 사람들이 설문지를 되돌려 보내는지에 상관없이 우푯값을 지불해야 한다. 수취인 부담의 경우, 사용된 것만 지불하면 되지만 부가적인 수수료를 지불해야 한다. 만약 설문지 회수율이 높다면 우표 사용이 더 싸고, 회수율이 낮다면 수취인 부담이 더 싸다(그런데 회수율이 얼마나 될 것인지를 미리 알기 어렵다).

여러 가지 우편 방법들 중에서 선택하는 문제와 관련해 고려할 사항이 많다. 예를 들어, 어떤 연구자는 우표 사용이 다량우편과 수취인 부담보다 '인간성'과 정성을 전달해준다고 느낀다. 다른 사람들은 응답자가 설문지 회송봉투에 붙어 있는 우표를 떼어내어 다른 용도로 사용할 가능성을 염려하기도 한다. 다량우편과 수취인 부담은 둘 다 우체국에서 자격요건을 요하기 때문에 작은 규모의 서베이에서는 우표 사용이 아마 더 쉬울 것이다.

회수 모니터링

설문지 우송은 연구할 가치가 있음을 입증해주는 새로운 조사문제를 제기한다. 연구자는 설문지가 회수되고 있는 것을 그냥 지켜만 보고 있어서는 안 된다. 대신에 응답자들 사이에서 나타나는 다양한 회수율을 주의 깊게 기록해야 한다.

이런 활동에서 매우 가치 있는 도구는 회수율 도표이다. 설문지가 우송된 날을 1일이라고 도표에 표시하고, 그 날부터 매일 회수된 설문지의 수를 도표에 기록한다. 대개 두 개의 도표를 편집하는 것이 가장 좋다. 한 도표는 매일 도착된 숫자가 올라가다가 내려가는 것을 보여준다. 두 번째 도표는 누적 수나 비율을 보여준다. 부분적으로 이러한 활동은 연구자에게 자료수집에 대한 성공적인 느낌을 가지게 해주면서 만족감을 제공한다. 그러나 가장 중요한 것은 도표가 자료수집이 어떻게 진행되고 있는가를 알려주는 지침이라는 것이다. 만약 추적우편(follow-up mailing)을 계획한다면, 도표는 이러한 우편이 언제 실시되어야 하는가에 대한 실마리를 제공해준다. (후속 우송 날짜는 도표에 기록되어야 한다.)

작성된 설문지가 회수되면, 각 설문지를 개봉해서 살펴보고는 고유번호[identification(ID) numbers]를 부과해야 한다. 비록 설문지가 이전에 다른 고유번호를 갖고 있었다고 하더라도, 설문지가 회수되는 순서에 맞게 새로운 번호가 연속적으로 부과되어야 한다. 두 가지 예들이 이러한 절차가 갖는 중요한 이점을 보여줄 것이다.

한 정치인에 대한 태도를 연구한다고 가정하자. 자료수집 중에 미디어가 그 정치인이 혼외관계를 가지고 있다는 사실을 터뜨렸다. 사건의 공개 날짜와 설문지가 회수된 날짜를 앎으로써 사건 공개가 미치는 효과를 판단하는 위치에 설 수 있다. (실험과 관련하여 8장에서 역사에 대해 논의한 것을 상기하라.)

인기가 약간 덜한 방법인 연속화된 고유번호는 서베이에서 무응답의 왜곡을 추정하는 데 요긴할 수 있다. 왜곡에 대한 보다 직접적인 테스트가 없다면, 설문지에 응답하지 않은 사람은 바로 응답한 사람이기보다는 응답을 늦춘 사람일 것이라고 여러분은 가정하고자 할 것이다. 그렇다면, 자료수집에서 서로 다른 시점에서 회수된 설문지들에 대한 분석은 표본추출에서 오는 왜곡을 추정하는 데 사용될 수 있다. 예를 들어, 만약 자료수집이 진행됨에 따라 학생 응답자들이 알려준 평균학점이 계속 낮아진다면, 즉 바로 응답한 학생의 평균학점이 더 높고 나중에 응답한 학생의 평균학점이 더 낮아진다면, 여러분은 잠정적으로 응답을 하지 않은 사람은 훨씬 더 낮은 평균학점을 가지고 있을 것이라는 결론을 맺을 것이다. 비록 이러한 방식으로 통계학적인 왜곡을 추정하는 것은 타당하지 않지만, 여러분은 관찰한 방식에 기초해서 나온 이 근사한 추정치를 이용할 수 있다.

만약 응답자가 추적우편이 필요한 사람으로 확인된다면, 설문지가 회수되고 있는 중에도 이 추적우편을 위한 준비가 마련되어야 한다. 이 절의 후반부에 있는 사례연구에서 이 과정에 대해 자세히 논의하기로 한다.

추적우편

추적우편은 여러 방법으로 시행될 수 있다. 가장 단순하게는 무응답자에게 협조를 부탁하는 추가 편지를 그냥 보내는 것이다. 그러나 보다 나은 방법은 새 서베이 설문지를 추적편지와 함께 다시 보내는 것이다. 만약 응답 대상자가 2~3주가 지나서도 설문지를 되돌려 보내지 않는다면 그 설문지는 아마도 잃어버렸거나 방치되었을 것이다. 추적편지를 받는 것은 응답자에게 원래의 설문지를 찾도록 자극할 것이다. 하지만, 만약 설문지를 쉽게 발견하지 못한다면, 이 편지는 아무런 쓸모가 없다.

방법론에 관한 문헌은 추적우편이 우편 서베이에서 회수율을 높이는 효과적 방법임을 강력하게 시사한다. 일반적으로 응답 대상자가 응답을 오래 연기할수록 그가 응답할 가능성은 줄어든다. 그러므로 적절한 시기의 추적우편은 응답에 대한 추가적인 자극을 제공해준다.

추적우편의 효과는 자료수집 중에 기록되는 응답률 곡선에서 볼 수 있다. 처음에 설문지 우송이 시작되고 나서 응답은 상승세를 타다가 다시 내리막길을 걸을 것이다. 추적우편은 응답률을 끌어올리게 될 것이다. 그리고 계속된 추적우편은 같은 결과를 보일 것이다. 실제에 있어서, 3번의 우편(최초의 우편과 2번의 추적

우편)이 가장 효과적으로 보인다.

추적우편의 시점 또한 중요하다. 이것과 관련해서 방법론적인 문헌이 제공해주는 안내들은 그렇게 정확하지 않다. 내 경험으로, 각 우편 사이에 2~3주 정도의 간격을 두는 것이 타당하다고 본다. (만약 우편배달 날짜가 2~3일 정도 더 걸리면, 간격을 그만큼 더 늘릴 수 있다.)

만약 서베이 표본의 개개인들이 누구인지 설문지로 확인되지 않는다면, 무응답자들에게만 다시 우편을 보내는 것이 불가능하다. 그럴 경우, 이미 설문지를 보낸 사람들에게는 감사의 말을, 보내지 않은 사람들에게는 부탁의 말을 담은 추가 우편을 표본의 모든 구성원들에게 보내자. (나중에 다룰 사례연구에서 익명 우편 서베이에 사용할 수 있는 또 다른 방법에 대해 기술하기로 한다.)

응답률

서베이 조사의 초보자가 자주 물어보는 질문은 우편 서베이에서 달성되어야 할 회수율(return rate) 또는 응답률(response rate)과 관련된다. 서베이 분석과 연관되어 사용되는 추리통계학(inferential statistics)에서는 최초 표본의 모든 구성원들이 설문지를 완성해서 보내는 것을 가정한다. 이런 일은 거의 발생하지 않기 때문에 무응답 왜곡(nonresponse bias)은 관심의 대상이 된다. 따라서 조사자는 응답자들이 최초 표본의 무작위 표본, 다시 말하자면 전체 모집단의 보다 작은 무작위 표본과 같을 가능성을 테스트한다(그리고 바란다).

응답률
서베이에 참가한 사람의 수를 서베이에 추출된 사람의 수로 나눈 수치로, 퍼센트의 형태로 되어 있다. 이것은 완성률(completion rate) 또는 자기기입식 서베이의 경우, 완성되어 돌아온 설문지의 퍼센트인 회수율(return rate)이라고 불리기도 한다.

그럼에도 불구하고 전체 응답률은 표본 응답자의 대표성을 나타내는 하나의 지침이 된다. 높은 응답률은 낮은 응답률보다 유의미한 응답 왜곡의 가능성이 더 낮음을 말한다. 거꾸로, 무응답자들은 서베이 참여 의지와는 다른 측면에서 응답자들과 차이 날 가능성이 있기 때문에 낮은 응답률은 일종의 위험신호이다. 예를 들어, 리처드 볼스타인(Richard Bolstein, 1991)은 선거 이전에 실시되는 정치 여론조사에 응하지 않은 사람이 응한 사람보다 덜 투표하는 경향이 있음을 발견했다. 그러므로 서베이 응답자로부터 투표 참가율을 추정하면 실제 투표에 참가할 사람의 수를 과대평가할 수 있다. 물론 역설적이지만 무응답자들은 투표하지 않을 것이기 때문에 서베이 참여자들의 선호는 선거결과에 대한 좋은 추정치를 제공해줄 수 있을 것이다.

『스탠더드 데퍼니션즈(Standard Definitions)』라는 책에서 미국여론조사학회[American Association for Public Opinion Research(AAPOR), 2008]는 응답률을 정의하고, 나아가 협조율(cooperation rate), 거절률(refusal rate), 접촉률(contact rate)을 구분한다.

- **응답률** 자료 보고 단위(reporting unit)에 대해 완성된 면접 수를 표본에 선정된 자료 보고 단위 수로 나눈 것. 이 보고(report)는 부분적으로 완성된 면접을 어떻게 고려하는가와 불확실하게 선정된 사례들을 어떻게 다루는가에 따라 가장 낮은 비율을 산출하는 정의에서 가장 높은 비율을 산출하는 정의에 이르는 여섯 가지 응답률에 대한 정의를 제공한다.
- **협조율** 접촉한 모든 선정된 단위들 중 면접한 모든 사례의 비율. 이 보고는 최소한 또는 가장 낮은 비율에서 최대한 또는 가장 높은 비율에 이르는 네 가지 협조율에 대한 정의를 제공한다.
- **거절률** 잠재적으로 선정된 모든 사례들 가운데 가구단위나 응답자가 면접을 거부하거나 중단한 모든 사례의 비율. 이 보고는 거절률에 대한 세 가지 정의를 제공하는데, 이러한 정의는 불확실하게 선정된 사례의 성향을 다루는 방식에 따라 차이가 난다.
- **접촉률** 담당한 가구단위의 구성원을 접촉한 모든 사례의 비율. 이 보고는 접촉률에 대한 세 가지 정의를 제공한다.

(AAPOR, 2008: 4-5)

논리적으로 응답률이 서베이 자료의 질에 영향을 주기는 하지만 로버트 그로우브즈(Robert Groves, 2006)가 지적하듯이 이것이 항상 사실(true)인 경우는 아니다. 최근의 응답률 감소와 더불어 이것은 서베이 연구자들이 주의 깊게 조사해 봐야 할 주제이다. 동시에 보다 높은 응답률이 목표이다.

응답률은 중요하다. 왜냐하면 무응답자들이 응답자들과는 상당히 달라서 연구되고 있는 모집단에 대한 부정확한 그림을 주는 서베이 결과를 낳을 수 있기 때문이다. 이를테면, 남자가 여자보다 특정한 서베이에 응답할 가능성이 더 높다. 서베이 결과에 대한 기술적 분석은 모집단에서 표본추출된 남자의 비율을 과대평가할 수 있다.

그러나 애쉴리와 프레서(Ashley and Presser, 2017)가 발견한 것처럼, 무응답 왜곡의 영향은 복합적인 것이다. 여러 대규모 서베이들을 포함한 한 광범위한 연구는 일변량 분석(예를 들어, 남자의 비율)은 무응답 왜곡에 매우 민감한 반면에 변수들 간의 관계에 대한 분석은 덜 민감하다는 것을 발견했다. 예를 들어, 만약 여러분이 남자들보다 여자들이 민주당에 투표할 가능성이 더 높다는 것을 발견했다면, 여러분의 표본이 매우 많은 수의 남자와 매우 적은 수의 여자를 가졌다고 하더라도 이변량 관계가 모집단에서도 사실일 것이라고 확신할 것이다.

돈 딜먼(Don Dillman, 2009)은 서베이 조사자들이 우편 서베이에서 회수율을 높이기 위해 사용한 다양한 기법들을 수십 년간 공들여 평가해왔으며, 각각의 효과에 대해서도 평가하고 있다. 보다 중요하게, 딜먼은 연구의 한두 가지 특별한 수법보다는 모든 측면에 주의를 기울일 필요성을 강조한다. 그는 이것을 '맞춤식 설계법(Tailored Design Method)'이라고 부른다.

이 모든 언급에도 불구하고 우편 서베이에 있어 절대적으로 수용가능한 응답률은 100%를 제외하곤 없다. 70% 이상의 응답률을 달성하는 것이 가능하지만 대부분의 우편 서베이 응답률은 그 수준 아래로 떨어질 것이다. 따라서 가능한 한 무응답 왜곡을 검사하는 것이 중요하다.

응답자에 대한 보상

다른 조사방법에는 드물지만 실험집단이나 초점집단 대상자들에게 참여에 대한 대가를 지불하는 것은 상당히 일상화된 관행이다. 서베이 응답자들에게 대가를 지불할 것인지에 대해서는 종종 논의되며 가끔은 논쟁적이기도 하다.

조사자들은 현금 지급에 덧붙여 때로는 상품권, 자선기부, 복권, 경품권 등을 이용한다. 뉴질랜드인에 대한 서베이에서 마이크 브레넌과 잰 차본노(Mike Brennan and Jan Charbonneau, 2009)는 참여에 대한 인센티브로 초콜릿을 보냈다.

일부 연구자들은 첫 번째 접촉과정에서 표본에 선정된 모든 사람들에게 인센티브를 제공한다. 이럴 경우 우편 서베이에서 현금을 지급하는 것은 응답자들이 참여 여부에 상관없이 인센티브를 받게 되는 것을 의미한다. 다른 경우, 조사자들은 무응답자들에 대한 추적 접촉에서 인센티브를 제공하거나 제안하기도 한다. 하지만 이는 가장 협조적인 사람들에게 아무런 보상을 해주지 않는 불평등 문제를 야기한다.

이러한 주제의 연구에 대한 1999년의 검토에서 싱어(Singer), 그로우브즈(Groves), 코닝(Corning)은 우편 서베이, 대인면접, 전화 여론조사에서 인센티브의 사용으로 거의 예외 없이 응답률이 증가한다는 것을 발견했다. 또한 저자들은 수집된 응답의 질에 대해 부정적인 영향을 발견하지 못했다. 10년 후 페트롤리아와 바타차리(Petrolia and Bhattacharee, 2009)는 인센티브와 관련된 과거의 경험들을 검토한 후 자신들 나름대로의 연구를 진행했다. 이들은 인센티브가 응답률을 높이는 것을 확인했으며 인센티브가 선지급되는 것이 조사과정의 후반에 지급하는 것보다 훨씬 더 효과적이라는 것을 발견했다.

J. 마이컬 브릭(J. Michael Brick)과 그의 동료들(2012)은 두 단계 우편 서베이의 높은 응답률을 보고한다. 이들은 주소에 기초해서 가구를 표본추출하기 시작한 다음 가구 구성원에 관련된 특징을 알기 위해 짧은 인구학적 설문지를 보냈

다. 다음으로, 이들은 특정 서베이의 주제에 적합한 것으로 확인된 사람들 가운데 하위표본을 선정해 추적 설문지를 보냈다. 2번의 우편에는 $1짜리 현금 인센티브가 동봉되었고, 무응답자들에게는 추가적인 전화와 상기용 우편엽서를 사용했다.

사례연구

우편 서베이의 실행에 포함된 단계는 매우 많으며, 이 단계는 실제 연구의 진행을 통해 가장 잘 실감할 수 있다. 따라서 이 절에서는 체계적 표본추출의 예로 7장에서 논의한 대학생 서베이가 어떻게 실행되었는가에 대해 상세하게 기술하는 것으로 끝을 맺겠다. 이 연구가 실제 연구의 이론적 이상을 대표하지는 않지만, 그래도 그 부분에 관한 취지를 훨씬 잘 제공해준다. 이 연구는 서베이 조사 방법에 관한 대학원 세미나에서 학생들에 의해 시행되었다.

여러분이 기억할지 모르겠지만, 1,100명의 대학생이 대학 등록자 저장테이프에서 층화된 계통적 표본추출 절차에 의해 뽑혔다. 뽑힌 모든 학생을 위해 6개의 자기접착식 우편 라벨이 컴퓨터로 인쇄되었다.

설문지를 배부할 준비가 되었을 때, 빈약한 우리 연구기금이 1,100명의 전체 대학생 표본에게 우편물을 여러 번 돌리는 것을 감당하지 못할 것이라는 것이 분명해졌다. (설문지 인쇄비용이 예측했던 것보다 더 많았다.) 결국 우리는 인쇄된 우편 라벨에서 3분의 2를 체계적 방식으로 표본추출하여 773명의 하위표본을 다시 만들었다.

일찍이 우리는 민감한 질문들에 대해 더 솔직한 응답을 얻고자 서베이를 익명으로 할 것을 결정했었다. (동일한 모집단에 대해 같은 이슈로 나중에 실시된 서베이들은 이런 익명성이 불필요하다는 점을 지적한다.) 따라서 설문지에는 학생에 관한 어떤 신분 표시도 담지 않았다. 동시에 우리는 무응답자에게만 우송함으로써 추적우편 비용을 줄이고자 했다.

이러한 목표들을 동시에 달성하기 위해 특별한 우편엽서 방식이 고안되었다. 각 학생에게는 신분 표시가 전혀 없는 설문지와 수신 주소가 조사연구소로 된 우편엽서—학생의 우편 라벨 하나가 우편엽서의 뒷면에 부착되어 있다—가 보내졌다. 소개 편지를 통해 학생에게 (익명성을 확신시키면서) 설문지를 완성해서 보내주기를, 아울러 우편엽서도 동시에 보내주기를 부탁했다. 우편엽서를 받는 것은 누구의 설문지인지는 모르게 하면서 어떤 학생이 설문지를 보냈다는 것을 알려준다. 따라서 이러한 절차는 추적우편을 용이하게 해준다.

32쪽의 설문지는 책자 형태로 인쇄되었다. 이 장의 앞에서 기술한 세 장의 표지는 설문지가 추가의 봉투 없이도 회수되도록 해주었다.

이 연구와 연구의 목적을 소개하는 편지는 책자의 앞표지에 인쇄되었다. 이 편지는 이 연구가 왜 시행되었는가(다양한 이슈들에 관해 학생이 어떻게 느끼는지를 알기 위해), 이 연구를 위해 학생들이 어떻게 선정되었는가, 각 학생의 응답이 지니는 중요성, 설문지를 되돌려 보내는 방법에 관해 설명했다.

학생들에게 서베이에 대한 그들의 응답이 익명으로 처리될 것임을 확신시켰으며, 우편엽서 방법도 설명했다. 이 연구를 후원해준 기관에 대한 언급이 뒤따랐으며, 이 연구에 대해 보다 많은 것을 알고자 하는 사람을 위해 전화번호도 제공했다. (5명가량이 문의 전화를 했다.)

우리는 소개 편지를 설문지에 인쇄함으로써 발송봉투에 다른 편지를 끼워 넣는 수고를 덜었으며, 여러 우편물들을 모으는 작업을 단순화시켰다.

최초의 우편물들은 다음과 같이 정리했다. (1) 각 학생을 위한 우편 라벨을 우편엽서에 부착했다. (2) 또 다른 라벨을 발송봉투에 부착했다. (3) 우편엽서와 봉투의 주소가 일치하는지를 확인한 후, 각 봉투에 우편엽서와 설문지를 하나씩 집어 넣었다.

서베이 설문지의 배포는 다량우편 방식으로 정해졌다. 설문지는 봉투 속에 넣어진 후 우편번호에 따라 분류되고, 꾸러미로 묶인 후 우체국에 전달되었다.

최초의 발송이 있은 후 얼마 지나지 않아, 설문지와 우편엽서가 연구소에 도착하기 시작했다. 설문지는 개봉되어 검토된 다음 이 장의 앞부분에서 기술한 대로 고유번호가 부여되었다. 우편엽서가 도착할 때마다, 보낸 학생의 남은 라벨을 찾아 파기했다.

2~3주가 지난 후에, 남은 우편 라벨은 추적우편을 준비하는 데 사용되었다. 이번에는 특별히 따로 마련된 호소 편지가 우편물에 포함되었다. 이 새 편지는 많은 학생들이 설문지를 이미 보냈으며, 다른 모든 학생들도 이렇게 하는 것이 매우 중요하다는 뜻을 나타냈다.

추적우편은 기대했던 대로 회수율의 재상승을 가져왔으며, 이전과 같은 기록 절차는 계속되었다. 회수된 우편엽서는 어느 우편 라벨이 추가로 파기되어야 하는지를 알려주었다. 불행히도 시간과 재정상의 압박은 처음에 계획했던 세 번째 우편의 시행을 불가능하게 만들었다. 그러나 2번의 우편은 총 62%의 회수율을 기록했다.

이 예는 자기기입식 우편 설문지 조사에 포함되어야 할 것에 관해 훌륭한 감각을 제공해줄 것이다. 이제 서베이를 시행하는 두 번째 주요 방법인 대인면접으로 넘어가자.

9.6 면접 서베이

면접
어떤 사람(면접원)이 다른 사람(응답자)에게 일련의 질문을 하여 자료를 수집하는 서베이 조사의 한 방법. 면접은 대면적으로 혹은 전화로 시행된다.

면접(interview)은 서베이 자료를 수집하는 하나의 대안적인 방법이다. 연구자는 응답자가 설문지를 읽고 자신의 답을 기재하도록 부탁하는 대신에 면접원을 보내 질문을 구두로 하고 응답자의 대답을 기록한다. 면접은 대개 대면적인 상황에서 이루어지며, 다음 절에서 논의할 전화면접 또한 대부분 같은 방식을 따른다.

작은 규모의 면접 서베이는 여러분 혼자서도 할 수 있지만, 대부분의 면접 서베이는 두 사람 이상의 면접원을 필요로 한다. 이 절에서는 서베이에서 여러분을 도와줄 면접원을 훈련시키고 감독하는 방법들에 관해 논의하도록 한다.

구체적으로, 이 절에서는 서베이 면접을 다룬다. 그리고 10장에서는 질적인 현장연구에서 자주 실시되는 덜 구조화된 심층면접을 다룬다.

서베이 면접원의 역할

응답자 대신에 면접원이 설문지를 기록하는 데에는 여러 가지 장점들이 있다. 먼저, 면접 서베이는 대개 우편 서베이보다 높은 응답률을 달성한다. 적절하게 설계되고 시행되는 면접 서베이는 최소한 80~85%의 응답 완성률을 달성한다. (연방정부에서 지원하는 서베이는 이 정도의 응답률을 자주 요구한다.) 응답자들은 우송된 설문지를 내던져버리는 것보다 현관문에 서있는 면접원을 거절하는 것을 더 껄끄러워하는 것처럼 보인다.

면접원의 존재는 또한 일반적으로 '모름'과 '무응답'의 수를 감소시킨다. 만약 이런 대답들을 최소화하는 것이 연구에 중요하다면, 면접원은 대답을 이끌어내는 교육을 받을 수 있다. ("만약 대답들 중에 하나를 고른다면 어느 것이 귀하의 느낌과 가장 가깝다고 생각하십니까?")

면접원은 혼란을 주는 설문지 문항에 대해 보호자 역할을 할 수도 있다. 만약 응답자가 질문의 의도를 명백히 오해하거나 이해하지 못할 경우, 면접원은 이 문제를 해명해주고서 연관된 답을 얻는다. (잠시 후에 논의할 것이지만, 이러한 해명은 공식적인 규정에 의해 엄격하게 통제되어야 한다.)

마지막으로, 면접원은 질문을 할 뿐만 아니라 응답자를 관찰할 수 있다. 예를 들어, 응답자의 인종을 물어보는 것이 매우 민감해서 물을 수가 없는 경우에 면접원은 그냥 응답자를 살펴보기만 하면 된다. 이와 유사한 관찰이 주거수준, 다양한 소유물의 유무, 응답자의 영어 구사력, 연구에 대한 응답자의 일반적인 반응 등과 관련해서 이루어질 수 있다. 학생에 대한 한 서베이에서 응답자들은 면접과정에서 성에 대한 태도 및 행동과 관련된 짧은 자기기입식 설문지를 받아 완성하게끔 되어 있었다. 응답자들이 설문지를 완성하는 동안 면접원은 응답자의 옷과 차림새를 세밀하게 관찰했다.

이런 절차는 윤리적인 이슈를 제기한다. 어떤 연구자들은 응답자가 면접을 하도록 동의해준 정신에 위배된다는 점에서 이런 절차에 반대한다. 비록 사회조사에서 윤리적인 이슈가 좀처럼 분명하게 드러나지 않는다고 하더라도 이런 문제에 민감해야 하는 것은 중요하다(3장 참조).

서베이 조사는 인지와 행동에 관한 비현실적 자극-반응(stimulus-response) 이론에 바탕을 둘 필요가 있다. 설문지 문항이 모든 응답자들에게 똑같은 것을 의미하고, 모든 주어진 응답이 서로 다른 응답자에 의해 주어지더라도 똑같은 것을 의미해야 한다는 것을 조사자는 가정해야 한다. 비록 이것이 불가능한 목표이더라도 서베이 질문은 가능한 한 이 이상에 가깝도록 선정된다.

면접원 또한 이러한 이상적 상황에 맞추어야 한다. 면접원의 출현이 주어진 질문에 대한 응답자의 지각이나 답에 영향을 주어서는 안 된다. 즉 면접원은 질문과 대답을 중립적으로 전달해주는 매개체가 되어야 한다.

그러므로 면접원들이 다르더라도 주어진 한 응답자로부터는 정확히 같은 답을 얻어야 한다. (신뢰도에 관한 이전의 논의를 상기하자.) 이러한 중립성은 지역 표본에서 특별한 중요성을 갖는다. 시간과 돈을 절약하기 위해, 특정 면접원은 대개 모든 면접을 특정한 지역, 가령 도시의 구역이나 인근구역의 집단에서 완성하도록 정해진다. 만약 얻게 되는 응답에 영향을 주는 어떤 일을 면접원이 할 경우, 이렇게 해서 끼워 들어간 왜곡은 그 지역의 특성으로 해석될 것이다.

정부 지원하에 새로 개발될 장소의 선정에 도움을 주기 위해, 저비용 주택에 대한 태도를 결정하기 위한 서베이가 실시된다고 가정하자. 주어진 지역에 파견된 면접원이 단어나 몸짓을 통해 저비용 주택개발에 대한 자신의 반대의사를 전달할 수 있다. 그러면 응답자들이 면접원 자신의 입장에 일반적으로 동의하는 대답을 줄 경향이 있을 수 있다. 이러한 서베이의 결과는, 문제가 되고 있는 지역의 주민들이 자신들 지역의 개발을 강력히 반대하더라도, 사실은 이들의 분명한 반대가 면접원의 태도를 단순히 반영한 것에 지나지 않음을 나타낸다.

서베이 면접을 위한 일반 지침

면접이 시행되는 방식은 서베이 모집단 그리고 어느 정도는 서베이 내용에 따라 다소 변할 수 있다. 그럼에도 불구하고 몇몇의 일반적인 지침들은 대부분의 면접 상황에 적용된다.

차림새와 태도

일반적으로 면접원은 면접대상자들이 입고 있는 옷과 유사하게 옷을 입어야 한다. 부유하게 옷을 입은 면접원은 아마도 가난한 응답자로부터 호의적인 협조와 응답을 얻는 데 어려움을 가질 것이다. 남루하게 옷을 입은 면접원은 부유한 응답자로부터 비슷한 어려움을 가질 것이다. 면접원의 옷과 차림새가 응답자들과 차이가 나기 때문에 적당한 의복에 깨끗함과 단정함을 갖추어야 한다. 만약 깨끗함이 경건함에 미치지 못한다면, 그 중간에는 미쳐야 할 것이다. 비록 중산층의 단정함과 깨끗함이 사회의 모든 부문에서 받아들여지지 않더라도 그것들은 기본적인 규범으로 남아 있으며, 가장 많은 응답자에게 수용될 가능성이 높다.

의복과 차림새는 대개 그 사람의 태도와 지향을 나타내는 표시로 간주된다. 이 글이 쓰일 때 정확하든 정확하지 않든 면접원이 찢어진 청바지, 녹색 머리, 면도날 귀고리를 착용했을 경우 그는 정치적으로 급진적이며, 성적으로 개방적이고, 마약 사용에 호의적인 사람이라는 것을 전달할 수 있다. 이러한 인상은 모두 사람들이 면접에 응하려는 동기에 영향을 주거나 응답을 왜곡시킬 수 있다.

태도에 있어서 면접원은 되도록 명랑해야 한다. 면접원은 응답자의 개인적인 삶을 캐물을 수 있기 때문에 스파이가 아닌 척하면서 동시에 응답자에 관해 진짜 알고 싶어한다는 점을 전달해야 한다. 면접원은 너무 무심하거나 집착하지 않으면서도 여유 있고 친절해야 한다. 또한 훌륭한 면접원은 응답자들이 보다 편안하게 느낄 수 있는, 즉 응답자가 가장 이야기하고 싶어하는 사람의 유형을 재빨리 판단할 수 있는 능력을 가지고 있다. 만약 면접원이 응답자가 편안히 여길 종류의 사람이 될 수 있다면, 면접은 분명히 더 성공적으로 될 것이다. 더욱이, 응답자들은 자신들의 시간을 내고 개인적인 정보를 노출하기를 요청받기 때문에 연구자와 면접원이 제공해줄 수 있는 가장 즐거운 경험을 할 자격이 있다.

설문지에 익숙해지기

만약 면접원이 설문지에 익숙하지 못하다면, 조사는 어려움을 겪게 되며 공정치 못한 부담이 응답자에게 부과된다. 면접은 필요 이상으로 시간을 많이 잡아먹으며 즐겁지 않을 수도 있다. 게다가 면접원이 설문지를 대충 두세 차례 훑어서는 설문지에 익숙해질 수가 없다. 면접원은 매 질문을 정성 들여 연구해야 하며 큰 소리로 읽는 연습도 해야 한다.

궁극적으로, 면접원은 실수 없이 그리고 단어와 문장을 더듬지 않고서 설문지 문항을 읽을 수 있어야 한다. 좋은 모델은 연극이나 영화에서 대사를 읽는 배우이다. 대사는 일상적인 대화를 하는 것처럼 읽어야 한다. 그러나 그 대화는 설문지에 적혀 있는 언어를 정확히 따라가야 한다.

같은 식으로, 면접원은 설문지와 함께 준비된 설명서에 익숙해져야 한다. 불가피하게 어떤 질문들은 주어진 응답자의 상황에 정확히 맞지는 않을 것이다. 그리고 면접원은 질문이 이런 상황에서 어떻게 해석되어야 하는지를 결정해야 한다. 면접원에게 제공된 설명서는 이러한 경우에 적절한 안내를 해준다. 그러나 면접원은 설명서의 구성과 내용을 충분히 잘 파악하여 이것들을 효율적으로 적용할 줄 알아야 한다. 면접원은 해명하기 위해 설명서를 찾거나 연관된 지침을 해석하기 위해 애쓰면서 5분을 소모하기보다는 주어진 질문을 무응답으로 그냥 놔두는 것이 더 낫다.

질문 문장을 정확히 따라가기

이 장의 첫 절에서는 응답을 얻는 데 있어서 질문 문장의 중요성을 논의했다. 주어진 질문 문장에 있어서 약간의 변화는 응답자로 하여금 '아니오' 대신에 '예'를 대답하게 할 수 있다. 면접원은 질문 문장을 정확히 따라가도록 교육받아야 한다. 그렇지 않으면, 필요한 정보를 얻고 의도한 대로 응답자들이 문항을 정확히 해석하도록 확실히 하기 위해 설문지 문항을 정성 들여 만든 개발자의 모든 노력은 쓸모없게 된다.

이러한 지침의 논리가 분명하지만 그렇다고 이에 대한 논의를 그만둘 필요는 없다. 예를 들어, 지암피트로 고보(Giampietro Gobo, 2006)는 현장에서 응답자들이 면접원들에게 명백해 보이는 오류를 범할 수 있음을 제시하며 때로는 면접원들에게 보다 많은 자유를 주어야 한다고 주장한다. 그가 지적하듯이, 면접원에게 개입하도록 허용해주는 것은 면접원이 수집된 자료에 영향을 미칠 가능성을 증가시킨다.

응답을 정확히 기록하기

설문지가 응답자 자신의 답을 요청하는 개방형 질문을 포함할 때마다 면접원은 주어진 대로 대답을 정확히 기록해야 한다. 요약하거나, 의역하거나, 틀린 문법을 고치려는 시도는 결코 해서는 안 된다.

면접원은 응답이 어떻게 코딩될 것인지에 대해 알지 못하기 때문에 이러한 정확성은 특별히 중요하다. 사실 연구자 자신도 수백 개의 응답을 읽기 전까지는 코딩에 대해 알지 못할 것이다. 예를 들어, 설문지는 응답자에게 지역의 교통사정에 대해 어떻게 느끼는가를 물어볼 수 있다. 한 응답자가 도로에 차가 너무 많으므로 차의 수를 줄이는 어떤 조치가 필요하다고 대답할 수 있다. 다른 응답자는 보다 많은 도로가 필요하다고 이야기할 수 있다. 만약 면접원이 이러한 두 응답을 같은 요약어인 '혼잡한 교통'으로 기록한다면, 연구자는 원래의 응답에 있는 중요한 차이점을 이용할 수 없게 된다.

때때로 말로 된 응답이 너무 불명확하거나 애매해서 해석하기 어려울 수 있다. 그러나 면접원은 응답자의 몸짓이나 말투로 응답의 의도를 이해할 수 있다. 이런 상황에서 면접원은 여전히 말로 된 응답을 정확히 그대로 기록해야 하며, 응답에 대한 해석과 이러한 해석에 도달하게 된 이유를 설명하는 주석을 덧붙여야 한다.

일반적으로, 연구자는 응답자의 분명한 노여움, 당황함, 대답에 대한 불확실성 등과 같이 말로 된 기록이 전하지 못하는 응답의 측면을 설명하는 어떤 주석이든 사용할 수 있다. 그러나 각각의 경우, 말로 된 응답은 정확히 그대로 기록할 수 있어야 한다.

응답을 얻기 위한 캐물음

캐물음

어떤 질문에 대해 보다 완전한 대답을 이끌어내기 위해 면접에서 이용되는 기법. 이것은 응답자가 대답을 보다 정교하게 만들도록 부추기는 데 사용되는 비직접적 용어 또는 질문이다. 예를 들면, "다른 것은 더 없나요?", "그것은 어떻습니까?"와 같은 것들이 있다.

때때로 면접에서 응답자는 부적절하거나 불충분한 답을 할 수 있다. 이런 경우, 캐물음(probe), 즉 정교화를 위한 요청이 사용될 수 있다. 예를 들어, 폐쇄형 질문은 태도에 대한 진술을 제시하고 응답자에게 매우 찬성하는지, 약간 찬성하는지, 약간 반대하는지, 매우 반대하는지 물어볼 수 있다. 그러나 응답자는 "그것이 사실이라고 생각한다."라고 대답할 수 있다. 면접원은 이러한 응답에 대해 "귀하는 매우 찬성 또는 약간 찬성한다고 이야기하는 것입니까?"라고 되물어야 한다. 필요하다면, 면접원은 제공된 항목들 중에서 응답자가 하나를 표시해야 한다고 설명할 수 있어야 한다. 만약 응답자가 선택하기를 완강하게 거절한다면, 면접원은 응답자에 의해 주어진 응답 그대로를 기재해야 한다.

캐물음은 개방형 질문에 대한 응답을 이끌어내는 데 있어서 보다 빈번히 요구된다. 예를 들어, 교통상황에 관련된 질문에 대한 응답에서, 응답자는 "매우 나쁘다"라고 단순하게 대답할 수 있다. 면접원은 다양한 캐물음을 통해 이러한 응답에 대한 정교화를 얻을 수 있다. 때때로 가장 좋은 캐물음은 침묵이다. 만약 면접원이 연필을 들고 조용히 앉아 있으면, 응답자는 아마도 추가 설명을 통해 이 공백을 채울 것이다. (이 기법은 신문기자에 의해 효과적으로 사용된다.) 적합한 언어적 캐물음은 "그것은 어떻습니까?"나 "어떤 방법입니까?"가 될 수 있다. 아마도 가장 일반적으로 유용한 캐물음은 "다른 것은 없습니까?"일 것이다.

면접원은 종종 분석적인 목적을 위해 매우 많은 정보를 제공해주는 답을 캐물을 필요가 있다. 그러나 모든 경우에 있어서 이러한 캐물음은 중립적으로 이루어져야 한다. 캐물음이 어떤 방식으로든 다음 응답의 속성에 영향을 주어서는 안 된다. 적절한 응답을 위해 주어진 질문이 캐물음을 필요로 한다는 것을 예상할 때마다, 설문지에 있는 특정한 질문 다음에 1개 이상의 캐묻는 질문을 제공해야 한다. 이러한 방식은 두 가지 중요한 장점을 가지고 있다. 첫째, 가장 좋고 가장 중립적으로 캐묻는 질문을 고안하기 위해 보다 많은 시간을 가질 수 있다. 둘째, 모든 면접원은 필요할 때마다 같은 내용의 캐묻는 질문을 사용할 수 있다. 그러므로 비록 캐물음이 완전히 중립적이지 않더라도 모든 응답자들은 같은 자극을 받게 될 것이다. 이것은 질문의 문장에 대해 논의되었던 논리적 지침과 같다. 질문은 부담을 주거나 왜곡되지 않아야 한다. 하지만, 비록 왜곡된다고 하더라도, 모든 응답자가 같은 질문을 받아야 하는 것은 기본이다.

조정과 통제

대부분의 면접 서베이는 여러 면접원들의 도움을 필요로 한다. 대규모 서베이에서 면접원들은 고용되고 일한 대가를 지불받는다. 학생 조사자는 면접을 돕는 친구들을 고용하기도 할 것이다. 두 사람 이상의 면접원들이 서베이에 포함될 때마다 이들의 활동은 조심스럽게 통제되어야 한다. 이러한 통제는 두 가지 측면을 지니고 있다. 면접원들을 훈련시키는 것과 면접원들이 일을 시작한 후에 이들을 감독하는 것이다.

면접원의 훈련기간에는 연구에 관한 일반적인 소개부터 해야 한다. 면접원이 프로젝트의 자료수집 단계에만 참여한다고 하더라도, 이들이 시행하고 있는 면접에 대해 무엇이 행해져야 하는가와 어떤 목적이 추구되어야 하는가를 이해시키는 것은 이들에게 유용할 수 있다. 면접원이 무엇이 진행되고 있는지를 모를 경우, 대개 그들의 사기(morale)와 동기(motivation)는 낮아진다.

면접 방법에 대한 훈련은 이 절의 앞부분에서 논의한 것처럼 일반적인 지침과 절차에 관한 논의로 시작해야 한다. 그런 다음 전체 집단은 설문지의 질문 하나 하나를 함께 훑어보아야 한다. 설문지 첫 쪽에 무슨 질문이 있느냐는 식으로 단순하게 물어봐서는 안 된다. 첫 번째 질문을 크게 읽고, 그 질문의 목적을 설명한 다음, 면접원이 가지고 있을지 모르는 질문이나 조언을 받아라. 이들의 질문과 조언이 모두 다루어지면, 설문지의 다음 질문으로 이동하라.

면접용 설문지에 동반할 설명서를 준비하는 것은 언제나 훌륭한 생각이다. 설명서(specifications)는 설문지에 있는 특정한 질문과 관련하여 발생할 수 있는 어려운 또는 혼란스런 상황을 다루는 것에 관해 설명해주거나 명백하게 해주는 조언이다. 설문지의 초안을 만들 때 생길 수 있는 모든 문제들, 즉 대답하기 어려운 질문을 만드는 낯선 상황을 생각하려고 노력해야 한다. 서베이 설명서는 이러한 상황을 어떻게 다루어야 하는지에 관한 상세한 안내지침을 제공해줄 것이다. 예를 들어, 나이와 같은 단순한 것조차도 문제를 야기할 수 있다. 한 응답자가 다음 주에 25살이 된다고 이야기한다고 가정하자. 면접원은 응답자의 현재 나이를 적을지 아니면 곧 다가올 나이를 적을지에 대해 확신하지 못할 수가 있다. 이런 질문에 대해서도 설명서는 어떻게 해야 하는지를 설명해준다. (아마도 모든 경우에 마지막 생일을 보낸 나이가 기록되어야 한다고 명기해야 할 것이다.)

만약 설명서를 만들었다면, 설문지에 있는 개별 질문들을 검사할 때 그 설명서를 면접원들과 같이 재검토해보라. 면접원들이 질문뿐만 아니라 설명서와 설명서의 내용에 대한 이유를 충분히 이해할 수 있도록 해야 한다.

면접원 교육 시에는 면접원들이 까다로운 질문들을 많이 할 수 있다. 이들은 "만약 … 하다면 어떻게 해야 하나요?"와 같은 질문을 할 것이다. 이런 경우, 즉각적으로 아무렇게나 대답해서는 안 된다. 만약 설명서를 가지고 있다면, 그 문제에 대한 해결책이 설명서에 근거해 어떻게 결정될 수 있는가를 보여주라. 만약 설명서가 없다면, 그 상황에서 선호될 수 있는 대책이 그 질문의 일반적 논리와 연구의 목적에 어떻게 적합할 수 있는지를 보여주라. 이런 질문에 대해 설명되지 않는 답을 하는 것은 면접원들을 혼동시킬 뿐 아니라 이들이 면접하는 일을 진지하게 받아들이지 않게 만들 수 있다. 만약 여러분이 면접원이 제기한 질문에 대해 답을 갖고 있지 않다면, 그것을 인정하고서, 가장 좋은 답을 결정하기 위해 시간을 달라고 요청하라. 그런 다음, 그 상황에 대해 심사숙고해서 나온 해결책을 모든 면접원들에게 이야기하고 또 그 이유를 설명하라.

설문지 전체를 검토한 다음, 모든 면접원들 앞에서 한두 차례의 시범면접을 실시하자. 이때 면접원이 아닌 사람을 면접하는 것이 좋다. 여러분의 면접이 여러분이 교육시키고 있는 사람들을 위한 모델이 된다는 것을 알아야 하며, 따라서 이에 맞도록 일을 해나가야 한다. 덧붙여, 가능한 한 시범면접을 실제같이 하는 것이 가장 좋다. 시범 중에 여러분이 복잡한 상황을 어떻게 다루는지를 지적하기 위해 멈추지 마라. 다루고 나서 나중에 설명하라. 여러분이 면접하고 있는 사람이 일관된 답을 제공하는 한, 그가 실제의 답을 주는지 아니면 연구목적을 위해 어떤 가상적인 신분을 사용하는지는 중요하지 않다.

시범면접이 끝난 후 면접원들을 짝지어 실습을 해보게 하라. 설문지 하나를 다 끝내면 서로 역할을 바꾸어 다시 하게 하라. 면접해보는 것이 면접을 위한 가장 좋은 훈련이다. 면접원들이 실습하는 동안, 돌아다니면서 이들이 얼마나 잘 하고 있는지 주의 깊게 들어보라. 실습이 끝나면, 그룹 전체가 그들의 경험과 실습 중에 생긴 의문점을 논의해야 한다.

면접원들을 위한 마지막 훈련단계는 '실제' 면접을 포함해야 한다. 최종적인 서베이에 해당될 수 있는 실제의 조건하에서 면접을 실시하게 하라. 여러분이 면접원들에게 면접할 사람들을 배정하거나 면접원들 스스로 피면접자를 선정할 수 있다. 그러나 면접원들이 여러분 표본의 사람들을 대상으로 실습하게 해서는 안

된다. 각 면접원이 3~4개의 면접을 끝내고 나면, 이들로 하여금 여러분과 함께 점검하게 하라. 오해의 흔적이 있는지 완성된 설문지를 찬찬히 훑어보라. 혹시 면접원들이 가지고 있을지 모르는 질문을 다시 한번 해보라. 주어진 면접원이 무엇을 해야 하는지를 알고 있다는 확신이 들면, 연구를 위해 여러분이 선정한 표본을 이용해 실제 면접을 하게 하라.

연구기간 동안 면접원들의 일을 계속해서 감독하는 것은 기본이다. 면접원들이 20~30개의 면접을 끝내고 나면, 이들과 점검을 해보아야 한다. 이들에게 20개의 면접을 할당하고, 이들이 완성된 설문지를 가지고 오면 검토한 다음에, 또 다른 20개의 면접을 할당하라. 비록 이것이 몹시 조심스러운 것처럼 보일지라도, 여러분은 연구 초기에 분명하게 드러나지 않았던 오해로부터 계속해서 여러분을 보호해야만 한다. 게다가 크리스틴 올슨과 앤디 페이체브(Kristen Olson and Andy Peytchev, 2007)는 면접원의 행동이 서베이 프로젝트 과정에서 계속 변하는 것을 발견했다. 예를 들어, 시간이 지나면서 면접원은 면접을 보다 빨리 진행시키고 응답자들이 마치 무관심한 것처럼 판단하는 경향이 있다.

여러분 혼자서만 면접하는 연구라면, 이런 설명들은 관계가 없을 것이다. 하지만, 예를 들어 여러분의 설문지에 잠재적으로나마 문제를 일으킬 질문이 있다면 이것을 위한 설명서를 준비해두는 것이 현명하다. 그렇지 않을 경우, 여러분은 나중에 후회하거나 잊어버릴 즉흥적인 결정을 연구기간 중에 할 위험을 지게 된다. 또한 실습에 대한 강조는 개인 프로젝트나 많은 면접원들이 참가하는 대규모 예산의 서베이에서나 똑같이 적용된다.

9.7 전화 서베이

오랫동안 전화 서베이(telephone survey)는 전문 조사자들 사이에서 나쁜 평가를 받았다. 전화 서베이는 말 그대로 전화를 가지고 있는 사람에게만 한정된다. 여러 해 전에 이 방법은 가난한 사람들을 서베이에서 배제함으로써 상당한 사회계급의 왜곡을 낳았다. 이것은 1936년 「리터러리 다이제스트(Literary Digest)」의 큰 실수에 의해 생생하게 입증되었다. 비록 투표자가 우편에 의해 접촉되었다고 하더라도, 표본이 대공황에서 갓 벗어난 나라에서 대표성을 갖는다고 할 수 없는 전화 가입자로부터 부분적으로 추출되었다는 사실을 상기하라. 7장에서 보았듯이, 사실상 이제 모든 미국 가구들이 전화를 보유하고 있어서 초기의 계급 왜곡 형태는 실질적으로 사라졌다.

긍정적 및 부정적 요인

전화 서베이는 많은 장점들을 지니고 있으며, 이는 이 방법이 갖는 인기의 근거가 된다. 아마도 가장 큰 장점은 돈과 시간일 것이다. 대면적인 가구면접의 경우, 여러분은 응답자의 집에 수킬로미터를 운전해 가서, 집에 아무도 없음을 발견하고는 다시 조사연구소로 돌아오고, 다음날 또 가야 할 것이다. 물론 다음 날에도 집에는 아무도 없을 것이다. 이런 여행을 여러분의 손가락이 하게 하는 것이 훨씬 싸고 빠르다.

전화로 면접할 때, 여러분은 응답자가 주는 답에 영향을 주지 않으면서 원하는 아무 옷이나 입을 수 있다. 때때로 응답자가 여러분을 쳐다볼 필요가 없으면 사회적으로 수용되지 않는 답을 보다 솔직히 하게 될 것이다. 비슷하게, 필연적이지는 않지만 보다 민감한 영역을 캐묻는 것도 가능할 수 있다. 사람은 어느 정도 질문하는 사람을 볼 수 없을 경우에 의심을 더 하게 되는데, 이는 아마도 잡지 구독과 공유 콘도미니엄의 판매를 목표로 하는 '서베이'의 결과일 것이다.

그러나 면접원들은 자신을 내보일 수는 없지만 전화로 자신들에 관해 많은 이야기를 할 수 있다. 예를 들어, 연구자는 면접원의 이름이 주는 영향(특히, 민족성이 연구에 관계있을 경우)을 걱정하며, 그래서 모든 면접원들이 스미스(Smith)나 존스(Jones)와 같은 '무대 이름(stage name)'을 사용하게 하는 것에 대한 윤리성을 따지기도 한다. (여자 면접원들은 면접 중에 일어나는 남성 피면접인들로부터의 괴롭힘을 피하기 위해 때때로 이렇게 해달라고 부탁한다.)

만약 여러 면접원들이 프로젝트에 참여한다면, 전화 서베이는 자료수집에 있어서 상당한 통제력을 지닐 수 있다. 만약 모든 면접원들이 한 연구소에서 전화를 하고 있다면 이들은 문제가 생길 때마다, 당연히 그렇게 하겠지만 책임자에게 조언을 얻을 수 있다. 외딴곳에 혼자 있는 면접원은 몇 주에 한 번씩 면접 책임자와의 만남을 위해 비행기를 타고 다녀야 할지 모른다.

마지막으로, 전화 서베이의 사용 증가에 포함된 또 다른 중요한 요인은 개인적인 안전과 관련 있다. 돈 딜먼은 그 상황을 이렇게 기술한다.

> 면접원은 낯선 사람을 불신감으로 바라보는 분위기에서 편안하게 수행할 수 있어야만 하고 또 면접에 대한 응답자의 거부에 성공적으로 대응해야 한다. 점차 면접원은 많은 가구의 주민과 접촉하기 위해 밤에도 기꺼이 일할 수 있어야 한다. 어떤 경우에는 잠재적으로 위험한 지역에서 일하는 면접원에게 보호를 제공해주어야 한다.
>
> (1978: 4)

그러므로 안전에 대한 관심은 대면면접을 방해하는 두 가지 방식으로 작동한다. 잠재적인 응답자는 낯선 면접원을 두려워해서 면접을 거절할 수 있다. 그리고 면접원 스스로가 약간의 위험부담을 초래할 수 있다. 이 모든 것은 만약 뭔가 잘못될 경우 연구자가 거액의 소송을 당할 가능성으로 인해 더 악화된다.

그러나 전화면접에 포함된 문제들도 있다. 이미 언급했듯이, 이 방법은 진짜 목적이 판매 선전이면서 연구를 가장한 가짜 '서베이'의 확산으로 인해 방해받고 있다. 그런데 만약 여러분이 걸려오는 그런 전화에 관해 의문을 가지고 있다면, 여러분이 단지 연구를 위해 선정되었는지 아니면 판매 '기회(opportunity)'가 포함되어 있는지를 직접 면접원에게 물어보라. 만약 조금이라도 의심이 생기면, 면접원의 이름, 전화번호, 회사이름을 받아 놓는 것 또한 좋은 생각이다. 만약 전화를 건 사람이 이러한 것들을 제공하기를 거절하면 전화를 끊어라.

연구자에게는 사람들이 전화를 쉽게 끊을 수 있다는 것이 전화 서베이의 또 다른 약점이다. 면접을 위해 여러분이 어떤 사람의 집에 일단 들어가게 되면, 응답자가 면접 중에 여러분에게 나가라고 하기는 어려울 것이다. "저런! 누가 문에 와 있네요. 가봐야겠습니다."나 "아이고! 돼지가 내 볼보차를 먹어치우고 있어요!"와 같은 말로 전화면접을 갑작스레 중단하는 것이 훨씬 더 쉽다. (면접원이 여러분의 응접실에 앉아 있을 경우, 이런 종류의 것들은 꾸며대기가 훨씬 더 힘들다.)

연구는 음성메시지와 자동응답기를 포함한 여러 요인들이 전화 서베이의 응답률을 떨어뜨린다는 것을 보여준다(Tuckel and O'Neill, 2002).

컴퓨터보조 전화면접(CATI)

14장에서 컴퓨터가 사회조사의 시행, 특히 자료처리와 분석에 영향을 준 몇 가지 방법들을 살펴보겠다. 컴퓨터 또한 전화면접의 속성을 바꾸고 있다. 한 가지 혁신적인 것은 컴퓨터보조 전화면접(computer assisted telephone interviewing, CATI)이다. 이 방법은 학계, 정부, 그리고 상업적 서베이 조사에서 점차 많이 사용되고 있다. 실행에 있어서는 변화가 있겠지만, 여기서는 CATI가 어떤 것인가에 대해 이야기하겠다.

컴퓨터 단말기와 모니터 앞에 앉아서 전화 헤드셋을 끼고 있는 면접원을 상상해보라. 중앙컴퓨터는 무작위로 전화번호를 선택해서 걸도록 프로그램화되어 있다. (무작위번호 전화 걸기는 전화번호부에 등재되지 않은 전화번호의 문제를 피한다.) 모니터에는 인사("안녕하세요. 제 이름은 …")와 첫 번째 질문("얼마나 많은 사람들이 이 주소에서 살고 있는지 말씀해 주시겠습니까?")이 나타난다.

응답자가 전화를 받으면, 면접원은 인사를 하고, 연구에 대한 소개를 하며, 스크린에 나와 있는 첫 번째 질문을 한다. 응답자가 질문에 답하면, 면접원은 그 답즉, 개방형 질문에 대한 말대답이나 폐쇄형 질문에 대한 적합한 응답 항목을 컴퓨터의 터미널에 입력시킨다. 대답은 즉시 컴퓨터에 저장된다. 두 번째 질문이 스크린에 뜨고, 질문되며, 대답은 컴퓨터에 입력된다. 면접은 이렇게 계속된다.

자료수집에서 나타나는 이런 확실한 장점에 덧붙여, CATI는 분석을 위한 자료를 자동적으로 마련한다. 사실, 연구자는 면접이 끝나기 전에 자료분석을 시작해서 이 분석이 어떻게 나올 것인가에 대한 모습을 미리 얻을 수 있다.

컴퓨터보조 면접보다 한 걸음 먼저 나가는 것 또한 가능하다. 로보여론조사(robo-polls)라고 불리는 혁신을 통해 전체 면접이 응답자의 구술 대답을 해석할 수 있는 프로그램화된 기록에 의해 진행된다. 이러한 논의는 전화에 응대하자마자 녹음된 목소리가 정치적 또는 상업적 메시지를 전달하는 로보전화(robo-calls)를 떠올리게 할 수 있다. 로보여론조사는 상호 목소리 인식(Interactive Voice Recognition, IVR)을 사용함으로써 한 걸음 더 나간다. 이 컴퓨터는 응답자의 대답을 해석하고 기록하며 면접을 어떻게 적절하게 지속할 것인가를 결정하도록 프로그램화되어 있다.

분명히 이 방법은 인력을 면접원으로 고용하는 데 드는 인건비를 절감해줌으로써 비용면에 있어 효과적이다. 일부 서베이 조사자들은 의구심과 비웃음의 눈으로 바라보기는 하지만 2008년의 예비선거에 대한 평가에서 미국여론조사학회는 CATI나 IVR에 의해 나온 결과의 정확도에 아무런 차이가 없음을 보고했다(AAPOR, 2009).

2010년의 중간선거 캠페인에서 서베이 관찰자인 네이트 실버(Nate Silver, 2010b)는 로보여론조사가 전통적인 방법보다 공화당에게 약간 더 호의적인 결과를 산출하는 경향이 있음을 발견했다. 또한 실버는 로보여론조사가 민감한 질문에는 다른 대답을 산출할 수 있음도 발견했다. 그는 마리화나의 개인적 사용을 합법화하고 과세를 하는 '캘리포니아 제안 19호'를 살펴보면서 다음을 발견했다.

> 주도권을 보여주는 지지도에 있어 방법론들이 나뉘어 있었다. 자동화된 세 서베이들은 '제안 19호'가 두 자리 수 차이로 통과될 것이라는 결과를 가졌다. 이에 비해 사람이 진행한 조사는 '제안 19호'에 대한 지지가 간신히 이끌려가는 결과를 보여주었다.
>
> (Silver, 2010a)

최종적으로 '제안 19호'는 2대1의 차이로 실패했다. 로보여론조사의 운명이 어떻게 될지는 분명치 않지만 이 교재의 다음 판은 이 기법의 논의를 확실히 수정할 것이다.

면접 서베이의 응답률

이 장 앞부분에서 우편 서베이의 응답률에 관한 주제를 다루었는데, 이 점은 면접 서베이에서도 똑같이 중요하다. 7장에서 서베이 추정치의 정확도를 결정하기 위해 표집오차를 계산하는 공식을 논의할 때 가졌던 무언의 가정은 표본에 선택된 모든 사람들이 참여한다는 것이다. 물론 이런 경우는 거의 생기지 않는다. 이렇게 완전하지 않은 상태에서 연구자들은 표본에 선택된 사람들의 참여를 최대화시켜야 한다. 비록 면접 서베이가 우편 서베이보다는 응답률이 높은 경향이 있지만 최근 들어 면접의 성공률은 줄어들고 있다.

리처드 커틴, 스탠리 프레서, 엘리너 싱어(Richard Curtin, Stanley Presser, and Eleanor Singer, 2005)는 소비자 태도에 대한 미시건대학 서베이의 응답률 경향을 분석하면서 최근 몇 년간에 걸친 일반적인 감소유형을 그려냈다. 1979년과 1996년 사이에 전화 서베이의 응답률은 72%에서 60%로 떨어졌는데, 이것은 연평균 3/4%가 감소한 것을 나타낸다. 1996년 이래로 감소율은 2배나 증가했다. 이렇게 증가한 미응답은 조사거부와 접촉이 불가능한 사람들이다.

이와 대조적으로 개인적인 면접방식을 사용하는 GSS(General Social Survey)는 1975년부터 1998년의 기간 동안에 73.5%와 82.4% 사이의 응답률을 경험했다. 그러나 2014년의 서베이에서 GSS의 완성률은 69%였다. 이러한 감소는 주로 조사거부에서 비롯되는데, 왜냐하면 가구면접은 전화 서베이보다 높은 접촉률을 만들어내기 때문이다.

일반적으로 가구와 전화 서베이는 응답률의 감소를 경험했다. 「Public Opinion Quarterly」의 특별판(2006)은 가구 서베이의 응답률 감소에 대한 많은 차원들을 분석하는 것에 전적으로 할애되었다. 이러한 분석이 보여주는 것처럼, 낮은 응답률이 연구되고 있는 모집단에 대해 부정확한 추정치를 필연적으로 산출하는 것은 아니다. 하지만 이 특별판에 나타난 다양성은 단순한 요약을 거부한다.

미국 센서스청의 전임 청장인 로버트 그로브스(Robert Groves)는 현대의 서베이 조사를 복잡하게 만드는 일부 요인들을 상술했다.

> 담을 쌓은 택지, 잠긴 아파트 건물, 전화응답기, 발신자 표시 전화기, 그리고 이외에 서베이 연구자들에 대한 접근 방해물들이 이 시대에 증가했다. 응답률은 지속적으로 악화되었다. 높은 응답률에 매진하는 가구 서베이는 일반인을 접촉해서 면접하는 데 들어가는 노력의 증가로 인해 계속된 비용의 상승을 경험했다. 대면면접은 양이 계속 줄었고 가끔은 종단 서베이의 첫 번째 주기(wave)만으로 한정되었다.
>
> (2011: 866)

대부분의 연구자들은 전화판촉의 광범위한 증가가 정당한 전화 서베이가 겪고 있는 문제의 큰 부분을 차지한다고 믿고 있으며 정부와 전국적인 '수신거부' 리스트가 이러한 문제를 완화해주기를 희망한다. 더욱이 우리는 자동응답기와 같은 다른 요인들 또한 이러한 문제에 기여하는 것을 보았다(Tuckel and O'Neill, 2002). 응답률은 서베이 조사에서 중요한 이슈로 남아 있을 것이다.

다시 한번 말하건대, 후원자를 위해 돈을 걷는 것을 명백한 목적으로 삼는 '서베이'에 대해 사회조사의 소비자인 여러분은 조심해야 한다. 이러한 행위는 이미 팩스 서베이의 영역에 침투했다. '권총 소지는 금지되어야 하는가?'라는 제목의 한 팩스가 이를 보여주고 있다. 두 개의 팩스번호가 '예' 또는 '아니오'를 나타내는 것으로 제공되었다. 아주 작은 활자로 "이 번호에 대한 전화통화는 분당 $2.95이며, 이는 위대한 민주주의를 위한 작은 비용입니다. 통화는 약 1~2분 걸립니다."라고 쓰여 있었다. 여러분은 이 $2.95가 어디로 갔는지를 상상할 수 있을 것이다. 유사한 이메일 서베이에 대해 여러분은 자신의 예를 들 수 있을 것이라 상상한다.

요즘은 정당한 서베이, 특히 정치적인 여론조사자에게 도전적인 시기이다. 실험적인 시기이기도 한데, 일부는 일반적으로 다른 것들에 비해 더 성공적이었다. 여러분은 http://projects.fivethirtyeight.com/pollster-ratings/에서 여론조사에 대한 네이트 실버(Nate Silver)의 파이브서티에잇(FiveThirtyEight) 등급에 관심을 가질 수 있을 것이다.

9.8 온라인 서베이

점차 인기가 더해가는 서베이 조사의 한 방법은 20세기 후반에 가장 괄목하게 발전한 인터넷과 월드와이드웹(World Wide Web)의 사용을 포함한다. 믹 쿠퍼와 피터 밀러(Mick Couper and Peter Miller)는 이러한 사회조사의 새로운 국면이 거쳐온 발달과정을 훌륭히 소개한다.

> 웹서베이(web survey)는 상대적으로 짧은 역사에도 불구하고 이미 서베이 조사에 큰 영향을 미쳤다. 최초의 그래픽 브라우저(NCSA Mosaic)가 1992년에 공개되었으며, 이후 1994년에 넷스케이프 내비게이터(Netscape Navigator)가, 그리고 1995년에는 인터넷 익스플로러(Internet Explorer)가 공개되었다. 웹서베이에 대한 첫 출간 논문은 1996년에 등장했다. 이후 서베이 자료수집 도구로서 인터넷은 사실상 폭발적인 인기를 얻고 있다.
>
> (2008: 831)

3년 후에 믹 쿠퍼(Mick Couper, 2011)는 미래의 사회조사에서 예상되는 온라인 서베이의 역할에 대해 깊이 있게 생각해보았다.

> 새로운 양식은 기존의 양식을 대체하기보다는 보충해주는 경향이 있었다. 이는 부분적으로 새 양식이 일부 문제들을 해결했음에도(예를 들어, 측정의 개선, 비용 절감) 불구하고 다른 것들(예를 들어, 적용범위, 무응답)을 해결하지 못했기 때문이다. 달리 말하면, 모든 연구질문을 다 해결해주는 양식은 없다는 것이다. 복합적인 양식과 혼합된 양식이 당분간은 계속해서 서베이 조사의 현실이 될 것이다.
>
> (2011: 901)

이 절에서 온라인 서베이 조사의 다양한 측면들을 검토하겠지만, 이 기법이 너무 빨리 발전하고 있어서 이 책이 여러분의 손에 쥐어질 때즘에는 분명 새로운 혁신이 일어날 것이다. 이러한 발전을 따라잡게 해줄 가장 좋은 한 가지 정보원은 미국여론조사학회(American Association for Public Opinion Research, AAPOR)이고 두 개의 주요 출판물은 「Public Opinion Quarterly」와 온라인 학술지 「Survey Practice」이다. 이들 중 어느 것도 온라인 조사를 전문으로 하지는 않지만 이곳에 게재되는 많은 논문들이 이 주제를 다룬다. 버클리 캘리포니아대학(University of California, Berkeley), 미시간대학(University of Michigan), 시카고대학(University of Chicago)의 NORC와 같은 대학의 서베이 조사기관과 전 세계의 다른 많은 기관들이 이러한 새 기법을 발전시키는 데 매우 적극적이다. 퓨(Pew), 해리스(Harris), 닐슨(Nielsen) 등과 같은 상업적인 조사회사도 마찬가지이다.

7장의 표본추출에서 보았듯이, 현재 많은 사회조사자들이 온라인 서베이에 대해 제기하는 반대는 대표성과 연관되어 있다. 온라인으로 서베이될 수 있는 사람들이 모든 미국 성인, 모든 투표자 등과 같은 유의미한 모집단을 대표할 수 있는가? 이것은 초기의 전화 서베이 및 팩스를 통한 서베이와 관련해서 제기되었던 비판이다.

온라인 서베이의 발달 초기에 코직스(Cogix) 사의 창업자인 카밀로 밀러(Camilo Miller, 1999)는 어떤 응답자 모집단은 이 기법에 이상적으로 들어맞는다고 지적했다. 특히 특정 웹사이트를 방문하는 사람들이 그렇다. 예를 들어, 윌슨은 온라인 회사를 위한 시장조사는 온라인으로 시행되어야만 한다고 주장하며 정확히 이 목적을 위해 그의 회사는 뷰즈플래쉬(ViewsFlash)라고 하는 소프트웨어를 개발했다. 비록 웹사이트 서베이가 특정 사이트를 방문하는 모든 사람으로부터 자료를 쉽게 수집할 수 있더라도, 밀러는 서베이 표본추출 기법이 잠재적인 수억 명의 소비자들을 짜증 나게 하지 않고 충분한 소비자 자료를 제공해줄 수 있다고 제안한다. 7장에서 보았듯이, 많은 방법론적 연구가 온라인 서베이로 일반 모집단에서 대표성이 있는 표본추출을 달성하는 방법에 헌신하고 있다.

이제 현재 검토되고 있고 동시에 실험되고 있는 온라인 서베이의 일부 다른 방법론적 측면들에 대해 살펴보자.*

온라인 기기

처음에 온라인 서베이는 대부분 전형적으로 데스크톱 모델인 PC 사용자를 지향했었다. 데스크톱과 랩톱 컴퓨터 성능 간의 차이가 좁혀지면서 두 기기는 온라인 서베이에 참여하는 적절한 방식으로 간주되었다. 하지만 이러한 목적을 위한 랩톱 컴퓨터의 사용 증가는 응답자가 참여할 수 있는 환경의 다양성을 넓혔다는 것을 주목하라. 그러나 이것은 출발일 뿐이었다.

2010년에 중국 상하이에서 개최된 중국 서베이 조사학회(Chinese Survey Research Association)의 첫 회의에 참석했을 때 나는 1949년에서 1979년까지 대학에서 사회학이 폐지되었던 나라에서 자신들의 연구를 보고하는 연구자들의 활력에 감명을 받았다. 내가 본 대부분의 논문들이 중국어로 되어 있어 나에게는 문제였다. 하지만 많은 논문에는 사용되고 있는 일부 새로운 기법을 보여주는 사진이 실렸고, 나는 사진으로 찍힌 많은 스마트폰과 모바일 기기에 감명을 받았다. 이러한 관심은 중국의 연구에 한정되지 않을 것이다.

태블릿과 스마트폰은 급격하게 컴퓨터 성능을 높이고 있고 점점 온라인 서베이의 매체로 사용되고 있다. 응답자들은 아마도 간접적으로 연구자들에게 모바일 장치와 호환되는 서베이 포맷을 개발하도록 밀어부쳤을 것이다. 응답자들이 데스크톱 컴퓨터용으로 설계된 설문지를 완성하기 위해 때로는 실패하면서도 스마트폰과 디지털 기기를 사용하려고 시도함에 따라, 서베이 연구자들은 응답자들이 사용하길 원하는 기기 종류에 자신들의 설문지를 맞출 필요성과 잠재성을 알게 되었다. 물론 스크린 크기가 주요 관심사였지만 상이한 기기들에서 사용되는 다양한 내비게이션 시스템도 주요 관심사였다.

연구는 서베이 포맷을 응답자의 기기 선호에 맞추어야 한다는 것을 지지한다. 예를 들어, 모건 M. 밀러와 돈 A. 딜먼(Morgan M. Miller and Don A. Dillman, 2012)은 한편으로 태블릿이나 랩톱과 같은 기기의 사용을 허용해주면서 응답자

* 9장의 이 절을 시작하기 앞서 닐선회사(Nielsen Company)의 마이클 링크(Michael Link)가 2012년 12월 5일 미국여론조사학회(AAPOR)의 웨비나 시리즈의 일부로 실시한, '새로운 기술 활용하기(Leveraging New Technologies)'라는 뛰어난 온라인 세미나에 대해 그에게 감사드린다. 그 세미나에서 직접 인용하지는 않았지만 나는 그 세미나가 제공한 변화의 개관과 상세한 내용으로부터 큰 혜택을 받았다.

가 스마트폰을 이용해 서베이에 참여하도록 장려하는 실험을 시행했다. 이 연구자들은 스마트폰의 사용을 권고받은 응답자들의 스마트폰 사용이 권고를 받지 않은 사람들에 비해 소폭 증가했음을 보고했다.

이러한 방법론적 연구의 노선은 지속될 것이지만 다음을 고려해보라. 현재 어떤 것은 우리가 상상할 수 없지만 새로운 기기의 발전은 확실히 보게 될 것이며, 이것들은 미래에 수용되어야만 할 것이다.

오늘날 온라인 서베이와 관련해 강조되고 있는 많은 주의사항은 내가 처음 조사방법론 교재를 쓰기 시작할 때 전화 서베이와 관련해서 강조했던 것들과 유사하다. 믹 쿠퍼(Mick Couper)는 유사한 관찰을 한다.

> 몇 년 전에 나는 인터넷과 같은 전자자료 수집방법의 급격한 확산이 서베이 산업에서 한편으로는 확률표본에 기초하며 전통적인 자료수집 방법을 사용하는 높은 수준의 서베이와 다른 한편으로는 대표성과 정확성보다는 저비용과 신속한 결과에 초점을 둔 서베이 간에 갈림길을 만들 것이라고 예측했었다. 지나고 보니 나는 틀렸고 서베이 산업에 대한 웹의 영향을 과소평가했다. 양분되기보다는 판매자들이 자신들의 특정한 접근이나 상품을 위한 틈새를 발견하거나 창조하려고 노력하는 분화(최소한 웹의 측면에서)가 되어왔다. 이 산업은 이제 더 이상 한편에서는 '대충 빨리', 다른 한편에서는 '비싸지만 높은 수준'으로 양분되지 않는다. 다양한 수준의 질과 비용을 나타내는 광범위한 접근들이 있다.
>
> (2001: 466)

온라인 서베이에 대한 초기의 논의는 대부분 응답자가 자신의 데스크톱 컴퓨터 앞에 앉아 있거나 혹은 랩톱 컴퓨터를 가지고 있는 것으로 가정했다. 하지만 이러한 이미지는 급격하게 변하고 있다. 보다 최근에 톰 웰스, 저스틴 베일리, 마이컬 링크(Tom Wells, Justin Bailey, and Michael Link, 2013)는 현 시점에서 태블릿에 기초한 서베이에 대한 뛰어난 '최고 수준'의 고찰을 제공했다. 하지만 분명 서베이 조사의 이러한 측면은 어느 누가 상상했던 것보다 더 빨리 진화하고 있다.

도구 설계

수년에 걸쳐 선진국의 구성원들은 자기기입식 설문지의 형태와 과정에 익숙해졌다. 하지만 웹은 많은 사람들에게 새로운 도전을 제시한다. 리어 크리스천, 돈 딜먼, 졸린 스미스(Leah Christian, Don Dillman, and Jolene Smyth, 2007)는 웹서베이의 포매팅에 대해 여러 가지 안내를 제공해준다. 이들의 목표는 이들의 논문 제목이 제시하듯이 '응답자들이 처음부터 잘하도록 도와주는 것'이다.

물론 첫 번째 유혹은 단순히 우편 설문지를 위한 디지털 파일을 웹서베이에 불러오는 것이다. 하지만 이렇게 하는 데에는 두 가지 문제가 있다. 첫째, 우편식 포맷은 태블릿의 스크린이나 컴퓨터는 말할 것도 없고 컴퓨터 스크린에 꼭 맞지는 않는다. 다른 한편으로 전자기기들은 종이 위의 단어로는 이룰 수 없는 가능성을 제공한다. 이것들이 여전히 개발 중에 있기 때문에 여기서 그러한 가능성을 열거할 수 없지만, 현재 진행 중이거나 알려진 일부 가능성과 도전을 연결해줄 수는 있다.

예를 들어, 로저 투어런저, 믹 P. 쿠퍼, 프레더릭 G. 콘래드(Roger Tourangeau, Mick P. Couper, and Frederic G. Conrad, 2013)는 나열된 응답보기의 위치가 응답자의 선택에 영향을 줄 것인가에 관심을 가졌다. 여러 연구들에 대한 검토에 기반한 이들의 결론은 '위쪽이 좋다'는 것이다. 여러 응답보기가 수직으로 배열될 때 응답자들은 가장 높은 위치의 응답보기를 선택하는 경향이 있다.

제이슨 허서와 케니스 퍼낸데즈(Jason Husser and Kenneth Fernandez, 2013)는 온라인 응답자에게 수치적인 응답을 입력하게 할 때 클릭하는 것, 숫자를 입력해 넣는 것, 응답을 나타내는 스케일에서 드래그하는 것 중에서 어느 것이 더 좋은지에 대해 검토했다. 제한된 수의 응답보기들에서는 레이디오 버튼(radio button)을 클릭하는 것이 가장 빠르지만, 긴 목록의 응답보기에서는 슬라이딩 스케일을 드래그하게 것이 더 실용적이다.

인터넷을 정기적으로 사용하는 사람들은 '웃는 얼굴(smiley face)'과 같은 이모티콘(emoticon)에 익숙하다. 이러한 그래픽은 우편 설문지에 인쇄될 수도 있지만 온라인에서 더 편한 것처럼 보인다. 마티어스 엠드와 마렉 푹스(Mattias Emde and Marek Fuchs, 2012)는 나쁨에서 좋음으로 표시된 레이디오 버튼 대신에 일정 범위의 얼굴들(슬픔에서 행복)을 사용할 가능성을 결정하는 실험을 했다. 이들은 이런 포맷의 변화가 응답에 영향을 주지 않았다고 결론지었다. 그러므로 이러한 유형의 포맷 선정은 순전히 미적 근거에 의해 선택될 수 있다. 서베이를 매력적으로 만들지 않을 아무런 이유가 없다.

로런스 맬럭코프와 맷 잰스(Lawrence Malakhoff and Matt Jans, 2011)는 온라인 서베이 조사를 위한 일부 보다 진전된 가능성을 탐구한다. 이들은 서베이 면접이 현관에 출현하는 사람이나 전화로 들어오는 목소리를 포함하는 반면에, 애니메이션 아바타(avatar)가 온라인 면접을 하는 데 사용될 수 있다고 제안하며 애니메이션 면접원을 위해 성별과 그 외 차이점들을 가지고 실험을 시행하고 있다. 아바타 면접원은 응답자의 응답에 기초해서 얼굴표정을 바꾸도록 프로그래밍될 수 있다. 한(또는 여러) 걸음 나아가서, 응답자의 웹캠을 사용해서 얼굴표정을 관찰한 다음, 이 자료를 말로 제공된 응답과 함께 기록하는 것도 가능할 수 있다.

응답률 개선하기

미시간주립대학 학생에 대한 대규모 조사에 따르면, 온라인 서베이는 특별히 응답자로 하여금 참여를 독려하는 우편메모를 동반할 경우에 우편 서베이에 거의 견줄 만큼의 응답률을 갖게 되는 것처럼 보인다(Kaplowitz, Hadlock, and Levine, 2004). 온라인 서베이는 이 같이 비교할 만한 응답률을 산출하면서도 비용은 전통적인 우편 서베이보다 훨씬 적게 든다. 우편 서베이는 종이, 인쇄, 우편에만도 많은 비용이 들 수 있다.

온라인 서베이의 응답률을 개선하기 위한 또 다른 연구로 스티븐 포터와 마이컬 윗콤(Stephen Porter and Michael Whitcomb, 2003)은 개인적으로 호소하거나 명백한 연구자의 신분을 변경하는 것처럼 우편 서베이에서 효과적인 몇몇 기법들이 이러한 새로운 매체에서는 전혀 또는 거의 작동하지 않는다는 사실을 발견했다. 동시에 서베이를 위해 응답자들이 특별히 선정되었다는 것을 알려주고 참여기한을 정해주는 것이 응답률을 높였다. 앞으로 온라인 서베이의 효과를 개선시키는 것을 목표로 하는 많은 실험들을 보게 될 것이다.

퓨센터(Pew Center)의 카일리 맥기니(Kylie McGeeney, 2015)는 웹서베이의 완성률을 개선하는 데 유용한 체크리스트를 제공한다.

1. 소프트웨어를 휴대폰에 최적화할 것
2. 짧을수록 좋음
3. 화려한 특징은 피할 것
4. 격자가 없을 것
5. 같은 화면에 여러 질문을 물어볼 것
6. 스마트폰 화면의 사용을 최대화할 것
7. 서베이 초대에 독특한 URL을 사용할 것
8. 문자메시지로 응답자를 초정할 것

상대적으로 새로운 온라인 서베이는 혁신과 실험을 위한 비옥한 땅을 제공한다. 예를 들어, 서베이 조사자들은 자기기입식 설문지에서 응답자들이 목록의 앞 응답들에는 더 많은 주의를 기울이면서 나중의 응답들에 대해서는 빨리 지나치는 것을 가끔 걱정한다. 이러한 가능성을 시험하기 위해 미르타 게일식(Mirta

어떻게 할 것인가 · 온라인 서베이 하기

만약 온라인 서베이를 탐구하는 것에 관심이 있다면 Survey Monkey가 이러한 새로운 기법을 처음 시험해보는 기회를 줄 수 있을 것이다. 이 기법에서 여러분은 온라인 서베이 프로그램의 한정판을 무료로 시험해볼 수 있다. www.surveymonkey.com/를 방문해서 'Take a Tour'를 클릭한 다음, 시작하기 위해 드롭다운 메뉴(dorp-down menu)에서 'Create Surveys'를 선택하라.

이 프로그램은 설문지 문항을 설계하는 데 있어 상당히 사용자 친화적이다. 예정된 응답자들의 이메일 주소를 입력하면, 이들은 서베이 웹페이지를 방문해서 참여하라는 이메일 초청장을 받게 된다. 무료의 초보자 패키지는 서베이 결과의 기본적인 분석도 함께 제공할 것이다.

서베이 조사 기술을 높이기 위해 제한된 수의 친구들과 함께 Survey Monkey를 사용할 수 있으며 본격적이고 전문적인 연구를 위해 사용할 수도 있다. 사실 전문적인 조사자들과 조사단체들이 이것을 가끔 사용한다(https://www.surveymonkey.com/).

간단한 대안으로, Google Forms는 다양한 질문 포맷을 사용해서 설문지의 제작, 관리, 표 작성을 하게 해준다.

Galesic)과 그녀의 동료들(2008)은 응답자들이 온라인 서베이를 완성하는 동안에 이들의 눈동자 움직임을 조용히 따라가는 특별한 눈동자-추적 컴퓨터 모니터를 사용했다. 결과는 응답자들이 사실상 앞의 선택난에 더 많은 시간을 보내면서 때때로 스크린에 자신의 선택을 클릭하기 전에 전체 목록을 제대로 읽지 않는 것으로 나타났다. 앞으로 온라인 서베이의 효과성을 개선하고자 하는 더 많은 실험을 볼 수 있을 것이다.

여러분은 온라인 서베이의 방법론이 진화하고 있는 흥미진진한 때에 이러한 논의를 읽고 있다. 예를 들어, 웹서베이의 응답률을 높이려는 노력으로 모건 밀러와 돈 딜먼(Morgan Millar and Don Dillman, 2012)은 응답자에게 서베이에 참여해달라는 이메일 안내문을 보냄으로써 약간의 증가를 이루었다. 높은 비율의 휴대폰 소유자들은 스마트폰을 가지고 있기 때문에 컴퓨터를 이용하는 대신에 이러한 기기로 서베이를 수행할 기회를 제공받는다. 이 저자들이 지적하는 것처럼, 이메일 안내문에 대한 추가적인 실험은 이전에 논의했듯 스마트폰에 맞춘 서베이 포맷의 제작을 필요로 할 것이다. 퓨센터(Smith, 2013)는 미국 성인 5명 중 3명 이상이 스마트폰을, 그리고 10명 중 9명이 일종의 휴대폰을 소유한다고 추정한다.

지금으로서는 믹 쿠퍼(Mick P. Couper, 2008)의 『효과적인 웹서베이 디자인하기(Designing Effective Web Surveys)』가 이러한 새로운 기법에 대해 이제까지 우리가 배운 것에 기초해서 포괄적인 안내를 해준다. 여러분 스스로 웹서베이를 실험하는 것에 관심이 있다면 〈어떻게 할 것인가: 온라인 서베이 하기〉를 참조하라.

9.9 혼합양식 서베이

4장에서 기존 자료의 검토, 심층적 현장관찰, 면접이 합쳐진 서베이처럼 다양한 조사기법들이 주어진 연구에서 결합될 수 있다는 것을 제시하면서 혼합양식의 아이디어를 소개했다. 연구자들이 때때로 대면 서베이, 우편 서베이, 전화 서베이를 결합하지만, 온라인 서베이의 등장은 서베이 기법들의 결합 잠재성에 대한 관심을 증가시켰다.

돈 딜먼(Don Dillman, 2012)이 지적한 것처럼, 온라인 서베이의 물류적 이점(logistical advantage)은 대표성이 있는 표본을 얻는 어려움에 의해 다소 상쇄된다. 그러므로 연구자들은 때때로 우편 서베이의 기본처럼 주소에 기반을 둔 표본추출을 사용하는데, 이는 수령인이 편하면 온라인으로, 그렇지 않으면 우편으로 응답하도록 초대하는 것이다.

이디스 더리우(Edith de Leeuw, 2010)가 지적하는 것처럼 이것은 새로운 아이디어가 아니다.

> 이미 1788년에 존 싱클레어(John Sinclair)는 혼합형 접근을 사용했다. 싱클레어는 완전한 통계 센서스를 위한 자금이 부족해서 스코틀랜드 교회에 있는 모든 교구의 성직자들에게 경제적인 우편 서베이를 사용했다. 그는 높은 응답률을 달성하기 위해 추적우편도 사용했고 또 마지막으로 늦는 응답자를 직접 방문하여 성직자다운 응답을 하도록 재촉하는 '통계 성직자'를 활용했다.

이러한 서베이 기법의 결합은 명백하게 100%의 완성률을 산출했다.

인터넷 서베이의 이점(대규모와 비용)은 서베이 양식들을 결합하기 위한 새로운 자극을 더해주었다. 표본추출 이슈에 덧붙여 서베이 연구자들은 상이한 양식에 의해 야기되는 응답효과에 대해서도 주의를 둔다. 이는 사람들이 주어진 질문에 대해 우편 설문지나 전화면접에서처럼 온라인에서 같게 대답할 것인가이다. 초기의 연구는 상대적으로 적은 영향을 제시하지만(de Leeuw and Hox, 2011), 이것은 앞으로 몇 년간 방법론적인 연구의 대상이 될 것이다.

9.10 여러 서베이 방법들 간의 비교

서베이 자료를 수집하는 여러 가지 방법들을 살펴본 지금, 이것들을 직접 비교하는 시간을 갖기로 하자.

자기기입식 설문지는 일반적으로 대면면접보다 비용이 적게 들고 빠르다. 이러한 조건들은 과제물이나 논문을 위해 서베이를 시행하고자 하지만 자금을 지원받지 못하는 학생들에게 중요할 수 있다. 게다가 만약 여러분이 자기기입식 우편 형태를 사용한다면, 전국 서베이를 시행하거나 동일한 표본 크기의 지역 서베이를 시행하거나 그 비용이 같다. 대조적으로, 전국 면접 서베이(대면적이든 전화로 하든)는 지역적인 것보다 훨씬 더 많은 비용이 든다. 또한 우편 서베이는 대체적으로 적은 요원만 필요로 한다. 우편 서베이에 포함된 일을 과소평가하지 않더라도, 한 사람이 적당량의 우편 서베이를 혼자서 실시할 수 있다. 더욱이 응답자들은 때때로 논쟁이 되거나 일탈적인 태도 또는 행동을 면접에서 이야기하기를 꺼리지만, 익명적인 자기기입식 설문지에 대해서는 기꺼이 응답을 한다.

면접 서베이 또한 많은 장점을 제공한다. 예를 들어, 이것은 일반적으로 미완성된 설문지를 보다 적게 산출한다. 비록 응답자들이 자기기입식 설문지에서 질문을 건너뛰더라도 면접원은 그렇게 하지 않도록 훈련받는다. CATI 서베이에서 컴퓨터는 이것에 대해 체크까지 한다. 게다가 면접 서베이는 대개 자기기입식 설문지보다 높은 완성률을 보여준다.

비록 자기기입식 설문지가 민감한 이슈에 대해서는 더 효과적이더라도, 복잡한 이슈에 대해서는 면접 서베이가 분명히 더 효과적이다. 가장 대표적인 예는 가구원을 열거하고 주어진 한 개의 주소가 두 세대 이상에 해당되는지를 결정하는 것이다. 세대의 개념이 센서스청에 의해 개선되고 표준화되어 왔으며, 면접원들은 이 개념을 다루는 훈련을 받을 수 있지만, 자기기입식 설문지에서는 이 개념을 전달하기가 극도로 어렵다. 이런 면접 서베이의 장점은 일반적으로 모든 복잡한 조건부 질문에 관련된다.

면접에 있어서 여러분은 이름보다는 주소나 전화번호의 표본에 기초해서 서베이를 시행할 수 있다. 면접원은 정해진 주소지에 도착하거나 정해진 전화번호로 전화해서 서베이를 소개하고, 나아가 지시에 따라 서베이에 응답할 적합한 사람을 주소지에 있는 사람들 중에서 선정할 수 있다. 대조적으로, '현거주자'의 주소로 우송된 자기기입식 설문지는 낮은 응답률로 유명하다.

마지막으로, 지금까지 본 것처럼 응답자에게 대면적으로 질문하는 면접원은 면접에서 묻는 질문에 대한 응답 이외에 중요한 관찰을 할 수가 있다. 가구면접에서 면접원은 이웃, 주거지 등등의 특성을 볼 수 있다. 면접원은 또한 응답자의 특성이나 응답자와의 상호작용에 대한 특질, 예를 들면 응답자가 의사소통하는데 어려움을 가지고 있는지, 적대적인지, 거짓말을 하는지 등등을 볼 수 있다.

대면적으로 이루어지는 서베이에 비교했을 때 전화 서베이가 갖는 주요 장점은 시간과 돈에 모아진다. 전화면접은 비용이 훨씬 적게 들며 빨리 준비해서 실행할 수 있다. 또한 범죄율이 높은 지역에서 면접할 때, 면접원의 안전이 보장된다. 게다가 응답자가 면접원을 볼 수 없기 때문에 응답에 대한 면접원의 영향이 어느 정도 감소된다. 단지 전화면접이 가지는 인기의 한 지표로서, 블레어와 그의 동료들(Blair et al., 1995)이 전화면접을 위한 표본설계에 대해 참고문헌을 편집했을 때 이들은 200개가 넘는 문헌들을 열거했다.

온라인 서베이는 우편 서베이의 많은 강점과 약점을 가지고 있다. 유용한 소프트웨어가 더 개발되면 온라인 서베이는 비용이 훨씬 더 낮아질 것이다. 그러나 중요한 약점은 온라인 서베이의 응답자가 보다 일반적인 모집단을 대표할 것이라는 점을 확신시키기 어렵다는 데 있다.

마틴 덴스컴(Martyn Denscombe, 2009)은 전통적인 종이 설문지와 온라인 설문지의 무응답률을 시험하기 위해 짝지어진(matched) 학생표본을 사용했다. (학생들이 짝을 선택하는 것이 아니라 짝은 무작위로 배정되었다.) 대체적으로 온라인 서베이가 약간 더 낮은 무응답률을 산출했으며, 이러한 차이는 개방형 질문에서 더 뚜렷이 나타났다.

온라인 서베이는 특정한 목표집단 및 웹상의 참여에 기초를 둔 조사에 특히 적합하다. 온라인 서베이는, 예를 들면 온라인 경매사이트인 eBay의 '판매자 #12345'의 물품을 구매한 사람들의 후기 같은 것을 연구하는 데 적격이다. 이러한 이점은 우리의 삶이 웹 참여로 점차 조직화될수록 더 중요해질 것이다.

응답자들이 온라인 서베이에 보다 익숙해지면서 전화 서베이를 괴롭혔던 일부 문제들을 덜어줄 수 있는데, 예를 들면 보다 길고 복잡한 서베이를 가능하게 해주는 것이다. 우편 서베이를 완성하는 사람들처럼 온라인 응답자들은 응답에 대해 깊게 생각하는 시간을 더 가질 것이다. 그리고 온라인 서베이는 다른 방법보다 실험설계에 더 쉽게 도움을 줄 것이다. 확실히 온라인 서베이 방법은 이전의 다른 서베이 기법에 대해 경험한 것처럼 계속 진화할 것이다.

온라인 서베이의 성장과 함께 서베이 과정에서 컴퓨터에 의해 생성된 풍부한 자료인 조사과정자료(paradata)와 이것의 사용에 대한 관심의 증가를 보아왔다. 응답자는 각 질문에 대답하기 전에 얼마나 시간을 썼는가? 특정한 질문에 대답하는 데 남자와 여자 중 누가 더 시간이 걸렸는가? 보수적인 응답과 자유주의적인 응답 중 어느 것이 더 빨리 나왔는가? 이미 그러한 자료는 서베이방법론에 관한 연구를 위해 사용되고 있지만 사회과학자들이 항상 하는 것처럼 인간행동을 이해하는 데 유용한 자료를 제공해줄 수도 있다.

분명히 각 서베이 방법은 사회조사에서 나름의 위치를 가지고 있다. 궁극적으로, 연구의 필요 및 자원과 관련해서 서로 다른 방법들이 가지는 장점과 단점 사이에서 균형을 맞추어야 한다. 때때로 조사자들은 한 연구에서 우리가 검토한 기법들 가운데 '우편과 면접'과 같이 두 가지 이상을 합친 다중양식(multimode)이나 혼합양식(mixed-mode) 서베이를 사용하기도 한다. 이 같은 선택이 한동안 이용되고 있는데, 더리우(Edith D. de Leeuw, 2010)는 온라인 서베이를 혼합양식으로 이끌면서 이러한 논의를 새롭게 한다. 대체로 지금은 여론의 측정을 위한 흥미진진한 시간이다.

마이컬 W. 링크(Michael W. Link)와 그의 동료들(2014)은 미국여론조사학회(AAPOR)를 위한 특별위원회 보고에서 여론조사 측정을 위해 중요한 변화가 앞에 놓여 있다고 제시했다.

> 여론조사는 전통적인 서베이 조사가 덜 지배적인 역할을 할지 모르는 그런 새로운 시대로 들어가고 있다. 모바일 기기와 소셜미디어 플랫폼(social media platforms)과 같은 새로운 기술의 확산은 여론조사자들이 수행하는 사회적 지형을 변화시키고 있다. 사람들이 의견, 태도, 행동에 관한 정보에 접근하고 공유하는 방식은 지난 십 년 동안 이전 역사의 어느 시점보다도 큰 변화를 겪었을 것이고 이러한 경향은 지속될 것 같다.
>
> (2014: 3)

9.11 서베이 조사의 장점과 단점

사용되는 특정한 방법에 상관없이 서베이는 사회조사에 있어서 다른 관찰방식과 마찬가지로 특별한 장점과 단점을 지니고 있다. 여러분이 어떤 서베이가 여러분의 연구목적에 적합한지를 결정할 때 이것을 명심해야 한다.

서베이는 커다란 모집단의 특성을 기술(describe)하는 데 특히 유용하다. 주의 깊게 선택된 확률표본은 표준화된 설문지와 결합해서 학생, 도시, 국가 또는 다른 큰 모집단에 대해 세련된 기술적 주장을 할 수 있는 가능성을 제공한다. 서베이는 엄청난 정확도를 가지고 실업률, 투표의향 등을 결정한다. 비록 혼인, 출생, 사망기록과 같은 공식적인 문서의 검토가 몇몇 주제에 대해 같은 정확도를 제공해줄 수 있다고 하더라도, 다른 어떤 관찰방법도 이러한 서베이의 일반적 능력을 제공해줄 수는 없다.

서베이, 특히 자기기입식 서베이는 큰 표본에 대한 조사를 가능하게 해준다. 2,000여 명을 대상으로 한 서베이는 예외적인 경우가 아니다. 많은 수의 사례는 기술적인 분석과 설명적인 분석 모두를 위해, 그리고 특히 여러 변수들이 동시에 분석되는 경우에 매우 중요하다.

한편으로 서베이는 유연하다. 많은 질문들이 분석에 있어서 여러분에게 상당한 유연성을 제공해주면서 주어진 주제에 대해 물어볼 수 있다. 실험설계가 미리 여러분으로 하여금 개념에 대한 특정한 조작적 정의에 전념하도록 요구하는 반면, 서베이는 실제의 관찰로부터 조작적 정의를 발전시키게 한다.

마지막으로, 표준화된 설문지는 일반적으로 측정과 관련해서 중요한 장점을 가지고 있다. 앞의 장들에서 대부분의 개념들이 가지는 애매한 속성에 대해 논의했다. 개념들은 궁극적으로는 실제적 의미를 가지고 있지 않다. 한 사람의 신앙심은 다른 사람의 신앙심과 매우 다르다. 여러분이 연구의 목적에 가장 많이 연관된 방식으로 개념을 규정할 수 있어야 하지만, 같은 개념을 모든 대상자들에게 똑같이 적용하는 것은 쉽지 않음을 발견하게 될 것이다. 서베이 조사자는 같은 질문을 모든 대상자들에게 정확히 하고 특정한 답을 하는 모든 응답자들이 같은 의도를 가지게끔 함으로써 이러한 요구조건을 따라야 한다.

서베이 조사는 또한 여러 가지 약점을 지니고 있다. 첫째, 표준화의 요구는 통통하게 살찐 돼지를 네모난 구멍에 끼워 맞추는 결과를 자주 낳는다. 표준화된 설문지 문항은 사람들의 태도, 지향, 처지, 경험을 평가하는 데 있어서 가장 공통성이 적은 분모를 자주 대표한다. 모든 응답자들에게 최소한으로 적합한 질문들을 설계함으로써 많은 응답자들에게 가장 적절한 질문을 빠트릴 수 있다. 이러한 의미에서 서베이는 복잡한 주제를 다루는 데 있어서 피상적이 되곤 한다. 비록 이 문제가 고도의 분석에 의해 부분적으로 상쇄될 수 있다고 하더라도, 이는 서베이 조사가 가지고 있는 본질적인 문제이다.

이와 비슷하게 서베이 조사는 사회적 삶의 맥락을 좀처럼 다룰 수 없다. 비록 설문지가 이러한 분야에 대한 정보를 제공할 수 있다고 하더라도, 서베이 조사자는 참여관찰자와 달리 응답자가 생각하고 행위하는 삶의 전체 상황에 대한 느낌을 발달시키기가 어렵다(10장 참조).

많은 방식들에 있어서 서베이는 유연하지 않다. 직접적인 관찰을 포함하는 연구는 현장조건이 허락하는 한 수정될 수 있지만, 서베이는 대개 처음의 연구설계가 변하지 않은 채 계속 진행되기를 요구한다. 예를 들어, 현장조사자로서 여러분은 연구하고 있는 현상에서 작동하고 있는 중요한 새 변수를 발견하고 그것에 대해 주의 깊은 관찰을 시작할 수 있다. 서베이 조사자는 아마도 새 변수의 중요성을 알지도 못할 것이고 안다고 하더라도 그것에 대해 아무 것도 할 수 없다.

마지막으로, 서베이는 실험과 관련해서 앞에서 언급한 인위성(artificiality)의 문제를 안고 있다. 한 사람이 설문지에 대해 보수적인 답을 준다는 것은 그 사람이 보수적이라는 것을 필연적으로 의미하지는 않는다. 한 사람이 설문지에 대해 편견 있는 답을 준다는 것을 발견하는 것은 그 사람이 편견적이라는 것을 필연적으로 의미하지도 않는다. 이러한 단점은 특별히 행위의 영역에서 두드러지게 나타난다. 서베이는 사회적 행위를 측정할 수 없다. 이것은 단지 기억되는 과거의 행위, 또는 예상할 수 있거나 가상적인 행위에 대한 자기보고만 수집할 수 있다.

인위성의 문제는 두 가지 측면을 가지고 있다. 첫째, 연구의 주제는 설문지를 통해 측정할 수 있는 것이 아닐 수 있다. 둘째, 어떤 주제, 예를 들어 태도를 연구하는 행위 자체가 그 주제에 영향을 줄 수 있다. 서베이 응답자는 주지사가 탄핵되어야 하는지에 대한 태도를 면접원이 물어보기 전까지 이 문제에 대해 생각해본 적이 없을 수 있다. 응답자는 즉석에서 의견을 만들어낼지 모른다.

서베이 조사는 일반적으로 타당도에 있어서 약하고 신뢰도에 있어서 강하다. 예를 들어, 현장조사와 비교해서 서베이 형태의 인위성은 타당도에 부담을 가져온다. 한 예로, 이슈에 대한 사람들의 의견은 특정한 진술에 대해 매우 찬성, 찬성, 반대, 매우 반대의 형태를 거의 갖지 않는다. 이러한 경우의 서베이 응답은 조사자가 질문을 구성할 때 마음속에 가졌던 것의 근사치로 간주되어야 한다. 그러나 이러한 조언은 타당도의 애매함 그 자체에 대해 앞에서 논의한 맥락에서 수용될 필요가 있다. 어떤 것이 타당하거나 타당하지 않은 측정이라고 말하는 것은 측정되는 것의 '실제적(real)' 규정이 존재함을 가정하는 것인데, 오늘날 많은 학자들은 이러한 가정을 거부한다.

신뢰도는 보다 분명한 문제이다. 모든 대상자들에게 표준화된 자극을 제시함으로써, 서베이 조사는 관찰에서 조사자에 의해 만들어진 비신뢰도를 제거하는 긴 여정을 간다. 더욱이, 조심스러운 질문의 문장 구성 또한 응답자 쪽의 비신뢰도를 상당히 감소시킨다.

여타 관찰방법들처럼 서베이 조사의 고유한 또는 가능한 약점에 대한 충분한 인식은 경우에 따라 이 약점들을 부분적으로 해결해준다. 그렇지만 궁극적으로 조사자는 주어진 주제를 연구하는 데 있어서 여러 조사방법들을 쓸 수 있을 때 가장 안전한 바탕에 서게 된다.

9.12 이차분석

관찰의 한 양식으로서 서베이 조사는 다음의 단계, 즉 (1) 설문지 구성, (2) 표본 선정, (3) 면접이나 자기기입식 설문지를 통한 자료수집을 포함한다. 자료를 모으는 과정에서 서베이는 대개 큰일이 된다. 대규모 서베이의 경우, 개념화에서 자료를 손에 얻기까지 여러 달 또는 1년 이상이 걸리는 것은 보기 드문 일이 아니다. (물론 작은 서베이는 보다 빨리 마칠 수 있다.) 그러나 이차분석이라고 불리는 방법을 통해 연구자는 서베이에 수반되는 막대한 시간과 비용을 피하면서 특정한 사회조사의 관심영역, 예를 들면 2천 명의 응답자를 가진 전국적 표본으로부터 나온 서베이 자료를 분석하는 것을 추구할 수 있다.

이차분석(secondary analysis)은 연구자에 의해 수집되고 처리된 자료가 흔히 다른 목적으로 다른 사람에 의해 재분석되는 조사형태이다. 1960년대부터 서베이 조사자들은 서베이의 설계와 자료수집에 관련이 없는 학자들에 의해 만들어진 기존의 서베이 자료에서 분석을 위한 잠재적 가치가 있음을 발견하게 되었다. 한 연구자가 서베이를 시행해서 자료를 분석했다고 하더라도, 그 자료는 약간 다른 관심을 가지고 있는 다른 연구자에 의해 다시 분석될 수 있다. 그러므로 만약 여러분이 남녀평등에 관한 정치적 관점과 태도 간의 관계에 관심을 가지고 있다면, 이러한 두 변수들과 연관된 질문을 포함하고 있는 어떤 자료의 분석을 통해 이 연구문제를 검토할 수 있을 것이다.

이차분석
한 연구자에 의해 수집되고 처리된 자료가 흔히 다른 목적으로 다른 사람에 의해 재분석되는 연구형태. 서베이 자료의 경우에 특히 적합하다. 이차분석을 위한 자료의 저장과 분배를 위해 자료보관소나 도서관이 있다.

초기의 자료보관소(archives)는 도서관과 거의 같았지만 약간의 차이는 있었다. 첫째, 자료보관소는 책 대신에 자료들을 보관하고 있었다. 자료들은 처음에는 펀치된 카드, 다음에는 마그네틱 테이프에 보관되었다. 오늘날 이것들은 대개 컴퓨터 디스크, CD-ROM, 온라인 서버에 담겨 있다. 둘째, 책은 도서관에 반납하게 되어 있지만 자료보관소에서 얻은 자료는 여러분이 보관할 수 있다.

이차분석에서 오늘날 가장 잘 알려진 예는 GSS이다. 매년 또는 2년에 한 번씩 연방정부는 많은 수의 사회과학 변수들에 대한 자료를 수집하기 위해 시카고대학에 있는 NORC에 중요한 전국 서베이의 실시를 의뢰한다. 이 서베이는 학자들이 전혀 또는 거의 비용을 들이지 않고 자료를 사용할 수 있게 할 목적으로 시행되며 민간과 정부 자금의 결합에 의해 지원된다. GSS는 1972년에 제임스 A. 데이비스(James A. Davis)에 의해 설립되어 현재 그와 톰 W. 스미스(Tom W. Smith) 그리고 피터 V. 마즈던(Peter V. Marsden)에 의해 운영되고 있다. 이들의 계속된 노력이 사회과학자들과 사회과학 교육에 현저한 기여를 하고 있다.

많은 자원들이 이차분석을 위한 서베이 자료를 확인하고 얻는 데 이용될 수 있다. 커네티컷대학(University of Connecticut)에 있는 로우퍼여론조사센터(The Roper Center for Public Opinion Research)는 아주 훌륭한 자원이다. 이 센터는 또한 공공 여론조사에 초점을 두고 있는 학술지인 「Public Perspective」를 발간하고 있다. 「폴링 더 네이션즈(Polling the Nations)」는 미국과 그 외 70개 국가에서 실시된 수천 개 여론조사의 온라인 저장소이다. 유료가입은 이용자들에게 전체 연구보다는 지정된 연구로부터 나온 특정한 자료결과를 얻도록 해준다.

이차분석은 전형적으로 데이터셋(data set)을 얻어 포괄적인 분석을 시도하는 것을 포함하기 때문에 또 다른 접근을 더 고려해볼 필요가 있다. 가끔 적은 시간만 투자해서 한정된 분석만 할 수 있다. 현대 미국인의 생활에 종교가 미치는 영향에 대해 학기말 과제물을 작성한다고 가정하자. 낙태에 관한 논쟁에서 천주교의 역할에 대해 코멘트한다고 하자. 비록 입증되지 않은 직관적인 주장을 가지고도 잘 해낼 수 있겠지만, 추가된 정보를 가지고 자신의 입장을 지지한다면 여러분의 과제물이 얼마나 더 설득력이 있을지를 상상해보라. 이러한 연구주제에 연관된 자료에 접근하는 법을 배우기 위해 〈그림 9-7〉에 나와 있는 단계를 밟아 보라.

1. 1장에 소개된 http://sda.berkeley.edu/sdaweb/analysis/?dataset=gss12에 있는 SDA 분석 사이트로 가라.
2. 그림의 왼쪽에 있는 코드북 목록에서 'Controversial Social Issues'라는 주제 밑의 낙태를 다루는 서베이 항목을 찾아라.
3. 이러한 예시의 목적을 위해 '어떤 이유이건' 여자들이 낙태를 선택하도록

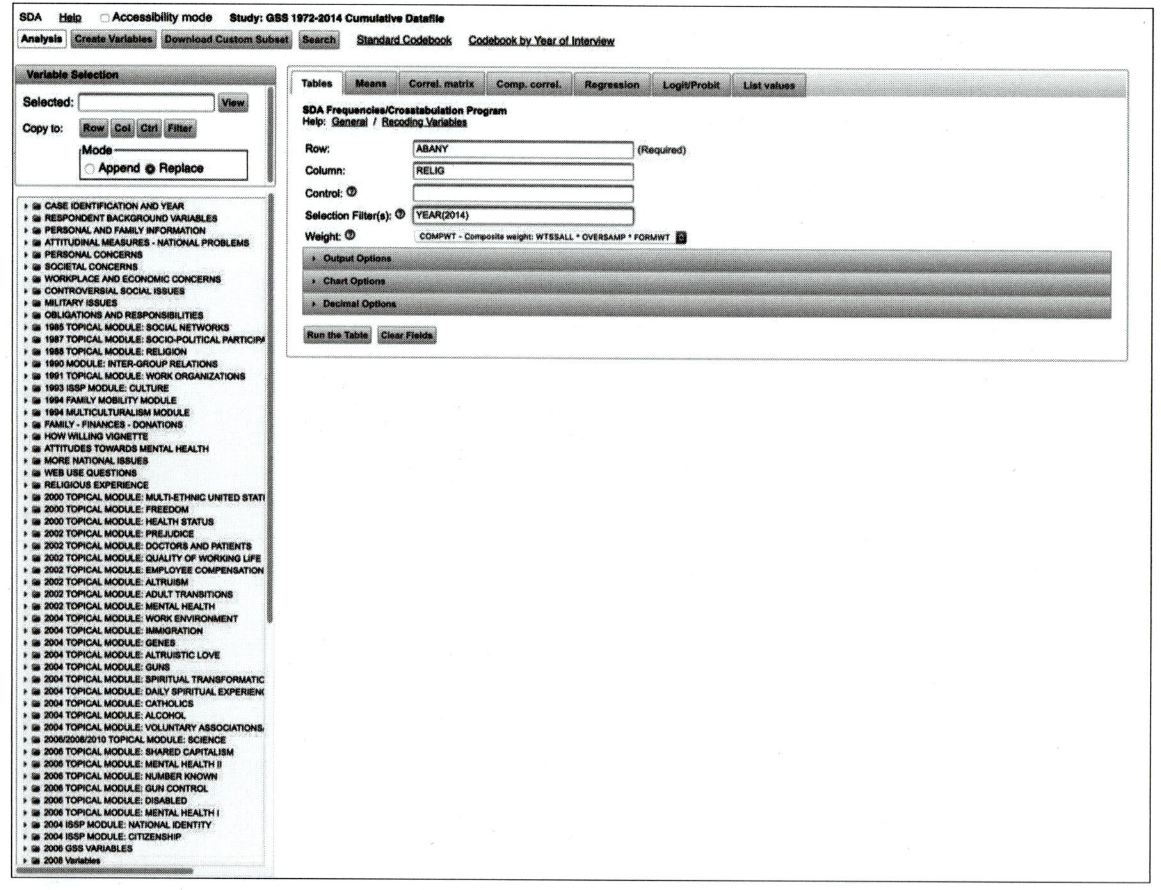

그림 9-7 GSS 자료의 분석(Analysis of GSS Data)을 요청하기

허용되어야 하는 것에 대해 다양한 종교집단의 구성원들은 어떻게 반응했는가를 보자.

4. 〈그림 9-7〉에 입력된 대로 ABANY라는 항목의 이름을 입력하라.
5. Religious Affiliation이라고 하는 변수 레이블을 찾아서 〈그림 9-7〉에 입력된 대로 RELIG를 입력하라. 그런 다음 이러한 주제에 대한 현재의 여론을 보기 위해 그림에서처럼 2014년이라고 하는 연도를 지정하라.
6. 'Run the Table'이라는 버튼을 클릭하면 〈그림 9-8〉의 표를 얻게 될 것이다.

〈그림 9-8〉에서 보는 것처럼 분석 결과는 여러분을 놀라게 할 것이다. 비록 낙태 지지율에서 천주교 신자(39.8%)는 유태인(82.5%)과 무종교인(56.2%)보다는 더 낮지만 미국의 개신교 신자(35.1%)보다는 약간 더 높다.

"천주교회가 낙태에 대해 공식적으로 강한 입장을 지니는 데 비해 많은 천주교 신자들은 표 …가 보여주는 것처럼 반드시 이에 동의할 필요가 없다."고 주장하는 학기말 리포트를 한번 상상해보라. 더군다나 이것은 14장에 나와 있는 것처럼 양적 분석의 문제까지 깊이 있게 고찰하는 분석의 시작이 될 수 있다.

이차분석의 핵심적인 장점은 원래의 서베이를 실시하는 것보다 비용이 더 적게 들고 빠르며, 원래의 서베이를 누가 했느냐에 따라 최고의 전문가가 수행한 작업으로 혜택을 얻을 수 있다는 것이다. 이차분석의 용이성은 또한 연구자로 하여금 어떤 한 주제에 관련된 과거의 연구들을 한데 모으는 메타분석(meta-analysis)의 가능성을 높여왔다. 예를 들어, 종교와 낙태의 관계에 대한 이해의 신뢰도를 높이기 위해 GSS 이외에 수십, 아니 수백의 다른 연구들에서 수집된 유사

SDA 4.1: Tables

General Social Survey Cumulative Datafile 1972-2014

Oct 18, 2019 (Fri 06:55 AM PDT)

Variables					
Role	Name	Label	Range	MD	Dataset
Row	ABANY	ABORTION IF WOMAN WANTS FOR ANY REASON	1-2	0,8,9	1
Column	RELIG	RS RELIGIOUS PREFERENCE	1-13	0,98,99	1
Weight	COMPWT	Composite weight = WTSSALL * OVERSAMP * FORMWT	.1913-11.1261		1
Filter	YEAR(2014)	GSS YEAR FOR THIS RESPONDENT	1972-2014		1

Frequency Distribution														
Cells contain: -Column percent -Weighted N		RELIG												
		1 PROTESTANT	2 CATHOLIC	3 JEWISH	4 NONE	5 OTHER	6 BUDDHISM	7 HINDUISM	9 MOSLEM/ISLAM	10 ORTHODOX-CHRISTIAN	11 CHRISTIAN	12 NATIVE AMERICAN	13 INTER-NONDENOMINATIONAL	ROW TOTAL
ABANY	1: YES	35.1 250.0	39.8 162.4	82.5 20.1	66.0 231.3	56.2 11.8	63.8 14.9	100.0 8.7	19.8 1.3	71.7 7.5	39.6 34.9	100.0 .9	33.3 .4	*45.0* *744.4*
	2: NO	64.9 461.7	60.2 246.1	17.5 4.3	34.0 118.9	43.8 9.2	36.2 8.4	.0 .0	80.2 5.4	28.3 3.0	60.4 53.2	.0 .0	66.7 .9	*55.0* *911.2*
	COL TOTAL	*100.0* *711.7*	*100.0* *408.6*	*100.0* *24.4*	*100.0* *350.2*	*100.0* *21.0*	*100.0* *23.3*	*100.0* *8.7*	*100.0* *6.8*	*100.0* *10.5*	*100.0* *88.2*	*100.0* *.9*	*100.0* *1.3*	*100.0* *1,655.5*

Color coding:	<-2.0	<-1.0	<0.0	>0.0	>1.0	>2.0	Z
N in each cell:	Smaller than expected			Larger than expected			

그림 9-8 낙태를 바라보는 태도에 대한 종교의 영향

한 자료를 분석할 수도 있을 것이다.

그러나 이차분석 나름대로의 단점들도 있다. 핵심적인 문제는 반복되는 타당도의 문제이다. 어떤 연구자가 어떤 특정한 목적을 위해 자료를 수집할 때 여러분은 이러한 자료가 여러분의 연구 관심에 적합할 것인가에 대해 확신할 수 없다. 대개 여러분은 원래의 연구자가 여러분이 관심을 가지고 있는 것을 측정하는 것에 '근접하는' 질문을 했다는 것을 발견할 것이다. 하지만 여러분은 그 질문을 조금 다르게 물었었거나 연관된 다른 질문도 했었기를 바랄 수 있을 것이다. 예를 들어, 여러분은 사람들의 신앙심의 정도에 대해 연구하고자 하지만 여러분이 획득가능한 서베이 자료는 예배 참석에 관해서만 물은 것이다. 그래서 여러분은 이미 이루어진 질문이 여러분이 분석하고자 하는 변수에 대한 타당한 측정이 될 것인지 난감해질 수 있다.

그럼에도 불구하고 이차분석은 굉장히 유용하다. 게다가 이것은 사회적 삶에 관한 질문에 대한 답을 발견하는 데 유용한 가능성의 범위를 다시 한번 보여준다. 비록 한 가지 방법이 모든 난제들을 풀어주지는 못하지만, 여러분이 사물에 관해 발견할 수 있는 방법에는 제한이 없다. 그리고 독립된 여러 방향에서 한 이슈에 초점을 맞출 경우 그만큼 많은 전문 지식을 얻는다.

서베이 조사와 관련된 이 장에서 이차분석을 다루었는데, 그 이유는 이차분석이 서베이 조사 기법과 가장 밀접하게 연관된 분석유형이기 때문이다. 그러나 사회조사 자료의 재분석은 서베이에 의해 수집된 자료에 한정될 필요가 없다. 예를 들어, 데이너 버커위츠와 모러 라이언(Dana Berkowitz and Maura Ryan, 2011)이 레즈비언과 게이 부모가 어떻게 입양 아이의 성 사회화에 대응하는지에 관한 연구에 착수했을 때 이들은 레즈비언과 게이에 대한 이전 두 연구의 질적인 면접 기록에서 필요한 질적 자료를 발견할 수 있었다. 이차연구를 활용하는 것을 넘어 나아가는 데 있어, 니걸 필딩(Niegel Fielding, 2004)은 질적 자료의 아카이빙(archiving) 및 재분석을 위한 가능성을 연구하고 있다.

9.13 윤리와 서베이 조사

서베이 조사는 거의 항상 사람들에게 쉽게 얻기 힘든 자신들에 관한 정보를 제공해달라는 요청을 한다. 때때로 우리는 공개되면 응답자를 당황하게 만들 정보(예를 들면, 태도와 행동에 관한)를 요청하곤 한다. 어떤 경우에는 그러한 폭로가 실직이나 이혼을 불러올 수 있다. 그러므로 이 책의 앞에서 언급한 비밀성을 유지하는 것이 서베이 조사에서 특히 중요하다.

어떻게 생각하는가 재논의

전문적인 서베이 조사는 최근에 서베이를 하는 것처럼 가장하는 전화판매원에 의해 피해를 입고 있다. 잠재적인 응답자들은 때때로 정당한 서베이에 참여하는 것을 거절하는데, 이는 그 전화가 실제로는 판매를 위한 전화라고 의심하기 때문이다.

여기에 서베이의 정당성을 결정하는 몇 가지 방법들이 있다.

1. 누가 서베이를 하는지를 물어보라. 발신자는 아마도 처음에 빠르게 서베이에 관해 뭔가를 이야기했겠지만 그러한 정보를 재차 물어봄으로써 적을 수 있다.
2. 감독자나 관리자의 전화번호를 물어봄으로써 서베이를 시행하는 사람에게 전화를 할 수 있다.
3. 전화가 판촉을 포함하고 있는지를 물어보라.

발신자가 이러한 질문들 중 어느 것에 대해서도 대답하기를 꺼리면 그 전화는 전문적인 서베이가 아니라고 가정하라. 적절하다고 생각하는 대로 반응하라. 한 가지 가능한 대응은 이들에게 판매 권유를 다 말하게 한 다음 "그것을 다시 말해주시겠어요?"라고 부탁하는 것이다.

또 다른 윤리적 관심은 응답자에 대한 심리적 상처의 가능성과 연관되어 있다. 응답자들이 제공한 정보의 비밀성이 지켜진다고 하더라도 어떤 문제들을 생각해 보라고 단순히 강요하는 것도 마음을 상하게 할 수 있다. 가족이나 친한 친구의 자살을 최근에 경험한 사람에게 자살에 대한 태도를 물어보는 것을 상상해보라. 혹은 사람들에게 다른 인종집단에 대한 태도를 말해달라고 부탁하는 것을 상상해보라. 이는 응답자로 하여금 자신이 인종주의자가 아니었나 하는 생각을 갖게 하거나 아니면 최소한 면접원에게 그렇게 보이도록 만들 수 있다. 서베이 응답자들에게 피해를 줄 가능성은 무한하다. 이러한 사실이 서베이를 못하게 해서는 안 되며 대신 가능한 한 위의 문제를 피하려는 여러분의 주의 깊은 노력을 증대시켜 주어야 한다.

머리말

- 인기 있는 사회조사 방법인 서베이 조사는 어떤 모집단에서 선정된 응답자의 표본에 대해 설문을 시행하는 것이다.

서베이 조사에 적합한 주제

- 서베이 조사는 특히 대규모 모집단에 대해 기술적인 연구를 하는 데 적합하다. 서베이 자료는 설명적 목적으로도 사용될 수 있다.

질문을 위한 안내 지침

- 설문지는 (1) 사람들에게 질문을 하거나 (2) 상이한 관점을 나타내는 진술에 대해 찬성이냐 반대냐를 물음으로써 자료를 수집하는 방법을 제공한다. 질문에는 개방형(응답자가 자신의 답을 제공)과 폐쇄형(제공된 답의 목록에서 선택) 질문이 있다.

- 설문지의 문항은 여러 가지 지침을 따라야 한다. (1) 문항의 형태는 연구과제에 적합해야 한다. (2) 문항은 명료하고 정확해야 한다. (3) 문항은 한 가지에 대해서만 물어보아야 한다(즉, 쌍렬식 질문은 피해야 한다). (4) 응답자는 문항에 대답할 능력이 있어야 한다. (5) 응답자는 기꺼이 문항에 대답할 수 있어야 한다. (6) 질문은 응답자와 관련되어 있어야 한다. (7) 문항은 보통 간결해야 한다. (8) 부정적인 용어는 응답자를 혼동시키기 때문에 피해야 한다. (9) 문항은 편견적인 응답을 피하도록 문장이 만들어져야 한다.

설문지 구성

- 설문지의 형태는 수집된 자료의 질에 영향을 줄 수 있다.
- 조건부 질문에서는 응답자가 해당되는 모든 질문들에 답하도록 설문지의 형태를 명료히 할 필요가 있다.
- 행렬식 질문은 같은 응답항목을 공유하고 있는 여러 문항들을 나타내는 데 효율적인 형태이다.
- 설문지에서 문항의 순서는 응답에 영향을 줄 수 있다.
- 명확한 지시문은 설문지에서 알맞은 응답을 얻는 데 중요하다.
- 설문은 연구표본을 시행하기 전에 사전조사를 해봐야 한다.
- 설문은 네 가지 기본적인 방식, 즉 자기기입식 종이설문지, 대면면접, 전화 서베이, 온라인 서베이로 시행될 수 있다.

자기기입식 설문지

- 자기기입식 설문지 조사의 경우, 처음의 설문지 조사에 응하지 않은 응답자에게 새 설문지를 보내는 추적우편을 계획하는 것이 일반적으로 바람직하다. 설문지의 회수를 적절하게 모니터링하는 것은 언제 추적우편이 적절한가에 대해 좋은 길잡이를 제공해준다.
- 우편 서베이 응답률을 살피고, 만약 필요하다면 높은 응답률을 위해 추적우편을 보내는 것이 중요하다.

면접 서베이

- 면접원의 본질적인 특성은 중립적이어야 한다는 것이다. 자료수집 과정에서 이들의 출현이 설문지 문항에 주어지는 응답에 어떤 영향도 주어서는 안 된다.
- 면접원은 설문지에 익숙하고, 질문의 문장과 순서를 정확히 따르며, 응답자가 주는 응답을 정확히 기록하도록 훈련받아야 한다.
- 면접원은 불완전하거나 애매한 응답을 정교화하기 위해 캐물을 수 있다. 캐물음은 중립적이어야 한다. 이상적으로는, 모든 면접원이 동일한 캐물음 방식을 사용해야 한다.
- 면접 서베이는 종종 면접원을 훈련시키고 관리하는 감독자와 같은 부가적인 수준의 직원을 필요로 한다.

전화 서베이

- 전화 서베이는 대면적 면접보다 싸고 효율적일 수 있으며, 자료수집에 뛰어난 통제력을 제공할 수 있다. 컴퓨터보조 전화면접(computer-assisted telephone interviewing, CATI) 기법의 발전은 특히 유망하다.
- 로보여론조사는 사람 면접원을 쓰지 않고 컴퓨터가 시행하는 전화 서베이이다.

온라인 서베이

- 온라인 서베이는 우편 서베이와 유사한 응답률을 가지면서 비용은 더 적게 든다.
- 온라인 서베이의 주요 문제는 대표성이다.
- 응답자가 사용할 어떤 기기(예를 들어, 랩톱, 태블릿, 스마트폰)도 수용하게끔 설문지를 제작해야 한다.

혼합양식 서베이

- 점차 연구자들은 단일한 서베이에서 다양한 양식들(예를 들어, 면접, 온라인)을 결합하면서 각각의 이점으로 득을 보고 있다.
- 양식들의 가장 좋은 결합은 응답자 및 서베이의 주제와 포맷에 의존할 것이다.

여러 서베이 방법들 간의 비교

- 면접 서베이와 비교할 때 자기기입식 설문지가 갖는 장점은 경제성, 속도, 면접원이 지닌 편견의 감소, 민감한 이슈에 대한 솔직한 응답을 장려하는 익명성과

프라이버시의 가능성이다.

- 자기기입식 설문지에 대한 면접 서베이의 장점은 보다 적은 미완성 설문지, 보다 적은 난해한 질문, 일반적으로 보다 높은 회수율, 표본추출과 특별한 관찰의 측면에서의 뛰어난 유연성이다.
- 대면적 면접에 대해 전화 서베이가 가지는 근본적 장점은 비용과 시간의 절약이다. 전화 면접원은 또한 대인 면접원보다 더 안전하며, 면접 자체에 더 적은 영향을 준다.
- 온라인 서베이는 우편 서베이의 많은 장점과 약점을 가지고 있다. 비록 이것이 적은 비용으로 시행될 수 있더라도, 응답자들이 보다 일반적인 모집단을 대표한다는 것을 확신하기는 어려울 수 있다.

서베이 조사의 장점과 단점

- 일반적으로 서베이 조사는 경제성, 수집될 수 있는 자료의 양, 대규모 모집단을 검사할 수 있는 기회의 측면에서 장점을 제공해준다. 수집된 자료의 표준화는 서베이 조사의 또 다른 특별한 장점을 나타낸다.
- 서베이 조사는 다소 인위적이고, 피상적으로 될 가능성이 있으며, 상대적으로 유연하지 않다는 약점을 가지고 있다. 서베이를 사용해서 자연적 상황에 있는 사회과정을 충분히 포착하기는 어렵다. 일반적으로, 서베이 조사는 타당도가 비교적 낮지만 신뢰도는 높다.

이차분석

- 이차분석은 사회조사자에게 자료를 저렴하고 쉽게 얻게 해주지만, 잠재적으로 타당도가 희생될 가능성을 지닌다.

윤리와 서베이 조사

- 서베이는 가끔 사적인 정보를 물어보는데, 조사자들은 그러한 정보에 대한 비밀성을 유지해야 한다.
- 질문을 하는 것이 응답자들에게 심리적인 불편이나 상처를 줄 수 있기 때문에 조사자는 그러한 위험을 최소화시켜야 한다.

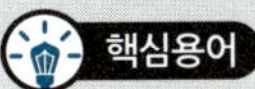

핵심용어

개방형 질문(open-ended question)
면접(interview)
설문지(questionnaire)
응답률(response rate)
응답자(respondent)
이차분석(secondary analysis)
조건부 질문(contingency question)
캐물음(probe)
편향(bias)
폐쇄형 질문(closed-ended question)

사회조사연구 제안: 서베이 조사

만약 여러분이 서베이를 계획하고 있다면, 여러분은 사용할 표집방법을 이미 기술했을 것이고 측정에 대한 논의는 최소한 설문지의 일부를 제시했을 것이다. 이 시점에서 여러분은 자기기입식, 전화, 대면, 인터넷 가운데 여러분이 시행할 서베이의 유형을 기술할 필요가 있다. 어떤 것을 계획하더라도 제안서에 적을 수많은 물류적 상세 항목들이 있을 것이다. 예를 들면, 무응답자들을 어떻게 다룰 것인가? 자기기입식 설문지에서 추적우편을, 그리고 전화 서베이에서 추가 통화를 할 것인가? 목표 완성률을 달성할 것인가?

면접 서베이의 경우, 면접원을 선정하고 훈련시킬 방식에 관해 뭔가를 이야기해야 한다. 서베이를 진행할 시간틀에 대해서도 뭔가를 이야기해야 한다.

복습문제

1. 다음의 각 개방형 질문으로부터 어떤 폐쇄형 질문을 만들 수 있는가?
   a. 귀댁 가족의 총소득은 작년에 얼마였습니까?
   b. 우주왕복선 프로그램에 대해 어떻게 생각하십니까?
   c. 귀하의 삶에 있어서 종교는 얼마나 중요합니까?

d. 귀하가 대학에 다니는 가장 중요한 이유는 무엇입니까?

e. 귀하의 지역이 직면하고 있는 가장 큰 문제는 무엇이라고 생각하십니까?

f. 인터넷을 통한 서베이의 주요 장점과 단점은 무엇입니까?

g. 한 신문의 헤드라인이 "새로운 서베이에 따르면, 대부분의 미국 사람은 낙태를 반대한다."라고 공표했습니다. 이 결과를 해석하는 데 도움을 얻기 위해 귀하는 이 서베이에 대해 어떤 방법론적인 세부사항을 알기를 원하십니까?

h. 지금 당장 귀하의 차림새를 보십시오. 만약 귀하가 일반적인 대중의 대표적인 사례들을 면접하고 있다면, 귀하의 복장, 머리모양, 청결함에 있어 어떤 측면이 문제를 일으킬 수 있겠습니까?

CHAPTER

10

질적 현장연구

▶ 개관

질적 현장연구는 연구자들로 하여금 자연스러운 상황에서 사회생활을 관찰하게 한다. 다시 말해, 구체적인 행동이 일어나는 곳으로 가서 관찰하는 것이다. 이러한 유형의 연구는 연구자가 의도적으로, 잘 계획하여, 그리고 적극적인 방법으로 관찰한다면, 많은 사회현상에 대해 다른 관찰방법보다 훨씬 더 풍부하게 이해할 수 있도록 해준다.

iStock.com/PaulaConnelly

학습목표

- 특별히 현장연구에 적합한 연구주제들에 대해 논의할 수 있다.
- 연구대상과 관련하여 현장연구자의 다양한 역할을 구분할 수 있다.
- 현장연구의 다양한 패러다임을 이해할 수 있다.
- 현장연구의 실행 과정을 설명할 수 있다.
- 현장연구의 장단점에 대해 논의할 수 있다.
- 현장연구와 관련한 윤리적 문제를 열거할 수 있다.

10.1 머리말

이전 장들에서 나는 우리 모두가 인생살이를 하는 동안 사회조사를 하게 된다는 점을 시사한 바 있다. 이는 관찰을 하는 가장 분명한 방법, 즉 질적 현장조사가 과연 어떤 것일까 하는 문제에 착안하면 더욱 명확해진다. 우리가 사회적 행위를 관찰하거나 참여할 때, 그리고 그것을 이해하려고 시도할 때는 언제나 현장조사를 시행하고 있다고 말할 수 있다. 그러한 행위들이 대학교 강의실에서 일어나든, 병원의 진료대기실에서 일어나든, 비행기 안에서 발생하든 가리지 않고 말이다. 어떤 일이 일어났는지에 대한 관찰을 타인들에게 전달 · 보고할 때면 우리는 늘 우리가 현장조사에 들인 노고를 보고하고 있는 셈이다.

사회과학에서 현장연구는 적어도 문자가 없었던 시대에 대한 19세기의 연구로 거슬러 올라가서, 1930~1940년대의 '시카고학파'의 도시지역에 대한 본격적인 연구를 거쳐 온라인상 채팅방에서 벌어지는 상호작용에 대한 최첨단의 관찰에 이르기까지, 매우 오래된 것이기도 하고 동시에 매우 새로운 것이기도 하다. 이 장에서 논의될 많은 기법들은 수세기에 걸쳐 사회연구자들에 의해 사용되어온 것들이다. 사회과학 내에서도 인류학자들은 특별히 이 방법을 많이 사용했으며, 동시에 하나의 과학적 연구기법으로서 이 방법이 발전하는 데 많은 기여를 했다. 더욱이, 이와 유사한 조사기법들은 딱히 사회과학자라고 말할 수 없는 많은 사람들에 의해 애용되기도 한다. 신문기자들이 그 한 예일 것이다. 사회복지 담당자들도 또 다른 예가 될 수 있다.

이 마지막 사례의 경우는 인터뷰 기법이 언론과 사회학에서 공히 사용되는 것

사회조사에서 관찰자의 영향력은 근본적인 이슈이다. 만약 당신이 직접 당신의 연구현장에 참여하고 개인적으로 접근한다면, 그것이 연구결과를 변화시키지는 않을까? 실제로 관찰하지 않는 것처럼 하면서 어떻게 관찰할 수 있는가? 다시 말해, 어느 정도의 가까움이 적절한가?

이 장의 말미에 있는 〈어떻게 생각하는가: 재논의〉를 참조하라.

Earl Babbie

을 고려하면 이해하기가 쉽다. 신문기자는 인터뷰 자료를 사람들의 태도나 신념, 또는 경험을 보고하고 사용하는데, 그런 일은 밥 먹듯 흔히 일어나는 일이다. 다른 한편, 사회학자는 인터뷰를 심층적으로 분석되어야 할 필요가 있는 자료로서 취급한다. 사회학자들의 궁극적인 목적은 이론의 맥락 속에서 사회생활을 이해하는 것이다. 비록 사회학과 언론이 비슷한 기법을 사용한다고 할지라도, 양자는 자료를 달리 보고 달리 사용한다.

비록 이러한 기법들은 '자연스러운' 활동이지만, 배우고 연마해야 하는 기술이기도 하다. 이 장에서는 현장조사의 몇몇 주요한 범례들을 검토하고, 우리 모두가 관여하는 일상의 관찰들보다 과학적 현장조사를 더 유용하게 만드는 몇몇 구체적인 기법들을 소개하면서 이러한 기술을 상세히 논의할 것이다.

나는 여기서 질적 현장연구(qualitative field research)라는 용어를 사용하는데, 이 용어는 계량적 분석에 적합한 자료를 생산하기 위해 고안된 방법들과 구분되는 의미를 지닌다. 설문조사는 어떤 모집단에서 실업률이라든지 평균수입 등을 계산하기 위한 자료들을 제공한다. 그러나 현장연구는 좀 더 전형적으로 질적인 자료들을 양산해낸다. 부연하면, 관찰은 그리 쉽사리 계량화되기 힘들다. 예를 들면, 어떤 현장연구자는 온정주의나 방어성을 계량화된 양이나 정도로 표현하지 않고도 어떤 정치 캠페인에 참석해 정치지도자들의 행위를 '온정주의적 태도'라고 한다든지, 또는 어떤 청문회에 불려나가 증인 신분으로 증언하는 공무원의 태도를 '방어적 회피주의'라고 지적할 수 있다. 물론 현장연구가 양적 자료들—예를 들어 특정 현장 상황에서 다양하고 구체화된 유형들의 상호 작용을 수로 표시하는 것—을 수집하는 데 사용될 수도 있지만, 기본적으로 현장연구는 질적이다.

현장관찰은 또한 단지 자료수집의 활동만이 아니라는 점에서 여타의 기법들과는 구분된다. 현장관찰은 하나의 이론생산적 활동(theory-generating activity)의 전형이기도 하다. 정확하게 정의된 검증할 가설을 가지고 자신의 연구과업에 접근하는 현장연구자는 거의 없다. 대개의 경우 현장연구자는 미리 예측할 수 없는 지속적인 과정을 통해서 의미를 만들어가기를 시도한다. 즉, 먼저 관찰을 하고, 앞으로 행할 관찰의 특별한 유형을 제시하는 잠정적이고 일반적인 결론을 개발해내며, 그다음 다시 관찰을 하고, 이를 통해 결론을 수정하는 등의 과정을 지속적으로 거친다. 간단히 말해 이 책의 1부에서 논의한 귀납법과 연역법의 혼용은 훌륭한 현장조사에서 가장 분명하고 본질적인 것으로 드러난다. 그러나 이 장에서는 설명을 위해 현장연구의 몇몇 이론적 기초와 자료수집의 기법에 주된 초점을 맞출 것이다. 13장에서는 질적 자료를 어떻게 분석할 것인가에 대해 논의할 것이다.

10.2 현장연구에 적절한 주제

현장연구의 중요한 장점 중 하나는 연구자로 하여금 포괄적인 시각을 갖게 한다는 것이다. 연구하려는 사회현상에 가능한 한 완벽하게 직접 접근함으로써 연구자는 그 현상에 대해 보다 깊고 완전한 이해를 도모할 수 있게 된다. 바로 이 점 때문에 이 관찰방법은 (비록 전적으로 완전히 그런 것은 아니지만) 단순하게 계량화할 수 없는 연구주제나 사회연구에 특히 적합하다. 현장연구자는 다른 방법을 사용하는 연구자들이 파악하기 어려운 태도와 행위의 여러 가지 미묘한 특징들을 간파할 수도 있다.

어느 정도 인위적으로 조작된 상황에서 행해지는 실험 및 설문조사와는 대조적으로, 현장연구는 자연스러운 상황에서만 가장 잘 이해될 수 있는 종류의 태도와 행위의 연구에 특히 적절하다. 예를 들어, 남자와 여자 중 어느 쪽이 개종하기가 더 쉬운지를 밝혀내는 데는 교회의 출석명단을 통계적으로 분석하는 것이 더 나은 방법이라면, 부흥회에서의 개종의 역동적 과정을 연구하는 데는 현장연구가 더 나은 방법이다.

덧붙여 현장연구는 일정 기간에 걸친 사회과정을 연구하는 데 매우 적합하다. 현장연구자는 폭동사건이 이미 발생한 후에 분석을 위해 사건을 재구성하기보다는, 실제로 폭동사건이 발생하는 현장에서 소요나 최종적인 기폭과정을 조사하는 위치에 있을 수 있다.

또는 머레이 밀너 2세(Murray Milner, Jr.)가 행한 고등학교 문화에 대한 연구가 훌륭한 사례가 될 수 있다. 적절하게 이름을 단 밀너의 책 제목은『괴짜, 찌질이, 그리고 멋진 녀석들(Freaks, Geeks, and Cool Kids)』(2004)인데, 여기서 저자는 다음 두 가지 질문을 제기한다. (1) 왜 십대들은 그런 식으로 행동하는가? (2) 그들의 행동을 더 큰 사회 구조에 어떻게 꿰맞추는가?

아마도 독자들은 밀너의 십대 생활상에 관한 연구에서 두 가지 중요한 출발점 중 하나를 개인적으로 연결시키려 할지도 모르겠다. 즉, 십대들의 삶의 여러 측면에서 다방면으로 무기력하다는 감정 말이다.

> 십대들은 하루 중 대부분의 시간을 학교에 매여 있어야 하고 실제로 생활에서 일어나는 일들에 아무런 영향력을 미칠 수 없다. 십대들은 그들의 직접적인 일상적 삶과는 한없이 동떨어져 보이기만 하는 복잡하고 쓸데없는 지식, 이를테면 대수, 화학과 유럽의 역사를 배우는 데 짜증이 날 대로 나 있다.
>
> (2004: 4)

밀너는 계속해서 십대들이 특별한 종류의 능력을 행사하는 분야를 발견했다.

> 그러나 십대들이 특별한 힘을 갖는 분야가 분명히 존재한다. 그 힘이란 것은 십대들이 서로를 평가하는 그런 비공식적인 사회세계를 창조하는 힘이다. 그것은 바로 십대들이 자신들만의 지위체계를 창조할 수 있고 또 그렇게 하게 하는 원동력이다. 그리고 그 지위체계는 보통은 부모나 교사들이 만들어놓은 것과는 매우 다른 기준에 근거한 체계이다.
>
> (2004: 4)

지위체계는 사회과학자들을 위한 핵심적인 개념을 구성한다. 그리고 인도 카스트제도의 전문가인 밀너가 고등학생 문화를 이해하고 탐구하는 데 이 지위체계는 커다란 역할을 수행했다.

현장연구의 방법을 적용할 수 있는 또 다른 좋은 예로는 상대적으로 제한된 지역과 시간 내에 발생하는 교내시위, 법정에서의 심리절차, 노사협상, 공청회, 또는 그와 비슷한 종류의 사건 등이 있다. 연구자들은 이러한 관찰들이 포함된 시간과 공간을 관통하는 보다 포괄적인 조사를 실행할 수 있다.

인종차별주의는 가벼운 편견에서부터 극단적이고 때로는 폭력적인 인종 혐오까지의 범주를 아우르는 사회연구의 일반적인 주제이다. 피터 시미와 로버트 푸트렐(Peter Simi and Robert Futrell, 2015)은 후자의 경우를 연구하고자 했다: 아리안족 우월주의자와 신나치주의자들의 경우가 그것이다. 그들은 1996년부터 2014년까지 직접 관찰과 인터뷰, 그리고 내용 분석의 연구방법을 활용하기로 결정했다.

당장 수십 년 전만 하더라도 백인우월주의자들은 미국 전역에서, 특히 남부지

방에서 그들의 생각을 공공연하게 떠벌리는 데 아무런 문제가 없다고 느꼈다고 저자들은 지적한다. 그러나 인종을 바라보는 미국인들의 시각이 변화함에 따라 백인우월주의 옹호론자들은 자신들만의 '해방구'를 만들어내야 했다. 이것은 연구를 위한 관련 주제를 찾는 데 있어서 필수적인 핵심 개념이었다.

> 아리안 해방구는 겉으론 평범하고 온화한 분위기와 활동의 형태를 띨 수도 있지만, 그들의 담화 내용들이나 의례(식), 상징성은 백인 권력 이데올로기에 닻을 내리고 있다. 예를 들어, 대부분의 아리안 가정은 이웃이나 지나가는 이들에 대한 증오가 두드러지지 않는다. 겉으로 보았을 때 그들은 자신들의 이웃이나 다른 가정집과 비슷하게 사는 것처럼 보인다. 그러나 내부적으로 들여다보면 그들의 집벽은 나치문양으로 꾸며져 있고, 책꽂이에는 백인 권력의 작품들이 꽂혀 있다. 가족사진들은 아리안인들의 심벌로 가득 차 있고, 식사시간에 드리는 기도문에는 백인 권력의 소망이 담긴다. 이들의 가정은 백인 권력 신념에 의해 정의된 곳으로서, 주류 문화의 세상으로부터의 도피처이다.
>
> (2015: 2)

연구자들은 222개의 전화 인터뷰를 진행했고 과거 백인 우월 단체의 리더였던 128명과 대면 인터뷰를 진행했다. 그들은 그들의 샘플을 앞서 7장에서 다룬 유의적 표본과 눈덩이 표본으로 설명한다. 이것들은 아주 간단한 정보수집 방법이다.

> 아리안인들의 해방구에 접근하는 것은 쉽지 않았다. 우리의 시도는 시간과 정력을 많이 소비했고, 그들의 삶을 보고 들으면서 얻게 되는 충격과 슬픔, 동요의 감정들을 감당하기 힘들었다. 우리의 조사목적은 아리안인들을 자연스런 상태의 있는 그대로를 관찰하는 것에 있었다. 그것은 그들의 행위나 응답에 동요하지 않기 위해 우리의 감정을 억누르고 우리의 조사대상자들이 하는 말을 단지 경청할 것을 요구했다. 다시 말해 이는 아리안인들이 세상을 바라보는 시각을 읽어내고 그들의 관점을 신중하게 얻어내는 것이다. 아리안인들의 시각의 의미를 이해하고 해석하기 위해서 우리 자신의 도덕적이고 윤리적인 가치와 가정들을 제쳐 놓는 것이 필요했다.
>
> (2015: 7)

시미와 푸트렐의 경험은 어쩌면 연구방법의 극단적인 경우일지도 모른다. 어쨌든 연구자가 연구대상자들의 시각을 끌어내고 이해하기 위해서는 연구자 자신의 견해, 가치관, 신념을 기꺼이 연구하는 동안 옆으로 제쳐 놓아야만 한다.

존 로플랜드(Lofland)와 그의 동료들은 저서 『사회무대의 분석(Analyzing

Social Settings)』(2006: 123-132)에서 현장연구에 적절한 사회생활의 다양한 요소들을 다음과 같이 논의하고 있다.

A. **실행** 말하기나 독서 같은 다양한 종류의 행위
B. **에피소드** 이혼, 범죄, 그리고 질병과 같이 다양한 이야깃거리가 있는 사건
C. **조우** 둘 또는 그 이상의 사람들 간의 만남과 상호작용
D. **역할과 사회적 유형** 사람들이 점유한 위치 및 그 위치와 연관된 행위(예를 들어, 직업, 가족역할, 인종집단)의 분석
E. **사회적 및 사적 관계** 모자관계, 친구관계 등과 같이 짝이 되거나 또는 그 이상의 일련의 역할에 적절한 행위
F. **집단 및 패거리** 친구집단, 스포츠팀, 그리고 작업집단 같은 소규모 집단
G. **조직** 병원이나 학교 같은 공식 조직체
H. **취락과 거주지** 조사하기 어려운 국가와 같은 대규모 사회와 그 외 촌락, 빈민지역, 근린지역과 같은 소규모 '사회'
I. **하위문화와 생활양식** '지배계급'이나 '도시의 하위계급'과 같이 집단 내 생활양식에 적응해가는 수많은 사람들

이 모든 사회무대에서 현장연구는 현장연구가 없었다면 드러나지 않았을 것을 드러낼 수 있다. 다음은 그 구체적인 예이다.

내가 특별히 관심을 가지고 있는 한 가지 문제가 있는데(Babbie, 1985), 그것은 다름 아닌 공적 문제에 대한 책임성에 관한 것이다. 말하자면 우리가 함께 공유하는 것들이 제대로 돌아가게끔 만드는 책임은 누구에게 있는가, 공원 · 상가 · 빌딩 등의 공적 공간을 깨끗이 유지하는 책임은 누구에게 있는가, 고쳐야 할 파손된 거리의 이정표를 발견할 책임은 누구에게 있는가, 또는 거센 바람으로 휴지통이 쓰러져 거리 이곳저곳으로 나뒹굴고 있을 때 그것을 치울 책임은 누구에게 있는가 하는 문제이다.

이러한 질문에 대한 답은 언뜻 보기에는 분명한 것처럼 보인다. 우리 사회는 이러한 질문과 관련된 행위들에 대해 책임성을 부여하는 공식적 그리고 비공식적 합의를 가지고 있게 마련이다. 정부관리자들은 공공장소를 청결하게 유지할 책임이 있다. 교통 당국의 직원들은 거리의 표지판에 대해 책임이 있다거나, 또는 바람이 심한 날 거리에 나뒹구는 쓰레기통에 대한 책임은 경찰에게 있다거나 하는 식으로 말이다. 그리고 만일 그 각각의 책임이 완수되지 않았을 때, 우리는 비난할 대상을 찾아 나서는 것이 인지상정이다.

그런데 여기서 나의 관심을 끄는 것은, 공적인 일에 대한 책임소재를 특정인에

게 내맡김으로써 나머지 사람들은 그 책임을 면할 뿐만 아니라 실제로는 그들이 책임을 떠맡지 못하도록 하는 것이 과연 어느 정도인가 하는 문제이다. 다시 말해, 우리에게 떠맡겨진 적이 없는 공적 문제에 대해 여러분이나 나 같은 일반인들이 그 책임을 떠맡으려 하는 것은 일상적으로 받아들여지기 어렵다는 것이다.

이 말이 무슨 말인지를 보다 상세히 밝혀보겠다. 만일 여러분이 어떤 공원의 산책길을 거닐면서 쓰레기를 마구 버린다면, 여러분은 여러분의 행위가 주위에 있는 산책을 나온 다른 사람들에게 받아들여지지 않는다는 것을 알게 될 것이다. 어쩌면 어떤 이는 여러분을 뚫어지게 쳐다보거나, 친구들과 여러분 행동에 대해 언짢아할지도 모른다. 어쩌면 바로 여러분에게 다가와 뭐라고 주의를 주는 이도 있을 것이다. 어찌되었든 여러분은 어질렀던 행동에 대해 분명히 부정적인 제재를 받을 것이다. 그런데 여기에 바로 아이러니가 있다. 만일 여러분이 똑같은 공원을 산책하고 있다고 해보자. 그런데 어떤 이가 이미 쓰레기를 마구 버리며 어지럽히고 간 길을 산책한다고 가정해보자. 그런데 여러분이 그 쓰레기를 치우고 있다면, 아마도 여러분의 행위는 여러분 주위의 다른 사람들에게 용납되지 않기 십상이다.

내가 이것에 대해 학생들과 처음 논의하기 시작했을 때, 대부분은 나의 생각이 말도 안 된다고 여겼다. 어지럽히는 것에 대해서는 부정적인 제재를 받는다 할지라도, 공공장소를 깨끗이 치우는 것은 분명히 긍정적인 승인을 얻게 되리라고 여겼기 때문이다. 다시 말해, 사람들은 그런 선행을 좋아할 것이다. 또한 공공장소에 어지럽게 널린 쓰레기를 깨끗이 치우거나, 몇몇 사회문제를 바로잡는 책임을 어떤 개인이 사적으로 떠맡을 경우 여러분이 어떻게 반응할 것이냐고 묻는다면, 대다수의 사람들은 기꺼이 기뻐할 것이라는 말이다.

이 문제를 밝히기 위해, 나는 학생들에게 실제로 그들이 매일매일의 생활 속에서 마주치게 되는 공적인 문제들에 대해 개인적으로 해결을 시도해보라고 주문했다. 이러한 시도를 하면서, 나는 학생들이 다음의 두 가지 질문에 답할 것도 아울러 요구했다.

1. 자신들에게 책임이 없는 어떤 공공의 문제를 시정할 때, 어떤 느낌이 들었는가?
2. 그런 일을 시도할 때 주위에 있던 사람들의 반응은 어떠했는가?

학생들은 길가의 쓰레기도 치우고, 엉망이 된 도로표지판을 제자리에 맞추기도 하며, 차선 안내 원뿔장비(traffic cone)가 나뒹굴고 있을 때 제자리에 갖다 놓기도 하고, 기숙사 공동휴게실도 청소하거나 장식도 하며, 교차로의 시계를 가리는 나뭇가지들을 잘라내기도 하고, 공공놀이터의 놀이기구가 고장이 나면 고치기도 하며, 공공화장실을 말끔히 치우기도 하고, 그 외에 학생들 '자신들이 개인적으로 책임질' 것이 전혀 아닌 수백 가지의 공공 문제들을 자신들의 일로 여기고 처리했다.

그러나 대부분의 학생들이 보고한 느낌은 자신들이 한 일들에 대해 매우 편치 않았다는 것이다. 자신이 어리석은 것 같았다거나, 위선적인 것 같았다거나, 겉으로만 그럴듯하게 보이는 것 같았다거나, 그런 행동들을 정상적으로 수행하기 어려웠다는 등의 반응이 대부분이었다. 대부분의 경우 그들이 느낀 편치 않은 개인적 감정들은 그들 주위에 있던 사람들의 반응 때문에 한층 더해졌다. 어떤 학생은 버스정류장에 몇 달 동안 골칫거리로 놓여 있던 다 헤어지고 방치된 신문함을 치우고 있었는데, 그때 경찰이 와서는 바로 이웃 사람들이 그 학생의 행동을 수상히 여겨 신고했기 때문에 출동했다고 했다. 또 다른 학생은 도로하수구가 막혀 있어 뚫기로 했는데, 그렇게 하자마자 한 동네 주민이 뛰쳐나와 왜 그것을 환경미화원이 하게 놔두지 않느냐고 자기에게 소리쳤다는 것이다. 주위 사람들은 거리의 쓰레기를 치우던 사람 모두를 빈정대거나, 조소하거나, 경시하기까지 했다. 쓰레기통 주위에 어지럽혀진 쓰레기를 집어올리던 한 젊은 학생은 그를 지나치던 사람이 "원, 세상에 별놈 다 보겠네." 하면서 자기를 볼썽사납다는 듯 흘끔쳐다보더라는 것이다. 이쯤 되면 공공장소에서 쓰레기를 줍는 것에 대한 해석으로는 다음의 세 가지만이 가능해진다.

1. 당신이 쓰레기를 줍고, 그 장면이 목격되었다. 당신이 어질러 놓은 것을 어떤 이가 치우게 했다.
2. 당신은 쓰레기를 줍고 죄책감을 느꼈다.
3. 당신은 쓰레기를 훔치고 있는 것이다.

결국 미국 내에서 통상적으로 일반인들이 공적인 일에 대해 책임을 떠맡는 행위는 간단히 말해 수용될 수 없다.

분명히, 현장연구를 해보지 않고서는 공적인 것에 대해 개인적으로 책임을 떠맡는 것에 대한 합의의 본질과 강도를 밝혀낼 수 없다. 일반적인 사회규범으로 보면 책임감을 떠맡는 것은 선한 행위이고 때때로 그것이 훌륭한 시민의 행동이라 말할 수도 있다. 그러한 책임감을 개인적으로 떠맡는 것을 어떻게 생각하느냐는 질문을 받은 사람들은 아마도 그것이야말로 훌륭하기 그지없는 것이 아니겠느냐는 공고한 합의를 도출해내기 십상일 것이다. 그러나 실제 우리의 일상생활 속으로 파고 들어갈 때에만, 그리고 실제로 그렇게 해보았을 때에만, 또한 무슨 일이 실제로 일어났는가를 관찰할 때에만 하나의 정확한 그림을 그려낼 수 있다.

앞서의 이야기에 덧붙여 한 가지 흥미로운 사실은, 지나가던 사람들이 처음 반응을 보이고 난 후에도 여전히 학생들이 좋은 일 자체를 목적으로, 잘못된 것을 고치는 책임을 떠맡고 있다는 것을 알고 난 뒤에는 언제든지 학생들을 도우려 한다는 것을 나와 나의 학생들이 발견했다는 점이다. 공공의 문제에 대해 책임을 떠맡는다는 것이 '위험천만한' 것이라는 점에 대해 매우 확고한 동의가 있을지라도, 그러한 동의를 염두에 두지 않고 초월하려는 사람의 의지는 다른 사람들에게 그렇게 책임을 떠맡으려 하는 것이 그리 위험한 것만은 아닐 수도 있다는 인상을 줄 수 있다.

현장연구가 언론과 혼동되어서는 안 된다. 사회과학자와 언론인이 비슷한 기술을 사용할 수는 있겠으나, 양자가 자료와 맺는 관계는 그야말로 천양지차이다. 예를 들어, 개인면접은 언론매체와 사회학에서 공히 쓰이는 기술이다. 그럼에도 불구하고, 사회학자는 피험자의 태도나 신념 또는 경험에 대한 것을 단순히 보고하는 데에 관심을 갖지 않는다. 사회학자의 목표는 하나의 면접을 보다 일반적으로 사회적 삶을 이해하기 위해 분석할 필요가 있는 자료로 취급하는 데 있다.

앤 번, 존 캐너번, 그리고 미셸 밀러(Byrne, Canavan, and Millar, 2009)는 이러한 구분을 더욱 분명히 할 수 있다고 주장했다. 음성중심적 관계(VCR) 방법은 의사소통에서 화자와 청자 간의 차이와 그 차이의 영향력을 설명하면서 누가 말하고 누가 듣는가에 초점을 맞춘다. 흔히 청자는 연구자이다. VCR은 면접을 진행하는 동안 그리고 녹취록을 분석하는 동안 나타난다. 저자들은 아일랜드계 십대들을 다룬 그들의 연구에 대해 다음과 같이 말한다.

> 이 연구가 지닌 가장 어려운 점 중 하나는 바로 연구자들이 그 십대들과 한패가 되거나 또는 그들을 위해 행동할 것을 요구하는 현실과 맞닥뜨린다는 것이다. 그러한 관계구축의 작업은 실로 시간을 허비할 뿐만 아니라 정력을 낭비하는 것이다. 주지하다시피 많은 연구접근들이 피조사자들과의 그런 '끈끈한 관계'의 형성을 요구하는 것은 아니다. 하지만 다양한 계급배경을 지니고 다양한 삶의 경험을 가진 장년과 청년들이 관계를 형성한다는 것은 모든 것을 배제한 지속적이고 공유된 몰입을 요구한다.
>
> (2009: 75)

질적 연구에서는 두 가지 중요한 측면이 강조되어야 한다. 첫째, '질적 현장연구'라는 우산 아래에는 범주의 연구들이 진을 치고 있다는 점이 강조되어야 한다. 앞으로 이 장에서 보겠지만, 서로 다른 패러다임 내에서 다양한 인식론들이 "자료란 무엇인가?", "어떻게 우리는 자료를 모을 수 있는가?", "어떻게 우리는 그 자료들을 분석해야 하는가?" 등과 같은 근본적인 질문들에 다양하게 접근하고 있다. 둘째로, 연구조사를 통해 해결하려는 질문들이 바로 우리가 사용할 필요가 있는 방법의 유형을 결정해준다는 사실을 명심해야 한다. "여성들은 어떻게 엄마, 배우자 그리고 가장으로서 그 역할을 수행하기 위해 자신들의 일상의 삶을 조직해나가는가?"와 같은 질문은 심층면접과 직접관찰에 의해서만 논의될 수 있다. 광고 캠페인의 평가는 초점집단의 토의를 거쳐야 해결될 사안이다. 이 모든 경우에 있어서, 연구자들이 채택할 수 있는 여러 방법이 존재한다는 것을 발견하게 된다.

요약하자면, 현장연구는 사회생활을 그 자체의 자연스러운 상태에서 탐색할 수 있게 하는 이점을 가지고 있다. 설문지나 실험실 내에서 더 잘 연구할 수 있는 사회생활이 있는가 하면, 현장조사를 통해 더 잘 연구할 수 있는 사회생활이 있다. 현장연구는 매우 미묘한 의사소통에 대한 관찰을 가능하게 할 뿐 아니라, 다른 방법으로는 예측되거나 측정되기 어려운 내용에 대한 직접적 관찰을 가능하게 한다.

10.3 질적 현장연구 시 특별한 고려사항

모든 연구방법이 그러하듯, 질적 연구에서도 특별히 고려해야 할 사항들이 있다. 현장연구를 수행하는 연구자는 자신이 수행해야 할 관찰자로서의 역할과 관찰대상자들과의 관계를 어떻게 상정해야 할 것인가 하는 문제에 자주 봉착한다. 이 문제와 관련되는 몇 가지 사항에 대해 논의해보자.

관찰자의 다양한 역할

현장연구를 하다 보면 관찰자는 자신이 관찰하려는 것(이 경우의 예로는 앞에서 살펴본 공공기물을 고치는 학생들의 상황 등이 있다)에 직접 참여하여 여러 가지 역할을 담당하게 된다. 이 장에서는 흔히 사용되는 참여관찰(participant observation)이라는 용어보다 현장연구(field research)라는 용어를 더 많이 사용하는데, 그 이유는 설사 현장연구자들이 일상적으로 행위의 현장에서 직접 어떤 연구를 수행하는 것처럼 보일지라도 현장연구자들 모두가 그들이 연구하는 상황에 항상 참여할 필요는 없기 때문이다. 이 문제와 관련해 마셜과 로스만(Marshall and Rossman)이 지적하는 것은 다음과 같다.

> 연구자는 다양한 '참여 정도'를 계획할 수 있다. 한쪽 극단에는 완전 참여(full participation)가 있는데, 이때 참여자는 그 무대에서 구성된 어떤 역할 또는 역할 꾸러미에서 일상적 삶에 완전히 관여하게 된다. 다른 쪽 극단에는 완전한 관찰자(complete observer)가 있는데, 그는 사회적 상호작용에 전혀 참여하지 않으며 심지어 연구하는 세계에 대해 여타의 관여를 하는 것을 회피하기도 한다. 물론, 연구자는 이 두 극단적인 입장을 연결하는 연속선상에서 적절하게 혼합된 역할을 얼마든지 수행할 수 있다.
>
> (1995: 60)

완전한 참여자는 연구하려는 상황에 진짜로 참여할 수도 있으며(예, 교내시위 참여자) 또는 진짜 참여자처럼 흉내를 내는 식으로 참여할 수도 있다. 어떤 경우이든지, 완전한 참여자로서 행동한다는 것은 다른 사람들에게 연구자가 조사하는 사람으로 보이는 것이 아니라 단지 한 명의 참여자로서만 보이게 하는 것이다. 예를 들어, 교육을 받지 못한 사람들이나 이른바 정상인들보다 지적 능력이 약간 떨어지는 사람들로 구성된 어떤 집단을 연구하고자 할 때라면, 연구자가 그곳에서 대학교수나 학생들이 쓰는 말이나 행동을 하는 것은 적절하지 않다.

이러한 종류의 연구는 윤리적 문제를 제기하기도 하는데, 이에 대한 사회연구자들의 의견은 분분하다. 정체가 밝혀진 연구자들에게는 연구대상자들이 마음을 열어 모든 것을 털어놓지 않으리라는 것을 이유로, 대상자들이 연구자를 신뢰하기를 바라는 마음에서 연구대상자들을 속이는 것이 과연 윤리적으로 아무런 문제가 없는 것인가? 그 연구로부터 얻어지는 잠재적 혜택이 앞서 고려된 문제점들을 상쇄할 수 있는가? 이 분야의 많은 전문가들이 이 문제를 거론하고는 있지만, 구체적인 상황에서는 그들이 제시하는 규범들이 지켜지지 않는 경우가 종종 있다.

이 윤리적 문제는 과학적인 문제이기도 하다. 전적으로 속일 목적만 가지고 연구대상자를 속이려 드는 연구자는 아마도 없을 것이다. 그보다는 자신의 정체를 속임으로써 더욱더 타당하고 신뢰할 만한 자료를 얻을 수 있다고 믿기 때문에, 또한 연구가 진행되고 있다는 사실을 알지 못할 경우에만 연구대상자들이 보다 자연스럽고 가식이 없을 것이라는 믿음하에 속이는 것이다. 즉, 연구자의 속임은 과학적인 고려하에 이루어지는 것이다. 만일 연구대상자들이 자신들이 관찰대상이라는 사실을 알게 된다면, 그들은 자신들의 행위를 이런저런 방식으로 변형시킬 가능성이 높다. 이 문제는 반향성(reactivity) 문제로 알려져 있다.

반향성
사회조사에서 피험자들은 자신들이 연구대상이라는 사실에 반응할 수도 있다. 따라서 피험자들은 자신들이 늘 해오던 것과 다른 행동을 보일 수 있다.

첫째, 그들은 그 연구자를 추방해버릴지도 모른다. 둘째, 원래 상태와는 달리 보다 우아하게 보이려고 자신들의 말과 행동을 바꿀 수도 있다. 셋째, 사회과정 그 자체가 근본적으로 변할지도 모른다. 예를 들자면, 학교의 행정건물에 방화할 계획을 가지고 있던 학생들이 그들 시위집단 내 한 사람이 어떤 연구를 진행 중인 사회과학자라는 사실을 눈치챈다면 일시에 그 계획 자체를 취소할 수도 있다.

다른 측면에서 볼 때, 만일 연구자가 완전한 참여자라면 그 자신이 자기가 진행 중인 연구에 어떤 영향을 미칠지도 모른다. 참여자의 역할을 담당하려는 연구자는 그 상황에 반드시 참가해야 하지만, 그러한 참여가 사회과정에 중요하게 영향을 끼치게 된다. 예를 들어, 연구대상 집단에 속한 사람들이 그들이 다음에 어떻게 해야 할지에 대해 연구자에게 물었다고 가정하자. 연구자가 뭐라고 말했는가와 상관없이 연구자는 어떤 식으로든 연구대상자 집단의 사회과정에 영향을 끼치게 될 것이다. 만일 그 집단이 그 연구자의 제안을 따랐다고 치자. 그럴 경우 연구자는 사회과정에 분명한 영향을 끼치게 된다. 만일 그 제안을 따르지 않았다고 치자. 제안이 기각된 그 사회과정은 다음에 무슨 일이 일어날지에 영향을 끼치게 마련이다. 만일 연구자가 다음에 어떻게 해야 할지 모르겠다고 자신의 의견을 피력한다면, 그것 역시 그 집단의 밀어닥친 불안정성과 불확정성이라는 전반적인 정서가 불타오르는 데 기름을 붓는 격이 될 수도 있다.

궁극적으로 참여관찰자의 태도는 관찰 중인 사회과정에 얼마간의 영향을 끼친다. 이 영향은 간단히 피할 수 없다. 좀 더 심각하게 말하면, 그들이 하든 안 하든 간에 어떠한 연구대상의 과정에 연구자가 매우 중요한 영향을 끼칠 수 있다. 연구자가 이 문제를 민감하게 의식하면 부분적인 해결책을 도출할 수도 있겠지만, 이 영향을 근본적으로 완전히 차단할 해결책은 없다. (이른바 '호손효과'로 불리는 이러한 영향은 이 책의 8장에서 좀 더 구체적으로 논의되었다.)

이렇게 윤리적, 과학적으로 고려해야 할 여러 가지 사항들 때문에 현장연구자는 흔히 완전한 참여자와는 다른 역할을 선택하게 된다. 연구대상 집단에 완전히 참여하기는 하지만 자신이 지금 연구를 수행 중이라는 점을 분명히 하는 역할을 취할 수도 있다. 예를 들어 어떤 배구팀의 일원으로서, 팀 선수들에게 지금 자신은 스포츠 사회학의 연구를 수행하고 있다는 점을 알리면서도 자신의 연구를 진척시킬 위치를 십분 이용할 수 있다. 그렇지만 이 역할에도 위험이 따르기는 마찬가지이다. 연구대상인 사람들이 자연스러운 사회과정을 드러내 보이기보다는 연구에 관심을 집중시킴으로써, 결과적으로 관찰 중인 사회과정이 더 이상 일상적이고 전형적이지 못하게 되는 경우가 있다. 아니면 연구자 자신이 참여자의 관심과 관점에 과도하게 집착하게 될 수도 있다. 연구자는 '원주민화(go native)'되기 시작할지도 모르고, 그렇게 되면 그들의 과학적 초연성은 요원해지게 된다.

또 다른 극단적인 경우, 완전 관찰자는 어떤 방식으로든 사회과정의 일부가 되지 않으면서 사회과정을 관찰할 수도 있다. 실제로 연구대상자는 연구자의 비노출성 때문에 자신이 조사대상자라는 사실을 전혀 인식하지 못할 수도 있다. 가까운 교차로에서 무단횡단하는 것을 관찰하기 위해 버스정류장에 앉아 있는 것이 그 한 예이다. 완전 관찰자가 완전 참여자보다 연구대상에 영향을 미칠 가능성이 더 적고 '원주민화'될 가능성이 더 적은 반면, 연구대상을 완전히 이해하게 될 가능성은 그만큼 적어지게 된다. 관찰은 대체적인 윤곽만 그리는 것이 되고 일시적이 될 수 있다.

프레드 데이비스(Fred Davis, 1973)는 관찰자가 취할 수 있는 그 극단적인 역할들을 '화성인(the Martian)'과 '개종자(the Convert)'로 특징지어 설명했다. 후자는 '원주민화'된다는 위험을 무릅쓰고 연구대상인 현상 속으로 더 깊이 파고들어가 조사하는 것을 말한다. 이 위험에 대해서는 다음 절에서 더 상세히 설명할 것이다.

'화성인'의 역할을 이해하기 위해 연구자가 몇몇 새로이 발견된 생물체를 관찰하러 화성에 보내졌다고 가정해보자. 연구자는 불가피하게 자신이 화성인들과는 거리가 있다는 것을 느끼게 될 것이다. 사회과학자가 자신들과 상이한 문화나 사회계급을 관찰할 때 이 정도의 거리유지는 늘 있을 수 있다.

또한 마셜과 로스만(1995: 60-61)은 연구자가 관찰하는 사회무대(환경)에서 보내는 시간의 양에 있어서도 많은 차이가 있다고 한다. 연구자는 현장에 온전한 시간을 다 투자해 줄곧 머물 수 있으며, 또는 잠깐 얼굴만 보이고 사라질 수도 있다. 그리고 연구대상이 되는 사회무대의 제한적인 측면에만 주목할 수도 있고 그것 전체를 주목의 대상으로 삼을 수도 있다. 다시 말해, 연구자의 목적에 부합되도록 적절한 역할을 설정할 수 있다.

제프리 키더(Jeffrey Kidder)가 뉴욕 시의 자전거 택배기사들의 문화연구에 착수했을 때, 그는 연구자의 역할을 모두에게가 아닌 그가 관찰하는 사람 몇몇에게만 알리는 것이 적절하다는 것을 알게 되었다.

> 자전거 택배기사로 일하면서 일게 된 학문적 동기에 기인한 나 자신의 참여는 강압적인 것도, 위장적인 것도 아닌 게 분명하다. 오히려 자전거와 대안적 운송수단에 대한 나의 오래된 관심이 택배기사들의 삶의 방식과 끊임없이 혼합되었을 뿐이다.
>
> 현장연구가 진행되는 동안 내가 접촉했던 대부분의 택배기사들은 내가 조사를 진행하고 있다는 사실을 감지하지 못했다. 이것은 필요의 문제였다. 뉴욕 시에서 택배기사는 하루에도 수백 명의 기사들을 길에서 지나친다. 택배기사의 문화를 이해하는 데 도움을 주는 수많은 사람들 모두에게 이 연구를 수행해도 된다고 하는 허락을 받을 수는 없는 노릇이다. 단지 나와 수도 없이 계속해서 만나는 기사들 몇몇만이 내가 사회학적 연구를 수행하는 중이라는 것을 고지받았을 뿐이다.
>
> **(2005: 349)**

결국 상황에 따라 연구자는 그때그때 적절한 역할을 취사선택한다. 불행하게도 이 선택에 대해 명확한 지침은 없는데, 연구자는 상황에 대한 자신의 이해와 최선의 판단에 의존해야 한다. 그러나 이 판단에 있어서 연구자는 반드시 방법론적 · 윤리적 문제들을 고려해야 한다. 이러한 문제들은 흔히 상충되기 때문에 결정을 내리기 곤란할 수도 있을 것이고, 때로는 연구자의 역할이 자신의 연구를 제한하기도 한다.

Earl Babbie

질적 현장연구는 현장에 직접 뛰어들어 분석하는 실천적 연구 과정이다.

관찰대상과의 관계

관찰과 관련하여 연구자가 취할 수 있는 여러 역할은 앞서 이미 소개했으므로, 이제 연구대상자 및 그들의 관점이 연구자와 어떠한 관계를 지니는지에 대해 좀 더 구체적으로 살펴보기로 하자.

우리는 이미 연구자가 실제로는 갖고 있지 않은 사회적 지위를 점유하고 있는 것처럼 보일 가능성을 지적한 바 있다. 이제 그러한 상황에서 연구대상자가 어떻게 생각하고 느낄지에 대해 생각해보기로 하자.

여러분이 주변 이웃의 많은 사람들을 끌어들인 어떤 사이비 종교집단을 연구하기로 마음먹었다고 가정해보자. 이 경우 여러분은 그 종교집단에 가입하거나 그렇게 한 것처럼 해서 그 집단을 연구할 수 있을 것이다. 잠시 짬을 내서 '실제로' 가입하는 것과 '가입한 것처럼' 하는 것 사이에 어떤 차이가 있는지를 스스로에게 물어보라. 중요한 차이는 여러분이 '진짜' 신도들이 공유하고 있는 신념, 태도, 그리고 그들만의 다른 시각을 실제로 믿는가 하는 점이다. 사이비 종교집단 신도들이 구세주가 이 세계를 멸하고 자신들을 구하기 위해 다음 주 목요일 밤에 올 것이라고 믿는다면 여러분도 그것을 믿겠는가, 아니면 그저 믿는 척하겠는가?

전통적으로 사회과학자들은 그런 문제에서 객관성(objectivity)의 중요성을 강조하는 경향이 있다. 앞의 예에서, 조사자에게 부과된 지침이 있다면 그것은 그 집단의 신념에 휩쓸리면 안 된다는 것이다. 요즘의 사회과학자들은 그런 객관성의 이점들을 부인하지 않고 자신들이 연구하고 있는 시각에 자신들 스스로를 젖어들게 하면서 얻게 되는 혜택 또한 인식하고 있다. 그러한 것을 로플랜드와 그의 동료들(2006: 70)은 '선택적 능력(selective competence)' 또는 '내부자 이해(insider understanding)'라고 말한 바 있다. 결국 여러분은 비록 일시적이라 할지라도 사이비 종교집단 구성원들의 관점을 진실로 수용할 수 없다면 신도들의 생각과 행동을 포괄적으로 이해할 수 없을 것이다. 여러분이 연구하기로 작심한 현상을 온전히 이해하기 위해서는 목요일 밤에 구세주가 온다는 것을 믿을 필요가 있다. 그리고 어떤 경우에는 그렇게 하는 것이 여러분이 행하는 연구대상들과 우리가 이 장에서 나중에 다루게 될 친밀감(라포르)을 형성하는 데 도움이 된다.

자신의 관점과 상이한 관점을 받아들인다는 것이 대부분의 사람들에게는 그리 편한 것이 아니다. 이상하게 보이는 관점을 단지 배우는 것조차, 그리고 그런 상이한 관점을 관용하는 것조차 어려운 일일 것이다. 하물며 그런 것을 자신의 견해로 받아들이는 것은 열 배는 더 어려운 일이다. 로버트 벨라(Robert Bellah, 1970, 1974)는 이 점에서 상징적 사실주의(symbolic realism)라는 용어를 제안했는데, 이는 사회연구자가 자신이 연구하는 신념을 조소의 대상이 아니라 존경할 가치가 있는 것으로 취급할 필요가 있다고 역설한 것이다. 이 사안의 어려움은 윌리엄 쉐퍼와 로버트 스테빈스(William Shaffir & Robert Stebbins, 1991: 1)가 다음과 같은 결론을 내리게 했다. "현장연구는 인류가 만든 가장 까다로운 활동이나 마찬가지임이 확실하다."

물론 여러분이 연구하는 대상자들의 관점을 받아들이는 데는 위험이 따른다. 여러분이 그런 대상자들의 관점을 취하는 것을 선호하여 객관성을 방기해버리면 연구대상에게는 소용없는 준거틀 내에서 그 현상을 보고 이해할 가능성을 상실하게 된다. 다른 한편으로, 세상이 목요일 밤에 끝장난다는 신념을 받아들이면 신도들만이 갖고 있는 믿음의 측면을 이해하게 된다. 그러나 그 관점으로부터 뒤로 물러서면 사람들이 그런 관점을 받아들이는 일부 이유들을 고려할 수 있다. 어떤 이들은 개인적인 충격(실업이나 이혼 등과 같은)의 결과로 그렇게 되었고, 다른 이들은 특별한 사회연결망(예를 들면, 그들의 모든 볼링동호회 친구들이 사이비 종교집단에 가입하는 것과 같은)에 참여하면서 그 집단에 가담하게 되었다는 식으로 말이다. 그러나 그 사이비 종교집단의 구성원들은 여러분이 얻은 그러한 '객관적' 설명과 의견을 달리할 수 있으며, 연구자가 그 집단의 관점을 따르는 한에서는 동일한 정도의 객관성을 유지하지 못할 수도 있다는 점을 간과해서는 안 된다.

인류학자들은 종종 연구대상자들의 관점을 취하는 것과 관련해서 이미크적 관점(emic perspective)이라는 용어를 사용한다. 이와 대비해서, 에틱적 관점(etic perspective)은 객관성을 더욱 많이 확보하는 데 관심을 가지고 토착민들(여기서는 연구대상자들)의 시각에서 일정 거리를 유지하는 것을 가리킨다.

이 두 입장이 서로 배타적인 것처럼 보이지만, 실상 양자가 모두 중요한 장점을 지니고 있다는 데에 분명한 딜레마가 있다. 사실 연구자가 두 입장 모두를 취할 수 있다. 어떤 경우에는 연구자가 자신의 의지대로 입장을 간단히 바꿀 수도 있다. 사이비 종교집단의 신앙을 완전히 받아들였다고 가정하는 것이 적절하다면 그렇게 할 수도 있고 또 나중에 그런 신앙으로부터 한걸음 물러설(더 정확하게 말한다면, 사회과학 고유의 관점을 견지하는 것일) 수도 있다. 이러한 종류의 연구에 좀 더 숙달되면 여러분은 그 양자 사이에서 오락가락하기보다는 모순되는 두 가지 시각 모두를 동시에 견지할 수 있을지도 모른다.

나는 영매(trance channeler, 신이 내려 자신의 몸을 통해 얘기하도록 하는 사람)를 연구하면서 일반 사회과학에서 벗어나지 않으면서도 신이 내리는 상황에 완전히 참여할 수 있다는 사실을 발견했다. 나는 영매의 실재를 '믿기'보다는 그 영역의 불신을 유보할 수 있다는 점을 발견했는데, 즉 그것을 진짜라고 믿지도(대부분의 참여자들이 그러하듯) 않았고 그것을 불신하지도(대부분의 과학자들이 그러하듯) 않았다. 달리 말해, 나는 어느 쪽의 가능성도 개방해놓고 있었다. 나의 이러한 태도는 미신적 현상들이 과연 정당한 것인지 '알고자' 하는 사람들의 일상적 욕구와는 차이가 있다는 것을 알 필요가 있다.

사회연구자들은 지금까지 논의했던 문제들을 흔히 성찰성(reflexivity)의 문제라고 말하곤 한다. 따라서 연구자 자신의 특질은 자신이 무엇을 보고 어떻게 해석하는지에 영향을 미친다. 그러나 연구자 자신뿐만 아니라, 연구대상자들에게도 이 문제가 동일하게 적용된다는 점에 문제의 심각성이 있다. 연구자로서 여러분이 어떤 노숙자를 (1) 길거리에서, (2) 노숙자 임시보호소에서, 또는 (3) 사회복지기관 사무실에서 면접한다고 가정해보라. 조사하는 무대(환경)는 면접대상자의 반응에 영향을 미칠 것이다. 달리 말해 여러분이 어디에서 면접을 실시했느냐에 따라서 서로 다른 답을 얻어낼 가능성이 있다. 여러분 자신부터도 서로 다른 환경에서 서로 다른 행동을 보일 수 있다. 이러한 사실을 고려한다면, '단순히 무엇이 어떠한지 관찰하는' 과업을 더욱 복잡하게 만드는 다른 측면들도 규명할 수 있게 된다.

지금까지 논의된 문제는 대부분 연구자의 머릿속에서 일어나는 문제, 즉 심리학적 수준의 문제로 치부할 수도 있다. 그러나 여기에는 사회적 수준의 문제도 있다. 연구자가 연구대상자들의 삶에 깊숙이 개입하게 되면 그들의 개인적 문제와 위기로부터 영향을 받을 가능성이 농후하다. 예를 들어, 만일 사이비 종교집단 구성원 중 하나가 병이 나서 급히 병원으로 옮겨줄 차편이 필요하다고 가정해보라. 연구자인 여러분이 교통편을 제공해야 하는가? 이 질문에 대한 대답은 물론 '그렇다'이다. 그러나 어떤 사람이 스테레오 오디오를 사려고 여러분에게서 돈을 빌리고 싶어한다면 여러분은 빌려주어야 하는가? 아마도 그렇지 않을 것이다. 그리고 그들이 먹을거리를 사려고 돈이 필요하다면 또 어떻게 해야 하는가?

비록 이와 같은 상황을 해결해줄 수 있는 명확한 규칙은 없지만, 여러분이 자신을 연구자라고 밝히든 아니든 상관없이 그런 문제에 봉착할 가능성이 있다는 사실만은 확실히 인식하고 있어야 한다. 그런 문제들은 다른 유형의 연구—이를테면, 서베이 연구나 실험과 같은—에서는 일어나지 않는 경향이 있지만, 현장연구에서는 분명히 중요한 문제이다.

캐롤라인 놀스(Caroline Knowles, 2006)는 현장에서의 연구대상자와 조사자와의 관계와 관련해 조금 다른 문제점을 제기하고 있다. 홍콩에 거주하는 영국계 망명자들을 인터뷰한 연구에서 캐롤라인은 몇몇 연구대상자들의 무례한 화법이나 태도, 그리고/혹은 그들과 맺고 있는 관계의 본질로 인해 그녀가 이러한 문제를 다루는 것이 매우 어렵다는 사실을 인식했다. 캐롤라인은 대상자들을 인터뷰했음에도 왜 연구가 더 나아지지 않았는가를 설명하는 연구노트를 작성하며, 의문이 제기된 그 상호작용의 역동성을 그녀 자신이 좀 더 주의 깊게 들여다보게 되었다. 즉, 연구대상자와 연구자 사이의 관계에서 연구자에게 중점을 두고 말이다. 그녀는 왜 특정 정보제공자들이 그녀를 불편하게 했는지, 그리고 인터뷰를 계속 진행시키기 위해 불편함을 감수함으로써 어떠한 스트레스를 받았는지를 면밀히 조사했다. 결국 그녀는 만일 자신에게 협조적이거나 친절했던 사람들만 인터뷰했더라면 얻었을 이해보다 대상자들에 관한 더 깊고 폭넓은 이해를 얻을 수 있었다.

이와 유사하게, 브룸, 핸드, 토비(Alex Broom, Kelly Hand, and Philip Tovey, 2009)도 암환자들의 심층면접을 진행할 때 성별의 영향력에 대해 조사했다. 과연 암환자들이 자기와 같은 성 또는 반대 성을 가진 사람과 면접을 할 때 차이를 보일까? 짐작했겠지만, 답은 '그렇다'였다. 전립선암 환자는 여성보다 남성이 인터뷰할 때 더욱더 자신의 경험담을 생생하게 표현했다. 이와 비슷하게, 유방암 환자의 손상된 가슴에 대한 느낌은 남성 면접자와 여성 면접자에게 각각 달리 표현되었다. 따라서 성별맞춤을 미리 결정하는 것은 인터뷰에 있어 최선의 전략이다. 그리고 어떤 암환자의 전체적 경험은 같은 성과 다른 성의 관계 모두를 포함한다는 것도 잊어서는 안 된다. 이 책에서 수차례 언급했다시피, 실험이든 서베이이든 또는 현장연구이든 어디서든 관찰자의 영향력은 피할 수가 없다. 그러나 그 사실을 항상 염두에 두고 있어야 하며 우리가 관찰하는 것을 이해할 때 반드시 이 점을 고려해야 한다.

연구대상자와 현장연구자 사이의 관계에 대한 이러한 논의는 '과학적 객관성'에 대한 기존의 연구방법론에 역행하는 모험을 감행하는 것이다. 이 절을 마치기 전에 이 문제를 좀 더 상세히 살펴보기로 하자.

통상 사회과학에서는 연구대상자와 연구자를 구분하는 권력과 지위의 일정하고 암묵적인 차이가 존재한다. 예를 들어, 8장의 실험설계 논의에서 우리는 누가 실험자이고 누가 피험자인지를 명백히 알 수 있었다. 실험자는 실험을 모두 관장했고, 피실험자에게 어떻게 하라고 일러주었다. 그 조사가 실제로 무엇에 대한 연구인지는 단지 실험자만이 알고 있는 경우도 흔하다. 설문조사는 이와 유사하다고 말할 수 있다. 설문조사를 시행하는 연구자가 설문을 고안해내고, 응답을 위해 어떤 사람들을 선택할지를 결정하며, 수집된 자료를 분석하고 해석하는 역할을 떠맡는다.

사회학자들은 종종 이런 종류의 관계를 권력과 지위관계로 보기도 한다. 실험과 설문조사의 설계에서, 연구자는 분명히 연구대상자들보다는 더 많은 권력과 더 높은 지위를 가진다. 그는 대상자가 무엇을 싫어하는지도 알고 있다. 연구자는 자신이 연구대상자보다 우위에 있다고 말할 정도로 노골적이지는 않지만, 내심 그렇게 여기는 듯한 경향이 있다. (예컨대, 교과서에 있어서 저자와 독자와의 관계를 생각해보라.)

한편, 현장연구에서 연구자의 그러한 태도는 분명히 문제가 된다. 초기 유럽의 문화인류학자들은 그들이 애당초 이름 붙였던 '원시(primitive)'사회를 연구하기 시작했을 때, 인류학자들이 그 사회를 가장 많이 알고 있다는 점에 있어서는 의문의 여지가 전혀 없었다. 이를테면, 원주민들이 마녀를 '믿는' 반면 인류학자들은 그것이 사실이 아니라는 것을 '알고' 있었다. 원주민들이 자신들이 행하는 종교의식이 잡귀들을 달랠 것이라고 말했을 때, 인류학자들은 그러한 의식들의 '실제' 기능은 사회정체성의 창조나 집단연대감의 구축에 있다는 식으로 설명했다.

기암피에트로 고보(Giampietro Gobo, 2011)는 흔히 사용되는 사회조사 기법의 문화적 뿌리(그리고 한계)를 주의하라고 우리에게 조언한다. 대부분의 경우, 그 뿌리는 아메리카와 유럽 문화에 박혀 있다. 그러나 그는 다음과 같이 말한다.

> 만일 누군가가 진카틀라 마야부족과 산후안 차물라를 연구하기 위해 민간방법론적 연구방법을 착수하고자 한다면, 그는 다음과 같은 점들을 유의해야 한다. 교회나 그 지역 사람들을 촬영하는 것은 금물이다. 왜냐하면 사진 촬영이 사람들의 영혼을 앗아간다는 신념을 가지고 있으므로 그렇다. 그래서 촬영한 사진을 가지고 떠난다면 그것은 그들의 영혼을 함께 가지고 떠난다는 것을 뜻하기 때문에 사진 촬영은 금지이다.
>
> (2011: 417)

고보는 또한 표준화되고 비구조화된 면접조사의 사용 기저에는 다음과 같은 암묵적 가정들이 깔려 있다고 지적한다(2011: 424). '낯선 사람(조사자)과의 대화가 용인되는 것', '응답자가 스스로 응답할 능력을 가지고 있으며 자율적이고 독립적인 개인으로서 응답자 스스로 인식하는 것', 그리고 '조사자를 대면하지 않고서도 전화상으로도 정보를 건넨 경험'과 같은 것이 그런 가정들이다. 이런 것들은 유럽과 미국 이외의 지역에서 자란 이들에게는 매우 생소한 개념들이다.

그러나 사회연구자가 자신의 동료인 인간들을 대면상황에서 직접 연구하러 현장으로 달려가면 갈수록, 연구자의 우위성에 대한 이러한 암묵적 가정은 더욱더 문제시되었으며, 그럴수록 그것에 대한 대안을 고려하기에 이르렀다. 다른 측면에서 현장연구의 여러 패러다임들을 살펴보면서, 여러분은 이 문제들을 어떻게 해결할지에 관해 몇몇 실마리를 발견할 수 있을 것이다.

10.4 질적 현장연구의 패러다임

비록 여기서는 현장연구란 단순하게 행동이 일어나는 곳으로 가서 그것을 관찰하는 것이라고 기술했지만, 이 연구방법 내에도 실제로는 매우 다양한 상이한 접근들이 있다. 이 절에서는 몇 가지 현장연구의 범례, 즉 자연주의, 민간방법론, 현장기반이론, 사례연구 및 사례확장법, 제도민속지학, 참여행동 연구를 다루기로 한다. 비록 이들 각 방법이 질적 현장조사의 모든 유형을 포괄하는 것은 아닐지라도, 그러한 가능성을 광범위하게 열어주기는 할 것이다.

이들 패러다임에 고정된 구체적인 방법이란 것은 없다. 예를 들자면, 법정청문회를 분석하거나 집단면접을 시행하면서 여러분은 민간방법론이나 제도민속지학 중 어느 것이라도 이용할 수 있다. 이 절에서의 중요한 구분들은 자료가 의미하는 것이 무엇인가에 연관된 다분히 인식론적인 구분이지, 그 자료들이 어떻게 수집되었는가 하는 문제와는 아무 관계도 없다(1장 참조).

자연주의

자연주의

어떤 객관적인 사회적 실재가 존재하고 정확하게 관찰되고 보고될 수 있다는 가정하에 행하는 현장연구의 한 접근방법

자연주의(naturalism)는 질적 연구에서 매우 오랜 전통을 갖고 있다. 초기의 현장연구자들은 실증주의적 전통을 이어받아 사회적 사실이 '실재하는 사실, 자연스럽게 관찰되고 보고될 수 있는 저기 밖에 있는 객관적 실체'라고 보았다(Gubrium and Holstein, 1997). 이러한 전통은 1930년대와 1940년대에 시카고대학교 사회학과에서 시작되었는데, 이곳의 교수진과 학생들은 근린지역의 공동체를 관찰하고 이해하기 위해 도시 이곳저곳으로 흩어져 연구를 시행했다. 그 당시의 연구와 그들의 연구접근법을 지금은 종종 '시카고학파(Chicago School)'라고 부른다.

이 연구의 전통을 설명해주는 가장 초기의 연구 중 하나이면서 동시에 가장 잘 알려진 연구로는 윌리엄 화이트(William Foote Whyte)의 연구가 있는데, 그

의 저서 『길모퉁이 사회(Street Corner Society)』(1943)는 이탈리아계 이민자들이 몰려 사는 근린지역인 코너빌(Cornerville)의 민속지학으로 유명하다. 민속지학(ethnography)은 설명보다는 세밀하고 정밀한 기술에 초점을 맞춘 연구를 말한다. 다른 자연주의들과 마찬가지로, 화이트는 길거리에서의 사회적 생활상에 대해 풍부히 배우려면 그 자신이 그 지역의 내부자가 될 필요가 있다고 믿었다. 화이트는 그에게 중요한 정보제공자인 '닥(Doc)'과 친분을 맺었는데, 닥은 노스 엔드(North End)의 노상 패거리의 우두머리들 중 한 명이었다. 화이트는 닥을 통해 그의 세계로 입성하게 되었으며, 코너빌 사람들의 실제 활동에 참여할 수 있었다. 화이트의 연구는 설문조사로는 불가능한 특별한 것을 제공했는데, 이는 다름 아닌 코너빌의 이탈리아계 이민자들의 풍부하고 세밀한 생활상에 대한 그림이다.

민속지학
설명보다는 상세하고 정확한 묘사에 초점을 맞춘 사회생활적 보고

화이트 연구의 한 가지 중요한 측면은 코너빌 사람들의 현실을 그들 자신의 용어로 기록 · 보고했다는 점이다. 자연주의적 접근은 실제로 '그들만의' 이야기에 기초한 것으로, 그들이 '실제로 하는' 방식에 기초한 것이지, 민속지학자들(ethnographers)이 '그들을' 이해하는 방식에 기초한 것이 아니다. 화이트에 의해 수집된 서사(narratives)는 코너빌 거주자들의 사회적 '진실'로서 액면 가치 그대로 취해진 것이다.

약 40년 후 스노우와 앤더슨(David Snow and Leon Anderson, 1987)은 텍사스주 오스틴(Austin) 시 노숙자들의 삶에 대한 탐색적 현장연구를 수행했다. 이 연구의 주된 목적은 노숙자들이 살고 있는 지역의 거주민들이 노숙자들에게 부과하는 낙인에 대해 노숙자들이 알아가는 과정에서 어떻게 자신들의 정체성을 형성하고 타협하는지 이해하는 것이었다. 스노우와 앤더슨은 이러한 목적을 달성하기 위해서는 자료의 수집이 자연스럽게 행해져야 한다고 믿었다. 『길모퉁이 사회』의 화이트와 같이, 그들은 몇몇 주요한 정보제공자들을 찾았고, 그들의 주간 노동이라 할 수 있는 쓰레기통 뒤지기가 이루어지는 곳이라든지 또는 다리 밑 같은 곳에서 이루어지는 매일매일의 삶의 여정을 직접 따라다녔다. 스노우와 앤더슨은 그들 자신이 노숙자들과 나눈 대화라든가 또는 노숙자들끼리 떠들어대는 '말들' 중에서 기억해야 할 것을 선택했다. 하루가 끝나갈 무렵엔 두 연구자가 모여 하루 동안 그들이 수집한 모든 '말들'을 한곳에 모아 종합했고, 그것에 대해 상세하게 기술한 현장노트를 작성했다. 그들은 또한 연구노트의 정확성을 위해 주요 정보제공자들과 나누었던 심층면접을 녹음하는 것도 잊지 않았다.

스노우와 앤더슨은 24개의 서로 다른 무대에서 총 405시간을 장장 12개월간의 긴 시간에 걸쳐 노숙자들과 '부대끼면서 지낸 것'을 보고했다. 이 풍부한 자료를 기초로, 그들은 노숙자들 간의 대화에서 세 가지 연관된 유형을 규명했다. 첫째로, 노숙자들은 그들 자신을 다른 노숙자들로부터 거리를 두려 했을 뿐 아니라,

그들의 밑바닥 직업으로부터도 거리를 두려 했으며, 그들에게 도움을 주고 있는 구세군으로부터도 '거리 두기'를 시도했다. 둘째, 노숙자들은 그들의 거리생활의 정체성, 그들의 집단성원감, 또는 그들이 왜 노숙자가 되었는지에 대한 믿음을 '수용(embrace)'했다. 셋째, 그들은 현재의 실생활과는 항상 대비되는 '허황되고 황당한 이야기'를 했다. 예를 들자면, 왕년에 엄청나게 돈을 벌었다든지 또는 그들이 '엄청난 갑부였다든지' 하는 말들을 즐겨 했다.

리처드 미첼(Richard Mitchell, 2002)은 또 다른 민족지학의 힘을 시의적절하게 보여준다. 백인우월주의자 앤디 위버의 아내와 아들을 죽음으로 내몬 1992년 미국 아이다호 주 루비리지 사건, 1993년 텍사스 주 웨코에서 발생한 데이비드 코르시와 그의 다윗파 총격사건, 그리고 1995년 오클라호마에서 9층짜리 무라 연방 빌딩이 티모시 멕베이의 폭탄 테러로 무너지면서 그 잔해에서 발견된 168명을 사망으로 이끈 폭발 사건들을 바탕으로 미국 근대사는 비밀 생존 조직의 폭력의 망령을 잠에서 깨웠다.

미첼은 다양한 비밀 생존주의자들과 집단들의 생각과 계획과 그것들이 사회에 끼칠 위협을 이해하고자 그것들을 묘사했다. 비록 미첼이 생존주의자들을 미국 사회의 불투명한 미래에 환멸을 느낀 이들로 묘사하지만, 대부분의 생존주의자들은 주류사회를 무너뜨리는 것보다 그들 자신을 위해 대안적 삶과 문화를 창출하는 데 더 큰 관심을 갖고 있다는 것을 발견했다. 이것이 생존주의자들이 위협적이지 않다는 것을 의미하지는 않지만, 미첼의 분석은 멕베이, 코르시 집단과, 위버 가족의 경우를 넘어 이런 현상을 더욱 큰 시각에서 바라보게끔 한다.

민속지학자들이 그들이 관찰하고자 하는 사람들 사이의 삶의 유형을 발견하고 이해하기를 원하는 한편, 미첼 두나이어(Mitchell Duneier, 1999)는 그가 '민속지학적 오류'라고 부르는 것을 강력히 경고한다. 이것은 관찰된 유형들을 과잉일반화하거나 과잉단순화하는 것과 관련된다. 비록 집단 내에서 어떤 유형들을 체험했다 하더라도 그곳엔 또 다른 다양한 것들이 있을 수도 있고, 연구자는 그 집단의 구성원들이 늘 그렇게 하는 것과 마찬가지로 생각하거나 또는 행동하는 대로, 이를테면 '빈자', '프랑스인', '치어리더'의 행동과 사고 등과 같이 단언하는 것을 그대로 사용하는 데 신중해야 한다.

9장에서 우리는 인터넷이 어떻게 서베이 조사에 영향을 미치는지에 대해 살펴보았다. 폐경 증상에 관한 질적 연구를 실행한 임과 치(Im and Chee, 2012)는 다음과 같이 보고한다.

> 일부 참가자들은 그들의 폐경 증상을 연구자들을 포함한 낯선 이들에게 이야기하지 않는 경향이 있었고, 이는 대면 면접을 불가능하게 했을 것이다.

이에 대한 대책은 피실험자들을 온라인상의 면접 현장으로 초대하는 것이었다. 각 참가자들은 온라인상에서 가명을 사용할 수 있었고, 익명성에 힘입어 자신들의 증상을 비교적 거리낌 없이 말할 수 있었다.

비록 이 장에서는 질적 현장연구를 행할 때 어떤 것이 유용한지 살피기 위해서 몇몇 다양한 접근들을 소개하는 것이 목적이지만, 여기서의 민속지학의 논의들은 사회조사자들이 그동안 개발해놓은 수많은 방법들 중 단지 몇 개만 소개하고 있다는 것을 명심해야 한다. 만일 여러분이 일반적인 접근에 관심을 갖고 있다면, 가상민속지학(virtual ethnography) 개념을 조사해볼 수도 있다. 이는 인터넷 사회연결망이나 온라인상의 모임을 탐험하기 위해서 민속지학적 기술을 사용하는 것이다. 아니면 그와는 다른 방향으로, 자민속지학(autoehnography)이 있다. 보통은 조사자가 개인적인 관점을 유지하는 수준으로 관련을 맺는 것을 금지하는데, 이 자민속지학은 그런 금기와 결별함으로써 의도적으로 조사자가 사적인 견해를 견지하는 것을 허용한다. 자민속지학이 단순하거나 시시한 것쯤으로 여겨진다면, 사라 월(Sarah Wall)의 2008년 논문 「말하기는 쉬워도 하기는 어렵다: 자민속지학 집필하기(Easier Said Than Done: Writing an Autoethnography)」를 보아야 할 것이다.

여러분은 민속지학의 이러한 다양한 변종들에 대해서 인터넷이나 도서관을 뒤져 더 많이 알아낼 수도 있다. 이 장의 끝에서 개인과 조직체가 연결되는 제도민속지학(institutional ethnography)에 대해 검토할 것이다.

민간방법론

2장에서 연구패러다임의 하나로 소개한 바 있는 민간방법론(ethnomethodology)은 질적 현장연구에 접근하는 데 있어 매우 특이한 접근이라 할 수 있다. 민간방법론은 그 뿌리를 현상학(phenomenology)이라는 철학적 전통에 두고 있는데, 현상학은 사람들이 실재에 대한 그들의 경험을 보고하는 방법에 대해 민간방법론자들이 왜 그다지도 회의적인지 그 이유를 설명해준다(Gubrium and Holstein, 1997). 알프레드 슈츠(Alfred Schutz, 1967, 1970)는 현상학을 사회학에 도입해 사회학적 현상학으로 발전시킨 대표적인 학자인데, 그는 사회적 현실이 우리가 관찰하도록 '저기 밖에' 있는 것이라기보다는 사회적으로 구성된 것이라고 주장했다. 사람들은 그들의 세계를 '그것이 있는 그대로'가 아니라 '그들이 그 세계를 이해하는 대로' 묘사한다는 것이다. 따라서 현상학자들의 주장에 따르면, 화이트의 길모퉁이 사람들은 자신들의 불량배 생활을 자신들이 이해하는 방식으로 기술하고 있다. 하지만 그들의 보고는 어떻게 해서, 그리고 왜 그 생활이 그들에게 그렇

민간방법론
암묵적이고 늘 말로 표현되지 않는 가정이나 동의를 발견하는 것에 초점을 맞춘 사회적 삶의 연구. 이러한 것들을 발견하기 위한 방법으로 동의를 의도적으로 위반하는 것을 종종 채택한다.

게 이해되었나 하는 문제에 대해서는 우리에게 말해주는 바가 전혀 없다. 이러한 이유 때문에 연구자들은 사회적 실재를 정확하게 기술하기 위해 연구대상자들의 이야기를 액면 그대로 받아들일 수 없다.

전통적인 민속지학자들이 어떤 특정한 문화에 그들 스스로 푹 빠지고 마치 실재를 대표하듯이 정보제공자들의 이야기를 보고한다면, 현상학자들은 그 세계에 대한 정보제공자들의 인식부터 '이해할' 필요를 느낀다. 이러한 전통을 좇아, 몇몇 현장연구자들은 어떻게 사람들이 매일의 세계를 이해하는가를 드러낼 기법들을 고안할 필요를 느꼈다. 2장에서 살핀 바 있듯이, 사회학자 해럴드 가핑켈(Harold Garfinkel)은 연구자들에게 일반인들이 당연시 여기는 기대를 확연히 부각시키기 위해 '규칙위반(break the rule)'을 제안했다. 이것이 바로 가핑켈이 '민간방법론'이라고 부르는 법이다.

가핑켈은 일상으로부터 갑작스럽게 떨어져나가기 위해 고안된 이른바 일련의 '위반실험(breaching experiment)'을 학생들에게 시킨 것으로 유명하다(Heritage, 1984). 일례로, 가핑켈(1967)은 학생들에게 '대화 명확화 실험(conversation clarification experiment)'을 하도록 했다. 가핑켈은 학생들에게 자신들과 친분이 있는 사람(예, 친구)이면 누구든지 그저 일상적인 대화를 나누도록 숙제를 내주었고, 대화를 함께 나눈 사람의 진술을 보다 명확하게 적어올 것을 요구했다. 이러한 기법을 통해, 정상적으로 당연시되던 일상 대화의 요소들이 속속 밝혀졌다. 한 예로, 가핑켈의 학생들이 보고했던 두 가지 예를 보도록 하자(1967: 42).

사례 1

실험대상자가 같은 카풀(car pool) 회원인 실험자에게 그 전날 일터에 나가는 길에 차가 펑크가 난 일에 대해 얘기하고 있었다.

(대상자) 내 차가 어제 펑크 났어.

(실험자) 펑크가 났다는 것이 무슨 의미지?

(대상자) 그녀는 잠시 어안이 벙벙했다. 그러고는 이내 약간 신경질적으로 대꾸했다. "'무슨 의미지'라는 말이 도대체 무슨 의미지? 펑크가 났다는 말은 펑크가 났다는 의미지. 그래, 그게 바로 내가 한 의미다. 왜? 별다른 특별한 뜻은 없어. 원 세상에, 별 희한한 질문 다 보겠네."

사례 6

그 실험의 대상자가 반갑게 손을 흔들어댔다.

(대상자) 어떻게 지내?

(실험자) 무엇과 관련해서 내가 어떻게 지내느냐는 거야? 내 건강? 내 재정상태?

학교수업? 내 마음의 평정상태? 아니면 … ?

(대상자) (얼굴이 벌개지며 갑자기 자제력을 잃고서) 야! 나는 그저 점잖게 건넨 말이었다. 솔직히 말해볼까? 네가 어떻게 지내느냐고 물어볼 의도는 전혀 없었다. 됐냐? 젠장.

일상생활의 이러한 대화들로부터 사람들의 기대를 잠시 옆으로 제쳐 놓든지 아니면 '괄호를 침'으로써, 이와 같은 실험들은 통상적인 상호작용의 미묘함을 부각해준다. 예를 들어, 비록 "어떻게 지내?"와 같은 말이 그 의미에 있어 다양한 해석을 지니고 있다 할지라도, 앞의 사례에서 실험대상자의 마지막 말에서 드러난 것처럼, 우리 중 어느 누구도 통상적인 상호작용에서 그 말이 뜻하는 바가 무엇인지를 아는 데 별 어려움을 느끼지 않는다.

그렇다고 민간방법론자들이 단순하게 연구대상자들의 세계에 대한 인식에 관심을 가지고 있는 것은 아니다. 앞의 경우, 우리는 연구대상자들이 실험자들을 버르장머리 없거나, 멍청하거나, 거만한 사람들이라고 생각할 것이라고 가정할 수 있다. 대화의 제공자가 아니라 대화 그 자체가 민간방법론적인 연구의 대상이 된다. 일반적으로 민간방법론에서는 우리의 일상적 삶을 규칙화하는 상호작용의 '배후에 깔린 유형들'에 초점을 맞춘다.

민간방법론자들은 자연주의적 분석을 사용하는 연구자들이 "만약 그 자체로 이미 연구하고 있는 세계 또는 문화의 일부분이 되어 버린 분석도구나 통찰들을 사용한다면 상식적 세계와 그 문화를 분석할 수 있는 능력을 상실하게 된다."고 믿는다(Gubrium and Holstein, 1997: 43). 로렌스 와이더(Laurence Wieder)는 어떻게 자연주의적 접근방법이 민간방법론적 접근방법과 다른지에 대한 훌륭한 예를 제시해준다(Gubrium and Holstein, 1997). 와이더는 그의 저서 『언어와 사회적 실제: 수감자 규칙 말하기 사례(Language and Social Reality: The Case of Telling the Convict Code)』(1988)에서, 다분히 전통적인 의미에서의 민속지학적 스타일로 보호감호소 수감자들에 대한 접근을 시도했다. 즉, 와이더는 수감자들과 친분관계를 맺고 참여관찰을 수행하여 내부자가 되기로 했다. 무엇보다 그의 첫 번째 관심사는 보호감호소 수감자들의 '실제 그대로'의 생활상을 묘사하는 것이었다. 와이더는 관찰을 통해, 수감자들이 보호감호소의 교도관들을 향해 표현하는 일탈행동의 원천으로 여겨지는 '수감자 규칙'을 보고할 수 있었다. '알랑방귀 뀌지 마라', '꼰지르지 마라', '교도관들을 믿지 마라' 등으로 구성된 이 규칙은, 수감자들이 원활하게 감옥과 외부사회 간 차이에 적응하는 데 도움을 주려는 교도관들의 시도를 방해하는 수감자들에 의해 지켜진다.

그 규칙은 수감자들의 일탈행위에 대한 설명 이상이었다는 것이 와이더에게 분명해졌다. 즉, 그것은 하나의 '도덕적 신념과 정당화의 방법'이었다(Wieder, 1988: 175). 이 시점에 이르러 와이더는 그의 자연주의적 접근방법을 민간방법론적 접근법으로 변경하기에 이른다. 자연주의적 현장연구자들이 참여자가 사회생활을 이해하는 식으로 그것을 이해하려 한다면, 민간방법론자들은 이해가 생성되는 과정 내내 적용되는 방법들을 규명하는 데 더 심혈을 기울인다. 이 수감자 규칙 사례의 경우, 와이더는 수감자들이 다른 수감자들과 교도관과의 상호작용을 알아차리기 위해 그 규칙들을 사용하고 있다는 사실을 감지하게 되었다. 그 보호감호소에 대한 민속지학은 따라서 그 규칙에 대한 민속지학으로 바뀌게 되었다. 예를 들어, 수감자들은 연구자인 와이더의 질문에 대한 대답의 거절을 정당화하는 방편으로 그 규칙을 언급하는데, 이를테면 "저는 꼰지르기는 안 하거든요."(1988: 168)라는 식으로 말하곤 했다. 와이더에 따르면, 그 수감자 규칙은 "대화의 주제를 바꾸거나 그만두기 위한 하나의 고안물로서 작동한다."(1988: 175) 심지어 교도관들조차 수감자 돕기를 망설일 때면 자신들을 합리화하기 위해 그 수감자 규칙을 언급하곤 했다. 그 규칙은 행동을 제약하는 동시에 상호작용을 통제하는 도구로 기능했다.

현장기반이론

현장기반이론은 실증주의와 상호작용론이라는 두 가지 주요 연구전통을 접목시킨 사회학자 글레이저와 스트로스(Barney Glaser and Anselm Strauss)의 협동작업으로 출현하게 되었다. 실질적으로 현장기반이론(grounded theory)이란 관찰자료에서 발견되는 유형, 주제, 그리고 공통범주의 분석으로부터 이론들을 도출해내려는 시도를 말한다. 최초의 이 방법의 주요 연구는 글레이저와 스트로스의 책『현장기반이론의 발견(The Discovery of Grounded Theory』(1967)에서 찾아볼 수 있다. 현장기반이론은 질적 연구를 수행하면서 '절차의 체계적인 조합'을 위해 자연주의적 접근방법에 실증주의적 관심을 결합시키고자 한 접근이라 보면 무리가 없다.

> **현장기반이론**
> 전개되는 관찰들을 지속적으로 비교함으로써 이론을 산출하려는 귀납적 접근. 관찰을 통해 검증될 가설을 도출하는데, 이론이 사용되는 가설검증은 매우 다르다.

스트로스와 코빈(Strauss and Corbin, 1998: 43-46)은「질적 연구방법의 기초: 현장기반이론 개발을 위한 방법과 절차(Basics of Qualitative Research: Techniques and Procedures for Developing Grounded Theory)」에서 연구자들이 다음의 세 가지 연구지침만 잘 따른다면, 현장기반이론을 통해서도 과학적이고도 창의적일 수 있다고 제안했다.

- **비교해서 생각하라(Think comparatively)** 저자들은 초기 관찰의 해석에서 양산될 수 있는 편견들을 피하는 하나의 방법으로 다수의 사건들을 비교하는

것이 필수적이라고 얘기한다.

- **여러 관점을 확보하라(Obtain multiple viewpoints)** 부분적으로 이 지침은 검토 중인 사건들에 대한 참가자의 다양한 견해를 말하지만, 스트로스와 코빈은 관찰기법의 다양성이 다양한 관점을 제공해준다고 믿고 있다.
- **짬짬이 멈춰 서서 뒤돌아보라(Periodically step back)** 자료가 축적됨에 따라, 지금 여기에서 무슨 일이 벌어지고 있는가에 대한 해석의 틀을 만들게 된다. 그리고 그러한 해석에 반하는 자료가 있는지 꼼꼼히 검토하는 것이 중요하다. 스트로스와 코빈(1998: 45)이 말했듯이 "자료 그 자체에는 거짓이 없다."
- **회의적인 태도를 견지하라(Maintain an attitude of skepticism)** 수집된 자료의 해석에 돌입했을 때, 모든 해석을 잠정적인 것으로 간주해야 한다. 새로운 관찰은 기존의 해석을 확정하기 위해서가 아니라 그것을 검증하기 위해 사용해야 한다.
- **연구절차를 따르라(Follow the research procedures)** 현장기반이론은 이론이 전개됨에 따라 자료수집에 있어 유연성을 허용한다. 그러나 스트로스와 코빈(1998: 46)은 다음의 세 가지 기법이 필수적이라고 강조한다. 그 기법은 바로 '비교, 의문제기, 표집'이다.

대부분의 연구에 있어서 연구의 시작 단계에서 기존의 연구방법을 다룬 문헌을 참고하는 것은 (과거에 축적된 지식을 습득할 목적으로) 일반적임에도 불구하고 현장기반이론은 이런 관행에 반기를 들었다. 글레이저와 스트로스는 연구자가 과거부터 이미 축적된 지식에 너무 매이다 보면 연구가 살펴보려는 것과 자료를 어떻게 해석할지에 대해 축적된 지식이 영향을 끼치는 기대를 창출할 수도 있다고 경고한다. 오히려 글레이저와 스트로스는 새로운 데이터(정보)로부터 범주와 유형을 찾아낼 것을 권고했다. 정보수집이 끝나고 난 후에 다른 문헌을 점검하는 것이 비교를 위한 또 다른 기회를 제공할 것이기 때문이다.

Lynda Koolish

안셀름 스트로스는 질적 현장연구의 재탄생에 혁혁한 공을 세운 매우 중요한 인물 중 하나이다. 그리고 그는 현장기반이론 방법의 창시자이다.

시아란 던(Ciarán Dunne, 2011)의 말대로, 문헌조사의 방법은 현장기반이론 학자들 사이에서 논쟁거리가 되고 있다. 스트로스는 특정한 경우에는 문헌조사가 연구에 선행해도 된다며 기존 입장에서 한 발 물러났다. 반면, 글레이저는 자신의 원래 주장을 고수했다. 어떠한 경우든 연구자들이 새로운 발견을 함에 있어 방해가 될 수 있는 선입견에 대한 초기 우려는 당신이 선택할 수 있는 어떠한 연구방법들에도 적용가능하다.

현장기반이론은 조사의 절차를 강조하고 있다. 특히 자료분석에서 타당도와 신뢰도를 갖기 위해서는 체계적인 코딩이 중요하다. 이와 같이 자료에 대한 약간의 실증주의적 견해 때문에, 현장기반이론가들은 질적 연구에 양적 방법론을 곁들인 혼합방법을 사용하는 데 매우 개방적이다. 이 접근을 따르는 두 가지 사례를 검토해보자.

학문풍토의 변동연구

클리프턴 콘래드(Clifton F. Conrad, 1978)가 수행한 대학에서의 학문풍토 변동연구는 현장기반이론적 접근을 활용한 초기 연구의 한 예로 꼽을 수 있다. 콘래드는 대학 교과과정의 주요한 변동원천을 밝힘과 동시에 변동과정을 이해하고자 했다. 콘래드는 이론적 표집(theoretical sampling)—이론적 적합성에 기초해서 집단이나 기관들을 뽑는—이라는 현장기반이론의 이념을 이용하여, 4개 대학교를 선정했다. 2개 대학에서는 변동을 유도하는 주요 기관이 공식적인 교과과정 조정위원회였으며, 나머지 두 대학에서는 교과과정의 조정을 위한 임시집단(ad hoc group)이었다.

콘래드는 학문풍토의 변동에 대한 그의 이론을 수립해가는 데 있어서 현장기반이론적 접근이 지닌 이점들에 대해 차근차근 설명했다. 그는 자료로부터 '발현'해야만 되는 범주들을 만들기 위해, 체계적으로 자료를 부호화하는 과정을 기술했으며, 또한 그렇게 만들어진 범주들이 서로 적합한지에 대해 확인하는 작업을 했다. 자료로부터 이론으로, 그리고 이론으로부터 다시 자료로 이어지는 끊임없는 과정을 통해 학문풍토의 변동에 대한 그의 초기 결론이 타당한지에 대해 재평가 작업이 가능했다.

예를 들어, 처음에는 학문풍토의 변동이 변화를 추구하는 사무처 행정직원에 의해 주로 일어나는 듯했다. 자료를 재검토하고 좀 더 수긍이 가는 설명들을 찾아나선 결과, 변동의 실제적 원천은 이익집단의 압력이라는 것을 발견해내기에 이르렀다. 이러한 이익집단의 출현은 실질적으로 대학 내 사무처 행정직원들이 변동의 대행자가 되게끔 했다.

연구대상 대학교들이 두 가지 유형으로 나뉘었고, 그중 한 유형으로부터 도출된 자료가 다른 나머지 유형으로부터의 자료와 어떻게 합치될 수 있는지에 대한 평가는 이론구축을 정교화하는 데 도움을 주었다. 이러한 정교화 과정은 콘래드의 첫 번째 해석으로 이론 구축과정이 중단되었을 자연적인 접근방식과는 대조적이다.

콘래드는 대학 교과과정의 변동이 다음과 같은 과정에 기초한다고 결론 내렸다. 즉, 내 · 외적인 사회구조적 힘 때문에 갈등집단과 이익집단이 출현한다. 그 집단은 현재의 학문 프로그램에서의 변동을 야기하려고 행정적인 간섭과 추천을 일삼으며, 그렇게 되면 가장 강력한 의사결정체에 의해 이러한 변동은 이루어진다.

루마니아인들의 장보기

구소련과 그 동맹인 동구권 국가들이 사회주의에서 자본주의로 이행하면서 일어난 대규모 변동에 대한 저작은 너무도 많다. 패트릭 잡스와 그의 동료들(Patrick Jobes and his colleagues, 1997)은 평범한 루마니아인들 사이에 일어난 소규모 변동에 대해 알아보기를 원했다. 그들은 장보기(shopping)에 초점을 맞추었다.

장보기가 일반적으로 일상적이면서도 비교적 합리적인 행동으로 여겨진다는 점을 염두에 두면서, 연구자들은 격변하는 경제상황하에서는 장보기가 하나의 사회문제가 될 수도 있다는 점을 역설했다. 그들은 하나의 사회문제로서 루마니아인들의 장보기를 조사하기 위해, 현장기반이론적 방법을 이용하여 일반인들이 그 문제를 어떻게 해결하는지 탐구했다.

그들의 최초 과업은 루마니아인들이 어떻게 장보기라는 과업을 인식하고 이해하는지에 대해 어떤 것이든 알아내는 것이었다. 연구자들은 한 사회문제 수업의 참여자가 되어 40명의 구매자를 면접하기 시작했고, 그들이 장보기와 연계해서 문제를 경험했는지의 여부와 그런 문제들을 해결하기 위해 어떤 행동을 취했는지를 물었다.

일단 초기 면접이 완결되고 나서 연구자들은 그들의 자료를 검토했으며, 구매자들이 겪는 가장 흔한 문제와 해결책으로 제시된 범주를 찾고자 애썼다. 가장 흔한 문제들 중 하나는 자금이 여의치 않다는 것이었다. 이것은 연구자들을 첫 번째 임시가설, 즉 "구매자들의 사회경제적 지위가 그들이 어떻게 문제를 인식하고 해결책을 강구하는지와 밀접히 연계될 것이다."(Jobes et al., 1997: 133)로 이끌었다. 이 가설과 그 밖의 다른 가설들은 연구자들이 후속 면접에서 보다 구체적인 변수들을 발견하도록 주의를 집중시키는 데 일조했다.

계속적으로 연구를 해나가면서, 그들은 다른 유형의 구매자와 면접을 시도했다. 예를 들어 학생들을 면접했을 때에는 구매자의 유형에 따라 관심을 갖는 상품의 종류도 다르며, 이러한 차이가 그들이 직면하는 문제들과 이를 해결하려고 하는 해결책에 영향을 미친다는 것을 발견했다.

후속 면접으로 부가적인 가설들이 개발되면서, 연구자들은 구매자들에게 물어볼 다소 표준화된 질문들을 개발하기 시작했다. 처음에 모든 질문은 개방형(open-ended)이었고, 점차 뒤로 가면서 폐쇄형(closed-ended) 질문도 개발했다.

이 연구는 현장기반이론의 핵심인 귀납적 원칙을 잘 보여준다. 즉, 가설이 없는 상태에서 자료가 수집된다. 초기 자료는 연구대상자들이 인식하는 주요한 변수들을 결정하기 위해 사용되고, 그 변수들 간의 관계에 대한 가설들은 수집된 자료로부터 유사하게 도출된다. 계속적인 자료수집은 문제에 대한 이해를 세련되게 해주며, 이는 다시 자료수집 그 자체의 초점을 날카롭게 다듬어준다.

사례연구 및 사례확장법

사례연구
촌락, 가족, 또는 비행 청소년 집단과 같은 몇 가지 사회현상에 대한 단일 사례의 심층연구

사회연구자들은 촌락, 가족, 비행 청소년 집단 같은 몇몇 사회현상의 하나 또는 몇 개 안 되는 사례에 초점을 맞추는 연구인 사례연구(case study)라는 용어를 쓴다.

래긴과 베커(Charles Ragin and Howard Becker, 1992)가 지적했듯이, 하나의 '사례(case)'를 구성하는 것이 무엇인가에 대해서는 의견이 분분하며, 그 용어도 광범위하게 사용된다. 예를 들면, 연구 중인 사례는 어떤 특정한 사람들의 집단이라기보다는 일정기간일 수 있다. 어떤 것의 특별한 한 가지 사례에만 주의를 기울이도록 제한하는 것이 사례연구의 본질적인 특징이다.

사례연구의 주요 목적은 인류학자가 문자가 없는 부족문화를 기술할 때와 같이 기술적(descriptive)인 것에 있을 수 있다. 또는 어떤 특정 사례에 대한 심층연구는 지역연구가였던 로버트와 헬렌 린드(Robert and Helen Lynd, 1929, 1937)나 로이드 워너(W. Lloyd Warner, 1949)가 미국 소규모 마을의 사회계층 구조와 과정을 이해하고자 할 때와 같이 설명적인 통찰을 제공할 수도 있다.

사례연구가들은 단지 조사 중인 특정 사례에 대한 사례기술적(idiographic) 이해를 추구할 수도 있으며, 또는 현장기반이론에서 보았듯이 사례연구는 보다 일반적이면 법칙정립적(nomothetic) 이론을 개발하는 기반이 될 수도 있다.

인종차별주의는 미국에서 지속되는 구조적 문제로서, 형사사법제도를 포함한 삶의 많은 부분에서 드러난다. 사법제도에서 인종차별은 줄곧 통계적으로 기록되어왔다. 약자들은 백인에 비해 특정 범죄행위로 체포될 가능성이 높고, 유죄를 선고받을 가능성도 높으며, 더욱더 무거운 판결을 받을 가능성도 높다. 이러한 통계학적 분석에 대해 일부는 동의하지만, 다른 일부는 동의하지 않기도 한다.

니콜 곤잘레스 밴 클리브(Nicole Gonzalez Van Cleave, 2016)는 다른 접근법을 시도했다. 그녀의 저서 『크룩 카운티(Crook County)』에는 그녀가 시카고의 쿡 카운티 법원에서 처음엔 직원으로 시작해서 나중엔 연구자로서 10년간 경험하고 관찰한 내용이 담겨 있다. 그녀는 편견과 차별이라는 통계학에 인간의 얼굴(인종)이라는 변수를 삽입할 수 있었다.

그녀는 불공정한 사법체계에 관여한 경찰관, 검사, 판사와 다른 이들의 행동과

대화를 자세하게 묘사했다. 예를 들어 자신이 저지른 일을 후회하는 흑인 강도의 사례를 소개했다. 그의 사건에 대해 판사는 매우 높은 보석금을 책정했다. 하지만 같은 날, 그 판사는 백인 강도에게는 훨씬 낮은 보석금을 부과했다. 물론 이 사례에도 많은 변수들이 존재하겠지만, 밴 클리브의 연구는 일관된 차별적 유형을 밝혀냈다.

종종 특정 주제에 대한 양적 연구와 질적 연구의 조합은 두 방법이 같은 결론을 낼 때 설득력이 있다.

마이클 버러워이와 그의 동료들(Michael Burawoy and his colleagues, 1991)은 사례연구와 이론 간의 관계에 대해 다소 다른 시각을 제시한다. 그들에게 있어 **사례확장법(extended case method)**은 기존 사회이론에서의 결점을 발견하고 그것을 조정하는 목적을 가지고 있다. 이 접근은 지금까지 논의해온 여타 다른 접근들과는 확연히 구분된다.

사례확장법
마이클 버러워이가 사례연구의 관찰 시 기존 사회이론의 결점을 발견하고 이를 보완하기 위해 개발한 방법이다.

현장기반이론가들은 그들이 발견할 것들에 대해 아무런 사전개념 없이 현장으로 파고들어가려 하는 반면, 버러워이는 그와는 정확히 반대 입장을 취한다. 즉, 우리는 "현장에 진입하기 이전(before entry)에 그 현장에서 무엇을 발견하기를 기대하는지 가능한 한 일관되게 윤곽을 잡아내야 한다"(Burawoy, et al., 1991: 9). 버러워이는 사례확장법을, 이론을 수용하거나 기각하는 대신 이론을 재형성하거나 증진시키는 방법 중 하나로 여기고 있다. 따라서 그는 관찰이 어떻게 기존의 이론과 다른지, 그리고 그가 '이론적 간격과 침묵'(1991: 10)이라고 명명한 모든 것을 찾아나선다. 현장연구에 대한 이러한 지향은 버러워이와 그의 동료들에게는 사전에 문헌을 검토하는 것이 실질적으로 가장 급선무라는 함의를 지닌다. 이에 반해, 현장기반이론가들은 다른 이들이 미리 결론 내린 것들에 대해 알고 시작하면 그들의 관찰과 이론형성에 편견이 생길지도 모른다는 점을 내심 우려한다.

사례확장법을 알아보기 위해, 버러워이 제자들에 의해 수행되었던 두 개의 연구를 예로 들어보자.

사제지간의 협상

레슬리 허스트(Leslie Hurst, 1991)는 어떤 중학교의 사제지간 상호작용 유형에 관한 연구를 시작했다. 그녀는 학교의 '공식적' 기능에 관한 기존의 상호모순적인 이론들로 무장한 채 현장으로 뛰어들었다. 어떤 이론들은 학교의 목적이 사회 이동을 촉진시키기 위한 것이라 하는 한편, 다른 이론들은 학교가 주로 층화된 노동의 분화(division of labor) 형식 내에서 현상유지를 재생산하는 것이라 주장하고 있었다. 스승과 제자에게 부과된 공식적 역할들은 양쪽 이론 모두에 의해 해석이 가능했다.

그러나 허스트는 교실 내에서 그녀가 관찰한 상호작용의 유형들과 이론들 간의 차이 때문에 놀랐다. 일개 학생으로서 그녀 자신의 경험에 비추어볼 때, 선생님들은 제자들의 정신, 신체, 그리고 영혼에 대해 총체적 권한이 있었던 것으로 기억했다. 그러나 그녀가 관찰한 캘리포니아 버클리의 중하위계급이 몰려 사는 근린지역에 있는 한 학교—에메랄드 중학교를 말하며, 그녀는 그 학교에 선생님으로 자원했다—에서는 매우 다른 점이 목격되었다. 그녀는 학교 내의 몇 개의 교실과 급식실, 그리고 영어교과 모임에 접근 권한이 있었다. 그녀는 학교, 스승, 그리고 학부모 간 기능분리에 초점을 맞추면서, 그녀가 목격한 사제지간 상호작용의 협상이 지닌 본질에 대해 설명했다.

허스트의 관찰에서, 학교는 학생들의 '신체'를 통제하는 기능을 수행하고 있었다. 예를 들면, 교내에서 학생들의 일반적인 움직임과 활동을 규제한다. 학생들의 '정신'은 선생님들에 의해 형성되는 것으로 여겨지고 있었고, 반면 학생들의 '영혼'에 대한 책임은 그들의 부모(가족)에게 있는 것 같았다. 즉, 학생들의 개인적 가치관, 태도, 소유감각, 그리고 예절감각과 관련해서 학생들을 사회화시킬 것으로 기대되는 것은 가족이었다. 학생들이 이러한 가치들을 지니지 않은 채 학교에 왔을 때, 허스트에 따르면 선생님은 "어떻게 학생들이 행동할 것인지, 그리고 교실 내 예절이 어떤 것이어야 하는지에 대해 몇 가지 타협안을 학생들과 함께 우선적으로 협상해야만 한다."(1991: 185)

허스트는 사제지간의 끊임없는 협상이 학교의 관심사항인 '신체'와 가족의 영역으로서의 '영혼' 간 격리의 표현이라고 설명한다. 교실 내에서 학생들의 정신을 통제하는 억제력을 제한받아온 선생님들은 학생들과 협상의 형식을 사용하여 "학생들의 신체와 소유감각…을 통제"(1991: 185)할 수 있고, 또는 허스트가 정의한 것처럼, 학생들의 신체와 영혼을 '돌봐줄(babysit)' 수 있다.

허스트는 그녀의 입장이 전통적인 사회학적 시각과 어떻게 다른지를 다음과 같이 진술하고 있다.

> 나는 미래주의적 시각을 가지고 학교에 접근하지 않았다. 나는 학교를 훈련시키는 곳이라든지, 사회화시키는 곳이라든지, 또는 사람들을 미래의 위계서열에 투입하는 곳 등으로 보지 않았다. 이러한 식으로 학교에 접근하면 교실과 교육현장 경험의 협상적이고 혼돈스러운 측면들을 놓치는 것이 된다. 미래주의적 관점은 매일매일의 일상적 현실을 놓쳐버린 채, 학교 경험에 어떤 질서와 목적을 부과시키려는 경향이 농후하다.
>
> (1991: 186)

요약하자면, 허스트의 연구는 교실, 학교, 그리고 학부모(가족)가 별도의 기능을 수행하고 그것들이 교실 내 '협상적 질서(negotiated order)'의 출현을 설명할 수 있다는 사고를 덧붙임으로써, 교육에 대한 전통적 · 사회학적 이해를 증진시키기 위한 시도이다.

에이즈 퇴치운동

캐서린 폭스(Kathryn Fox, 1991)는 정맥류 마약복용자들에게 콘돔과 주사바늘 소독제를 제공함으로써 에이즈 창궐을 퇴치하기 위해 싸우는 기관을 연구하기 시작했다. 이 연구는 일탈연구의 영역에서는 자주 이용되는 이론적 설명모형—구체적으로 말해, 마약남용자가 병원을 찾고 치료를 요청하는 것을 예견하는 '처치모델(treatment model)'—의 한계를 발견하는 데 매우 좋은 실례가 되었다. 폭스와 도움의 손길을 주는 단원들—그들 중 상당수는 마약중독자 집단의 일원이거나 전직 매춘부였다—과의 상호작용은 그 모델과는 모순되었다. 우선, 마약복용자들의 하위문화를 이해하고 보다 현실적인 정책과 프로그램들을 고안하기 위해 그 지식을 활용하는 것이 급선무였다. 가령, 그 프로그램에 종사하는 단원들이 믿을 만한 사람들이고, 그들이 단지 관심을 가지는 것은 소독제와 콘돔을 제공하는 것임을 연구대상인 마약복용자들에게 확신시켜야만 했다. 연구대상인 마약복용자들은 약물사용으로 체포되지 않는다는 사실을 확신받을 필요가 있었다.

폭스의 현장연구는 마약복용자들을 조사하는 것에 멈추지 않았다. 그녀는 에이즈 퇴치 단체의 단원들도 연구했는데, 그 연구로 에이즈 퇴치운동 프로그램이 연구책임자들과 그 단체의 단원들에게 서로 다른 의미가 있다는 것을 발견하게 되었다. 주사기 소독과 콘돔을 실제로 제공했던 자원봉사자 중 어떤 이들은 자신들이 할 수 있는 일들이 스스로 느끼기에 단지 있으나마나 한 정도의 미미한 변화만을 가져온다는 점에 매우 짜증이 나 있었다. 대다수의 단원들은 내심 그 운동 프로그램이 에이즈나 마약남용 문제에 대해 그저 미봉책일 뿐이라고 여기고 있었다. 또 어떤 이들은 현장에서 메모하는 것에 대해 불만을 토로하는 경우도 있었다. 다른 한편, 연구책임자들은 그들의 연구과제에 재정적 지원을 해준 연방정부와 주정부 담당공무원의 눈에 그들의 연구가 타당하다는 것을 보이기 위해 보고서의 작성과 현장기록이 필요했다. 폭스의 연구는 어떻게 에이즈 연구가 기존 조직체들에 전형적인 관료적 타성을 발달시켰는지 보여주고 있다. 즉, 연구의 목표는 그 자체를 유지시키는 것이 되었다.

이 두 가지 연구사례는 모두 어떻게 사례확장법이 작동되는지를 예시해주고 있다. 연구자는 기존 이론에 대해 풍부한 지식을 가지고 현장에 투입되지만, 그의 목표는 그런 이론들 가운데 수정을 요하는 모순들을 밝혀내는 데 있다.

사례연구에 대한 한 가지 비판은, 현상 속의 단 하나의 사례를 관찰하기 때문에 단일의 사례를 통해 일반화시키는 데 한계가 있다는 것이다. 그러나 이 위험은 하나 이상의 사례를 심층적으로 연구함으로써 현격히 줄일 수 있다. 이러한 방법을 택하는 것이 바로 비교사례분석 방법(comparative case study method)이다. 이에 대해서는 이 책의 11장의 비교역사분석 방법에서 논의할 때 몇 가지 예를 살펴볼 것이다.

제도민속지학

제도민속지학
개인의 사적인 경험이 권력관계를 비롯해 다른 제도적 특징을 드러내는 데 사용되는 조사기법

제도민속지학(institutional ethnography)은 여성들의 일상적 경험을 형성하는 권력관계를 발견함으로써 여성들의 일상 경험을 보다 잘 이해하기 위해 도로시 스미스(Dorothy Smith, 1978)에 의해 처음 개발된 접근이다. 오늘날 이 방법론은 모든 억압당하는 대상들의 경험을 형성하는 이데올로기로 확장되었다.

스미스와 다른 사회학자들은, 만일 연구자들이 여성이나 여타 다른 종속된 집단의 구성원들에게 '세상사가 어찌 돌아가고 있는지'에 대해 묻는다면, 연구자들은 이들의 실재를 형성하는 제도적 관행들을 발견할 수 있다고 믿는다(Campbell, 1998; Smith, 1978). 그러한 탐구의 목적은 보다 전통적인 유형의 연구에서는 종종 간과되는 억압의 형식들을 드러내는 데 있다.

Courtesy of Dr. Dorothy E. Smith

도로시 스미스, 사회조사의 선구자이자 제도민속지학의 창시자

스미스의 방법론은 연구대상자들 자체가 탐구의 초점이 아니라는 점에서 민간방법론과 유사하다. 제도민속지학자들은 개인들이 가진 사적인 경험에서 출발하지만, 그런 경험을 구조화하고 지배하는 제도적 권력관계를 폭로하는 방향으로 나아간다. 이 과정에서 연구자는 제도의 공식적인 목적들을 탐구하면서 시작하는 탐구가 놓쳐버릴 수 있는 사회의 여러 측면들을 드러낼 수 있게 된다.

이 접근은 일상생활의 사적 경험들의 '미시수준(microlevel)'과 제도의 '거시수준(macrolevel)'을 연결시킨다. 캠벨(M. L. Campbell)은 다음과 같이 주장했다.

> 여타 다른 형태의 민속지학처럼 제도민속지학은 면접, 관찰, 그리고 문헌을 자료로 삼아 의존한다. 제도민속지학은 그러한 자료를 주제나 관심의 대상으로 다루지 않고, 그 행위가 벌어지는 상황의 사회적 관계 속에 '진입'하는 것으로 취급함으로써 여타 다른 민속지학과 거리를 두게 된다. 그 의도는 사람들의 전문지식에서 뭔가를 끌어내어 연결시키는 것이다.
>
> (1998: 57)

여기 이 접근의 두 가지 예가 있다.

육아, 교육, 그리고 아동발달

제도민속지학의 첫 번째 예로는 앨리슨 그리피스(Alison Griffith, 1995)의 연구를 들 수 있다. 그녀는 도로시 스미스와 함께 육아, 교육, 그리고 아동발달 사이의 관계에 대한 자료를 수집했다. 그리피스는 캐나다 온타리오 주 남부지역에 있는 세 도시의 엄마들을 대상으로 그들이 가정과 학교 간의 관계를 만들어가는 매일 매일의 일에 관해 면접조사를 실시했다. 이것은 부모, 교사, 교직원, 사회 사업가, 학교의 심리상담가와 중앙정부 내 관리들과의 또 다른 면접을 위한 출발점이 되었다.

그리피스는 그녀의 연구에서 육아에 관한 담론이 어떻게 엄마-자녀 간 상호작용으로부터 '아동중심적 권고(child-centered recommendation)'로 초점이 바뀌었는지를 설명해준다. 그녀는 학교, 언론매체(잡지와 텔레비전 프로그램), 국가와 아동발달 전문가들이 사용하는 담론에서 특징적인 유사점을 발견했다.

교사와 아동발달 전문가들은 학교에서뿐만 아니라 일상생활에서 아동의 성공을 위해 엄마와 학교 간의 협력이 필수적이라는 관점에 의거해서 엄마의 역할을 보았다. 불평등한 자원 때문에 모든 엄마들이 '훌륭한' 아동발달이라는 담론에 동일한 방식으로 참여하지는 못한다. 그리피스는 노동계급의 엄마들은 교육에 대한 '자극(stimulation)' 노력에 있어서 중간계급의 엄마들보다 더 취약한 것으로 인식된다는 점을 발견했다. 그리피스는 학교제도에 배태된 이 아동발달에 대한 담론이 가정-학교 간 관계에 대한 중간계급 이상의 모든 사람의 규범으로 만들어서 계급의 재생산을 영속화시킨다고 주장했다.

강박적 이성애

제도민속지학의 두 번째 예로는 디디 카야트(Didi Khayatt, 1995)의 연구를 꼽을 수 있다. 이 연구는 학교에서의 강박적 이성애(compulsory heterosexuality)의 제도화와 여성 동성애 학생들에 대한 영향에 관한 연구이다. 카야트는 1990년에 15세에서 24세 사이의 토론토 지역의 여성 동성연애자(레즈비언) 12명을 면접하면서 연구를 시작했다. 이 젊은 여성들의 시각에서 출발해서 다른 학생들, 교사들, 상담전문가들, 그리고 행정가들로 연구영역을 확대시켜갔다.

카야트는 학교의 행정적 관행들이 강박적 이성애를 유발시키며 그것이 레즈비언 학생들로 하여금 일종의 주변성과 취약성을 느끼도록 만든다는 것을 발견했다. 예를 들어, 학교는 동성연애 학생들을 추행하거나 악의적인 별명으로 부르는 것에 대해 처벌하지 않으며, 동성연애가 학생들에게 이성애의 하나의 대안으로 보이지 않도록 이를 교과과정에서 배제시켰다.

내가 기술한 두 가지 연구에서 연구는 여성들의 시각—엄마들과 레즈비언 학생들—에서 시작하고 있다. 그러나 연구대상자들의 관점을 강조하는 대신, 두 연구분석은 여성들의 경험과 실제를 형성하는 권력관계에 초점을 맞추고 있다.

참여행동 연구

우리의 마지막 연구의 패러다임은 연구자들과 그들의 연구대상들 간을 연결시키는 지위와 권력관계에 대한 앞서의 논의에서 우리를 한발 더 나아가게 한다.

참여행동 연구
조사대상자들에게 조사의 목적과 절차에 대한 통제권이 주어진 사회조사의 한 접근방법. 조사자가 조사대상자보다 우위에 있다는 암묵적 가정에 대한 도 전으로 고안된 방법

참여행동 연구(participatory action research, PAR) 패러다임에서 연구자들의 기능은 연구대상자들—전형적으로, 불이익집단들—에게 하나의 자원으로서 기능하는 것인데, 연구대상자들이 자신들의 이해에 맞게 효과적으로 행동할 기회를 주는 것이다. 불이익을 당하는 연구대상자들은 자신들의 문제와 바람직한 해결책을 정의하고, 그들의 목표를 실현시키는 데 도움이 될 연구를 설계함에 주도적인 역할을 수행한다.

이 접근은 제3세계에 대한 연구가 본격화되면서 시작되었지만, 유럽과 북미 지역으로 급속도로 확산되었다(Gaventa, 1991). 이것은 고전적인 사회과학 연구에 대한 신랄한 비판에서 유래되었다. PAR 패러다임에 따르면, 전통적 연구는 연구의 '주체(subjects)'를 연구의 '객체(objects)'로 환원하는 일종의 '엘리트 모델(elitist model)'로 인식된다(Whyte, Greenwood, and Lazes, 1991). PAR 접근의 많은 주창자들에 따르면, 연구자와 연구대상자 간의 구분은 사라져야만 한다. 그들은 연구의 영향을 받게 될 대상들도 그 연구설계에 책임이 있다고 주장한다.

이 접근은 연구가 지식생산을 위한 하나의 수단일 뿐 아니라 '의식의 교육과 개발을 위한 하나의 도구로서, 그리고 행동을 동기화시키는 것으로서' 기능한다는 믿음을 함축하고 있다(Gaventa, 1991: 121-122). PAR의 주창자들은 정보에 대한 접근을 권력과 동등하게 여기고 있으며, 이러한 권력이 지배적 위치에 있는 계급, 성, 인종, 또는 국가의 손아귀에서 유지되어왔다고 주장한다. 일단 사람들이 자신을 연구자로 보게 되면, 그들은 자동적으로 지식에 대한 권력을 다시 손에 넣게 된다.

이에 반해, 방글라데시의 PAR 참가자는 그가 속한 커뮤니티의 과거 경험을 외부 연구자들과 공유했다(Datta, 2015).

> 정부, NGO, 연구단체, 대학과 같은 다양한 기관이 우리에게 긍정적인 변화를 가져올 것이라고 약속하며 우리 커뮤니티를 연구하러 여기에 온다. 하지만 실상은 그들의

> [외부 연구자] 연구가 끝나면 다시는 돌아오지 않는다. 대부분의 경우, 우리는 연구 결과나 연구보고서를 확인할 기회조차 없었다. 우리는 그들이 어떠한 정보들을 무엇 때문에 수집해갔는지 도무지 알지 못한다.
>
> (592)

PAR는 연구자들에게 특별한 도전을 노정한다. 한편으로 PAR의 핵심 의도는 연구자들이 규정한 필요에 걸맞게 조사할 수 있는 조사틀을 짤 힘을 갖는 것이다. 동시에 연구자가 아닌 자들이 결여한 특별한 기술과 통찰을 연구자가 도입할 수 있는 계기를 제공한다. 그렇다면 누가 책임자가 되어야 하는가? 앤드루 센스(Andrew Sense, 2006: 1)는 이 결정은 바로 다음과 같은 순간에 내려야 하는 것과 같다고 말했다. 그 순간이란 바로 "버스에서 승객의 위치에 있을 것인가, 아니면 운전사의 위치에 설 것인가, 그리고 그 조사가 이루어지는 동안 활성화에 어느 정도 기여할 것인가? 내 생각은 바로 당일의 판단 여하에 달려 있다."

이 접근의 예들은 공동체 권력구조의 연구, 회사에 대한 연구, 그리고 '알 권리(right-to-know)' 운동을 포함한다(Whyte, Greenwood, and Lazes, 1991). 다음에는 PAR 접근을 사용한 회사에 대한 연구의 두 가지 예가 제시되어 있다.

제록스 사

PAR 프로젝트는 제록스(Xerox) 사에서 경영진과 노동조합 양측 지도자들의 발의하에 실시되었다. 경영진의 목적은 경쟁이 치열해지는 시장에서 회사가 성공할 수 있도록 비용을 절감하는 데 있었다. 노동조합 측에서는 보다 넓은 시각을 제시했는데, 그것은 제조비용을 낮추는 동시에 생산성을 증진시키면서도 노동의 질을 향상시키는 것이었다.

회사의 경영진은 점포수준의 문제에 초점을 맞추어 시작했다. 즉, 그들은 노동계약이나 문제가 되는 경영정책에는 관심을 덜 보였다. 그 시점에서 경영진은 노동자 180명을 감원시키게 될 '외주(outsourcing)'를 시작할 계획을 세웠고, 노동조합 측에서는 이 계획안에 맞서 움직이기 시작했다. 제록스 사의 자문위원인 피터 레이지스(Peter Lazes)는 처음 한 달을 경영진과 노동조합이 배선담당부서의 노동자들로 이루어진 '비용연구팀(cost study team, CST)'을 편성하는 데 보냈다.

8명의 전임제 노동자들이 6개월간 CST에 소속되어 일했다. 그들의 과업은 회사가 3백20만 달러를 절약하고, 180개의 일자리를 유지할 수 있는 변화를 도모할 가능성을 연구하는 것이었다. 모든 재정 정보에 접근할 수 있었던 그 팀은 필요가 있다면 회사 내의 어느 누구라도 방문할 권한을 갖고 있었다. 이러한 전략은 그 팀의 구성원들이 그들에게 통상적으로 허용되었던 영역을 넘어서는 제안을 하는 것도 가능하게 했다. 화이트와 그의 동료들에 따르면 "그런 구조조정으로 인해 CST는 경영진들에게 모든 참모들이 하는 일에 대해 설명하고 그 일을 해야 하는 정당성을 입증하도록 요구할 수 있었다."(1991: 27). CST가 제안하고 경영진이 실행한 변화 덕분에 회사는 목표액인 3백20만 달러를 절약할 수 있었다.

경영진은 이 결과에 매우 고무되어 CST 프로젝트를 경쟁으로 위협받고 있던 다른 세 개 부서에까지 확대 적용시켰다. 다시 한번 경영진은 노동자팀에 의해 절약된 돈으로 기뻐했다.

이 제록스 사의 사례연구는 지식이 항상 엘리트의 전문지식일 필요는 없다는 사실을 시사한다는 점에서 PAR의 흥미로운 예이다. '전문가'가 반드시 프로일 필요는 없다. 화이트와 그의 동료들에 따르면 "PAR는 제록스 사에서 강력한 조직 학습과정—이 조직과정은 자문위원/연구조정자가 노동자와 경영진의 지도자들로부터 배우는 동안, 노동자와 경영진의 지도자들도 서로로부터 그리고 자문위원, 연구조정자로부터 학습하는 과정이다—을 창조하고 이끌어주었다."(1991: 30).

참여행동 연구와 복지정책

참여행동 연구(PAR)는 빈곤한 사람들이 그렇지 않은 사람들로 이루어진 집단들에 비해 자신들의 삶에 영향을 미치는 정책과 행동에 영향력을 행사하는 것이 전형적으로 어렵다는 이유로 가난한 사람들을 종종 연구에 포함시킨다. 버니타 쿠오스, 마거릿 쿠니, 그리고 테리 롱허스트(Bernita Quoss, Margaret Cooney, and Terri Longhurst, 2000)는 와이오밍 주의 복지정책과 관련된 연구계획을 보고하고 있다. 대부분이 복지혜택의 수혜자인 대학생들은 그 연구조사를 수행하는 동시에 주정부의 새로운 복지규정하에 와이오밍 주가 고등교육 이상의 교육을 '노동'으로 인정하게 하려고 무던히도 공작을 벌였다.

이 프로젝트는 1996년 '개인책무와 노동기회법(PRWORA)'의 기조에 반하는 것으로 시작한다. 그 법의 내용은 다음과 같다.

> PRWORA는 기존 복지법인 1988년 가족지원법(FAS)하에서 가능하던 교육비 면제자들을 일소했다. 이 면제자들에게는 직업연수 과정에 대한 하나의 대안으로서 대학에 입학하기 위해 현금지원 프로그램(AFDC)에 적임자로 참여하는 것이 허용되었다. 이런 면제혜택을 받은 이들을 받아들인 복지 프로그램에 관한 경험적 연구는 일반적으로 교육이 빈곤으로부터 탈출하고 자기충족감을 성취할 수 있는 가장 효과적인 방법이라는 증거를 제공했다.
>
> (Quoss, Cooney, and Longhurst, 2000: 47)

학생들은 소위 권한부여(Empower)라고 불리는 단체를 조직함으로써, 그리고 광범위한 학생과 교수들의 지원을 끌어오기 위해 캠퍼스와 관련된 여러 문제들에 대해 주위환기용 발표 등을 함으로써 그 프로젝트에 착수했다. 그들은 그 이슈에 관한 기존의 연구들을 따랐으며, 와이오밍 주 입법부 관련자들과 긴밀한 협조체제를 구축했다. 1997년 주의회 회기가 막 시작될 무렵, 학생들은 연방정부의 정책기조로부터 떨어져 표류하는 주정부 복지정책법을 수정하는 과정에서 매우 공격적으로 관여했다.

학생들은 현황보고서와 법 입안자들의 고려와 관련이 있을지도 모를 다른 연구보고서들을 준비하고 배포했다. 그들은 위원회의 회의에도 참석했고, 법 입안자들을 상대로 일대일 식의 운동도 마다하지 않았다. 잘못된 자료들이 토의 과정에 제시되면, 학생연구자들은 즉시 그 점을 지적하고 수정도 제시했다.

궁극적으로 그들은 성공했다. 와이오밍 주의 복지혜택 수혜자들은 빈곤으로 가는 길에서 탈출하는 매우 효과적인 방안으로서 고등교육을 추구하는 것이 가능해졌다.

남아프리카의 세이퍼스페이스(2014)의 참여관찰자들은 한 집단의 위험한 공간을 분석하고 연구하는 가장 효과적인 방법은 그곳에 거주하는 이들과 파트너십을 맺는 것이라는 사실을 알아냈다.

> 각 참가자들은 자신들이 사는 곳과 안전하지 못하다고 느끼는 곳의 지도를 그린다. 이 지도를 각자 그림으로써 참가자들은 기여할 기회를 갖게 되고 자신을 표현할 기회도 갖게 된다. 그것은 그들의 사고를 그들이 살고 있는 물리적인 환경과 연결 짓게 하고, 공간적 사고를 시작하게 만든다.
>
> (SaferSpaces, October 20, 2014)

참가자들은 소집단 내에서 자신들의 지도를 서로 비교하고 조합하며, 위험하다고 느껴지는 구역들의 조합을 만들어낸다. 이후 그들은 그 위험 장소들을 방문하고 결론을 도출해낼 분석들을 보장하기 위해 촬영도 진행한다.

몇몇 연구자들은 해방적 조사(emancipatory research)에 대해 말한다. 아르다 다니엘리와 캐롤 우드햄스(Ardha Danieli and Carol Woodhams, 2005: 284)는 이를 "억압받는 이들에게 혜택이 돌아가는 것(즉, 정치적 결과)을 우선적으로 고려하는 지식을 생산하는 과정"이라고 규정했다. 질적 및 양적 방법은 모두 이런 목적을 추구하는 데 이용될 수 있지만, 무엇이 어떻다는 것을 단순히 배우는 것을 넘어선다. 심지어 조사대상자의 관점조차도 넘어선다. 다니엘리와 우드햄스는 장애인들에게 초점을 맞추었을 뿐만 아니라 해방적 조사의 발전과 초기 여성주의 연

해방적 조사
사회적 약자집단에 혜택을 부여할 목적으로 시행되는 연구조사

구들 사이의 유사점에 대해 논하기도 했다.

철거 방지

연구자들이 자신들이 연구하는 것에 직접적으로 개입하는 것의 예로 캘리포니아 주 데이비스 시의 역사적 건축물의 철거와 그것을 막으려는 지역 공동체의 시도를 자세히 묘사한 존 로플랜드(John Lofland, 2003)의 연구를 들 수 있다. 그의 저술을 특별하게 만드는 한 가지는 분석을 위해(그리고 독자들을 위해) 사진, 팩시밀리 뉴스 기사 및 정부 문서를 원자료로 사용한 것이다. 이것이 바로 로플랜드가 말하는 '다큐멘터리 사회학'이다.

로플랜드가 설명하는 것처럼, 그는 처음엔 '터미널 빌딩' 혹은 '터미널 호텔'로 알려진 애지 호텔(Aggie Hotel)의 철거를 막기 위해 그 지역 사람들과 철거반대 운동에 적극적으로 참여하는 것으로 시작했다. 1924년에 지어진 이 호텔은 현재 수천 명이 거주하는 지역의 인구 증가와 도시 개발의 희생양이 되었다. 로플랜드는 연구자로서 자신의 역할은 빌딩이 철거되기 시작한 2000년 9월 18일부터 시작된 것이라고 말한다.

> 그 일이 있기 이전에 나는 단지 평범한 시민에 불과했다. 무슨 이유에서인지 나는 다른 많은 이들과 함께 터미널 빌딩의 붕괴를 막기 위해 애썼다. 이것이 바로 이 책에 그날 이전에는 사진이 별로 없는 이유를 설명해준다. 하지만 그날 이후에는 사진이 많다. 그날 이후 나는 거기서 무슨 일이 벌어지고 있는지를 카메라와 현장노트로 진지하게 기록하기 시작했다.
>
> 그래서 '사전 동의'(작금에 조사연구와 관련해서 흔히 제기되는)의 문제는 9월 18일 이전에는 아무런 문제 될 것이 없다. 그날 이후로 나는 내가 만나는 모든 이들에게 내가 그 역사적 빌딩에 대한 '책을 저술하고 있다'고 알렸다.
>
> (2003: 20)

3장에서 다뤘던, 연구대상을 보호하는 방법 중 하나인 '사전 동의'를 다시 상기해보라. 로플랜드의 경우, 그 자신이 어딘가에 적시한 바대로 그는 연구대상자들의 명백한 동의를 구할 필요가 없었다. 왜냐하면 연구하려는 행동이 공개된 것이었기 때문이다. 하지만 여전히 사회연구자로서의 그의 본능은 연구대상자들을 올바르게 대하는 것이었다.

로플랜드의 연구목적 중 하나는 그 역사적 빌딩에 '역사유물'의 지위를 확보하려는 시도가 실패로 끝나는 것을 연구하는 것이었지만 그것을 통해 향후에 운동가들에게 유용한 정보를 제공하려는 목적도 있었다. 이것은 참여관찰 연구에 다양한 형태가 있다는 것을 보여준다.

동시에 이 연구는 로플랜드가 방법론 교재의 저자로서 연구방법론 측면에 특별히 민감하다는 점을 감안하면 연구조사 방법을 위한 하나의 가치 있는 사례이기도 하다.

> 연구상황에 개입하는 정도와 깊이는 양날의 검이다. 한편에서는 내가 연구상황에 직접적으로 개입하는 것이 연구대상을 더 가까이에서 바라볼 수 있게 한다. 나는 일종의 '인사이더'였다. 이것은 내가 개입하지 않았다면 수집할 수 없었던 정보들을 수집할 수 있음을 의미한다.
>
> 하지만 다른 한편으로는 내 소속감이 편견의 위협을 분명히 안고 있었다. 나는 항상 이것에 대해 주의하고 이를 시정하려고 노력했었다. 그러나 결론적으로 나는 최종적 판관이 될 수 없었다. 독자 개개인이 스스로 판단해야 할 것이다. 다만 나는 내가 앞서 언급한 '디지털 다큐멘터리' 증거가, 말하자면 그 연구를 있는 그대로 이해하는 데 도움이 되길 바란다. 그것은 독자들로 하여금 내게 의존하기보다는 무슨 일이 일어났는지를 표현하는 다른 방법들에 더 의존하게 한다.
>
> (2003: 20)

이렇듯 겉으로 보기에는 단순해 보이는 사회현상 연구과정에는 미묘하지만 중요한 차이점들이 존재한다. 2장에서 보았듯이, 우리의 모든 생각은 그것이 의식적이든 무의식적이든 간에 패러다임에 의해 만들어지고 패러다임 내에서 형성된다. 질적 현장연구는 사회적 삶의 관찰을 풍부하게 하기 위해 다양한 패러다임을 형성하는 데 각별히 신경을 쓰고 있다.

연구자의 패러다임이 연구조사에 끼친 영향이 뉴질랜드의 마오리 원주민을 상대로 한 참여행동 연구조사의 한 형태인 카우파파 마오리 조사 사례만 한 것은 그 어디에도 없을 것이다.

쉐인 워커, 아나루 에크톤, 그리고 애니타 깁스(Shayne Walker, Anaru Eketone, and Anita Gibbs, 2006)가 밝힌 바와 같이, 마오리 문화에 밀착하는 것은 연구조사의 목적들을 형성하는 것일 뿐만 아니라 그것의 과정 및 실천을 형성하는 것이다. 예를 들어, 양자양육 연구에 있어 그 연구의 목적은 양자양육에 가장 직접적으로 관심을 가진 이들에 의해 만들어졌다. 자료수집의 방법은 마을의 모임을 포함해서 마오리 습속에도 부합했다. 자료분석으로부터 도출된 함의들은 마오리족이 행하는 방식에 맞추어졌다.

10.5 질적 현장연구의 실행

이제까지 우리는 이 장에서 질적 현장연구와 관련된 여러 주제를 살펴보았는데, 특히 이러한 종류의 연구를 하는 데 있어서 특별히 고려해야 할 점과 이러한 종류의 연구노력을 지향하는 패러다임의 본보기 등을 중점적으로 다루었다. 그러면서 실제 연구활동에서의 현장연구를 묘사해주는 몇 가지 예를 살펴보았다. 전반적인 윤곽을 잡기 위해, 현장연구를 수행하는 데 있어서 어떻게 조사활동을 준비해야 하는지를 살펴보면서, 구체적인 아이디어 및 기법들을 알아보기로 하자.

현장을 위한 준비

잠시 동안 여러분이 학내 정치조직에 대해 현장연구를 하기로 결정했다고 가정해보자. 더 나아가 연구자인 여러분은 그 집단의 구성원이 아니며, 그 집단에 대해 아는 바도 거의 없으며, 여러분 자신을 연구자로서 그 집단의 참여자에게 신분을 밝혔다고 가정해보자. 이 절에서는 연구자가 직접 관찰을 수행하기 전에 준비해야 하는 몇 가지 방법을 논의하기 위해 몇 가지 예를 사용할 것이다.

모든 연구방법이 그렇듯이, 연구자는 연구대상에 대한 자신의 지식을 보충하고 다른 이들이 그 대상에 대해 어떻게 얘기했는가를 배우면서 관련된 문헌을 조사(a search of the relevant literature)하는 것에서부터 연구를 시작하는 것이 좋다.

연구의 다음 단계에서, 연구자는 이미 학생 정치집단을 연구했던 사람들이나 그 집단과 친숙한 사람들과 함께 논의하고자 할 수도 있다. 특히 연구자는 한 명 또는 그 이상의 정보제공자(informant)와 함께 그 집단에 대해 논의하는 것이 유용하다는 것도 금방 알아차릴 것이다. (이에 대해서는 7장에서 논의한 바 있다.) 아마도 연구자인 여러분은 그 집단의 구성원 중 하나인 어떤 친구를 알고 있거나, 친구가 아니더라도 다른 이를 만날 수 있다. 여러분이 정보제공자와의 관계를 연구자의 역할 이상으로 확장시킨다면, 현장연구를 위한 이 측면의 준비과정은 보다 효과적일 가능성이 농후하다. 연구대상 집단의 구성원을 정보제공자로서 접촉할 때는 처음에 토론했던 내용 때문에 나중에 연구내용이 타협되거나 제한되지 않도록 조심해야 한다. 정보제공자에게 여러분이 주는 인상과 연구자가 스스로 만들어가는 역할이 나중에 여러분의 연구작업에 영향을 끼칠 수 있다는 점을 명심해야 한다. 예로, 만일 여러분이 잠복근무 중인 FBI 요원일지도 모른다는 첫인상을 심어준다면, 그것은 나중에 그 집단에 대한 관찰을 제대로 하기가 어려워진다는 것을 의미한다.

여러분은 또한 정보제공자로부터 얻은 정보에 대해서도 신중해야 할 것이다.

정보제공자가 연구대상에 대해 연구자인 여러분보다 더 많은 직접적이고 사적인 지식을 가지고 있다 할지라도, 그들이 '알고' 있는 것은 아마도 사실과 개인적 견해를 섞어놓은 것일 수 있다. 앞의 예에서 정치집단 구성원들이 완전히 편견 없는 정보를 제공할 가능성은 낮다. (이것은 반대 입장의 정치집단 구성원들에 대해서도 마찬가지이다.) 그래서 여러분은 그 학생집단과 처음 접촉하기 전에 그 집단에 대해 충분한 사전지식이 있어야 하며, 그 집단의 일반적이고 철학적인 맥락을 이해하고 있어야 한다.

연구자인 여러분이 연구대상으로 계획하고 있는 사람들과 처음에 접촉하는 방법에는 여러 가지가 있다. 초기 접촉방법은 부분적으로 연구자인 여러분이 담당하려는 역할에 달려 있다. 특히 여러분이 완전 참여자의 역할을 담당하려면 연구대상자들과 혼연일체가 되는 방법을 모색해야 한다. 연구자가 식당의 접시닦이를 연구하길 원한다면, 가장 직접적인 방법은 여러분이 접시닦이로 일자리를 구해보는 것일 터이다. 학생 정치집단의 경우, 그냥 그 집단에 가입하는 것이 그 방법일 수 있다.

현장연구에 적합한 많은 사회적 과정은 연구자가 연구대상이 되는 사람들과 간단하고도 단도직입적으로 접촉할 수 있을 만큼 개방적이다. 연구자가 대중시위를 관찰하기를 원한다면 그저 그곳에 있으면 된다. 무단횡단의 유형을 연구하려면 그냥 번잡한 거리를 어슬렁거리기만 하면 된다.

때때로 당신은 당신이 연구하고자 하는 이들에게 자신이 연구자라는 사실을 밝혀야 한다. 그 연구대상자는 당신을 편안하게 해줄 수도, 또 개인적인 도움을 줄 수도 있다. 공식적인 집단을 연구할 때 연구자가 그 집단의 지도자에게 접근하거나 정보제공자들 중 한 명이 연구자를 그 집단의 지도자에게 소개해줄 수도 있다. 이러한 경우에서 연구대상자들과 친밀감(rapport)을 형성하는 것은 매우 중요하다. [이에 대해 좀 더 알길 원한다면, 〈어떻게 할 것인가: 친밀감 형성하기〉를 참조하라.]

연구대상 집단과 처음에 접촉을 시도하는 데에는 많은 선택사양이 있지만, 연구자의 선택이 그 후로 이루어지는 관찰에 영향을 미칠 수 있다는 점을 상기해야 한다. 예를 들어, 연구자가 어떤 대학교를 연구하고 있으며, 그 연구를 고위직 교직원으로부터 시작한다고 가정해보자. 이 선택은 몇 가지 중요한 결과를 야기할 공산이 커진다. 첫째, 연구자가 그 대학교에 대해 받은 처음 인상은 고위직 교직원들의 견해에 따라 형성될 것이고, 그것은 학생들이나 교수들의 견해와는 현격한 차이를 보일 것이다. 그 초기 인상은 연구자가 다음에 사건을 관찰하고 해석하는 방법에 직간접적으로 영향을 미칠 수 있는데, 특히 연구자가 그러한 영향을 인식하지 못할 경우에는 더할 것이다.

어떻게 할 것인가 **친밀감 형성하기**

질적 조사연구에서 연구자가 관찰대상자들과 친밀감(rapport)을 형성하는 것은 매우 중요하다. 특히 심층면접이나 상호작용을 포함한 관찰일 때 그렇다. 친밀감이란 마음이 열리고 신뢰가 형성된 관계를 말한다. 그러나 어떻게 그런 관계를 맺을 수 있을까?

여러분이 연구자라고 가정해보자. 여러분은 위협적이 아닌 방식으로 여러분의 연구목적을 설명할 필요가 있다. 여러분은 단지 대상자들에 대해 배우고 그들을 이해하기 위해 연구조사를 하려 한다고 말해야 하지, 그들을 판단하거나 어떤 문제를 일으키려고 거기에 왔다고 말해서는 안 된다. 만일 여러분이 다음과 같이만 한다면 일은 순조롭게 이뤄질 것이다.

(1) 실제로 여러분이 연구하고자 하는 사람들에 대해 진정으로 관심을 가질 것. 그러면 그들이 어디에 관심을 갖고 있는지에 대해서 소통할 수 있을 것이다. 이런 점은 그들이 그럴 만한 자격이 있는 자들이란 자각을 갖게 할 것이고, 이는 곧 그들의 뜻이 무엇인지를 여러분에게 알려주는 것도 수월하게 할 것이다. 만일 연구자가 세상이 어떻게 돌아가는지를 관찰대상자들의 관점에서 알기를 원치 않는다면, 연구자는 다른 방법을 고려해서 그들의 시간과 다른 것들을 빼앗지 말아야 한다.

(2) 말하기보다는 듣는 자가 되어야 한다. 물론 벙어리가 되라는 말은 아니다. 다만 (가) 다른 사람으로부터 보다 많은 정보를 이끌어내기 위해서, 또는 (나) 연구자와 연구조사에 관한 그들만이 가진 답을 이끌어내기 위해 질문들에 답하기 위한 때만 우선적으로 최소한 말하라.

(3) 연구대상자들과 논쟁하지 마라. 대상자들이 표명한 관점에 동의하지 않는다 해도 그들의 생각을 바꾸려 들기 위해 논쟁하지 말아야 한다. 여러분의 진정한 목적은 그들의 세계를 이해하고 그들이 세계를 어떻게 이해하는가를 얻어내는 점이라는 사실을 늘 잊지 말아야 한다. 이런 노력이 작동하든 아니든 상관없이 말이다. 이때 약간의 자기비하감이 도움을 줄 수 있다. 왜냐하면 연구자가 그들에 비해 우월하다는 감정을 갖지 않는다고 여기고 연구를 시작한다면, 대상자들로부터 더 많은 것을 들을 수 있고 더 나은 이해를 할 수 있기 때문이다.

(4) 연구조사에 조급해하지 말고 적절하게 대응하라. 어떤 이들은 다른 이들에 비해 좀 더 공식적이거나 비공식적일 수 있다. 그러므로 연구자는 대상자들이 그들의 평상시 스타일을 취할 수 있게 배려하거나, 적어도 그들이 편안하다고 느낄 스타일이 다양할 터이니 거기에 맞춰줄 수 있도록 자신만의 느긋한 방법을 찾아야 한다.

만일 대상자들이 편안해하고 상호작용을 즐길 수 있도록 연구자가 만들어주었다면, 여러분은 여러분에게 필요한 친밀감 형성을 이미 성취한 것이나 진배없다. 그렇게 되면 여러분 자신도 그 상호작용을 즐길 수 있게 될 것이다.

친밀감
마음이 열리고 신뢰하는 관계. 특히 연구자와 관찰대상자 사이의 질적 연구조사에서 중요한 관계

둘째로, 만일 고위직 교직원들이 연구자의 연구계획을 승인하고 학생과 교수들이 연구자에게 협조할 것을 당부한다면, 학생들과 교수들은 아마도 연구자를 어느 정도는 고위직 교직원들과의 연장선상에서 바라볼지도 모르며, 그럴 경우 그들이 연구자에게 말하는 것에 영향을 끼칠 수도 있다. 예를 들어, 교수진은 노동조합을 조직하려는 계획에 대해 연구자에게 말하기를 꺼릴지도 모른다.

연구자는 연구하고자 하는 사람들과 직접적이고 공식적인 접촉을 견지하면서, 그들에게 연구목적에 대해 약간의 설명을 해줄 필요가 있을 수도 있다. 이때 연구자는 윤리적 문제에 직면하게 된다. 연구목적에 대해 완전히 말해주면, 연구대상자들이 전혀 협조를 해주지 않거나 그들의 행동에 아주 중요한 영향을 끼칠

수도 있다. 다른 한편, 연구자가 생각하기에 이 정도면 괜찮다 싶은 것만을 그들에게 말해준다면 철저한 눈속임이 될 수도 있다. 이런저런 문제에 있어서 연구자의 결정은 주로 연구목적, 연구대상의 성격, 사용하고자 하는 관찰방식 및 여타 유사한 요인들에 의해 좌우되지만, 여기서도 윤리적 문제는 예외 없이 항상 고려되어야 한다.

현장연구는 이 점과 관련하여 방법론적 또는 윤리적인 문제에 대해 확고부동하게 고정된 규칙을 제시하고 있지는 못하다. 연구자로서 여러분의 출현은, 그 연구목적이 무엇이건 간에, 연구대상자들로 하여금 자신들이 과학자가 연구할 정도로 중요한 인물이라는 것에 흡족해하도록 만들어서 따뜻한 환대를 자아낼 수도 있다. 또는 연구자로서 여러분의 존재가 그들로부터 완전한 따돌림을 받거나 좋지 않은 상황으로 몰릴 수도 있다. 예를 들어, 조직폭력배 집단의 모임에 불쑥 들어가서 여러분이 지금 조직범죄에 관한 학기말 보고서를 쓰고 있다고 천명하는 것은 그리 좋은 생각이 아니다.

질적 면접

어떤 면에서 현장연구는 행동이 일어나는 곳에 가서 그저 지켜보고 듣는 것이다. 야구 스타인 요기 베라(Yogi Berra)가 "그냥 쳐다보는 것만으로도 많은 것을 관찰할 수 있다."라고 말했던 것은 여러분이 주의를 기울여본다는 것을 전제로 한다. 동시에, 이미 지적했다시피 현장연구에는 보다 적극적인 탐구도 포함될 수 있다. 사람들에게 질문을 던지거나 그들의 답을 기록하는 것이 적절할 때도 종종 있다. 만일 여러분이 왜 사람들이 폭동을 일으키는지를 모른다면, 격정에 쌓인 폭동을 바로 그 현장에서 관찰하는 것만으로는 뭔가 미진한 부분이 있게 될 것이다. 누군가에게 물어보라.

세실리아 멘지바(Cecilia Menjívar, 2000)가 샌프란시스코의 엘살바도르계 이민자들의 경험에 대해 알고 싶어했을 때, 그녀는 개인적인 관찰 이외에도 심층면접이 유용한 연구기법이 될 것이라 여겼다. 그 연구를 진행하기 훨씬 전에 그녀는 이미 우리가 상상하는 것 이상으로 더 복잡한 사회과정과 사회구조 체계가 있다는 것을 발견한 바 있다. 새 이민자가 이미 미국에 와 있던 가족이나 친지들에게서 도움을 받을 것이라고 흔히 생각하겠지만, 멘지바는 그녀가 면접한 피면접자들이 종종 여러 가지 이유에서 그들의 친척들에게 도움을 요청하기를 꺼린다는 사실을 발견했다. 한편으로 그들은 불법적으로 또는 매우 가난하게 사는 그들의 가족구성원들(친척)을 곤경에 처하게 할 수도 있었다. 동시에 도움의 손길을 요청하는 것은 곧 그들을 도와주는 친척들에게 신세를 지는 것을 의미할 수도 있었다. 멘지바는 또한 엘살바도르의 남녀규범이 특히 여성 이주자들을 곤경에 처하게 만든다는 것을 발견했다. 왜냐하면 여성들은 그들과 아무런 상관이 없는 남성들에게 도움을 청함으로써 혹여 그 남성들과 성적인 관계를 맺을 의무감을 갖지 않기 위해 외간 남성들에게 도움을 요청하는 것을 대체로 금기시해 왔기 때문이다. 이러한 사실들은 개방적 심층면접에서나 추출될 수 있는 발견들임에 분명하다.

9장에서 면접에 대해 이미 논의한 바 있고, 거기서 토의된 것의 많은 부분이 질적 면접에 적용된다. 하지만 현장관찰과 관련해서 하게 될 면접은 여기서 별도로 다룰 필요가 있을 정도로 많이 다른 것 또한 사실이다. 설문조사에서 설문지는 엄격하게 구조화되지만, 현장연구에는 덜 구조화된 면접이 더 적절하다. 허버트와 린 루빈(Herbert and Riene Rubin, 1995: 43)은 그 차이에 대해 "질적 면접 설계는 바위에 미리 박아놓은 것처럼 고정되어 있는 것이라기보다는 탄력적이고 반복적이며 지속적이다."라고 기술한다. 그들은 다음과 같이 표현했다.

> 질적 면접의 설계는 반복적이다. 그것이 의미하는 바는 연구자가 정보 수집, 분석, 취사선택, 그리고 검사하는 기본적인 과정을 매번 되풀이함으로써, 연구 중인 현상의 명확하고도 근거 있는 모형에 좀 더 가까이 가게 되는 것이다. …
>
> 질적 면접의 지속성이 의미하는 바는 설문 자체가 전 연구과정을 통해 재설계된다는 것이다.
>
> (46-47)

질적 면접
서베이 면접과 대조되는 것으로, 질적 면접은 표준화된 질문들의 사용에 기초한 것이 아니라 심층적으로 논의될 일련의 주제에 기초한다.

설문조사와 달리 질적 면접(qualitative interview)은 면접자와 응답자 사이의 상호작용을 뜻하는데, 이때 면접자는 응답자에게 물을 일반적인 조사계획을 가지고 있기는 하지만 구체적으로 어떤 말을 어떤 순서로 질문할 것인지 정하고 있지는 않다. 동시에 설문조사를 하는 면접자와 마찬가지로 질적 면접을 하는 사람들에게 있어서도, 그들이 물어야 할 질문들에 대해 충분한 사전인식이 있어야 한다는 점은 여기서도 핵심적인 사항이다. 이렇게 해야만 면접이 물 흐르듯 자연스럽게 진행될 수 있기 때문이다.

질적 면접은 본질적으로 면접자가 대화를 위해 일반적인 방향을 설정하고 응답자에 의해 제기되는 구체적인 주제를 따라잡는 대화를 말한다. 이상적인 것은 응답자가 대부분의 대화를 행하는 것이다. 면접자가 면접시간의 5% 이상을 이야기한다면 그것은 도가 지나친 것이다.

슈타이너 크베일(Steinar Kvale)은 면접을 두 가지 은유로 비유한다. 즉, 면접자를 '광부' 또는 '여행객'으로 비유했다. 첫 번째 모델은 연구대상자가 구체적인 정보를 소지하고, 면접자의 할 일이란 다름 아닌 캐내어 찾아내는 것이라고 가정한다. 이에 비해 두 번째 모델에서 면접자의 역할은 다음과 같다.

> 경치 좋은 곳을 여행하면서 그곳에서 마주치는 사람들과 대화 속으로 빠져드는 것이다. 여행객은 아직 미지의 영역 또는 그저 지도상에만 나타난 그 나라의 여러 지역을 자유로이 흘러다니면서 탐사하게 된다. … 면접자는 그 지역의 원주민들과 함께 방랑하면서, 연구대상자들이 자신들의 살아 숨쉬는 세계에 대한 자신들만의 이야기를 풀어놓도록 넌지시 질문을 던진다.
>
> (1996: 3-5)

질문을 던지고 답을 받아적는 것은 인간의 자연스러운 과정이고, 현장연구자로서 이러한 작업을 자신만의 어떤 특별한 기술이 담긴 가방에 집어넣는 것은 정말로 쉬워 보일 수 있다. 그러나 약간은 주의할 필요가 있다. 어떤 말로 질문하느냐 하는 것은 골치 아픈 일이기 때문이다. 흔히 질문을 어떻게 하느냐에 따라서 우리가 얻는 대답이 달라진다. 종종 우리는 응답자로 하여금 좋은 사람으로 보이고 싶어하도록 압력을 가하기도 한다. 때로 우리는 가장 관련 있는 응답을 완전히 배제시키는 특정한 맥락에서만 질문을 하기도 한다.

예를 들어, 왜 어떤 학생집단이 캠퍼스에서 소요를 일으키고 약탈을 하는지 알아내기 원한다고 가정해보자. 여러분은 아마도 그 학교의 학장이 학생들에게 캠퍼스에 있을 때에는 필히 『사회조사방법론』이라는 책을 지참하고 있어야만 한다는 최근에 내린 엄명에 대해 학생들이 어떻게 생각하는지 집중적으로 묻고 싶은 유혹에 빠질 수도 있을 것이다(나는 납득하지만). 비록 연구자가 악명 높은 그 명령에 대한 학생들의 태도에 관해 많은 양의 정보를 수집했다 할지라도, 학생들은 그 외의 다른 이유로 소요를 일으킬 수 있다. 아마도 대부분의 학생들은 그저 흥미로운 재밋거리로 참여할 수도 있다. 적절하게만 시행된다면, 그 이유는 현장연구 면접을 통해 찾을 수 있다.

질적 및 양적 연구조사 모두 대면면접 또는 전화면접의 사용을 고려해볼 수 있다. 니콜 아이슨(Nicole Ison, 2009)은 뇌성마비 청년들의 심층면접을 수행했을 때, 그들의 언어장애가 특별한 문제를 야기함을 경험했다. 그때 그녀의 해결책은 전자메일을 통한 면접이었다. 물론 어떤 이들은 이것조차 어려워했지만, 대상자들은 말을 통한 면접 시 오는 좌절을 피해 자신들만의 속도감각으로 면접을 잘 해냈다. 대상자들은 자신들의 응답을 창출했고 그 응답이 자신들이 애초에 의도했던 것을 정확히 표현했는지를 점검했다.

연구자가 물어보고 싶은 질문에 대해 꽤 명료한 생각을 가지고 면접을 시행한다 할지라도, 현장연구가 지닌 특별한 강점 중의 하나는 바로 다름 아닌 그것이 지닌 유연성(flexibility)이다. 특히, 연구자가 처음에 한 질문으로 끌어낸 대답들이 다음 질문으로 이어져야 한다. 단순히 미리 준비한 질문을 하고 대답을 적는 것만으로는 연구가 잘 진행되지 않는다. 대신 연구자는 질문을 던지고, 그에 대한 대답에 세심하게 귀 기울이고, 연구자의 일반적인 탐구에서 그 대답이 갖는 의미를 해석하고, 그다음에 이전의 대답을 더 깊이 파고들거나 응답자의 주의를 연구와 더욱더 관련된 영역으로 되돌리기 위해 또 다른 질문거리를 만들어 던질 필요가 있다. 간단히 말해 연구자는 거의 동시에 경청하고, 생각하고, 말해야 한다.

9장에서 행한 캐물음(probes)에 대한 논의는 나중 대답들을 한쪽으로 치우치지 않게 하면서 한층 심도 깊은 대답을 얻어내는 유용한 지침이 된다. 일반적으로 말해, 현장조사의 면접자에게는 일종의 훌륭한 경청자가 되는 기술이 필요하다. 흥미를 끌기보다는 흥미를 가져라. "어떻게 그렇게 되죠?", "어떤 식으로요?", "그게 무슨 말입니까?", "그것의 예로는 무엇이 있겠습니까?" 등으로 말하는 것을 배워라. 기대하면서 보고 듣는 것을 배워라. 그리고 응답자로 하여금 행여라도 입을 다물고 있지 못하게 하라.

그와 동시에 연구자는 완전하게 수동적인 수신자로만 남아 있을 수 없다. 연구자는 답을 얻고자 하는 일반적인(또는 구체적인) 질문들과 면접 중에 제기하고자 하는 주제를 가지고 면접에 임하게 될 것이다. 그때 연구자는 대화의 흐름을 주도하는 기술을 필요로 하게 될 것이다.

이것과 관련하여 동양무술은 우리에게 유용한 비유를 선사한다. 합기도의 고수는 적의 공격에 결코 저항하는 법이 없이, 대신 그 공격을 받아들이고 그것에 덧붙여서 다음 공격을 더욱 적절한 방향으로 절묘하게 재조정한다. 연구자에게는 이와 비슷한 면접기술이 필요하다. 면접 시 응답자의 말을 중단시키는 대신, 응답자가 말한 것들을 있는 그대로 받아들이고 연구자의 목적에 적절한 방향으로 돌리는 방법을 습득하라. 대부분의 사람들은 진정으로 흥미를 보이는 사람에게 얘기하기를 좋아하기 때문이다. 그들의 말을 가로막는 것은 그들에게 여러분이 지금 아무런 흥미를 가지고 있지 않다고 말하는 것이나 매한가지이다. 그들에게 어떤 특정 방향으로 더 구체적으로 말해달라고 조르는 것은 그들에게 연구자가 흥미를 가지고 있다고 말하는 것이 된다.

대학생들이 왜 그 전공을 선택했는지에 대해 연구자가 관심을 갖는 가상적인 예를 생각해보자.

연구자 전공이 무엇입니까?

응답자 공학입니다.

연구자 아, 그래요. 어떻게 해서 공학을 택하게 되었나요?

응답자 삼촌이 한 분 계시는데, 1981년에 애리조나 최고의 공학자로 선정된 적이 있죠.

연구자 그것 참 멋진데요.

응답자 네, 그렇다니까요. 제 삼촌이요, 투손(Tucson)의 새 시민회관을 만든 책임자였죠. 그 얘기는 정말 내로라하는 공학관련 잡지에는 다 실렸답니다.

연구자 그래요. 그럼 장래에 공학자가 되겠다고 삼촌에게 말한 적이 있나요?

응답자 그렇고 말고요. 삼촌도 우연하게 공학자가 되었다고 말한 적이 있습니다. 고등학교를 막 졸업하자마자 일자리가 필요했었대요. 그래서 찾아간 곳이 공사장이었고, 그곳에서 막노동꾼으로 일했다는군요. 그리곤 밑바닥에서부터 8년 동안 일하고는 대학에 가기로 결심했고, 대학을 졸업하고는 고위직이 되어 현장으로 다시 돌아왔대요.

연구자 그렇다면, 귀하의 주된 관심도 삼촌처럼 토목공학인가요? 아니면 다른 분야의 공학에 관심을 가지고 있나요?

응답자 사실은 제 경우에는요, 전기공학 쪽이 더 끌려요. 특히 컴퓨터 공학이요. 고등학교 때부터 마이크로컴퓨터를 갖고 놀기 시작했는데 말이죠. 그래서 말인데, 제 장기적인 계획은요….

처음에는 면접이 응답자와는 아무 상관없는 그의 삼촌 이야기에서 맴돌기 시작했다는 점에 주목하라. 학생 자신의 전공선택으로 다시 초점을 맞추려는 첫 번째 시도("장래에 공학자가 되겠다고 삼촌에게 말한 적이 있나요?")는 실패했다. 두 번째 시도("귀하의 주된 관심도 삼촌처럼 토목공학인가요?")는 성공했다. 이제 학생은 연구자가 찾고 있는 바로 그 정보를 제공하고 있다. 연구자가 이와 같은 방식으로 대화를 '통제'하는 능력을 개발하는 것이 필요하다. 물론 이와 동시에, 여러분의 연구조사상 예기치 않게 중요한 측면을 지적하는 '이탈'에 대해서도 주의할 필요가 있다.

허버트와 루빈(Hebert and Rubin)은 다음과 같이 '대화'를 통제하는 여러 가지 방법을 제시한 바 있다.

— 만일 연구자가 주요 주제를 몇 가지로 제한할 수 있다면, 한 가지 주제에서 다음 주제로 넘어가는 데 있어 대화의 흐름을 지속시키기가 더욱더 용이해진다. 이 주제에서 다음 주제로 넘어가는 것은 물 흐르듯 유연해야 하고 논리적이어야 한다. "엄마에 대해 이야기했으니, 이제는 아버지에 대해 이야기해봅시다." 같은 것은 좀 엉뚱하게

들린다. "귀하의 얘기로는 엄마가 귀하가 학교에서 무얼 하든 전혀 상관하지 않는다는 말인데, 그럼 귀하의 아버지는 좀 다른가요?" 같은 것이 앞의 예보다는 더 자연스럽게 주제를 변경하는 경우가 될 수 있다. 주제변경이 갑작스럽게 이루어져 엉뚱해진다면, 연구자가 응답자가 이야기해야 하는 것을 듣기보다는 오히려 자신이 원하는 것을 알아내려는 데 온 정신이 쏠려 있다는 인상을 더 강하게 줄 것이다.

(1995: 123)

현장연구 면접은 매일매일의 정상적인 대화와 너무 비슷하므로 연구자 자신은 스스로에게 일상적인 대화를 나누고 있는 것이 아니라는 점을 계속해서 상기시킬 필요가 있다. 일상적인 대화에서 우리 모두는 자신이 흥미진진하고 꽤 가치 있는 인물로 보이길 원한다. 여러분이 다음에 어떤 잘 모르는 사람과 이야기를 나눌 때, 여러분 스스로를 잘 지켜보면 여러분이 얼마나 흥미를 끌 만한 것—여러분이 상대방에게 좋은 인상을 주는 대화를 만들어가는 데 기여하는—에 골몰하는지를 대번에 알게 될 것이다. 우리는 다음에 무엇을 말할지 생각하는 데 너무 바빠서 상대방의 이야기를 진정으로 듣는 데 소홀할 때가 많다. 한 사람의 면접자로서, 자신을 흥미 있는 사람으로 보이려는 욕구는 역효과를 가져오기 십상이다. 면접자는 관심을 보여서, 그리고 면접자 자신이 떠들어대기보다는 주로 경청함으로써 상대방에게 흥미가 있는 것처럼 보이도록 만들 필요가 있다. (일상의 대화에서 대화의 기술이 이쯤 되면, 사람들은 여러분을 뛰어난 대화상대로 여길게 분명하다.)

로플랜드와 그의 동료들(Lofland and his colleagues, 2006: 69-70)은 연구자가 면접할 때는 '사회적으로 용인되는 무능력자(socially acceptable incompetent)'의 역할을 채택할 것을 권하고 있다. 다시 말해, 그 말은 연구자 자신을 자신이 처해 있는 상황을 전혀 이해하지 못하는, 그래서 가장 기본적이고 분명한 측면조차도 이해하는 데 도움을 받아야만 하는 사람으로 삼으라는 것이다. "자연주의적 연구자는 정의상 '이해하지 못하는 사람'이다. 남성이든 여성이든 상관없이 연구자는 특정 상황에 대해 '무지몽매'하며, '가르침'을 받아야 할 필요가 있는 사람들이다. 관찰자와 질문제기자의 역할은 전형적인 학생(student)의 역할이다."(Lofland et al., 2006: 69)

면접은 연구자의 전체 현장연구 과정에 통합적인 부분이 될 필요가 있다. 나중에, 나는 여러분이 매일 밤 여러분의 관찰기록을 검토—자신이 관찰한 것으로부터 이해를 끌어내고, 연구하는 상황에 대해 보다 명료한 감을 얻고, 앞으로 관찰을 더 진행시키면서 어떤 것에 더욱 관심을 기울여야 하는지를 찾으면서 말이다—할 필요가 있다는 것을 강조할 것이다. 그와 동일한 방식으로 연구자는 특별히 유효한 질문들을 기록하고 또 물어보았어야 했는데, 그렇게 하지 못한 모든 질문들을 찾아내면서 면접에 대한 자신의 메모나 기록들을 검토할 필요가 있다. 다음 면접에서는 그 미진했던 질문을 던지는 것으로 시작하라. 만일 여러분이 그 면접을 녹음했다면, 앞으로 할 면접에 도움이 되는 준비과정으로 그것을 다시 들어보라.

슈타이너 크베일(Steinar Kvale, 1996: 88)은 완벽한 면접과정이라면 거쳐야 할 7단계에 대해 다음과 같이 기술한 바 있다.

1. **주제 설정** 면접의 목적과 조사해야 할 개념들의 명료화
2. **설계** 윤리적 차원의 고려를 포함하여 연구자의 목적을 달성하기 위해 거쳐야 하는 전 과정의 구도를 작성
3. **면접 실시** 실제 면접의 시행
4. **전사 작업** 면접에 대한 기록문서의 작성
5. **분석** 연구목적과 관련하여 수집한 자료들의 의미를 파악하고 결정하는 작업
6. **확증** 자료의 신뢰도와 타당도의 검토
7. **보고** 연구자가 얻은 사실들을 타인에게 보고하는 작업

현장연구의 다른 모든 측면처럼 면접은 실제 진행을 통해 개선된다. 다행스럽게도 연구자가 원하기만 하면 언제든지 연습할 수 있는 것이 면접이다. 친구에게 당장 연습해보라.

질적 연구의 다른 측면에서 봤을 때, 정보수집은 다양한 방법을 동원해 이루어질 수 있다. 예를 들면 연필과 종이, 컴퓨터, 오디오와 캠코더와 같은 것들이 있다. 「국제사회조사방법학회지(International Journal of Social Research Methodology)」(Editorial, 2011)의 편집자들은 질적 자료 수집에서 비디오 촬영 기법의 사용을 완벽하게 개괄했다. 그 특집본의 나머지 부분은 이 주제의 특별한 측면을 다루는 논문들로 구성되어 있다.

초점집단

이제까지 논의한 현장연구가 일상인들이 삶을 살아가는 생생한 과정에 초점을 맞춘 것인 반면, 연구자는 때때로 질적 면접과 관찰을 위해 이들을 실험실로 데려와서 연구를 진행하기도 한다. 집단면접으로도 불리는 초점집단 방법은 본질적으로 하나의 질적 방법이다. 그것은 구조화되거나 준구조화된 또는 구조화되

지 않은 면접에 기초한다. 그리고 이것은 연구자/면접자가 체계적이고 동시적으로 여러 개인들에게 묻는 것을 가능하게 한다. 이 자료수집 기법은 물론 다른 곳에서도 사용되기도 하지만, 흔히 정치 및 시장조사에서 사용된다. 예를 들어, 『침묵의 인종주의(Silent Racism)』라는 책에서 바바라 트레패그니어(Barbara Trepagnier, 2006)는 '선의의 백인'들 중에서도 인종주의가 뿌리 깊게 잔존하고 있음을 조사하기 위해 초점집단을 사용했다.

당신이 새로운 상품을 소개하려는 중이라고 상상해보라. 당신이 새 컴퓨터를 개발했는데, 단지 문서작성, 스프레드시트, 자료분석 등과 같은 것뿐 아니라, GPS와 MP3, 기후변화 측정기, 자동차 고장진단 측정기, 전자레인지, 의치 세척기, 그리고 커피메이커까지 포함하는 완전히 신개념 컴퓨터라고 가정해보자. 전자계산과 커피를 끓이는 기능을 강조하기 위해, 당신은 그 새로운 발명품을 '컴퓰레이터(Compulator)'로 불러볼까 생각 중이다. 그리고 새로운 컴퓨터를 28,000달러에 팔려고 하며, 사람들이 그것을 과연 살지 알고자 한다고 가정해보자. 초점집단이 이런 예측의 문제를 해결할 수 있을 것이다.

초점집단
함께 모여 면접하는 피험자 집단으로, 논의의 증진을 위해 일시적으로 소집됨. 주로 상품평가 같은 것을 소비자에게 물으려는 시장조사자가 사용한다.

초점집단(focus group)에서는 의례적으로 5명에서 15명의 사람들이 어떤 주제에 대한 논의에 참여하기 위해 한 방에 모인다. 이 경우에는 그 '컴퓰레이터'의 수용 및 판매 가능성이 주제가 될 것이다. 연구대상자들은 연구 중인 주제와의 관련성에 기초해 선정된 사람들이다. 컴퓰레이터의 예상 판매가를 고려했을 때, 예를 들어 초점집단의 참가자들은 아마도 수입에 있어 상위집단으로 한정되었을 것이다. 다른 유사한 고려사항도 피험자의 선택에 개입되었을 수 있다.

초점집단 참가자들이 그렇게 엄격한 확률표집 방법을 통해 선택될 가능성은 그리 많지 않다. 이 말은 참가자들이 어떤 의미 있는 모집단을 통계적으로 대변하지 않는다는 것을 뜻한다. 그렇지만 이 연구의 목적은 어떤 결정적인 측면을 기술하거나 설명하는 것보다는 탐색하는 데 있다. 그럼에도 불구하고 항상 하나 이상의 초점집단이 주어진 연구를 위해 소집된다. 7명에서 12명으로 이루어진 단 하나의 집단이 일반적인 통찰을 제시하기에는 너무도 비전형적일 수 있다는 치명적인 위험을 안고 있기 때문이다.

윌리엄 갬슨(William Gamson, 1992)은 어떻게 미국시민들이 정치적 사안에 대해 자신의 견해를 형성하는지를 조사하기 위해 초점집단을 사용했다. 갬슨은 네 가지 정치적 사안들—차별철폐조처(affirmative action), 원자력, 곤란한 지경에 빠진 산업들, 그리고 아랍과 이스라엘 간의 분쟁—을 선정한 다음, 일반인들이 정치에 관해 어떻게 생각하고 떠들어대는지 반영하는 대중매체에 대한 아이디어를 얻기 위해 언론기사의 내용분석에 착수했다. 그러고는 초점집단 참가자들이 그들의 친구들과 이 사안들에 대해 논의하는 과정을 직접 관찰하기 위해 초점집단을 구성했다.

리처드 크루거(Richard Krueger, 1988: 47)는 초점집단이 주는 다섯 가지 이점을 지적했다.

1. 이 기법은 사회환경에서 일어나는 실제 생활을 포착하는, 그야말로 사회적으로 지향된 연구방법이다.
2. 이 기법은 유연성이 있다.
3. 이 기법은 타당도가 높다.
4. 이 기법은 빠른 결과를 보여준다.
5. 이 기법은 비용 면에서 저렴하다.

이러한 이점에 덧붙여서, 집단의 역동성은 연구자가 전혀 예상치 못했던, 그리고 개인들을 면접할 때는 전혀 나타나지 않았던 주제의 여러 측면들을 종종 드러낸다. 예를 들어, 막간을 이용한 대화에서 일부 참가자들이 상품의 이름에서 한 글자를 빠뜨린 것을 가지고 농담을 시작할 수도 있다. 이는 생산자가 후에 큰 망신을 당할 만한 일을 미연에 방지하는 것일 수도 있다.

그러나 크루거(1988: 44-45)는 또한 초점집단이 가져오는 몇 가지 폐해에 대해서도 언급했다.

1. 연구자가 개인면접 때보다 초점집단을 통제하기가 더 어렵다.
2. 자료분석이 어렵다.
3. 중재자에게 특별한 기술이 요구된다.
4. 집단 간 차이가 곤란한 상황을 가져올 수 있다.
5. 집단으로 모이기 힘들다.
6. 토의가 촉진되는 환경에서만 시행되어야 한다.

초점집단의 면접에서는 면접자가 다른 어떤 형태의 면접에서보다 훨씬 더 많이 중재자로서의 기술을 개발해야 한다. 집단 내 역학을 통제하는 것은 하나의 중대한 과제이다. 어떤 피면접자가 초점집단의 면접을 쥐락펴락하게 놔두는 것은 그 외의 다른 연구대상자들이 스스럼없이 자신들의 견해를 밝힐 가능성을 감소시킨다. 이는 집단동조 또는 '집단사고(groupthink)'의 문제를 낳게 된다. 그리고 이때의 집단동조나 집단사유란 바로 한 집단의 사람들이 그 집단에서 가장 설레발을 떨어대는 사람의 의견이나 결정을 그대로 따르는 경향을 의미한다. 이러한 위험성은 단지 한 명 또는 두 사람이 때때로 대화를 주도해나갈 가능성에 의해 조성된다. 면접자는 이러한 현상의 발생 가능성에 유의해야 할 필요가 있으며, 모든 이들이 면접 시 거론되는 모든 이슈들에 대해 완벽하고 자유롭게 참여하도록 유도해야 한다. 물론 이러한 난점들 외에 더 나아가 면접자는 면접과 피면접자들을 과도하게 통제하는 것 또한 조심해야 한다. 그렇게 하지 않으면 면접자의 견해가 면접에 많은 영향을 끼칠 수 있기 때문이다.

비록 초점집단이 여타 다른 형태의 질적 현장연구와 다르다 할지라도, 이것은 우리가 이해하고자 하는 사람들과 대면적인 관계에서 사회조사를 할 수 있다는 것을 예시해준다. 이에 덧붙여 데이비드 모건(David Morgan, 1993)은 초점집단이야말로 설문조사를 위한 설문항목들을 만드는 데 훌륭한 도구라고 지적한다.

초점집단은 그것의 전형적인 형태—특정한 주제에 집중되어 있고 시간이 제한되었다는 것—에서 심층연구 기법이라고 여기지지 않을 수도 있다.

캐롤라이나 위버라인, 카린 아론손, 그리고 마가레타 하이든(Carolina Överlien, Karin Aronsson, and Margareta Hydén, 2005)은 성애에 관한 확장된 토론에서 이 기법을 성공적으로 사용한 바 있다.

다른 사회조사 기법들과 마찬가지로, 초점집단은 새로운 커뮤니케이션 양상들에 적용할 수 있다. 예를 들어, 조지 실버먼(George Silverman, 2005)은 온라인이나 전화를 통한 초점집단의 토의를 제시한 적이 있다.

관찰기록

현장연구 방법의 가장 큰 장점은 관찰하고 생각하는 연구자가 행동이 일어나는 현장에 있다는 것이다. 심지어 녹음기와 카메라조차도 사회적 과정에 관련된 모든 측면을 포착할 수는 없다. 결과적으로 무슨 일이 현장에서 일어나는가에 대해 풍부하고 정확한 기록을 남기는 것은 직접적인 관찰과 면접 둘 다에서 매우 중요한 관건이다. 가능하다면 관찰을 하면서 관찰한 것에 대해 기록하라. 만일 그것이 여의치 않다면 가능한 한, 일이 일어난 직후에 곧바로 기록을 남겨라.

연구자는 경험적인 관찰과 관찰에 대한 연구자 자신의 해석을 모두 노트에 기록하게 된다. 달리 말해서 연구자가 일어난 것으로 '알고 있는 것'과 일어난 것으로 '생각하는 것'을 기록한다. 하지만 기록해두었던 여러 가지 중에서 도대체 어떤 것이 어떤 것인가 하는 차이점을 확인해두는 것을 잊지 마라. 예를 들자면, 연구자는 X라는 사람이 집단 내 지도자의 제안에 반대하며 큰소리를 질러댔으며(관찰), 그것이 연구자 생각으로 그 집단의 지도권을 양도받기 위한 X의 시도를 나타낸다고 보며(해석), 아니면 그 반대에 대한 반응으로 그 영향에 대한 지도자의 대꾸를 연구자가 들었다고 생각(하나의 시험적 관찰)한다고 기록할 수 있다.

8월 26일 목요일, 12~1시

R: 일상의 경험에서, 그리고 일상의 삶 속에서 어떤 점이 여성 감독으로서 이겨나가야 할 것입니까?

J: 살아남는 것이죠.

R: 알았습니다. 그렇다면, 그것에 대해 좀 더 얘기해줄 수 있나요? [심층규명을 할 필요는 없지만, 피면접자가 더 상세하게 답할 수 있도록 면접 스케줄을 조정할 필요가 있었다.]

J: 예. 내 말은, 음, 모든 것이 일자리를 얻는 것, 다시 말해, 다음 번 작업에 다시 참여할 수 있도록 지금 하는 일을 훌륭히 치뤄내야 한다는 것입니다. 그리고 특별하게도, 음, 여자가 감독을 한다는 데에는 많은 난관들이 도사리고 있다고 보면 됩니다. 이렇게 대단한 일을 해나가는 자리를 얻기 위해서는 두 배 이상의 노력이 필요하죠. 왜냐하면 … 여성 감독은 일할 때 그저 중간 정도로 어정쩡하게 때우고 넘어갈 수 없기 때문에, 여성 감독이라면 양말이 닳아 없어질 정도로 매번 주어진 일을 해야만 [347] 하는 것입니다. 그리고 때때로 그런 일을 할 기회조차 못 가질 경우도 종종 있는데, 괜찮은 제작자를 만나지 못했을 때나 또는 상황을 직시하지 못할 정도로 심한 압력을 받거나 아니면 대본이 엉망이거나 할 때인데, 그럴 때 여성 감독은 뻣뻣한 돼지털을 가지고도 명주지갑을 만들어내야만 하기 때문입니다. 그리고 말이죠. 여자이기 때문에, 그리고 사람들이 그 사실을 보기 때문에, 그리고 그 특별한 위치에서 여자가 남자보다 눈에 더 잘 띄기 때문에, 그런 유사한 문제에 봉착한 그저 평범한 남자 감독들보다도 더 많은 반대에 부딪히게 된다는 말입니다.

[J는 영화업계의 특이성에 대해 이야기하는 것같이 보인다. 거기에는 기회도 많지 않을뿐더러 그 일을 계속해나가기 위해서 명성을 구축해나갈 필요가 있었다. 그녀가 명성을 유지하거나 또는 증진해나가는 것은 오로지 감독을 계속해나가는 방법뿐이다. 그녀는 그것에 대해 설명은 하지 않았지만, 여자에게는 더 어려운 일이라고 생각하는 듯했다.]

R: 음… 그렇다면 촬영장에서 귀하는 어떤 못 볼 꼴을 당한 적이 있죠? 그런 걸 느꼈나요? 이를테면, 사람들이 귀하가 여자라는 사실을 눈에 띄게 티를 내서 귀하를 다르게 대하고 있다고 느낀 적이 있나요? [나는 이에 대해 답을 유도하기보다는 그녀가 더 구체적으로, 그리고 더 개인적인 경험에 대해 말하도록 시도했다.]

J: 예. 있고 말고요. 내 말은, 많은 여성들이 빈정거림을 받게 된다는 거죠. 그럴 때 말이죠, 이를테면 촬영장에 처음 등장했을 때같이 말이죠, 그들은 기름이 잘 칠해진 기계같이 굴면서, "어, 저기 여자가 있네. 좀 색다른데." 하고 말하죠. 그러고는 어떨 땐 정말 지독하게 굴기도 합니다. 그리고 여자가 지시를 내리면 저항하기도 하는데, 정말 그렇게 한단 말이죠. 조명이 들어오게 하는 데 시간을 길게 끈다든지, 무대 세트를 옮겨버린다든지, 아니면 다른 일을 벌인다든지 … 하면서 방해공작을 편단 말입니다. 정말이지 그럴 땐 시간을 그냥 허비하고 마니 미칠 지경이어서 상부에 보고를 한다고 치죠. 상부[368]에 보고하고 기타 등등의 조치를 취한다고 칩시다. 그러면 뭐합니까? 위에 있는 치들은 정말 실제 상황이 어떻게 돌아가고 있는지 쥐뿔도 모르는데. 상부의 꼰대들이 촬영감독을 자른다는 것은 어림 반 푼어치도 없는 소리입니다. … 또한 그치들은 이 나쁜 놈이 정말 그렇다는 것을 알려고도 하지 않으니까, 그러면 그냥 여성 감독만 불쌍해지는 거죠. 그치들은 정말 사태가 어찌 돌아가는지에 대해서는 알려고 하지 않습니다. 감독이 여자라서 이러니까 다음에 여성 감독은 다시는 쓰지 말자, 그런 식이죠. 모든 문제가 여성 감독을 고용해 생긴 일이라고 여기기 때문입니다. 그게 바로 이 바닥의 실정이죠.

[나는 제도적 차별에 대한 문헌조사의 필요성을 절감했다. 조이가 직면한 도전이라는 것이 특정 개인의 문제가 아니라는 생각이 들었다. 그녀는 그녀가 불평하든 하지 않든 간에 이중의 구속에 놓여 있다. 그리고 그녀는 남자들과는 동등하게 취급받지 못할 것이다. 그녀가 그녀의 업무를 얼마나 잘 수행해나갔나 하는 것을 수량화해 측정하는 것은 시간으로 하면 될 듯싶다. 그리고 다른 전문가집단에

서 관찰되듯이, 그녀가 여자라는 사실이 하나의 장애로 인식된다. 고위경영자 위치에 있는 여성들에 대한 문헌을 조사할 것. 나는 내 피면접자와 촬영장에서의 모든 촬영진들 간의 역동성에 대해 계속해서 질문할 필요를 느꼈다. 촬영감독을 감독 바로 밑의 지위라고 보면, 그는 촬영장에서 가장 높은 위치에 있다. 감독과 촬영감독 간의 갈등 이유에 관한 다른 면접을 살펴보라.]

[방법(다음 면접을 위한 주의사항): 피면접자로부터 구체적인 요청이 없는 한 전화면접은 가급적 피할 것. 피면접자가 질문을 어떻게 느끼는지 평가하는 것은 매우 어려운 일이다. 면접과정에서 내가 좀 떠는 것 같으니 몸짓(body language)을 사용할 것]

참고: 대괄호([ ]) 속의 숫자는 면접에서 들을 수 없는 단어를 나타낸다. 이것은 각 면접마다 0부터 시작하여 번역기에 나타난 번호다. 이 번호는 면접을 검토할 때 빠르게 그 구절을 찾는 데 도움이 된다.

물론 연구자가 모든 것을 관찰하기를 바랄 수는 없다. 또한 관찰한 모든 것을 기록하는 것도 불가능하다. 연구자가 관찰하는 것이 관찰할 수 있는 모든 것에 대한 사실상의 표본을 나타내는 것처럼, 연구자가 기록한 것은 연구자가 관찰하는 것의 표본을 나타낸다. 물론 가장 중요한 것은 기록할 때 가장 적절한 것들을 기록해야 한다는 점이다.

〈쟁점과 통찰: 조사 메모의 주석이 달린 면접 녹취록〉은 샌드린 저비브(Sandrine Zerbib)가 한 여성 영화감독과 가진 심층면접에서 얻은 사례이다. 이 예에서의 묘사들에는 나중에 면접을 점검하는 동안 작성되었던 저비브의 조사 메모와 함께 상당량의 심층면접 부분이 포함되어 있음을 주목하라.

연구자가 연구를 시작하기 전에 가장 중요한 몇 가지 관찰에 대해서는 예측이 가능하다. 여타 다른 관찰은 연구자가 관찰을 진행해가는 과정에서 도출될 것이다. 때로는 연구자가 미리 표준화된 기록양식을 준비하면 기록이 더 용이해질 수도 있다. 무단횡단자에 관한 연구에서, 예를 들자면 연구자는 분석에 가장 유용할 것으로 생각되는 보행자의 속성들—연령, 성별, 사회계급, 인종적 근원, 기타 등등—과 그렇게 다양한 변수에 대한 관찰을 쉽게 기록할 하나의 양식을 준비할 수 있다. 다른 방법으로는, 연구자가 기록을 빨리 하려면 미리 속기를 위한 기호를 개발할 수도 있다. 연구자는 대중집회에 참여하는 청중들을 연구하기 위해 회합장소의 여러 구역을 나타내는 번호를 붙인 구획망을 만들 수도 있다. 그러면 연구자는 참여자들의 위치를 쉽고 신속하게, 그리고 정확하게 기록할 수 있다.

그렇다고 이러한 준비가 예기치 못했던 사건과 그 상황의 측면들의 기록을 제한하게 해서는 안 된다. 그와는 정반대로, 예상했던 관찰을 신속히 처리함으로써 연구자가 예기치 못했던 상황을 관찰할 수 있는 여유를 더 많이 가질 수 있다.

연구자는 이미 필기과정에 익숙해 있으며, 적어도 일반적인 현장연구에 비공식적인 경험들을 가지고 있다. 그러나 훌륭한 현장연구처럼 훌륭한 기록을 위해서는 신중하고도 의도적인 주의가 요구되며, 특별한 기술을 필요로 한다. 이와 관련된 몇 가지 지침은 다음과 같다. [여러분은 존 로플랜드와 그 동료들(2006: 110-117)로부터 더 많은 것을 배울 수 있다.]

첫째로, 연구자는 필요 이상으로 자신의 기억력을 믿지 마라. 기억은 믿을 만한 것이 못 되기 때문이다. 이 점을 설명하기 위해 다음 실험을 해보라. 여러분이 최근 본 영화 중에서 아주 괜찮았던 서너 편의 영화를 떠올려보라. 그리고 지금 당장 배우들 다섯 명의 이름을 말해보라. 누구의 머리가 가장 길었는가? 누가 대화를 먼저 시작하려 했는가? 누가 다른 이들도 좋아할 만한 제안을 가장 많이 했는가? 만약 여러분이 이 질문들에 어렵지 않게 대답할 수 있다면, 여러분은 스스로의 대답에 얼마만큼의 확신을 가지고 있는가? 여러분의 기억력을 측정하는 사람들 앞에서 100달러를 걸 수 있겠는가?

심지어 여러분이 기억에 관한 한 사진 같은 기억력의 소유자라 자부한다 해도, 관찰하는 동안이나 가능한 한 관찰 직후 바로 기록을 남기는 것이 좋다. 만약 관찰하는 동안 기록한다면, 그 기록은 눈에 띄지 않게 하라. 사람들이란 원래 자신들이 하는 말과 행동 모두를 누군가가 적어내려 가는 것을 보게 되면, 다르게 행동할 가능성이 높기 때문이다.

둘째, 단계별로 기록하는 것은 좋은 방법이다. 맨 초기 단계에서 일어나는 것을 뒤처지지 않고 따라가려면 대략적으로(단어나 문장으로) 기록할 필요가 있다. 그런 다음 혼자 물러나서 더 상세하게 다시 기록하면 된다. 사건을 관찰한 후에 곧 이렇게 하면 대략적인 기록으로도 대부분의 세부적인 내용을 기억할 수 있을 것이다. 그 시간이 지체될수록 일어난 상황을 여러분이 정확하고 완전하게 되새길 가능성은 점점 더 희박해진다.

앞서 언급했던 뉴욕 시의 자전거 택배원 연구에서 제프리 키더(Jeffrey Kidder)는 이 과정을 다음과 같이 묘사한다.

> 나는 이 논문을 위해 모은 상당량의 자료를 비공식적 면접을 통해 획득했다. 나는 매일매일을 그리고 사회적 사건들을 티가 나지 않게 기록했다. 집으로 돌아오면 내 현장노트에 차곡차곡 쌓았다. 업무 중에도, 주행 중에도, 그리고 기타 다른 모임들을 갖는 동안에도 일상의 대화를 통해 택배원들의 신념, 이념, 그리고 견해들을 진정으로 파악하는 것이 가능했다. 이러다 보니 나는 일상의 세상에서조차 공식적인 면접을 피하게 되었고, 대신 보통의 대화를 통해 의문에 대한 답을 이끌어낼 수 있었다.
>
> (2005: 349)

이 방법이 논리적으로 들릴 것이라는 점을 나도 안다. 그러나 그것을 실제로 실행하는 데는 자기훈련이 필요하다. 주의 깊은 관찰과 기록은 피곤한 일이다.

특히 만일 흥분되고 긴장되어 있거나 장기간에 걸쳐 해야 한다면 더욱더 그렇다. 연구자가 큰 홍수에 사람들이 어떻게 대처하는지를 관찰하고 기록하면서 장장 8시간을 보냈다면, 바로 그 후에 연구자에게 밀려오는 첫 번째 욕망은 아마도 눈을 좀 붙이거나 마른 옷으로 갈아입거나 아니면 그저 뭔가를 먹고 싶은 것일 가능성이 높다. 연구자는 비슷한 종류의 난관을 겪으면서 마감시간에 맞춰 기사를 써대는 신문기자들에게서 영감을 얻을 필요가 있을지도 모른다.

셋째, 연구자는 어느 정도 기록을 해야 하는지 궁금하게 여길 수 있다. 연구자가 관찰을 한 직후에 기억할 수 있는 모든 상세한 사항을 쓰고자 노력할 만한 가치가 진정으로 있는 것일까? 이 질문에 대한 일반적인 지침은 '그렇다'이다. 일반적으로 말해서, 현장연구에서 연구자는 엄청난 양의 정보를 검토하고 분석할 기회를 가지게 될 때까지는 무엇이 중요하고 무엇이 중요하지 않은지에 대해 정말로 확신을 가질 수 없다. 그래서 연구자는 처음에 별로 신통하지 않게 보이는 것이라 할지라도 기록해야 한다. 신통하지 않은 것들이 결국에 가서는 중요한 것으로 판명될 수도 있다. 또한 '중요하지 않은' 것을 상세히 기록하는 것이 중요한 것에 대한 연구자의 기록을 환기시킬 수도 있다.

대부분의 현장기록이 최종보고서에는 반영되지 않는다는 점을 인식해야 한다. 더 가혹하게 말한다면, 연구자가 기록한 것의 대부분은 '쓰레기처럼' 된다. 하지만 가장 순도 높은 금도 1톤당 약 30g의 금만이 정제되어 나오고, 99.997%의 광석은 버려진다는 사실을 명심하라. 그리고 고작 30g의 금은 18평방피트—책으로 치면 약 685쪽에 해당하는 넓이—의 넓이로 펼칠 수 있다. 그러니 용기를 내서 엄청나게 기록하라. 그리고 그곳에서 금이 될 만한 것들을 취합해 사용할 계획을 세워라.

현장연구의 다른 측면과 같이(그리고 그 점에 있어 모든 연구와 같이) 연습을 하면 자연히 숙달되게 되어 있다. 현장연구의 좋은 점은 당장이라도 연습을 시작할 수 있으며, 거의 대부분의 상황에서 계속 연습이 가능하다는 것이다. 관찰하고 기록하는 연습을 하기 위해 조직적인 조사에 참여할 필요는 없다. 예를 들어, 그저 소집된 위원회 회의에서 시간을 보내는 것에 자원하면서 시작할 수도 있다. 아니면 어느 화창한 날 학교 교정에서 그늘진 곳을 찾아, 그저 지나가는 사람들의 몇몇 구체적인 특징들을 관찰하고 기록하는 것을 시도할 수도 있다. 똑같은 것을 대규모 상가나 번잡한 길모퉁이에서 행할 수도 있다. 그저 관찰과 기록이 전문적인 기술이라는 것과, 공들일 만한 가치가 있는 다른 모든 기술들과 마찬가지로 이것도 연습하면 늘게 됨을 명심하면 된다.

10.6 질적 현장연구의 장점과 단점

모든 조사방법과 마찬가지로, 질적 현장연구에는 그것만의 독특한 장점과 단점이 있다. 앞에서 이미 지적했듯이 현장연구는 특히 태도와 행위에 있어서 미묘한 차이를 연구하고 일정 시간에 걸친 사회과정을 조사하는 데 효과적이다. 이러한 이유로 이 방법이 지니고 있는 가장 중요한 강점은 깊이 있는 이해가 가능하다는 것이다. 다른 연구방법들이 '피상적'이라는 비판을 받을지도 모르는 반면, 현장연구는 이러한 비판을 거의 받지 않는다.

유연성은 현장연구가 지닌 또 다른 장점이다. 앞에서 논의한 바와 같이, 연구자는 언제든 자신의 현장연구 설계를 수정할 수 있다. 더욱이 연구자는 상황이 발생할 때는 언제든지 현장연구에 뛰어들 만반의 준비가 되어 있지만, 설문조사나 실험을 그렇게 쉽사리 주도해갈 수는 없다.

현장연구는 비교적 비용이 적게 든다는 장점도 있다. 다른 사회과학적 연구방법에는 고가의 장비와 임금이 매우 높은 조사자들이 필요하다. 그러나 현장연구는 전형적으로 공책과 연필 한 자루를 거머쥔 한 사람의 연구원에 의해서도 수행될 수 있다. 그렇다고 현장연구에 비용이 많이 들지 않는다는 것은 결코 아니다. 예를 들어 어떤 연구는 훈련이 잘된 관찰자 여러 명이 필요할 수도 있다. 비싼 녹음장비를 들여놔야 할 수도 있을 것이다. 또는 연구자가 파리의 값비싼 나이트클럽을 전전하며 그곳에서의 상호작용에 대해 참여관찰을 수행하고자 할 수도 있다.

또한 현장연구는 몇 가지 단점도 지닌다. 첫째, 양적이라기보다는 질적이어서 대규모 모집단에 대해 통계적으로 기술하기에는 적절한 수단이 아니다. 예를 들어, 빨래방에서의 정치에 관한 한담을 관찰한다고 해서 그것으로 전체 유권자들이 향후 어떻게 투표할지에 대해 신빙성 있게 예측할 수는 없을 것이다. 그럼에도 불구하고 그 연구가 정치적 태도를 형성하는 과정에 대해 중요한 통찰을 제공할 수는 있다.

현장연구를 좀 더 평가하기 위해 타당도와 신뢰도의 문제에 초점을 맞추어야 한다. 타당도는 측정이 다른 어떤 것이 아니라 원래 측정하기로 되어 있는 것들을 실제로 측정했는지 여부에 관한 것이라는 점을 상기하라. 다른 한편, 신뢰도란 이를테면 의존성(dependability)의 문제이다. 즉, 동일한 측정을 계속해서 했을 때 동일한 결과를 얻을 수 있는지의 문제이다. 현장연구가 이런 여러 측면에 비추어 어떠한 면모를 갖는지 살펴보기로 하자.

타당도

설문조사나 실험측정이 흔히 피상적이고 실제로는 타당하지 않다고 비난을 받지만, 현장연구는 그것들보다는 더 높은 타당도를 갖는 것으로 보인다. 왜 그런지 살펴보기 위해 몇 가지 예를 검토해보자.

'현장에 있기'는 모든 인간사의 풍부한 복잡성 속에 근거한 인간사의 본성 속으로 파고들어가 깊은 통찰을 얻는 데 탁월한 기법이다. 예를 들어, 암환자들이 겪는 장애에 관해 간호원이 어떤 말을 하는지 잘 들어보라.

> 암환자가 암을 극복하는 과정을 방해할 수 있는 흔한 공포로는 다음과 같은 것이 있다.
>
> - **죽음의 공포** 환자에게 있어 죽음의 공포, 그리고 그의 죽음이 의미 있는 타자(significant others)에게 가질 함의
> - **무능력의 공포** 암이란 심각한 사건을 수반하는 만성질환이므로 환자들은 주기적인 스트레스에 시달릴 수 있고, 환자는 계속적으로 적응력이 달라지기 때문에 일상의 삶에서 다른 이들에게 의존해야 할 필요가 생기면 그로 인해 결과적으로 남에게 폐를 끼치는 짐이 될 수도 있기 때문이다.
> - **소외의 공포** 의미 있는 타자들이나 의료진들로부터 소외될 수도 있다는 가능성에서 오는 공포. 따라서 비참함과 절망감이 양산된다.
> - **전염에 대한 공포** 암이란 전염될 수 있고 유전될 수도 있다는 공포
> - **환자의 존엄성 상실에 대한 공포** 모든 육체적 기능에 대한 통제를 상실하고 완전히 취약한 상태에 놓이는 것에 대한 공포
>
> (Garant, 1980: 2167)

이와 같은 관찰과 개념화는 그것 자체로 값지다. 덧붙여 그것들은 향후에 보다 진전된 양적, 질적 연구의 기초가 된다.

다음은 조셉 하우웰(Joseph Howell)이 워싱턴(Washington D.C.)의 백인 노동계급이 몰려 사는 근린지역인 클레이가(Clay Street) 주민들의 밑바닥 생활의 '거친 면'에 대해 보고하는 대목이다.

> 클레이가 사람들 대부분은 그들 자신들을 상징적인 의미에서, 그리고 동시에 글자 그대로의 의미에서 투쟁하는 사람들이라고 생각한다. 그들 자신들이 그저 떠미는 대로 떠밀리는 사람들이 아니라 강하고 독립적인 인간들이라고 여긴다는 말이다. 보비(Bobbi)에게 있어 투쟁가가 된다는 것은 복지과와의 전쟁, 그리고 사안에 따라서는 사회사업가와 의사들에게 지독한 저주를 퍼붓는 것을 의미한다. 그것은 배리(Barry)

의 맥주에 수면제 몇 알을 슬쩍 타 넣는 것을 의미하며, 마포자루로 배리의 머리통을 후려치는 것을 의미한다. 그러한 행동이 배리에게 의미하는 바는 자기 우두머리에게 대들고, 문을 닫으라는 지시를 거부하는 것인데, 그런 행동은 바로 해고감이다. 그것은 마치 앨(Al)과 결투의식이라도 행하는 것을 의미한다. 그리고 버바(Bubba)에게 이래라저래라 하는 것을 의미하며, 때때로 보비를 거칠게 대하는 것을 의미한다.

준(June)과 샘(Sam)은 그렇게 싸우지는 않는다. 그러나 만일 그들도 싸워야 할 압박을 받을 때는 싸울 것이다. 싸움꾼이 된다는 것은 테드(Ted)를 페그(Peg)의 형제와 껄끄러운 갈등상황으로 이끄는 것이고, 레스(Les)가 라니(Lonnie)와 적대관계가 되는 것이며, 알린(Arlene)이 볼링장에서 필리스(Phyllis)와 적수관계가 되는 것 등을 말한다. (1973: 292)

하우웰이 이 글에 언급한 일화들에 대해 듣지 못했다 하더라도, 독자들은 클레이가가 살기에 매우 거친 곳이라는 특별한 인상을 갖게 될 것이다. 바로 그 '거침(toughness)'은 어떤 특정 기간에 발생한 주먹싸움의 중앙값(median)에 관한 일련의 통계치에서보다는 이러한 현장조사상 관찰을 통해 더 강력하게 드러난다.

이러한 예들은 설문조사나 실험과 비교하여 현장연구의 타당도가 더 우월하다는 것을 강조한다. 현장연구자들이 얻을 수 있는 이런 유형의 포괄적 측정은 암환자들에게서 공통으로 보이는 공포와 '거침(또는 진보적이거나 보수적인)'과 같은 개념에서 심층적인 의미를 감지해낸다. 그런데 이런 개념들은 일반적으로 설문조사나 실험에서 얻을 수 없다. 현장연구자들은 개념들을 구체화하는 대신 세밀한 묘사를 제공하는 경우가 많다.

신뢰도

그러나 현장연구는 신뢰도에 있어서는 잠재적인 문제점을 안고 있다. 여러분이 가장 친한 친구의 정치성향을, 여러분이 그 친구에 대해 알고 있는 모든 것에 근거해서 특징 짓는다고 가정해보라. 그 친구의 정치성향에 대한 여러분의 평가는 상당한 타당도를 가지는 것으로 보일 것이다. 확실히 그것이 피상적일 가능성은 희박하다. 그러나 다른 관찰자가 여러분과 가장 친한 친구의 정치성향을 여러분이 한 방식대로 특징 지었다면, 그리고 더 나아가 그가 여러분이 관찰한 것과 동일한 양의 관찰을 했다고 해도 우리가 그것을 신뢰할 수는 없다.

이와 유사하게 심층 현장연구의 측정은 또한 매우 사적인 것이기도 하다. 여러분 친구의 정치성향에 대한 여러분의 판단이 여러분의 정치성향에 좌우되듯이, 내가 여러분 친구의 정치성향을 어떻게 판단하는지도 나 자신의 정치성향에 좌우된다. 그래서 아마도 내가 그를 불을 삼킬 정도로 과격한 사람이라고 관찰하고 느꼈다 할지라도, 여러분은 여러분의 친구를 그저 중도적인 온건한 사람으로 묘사할지도 모른다.

이미 앞에서 언급한 것처럼 질적 연구기법을 사용하는 연구자는 이러한 사안에 대해 깊이 인식하고 있으며, 그것을 언급하려고 애쓴다. 개인 연구자들은 흔히 그들 자신의 편견과 관점을 가려내며, 이와 관련해 그들의 동료들이 개인 연구자들을 도와줄 것이라는 점은 과학의 공동체적 성격을 의미한다. 그러나 여러분 자신의 것이든 다른 사람의 것이든, 현장을 연구할 때 순수하게 기술적(descriptive) 측정에 대해 조심하는 것은 매우 사려 깊은 일이다. 만일 어떤 연구자가 한 집단의 구성원들이 매우 보수적이라고 보고했다면, 그런 판단은 연구자 자신의 정치성향과 불가피하게 연계되어 있다. 여러분은 비교평가(comparative evaluations) 같은 것을 통해 좀 더 신빙성 있는 결과를 낼 수 있다. 예를 들어, 누가 누구보다 더 보수적인지를 규명하는 것이다. 심지어 만일 여러분과 내가 서로 다른 정치성향을 가지고 있다 하더라도, 한 집단의 구성원들의 상대적인 보수성향에 순서를 매기는 데 있어서는 아마 동의할 수 있을 것이다.

질적 조사의 신뢰성을 향상시키고 입증하기 위한 수단으로서 글렌 보웬(Glenn Bowen, 2009)은 조사와 자료의 분석행위 내내 연구자의 결정을 기록하는 '조사단서(audit trail)'를 사용할 것을 권했다. 면접응답의 부호화를 결정할 때가 하나의 예가 될 것이다. 질적 자료분석을 위한 어떤 컴퓨터 프로그램들은 이 조사단서의 기록에 대해 대비하고 있다.

질적 분석이 엄밀함을 결여할 수도 있다는 생각을 걷어내기 위해 조사단서가 제안되었다면, 이와 유사한 또 하나의 기법이 양적 조사에 적합한 것이 될 것이다. 양적 조사의 설계에 있어 측정결정의 결과가 설문지의 실제 말을 고르는 것에 명시적인 반면 그런 결정의 배후추리들은 항상 명백한 것이 아니다.

이제껏 살펴본 것처럼, 사회과학자들에게 현장연구는 잠재적으로 강력한 도구이다. 다시 말해, 실험과 설문조사의 강점과 약점에 유용한 균형을 제공해주는 도구이다. 3부의 남은 장들에서 사회연구에 유용한 부가적인 관찰양식들을 추가로 제시할 것이다.

10.7 질적 현장연구의 윤리적 문제

여러 번 언급했듯이 사회연구의 모든 형식에는 윤리적 문제가 있다. 연구자들이 그들의 연구대상을 직접적이고 때로는 친밀하게 접하게 되기 때문에, 현장연구

어떻게 생각하는가 재논의

관찰자는 사회조사연구의 대부분의 형식에 큰 영향력을 끼친다. 우리는 실험자가 실험 도중에 피험자의 행동에 영향을 끼친다는 것을 살폈고, 설문조사자들이 응답자가 질문에 답하는 데 어떻게 영향을 끼치는지도 알아보았다. 이런 문제는 자연적인 환경에서 인간의 행동을 연구하는 참여관찰자에게도 그대로 적용된다.

우리가 봐온 것처럼, 연구자들은 때로 자신이 끼칠 영향을 최소화하기 위해 자신의 정체를 감추고 연구를 진행하지만, 사회적 환경에서는 연구자의 어떠한 행동도 어느 정도 영향을 끼칠 것이라는 점도 확인했다. 궁극적으로, 이 문제에 대한 해결책은 당신이 끼칠 수 있는 영향력을 최대한 통제할 수 있게끔 그런 문제점이 항상 도사리고 있다는 점을 인식하고 주의를 하는 것이다. 이러한 접근은 다른 연구자들의 모방과 연결된다. 연구자들은 다른 방식으로 연구상황에 영향을 끼친다. 그럼에도 불구하고 만일 연구자들이 행동의 동일한 유형을 발견한다면, 사회적 삶에 대해 무언가를 배웠다(단순히 사회적 삶 속에서의 연구자의 역할에 관한 어떤 것만이 아니라)는 확신은 증가할 것이다.

에서는 특히 극적인 방식으로 윤리적인 문제가 발생하게 된다. 다음은 로플랜드와 그의 동료들이 언급한 몇 가지 쟁점들이다(2006: 78-79).

- 자신의 말이 녹음된다는 것을 모르는 사람들에게 말을 건네는 것이 윤리적인가?
- 여러분이 증오하는 사람들로부터 여러분의 목적만을 위해 정보를 캐내는 것이 윤리적인가?
- 도움을 청하는 절박한 요구를 보고 그것에 직접적으로 반응하지 않는 것이 윤리적인가?
- 어떤 상황에 여러분 자신을 완전히 몰입시키지 않으면서 그 자리에 있는 것이 윤리적인가?
- 다른 사람을 향해 계산적인 입장을 전개하는 것, 즉 여러분과의 관계에서 전략적이 되는 것이 윤리적인가?
- 파당이 형성되는 상황에서 한쪽 편을 들거나 또는 편들기를 피하는 것이 윤리적인가?
- 그들의 삶과 영혼에 접근하게 해준 대가로 그들에게 '대가를 지불하는 것'이 윤리적인가?
- 다른 사람들 또는 좀처럼 이해하기 어려운 것에 접근하기 위해 동맹을 맺은 자나 정보제공자를 '이용'하는 것이 윤리적인가?

참여관찰은 특별한 윤리적 주의를 요한다. 사람들이 연구자에게 자신의 속내를 밝히고 행동할 것을 요청받았을 때 그들에겐 그것이 어느 정도는 고통의 시작임을 연구자는 인식해야 한다. 왜냐하면 그들이 다시는 생각하고 싶지도 않은 과거의 경험을 떠올리게 할 수도 있기 때문이다. 이런 예는 앞서 언급했던 암환자들의 면접에서 볼 수 있다. 더욱이 여러분은 여러분에게만 털어놓은 것에 대해 대중적으로 공표할 위험을 대상자들에게 요청하고 있어서, 그들의 믿음을 존중할 절대적인 의무가 있다. 우리는 신뢰를 구축한 가운데 관찰한 매우 은밀한 사안들을 밝히느니 오히려 감옥에 가는 것을 택한 연구자들의 경우를 이미 봐왔다.

지오프 피어슨(Geoff Pearson, 2009)은 연구대상자들의 일상적 행위가 보통 범죄와 연결될 경우 그들을 연구할 때 참여관찰자가 어떻게 행동해야 하는가 하는 매우 까다로운 문제를 파고들었다. 그러한 비합법적 행위에 참여할 것을 거부한 연구자의 행동은 애초의 연구하고자 하는 대상의 성격을 바꿀 수 있으며, 어떤 경우에는 연구자의 연구 및 안전에 위해를 가할 수 있다는 사실을 밝혀냈다. 아니면 이러한 경우에 연구자가 그들과 함께 법을 어기는 것이 정당화될 수 있을까? 이 경우 확실히 범죄의 심각성이 연구자의 결정에 상당한 영향을 미칠 것이 분명하지만, 이러한 윤리적 문제를 더 깊이 다루다 보면 연구자는 이러지도 저러지도 못하는 매우 난처한 회색지대에 빠지게 될 것이다.

책임감 있는 방식으로 현장연구를 계획하고 실행하려면 앞서 언급한 것과 그 외의 다른 윤리적 사안들을 고려해야 한다.

머리말

- 현장연구에는 자연적인 상황에서 사회현상의 직접적인 관찰이 포함된다. 현장연구는 양적이라기보다는 질적인 것이 전형적인 경우이다.
- 현장연구에서 관찰, 자료처리의 과정, 그리고 분석은 서로 혼합되어 있으며 순환적인 과정이다.

현장연구에 적절한 주제

- 현장연구는 쉽사리 양화될 수 없고, 자연적 상황에서만 최상으로 연구될 수 있거나 시간의 흐름에 따라 변화가 있는 주제와 과정에 특히 적절하다. 이러한 주제들로는 실행, 에피소드, 조우, 역할, 관계, 집단, 조직, 부락, 사회세계, 생활양식 또는 하위문화들이 있다.

질적 현장연구 시 특별한 고려사항

- 현장연구와 관련된 특별한 고려사항들로는 관찰자의 다양하고 가능한 역할 및 연구자와 연구대상자들의 관계가 있다. 현장연구자인 여러분은 방관자로서 관찰할 것인지 아니면 참여자가 될 것인지 여부를 결정해야 하며, 조사자라는 여러분의 정체를 밝힐 것인지 여부와 더불어 연구대상자들과 여러분의 관계를 어떻게 설정할 것인지도 결정해야만 한다.

질적 현장연구의 패러다임

- 현장연구는 자연주의, 민간방법론, 현장기반이론, 사례연구 및 사례확장법, 제도민속지학, 참여행동 연구 같은 여러 가지 패러다임들 중 한 가지를 따를 수 있다.

질적 현장연구의 실행

- 현장을 위한 준비는 배경조사를 수행하는 것, 연구대상자들과 어떻게 접촉할지를 결정하는 것, 그리고 연구대상자들과의 관계를 어떻게 할지에 대한 문제를 해결하는 것 모두를 포함한다.
- 현장연구자들은 종종 설문조사 연구에서 이루어지는 것보다 훨씬 덜 구조화된 심층면접을 수행한다. 질적 면접은 특정 정보를 구하기보다는 유도하는 대화(guided conversation)이다. 효과적인 면접시행은 적극적인 경청기술과 방해하지 않고 대화의 방향을 정하는 능력까지 포함한다.
- 초점집단을 구성하려면, 연구자는 연구대상자들을 한 자리에 모으고 그들이 특정 주제를 탐구하는 동안 그들 간의 상호작용을 관찰한다.
- 가능한 한 언제나 현장관찰을 하면서 바로 기록(녹음)해야만 한다. 그렇지 않은 경우에는 가능한 한 관찰 직후에 기록해야 한다.

질적 현장연구의 장점과 단점

- 현장연구의 장점으로는 심층적 이해를 얻을 수 있다는 점, 유연성, 그리고 (흔히) 저비용을 들 수 있다.
- 설문조사 및 실험과 비교해서, 현장연구 측정은 일반적으로 타당도 면에서는 더 만족스럽고, 신뢰도 면에서는 덜 만족스럽다. 또한 현장연구는 일반적으로 대규모 모집단의 통계적 기술에 도달하는 것에는 적합하지 않다.
- 감사추적(audit trail)은 연구수행과 자료분석 전반에 걸쳐 연구자의 결정을 기록한다.

질적 현장연구의 윤리적 문제

- 현장연구를 책임감 있게 수행하는 데에는 연구대상자와 연구자의 직접적인 접촉으로부터 야기되는 윤리적인 문제가 따른다.

핵심용어

민간방법론(ethnomethodology)
민속지학(ethnography)
반향성(reactivity)
사례연구(case study)
사례확장법(extended case method)
자연주의(naturalism)
제도민속지학(institutional ethnography)
질적 면접(qualitative interview)
참여행동 연구(participatory action research, PAR)
초점집단(focus group)
친밀감(rapport)
해방적 조사(emancipatory research)
현장기반이론(grounded theory)

사회조사연구 제안: 질적 현장연구

이 장에서는 현장연구의 진행을 위한 다양한 가능성을 제시했다. 만일 여러분이 현장연구를 한다면, 여러분은 수행하고자 계획하는 연구의 종류를 적시해야 한다. 여러분이 그 연구에서 유일한 관찰자인가? 그렇지 않다면, 다른 관찰자들을 어떻게 선택하고 훈련시킬 것인가?

여러분이 관찰 중인 사건의 참여자가 될 것인지, 그리고 그렇다면, 여러분이 관찰 중인 사람들에게 연구자임을 밝힐 것인가? 여러분은 관련된 윤리적 문제를 논의함은 물론, 이런 선택이 여러분이 관찰하는 바에 어떻게 영향을 끼치게 되는지에 대해 말할 수 있어야 할 것이다.

앞의 연습에서, 여러분은 관찰의 시점과 장소는 물론, 여러분이 조사할 변수 그리고 정보제공자 및/혹은 관찰대상을 선택하는 방법에 대해 다루었다. 이 장에서 보여주었듯이, 해결되어야 할 기타 병참적 쟁점이 있다(예를 들어, 연구자 신분을 밝히지 않은 참여자인 경우 등). 관찰노트 작성이 어렵다면, 노트작성 계획을 기술하는 것이 적절할 것이다.

심층면접을 수행할 것이라면, 그 면접에서 다룰 주제에 대한 개요를 포함해야 한다. 각각의 면접에서 다루어야만 하는 주제나 질문이 있는가, 아니면 적절한 때만 추구할 주제나 질문이 있는가?

실험 및 서베이 방법과 비교해볼 때 현장연구는 조사시점이 좀 더 유연할 수 있다. 상황에 따라서는 계획보다 먼저 혹은 늦게 결론을 내릴 수도 있다. 그럼에도 불구하고, 연구제안서에 계획하고 있는 일정에 관해 뭔가 말을 해야 한다.

복습문제

1. 여러분이 참여하고 있거나 매우 친숙한 집단 또는 활동을 생각해보라. 외부인이 어떻게 그 집단이나 활동을 효과적으로 연구해나갈 수 있을지에 관해 몇 개의 문단으로 기술해보라.
2. 이 장에서 논의된 패러다임 중 두 가지를 골라라. 만약 각각을 따른다면 문제 1번을 어떻게 가상으로 연구할 것인가? 기술해보라. 여러분이 선택한 두 가지 범례가 여러분 연구의 맥락에서 어떻게 작동할지 비교하라.
3. 실험, 설문조사, 현장연구의 장점과 단점을 알아내기 위해, 한 가지 일반적인 연구의 영역(예를 들어, 편견, 정치성향, 교육)을 선택하고, 세 가지 방법을 이용해서 수행할 수 있는 연구영역에 대해 간략히 기술하라. 각 경우에 선택한 방법이 여러분이 기술하는 연구에 왜 가장 적합한가?
4. 여러분이 1번 문항의 대답으로 생각해낸 예로 돌아가서, 연구를 수행할 경우 직면할 수 있는 다섯 가지 윤리적 문제의 목록을 작성해보라.
5. 웹사이트를 이용해서 현장기반이론 방법을 사용한 연구보고서를 하나 찾아내고, 그 연구의 설계와 주요한 발견들을 요약해보라.

CHAPTER

11

비개입적 연구

▶ 개관

이 장에서는 비개입적 연구방법으로서의 내용분석, 기존 통계자료의 분석, 비교역사분석에 대해 설명한다. 이들은 연구자가 조사과정에서 조사대상에게 영향을 끼치지 않는 상태에서 연구수행을 가능하게 해 주는 방법들이다.

Ermolaer Alexander/Shutterstock.com

학습목표

- 양적 사회조사 및 질적 사회조사를 위한 내용분석의 용도를 이해할 수 있다.
- 기존 통계자료의 분석이 지니는 장단점을 보여주는 예시를 제시할 수 있다.
- 비교역사분석을 설명하고 예시할 수 있다.
- 비개입적 온라인 연구를 도모하기 위한 구체적 방법들과 장단점을 알 수 있다.
- 비개입적 연구의 방법들이 지니는 윤리적 문제를 이해할 수 있다.

11.1 머리말

현장조사에서 연구자가 완벽한 관찰자의 역할을 수행하는 경우를 제외하면, 이제까지 논의된 모든 조사방법들에서는 연구자가 자신의 연구대상에 일정한 정도로 개입하게 되는 것이 불가피하다. 이 점은 특히 실험연구에서 두드러지며 서베이의 경우도 마찬가지이다. 앞에서 설명했듯이, 현장조사에 있어서조차 연구자가 자료수집의 과정에서 연구대상에 영향을 미치는 수가 많다.

하지만 이 책에서 언급된 여러 예들 가운데 한 가지 경우는 예외이다. 그것은 다름 아닌 뒤르켐의 경우로, 자살에 대한 그의 분석은 그가 연구하던 현상인 자살에 어떠한 형태로도 영향을 끼치지 않았다(5장 참조). 따라서 그의 연구는 비개입적 연구(unobstrusive research)의 실례에 해당한다. 이처럼 비개입적 연구란 연구하고자 하는 사회현상에 영향을 끼치지 않는 상태에서 진행되는 연구를 지칭한다. 곧 논의하겠지만, 비개입적 연구를 위해서는 질적 측정과 양적 측정이 모두 가능하다.

비개입적 연구
연구하고자 하는 사회현상에 영향을 끼치지 않는 상태에서 이루어지는 연구로서, 내용분석, 기존 통계자료의 분석, 비교역사분석 등이 포함된다.

이 장에서는 비개입적 연구의 세 가지 대표적인 방법인 내용분석(content analysis), 기존 통계자료의 분석(analysis of existing statistic), 비교역사분석(comparative and historical research)에 대해 자세히 살펴보겠다. 각 기법에 대해 우선 간략히 소개하면, 먼저 내용분석은 대체로 기록된 문서(예를 들면, 신문사설 등) 등과 같은 사회적 가공물을 검토하는 방법이다. 다음으로, 기존 통계자료의 분석은 앞서 말한 뒤르켐의 연구가 그 예이다. 이 방법에서는 우리 주변의 사회현상을 이해하게 해주는 무수히 많은 기존 통계자료들을 이용한다. 끝으로, 비교역사분석은 오래전부터 사용되어온 연구방법으로서, 최근 들어 점차 많이 사

어떻게 생각하는가

이 장에서는 피조사대상자에게 어떠한 해(harm)도 주지 않는 이른바 '비개입적 연구'의 방법들을 소개한다. 사회조사에 연구자의 존재가 그토록 문제가 된다고 한다면 사회과학연구자들은 비개입적 연구를 시도하면 된다.

이 장의 말미에 있는 〈어떻게 생각하는가: 재논의〉를 참조하라.

Picture 1/Earl Babbie

용되는 추세이다. 비교역사분석은 현장연구와 마찬가지로 관찰과 분석에 있어서 역사적 기록에 의존하는 질적 방법에 해당한다. 이 방법에서 '비교'라는 용어를 사용하는 이유는 특정한 역사적 사건을 기술하는 데에 주안점을 두는 역사학자들과 달리 사회과학자들은 상이한 시간과 공간에 걸쳐 재현되는 역사적 정형성을 밝혀내는 데 주안점을 두기 때문이다.

세 가지 연구방법 각각에 대한 세부적 논의에 앞서, 비개입적 연구방법과 관련된 책을 우선 소개할 필요가 있다. 사실 '비개입적 연구(또는 측정)'라는 용어는 그 책에서 유래한 것이다.

1966년에 유진 웹(Eugene Webb)과 세 명의 동료 연구자들은 사회조사에 관한 매우 독창적이고 고전적인 저서(2000년에 수정본 출간)를 출간했는데, 이 책이 바로 비개입적 연구를 집중적으로 논의한 최초의 출판물이었다. 웹과 동료 연구자들은 사람들이 무의식적으로 남기는 흔적을 관찰함으로써 인간의 행동을 연구할 수 있다고 생각했다. 예를 들어, 박물관에서 가장 인기 있는 전시물이 무엇인가를 알기 위해서는 여론조사를 할 수도 있겠지만, 웹 등에 의하면 사람들이 남긴 흔적을 관찰함으로써 해답을 얻을 수 있다는 것이다. 다시 말해, 연구자가 여러 전시물들 앞에 서서 구경하는 관람객의 수를 일일이 헤아릴 수도 있겠지만, 이 경우 문제는 연구자가 왜 그 앞에 서 있는지를 관람객들이 알아차릴 위험이 있다는 것이다. 따라서 이보다는 여러 전시물들 앞에 놓인 보호대(손잡이 등)의 마모 정도를 확인해보면 되는데, 보호대의 마모가 가장 심한 전시물이 당연히 가장 인기 있는 전시물이라는 것이다. 유사한 예로, 어린아이들에게 가장 인기 있는 전시물이 무엇인지를 알기 위해서는 유리관에 남겨진 흔적인 손 때를 살피면 되고, 사람들에게 가장 인기 있는 라디오 방송국이 무엇인가를 알아내기 위해서는 자동차 수리공의 협조를 얻어 자동차를 수리하러 오는 차들의 라디오 다이얼

이 어떤 방송국에 맞추어져 있는지를 확인하면 된다는 것이다.

이와 같은 연구방법의 가능성은 실로 무한한 것이어서, 마치 연구자는 범죄 수사를 담당하는 탐정과 같이 단서를 찾아다닌다. 그래서 연구자가 세심한 주의를 기울인다면 주변의 사회현상들을 이해하기 위한 수많은 단서를 확보할 수가 있다. 어떤 의미에서는 우리가 바라보는 모든 것 그 자체가 여러 사회과학적 질문들에 대한 해답인 셈이며, 우리는 단지 문제가 무엇이었는지만 생각해보면 된다.

비록 비개입적 측정에서 신뢰도 및 타당도의 문제가 제기되는 것은 사실이지만, 약간의 독창성을 발휘한다면 이 문제 또한 해결이 불가능한 것은 아니다.

11.2 내용분석

내용분석
기록된 의사소통 내용들(책, 웹사이트, 그림, 법률 등)을 분석하는 기법

앞에서 지적했듯이, 내용분석(content analysis)은 사람들의 의사소통 내용기록에 대한 분석이다. 기록된 내용들 가운데는 책이나 잡지, 웹사이트, 시, 신문, 노래, 그림, 연설문, 서신, 전자우편, 인터넷상의 게시물, 법률 등 모든 문건들이 포함된다. 예를 들어, 라인하츠(Shulamit Reinharz, 1992: 146-147)에 따르면, 여권론자(feminists)들은 여성의 억압을 파헤치기 위해 “아동용 도서, 동화, 광고 게시판, 소설, 공예품, 의상, 엽서, 걸스카우트 요람, 세공품, 신문기사, 임상기록, 연구논문, 사회학개론서, 인용문 등” 거의 모든 기록들을 분석한다고 한다.

또 다른 예로, 미롤라(William Mirola, 2003: 273)는 미국에서 하루 8시간 근무제를 관철시키기 위한 사회운동의 과정에서 종교가 어떠한 역할을 수행했는지를 알아보기 위해 “시카고 노동단체, 종교단체, 언론, 각종 팸플릿, 사회운동단체 내 여러 파벌들의 연설문 등”을 총망라하는 다양한 자료들을 수집하고 분석했다.

내용분석에 적절한 주제

내용분석은 사람들 간의 의사소통을 분석하는 데 특별히 유용한 방법으로서, 예컨대 ‘누가, 무엇을, 누구에게, 무슨 이유로, 어떤 방법으로, 어떤 효과를 노리고 말하는가?’ 하는 문제에 대해 해답을 제시해준다. 우리는 일상생활에서 흔히 다음과 같은 질문들을 제기하곤 한다. 프랑스의 대중소설은 미국의 대중소설에 비해 남녀 간의 사랑 문제를 더 많이 다루는가? 1960년대 영국의 대중가요는 당시의 독일 대중가요보다 더 사회풍자적이었는가? 빵(식량) 문제를 주로 거론하는 정치 후보자가 고차원적 문제를 거론하는 후보에 비해 더 잘 당선되는가? 이러한 질문들은 각기 사회과학적 연구문제들로서, 첫 번째 질문은 국민적 성향에 관한 것이고, 두 번째 질문은 정치적 성향에, 그리고 세 번째 질문은 정치적 과정에

관련된 것이다. 이와 같은 질문들에 대한 대답은 개개인들을 관찰해서 얻을 수도 있겠지만, 내용분석을 통해 더 잘 얻을 수 있다.

내용분석의 전형적 예로 웰스(Ida B. Wells)의 분석을 들 수 있다. 흑인노예 부모에게서 태어난 그녀는 1891년에 미국 남부지방의 흑인들이 린치를 당한 이유가 백인 여성을 겁탈했기 때문이라는 당시 사람들의 믿음이 정말 사실이었는지를 확인할 목적으로, 이전 10년 동안 신문에 보도된 728건의 린치 관련 기사들을 검토했다. 그 결과, 보도사례들 가운데 단지 1/3만이 강간혐의로 기소가 이루어졌으며, 유죄판결을 받은 경우는 훨씬 덜했다. 나머지 대부분의 사례들은 흑인들이 제 분수를 모르고 건방지게 행동한 것이 죄라면 죄였던 것으로 확인되었다(Reinharz, 1992: 146에서 재인용).

최근에는 『메가트렌드 2000(Megatrends 2000)』(Naisbitt and Aburdene, 1990)이라는 베스트셀러 서적이 내용분석의 방법을 사용해서 현대 미국 생활의 조류를 분석하기도 했다. 이 책의 저자들은 매달 수천 종의 지역신문들을 정기적으로 검토해서 각 지역사회의 주된 흐름을 밝혀내고 그 결과를 분기별 리포트의 형태로 발간했다. 이를 통해 이 책은 미국 사회 전체의 흐름을 밝혀내기도 했다. 연이어 발간된 책(Aburdene, 2005)에서는 이와 같은 내용분석을 통해 현대 미국 생활의 조류를 '영성의 힘' 혹은 '의식적 자본주의의 부활'이라고 명명하기도 했다.

다른 자료수집의 방법들에 비해 내용분석에서 더 적절하게 다룰 수 있는 별도의 주제들이 있다는 점에 유의할 필요가 있다. 예를 들어, 여러분이 TV의 폭력성 문제에 관심을 갖고, 남성을 대상으로 하는 상품을 판매하는 광고주는 과연 다른 광고주에 비해 폭력물을 더 선호하는가 하는 문제를 밝히려 한다고 하자. 내용분석은 이 문제를 규명하는 데 가장 적절한 방법일 수 있다.

이 경우 여러분이 어떻게 해야 하는지를 간단히 정리해보면, 우선 규명해야 할 문제에 포함된 두 가지 핵심적 변수인 남성용품 및 폭력적 장면에 대한 조작적 정의를 제시해야 할 것이다. 이 장에서 곧이어 소개할 코딩(coding)에 대한 설명을 통해 조작적 정의를 위한 구체적 방법들을 확인할 수 있을 것이다. 여하튼 여러분은 TV의 특정한 프로그램을 시청하고 광고주를 분류하며 폭력성을 평가하도록 하는 일정한 계획을 가지고 있어야만 한다.

그러고 나서 무엇을 보아야 하는지를 결정해야 한다. 아마도 여러분은 (1) 어떤 방송을, (2) 어느 기간, (3) 어느 시간에 봐야 할지 결정할 것이다. 이것이 결정되고 나면 맥주와 감자스낵을 준비하고 TV 앞에 앉아서 프로그램을 시청하고 분류하고 기록한다. 관찰이 끝나면 수집된 자료를 분석해서 남성 대상 상품을 파는 광고주가 여타 광고주에 비해 실제로 폭력물을 더 선호했는지를 최종적으로 규명해내게 된다.

다른 예로, 로스만(Gabriel Rossman, 2002)은 매스미디어에 관한 색다른 질문을 가지고 내용분석을 시도했다. 매스미디어가 점차 몇몇 소수의 강력한 기업집단의 통제하에 놓이는 경향에 대한 사회 전반의 우려 속에 로스만은 "한 신문사가 영화사까지도 소유한 동일 거대기업에 의해 소유된다면, 그 영화사가 제작한 영화에 대한 그 신문사의 논평을 과연 믿을 수 있을 것인가?" 하고 질문했다.

결론부터 말해, 로스만의 분석결과는 '그럴 수 없다'인데, 그 이유는 다음과 같다. 많은 신문사들이 흔히 영화를 계량적으로 평가하고 있기 때문에(예를 들면, 별4 가운데 별3 등급) 로스만은 단순한 계량분석을 시도할 수 있었다. 각 영화논평과 관련해서 그는 (1) 해당 영화가 신문사까지 소유한 동일 모기업에 의해 제작되었는지, (2) 해당 영화가 어떤 등급을 받았는지를 분석했다. 그 결과, 동일 모기업이 제작한 영화들은 다른 영화들에 비해 상대적으로 높은 등급판정을 받았을 뿐만 아니라, 이러한 편파적 판정은 다른 신문사보다는 해당 신문사의 경우 더 심했으며, 이와 같은 경향은 특히 모기업이 수많은 예산을 들여 제작한 영화들의 경우 확연한 것으로 드러났다.

관찰방법의 하나로서 내용분석은 분석하려는 내용이 무엇인가에 각별히 철저해야 한다. 분석하려는 내용이 명확해야만 해당 현상의 '발생원인' 및 '결과'까지도 명확해지기 때문이다.

내용분석의 표집

어떠한 주제에 관한 연구이건, 여러분이 관찰하려 하는 모든 현상을 빠짐없이 관찰하는 것은 불가능하다. 앞에서 설명한 TV의 광고후원과 폭력성 사이의 관계에 대한 연구의 경우에도 방영되는 모든 프로그램을 관찰대상으로 할 수는 없다. 인간의 두뇌에는 한계가 있으므로 어떠한 결론에 도달하기까지의 모든 내용들을 빠짐없이 기록할 수는 없다. 그러므로 내용분석에 있어서도 표집이 요구된다. 표집에 대한 본격적 설명에 앞서, 분석단위(unit of analysis)에 대해 먼저 설명하고 나서 표집을 위한 세부적 기법들을 논의하기로 하자.

분석단위

4장에서 지적한 대로, 적절한 분석단위(연구주제와 관련된 기술적 · 추리적 진술이 이루어지는 기본 단위)를 결정하는 일은 결코 쉽지 않다. 예를 들어, 가족의 평균소득을 계산할 경우 개별 가족이 분석단위가 된다. 그러나 가족의 평균소득을 알기 위해서는 가족의 개별 구성원들 각자에게 소득이 얼마인지를 물어야 한다. 이 경우 개별 가족이 분석단위이지만, 가족 내 각 성원들이 관찰단위가 된다.

마찬가지로, 여러 도시들의 범죄율을 도시의 크기, 지리적 위치, 인종구성 등의 특성에 비추어 비교할 경우, 비록 이와 같은 도시의 특성들이 개별 거주자들의 행태와 관련되는 것은 사실이지만 궁극적인 분석단위는 도시일 수밖에 없다.

이처럼 분석단위와 관찰단위가 서로 달라서 생겨나는 문제는 여타 자료수집의 방법보다는 내용분석의 경우에 특별히 두드러진다. 자세한 설명을 위해 다음 몇 가지 예들을 더 생각해보기로 하자.

예를 들어, 법률이 남녀 간 성별로 구분되어 제정된 경우가 형법에서 더 심한지 아니면 민법에서 더 심한지 알아본다고 하자. 이 경우 개별 법률이 관찰단위이자 분석단위가 될 것이다. 이 문제를 규명하려면 특정한 주(州)의 형법과 민법을 각기 표집한 후 각 법률이 성별을 구분하고 있는지 확인하면 된다.

이 문제를 조금 달리 표현해서 이제 우리의 관심은 여러 인종집단들에 대해 서로 다르게 적용하는 법률을 제정하는 주는 그렇지 않은 주에 비해 성별로 구분된 별도의 법률제정을 더 자주 하는지에 있다고 하자. 이 문제에 답하기 위해서는 개별 법률들을 분류해보아야 하지만, 이 경우에는 법률이 아니라 주가 분석단위가 된다.

다른 예로, 미술작품의 구상(representationalism)에 관심이 있다고 가정해보자. 구상주의적 그림과 그렇지 않은 그림 가운데 어떤 그림이 인기가 더 많은지 비교하려 할 경우에는 개별 그림이 분석단위가 된다. 그러나 그림의 구상주의적 성향이 부유한 화가와 가난한 화가 사이에 어떻게 다르게 나타나는지, 고학력의 화가와 저학력의 화가는 서로 어떻게 다른지, 자본주의 사회의 화가와 사회주의 사회의 화가는 서로 어떻게 다른지 등을 비교하려 한다면 개별 화가가 분석단위가 된다.

분석단위를 명확히 하는 것은 내용분석의 표집에 매우 중요한데, 그 이유는 분석단위가 무엇인가에 따라 표집이 달라지기 때문이다. 예컨대 작가가 분석단위라면 작가를 표집해야 하며, 책이 분석단위라면 작가가 누구인지와 관계없이 책을 표집해야 한다. 브루스 버그(Bruce Berg, 1989: 112-113)에 의하면, 특정한 책의 내용을 분석할 경우 분석단위는 그 책에 나오는 단어나 주제일 수도 있으며, 활자, 단락, 개념, 어의(semantics)가 될 수도 있고, 또는 이런 것들의 종합일 수도 있다. 〈그림 11-1〉은 이를 잘 보여준다.

표집의 대상이 분석단위와 정확히 일치해야 하는 것은 물론 아니다. 사실, 실제 표집은 분석단위를 형성하는 하위범주들로 이루어지는 경우가 종종 있다. 예를 들어, 분석단위가 작가일 경우 표집은 (1) 전체 작가들 중에서 일부의 작가들을 대상으로 이루어질 수도 있고, (2) 선별된 작가가 쓴 책들을 대상으로 이루어질 수도 있으며, (3) 선별된 책의 일부분을 대상으로 이루어질 수도 있다.

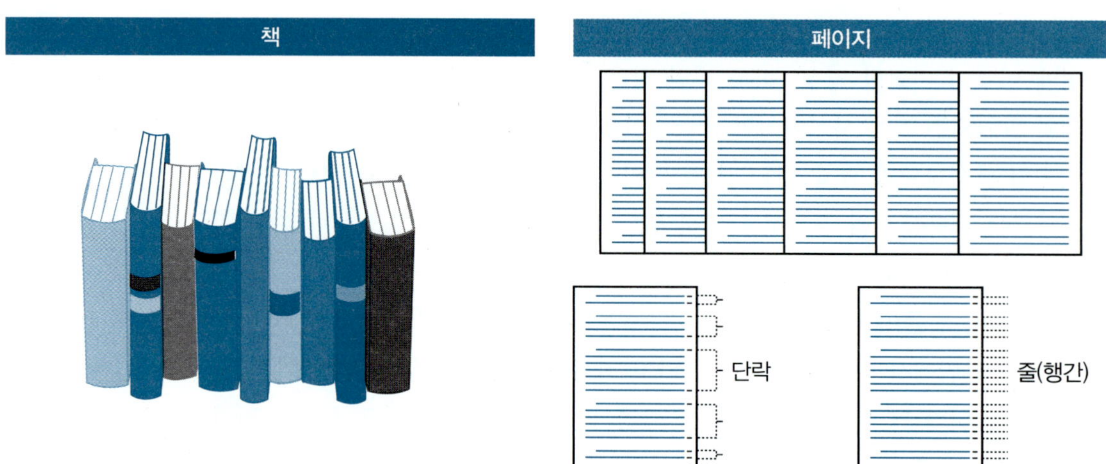

그림 11-1 내용분석에서의 분석단위들

마지막 예로, 좀 더 미묘한 상황을 생각해보자. 앞에서 말한 광고후원과 TV 프로그램의 폭력성 간의 관계에 대한 예에서, 이를테면 '남성을 대상으로 하는 상품을 만드는 광고주는 다른 광고주들보다 폭력물을 더 많이 후원하는가?' 하는 연구문제의 경우 분석단위는 TV 프로그램일까, 광고후원자일까, 아니면 폭력물일까?

연구설계를 단순하게 만든다면 이들 중 어떤 것도 분석단위가 될 수 없다. 물론 앞서의 연구문제는 여러 가지 방식으로 형성해볼 수 있는 문제이지만, 아마도 광고를 분석단위로 간주하는 것이 가장 보편적인 연구설계일 것이다. 이 경우 관찰단위는 두 가지—즉, 광고와 프로그램(광고와 광고 사이에 끼어 들어가 있는 프로그램)—가 가능하기 때문에 해당 광고가 남성용품을 광고하는지 그리고 해당 프로그램이 폭력적인지 모두를 관찰하고 분류해내야 한다. 이때 광고가 해당 프로그램에 속하는 광고여야 함은 물론이다. 이와 같은 상황에서 연구자가 기록해야 할 사항들은 〈그림 11-2〉에 예시되어 있다.

〈그림 11-2〉에서 동일 프로그램에 속하는 광고들은 한데 묶여 있는데, 이 광고들의 폭력성 빈도는 모두 같다. 또한 해당 프로그램이 방영된 직후에 나간 광고에서 폭력성 빈도는 그 프로그램이 방영되기 직전에 나간 광고에서의 폭력성 빈도와 동일하다. 이처럼 간단한 연구설계를 사용함으로써 각 광고를 광고후원 및 폭력성 정도에 따라 분류할 수 있다. 예를 들어 그런트 애프터세이브(Grunt Aftershave)라는 상품광고는 남성용품이며 프로그램 방영 전후에 모두 10번에 걸친 폭력성이 노출되었다고 기록되었고, 버터컵 브라(Buttercup Bra)라는 상품광고는 여성용품이며 프로그램 방영 전후에 폭력성이 전혀 노출되지 않았다고 기록되었다.

광고 시간	광고주	남성용품			폭력사례의 수	
		예	아니오	?	광고 시간 이전	광고 시간 이후
1st	Grunt Aftershave	✓			6	4
	Brute Jock Straps	✓			6	4
2nd	Bald-No-More Lotion	✓			4	3
3rd	Grunt Aftershave	✓			3	0
	Snowflake Toothpaste		✓		3	0
	Godliness Cleanser		✓		3	0
4th	Big Thumb Hammers			✓	0	1
5th	Snowflake Toothpaste		✓		1	0
	Big Thumb Hammers			✓	1	0
6th	Buttercup Bras		✓		0	0

그림 11-2 TV 폭력물 기록표의 예

〈그림 11-2〉에서 남성용품의 종류는 모두 네 가지이고, 이들 상품광고의 폭력성 빈도는 평균 7.5회이다. 한편, 남성용품이 아닌 네 가지 상품의 평균적인 폭력성 빈도는 1.75회이며, 남성용품인지 여성용품인지가 확실치 않은 두 가지 상품광고의 평균적인 폭력성 빈도는 1회이다. 만일 이와 같은 차이가 더 많은 관찰을 시도했을 때에도 계속해서 나타난다면, '남성용품을 판매하는 광고주가 여타의 광고주들에 비해 TV 폭력물을 후원하는 경우가 실제로 더 많다.'는 결론을 내릴 수 있을 것이다.

이 예시는 분석단위가 어떻게 자료수집 및 자료분석에 영향을 미치는지를 잘 보여준다. 표집방법을 결정하기에 앞서 분석단위를 분명히 해야 하지만, 분석단위가 광고라고 해서 단지 광고만을 표집할 수는 없다. 왜냐하면 해당 방송국의 방송절차를 미리 알고 있지 못할 경우, 구체적으로 언제 광고가 삽입되는지도 알 수 없기 때문이다. 더군다나 광고뿐 아니라 해당 프로그램도 동시에 관찰해야만 한다. 결국 표집절차는, 폭력 사례들 및 남성용품 광고들을 모두 포함해낼 수 있을 정도로, 관찰해야 하는 모든 사항들을 빠짐없이 포함하고 있어야만 한다.

표집을 계획하기 위해서는 표집이 이루어질 모집단이 무엇인지를 먼저 결정해야 한다. 앞의 예의 경우에는, 예컨대 어떤 TV 방송국을 대상으로 하며, 연구기간을 얼마 동안으로 하고, 몇 시부터 몇 시까지 방송되는 프로그램, 몇 가지 광고를 대상으로 할 것인지 등을 결정해두어야 한다. 그 후 TV를 시청해서 각 시간대마다 몇 가지 광고가 방영되는지를 확인함으로써 분석을 위한 시청 시간이 몇 시간이나 필요한지 알 수 있게 된다.

이제 이러한 사항들을 기초로 표집계획을 세울 수 있다. 만약 여러분을 도와주는 조교가 있다면, 실제로는 여러 방송국을 표집할 필요 없이, 동일한 기간 동안 각자가 맡은 방송국만을 대상으로 삼으면 된다. 하지만 조교의 도움 없이 혼자서 연구를 수행한다고 가정할 경우, 최종적인 표집틀(sampling frame, 실제 표집이 이루어지기 위한 정보가 담겨 있는 리스트)은 아마도 다음과 같을 것이다.

1월 7일, 채널 2, 오후 7~9시
1월 7일, 채널 4, 오후 7~9시
1월 7일, 채널 9, 오후 7~9시
1월 7일, 채널 2, 오후 9~11시
1월 7일, 채널 4, 오후 9~11시
1월 7일, 채널 9, 오후 9~11시
1월 8일, 채널 2, 오후 7~9시
1월 8일, 채널 4, 오후 7~9시
1월 8일, 채널 9, 오후 7~9시
1월 8일, 채널 2, 오후 9~11시
1월 8일, 채널 4, 오후 9~11시
1월 8일, 채널 9, 오후 9~11시
1월 9일, 채널 2, 오후 7~9시
1월 9일, 채널 4, 오후 7~9시
등

이 예시에는 여러 가지 결정사항들이 포함되어 있다는 것을 알 수 있다. 먼저 채널 2, 4, 9가 관찰대상으로 결정되었으며, 사람들이 TV 시청을 가장 많이 하는 시간대인 오후 7~11시의 두 시간씩을 선정했고, 연구개시일을 1월 7일로 결정했다는 사실이다. 물론 이와 같은 결정은 해당 연구문제에 비춰 최적의 사항들을 고려하여 이루어졌다.

분석단위와 관찰단위를 명확히 하고 표집틀을 확보하고 나면, 실제 표집은 의외로 간단하고도 쉽다. 표집을 위한 구체적 방법으로는 7장에서 말한 여러 방법들(무작위 표집, 계통적 표집, 층화표집 등)을 사용하면 된다.

표집기법

앞에서 살펴본 대로 내용분석에서는 연구의 거의 모든 단계에서 표집이 이루어진다. 즉, 의사전달이 이루어지는 여러 가지 내용들에 대해 개념적 수준의 표집이 이루어지는 셈이다.

구체적으로 말하자면, 7장에서 논의된 일반적 표집기법들이 내용분석에서도 마찬가지로 사용된다. 이를테면 프랑스와 미국의 소설가들, 미시시피 주에서 통과된 법률, 또는 셰익스피어의 소설에 나오는 독백에 대해 무작위 또는 계통적 표집을 시도할 수 있다. 또한 마찬가지로 톨스토이의 소설『전쟁과 평화』에 나오는 매 23번째 단락들을 표집할 수도 있으며, 비틀즈가 부른 모든 노래들 가운데 25곡을 무작위 표집할 수도 있을 것이다.

층화표집(stratified sampling)도 내용분석에 적합하다. 예를 들어, 미국 신문들의 편집정책을 분석하기 위해서는 우선 미국에서 발행되는 모든 신문들을 발행지역, 발행빈도, 발행부수 등에 따라 분류한 다음 각 분류영역 내에서 일정한 수의 신문들을 무작위 또는 체계적 방법으로 표집하고, 최종적으로 사설의 내용들을 순차적으로 분석하면 된다.

집락표집(cluster sampling) 또한 내용분석에 적합하다. 예컨대, 분석단위가 신문사설일 경우에는 일정한 지역의 신문들만을 대상으로 표집(즉, 집단표집)할 수 있다. 정치인의 정견 발표내용을 분석하려면 일정한 단위의 정치인들을 대상으로 그들의 연설내용을 분석하면 된다. 앞서 예시된 TV 광고에 대한 연구의 경우에도 추출된 표본은 집락표본이었다.

다시 강조하지만 분석단위에서 표집이 끝나는 것이 아니라는 점을 알아야 한다. 이를테면 소설이 분석단위일 경우 먼저 소설가에 대해 표집을 하고, 각 소설가가 쓴 소설들에 대해 표집을 하고, 표집된 소설 가운데 일정 단락들을 표집하는 식으로 분석단위의 하위범주들에 대해 순차적으로 표집한다. 이렇게 해서 단락에 대한 분석내용을 토대로 마지막 단계에서 소설의 내용을 분석하는 방식이다.

이제 관찰된 내용에 대한 분류 또는 코딩에 대한 설명으로 넘어가도록 하자. 4부에서는 서술적이고 설명적인 결론으로 이끄는 그런 분류의 조작을 논의한다.

내용분석의 코딩

내용분석에는 본질적으로 코딩이 필요하다. 코딩(coding)이란 원자료(raw data)를 표준화된 형태로 전환시키는 과정이다. 구두이건 서면이건 의사전달이 이루어지는 모든 사항들은 일정한 개념적 틀에 따라 분류 또는 코딩된다. 예를 들어, 신문

코딩
전산처리 및 분석을 위해 원자료를 표준화된 형태로 전환하여 기호를 부여하는 작업

사설은 개방적 또는 보수적이라고 코딩될 수 있으며, 라디오 방송은 광고 지향적이거나 또는 그렇지 않다고 코딩될 수 있다. 또 소설은 로맨틱하거나 그렇지 않거나, 그림은 구상주의적이거나 그렇지 않거나, 정치연설은 특정 인사를 음해하려는 속성이 있거나 그렇지 않거나 하는 등으로 코딩될 수 있다. 개방성이나 광고지향성, 로맨티시즘, 구상주의적 성향, 음해성 등의 용어에 대해 의미 해석이 다양할 수 있다는 것을 생각할 때, 연구자는 용어의 개념을 명확히 정의하는 데 주의할 필요가 있다.

내용분석의 코딩을 위해서는 5장에서 설명된 개념화 및 조작화가 잘 이루어져야 한다. 다른 조사방법에서도 그렇지만, 내용분석에서도 개념적 틀을 정교하게 하고 개념적 틀 내에서 관찰을 위한 구체적 절차가 마련되어야만 한다.

현재적 내용과 잠재적 내용

현장연구에 관한 앞의 설명에서, 연구자는 현상에 대한 이해의 폭과 깊이 사이에서 고민하곤 한다는 점을 지적한 적이 있다. 이는 신뢰도와 타당도 사이의 선택의 문제라고도 말할 수 있다. 일반적으로 연구자는 깊이(타당도)를 선호해서, 자신들이 관찰한 사항에 대한 깊이 있는 성찰을 추구하곤 한다. 하지만 표준화된 설문을 사용하는 서베이 조사의 경우에는 깊이보다는 폭이 더 선호되어, 현상에 대한 이해의 깊이 또는 타당도는 좀 떨어지더라도 이해의 폭을 넓히려고 노력하곤 한다. 내용분석을 하는 연구자 또한 이와 같은 선택을 해야 하는 경우가 많다.

현재적 내용
내용분석에 있어서 잠재적 내용과 구분되는 개념으로서, 분석할 내용의 겉으로 드러난 구체적 내용을 지칭한다.

현재적 내용(manifest content)은 겉으로 드러난 가시적 내용을 말하는데, 이것을 코딩하는 것은 마치 표준화된 설문을 사용하는 것과 마찬가지이다. 예를 들어, 어떤 소설이 얼마나 선정적인지를 알아보기 위해서는 소설 전체를 통해 또는 그 소설의 각 쪽마다 사랑이라는 단어가 평균적으로 몇 번이나 사용되었는지 확인해보면 된다. 아니면 소설의 선정성을 나타내주는 지표들인 사랑, 키스, 포옹, 애무 등의 단어가 얼마나 자주 사용되었는지를 확인하면 된다. 한편으로 이러한 방법은 코딩이 쉽고 신뢰도도 높다는 장점을 지닐뿐더러, 연구결과를 읽는 사람들로 하여금 선정성이 어떻게 측정되었는지 알게 해주는 장점이 있다. 하지만 다른 한편에서 볼 때에는 타당도의 문제가 있을 수 있다. 사랑이라는 단어 등이 사용된 빈도에 비해서는 선정적 소설이라는 어구가 더 풍부하고 깊은 의미를 내포하기 때문이다.

과거의 내용분석은 사용된 단어를 단순 수작업으로 세는 등 불편한 점이 많았으나 오늘날 컴퓨터는 이 작업을 훨씬 수월하게 만들어준다. 예를 들어, 디지털 형태의 자료를 코딩하려 할 경우 특정한 단어의 빈도를 세기 위해서는 검색 기능을 사용하면 된다. 한편, 워드스코어와 같은 컴퓨터 프로그램은 이 작업을 더욱 더 쉽게 만들어주기도 한다. 예컨대, 정치 관련 문건에 나타난 사람들의 정치성향을 코딩한다고 할 때, 워드스코어를 사용하면 진보, 보수 등의 정치성향을 손쉽게 구분해낼 수가 있을뿐더러 해당 문건 자체의 성향에 대해서도 분석해낼 수가 있을 것이다.

잠재적 내용
내용분석에 있어서 현재적 내용과 구분되는 개념으로서, 분석할 내용의 기저에 깔린 의미를 지칭한다.

잠재적 내용(latent content)은 겉으로 드러나지 않고 숨겨져 있는 내용을 말하는데, 내용분석에서는 잠재적 내용도 코딩할 수 있다. 이를테면, 방금 예시된 선정성과 관련해서, 전체 소설을 대상으로 또는 그 소설의 일부 단락이나 쪽을 발췌해서 그 소설이 얼마나 선정적인지를 평가할 수 있다. 이 경우 선정성에 대한 평가는 사랑이나 키스 등의 단어의 출현빈도와 무관하지 않은 것은 물론이지만, 그와 같은 빈도에 전적으로 의존하지는 않는다.

잠재적 내용을 코딩하는 것은 깊이 있는 의미를 포착하는 데에는 의당 유용하지만, 그 같은 유용성은 이해의 폭 또는 신뢰도의 희생을 전제로 한다. 특히 코딩하는 사람이 한 사람이 아닐 때 여러 사람들이 서로 다른 개념정의 및 기준을 사용하게 되면 한 사람이 선정적이라고 코딩한 어구가 다른 사람에 의해서는 그렇지 않다고 코딩되는 경우도 있다. 심지어는 혼자서 코딩하는 경우에도 처음부터 끝까지 개념정의와 기준이 일관적으로 사용된다는 보장도 없다. 더구나 연구결과를 읽는 사람이 연구자가 사용한 정의나 기준이 무엇이었는지 잘 모르는 경우도 비일비재하다. 현재적 내용 및 잠재적 내용의 코딩에 대한 비교를 위해서는

자료의 현재적 코딩(객관적)
현재적 코딩은 특정한 구절이 어느 정도 '낭만적'인지를 알아보기 위해서 '사랑'이라는 단어와 같은 구체적 요소를 세기로 한다.

자료의 잠재적 코딩(주관적)
잠재적 코딩에서는 연구자가 분석단위 전체(여기서는 단락)를 보고 그 단락이 '낭만적'인지 그리고 어느 정도 낭만적인지 주관적으로 판단한다.

그림 11-3 내용분석의 현재적 코딩과 잠재적 코딩

〈그림 11-3〉을 참조하라.

한 가지 예로, 모녀지간 연구자인 캐롤 오스터(Carol J. Auster)와 리사 오스터 거스맨(Lisa A. Auster-Gussman)은 모성 및 부성에 대한 미국인들의 문화적 차이를 분석했는데(2014), 이들이 사용한 원천 자료는 다름 아닌 제작사의 홈페이지에 인쇄된 어머니의 날 및 아버지의 날 카드였다. 이들은 카드가 문화적 규범의 영향을 받을 뿐만 아니라 문화적 규범 또한 카드의 영향을 받는 상호교환적 과정에 관심을 두었다.

이들의 연구는 모성 및 부성에 대한 전통적 관점—즉, 어머니의 양육적 역할 및 아버지의 도구적 역할—의 차이를 잘 보여주었다. 또한 이들의 연구에서는 어머니의 날 카드 및 아버지의 날 카드 각각에 사용된 그림, 대상물, 색채 등의 차이도 면밀히 분석되었는데, 여기에는 단순히 성별(어머니, 아버지) 차이뿐만 아니라 인종적, 민족적 차이까지도 함께 존재하는 것으로 드러났다.

개념화 및 부호범주의 구성

모든 조사방법에 있어서 개념화와 조작화는 이론적 관심과 경험적 관찰 사이의 상호작용을 반영한다. 예를 들어, 만일 여러분이 웹사이트에 실린 어떤 신문의 사설은 진보적이고 어떤 신문의 사설은 보수적이라고 생각한다면, 그 이유가 무엇인지 자문해보라. 어떤 웹사이트가 진보적이고 어떤 웹사이트가 보수적인지 곰곰이 생각하면서 그 내용들을 다시금 읽어보라. 특정한 웹사이트의 정치적 성향이 현재적 내용으로 명시되어 있는가, 아니면 단지 잠재적 뉘앙스로만 나타나 있는가? 웹사이트의 정치적 색채와 관련한 여러분의 판단은 몇몇 용어들(좌파, 파시즘 등)에 근거한 것인가, 아니면 특정한 정치적 이슈나 정치인에 대한 찬반에 근거한 것인가?

이러한 질문들에 답하기 위해서는 귀납적 방법과 연역적 방법 모두를 활용해야 한다. 다시 말해, 이론적 가설을 검증할 경우에는 해당 이론에 포함된 개념의 경험적 지표(empirical indicators)가 명확히 설정되어 있어야 한다. 한편, 구체적인 경험적 관찰을 근거로 이론을 구성할 경우에는 해당 경험적 관찰로부터 일반적 원칙을 유추해내고 그러한 원칙을 다른 경험적 관찰에까지 적용시키려고 노력해야 한다.

브루스 버그(Bruce Berg, 1989: 111)는 개념에 대한 코딩 범주를 구성하는 작업을 '현장기반이론(grounded theory)'의 맥락에서 논의하면서, 이 작업을 퍼즐을 푸는 작업에 비유하여 다음과 같이 지적한다.

현장기반이론에 요구되는 코딩 및 다른 절차들은 매우 어렵기 때문에 신중해야 한다. 그러나 사람들이 복잡한 퍼즐을 풀면서 재미를 느끼는 것처럼 연구자도 코딩 및 분석을 통해 상당한 희열을 느낀다. 마치 퍼즐 조각들이 끼워 맞추어져 완전한 모습이 된 것을 바라보는 것과 마찬가지로, 연구자에게 코딩은 대단한 스릴을 주는 작업이다.

코딩에 있어서 변수에 대한 조작적 정의는 변수의 속성(attributes)을 기반으로 이루어진다. 따라서 변수의 속성들은 상호배타적이면서도 망라적이어야만 한다. 예를 들어, 웹사이트의 정치적 색채와 관련해서 연구자가 진보성과 보수성 사이의 중간적 속성을 별도로 인정하지 않는 한, 해당 사이트가 진보적이면서 동시에 보수적이라고 코딩할 수는 없다. 마찬가지로 소설도 선정적이거나 또는 그렇지 않거나로 코딩하면 된다. 미술작품도 구상주의적이나 비구상주의적으로 코딩하든지, 아니면 다른 방식으로 코딩하기를 원한다면 인상적, 추상적, 우화적 등으로 코딩할 수도 있다.

내용분석에는 여러 가지 서로 다른 측정단위들이 사용된다는 점도 알아둘 필요가 있다. 예를 들어, 웹사이트의 정치적 색채가 진보적이거나 보수적이거나 하는 식의 명목적 범주를 사용할 수도 있고, 대단히 진보적인 사이트에서부터 대단히 보수적인 사이트까지 그 서열이 구분되는 서열적 범주를 사용할 수도 있다. 그런데 코딩을 위한 측정단위—즉, 명목측정, 서열측정, 등간측정, 비측정—가 변수의 유형과 반드시 같을 필요는 없다는 사실을 알아야 한다. 예를 들어, 사랑이라는 단어가 A라는 소설에는 100번 등장하고 B라는 소설에는 50번 등장한다고 가정했을 때, 사랑이라는 단어가 A라는 소설에 두 배 많이 등장했다고는 말할 수 있겠지만, A라는 소설이 B라는 소설에 비해 두 배 더 선정적이라고 말할 수는 없다. 마찬가지로, 유대인에 대한 반감을 묻는 설문에 그렇다는 대답을 남들보다 두 배 많이 한 사람이 남들보다 정확히 두 배 반(反)유대적이라고 말할 수도 없다.

숫자의 부여 및 기록

내용분석적 자료가 양적이기 위해서는 양적 자료처리가 가능한 방식으로 코딩이 이루어져야 한다. 이는 구체적으로 다음의 세 가지를 의미한다. 첫째, 코딩의 최종 결과물이 숫자로 구성된다는 것을 의미한다. 이를테면, 어떤 단어나 절 또는 다른 현재적 내용의 빈도를 헤아릴 경우 코딩이 반드시 숫자로 이루어진다는 것이다. 더 나아가 연구자의 전반적 판단에 근거해서 잠재적 내용을 코딩할 경우에도 코딩이 숫자로 이루어질 필요가 있다는 것을 뜻한다(예를 들면, 1=매우 진보적; 2=대체로 진보적; 3=대체로 보수적).

둘째, 부호의 기록에 있어서 분석단위와 관찰단위가 명확히 구분되어야 한다. 물론 최초의 코딩은 관찰단위를 근거로 이루어지기 때문에, 예를 들어 소설가가 분석단위이고 그의 소설에 대한 내용분석을 통해 소설가의 특징을 규정할 경우, 소설을 관찰단위로 해서 먼저 기록하고 그 후 그 결과를 합산해서 소설가(분석단위)의 특징을 규정하면 된다.

셋째, 숫자를 부여할 때 숫자부여가 이루어지는 근거도 기록해야 한다. 예를 들어, 어떤 화가가 그린 그림의 총 개수를 세어보지 않고서 단지 그 화가가 현실주의적 그림을 그린 수만을 세어봐야 별 소용이 없는데, 그 이유는 그 화가를 현실주의 화가라고 규정짓기 위해서는 그 화가가 그린 그림들 가운데 현실주의적 그림의 비율이 높아야만 하기 때문이다. 마찬가지로 어떤 소설가의 작품 전체를 통틀어 사랑이라는 단어가 모두 몇 번이나 나왔는지를 확인하지 않은 채 단순히 한 작품에 그 단어가 87번 나왔다는 사실만을 가지고 그 소설의 선정성을 규정할 수는 없을 것이다. 이는 코딩을 위한 숫자를 부여할 경우 그 같은 숫자 부여가 이루어지는 관찰근거를 명확히 해야 한다는 것을 뜻한다. 이를테면, 신문사설의 정치적 색채를 규정짓기 위해서는 단지 진보적 사설이 몇 번이었는지만을 기록하지 말고, 몇 회의 사설 가운데 몇 회가 진보적이었는지를 기록해야 한다. (이 경우, 진보적이지도 않고 보수적이지도 않다고 분류될 수 있는 사설이 있을 수 있음은 물론이다.)

신문의 고유번호	사설평가 횟수	주관적 평가 1. 매우 진보적 2. 다소 진보적 3. 중간 4. 다소 보수적 5. 매우 보수적	'고립주의' 사설의 수	친UN 사설의 수	반UN 사설의 수
001	37	2	0	8	0
002	26	5	10	0	6
003	44	4	2	1	2
004	22	3	1	2	3
005	30	1	0	6	0

그림 11-4 **표본 기록용지(일부)**

여러 신문들의 편집방향을 기술하고 설명한다고 치자. 〈그림 11-4〉는 신문 사설들을 코딩해서 기록한 결과의 예이다. 이때 분석단위는 물론 신문이다. 기계적 처리를 위해 각 신문에 일련번호(ID)를 부여했다. 표의 둘째 열에는 각 신문별로 분석된 사설의 수가 기록되어 있다. 이 기록은 연구자가, 예컨대 "UN에 대한 지지를 표방하는 사설이 8편이다."라는 식의 진술보다는 "전체 사설 가운데 UN에 대한 지지를 표방하는 사설이 22%이다."라는 식의 진술을 원한다는 점에서 매우 중요한 정보이다.

〈그림 11-4〉의 셋째 열에는 신문의 편집방향에 대한 연구자의 주관적 평가결과가 기록되어 있으며, 넷째 열부터 여섯째 열까지는 구체적인 편집방향을 알게 해주는 사설의 내용들이 기록되어 있다. 이 자료는 단지 예시를 위한 자료일 뿐이므로 간략하게 만들어졌지만, 실제 내용분석의 상황에서는 사설의 내용 외에도 여러 정보들(신문의 발행지역, 발행부수 등)이 이 표에 동시에 기록되어야만 할 것이다.

여기서 설명한 것과 같은 방식의 내용분석을 개념적 분석(conceptual analysis)이라고 말하는데, 이는 관계적 분석(relational analysis)과는 구분된다. 관계적 분석(혹은 관계적 내용분석)은 일정한 내용에 특정한 개념이 얼마나 자주 등장하는가 하는 정도를 넘어서서 여러 개념들 사이의 관련성을 파악하는 방식의 내용분석을 지칭한다. 예를 들면, 신문사의 편집인에게 독자들이 보내는 편지에서 '차별'과 관련한 내용이 어떠한지를 알아보기 위해서, 인종적 차별, 종교적 차별, 성적 차별 등의 관련성이 시간의 변화에 따라 어떻게 나타나는지를 검토하는 방식의 내용분석을 관계적 분석이라고 말한다.

질적 자료의 분석

내용분석이 모두 숫자를 사용해서 이루어지는 것은 아니다. 앞에서 예시된 바 있었던 캐롤 오스터(Carol Auster)의 디즈니 장난감에 대한 연구(2012)에서처럼 질적 분석도 종종 이루어질 수도 있다.

브루스 버그(Bruce Berg, 1989: 123-125)는 질적 가설검증을 위한 한 가지 기법으로 '부정적 사례의 검증(negative case testing)'에 관해 설명하면서, 이는 다음과 같은 일련의 절차들을 거쳐서 시행된다고 한다. 첫 번째 절차는 마치 '현장기반이론'에서 추구하는 바와 같이 자료를 관찰하고 검토하여 이를 토대로 일반화된 가설을 만들어내는 작업이다. 예를 들어서 어떤 공동체조직에서 리더십(leadership)이 어떻게 생겨나는지 연구할 목적으로 회의록을 면밀히 검토해서 누가 발의한 안건이 통과되었는지 분석한다고 할 때, 연구자가 관련자료를 검토한 결과 부유한 사람들이 리더십을 더 많이 발휘했다는 것을 발견했다고 하자.

두 번째 절차는 연구자가 애초에 예상했던 가설의 내용과 상반되는 사례들을 자료검토를 통해 모두 찾아내는 작업이다. 방금 언급된 예의 경우, 예컨대 부유한 사람들이 발의한 안건이 통과되지 않은 사례 및 가난한 사람들이 발의한 안건이 통과된 사례들을 찾아내는 것이다. 세 번째 절차는 이와 같은 '반증 또는 부정적 사례'들에 대한 세부적 검토를 통해 과연 (1) 애초의 가설을 포기할 것인지, 아니면 (2) 그 가설을 어떻게 재조정할 것인지를 결정하는 것이다.

예컨대, 부정적 사례들을 검토한 결과, 가난하면서 리더인 사람들은 모두 고학력이고 부유하면서 리더가 아닌 사람들은 모두 저학력이었다고 하자. 이 경우 연구자는 리더십에 관련되는 변수는 단지 경제적 부(富)만 있는 것이 아니라 부와 교육수준 모두라는 사실을 고려해서 애초의 가설을 재조정해야만 한다. 어쩌면 연구자는 리더십의 형성과 관련되는 몇 가지 기본 요건들을 더 발견하게 될 수도 있어서, 예컨대 화이트칼라이며 일정한 액수의 수입이 있고 대학교육을 받은 사람들이 가장 활동적인 리더가 된다는 사실을 밝혀낼 수도 있을 것이다.

이와 같은 과정은 바니 글레이저와 안셀름 스트로스(Barney Glaser and Anselm Strauss, 1967)가 분석적 귀납(analytic induction)이라고 부른 연구방법의 한 예에 해당한다. 이러한 연구를 귀납적이라고 말하는 이유는 관찰에서 출발하기 때문이며, 분석적이라 말하는 이유는 현상에 대한 기술을 넘어서서 변수들 사이의 관계와 유형을 밝혀내기 때문이다.

다른 분석방법과 마찬가지로 질적 분석에도 여러 가지 주의사항이 있다. 가장 중요한 것은 연구자가 생각하는 가설을 지지할 목적으로 관찰결과를 오도할 가능성이다. 예를 들어, 리더가 아닌 사람들은 대학을 졸업하지 않았다는 결론을 내리거나, 공장의 작업반장은 화이트칼라로 볼 수 있다고 결론을 내리는 등의 그릇된 결론을 만들어낼 가능성이 있다.

이러한 오류 또는 문제점을 극복하기 위해 버그(Berg, 1989 : 124)는 다음과 같은 방안들을 제시한다.

1. 관찰사례들이 충분히 있을 경우, 관련 변수들(예를 들면, 교육수준, 경제적 부의 정도 등)의 모든 범주들로부터 무작위 표집이 예외 없이 이루어져야 한다. 그럴 경우에 비로소 연구자가 지지하는 가설에 부합하는 사례만을 선별하는 문제에서 벗어날 수 있다.
2. 연구자의 주장과 부합하는 자료의 예를 최소한 세 가지 이상 제시해야 한다.
3. 연구자의 분석적 해석을 해당 연구와 무관한 다른 사람들에게 맡겨서, 이들도 연구자의 해석과 동일한 해석을 내리는지를 비교 · 검토해야 한다.
4. 연구자가 어떠한 반증사례—즉, 가설과 일치하지 않는 사례—를 발견하더

라도 그것을 숨기지 말고 있는 그대로 보고해야만 한다. 사회현상은 본질적으로 일관성을 결여한다는 자명한 사실을 상기할 때, 연구자의 생각과 일치하지는 않지만 그럼에도 불구하고 매우 중요한 의미를 지니는 사실을 발견했을 수도 있다는 것을 기억할 필요가 있다. 다시 강조하지만, 연구자는 연구결과의 보고에 있어서 정직해야만 한다.

내용분석을 위한 컴퓨터 프로그램도 있다. 예를 들자면, MAXQDA 온라인을 시도해볼 수 있다. T-LAB은 흥미로운 질적 분석을 가능케 하는데, 이를테면 정치연설에서 사용된 단어들 사이의 연관성을 도식적으로 보여준다. 마티아스 롬펠(Matthias Romppel)은 질적 내용분석 프로그램들에 대한 훌륭한 온라인 종합검토를 제시하기도 했다. 내용분석을 위한 컴퓨터 프로그램에 대해서는 13장에서 여타 종류의 질적 자료분석에 대한 소개와 더불어 다시금 소개되고 있다.

내용분석의 실제 사례

여러 연구결과들에 의하면, TV에는 여성에 대한 고정관념(stereotype)이 늘 있어왔다고 한다. 스티븐 크레그(R. Stephen Craig, 1992)는 이러한 전제하에 TV에 나타나는 남성과 여성에 대한 묘사를 여러 시간대별로 비교 · 검토했다.

구체적으로, TV 광고에 나타난 성 고정관념(gender stereotyping)을 규명하기 위해 크레그는 1990년 1월 6일부터 14일까지의 기간 동안 총 2,209편의 광고를 선별하여 분석했는데, 구체적인 시간대의 선정과 관련한 크레그의 자세한 설명은 다음과 같다.

> 평일 낮 시간대(월~금요일의 오후 2~4시)는 전적으로 연속 멜로드라마(soap opera)로만 편성되었는데, 이 시간대를 분석대상으로 선정한 이유는 이 시간대에 여성들의 시청률이 가장 높기 때문이다. 한편, 주말 낮 시간대(즉, 토요일과 일요일 오후의 스포츠 방송시간)는 남성들의 시청률이 가장 높다는 이유에서 분석대상으로 선정했다. 평일의 황금 시청시간대(prime time, 월~금요일의 저녁 9~11시)는 다른 시간대와 비교도 하고 아울러 예전의 연구결과들과도 비교할 목적으로 분석대상으로 선정했다.
>
> (1992: 199)

광고는 각기 여러 가지 방식으로 코딩되었는데, 먼저 광고에 등장하는 인물은 다음과 같이 코딩되었다.

- 모두 성인 남성
- 모두 성인 여성
- 모두 성인 남성과 성인 여성의 혼합
- 성인 남성과 남자 아동 또는 소년
- 성인 여성과 여자 아동 또는 소녀
- 연령 및 성별의 혼합

그리고 크레그는 광고화면에 가장 오랫동안 등장하는 인물을 '주된 등장인물'이라고 부르고 관찰하면서, 각 등장인물이 수행하는 역할(배우자 역할, 유명인사 역할, 부모 역할 등)도 관찰하고, 광고상품의 종류(화장품, 술 등)와 배경화면(주방, 학교, 사무실 등), 광고 속의 내레이터(narrator) 등도 일일이 관찰했다.

여성과 남성이 각기 어느 시간대의 광고에 등장했는지는 〈표 11-1〉에 나타나 있다. 표를 보면, 평일 낮 시간대(주간 연속 멜로드라마의 방영시간)에는 여성이 빈번히 등장한 것에 비해, 주말 시간대(스포츠 방영시간)에는 남성이 압도적으로 많이 등장했으며, 평일의 황금 시청시간대에는 남성과 여성이 거의 비슷한 비율로 등장했다는 것을 알 수 있다.

또한 크레그는 남성과 여성이 묘사되는 방식에 있어서도 차이가 있다는 것을 밝혀냈다.

> 추가적인 분석을 시행한 결과, 등장인물의 일상적 직업 또는 역할이 전문직 종사자이거나 유명인사로 묘사되는 경우는 대체로 주된 등장인물이 남성일 경우가 많음에 비해, 여성이 주된 등장인물일 경우 이들은 주로 면접자이거나 시위자, 부모, 배우자, 섹스의 대상 등의 역할로 묘사되고 있었다. … 특히 여성이 섹스의 대상/모델로 그려진 경우는 평일보다는 주말에 훨씬 더 많았다.
>
> **(1992: 204)**

아울러 크레그의 연구는 광고에서 선전하는 상품의 종류 또한 시간대에 따라

표 11-1　광고의 등장인물 백분율: 성별 시간대별

등장인물	평일 낮	평일 저녁	주말
성인 남성	40	52	80
성인 여성	60	48	20

출처: R. Stephen Craig, "The Effect of Television Day Part on Gender Portrayals in Television Commercials: A Content Analysis," *Sex Roles* 26, nos. 5/6(1992): 204.

다르다는 사실도 밝혀냈다. 흔히 예상할 수 있듯이, 평일 광고의 대부분은 화장품이나 식품 또는 가전제품 등의 상품에 대한 것이었다. 하지만 주말 광고 가운데에는 이러한 상품들에 대한 광고가 1/3밖에 되지 않았고, 주말 광고상품은 자동차 관련 상품(29%), 사무용품 및 사무용 서비스(27%), 술(10%) 등이 대부분이었다. 평일 저녁 시간대에 술 광고는 거의 없었다.

이와 같은 결과를 보면, 여성은 대체로 가정을 배경으로 묘사되는 것에 비해 남성은 가정 이외의 상황을 배경으로 묘사됨을 알 수 있다. 그 밖에 성별 역할 수행의 차이도 다음과 같이 발견되었다.

> 주말 광고에 출현한 여성은 대부분 남성과 함께 출현하며, 여성이 광고의 주된 등장인물인 적은 거의 없었다. 여성은 남성을 보조하는 역할(호텔의 접객원, 비서, 비행기의 여승무원 등)로 주로 나타났거나, 또는 섹스의 대상이나 모델의 역할로 표현됨으로써 광고의 선정성을 높여주고 있었다.
>
> (Craig, 1992: 208)

크레그의 연구결과는 어쩌면 당연한 것처럼 보일 수도 있겠지만, 사람들의 일상적 상식이 실제 사실과 반드시 일치하지는 않는다는 점을 염두에 둘 필요가 있다. 사람들의 일상적 상식이 실제 사실과 부합하는지 여부를 검토하는 작업은 항상 필요하다. 심지어 우리가 알고 있다고 생각하는 사실조차도 내용분석과 같은 분석방법을 사용해서 더 자세히 알아볼 필요가 있다.

대중문화에 주목하는 또 다른 내용분석에서 채리스 쿠브린(Charis Kubrin, 2005)은 질적 접근을 시도했다. 그녀는 랩(특히 갱단의 랩) 음악에 들어 있는 주제가 과연 무엇이며 그러한 주제는 거주지역의 문화 및 '길거리 코드'와 어떠한 관련성이 있는지에 관심을 가졌다.

> 낙후된 지역에 거주하는 흑인 젊은이들은 그들의 사회적 여건 및 거주여건에 대한 반응으로 자신들만의 코드(길거리 코드)와 의례를 보여주는 대안적인 사회질서를 만들어낸다. 이러한 사회질서는 가난한 흑인 공동체에서 지속되는 사회적 고립과 인종적 · 계급적 불평등으로부터 발생하는 하위문화적 궤적을 그대로 반영하는 것이다.
>
> (2005: 439)

쿠브린은 1992년부터 2000년까지 발표된 앨범들로서 가장 많이 팔린 모든 랩 앨범들—구체적으로 도합 1,922개에 달하는 곡을 수록하고 있는 130개의 앨범들—을 확인해내는 방식으로 그녀의 연구를 시작했다. 이 곡들 가운데 1/3인

632개의 곡을 단순무작위 표집을 해서 추출하고 각 곡마다 두 번씩 들으면서 그 내용을 일일이 검토해냈다.

> 처음에 나는 곡이 어떤 내용을 담고 있는지를 알아보기 위해서 각 곡마다 인쇄된 가사를 읽어가면서 처음부터 끝까지 들어보았다. 그다음에는 각 곡을 다시 한번 들으면서 길거리 코드 주제들[예를 들면, 존경, 폭력을 쓰거나 싸울 생각, 물질적 부(富), 폭력적 보복, 여성에 대한 객체화, 허무주의]이 과연 나타나있는지를 각 곡마다 코딩했다.
>
> (2005: 443)

쿠브린은 특히 허무주의(전통적 도덕을 거부하고 인생의 의미에 대해 근본적으로 회의를 품는 태도)라는 주제에 관심이 있어서, 허무주의가 갱단 랩에 어떻게 묘사되었으며 그것이 어떻게 길거리 코드와 맞물려 있는지를 파악하려 노력했다.

쿠브린이 비록 632개의 곡을 가지고 분석을 시작했지만 그녀가 350개의 곡을 분석하자 더 이상 새로운 주제는 나타나지 않음을 확인할 수 있었다. 그래도 혹시나 하는 마음에 50개의 곡을 더 분석해보았는데, 역시나 더 이상 새로운 주제는 없었으며, 그 시점에서 분석을 멈추었다.

쿠브린에 의하면, 랩 음악이 대개 반사회적이고 주류사회를 거부하는 경향이 있는 것은 사실이지만, 그녀의 심층분석은 다소 다른 발견 또한 제시한다.

> 랩 음악은 문화적 진공상태에서 존재하는 것이 아니라 흑인 젊은이 문화가 백인 문화의 가치, 태도, 관심 등과 문화적으로 접목되고 혼합되며 융합되는 방식으로 표현되는 것이다. 갱단의 랩에서 찬미되는 폭력적(그리고 가부장적, 물질주의적, 성차별적 등) 사고방식은 상당 부분 전체 사회에서 만들어지고 지속되는 지배적 가치관을 반영한다.
>
> (2005: 454)

쿠브린에 따르면, 그녀의 이와 같은 발견은 길거리 생활을 이해한다든지 혹은 범죄통제전략의 성공을 이해하는 데에 일정한 함의를 갖는다고 한다.

내용분석의 장점과 단점

내용분석의 가장 큰 장점은 아마도 시간과 비용 측면에서의 경제성일 것이다. 예컨대, 대학생의 신분에서 서베이 조사는 엄두도 내기 어렵겠지만 내용분석은 얼마든지 시도해볼 수 있다. 내용분석을 위해서는 수많은 연구진도 필요하지 않고 특별한 장비도 필요하지 않다. 분석하고 코딩할 자료 또는 내용이 있다면 내용분석은 언제든 시도해볼 수 있다.

내용분석의 두 번째 장점은 오류의 수정 가능성이다. 연구자가 만일 서베이 또는 실험조사를 실시하는 도중 무언가 잘못되었다는 사실을 깨달았을 경우에는 모든 시간과 비용을 감수하면서까지 전체 연구계획을 수정해야만 한다. 현장조사의 경우에는 문제가 더 심해서, 분석하고자 하는 현상이 이미 사라져버린 후에는 연구계획을 수정하려고 해도 할 수가 없게 된다. 하지만 다른 조사방법에 비해서 내용분석의 경우엔 연구계획을 부분적으로 수정하고 반복하는 것이 훨씬 더 용이하다. 코딩이 잘못되었을 때에도 전체를 수정하기보다는 부분적인 수정을 할 수 있다.

내용분석의 세 번째 장점은 일정한 기간 동안 진행되는 지속적 과정에 대한 분석이 용이하다는 점이다. 이를테면, 1850년부터 1860년 사이의 기간 동안 또는 1850년부터 현재까지 아일랜드계 미국인들에 대한 일반인들의 생각이 소설에 어떻게 투영되었는지를 손쉽게 규명할 수가 있다.

내용분석의 마지막 장점은 그것이 분석대상에 어떠한 영향도 가하지 않는다는 점에서 비개입적 조사방법이라는 사실이다. 이를테면, 소설은 이미 쓰여진 것이고, 그림은 이미 그려진 것이며 연설은 이미 행해진 것이라는 점에서 볼 때, 내용분석은 분석대상에게 어떠한 영향도 미치지 않은 상태에서 이루어지는 셈이다.

하지만 내용분석은 장점만을 지니는 것이 아니어서 단점 또한 있다. 무엇보다도, 내용분석은 기록된 내용들만을 대상으로 이루어진다는 문제가 있다. 다시 말해, 구두이건, 서면이건, 영상이건, 또는 어떠한 방식이든 간에 기록이 이루어진 경우에 한해서만 내용분석이 가능하다.

타당도와 신뢰도의 측면에서 평가한다면, 내용분석은 장단점 모두를 지닌다. 특히 기록된 내용 그 자체를 분석하지 않고 엉뚱한 내용을 분석할 경우엔 타당도의 문제가 생길 수 있다. 한편 신뢰도의 문제는 그다지 심각하지 않은데, 내용분석은 분석대상이 비교적 명확한 편이어서 일관성 있는 반복적 코딩이 가능하기 때문이다. 이에 비해 현장조사의 경우엔 관찰과 기록 그리고 범주화가 일단 이루어지고 나면 달리 반복할 방법이 없어서 일관성을 기하기가 어렵다.

이제 또 하나의 비개입적 조사방법인 기존 통계자료의 분석으로 넘어가기로 하자. 기존 통계자료의 분석은 내용분석과 달리 의사전달상 내용이 아닌 숫자를 대상으로 해서 이루어지지만, 내용분석과 유사한 점도 상당히 많다.

11.3 기존 통계자료의 분석

사회과학적 연구를 수행할 때에는 공식 또는 비공식적 통계를 활용해야 할 경우가 자주 있다. 기존의 통계자료를 분석하는 것은 이차분석(secondary analysis)과는 차이가 있는데, 왜냐하면 이차분석에서는 다른 사람의 자료를 사용하여 자기 스스로 통계분석을 행하지만, 기존 통계자료의 분석에서는 다른 사람이 이미 분석해놓은 자료를 단순히 사용할 뿐이기 때문이다.

기존 통계자료의 분석은 기존의 통계들이 연구자에게 보충자료로 활용될 수 있다는 점에서 중요한 의미를 지닌다. 예를 들어, 정치적 태도에 관한 설문조사를 실시할 경우 연구자는 자신의 연구결과를 기존의 관련 통계자료에 나타난 투표유형이나 투표율 또는 그와 유사한 통계들과 견주어 비교 · 검토할 필요가 있다. 마찬가지로, 일관조립(assembly line) 작업장에서 생산에 종사하는 근로자들의 사기증진을 위한 실험적 평가조사를 실시할 경우에도 연구자는 자신의 연구결과를 결근이나 병가 등에 관한 기존의 통계자료와 관련지어 검토할 필요를 느끼게 된다. 결국, 기존 통계자료는 연구자의 분석결과가 자리할 역사적 · 개념적 맥락을 제공하는 셈이다.

기존 통계자료는 사회과학의 연구를 위해 단순히 보조적인 역할만 수행하는 것이 아니라 주된 역할을 수행하기도 한다. 대표적인 예는 이 장의 앞부분에서 언급되었던 연구인 에밀 뒤르켐(Emile Durkheim)의 고전적 연구인 『자살(Suicide)』 [(1897)1951]이다. 우선 이 연구를 상세히 살펴본 후 기존 통계분석 방법에 관해 설명하기로 하자.

뒤르켐의 자살에 대한 연구

사람들은 왜 자살할까? 틀림없이 모든 자살에는 나름대로 각양각색의 이유가 있겠지만, 그러한 이유들은 몇몇 공통적 원인(경제적 실패, 사랑의 실패, 불명예, 또는 여타 개인적 문제 등)으로 정리될 수 있다. 그런데 프랑스의 사회학자인 뒤르켐은 자살의 원인에 대해 조금 색다른 관점을 갖고 있었다. 그는 자살이 외부 환경적 조건, 특히 사회적 조건과 관련이 있다고 보고, 자살을 증가시키거나 감소시키는 조건들을 규명하려 했다.

뒤르켐은 자살과 관련되는 기존의 기록들을 검토하면서 자살과 사회적 조건 사이에 일정한 관계가 존재한다는 것을 알아냈다. 그가 특별히 관심을 가진 내용 가운데 하나는 자살률의 안정성이었다. 여러 나라들의 자료를 면밀히 비교 · 검토한 결과 자살률은 어느 나라에서나 해마다 별다른 변화 없이 안정되게 나타난다는 사실을 밝혀냈다. 또한 그는 자살이 여름에 특별히 많다는 사실을 밝혀냄으로써 자살과 계절 사이에도 무언가 관련이 있을 것이라는 데 생각이 미쳤다. 그런데 만일 이 생각이 옳다면 자살률은 기후가 온화한 유럽의 남부지역에서 더 높아야 할 텐데, 실제로는 중부지역에 위치한 나라들에서 가장 높게 나타났다. 그 결과, 기후는 자살을 설명하는 요인이 되지 못했다.

그래서 뒤르켐은 다른 원인들을 찾기 시작했고, 연령(35세에 자살이 가장 빈번했음) 및 성별(여성에 비해 남성의 자살률이 4배가량 높았음) 등 여러 가지 요인들을 찾아보려 노력했다. 그 결과, 여러 가지 요인들로부터 일관된 유형을 발견해냈다.

이를테면 뒤르켐은 기간별 자살률이 반드시 안정적이지는 않다는 사실을 밝혀냈다. 즉, 1848년경에는 유럽의 여러 나라에서 정치적 회오리바람이 휘몰아쳤었는데, 이처럼 정치적으로 불안한 시기에 자살률이 특별히 높았다는 것을 발견했다. 이러한 발견을 토대로 그는 자살이 '사회균형의 파괴'와 일정한 관련이 있을 것이라고 예상했다. 다른 말로 표현하면, 이는 사회적 안정이나 통합이 자살방지와 관련이 있다는 것을 의미한다.

뒤르켐의 이러한 가설은 여러 자료들에 대한 면밀한 분석을 거쳐 사실로 확인되었다. 즉, 자료분석의 결과, 자살률은 국가별로 상당한 차이를 보여서, 예컨대 색소니(Saxony)의 자살률은 이탈리아의 10배 가량이나 되었을 뿐 아니라, 국가별 자살률의 상대적 순위도 거의 변하지 않았다. 뒤르켐은 도대체 이러한 차이가 무엇을 의미하는지를 곰곰이 생각한 결과 그 차이가 국가별 종교의 차이와 직결된다는 사실을 알아냈다. 다시 말해, 구교(Catholics)가 지배적인 나라에 비해 신교(Protestants)가 지배적인 나라에서 자살률이 일관되게 높았는데, 구체적으로 말해 구교가 지배적인 나라들의 자살률은 인구 100만 명당 58건이고, 구교와 신교가 섞인 나라들의 자살률은 100만 명당 96건이며, 신교가 지배적인 나라들의 자살률은 100만 명당 190건이었다[(1897) 1951: 152].

뒤르켐은 자살률의 국가별 차이가 단지 종교와만 관련되는 것이 아니라 여타 요인(경제적, 문화적 발전)과도 관련이 있으리라고 예상했다. 또한 만일 종교가 실제로 자살에 영향을 미친다면 종교에 따른 자살률의 차이는 특정한 국가 내에도 존재할 것이라고 예상했다. 이 예상을 검증해본 결과, 독일연방의 바바리아(Bavaria) 주는 다른 어떤 주보다도 구교도의 비율이 가장 높은 동시에 자살률도 가장 낮으며, 프러시아 주에는 신교도의 비율이 매우 높으면서 자살률 또한 매우 높다는 사실을 밝혀냈다. 뒤르켐은 여기서 멈추지 않고 각 주들을 일일이 검토했다.

뒤르켐의 이러한 비교 · 검토의 결과는 〈표 11-2〉에 정리되어 있다. 표에서 보

표 11-2 **독일의 자살률: 지역별, 종교집단별**

지역 및 종교집단	인구 백만 명당 자살건수
바바리아 지역(1867~1875)*	
구교도의 비율이 50% 미만인 지역	
Rhenish Palatinate	167
Central Franconia	207
Upper Franconia	204
평균	**192**
구교도의 비율이 50~90%인 지역	
Lower Franconia	157
Swabia	118
평균	**135**
구교도의 비율이 90% 초과인 지역	
Upper Palatinate	65
Upper Bavaria	114
Lower Bavaria	19
평균	**75**

* 주의: 15세 이하의 인구는 제외되었다.
출처: Adapted from Emile Durkheim, *Suicide* [Glencoe, IL: Free Press, (1897) 1951], 153.

지역 및 종교집단	인구 백만 명당 자살건수
프러시아 지역(1883~1890)	
신교도의 비율이 90% 이상인 지역	
Saxony	309.4
Schleswig	312.9
Pomerania	171.5
평균	**264.6**
신교도의 비율이 68~89%인 지역	
Hanover	212.3
Hesse	200.3
Brandenburg 및 Berlin	296.3
East Prussia	171.3
평균	**220.0**
신교도의 비율이 40~50%인 지역	
West Prussia	123.9
Silesia	260.2
Westphalia	107.5
평균	**163.6**
신교도의 비율이 28~32%인 지역	
Posen	96.4
Rhineland	100.3
Hohenzollern	90.1
평균	**95.6**

는 바와 같이, 신교도의 비율이 높은 주는 자살률이 대체로 높았다. 뒤르켐은 점차 종교가 자살에 중요한 영향을 미친다는 확신을 갖기에 이르렀다.

뒤르켐은 종교와 관련된 이러한 결과를 앞서 언급된 정치적 불안과 관련된 결과와 결합시킴으로써 보다 일반화된 이론적 명제를 도출하려고 시도했다. 이미 보았듯이, 뒤르켐은 많은 자살은 아노미(anomie), 즉 '무규범성' 혹은 사회적 불안과 해체감의 산물이라고 주장했다. 정치적으로 불안한 시기에 사람들은 예전의 안정적인 사회가 무너진다고 느끼며 비도덕적으로 변하고 우울증을 느끼게 되는데, 같은 상황에 대한 사람들의 반응이 바로 자살로 나타난다는 것이다. 달리 말하면, 이는 사람들이 전체 사회에 소속감을 느끼는 상태인 사회적 통합과 연대가 우울증이나 자살을 방지한다는 의미이기도 하다. 사실 사회적 통합은 종교적 차이와 밀접한 관련이 있는데, 상대적으로 덜 구조화되고 느슨한 교리를 유지하는 신교에 비해 구교는 다분히 구조화되고 통합된 교리를 내세워서 사람들에게 일체감과 안정감을 제공한다는 것이다.

이와 같은 이론을 기초로 뒤르켐은 아노미적 자살(anomic suicide)이라는 개념을 만들어냈다. 아노미적 자살이라는 개념을 만든 것보다 더 중요한 사실은 그가 '아노미'라는 신조어를 새로이 제시하여 그 후의 사회과학적 연구에서 많이 사용되는 계기를 마련한 장본인이라는 점이다.

여기서 언급한 자살에 관한 뒤르켐의 고전적 연구는 상당히 단순화된 상태로 설명되었기 때문에 그의 원저를 읽어보면 더욱더 풍성한 지식을 얻을 수 있을 것이다. 그럼에도 불구하고 앞서의 설명은 정부기관이나 여타 기관에서 수집되고 보고되는 수많은 기존 통계자료들을 활용한 연구가 실제로 어떻게 진행되는가를 보여주기에 충분할 것이다.

자살률에 대한 최근 연구(S. Barkan, M. Roque, and J. Houle, 2013)에 따르면, 미국 서부 지역의 상대적으로 높은 자살률과 관련하여 주거의 안정성이 자살률을 낮추는 핵심적 요인이라는 점을 밝혔는데, 이는 뒤르켐의 사회적 결속력의 중요성을 연상케 하는 결과에 해당한다.

세계화의 결과

이른바 '세계화(globalization)'를 둘러싼 논란은 미국을 비롯하여 세계적으로 점차 가열되는 양상인데, 이러한 논란은 비단 학계에서뿐 아니라 일반인들 사이에서도 뜨겁다. 이 논란은 두 가지 대립적인 견해로 나누어지는 경향이 있다. 한편에서는 미국식 자본주의가 개발도상국들로 퍼져나가는 세계화 현상을 그 국가들을 위한 경제적 해방으로 간주하는 데 비해, 다른 한편에서는 세계화는 다국적기업들이 개발도상국들의 국민과 자원을 착취하는 신식민주의에 다름 아니라고 간주한다. 이 같은 두 가지 대립적 견해 사이의 중간 어디쯤엔가에 속하는 다양한 견해들도 물론 존재한다.

제프리 켄터(Jeffrey Kentor, 2001)는 세계화가 개발도상국가에 실제로 어떠한 영향을 미치는지 알아보기 위해 세계은행(World Bank)이 발표한 「세계발달 지표(World Development Indicators)」를 사용했다. 세계화에 대한 다양한 측정방식을 염두에 둔 켄터는 한 국가의 전체 경제 가운데 외국자본의 투자가 점하는 비율을 세계화의 정도로 사용했다. 그는 외국자본의 투자량 그 자체보다 외국자본에 의존하는 정도가 세계화의 더 중요한 지표라고 보았다.

일인당 국내총생산(GDP: 한 국가 내에서 생산되는 재화와 용역의 총량)이 1만 달러 미만인 88개 국가에 대한 자료분석을 통해, 켄터는 외국자본에 대한 의존도가 소득불평등을 심화시키는 경향이 있다는 사실을 발견해냈다. 즉, 외국자본에 대한 의존도가 심하면 심할수록 국민들 사이의 소득불평등은 더 심해진다는 것이다. 켄터에 따르면, 세계화가 진행되는 과정에서 한편에서는 외국회사와 손잡고 일하면서 일반 국민들보다 월등히 높은 소득과 지위를 유지하는 엘리트 집단이 생겨나지만, 다른 한편으로는 외국자본의 투자로 인해 발생한 이윤이 해당 국가를 부유하게 하기보다는 외국으로 빠져나감으로써 대다수 국민들은 경제적 혜택을 거의 받지 못한다고 한다.

더구나 이러한 소득불평등은 출생률을 높임으로써 인구증가를 초래하며, 궁극적으로 이는 이미 너무 가난해서 국민들의 기본적 욕구조차 충족시키지 못하는 나라에 수많은 다른 문제들까지 가져오게 된다고 한다.

앞에서 제시한 뒤르켐의 자살에 대한 연구와 더불어 켄터의 이 연구는 다른 사람들이 이미 수집해놓은 기존 통계자료를 분석하면 어떤 종류의 연구가 가능한지 보여주기에 충분할 것으로 보인다.

분석단위

기존 통계자료의 분석에서 동원되는 분석단위는 개인이 아닌 경우가 많다. 예컨대, 뒤르켐은 정치적 · 지역적 분석단위(국가, 지역, 주, 도시 등)를 사용했다. 이는 범죄율이나 사고율 또는 질병률 등을 분석할 경우에도 마찬가지이다. 결국 기존 자료란 개인보다는 집단의 특성을 보여주는 집단화된 자료(aggregated data)인 경우가 대부분이다.

기존 자료의 집단화된 특성은 해결할 수 없지는 않지만 어느 정도 문제가 있을 가능성을 지닌다. 예를 들어, 앞에서 보았듯이 뒤르켐의 관심은 구교도와 신교도 가운데 어떤 사람들이 자살을 더 많이 하는지에 있었는데, 문제는 종교에 따른 개인별 자살률에 관한 자료를 그가 구할 수 없었다는 점이다. 그래서 그는 구교도에 비해 신교도가 자살을 더 많이 하는지에 대해서는 말할 수가 없었다. 그럼에도 불구하고, 그는 구교도가 많이 사는 국가나 지역 또는 주에 비해 신교도가 많이 사는 국가나 지역 또는 주에서 자살률이 높다는 사실을 바탕으로 구교도에 비해 신교도의 자살률이 높다는 결론을 유도해냈다.

그런데 이와 같은 결론을 유도해내는 데에는 위험이 도사리고 있다는 것을 알아야 한다. 왜냐하면 집단적 수준에서의 행위가 곧 개인적 수준에서의 행위와 반드시 일치하는 것은 아니기 때문이다. 집단적 수준의 자료를 근거로 개인적 수준의 자료를 유추해낼 경우에 생기는 오류가 바로 4장에서 말한 생태학적 오류

(ecological fallacy)이다. 이를테면, 뒤르켐의 연구의 경우 신교도가 많이 사는 지역에서 실제로 신교도보다는 구교도가 자살을 더 많이 할 가능성도 생각해볼 수 있는데, 그 이유는 신교도가 지배적인 지역에서 사는 구교도는 심하게 박해를 받아 자살할 가능성이 높기 때문이다. 이 경우엔 신교도 가운데 자살하는 사람은 아무도 없으면서도 자살률이 높은 신교도 국가를 생각해볼 수 있을 것이다.

뒤르켐은 생태학적 오류의 위험을 두 가지 방법으로 피했다. 첫째, 그의 일반화된 결론은 경험적 사실뿐 아니라 정교한 이론적 추론에 근거한 것이었는데, 이와 같은 이론과 사실 간의 결합이 방금 언급한 위험 또는 반박 가능성을 어느 정도 완화시킬 수 있었다. 둘째, 그는 자신의 결론을 여러 가지 방식으로 지속적으로 검증하고 또 검증함으로써(자살률은 구교도 국가보다는 신교도 국가에서 높다, 자살률은 신교도 국가에 소속된 구교도 지역에서보다는 구교도 국가에 소속된 신교도 지역에서 높다, …) 자신의 결론이 옳을 가능성을 높일 수 있었다. 즉, 반복(replication)을 통해 얻은 경험적 결과가 그의 결론을 지지하는 증거자료로 작용한 셈이다.

타당도의 문제

기존 통계자료 분석방법을 사용하면 우리는 기존에 존재하는 자료에 한정된 상태에서 연구를 진행할 수밖에 없다. 기존 자료가 연구자의 관심과 일치하지 않을 수도 있으며, 기존 자료가 연구자가 관심을 갖는 변수나 개념에 대한 타당한 지표가 아닐 수도 있다.

기존 통계자료의 분석에 있어서 타당도의 문제는 두 가지 방법으로 해결할 수 있다. 첫 번째 방법은 논리적 추론으로서, 예컨대 뒤르켐은 자살을 행하는 사람들의 종교는 직접 파악하지 못했지만, 논리적 추론을 통해 신교도 지역의 자살은 대부분 신교도에 의해 행해질 것이라는 결론에 도달했다.

기존 통계자료의 분석의 타당도를 해결하는 두 번째 방법은 반복(replication)의 시행이다. 5장에서 우리는 여러 가지 경험적 지표들 간의 호환성에 대해 논의한 적이 있다. 예를 들어, 동정심에 대한 지표로는 슬픈 영화를 보고 우는 행위 이외에도 어린 새를 둥지에 넣어주는 행위, 자선금을 기부하는 행위 등 여러 가지가 있을 수 있다. 이들 각 지표는 그 자체로서는, 예컨대 '여성이 남성보다 동정심이 더 많다.'라는 주장에 대한 타당한 지표가 되지 못한다. 그렇지만 만일 이러한 여러 행위들을 행하는 빈도가 전반적으로 여성에게서 더 높게 나타난다면 여성이 상대적으로 동정심이 많다는 주장에 무게가 실리게 마련이다. 이처럼 기존 통계자료의 분석에서는 약간의 부가적 노력을 통해 여러 가지 서로 다른 지표들을 활용한 검증을 반복적으로 실시함으로써 타당도를 높일 수 있다.

신뢰도의 문제

기존 통계자료의 분석에서는 기존의 통계자료 그 자체의 질이 매우 중요하다. 기존의 통계자료가 올바른 자료인가 하는 문제가 중요한 이유는, 예컨대 방대한 규모의 정부통계조차도 잘못된 경우가 종종 있기 때문이다.

범죄에 대한 연구를 예로 들어보자. 대부분의 범죄연구는 실제로 정부의 공식통계를 사용하기 때문에 범죄통계의 문제점에 대한 진단이 초미의 관심사가 되곤 한다. 그런데 진단결과는 회의적인 경우가 많다. 예컨대, 연구자가 미국 사회에서 마리화나의 복용에 관한 시기별 변화추세를 분석한다면 마리화나를 소지하고 판매하다 붙잡힌 사람들의 수에 대한 공식통계를 사용하면 되지 않을까 하고 생각하겠지만, 아쉽게도 그렇지가 않다.

우선, 타당도의 문제가 제기된다. 미국에서 1937년 마리화나에 관한 법률이 통과되기 전까지 마리화나는 단순한 풀로 인식되어 그 사용이 불법이 아니었으며, 따라서 체포기록은 타당한 지표가 되지 못한다. 그러면 1937년 이후의 자료만 사용하면 되지 않겠냐고 생각할 수도 있겠지만, 이 역시 완전한 해결책은 못 되는데, 그 이유는 (워싱턴 주 및 오리건 주, 콜로라도 주, 알래스카 주, 매사추세츠 주 등과 같이 마리화나를 합법화한 지역들은 말할 것도 없이) 법률의 시행과 범죄기록의 과정에서 발생하는 신뢰도의 문제가 도사리고 있기 때문이다.

구체적으로 말해, 법률의 시행은 여러 가지 사회적 압력에 의해 좌지우지된다. 갑자기 어떤 시민단체가 마리화나의 확산금지를 강력하게 주장하게 되면 마약거래에 대한 대대적인 단속이 이루어지고(특히 선거철에는 유난히 심하다), 매스컴이 마리화나에 관해 보도해도 단속이 심해지며, 경찰의 업무가 과중하면 마리화나 사범의 검거가 줄어들게 된다.

1942년부터 1970년까지 미국 시카고 지역의 마약사범 검거유형을 분석한 로이스 드플뢰르(Lois DeFleur, 1975)에 의하면 공식적인 검거율은 실제보다 매우 낮을 뿐만 아니라, 실제 검거된 사례들 가운데서도 공식통계에 잡히지 않은 사례들이 많다고 한다. 한편 조금 색다른 각도에서, 도널드 블랙과 그의 동료 연구자들(Donald Black et al., 1970)은 경찰의 현장단속에서 마약사범이 실제로 검거되는지 아니면 경고 후 훈방되는지에 영향을 미치는 요인들이 무엇인지를 분석한 결과, 흥미롭게도 단속사범의 옷차림이나 경찰에 대한 태도(공손 또는 공격적) 등이 영향을 미치며, 이것이 또다시 공식통계에 영향을 미친다는 사실을 확인했다. 더군다나, 보고되지 않는 범죄(보고되지 않은 범죄는 보고된 범죄의 10배가 넘는다고 함)까지도 감안한다면, 범죄통계의 신뢰도는 매우 근거가 취약한 셈이다.

범죄통계의 이러한 문제는 특정 지역에 국한되어 나타나기보다는 국가적인 차원에서 나타난다. 예를 들어, FBI가 매년 발간하는 국가 전체의 범죄통계인 『범죄백서(Uniform Crime Reports)』의 경우, 지역마다 범죄에 대한 사법관할권이 서로 다르고, 특정 지역이 FBI 범죄통계 집계에 참가하는지 여부도 스스로 선택할 수 있는 사안이기 때문에, FBI 통계 또한 믿을 수 없는 측면이 많다.

또한 범죄통계의 기록과정도 믿기 어려운 측면이 많다. 예컨대, 사법당국이 전산화 등을 통해 통계의 기록체계를 개선할 때마다 범죄율은 급격히 올라가는 경향이 있다. 이러한 범죄율의 증가는 실제 범죄수나 보고된 범죄수, 수사된 범죄수 등이 일정함에도 불구하고 나타난다.

기존 통계자료의 분석에서 연구자의 신뢰도 문제에 대한 최소한의 대처는 그러한 문제가 존재할 수 있다는 것을 미리 인지하는 자세이다. 다시 말해, 기존 통계의 수집 및 정리가 어떠한 과정을 거쳐 이루어졌는지 면밀히 감지함으로써 해당 자료의 신뢰도를 평가해보고, 그것이 연구자의 연구에 미칠 잠재적 영향이 어떤지를 판단해야만 한다. 이때 논리적 추론 및 반복연구까지도 시도하면 신뢰도의 문제를 상당 부분 해결할 수 있다.

기존 통계자료의 출처

기존 통계자료의 분석을 위한 자료출처를 일일이 열거하자면 책 한 권을 써도 모자랄 것이다. 따라서 여기에서는 연구자가 필요로 하는 자료를 찾을 수 있도록 해주는 몇 가지 출처들에 대해서만 논의하도록 하겠다.

기존 통계와 관련하여 가장 가치 있는 책 하나만 말하라면 그것은 아마도 미국 상무부(U.S. Department of Commerce)에서 1878년 이후 해마다 발간되는 『미국 통계총람(Statistical Abstract of the United States)』일 것이다. 가장 훌륭한 자료출처인 이 책에는 미국의 각 주 및 도시, 그리고 미국 전체에 대한 통계가 집계되어 있다. 연도별 · 지역별 노동중단 일수, 주요 도시들의 재산세, 수질오염 방류건수, 사업 소유권의 수, 그리고 그 밖의 수백 가지 세세한 정보들을 이 책이 아닌 다른 출처에서는 찾을 수 없을 것이다.

미국 헌법에 의거하여 10년마다 전체 인구를 대상으로 시행하는 센서스 조사에 대해 이미 잘 알고 있을 테지만, 미국 통계청(Census Bureau)에서도 수많은 조사들을 수행한다. 그중에서도 American Community Survey는 전국표본조사를 빈번히 시행하는 또 다른 중요한 자료원천으로서, 미국인들의 거주지역에 대한 자세한 정보를 알려준다(비록 자료의 포괄성 및 정확성이 거주지역 공동체의 크기에 따라 달라지기는 하지만). 이 자료에 대한 상세한 내용은 Census Explorer 등과 같은 온라인 프로그램을 통해 확인할 수 있다.

이를테면, 성별 소득격차라는 문제에 관심이 있다면 『통계총람(Statistical Abstract)』 자료에서 쉽게 검색해볼 수 있다. 예를 들어, 다음 표는 성별, 교육수준별 소득을 보여준다.

미국 상시근로자의 주당 중위 소득, 2016년

	남성	여성	여성 소득/남성 소득
전체 근로자	$969	$784	.81
고졸 미만	$551	$423	.77
고졸	$769	$599	.78
대학(초급대학 포함) 중퇴	$896	$688	.77
대졸	$1,348	$994	.74
대학원	$1,707	$1,257	.74

Adapted from U.S. Bureau of the Census 2012: Table 703, p. 459.
출처: Table 9. Quartiles and selected deciles of usual weekly earnings of full-time wage and salary workers by selected characteristics, 2016 annual averages. https://www.bls.gov/news.release/pdf/wkyend.pdf.

이미 언급한 대로 자료를 그림으로 제시하면 표로 제시할 때보다 더 쉽게 이해되기도 한다. 이 표에 있는 수치들을 스프레드시트(spreadsheet) 프로그램에 입력할 경우 〈그림 11-5〉와 같은 도형이 만들어진다.

이 자료는 남성과 여성이 각각 동일한 교육수준을 지니는 경우에도 성별 소득차이가 지속적으로 나타남을 보여준다. 성별 소득차이는 교육수준 이외에도 여타 변수들의 영향을 받음은 물론이며, 이에 대해서는 14장에서 다시금 논의하게 될 것이다.

전 세계의 통계자료를 찾으려면 UN을 통하면 된다. UN에서 매년 발간되는 『인구연감(Demographic Yearbook)』에는 여러 국가들에 대한 연도별 주요 통계(출생, 사망 등의 인구학적 자료)가 제시되어 있다. 그 밖에도 수많은 간행물들이 각종 자료를 제시하고 있는데, 이들을 찾아보려면 도서관의 웹사이트 등을 검색해보면 된다.

민간기구에서 발간하는 자료도 상당히 많다. 예컨대, 각종 상거래위원회 및 소비자집단에서 기업경영과 관련한 여러 가지 자료들을 발간하며, 커먼코즈(Common Cause)라는 회사에서는 정치 및 정부에 관한 자료를 발행하고, 조지 갤럽(George Gallup) 사에서는 1935년 이래 여론조사(Gallup Poll)에 나타난 여론을 정리해서 정기적으로 책으로 발간하고 있다.

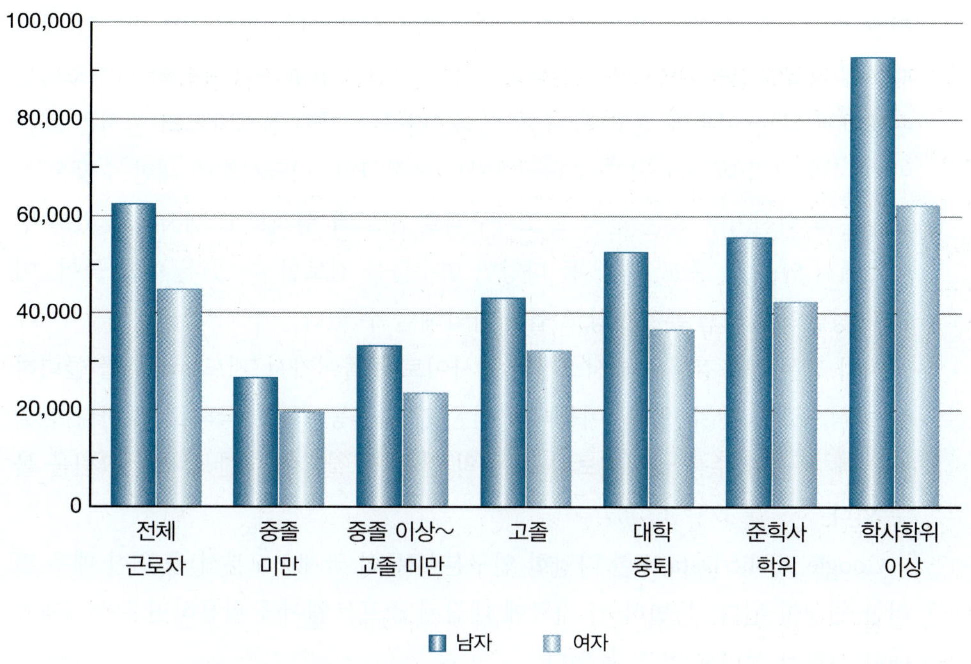

그림 11-5 성별, 교육, 그리고 소득의 그래프 표시

인구통계청(Population Reference Bureau)과 같은 기관에서는 이차분석(secondary analysis)을 가능하게 해주는 미국 및 세계의 각종 자료들을 출간한다. 여기에서 발행되는 『세계인구자료(World Population Data Sheet)』와 『인구회보(Population Bulletin)』는 사회과학자들이 자주 애용하는 자료이다. 주요 사회지표에 관한 자료는 『SINET: A Quarterly Review of Social Reports and Research on Social Indicators, Social Trends, and the Quality of Life』에서 찾을 수 있다.

또한 국제인구활동(Population Action International) 웹사이트에 들어가면 기후변화와 인구변화가 앞으로 어떻게 세상을 바꾸게 될지에 대해 알 수 있다. 높은 인구증가율과 기후변화의 결과는 여러 나라들에서 동시에 발생하고 있는데, 이 사이트는 기후변화의 영향 및 인구학적 추이, 피임욕구 등이 한 국가가 기후변화에 대처하는 능력에 과연 어떠한 영향을 미치는지를 잘 보여준다.

이 사이트는 인구증가율이 높고 기후변화에 대한 복원력이 낮으며 농업생산력이 낮은 33개 대표적인 나라들의 인구 및 기후를 지도의 형태로 찍어서 보여주는데, 이 나라들은 현재 물부족 문제를 심각하게 겪고 있을 뿐만 아니라 물부족 문제는 인구증가와 더불어 더 악화될 가능성이 크다. 그리고 이 나라들에서는 여성들이 피임 등 생식 관련 보건서비스를 이용하지 못하는 경우가 많은데, 가족계획 프로그램에 대한 지원이 이루어질 경우 보건복지가 향상되고 인구증가의 속도가 줄어들며 기후변화의 영향에 대한 취약성이 줄어들 것으로 기대된다. 앞에서 나열한 출처들은 수천 가지 출처 가운데 일부에 불과하다. 자료들이 이처럼 많기 때문에 자료수집을 위한 비용이 부족하다는 변명은 훌륭하고 유용한 사회조사를 수행하지 않는 이유가 결코 될 수가 없다. 더구나 기존 통계자료의 출처는 표뿐만 아니라 그림(예, Social Explorer)까지도 포함한다. 미국사회에 대한 수많은 자료들은 의회선거구 혹은 센서스 조사구역별 지도의 형태로도 제시되고 있으며, 여기에서 인구 및 종교, 경제 등 다양한 변수들을 검토할 수 있다. 예를 들어, 미혼자 성별의 지역별 분포현황도 쉽게 파악해낼 수 있다.

이와 같은 지도검색은 센서스청의 웹사이트에 들어가서 '지도(maps)'를 클릭하는 방식으로도 할 수 있다. 이를테면 인종 간 결혼통계를 미국의 각 주마다 산출해낸 후 특정한 주를 클릭해보면 그 주의 인종 간 결혼에 대한 상세한 그림을 볼 수 있다.

Google Public Data 또한 다양한 연구분석(특히 국제비교분석)을 위한 매우 편리한 원천이 된다. 특별히 이 자료에 내장된 소프트웨어를 활용하면 분석결과에 대한 시각적 설명도 얻을 수 있다.

그 밖에 사회적 관계망도 중요한 원천이 될 수 있는데, 이를테면 Topsy Social Analytics(http://topsy.com)를 이용하면 트위터의 메시지 내용들을 분석할 수 있다. 예를 들어, 색인 용어로 Ebola를 입력하면 시시각각 이루어진 관련 내용들을 일시에 확인할 수 있다.

마지막으로, Association of Religious Data Archives(ARDA)(http://thearda.com)는 종교와 관련한 다양한 양적, 질적 자료들(예, 종교적 신념, 태도, 행위 등)을 제공한다. 이 자료에는 Measurement Wizard라는 것이 있는데, 이를 활용하면 종교와 관련한 관심 내용 어느 것이라도 손쉽게 얻어낼 수 있다.

이제 본질적으로 양적 분석인 기존 통계자료의 분석에 대한 설명에 이어서, 대체적으로 질적 분석에 해당하는 비교역사분석에 대한 설명으로 넘어가기로 하자.

11.4 비교역사분석

비교역사분석
사회 혹은 기타 사회적 단위를 시간적 간격을 두고 서로 비교 · 분석하는 기법

비교역사분석(comparative and historical research)은 현장조사 및 내용분석, 기존 통계자료의 분석 등과 일부 비슷한 점도 있지만 이러한 방법들과 상당한 차이를 지닌다. 비교역사분석은 사회학자나 정치학자 또는 다른 사회과학자들이 사용하는 역사적 분석방법으로서, 여러 사회들(혹은 사회적 분석단위들)을 시간적 변화추이를 바탕으로 상호 비교하는 것이다.

4장에서 설명된 종단연구설계(longitudinal research design)를 제외한다면 이제까지 논의된 조사방법들은 주로 일정한 시점에서 일정한 대상을 분석하기 위한 방법이었다. 비록 현대 사회과학적 연구의 대부분이 이러한 횡단방법에 의존하는 것은 사실이지만, 그렇다고 해서 사회과학자들이 사회현상의 시간적 변화 및 문화 간 비교에 관심이 없는 것은 결코 아니다. 제임스 마호니와 디트리히 루이셰마이어(James Mahoney and Dietrich Rueschemeyer, 2003: 4)에 따르면, 오늘날 비교역사분석 연구자들은 "다양한 주제들에 관심을 갖지만, 규모가 크고 실질적으로 중요한 결과에 대해 역사적으로 근거가 있는 설명을 제시하려는 투철한 의식을 공통적으로 갖고 있다."고 한다. 결국 비교역사분석은 사회계급, 자본주의, 종교, 혁명 등과 같은 여러 주제들을 다루는 셈이다.

여기서는 우선 역사적 비교연구방법을 사용하여 수행된 연구의 예를 몇 가지 살펴보고, 이어서 이 방법에 대한 상세한 설명을 제시할 것이다.

비교역사분석의 예

사회학이라는 용어를 최초로 만든 오귀스트 콩트(August Comte)는 사회학을 인간 사고의 역사적 발달의 마지막 단계에 해당하는 학문으로 보았다. 좀 더 광의적으로 살펴보면, 콩트는 사람들이 종교에 의존하다가 다음에는 형이상학에 의존하고, 그다음으로 과학에 의존하게 된다는 진화론적인 사회변화의 모습을 그렸다. 좀 더 좁게는 과학 또한 생물학 등의 자연과학이 먼저 발전했다가, 다음에는 심리학이 발전하고, 그다음에는 과학적 사회학이 발전하는 진화론적 모습을 그렸다.

수많은 사회과학자들이 거대한 역사적 변천과정에 관심을 가졌다. 이들은 사회의 형태가 단순한 사회에서 복잡한 사회로, 또는 농촌사회에서 산업도시사회로 바뀌는 역사적 과정을 연구했다. 예컨대, 미국의 인류학자인 루이스 모건(Lewis Morgan, 1870)은 인간사회가 미개사회, 야만사회에서 문명사회로 전환한다고 보았다. 마찬가지로, 인류학자 로버트 레드필드(Robert Redfield, 1941)도 민속사회에서 도시사회로의 전환을 기술했다. 에밀 뒤르켐[Emile Durkheim, (1893)1964]은 사회적 진보를 분업의 증대과정으로 이해했다. 칼 마르크스[Karl Marx, (1867)1967]는 보다 구체적으로 사회의 경제체제가 원시적 생산방식에서 봉건적 생산방식으로, 그리고 다시 자본주의적 생산방식으로 변화하는 역사적 과정을 분석했다. 이러한 맥락에서 마르크스는 인간의 모든 역사를 계급투쟁의 역사—가진 자는 그들의 기득권을 유지하려 노력하고 못 가진 자는 가지려고 노력하는 투쟁—라고 규정했다. 마르크스는 자본주의가 지나면 사회주의가 나타나고, 종국에는 공산주의가 나타날 것이라 예견했다.

그러나 사회과학의 모든 역사적 연구들이 이와 같은 진화론적 설명을 제시하는 것은 아니다. 몇몇 사회과학자들은 역사적 연구를 진행하면서 단선적 진보를 주장하기보다는 역사적 순환을 주장하기도 했다. 그 대표적인 예가 피티림 소로킨(Pitirim A. Sorokin)이다. 그는 1917년에 발발한 러시아혁명에 참가하여 당시 수상이었던 케렌스키(Kerensky)의 비서로 일하기도 했다가 나중에 케렌스키와 결별하고 미국으로 건너가 사회학자로서의 새로운 인생을 시작한 사람이다.

콩트는 종교에서 과학으로 역사적 진보가 이루어진다고 보았지만, 소로킨(Sorokin, 1937~1940)은 인간사회가 두 가지 관점—'관념적(ideational) 관점' 및 '감각적(sensate) 관점'—사이에서 지속적으로 순환한다는 주장을 폈다. 그가 말하는 '감각적 관점'이란 현상에 대한 이해가 주로 인간의 감각을 통해 이루어지는 것을 말하는 데 비해 '관념적 관점'은 정신적이고 종교적인 요소를 강조하는 관점을 말한다. 또한 소로킨에 의하면, 감각적 관점과 관념적 관점 사이의 변화는 제3의 관점인 '이상적(idealistic) 관점'에 의해 진행되는데, 이상적 관점은 감각적 관점과 관념적 관점이 통합되어 만들어지는 새로운 합리적 관점이라는 것이다.

이 예시들은 비교역사분석에 관한 다소 단편적이고 피상적인 설명이다. 비교역사분석이 구체적으로 어떠한 것인지를 보다 잘 이해하기 위해 다음의 예들을 면밀히 고찰해보기로 하자.

베버와 관념의 역할

마르크스는 경제사에 대한 분석을 통해 경제결정론(economic determinism)을 제시했다. 즉, 그는 사회의 모든 측면들이 경제적 요인에 의하여 결정된다고 주장했다. 이를테면 마르크스는 유럽의 교회는 자본주의의 현상태(status quo)를 유지하고 정당화시키기 위한 목적으로 존재하며, 종교는 결국 힘 없는 자에 대한 힘 있는 자의 지배를 영속화시키는 수단이라고 생각했다. 다음과 같은 마르크스의 글귀는 매우 유명하다. "종교는 억압받는 사람들의 탄식이며, 잔악한 세상의 정서이고, 영혼 없는 상태의 영혼이며, 결국 민중의 아편이다."[Bottomore and Rubel, (1843)1956: 27]

그러나 독일의 사회학자인 막스 베버(Max Weber)는 그렇게 생각하지 않았다. 베버는 경제적 요인들이 사회의 여러 측면들에 영향을 미칠 수 있다는 것을 인정하면서도, 경제결정론으로는 모든 것을 설명할 수 없다고 주장했다. 오히려 그는 경제적 요인이 비경제적 관념에 의해 발생한다고 주장했다. 이를테면, 그는 종교에 대한 분석을 통해 종교제도가 단순히 경제적 상황을 반영하기보다는 사회행위의 근원이라는 것을 밝혔다. 그의 이와 같은 주장은 『프로테스탄트 윤리와 자본주의 정신(The Protestant Ethic and the Spirit of Capitalism)』[(1905)1958]이라는 저서에 잘 드러나 있다. 그의 주장을 정리해보면 대략 다음과 같다.

프랑스의 신학자였던 장 칼뱅(John Calvin, 1509~1564)은 개신교 개혁을 단행한 중요한 인물이다. 칼뱅은 모든 사람들의 궁극적 구원과 저주는 이미 신에 의해 결정되어 있다고 설교했는데, 이것이 바로 예정설(predestination)이다. 칼뱅은 또한 신이 사람들에 대한 자신의 결정을 알려주었으며, 그 결정은 현세에서의 생활에서 어떤 사람은 성공적이고 어떤 사람은 성공적이지 못한 형태로 나타난다고 보았다. 즉, 신은 모든 사람에게 현세에서의 소명(calling), 즉 직업을 내렸으며, 사람들의 성공이나 실패가 바로 이 소명을 통해 나타난다는 것이다. 그런데 역설적이게도 이와 같은 칼뱅의 견해는 그를 추종하는 사람들로 하여금 열심히 일하고 저축하며 경제적 성공을 위해 노력하게 함으로써 자신들의 구원에 대한 증거를 찾도록 하는 계기로 작용했다.

베버의 분석에 따르면 칼뱅주의(Calvinism)는 자본주의의 발전에 매우 중요한 촉진제 역할을 했다. 즉, 칼뱅주의자들은 현세의 안락을 위해 돈을 낭비하는 대신에 자신들의 경제적 발전을 위해 재투자했고, 이것이 결국 자본주의의 발전에 필요한 자본의 축적을 가능하게 했다. 자본주의의 기원에 대한 이와 같은 해석에 도달하기까지 베버는 초기 개신교회의 공식적 교리, 칼뱅과 여타 교회지도자들의 설교내용, 그리고 역사적 관련 자료들을 두루 섭렵했다.

그 밖에, 베버는 유대교[(1934)1952], 중국의 종교[(1934)1951], 그리고 인도의 종교[(1934)1958] 등에 대한 면밀한 역사적 분석까지도 수행했다. 이러한 일련의 분석을 통해 베버가 규명하려 했던 것은 왜 자본주의가 중국이나 인도 또는 이스라엘과 같은 역사가 유구한 사회에서 발생하지 않고 서구사회에서 발생했는가 하는 문제였다. 베버에 따르면, 다른 어떤 사회의 종교에도 자본의 재투자와 축적을 장려하는 교리는 없었으며, 베버는 여러 종교에 관한 역사적 분석을 근거로 개신교의 역할에 대한 자신의 결론을 뒷받침했다.

공정거래

여러분이 식품점이나 커피전문점에서 커피를 사면 포장지에 '공정거래'라는 딱지가 붙어 있는 것을 볼 수 있을 것이다. 잘 알다시피 공정거래 인증은 개발도상국의 농부들이나 노동자들을 지원하기 위한 국제적 사회 · 생태 · 경제운동에서 비롯되었다. 공정거래운동은 국제무역에서 공정성을 도모하고 개발도상국가 노동자들로 하여금 그들이 생산하고 수출하는 상품에 대해 높은 가격을 받을 수 있도록 조처하기 위한 목적을 지닌다. 자유시장경제에서는 커피나 초콜릿, 바나나 등과 같은 상품의 생산자는 선진국의 소비자가 실제로 지불하는 돈보다 훨씬 적은 돈을 받게 되는 것이 일상적인데, 실제로 공정거래는 경제적 재구조화를 도모한다. 즉, 생산지역의 농부가 국제적 비영리단체(NPO, 예를 들어 Institute for Agriculture and Trade Policy)와 공조해서 중간상인을 배제시킴으로써 생산자에게 더 많은 돈과 가격안정성을 보장해주는 방식이다. 공정거래는 또한 환경기준을 향상시키고 지속성을 증진시키는 데 초점을 두기도 한다.

다니엘 자페(Daniel Jaffee, 2007)는 멕시코에서 열렸던 세계무역기구(WTO) 총회에 참석하게 되면서 2003년부터 공정거래운동에 관여해왔다. 한 무리의 대표자들이 공정거래를 위해 WTO 총회장 앞에서 시위를 하고 자신들끼리의 토론회를 주도했는데, 자페는 그들을 줄곧 따라다니면서 공정거래경제에 대한 자신의 연구를 시작했다.

> 나는 2년 이상 이러한 노동자들과 같이 살고 일하고 대화를 했으며, 노동자들 이외에도 아주 색다른 커피시장(즉, 실제 생산을 위해 소요된 비용보다도 더 적은 비용을 지불하곤 하는 중간상인들이 주도하는 일상적 시장)을 알고 있는 그들의 이웃들과도 함께했다.
>
> (2007: xiv)

자페 스스로가 밝히고 있다시피, 그의 연구는 참여관찰법을 사용하는 것 이외에도 생산 및 가격 등과 같은 자료를 수집하고 양적으로 분석하기도 했다. 부분적으로 그는 공정거래운동을 '세계의 커피 생산 및 판매'라는 보다 커다란 틀에 올려놓고자 했다. (참고로 공정거래는 전체 거래의 약 1%가량밖에 안 된다.)

공정거래가 일반인들에게 점차 알려지고 인지도가 높아지기 시작하면서 자페는 또한 공정거래 운동의 시간적 변화추이를 관찰하는 데에도 관심을 갖게 되었다. 그래서 그는 관련 기구들의 움직임에 주목했고, 스타벅스와 같은 대규모 회사들이 소비자들로 하여금 공정거래 커피를 선택할 수 있도록 조처하기 시작한 이후 과연 어떠한 변화가 나타나는지도 주목했다. 여타 연구방법들은 일정하게 정해진 시간에 정지된 사회생활의 단편만을 포착해냄에 비해서, 자페의 연구는 지속적인 사회생활의 움직이는 그림을 포착하게 해준다.

다음의 네 가지 개략적 예들은 요즘의 비교역사분석 연구자들이 어떤 주제들을 어떻게 연구하는지를 잘 보여준다.

- 기독교의 부흥　로드니 스탁(Rodney Stark, 1997)은 『기독교의 부흥(The Rise of Christianity)』이라는 자신의 저서에 '불분명하고 변두리적이었던 예수운동이 서구사회에서 어떻게 몇 세기 만에 지배적 종교가 되었는가?'라는 부

제(副題)를 달고, 이 질문에 대한 답을 찾으려 노력했다. 많은 사람들에게 있어서 이 질문에 대한 대답은 기독교의 기적적 운명과 관련된 신념의 문제에 속할지도 모른다. 하지만 스탁은 기독교적 신념을 파헤치기보다는 과학적 설명을 시도했는데, 구체적으로 그는 기존 역사적 자료를 분석하는 방법을 통해 기독교 발생 초기 당시의 인구증가에 집중했다. 그에 따르면 기독교의 초기 부흥은 무엇보다도 현대 모르몬교의 성장과 매우 흡사했다고 한다. 그리고 당시 로마제국의 지배적 이교도들과 달리 기독교는 성장에 도움이 되는 실행적 요소를 지녔다고 한다. 예를 들어, 초기의 기독교회는 다른 종교들과 달리 더 여성친화적이었으며, 이로 인해 초창기 성장은 주로 여성들을 중심으로 이루어졌고 이 여성들은 이어서 그 남편들을 개종시켰다고 한다. 심지어 흑사병이 만연하는 시기에조차도 초창기 기독교도들은 고통받는 친구 및 가족 구성원들을 정성껏 보살폈으며, 이러한 종교적 실행은 결국 기독교도의 생존율을 높였을 뿐만 아니라 기독교로의 개종비율을 높이는 데 기여했다는 것이다. 스탁은 자신의 분석 여기저기에서 문화적 요인의 인구학적 영향에 천착하고 있다. 이 연구는 사회과학적 연구방법이 신념이나 종교와 같은 비과학적 영역을 어떻게 조명해내는지를 여실히 보여준다.

- **국제경찰** 매튜 드플렘(Mathieu Deflem, 2002)은 오늘날 여러 나라 경찰조직들 사이의 국제공조체제가 어떻게 해서 형성되었는지를 연구했다. 우리 대부분은 영화나 TV를 통해 '인터폴(Interpol)'에 대해 들어본 적이 있다. 드플렘은 19세기 중반부터 제2차 세계대전 시기에 이르기까지 인터폴의 발전을 추적했는데, 그의 분석은 경찰의 관료적 통합을 꾀하려는 각국 정부의 욕구가 정부로부터 독립적인 기능을 유지하려는 경찰의 욕구와 서로 어떻게 충돌했는지를 부분적으로 보여주기도 한다.
- **미국의 이해** 찰스 페로(Charles Perrow, 2002)는 독특한 미국식 자본주의의 근원을 연구했다. 유럽 국가들에 비해 미국은 일반 국민들의 욕구는 덜 충족시켜주고 대기업의 권한은 더 보호해주는 경향이 있는데, 페로에 따르면 이는 기업을 보호하고 섬유 및 철도산업을 보호하는 방식으로 19세기 미국 대법원이 내렸던 판결과 밀접한 관련이 있다고 한다.
- **감소된 민주주의** 세다 스카치폴(Theda Skocpol, 2003)은 1840년에 발간된 알렉시스 드 토크빌(Alexis de Tocqueville)의 저서『미국의 민주주의(Democracy in America)』에서 드 토크빌이 먼저 제기했던 연구문제인 '미국의 공동체 생활 모든 측면에서 나타나는 민주주의에 대한 열정의 근원은 무엇인가?'에 관심을 가졌다. 민주적 의사결정은 신세계인 미국에서 마

치 태생적으로 존재하기라도 하는 양 간주되곤 하는데, 과연 그 실상은 무엇일까? 현대 미국 문화에 대한 스카치폴의 분석은 좌파나 우파 그 어느 이데올로기로도 쉽사리 설명되기 어려운 '감소된 민주주의(diminished democracy)'의 가능성을 시사한다.

이 예들을 통해 여러분은 비교역사분석적 방법이 지니는 위력을 감지할 수 있을 것이다. 이제 이 방법에서 사용하는 자료의 원천 및 구체적 기술들에 대해 살펴보기로 하자.

역사적 비교자료의 출처

기존 통계자료의 분석에서처럼 역사적 연구에 있어서도 이용 가능한 자료는 끝이 없다. 왜냐하면 우리가 알고 싶어하는 사항들은 역사학자들에 의해 이미 보고된 경우가 대부분이며, 역사학자들의 연구는 우리가 알고 싶어하는 문제를 규명하고 더 깊이 있게 이해하기 위한 시발점을 제공하기 때문이다.

역사학자 등 다른 사람이 내린 결론이 아니라 자기 자신의 독립적 결론을 위해 원자료(raw data)를 검토하고자 하는 경우도 많다. 물론 이러한 자료는 연구주제에 따라 아주 다양하다. 예를 들어, 토머스와 즈나니키(W. I. Thomas and Florian Znaniecki, 1918)는 20세기 초 미국에 이민 온 폴란드 농민들의 적응과정을 연구했는데, 이들이 사용한 원자료는 이민자들이 폴란드에 있는 가족들에게 보낸 편지였다. (연구자들은 이 편지를 신문광고를 통해 입수했다.) 어떤 연구자들은 오래된 일기를 사용하기도 한다. 그런데 이러한 개인적 서류들은 매우 피상적일 가능성이 높다는 문제점을 안고 있다. 엘렌 로스만(Ellen Rothman)은 가족사(家族史)의 연구절차를 설명하면서 자료의 출처가 매우 다양할 수 있다는 사실을 다음과 같이 역설한다.

> 가족사를 밝혀내기 위한 자료는 개인적인 것 외에도 공적 기록들이 있다. 예를 들어, 신문을 훑어보면 과거 가족생활의 교육적 · 법적 · 여가적 내용들을 당시의 시각에서 들여다본 자료들이 매우 풍부하다. 잡지 또한 가족생활의 일반적 형태를 잘 나타내는데, 이를 잘 들여다보면 당시에 중시되었던 가족적 가치가 무엇이었는지 이해하고 추측해보는 재미를 느낄 수 있다. 잡지에는 실로 여러 가지 종류의 정보(화보, 칼럼, 소설 등)가 동시에 들어 있다. 대중잡지에는 칼럼과 소설이 유난히 많다. 가족생활의 문제점들에 대한 상담들(올바른 자녀교육법에서부터 벽지 값 아끼는 방법에 이르기까지)이 19세기 초부터 지금까지 잡지의 칼럼을 가득 메우고 있다. 잡지에는 가족생

활의 공통된 경험이나 생각을 일러주는 이야기들이 예나 지금이나 가득 차 있다.

(1981: 53)

자료를 정리하고 보관하는 일은 여러 기관들에서도 이루어지므로, 어떤 기관의 발전을 분석하려면 그 기관의 공식자료(헌장, 정책지침, 지도자의 연설 등)를 검토하면 된다. 나는 예전에 현대 일본의 종교집단(소카가케)의 부흥에 대한 연구를 수행한 적이 있는데, 그 종교집단에서 매주 발행하는 신문과 잡지뿐 아니라 그 종교집단 지도자들의 연설문 모음까지도 일일이 검토했다. 이런 자료들을 통해 나는 교인충원의 시기별 변화양상을 추적할 수 있었다. 처음에는 전 세계인을 대상으로 선교를 하다가 나중에는 일본인들만을 대상으로 선교를 했고, 일단 상당수의 일본인 신자들이 확보되자 또다시 전 세계인을 대상으로 선교하기 시작했다(Babbie, 1966).

간혹 정부의 공식통계가 분석자료로 사용되기도 한다. 예컨대, 히긴보담(A. Leon Higginbotham, Jr., 1978)은 미국 인종관계의 역사를 보다 잘 이해하기 위해 인종과 관련되는 지난 200년 동안의 법률과 판례를 검토했다. 그는 실제로 연방판사에 임명된 최초의 흑인이었는데, 자료검토를 통해 그동안 사법당국이 흑인들을 보호하기보다는 편협한 억압으로 일관해왔다는 것을 밝혀냈다. 이를테면, 초기의 판례들을 보면 흑인들을 과연 계약된 하인들로 보았는지 아니면 노예로 보았는지의 문제가 극히 애매했으나, 나중의 판례들에서는 이 문제가 보다 명확해져서 흑인들을 붙잡아두는 행위는 인권억압이라는 인식이 확연해졌다.

이 예들은 역사적 분석을 위한 자료의 출처에 대해 개략적 설명은 제시하지만, 사실 역사적 분석을 위한 자료의 출처는 너무도 다양하기에 일일이 열거하기조차 어렵다. 여하튼 출처에 관계없이 몇 가지 주의할 점이 있다.

기존 통계자료의 분석에서도 그랬듯이, 공식적 자료이든 비공식적 자료이든, 1차적 자료이든 2차적 자료이든 기록의 정확성을 확신할 수 없다. 이 문제에 대한 해결책은 반복연구(replication)밖에는 없다. 역사적 분석에서 반복이란 확증(corroboration), 다시 말해 여러 자료들을 통해 판단했을 때 일관된 결과가 나올 경우 기록을 믿는 것을 의미한다.

그리고 자료의 출처에 내재되어 있을지도 모르는 편견에 대해서도 세심한 주의가 필요하다. 예를 들어, 정치운동의 전개에 관한 자료들이 예외 없이 운동 주체측으로부터 입수된 것이라면 균형된 해석이 이루어지지 않을 가능성이 높다. 이는 마치 중세의 유복한 귀족의 일기가 중세기의 일반적 생활상을 정확히 그려내지 못하는 것과 마찬가지이다. 따라서 가능하다면 다양한 관점을 포괄하는 다양한 출처로부터 자료를 입수해야만 한다.

어떻게 할 것인가 자료의 이해와 평가

이 글의 목적은 역사학자들의 자료해석적 방법 및 자료에 대한 역사학자들의 비판적 접근에 대해 조금이나마 여러분의 이해를 돕는 데 있다. 다시 말하면, 이 글은 여러 가지 흩어진 역사적 사료로부터 과거를 재구성해내고, 다양한 형태를 지닌 자료들의 사실관계를 판단하며, 추론 및 해석의 가능한 범위를 결정하기 위해 역사학자들이 사용하는 기술에 대한 설명이다. 자료를 대할 때 역사학자들이 주로 제기하는 질문으로는 다음과 같은 것들이 있다.

1. 자료를 만든 사람이 누구인가? 자료는 왜 만들어졌는가? 자료가 오랜 기간 잔존하는 이유는 무엇인가? 자료에 포함된 내용들을 수집하기 위해 어떠한 방법이 사용되었는가?
2. 자료에 있을 수 있는 오류는 무엇이며 그 오류를 어떻게 검토하고 수정할 것인가? 자료에 포함된 사람이나 사건 등의 대표성은 얼마나 높은가? 자료가 만들어진 과정에서 제도적 제약이나 조직적 관행은 어떠했는가? 자료가 실제 현상을 반영하기보다 일정한 제도적 관행을 반영하는 것은 아닐까? 자료에 기록된 사건의 실제 시점과 관찰시점 사이의 시간적 간격은 얼마나 되는가? 자료는 어느 정도의 비밀성 또는 공공성을 기할 목적으로 만들어졌는가? 자료에 포함된 내용의 제시에 있어서 예절이나 관행 또는 관습은 어떠한 역할을 했을까? 해당 자료에만 의존할 경우 여러분의 역사인식은 어떻게 편향될 것인가? 특정한 주제와 관련된 증거물로 찾아볼 다른 자료들은 없는가?
3. 자료의 내용들을 제시하기 위해 자료의 저자가 사용하는 주된 범주나 개념은 무엇인가? 이와 같은 범주나 개념 때문에 발생하는 편향성은 없는가?
4. 자료가 제기하는 이론적 문제나 쟁점은 무엇일까? 이 같은 쟁점이 시사하는 역사학적 또는 사회학적 문제는 무엇일까? 자료의 내용들로부터 어떠한 종류의 타당한 추론이 가능할까? 자료의 내용들을 바탕으로 어떠한 유형의 일반화를 유도해낼 수 있는가?

론 아민제이드 및 바바라 라슬렛(Ron Aminzade and Barbara Laslett)
University of Minnesota

아민제이드와 라슬렛(Ron Aminzade and Barbara Laslett)이 〈어떻게 할 것인가: 자료의 이해와 평가〉에서 지적하는 바와 같이, 자료를 어떻게 평가하고 그 자료로부터 무엇을 얻어내는가 하는 문제는 일종의 예술에 속한다.

어찌 보면, 아민제이드와 라슬렛이 역사적 자료의 해석과 관련하여 제시한 견해는 비교역사분석뿐 아니라 사람들의 일상생활에서도 유용하게 적용될 수 있다. 이를테면, 아민제이드와 라슬렛이 제기한 질문들은 대통령의 기자회견이나 광고 또는 대학교재 등에도 적용해볼 수 있다. 어떤 경우에도 사실에 대한 직접적 견해는 있을 수 없고, 단지 사람에 의한 사람의 견해만이 존재할 뿐이다.

분석방법

비교역사분석은 너무도 방대하기 때문에 상세히 설명하기가 상당히 어려운 방법 가운데 하나이다. 더구나 이 방법에서는 대개 질적 연구가 이루어지기 때문에 그 방법을 구체적인 단계별로 설명하기도 어렵다. 그럼에도 불구하고, 다음과 같은 몇 가지는 지적할 수 있다.

베버는 사회조사의 본질적 속성에 관해 논의하면서 독일어인 '이해(verstehen)'라는 용어를 사용한 바 있다. 그에 따르면, 이 말은 연구자가 연구대상의 상황, 견해, 감정 등을 있는 그대로 받아들임으로써 사회적 행위를 보다 적절히 이해해야 한다는 뜻이다. 분명히 이러한 개념이 비교역사분석에 적용될 수 있음은 물론이다. 실재하는 사실에 생활세계의 의미를 불어넣는 것은 다름 아닌 연구 자의 상상적 이해(imaginative understanding)이다.

비교역사분석을 수행하는 연구자는 자신의 연구문제와 관련된 수많은 미세 정보들로부터 일정한 유형을 찾아낼 수 있어야 한다. 이는 종종 베버가 말한 이상형(ideal type, 즉 사회현상의 본질적 특성들로 구성된 개념적 모델)이라는 형태로 표현되곤 한다. 예를 들어, 베버는 관료제에 대한 연구[(1925)1946]를 상당히 많이 했는데, 실제로 존재하는 수많은 관료제에 대한 관찰을 근거로 여러 관료제에 공통적으로 나타나는 본질적 내용을 관할영역, 위계적 권위구조, 서면화된 문서 등으로 요약했다. 그리고 그는 단지 이러한 공통적인 본질적 특성들을 요약하는 데 그치지 않고, '완벽한(이상적)' 관료제의 이론적 모델을 만들어내기 위해 관료제 작동의 본질을 이해하려 노력했다. 〈그림 11-6〉에는 일반적 사회현상으로서 관료제가 지니는 긍정적 측면 및 부정적 측면에 대한 최근의 견해가 도형의 모습으로 제시되어 있다.

비교역사분석은 특정한 이론체계로부터 영감을 받기도 한다. 이를테면, 마르크스주의자(Marxist)들은 특정한 상황(미국에 거주하는 라틴계)에 대한 역사적 분석을 통해, 그 같은 상황이 마르크스의 갈등이론체계 내에서 설명될 수 있는지 알아보기도 한다. 아울러 비교역사분석에서는 예전에 수행된 연구를 새로운 상황들에 비추어 반복적으로 연구해보기도 한다(예를 들면, 종교와 경제에 대한 베버의 연구를 새로이 반복).

비교역사분석은 대체로 양적 방법보다는 질적 방법을 사용하는 것으로 알려져 있지만, 반드시 그런 것만은 아니다. 이를테면, 비교역사분석에서도 가끔 인구나 범죄율, 실업, 유아사망률 등과 같은 자료가 시기별로 어떻게 변화하는지 파악하기 위해 시계열적 자료(time-series data)를 활용한 양적 분석을 시도하기도 한다. 한편, 이러한 분석에는 상당한 정도의 정교성이 필요하다. 예를 들어, 래리 아이작과 래리 그리핀(Larry Isaac and Larry Griffin, 1989)은 일종의 회귀분석 기법(16장 참조)을 사용해서 역사적 과정의 단절적 측면을 이해하고 아울러 변수들 간의 일정한 관계가 나타나는 주기를 설명하는 방법을 논의한다. 이들은 역사를 항시 일관된 과정으로만 이해하려 하는 조류를 비판하면서, 예컨대 노동조합의 결성과 파업빈도 간의 관계가 시기별로 상당한 정도의 부침을 보인다는 사실을 통계적으로 입증하기도 했다.

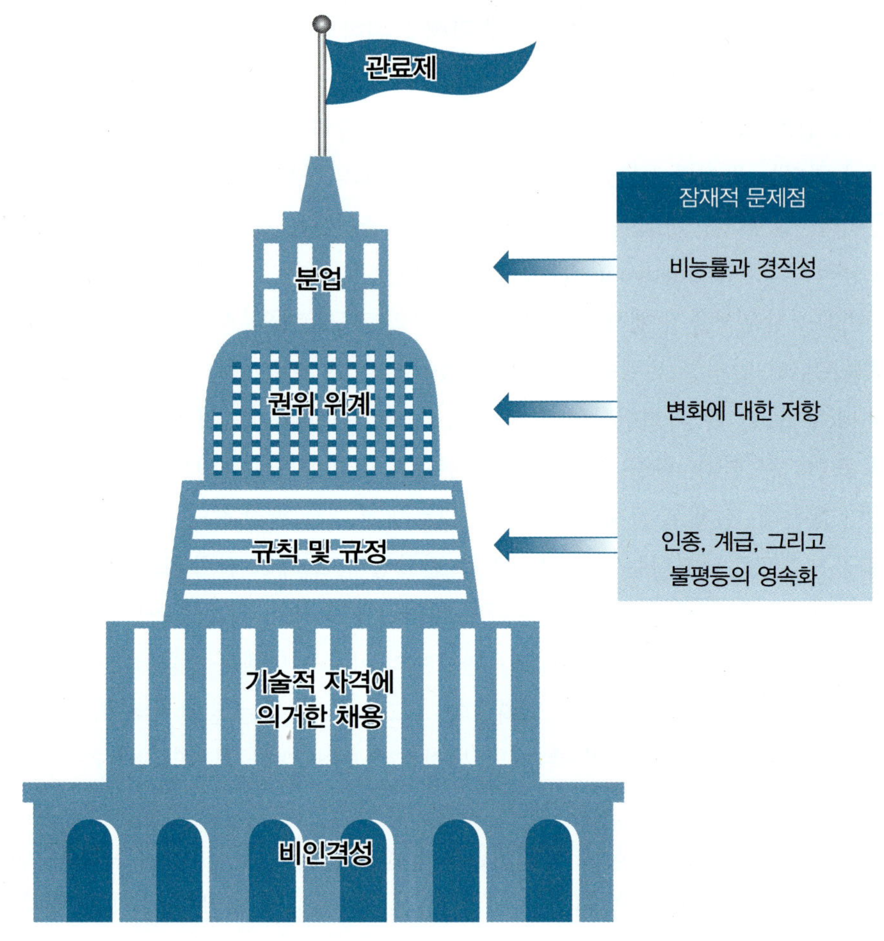

그림 11-6 관료제의 긍정적 측면과 부정적 측면
출처: Adapted from Diana Kendall, *Sociology in Our Times*, 8th ed.(Belmont, CA: Wadsworth, © 2011). 허락을 받고 사용.

아이작과 그리핀은 이론, 연구방법, 그들이 언급한 '역사적 사실'과 관련하여 여러 가지 중요한 문제들을 제기한다. 이들의 문제제기는 기록된 역사가 실제의 역사와 반드시 일치한다고 하는 순진한 생각에 대한 경고 메시지이다.

11.5 비개입적 온라인 연구

이 장(章)이 자료수집 방법에 관한 마지막 장임을 감안할 때 온라인 자료를 사용해서 비개입적 연구가 이루어지는 방법을 소개할 필요가 있다. 우리는 온라인 자료가 상당하다는 사실을 익히 알고 있지만 정작 온라인 그 자체가 연구대상이 될 수 있음을 제대로 인식할 필요 또한 있다.

이러한 맥락에서 여러분은 '빅데이터'라는 단어를 점차 많이 접하게 될 것이다. 빅데이터란 온라인 활동을 통해 자동적으로 저장(집적)되는 대규모 자료를 가리킨다. 빅데이터와 관련하여 최근 가장 악명 높은 사건을 말한다면 그것은 아마도 미국안보국(National Security Agency)에서 미국인들의 전화통화, 이메일 등과 같은 의사교환 내용들을 찾아내고 분석한 일일 것이다. 오늘날처럼 대규모 데이터 저장 능력이 가능해지기 이전에는 이와 같은 일은 상상하기도 어려웠었다.

빅데이터는 구글(Google)이나 아마존(Amazon) 등과 같은 여러 유통기업들에서도 많이 사용된다. 가령 여러분이 코커 스패니얼(cocker spaniel)이라는 품종의 강아지에 대한 정보를 온라인에서 한번 읽었다면 그 이후 관련 광고 이메일을 받아본 적이 있을 것이며, 여러분이 방문하는 다른 웹사이트에서도 관련 광고가 팝업(pop-up) 형태로 뜨는 것을 보았을 것이다. 페이스북이나 트위터 등과 같은 사회관계망들은 빅데이터의 또 다른 원천이기도 하다.

사회관계망 서비스의 급격한 활용은 단순한 사회적 영향을 넘어 비개입적 연구를 위한 새로운 이정표를 제시하고 있다. 예를 들어, 공(Rachel Gong, 2011)은 사회관계망의 활용이 정치적 성공에 미치는 영향을 분석했는데, 그에 의하면 오바마 대통령이 대선에서 승리한 것은 당시 막 새롭게 부상하기 시작한 사회관계망의 적극적 활용에 힘입은 바 컸는데, 미국에서의 이와 같은 영향은 말레이시아와 같이 대중매체를 국가가 통제하는 나라들에서와는 상당한 대조를 이루는 것이라고 한다. 그녀(공)는 또한 의회 선거의 경우에도 블로그(blog)를 적극 활용한 후보들이 그렇지 않은 후보들에 비해 훨씬 더 성공적이었으며, 그중에서도 특히 집권세력에 대항하는 후보들의 경우는 더욱더 성공적이었다는 사실을 밝혀냈다.

카네기멜론대학교(Carneige Mellon University)의 스미스(Noah Smith) 교수와 동료 연구자들은 사람들이 사용하는 일상 언어를 분석하기 위한 컴퓨터 프로그램을 개발하고 있다. 그들이 특별히 관심을 갖는 것은 트위터의 의사교환 내용들에 대한 분석인데, 그들은 이 분석에 기초해서 미국 의회의 정치적 자리들을 설명해내고 심지어는 NFL 결과까지도 예측해낸다. 이들의 연구는 스타인메츠(Katy Steinmetz, 2013)에 의해서도 잘 소개되고 있는데, 자세한 내용은 Noah's Ark(http://www.ark.cs.washington.edu)에서 찾아볼 수 있다.

이처럼 SNS를 활용한 새로운 연구방법론은 최신 학술지에서도 점차 많이 소개되고 있다. 이를테면, 『국제사회조사방법학회지(International Journal of Social Research Methodology)』의 2013년도 5월호는 '디지털 사회조사'라는 제하의 기획특집 발간을 통해 SNS의 부상이 사회과학 조사연구에 미치는 함의를 집중적으로 다루고 있다.

아클랜드와 깁슨(Robert Ackland and Rachel Gibson, 2013)은 6개국에 산재한 100개의 정당들이 자신들의 웹사이트를 대국민 홍보를 위해 활용하는 방식이 어떻게 서로 다른지를 분석했다. 이들에 따르면, 어떤 웹사이트들은 하이퍼링크(hyperlink)를 사용해서 자신들의 정당이 고수하는 정치적 입장이나 가치와 부응하는 후보 혹은 이슈들로 접속자들을 연결시키고 있었으며, 어떤 웹사이트들은 정적들을 무력화시킬 목적으로 움직이고 있었고, 또 어떤 웹사이트들은 자신들의 정당을 보다 크고 강력한 정치집단과 연결시켜서 위상을 고양시키려고도 하고 있었다. 이들의 연구에서 발견된 특이할 만한 결과는, 하이퍼링크의 사용이 좌파 성향의 정당들에게는 국제적 목적 및 비영리단체들과의 연대를 도모하기 위한 목적으로 주로 사용되는 반면에 우파 성향의 정당들에게는 국내적 목적 및 친기업, 영리 목적으로 주로 사용되었다는 것이다(2013: 241).

프록터, 비스, 보스(Rob Procter, Farida Vis, and Alex Voss, 2013)는 지난 2011년 영국 런던에서 발생한 반정부 시위 도중 총 2,600만 건의 트위터 메시지들에 동원된 54개의 해시태그를 면밀히 분석했는데, 이와 같은 대규모 데이터 분석을 통해, 예를 들면 London Eye(런던 시내 대관람차) 및 Big Ben(런던 시내 시계탑)의 화재 등과 같은 근거 없는 루머가 어떻게 만들어지고 사라지는지 그 과정을 낱낱이 분석했다. 어마어마한 분량의 데이터를 분석하기 위해 그들은 새로운 내용분석 기법을 고안해내기도 했다.

에드워드와 동료 연구자들(Adam Edwards and colleagues, 2013)은 기존의 사회조사 방법과 대비되는 사회관계망 활용 조사연구만의 특이점을 강조하기도 한다. 주지하다시피, 서베이 조사는 특정한 시점의 특정한 문제사회상에 대한 비교적 폭넓은 조망을 가능케 하며, 참여연구는 상대적으로 좁은 관점에서 특정한 사회적 과정에 대한 보다 깊이 있는 조망을 가능케 함에 비해서, SNS에 대한 디지털 조사연구는 흡사 전국적 단위의 서베이 조사와 마찬가지로 대단위의 시시각각 진행과정에 대한 역동적이면서도 즉각적인 이해를 가능케 한다. 기존의 사회조사 방법들이 SNS 디지털 조사에 의해 대체될 것이라고 이들이 예측하는 것은 물론 아니지만, 새로운 디지털 기술을 활용한 조사연구 방법이 인간의 사회적 행위를 연구하기 위한 새로운 가능성을 열어놓고 있음을 역설하는 것임에는 틀림없다.

다양한 종류의 온라인 데이터와 분석방법은 새로운 연구문제들을 다각도에서 접근하는 새로운 연구의 가능성을 열어준다. 만일 개개의 독립적 연구가 동일한 결론에 도달한다고 할 경우, 우리는 우리의 분석결과에 대해 더욱더 신뢰할 수가 있게 되는 것이다. 예를 들어, 스티븐스다비도위츠(Seth Stephens-Davidowitz, 2013)는 미국 남성들 가운데 동성애자(게이)의 비율이 대체 얼마나 되는가를 추정해내는 흥미진진한 연구문제를 제시하면서, 응답 대상자에게 직접 질문하는 기존의 서베이 조사의 경우 실제로 게이인 남성들의 경우, 특히 그들이 거주하는 주 혹은 지역사회 공동체가 동성애에 대해 그다지 관용적이지 못할 경우, 아마도 사실대로 응답하지는 않을 것이라는 점에 착안했다.

스티븐스다비도위츠가 온라인에서 면밀히 분석한 데이터는 다름 아닌 동성애 취향을 나타내주는 페이스북 프로필이었다. 그의 분석에 따르면, 그와 같은 프로필은 동성애에 관용적이지 못한 주의 경우에 훨씬 더 적었다. 게이 남성의 경우 아마도 동성애에 관용적인 주로 이사하게 될 것이라는 가능성을 실제로 확인해보기 위해서 스티븐스다비도위츠는 고등학생들을 집중적으로 분석했는데, 그 이유는 고등학생들의 경우에는 실제로 이사하는 것이 거의 불가능하기 때문이었다.

스티븐스다비도위츠는 또한 match.com이라는 온라인 교제 사이트 및 Craiglist에서도 자료를 수집했다. 그는 구글을 사용해서 게이 사이트를 찾아내고 (자신의 남편이 게이인지를 알고 싶어하는) 기혼 여성들에 대해서도 관련 정보를 알아낼 수 있었다. 이와 같은 분석을 통해 스티븐스다비도위츠는 공식적으로 알려진 게이의 비율 이외에도 알려지지 않은 실제 게이의 비율까지도 알아낼 수 있었다.

빅데이터 분석의 가능성은 정말로 엄청나다. 그렇지만 문제가 없는 것은 전혀 아니다. 우선적으로 강조하고 싶은 문제점은 빅데이터 분석을 위한 자료가 연구하고자 하는 개념 혹은 논제와 정확히 일치하지 않을 수 있다는 사실이다. 이를테면, 비겐(Tyler Vigen, 2014)은 얼핏 보기에 다소 동떨어진 듯한 문제를 제기했는데, 단순히 분석의 가능성만을 생각한다면 변수들 사이에 진정한 인과관계는 없는, 간단한 상관관계에 과도하게 집착할 수가 있는데, 주시하다시피 상관관계란 상당 부분 우연의 가능성을 포함한다는 점을 지적했다. 예를 들어서 비겐에 의하면 미국사회에서 과학-우주-기술 등에 대한 재정지출이라는 변수와 교살-질식에 의한 자살이라는 변수 사이에는 상당한 정도의 상관관계가 발견되기는 하지만, 이 두 변수 사이에 실질적으로 의미 있는 관련성을 찾기란 결코 쉽지 않음을 지적했다.

11.6 윤리와 비개입적 측정

비개입적 측정을 행하는 것은 여타 자료수집의 기법들에 비해 윤리적 문제를 적게 야기한다. 그럼에도 불구하고 사회조사의 일반적 원칙들에 비추어볼 때 비개입적 측정에 있어서도 윤리적 문제의 가능성이 전혀 없는 것은 아니다.

예를 들어, 피조사자에 대한 비밀성(confidentiality)의 원칙은 비개입적 측정과 관련해서 숙고해볼 필요가 있다. 이를테면, 앞에서 언급한 바 있는 폴란드 농

어떻게 생각하는가 재논의

비개입적 연구방법은 연구자로 하여금 연구대상에 대한 영향을 피할 수 있도록 해준다. 그렇다면, 대체 왜 사회과학자들은 이 연구방법을 거론하는 것일까?

우리가 이제까지 말한 것처럼, 이 장에서 논의된 각각의 비개입적 연구방법은 나름의 한계를 지니고 있다. 가장 일반적인 한계점을 지적하자면, 우리가 연구하고자 하는 주제와 관련한 타당하고도 신뢰할 만한 데이터가 포함된 기존 통계자료나 기록된 의사소통 내용, 역사적 자료 등을 아예 찾아낼 수가 없다는 점일 것이다. 실험설계, 서베이, 현장연구 등과 같은 여타 연구방법들은 그와 같은 한계로부터 자유롭다.

가장 이상적으로는 비개입적 연구방법을 포함하는 복수의 방법들을 함께 사용하는 것이다. 복수의 연구방법들을 사용할 경우 연구결과를 공고화하고 이해의 지평을 확장하는 데 도움이 된다.

민들에 대한 토머스와 즈나니키(W. I. Thomas and Florian Znaniecki, 1918)의 연구에서와 같이 여러분이 만일 이민자의 하위문화를 그들이 고국에 쓴 편지에 대한 내용분석을 통해 분석한다고 하자. 그러자면 우선 여러분은 그러한 편지들을 합법적이고도 윤리적으로 입수해야만 할뿐더러 편지를 보낸 사람과 받은 사람의 개인정보를 보호해야만 한다.

여타 조사기법들에서도 그러하지만 여러분은 자료를 수집하고 분석하며 결과를 보고함에 있어서 정직성을 지키는 방식으로 실체적 사실을 발견해내야 하지, 선호하는 가설이나 사사로운 관심을 뒷받침해주기 위한 수단으로 사회조사를 이용하려 해서는 곤란하다. 그러한 원칙을 지키는 것이 일견 쉽게 느껴질지 모르겠으나 여러분이 조사를 실제로 행하다 보면 그것이 그렇게 쉽지만은 않음을 알게 될 것이다. 사회조사에 있어서 여러분의 윤리적 주의력은 마치 흑백을 구분하는 것처럼 간단명료하기보다는 회색지대가 상당히 많다는 사실 때문에 도전을 받을 가능성이 높다.

머리말

- 비개입적 측정은 자료수집의 과정에서 사회현상에 영향을 끼치지 않는 상태에서 이루어지는 측정이다.

내용분석

- 내용분석은 사람들의 의사소통상 기록을 분석하기 위한 사회조사적 기법이다. 내용분석을 통해 의사소통의 과정을 이해할 수 있을 뿐 아니라 사회적 행위의 다른 측면들에 대한 이해도 가능하다.

- 내용분석을 위해 보편적으로 사용하는 분석단위는 단어나 구절, 책 등의 의사소통상 단위이다. 일정한 확률표집 기법이 내용분석에 사용되기도 한다.
- 내용 분석을 위해서는 코딩(원자료를 일정한 개념적 틀에 따라 범주화시키는 작업)이 요구된다. 내용분석을 위한 코딩은 현재적 내용과 잠재적 내용 모두에 대해 이루어질 수 있는데, 잠재적 내용의 코딩에 있어선 연구자의 판단이 요구된다.
- 내용분석을 위한 자료를 해석하기 위해서는 양적 기법과 질적 기법이 모두 사용될 수 있다.
- 내용분석의 장점으로는 경제성, 안정성, 장기간 진행되는 과정에 대한 분석 가능성 등을 들 수 있다. 내용분석이 비개입적임은 물론이다. 단점으로는 기록된 내용들만을 대상으로 분석이 이루어진다는 점, 그리고 신뢰도와 타당도의 문제가 있을 수 있다는 점이 있다.

기존 통계자료의 분석

- 여러 정부 혹은 비정부기관에서 수많은 통계자료들을 발표하는데, 이 자료들을 분석해서 사회현상에 대해 이해할 수 있다.
- 기존 통계자료의 분석에서 제기되는 타당도의 문제는 논리적 추론이나 반복연구를 통해 해결할 수 있다.
- 기존 통계자료는 종종 신뢰도의 문제를 지니므로 주의 깊게 사용할 필요가 있다.

비교역사분석

- 비교역사분석적 방법을 사용하면 서로 다른 문화의 역사적 패턴을 밝혀낼 수 있다.
- 비교역사분석적 방법은 종종 질적 방법으로 간주되곤 하지만 양적 기법도 적용할 수 있다.
- 사회관계망 등의 온라인 활동은 비개입적 연구를 위한 새로운 가능성의 장을 열었다.
- 연구자들은 '빅데이터' 등과 같은 온라인 내용물들을 분석하기 위한 새로운 기법들을 고안해내고 있다.

비개입적 온라인 연구

- '빅데이터'란 온라인 활동을 통해 자동적으로 저장(축적)되는 대규모 자료들을 말한다.
- '빅데이터' 분석은 현재 새로이 개발되고 있는 기법이다.

윤리와 비개입적 측정

- 비개입적 측정 또한 간혹 피조사자의 개인정보를 침해할 가능성을 제기하기도 한다.
- 관찰 및 분석, 결과보고 등에 있어서 정직성의 원칙을 지키는 것은 모든 사회조사 기법들에 적용된다.

내용분석(content analysis)
비개입적 연구(unobstrusive reserch)
비교역사분석(comparative and historical research)
잠재적 내용(latent content)
코딩(coding)
현재적 내용(manifest content)

사회조사연구 제안: 비개입적 연구

이 장에서는 비개입적 연구의 세 가지 가장 대표적인 기법들인 내용분석, 기존 통계자료의 분석, 비교역사분석 각각에 대해 논의했다. 기존 통계자료의 분석은 그 속성상 양적 분석이지만 나머지 두 기법은 양적 분석일 수도 있고 질적 분석일 수도 있다. 이 연습문제를 통해 어떠한 방법을 사용할지 생각해보기 바란다. 만일 이 연습문제를 풀어보고자 하는 목적이 책의 내용을 더 잘 이해하기 위한 것이라면 각 기법들마다 시도해볼 것을 권한다.

여러분이 사용하게 될 자료에 대해 설명하고 해당 자료를 얻어냄에 있어서 특별히 주목할 만한 모든 것들에 대해 설명하라. 여러분이 신문사설이나 유아사망률, 정치적 혁명 등을 연구한다고 할 때, 신뢰도와 타당도의 문제를 맞닥뜨리게 된다. 비개입적 연구에서 이용 가능한 자료를 사용하게 되는데, 이는 여러분이 이상적이라고 생각하는 관찰에 최대한 근접할 수 있게 해준다. 예를 들면, 마약복용률에 최대한 근접하는 자료로 마약사범의 체포율을 대신 사용하는 식이다. 여러분이라면 그러한 근접방식을 어떻게 다루게 될지를 논하라.

복습문제

1. 미국의 공화당과 민주당 가운데 어느 당이 (헌법에 보장된 기본권인) 발언의 자유를 더 잘 보호하는가? 둘 혹은 세 문단 이내로 내용분석적 설계를 제시하라. 분석단위, 표집방법, 측정 등에 특별히 유의하라.
2. 사회과학자들은 마을, 소도시, 이웃 등에서의 '공동체' 의식을 대규모 도시와 비교하는 데에 관심이 많다. 여러분이 보기에 '공동체'의 이념형이 지니는 핵심적 특성들은 무엇인가?
3. 전 세계 여러 국가들의 생활방식(lifestyles)은 어떻게 비교될 수 있겠는지 인터넷(World Wide Web)에 있는 사진들을 사용해서 시도하라. 어떠한 문화적 특성에 초점을 둘 것이며, 서로 다른 국가 간의 동질성 및 이질성을 어떻게 찾아내겠는가?
4. 여러분이 현재 다니고 있는 대학교의 역사는 얼마나 오래되었는가? 역사기간을 정해서 말할 때 해당 기간을 정한 기준(예컨대, 설립 인원, 교사 건축 등)이 무엇인지를 밝혀라. 여러분이 결론에 도달하기 위해 사용한 출처를 밝히고, 혹시 애매모호한 점이 있었다면 그 또한 밝혀라.

CHAPTER

12

평가연구

▶ 개관

이제 사회연구에서 가장 빠른 속도로 성장하는 사회조사 분야 중의 하나인 사회적 개입의 평가를 보게 될 것이다. 여러분은 이 장을 통해 사회 프로그램이 성공했는지 혹은 실패했는지 판단할 수 있게 될 것이다.

Robert Kneschke/Shutterstock.com

학습목표

- 평가연구에 적절한 연구주제에 대한 사례를 준비할 수 있다.
- 평가연구를 측정하는 핵심적인 역할에 대한 도해를 설명할 수 있다.
- 서로 다른 평가연구의 설계를 확인하고 서술할 수 있다.
- 사회지표를 사용하는 조사연구의 주요 장점과 단점을 이해할 수 있다.
- 평가연구에서 발생하는 윤리적 이슈에 대한 논의할 수 있다.

12.1 머리말

여러분은 '시간과 함께 사라집시다'라는 의미인 '트웬데 나 와카티(Twende na Wakati)'라는 말을 잘 모르겠지만, 이 말은 탄자니아에서 가장 유명한 라디오 일일연속극의 타이틀이다. 이 연속극의 주인공 므크와주(Mkwaju)는 트럭운전사로서 성역할에 대해 전통적인 생각을 가지고 있는 사람이다. 반대로, 재단사인 푼디 미틴도(Fundi Mitindo)와 그의 아내 마마 와리디(Mama Waridi)는 남성과 여성의 역할에 대해 보다 현대적인 생각을 갖고 있다. 특히 가족계획과 과밀인구 문제에 대해서 현대적인 생각을 갖고 있다.

탄자니아 정부는 탄자니아가 직면하고 있는 문제에 대응하기 위해 정부와 연계하여 국제인구소통(Population Communications International, PCI) 기구를 설립했으며, 이를 통해 트웬데 나 와카티(Twende na Wakati)라는 프로그램이 탄생하게 되었다. 탄자니아의 문제에는 (1) 다른 나라의 두 배가 넘는 인구성장률과 (2) 국제 트럭운송로를 따라 발생하는 심각한 에이즈 전염병의 확산이라는 문제가 있었다. 1991년에 이 운송로를 통과하는 운전사의 1/4과 이곳에서 종사하는 직업여성의 절반가량이 인체면역결핍바이러스(HIV)에 감염되어 있는 것으로 밝혀졌다. 이 지역에서 피임도구를 사용하는 비율은 11%였다(Rogers et al., 1996: 5-6).

이 일일연속극의 목적은 가족계획과 피임에 대한 지식, 태도, 실행(knowledge, attitudes, and practice, KAP)을 변화시키는 것이었다. PCI는 피임에 대한 교육 캠페인을 전개하기보다는 오락물을 통해 메시지를 전달하는 것이 훨씬 더 효과적이라고 생각했다.

어떻게 생각하는가

간단한 해결될 수 있는 사회조사의 쟁점에 대해 왜 논쟁이 계속되고 있을까? 예를 들어, 사람들은 사형제도라는 위협이 살인자들을 성공적으로 제재할 수 있는지에 대해 논쟁을 하고 있다. 그 결과는 확정적으로 검증될 수 있는가? 여러분은 결과에 대해 '그렇다(yes)'나 '아니오(no)'라는 대답을 할 수 있는가? 결과에 대해 흑백논리로 말할 수 있는가? 혹은 결과는 어느 것이 우선순위인지 말할 수 있는가?

Earl Babbie

이 장의 말미에 있는 <어떻게 생각하는가: 재논의>를 참조하라.

1993년부터 1995년 사이에 이 일일연속극은 208개의 에피소드를 방송했으며, 탄자니아에서 라디오를 청취하는 인구의 67%가 이 프로그램을 청취하도록 하는 것이 목표였다. 이 연속극은 실제 라디오 청취자의 84%가 이 연속극을 청취하면서 탄자니아에서 가장 인기 있는 프로그램이 되었다. 이 연속극 청취자의 90%는 성차별주의자(sexist)인 트럭운전사 므크와주를 알았으며, 그중 오직 3%만이 그를 긍정적인 역할 모델로 인식했다. 청취자 중 2/3 이상은 여성 사업가인 마마 와리디와 재단사 남편을 긍정적인 역할 모델로 인식했다.

이 연속극의 효과를 측정하기 위해 진행된 조사에서는 연속극이 청취자의 지식, 태도, 실행(KAP)에 영향을 끼쳤다고 밝혔다. 예를 들어, 이 연속극을 청취한 기혼여성 49%는 가족계획을 실행한다고 응답한 반면에 비청취자는 19%만이 실행한다고 응답했다. 또 다른 효과는 다음과 같은 예에서 찾을 수 있다.

> 1994년의 청취자 중 대략 72%가 HIV나 에이즈 예방행동을 받아들였는데, 그 이유는 이 연속극을 청취했기 때문이라고 답했다. 이 비율은 1995년 조사에서 82%까지 증가했다. 또한 이 연속극을 들은 청취자의 77%가 일부일처제를 받아들였고, 16%가 콘돔을 사용하기 시작했으며, 6%가 다른 사람들과 면도기나 주사바늘을 공동으로 사용하는 것을 중단했다.
>
> (Rogers et al., 1996: 21)

우리는 사회과학의 특별한 형태를 통해 연속극의 효율성에 대해 판단할 수 있다. 평가연구(evaluation research)는 특정한 연구방법이라기보다는 연구목적으로 간주된다. 이 연구목적은 사회적 개입(social intervention)의 효과를 평가하기 위한 것이다. 이러한 사회적 개입의 예로는 새로운 교수법, 가석방제도의 혁신 등을 들 수 있다. [평가연구의 실용적인 기능의 예를 보고 싶다면 <일상생활에 개념 적용하기: 일일연속극 연구의 성공>을 참조하라.] 서베이 연구, 실험 등과 같은 다양한 방법들이 평가연구에 이용될 수 있다.

일상생활에 개념 적용하기 **일일연속극 연구의 성공**

탄자니아에서 방영된 연속극을 평가하는 조사연구는 다양하고 실천적인 기능을 수행하고 있다. 먼저, 이 연구는 프로듀서들이 의도한 메시지를 성공적으로 전달했는지에 대해 언급하고 있다. 이러한 데이터는 프로듀서들의 자세한 발표를 돕거나 유사한 프로그램의 추진을 쉽게 만든다. 소규모의 가정을 권장하고 안전한 성교 및 여성해방을 증진시키는 이런 연속극은 아프리카뿐 아니라 아시아와 남미 국가들에서도 방송되었으며, 이런 추세는 계속 증가하고 있다. 오늘날 이런 작업은 주로 인구미디어센터(the Population Media Center)에서 실행하고 있다.

피터 로시와 그의 동료들은 평가연구를 다음과 같이 정의하고 있다.

> 평가연구는 사회연구 과정을 체계적으로 이용해서 사회개입 프로그램의 효과성을 조사하는 것이다. 더욱 분명한 것은, 평가연구자들은 사회조사 방법을 사용하여 사회 문제에 대한 진단, 개념화나 설계, 이들에 대한 적용이나 운용, 또는 사회문제에 대한 결과나 효과성을 포함한 사회 프로그램들의 주요 측면을 연구하고 평가하고 향상시키는 것을 돕는다는 것이다.
>
> (Rossi, Lipsey, and Freeman, 2002: 4)

평가연구는 아마도 사회조사연구 그 자체만큼 오래되었을 것이다. 사람들은 특별한 목적을 가지고 사회개혁을 추진할 때마다, 항상 그렇게 의식적이고 정교하게는 아니더라도, 실제로 나타나는 결과에 주의를 기울여왔다. 그러나 최근 평가연구 분야는 상당히 보편화되고 활동적인 전문 연구영역으로서 교과서나 학과목, 또는 연구 프로젝트에 많이 반영되어왔다. 사회과학에 있어서 평가연구의 성장은 더욱더 일반화되고 있다. 아마도 여러분은 연구자로서 여러분 자신에 대한 평가를 요청받을지도 모른다.

부분적으로, 평가연구가 증대하는 것은 세상을 바꾸려는 사회과학자들의 중요한 욕구를 반영하고 있기 때문이다. 동시에 우리는 (1) 새로운 프로그램이 시행될 때는 반드시 프로그램 평가를 수반해야 한다는 연방정부의 요구 증가와 (2) 이러한 조건을 충족시키기 위한 연구기금 사용 가능성의 영향을 무시할 수 없다. 어떤 경우이든, 과거 어느 때보다 사회과학자들의 숙련된 기술을 실제 세계에 응용하는 경우가 더 많아지고 있다.

이 장에서는 사회연구 중 평가연구에 관한 기본 요소들을 살펴본다. 자주 평가받는 주제들을 고려한 후에 주요 조작적 관점들을 살펴볼 것이다. 주요 조작적 관점들로는 측정, 연구설계, 그리고 실행이 있다. 앞으로 살펴보겠지만, 질문 구성은 응답만큼이나 중요하다. 평가연구는 현실세계를 반영하기 때문에 그 자체의 문제점을 가지고 있다. 절차상 논리적 문제 이외에도 평가연구 자체의 일반적 성격과 구체적이고 기술적인 절차로 인해 특수한 윤리적 문제가 발생한다. 프로그램 평가보고서를 검토할 때, 여러분은 이러한 문제들에 대해 특히 민감해야 할 것이다.

평가는 응용연구 중 하나이다. 다시 말해, 실제 세계에서의 효과를 파악하려는 의도를 지닌 것이다. 따라서 평가를 실제로 적용할 수 있는지 또는 어떻게 적용하는지 고려하는 것이 필요하다. 평가연구 프로젝트가 분명히 함축하고 있는 바는 그것이 반드시 실제 생활에 영향을 끼칠 필요는 없다는 것이다. 평가연구는 과학적이라기보다는 이념적 논쟁의 핵심이 될지도 모른다. 정치적이거나 다른 이유로 간단히 거부될 수도 있다. 단지 책장 위에서 먼지를 뒤집어쓴 채로 방치되거나 잊히게 될지도 모른다.

이 장은 대규모 평가를 위해 필요한 특별한 자원인 사회지표연구를 살펴보면서 끝맺을 것이다. 이러한 유형의 연구는 가장 빠르게 성장하는 전문 분야이다. 본질적으로 이 연구는 경제에 대한 처방과 예방을 제시하는 경제지표들과 유사하게, 사회의 '건전성'에 관한 총체적 지표를 만들어내는 일을 포함한다. 그리고 이 장은 평가연구에서 주목받고 있는 특별한 윤리적 관심을 살펴보는 것으로 마무리할 것이다.

12.2 평가연구에 적절한 주제

사회적 개입이 나타날 때나 개입을 계획할 때에는 평가연구가 적절하다. 사회적 개입이란 의도된 결과를 산출하기 위한 목적을 가지고 사회적 맥락 안에서 실행되는 조치이다. 간단히 말해, 평가연구(evaluation research)는 사회적 개입이 의도한 결과가 창출되었는지를 결정하는 과정이다.

평가연구
사회문제를 해결하기 위한 목표를 가지고 있는 프로그램과 같은 사회적 개입이 어떤 충격을 주는지를 결정하는 연구이다.

평가연구와 관련된 주제는 무한하다. 연방정부가 병역의무(징병제)를 철폐했을 때, 군 조사자들은 모병에 끼치는 충격에 대해 특별한 관심을 보이기 시작했다. 주정부가 마리화나 규제법률을 완화하자, 조사자들은 이 조치가 마리화나 복용과 다른 형태의 사회적 행동에 끼친 결과를 확인하려고 했다. 합의이혼제도에 대한 개혁이 이혼을 증가시키는지, 그리고 이와 관련된 사회문제들을 증가시키는지 아니면 감소시키는지도 확인할 수 있다. 자동차 무과실 책임보험제도 개혁이 정말로 보험료를 낮추었는지도 확인해볼 수 있다. 외국 원조를 마련하는 기관 역시 바람직한 효과가 발생하는지에 대해 평가를 시행하고 있다. 정부차원에서도 프로그램의 효과성에 대해 검토하고 있다. 〈No Child Behind(어떤 아이도 뒤처지지 않게 한다)〉라는 프로그램이 정말 미국 교육의 질을 향상시켰을까? 〈Just Say No(아니오라고 말하세요)〉라는 성교육 프로그램이 청소년들의 임신과 성행위 발생비율을 낮추었을까? 이런 질문들이 평가연구가 접근할 수 있는 질문의 유형들이다.

평가연구를 하려는 의도에는 많은 편차가 있다. 욕구평가 연구(needs assessment study)는 노인과 같은 인구층 사이에서 전형적으로 나타나는 문제점의 유무와 그 정도를 결정하는 것을 목표로 삼고 있다. 비용 · 편익 연구(cost-benefit study)는 프로그램 결과가 재정적 비용이나 기타 비용에 의해 정당화되는지를 판단한다. 모니터링 연구(monitoring study)는 범죄율이나 전염병의 발생과 같은 흥미로운 주제에 대한 정보의 지속적인 흐름을 연구한다. 때때로 모니터링은 점진적 개입을 포함하고 있다. 공공 이해집단으로서 자연을 보호하기 위한 자연 보존위원회의 '적응관리'에 대해 읽어보자.

> 먼저 파트너는 가설들을 평가하고 지역을 보존하기 위한 관리목표를 설정한다. 이와 같은 평가에 근거하여 팀은 행동을 취하게 되고 환경이 어떻게 반응하는지를 모니터링하게 된다. 결과를 측정한 연후에 파트너는 가설과 목표를 고치고 그리고 과거의 경험으로부터 배운 것을 반영하기 위해 모니터링 부분들을 보다 세련되게 고친다. 이렇게 개선이 적절하게 진행되는 동안 전체 과정을 다시 시작하게 된다.
>
> (2005: 3)

프로그램 평가/성과평가
사회적 개입이 의도한 결과를 산출했는지 판단하는 것

많은 평가연구가 프로그램 평가(program evaluation) 또는 성과평가(outcome assessment)로 불린다. 이는 사회적 개입이 의도한 결과를 산출하는지에 대한 판단이다. 예를 살펴보기로 하자.

몇 년 전, 운전자 교육에 대한 국가적 프로그램을 평가하는 프로젝트가 전미 고속도로 및 교통안전국(National Highway and Transportation Safety Administration, NHTSA)에 의해 실행되었는데, 이에 대해 상당한 논란이 있었다. 필립 힐츠(Philip Hilts, 1981: 4)는 이 프로젝트의 결과를 다음과 같이 보고했다.

> 여러 해 동안 자동차보험 산업은 운전교육을 받은 미성년자들에게 대규모의 보험 할인을 해주었다. 왜냐하면 교육을 받은 미성년자들이 사고를 적게 냈다는 통계 때문이었다.
>
> 그러나 새로운 대규모 연구의 예비 결과는 운전자 교육이 교통사고를 전혀 예방하지도 않았고 감소시키지도 않았음을 보여주었다.

문제점이 없는 해결책

이 장에서 살펴보았듯이, 평가연구의 요점 개요는 다음과 같다.

1. 잠재적 문제점을 확인
2. 그 문제점의 심각성 정도를 측정
3. 잠재적 해결책을 고안하고 시행
4. 향후에, 해결책이 작동하는지를 보기 위해 문제점의 심각성 정도를 측정

이런 절차상의 공통된 실패는 위의 제4단계를 생략하는 것이다. 이해관계를 만들어내는 해결책이 시행된 후에는 그것이 제대로 실행됐는지에 대해 아무도 신경 쓰지 않는다.

그러나 제2단계를 생략할 경우, 때때로 더 악화된 실패작이 나타나기도 한다. 실제로는 해결해야 할 문제점이 없음에도 불구하고, 사람들은 가끔 어떤 문제가 있으며 그에 대한 해결책이 실행되고 있다고 상상하기도 한다. 그러나 '해결책'이라는 것이 자체적으로 문제를 야기하기도 한다. 나는 이것을 '문제점이 없는 해결책'이라고 부른다. 여기에 몇 개의 사례가 있다.

투표자 신분 법령은 투표장에서 신분 사칭을 방지하기 위해 만들어졌다.

- '문제들'에 대한 연구에서 보았듯이 이런 일들은 거의 일어나지 않는다. 오히려 많은 투표자들이 투표자 신분 법령에 따라 투표하는 것에 방해를 받았다.

2003년 미국의 이라크 침공

- 이라크는 대량살상무기를 가지고 있지 않았으며 미국을 공격할 계획도 없었다.
- 이 전쟁은 오늘날까지 계속되고 있다.

1692년의 세일럼 마녀 재판

- 재판에는 마녀가 없었다.
- 마녀로 의심되는 여성들이 투옥되거나 처형되었다.

동성결혼 금지

- 남성 동성연애자의 결혼을 허가하는 것이 결혼제도를 파괴하는 것은 아니며 모든 사람을 남성 동성연애자로 만드는 것도 아니다.
- 헌신적이고 사랑하는 관계가 인정을 받지 못했다.

마리화나 사용 금지

- 마리화나의 합법화 과정에서 참혹한 '위험들'은 발생하지 않았다.
- 수많은 젊은 사람들이 투옥되고 그들의 인생은 파괴되었다.

아마도 여러분은 실제로 존재하지 않는 '문제'에 대한 해결책의 또 다른 예들을 생각할 수 있을 것이다.

애틀랜타를 포함한 조지아 주의 드칼브 카운티에서 17,500명의 젊은이들을 상대로 연구 · 분석한 결과, 운전자 교육을 받은 사람들이 그렇지 않은 사람들만큼 잦은 사고를 내고 교통위반을 했다는 예비조사 결과가 밝혀졌다. 이 연구 역시 운전자 교육의 미묘한 측면을 드러낸 듯하다.

첫째, 운전자 교육이 보여준 명백한 효과는 주로 자기선택적 문제인 것으로 보인다. 운전자 교육을 받은 학생들은 운전 실습훈련을 받았든 못 받았든 간에 사고를 덜 내거나 교통위반을 덜했다. 예를 들어, 학점이 좋은 학생들은 운전자 실습훈련에 더 많이 참여하는 경향을 보였으며, 사고를 덜 내는 경향이 있었다.

그러나 매우 놀랍게도 운전자 실습훈련이 실제로는 교통사고를 증가시켰다는 주장이 있었다. 운전자 교육은 그런 교육이 없었을 때보다 학생들에게 면허증을

더 일찍 받을 수 있도록 촉진해왔을지도 모른다. 운전자 훈련과정을 중단한 코네티컷 주 10개 지역에서 이루어진 연구에 의하면, 운전자 실습훈련이 실시되었더라면 이 과정을 이수하고 면허증을 취득했을 학생들의 3/4 정도가 18세 이상이 될 때까지 면허증 취득을 연기했다(Hilts, 1981: 4).

여러분은 아마 운전자 실습훈련에 익숙한 사람들에게는 이러한 결과가 잘 받아들여지지 않으리라는 것을 쉽게 상상할 수 있을 것이다. 이 문제는 새롭고 더 심도 있는 실습훈련 프로그램을 평가한 NHTSA의 연구에 의해 더 복잡해졌다. 그 새로운 프로그램이 효과가 있다는 결과를 보여주었기 때문이다.

이러한 평가연구의 사례와 매우 다른 예도 있다. 헝가리의 사회학자 루돌프 안도르카(Rudolf Andorka)는 자신의 조국이 시장경제로 전환하는 데 많은 관심이 있었다. 1989년 동유럽의 극적인 사건 전에 안도르카와 그의 동료들은 사회주의 경제 밖에서 직업을 찾는 국가의 '2차 경제'를 주시하여 관찰해왔다. 이들의 조사연구는 이러한 직업의 증감을 추적하고 헝가리 사회에 대한 충격을 검증했다. 이 조사의 결론에 의하면 "초기 단계에서는 수입의 불균형을 감소시키는 경향을 보이거나 적어도 가장 빈곤한 사람들의 생활수준을 향상시켰을 2차 경제가 1980년대에는 불평등을 증가시켰다."(Andorka, 1990: 111)

평가연구가 기본적으로 사회개입이 차이점을 만들어내는가를 밝혀내는 것이라고 해도, 10장에서 논의된 참여행동 연구(participatory action research, PAR)의 목적이 종종 연결되어 있다는 것은 놀라운 일이 아니다. PAR이 호주 연구자들 사이에 특별히 강하게 작용한 이래, 밀러(Wayne Miller)와 레니(June Lennie, 2005)가 국가 학교조식 프로그램에 대한 평가를 "막강한 권한을 가진 평가(empowerment evaluation)"라 말한 것은 놀라운 일이 아니다.

> 이런 접근방식은 직원, 투자자, 사회구성원과 또는 모든 이해당사자들이 프로그램 관리에 적극적으로 참여하게 하는 명확한 기본원칙을 제시함으로써 다른 접근방법과 차이가 난다. 이런 접근방법은 평가역량을 키울 수 있으며 관련된 다양한 사람들에게 의견을 내놓을 수 있으며 주요 프로그램 활동에 대한 장단점에 대해 공개적이고 정직한 토론을 할 수 있게 한다. 또한 이런 접근방법은 협업계획을 가능케 하며 주요 프로그램 행동들을 향상시키기 위한 목표와 전략에 접근할 수 있는 문서나 증거를 확인시켜줄 것이다. 평가를 위한 궁극적 목표는 프로그램을 계획하고 관리하는 데 있어서 자연스럽게 일부분이 되는 것이며, 프로그램을 지속적으로 향상시키고 배우는 것이다.
>
> (2005: 18)

섬세한 균형

평가연구는 사회의 여러 곳에서 나타나고 있다. 예를 들어, 배고픔이나 빈곤과 전쟁을 끝내는 것과 같은 변화를 추구하는 비영리단체에는 평가연구가 중요하다. 이런 작업에 참가하는 사람들은 (1) 변화를 추구하는 것과 (2) 변화추구에 대한 신용(혹은 공로)의 획득 사이에서 어떻게 섬세한 균형을 맞출 것인가라는 점에 직면한다.

노블초이스라는 비영리단체는 변화추구에 대한 신용획득보다는 실질적인 변화를 추구한다고 하지만, 실제로 나타나는 문제는 더 복잡하다. 만약 어떤 기관이 변화를 추구한다는 점을 입증하지 못한다면 그 기관은 계속적인 재정지원을 더 이상 기대하기 힘들 것이다. 그 기관은 실질적인 변화추구를 할 수 없을 것이다.

기관의 영향 또한 복잡하다. 예를 들어 비영리단체인 인구미디어센터(Population Media Center, PMC)의 이사인 나는 과밀인구나 여성신분의 문제점에 중점을 두고 있다. 대부분의 경우, 50개 국의 청취자 500만 명에게 라디오 연속극을 제작 · 방영할 것이다. 참고로 PMC는 스트리밍 미디어인 Hulu를 통해 에미상 후보로 지명된 TV 틴에이저 연속극인 〈East Los High〉를 제작하기도 했다. PMC 이사회는 효과성을 증대시키고 기록을 남기기 위해 수많은 평가연구를 진행했다.

예를 들어, 이사회는 라디오 드라마를 애청하는 청취자의 비율을 측정했다. 50%에서 75%에 이르는 높은 청취율을 보였다. 매우 만족할 만한 결과이다. 그렇다면 드라마 청취가 행동을 변화시킨 걸까? 설문조사는 청취자와 비청취자 사이의 태도와 행위에 대해 비교한다. 이사회는 가족계획센터와 함께 고객의 수가 증가하는 것에 대해 측정하고 있다. 무엇이 가족계획센터로 이끌었는지에 대해서도 질문했다. 일반적으로 지원자들의 25%에서 50%가 라디오 드라마를 청취하게 되었다.

그러나 가족계획센터를 방문하는 것이 출산행동에 변화를 가져왔나? 이는 출산율과 인구성장이 변화를 가져오는지에 대한 질문이다. 만일 인구성장이 중지하거나 천천히 증가한다면 이것은 변화에 대한 성공의 표시이다. 그러나 지구 전체에서 볼 때는 다른 많은 요소들(예를 들어 경제, 전염병, 정치, 종교 등)이 변화를 가져오는 역할을 해왔다.

따라서 평가조사가 매우 중요하기도 하지만 측정하기 힘든 것도 사실이다. 효과적인 평가조사는 경험과 독창성을 필요로 한다.

평가연구에서 나올 수 있는 적절한 질문들은 실천적인 것과 연관되어 있다. 다시 말해, 이러한 질문들은 신념과 가치는 물론 직업, 교육 프로그램, 투자 등과 같이 실천적인 것들과 연관되어 있다. 그럼 이러한 질문들에 대한 답이 어떻게 주어지는지, 즉 평가가 어떻게 수행되는지를 알아보자.

12.3 문제의 구성: 측정의 쟁점

몇 년 전에 나는 한 연구기관의 소장으로 일하면서 대학운영과 직접 관련이 있는 조사를 실시한 바 있다. 우리는 가끔 교과과정의 새로운 프로그램을 평가해줄 것을 요청받기도 했다. 다음 설명은 이와 같은 평가에서 발생하는 전형적인 문제점들이다. 이런 문제점들은 훌륭한 평가연구를 실행하는 데 가장 큰 걸림돌이 된다.

내 사무실에 온 교수들은 학교의 운영진이 자신들에게 추진하도록 허가해준 새로운 프로그램에 대해 평가하라는 소식을 들었다고 말했다. 이런 점이 바로 일반적인 문제점이다. 자신의 프로그램을 평가받는 사람들은 예상되는 평가결과에 공감하지 못하는 경우가 흔하다. 그들에게 있어서 이런 독립적인 평가는 프로그램의 존재를 위협할 뿐 아니라, 심지어는 그들의 직장조차도 위협하는 것이다.

내가 소개하고자 하는 주요 문제는 평가되는 개입(intervention)의 목적과 관련이 있다. "새로운 프로그램이 의도한 결과가 무엇인가?"라는 질문에 대한 반응이 분명하지 못할 때가 많은데, 그 반응이란 "학생들이 수학에 대해 단지 계산하는 방법만을 암기하는 것이 아니라, 깊이 있고 본질적인 이해를 얻는 것"과 같은 식이다. 훌륭한 대답이다. 그러면 어떻게 '깊이 있고 본질적인 이해'를 측정할 것인가? 나는 자주 전통적 태도와 성취도 검사로는 측정할 수 없는 결과물 창출을 목표로 하는 프로그램을 말했다. 여기까지는 별 문제가 없다. 즉, 우리가 혁신을 하려 하고 비전통적일 때 예상되는 것이기 때문이다. 그렇다면 의도한 결과에 대한 비전통적 측정이란 무엇일까? 때때로 이런 토론은 프로그램의 효과를 '측정할 수 없다'는 주장에 이른다.

평가연구에는 일반적인 마찰이 있는데, 그것은 '측정할 수 없는 것'을 측정하는 것이다. 평가연구란 무엇이 거기에 있는지 또는 없는지, 어떤 사건이 발생했는지 또는 발생하지 않았는지를 찾는 것이다. 평가연구를 실행하기 위해서는 연구대상으로 어떤 것이 존재하는지 또는 존재하지 않는지를 인지하거나, 관찰하거나, 조작화할 수 있어야 한다.

평가연구의 성과는 프로그램에 대한 기록들로부터 찾아볼 수 있다. 하워드와 노먼(Edward Howard and Darlene Norman, 1981)은 인디애나 주 비고(Vigo) 군 도서관의 업적에 대해 평가했는데, 이들은 도서관 이사회에서 받아들인 도서관의 규약 중에서 목표 부분을 평가하는 것으로 연구를 시작했다. 도서관의 다음 글에서 목표를 살펴보자.

> 구입과 기증을 통해 도서를 입수하거나, 기록이나 자체 생산을 통해 적절하면서 잠재적으로 유용한 정보를 취득한다. 이런 정보는 지역주민을 위해, 그리고 지역주민에 의해 생산된다.
>
> 이 정보들을 효율적으로 전달하고 쉽게 접근할 수 있도록 하기 위해 이것을 사용할 수 있는 장비를 설치하고, 그 사용을 위해 협조한다.
>
> 지역사회를 보다 나은 곳으로 만들기 위해 주민의 이해를 돕는 조사를 도와주고 정보를 최대한 효과적으로 사용한다.
>
> (1981: 306)

조사자들이 말한 것처럼 "비고 군 도서관이 행한 모든 일은 도서관 규약의 목표와 상반되는지를 검증될 수 있다." 그래서 조사자들은 각각의 목표에 대한 조작적 측정치를 만들기 시작했다.

개입의 '공식적' 목표들은 종종 평가를 설계하는 주요 열쇠가 되지만, 이들 목표가 항상 충분한 것은 아니다. 예를 들어, 애너마리 매디슨(Anna-Marie Madison, 1992)은 불이익을 당하는 소수인종을 돕도록 설계된 프로그램이 수혜자가 필요로 하는 것이나 바라는 것들을 늘 반영하는 것은 아니라고 경고한다.

> 중산층 백인 연구자들이 저소득층 소수집단의 경험을 해석하는 방법 속에 내재되어 있는 문화적 편견은 아마도 잘못된 가정과 인과적 관계를 도출해내는 그릇된 명제를 유도할지도 모른다. 또한 이런 편견은 부적절한 사회이론은 물론, 결과적으로 부적절한 프로그램 이론을 유도할지도 모른다. 전제라는 것은 문헌 속에 이미 존재하는 지식을 합법화하는 것이다. 그러나 잘못된 전제로부터 유도된 서술적 이론은 프로그램 참여자들에게 부정적 결과를 가져다줄지도 모른다.
>
> (1992: 38)

평가를 시작하기 위해 조사연구자들은 측정의 문제점에 조심스럽게 주의를 기울여야 한다. 평가연구자들이 반드시 다루어야만 하는 측정의 유형을 좀 더 자세히 살펴보기로 하자.

결과의 구체화

앞에서 이미 제시했던 것처럼, 평가연구자가 측정하는 주요 변수는 이른바 반응변수(response variable)라는 결과이다. 만일 사회적 프로그램이 어떤 결과를 얻으려고 의도한다면 우리는 결과를 측정할 수 있어야 한다. 편견을 줄이려면 편견을 측정할 수 있어야 한다. 만일 우리가 결혼생활의 조화로움을 증진시키려면 그것을 측정할 수 있어야 한다.

이러한 작업을 하기 위해서는 정의에 대해 미리 합의를 이루는 것이 필수적이다.

> 기준에 대해 합의가 이루어지지 않을 때 가장 곤란한 상황이 발생한다. 예를 들어, 많은 집단들은 '심각한' 마약남용이 무엇인지 정의할 때 서로 의견의 일치가 이루어지지 않는다. 15%의 학생이나 그 이상의 학생이 마약을 매주 복용하는 것을 '심각'하다고 할 것인가, 아니면 5%의 학생이 코카인이나 PCP와 같은 강한 마약을 매달 복용하는 것을 '심각'한 것으로 정의할 것인가? 또는 중학교 1학년 때부터 마약을 복용한

것을 '심각'한 것이라고 정의할 것인가, 아니면 마약남용률과 마약의 종류, 또는 마약을 처음 사용한 연령 등과 같은 변수들의 배합에 따라 '심각'한 마약남용을 정의할 것인가? 응용조사 연구자들은 연구에 앞서 연구자문 집단을 통해 연구의뢰자로부터 합의를 이끌어내도록 시도해야 한다. 아니면, 적어도 그들의 연구가 모든 잠재적 이해집단에 의해 제시된 기준에 적합한 자료를 만들 수 있어야 한다.

(Hedrick, Bickman, and Rog, 1993: 27)

어떤 경우에는 문제점에 대한 정의와 적절한 해결방법이 법이나 기관의 규제에 의해 규정된다는 것을 발견할 수도 있다. 만일 그렇다면, 그런 구체적인 내용을 숙지하고 그것을 받아들이면 된다. 더구나 합의된 정의가 무엇이든 간에 여러분은 어떻게 측정할 것인가에 대해서도 합의를 이루어야 한다. 예를 들어, '매주 마약을 복용하는' 학생의 비율을 평가하는 방법은 무척 다양하기 때문에, 선택한 방법이 모든 관련 집단에게 이해되고 받아들여져야 한다는 점을 확신해야 할 것이다.

동전의 양면성과도 같이, 청(Yuet Wah Cheung, 2009)은 홍콩에서 그의 마약치료 프로그램을 평가하면서 종속변수로 '마약 없는 주(drug free weeks)'를 사용했다. 이 추적조사는 종속변수의 성공과 실패를 결정하는 '사회자본(social capital)'의 긍정적인 면과 부정적인 면을 조사했다. 긍정적 사회자본은 가정에서의 지지 정도와 마약을 하지 않는 친구들과의 관계를, 또 부정적 사회자본은 스트레스를 받는 상황의 발생과 마약을 하는 친구들과의 관계를 각각 포함했다. 청은 마약 사용에서 벗어난 사람들이 마약을 하지 않는 친구들을 돕는 네트워크를 형성하면, 과거에 마약을 하던 사람들과 연결된 네트워크로 돌아가는 경우가 줄어든다는 것을 발견했다.

Picture 3/Earl Babbie

평가연구는 문제의 확인, 가능한 해결책의 설계, 해결책의 작동여부가 포함되어야 한다. **문제:** 자동차 앞면의 찌그러진 오른쪽 패널. **해결책:** 사고부분에 밴드 붙이기. **평가:** 패널은 아직 붙어 있고 기능은 하지만 보기가 흉하다. 해결책은 기능적인 측면에서 비용효과적이다.

탄자니아 일일연속극의 경우에도 여러 가지 결과에 대한 측정방법이 있었다. 탄자니아 프로그램의 목적은 부분적으로 가족계획과 에이즈에 대한 지식을 향상시키기 위한 것이었다. 따라서 에이즈 바이러스가 모기에 의해 전파되며 해충 박멸제를 사용함으로써 예방할 수 있다는 믿음이 거짓이라는 것을 이 프로그램을 통해 폭로했다(Rogers et al., 1996: 21).

PCI 역시 가족구성원의 수나 성역할, 인체면역결핍바이러스(HIV)나 에이즈, 또는 다른 관련 문제에 대한 탄자니아 사람들의 태도를 바꾸려 했다.

PCI가 주도한 조사연구에 의하면, 탄자니아 라디오 프로그램은 이와 같은 문제들에 영향을 끼쳤다. 또한 이 프로그램은 행동의 변화도 목표로 삼았다. 우리는 이미 라디오 청취자가 에이즈 예방과 관련하여 그들의 행동이 변화되었다는 것을 보았다. 뿐만 아니라 상당히 많은 사람들이 가족계획을 실시했다. 그러나 실제로 사람들이 행한 일과 행했다고 말한 것 사이에는 차이가 있기 때문에, 연구자들은 자신들의 결론을 확인할 수 있는 자료를 독자적으로 구했다.

탄자니아의 국립 에이즈 통제 프로그램은 시민들에게 무료로 콘돔을 배급해왔다. 일일연속극이 방송되는 지역에서는 1992년부터 1994년 사이에 배급한 콘돔의 수가 6배나 늘었다. 이것은 일일연속극이 방송되지 않은 통제구역보다 1.4배 높은 수치이다.

실험 맥락의 측정

실험 프로그램에 직접 관련된 종속변수들을 측정하는 것은 시작의 첫 단계에 불과하다. 리켄과 보루치(Henry Riecken and Robert Boruch, 1974: 120-121)는 실험에 영향을 미치는 연구자들의 관점에서 실험의 맥락을 측정하는 것은 적절할 뿐만 아니라 중요하다고 지적했다. 어떤 변수들은 외생적인 것임에도 불구하고 실험에 영향을 미치기도 한다.

고용을 위해 미숙련 노동자를 훈련시키는 프로그램에 대한 평가를 시도한다고 상상해보라. 초기의 결과측정은 프로그램을 끝낸 후 취업성공 여부와 관련이 있다. 여러분은 대상자의 취업률을 관찰하고 계산할 것이다. 평가하는 동안에 사회의 취업률과 실업률 전체가 어떻게 변화하는지도 판단해야 한다. 대상자들의 매우 낮은 취업률에 대한 평가에는 고용시장의 일반적 침체도 고려되어야 한다. 만일 프로그램을 마친 후 모든 대상자가 취업을 한다면, 여러분은 고용기회의 일반적인 증가추세에 대해서도 고려해보아야 할 것이다. 적절한 통제집단의 설계와 보완적인 측정을 연계시키면, 평가하는 프로그램의 효과를 잘 나타낼 수 있다.

개입의 구체화

프로그램 결과측정에 적절한 측정치를 만드는 것 외에, 조사자들은 프로그램 개입요소인 실험적 자극에 대해서도 반드시 측정해야 한다. 부분적으로 이런 측정은 실험집단과 통제집단의 대상을 할당하는 것으로 조정될 것이다. 실험집단에 한 사람을 배정하는 것은 그 사람이 실험자극에 '그렇다'고 반응을 보인 것으로 기록하는 것과 마찬가지이며, 통제집단에는 실험자극에 반응을 보이지 않는 사람을 배정하면 된다. 그러나 실제로는 그렇게 간단치 않다.

어떻게 할 것인가 **긍정적 일탈**

인도의 사회과학자인 싱할(Arvin Singhal, 2011)은 우리가 사회적 개입을 어떻게 설계하는지에 대한 개념을 제시했다. 그는 베트남의 한 농촌마을의 예를 들었다. 그 마을은 청소년의 영양실조가 만성적인 문제였다. 이런 문제를 해결하기 위한 프로그램을 설계한다고 가정하자. 싱할이 제시한 일상적인 접근방법은 영양실조 어린이들의 사례를 확인하는 것이었다. 그리고 그는 해결책을 설계하면서 배운 힘든 점을 참고했다.

싱할은 대안으로 정상에서 긍정적으로 벗어난 사례(영양실조에 걸리지 않은 어린이)를 찾아 왜 영양실조가 아닌지를 찾을 수 있음을 제안한다. 몇몇 사례는 명백하게 설명을 할 수 있었다. 예를 들어, 마을에서 가장 부유한 집안의 아동들은 아마도 영양실조로부터 고통을 받지 않을 것이다. 명확한 설명을 제공하는 사례들이 있지만 몇몇의 사례는 우리를 더 혼란스럽게 만든다. 상할은 한 가난한 가정의 아동들이 상당히 건강한 사례를 발견했다.

스터닌(Jerry and Monica Sternin) 부부와 같은 연구자들은 긍정적 일탈 가정을 연구했는데, 긍정적 일탈 가정이 마을의 다른 가정과 다른 여러 가지 점을 알게 되었다. 싱할(2011: 198-99)은 다음과 같이 요약했다.

- 가족 구성원들은 물이 가득한 논에서 작은 새우와 게를 잡아 자녀들에게 음식으로 제공했다. 이런 음식은 단백질과 미네랄이 풍부하다.
- 가족 구성원들은 고구마의 푸른 채소들을 자녀들의 음식으로 추가했다. 푸른 채소들은 베타 카로틴이 풍부하고 철과 칼슘과 같은 필수 미량(micronutrients) 영양소가 풍부했다.
- 흥미롭게도 이런 음식들은 모든 사람이 접근할 수 있음에도 불구하고 지역사회 주민들은 이런 음식이 어린 아동들에게 적절치 않다고 생각했다.
- 더 나아가 긍정적 일탈 가정의 어머니들은 일상적으로 하루에 두 번 식사하는 것보다 많게 세 번 내지 네 번의 식사를 자녀들에게 제공했다.
- 긍정적 일탈 가정의 어머니들은 남는 음식이 없을 정도로 적극적으로 자녀들을 먹였다.
- 긍정적 일탈 가정의 어머니들은 식사 전후로 자녀들의 손을 씻겼다.

사회를 변화시키는 이런 접근방법은 우리의 참여행동연구의 맥락에 잘 맞아떨어진다. 내과 의사가 환자들보다 환자의 몸상태를 더 잘 안다고 생각하는 것처럼, 사회연구자들은 연구대상이 접한 상황에 대해 더 많이 알고 있다는 함정에 빠지기 쉽다. 이와 같은 경우에 우리는 사회생활을 향상시키고 이해하는 강력한 자원을 놓치기 쉽다.

출처: Arvind Singhal. 2011. "Turning Diffusion of Innovations Paradigm on Its Head," pp. 193–205 in *The Diffusion of Innovations: A Communication Science Perspective*, edited by Arun Vishwanath and George A. Barnett. (New York: Peter Lang); Arvind Singhal. 2013. "The Value of Positive Deviations." *Monthly Developments Magazine*, June, pp. 17–20.

직업훈련의 예를 들어보자. 어떤 사람은 이 프로그램에 참여할 것이고 다른 사람은 참여하지 않을 것이다. 직업훈련 프로그램이 어떤 것과 유사할지 잠시 생각해보자. 몇몇 대상자들은 모든 프로그램에 참가하지만 어떤 사람은 프로그램의 상당 부분에 참석하지 않거나 참석하더라도 겉돌기만 할 것이다. 따라서 여러분은 프로그램 참여 정도나 질적 수준을 측정할 필요가 있다. 만일 프로그램이 효과적이라면, 모든 프로그램에 참가한 대상자들은 높은 취업률을 보이고, 일부 프로그램에 참가한 대상자는 낮은 취업률을 보일 것이다.

실험의 다른 요소들이 실험자극을 관리하는 데 더욱 혼란을 일으킬지 모른다.

성 불감증을 치료하도록 설계된 심리치료 프로그램과 이에 대한 평가를 상상해 보라. 여러 명의 심리치료사가 이 프로그램의 실험집단을 대상으로 실험을 한다. 우리는 실험집단과 통제집단의 성 불감증 회복률을 비교할 계획을 세운다. 여기서 통제집단은 다른 치료를 받거나 또는 전혀 치료를 받지 않는 집단이다. 실험집단 대상자를 치료하는 치료사의 이름을 실험설계에 포함시키는 것도 유용할지 모른다. 왜냐하면 치료사 중 일부는 다른 치료사에 비해 더 효과적으로 치료할지도 모르기 때문이다. 만일 이것이 사실이라면, 왜 어떤 치료사는 다른 치료사보다 더 효과적으로 치료하는가를 밝혀내야 한다. 여기서 우리가 배우는 것은 치료법 자체에 대한 우리의 발전된 이해이다.

〈어떻게 할 것인가: 긍정적 일탈〉은 개입을 설계하는 데 있어서 대안적 관점을 제공한다.

모집단의 구체화

프로그램 개입을 평가함에 있어서, 프로그램에 적절한 실험대상 모집단을 정의하는 것은 중요한 일이다. 이상적으로는 모집단을 정의한 뒤에 모든 또는 적절한 표본대상자들을 연구설계에 따라 실험집단과 통제집단에 배정한다. 그러나 모집단을 정의하는 것 자체가 측정을 구체화하는 것이다. 예를 들어, 새로운 유형의 심리치료 프로그램을 평가할 때 정신병 문제가 있는 사람들을 이 프로그램에 참여시키는 것은 타당할 것이다. 그러나 '정신병 문제'를 어떻게 정의하고 측정할 것인가? 앞에서 언급한 직업훈련 프로그램은 직장을 찾는 데 어려움을 겪는 사람들을 위한 프로그램이다. 하지만 '어려움을 겪는다'는 상황을 어떻게 설명할 것인가?

적절하게 모집단을 정의하는 것 외에, 조사자들은 정의된 변수들을 매우 정확하게 측정해야 한다. 예를 들어, 심리치료 연구에서 대상자를 무작위로 배정하는 것은 실험집단과 통제집단 내에 중증 또는 경증 정신병 대상자를 균등하게 배분하기 위한 것이다. 그럼에도 불구하고 이 프로그램이 경증 환자들에게만 효과적인 것으로 나타날 경우에 대상자들이 갖고 있는 병의 상대적인 심각성 정도를 파악해야 한다. 따라서 다른 문제점에 대한 상대적 심각성을 계속 추적할 필요가 있다. 이런 관점에서 이 치료가 오직 여성이나 노인, 또는 어떤 특정 집단 사람들에게만 유용하다면, 우리는 성별, 연령, 인종과 같은 인구학적 변수를 측정해야만 한다.

새로운 측정과 기존 측정의 대비

이와 같은 다양한 종류의 변수를 측정하기 위해, 조사자는 새로운 측정치를 만들거나 혹은 다른 사람이 개발한 측정치를 사용할지를 결정해야 한다. 예전에는 측정되지 않았던 것을 측정하는 연구라면 조사자의 선택은 간단해진다. 다른 연구에서 마련된 측정을 사용할 경우, 조사자는 조사의 목적과 상황을 고려하여 현재까지 사용한 다양한 종류의 측정의 상대적 가치를 평가할 필요가 있다. 이 점은 평가연구 외에 일반적인 사회조사연구에서도 통상적인 이슈이기도 하다. 새로운 측정을 만드는 것과 기존 측정을 사용하는 것의 장점을 대비하여 간략하게 검토해보자.

특정 연구를 위해 측정을 만들어내는 일은 기존 측정을 사용하는 것보다 높은 타당도와 신뢰도를 제공할 수 있다. 만일 우리가 평가하는 프로그램의 심리치료사가 정신병 회복의 특별한 측면에 중점을 둔다면, 우리는 이런 점을 정확하게 지적하는 측정을 만들어낼 수 있다. 어쩌면 이런 점을 나타내는 표준화된 심리적 측정을 생각해낼 수 없을지도 모른다. 그러나 우리 자신만의 측정을 만들어내는 일은 기존의 측정으로부터 얻을 수 있는 장점을 버리는 일이기도 하다. 훌륭한 측정을 만들어내려면 시간과 노력이 필요하며, 기존의 방법을 사용하면 시간과 노력을 절약할 수 있다. 다른 기존 조사자들에 의해 자주 사용된 측정은 우리의 평가에 중요할 수도 있는 잠재적 비교집단이 된다. 만약 실험 중인 치료법이 표준화된 검사에서 점수를 평균 10점 정도 올린다면, 우리는 이 치료법과 같은 측정방법을 써서 평가한 다른 치료법과 비교할 수 있게 된다. 끝으로 역사가 오래된 측정은 일반적으로 타당도와 신뢰도를 동반한다. 그러나 새롭게 만들어진 측정은 사전검증이 필요하거나, 상당한 불확실성을 지닌 채 사용될 것이다.

성공/실패의 조작화

평가연구에 있어서 가장 부담되는 것 중 하나는 평가받는 프로그램이 결과적으로 성공인지 실패인지 판단하는 것이다. 외국어교육 프로그램의 목적은 학생들로 하여금 외국어를 보다 잘 익히게 도와주는 데 있다. 그러나 얼마만큼 익히는 것이 보다 잘 익히는 것인가? 교도소의 배우자방문 프로그램은 재소자의 사기를 높여줄지도 모른다. 그러나 얼마만큼의 사기진작이 이 프로그램을 정당화해줄 것인가?

여러분도 예감했듯이 이런 질문에 대한 명확한 답변은 거의 없다. 이런 딜레마는 일반적으로 비용편익 분석이라고 불리는 분석의 원천이 된다. 프로그램은 결과로 나온 이익에 대해 얼마만큼의 비용을 지불해야 하는가? 이익이 비용을 초과하면 프로그램을 계속하라. 만일 반대 현상이 나오면 프로그램을 포기하라. 이것은 아주 간단한 원칙으로, 경제적 측면을 고려한 것이다. 예를 들어, 물건을 생산하는 비용이 20달러이고 그 물건을 18달러에 팔았다면, 손해본 차액을 보충할 수 없을 것이다. 따라서 물건을 더 이상 생산하지 않을 것이다.

불행히도 평가연구자가 직면하는 상황들은 단순한 경제적 계산만으로는 평가하기 어렵다. 외국어교육 프로그램의 경우, 학교에서 학생 1명당 100달러의 비용이 든다고 치자. 또한 프로그램이 학생들의 언어시험 점수를 평균 15점 정도 올린다고 하자. 그러나 점수를 달러로 환산할 수 없기 때문에 비용과 이익을 가늠할 분명한 근거가 없다.

때로는 실용성에 따른 프로그램들 사이의 경쟁을 통해 성공과 실패의 기준이 정해질 수 있다. 만일 어떤 외국어교육 프로그램이 학생당 50달러의 비용이 들고 언어시험 점수를 평균 20점 정도 올린다면, 이 프로그램은 두말할 것 없이 첫 번째 프로그램에 비해 성공적인 것으로 평가될 것이다. 단, 점수가 두 프로그램의 목적을 측정하는 데 적절하다는 전제가 있어야 하며, 비용이 적게 드는 프로그램이 예기치 않은 부정적 결과를 초래하지 말아야 한다는 전제도 있어야 한다.

코널리, 엘모어와 슈타인(Scott Connolly, Katie Elmore, Wendi Stein, 2008)이 자메이카의 어린이들을 위한 라디오 드라마에 대한 질적 평가를 수행했을 때, 그들은 초점집단(focus groups)을 활용하여 심층면접을 했으며, 응답자가 그들의 질문에 대한 답으로 그림을 그리는 것을 활용했다. 연구자들은 그들의 목적을 다음과 같이 솔직하게 서술했다.

> 이 연구의 목적은 프로그램 청취자가 이 드라마를 어떻게 접하게 되었으며, 개인적으로 어떤 의미를 가지고 있고 교육적인 메시지와 드라마 주제의 영향을 어느 정도 받는가에 대한 것이다.
>
> 일반적인 양적 평가와 달리 이 연구는 자메이카의 〈아우타 로드(Outta Road)〉를 청취하는 어린이들로부터 발견한 각각의 내용의 일반화를 시도하지 않았다. 다만, 풍부한 예문과 시각적 자료를 통해 조사에 참여하는 사람들의 삶이 얼마나 드라마의 내용에 영향을 받고 있는지, 어떠한 메시지로 내면화되었고 개인적인 의미를 가지는가를 발견했다.
>
> (2008: 2)

궁극적으로 프로그램의 성공과 실패에 대한 기준은 합의의 문제이다. 프로그램 진행에 책임을 진 사람들은 프로그램의 성공징표로 여겨지는 특별한 결과가 나타나기 이전부터 그들 자신을 프로그램에 헌신할 것이다. 만약 그렇다면, 여러분이 할 일은 특정한 결과를 측정할 수 있도록 절대적으로 확실한 조사설계를 확보하는 것이다. 내가 이렇게 분명한 필수사항을 언급하는 이유는 연구자들이 때때로 이 점을 놓치기 때문이며, 연구에서 이보다 더 당황스러운 일은 별로 없기 때문이다.

요약하면, 연구자들은 평가연구의 측정을 진지하게 진행해야 하며, 측정할 모든 변수들을 결정해야 하고, 각각에 대해 적절하게 측정해야 할 것이다. 그러나 이런 결정은 순수하게 과학적인 결정이 아니다. 평가연구자들은 측정전략에 대해 프로그램 평가에 책임이 있는 사람들과 함께 일해야 한다. 결과 Y를 기대하는 프로그램에서 결과 X가 나오는지 판단하는 것은 이치에 맞지 않는다. (그러나 평가설계는 때때로 의도하지 않은 결과를 검증하기도 한다는 점을 인식하라.)

이런 선택에는 정치적 관점이 포함되어 있다. 평가연구는 프로그램이 중단되거나 운영자가 해고되는 등 다른 사람들의 전문적 이해관계에 자주 영향을 미치기 때문에 그 결과가 논쟁의 대상이 되기도 한다.

평가자에 의해 일반적으로 자주 사용되는 조사설계를 살펴보자.

12.4 평가연구 설계의 유형

이 장의 앞부분에서 언급했듯이, 평가연구는 방법 그 자체가 아니라 오히려 사회조사 방법을 적용하는 방식 중 하나이다. 따라서 평가연구에는 여러 가지 조사설계가 포함되어 있다. 우리가 관심을 가지고 논의할 주요 조사설계로는 세 가지 유형이 있는데, 실험설계, 유사실험설계, 질적 평가이다.

실험설계

8장에서 소개된 다양한 실험설계는 평가연구에도 사용될 수 있다. 예를 들어, 고전적 실험 모델이 성불구를 치료하기 위한 새로운 심리치료 요법의 평가에 어떻게 사용되는지 살펴보자.

평가를 설계함에 있어서 치료에 적합한 환자 모집단을 제일 먼저 확인해야 한다. 이런 확인작업은 새로운 치료법을 실험하고 있는 조사자에 의해 이루어질 수 있다. 100명의 성불구자를 치료하고 있는 병원을 상대로 조사한다고 가정해보자. 우리는 100명의 환자를 대상으로 삼고, 병원에서 정한 성불구자에 대한 정의를 그대로 취하며, 환자 각각이 지닌 성불구 문제의 심각성 정도에 대한 기존 평가자료를 그대로 유지해야 한다.

평가연구의 목적을 위해, 성불구에 대한 좀 더 구체화된 측정을 개발할 필요가 있다. 아마도 이런 측정에는 환자가 일정기간 동안 성관계를 전혀 못 하는지, 아니면 얼마나 자주 하는지, 또는 오르가슴을 느끼는지, 얼마나 자주 느끼는지 등이 포함될 수 있다. 대안을 하나 제시하자면, 결과에 대한 측정은 치료에는 참가하지 않고 나중에 환자들을 인터뷰한 치료사들의 독립적인 평가를 기반으로 할 수도 있다. 어떤 경우이든 사용할 측정에 대한 합의가 필요하다.

가장 간단한 설계에서는 100명의 환자를 실험집단과 통제집단에 무작위로 배정한다. 실험기간 동안 실험집단은 새로운 치료를 받고 통제집단은 치료를 받지 않는다. 윤리적인 면에서 통제집단에 대한 모든 치료를 중단할 수는 없기 때문에 기존에 받아오던 전통적인 치료는 계속 진행할 것이다.

실험집단과 통제집단 배정과 더불어 실험기간에 대한 합의가 필요하다. 새로운 치료법 설계자들이 2개월 이내에 치료효과가 나타날 것이라고 예상한다면, 이것으로 기간에 대한 합의가 이루어질 것이다. 그러나 연구기간에 대해서 그렇게 경직될 필요는 없다. 실험과 평가의 목적 중 하나는 새로운 치료법이 얼마만에 실제 효과를 나타내는지 판단하는 것일 수 있다. 그렇다면, 예컨대 매주 회복률을 측정하기로 합의가 이루어질 수도 있고, 궁극적인 실험기간은 결과에 대한 지속적인 검토결과에 따라 달라질 수도 있다.

환자들에게 포르노 영화를 보여주는 것이 새로운 치료법에 포함된다고 상상해 보자. 우리는 이런 자극을 구체화할 필요가 있다. 환자들은 얼마나 자주 이런 영화를 보며, 매회 몇 시간이나 보게 될까? 환자들은 영화를 집단으로 볼 것인가, 아니면 혼자서 볼 것인가? 치료사는 현장에 있어야 하는가? 영화가 상영되는 동안 조사자는 환자들을 관찰해야 하며, 실험자극을 측정하는 데 이 관찰결과를 포함시켜야 한다. 일부 환자들은 진지하게 영화를 보는 반면, 다른 환자들은 눈을 돌려버리는가? 우리는 이런 종류의 질문을 마음속에 새겨야 하고, 이에 대한 대답을 위해 구체적인 측정기준을 만들어야 한다.

따라서 연구를 설계하면서 우리는 이런 모든 것이 제대로 굴러가도록 해야 한다. 연구가 진행되는 동안 관찰이 이루어지고 기록되며, 수많은 자료들이 분석을 위해 축적된다. 연구가 제대로 방향을 잡으면, 새로운 치료법이 의도된 결과를 낳는지 아니면 의도되지 않은 결과를 낳는지 판단할 수 있다. 우리는 포르노 영화가 경증환자나 중증환자 중 어느 쪽에 더욱 효과적인지, 젊은 환자에게는 먹히지만 나이 든 환자에게는 별 효과가 없는지 등을 판단할 수 있다.

이와 같은 간단한 서술들은 8장에서 보여준 표준실험 설계가 어떻게 평가연구에서 사용될 수 있는지를 나타내고 있다. 그러나 연구문헌에 나타난 대부분의 평가는 이 사례와 똑같지 않다. 평가연구는 실생활에 기반하기 때문에, 종종 유사실험설계를 통해 이루어진다. 이제 유사실험 설계라는 것이 무엇인지 살펴보자.

유사실험 설계

유사실험
통제실험과 유사하나 사전/사후실험이나 통제집단과 같은 요소가 결여된 정밀하지 않은 조사

유사실험(quasi experiment)은 대상자를 실험집단이나 통제집단에 무작위로 배정할 수 없다는 점에서 '실제' 실험과 차이가 있다. 평가연구에서는 대상자를 무작위로 배정하는 것이 불가능할 때가 자주 있다. 때때로 프로그램 평가는 비록 의심스러울지라도 평가를 포기하기보다는 평가를 할 수 있는 설계를 만들어낸다. 이 절에서는 이런 설계들에 대해 살펴보기로 한다.

시계열 설계

시계열 설계
속도제한을 줄이기 전후의 교통사고율에 대한 연구와 같이 일정기간 동안 실행된 측정이 포함된 연구설계

시계열 설계(time-series design)는 실험을 전후로 하는 시간적 측정을 포함하고 있다. 이를 설명하기 위해 가설적 자료에 대한 의미를 평가해보자. 내가 담당하는 수업에 학생들의 참여를 높일 수 있는 효과적인 기법이 있다고 가정해보자. 내 주장을 증명하기 위해 다음과 같은 말을 한다. 월요일에는 오직 4명의 학생이 수업시간에 질문하거나 토론에 참가했으며, 수요일에는 캠퍼스에서 쟁점이 되고 있는 이슈를 다루는 공개토론을 전개했고, 금요일에는 수업의 원래 주제로 돌아갔을 때 8명의 학생이 질문을 하거나 토론에 참여했다. 여기서 내가 주장하는 바는 수요일에 논쟁적 이슈에 대해 토론한 것이 학생들의 수업시간 중 토론참여율을 배가시켰다는 점이다. 이에 대한 단순한 통계를 〈그림 12-1〉에 제시했다.

수요일 공개토론의 효과에 대한 주장은 설득력이 있는가? 아마도 내가 제시한 자료가 그렇지 않다고는 말할 수 없을 것이다. 그러나 월요일과 수요일의 두 가지 관찰은 어떤 결과를 증명하기에는 너무도 부족하다. 이상적으로는 2개의 수업을 개설해야 한다. 각각의 수업에 학생들을 무작위로 배정하고, 한 수업에서만 공개토론을 해야 한다. 그러고 나서 금요일에 2개의 수업을 비교해야 한다. 그러

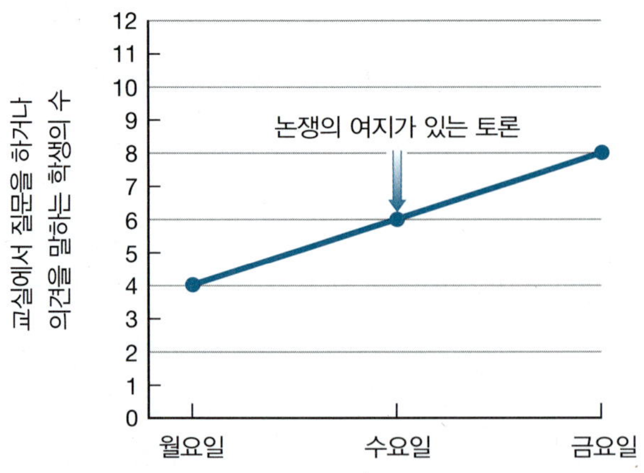

그림 12-1 **공개토론 전후에 진행된 수업토론 참여에 대한 두 관찰**

나 이 조사에는 학생들을 무작위로 배정한 2개의 강좌가 없다. 대신 한 학기 내내 한 수업에 대한 학생들의 수업참여만을 기록해왔다. 이 기록들은 시계열 평가를 할 수 있도록 도와준다.

〈그림 12-2〉는 수요일의 공개토론을 전후하여 시간이 지남에 따라 나타날 수 있는 수업참여의 세 가지 유형을 나타낸다. 이것 중 어느 것이 내가 주장하는 공개토론의 영향에 대해 확신을 주는가?

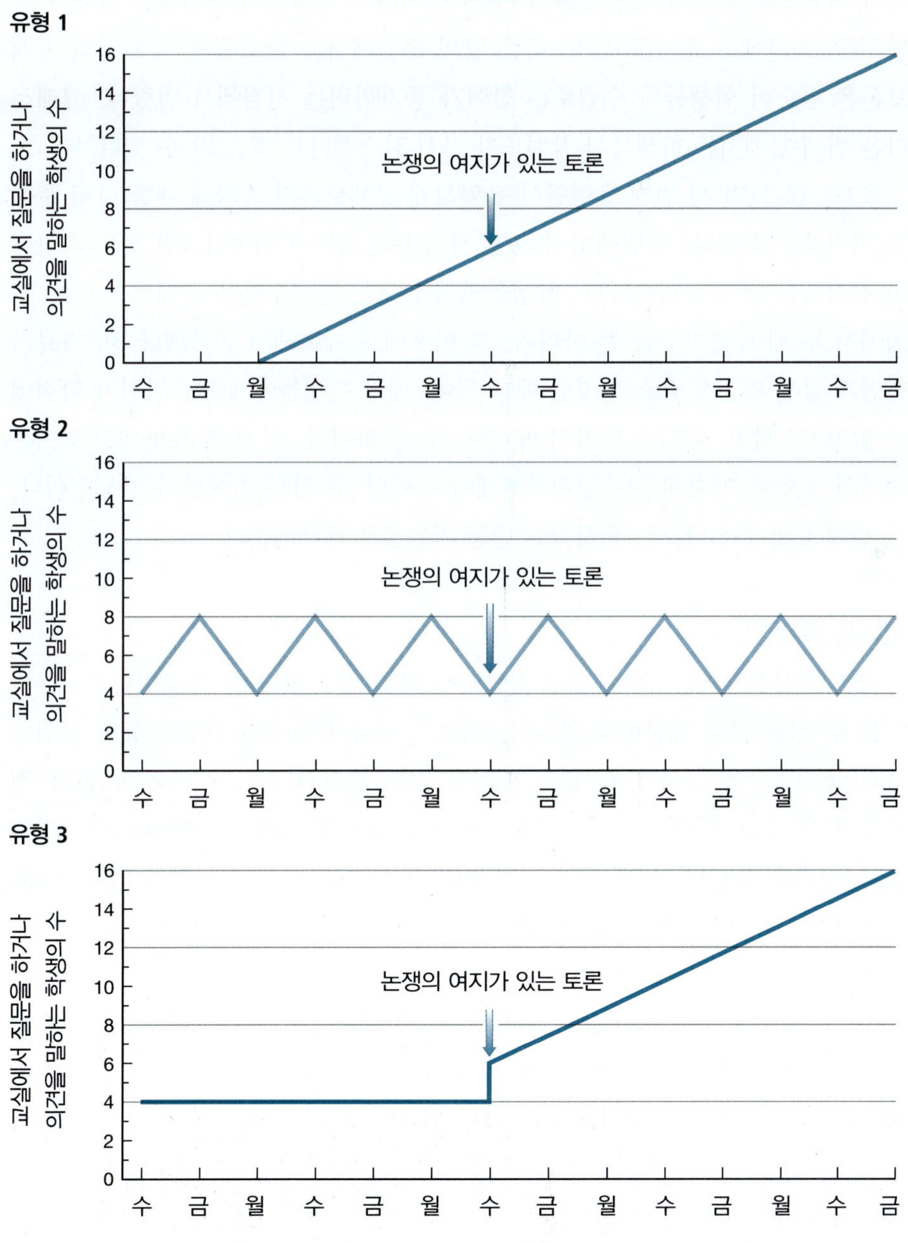

그림 12-2 **장기간에 걸쳐 학생들이 수업토론에 참여하는 세 가지 유형**

시계열 연구의 결과가 〈그림 12-2〉의 첫 번째 유형과 비슷하다면, 여러분은 아마도 학생들의 수업토론 참여가 공개토론 전인 수요일까지 계속 증가하고 공개토론 후에도 별 영향을 받지 않고 계속 증가할 것이라고 결론지을 것이다. 오랫동안 구축된 자료에 의하면, 이런 추세는 수요일의 공개토론과는 상관없이 일어나고 있다. 따라서 첫 번째 유형은 특별한 토론이 학생들의 수업토론 참여를 늘려줄 것이라는 나의 주장과 상반된다.

두 번째 유형도 나의 주장과 상반되는데, 학생들의 수업토론 참여율이 학기 내내 규칙적으로 오르내리는 것을 보여준다. 때때로 학생들의 수업토론 참여가 특정 수업 기간에는 증가하고, 또 다른 날의 수업에서는 감소한다. 수요일의 공개토론은 단순히 학생들의 수업토론 참여가 증가하려는 시점에서 열렸다. 그래서 다음 번 수업에서는 학생들의 참여도가 다시 감소했다는 것을 알 수 있다.

〈그림 12-2〉의 세 번째 유형만이 유일하게 공개토론의 효과에 대한 나의 주장을 지지해주고 있다. 그림에서 수요일 전의 토론에는 수업마다 4명 정도의 학생만 참여하는 것으로 나타났다. 학생들의 수업토론 참여수준은 공개토론 다음 수업에서 두 배로 증가했을 뿐 아니라, 그 이후에도 계속해서 증가했다. 이 자료가 학점과 같은 외생적 요소의 영향(예를 들어, 내가 학생들에게 토론참여가 학점에 반영된다고 말할 경우)을 완전히 배제하지는 못하지만, 첫 번째 유형에서 보이는 것처럼 상황에 익숙해지는 성숙과정에서 나타날 수 있는 참여증가 가능성이나, 두 번째 유형에서 나오는 규칙적인 변동 가능성은 배제해준다.

비균등 통제집단

시계열 조사설계에는 오직 '실험'집단만이 포함된다. 이것은 통제집단으로부터 얻을 수 있는 값을 제공하지 않는다. 때로 조사자가 무작위 배정을 통해 실험집단과 통제집단을 구성할 수 없을 때라도, 실험집단과 유사한 기존의 '통제' 집단을 찾을 수는 있다. 우리는 이런 집단을 비균등 통제집단(nonequivalent control group)이라고 부른다. 예를 들어, 고등학교의 한 학급에서 혁신적인 외국어교육 프로그램을 실시한다면, 같은 학교에서 이 학급과 비슷한 학생들로 구성된 또 다른 외국어교육을 받는 학급을 찾을 수 있을 것이다. 여기서 비슷한 학생들이란 성적, 성별, 인종, 지능과 같은 구성인자들이 비슷함을 말한다. 이렇게 비슷한 학급은 비록 연구의 공식적인 부분이 아닐지라도 비교점을 제공해준다. 학기말에 두 학급 모두에게 같은 외국어시험을 치르게 하고, 이에 대한 결과를 비교할 수 있다.

비균등 통제집단
실험집단과 유사하나 대상이 무작위로 선정되지 않은 통제집단. 이런 유형의 통제집단은 실험집단과 관련 있는 변수나 종속변수 측면에서 볼 때 실험집단과는 상당히 다르다.

여기서 음주, 흡연, 마약사용을 하지 못하도록 하는 프로그램을 평가하기 위해, 2개의 중학교를 어떻게 선정했는지 살펴보자.

두 학교를 고르고 이들을 '실험'과 '통제'집단으로 배치하는 것은 무작위적이지 않았다. 음주, 흡연, 마약사용의 문제를 해결할 프로그램을 찾고 있던 학교를 그 지역의 결핵협회가 추천해주어서 우리 프로그램을 실행하기로 했다. '통제'학교는 학교 당국이 우리의 실태조사를 허락해주고 호흡 테스트를 받아들여주는 학교로서 편의성과 인구학적 구성요건을 고려해서 선택했다. 이 학교의 교장은 건강교육에 관한 기존 프로그램이 효과적이라 생각하고 있었고, 그 학교 학생들에게 상대적으로 흡연이 일반화되어 있지 않다고 믿고 있었다. 두 학교가 있는 두 지역사회는 매우 유사하다. 학생들에 의해 보고된 부모의 흡연율은 두 학교에서 모두 40%를 약간 넘는 수준이었다.

(McAlister et al., 1980: 720)

첫 번째 관찰에서 실험 및 통제집단은 동등하게 낮은 흡연율을 보였다. 21개월에 걸친 연구에서 두 학교 모두에서 흡연이 증가했다. 그러나 이 증가율은 통제집단보다 실험집단에서 더 낮았다. 다시 말해, 이 프로그램은 학생의 행동에 영향을 주었다.

다중시계열 설계

'순수'실험의 통제 밖에서 발생하는 과정에 대한 평가는 1개 이상의 시계열 분석을 사용하면 쉽다. 다중시계열 설계(multiple time-series design)는 비균등 통제집단 설계를 향상시킨 것이다. 캐롤 와이스(Carol Weiss)는 이에 대한 유용한 예를 보여 준다(1972: 62).

다중시계열 설계
일련의 자료보다 훨씬 더 많고 오랜 시간 동안 수집된 자료를 이용하는 설계로, 비교가 가능하다. 이런 자료로는 여러 주 또는 여러 시에서 오랜 기간에 걸쳐 나타난 교통사고율을 들 수 있다.

다중시계열의 흥미로운 예로 코네티컷 주의 고속도로 과속단속에 대한 평가를 들 수 있다. 평가자들은 새로운 프로그램이 효과를 나타내기 전후의 여러 기간 동안 교통사고 사망자에 대한 보고서를 수집했다. 평가자들은 단속 후에 사망자 수가 줄어든 것을 발견했다. 그러나 연속적인 조사는 수년간 불안정한 오르내림 현상을 보였기 때문에 사망률의 감소가 이 프로그램에 의한 것이라고는 확신할 수 없었다. 그래서 이들은 자신들의 통계와 4개의 다른 인접 주로부터 얻은 시계열 자료를 비교했다. 다른 주로부터 얻은 자료에는 교통사고 단속을 강화하는 대책이 없었다. 이들 주에서는 평가자들의 자료에서 나타난 것만큼의 사망자 수 감소가 없었다. 이 비교를 통해 단속이 어느 정도 효과가 있었다고 결론지었다.

이 연구설계는 대상자를 무작위로 배정한 설계만큼 훌륭하지는 않지만, 비교대상이 없는 실험집단이 드러낸 결과에 대한 평가를 향상시켰다. 이런 점에서 이 설계를 유사실험(quasi experiment)이라 칭하게 되었다. 평가연구의 이런 측면을 평가하는 핵심은 비교가능성에 있다. 다음의 예를 통해 설명해보자.

빈곤한 국가들에게서 계속적으로 증가하는 관심사인 농촌개발은 세계의 이목을 집중시켰으며, 이런 국가들은 부유한 국가들의 원조를 받았다. 선진국들은 국가적 차원에서 외국원조 프로그램이나 세계은행과 같은 국제기구를 통해 그들의 기술적 지식과 기능을 후진국에게 전파했다. 그러나 이런 프로그램들은 복잡한 결과를 낳았다. 현대의 기술을 전통적인 사회에 적용시켰을 때, 그 결과는 당초 기대와는 다른 양상을 보였다.

탠던과 브라운(Rajesh Tandon and L. Dave Brown, 1981)은 마을조직의 지시문에 첨부된 기능훈련에 대해 실험했다. 그들은 이 실험이 빈농들에게 마을을 어떻게 조직하고, 집단적 영향력을 마을 내에서 어떻게 행사하는가—중앙부처의 공무원으로부터 필요한 조치를 얻어내는 것 같은—를 배우는 데 매우 중요하다고 생각했다. 그러고 나서 그들의 기술적 기능은 열매를 맺는다.

개입이나 평가 모두는 기술훈련을 위해 선발된 25개 마을에서 진행되는 프로그램과 관련이 있었다. 각 마을에서 2명의 가난한 농부가 새로운 농업기술을 교육받았다. 그러고 나서 그들은 지식을 전해주기 위해 고향에 돌아갔으며, 다른 농부들을 '동료집단'으로 구성했다. 이 동료집단은 기능지식을 전파하는 것을 도와주었다. 2년 후, 조사자는 특별훈련을 위해 25개 마을 중에서 2개의 마을(그룹 A와 그룹 B로 칭함)을 무작위로 선정하고, 11개의 훈련받지 않은 마을을 통제집단으로 선정했다. 두 집단의 인구학적 특징은 매우 유사한 것으로 나타났다. 따라서 두 집단은 연구하고 비교하기에 적절했다.

2개의 실험마을로부터 뽑힌 동료집단들은 조직을 구성하기 위한 특별훈련을 받았다. 참가자들에게는 정부에 대한 요구를 조직하고 제기하는 방법에 대한 정보가 주어졌다. 그들에게는 또한 집에서 겪을 수 있는 상황과 유사한 드라마를 연출할 수 있는 기회가 주어졌다. 이 훈련은 사흘에 걸쳐 이루어졌다.

평가에 고려된 결과변수(outcome variables)는 상황을 개선시키도록 설계된 집단행동을 하는 동료집단과 어느 정도 연관이 있었다. 여기서 여섯 가지 유형이 연구되었다. 한 예로 '적극적인 주도권'은 "수동적 반응이나 회피 대신 다른 사람들이나 상황에 영향을 미치기 위한 적극적인 노력"이라고 정의되었다(Tandon and Brown, 1981: 180). 평가를 위한 자료는 초기의 기술훈련 때부터 동료집단의 리더가 기록한 일지에서 구했다. 조사자들은 일지를 읽고 동료집단의 구성원들이 취한 주도권 빈도수를 계산했다. 두 명의 조사자들은 독자적으로 일지를 코드화했고, 코딩 절차에 대한 신뢰도를 검증하기 위해 그들의 작업을 서로 비교했다.

〈그림 12-3〉은 통제집단 구성원들과 2개의 실험집단 사이의 적극적 주도권을 비교한 것이다. 다른 결과측정에서 유사한 결과가 발견되었다.

그래프에서 두 가지를 주목하라. 첫째, 11개의 통제집단과 비교하여 2개의 실험집단에 나타난 주도권 빈도수가 현저하게 차이가 났다. 이것은 특별훈련 프로그램의 효과를 나타내는 것으로 보인다. 〈그림 12-3〉에서 푸른 점선은 그룹 A로 적극적인 주도권 훈련을 받았으며, 검은 실선인 그룹 B도 같은 훈련을 받았다. 적극적인 주도권 빈도수가 이 두 그룹에서 상당히 많이 증가했다.

둘째, 주도권 빈도수가 통제집단 사이에서도 증가하는 것을 주목하라. 조사자들은 이러한 양상이 오염의 결과라고 설명한다. 모든 마을이 서로 가깝게 위치하고 있기 때문에, 실험집단의 동료집단 구성원들에게서 배운 것들이 통제집단 마을의 구성원들에게도 부분적으로 전달되었던 것이다. 통제집단의 주도권 빈도수

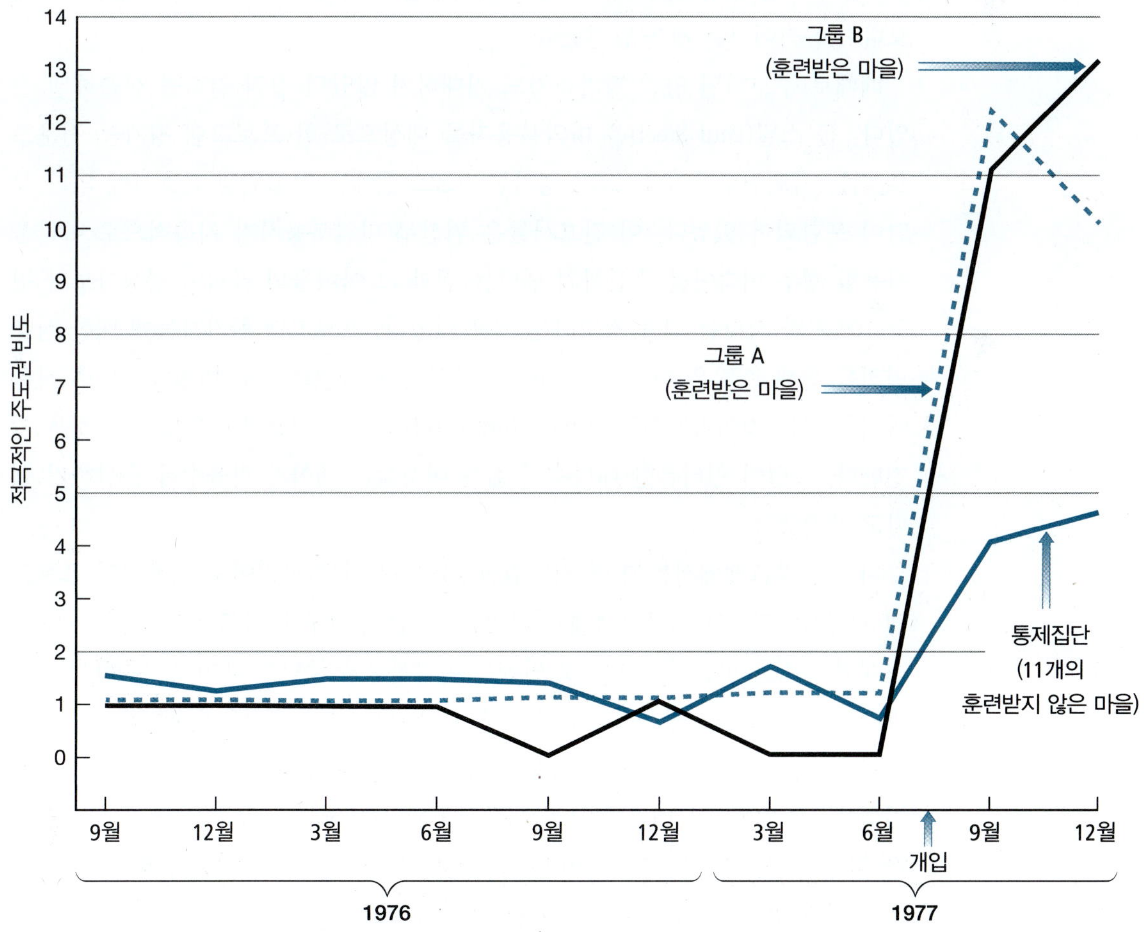

그림 12-3 시계열상의 적극적 주도권

출처: Rajesh Tandon and L. Dave Brown, "Organization-Building for Rural Development: An Experiment in India," *Journal of Applied Behavioral Science*, April-June 1981, p.182.

가 증가했음에도 불구하고 이 평가조사의 쟁점은 통제집단과 실험집단 A와 B를 함께 비교하는 것이다.

이 예는 평가대상 실험이 오염되는 부적절한 상황에서 다중시계열 설계의 강점을 보여준다.

질적 평가

앞에서 탄탄하게 구성되고 주로 양적인 평가연구의 절차들에 대해 언급했지만, 평가 그 자체는 덜 구조화되고 조금 더 질적일 수도 있다. 예를 들어, 바트와 오브라이언(Pauline Bart and Patricia O'Brien, 1985)은 강간을 멈추게 하는 다양한 방법을 평가하고자 했다. 그래서 그들은 강간 피해자와 강간시도를 성공적으로 막은 여자 피해자에 대해 심층면접을 실시했다. 일반적인 법칙으로 그들은 저항(소리 지르기, 발차기, 도망치기 등)이 상황을 악화시키기보다는 강간을 막는 데 보다 성공적이라는 것을 발견했다.

때때로 구조화된 양적 평가조차도 기대하지 않았던 질적 결과를 산출해낼 수 있다. 폴 스틸(Paul Steel)은 마약복용자를 대상으로 한 프로그램 평가를 전문으로 하는 사회연구자이다. 그가 평가한 프로그램에는 공중위생 간호사에 의한 상담이 포함되어 있었다. 이 간호사들은 임산부 마약복용자가 지속적으로 마약을 사용할 경우 미숙아를 출산하기 쉽다는 점과 그 아이들의 골격이 정상아보다 평균 10%가량 작다는 점을 경고하는 일을 맡았다. 프로그램 참가자들에 대한 심층면접을 통해 스틸은 이 프로그램이 하나의 중요한 정보, 즉 비정상적으로 작은 아기를 낳는 것이 안 좋은 일(bad thing)이라는 것을 전달하지 않았다는 것을 발견했다. 스틸이 인터뷰한 대다수의 젊은 여성들은 태아가 작을수록 출산하기 쉽다고 생각했다.

다른 프로그램에서는 어떤 지역검찰청의 검사가 진보적이고 계몽적인 프로그램을 만들었다. 이 프로그램에 의하면, 구속된 임산부 마약복용자는 두 가지 조건에서 기소를 피할 수 있다. 첫 번째는 마약복용을 중단할 때이고, 두 번째는 마약갱생 프로그램을 성공적으로 수료했을 때이다. 심층면접을 통해 이 프로그램에서 원칙적으로 행한 방법이 항상 적용되지는 않았다는 것이 밝혀졌다. 한 젊은 여성은 감방동료로부터 마약복용으로 구속될 때마다 보석금을 내고 풀려나자 마자 임신을 하라는 충고를 받았다는 사실을 발견했다. 이 방법을 통해 그녀는 기소를 피할 수 있었다(개인적인 정보, 1993. 11. 22).

가장 효과적인 평가연구는 양적 요소와 질적 요소를 통합한 것이다. 통계적 비교가 유용하듯이, 관찰된 결과를 만들어내거나 기대된 결과를 만들어내는 것을 방해하는 절차에 대한 심도 있는 이해도 중요하다.

이 장의 앞에서 언급한 탄자니아 일일연속극에 대한 평가에는 여러 가지 조사 기법이 사용되었다. 나는 이미 청취자 실태조사와 병원으로부터 얻은 자료에 대해 언급했다. 추가적으로, 연구자들은 일일연속극이 청취자에게 주는 효과를 심도 있게 입증할 많은 집단들(focus groups)을 구성했다. 연속극 일화(episode)와 청취자로부터 받은 편지에 대한 내용분석 역시 진행되었다. 이것들은 양적 · 질적 분석 모두를 포함한다(Swalehe et al., 1995).

연속극에 대한 연구 역시 다른 문화가 연구의 태도에 어떻게 영향을 주는지를 보여주는 기회가 된다. 저자는 에티오피아에서 계획된 연속극에 대한 평가를 자문하면서, 이것들을 직접적으로 경험할 기회를 가졌다. 연구에 대한 비밀보장을 원하는 서구인들과 달리, 에티오피아 도시지역에서 선발된 응답자들은 자신이 선발되었다는 것에 대해 특별한 자부심을 가졌으며, 그들의 응답이 지역사회에 널리 알려지기를 원했다.

때때로 고객들을 기쁘게 해주고 싶은 지역조사자들의 요구가 평가에 반영되기도 한다. 예를 들어 실험집단을 대상으로, 몇몇 예비조사 성격의 연속극 대화 장면들을 가지고 청취자들이 대화 중에 사회적 메시지를 인식했는지 결정하는 실험을 했다. 결과는 기대했던 것보다 훨씬 고무적이었다. 실험집단 대상자들이 어떻게 선발되었는지 물었을 때, 조사자는 다음과 같이 대상자들의 대화내용을 소개했다. “우리는 당신이 (대가족이 아닌) 소규모 가족을 지향하는 라디오 프로그램을 듣기를 원합니다. 그리고 우리의 프로그램이 성공적이라고 당신에게 말하고 싶습니다.” 예상했던 것처럼, 소규모 가족에 대한 계획은 실험집단 대상자에게 명확하게 인식되었다.

앞 장에서 언급한 바와 같이, 이런 실험들은 실질적인 평가연구 프로젝트에서 발생하는 문제점에 대해 암시를 주었다. 물론 모든 형태의 연구에서는 문제점이 나타날 수 있으나, 평가연구는 다음에서 더 살펴보듯이 특별한 성향을 지니고 있다.

로지스틱 문제

군사적 맥락에서 로지스틱[병참술(logistics)]이란 필요한 군인들에게 식량과 총기류를 비롯해 천막 말뚝 등 공급물자를 제공하는 것을 의미한다. 이 책에서 로지스틱(logistics)이라는 단어는 대상자들이 해야 하는 일을 하게 하는 것으로 조사도구가 분배되고 되돌려지는 것, 그리고 여타의 단순하게 보이는 일들을 의미하는 것으로 사용된다. 이런 일들은 여러분이 생각하는 것보다 더 힘들 것이다!

해군병사의 동기화

크로포드, 토머스, 그리고 핑크(Kent Crawford, Edmund Thomas and Jeffrey Fink, 1980)는 미 해군에서 '작업능력이 낮은 병사'들에게 동기를 부여하는 방법을 찾고자 했다. 그러나 그들은 수많은 문제점이 발생할 수 있다는 점을 발견했다. 이 연구의 목적은 만성적으로 작업능력이 낮고 선상에서 자주 말썽을 일으키는 해군병사에게 동기부여를 하기 위한 3종 프로그램을 검증하는 것이었다. 첫째는 감독관들을 위한 워크숍을 개최하는 것이었다. 감독관들에게는 낮은 작업능력을 가진 병사들에게 효과적인 리더십을 교육시키는 일이 부여되었다. 둘째, 약간의 감독관들이 선발되어 특수 상담원이자 역할 모델로서 교육을 받았다. 이 사람들은 낮은 작업능력을 가진 해군병사들에게 조언을 줄 수 있는 사람들이다. 끝으로 작업능력이 낮은 해군병사들 스스로는 작업이나 생활에서 동기를 더 많이 부여하고 더 효율적일 수 있도록 훈련시키는 워크숍에 참가하게 했다. 이 프로젝트는 4개의 다른 배에서 선발된 해군병사를 통제집단으로 배정하여 한 배의 선상에서 진행되었다.

처음에 연구자들은 감독관들이 이 프로그램에 흥미를 느끼지 못했다고 보고했다.

> 예상했던 대로, 이런 문제를 다루는 감독관으로부터 상당한 저항이 있었다. 사실상, 문제의 원인이라고 생각되는 것들은 개인적 문제에 영향을 끼칠 수 있는 여러 가지 요소들을 '비난'함으로써 나타났다. 그들을 모집하는 제도, 모집훈련, 부모, 크게는 사회 전체가 낮은 작업능력에 영향을 끼치는 요소들이다. 이런 요소들은 감독관들이 통제할 수 있는 한계 밖에 존재하는 것들이다.
>
> (Crawford et al., 1980: 488)

마침내 이 프로그램을 꺼리던 감독관들이 동조하기 시작했고, 이윽고 "처음의 껄끄러움은 조심스러운 낙천주의로 바뀌었으며, 나중에는 열정으로 변했다."(1980: 489)

그러나 작업능력이 낮은 해군병사들 자체가 더 많은 문제를 낳았다. 조사설계에는 태도나 성격에 대한 사전사후 검증이 필요했고, 이것으로 프로그램에 의해 일어난 변화를 측정하거나 평가할 수 있었다.

> 불행하게도 작업능력이 낮은 병사 모두는 성격 테스트를 강하게 거부했고, 이런 상태에서 얻어진 자료는 타당성이 의문시되었다. 작업능력이 낮은 해군병사에게 '테스트'를 강제할 수 없다는 윤리적 문제 역시 대두되었다.
>
> (Crawford et al., 1980: 490)

결과적으로 이 조사의 연구자들은 작업능력이 낮은 병사들과의 인터뷰에 의존했고, 태도변화를 측정하기 위한 감독관의 판단에 의존해야만 했다. 그럼에도 불구하고 조사대상자들은 문제점을 계속해서 드러냈다.

처음에는 함장이 작업능력이 낮은 해군병사들 15명에게 이 실험에 참가하라고 명령했다. 그러나 이들 중 한 명은 병원에 입원했고, 다른 한 명은 이 실험에 참가할 수 없는 임무를 맡았으며, 또 다른 한 명은 무단이탈했다. 따라서 이 실험은 12명을 대상으로 시작되었다. 그러나 이 프로그램을 마치기 전에 3명이 그들의 임기를 마치고 해군을 떠났으며, 다른 한 명은 징계와 관련되어 이 프로그램으로부터 축출되었다. 따라서 이 실험은 8명의 대상자로 끝났다. 이 프로그램에 대한 평가는 긍정적인 결과를 낳았음에도 불구하고, 적은 인원을 가지고 이 실험의 결과를 일반화하는 것은 매우 조심스러웠다.

평가연구의 특수한 로지스틱적 문제는 이 평가가 실생활의 맥락에서 발생한다는 사실에서 나온다. 비록 평가연구의 설계는 실험과 유사하게 되었지만, 다시 말해 연구자들이 일어나는 일을 통제할 수 있지만 실제로 실행은 통제할 수 없는 일상생활 속에서 이루어졌다. 물론 현장연구에서 참여관찰자 역시 관찰되는 바를 통제할 수 없다. 또한 이런 방법 자체는 통제가 크게 필요하지 않다. 평가연구의 목적에 따르면, 통제를 못한다는 것이 연구에서 실질적인 딜레마를 낳고 있다.

관리통제

앞의 사례에서 밝혔던 것처럼, 평가 프로젝트의 로지스틱적 문제는 프로그램 관리자에게 달려 있다. 기혼 재소자의 사기(morale)를 위한 '배우자 방문' 프로그램의 효과를 평가한다고 상상해보자. 이 프로그램에 참여한 재소자의 배우자는 교도소에 정기적으로 방문할 수 있으며, 방문하는 동안 성관계를 가질 수 있다. 이 프로그램의 넷째 날, 남성 재소자가 자기 배우자의 옷으로 갈아입고 탈출한다. 비록 탈출로 인해 그 재소자의 사기가 상당히 향상되었다 가정할지라도, 이런 사건의 발생은 여러 가지 면에서 연구설계를 복잡하게 만든다. 아마도 교도소장은 이 프로그램을 끝낼 것이며, 그렇다면 어디에서 이 프로그램에 대한 평가를 할 것인가? 또는 교도소장이 과감하게도 이 프로그램에 무작위로 선발되어 참가하는 실험집단 대상자 모두의 서류를 검토하고, '질 나쁜 위험대상자'를 이 프로그램에서 제외시킬 수 있다. 여기에 실험집단과 통제집단 간의 비교가능성이 발생한다. 앞에서와 같은 사고가 발생한 프로그램의 대안으로서, 앞으로의 탈출을 방지하기 위해 더욱 강화된 보안대책을 강구할지도 모른다. 그러면 보안대책은 재소자의 사기를 떨어뜨리는 효과를 나타낼지도 모른다. 결국 실험적 자극이 조사 프로젝트 중간에 바뀐다. 프로그램의 어떤 자료는 원래의 자극을 반영하고, 또

쟁점과 통찰 **탄자니아의 일일연속극 실험**

'트웬데 나 와카티'('시간과 함께')라는 라디오 프로그램은 유엔의 인구기금의 지원을 받아 1993년 중반부터 방영해 왔다. 이 프로그램은 가족계획과 에이즈 예방을 위해 설계되었다.

이 연구에는 다양하게 많은 요소들이 포함되어 있다. 그 중 하나는 1993년 6월에 일일연속극이 방영되기 전에 행해진 무작위 전국 서베이이다. 이 서베이는 인터뷰 진행자들이 매년 진행되는 흥미 있고 특별한 도전을 접한 후에 진행되었다. 예를 들어, 인터뷰 진행자인 반지(Fridolan Banzi)는 평생에 걸쳐서 물에 들어간 적이 없으며 수영을 할 줄도 몰랐다. 그럼에도 불구하고 그는 육로가 전혀 없는 마을에서 인터뷰를 하기 위해, 빅토리아 호수의 거친 물을 통과하기 위한 보트를 마련했다. 그는 그 마을의 변화를 측정하기 위해 매년 이런 위험한 여행을 반복했다.

다른 인터뷰 진행자인 텐데(Tende)는 마을이 주최한 환영축제에 초대되었는데 그 축제는 또한 마을 사람들이 연구에 선발되었음을 축하하는 잔치였다. 마을 사람들은 텐데에게 통구이된 쥐를 내왔다. 이것은 그가 먹는 일반적인 음식이 아니었음에도 불구하고 자연스럽게 통구이 쥐를 먹었다. 그는 이런 행동이 이 마을에서 인터뷰를 순조롭게 진행시킬 것을 확신했다.

또 다른 인터뷰 진행자인 마산자(Masanja)는 인도양에 있는 프와니 지역의 한 마을에서 일했다. 그 마을에선 콜레라가 유행하고 있었다. 그녀는 1993년의 표본크기가 한 지역이 줄어들었음에도 불구하고 그 지역에서의 인터뷰를 포기하기로 결정했다. 이런 어려운 상황에서도 중요한 인터뷰를 진행한 진정한 영웅들은 탄자니아 사람들인 인터뷰 진행자들이었다.

윌리엄 린더슨(William N. Ryderson)
President and Founder, Population Media Center

다른 자료는 수정된 프로그램을 반영할 것이다. 여러분이 그 차이를 가려낼 수 있을지라도, 조심스럽게 설계한 그 연구는 로지스틱적 문제의 함정에 빠진다.

이번에는 군대에서 인종관련 편견에 대한 강의효과를 측정하는 프로그램을 가정해보자. 여러분은 이 연구를 위해 군인들을 주의 깊게 연구해왔다. 그리고 몇몇 군인들을 인종관련 강의에 참석하도록 무작위로 배치했으며, 다른 사람들은 그대로 놔두었다. 등록신청은 몇 주일 전부터 했다. 그리고 약속된 날짜와 시간에 강의를 시작한다. 여러분이 참가자의 파일들을 정리하기 전까지는 모든 일이 순조로운 것처럼 보였다. 문제는 이름과 사람의 짝이 안 맞는다는 것이었다. 확인하는 과정에서 군 야전훈련, 근무시간, 다양한 긴급사태의 발생으로 인해 강의에 참가해야 할 군인들이 참가하지 못했다는 것을 발견한 것이다. 프로그램을 운영하기에는 상황이 대단히 나쁘지만, 협력적인 지휘관들이 대타로 다른 군인들을 보내주어서 도움을 받게 된다. 그 지휘관들은 대타로 누구를 뽑았는가? 어쩌면 아무것도 할 일이 없는 군인이나 중요한 일을 전혀 맡길 수 없다고 생각되는 군인일 수도 있다. 여러분은 이런 정보들을 인종관련 강의에 대한 최종보고서를 제출하기 일주일 전이나 보고서를 제출하는 마지막 순간에 알게 될지도 모른다.

이러한 것들이 평가조사연구자들이 접하는 로지스틱 관련 문제들이다. 왜 조사절차가 고전적인 실험설계대로 진행되지 못하는가를 이해하기 위해서는 이런 문제에 익숙해질 필요가 있다. 평가연구보고서를 읽으면서, 여러분은 통제된 사회조사가 실생활에서의 실험과 연계되었을 때 가능하다는 것을 발견할 것이다.

이 장의 서두에서 언급한 〈쟁점과 통찰: 탄자니아의 일일연속극 실험〉은 몇몇 로지스틱적 문제를 잘 나타내고 있다.

조사결과의 이용

생활과 관련된 평가연구의 또 다른 사실적 관심은 평가를 어떻게 이용하는가이다. 평가연구의 목적은 사회적 개입 프로그램의 성패 여부를 결정하는 것이기 때문에, 연구결과에 따라서 프로그램을 계속할 것인지 아니면 중단할 것인지를 결정한다고 생각할지도 모른다.

그러나 실상은 그렇게 간단하지도 않고 합리적이지도 않다. 다른 요소들이 조사결과의 판단에 때때로 노골적으로 혹은 교묘하게 끼어든다. 미국 대통령 리차드 닉슨은 포르노 외설물로부터 발생하는 결과에 대해 연구하도록 국가특별위원회를 지정했다. 여러 방면의 평가 후에 이 위원회는 포르노 외설물이 사회에 부정적인 영향을 미치지 않는다고 보고했다. 예를 들어, 포르노 외설물에 노출된다는 것이 성범죄와 같은 범죄의 발생가능성을 증가시키지 않는다는 것이다. 여러분은 이런 결론을 가지고 포르노 외설물에 대한 진보적인 입법을 기대할지도 모른다. 그러나 닉슨 대통령은 이 위원회의 결론이 틀렸다고 지적했다.

이런 사례보다 덜 드라마틱한 평가연구의 실패를 우리는 끝없이 볼 수 있다. 의심할 여지없이 모든 평가연구자는 명백한 연구결과와 분명한 정책적 함의를 지닌 연구에 집중하고 있으나 실제로는 이런 것들이 무시되고 있다.

1990년대에는 연방정부 차원에서 혹은 주정부 차원에서 '삼진아웃법' 제정을 경험했다. 이런 법들의 의도는 경력범죄자들을 울타리 안에 가둠으로써 범죄율을 줄이는 것이었다. 예를 들어, 1994년 캘리포니아 법령에 의하면 과거에 한 번이라도 중범죄 판결을 받은 자는 두 번째로 저지르는 중범죄에 대해 형량을 두 배로 하며, 세 번째 범죄에서는 25년 이상의 징역형이나 종신형을 반드시 선고받는다. 지난 수년 동안 오직 캘리포니아만이 이런 법률을 열정적으로 집행했다.

삼진아웃법을 지지하는 사람들은 1990년대의 범죄율이 급격하게 감소하는 현상을 경력범죄자를 가중처벌하는 새로운 정책과 연계시켰다. 다른 사람들은 삼진아웃법의 강력한 영향을 지지할 수 있는 추가적 증거를 찾고 있었다. 이런 법들에 대한 소수의 비판가들에 의하면, 범죄율의 급격한 감소는 캘리포니아만의 현상이 아니라, 삼진아웃법이 없는 미국의 다른 주에서도 발생하는 현상이며 또는 법원에서 이런 법률의 집행을 강요하지 않는 법정에서도 발생하는 현상이라는 점을 지적했다. 더욱이, 캘리포니아의 범죄율 감소는 삼진아웃법 이전부터 진행되고 있었다.

1994년 싱크탱크 회사인 랜드 주식회사의 피터 그린우드(Peter Greenwood)와 그의 동료들은 이런 법률의 집행이 캘리포니아 사법제도에 매년 55억 달러의 비용을 지불하게 된다고 평가했다. 특히 이와 같은 비용은 '경력범죄자'를 장기 수용하는 교도소에 사용되었다. 랜드 주식회사는 삼진아웃법이 범죄자들의 장기 교도소 수용을 통해 거리로부터 격리시킴으로 범죄에 어느 정도 영향을 주고 있다는 것을 부정하지 않았다. 한편, 그린우드와 그의 동료들의 후속연구(Greenwood, Rydell and Model, 1996)에서는 삼진아웃법은 범죄와의 전쟁에서 비효율적인 방법이라고 시사했다. 이 조사연구자들은 삼진아웃법으로 소요되는 1백만 달러로는 60회의 범죄를 예방하는 데 반해, 동일한 금액으로 고등학교 학생들이 학교에 머물면서 졸업하게 만드는 프로그램을 운영했을 경우에 258회의 범죄를 예방한다고 주장했다.

범죄학자들은 대부분의 범죄들이 젊은 사람들에 의해 저질러지고 있다고 오랫동안 인식해왔다. 나이 든 사람인 '경력범죄자'에게 초점을 맞추는 방법은 젊은 범죄자에게는 영향을 미치지 못하거나 거의 효과가 없는 방법이다. 실제로 삼진아웃법의 형의 선고는 주로 범죄경력의 마지막 단계에 있는 나이 든 사람들에게 적용되고 있다.

조금 더 일반적인 비평으로 어윈과 오스틴(John Irwin and James Austin, 1997)이 주장하는 바에 의하면, 미국인들은 범죄에 대한 해결책으로 더 효과적인 해결책은 무시하고 교도소를 너무 과용하고 있다는 것이다. 가끔 교도소 투옥은 그것이 의도한 해결방안보다 더 심각한 문제를 일으키기도 한다.

그러나 다른 많은 사회적 개입처럼 캘리포니아와 기타 지역에서의 삼진아웃법은 많은 지지를 받았다. 이런 지지는 범죄에 대한 대중적 감정과 그런 감정을 이용하는 정치적 실행에 기인하고 있다. 따라서 이런 법들에 관한 평가연구는 궁극적으로 변화를 불러일으키고 있다. 이런 변화는 우리가 논리적으로 기대하는 것보다는 아주 천천히 진행되고 있다.

평가연구의 결과가 실제로 실행되지 않는 데는 세 가지 중요한 이유가 있다. 첫째, 평가연구가 늘 비연구자가 이해할 수 있는 방법으로만 실행되지는 않는다. 둘째, 평가결과는 때때로 옳고 그름에 대한 강한 신념과 대치된다. 포르노 외설물 위원회의 경우가 여기에 속한다. 만약 모든 사람이 포르노 외설물이 나쁘다는 것을 안다면, 이것은 성적 일탈의 모든 방식을 불러일으킬 것이며, 따라서 연구에 반대되는 결과는 즉각적인 효과가 거의 없을 가능성이 커질 것이다. 같은 맥락에서 지구가 태양 주위를 돈다는 코페르니쿠스의 말을 들었을 때, 사람들은 그가 미쳤다고 생각했다. 그 당시에는 누구나 지구가 움직이지 않고 있다고 말할 수 있었다. 평가 결과를 이용하는 데 있어 세 번째 장애물은 광범위한 이해관계이다. 만일 전과자가 다시 교도소를 들락거리는 것을 막을 수 있는 새로운 갱생 프로그램을 창안해내고, 사람들이 내 이름을 따서 그 프로그램을 '배비(Babbie)의 계획'이라 부른다면, 내 프로그램이 제대로 작동되지 않는다고 평가받았을 때 여러분은 내가 어떠리라 생각되는가? 아마도 나는 사람들을 잘못 유도했다는 이유로 사과할지도 모르겠다. 그러고 나서 하던 일을 접고 다른 직업을 택할 수도 있을 것이다. 하지만 아마도 나는 그러기보다는 여러분의 평가연구가 쓰레기라고 욕할 것이고, 프로그램을 지속시키기 위해 관련 당국자에게 강한 로비를 시작할 가능성이 크다.

앞에서 언급한 운전자교육 프로그램의 평가에 대한 사례에서, 힐츠(Hilts)는 연구자의 예비결과에 대한 반응을 다음과 같이 보고했다.

> 국가안전위원회의 교통안전 전문가인 레이 버네슨(Ray Burneson)은 그 연구에 대해 비판했다. 그 연구는 국가고속도로 및 교통안전국 사람들에 의해 진행된 것이다. 이 사람들은 '운전자를 위해 할 수 있는 교육은 아무것도 없다. 다만 의료시설을 보강하고 차량사고가 날 때를 대비해 튼튼한 차를 만드는 일만 남아 있다. … 이것이 바로 이 프로그램의 교육철학이다.'라고 생각했다.
>
> (1981: 4)

본질적으로 평가연구는 실생활 가운데서 실행되는데 실생활 자체에 영향을 미치기도 하고 그것에 의해 영향을 받기도 한다. 여기에 사회조사연구자들이 잘 알고 있는 또 다른 사례가 있다.

강간 관련 개혁입법

수년 동안 많은 사회과학자들과 또 다른 관찰자들은 강간사건에 대한 기소 문제에 대해 주목해왔다. 강간의 희생자들은 증인석에 서는 것에서부터 고통을 받는 경우가 매우 빈번한 것으로 드러났다. 피해여성은 피의자의 변호인에 의해 성행위를 조장했거나 음란한 도덕성을 지닌 사람으로 묘사되고, 기소된 강간범의 형량을 줄이려는 사람들로부터 피해여성 자신에 대한 다른 개인적 공격을 받는다.

이런 비판들은 문제를 해결하려고 하는 주정부 수준의 입법 속에 나타났다. 스폰과 호니(Cassie Spohn & Julie Horney, 1990)는 이와 같은 입법의 영향을 추적하는 데 많은 관심을 보여왔다. 이 연구자들은 새로운 법에 다른 법과 차별을 두는 방법에 대해 다음과 같이 요약했다.

> 새로운 법의 가장 큰 변화는 (1) 강간에 대한 정의를 재정립하고, 한 건의 강간범죄를 폭력상황의 여부에 따라 등급을 나누는 범죄로 대신하며, (2) 피해자는 신체적으로 가해자의 공격에 저항해야 한다는 요건을 없애는 방향으로 기준을 변화시켜야 하며, (3) 피해자의 증언이 반드시 있어야 한다는 요건을 없애고, (4) 예전의 피해자의 성적 행동을 증거로써 제시하는 것을 제한하는 것 등이다.
>
> (1990: 2)

이렇게 변화된 입법은 여성들에게 강간신고를 권장하고, 이런 사건이 법정으로 들어왔을 경우 유죄판결의 가능성을 증가시키리라는 기대를 받았다. 후자와 같은 기대감을 검증하기 위해, 조사자들은 1970년대부터 1985년 사이 일리노이주 쿡 카운티에서 발생한 사건에 초점을 맞췄다. 이들의 자료 파일에는 4,628건의 강간사건, 405건의 성추행사건, 745건의 강력 성폭력사건, 37건의 일반 성폭력사건 등이 있었다(1990: 4). 〈표 12-1〉은 연구자들이 발견한 내용을 보여준다.

스폰과 호니는 이러한 발견에 대해 다음과 같이 요약했다.

> 우리의 분석으로 밝혀진 유일한 효과는 최대 형량의 평균이 늘어났다는 점이다. 강간에 대해서는 거의 48개월이 증가했고, 성폭력에 대해서는 거의 36개월이 증가했다. 이 자료들은 입법개혁이 효과를 나타내기 전에 평균형량이 증가한 것으로 나타났기 때문에 우리는 실제 입법개혁 시기보다 1년 전으로 개입모델을 설계했다. 이런 결과에 대한 효과의 정도는 매우 컸고 유의미했다. 이는 그 효과가 법적 개혁에 따른 것이 아님을 보여준다.
>
> (1990: 10)

표 12-1 입법 전후의 강간사건 분석

	강간	
	입법 전($N = 2,252$)	입법 후($N = 2,369$)
사건 결과(%)		
원래의 혐의로 유죄선고	45.8%	45.4%
다른 혐의로 유죄선고	20.6	19.4
불기소	33.6	35.1
징역형의 중앙값(개월수)		
원래의 혐의로 유죄선고된 사람	96.0	144.0
다른 혐의로 유죄선고된 사람	36.0	36.0

〈표 12-1〉에서 강간이나 폭력과 같은 다른 범죄로 유죄판결된 사건의 비율에는 실제적으로 아무런 차이가 없다는 점에 주목하라. 따라서 법률의 변화는 유죄판결 가능성에 대해 아무 효과도 내지 못했다. 이 조사연구자들이 지적한 것처럼 명백한 하나의 변화, 즉 형량의 증가는 입법개혁 자체의 탓으로 돌릴 수 없다.

기존의 통계분석 외에도 스폰과 호니는 판사와 변호사들에게 새로운 입법의 효과가 어떠한지에 대해 인터뷰했다. 그들의 반응은 입법에 어느 정도 긍정적이었다.

> 시카고의 판사, 검사, 변호사들에 의하면 강간사건들은 심각하게 다루어졌으며, 강간피해자는 법의 개정으로 인해 더 인간적으로 대접을 받았다. 이런 효과는 강간관련 개혁입법 주창자들을 기쁘게 만들었다.
>
> (1990: 17)

이 연구는 연구자들이 찾고자 하는 질적 연구결과 외에 다른 효과도 발견했다. 이 연구는 이런 개입 프로그램에 대한 추적조사의 중요성을 설명한다. 어떤 측면에서는 사회적 개입 프로그램을 통해 연구가 의도한 결과를 얻을 수 있는지, 얻는다면 어느 정도 얻을 수 있는지를 결정한다.

가정폭력의 예방

인디애나폴리스의 연구자들은 아내를 구타하는 문제에 관심의 초점을 맞췄다. 그들은 특히 아내구타자를 기소하는 것이 뒤따르는 폭력을 낳는지에 특별한 관심을 보였다. 포드와 레골리(David Ford and Mary Jean Regoli, 1992)는 '인디애나폴리스 기소실험(Indianapolis Prosecution Experiment, IPE)'에서 기소에 대한 다양한 대안의 결과를 연구했다.

아내를 구타하는 사건들은 여러 가지 유형으로 나타났다. 포드와 레골리는 다음과 같이 요약했다.

> 아내에 대한 폭력적 공격이 발생하면, 어떤 사람이 사건현장에서 경찰에 전화할 수도 있고 그렇지 않을 수도 있다. 만약 경찰관이 사건현장에 있다면, 체포영장을 발급받기 위해 상당한 근거(probable cause)가 있는 증거를 입수하려고 수사할 것으로 기대된다. 이런 증거들이 발견되면 경찰관은 자신의 판단에 따라 체포할 것이다. 현장에서 범죄자를 체포하는 경찰관은 상당한 근거에 대한 진술서를 작성해야 하며, 첫 공판을 위해 피의자를 법원에 등록해야 한다. 경찰관을 요청하지 않은 경우나 아니면 요청했더라도 현장에서 피의자를 체포하지 않은 경우, 피해자는 검찰청에 찾아가

> 피의자에 반하는 자신의 주장이 담긴 상당한 이유가 있는 진술서를 작성하여 고발할지도 모른다. 판사의 결정에 따라, 고발된 피의자는 법원 출두명령을 받거나 구속영장에 의해 체포되어 법원으로 보내진다. 이때 피의자의 첫 공판기일이 결정된다.
>
> (1992: 184)

만일 아내가 자신의 남편을 고소하고, 이후 이를 재고한다면 어떻겠는가? 상당수의 법정은 이런 행위를 금지하고 있다. 왜냐하면 법정은 피해자의 권익을 위해 이런 사건들을 절차에 따라 끝내도록 종용하기 때문이다. 그러나 IPE 프로그램에서는 소수의 피해자들이 자신들이 원하면 고소를 취하하도록 권유받는다. 한편, 법정은 다른 여러 가지 대안을 제시한다. 아내에 대한 구타는 성차별주의, 스트레스, 분노에 대한 무기력 등에 의해 발생하기 때문에 IPE 프로그램의 몇몇 혁신적 방안에는 분노에 대한 통제를 상담하는 교육수업이 포함되어 있다.

피의자가 그의 유죄를 받아들이고 분노통제상담 프로그램에 자발적으로 참여한다면 판사가 재판을 연기할 수도 있고, 피의자가 이 프로그램을 성공적으로 마칠 경우에는 판사가 선고를 유예할 수도 있다. 아니면 피의자가 재판과정에서 유죄판결을 받아도, 그가 분노통제상담 프로그램에 참여한다면 집행유예(probation)를 받을 수도 있다. 마지막으로 피의자가 재판과정에서 유죄판결을 받고 이 프로그램에 참여하더라도, 투옥과 같은 전통적인 처벌을 받을 수 있다.

이들 여러 가지 방안 중 어느 것이 가장 효율적으로 아내에 대한 구타를 예방하는가? 이 질문은 바로 포드와 레골리가 제시한 질문이다. 여기에 그들이 찾아낸 조사결과가 있다.

첫째, 이들의 조사에 의하면 아내를 구타한 남편이 법정에서 심문을 받은 경우, 그 결과가 어떻든 간에 아내에게 구타를 계속하지 않는 경향이 있었다. 형사사법제도에 불려갔다는 그 자체가 효과를 나타낸다.

둘째, 고소를 취하할 수 있는 권리를 가진 구타당한 아내는 이런 권리를 가지지 못한 아내보다 계속해서 구타당할 가능성이 적은 경향을 보였다. 특히 나중에 고소를 취하할 수 있는 방법과 체포영장에 의해 피의자를 체포하는 방법 모두를 사용했을 경우에는 둘 중 한 가지 방법을 사용했을 경우보다 피해자가 앞으로 당할 폭력으로부터 보호받는 경향이 높은 것으로 나타났다.

그러나 나중에 고소를 취하하는 경우에는 약간 이상한 결과가 나타났다. 이런 권리를 이용한 아내의 경우 사건을 끝까지 끌고 가는 아내보다 재판 후에 폭력에 더 시달리는 경향이 나타났다. 연구자들은 피해자가 사법기관과 계속 연락하고 이런 관계를 조정할 수 있을 때 폭력피해가 줄어든다고 지적하고 있다.

> 새로운 구타를 포함해서 재판 전 석방조건을 위반한 것에 대한 사법체계의 결정적인 대응은 피해자와 사법기관의 연대가 강하다는 경고를 전달할 수 있어야 한다. 피해자가 폭력을 종식시키기 위해 심각하게 사건을 고려한다는 것과, 사법기관이 피해자의 권익을 지지하는 데 확고하다는 것을 주지시켜야 한다.
>
> (Ford and Regoli, 1992: 204)

분노통제상담의 효과성은 간단하게 평가될 수 있는 것이 아니다. 가해자를 이런 상담 프로그램에 가입시키려는 정책은 새로운 형태의 폭력을 예방하는 데 상대적으로 비효과적인 것으로 보인다. 그러나 연구자들은 정책의 효과를 실질적인 상담결과와 혼동하지 말아야 한다고 지적한다. 상담치료를 받을 예정이었던 몇몇 가해자는 이런 상담을 받지 못했다. 적당한 평가를 위해서는 상담을 실행하는 데 보다 많은 정보가 필요하다.

더구나 연구자들은 그 연구결과가 일반적인 폭력의 형태라고 지적하며, 구타당한 아내들은 현재 상황에 적합한 프로그램 행동과목을 택해야 하고, 전반적인 폭력 형태를 믿고 너무 맹목적으로 행동하지 말아야 한다고 경고했다. 예를 들어, 그 연구는 피해자들이 취해야 하는 행동에 지침을 주기보다는, 피해자에게 고소를 취하하는 권리를 주는 형사사법제도를 만드는 데 더 유용하다.

끝으로, IPE 프로그램은 평가연구의 일반적인 문제점을 드러낸다. 프로그램의 실질적인 실행은 프로그램의 원칙에 따라 실행하는 것과는 다르게 나타나고 있다. 예를 들어, 연구자는 용의자를 다른 방법으로 법정에 불러오는 것을 고려했다. 특히 법원은 소환장을 남편에게 발부하여 법정에 출두시키거나 체포영장을 발부하여 남편을 구속할 수 있다. 연구자들은 남편이 구속당하면 아내에 대한 분노가 증가할 것으로 생각했다. 그러나 놀랍게도 소환된 남편이나 구속된 남편들에게서 분노의 차이가 없는 것을 발견했다.

이런 혼란에 대한 해결책은 원칙과 실행의 차이에 있다.

> 체포영장에 의한 구속은 원칙상 현장체포와 비슷한 정도의 처벌임에도 불구하고, 실행에 있어서는 소환과 별다른 차이를 나타내고 있지 않다. 가해자들은 자신의 체포영장에 대해 알고 있으며, 가끔은 자신의 일정에 따라 출두하거나 또는 영장을 가지고 온 사람에 의해 출두를 요청받기도 한다. 따라서 이런 사람은 체포되어 수갑이 채워지며 직장으로부터 쫓겨나는 처벌을 경험하지 않을 수 있다.
>
> (Ford, 1989: 9-10)

요약하면, 평가연구의 과학적 특질 외에 수많은 요소들이 그 결과가 어떻게 이용되는지에 영향을 끼친다. 앞에서 살펴보았듯이, 평가통제의 외적인 요소들은 연구 그 자체의 질에 영향을 끼칠 수 있다. 그러나 이런 다양한 부분들은 평가연구가 더 나은 인간생활을 지향한다는 잠재적 기여에 의해 균형이 잡힌다.

사비도 방법론

평가연구의 결과사용을 가장 명확하게 설명하는 것 중 하나는 사비도(Miguel Sabido)에 의해 발달한 옴니버스 방법론에서 찾아볼 수 있다. 이 방법론은 사비도가 '환경-교육(E-E)' 프로젝트에서 사회 프로그램을 홍보하기 위해 사용했다. 이 장 처음의 '트웬데 나 와카티'의 예시는 사비도가 멕시코 국영방송국 텔레비자(Televisa)의 리서치 부사장이었던 1970년대에 처음 개발된 방법론을 보여준 것이다. 사비도의 첫 번째 프로젝트는 글을 읽고 쓸 줄 아는 능력과 가족계획을 홍보하기 위해 텔레비전 중편소설을 사용하는 것이었다. 이 프로젝트는 성공적이었으며, 지난 수십 년 동안 그들의 방법은 다양한 사회적 문제를 홍보하기 위해 사용되었다.

부분적으로 사비도의 방법론은 라디오 또는 텔레비전 드라마의 본질과 관련 있다. 특히 묘사되는 등장인물과 관련이 있다. 어떤 등장인물들은 전통적인 견해를 나타내고, 어떤 인물들은 프로그램을 홍보하는 현대적 관점을 나타내고 있다. 세 번째 유형은 전통적인 견해로부터 시작하지만 결국 현대적 관점으로 바뀌는 '과도기적' 관점을 나타낸다. 일반적으로, 전통적인 등장인물이 글 읽기 과목을 신청하면, 그 후 몇 천 명의 관중이 똑같이 행동한다. 전통적인 인물이 가족계획이나 안전한 성교를 위해서 콘돔을 사용하기 시작할 때, 가족계획 의원(clinic)은 다음 날 콘돔을 원하는 남자들에 의해 둘러싸일 것이다.

사비도 방법론은 등장인물에 대한 정의와 줄거리의 구성을 넘는 영역에까지 확장된다. 환경-교육(E-E) 프로젝트는 변화가 계획되고 있는 사회에 대한 철저한 연구에서 시작된다. 예를 들어, 에티오피아의 인구미디어센터에 의한 프로젝트는 출생률을 낮추고, 안전한 성교를 격려하고, 여성의 지위를 강화하려고 했다. 라디오 연속극의 생산은 프로젝트의 목표에 따라 기존 상황 내에서 광범위한 연구에 의해 선행되었다. 출생률은 어떠했는가? 어떻게 한 나라 안에서 다른 지역과 다른 인종집단 사이에 차이가 났는가? 가족계획에 대한 태도는 어떠했는가? 이러한 질문들 중 일부는 전국 설문조사를 통해 답을 구할 수 있었다. 동시에, 질적 연구자들은 지방의 마을을 관찰하기 위해 그 마을로 들어갔고, 거주자와 이야기하고, 가끔 마을생활의 소리를 녹음했다.

이 구성적 연구는 작가에게 문제에 대한 아이디어를 떠오르게 했고 문제를 제기하는 방법을 마련했다. 예를 들면, 이 연구는 어떤 지방에서 유괴가 아직까지

쟁점과 통찰 **중국의 여론**

1949년 중국 혁명 이후 중국의 대학에서는 사회학 학문분야를 폐지했다. 그러나 페이 시아오 퉁(Fei Xiao Tung)과 같은 몇몇 중국 사회학자들은 사회조사를 계속해서 실행했다. 특히 농촌마을 주민들에 대한 삶의 질을 추적 관찰했다. 폴란드계 영국인 인류학자인 브로니슬라프 말리노프스키(Bronislaw Malinowski)에게서 훈련을 받은 페이는 질적, 인류학적 방법을 주로 사용했다. 모택동 위원장이 그의 정권에 대한 비판을 듣고자 할 때, 페이는 첫 번째 줄의 한 사람으로서 무엇이 작동하지 않고 있으며 어떻게 중국인의 생활을 향상시킬 수 있는지에 대한 연구를 보고하곤 했다. 정부는 그의 연구를 항상 받아들이지는 않았으나 그는 연구를 계속했다.

결국, 중화인민공화국은 1979년에 이르러 사회학을 학문의 한 분야로 재인정했으며 페이 교수는 신세대 중국 사회과학자의 출현에 필요한 기구를 설립하는 데 책임을 맡게 되었다. 오늘날 중국의 학자들은 사회생활의 모든 영역을 활동적으로 검증하고 있다. 예를 들어, 광저우의 광동여론조사센터(C-POR)는 도시와 지방 사람들의 생활의 질의 문제점을 찾아내고 있으며, 정부가 이런 문제점에 관심을 가지도록 유도하고 있다.

이 조사연구의 결과를 다음의 웹사이트에서 찾아볼 수 있다: www.c-por.org/. 대부분 내용은 중국어로 되어 있으나, 구글의 번역기(www.google.com/language_tools)를 사용하면 이런 문제는 해결할 수 있다. 2011년 이래 다음과 같은 몇 개의 보고서가 게재되었다.

'광저우시의 공공보건 평가 서베이'
'광저우 환경보호 실태에 대한 공공평가 사후 조사'
'광저우 음식 안정성 평가 서베이'
'광저우 정부의 윈도우 서비스 만족도 조사'
'농촌마을의 공공보건에 대한 평가'
'광동성 북부 산악마을의 교육, 감독, 및 평가'
'질적 통제의 향상을 위한 마을 사람들의 교육과 감독'
'북경사람의 삶의 경험이 최고'

2010년 상하이에서 C-POR의 연구자들을 만났을 때, 여러 사람들의 삶의 질을 향상시키기 위해 사용되는 사회조사 방법에 대한 그들의 열정을 느낄 수 있었다. 그들은 페이 교수의 후계자로 인정받기에 충분했다.

도 배우자선택의 일반적인 방법임을 나타내 보였다. 남자가 젊은 여성을 납치하고, 그녀를 성폭행하고, 그녀를 포로로 잡아 두는 것은 그녀가 그의 아내가 되기를 동의할 때까지 계속될 것이다. 구성적 연구는 또한 콘돔을 사용하는 것이 에이즈의 위험이 감소되기보다 증가함을 의미하는, 다시 말해 콘돔이 에이즈 바이러스에 의해 감염된다는 널리 퍼져 있는 믿음이 거짓임을 폭로했다.

초기 연구는 후속 평가에 대한 기준도 마련했다. 라디오 프로그램 전의 가족계획에 대한 여론을 알게 됨으로써 연구자는 이후 얼마나 많은 의견이 변화되었는지를 결정할 것이다. 가족계획센터의 이용을 측정하기 위한 사전 프로그램을 만드는 것은 이후 이용되는 프로그램 횟수와 비교하게 될 것이다. 이러한 평가노력의 대부분은 동시에 라디오 프로그램 제작을 실행케 했다. 예를 들어, 사람들이 의도대로 반응하고 있는지 여부를 실험하면서, 일반적인 초점집단(focus group)은 연속적인 연재물의 각각에 대한 대중적인 반응을 모니터링하기 위해 사용되었다.

사비도 방법론은 사회문제를 해결하는 데 연구방법이 어떻게 이용될 수 있는지와 어떻게 사회활동 프로그램의 목표를 평가하는지에 대해 훌륭한 실례를 제공한다. 사비도 방법론을 더 알기 위해서는 바커와 사비도(Barker and Sabido, 2005)를 참조하라.

여러분도 알다시피, 평가연구는 사회변화를 가져오기 위해 독특하고 강력한 도구를 제공할 수 있다. 그러나 여러분의 학점을 높이고, 몸무게를 줄이고, 친구를 사귀고, 사람들에게 영향을 주는 것과 같은 목적을 가진 일상생활 상황에서 개인적인 관점에 도움이 될 수도 있다. 〈쟁점과 통찰: 중국의 여론〉에서 보는 바와 같이, 평가연구는 미국에서는 거의 제한이 없다.

12.5 사회지표 연구

나는 여러분이 배워온 평가연구와 기존 자료에 대한 분석을 함께 묶는 하나의 조사유형에 대한 설명을 계속할 것이다. 사회연구에서 급속히 발전하는 분야는 사회지표(social indicator)의 개발과 변화를 추적하는 분야이다. 사회지표란 사회의 하위집단이나 사회 그 자체의 조건을 반영하는 총체적 통계이다. 경제학자들이 국가 경제발전의 지표로 일인당 GNP를 사용하는 것처럼, 연구자들은 사회생활의 변화를 추적하는 사회지표를 사용한다.

사회지표
사회생활의 본질이나 질적인 측면을 반영하는 측정치로서, 범죄율, 영아사망률, 인구 10만 명당 의사 수 등이 있다. 사회지표는 종종 사회변화의 특성을 결정하기 위해 모니터링되기도 한다.

우리가 각기 다른 사회의 상대적인 건강수준을 비교한다고 가정해보자. 이를 위한 한 가지 전략은 사망률(인구 1천 명당 사망자 수)을 비교하는 것이다. 더 구체적으로는 영아사망률을 들 수 있다. 영아사망률은 1천 명의 출생아 중 첫 해에 죽은 영아의 비율을 말한다. 건강수준에 관한 관심에 따라 우리는 다른 측정치를 사용할 수도 있다. 이런 측정치에는 1인당 의사의 수, 1인당 병상의 수, 1인당 입원일 등이 있다. 사회 간 비교는 인구 1인당 비율(인구의 크기로 나누어지는)로 이루어진다.

다음 내용으로 나아가기 전에 11장의 내용을 기억하면서, 기존 통계를 사용하는 데 있어서의 문제점을 생각해보자. 한마디로 통계는 자료를 수집, 저장, 계산하는 방식에 따라 신뢰도가 떨어지기도 한다. 이 점을 염두에 두고 대규모의 평가연구에 사회지표를 사용할 수 있는 몇 가지 방식에 대해 살펴보자.

사형선고와 억제

사형은 살인과 같은 중범죄를 억제할 수 있는가? 이 질문은 주정부가 사형제도의 폐지나 부활을 논할 때마다, 또는 사형이 집행될 때마다 제기되고 있다. 사형을 지지하는 사람들은 사형집행이 잠재적 살인자가 살인을 억제하도록 위협할 수 있다고 주장한다. 한편 사형을 반대하는 사람들은 이와 같은 효과가 없다고 주장한다. 사회지표들은 이런 질문에 대한 의혹을 어느 정도 명백히 밝혀줄 수 있다.

사형제도가 실제로 사람들이 살인하는 것을 억제할 수 있다면, 사형제도를 실행하고 있는 주가 그렇지 않은 주보다 낮은 살인율을 보일 것이라고 기대된다. 이런 사례에 대해 적절한 비교를 할 수 있을 뿐 아니라, 그 사례들이 한데 모아져 출판되기도 했다. 윌리엄 베일리(William Bailey, 1975)는 사형제도가 살인을 억제할 수 있다는 관점과 상반되는 자료들을 모아 편집했다. 이 자료에서 1967년과 1968년 두 해에 모두 사형제도를 실시한 주가 그렇지 않은 주보다 더 높은 살인율을 나타내고 있다. 몇몇 사람들은 베일리의 자료 해석에 대해 비판했다. 그 비판에 의하면, 비록 법적으로는 사형제도를 실행한다고 하지만, 대부분의 주들은 최근에 사형제도를 실시하지 않았다는 것이다. 이 말은 왜 억제효과가 작동하지 않는 것처럼 보이는지를 말해준다. 그러나 분석을 좀 더 해본 결과, 이와 상반된 설명이 도출되었다. 베일리가 사형제도를 실시한 주와 그렇지 않은 주를 비교했을 때, 두 주 간의 살인율은 커다란 차이가 없다는 것을 발견했다.

다른 상대적 해석도 가능하다. 아마도 베일리의 자료를 이용한 해석은 거꾸로 해석되었을 수도 있다. 하나의 대안인 사형제도는 높은 살인율에 따른 결과일지도 모른다. 즉, 높은 살인율을 보이고 있는 주가 이 법을 제정했거나, 살인율이 낮은 주는 이 법을 제정하지 않았을 수도 있다. 아니면 어떤 법전에는 사형제도가 존재한다고 밝혔을지라도, 실제로 그 주에서는 제정 후에 그 법을 폐지했을지도 모른다. 따라서 사형제도의 제정은 살인율을 낮추었을 수도 있다. 그러나 사실은 그렇지 않다. 오랜 기간 동안의 분석에 의하면, 주 정부가 사형제도를 폐지했을 때에도 살인율이 증가하는 것이 나타나지 않았으며 사형제도를 제정했을 때에도 살인이 감소하는 것을 보이지 않았다. 베일리와 그의 동료 피터슨(Ruth Peterson, 1994)의 최근 조사에 의하면, 초기의 연구결과 역시 법집행 공무원들도 억제효과에 의문을 표한다고 나타냈다. 전반적인 살인율이 상당히 증대되었을 때에도, 베일리가 1967년과 1968년에 관찰한 패턴은 오랫동안 지속되어 사용되었다. 예를 들어, 2015년에 사형제도를 실행하는 31개 주는 인구 10만 명당 5.1의 살인율은 나타난 데 비해 사형제도가 없는 혹은 미비한 19개 주에서는 4.1의 살인율을 나타냈다(Death Penalty Information Center, 2017).

조사연구자들은 한 번에 혹은 같은 기간에 양쪽 그룹을 비교하기 위한 사회지표 자료를 이용할 수 있다. 간혹 이 두 가지를 병행하면 연구주제를 가장 분명히 밝히게 되기도 한다.

현재 사회지표의 이용에 대한 작업은 두 갈래로 나뉜다. 한편으로 연구자들은 더 세련된 지표를 개발하고 있다. 이런 세련된 지표를 가지고 일상생활의 변화를 추적하는 데 가장 유용하게 사용될 일반적인 변수에 대한 지표를 개발하려 한다. 다른 한편, 연구자들은 전체 사회에서 변수들 사이의 관계를 발견하려고 노력한다.

컴퓨터 시뮬레이션

사회지표 조사의 가장 흥미로운 관점은 컴퓨터 시뮬레이션과 관계가 있다. 연구자들이 사회적 변수 간의 관계를 기술하는 수학적 공식(예를 들어, 인구성장과 자동차 대수와의 관계)을 축적하는 것처럼, 이런 공식들도 컴퓨터에 축적되고 서로 연결될 수 있다. 언젠가 연구자들은 실제 생활에서보다 컴퓨터 안에서 특정 사회변화의 함의를 더 잘 검증할 수 있을 것이다.

관광산업의 규모를 배가시키려고 심사숙고하는 주정부를 상상해보라. 이 산업에 대한 제안서를 컴퓨터 시뮬레이션 모델 안에 집어넣으면, 관광산업의 증가로 인한 직간접적 결과에 대한 기록을 몇 초 또는 몇 분 이내에 받을 수 있을 것이다. 우리는 어떤 공공기관이 필요한지도 알 수 있을 것이다. 또한 경찰이나 소방서 등과 같은 관공서의 증설이 필요한지, 필요하다면 얼마나 필요한지, 어떤 형태의 인력이 필요하며 어떤 형태의 교육이 필요한지, 새로운 재정정책이나 수입은 얼마나 필요한지 등에 대해서도 알 수 있을 것이다. 이것들은 컴퓨터 시뮬레이션을 통해 프로그래밍됨을 나타내며 때로는 의도한 결과 외에 의도하지 않은 결과도 나타낸다. 공공정책 입안자들은 이런 결과를 가지고 "우리는 관광산업을 반밖에 증대시키지 못했다."라고 말하면서, 즉시 새로운 결과를 출력할 것이다.

사회적 변수와 물리적 변수를 연결하는 컴퓨터 시뮬레이션에 대한 탁월한 설명은 다트머스대학과 MIT대학에 재직 중인 메도우즈 부부(Donella and Dennis Meadows)와 그의 동료들의 조사에서 찾을 수 있다(Meadows et al., 1972; Meadows, Meadows, and Randers, 1992). 이들은 대체 불가능한 다양한 천연자원(예를 들어, 석유, 석탄, 철)의 비축, 인구성장과 경제성장의 과거유형, 성장과 자원의 사용관계 등을 입력자료로써 사용했다. 그들은 복잡한 컴퓨터 시뮬레이션 모델을 사용하여 미래에 대체자원을 이용할 경우를 상정한 결과, 현존하는 다양한 자연자원이 얼마나 오래 사용될 수 있을지를 산출해냈다. 초기의 비관적인 결과에서 더 나아가면 그런 모델들은 미래에 덜 비관적인 결과를 산출할 가능성도 만들어준다. 이런 결과는 성취하고자 하는 행동들을 구체화할 때 이루어진다. 분명히 컴퓨터 시뮬레이션의 가치는 평가연구에 국한되어 있지 않다.

이런 잠재성은 일반적으로 평가연구에 특별한 가치를 부여한다. 인류역사를 통해 우리는 더 나은 결과를 얻기 위해 사회적 관계를 어설프게 조작해왔다. 사회연구는 이런 어설픈 조작이 올바른 방향으로 나아갈 수 있는 방법을 마련해준다. 사회지표 역시 거시적인 측면에서 보면 이런 방법을 제시해주기도 한다. 이런 것들은 컴퓨터 시뮬레이션과 함께 위험부담을 줄이면서 특정한 사회적 개입을 알 수 있는 기회를 열어주기도 한다.

12.6 윤리와 평가연구

평가연구는 본질적으로 실생활의 사건 속에 뒤섞여 있기 때문에 때때로 윤리적 문제를 일으킨다. 교육적 통합을 성취하기 위한 버스통학 제도를 평가하는 것은 연구자들에게 직접적으로 버스통학 그 자체에 대한 정치적, 이념적, 그리고 윤리적 문제를 제기한다. 초등학교에서 성교육 그 자체에 둘러싸여 있는 뜨거운 쟁점에 관여하지 않고 연구자들이 편견 없는 문제들을 찾으면서 성교육 프로그램을 공정하게 평가하는 것은 가능하지 않다. 평가연구 설계는 어떤 아이들이 성교육을 받았는지를 요구할 것이다. 사실 여러분은 어떤 아이들이 성교육을 받을지에 대해 누구보다 잘 알고 있다. (과학적인 관점에서, 여러분이 대상 선택에 대해 책임져야 한다.) 이것은 자녀들이 성교에 대해 배우는 것을 알고 그 부모들이 분노하게 될 경우, 여러분에게 직접적인 책임이 있음을 의미한다.

이제 긍정적인 면을 살펴보자. 실험적인 프로그램은 아마도 거기에 참여하고 있는 사람들에게 매우 가치 있는 일이 될 것이다. 새로운 산업안전 프로그램이 상해를 극적으로 줄인다고 가정해보자. 연구설계에 의해 프로그램에서 제외된 사람들인 통제집단(control group) 구성원들은 어떠한가? 이런 평가자의 행동은 통제집단이 상해를 입는 중요한 이유의 한 부분이 될 수 있다.

평가연구는 바로 그 본질상 실사회의 문제들과 뒤섞여 있다. 우리는 프로그램이 효과를 나타내는지, 나타내지 않는지를 평가한다. 이는 사람들이 평가의 결과를 중요하게 생각하기 때문이다. 이런 점은 또 다른 문제점을 불러일으킨다. 어떤 사람들은 항상 결과가 의도된 특정 방법으로 나타나길 원하는 반면에, 다른 사람들은 다른 결과가 나오길 바란다. 예를 들어, 약제 실험의 경우에 연구를 지원하는 사람들은 특정한 결과를 원한다. 또한 연구자들 자신은 이미 예정된 결과를 원하는 개인적 동기를 가지고 있을지 모른다. 따라서 평가연구자들은 특별한 결과를 창출하기 위해 내적 · 외적 압력에 놓여 있다는 것을 알게 될 것이다.

물론 평가연구자들은 연구를 설계하고 실행하고 결과를 분석하는 데 있어서,

자신의 개인적 욕구나 스폰서의 요구에 의해 흔들리지 말아야 한다. 이것은 모든 사회조사연구에서 진리이다. 그러나 평가연구에서 비윤리적 행동은 부분적으로 심각한 결과를 초래할 수 있다. 예를 들어, 평가연구의 결과가 사람들이 의학적 혹은 사회적 처방에 의존하는지를 결정한다. 새로운 의약품이 더 효과적이라고 하거나 이전 의약품의 부정적인 효과를 극복할 수 있다고 제안하는 의약 조사연구를 상상해보자. 이 의약품 실험의 결과를 편향적으로 제시하여 이 약품을 환자들에게 더 많이 투여한다면 어떻게 될까?

또는 어떤 교도소 갱생 프로그램이 예전의 프로그램보다 더 효과적이라는 편향적인 평가를 상상해보자. 한정된 자원들은 효율성이 없는 프로그램을 지지하기 위해 변환되었을지도 모른다. 또한 이 프로그램에 참여하는 재소자들에게 해로울 가능성도 있다. 그럼에도 불구하고 이런 사례들은 최악의 사례가 아니다.

3장에서 언급한 앨라배마 주의 터스키기 시에서 1932년 연구자들이 실행한 프로그램을 상기해보자. 이 프로그램은 매독으로부터 고통을 받는 가난한 흑인남성을 치료하는 프로그램이었다. 몇 해 동안 수백 명의 흑인남성들이 참가했다. 그들은 실제로 치료를 받지 않고 있다는 것을 모르고 있었다. 이 프로그램을 진행한 내과의사들은 매독이 자연적인 상태에서 어떻게 진행되는지를 관찰하려고 했다. 매독에 효과적인 치료제인 페니실린이 발견된 후에도 연구자들은 이 약을 처방하지 않고 계속 관찰만 했다. 오늘날에는 이런 연구가 본질적으로 비윤리적이라는 공통된 합의가 있을지라도, 그 당시에는 그렇지 않았다. 이 연구가 출판되었을 때조차 연구자들은 그들이 잘못했다는 점을 인정하기를 거부했다(Jones, 1981).

내가 이런 내용을 연급한 목적은 평가연구에 그림자를 드리우게 하는 데 있지 않다. 오히려 나는 평가연구자의 행동이 실제 생활의 결과에 반영되기를 바란다. 3장에서 보았듯이 모든 사회연구들은 윤리적 구성요소를 가지고 있다.

나는 이 논의를 1976년 캠벨(Donald T. Campbell)이 한 다소 다른 관찰로 끝내고자 한다. 후에 '캠벨의 법칙'으로 알려진 그의 법칙에서, 그는 "양적 사회지표가 사회적 결정을 위해 많이 사용될수록 부패압력을 더 받고, 추적하고자 하는 사회적 과정을 더 왜곡하고 부패시키기 쉽다."고 주목했다(1976: 54). 하나의 예는, 교사들이 '시험용 교육'이라는 것이다. 학생들이 표준화된 시험을 얼마나 잘 치르는지에 따라 교사를 평가한다면, 교육지도는 좀 더 일반적인 주제보다 시험 그 자체에 초점을 맞추게 될 것이다. 유사한 예를 들면, 주식 포트폴리오를 관리하는 사람은 얼마나 많은 주식이 거래되었는가에 따라 보상을 받을 때, 좀 더 보유해야 현명한 주식을 거래하려는 유혹에 빠지게 된다. 또한 경찰부서는 도시의 폭행사건의 발생률을 낮추는 것으로 능력을 평가받을 때, 사건을 경범으로 분류

평가연구의 목적은 사회적 개입이나 프로그램이 바람직한 효과가 나는지를 결정하는 것이다. 평가연구가 계속 진행되고 있음에도 불구하고 이에 대한 논쟁은 계속되고 있다.

특정한 쟁점에 대한 입장을 알려주는 정치적 또는 이념적 관점은 뿌리 깊게 고정되어 있거나 가끔 상반된 정보를 극복해낸다. 또한 평가연구는 개인의 이해관계에 영향을 미치는 실생활(real world)에서 나타난다. 프로그램이 효과적이지 않다는 조사연구는 그 프로그램을 만든 사람의 명성뿐 아니라 고용된 사람들의 직업도 위협한다.

평가연구는 전형적으로 복수의 변수를 가지고 있는 연구를 검증한다. 다시 말해, 연구자들은 어떤 변수가 뚜렷한 효과를 나타내는지에 대해 쉽게 논쟁을 벌인다. 연구자들은 전에는 생각해본 적이 없는 변수들이 효과를 나타낸다고 논쟁을 벌일 수도 있다. [8장에서 논의한 내적 혹은 외적 비타당성(invalidity)을 상기하라.] 또한 평가된 여러 변수들은 어느 정도 애매모호한 점이 있다. '행복'이나 '동기부여'가 무엇인가? 간단히 말해, 평가연구의 결과에 찬성하지 않는 사람은 충분한 '자유재량권'이 있다. 이처럼 우리는 사형제도가 살인을 예방하는지에 대해 최종적으로 결정하지 못하고 있다.

하고 보고하려는 유혹에 빠질 것이다.

따라서 우리는 평가연구를 때때로 의도하지 않은 결과를 평가하는 과정의 일부라고 본다. 이것은 1장에서 논의된, 사회적 연구의 반복적인 성질(recursive nature)의 또 다른 사례이다.

머리말

- 평가연구는 응용된 조사의 형태로서 사회적 개입의 효과를 연구한다.

평가연구에 적절한 주제

- 평가연구는 사회적 개입이 일어나거나 계획되었을 경우에 적절하다. 따라서 주제의 잠재력은 무한하다.
- 평가연구의 상당수는 프로그램 평가 혹은 결과 평가로 간주된다. 이는 사회적 개입이 의도된 결과를 생산하는지에 대한 결정을 하는 것이다.

문제의 구성: 측정의 쟁점

- 평가연구에서 성공과 실패에 대한 기준이나 적절한 측정을 포함하는 문제점에 대한 주의 깊은 구성은 필수적이다. 특히 평가자는 주의 깊게 결과를 구체화해야 하며, 실험적 맥락들을 측정해야 하고, 연구되는 사회적 개입과 이 개입이 목표로 하는 모집단을 구체화해야 한다. 또한 기존의 측정방법을 쓸지, 아니면 새로운 장치를 사용할지도 결정해야 하며, 사회적 개입의 잠재적 비용효과성에 대해서도 평가해야 한다.

평가연구 설계의 유형

- 평가연구자들은 전형적으로 실험 또는 유사실험 설계를 사용한다. 유사실험 설계의 예로 시계열 연구와 비균등 통제집단의 사용을 들 수 있다.
- 평가자들은 자료수집을 할 때 질적 방법을 사용한다. 질적 · 양적 자료분석은 모두 평가연구에 적절하다.
- 평가연구는 실생활의 맥락 안에서 실행되기 때문에 특별한 로지스틱 문제를 수반한다.

- 만일 평가연구의 결과가 공식적 입장과 갈등을 일으킨다면 이를 반드시 실행에 옮길 필요가 없다.

사회지표 연구

- 사회지표는 거시적인 사회적 과정을 이해할 수 있게 해준다.
- 컴퓨터 시뮬레이션 모델은 연구자들이 사회적 개입의 결과를 실제 사회에 적용하지 않고도 연구할 수 있도록 보장한다.

윤리와 평가연구

- 때때로 평가연구에 평가되는 사회개입 자체가 윤리적 문제로 제기된다. 왜냐하면 이 연구는 일상생활의 매일매일의 사건 속에 내재되어 있기 때문이다.
- 평가연구는 이해당사자가 원하는 특정 결과를 생산하도록 추가압력을 수반할 수 있다.
- 평가연구에서 비윤리적 행동은 다른 유형의 연구에 의해서 나타나는 결과보다 더 심각한 결과를 가져올 수 있다.

핵심용어

다중시계열 설계(multiple time-series design)
비균등 통제집단(nonequivalent control group)
사회지표(social indicator)
시계열 설계(time-series design)
유사실험(quasi experiment)
평가연구(evaluation research)
프로그램 평가/성과평가(program evaluation/outcome assessment)

사회조사연구 제안: 평가연구

평가연구는 특별한 연구방법이라기보다는 연구목적을 의미한다. 여러분은 제안서에서 여러분이 수행하고 있고 어쩌면 다양한 결과로부터 영향을 받을 수 있는 평가의 유형을 설명할 필요가 있다.

이전 과제에서 여러분의 연구에 사용되는 자료수집과 측정방법에 대해 설명했다. 여러분의 연구가 프로그램의 성공 또는 실패를 결정하도록 설계되었다면, 여러분은 그 점에 대해 긍정적이거나 부정적인 평가를 한 것으로 간주되어 연구결과를 구체화할 수 있다. 이것은 항상 적절하거나 가능하지 않을지도 모르지만, 이것을 할 수 있을 때 평가과정상 완결성을 추가할 수 있다.

복습문제

1. 이 장에서 논의한 해군의 성과가 낮은 프로그램의 평가를 검토해보라. 여러분은 어떻게 이 프로그램을 재설계할 수 있을까? 그리고 실제 연구에서 발생할 수 있는 문제점을 피하기 위한 평가를 어떻게 재설계할 수 있을까?
2. 우리 시대에 사회가 변하는 여러 가지 방법에 대해 잠깐 생각하는 시간을 가져보자. 여러분은 삶의 질을 추적 관찰하는 데 사용할 수 있는 사회지표를 가지고 사회변화를 어떻게 구체화할 수 있는가?
3. 적어도 세 가지의 섬세한 사회적 개입을 확인하라. 한 예로 투표연령을 18세로 낮추는 것을 들 수 있다. 이런 각각의 사회적 개입에서 여러분은 (1) 어떻게 인지된 문제점을 구체화할 수 있으며, (2) 이런 인지된 문제점을 해결하기 위한 개입 프로그램이 성공적인지를 평가하는 연구를 어떻게 만들겠는가?
4. 대학에서 여러분이 향상시킬 수 있는 것이 무엇인가를 생각해보라. 그리고 여러분이 확인한 문제점들을 해결할 수 있는 어떤 일을 할 수 있다고 생각해보라. 어떤 개입 프로그램을 통해 문제점이 해결되었을 때, 여러분이 알 수 있는 명확한 조작적 정의가 개발될 때까지 이런 생각들을 계속하라. 미래의 어떤 측정이 성공을 대변할 수 있을까?

CHAPTER

13

질적 자료분석

▶ 개관

질적 자료분석은 참여관찰, 내용분석, 심층면접, 그리고 여타 다른 종류의 질적 연구기법을 통해 이루어지는 관찰에 대한 비수량적인 평가이다. 질적 분석이 하나의 과학인 만큼 일종의 기예일지라도 그 자체로 논리와 기법을 지니고 있으며, 그중 일부분은 특별히 고안된 컴퓨터 프로그램으로 더욱 세련되게 될 수 있다.

Image Source/Corbis

학습목표

- 이론과 분석을 연계하는 세 가지 방법을 설명할 수 있다.
- 질적 자료처리에서 코딩의 역할을 설명할 수 있다.
- 질적 자료연구에 활용할 수 있는 컴퓨터 프로그램을 설명하고 사용할 수 있다.
- 양적 자료를 질적으로 분석하는 예시를 제시할 수 있다.
- 연구자들이 질적 자료의 질을 평가하는 방법에 대해 설명할 수 있다.
- 질적 연구에서 발생할 수 있는 윤리적 문제를 설명할 수 있다.

13.1 머리말

14장에서는 종종 통계분석이라고 불리는 사회조사 자료의 양적 분석을 다룰 것이다. 최근 수십 년 동안 사회과학 연구에서는 양적 자료분석 기법에 초점을 맞추는 경향이 두드러졌다. 그러나 이렇게 초점을 맞추면 사회관찰의 이해에 대한 또 다른 접근인 질적 분석(qualitative analysis), 말하자면 사회연구 자료를 숫자 형식으로 전환시키지 않고 조사하는 방법이 사장된다. 질적 접근은 양적 분석보다 더 오래되었다. 그것은 여전히 유용한 자료분석이며, 사회과학자들 사이에서는 이에 대한 흥미가 되살아나고 있기도 하다.

질적 분석
사회적 관계의 숨겨진 의미와 유형을 드러내는 것을 목적으로 하는 관찰의 비수치적 조사와 해석. 역사적 조사와 현장조사의 가장 전형적인 분석이다.

일부 학생들은 통계분석에 대해 주눅이 들었겠지만, 그에 관련된 단계들은 때로 판에 박힌 듯이 고스란히 욀 정도가 되었다. 즉, 연습을 병행해서 양적 기술을 기계적으로 학습하다 보면, 기법들의 논리를 보다 세련되게 이해할 수 있다.

질적 분석을 판에 박힌 일련의 절차로서 가르치는 것은 한결 어렵다. 이 경우, 실천보다 이해를 먼저 해야 한다. 이 장에서는 질적 분석에 있어 조사와 이론 간 연계부터 논의를 시작한다. 그리고 이론적 목적을 추구함에 있어 유용하다고 입증된 몇 가지 절차를 조사한다. 일부 단순한 작업기법에 대해 알아본 후, 몇 가지 컴퓨터 프로그램을 실행해볼 것이다.

13.2 이론과 분석의 연계

이 책의 10장과 이곳저곳에서 제시된 바와 같이, 질적 조사의 방법에는 자료수집

어떻게 생각하는가

왜 연구자들은 통계적 자료를 이용할 수 있음에도 불구하고 종종 질적 연구방법을 사용할까? 빈곤과 차별 문제 등을 연구할 때 통계적, 양적 연구가 더 '과학적인' 방법이 아닌가?

이 장의 말미에 있는 〈어떻게 생각하는가: 재논의〉를 참조하라.

Earl Babbie

과 이론 간의 지속적인 상호작용이 포함된다. 따라서 나는 현장연구와 내용분석을 논의할 때 질적 자료분석에 관해 이미 논의한 바 있다. 양적 조사에서는 자료수집 기법과 자료의 통계분석에 빠져든 나머지 이론적 시각을 상실하게 되는 우를 범할 수도 있다. 이러한 잘못은 자료수집, 분석, 그리고 이론이 좀 더 긴밀하게 뒤섞이는 질적 조사에서는 덜 일어난다.

이후에 논의될 내용에서 우리는 스트로스와 코빈(Anselm Strauss and Juliet Corbin, 1994: 278)이 제시한 '개념들과 일단의 개념들 간의 납득할 만한 관계'로 구성되는 이론의 이미지를 사용할 것이다. 그들은 이론이 우리의 삶이 어떻게 전개되는지에 대해 우리가 현재 가지고 있는 최상의 이해를 대변한다는 점을 지적하기 위해 '납득할 수 있는'이라는 점을 강조하고 있다. 그러나 조사를 통해 특정한 개념들 간의 특정한 관계를 확인하면 할수록 우리의 이해가 사회적 실체에 조응한다는 것을 좀 더 확신하게 된다.

질적 조사는 때때로 순전히 기술적인 목적—예를 들어, 이전에는 알려지지 않은 어떤 부족의 생활방식을 상세히 기록하는 인류학자의 민속지 같은—을 위해 수행됨에도 불구하고, 이 장의 나머지 부분에서는 주로 설명 유형을 탐색하는 데 초점을 맞추기로 하겠다. 앞으로 살펴보겠지만, 때때로 그 유형들은 장기간에 걸쳐 나타나기도 하고, 변수들 간의 인과적 관계라는 형식을 띠기도 한다. 질적 조사를 통해 그런 유형을 밝히는 몇 가지 방법들을 살펴보자.

유형의 발견

존 로플랜드와 그의 동료들(John Lofland and his colleagues, 2006: 149-165)은 특정 조사의 주제에서 유형(pattern)을 찾는 여섯 가지 상이한 방법을 제안한 바 있다. 특정 근린지역에서 아동학대를 분석하는 데 관심이 있다고 가정해보자. 여러분의 자료를 이해하기 위해 스스로에게 던질 수 있는 몇 가지 질문이 있다.

1. **빈도** 연구대상 근린지역의 가족 중에서 얼마나 자주 아동학대가 발생하는가? (빈도와 사람들이 연구자에게 얘기하고자 하는 것 사이에 차이가 있을 수 있다는 점을 감안해야 한다.)
2. **크기** 학대의 수준은 어느 정도인가? 말하자면, 얼마나 잔인한가?
3. **구조** 학대의 유형에는 어떤 것이 있는가? 이들은 육체적 · 정신적 · 성적 학대 등의 특정한 방식을 나타내고 있는가?
4. **과정** 구조의 요소들 간에 어떤 순서가 있는가? 정신적인 학대로 시작해서, 육체적 그리고 성적 학대로 나아가는가? 아니면 요소들의 순서가 변화하는가?
5. **원인** 아동학대의 원인은 무엇인가? 특정 사회계급, 특정 종교집단 또는 특정 민족집단에서 더 흔하게 발생하는가? 경기가 좋을 때와 나쁠 때 중 언제 더 자주 일어나는가?
6. **결과** 아동학대가 단기적 · 장기적으로 희생자에게 어떠한 영향을 끼치는가? 가해자에게는 어떤 영향을 끼치는가?

대부분 자료를 검색할 때 연구자는 연구 중에 있는 다양한 사례를 전형적으로 대변하는 여러 관찰들에 나타나는 유형을 찾으려고 할 것이다. 이러한 접근을 이른바 횡단사례분석(cross-case analysis)이라고 부른다. 후버먼과 마일즈(Michael Huberman and Matthew Miles, 1994: 435)는 두 가지 사례 간 분석전략, 즉 변수지향적 분석과 사례지향적 분석을 제시한다. 변수지향적 분석(variable-oriented analysis)은 이 책에서 이미 자주 논의되었던 모형과 유사하다. 만일 우리가 대학에 진학할 의사를 예측하려고 한다면, 후버먼과 마일즈가 제안하다시피, '성, 사회경제적 지위, 부모의 기대, 학업수행능력, 친구들의 지지, 그리고 대학에 가고자 하는 결심' 등과 같은 변수들을 고려할 수 있다. 따라서 우리는 남자와 여자 중 어느 편이 대학에 들어갈 가능성이 더 큰지에 대해 판단을 내릴 수 있다. 분석의 초점은 변수들 간의 상호관계가 될 것이며, 관찰되는 사람들은 그러한 변수들을 원초적으로 담지하게 될 것이다.

횡단사례분석
단일 변수지향 또는 사례지향 분석 어느 것이든 한 가지 이상의 검토를 포함하는 분석

변수지향적 분석
특정 변수를 묘사하거나 설명하는 분석

변수지향적 분석에서는 법칙정립적(nomothetic) 설명의 개념을 소개한 바 있던 1장에서의 논의를 떠올릴 수 있다. 그 목적은 상대적으로 소수의 변수를 사용해서 부분적이고 총괄적인 설명을 해나가는 데 있다. 두서너 개의 핵심 변수에 기초하여 투표의향에 대한 설명을 시도하려는 정치여론조사자들은 바로 이러한 접근을 애용한다. 거기에서 조사자가 모든 개인들의 행동을 예견할 수 있다거나 또는 심지어 완벽하게 어떤 이의 동기를 설명한다는 등의 주장은 있을 수 없다고 보면 사실이다. 하지만 때로는 전반적인 지향과 행태에 대해 부분적으로라도 설

명할 수 있는 편이 유용할 때도 있다.

여러분은 또한 1장에서 논의된 사례기술적 설명, 즉 특정 사례에 대해 완전한 이해를 시도하는 방식을 떠올릴 수 있다. 투표사례의 예에서, 우리는 한 개인이 어떻게 투표할지 결심하는 데 작용하는 모든 요인들에 대해 가능한 한 모든 것을 알아내려고 시도할 수 있다. 이러한 지향은 후버먼과 마일즈가 명명한 사례지향적 분석(case-oriented analysis)의 기반이다.

사례지향적 분석
각 사례를 매우 상세하고 주도면밀하게 천착해 이해하려는 분석

> 사례지향적 분석에서, 우리는 여성이면서 중류층이고 부모의 기대가 높은 '사례005'에 대해 보다 면밀히 살펴볼 것이다. 그러나 그것은 단지 '얄팍한' 측정일 뿐이다. 정말로 참된 사례분석을 하기 위해서는 '사례005'의 전력을 알아낼 필요가 있다. 닌크 반 데르 몰렌(Nynke van der Molen)의 어머니는 사회사업가로 훈련받았지만 한 번도 집 밖에서는 일을 해본 적이 없다는 사실에 대해 못마땅해하며, 닌크의 아버지는 닌크가 가족이 운영하는 꽃가게에서 일하기를 원한다. 연대기 또한 중요하다. 2년 전, 닌크의 가장 친한 친구가 대학에 가기로 결정했는데, 그때는 닌크가 한 마구간에서 막 일을 시작하기 직전이었으며, 또한 닌크의 엄마가 그녀에게 사회복지학교에서 가져온 스크랩북을 보여주기 직전이었다. 그래서 닌크는 수의학을 공부하기로 결심했다.
>
> (1994: 436)

이 대략적인 서술을 보면 이러한 유형의 분석에 관련된 세부사항을 알 수 있다. 물론 하나의 완벽한 분석이라면 보다 포괄적이며 심층적으로 쟁점을 추적할 것이다. 그러나 이렇게 온전한 사례기술적 조사라 하더라도 일반적으로 사람들에 대해서 말해주는 것은 아무것도 없다. 다시 말해, 왜 사람들이 대학에 가기로 선택하는지 알려주는 이론적 면에서는 아무것도 제시해주는 바가 없다.

심지어 연구자들은 어느 한 사람을 심층적으로 이해하는 것 이외에, 연구대상자의 매우 주요한 경험적 요소를 보다 일반적인 사회적 개념 또는 변수들의 사례로 본다. 예를 들어, 닌크 어머니가 사회사업가로서 훈련받았던 것이 '모성 교육'으로 여겨질 수도 있다. 그녀 친구의 결정은 '동료의 영향'이라는 일반적인 변수나 개념으로 변형되어 보이는 점이 그러한 예일 것이다. 보다 구체적으로 말하면, 이러한 것들은 대학진학이라는 종속변수에 지대한 영향을 미치는 독립변수로 간주될 수 있다.

물론 하나의 사례가 하나의 이론이 되는 것은 아니다. 따라서 후버먼과 마일즈는 횡단사례분석(cross-case analysis)이라는 것을 언급했는데, 연구자들은 이러한 분석을 통해 다른 연구대상으로 눈을 돌리고, 그들의 삶의 풍부한 세세함 속으로 파고들게 되며, 그러면서도 그 첫째 사례에서 중요하게 나타난 변수들에 특

별히 주목하는 것 또한 소홀하지 않도록 노력을 기울일 수 있게 된다. 다른 연구 대상자의 어머니들은 어느 정도, 어떤 유형의 교육을 받았는가? 대학에 진학한 친구들의 영향에 대한 또 다른 증거가 있는가?

일부 후속 사례들은 특정한 변수의 가시적 영향에 있어 첫 번째 사례와 매우 유사할 것이다. 다른 사례들은 첫 번째 사례와 유사점이 없을 수도 있다. 후자의 경우 연구자들은 왜 어떤 사례는 이런 유형을 반영하는 것처럼 보이는데 다른 사례는 그렇지 않은지 그 이유를 찾기 위해 다른 중요한 변수들을 규명해야 할 것이다.

현장기반이론 방법

방금 기술한 횡단사례분석은 다소 친숙하게 들릴 것이다. 10장에서 현장기반이론을 논의하면서, 어떻게 질적 연구자들이 종종 순전히 귀납적인 기반에서 이론 구축을 시도하는지 보았다. 이 접근은 가설보다는 관찰로 시작하며, 아무런 선입견 없이 밑바닥에서부터 유형을 발견하고 이론을 전개하고자 한다. 물론 기존의 현장기반이론을 구성하고 세련화시키는 연구도 있다.

현장기반이론은 사회학자인 글레이저와 스트로스(Barney Glaser and Anselm Strauss, 1967)가 의료사회학에서 임상연구를 이해하기 위한 시도로 발전시켰다는 것을 떠올려보라. 그 후, 이들은 약간 다른 방식으로 이론을 발전시켰다. 다음의 논의에서는 **현장기반이론 방법(Grounded Theory Method, GTM)**의 기본 개념과 절차를 다룰 것이다.

자료로부터 이론을 구축한다는 근본적이고 귀납적인 원리와 더불어, GMT는 **항시비교방법(constant comparative method)**을 사용한다. 글레이저와 스트로스(1967: 105-113)가 기술하듯이, 이 방법은 4단계로 이루어져 있었다.

현장기반이론 방법
글레이저와 스트로스가 개발한 귀납적 접근방법으로서, 이 방법에 의하면 이론은 연역적으로 도출된 것이라기보다 자료의 조사를 통해서만 도출된다.

항시비교방법
현장기반이론 방법의 한 구성요소로서, 이 방법에서 특정 관찰은 다른 관찰들과 비교되고 귀납적 이론의 개발에 핵심 역할을 담당한다.

1. '각 범주에 적용되는 사건의 비교'. 자기가 돌보는 환자들이 죽을지도 모른다는 데 대한 간호사들의 반응을 조사했을 때, 글레이저와 스트로스는 간호사들이 한 환자의 죽음을 지켜보면서 '사회적 손실'을 염두에 둔다는 점을 발견했다. 일단 이런 개념이 한 사례에서 등장하자, 그들은 다른 사례들에서도 동일한 현상이 일어난다는 증거를 찾았다. 여러 명의 간호사들의 사례에서 그 개념이 나타나는 것을 발견하자 그들은 다른 사건들과 비교했다. 이 과정은 5장에서 기술된 개념화, 즉 자료로부터 발생하는 많은 개념들의 성질과 차원에 대한 구체화와 유사하다.
2. '범주와 그 속성의 통합'. 여기서 연구자는 개념들 간의 관계에 주목하기

시작한다. 예를 들어, 글레이저와 스트로스는 사회적 손실을 평가하면서, 간호사들이 환자의 연령, 교육, 그리고 가족에 대한 책무에 특별히 주의한다는 점을 발견했다. 그러나 이런 관계를 발현시키기 위해서는 연구자들이 이런 모든 개념들을 인지해야 했다.

3. '이론의 한계 설정'. 개념들 간 관계의 유형이 명확해짐에 따라 결과적으로 연구자는 처음에 주목했지만 탐구에 적절하지 않은 일부 개념들을 무시할 수 있다. 범주의 수가 감소하는 것 말고도 이론 자체가 좀 더 단순해질 수 있다. 예를 들어, 글레이저와 스트로스는 사회적 손실을 조사하면서 평가과정이 간호사와 죽음을 앞둔 환자가 아닌 사람들에게도 일반화될 수 있다는 점을 발견했다. 그 과정을 모든 병원 관계자들이 그들의 환자들(죽어가거나 그렇지 않거나 상관없이)을 다루는 모든 방식에 적용시키려는 듯 보였다.
4. '이론 작성'. 마지막으로, 연구자는 다른 사람들과 공유할 수 있도록 자신의 발견을 적어내려가야만 한다. 누구나 경험했듯이, 어떤 것에 대해 이해한 것을 서로 나누는 의사소통의 작업을 거치면 실제로 그 주제에 대해 담당연구자 자신이 포착한 것을 수정하거나 심지어는 향상시킬 수 있다. GTM에 있어서 보고서 작성 단계는 연구과정의 일부로 간주된다. 이 장의 후반부(메모하기 부분)에서는 이 점에 대해 더 상세히 다룰 것이다.

이 개괄적인 요약은 어떻게 현장기반이론이 진척되는가에 관한 아이디어를 제공해준다. GTM과 관련된 많은 기법들은 출판물과 웹상에서 찾아볼 수 있을 것이다. 주요 출판물 중 하나는 스트로스와 코빈의 『질적 조사의 기초(Basics of Qualitative Research)』(1998)로, 이 책은 글레이저와 스트로스의 원저(1967)에 등장하는 많은 개념과 기법들을 발전시키고 있다.

GTM은 질적 자료에 대한 단지 하나의 분석적 접근일 뿐이다. 이 절의 나머지 부분에서는 몇 가지 다른 전문적인 기법들을 살펴볼 것이다.

기호학

기호학
기호와 기호에 연관된 의미에 관한 연구. 흔히 내용분석과 함께 연구된다.

기호학(semiotics)은 흔히 '기호과학'으로 정의되며, 상징과 의미를 다루는 학문 분야이다. 그것은 다양한 연구맥락에서 적용될 수도 있지만 흔히 11장에서 논의된 내용분석과 연결된다.

매닝과 컬럼스완(Peter Manning and Betsy Cullum-Swan, 1994: 466)은 기호학의 적용 가능성에 대해 다음과 같이 제시한다. "기호학은 비록 언어에 기초해 있지만, 언어는 단일성, 적용가능성, 그리고 복잡성의 정도가 다른 수많은 기호체계 중 하나일 뿐이다. 모스부호, 에티켓, 수학, 음악, 그리고 심지어 고속도로의 표지판들 모두 기호학 체계의 예들이다."

그러나 어떤 기호에도 본질적인 의미는 없다. 의미는 마음속에 있다. 그래서 특정 기호는 특정인에게 무엇인가를 의미한다. 하지만 특정 기호와 관련된 의미에 대해 동의하기 때문에 기호학은 하나의 사회과학(social science)이 된다. 매닝과 컬럼스완은 다음과 같이 지적하고 있다.

> 예를 들어, 백합은 인습적으로 죽음, 부활절 그리고 부활과 연관된 표현이다. 연기는 담배 및 암과 연계되고, 마릴린 먼로는 섹스와 연계된다. 이들 각각의 연관성은 사회적이고 임의적이어서, 표현과 내용 사이에는 다양한 종류의 연관성이 존재한다.
>
> (1994: 466)

이러한 주장을 탐색하려면, 〈그림 13-1〉에서 기호와 의미를 한번 연결해보라. 내가 답을 제시할 필요조차 없이 모든 이들이 '정확하게' 연결할 수 있으리라고 확신한다. (여러분은 분명 1c, 2a, 3b, 4e, 5d라고 말했을 것이다.) 요점은 바로 이것이다. 기호는 그 의미와 어떤 관련이 있는가? 여기서 작동하는 논리를 화성인 사회과학자에게 이메일로 보내보라. [여러분은 '이모티콘(emoticons)' 같은 것을 포함하길 원할 수도 있는데, 이 또한 기호학의 예이다.]

〈그림 13-1〉에서 보이는 각 연결 뒤의 숨은 이야기에 대해서는 의심의 여지가 없다 하더라도, 여러분과 내가 오늘날 '알고 있는' 그 의미들은 사회적으로 구성된 것이다. 기호학적 분석은 의도적이거나 비의도적이거나 어떤 식으로든 기호에 부착된 의미의 탐색을 포함한다.

〈그림 13-2〉에서 보이는 미국 오리건 주 포틀랜드 시의 어느 호텔 로비에 있는 기호에 대해 생각해보자. 이처럼 약간은 애매모호한 기호가 전달하는 의미는 무

기호	의미
1. 포인세티아	a. 행운
2. 편자	b. 1등상
3. 청색 리본	c. 크리스마스
4. "치즈 하고 말해봐."	d. 연기
5. "다리를 분질러라."	e. 사진 찍을 때 미소 짓기

그림 13-1 기호와 의미 연결하기

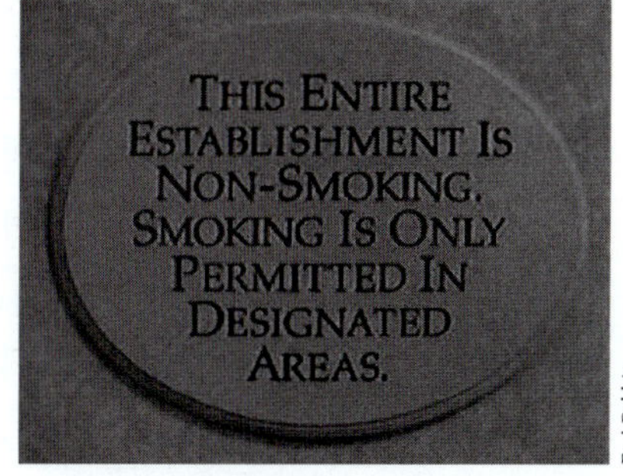

그림 13-2 복합적 신호?

엇일까? 첫 번째 문장—This entire establishment is non-smoking.(이 건물은 전체가 금연구역입니다.)—에서는 현재 미국의 금연운동에 이 호텔이 동참하고 있음을 말하는 것으로 보인다. 이 말대로라면 흡연 없는 환경을 원하는 투숙객은 더 이상 다른 곳을 찾을 필요가 없다. 이곳은 머물기에 아주 훌륭한 장소이기 때문이다. 동시에 둘째 문장—Smoking is only permitted in designated areas.(흡연은 지정구역에서만 허용됩니다.)—을 보면, 호텔은 애연가들에게조차 적대적이 아님을 말하고 있다. 다시 말해, 그 호텔의 지붕 밑에서는 누구나 머물 수 있다는 것이다. 어느 누구도 배척당하는 느낌이 들게 하지 않는다. 이러한 기호는 논리학보다는 마케팅의 관점에서 보다 쉽게 이해할 수 있다.

물론 기호학에서 검토되는 '기호(signs)'는 이런 종류의 기호에만 한정되지는 않는다. 사실 대부분의 기호들은 매우 다르다. 기호는 특별한 의미가 부여된 모든 것이다. 기호에는 언어, 동물, 사람, 그리고 소비재 같은 것도 포함될 수 있다. 때때로 그 상징은 미묘하다. 하나의 고전적 분석은 어빙 고프먼(Erving Goffman)의 『성 광고(Gender Advertisements)』(1979)에서 발견할 수 있다. 고프먼은 잡지와 신문에 나타난 광고사진에 초점을 맞추었다. 물론, 광고사진의 명시적 목적은 특정 제품을 판매하는 데 있다. 그러나 고프먼은 그 외에 다른 무엇이 전달되는지를 물었다. 다시 말해, 광고는 특히 남성과 여성에 대해 무엇을 함의하고 있는가?

고프먼은 남녀가 등장하는 광고사진을 분석하면서, 남성들은 거의 언제나 같이 나오는 여성들보다 몸집이 더 크고 키가 더 크다는 사실에 주목했다. (사실, 대다수 사진에서 여성이 단지 남성의 뒤를 따른다는 인상이 뚜렷했다.) 가장 표면적인 설명은 평균적으로 남성들이 여성들보다 체중이 더 나가고 키도 더 크다는 것이지만, 고프먼에 의하면 그 유형은 다른 의미를 가지고 있다. 즉, 크기와 자리배정이 '지위'를 암시한다. 더 우람하고 훤칠한 키를 가진 사람들은 보다 높은 사회적 지위, 즉 더 큰 권력과 권위를 가진다는 것이다(1979: 28). 고프먼에 의하면, 그 광고는 남성이 여성보다 더 중요하다는 점을 전달한다.

"담배는 단지 담배일 뿐이다."라는 프로이드의 언급에 입각해볼 때—실제 프로이드는 애연가였다—그 광고가 단순히 남성과 여성 간 평균 몸집의 생물학적 차이만을 반영하는지, 아니면 사회적 지위에 대한 어떤 메시지를 주는 것인지를 어떻게 결정할 수 있는가? 고프먼의 결론은 부분적으로 예외적 사례들—남성들보다 더 커 보이는 여성들—의 분석에 기초한 것이다. 이 경우 남성들은 전형적으로 사회적 지위가 낮았는데, 예를 들면 귀부인 곁에 서 있는 주방장이 그 예일 것이다. 이것으로 볼 때 몸집과 신장이 사회적 지위를 나타낸다는 고프먼의 주장이 확인된다.

신장이 다른 남자들의 사진에 대한 분석에서도 동일한 결론이 도출되었다. 지위가 높은 사람들, 가령 웨이터에게 말을 건네는 신사이든 젊은 부하에게 일을 지시하는 상급자이든 이들은 키가 더 컸다. 고프먼은 실제 신장이 비슷할 때 사진에서 보이는 머리의 위치에 주목했다. 상사는 부하에게 기대고 있는 데 반해, 부하들은 웅크린 자세로 앉아 있다. 부하는 머리를 구부려서 상사의 머리보다 자신을 더 낮추었다.

그러므로 이런 광고가 암시하는 잠재적인 메시지는 광고에 나타난 사람의 머리 위치가 더 높으면 높을수록 그 사람이 더 중요한 사람이라는 것이다. 그리고 남녀가 같이 나오는 광고의 대다수가 남성이 더 중요한 인물이라는 점을 분명하게 묘사하고 있는 셈이다. 의도적이든 아니든 간에 그 광고들의 기저에 깔린 메시지는 남성들이 여성들보다 더 영향력이 있고 높은 지위를 점유한다는 점이다.

고프먼은 남성과 여성의 신체적 크기 외에 사진에서 보이는 여러 가지 차이를 검토했다. 다른 예로, 전형적으로 남성들은 활동적인 역할을 하고 여성들은 수동적인 역할을 하는 것으로 나타나고 있다는 점을 발견했다. (남자) 의사는 (여자) 간호사나 어머니가 지켜보는 가운데서 종종 경이감을 가지고 아이들을 진료하고 있는 것으로 그려졌다. 남성이 여성에게 테니스 타법을 가르친다. (이때 그의 머리는 항상 그녀의 머리보다 더 높이 있다.) 아니면, 한 여성이 두 팔로 앞에 앉은 남성의 허리를 부둥켜안은 채로 말을 타고, 그 앞의 남성은 뛰는 말의 고삐를 움켜쥔 채 말을 몰고 있는 것으로 그려지고 있다. 또 한 여성이 럭비공을 들고 있으면 남성은 그 공을 차는 광고사진도 있다. 한 남성이 여성들만 있는 사진을 찍고 있는 광고도 있다.

고프먼은 그러한 사진 속의 유형들이 미묘하게도 성에 대한 수많은 고정관념(stereotypes)을 영속화시킨다고 주장했다. 사람들이 남녀평등에 관해 공개적으로 논하는데도, 이러한 광고사진들은 남성과 여성을 '적절한 역할'로 고정시키는 무언의 배경이 되었다.

대화분석

앞에서 언급했듯이, 민간방법론은 사회생활의 암묵적인 가정과 구조를 밝히는 데 목적이 있다. 대화분석(conversational analysis, CA)은 우리 보통 사람들이 일상에서 다른 이들과 대화를 나누는 방식에 극도로 밀착해 조사함으로써 이 목적을 추구한다. 10장에서 다룬 민간방법론에서 우리는 대화분석의 몇 가지 예를 살펴본 바 있다. 여기서는 이 대화분석의 기법을 보다 깊이 천착해 들어갈 것이다.

데이비드 실버먼(David Silverman, 1993: 125ff)은 CA 이론가들과 연구자들의

대화분석
대화의 세밀한 것들을 주도면밀하게 분석하는 것. 대화 중에 발생하는 일시적 정지, 중첩, 웅얼거리기 등까지 포함하는 거의 완벽에 가까운 대화 베끼기(전사)를 기초로 이루어진다.

작업을 검토하면서 세 가지 기초 가정에 대해 언급한다. 첫째, 대화는 사회적으로 구조화된 행동이다. 여타 다른 사회구조들처럼, 대화에는 관행화된 행동규칙이 있다. 예를 들자면 우리는 한 번에 한 사람씩 얘기할 것을 기대한다. 전화대화의 경우, 걸려온 전화를 받는 사람이 먼저 말할 것으로 기대한다(예를 들어, "여보세요?"). 걸려온 전화를 들고 아무 말도 하지 않아 보면 즉시 이 규칙의 존재를 증명해낼 수 있다. 이런 것이 바로 민간방법론자들이 시도하는 바의 하나라는 점을 상기할 수 있다.

둘째, 실버먼은 대화가 반드시 맥락적으로 이해되어야 한다는 점을 지적했다. 동일한 발언이라고 해도 다른 맥락하에서는 완전히 다른 의미를 가지게 된다. 예를 들어, "난 너의 그 모습이 싫어." 또는 "좋은 하루 되세요." 하고 말한 뒤 "당신도요, 마찬가지예요."라고 했을 때 각각의 의미가 얼마나 다른지 주목하라.

셋째, CA는 일어난 대화를 지긋지긋할 정도로 정확히 전사(transcript)해나가며 대화의 의미와 구조를 이해하고자 한다. 단순히 단어를 정확히 기록할 뿐만 아니라, 대화에 포함되는 '음, 저, 마, 근데요' 등과 문법에 맞지 않는 말, 그리고 대화의 일시정지까지도 그대로 베껴낸다. 사실, 대화가 일시적으로 정지된 경우에는 십분의 일초까지도 기록한다.

이런 유형의 분석은 실제로 매우 많이 사용된다. 예를 들어, 키넬과 메이나드(Marie Kinnel and Douglas Maynard, 1996)는 안전한 성생활에 관한 정보가 서로 어떻게 전달되는지를 조사하기 위해 어느 인체면역결핍바이러스(HIV) 검사병원에서 벌어진 병원관계자들과 일반 환자들 간의 대화를 분석했다. 여러 관찰결과들 중에서, 그들은 병원관계자들이 검사를 받으러 온 의뢰인들에게 구체적인 상황을 직접적으로 말하려 하기보다는 그저 표준적인 정보를 제공하려는 경향이 있다는 것을 발견했다. 더욱이 그들은 안전한 성생활에 대해 직접적으로 조언하는 것을 꺼리는 것처럼 보였으며, 그냥 그것에 대한 정보(안내책자)만으로 일단락 지으려고 했다.

이러한 논의를 보고 연구자들은 이용 가능한 질적 분석의 다양성을 깨달아야 한다. 이제 질적 조사에서 흔히 사용되는 몇 가지 자료처리와 자료분석의 기법을 살펴보기로 하자.

13.3 질적 자료처리

이 절을 시작하면서 경고부터 하겠다. 우리가 조사해야 할 활동은 과학이면서 예술이다. 적어도 성공을 보장하는 명확한 절차는 없다.

이것은 물감으로 그림을 그리거나 교향곡의 작곡법을 배우는 것과 크게 다를 바 없다. 그런 활동은 교육을 통해 확실히 이루어질 수 있으며, 이 모두는 대학의 교과과정에 포함되어 있다. 미술과 음악 분야의 창작활동에는 유용한 지침들뿐만 아니라 각 분야의 고유한 관례와 기법들이 있기 마련이다. 그러나 지침과 가르침은 단지 어느 선까지만 통할 뿐이다. 마지막 창작품은 반드시 그 지침이 아닌 학생 자신에게서 나온다. 질적 자료처리의 과정에 대한 것도 지금 말한 것과 크게 다르지 않다고 보면 된다.

동시에 연구자는 이런 유형의 조사를 위해서 체계적이고 엄밀한 기법을 개발하고 있다. 여기서는 그중 몇 개를 검토할 것이지만, 보다 깊이 있는 시각을 얻고자 한다면 캐시 차마즈(Kathy Charmaz, 2006)가 쓴 『현장기반이론의 구성(Constructing Grounded Theory)』을 참고하라.

이 절에서는 질적 자료의 코딩, 메모작성, 개념지도화(mapping concepts)와 관련된 몇 가지 아이디어를 제시할 것이다. 이런 아이디어는 '방법(how-to)' 교본과는 큰 차이가 있지만, 질적 자료에서 질서를 발견하는 데 유용한 발판을 제공해줄 것으로 믿는다.

코딩

참여관찰, 심층면접, 전기적 서사수집, 내용분석의 실행, 또는 어떤 형식의 질적 조사를 하든 점차 많은 양의 자료가 모일 것이며, 그것들 대부분은 전형적으로 문헌자료의 형식을 띨 것이다. 그다음엔 어떻게 할 것인가?

질적 사회조사 자료분석에서 가장 핵심적인 과정은 복구체계와 함께 코딩, 즉 개별적 자료분류 또는 범주화이다. 이러한 절차는 나중에 중요해질 수도 있는 자료의 복구를 가능케 한다.

어떤 사회운동의 성장을 연대기화하고 있다고 가정해보자. 여러분은 그 운동의 초기 전개과정의 세부사항에 관해 기록했다는 것을 떠올릴 수 있을 것이다. 이제 여러분은 그 정보가 필요하게 된다. 만일 모든 기록을 주제별로 분류해놓았다면, 필요한 기록을 검색하는 것은 간단하다. 코딩과 검색을 하기 위해 단순한 양식으로 여러 주제명—예컨대 '역사'처럼—이 적혀 있는 라벨을 붙인 자료철 세트를 만들 수 있다. 이 경우 자료검색은 '역사'라고 하는 자료철을 뽑아 기록을 뒤져서 여러분에게 필요한 것을 발견하는 것을 의미한다.

이 장의 말미에서 보겠지만, 요즘에는 그런 검색과정을 보다 신속하고, 보다 정확하고 보다 정밀하게 해낼 수 있는 몇 개의 매우 정교한 컴퓨터 프로그램이 개발되어 있다. '역사' 자료철을 찾아보지 않고도 그 운동의 '초창기 역사' 또는

'시초'를 다루는 기록에 바로 접근할 수 있다.

코드화에는 또 하나의 보다 중요한 목적이 있다. 이미 논의했듯이, 자료분석의 목적은 자료의 유형, 즉 사회적 생활에 대해 이론적 해석을 보여주는 유형을 발견하는 것이다. 개념의 코딩과 연관시키는 것은 이 과정의 핵심이며, 자료철 세트보다 더 세분화된 체계가 요구된다. 이 절에서는 수작업으로 코딩하는 경우를 가정할 것이다. 이 장의 결론에서는 질적 자료분석용 컴퓨터 프로그램의 사용법에 대해 설명할 것이다.

코딩단위

내용분석에 대한 이전의 논의를 다시 떠올리면, 통계분석을 위해서는 코딩에 앞서 표준화된 분석단위가 규명되어야 한다는 점이 가장 중요하다. 예를 들어 만일 미국과 프랑스의 소설을 비교한다면, 여러분은 문장, 문단, 장, 또는 책 전체를 평가하고 코딩할 것이다. 그러나 분석하는 소설마다 동일한 단위를 코딩하는 것이 중요하다. 이러한 단일성이 있으면 '문단의 23%가 은유를 포함했다.'라는 식으로 보고할 수 있기 때문에, 이는 양적 분석에서 필수적이다. 이것은 각 소설에서 동일한 단위로 코딩했을 때에만 가능하다.

그러나 질적 분석을 위한 자료의 코딩은 매우 다르다. 개념은 질적인 코딩을 조직화하는 원칙이다. 여기서 코딩에 적절한 본문(text)의 단위는 한 문서 내에서도 다를 것이다. 따라서 조직연구에서 '임무'의 경우에는 코딩단위마다 몇 쪽을 차지할 수도 있다. '규모'의 경우에는 코딩단위당 몇 단어만으로도 가능할 수 있지만, 잔뜩 분기탱천한 주주총회에 대한 장문의 기술은 '내분'으로 코딩될 수 있다.

어떤 코딩범주는 길이가 매우 다른 본문자료(text material)에 적용될 수 있다는 점도 명심해야 한다. 예를 들면, 조직의 임무에 대한 일부 언급은 간략할 수도 있고, 길 수도 있다. 양적 분석에서는 표준화가 핵심 원리인 데 반해, 질적 분석에서는 그렇지 않다.

육체적 행위로서의 코딩

코딩의 논리에 대해 더 살펴보기 전에, 코딩이 실제로 어떤 것인지 잠시 알아보기로 하자. 로플랜드와 그의 동료들은 수작업 서류철화에 대해 다음과 같이 묘사한다.

> 1980년대 후반에 개인용 컴퓨터가 광범위하게 보급되기 전에는 코딩이 서류철화(filing)라는 특정한 물리적 형식을 취하는 경우가 많았다. 연구자는 라벨 위에 코드

명이 붙은 서류철 세트를 만들어서, 자료 자체를 그 속에 넣거나 그것을 어떤 서류철에 넣어두었는지를 쪽지에 적어 표시했다. 복사가 쉽고 저렴해지기 전에, 어떤 현장 연구자들은 현장을 기록할 때 먹지를 타자기에 끼워넣어 치고, 그 기록의 사본 여백에 코드를 적어서 그것을 가위로 오렸다. 그러고는 해당하는 서류철에 그 종이쪽지를 끼워넣었다.

(2006: 203)

이 연구자들이 지적했듯이, 컴퓨터의 보급은 이러한 작업을 매우 단순화시켰다. 그렇지만 텍스트를 포함하고 코딩 범주를 대변하는 서류철에 끼워져 있는 종이쪽지의 이미지는 코딩 과정을 이해하는 데 유용하다. 다음 절에서, 내가 어떤 코드를 가지고 문단을 코드화해야 한다고 제시하면, 그 문구를 쪽지에 타자해서 코드명이 달린 서류철에 끼워놓는다고 상상하라. 한 구절에 2개의 코드를 부여할 때는 언제나 그 구절의 사본을 2개의 코드를 나타내는 2개의 서류철에 끼워넣는다고 상상하라.

코드의 창조

그렇다면 코딩 범주는 어떤 것들이어야 할까? 글레이저와 스트로스(1967: 101f)는 기존의 이론에 따라 도출된 가설을 검증할 목적으로 하는 자료의 코딩 가능성도 배제하지 않았다. 그 경우에 코드는 이론에 따라 제시되고, 변수의 형태를 띠게 된다.

그러나 이 절에서는 개방형 코딩(open coding)이라는 좀 더 자주 볼 수 있는 과정에 초점을 맞추기로 하자. 스트로스와 코빈(1998: 102)은 개방형 코딩(open coding)에 대해 다음과 같이 묘사하고 있다.

개방형 코딩
질적 자료분석에서의 초기 분류 및 개념 라벨 붙이기 과정. 개방적 코딩에서 코드는 조사자의 자료검색과 질문에 의해 제기된다.

이름을 드러내놓고 개념을 개발하기 위해서 우리는 텍스트를 개방하고, 그 속에 포함되어 있는 사상, 관념, 그리고 의미들을 노출시켜야만 한다. 이러한 첫 번째 분석단계 없이는 나머지 단계의 분석과 그에 뒤따른 의사소통은 발생하지 않는다. 광범위하게 얘기해서, 개방형 코딩을 하는 동안 자료는 분산된 부분들로 쪼개지고, 면밀히 검토되며, 유사점들과 상이점들이 비교된다. 개념적으로 본성상 유사한 것으로 여겨지거나 의미가 연결된 것으로 보이는 사건과 사고, 그리고 대상들과 행동/상호작용 등은 비로소 '범주'라는 용어로 표현되는 보다 추상적인 개념으로 무리지어진다.

(1998: 102)

논리적으로 개방형 코딩이 GTM 질적 코딩의 출발점이다. 텍스트(예를 들자면, 어떤 면접의 일부분)의 일정 부분을 가지고 시작하는 연구자는 그 텍스트 속에 포함된 주요한 개념들을 포착하기 위해서 한 문단을 읽고 또 읽게 된다. 자료의 어떤 특정 부분에는 많은 개념을 반영하도록 여러 가지 코드가 주어져 있을 수도 있다. 예를 들어, 한 학생이 피면접자가 되어 제시한 다음의 코멘트에는 여러 개의 개념들이 녹아 있다는 것에 주의해야 한다.

> 나는 교수가 내가 제출한 숙제를 봐서라도 적어도 약간의 인정점수를 주어야만 했다고 생각한다.

여기서 아주 분명한 코드는 '교수', '숙제', 그리고 '성적'과 같은 것들이다. 개방형 코딩의 결과는 연구하고 있는 주제에 적합한 다수의 개념들을 포착하는 것이다. 개방형 코딩을 사용하면 할수록, 코드의 명목표는 늘어나게 된다.

축 코딩
현장기반이론에서 발생하는 개방형 코딩의 결과를 재분석하여 생산되는 코딩. 주요하고 일반적인 개념을 규명하는 것을 목적으로 한다.

개방형 코딩 외에 두 가지 유형의 코딩이 더 있다. 축 코딩(axial coding)이 노리는 것은 연구가 진행될 때 핵심 개념들을 찾아내는 데 있다. 비록 축 코딩이 개방형 코딩의 결과들을 사용한다 하더라도, 축 코딩이 시작된 뒤에도 지속되는 개방형 코딩을 통해 더 많은 개념들이 드러나게 된다. 축 코딩은 자료를 다시 묶어 분류하는 것도 포함하는데, 그 과정에서 연구자는 개방형 코드 범주를 사용하고 더 분석적인 개념들을 추구한다. 예를 들어, 학생들 면접에서 주어진 하나의 구절에는 흔히 나타나는 '공정의 인식'이라는 개념이 포함될 수 있는데, 그 때문에 거기서 학생들의 관심이 어디에 있는지 이해하는 매우 중요한 요소를 포착해내게 된다. 학생들의 코멘트에 반영된 또 다른 축 코드는 '권력관계'라는 것이다. 교수는 학생들에게 권력을 행사하는 사람으로 보일 수 있기 때문이다.

선택적 코딩
현장기반이론에서 사용되는 코드로, 이 분석은 모든 자료의 총체 내에서 규명된 여타 개념들을 조직하는 핵심적인 개념을 규명하기 위해서 개방형 코딩과 축 코딩의 결과 위에서 구축된다.

코딩의 마지막 종류인 선택적 코딩(selective coding)은 연구에서 그 핵심적인 코드를 규명하는 것이 목적이다. 즉, 핵심적인 코드란 다른 모든 코드들이 연결된 코드를 말한다. 앞의 예에서 2개의 축 코드는 어쩌면 보다 일반적인 개념인 '교수-학생 관계'라는 측면으로 재구조화될 수 있다. 물론 실제의 자료분석에서는 우리가 언급했던 핵심적 코드의 결정은 단지 하나의 인용문으로 결정하는 것이 아니라 엄청나게 많은 자료 전체에 근거해 도출해내는 것이다. 현장기반이론 방법의 주요 개념은 관계의 유형이 광범위한 관찰의 본체가 하나의 포괄적이고 심층적인 검토를 통해 다듬어지는 것이다.

여러분이 분석을 어떻게 진행할 수 있는지 보여주는 구체적인 예가 하나 있다. 동성애 혐오증이 종교적 이유에 근거한다는 데 관심을 가지고 있다고 가정해보자. 여러분이 그런 감정을 갖게 된 이유로 종교적 근거를 말하는 동성애 반대론자 몇 명과 면접했다고 치자. 그들이 구체적으로 레위기의 다음 구절들을 연구자에게 언급했다고 가정해보자.

> 18:22 너는 여자와 동침함같이 남자와 동침하지 말라. 이는 가증한 일이니라.
>
> 20:13 누구든지 여인과 동침하듯 남자와 동침하면, 둘 다 가증한 일을 행함인즉 반드시 죽일지니 그들의 피가 자기에게로 돌아가리라.

비록 여기에 표현된 관점이 매우 분명해 보이더라도, 여러분은 그 관점을 보다 심층적으로 조사할 것을 결정할 수도 있다. 아마도 레위기를 질적으로 분석하면 이러한 동성애 금지령이 유대 기독교적 도덕성이라는 광범위한 맥락 속에서 어디에 부합하는지 보다 충분히 이해할 수 있다.

인용된 두 구절을 검토하면서 분석을 시작해보자. 우리는 '동성애'라는 라벨을 각 구절에 붙임으로써 코드화를 시작할 수 있다. 이것은 우리의 분석에서는 분명히 핵심 개념이다. 레위기의 분석에 있어서 동성애의 문제에 초점을 맞출 때는 언제나 이 2개의 구절을 고려하고자 한다.

동성애가 그렇게 중요한 개념이기 때문에, 연구 중에 있는 자료에서 동성애가 무엇을 의미하는지를 보다 면밀히 살펴보기로 하자. 우리는 우선 동성애가 정의되는 방식에 주목한다. 즉, '여자와 동침함같이' 남자와 동침함을 말한다. 그런데 어떤 한 법률가가 천국에 입성하려고 "여기서 제 요지는 말이지요, 우리가 실제로 같이 드러눕지는 않았다면…" 하고 말한다고 상상해볼 때, 그 문단이 비록 어떤 구체적인 행위를 포함하는지 안 하는지가 분명하지 않다 하더라도, 그 구절은 성교를 지칭한다고 가정하는 것이 안전할 것으로 보인다.

그러나 주의할 것은 그 금지령이 단지 남성 동성애에만 국한된 것처럼 보인다는 점이다. 다시 말해, 여성 동성애는 언급하지 않은 것처럼 보인다는 점이다. 그러므로 우리의 분석에서는 그 각 문단을 '남성 동성애'라고 코딩할 수도 있다. 이것은 코딩과 관련하여 두 가지 측면을 보여준다. 즉, (1) 각 단위는 하나 이상의 코드를 지닐 수 있다. (2) 위계서열적 코드들—하나가 또 다른 것 속에 포함되는—이 사용될 수 있다. 지금 각 구절에 2개의 코드가 할당되었다.

이 시점에서 보다 일반적인 코딩이 도입될 수 있다. '금지된 행동'이 그것이다. 이것은 두 가지 이유에서 중요하다. 첫째, 동성애는 분석적 견지에서 볼 때 본질적으로 잘못된 것은 아니다. 이 연구의 목적은 문제의 종교적 텍스트에 따라 동성애가 잘못된 것으로 만들어지는 방식을 조사하는 것이다. 둘째, 레위기에 대한 연구는 금지된 다른 행위에도 눈을 돌리게 해준다.

그 구절에는 적어도 다음의 두 가지 핵심적인 개념, 즉 '가증스런 일'과 '반드시 죽일 것'이 첨가된다. 이런 개념은 '금지된 행위'와 관련이 있어 보이지만 결코 동일하지 않다는 점에 주목해야 한다. 다시 말해, 주차장 미터기에 동전을 넣지 않고 주차하는 것은 금지되어 있지만, 그것을 가증한 짓이라고 부르는 사람은 거의 없을 것이며, 그런 위반행위를 저질렀다고 해서 그 행위자를 죽이라고 할 사람은 더더욱 없을 것이다. 이 두 가지 새로운 코드들을 처음 2개의 구절에 부여해보자.

이 시점에서 우리가 원하는 것은 그 2개의 핵심적 구절로부터 가지를 쳐서 레위기의 나머지 전체를 조사하는 것이다. 따라서 우리는 레위기의 나머지 각 장들과 절들을 각각 조사하고 코딩한다. 후속 분석에서 우리는 이미 앞서 사용한 바 있는 부호들을 사용할 것이고 적절하게 새로운 코드를 첨가할 것이다. 새로운 코드들을 덧붙일 때에는 새로운 코드들이 어떤 구절에 적용되었는지 아닌지를 알아보기 위해 이미 코딩된 구절을 검토해보는 것이 중요하다.

여기 '가증스런 일'이라는 코드를 결정한 구절들이 있다. (그 가증스런 일로 간주된 것들을 진한 글씨체로 써서 지적했다.)

7:18 **만일 그 화목제물의 고기를 셋째 날에 조금이라도 먹으면** 그 제사는 기쁘게 받아들여지지 않을 것이라. 드린 자에게도 예물답게 되지 못하고 도리어 가증한 것이 될 것이며 그것을 먹는 자는 그 죄를 짊어지리라.

7:21 만일 누구든지 부정한 것 곧 사람의 부정이나 부정한 짐승이나 **부정하고 가증한 무슨 물건을 만지고** 여호와께 속한 **화목제물의 고기를 먹으면** 그 사람도 자기 백성 중에서 끊어지리라.

11:10 물에서 움직이는 모든 것과 물에서 사는 모든 것 곧 **강과 바다에 있는 것으로서 지느러미와 비늘 없는 모든 것**은 너희에게 가증한 것이라.

11:11 이들은 너희에게 가증한 것이니 **너희는 그 고기를 먹지 말고 그 주검을 가증히 여기라.**

11:12 **수중 생물에 지느러미와 비늘 없는 것**은 너희가 혐오할 것이니라.

11:13 새 중에 너희가 가증히 여길 것은 이것이라. 이것들이 가증한즉 **먹지 말지니** 곧 **독수리**와 **솔개**와 **물수리**와

11:14 **말똥가리**와 **말똥가리 종류**와

11:15 **까마귀 종류**와

11:16 **타조**와 **타흐마스**와 **갈매기**와 **새매** 종류와

11:17 **올빼미**와 **가마우지**와 **부엉이**와

11:18 **흰올빼미**와 **사다새**와 **너새**와

11:19 **황새**와 **백로 종류**와 **오디새**와 **박쥐**니라.

11:20 **날개가 있고 네 발로 기어다니는 곤충**은 너희가 혐오할 것이로되

11:41 **땅에 기어다니는 모든 길짐승**은 가증한즉 먹지 못할지니

11:42 곧 땅에 기어다니는 모든 **기는 것 중에 배로 밀어 다니는 것이나 네 발로 걷는 것이나 여러 발을 가진 것**이라. 너희가 먹지 말지니 이것들은 가증함이니라.

11:43 너희는 기는 바 **기어다니는 것** 때문에 자기를 가증하게 되게 하지 말며 또한 그것 때문에 스스로 더럽혀 부정하게 되게 하지 말라.

18:22 너는 **여자와 동침함 같이 남자와 동침하지 말라** 이는 가증한 일이니라.

19:6 그 제물은 드리는 날과 **이튿날에 먹고 셋째 날까지** 남았거든 불사르라.

19:7 **셋째 날에 조금이라도 먹으면 가증한 것이 되어** 기쁘게 받으심이 되지 못하고

19:8 **그것을 먹는 자**는 여호와의 성물을 더럽힘으로 말미암아 죄를 담당하리니 그가 그의 백성 중에서 끊어지리라.

20:13 **누구든지 여인과 동침하듯 남자와 동침하면 둘 다 가증한 일**을 행함인즉 반드시 죽일지니 그들의 피가 자기들에게로 돌아가리라.

20:25 너희는 짐승의 정하고 부정함과 새가 정하고 부정함을 구별하고 **내가 너희를 위해 부정한 것으로 구별한 짐승이나 새나 땅에 기는 것**들로 인하여 너희의 몸을 더럽히지 말라.

레위기에서 남성 동성애만 유일하게 가증한 것으로 규정된 것은 아니다. 유사점과 차이점을 찾으면서 이런 구절들을 비교하면, 가증한 것의 대부분은 섭생의 규칙들, 특히 '비위생'적으로 보이는 '부정한' 것이 된 잠재적 음식물들과 관련된 것이 확연해질 것이다. 다른 가증한 것들은 제례적인 희생물의 잘못된 처리와 관련된 것들이다. 따라서 '섭생의 규칙'과 '제례적 희생물'은 우리 분석에서 사용될 부가적인 개념과 코드를 나타낸다.

앞서 우리의 분석에서 조사할 또 하나의 개념으로 사형을 언급한 적이 있다. 이에 따른다면 동성애 말고도 많은 행동이 사형에 해당된다는 것을 발견하게 된다. 다음은 그중 일부이다.

20:2 그의 자식을 몰렉에게 주면(인간 희생제물)

20:9 아버지나 어머니를 저주하는 자

20:10 남의 아내와 간음하는 자, 곧 그의 이웃의 아내와 간음하는 자

20:11 그의 아버지의 아내와 동침하는 자

20:12 그의 며느리와 동침하거든

20:14 아내와 자기의 장모를 함께 데리고 살면

20:15 남자가 짐승과 교합하면 반드시 죽이고 너희는 그 짐승도 죽일 것이며

20:16 여자가 짐승에게 가까이 하여 교합하면

20:27 남자나 여자가 접신하거나 박수무당이 되거든

24:16 여호와의 이름을 모독한 자

24:17 사람을 쳐죽인 자

여기서 보듯 레위기에서는 사형이 광범위하게 적용된다. 남성 동성애를 포함하여, 욕하는 것에서부터 살인에 이르기까지 모든 것들이 그 안에 포함된다.

가증스런 일과 사형은 아니지만 금지된 행위를 확대분석하면 긴 목록을 만들 수 있다. 그중에는 중상모략, 복수, 원한, 귀머거리에 대해 저주하기, 그리고 장님 앞에 걸림돌을 갖다 놓는 것 등이 있다. 레위기 19장 19절에서는 하나님의 명령을 인용해 적어 놓기를, "너희는 내 규례를 지킬지어다. 네 가축을 다른 종류와 교미시키지 말며 네 밭에 두 종자를 섞어 뿌리지 말며 두 재료로 직조한 옷을 입지 말지며"라고 되어 있다. 연이어서 "너희는 무엇이든지 피째 먹지 말며 점을 치지 말며 술법을 행하지 말며, 머리 가를 둥글게 깎지 말며 수염 끝을 손상하지 말며"라고 쓰여 있다. 레위기에서는 신체에 구멍을 뚫는 것에 대해서는 아무런 말도 하지 않았지만, 문신은 금지했다. 이런 관행 모두에 대한 언급은 '금지된 행위'로 코딩될 것이며, 특정 부가적 계율(섭생의 규칙을 상기할 것)도 그렇다.

나는 여러분이 하나의 가능한 분석을 간략히 들여다보면서 코드들이 생성되고 적용되는 과정에 대해 아이디어를 얻기 바란다. 여러분은 또한 그러한 코드화가 어떻게 한 텍스트에서 나타난 메시지들을 좀 더 잘 이해하게 해주는지, 그리고 여러분이 필요로 할 때 자료를 적절하게 검색하게 해주는지 알기 시작할 것이다.

메모작성

현장기반이론 방법에서 코드화 과정은 상당량의 텍스트를 단순하게 범주화하는 것 이상을 포함한다. 자료를 코드화하면서 메모작성(memoing), 즉 프로젝트에 포함된 자신과 다른 사람들에게 메모나 기록을 남기는 기법을 사용해야 한다. 분석을 하는 동안 여러분이 끄적이는 것들 중에서 일부는 최종보고서에 들어갈 수도 있다. 메모 중 상당부분은 그저 연구자가 무엇을 써야 할지에 대한 자극제 정도의 역할을 할 것이다.

메모작성
현장기반이론과 같은 질적 조사분석을 위해 기록이 자료의 일부분이 되게 하는 것. 메모는 개념을 묘사하고 정의하며 방법론의 이슈를 다루거나, 또는 초기 이론형성을 가능하게 만든다.

GTM에서 이런 메모들은 특별한 중요성을 지닌다. 스트로스와 코빈(1998: 217)은 세 가지 종류의 메모, 즉 코드노트(code note), 이론노트(theoretical note), 그리고 조작노트(operational note)를 구별한다.

코드노트는 코드라벨들과 그 의미를 규정한다. 이 점은 모든 사회과학 연구에서와 같이 우리가 기술적인 의미로 사용하는 대부분의 용어들이 일상생활의 언어에서도 의미를 가진다는 점에서 특별히 중요하다. 따라서 분석할 때 사용된 코드들이 무엇을 의미하는지에 대해 명확한 설명을 적는 것이 필수적이다. 레위기 분석을 예로 들면, 가증한 일의 의미와 관련된 코드노트와 그 텍스트의 분석에서 그 코드들을 어떻게 사용했는지에 대한 기록이 필요할 것이다.

이론노트는 개념들의 차원과 심층적 의미에 대한 성찰, 개념들 간의 관계, 이론적 명제들 등 다양한 주제들을 포괄하는 기록이다. 누구나 어떤 것의 성질을 이해하기 위해 고심하는 때가 있다. 질적 자료분석에 있어서, 나중에 쓸모없는 것으로 폐기처분된다 하더라도 이러한 생각을 적어놓는 것은 정말로 중요하다. 그런 기록들은 분량이 매우 들쑥날쑥할 것이다. 그렇기는 하지만 그 기록들을 나중에 분류하고 조직하기 쉽도록, 하나의 기록은 하나의 핵심적 생각에 한정시켜야 한다. 레위기 분석에서 한 이론 노트는 대부분의 금지령이 암묵적으로 여성들은 부수적으로 하고 대부분 남성들의 행동을 다루는 방식에 대해 논의할 수 있다.

조작노트는 주로 방법론적 사항을 다룬다. 일부는 후에 자료를 이해하는 데 적합한 자료수집 상황에 주의를 기울일 것이다. 또 다른 일부는 미래의 자료수집의 방향을 설정하는 노트들로 구성될 것이다.

이런 메모작성은 자료수집과 분석과정 전반에 걸쳐 발생한다. 기록과 전사된 것을 검토하거나 텍스트 일부를 코드화하거나 또는 다른 사람들과 그 프로젝트에 대해 토의하다 보면 메모가 필요하다는 생각이 떠오르게 된다. 생각이 떠오르자마자 가능한 한 바로 기록을 적는 습관을 들이는 것이 바람직하다.

우리가 종종 글 쓰는 작업이란 처음 시작해서 결론까지 이르는 하나의 단선적 과정이라고 생각하는 반면, 메모작성은 매우 다르다는 점에 주목하라. 메모하기는 혼돈을 일으키고 나서 질서를 발견해가는 하나의 과정이다.

이 과정을 좀 더 파고들어가려면, 이 논의에서 인용한 것과 이 장의 말미에 있는 저작들을 참조하라. 또한 웹에서도 상당한 정보를 발견할 수 있다. 궁극적으로 이 과정에서 가장 최선의 교육은 실습해보는 것이다. 비록 여러분이 수행 중인 조사 프로젝트가 없다 하더라도, 지금 당장이라도 수업노트를 가지고 실행할 수 있다. 아니면 잡지 하나를 가지고 코드화해봐도 좋다.

개념지도화

질적 자료분석가들은 많은 시간을 자신들의 생각을 서류(또는 컴퓨터 파일)에 옮기는 데 보낸다는 것과 그것들이 서로 어떻게 연관되는지 알아차리는 데 보낸다는 것이 지금은 명확해졌을 것이다. 흔히 개념을 도표의 형식으로 나타내면 개념 간의 관계를 좀 더 분명히 생각해볼 수 있게 되는데, 이 과정을 개념지도화

개념지도화
이론형성에 도움을 주는 개념들과 그것들 사이의 관계를 그래픽화하는 것

여러분이라면 아마존의 열대우림에 살고 있는 페루 인디언의 생활조건 연구를 어떻게 하겠는가? 그 광활한 지역에서 통신 인프라가 열악하고 느리기만 한 페리선이 배달하는 우편 서비스를 감안할 때, 우편이나 전화를 통한 조사는 최선의 방법이 아니다. 여러분은 다루어야 하는 주제의 개요에 대한 심층면접을 수행할 자신을 떠올릴 수도 있을 것이다. 아빈드 싱할(Arvind Singhal)과 엘리자베스 래틴 플래히티(Elizabeth Rattine-Flahety, 2006)는 매우 다른 접근방식을 선택했는데, 그 방법은 연구대상자들을 더 많은 조사 통제하에 놓고 중요하지만 예상치 못한 발견이 가능하도록 하는 것이었다. 그들은 유명한 브라질 교육학자 파울로 프레이리(Paulo Freire)의 작업에서 영감을 받았다. 프레이는 길거리 아동들의 착취를 측정했다. 그는 길거리의 아동들을 인터뷰하는 대신 그들에게 카메라를 주고 그들에게 착취에 대한 사진을 찍어오라고 했다. 싱할과 래틴 플래히티는 다음과 같이 보고한다.

> 한 아이는 벽에 박힌 못의 사진을 찍었다. 어른들은 이해할 수 없었지만, 다른 아이들은 매우 공감했다. 이어진 토론 결과, 그곳의 많은 소년들이 구두닦이 일에 종사하는 것으로 나타났다. 소년들의 고객은 그들이 살고 있는 인디언구역에 사는 것이 아니라 주로 도시에 산다. 소년들의 구두닦이통은 들고 다니기에는 너무 무거워, 소년들은 벽에 박힌 못(주로 상점에 있는)을 빌렸는데, 거기에 그들은 밤만이라도 구두통을 걸어둘 수 있었다. 그들에게는 벽에 박힌 그 못이 '착취'를 의미했다. '벽의 못' 사진은 페루의 인디언구역에서 또 다른 형태의 제도화된 착취에 대한 토론이 퍼져나가도록 촉발했다. 물론 그것들을 극복하기 위한 방법까지도 포함해서 말이다.
>
> (2006: 314)

싱할과 래틴 플래히티의 연구는 페루 아마존지역의 삶의 질을 측정하고, 페루의 NGO(비정부기구)인 밍가페루(Minga Peru)가 주도한 여러 프로그램의 효과에 대한 평가를 포함했다. 지역사회를 아동들의 눈을 통해 보기 위해, 연구자들은 색연필로 그림을 그리는 시간을 마련했다. 상호주의에 입각하여, 저자 중 한 사람이 미국 중서부지역에서 자랐다는 사실의 일부를 의미하는 눈사람과 핼러윈축제 때의 호박등불을 그려 그들에게 보여주었다. 아이들의 그림은 마을에서의 그들의 삶과 자연환경과의 그들의 밀접한 관계를 나타내주는 것 외에도, NGO의 개발 프로그램이 가져다준 사회변화의 사례를 심심찮게 포함하고 있었다.

> 아이들 그림에는 닭장, 양식장, 삼림농업 프로젝트에 대한 그림이 포함되었다. 이러한 사업들은 모두 밍가페루가 시작했는데, 페루 아마존지역에서 그것이 시작된 지는 몇 년이 되지 않는다. 시키지도 않았는데 아이들이 그들의 사진에 이러한 '새로운' 운동을 담아낸다는 것은 주목할 만하다.
>
> (2006: 322)

성인 여성들이 찍은 사진들도 마찬가지로 흥미롭다. 여러 사진들은 가부장적 사회구조에 주의를 집중시켰다. 저자들은 다음과 같이 말했다.

> 여러 사진들이 밍가페루가 해결하려 하고 있는 상황인, 아마존 남성들에 대한 여성들의 종속된 위치를 보여주고 있었다. 예를 들면, 아델라(Adela)의 사진은 현관에 남편과 같이 앉아 대화를 나누고 있는 아마존의 중년 여성을 보여준다. 남편이 팔과 다리를 벌린 채 쭈그리고 앉아 카메라를 빤히 바라보고 있는 반면, 그 아마존의 중년 여성은 쓸쓸한 표정으로 그녀의 다리를 포개고 앉아 있다. 특히 주목할 만한 것은 그 남성과 여성이 서로 떨어져 앉아 있는 약 3미터 정도의 물리적인 거리이다. 아델라에게 왜 그 사진을 찍었는지, 그리고 그 부부는 왜 그렇게 멀리 떨어져 앉아 있는지를 묻자, "여성은 집의 한쪽 끝에, 그리고 남성은 다른 쪽 끝에 앉아 있어요. 이건 별로 드문 일이 아니에요."라고 말했다. 조사를 시작하자마자, 우리는 아마존 남성이 부부가 얼마나 가까이 앉을 수 있는지를 결정한다는 것을 알게 되었다. 그들이 가까이 앉는다면, 그리고 그 남성이 자기 팔

을 상대방에게 걸친다면, 그가 그렇게 하는 것은 그의 결정이기 때문이다. 이 권위는 섹스를 시작할 때도 적용된다. 말하자면, 섹스를 할 것인지 언제 할 건지를 남성이 결정한다는 말이다.

(2006: 323-324)

이 연구는 평범하지 않은 몇몇 자료수집의 방법에 대해 보여줄 뿐만 아니라, 이 장 초반부에 논의한, 참여행동 연구(participatory action research)의 정신을 보여준다. 이와는 매우 다른 환경 및 목적을 지니고, 팻 오코너(Pat O'Connor, 2006)는 아일랜드 청소년들에게 자신들과 국가에 대한 작문을 하도록 했다. 그리고 그 작문에는 세계화가 아일랜드에 어떠한 영향을 미쳤는지를 보여주는 그림이나 시, 노래 등을 포함할 것을 요구했다. 이들 두 가지 연구는 모두 질적 현장연구가 단순히 관찰이나 면접보다 훨씬 더 많은 것을 포함할 수 있다는 것을 여실히 증명해준다.

모건과 그의 동료들(M. Morgan and his colleagues, 2009)은 이 기법을 호주 여성들의 만성적 질염과 같은 매우 민감한 주제를 조사하는 데 사용했다. 면접대상 여성들이 자기 자신의 경험을 이야기하는 심층면접 외에도, 질병과 관련된 그들의 느낌을 나타내기 위해 그림을 그릴 수 있도록 했다.

출처: Ar vind Singhal and Elizabeth R a ttine -Flaher t y. 2006. "Pencils and Photos as Tools of Communicative Research and Praxis: Analyzing M inga Peru's Quest for Social Justice in the Amazon." *International Communication Gazette* 68 (4): 313-330; Pat O'Connor. 2006. "Globalization, Individualization and Gender in Adolescents' Texts." *International Journal of Social Research Methodology* 9 (4): 261-277; M. Morgan, F. McInerney, J. Rumbold, and P. Liamputtong. 2009. "Drawing the Experience of Chronic Vaginal Thrush and Complementary and Alternative Medicine." *International Journal of Social Research Methodology* 12 (2): 127-146.

(concept mapping)라고 부른다. 어떤 연구자들은 그들의 모든 개념을 종이 한 장 위에 전부 다 올려놓고 개념의 지도화를 행하는 것이 좋다고 하는 반면, 생각의 편린들을 여러 장의 종이, 칠판, 자석판, 컴퓨터 모니터상에 나타낼 수 있는 여러 개의 창, 또는 다른 매체를 이용해 펼쳐놓는 작업을 선호하는 사람들도 있다. 〈그림 13-3〉은 성과 광고에 대한 고프먼의 연구에 나타난 개념들을 어떻게 생각할 수 있는지를 보여준다. [여기에 제시된 이미지는 개념지도화 컴퓨터 프로그램인 '인스퍼레이션(Inspiration)'을 이용하여 만든 것이다.]

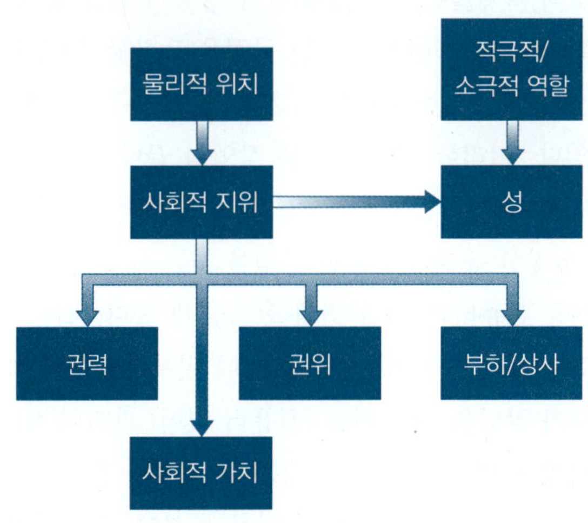

그림 13-3 개념지도화의 예

우연이지만, 여기서 논의된 많은 주제들은 질적 분석뿐 아니라 양적 분석에도 유용하게 적용된다. 분명 개념지도화는 두 가지 분석유형 모두에 적절하다. 여러 유형의 메모 또한 두 유형의 분석에 모두 유용하다. 그리고 코드화에 대한 논의는 양화와 통계적 분석을 위해 개방형 설문응답의 코드화에도 곧바로 적용된다. (우리는 다음 장에서 자료의 양화에 관한 코딩을 다시 살피게 될 것이다.)

시각묘사의 사용은 자료수집에도 이점이 있을 뿐만 아니라 자료분석의 조직에도 이점이 있다. 예를 보고 싶다면 〈쟁점과 통찰: 조사대상 수중의 연필과 사진〉을 참조하라.

컴퓨터의 도래는 양적 자료분석에 주로 그 영향을 끼쳤다. 그러나 질적 자료분석에서도 컴퓨터가 매우 유용하다는 것을 입증하고 있어서 하나의 수단으로서 컴퓨터는 양적 및 질적 연구조사 기법에 중첩된다.

13.4 질적 자료용 컴퓨터 프로그램

불과 몇 십 년 전까지만 해도, 질적 연구 자료의 기록과 분석은 종이가 기본이었다. 인터뷰 녹취록, 관찰일지, 공식적 문서 등과 같은 것들은 모두 수기로 작성되고 평가되었다. 수기로 문서화하는 노고는 타자기의 등장으로 확실히 간소화되었다. 카본지에 인쇄하는 것에서부터 시작하여 이후에는 사진복사 기술에 이르기까지의 복사기술 발달로 인해 연구 정보를 복제하는 것이 훨씬 용이해졌다. 이렇게 인쇄된 데이터들은 한 장씩 오려질 수 있고, 각각 개별적으로 코딩된 채 펼쳐질 수 있다. 이러한 절차는 연구자들이 수집한 정보를 서로 다른 주제나 개념에 따라 분류하는 작업을 쉽게 하게 해주었다. 앞서 언급한 레위기의 경우를 떠올려보라. 한 묶음의 파일들은 동성애에 관한 성경 구절을 담고 있을 것이고, 또 다른 뭉치의 파일들은 가증스러움에 관한 구절을 포함할 것이며, 다른 것들도 그렇게 할 수 있다. 이미 앞서 논의한 바와 같이, 한 문단은 최소한 한 개 이상의 파일들로 묶일 수 있다. 이러한 코딩과 분류 작업이 끝나고 나면 연구자들은 이러한 자료들을 특정한 카테고리 내에서 손으로 일일이 살펴볼 수 있는데, 이것은 수집한 자료들의 일정한 유형과 중요한 특징을 찾는 데 도움이 된다.

이미 예상하듯이, 컴퓨터가 이런 변화를 가능케 했다. 일단 컴퓨터에 정보를 입력하고 나면, 그 자료들을 통째로 복제하거나 일부분만 발췌하는 것은 식은 죽 먹기다. 종이로 수기 작업을 해야 하는 (컴퓨터 없이) 과거의 상황을 떠올려보면, 예를 들어 여성 차별에 대한 연구를 할 때는 그 주제와 관련된 어떤 것을 간파하기 위해서 관련 면접 대화를 복사해서 또 다른 문서에 갖다 붙여야 했을 것이다.

단순한 워드프로세서나 문서 편집 프로그램을 사용한다면, 이러한 코딩 과정들은 훨씬 간소화된다. 예를 들어 기술적 진보를 연구한다고 가정해볼 때 이 문단 자체가 분석할 텍스트 자료의 일부분이라고 생각해보라. 당신은 computer〈컴퓨터〉, qualitative〈질적〉, coding〈코딩〉과 같은 코딩 기호를 첨가해서 이 문서를 증강시킬 수 있다. 필요한 곳이라면 어디든 위의 코딩 언어나 또 다른 기호를 첨가해서 이 장 전체를 재문서화할 수 있다. 그리고 그 작업이 끝난 후 검색 'Search' 기능을 활용해, 예를 들면 코딩〈coding〉이라는 표현이 삽입된 자료들만 찾아낼 수 있다. 당신은 코드, 코딩, 범주, 분류, 또는 다른 적용가능한 용어와 같은 단어들로 이 장을 검색함으로써 이 절차들을 늘릴 수 있을 것이다.

나는 이 짧은 문단들이 단지 종이와 연필에 지나지 않는 사회적 삶을 이해하고자 하는 연구자들에게 좀 더 집중하게 하고 영광을 돌리기를 바란다. 그리고 나아가 과거 관행에 대한 점검으로 이 단순한 말라깽이 컴퓨터가 질적 자료 분석에 얼마나 강력한 도구가 되는지 보여주기를 희망한다.

그렇다면 이제는 이렇게 단순한 컴퓨터 조작에서 180도 다르게 전환해보자. 언뜻 보면 이러한 방법들이 사회연구의 암흑기에 있어서 허술한 도구처럼 보일 수도 있을 것이다. 우리는 이제 질적 연구 자료분석을 위해 정교하게 고안된 몇 개의 컴퓨터 프로그램을 살펴볼 것이다.

QDA 프로그램

오늘날 질적 자료분석(qualitative data analysis, QDA) 프로그램은 아주 풍부하다. 프로그램이 아주 많기 때문에 이중 어떠한 프로그램을 선택할 것인지의 문제가 생긴다. 다음은 몇 가지 자주 이용하는 QDA 프로그램들이다. 이 사이트에 접속하면 더 많은 정보들을 얻을 수 있고 많은 경우 시범용 프로그램을 다운로드할 수 있다.

- Atlas.ti　www.atlasti.com/index.php
- Dedoose　http://www.dedoose.com
- Ethno　www.indiana.edu/%7Esocpsy/ESA/
- Ethnograph　www.qualisresearch.com/
- HyperResearch　www.researchware.com/
- HyperTranscribe　www.researchware.com/
- MAXQDA　www.maxqda.com/
- NVivo　www.qsrinternational.com/products_nvivo.aspx

- **QDA Miner** http://provalisresearch.com/products/qualitative-data-analysis-software/
- **Qualrus** www.qualrus.com/
- **TAMS** sourceforge.net/projects/tamsys
- **Weft** www.pressure.to/qda/

연구자의 필요에 가장 적합한 프로그램을 선정하는 것을 도와주는 강력한 온라인 사이트도 있다. 영국의 서레이(Surrey)대학교 사회학자들이 이런 사이트들과 관련 소프트웨어에 대한 개요를 연락처와 함께 제시해주었다. 또 하나의 우수한 자료는 앤 르윈스(Ann Lewins)와 크리스티나 실버(Christina Silver, 2009)가 만든 'Choosing a CAQDAS Package(CAQDAS 패키지 고르기)'이다. 이것을 통해 연구자는 QDA 소프트웨어의 몇몇 주요 특징에 익숙하게 되고, 목적에 맞게 적절한 소프트웨어를 선택할 수 있도록 도움을 받을 것이다.

이제 QDA 소프트웨어 작동 예를 살펴보자. 모든 구입 가능한 소프트웨어들은 서로 약간씩 다르지만, 다음의 예는 질적 자료를 분석하기 위해 컴퓨터를 사용하는 데에 대한 대략적인 감을 잡게 해줄 것으로 믿는다. 우선 레위기에 적힌 성적인 금기사항과 다른 금기 내용에서부터 시작해보도록 하자. 컴퓨터 분석이 어떻게 유형을 위한 검색에 도움을 주는지 살펴보자.

Qualrus를 통해 본 레위기

먼저 앞서 언급한 프로그램들 중 하나인 Qualrus라는 프로그램을 살펴보자. 코딩되어야 할 본문을 Qualrus 프로그램에 직접 쳐 넣을 수 있음에도 불구하고, 기존에 존재하는 자료들, 가령 연구 메모나, 이 경우 레위기의 성경구절과 같은 텍스트들은 항상 다른 곳에서 프로그램으로 불러오게 된다. 나는 레위기 20장을 웹사이트에서 복사한 뒤 프로그램 레이아웃의 문서 섹션에 붙여 넣었다.

〈그림 13-4〉는 Qualrus 프로그램에 텍스트가 어떻게 보이는지를 보여준다. 그림에서 볼 수 있듯이, 텍스트가 한 화면에 모두 들어가진 않지만, 전체 텍스트는 위아래로 스크롤하면 볼 수 있다.

우리가 앞서 논의한 주제들 중 하나는 결과적으로 죽음에 이를 수 있는 다양한 행위와 관련된 것들이었고, 이제 이것을 Qualrus에서 코딩해보자. 코딩은 커서를 사용해 원하는 문단을 선택하여 강조표시(highlighting)하는 것으로 가장 쉽게 이루어진다. 예를 들어 레위기 2절을 해보자. 강조표시 후에 프로그램 화면 상단의 'Code' 버튼을 클릭하면, 이후 〈그림 13-5〉에 나오는 것처럼 또 다른 코드를

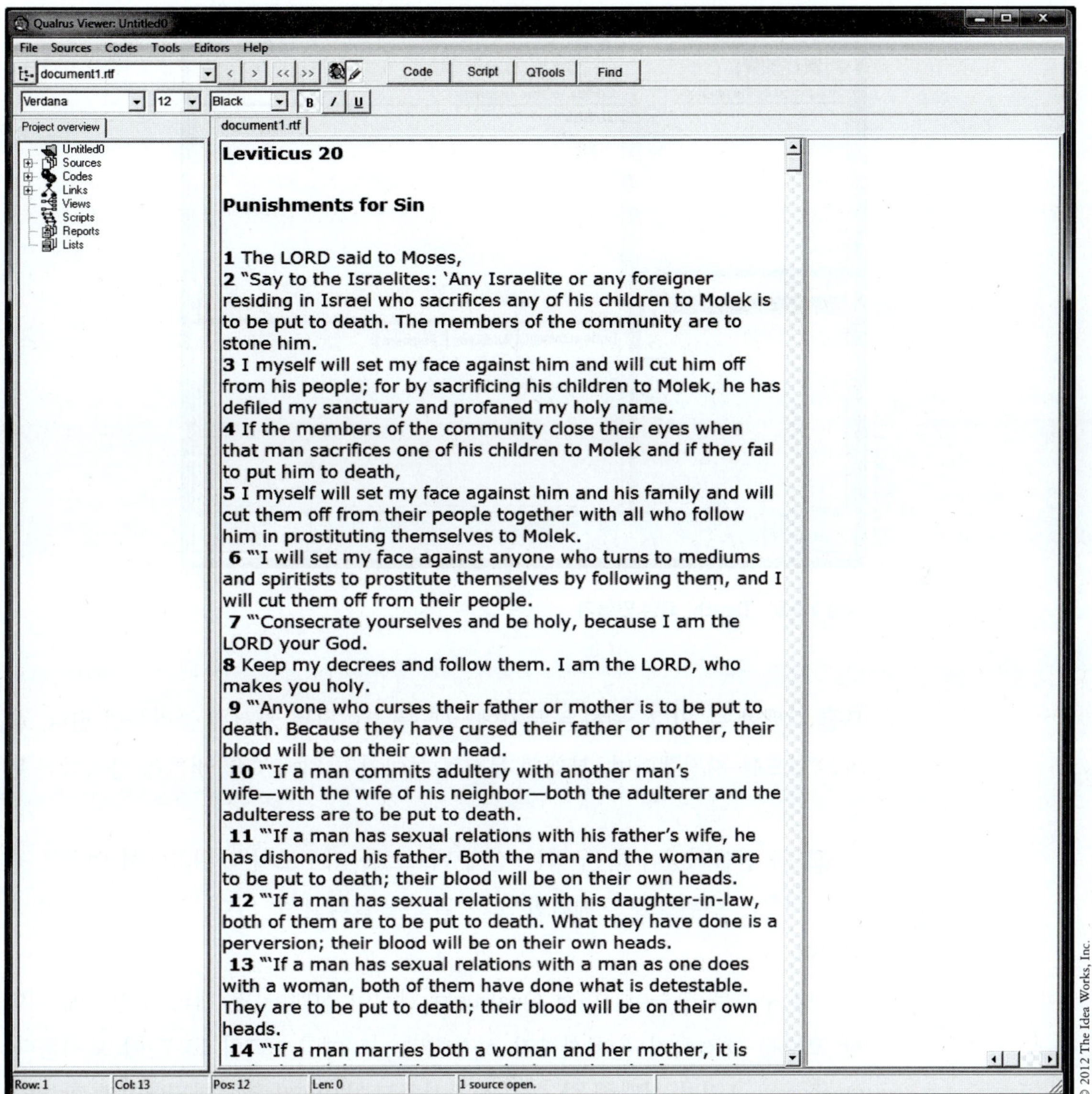

그림 13-4 Qualrus에 레위기 구절을 띄운 모습

만들어내는 새로운 창이 뜰 것이다.

왼쪽 상단 부분을 클릭하면, 화면의 왼쪽 하단 부분에 새로운 코드를 입력하는 부분이 뜰 것이다. 내가 'death'(죽음)라고 입력한 부분이다. 이것은 앞으로 코딩할 것들 중 가장 첫 번째로 나오게 될 것이다. 화면의 오른쪽 상단 부분에는 내가 입력한 'death'라는 코드가 소프트웨어에서 자동적으로 입력된 것을 확인할 수 있다. 또 어떠한 새로운 코드를 입력할지 결정한 후에, 당신은 리스트에서 원하는 부가적인 코드를 삽입하게 된다. 그 후에 당신은 전체 코드 리스트 중 원하는 코

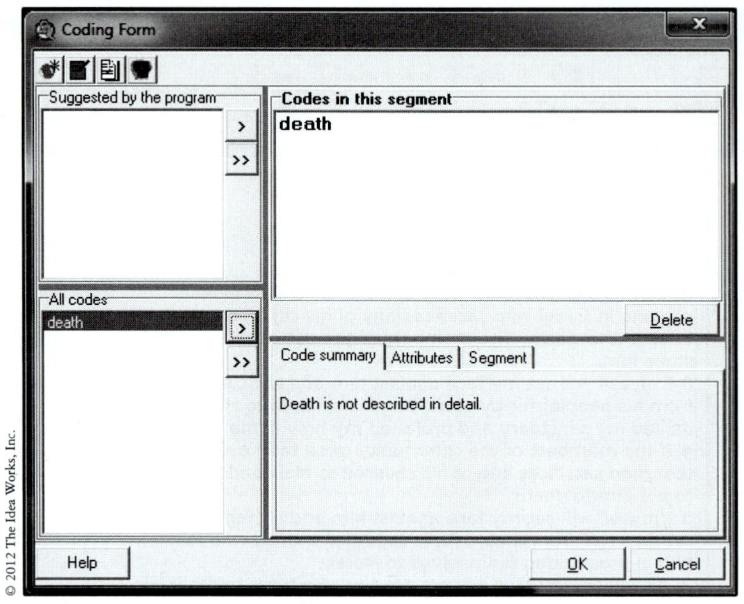

그림 13-5 'Death' 코딩 만들기

드를 선택할 수 있고, 원하는 문자에 코드를 부여하는 커서를 클릭하면 된다. 올바른 코드를 지정했다면, 본래의 문서로 돌아가기 위해 'OK' 버튼을 클릭하면 된다.

코드를 만들어냈다면, 우리는 전체 텍스트를 아우르며 레위기에서 언급한 죽음에 이르는 행위들을 구체화한 모든 절들을 골라낼 수 있다. 〈그림 13-6〉이 그것이다.

코딩 구조를 만들어내면서 Qualrus는 당신이 선택한 몇 개의 구절들에 적합한 코드를 예견하거나 제시하기 시작한다. 그 예를 〈그림 13-7〉이 보여준다. Qualrus는 우리가 선택한 한 구절을 검사하고 'death'가 코드화되어야만 할 것이라고 추측한다.

제시된 코드는 화면 맨 좌측 상단에 표시된다. 만약 제시된 것을 당신이 선택하면 그 코드를 선택해야만 하고 그것을 맨 우측 판에 옮겨 넣으면 된다.

〈그림 13-7〉에서 레위기의 분석을 위해 유용한 몇 가지 코드들이 더 추가된 것을 알 수 있다. 나는 adultery(간음), bestiality(수간), homosexuality(동성애), incest(근친상간), the occult(밀교), 그리고 sex(성교) 등의 코드를 추가했다. 이외에 문서의 점검에 있어서 나는 하나님이 죄인을 벌할 것이라고 명시한 몇 개의 구절과 사회가 벌해야만 한다는 것을 지적한 구절들을 골랐다. 이 모든 코드를 적용했을 때, 문서가 어떻게 되는지를 살펴보기 위해 〈그림 13-8〉을 보라.

분석에 더 많은 코드를 추가할 때마다, 화면의 오른쪽 디스플레이가 복잡해

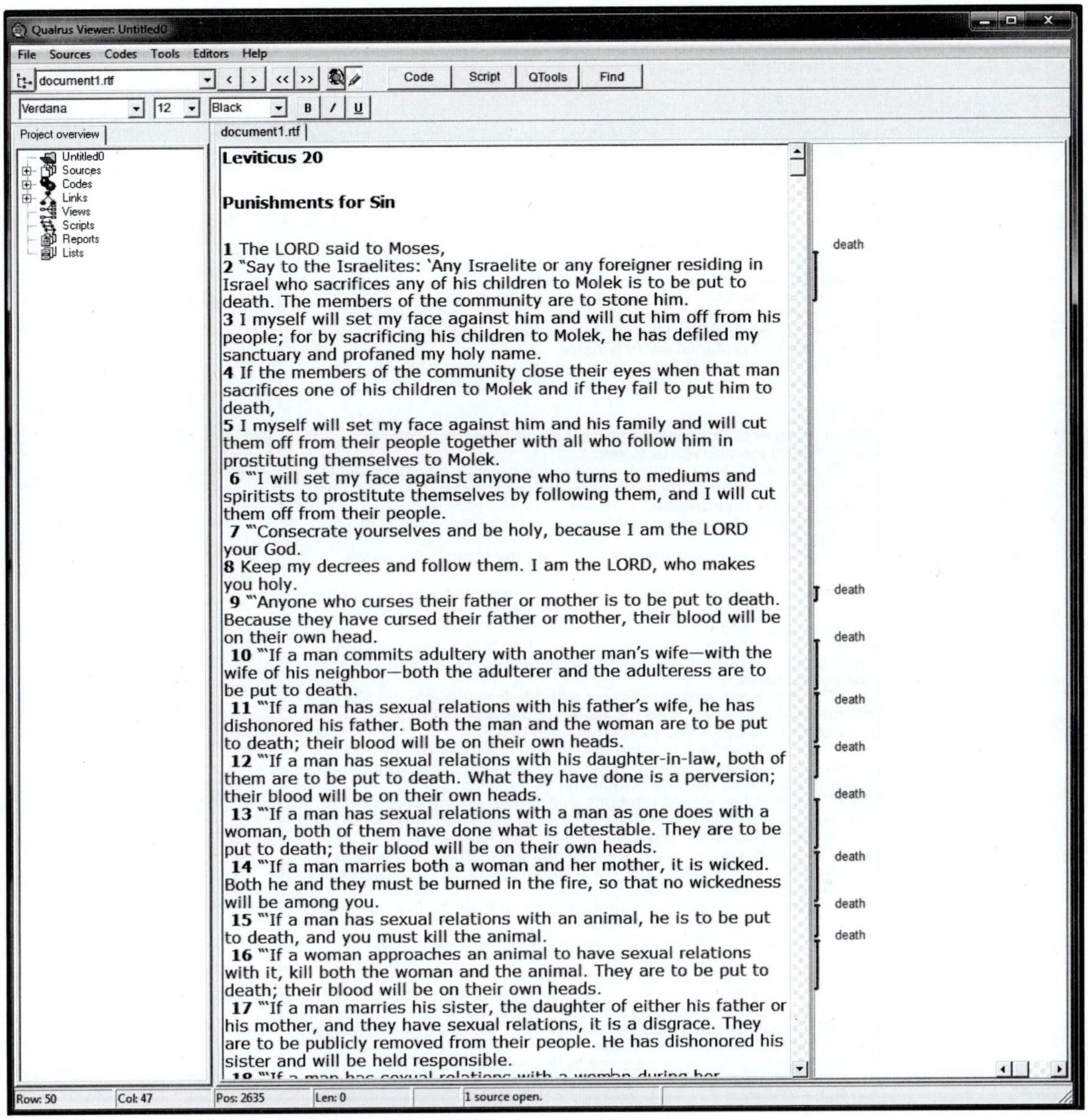

Qualrus Viewer: Untitled0

File Sources Codes Tools Editors Help

document1.rtf | Code | Script | QTools | Find

Verdana | 12 | Black | B | I | U

Project overview | document1.rtf

Untitled0
Sources
Codes
Links
Views
Scripts
Reports
Lists

Leviticus 20

Punishments for Sin

1 The LORD said to Moses,
2 "Say to the Israelites: 'Any Israelite or any foreigner residing in
Israel who sacrifices any of his children to Molek is to be put to
death. The members of the community are to stone him.
3 I myself will set my face against him and will cut him off from his
people; for by sacrificing his children to Molek, he has defiled my
sanctuary and profaned my holy name.
4 If the members of the community close their eyes when that man
sacrifices one of his children to Molek and if they fail to put him to
death,
5 I myself will set my face against him and his family and will cut
them off from their people together with all who follow him in
prostituting themselves to Molek.
6 "'I will set my face against anyone who turns to mediums and
spiritists to prostitute themselves by following them, and I will cut
them off from their people.
7 "'Consecrate yourselves and be holy, because I am the LORD
your God.
8 Keep my decrees and follow them. I am the LORD, who makes
you holy.
9 "'Anyone who curses their father or mother is to be put to death.
Because they have cursed their father or mother, their blood will be
on their own head.
10 "'If a man commits adultery with another man's wife—with the
wife of his neighbor—both the adulterer and the adulteress are to
be put to death.
11 "'If a man has sexual relations with his father's wife, he has
dishonored his father. Both the man and the woman are to be put
to death; their blood will be on their own heads.
12 "'If a man has sexual relations with his daughter-in-law, both of
them are to be put to death. What they have done is a perversion;
their blood will be on their own heads.
13 "'If a man has sexual relations with a man as one does with a
woman, both of them have done what is detestable. They are to be
put to death; their blood will be on their own heads.
14 "'If a man marries both a woman and her mother, it is wicked.
Both he and they must be burned in the fire, so that no wickedness
will be among you.
15 "'If a man has sexual relations with an animal, he is to be put
to death, and you must kill the animal.
16 "'If a woman approaches an animal to have sexual relations
with it, kill both the woman and the animal. They are to be put to
death; their blood will be on their own heads.
17 "'If a man marries his sister, the daughter of either his father or
his mother, and they have sexual relations, it is a disgrace. They
are to be publicly removed from their people. He has dishonored his
sister and will be held responsible.

death
death
death
death
death
death
death
death
death

Row: 50 | Col: 47 | Pos: 2635 | Len: 0 | 1 source open.

그림 13-6 'Death' 코딩을 구절들에 적용했을 때 모습

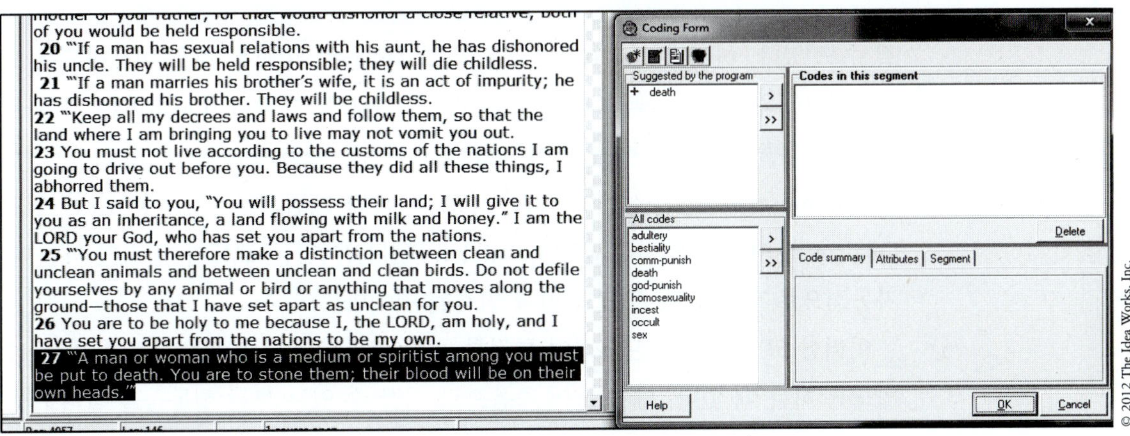

그림 13-7 제시된 코드

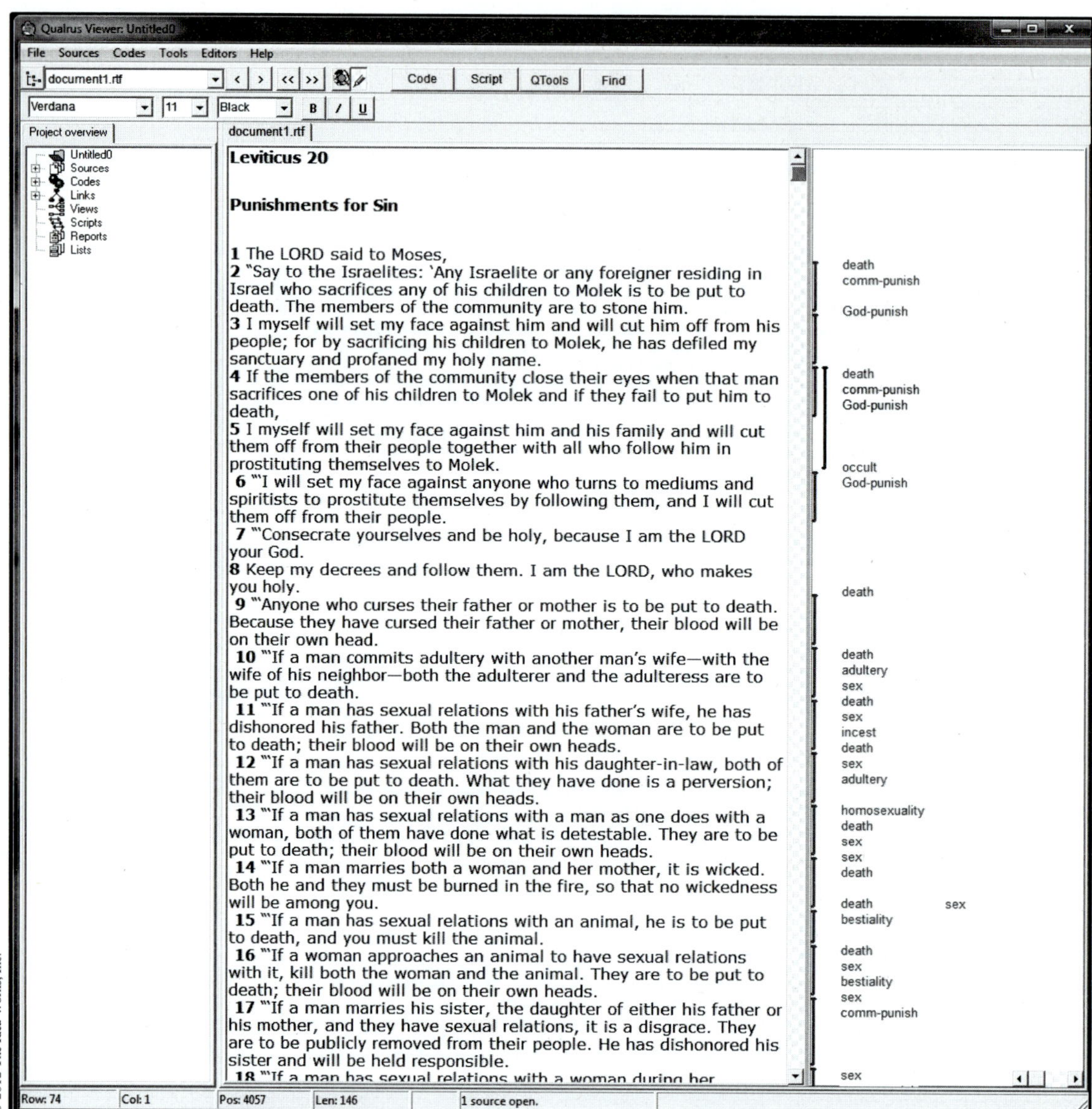

그림 13-8 여러 가지 코드가 적용된 모습

질 수도 있다. 하지만 Qualrus와 같은 프로그램들은 이 모든 것을 이해하도록 도와준다. 더욱이 코딩 계획에 더 많은 구조를 추가할 때마다, Qualrus는 그 과정을 쉽게 해줄 수 있다. 예를 들어, adultery(간음), bestiality(수간), incest(근친상간), homosexuality(동성애)를 'sex'(성교)의 하위 개념으로 만들 수 있다. 일단 Qualrus에 이것을 입력해놓으면, 'adultery'(간음)이라는 코드가 입력될 때마다, 자동적으로 'sex'(성교) 코드도 함께 입력될 것이다.

이러한 코딩의 목적은 당신이 특정한 주제와 관련한 다른 경우들을 함께 볼 수 있도록 하는 데 있다. 예를 들어 죽음으로 이끌 수 있는 모든 행동들을 살펴보자.

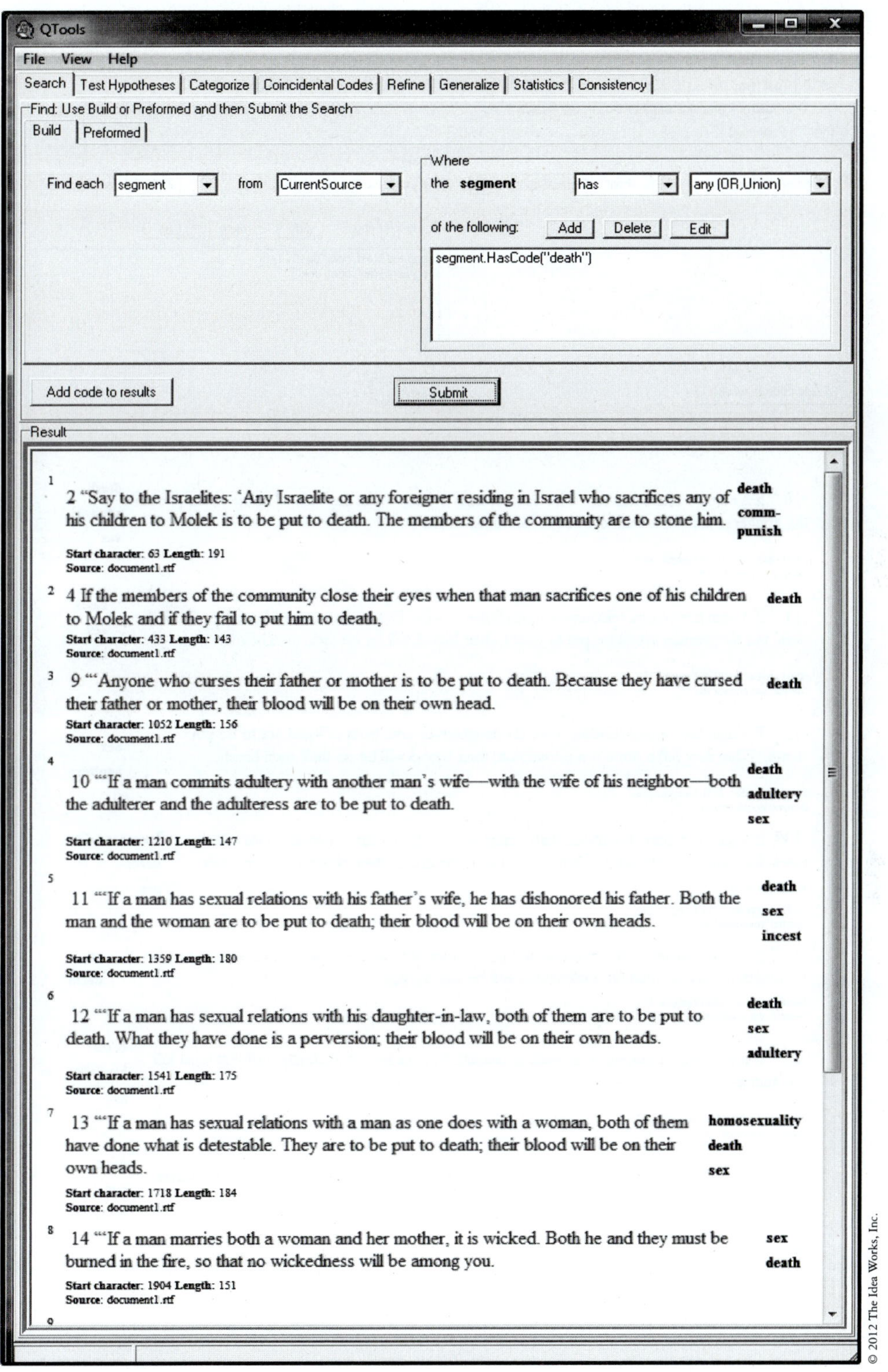

그림 13-9 'Death'로 코딩된 모든 구절들을 불러온 모습

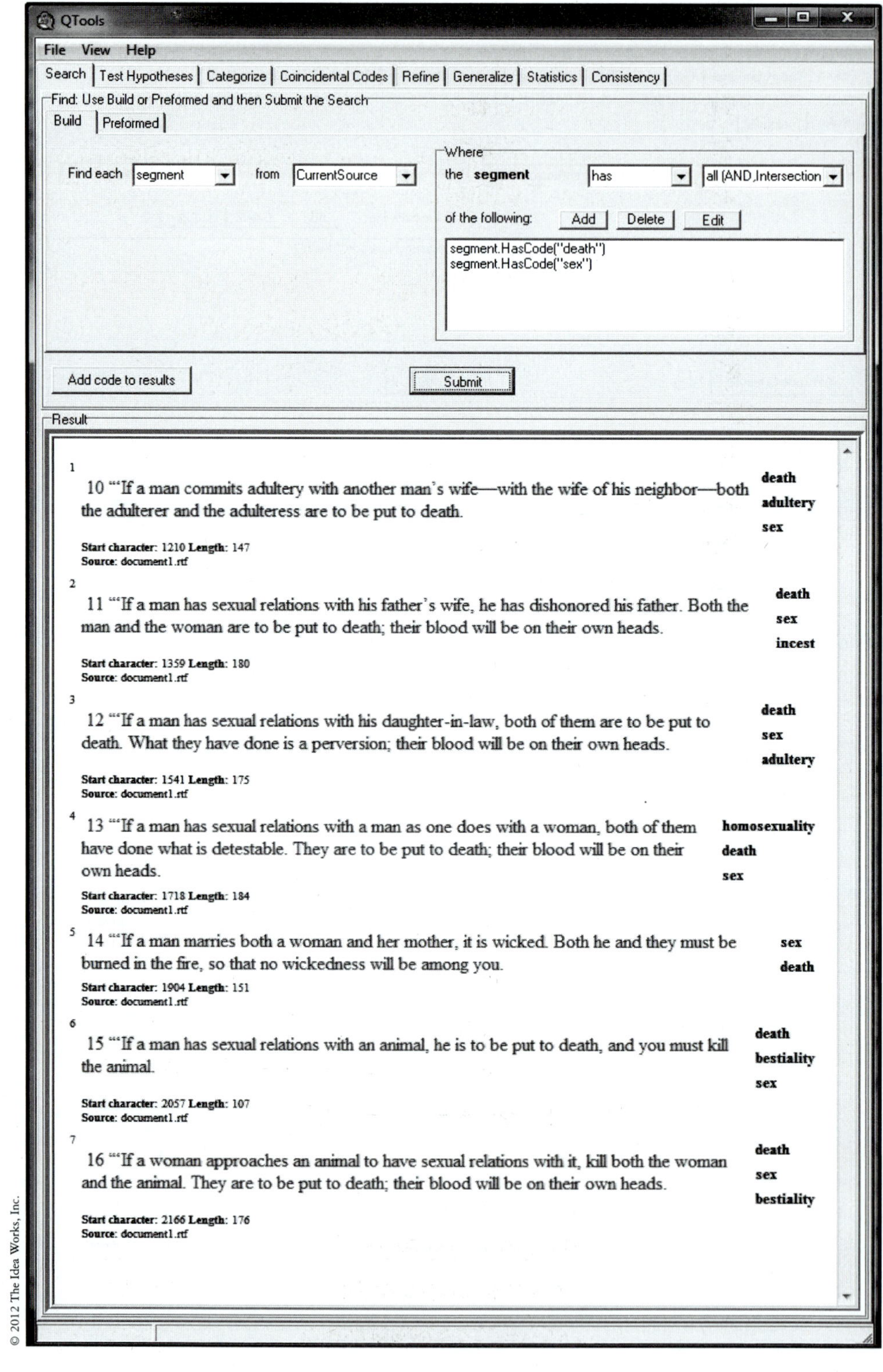

그림 13-10 'Death'와 'Sex'로 코딩된 부분을 불러온 모습

'QTools' 버튼을 클릭하면 〈그림 13-9〉에 묘사된 것처럼 새로운 창이 뜬다. 나는 Qualrus에 'death'로 코딩한 모든 구절들을 나열하도록 명령했다.

그 구절들이 포함된 주요한 패널을 통해 스크롤을 올리고 내림으로써, 당신은 관련된 구절들을 모두 볼 수 있고 특정한 유형을 찾을 수 있다. 특별히 당신은 죽을 것이 분명한 성적 행위가 있는 것들을 찾고자 한다고 가정해보자. 〈그림 13-10〉이 그 검색 과정을 보여준다. 이제 우리는 연구를 위한 더 간결하고 더 핵심적인 구절들을 찾아낼 수 있다.

지금까지 레위기에 명시된 금기 사항들을 Qualrus 프로그램을 활용하여 간단하게 분석하는 과정을 다루었다. 나는 단지 그 주제와 관련하여 당신의 연구에 활용할 수 있는 가장 기본적인 기법을 설명했을 뿐, 당신의 분석을 위한 이론적 틀을 제공하려 들지는 않았다. 더욱이 마지막 두 개 그림의 상단에서 볼 수 있듯이, QTools는 한 개나 두 개의 코드를 다룰 때가 가장 효과적이다. 추가적인 분석 도구에 관해 배우기 위해서는 Qualrus 웹페이지를 방문하면 된다.

이제 다음으로 또 다른 QDA 프로그램을 소개하겠다. 비록 NUD*IST가 사회학자들 사이에서 가장 많이 사용되는 프로그램일지라도, 이 프로그램은 계속해서 많은 형태를 통해 발전해왔다. 이제 QRS International이 가장 최근에 개발한 도구인 NVivo 10에 관해 알아보기로 하자.

NVivo

질적 자료의 분석을 위해 이 프로그램의 소개를 시작하기에 앞서, 〈그림 13-11〉은 NVivo 소프트웨어가 〈그림 13-8〉의 데이터를 어떻게 표현하는지 보여준다. [〈그림 13-8〉은 Qualrus를 사용해 레위기를 분석한 것이다.] Nvivo는 기존의 코드를 매듭(nodes)이라고 부른다.

물론 각 프로그램의 형식은 서로 다르지만, 근본적인 코딩과 분석 과정은 모든 QDA 프로그램에서 기반이 된다. 하지만 잠시 초점을 다른 곳으로 이동해보자.

지금까지 나는 기록된 문서의 코딩에만 한정해서 논의했다. 왜냐하면 그것은 코딩의 분명한 예가 되기 때문이다. 기록된 문서는 그런 분석에 있어서 거의 적절한 자료가 되지 않는다. 당신은 아마도 이러한 프로그램들이 심층면접 분석에 특별히 유용할 것이라고 예단했을 수도 있는데, 당신의 예단이 옳을 수가 있다. 여기서는 나는 웹사이트에 NVivo를 소개하는 데 사용되는 연구 사례를 활용하고자 한다.

'동남부 환경변화(Environmental Change Down East)'는 NVivo에서 제공한 샘플 프로젝트인데, 이것은 노스캐롤라이나 주 해안가의 환경 변화를 탐색한다. 이

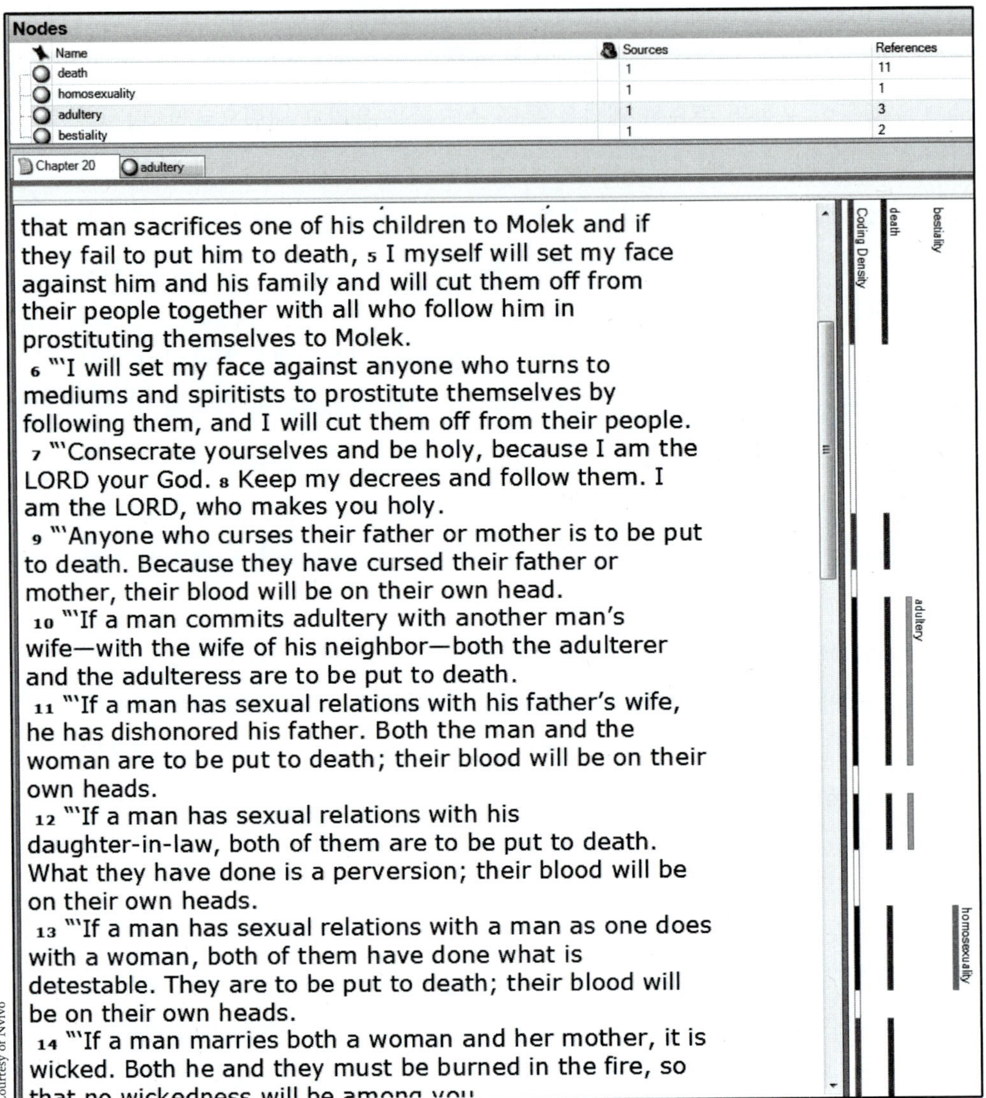

Courtesy of Nvivo

그림 13-11 NVivo를 통해 본 레위기

연구의 일부에는 해당 지역 주민들을 인터뷰하는 질적 연구방법이 포함되었다. 〈그림 13-12〉는 인터뷰 중 하나의 코딩 부분을 보여준다.

인터뷰 녹취록 오른쪽의 색칠된 코딩된 줄들을 보라. 예를 들어 빨간 줄은 '직업과 생활비'의 매듭(node)을 의미한다. 빨간 줄이 쳐진 부분만 읽어보면, 왜 연구자들이 그 부분을 코딩했는지 쉽게 알아차릴 수 있다. 어떤 부분들은 코딩 부분이 겹치기도 하는데, 그것은 검토된 주제가 하나 이상이라는 것과 그래서 매듭을 하나 이상 부여했다는 것을 염두에 두기 바란다.

이제껏 우리는 QDA 프로그램이 분석을 위해 준비 단계에서 문서와 면접 녹취

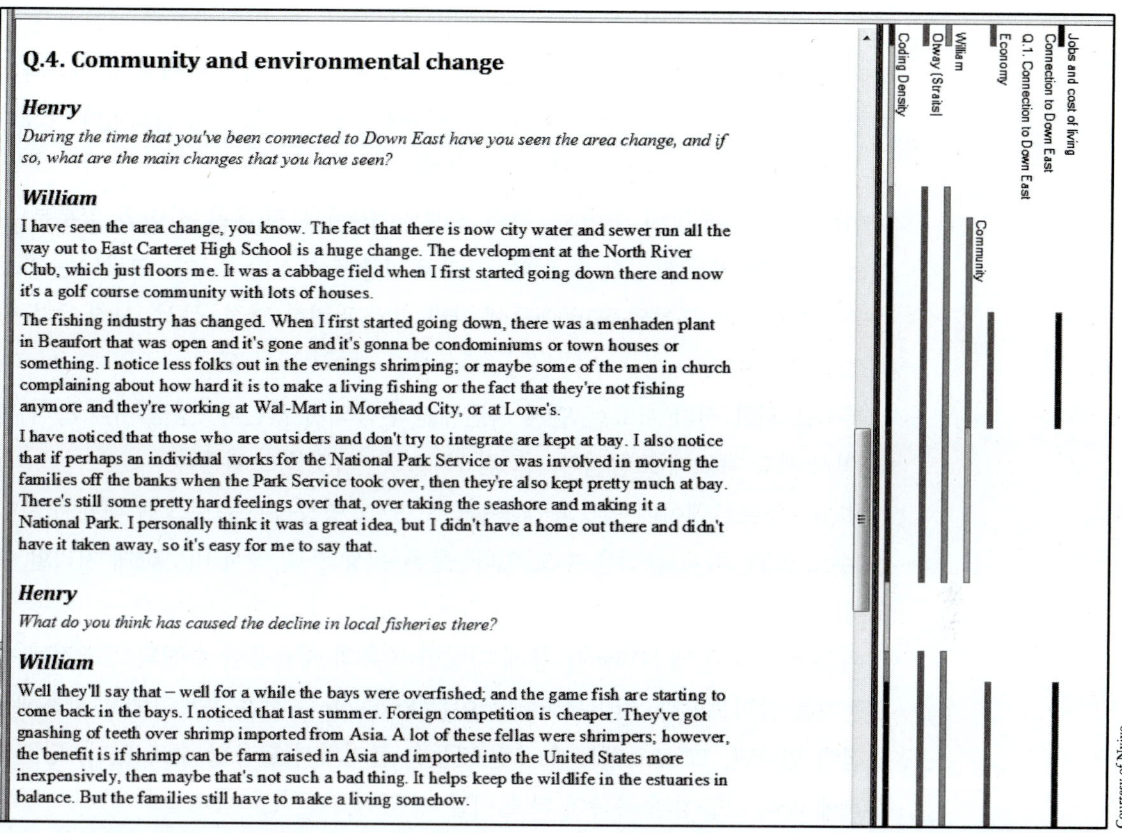

Courtesy of Nvivo

그림 13-12 NVivo에 코딩된 인터뷰

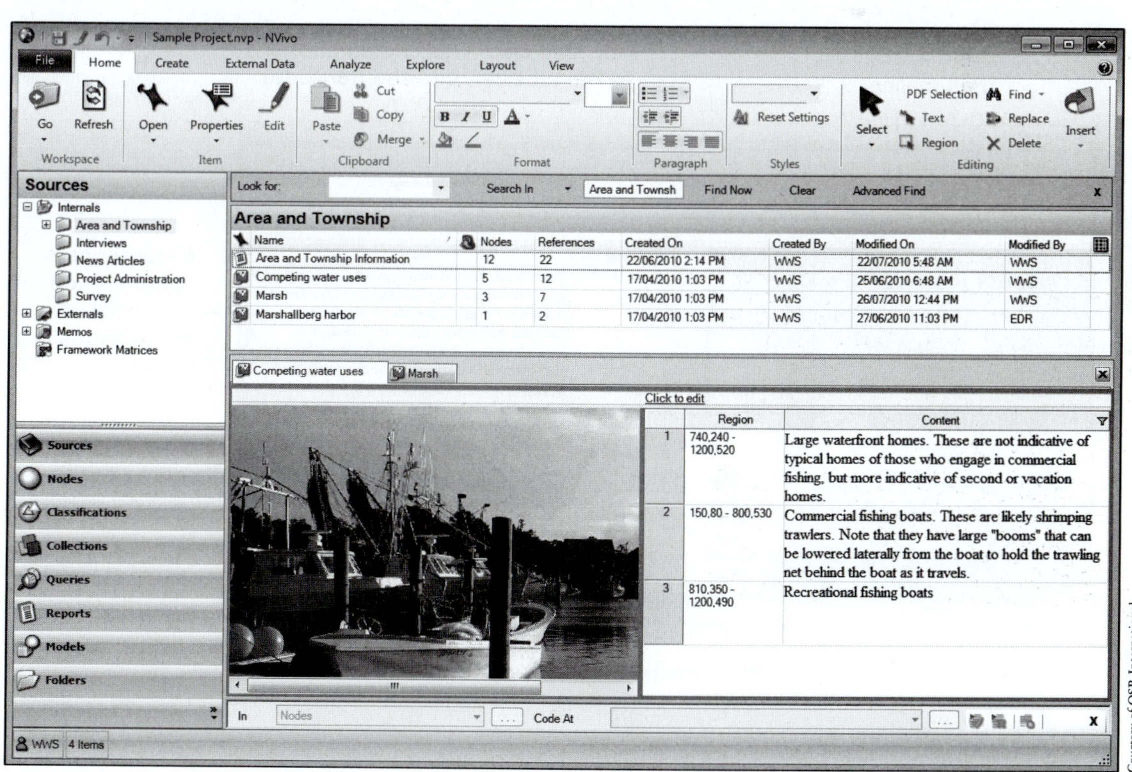

Courtesy of QSR International

그림 13-13 물리적 장소에 관한 데이터

록을 조직할 때 사용될 수 있다는 점을 살펴보았다. 하지만 이것은 시작에 불과하다. 우리가 지금 분석하는 동남부 환경변화 프로젝트에는 수많은 주민들과의 면접이 포함되고, 해당 지역의 물리적 공간에 대한 자료들도 수집되었다. 〈그림 13-13〉은 그런 자료들 중 몇 개를 보여준다.

이런 것을 기록함에 있어서, 문자 자료와(또는) 사진(혹은 사진의 일부분)은 매듭을 부여하면서 코딩할 수 있다. 그리고 나중에 특정한 주제와 연관되는 자료들을 검토하면서 부여된 해당 매듭에 따라 그와 관련한 면접, 문서, 사진 등을 한데로 모을 것이다.

분석을 위한 시각 자료는 단지 사진에만 한정되지 않는다. 영상(비디오)의 형태 역시 시각 자료에 포함된다. 〈그림 13-14〉는 이것을 보여준다.

NVivo 소프트웨어에 영상파일을 불러오면 그 영상들은 프로그램 내에서 코딩될 수도 있고, 다시 불러올 수도 있다. 물론 음성 자료 역시 비슷하게 처리할 수 있다.

위의 예시를 통해 NVivo를 통해 다양한 종류의 자료들이 수집되고 조직될 수 있는지를 살펴보았다. 참고문헌에 쓰이는 EndNote와 같은 프로그램을 사용해본 경험이 있다면, 그 프로젝트에 그런 것들을 불러와서 활용할 수도 있다. 당신의 생각에 따라 가능성의 목록이 더 늘어날 수 있다.

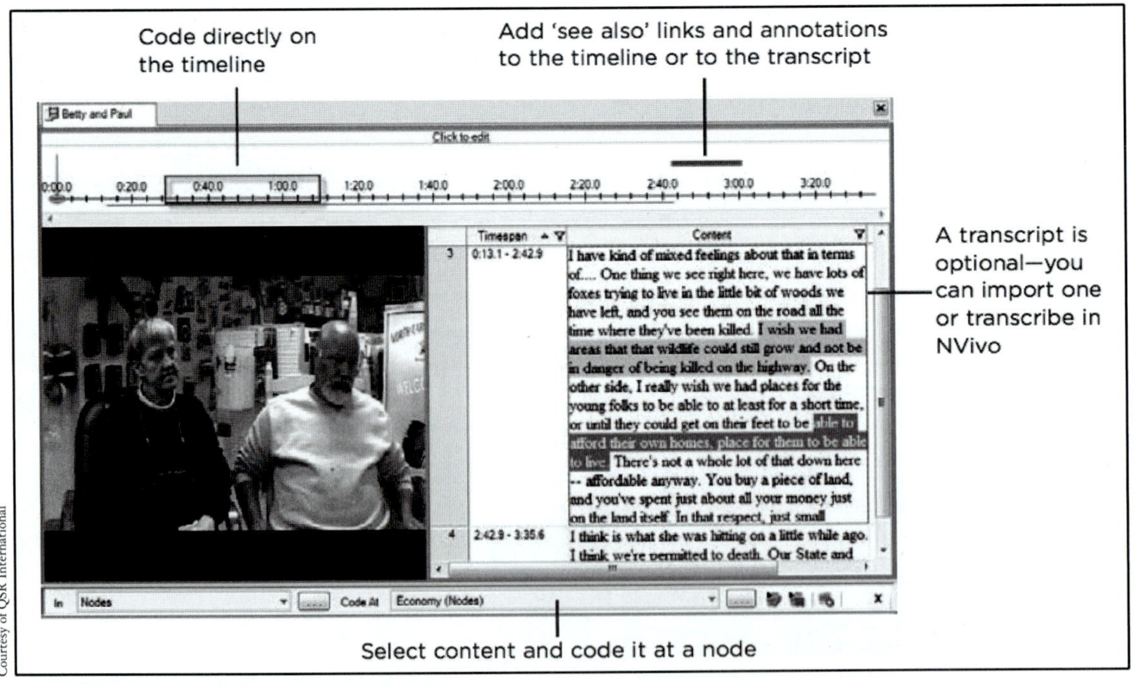

그림 13-14 Nvivo를 활용한 영상 데이터

Courtesy of QSR International

나는 우리가 일찍이 나눴던 질적 연구방법에서 쓰인 메모에 관해 이야기하며 끝을 내려 한다. Nvivo는 당신이 메모해놓은 것들에 적절한 매듭(node)을 지정하면서 당신의 메모를 기록한다. 예를 들어 당신이 두 테마의 교차점에 나타나는 특정한 패턴들을 인식하기 시작할 때 세부적인 사항들을 잊지 않도록 관찰한 내용들을 메모해두면 된다.

Qualrus에 관해 논의할 때, 우리는 몇 개의 예비적 분석의 예를 살펴보았다. 당신은 사형에 해당하는 행위를 적시한 레위기의 모든 구절들이 불려온 예시를 기억할 것이다. 그리고 우리는 죽음에 해당하는 성적인 행위들을 다룬 구절들을 검색했다. NVivo는 'Queries'(질문)이라는 표제 아래 다양한 분석 도구들을 제공한다. NVivo의 '초보자용 지침(Getting Started Guide)'은 QSR 웹사이트에서 pdf 파일로 내려받을 수 있다. 이 가이드는 동남부 환경변화 연구와 관련된 몇 개의 Queries 예들을 보여준다.

- 매듭의 조합으로 코딩한 자료들을 모으라. 예를 들어, 수질과 낚시와 관련된 콘텐츠를 코딩하라. 그리고 그 코드의 조합으로 탐색하라.
- 특정한 가치관, 예를 들어 '어부들은 관광산업 붐에 대해 어떻게 생각하는가?'와 함께 분류된 매듭을 통해 자료를 모으라.

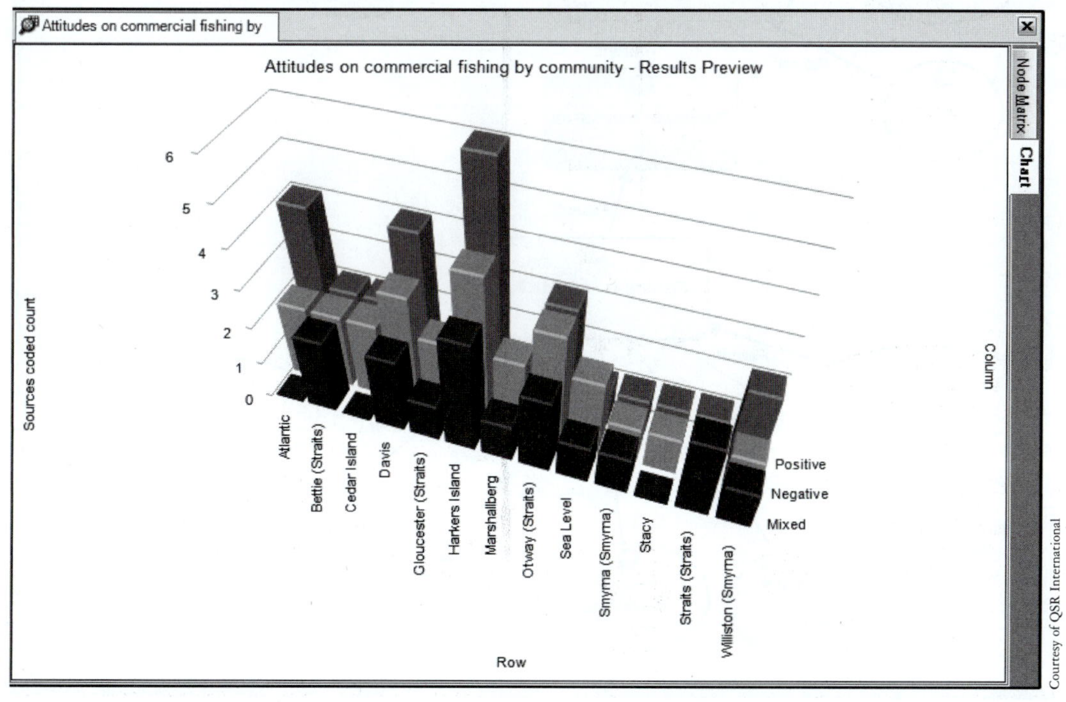

Courtesy of QSR International

그림 13-15 상업적 어업에 대한 지역별 태도

- 여러 개의 매듭으로 코딩된 내용을 검색하고, Query를 개선하기 위해 기기를 사용하라. 예를 들어, 부동산 개발과 겹치는 지역사회 변화로 코딩된 내용을 모으라.
- 특정한 매듭으로 코딩되지 않은 내용을 검색하라. 환경영향에는 코딩되었지만 부정적 태도로는 코딩되지 않은 내용을 찾아라.
  (Qsr 2011: 31)

오늘날 QDA 프로그램은 분석결과를 보다 정교한 상태로 보여준다. 예를 들어 〈그림 13-15〉는 동남부 지역사회에서 상업적 어업 행위에 대해 지역민들이 표명한 긍정적, 부정적, 나아가 복합적인 견해를 제공한다.

이 막대 그래프는 하커스 섬(Harkers Island) 주민들이 상업적 어업 행위에 긍정적으로 반응하는 것을 흥미롭게 보여준다. QDA 소프트웨어를 사용하면 이렇게 특정한 코멘트들을 한데 모아 펼쳐보는 것이 식은 죽 먹기 식으로 쉽다.

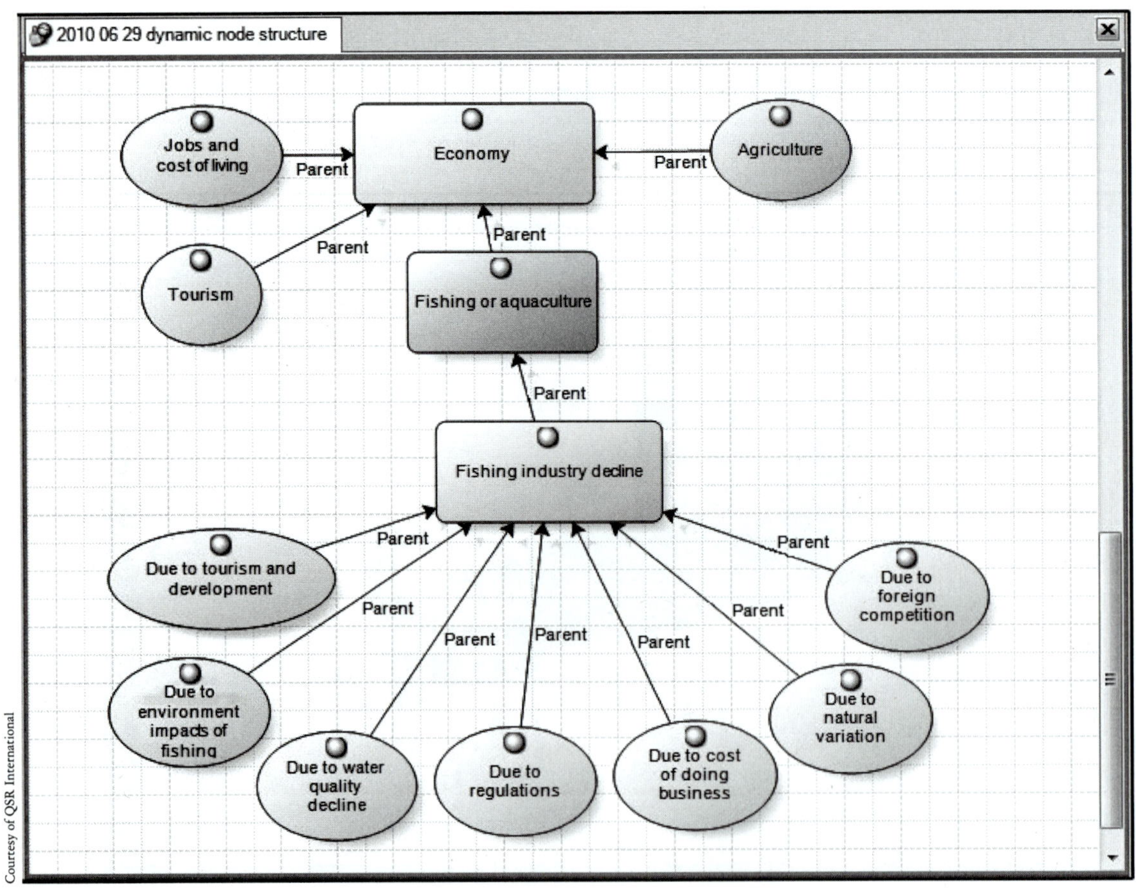

그림 13-16 **동부 개념의 지도화**

QDA 프로그램은 또한 연구주제의 체계적인 이론적 이해의 전개를 돕는 코딩 구조의 그림 설명을 제공하기도 한다. 〈그림 13-16〉이 그 예이다.

나는 QDA 프로그램 중 Qualrus와 NVivo의 간략한 소개를 통해 질적 자료분석가들에게 매우 강력한 도구의 개념을 제시하길 바란다. 여기서는 그 두 프로그램의 유용한 몇 개 측면만을 선택했을 뿐이며, 이 장의 앞에서 목록에 적시해둔 프로그램들 또한 동일하거나 매우 유사한 기능을 갖고 있다는 것을 명심하기를 바란다. 대부분의 프로그램은 온라인에서 체계적인 지침을 제공하므로, 여러분 스스로에게 맞는 프로그램을 탐색, 비교해서 가장 최적인 것을 결정해 사용하면 된다.

마지막으로, 여러분은 이러한 프로그램들이 보통의 학생들에겐 비용적인 측면에서 부담이 될 수 있음을 기억하길 바란다. 그러나 여러분의 학교가 학생들도 사용할 수 있게 허가된 복사본을 갖고 있을 수도 있으니 확인해보라. 양적 연구자료분석 프로그램인 SPSS(Statistical Package for the Social Sciences)도 마찬가지 상황이니 확인해보라.

13.5 양적 자료의 질적 분석

비록 양적 조사연구와 질적 조사연구 간에 중요하고 적절한 구분이 가능하다 할지라도, 그들에 대한 논점은 종종 분리되는 경우가 많다. 나는 양자 사이가 서로 조화될 수 없다거나 또는 서로 경쟁의 대상이 되는 사이라는 것을 강조하고 싶지 않다. 이 두 가지 양식을 모두 쓰지 않는 연구자는 사회조사자로서 그의 모든 잠재력에 한계를 지닌다고 볼 수 있다.

14장에서는 양적 분석이 어떻게 질적 분석을 강화시킬 수 있는지에 관한 내용을 다룬다. 들어가기에 앞서 여기서는 어떻게 해서 양적 자료가 질적 평가를 필요로 하는지에 대해 예를 제시하려 한다.

〈그림 13-17〉은 미국에서 매일매일 매 시간 일어나고 있는 범죄에 대한 FBI 자료를 보여준다(Maltz, 1998: 401). 이 자료는 표의 형태로 제시되는 경우가 많지만, 이와 같은 삼차원 그래프를 통해서 어떻게 그 범죄의 유형이 명확히 드러나는지를 눈여겨볼 수 있다. 이러한 그림은 그 자체에 통계자료임에도 불구하고 의미하는 바가 명백해 보인다. 비록 등식(수식)의 형태로 요약하는 것이 특정한 목적을 위해서는 유용하겠지만, 그림 자체의 명료성에는 별다른 도움을 주지 못할 수도 있다.

따라서 그래프와 같은 질적 조사나 보고는 다른 어떤 형태의 보고보다도 양적

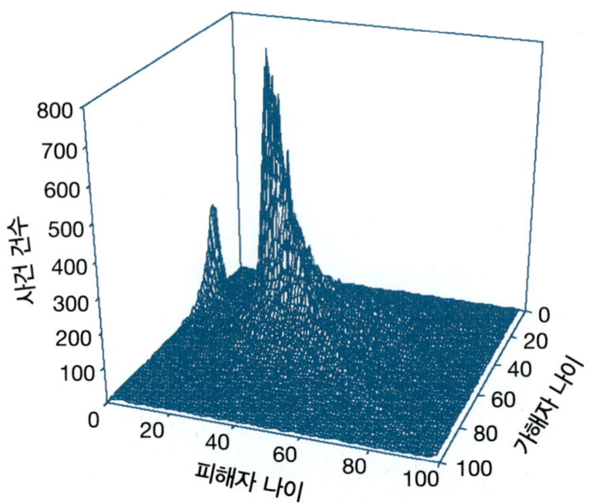

그림 13-17 가해자와 피해자의 연령별 일대일 대응 살인사건의 건수, 원자료
출처: Michael D. Maltz, "Visualizing Homicide: A Research Note," *Journal of Quantitative Criminology* 15, no. 4 (1998): 401.

자료를 더 명료하게 만들 수 있다. 이것은 한 장의 사진이 천 마디의 말이나 숫자보다 진정으로 더 가치가 있다는 것을 보여주는 것과 같다.

양적 자료를 질적으로 이해하는 좀 더 훌륭한 예시는 미시간대학의 마크 뉴먼(Mark Newman)의 2012년 미국의 대선 결과를 보여주는 지도이다. 당신은 이와 비슷한 류의 그림을 분명 과거에 한 번쯤은 보았을 것이다[〈그림 13-18〉 참조].

이 일반적인 유형은 태평양 해안가 지역과 북동부 해안 지역에서 민주당이, 중서부와 남부 지역에서 공화당이 우세인 것을 보여준다. 이를 각 주의 숫자로 더

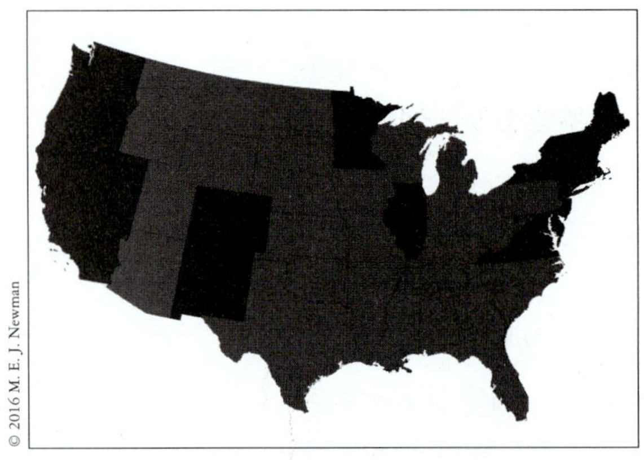

그림 13-18 2012년 대선에 나타난 적색 주와 청색 주
원서의 청색과 적색은 이 책에서는 각각 검은색과 회색으로 표시되었다.–옮긴이 주
출처: Figure by Mark Newman, used with permission, http://www-personal.umich.edu/~mejn/election/2012/.

그림 13-19 인구수를 감안해 조정된 미국 각 주의 규모
출처: Figure by Mark Newman, used with permission, http://www-personal.umich.edu/~mejn/election/2016/.

욱 단순화시켜서 보면 공화당의 미트 롬니 주지사(Governor Mitt Romney)가 민주당의 현직 대통령 버락 오바마를 압승해야 할 것으로 보인다. 그러나 뉴먼이 인구—인구수(그리고 선거인단 투표)를 반영해보면 각 주가 늘어나거나 줄어든다—를 감안해 조정한 지도를 보면 민주당의 우세가 더 분명해 보인다[〈그림 13-19〉 참조].

뉴먼은 자신의 웹사이트에 올린 이전의 그림과 관련한 연장된 분석에서 분석 단위를 주에서 카운티(현)로 바꾸고, 주와 카운티의 이분법적인 회색(적색)/검은색(청색) 칠을 넘어 결과가 근접하게 나온 곳에는 보라색을 사용했다.

13.6 질적 연구의 질 평가

이전 장과 다음 장에서도 살펴볼 수 있듯이, 양적 조사연구의 질을 평가하기 위한 명확한 지침은 구하기 어렵지 않다. 예를 들어 설문조사연구(survey research)의 경우, 표본의 크기, 그것이 선정된 방법, 응답률 등에 주목할 수 있다. 설문항목들은 표준화되어 있으며 검증이 가능하다. 조사자들은 양적 조사연구의 결과를 평가하기 위해 통계적 테스트를 사용할 수 있다.

질적 조사연구의 질을 판단하는 것은 중요하지 않은 게 아니지만 더 애매모호하다. 여러 가지 다른 형태의 질적 조사연구의 형태가 있기 때문에, 어떤 것이 더 훌륭한 질적 조사인지를 구분하기 위해 이때 사용할 수 있는 일반적인 지침 몇 가지를 살펴보려 한다.

5장에서 우리는 측정 질(measurement quality)의 두 가지 측면인 타당도와 신뢰도에 대해 살펴보았다. 이 두 가지야말로 질적 조사연구를 어떻게 평가해야 할지 알아볼 수 있는 합리적인 방법이다.

기억하겠지만, 타당도란 측정하고 있다고 연구자가 말하는 것을 정말로 측정하고 있는지의 여부에 관한 문제이다. 사회과학자들이 측정하고 있는 것은 인간의 판단과 독립적으로 존재하는 무엇이 아니라, 인간의 사고와 합의의 산물이라는 점을 기억하라. 예를 들어 편견이란 나이나 체중처럼 실제적인 것이 아니다. 그럼에도 불구하고 우리 모두는 편견이라는 우산하에 우리가 수집한 행동과 성향을 관측했다. 그 점에서, 연구자들이 이 용어를 사용할 때 동일한 일반적인 어떤 것을 의미한다. 그러나 연구자들은 그것에 관한 많은 차이도 역시 가지고 있는 게 사실이다.

편견(prejudice)을 측정하기 위한 조사설문을 설계할 때, 제기된 질문과 응답된 대답이 연구자가 물으려 하는 그 용어인 편견을 실제적으로 어느 정도까지 반영하는지를 평가하는 것이 중요하다. 현장관찰 또는 역사연구와 같은 질적 조사연구 프로젝트에 대해서도 동일한 논리가 적용된다. 현장조사 연구자가 어떤 관찰대상자를 편견적이라고 특징을 지으면, 여러분은 그들이 어떤 근거로 그렇게 말하지를 검토해야 한다. 양적 연구자보다는 질적 연구자들이 참가자들이 보는 대로 삶을 이해하기 위해 특별히 더 집중하기 때문에, 문제의 그 대상자를 알고 있는 주위의 사람들이 그 대상자가 편견에 휩싸여 있다고 말한 것을 그대로 따라 언급했다는 것을 여러분은 발견할 수 있을 것이다.

어떤 질적 조사연구자들은 이러한 상황에서 타당도(validity) 대신 신뢰도(credibility)라는 용어를 사용하는 것을 선호한다. 이것은 사회적 개념이 인간의 사고와는 독립적이고 객관적으로 존재하는 실제 현상을 나타낸다는, 오래된 실증주의적 견해에 대한 경고에 기인하기 때문이다. 하지만 어떤 연구자들은 타당도라는 용어와는 상당히 동떨어진 의미로 이 용어를 사용한다는 점에 유의하라. 또한 이 교재에서 필자가 타당도라는 용어를 사용할 때, 우리가 사용하고 연구하는 개념에 대한 객관적인 실재를 명시적으로 거부하는 식으로 사용한다는 것도 유념하기 바란다.

적절하게 사용되어야 하지만, 신뢰도도 질적 조사연구와 관련된 합당한 질을 평가할 때 하나의 기준이 된다. 이것은 동일한 것을 독립적으로 여러 번 측정하고 관찰하는 것이 가능할 경우, 사용된 측정기법이나 관찰기법이 동일한 데이터를 도출하는지 여부의 문제라는 것을 상기하라. 심층면접이나 심지어는 설문문항에 대한 개방형 응답에서 도출될 수 있는 데이터와 같은 원자료를 범주별로 분류하는 경우, 우리는 한 명 이상의 사람에게 부호화와 범주분류의 작업을 독립적으로 수행하라고 요구하고, 모든 사람들에게서 동일한 결과가 보이는지를 확인할 수 있다. 하지만 사회조사의 대부분의 측면에서 신뢰도의 개념은 더 애매모호한데, 그 이유는 우리가 관찰하고 있는 것은 계속 변할 수 있고, 측정행위(예를 들면, 질문하는 것)가 연구대상자에게 영향을 미칠 수 있기 때문이다. 어떤 질적 조사연구자들이 의존도(dependability)라고 부르는 것을 더 선호하는, 이 기초적인 신뢰도란 개념은 질적 조사연구에 있어 뜻 깊은 것이다. 예를 들어, 요바나 링컨(Yvonna Lincoln)과 에곤 구바(Egon Guba, 1985)는 관찰된 것과 그것이 관찰된 과정 모두의 일관성을 평가할 목적으로 '조사에 대한 감사(inquiry audit)'를 주장했다.

링컨과 구바의 연구(Lincoln and Guba, 1985)는 질적 연구를 평가할 수 있는 몇 개의 전통적 방법을 설정했다. 그 이후로 다른 이들은 질적 연구의 질을 평가하고 함양하기 위한 약간 수정된 기제를 제공했다. 영국의 국립사회조사연구센터(National Centre for Social Research)는 정부 프로그램을 평가하는 질적 조사연구 프로젝트를 평가하는 데에 있어 장관급 공무원을 지원했다. 이 연구는 조사의 평가를 목적으로 한 질적 방법의 사용에 초점을 맞추었음에도 불구하고, 그런 평가를 구성한 18개의 질문은 대부분의 질적 조사연구 형식에 적용될 수 있다(Spencer et al., 2003: 22-28).

1. 발견된 결과는 얼마나 신뢰성이 있는가?
2. 그 연구로 지식이나 연구가 얼마나 확장되었는가?
3. 그 평가가 원래의 목적과 목표를 얼마나 잘 다루고 있는가?
4. 보다 광범위한 추론을 끌어내기 위한 범위는 얼마나 잘 설명되고 있는가?
5. 평가판단의 근거는 얼마나 명확한가?
6. 연구설계는 얼마나 방어될 수 있는가?
7. 사례/문서에 대한 동일한 설계/목표선택이 얼마나 잘 조직되어 있는가?
8. 결과적인 표본구성과 범위가 얼마나 잘 기술되어 있는가?
9. 데이터 수집은 얼마나 잘 수행되었는가?
10. 분석에 대한 접근과 형성이 얼마나 잘 전달되었는가?
11. 데이터 자료의 맥락이 얼마나 잘 유지되고 묘사되었는가?
12. 관점과 내용의 다양성이 얼마나 잘 탐구되었는가?
13. 데이터의 세부사항, 깊이 및 복잡성(예를 들면, 풍부함)이 얼마나 잘 전달되었는가?
14. 데이터, 해석, 결론 사이의 연결이 얼마나 명확한가? 즉, 결론으로 나아가는 방법이 얼마나 잘 이해되는가?
15. 설명이 얼마나 명확하고 일관성이 있는가?
16. 평가의 형식과 결과를 형성하는 가정/이론적 관점/가치가 얼마나 분명한가?
17. 윤리 문제에 신경 썼다는 증거가 있는가?
18. 연구과정이 얼마나 적절하게 문서화되었는가?

질적 사회조사연구를 평가하기 위한 기준을 결정하려는 시도는 끝이 날 수 있는 문제가 아니다. 예를 들면, 어떤 연구가들은 방금 기술한 영국의 시도에 대해 경계를 한다. 그들은 연구기준을 특정하려는 정부기관의 의도에 우려를 표명하고, 이 항목들이 명확하지 않은 철학적 · 정치적 성향에서 비롯되었다고 주장한다(J. Smith and Hodkinson, 2005). 그럼에도 우리의 당면한 목적을 위해 이와 비슷한 질문을 계속하는 것은 질적 연구의 문제점을 찾는 데 도움이 된다.

어떻게 생각하는가 재논의

수량화는 상세한 것들의 생략을 통해 자료의 단순화를 요구한다. 때때로 그러한 상세한 것들은 '전체 그림'을 이해하는 데 매우 중요한 것이다. 당신 자신이 다른 이가 설정한 범주에 들어가지 않는다고 여겨질 때 당신은 이것을 경험한다. 당신이 어떤 정치적 견해를 표명했다고 가정해보자. 그러면 어떤 이가 당신의 전공을 물어보고 당신이 '사회학'이라고 답한다. 그리고 그 물어본 이가 "음. 그렇군. 물론 그렇겠지." 이 말은 마치 그가 당신에 대해(어느 정도는 사실이고 어느 정도는 허위인) 줄줄 꿰고 있듯이 '알고' 있음을 암시하는 말임과 동시에 당신이 표명한 정치적 견해에 대한 그의 '이해'에도 영향을 미칠 것이다. 당신은 당신의 종교, 인종, 출생지 혹은 성에 의거해 유사하게 범주화되었던 경험이 있을 것이다. 자료의 수량화에서도 이와 유사한 생략이 발생할 수 있다. 즉, 한정된 수의 범주가 다양한 상세한 것들을 대신한다. 질적 조사연구는 비록 코딩과 범주화의 절차를 거친다 해도 원천적인 상세함에 근접해 머무는 것을 목적으로 한다.

13.7 질적 자료분석과 윤리

적어도 두 가지의 윤리적인 문제가 질적 조사연구를 분석하고 설명하는 데에 있어 특수한 우려를 야기한다. 첫째, 이것은 주관적 판단을 매우 직접적으로 요구하기 때문에, 연구자들은 그들이 찾고 있는 것 또는 찾기 원하는 것을 발견하려는 분명한 위험에 직면한다. 이 위험성은 참여행동 연구 또는 사회적 정의의 요소를 포함하는 기타 프로젝트의 경우 등에서 증가된다. 하지만 연구자의 선입관은 불가피한 것이 아니다. 경험이 많은 질적 분석가는 그 함정을 두 가지 방식으로 피해나갈 수 있다. 그 하나는 그들 자신의 가치와 선호에 대한 세심한 인식의 고양을 통하여, 그리고 다른 하나는 자료의 수집과 분석을 위해 이미 구축된 기법의 고수를 통해서이다. 그리고 추가적인 보호장치인 과학연구 업무에 종사하는 동료에 의한 동료평가(peer review)는 이런 측면에서의 문제점을 지적해주도록 동료들을 고무시킨다.

둘째, 조사대상자의 비밀을 보호해주는 것이 질적 조사연구에 있어서 특별히 중요한 문제가 된다. 질적 조사연구자는 종종 신분을 알 수 있는 특정의 개인으로부터 수집된 자료를 분석하고 발표한다. 앞에서 나는 자료수집에서 연구대상자에 대해 알게 된 것을 연구자가 절대로 밝히지 않는 것의 중요성에 대해 이미 이 책 전체에 걸쳐 지적했다. 분석의 결과를 기술할 때 연구자는 신분을 결사적으로 숨겨주어야 한다. 그들을 숨기기 위해 개인, 조직, 공동체에게 가명을 부여한다. 때로는 심지어 연구자가 누구에 대해서 이야기하는지 외부자가 알아차릴 수 있는 세부사항을 은폐할 필요가 있을 수 있다. 따라서 '안수집사'라기보다는 '교회지도자'와 면접한 것에 대해 이야기한다고 말하는 것이 더 적절할 수 있다.

그리고 연구자는 그것 중 어느 것이라도 연구대상자의 신분을 노출시킬 수 있다면, 나이, 인종, 성별을 변경하거나 은폐할 필요도 있다. 핵심 원칙은 연구자가 조사하는 사람들의 사생활을 존중하는 것이다.

머리말

- 질적 분석은 관찰에 대한 비수량적 조사와 해석이다.

이론과 분석의 연계

- 질적 분석에는 이론과 분석 간의 지속적인 상호작용이 포함된다. 질적 자료를 분석하면서 일정 시간에 걸쳐 일어나는 변동유형, 또는 변수들 간에 있을 수 있는 인과적 연계를 발견하려고 한다.
- 그러한 유형의 발견과 설명에 대한 접근방법의 예로는 현장기반이론, 기호학, 대화분석 등이 있다.

질적 자료처리

- 질적 자료처리는 과학이면서 예술이기도 하다. 분석용 자료를 준비하는 데 필요한 주요한 도구 세 가지는 코딩, 메모작성, 개념지도화이다.
- 질적 분석에서 코딩하는 단위들은 통계분석용 코딩에 사용되는 표준화된 단위와는 다를 수 있다. 지금 추구하고 있는 이론으로부터 코드를 도출한다 할지라도 연구자들은 자료에 대한 자신들의 검토와 문제제기로부터 제시된 코드인 개방적 코드화를 사용한다.
- 메모작성은 코드의 의미, 이론적 생각, 예비적 결론, 그리고 기타 분석하는 동안 유용한 생각들을 포착하기 위해 자료처리 과정의 여러 단계마다 해야 하는 적절한 행위이다.
- 개념지도화는 자료들 간의 관계를 시각적으로 탐색하는 다이어그램을 사용한다.

질적 자료용 컴퓨터 프로그램

- Qualrus나 NVivo와 같은 여러 컴퓨터 프로그램들은 질적 자료를 분석할 때 연구자들에게 도움을 주기 위해 구체적으로 고안된 것이다.

양적 자료의 질적 분석

- 조사연구에서 연구자들은 사회과학 자료의 완벽한 이해를 위해 양적 및 질적 분석 모두를 사용할 필요가 있다.

질적 연구의 질 평가

- 타당도(신빙성) 및 신뢰도(의존도)가 질적 조사연구의 질을 평가하기 위한 방법들이다.

질적 자료분석과 윤리

- 질적 자료분석의 주관적 요소는 자료해석에 있어 선입견을 피해야 한다는 추가적 문제를 제공한다.
- 질적 자료분석가는 연구대상자의 신분을 알기 때문에 그들의 사생활 보호에 만전을 기하는 것이 매우 중요하다.

핵심용어

개념지도화(concept mapping)
개방적 코딩(open coding)
기호학(semiotics)
대화분석(conversational analysis, CA)
메모작성(memoing)
변수지향적 분석(variable-oriented analysis)

사례지향적 분석(case-oriented analysis)
선택적 코딩(selective coding)
질적 분석(qualitative analysis)
축 코딩(axial coding)
항시비교방법(constant comparative method)
현장기반이론 방법(Grounded Theory Method, GTM)
횡단사례분석(cross-case analysis)

사회조사연구 제안: 질적 자료분석

이 장에서 우리는 사회조사연구자들이 사용할 수 있는 질적 자료분석의 방법 일부를 살펴보았다. 물론 여러분이 연구계획서를 작성할 때에는 여러분의 자료를 아직 분석하지 않았을 것이기 때문에, 여러분이 도출해낼 결론에 대해 아무런 말도 할 수 없을 것이다. 하지만 여러분은 그 분석을 위한 최초의 계획에 대해서는 설명할 수 있다. '최초의' 계획이라고 내가 말하는 이유는 자료가 축적되고 유형이 도출됨에 따라 방향을 다소 변경할 수 있기 때문이다. 어떤 경우에는 관찰이 이루어지고 또는 이루어지거나 다른 자료가 수집됨에 따라 분석이 시작될 수 있고, 아니면 자료분석을 시작하기 전에 데이터 수집 단계를 완료할 계획을 가지고 있을 수도 있다.

여기가 여러분이 현장기반이론, 기호학 또는 기존의 분석방법과 같은 특정 분석방법을 사용할지 여부를 표시하는 부분이다. 만약 여러분이 질적 자료분석에 사용되는 특정 QDA 컴퓨터 프로그램 중 하나를 사용할 계획이라면, 그것도 여기에 언급하라.

복습문제

1. 고프먼의 '성 광고' 연구를 훑어보고, 잡지나 신문에서 광고사진을 수집해서 분석하라. 여러분이 찾은 자료를 통해 알 수 있는 성과 지위의 관계에는 무엇이 있는가?
2. 성서 레위기에 나타난 동성애에 관한 논의들을 검토하라. 횡단사례분석으로 구조화시킬 수 있는 방법에는 무엇이 있는가?
3. 미국 독립선언서 및 (프랑스 혁명에서 나온) 인권선언서와 같은 혁명기록물에 대해 사례분석(cross-case analysis)을 수행한다고 가정해보자. 다음의 독립선언서 문장에서 부호화할 수 있는 핵심 개념에는 무엇이 있는가?

- 인류역사의 과정에서, 어느 한 민족이 다른 민족과 엮었던 정치적 유대를 해소하고, 세계 열강들 사이에서 자연법(Law of Nature)과 창조주(Nature's God)가 부여한 별개의 그리고 평등한 지위를 확보하는 것이 필수불가결할 경우, 인류에 대한 사고를 엄숙히 존중한다면 부득이 독립을 해야만 하는 대의명분을 선언할 수밖에 없다.

4. www.worldpress.org에 접속하고, 각종 뉴스 매체에서 논쟁 중인 뉴스를 선택하라. 뉴스 매체들이 특정 사안에 대해 각기 어떤 관점에서 설명을 하고 있는지, 각 매체의 성향(정치성향, 종교)을 간파할 수 있는지 보라.

CHAPTER

14

양적 자료분석

개관

사회조사 자료는 통계분석을 위해 숫자의 형태로 변환된다. 이 장에서는 자료를 양화하는 과정부터 분석을 어떻게 하는지까지 살펴보려고 한다. 양적 분석은 기술적일 수도 있고, 설명적일 수도 있다. 또한 하나의 변수를 다룰 수도 있고, 둘 이상의 변수를 다룰 수도 있다. 조사연구의 결론을 얻기 위해 자료가 다루어지는 간단하면서도 강력한 방식을 살펴보면서 양적 분석이 어떻게 이루어지는지를 알아보자.

conejota/Shutterstock.com

학습목표

- 자료를 양화하는 방식을 보여주는 보기를 들 수 있다.
- 일원분석의 여러 측면에 대해 이해하고 논의할 수 있다.
- 일원분석 대신에 하위집단 비교가 사용될 때 어떤 이득이 있는지 설명할 수 있다.
- 하위집단 비교와 이원분석의 차이점을 설명할 수 있다.
- 다원분석이 이원분석에 비해 어떤 추가적인 이득이 있는지 설명할 수 있다.
- 사회학적인 진단의 예를 제시하고 그것이 사회적 원인과 관계에서 어떻게 활용될 수 있는지 살펴볼 수 있다.
- 양적 분석과 관련하여 어떤 윤리적 이슈가 있는지 확인할 수 있다.

14.1 머리말

양적 분석
관찰이 반영하는 현상을 기술하고 설명하기 위한 목적으로 관찰을 숫자로 표현하고 조작하는 것

13장에서는 사회연구자가 수집한 질적 자료를 분석하는 데 이용되는 논리와 기법을 살펴보았다. 이 장에서는 양적 분석(quantitative analysis)을 살펴보는데, 이는 연구자가 자료를 수치 형태로 바꾸어서 통계분석을 하는 기법이다.

먼저 양화(quantification), 즉 자료를 숫자 형태로 전환시키는 과정을 살펴보자. 이것은 사회과학 자료를 '기계가 읽을 수 있는 형태', 말하자면 컴퓨터나 양적 분석에 이용되는 유사 기계들에 의해 읽히고 조작될 수 있는 형태로 전환하는 것을 뜻한다.

이 장의 뒷부분에서는 양적 자료분석의 논리와 몇몇 기법들을 살펴볼 것이다. 하나의 변수만 포함된 가장 단순한 경우인 일원분석에서 시작해서 두 변수를 포함한 이원분석에 대해 논의한다. 그 후에 다원분석에 대한 간단한 소개를 하고 마칠 것인데, 이것은 나이, 교육, 편견 같은 여러 변수들을 동시에 검토하는 방법이다. 그러고 나서 사회학적 진단에 대해 논의해보고 마지막으로 양적 자료분석에 내포된 윤리의 문제를 살펴본다.

일부 학생들은 다른 학생들보다 통계에 더 쉽게 다가서곤 한다.

어떤 종류의 분석을 하건 간에 그에 앞서서 자료를 양화할 필요가 있다. 이제부터 자료를 컴퓨터 처리와 분석에 적용될 수 있도록 기계가 읽을 수 있는 형태로 전환시키는 기본적인 단계가 무엇인지 살펴보자.

어떻게 생각하는가

13장에서 우리는 양적 자료에 내재된 몇 가지 제약점들을 보았다. 이러한 한계점들은 본질적으로 사회적 실재가 다양하고 심오한 데 비해서 이를 단순화하고 추상화하는 데서 비롯된다. 수치적인 조작을 가능하도록 하기 위해 의미 있는 세부사항을 놓쳐버린 자료에서 과연 의미 있는 그 무엇을 찾을 수 있을까?

이 장의 끝부분에 다시 정리되어 있는 〈어떻게 생각하는가: 재논의〉를 살펴보라.

Picture 6/Earl Babbie

14.2 자료의 양화

오늘날 양적 분석은 거의 대부분 SPSS나 MicroCase 같은 컴퓨터 프로그램에 의해 처리된다. 이런 프로그램들이 마술을 부릴 수 있도록 하려면, 조사에서 수집된 자료를 읽을 수 있어야 된다. 예를 들어, 서베이를 했다면 나이나 수입의 경우처럼 자료의 일부는 원래 숫자로 되어 있다. 반면에 질문지에 쓴 답이나 답에 표기한 것들은 원래 질적이지만, 갈겨쓴 나이도 쉽게 양적 자료로 전환된다.

다른 자료들도 역시 쉽게 양화되는데, 남성과 여성을 '1'과 '2'로 전환하는 것은 그리 어려운 문제가 아니다. 연구자들은 또한 종교성, 정당소속, 지역 등의 변수에 이를 대변하는 숫자를 쉽게 부여할 수 있다.

그러나 어떤 자료들은 다루기가 좀 어렵다. 예를 들어, 서베이를 통해 현재 버몬트(Vermont) 주의 우드버리(Woodbury) 지역이 직면한 가장 큰 문제가 무엇이라고 생각하는지를 물어본 결과, 응답자들이 '오존층 파괴'라고 응답했다면, 컴퓨터는 이러한 응답을 수치로 전환하여 처리할 수 없다. 여러분이 응답을 코딩(coding)하여 일종의 번역을 해주어야만 된다. 이미 우리는 내용분석(11장) 및 질적 자료분석(13장)과 연관해서 코딩에 관해 살펴보았다. 이 장에서는 원자료를 수치로 바꾸는 목적이 앞의 두 가지와는 원천적으로 다른 양적 분석을 위한 코딩에 대해 집중적으로 살펴보자.

내용분석의 경우에서처럼, 이 작업은 다양하고 특수한 정보들을 제한된 몇 가지 속성을 가진 하나의 변수로 만들기 위해 응답의 범위를 좁혀 나가는 것이다. 예를 들어, 조사자가 응답자에게 "직업이 무엇입니까?"라고 묻는 경우를 가정해 보자. 이런 질문에 대한 대답은 아주 다양할 것이다. 비록 응답한 각각의 직업에 서로 다른 숫자를 부여할 수 있겠지만, 이 절차가 자료분석을 원활하게 하지는 못한다. 왜냐하면 같은 속성을 가진 여러 직업이 서로 다른 수치를 갖게 되기 때문이다.

직업이라는 변수는 이미 여러 코딩방식으로 확립되어 있다. 그중 한 가지는 전문직 및 관리직, 사무직, 반숙련직 등으로 구분하는 것이다. 또 다른 분류방식은 상이한 경제 부문별로 구분하는 것으로, 제조업, 보건, 교육, 상업 등이다. 이 두 방식을 결합하는 경우도 있다. 기존의 코딩방식을 사용하면 연구결과를 다른 연구와 비교할 수 있는 장점이 있다.

선택한 직업 코딩방식은 연구에서 검증하고자 하는 이론적 개념에 적합해야 한다. 어떤 연구에서는 모든 직업을 단순히 사무직과 생산직으로 분류하는 것만으로도 충분할 수 있고, 경우에 따라서는 자영업자와 피고용자로 구분하는 것만으로도 충분할 수 있다. 혹은 평화와 관련된 연구를 하는 연구자에게는 응답자의 직업이 방위산업과 관련 있는지 여부만이 주된 관심이 될 수도 있다.

비록 코딩방식이 분석상의 특정한 요건에 맞추어 잘 짜여야 하지만, 한 가지 일반적인 지침은 명심할 필요가 있다. 만약 자료가 높은 수준의 상세함을 유지하도록 코딩된다면, 코드범주는 그런 상세함을 요구치 않는 분석과정에서 어느 때이건 합쳐질 수 있다. 하지만 애초에 자료가 몇 안 되는 큰 범주로 코딩되었다면, 분석과정에서 원래의 상세함을 재구성해낼 방법은 없다. 따라서 선택의 폭을 넓히기 위해서는 분석에 사용하려고 계획한 수준보다 훨씬 더 상세한 수준으로 자료를 코딩하는 것이 바람직하다.

코드범주 만들기

코딩과정에는 두 가지 기본적인 접근방식이 있다. 첫째, 연구목적에 기반해서 비교적 잘 개발된 코딩방식을 가지고 시작할 수 있다. 따라서 앞에서 언급한 바와 같이 평화 연구자는 직업을 국방관련 직업인지의 여부를 기준으로 분류할 수 있다. 혹은 기존의 코딩방식을 사용함으로써 기존 연구의 발견과 비교하기를 원할 수도 있다.

두 번째 방식은 13장에서 논의한 것처럼 자료를 가지고 자신의 코딩방식을 개발하는 것이다. 대학생들에게 자기기입식 설문조사를 통해 현재 자기 대학이 직면한 문제 중 가장 큰 문제가 무엇이라고 생각하는지 물어보았다고 하자.

학생들이 써낸 응답 중에는 다음과 같은 내용이 있을 수 있다.

등록금이 너무 비싸다
주차장이 충분하지 않다
교수들은 자신들이 무얼 하는지 모른다
지도교수를 만나기 어렵다
다양한 강의가 충분히 제공되지 않는다

기숙사에 바퀴벌레가 많다
과제물이 너무 많다
구내식당 음식이 불결하다
교재비가 너무 비싸다
재정적 지원이 불충분하다

이런 응답들을 잠시 훑어본 다음 몇 가지 대표적인 범주로 나눌 수 있을지를 생각해보라. 정답이 있는 것은 아니며, 이 응답들로부터 산출될 수 있는 코딩방식에는 여러 가지가 있다.

'등록금이 너무 비싸다'라는 첫 번째 응답부터 시작해보자. 이 응답은 어떤 일반적 관심분야를 반영하고 있는가? 한 가지 분명한 가능성은 '재정적 관심'이다. 다른 응답 가운데 이 범주에 속하는 것이 있는가? 〈표 14-1〉은 질문지 응답 중의 어느 것이 이 범주에 적합한지를 보여준다.

보다 일반적인 견지에서 말하면, 첫 번째 응답은 한편으로 학문 외적인 문제를 반영하고 있는 것으로 여길 수 있다. 만약 여러분의 연구관심이 학문적인 것과 학문 외적인 것의 구분을 포함하고 있다면, 이러한 범주화도 적절하다. 이 경우라면 응답은 〈표 14-2〉처럼 코드화될 것이다.

〈표 14-2〉에서 '교재비가 너무 비싸다'는 응답을 어떤 범주에도 넣지 않았다는 것을 알 텐데, 그 이유는 이 관심이 두 범주의 문제를 모두 반영하는 것으로 보일 수 있기 때문이다. 교재는 학술 프로그램의 한 부분이지만, 비용은 그렇지 않다.

표 14-1
'재정적 관심'으로 코드화될 수 있는 학생들의 응답

	재정적 관심
등록금이 너무 비싸다	X
주차장이 충분하지 않다	
교수들은 자신들이 무얼 하는지 모른다	
지도교수를 만나기 어렵다	
다양한 강의가 충분히 제공되지 않는다	
기숙사에 바퀴벌레가 많다	
과제물이 너무 많다	
구내식당 음식이 불결하다	
교재비가 너무 비싸다	X
재정적 지원이 불충분하다	X

표 14-2
'학문적' 및 '학문 외적'으로 코드화된 학생들의 관심

	학문적 관심	학문 외적 관심
등록금이 너무 비싸다		X
주차장이 충분하지 않다		X
교수들은 자신들이 무얼하는지 모른다	X	
지도교수를 만나기 어렵다	X	
다양한 강의가 충분히 제공되지 않는다	X	
기숙사에 바퀴벌레가 많다		X
과제물이 너무 많다	X	
구내식당 음식이 불결하다		X
교재비가 너무 비싸다		
재정적 지원이 불충분하다		X

표 14-3 '행정관련' 및 '시설관련' 관심으로 코딩된 학문 외적 관심

	학문적 관심	행정적 관심	시설관련 관심
등록금이 너무 비싸다		X	
주차장이 충분하지 않다			X
교수들은 자신들이 무얼 하는지 모른다	X		
지도교수를 만나기 어렵다	X		
다양한 강의가 충분히 제공되지 않는다	X		
기숙사에 바퀴벌레가 많다			X
과제물이 너무 많다	X		
구내식당 음식이 불결하다			X
교재비가 너무 비싸다	X		
재정적 지원이 불충분하다		X	

이 점은 우리가 개발한 코딩방식을 더 정교하게 할 필요가 있다는 것을 알려준다. 연구목적에 따라서는 학문적 요소를 지닌 관심을 확인해내는 데 특별히 관심이 있을 수 있고, 그래서 이 요소를 '학문적'이라고 코딩한다. 하지만 이와 마찬가지로 학문 외적 관심을 확인해내는 데 더 관심이 있을 수도 있고, 그래서 이에 따라 응답을 코딩하는 것도 합리적이다. 혹은 또 다른 대안으로서 학문적 관심과 학문 외적 관심을 함께 포함하는 별도의 응답범주를 만들 수도 있다.

하지만 또 다른 대안으로, 학문 외적 관심을 행정적인 문제가 개입된 것과 캠퍼스 시설에 관련된 문제로 구분하기를 원할 수도 있다. 〈표 14-3〉은 위의 열 가지 응답이 이런 구분에 따라 어떻게 코딩되는지를 보여준다.

이상의 몇 가지 예가 보여주듯이 자료를 코딩하기 위해 가능한 방식은 여러 가지가 있다. 어느 것을 선택할 것인가는 연구목적에 부합해야 하고 자료 자체가 드러내는 논리를 반영해야 한다. 종종 코딩과정이 진전되면서 코드범주를 수정하는 경우를 겪을 수 있다. 하지만 범주 목록을 바꿀 때마다 그 수정이 일관적으로 이루어졌는지 보기 위해 이미 코딩된 자료를 재검토해야만 한다.

한 변수를 구성하는 일단의 속성(attributes) 및 폐쇄형 설문문항의 응답범주와 마찬가지로, 코드범주는 항상 망라적(exhaustive)이며 동시에 상호배타적(exclusive)이어야 한다. 코딩되는 모든 정보는 반드시 어떤 범주에든 속해야 하고 한 가지 범주에만 속해야 한다. 만일 한 가지 정보가 여러 가지 응답범주에 동시에 해당하거나 이와 반대로 어느 범주에도 전혀 해당하지 않는다면 반드시 문제가 발생하게 된다. 두 경우 모두에서 자료와 코딩방식 간의 불일치를 드러내는 것이다.

만약 코딩과정을 도와줄 사람이 있다면, 코드범주의 정의에 대해 훈련을 시키고 그 범주들을 어떻게 적절히 이용하는지를 보여줄 필요가 있다. 그러기 위해서는 코드범주의 의미를 설명해주고 각각의 범주에 대해 여러 가지 예를 들어주어야 한다. 코딩담당자가 연구자의 의중을 정확하게 이해했는지를 확인하기 위해 연습 삼아 몇 개의 사례를 코딩해볼 필요가 있다. 그러고 나서 코딩담당자에게 연구자가 어떻게 코딩했는지를 알려주지 않은 상태에서 동일한 사례를 코딩해보도록 한 뒤, 두 결과를 비교해본다. 만일 두 사람의 코딩결과에 어떤 불일치가 있다면 이것은 연구자가 코딩담당자에게 코딩체계를 이해시키는 의사전달이 불완전하다는 것을 드러내주는 것이다. 설사 두 사람의 코딩결과가 정확하게 일치한다고 하더라도 코딩과정을 통해서 전체 사례들 가운데 적어도 일부분에 대해서라도 코딩결과를 비교, 검토하는 것이 좋다.

연구자 스스로가 코딩을 해야만 하는 경우에도 연구자 자신이 행한 코딩의 신뢰도를 검증하는 것이 요구된다. 어느 누구도 완벽할 수는 없으며, 더구나 새로운 사실을 찾기 위해 열중하고 있는 연구자의 경우는 특히 실수를 저지르기 쉽다. 예를 들어, 연구자가 신흥종교에 대해 연구하고 있고, 정상적인 가정을 이루지 못한 사람들이 이러한 신흥종교를 가족의 대안으로 보고 있을 가능성이 가장 높을 것이라는 인상을 연구자가 가지고 있다고 치자. 이런 경우 연구자는 무의식적으로 일단 가족이 없다고 대답한 관찰대상자들로부터 이들의 응답내용 가운데 신흥종교를 가족의 대안으로 여기고 있다는 증거를 찾으려고 시도하는 오류를 범하기 쉽다. 따라서 가능하다면 다른 누군가로 하여금 연구자 자신이 코딩한 사례들의 일부를 코딩해보도록 하여 그 사람도 연구자와 동일하게 코딩하는지를 확인해볼 필요가 있다.

코드북 만들기

코딩작업의 목적은 자료문항을 숫자형태의 코드로 전환시키는 것이다. 이 코드들은 각 변수를 구성하는 속성들의 값을 반영하고, 결국 자료파일 내에 할당된 위치를 나타낸다. 코드북(codebook)이란 변수의 위치와 각 변수가 가질 수 있는 일련의 속성 하나하나마다 어떤 코드가 부여되어 있는가를 보여주는 문서이다.

코드북은 다음과 같은 두 가지 본질적인 기능을 갖고 있다. 첫째, 코드북은 코딩작업에서 사용되는 일차적인 지침이다. 둘째, 자료분석을 하는 동안 자료파일에서 변수의 위치를 파악하고 각 코드의 의미를 해석하는 데 지침이 된다. 만약 자료분석의 한 부분에서 두 변수 간 상관관계를 알아보려고 할 때, 각 변수들을 파일의 어디에서 찾을 것이며 코드의 의미가 무엇인지를 코드북이 알려준다.

코드북
자료 처리 및 분석과정에서 자료 파일에서 각 자료 항목의 위치를 알려주는 문서. 일반적으로 코드북은 자료 항목의 위치와 각 변수들의 속성 값을 대변한 코드의 의미를 보여준다.

POLVIEWS(정치적 관점)
오늘날 진보와 보수에 관해 여러 이야기를 합니다. 사람들이 갖고 있는 정치적 관점이 '극히 진보'(1점)부터 '극히 보수'(7점)까지 배열되는 7점 척도를 보여주고자 합니다. 귀하는 이 척도상의 어디에 속하십니까? 1. 극히 진보적 2. 진보적 3. 약간 진보적 4. 중간정도 5. 약간 보수적 6. 보수적 7. 극히 보수적 8. 잘 모름 9. 무응답

ATTEND(참석)
귀하는 종교행사에 얼마나 자주 참석하십니까? 0. 전혀 참석하지 않는다 1. 일 년에 한 번 미만 2. 일 년에 한두 번 3. 일 년에 여러 번 4. 한 달에 한 번 정도 5. 한 달에 두세 번 6. 거의 매주 7. 매주 8. 일주일에 여러 번 9. 잘 모름, 무응답

그림 14-1 **코드북의 일부**

〈그림 14-1〉은 GSS(General Social Survey) 자료에서 두 변수를 골라 만든 코드북의 일부이다. 코드북을 어떻게 만드느냐에 대한 정답은 없지만, 이 예는 몇 가지 공통의 필수요소를 보여준다.

우선 각 변수가 축약된 변수명(POLVIEWS, ATTEND)으로 표현된 점을 주목하라. 예를 들어 우리는 ATTEND로부터 응답자의 교회출석 정도를 확인할 수 있다. 이 예는 GSS에서 설정된 형식을 사용한 것인데, SPSS로 처리되어 왔다. 다른 자료 및 분석 프로그램은 변수들을 다른 방식으로 처리할 수도 있다. 한 예로, 축약된 변수명칭 대신에 수치로 코딩할 수도 있다. 하지만 연구자는 분석하려는 변수의 위치를 지정해서 사용할 수 있게 해주는 어떤 표식을 가지고 있어야 한다.

다음으로, 모든 코드북은 각 변수에 대한 완전한 정의를 포함하고 있어야 한다. 설문지의 경우, 변수의 정의는 물어본 질문의 정확한 용어들로 이루어진다. 왜냐하면 우리가 잘 알듯이 질문의 용어 표현은 어떤 응답이 나오느냐에 큰 영향을 끼치기 때문이다. POLVIEWS의 경우에 응답자들은 여러 가지 정치적 범주들을 담고 있는 질문을 받고 자신들에게 가장 적합한 것을 고르도록 요청받는 것이다.

코드북 또한 각 변수를 이룬 속성들을 지적하고 있다. 예를 들어, POLVIEWS의 경우에 응답자들은 자신들의 정치적 지향을 '극히 진보적', '진보적', '약간 진보적' 등으로 특징지을 수 있다.

마지막으로 각 속성이 수치 값을 갖는다는 것을 주목하라. POLVIEWS의 경우에 '극히 진보적'은 코드번호가 1이다. 이러한 수치는 자료가 다양하게 조작되는 데 이용된다. 예를 들어, 1번부터 3번까지의 범주(모두 '진보적' 응답임)를 묶어야 된다고 결정할 수도 있다. 코드번호가 있다면 긴 항목이름에 비해 쉽게 이런 작업을 할 수 있다.

자료입력

자료를 양적 형태로 전환시키는 것과 더불어, 양적 분석에 관심이 있는 연구자들은 또한 자료를 기계가 읽을 수 있는 형태로 전환해서 컴퓨터가 자료를 읽고 처리할 수 있도록 할 필요가 있다. 자료의 원래 형식과 더불어 자료를 분석하기 위해 선택한 컴퓨터 프로그램에 따라 이런 절차를 수행할 수 있는 여러 가지 방법이 있다. 여기서 그 과정을 간단히 소개해보겠다. 이 작업을 수행하려면, 이용하려고 하는 특정한 자료 및 프로그램에 작업을 맞추어야 한다.

만약 자료가 설문지에 의해 수집되었다면, 설문지 자체에 코딩을 할 수 있다. 그러고 나면 자료입력 전문가(본인이 스스로 해도 됨)가 자료를 예를 들어 SPSS 자료 형식으로 입력할 수 있거나 엑셀(EXCEL) 스프레드시트로 입력해서 나중에 SPSS에 불러들일 수도 있다.

때때로 사회연구자들은 자료수집에 스캔용지를 쓰기도 한다. 이 용지는 기계에 들어가 읽히면서 검정색 마크를 자료로 변환시키고 후에 분석 프로그램에 적용될 수 있다. 그런데 이런 절차는 그런 스캔용지를 쉽게 이용할 수 있는 사람들에게만 가능한 것이고, 보통 폐쇄형 질문에만 적용된다.

때때로 자료수집 과정에서 자료의 입력이 이루어지기도 한다. 예를 들어, 컴퓨터 기반 전화 인터뷰에서 면접자는 피면접자의 응답을 바로 컴퓨터에 입력하게 되고 데이터는 분석을 할 수 있게 누적된다(9장 참조). 더 쉽게는 응답자들이 자신의 응답을 바로 데이터베이스에 입력할 수 있도록 온라인 서베이가 구축될 수도 있는데, 이 경우에는 면접자나 자료입력원이 불필요하게 된다.

일단 데이터가 완전히 양화되어서 컴퓨터에 입력되면 연구자는 양적 분석을 시작할 수 있다. 이 장을 시작하면서 언급한 세 가지 분석인 일원분석, 이원분석 및 다원분석에 대해서 살펴보자.

14.3 일원분석

양적 분석의 가장 단순한 형태인 일원분석(univariate analysis)은 사례들을 한 변수를 통해, 특히 그 변수 속성의 분포를 통해 살펴보는 분석방법을 말한다. 예를 들어, 만약 '성별'이 측정되었다면, 대상 중 몇 명이 남성이고 몇 명이 여성인지를 살펴볼 수 있다.

일원분석
기술(description)을 위해 한 변수에 대해 분석하는 것. 주로 분포, 평균, 분산측정치 등의 예가 있으며 이원분석이나 다원분석과 구분된다.

분포

일원자료를 제시해 보이는 가장 기본적인 형식은 각각의 모든 사례에 대해서 언급하는 것이다. 다시 말해, 알고자 하는 변수에 대해 각각의 사례가 갖는 속성을 나열하는 것을 말한다. GSS 자료에서 예배에 참석하는 정도를 측정한 ATTEND 라는 변수를 예로 들어보자.

〈그림 14-2〉는 이 책의 앞부분에서 소개되었던 버클리 SDA 온라인 분석 프로그램을 이용해서 여러분이 이 자료를 어떻게 요청할 수 있는지 보여준다. 이 프로그램은 http://sda.berkerly.edu/sdaweb/analysis/?dataset=gss14에서 찾아볼 수 있다.

그림에서 ATTEND가 행렬변수로 포함되고 분석을 2014년 GSS 데이터로 한정하기 위해서 선택 필터를 설정했음을 볼 수 있다. 그 결과가 곧 보일 것이다.

〈그림 14-3〉은 표 형태로 작업이 처리된 것을 보여준다. 예를 들어 응답자 중 26.2%가 종교집회에 전혀 참석한 적이 없다고 답했다. 표의 아래쪽을 보면 17.6%가 매주 참석하는 것을 볼 수 있다. 결과를 단순화하기 위해서 마지막 세 범주를 합쳐 28.8%가 '대체로 매주' 참석한다고 말할 수 있다.

빈도분포
표본에서 한 변수의 속성들이 관찰되는 횟수에 대한 기술. 표본 중 53%는 남성이고 47%는 여성이라고 보고하는 것이 빈도분포의 간단한 예이다.

한 변수의 다양한 속성들이 표본에서 몇 번 나타나는지를 관찰하여 기술한 것을 **빈도분포(frequency distribution)**라고 한다. 어떤 경우에는 빈도분포를 그래프로 보는 것이 가장 쉽다. 〈그림 14-4〉는 〈그림 14-2〉에 있는 'Chart Options'에서 특

SDA Frequencies/Crosstabulation Program
Help: General / Recoding Variables

Row: ATTEND (Required)
Column:
Control:
Selection Filter(s): YEAR(2014)
Weight: COMPWT - Composite weight: WTSSALL * OVERSAMP * FOR
▸ Output Options
▸ Chart Options
▸ Decimal Options
Run the Table | Clear Fields

그림 14-2 ATTEND 변수에 대한 일원분석 요청, 2014년

Frequency Distribution		
Cells contain: -Column percent -Weighted N		Distribution
ATTEND	0: NEVER	26.2 660.6
	1: LT ONCE A YEAR	7.7 193.4
	2: ONCE A YEAR	12.9 326.9
	3: SEVRL TIMES A YR	10.4 263.7
	4: ONCE A MONTH	5.8 146.8
	5: 2-3X A MONTH	8.2 207.0
	6: NRLY EVERY WEEK	4.3 109.1
	7: EVERY WEEK	17.6 443.4
	8: MORE THN ONCE WK	6.9 175.1
	COL TOTAL	*100.0* *2,526.0*

그림 14-3 종교행사 참여, 2014년

그림 14-4 GSS ATTEND 변수의 막대그래프, 2014년

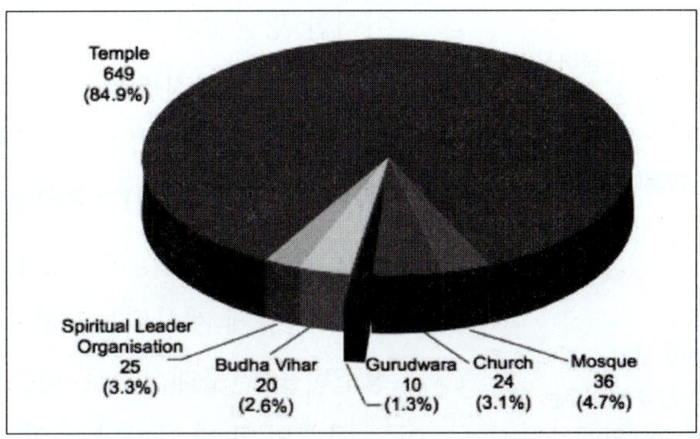

그림 14-5 유형별 종교기관의 수와 퍼센트를 보여주는 파이그래프

정하여 SDA에 의해 산출된 것이다. 그림의 왼쪽에 있는 수직선은 표의 X축을 따라 표시된 각 응답을 선택한 퍼센트를 보여준다. 〈그림 14-3〉의 퍼센트가 〈그림 14-4〉의 막대 높이와 어떻게 상응하는지 잠시 시간을 내서 살펴보라.

이 프로그램은 다른 방식의 그래프도 제공한다. 〈그림 14-2〉의 맨 위에서 막대그래프 대신 원한다면 파이그래프를 지정해서 요구할 수도 있다.

파이그래프는 특별히 명목변수에 적절하기 때문에 〈그림 14-5〉를 다른 연구에서 끌어왔다. 인구학자인 프렘 사세나(Prem Saxena, 2012: 20)는 인도의 내비 뭄비아(Navi Mumbia)에서의 종교성에 대한 연구에서 다양한 종교기관들 중에 힌두교 사원이 압도적으로 많은 수를 보여주는 데 있어서 파이그래프가 가장 낫다고 판단했다.

중심집중치

단순히 한계빈도표(marginal frequencies)를 이용해서 변수값의 전반적인 분포를 제시하는 것에서 한걸음 더 나아가, 자료를 평균(average) 혹은 중심집중치(central tendency)를 이용해서 보고하는 방법이 있다. 우리는 일상생활에서 어떤 변수의 '전형적인' 값을 표현하기 위해 사용하는 여러 종류의 평균값에 익숙하기 때문에 중심집중치라는 개념을 이미 잘 알고 있다. 예를 들어, 야구에서 0.3이라는 타율은 타자가 평균적으로 10회의 타석에서 3번 정도 안타를 친다는 것을 뜻한다. 야구시즌 중에 타자는 꽤 오랫동안 전혀 안타를 치지 못할 수도 있고, 한 번에 많은 안타를 쳐낼 수도 있다. 하지만 일정기간 동안의 타율은 열 번 타석에 들어서면 세 번 안타를 친다는 중심집중치로 표현될 수 있다. 마찬가지로, 학생들의 학점은 비록 어떤 과목에서는 A학점을 받고, 일부는 B를 받고, 한두 과목에서는 C를 받기도 하겠지만, 전 과목을 포함한 '특정한' 값으로 표현된다.

평균
전형적으로 혹은 일반적으로 집중경향(중심집중치)을 나타내는 모호한 용어인데, 산술평균, 중앙값, 최빈값이 수학적 평균의 중요한 예들이다.

산술평균
여러 관찰에서 얻어진 값을 더해서 관찰 수로 나누어 계산된 평균. 열 과목에서 4.0학점, 한 과목에서 F학점을 받으면, 학점의 산술평균은 3.6이다.

최빈값
가장 빈번하게 관찰되는 값이나 속성을 보여주는 평균. 표본에 1,000명의 개신교도, 275명의 가톨릭교도, 33명의 유태교도가 있다면, 개신교가 최빈 범주이다.

중앙값
관찰치를 순서로 나열했을 때 '중간'에 해당하는 사례의 값을 대변하는 평균. 만약 5명의 나이가 16, 17, 20, 54, 88살이라면, 중앙값은 20살(산술평균은 39살)이다.

이러한 평균값은 보다 정확히 표현하면, 산술평균(mean, 값의 총합을 전체 사례수로 나눈 결과치)이라고 부른다. 산술평균은 중심집중치 혹은 '전형적인' 값을 측정하는 하나의 방법이다. 다른 두 가지 중심집중치에는 최빈값(mode, 가장 빈번하게 발생하는 속성)과 중앙값(median, 관찰된 속성들을 순위로 나열했을 때 정중앙에 위치하는 속성)이 있다. 한 가지 자료를 예로 들면서, 이 세 가지 평균값이 각각 어떻게 계산되는가를 살펴보도록 하자.

청소년을 연구대상으로 하는 실험을 수행하고 있다고 가정해보자. 그들의 나이는 아래의 표에 나타난 바와 같이 13세에서 19세에 이르고 있다.

나이	빈도
13	3
14	4
15	6
16	8
17	4
18	3
19	3

이처럼 31명의 실제 나이의 분포가 주어졌을 때, 그들의 나이가 대체로 혹은 '평균적으로' 몇 살이라고 답해야 하는가? 이 질문에 답할 수 있는 세 가지 방법에 대해 알아보자.

가장 구하기 쉬운 평균값은 가장 빈번하게 나타나는 속성치를 의미하는 최빈값이다. 〈그림 14-6〉에 나타나 있듯이, 다른 어떤 연령보다 16세에 해당하는 청소년이 8명으로서 다른 연령에 해당하는 청소년보다 그 빈도가 많다는 것을 알 수 있고, 따라서 최빈연령은 16세이다. 더 엄밀하게 말하면 최빈연령은 '16세'라는 범주이며, 여기에는 16세보다는 17세에 더 가깝지만 아직 17세 생일에 이르지 못한 청소년들이 포함되어 있다.

〈그림 14-6〉은 또한 산술평균을 계산하는 방법을 보여주고 있다. 세 가지 단계가 있는데, (1) 각각의 연령을 그 범주에 속하는 청소년의 빈도와 곱하고, (2) 이렇게 구한 값을 모두 합한 뒤, (3) 그 값을 전체 청소년의 빈도로 나누면 된다.

나이의 경우에는 특별히 조정할 부분이 있다. 위에서 최빈연령을 구하면서 이미 언급한 것처럼, 자신이 '13세'라고 답한 청소년들은 정확히 13세부터 14세 생일 직전까지에 해당하는 범위에 있다. 게다가 '13세'에 해당하는 청소년집단은 전국적으로 볼 때 해당 연령의 1년에 걸쳐 고루 분포되어 있어서 평균연령을 13.5세라고 가정하는 것이 합리적이다. 이것은 다른 연령층 각각에도 마찬가지이다.

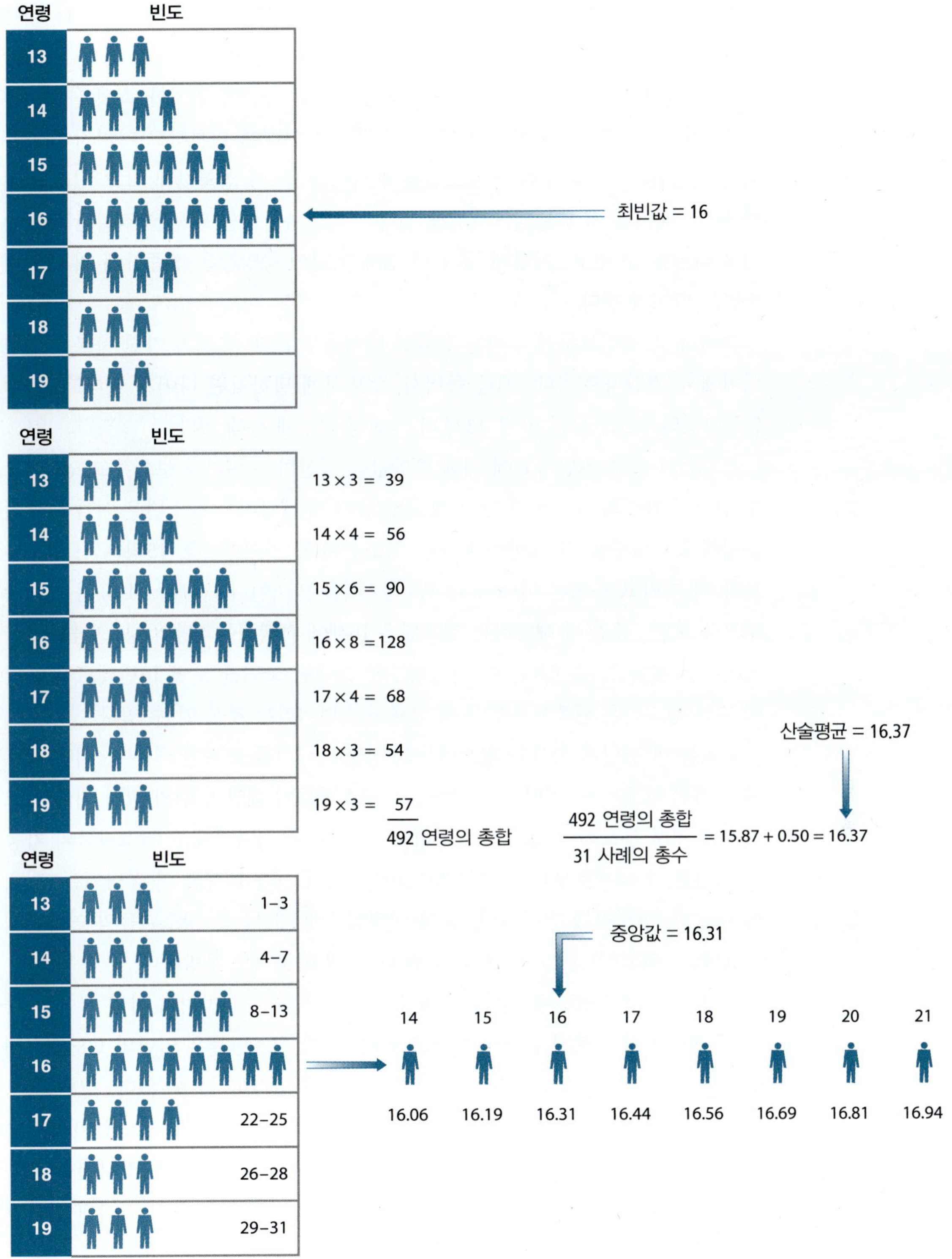

연령
빈도
13
14
15
16
17
18
19
최빈값 = 16
연령
빈도
13
14
15
16
17
18
19
13 × 3 = 39
14 × 4 = 56
15 × 6 = 90
16 × 8 = 128
17 × 4 = 68
18 × 3 = 54
19 × 3 = 57
492 연령의 총합
산술평균 = 16.37
492 연령의 총합
31 사례의 총수
= 15.87 + 0.50 = 16.37
연령
빈도
13
1–3
14
4–7
15
8–13
16
17
22–25
18
26–28
19
29–31
중앙값 = 16.31
14
15
16
17
18
19
20
21
16.06
16.19
16.31
16.44
16.56
16.69
16.81
16.94

그림 14-6 세 가지 '평균'

따라서 마지막으로 계산된 값에 0.5세를 더해주는 것이 적절하며, 〈그림 14-6〉에 나타난 것과 같이 청소년들의 평균연령은 16.37세가 된다.

중심집중치의 세 번째 측정치인 중앙값은 가장 중앙에 위치한 속성을 보여주는데, 이 값을 중심으로 해서 절반은 이 값보다 아래에 위치하고 나머지 절반은 위에 위치한다. 만약 우리가 청소년들의 나이를 좀 더 정확하게 알고 있다면(예를 들어, 태어난 지 17년과 124일째 된다는 식으로), 이들 31명을 정확한 나이순서로 나열할 수 있고, 이렇게 했을 때 전체 집단의 중앙값은 정중앙에 위치한 청소년의 나이가 된다.

그러나 표에서 보듯이 우리는 정확한 나이를 모른다. 우리가 가진 자료는 이런 의미에서 '집단자료'이다. 예를 들어서, 엄밀하게 말하자면 나이가 같다고 볼 수 없는 3명의 청소년들이 함께 '13세'라는 연령 범주에 속해 있다.

〈그림 14-6〉은 집단자료에 대해 중앙값을 계산하는 논리를 보여주고 있다. 모두 합쳐서 31명의 청소년이 있기 때문에 '중간'에 해당하는 청소년은 이들을 나이 순서대로 나열했을 때 16번째에 오는 청소년이 될 것이다. 즉, 15명은 이 청소년보다 더 어리고 15명은 나이가 더 많다는 것을 의미한다. 〈그림 14-6〉의 아래쪽 부분을 보면, '중간'에 해당하는 청소년은 16세에 해당하는 8명의 청소년들 중 한 명이라는 것을 알 수 있다. 이 연령범주를 확대한 그림을 보면 16번째로서 중간이 되는 청소년은 왼쪽으로부터 세 번째 청소년이라는 것을 알 수 있다.

우리는 이 집단에 속하는 청소년들의 정확한 나이를 모르기 때문에, 이런 경우에 통계적 관례는 이 집단에 속한 8명의 청소년들이 해당 범주의 범위 내에서 고르게 흩어져 분포되어 있다고 가정하는 것이다. 이 경우, 대상 청소년들의 가능한 연령은 딱 16세로부터 16세와 364일에 해당하는(즉 17세를 하루 남겨둔) 범위에 이른다. 엄밀하게 말하자면, 16세 연령범주에 해당하는 청소년들의 연령범위는 364일/365일이다. 실질적으로 보면 1년이라고 불러도 무방하다.

만약 16세 연령범주에 해당하는 8명의 청소년들이 이 범위의 한쪽 끝에서 다른 쪽 끝에까지 고르게 흩어져 있다고 한다면, 각 청소년들은 일년의 1/8씩에 해당하는 간격, 즉 0.125년이라는 간격으로 흩어져 있다고 볼 수 있다. 그림을 보면, 만일 첫 번째 청소년을 아래쪽 끝에서부터 0.125년 간격의 절반인 0.06만큼 위쪽에 서게 하고 그다음부터는 청소년들 간에 0.125년 간격을 두고 나열한다면, 맨 마지막에 오게 되는 청소년은 범위의 위쪽 극단으로부터 역시 간격의 절반만큼 아래쪽에 위치하게 된다는 것을 알 수 있다.

우리가 한 작업은 청소년 8명의 나이가 16세 연령범위 내에서 일정한 간격으로 흩어져 있다는 전제 조건하에서 가상적으로 이들의 나이를 정확하게 측정한 것이다. 이렇게 하여, 중간이 되는 청소년의 나이가 16.31세이며 그것이 바로 이

집단의 중앙값임을 비로소 알 수 있게 된다.

그러나 만일 전체 대상자의 수가 짝수라면 당연히 '중간'에 해당하는 사례는 있을 수가 없다. 이러한 경우에는 순서로 나열된 자료의 가장 가운데에 위치하는 두 대상의 속성값의 평균이 중앙값이 된다. 예를 들어, 위에서 언급한 자료에 19살짜리 청소년이 한 명 더 있어서 총 32명의 집단이라고 가정해보자. 만일 그렇다면 이 집단의 중간은 16번째 청소년과 17번째 청소년의 사이가 될 것이고, 이 경우 중앙값은 $(16.31+16.44)/2=16.38$이 된다.

〈그림 14-6〉에서 볼 수 있듯이, 세 가지 중심집중치는 꼭 그런 것은 아니지만 종종 같은 자료에 대해서 세 가지 다른 값을 계산한다. 그렇다면 어느 측정치가 '전형적인' 값을 가장 잘 나타내는가? 더 일반적으로 말해서, 우리는 어떤 중심집중치를 선택해야 될 것인가? 그 답은 자료의 특성과 연구목적에 달려 있다. 예를 들어, 평균이 제시되는 경우에는 이 값이 극단치, 즉 몇몇의 아주 크거나 아주 작은 수치들에 의해서 영향을 받는다는 점을 항상 염두에 두어야 한다. 한 가지 예만 들어보자. 워싱턴 주 레드먼드(Redmond)의 (산술평균적인) 보통 사람들은 2백만 달러가 넘는 재산을 가지고 있다. 하지만 레드먼드를 방문해보면, 우리가 생각하는 백만장자의 삶을 사는 '평균적인' 주민을 보기 어려울 것이다. 아주 높은 이 평균치는 레드먼드에 사는 4만 명의 주민 가운데 한 극단적인 사례의 영향을 반영한다. 즉, 마이크로소프트사의 빌 게이츠(Bill Gates)가 수십억 달러의 재산을 가지고 있기 때문이다. 여기서 분명한 것은 다른 중앙집중치보다도 중앙값이 레드먼드 주민 전체의 재산 정도를 보다 정확하게 보여준다는 점이다.

이 예는 다양한 중앙집중치 중에서 무엇을 선택할지에 대해 조심스러울 필요가 있음을 보여준다. 통계 수업을 듣거나 책을 보면, 다양한 상황에서 어떤 측정치가 더 적절한지를 잘 이해할 수 있게 될 것이다.

분산

평균치들은 수집된 자료에 담겨 있는 내용을 가장 단순한 형태로 보여줄 수 있다는 장점을 가지고 있다. 즉, 평균치가 나타내는 한 숫자(혹은 속성)는 변수를 측정하기 위해 수집된 온갖 세세한 자료를 대변할 수 있다. 물론 이러한 장점이 있는 반면, 평균치를 가지고는 원래 자료를 다시 복원할 수 없다는 문제점을 안고 있다. 응답의 분산값을 제시해줌으로써 이러한 단점을 다소간 줄일 수 있다.

분산(dispersion)은 평균치 같은 어떤 중앙집중치 주위에 값들이 흩어져 있는 정도를 나타낸다. 가장 단순한 분산측정치는 범위(range)인데, 이는 가장 큰 값과 가장 작은 값 간의 차이를 말한다. 따라서 이제 단순히 대상자들의 평균연령이

분산
평균 같은 한 중간값 주위에 값이 분포된 정도. 범위는 분산 측정의 간단한 예이다. 그래서 집단의 산술평균 나이는 37.9살이고, 범위는 12~89살이라고 말할 수 있다.

a. 높은 표준편차 = 퍼져 있는 값들

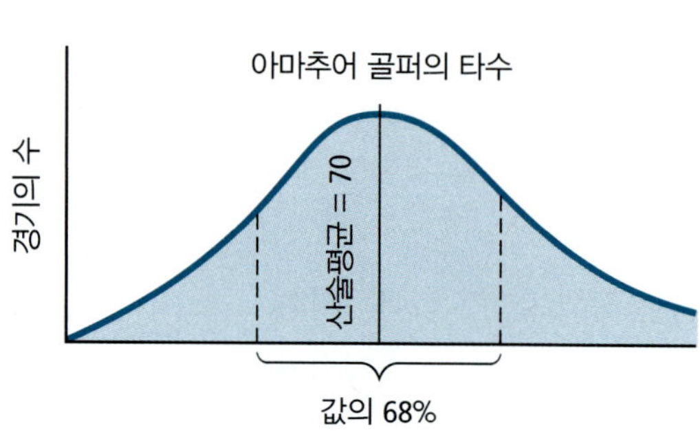

b. 낮은 표준편차 = 모여 있는 값들

프로 골퍼의 타수
경기의 수
산술평균 = 70
값의 68%

그림 14-7 표준편차의 높낮이

15.87세라는 것만을 보고하는 것이 아니라, 그들의 나이가 13세에서 19세까지의 범위를 가진다는 것을 함께 제시할 수 있다.

표준편차
산술평균 주위에 값이 퍼진 정도를 측정하는데, 모든 경우의 약 68%가 평균으로부터 ±1표준편차 내에 놓이고, 95%는 ±2표준편차, 99%는 ±3표준편차 내에 놓이는 방식으로 측정한다. 따라서 예를 들어, 집단의 나이가 산술평균 30살이고, 표준편차가 10살이면 68%는 20~40살에 놓인다. 표준편차가 작을수록 값이 산술평균 주위에 조밀하게 밀집되고, 표준편차 값이 크면 값이 넓게 퍼진다.

보다 정교한 분산측정치로 표준편차(standard deviation)가 있다. 이 측정치에 대해서는 7장에서 표집분포의 표준오차(standard error)를 설명하면서 간단히 언급한 적이 있다. 본질적으로 표준편차란 한 자료에서 변이의 양을 측정하는 지수이다. 표준편차 값이 크면 자료가 더 흩어져 있다는 것을 의미하고, 값이 작으면 자료가 대체로 뭉쳐 있다는 것을 의미한다. 〈그림 14-7〉은 기본 논리를 보여준다. 프로 골퍼는 평균타수가 낮을 뿐만 아니라 일관성이 있어서 표준편차가 작은 것을 볼 수 있다. 반면에 아마추어 골퍼는 평균타수가 높을지만 일관성이 떨어져서, 훨씬 잘 칠 때도 있지만 때로는 엉망으로 치기도 한다.

이 밖에 다른 많은 분산측정치들이 있다. 예를 들어, 지능검사 점수를 보고하는 데 있어서 연구자는 대상자의 중간 50%에 해당하는 사람들의 점수 범위인 사분범위(interquartile range)를 선택할 수 있다. 만약 상위 사분의 일에 해당하는 사람들의 점수가 120에서 150까지이고, 최하위 사분의 일에 해당하는 사람들의 점수가 60에서 90의 범위를 갖는다면, 사분위 점수는 90에서 120까지이고(혹은 30) 평균값은 가령 102라는 식의 보고를 하게 된다.

연속변수
나이나 소득의 경우처럼, 속성이 지속적인 값을 갖는 형태의 변수이다. 한 집단에 속한 사람들의 나이가 21, 22, 23, 24살 등의 속성 값을 갖고, 경우에 따라서는 몇 년씩을 묶어서 나눌 수도 있다. 이런 변수는 성별 혹은 종교성의 경우처럼 속성이 불연속적인 구분을 이루는 불연속변수와 대비된다.

연속변수와 불연속변수

앞서 소개한 것과 같은 계산이 모든 변수들에 대해서 적절한 것은 아니다. 이 점을 이해하기 위해서 연속변수와 불연속변수의 개념을 이해하는 것이 중요하다. 연속변수(continuous variable)는 아주 미세하게 지속적으로 증가한다. 한 가지 예로 연령을 들 수 있는데, 연령은 시간의 미세한 증가에 따라 지속적으로 증가한다. 불연속변수(discrete variable)는 중간에 거치는 것이 없이 범주에서 범주로 건너뛴다. 성별이나 군인의 계급, 대학의 재학 학년(2학년에서 3학년으로 한 단계 뛴다) 등이 예가 된다.

불연속변수
성별이나 종교성의 경우처럼 속성이 서로 다르거나 연속적이지 않은 변수이다. 이것은 속성이 다음 속성에 연결되는 연속변수와 대비된다. 그래서 성별의 경우에는 남성과 여성 간에 값이 진전되는 성질이 없다.

예를 들어 명목변수나 서열변수 같은 불연속변수를 분석하는 데 있어서는 앞서 언급한 기법들이 다 적용되지는 않는다. 엄밀하게 말해서 최빈값은 명목자료에, 중앙값은 등간자료에 사용할 수 있으며, 평균값은 비율자료에 사용해야지 명목자료에 사용해서는 안 된다(5장 참조). 만약 분석 대상 변수가 성별이라면 빈도(표본 중 신호위반 자전거 운전자 중 23명이 여성)나 퍼센트(7퍼센트가 여성)는 적절하고 유용한 분석이 될 수 있지만, 중앙값이나 평균값은 모두 의미 없는 수치가 된다. 최빈값을 계산하는 것은 '대다수가 남성이다'라는 점을 알려주기 때문에, 제한된 정보만 제공하기는 하지만 적절한 경우가 많다. 특히 소속 종교를 조사한 자료에서 최빈값은 '미국에서 대다수 사람들은 개신교도들이다'라는 것처럼 더 흥미로운 결과를 제공해줄 수도 있다.

상세함과 다루기 용이함

일원(univariate) 자료를 제시할 때 연구자는 두 가지 서로 상충되는 목적으로 인해 제약을 느낄 것이다. 한편으로 자료가 가진 모든 상세한 정보를 가능한 한 제시해주기 위한 시도를 해야 한다. 반면에 자료는 가능한 한 다루기 용이한 방식으로 제시되어야 한다. 이 두 가지 목적이 종종 상반되기 때문에, 두 가지 목적을 만족시킬 수 있는 가장 좋은 절충점을 찾기 위해 부단히 노력해야 한다. 한 가지 유용한 해결방안은 주어진 자료를 한 가지 이상의 방식을 사용해 제시하는 것이다. 예를 들어 연령의 경우, 범주로 묶지 않은 나이분포에 덧붙여서 평균과 표준편차를 함께 제시하는 방법을 생각할 수 있다.

일원분석에 관한 이 초보적인 논의에서도 알 수 있을지 모르지만, 언뜻 단순하게 보이는 이 문제가 더 복잡할 수도 있다. 어떤 경우이건 여기서 얘기한 것이 집단 간 비교와 이원분석(bivariate analysis)을 살펴보는 기반이 된다.

14.4 하위집단 비교

일원분석은 연구의 분석단위에 대해 기술(describe)하는 것이며, 어떤 큰 모집단으로부터 표본이 추출된 경우라면 모집단에 대한 기술적 추론(descriptive inference)을 할 수 있게 한다. 이에 비해 이원분석과 다원분석은 주된 목적을 설

표 14-4 응답자 연령에 따른 마리화나 합법화에 대한 태도, 2012년

	25세 미만	25~39세	40~54세	55세 이상
합법화되어야 한다	64%	63%	56%	48%
합법화되어서는 안 된다	36	37	44	52
100%(빈도)	(128)	(441)	(429)	(566)

출처: GSS 2014, NORC.

명에 두고 있다. 하지만 설명에 대해 알아보기에 앞서 하위집단을 비교해서 기술하는 경우를 먼저 살펴보자.

종종 사례들과 연구대상들 혹은 응답자들을 하위집단으로 분리하여 기술하는 것이 적합한 경우가 있다. GSS에서 간단한 예를 들어보자. 2014년 조사에서 "마리화나가 합법화되어야 하는가?"라는 질문을 했다. 응답 결과, 55.5%가 찬성, 44.5%가 반대였다. 〈표 14-4〉는 이 질문에 대해 서로 다른 연령층별 응답을 보여주고 있다.

하위집단 비교는 모집단의 상이한 집단들이 이 질문에 대해 어떻게 응답했는지를 보여준다. 결과에서 일정한 패턴을 볼 수 있는데 이는 조금 뒤에 살펴보고, 우선 또 다른 하위집단들이 이 질문에 어떻게 답했는지를 살펴보자.

〈표 14-5〉는 응답자들이 스스로를 진보 혹은 보수로 평가한 데 따른, 서로 다른 정치적 하위집단별로 마리화나 합법화에 대한 태도를 보여준다. 표를 보기 전에, 결과가 어떨 것인지 또 왜 그럴 것인지 가정해볼 수 있을 것이다. 이 표에서는 표를 쉽게 읽기 위해 퍼센트를 계산한 방향이 다르다는 것을 주의하라. 이 경우에 하위집단을 비교하기 위해서는 퍼센트를 옆(횡)으로가 아니라 밑(종)으로 비교해야 한다.

표 14-5 정치적 지향별 마리화나 합법화에 대한 태도, 2014년

	합법화되어야 된다	합법화되면 안 된다	100%(빈도)
극히 진보적	84%	16	(58)
진보적	76%	24	(172)
약간 진보적	69%	31	(168)
중간	54%	46	(597)
약간 보수적	54%	46	(219)
보수적	33%	67	(222)
극히 보수적	34%	86	(72)

출처: GSS 2014, NORC.

표 14-6 가설적인 정치 여론조사

"만약 오늘 선거가 있다면, 후보자 스미스(Smith)와 존(John) 두 사람 중에서 누구에게 투표할 것인가요?"	응답자의 정당 선호		
	민주당	공화당	모름
당연히 스미스에게	40%	10%	10%
아마 스미스에게	30	10	20
아마 존에게	10	25	20
당연히 존에게	5	35	15
모름	15	20	35
합계	100%	100%	100%

표 14-7 응답범주를 통합한 가설적인 정치 여론조사

"만약 오늘 선거가 있다면, 후보자 스미스(Smith)와 존(John) 두 사람 중에서 누구에게 투표할 것인가요?"	응답자의 정당 선호		
	민주당	공화당	모름
당연히 혹은 아마도			
스미스	70%	20%	30%
존	15	60	35
모름	15	20	35
합계	100%	100%	100%

인과분석의 논리를 검토하기 전에 하위집단 비교의 다른 예를 더 살펴볼 것인데, 여기서는 표의 형태를 어떻게 할 것인지가 문제가 된다.

응답범주의 '통합(collapsing)'

흔히 '교과서적 표준 예'에 해당하는 표들은 연구보고서에 실린 전형적인 표들이나 우리가 자료분석을 위해 만드는 표들보다 훨씬 더 간단하다. 이 절과 다음 절에서는 두 가지 공통적인 문제점을 살펴보고 해결책을 제시한다.

가설적인 정치 여론조사에서 얻어진 데이터를 보여주고 있는 〈표 14-6〉을 한 번 살펴보자. 응답자들은 만약 오늘 선거가 있다면 후보자 스미스(Smith)와 존(John) 두 사람 중에서 누구에게 투표할 것인지를 질문받았다. 덧붙여서 자신들이 선택한 후보에 대해 지원하는 강도를 답하도록 요청받았다. 그 결과가 응답자들의 정당 선호도로 나타난 것이다.

아마 여러분은 어떤 후보가 공화당원이고 누가 민주당원인지 추측하는 데 아무 문제가 없겠지만, 단순한 해석을 내리기에는 표에 숫자가 너무 많이 제시되어 있다고 느낄 수 있다. 우리는 각각의 후보자에 대해서 극단값과 어중간한 범주의 답들을 합침으로써 문제를 단순화할 수 있다. 그 결과가 〈표 14-7〉이다.

'모름(Don't Knows)' 응답의 처리

선거 과정에서 어느 정도의 유권자들이 아직 결정을 하지 못했는지를 아는 것이 유용하긴 하지만 투표 당일에 어느 누구도 '미정'으로 투표할 수는 없다는 점을 생각하면, 계산에서 '모름'이라는 응답을 두 후보자 모두에서 제외하고 상대적인

표 14-8 응답범주를 통합한 가설적인 정치 여론조사

"만약 오늘 선거가 있다면, 후보자 스미스(Smith)와 존(John) 두 사람 중에서 누구에게 투표할 것인가요?"			
	응답자의 정당 선호		
	민주당	공화당	모름
당연히 혹은 아마도			
스미스	82%	25%	46%
존	18	75	54
합계	100%	100%	100%

지지도를 확인할 수도 있다. 그 결과가 〈표 14-8〉이다.

이렇게 다시 계산하면 꽤 분명한 패턴이 보인다. 민주당원은 85%가 두 후보자 중 누군가에게는 투표할 것이라고 답했기 때문에 원래의 퍼센트를 0.85로 나누기만 하면 된다. 즉, 민주당원이 투표한다고 응답한 스미스에 해당하는 70%는 '모름' 응답을 제외하면 82%가 되는 것이다. 한편 공화당원들은 두 후보자에게 80%의 지지의사를 표현했기 때문에 〈표 14-8〉의 퍼센트를 0.8로 나누면 된다. 한편 지지정당이 없다고 하는 경우에는 0.65로 나누면 되는 것이다.

이제 세 가지 다른 방식으로 자료를 제시하는 표를 보면서, 어느 것이 옳은 것인지 의문이 생길 것이다. 그 답은 자료를 분석하고 해석하는 연구자의 목적에 달려 있다. 예를 들어, '매우 좋음'과 '좋음'을 구분하는 것이 본질적으로 중요하지 않다면 표를 읽는 것이 쉬워지기 때문에 합치는 것이 낫다.

'모름'이란 응답을 포함할지 제외할지를 정하기는 쉽지 않다. 그렇게 높은 비율의 응답자들이 마음의 결정을 안 하고 있다는 것을 확인하는 것도 매우 중요한 발견일 수 있다. 반면에 특정 사안에 대해 사람들이 어떻게 투표할 것인지를 알기 원한다면, '모름'이라고 응답한 사람들은 투표를 하지 않거나 궁극적으로는 양편으로 견해가 갈릴 것이라고 가정하고 이 응답범주를 제외하는 것이 보다 적절할 것이다.

어느 경우이건, 자료가 갖고 있는 진실은 일정 비율의 사람들은 모른다고 답했고, 나머지는 어떤 식이건 의견을 나타냈다는 점이다. 간혹은 '모름'이란 응답을 포함하거나 제외한 두 가지 방식으로 자료를 보고하는 것이 독자들로 하여금 그들 자신의 결론을 끌어낼 수 있다는 점에서 적절한 경우가 있다. 물론 여러분 자신이 다른 사람에 의해 그려진 그런 표들을 읽게 될 경우에, 그렇게 표를 구성하는 논리를 알고 있다면 양적 자료를 훨씬 쉽게 이해하게 될 것이다.

질적 연구에서의 수치적 기술

비록 이 장에서는 주로 양적 연구에 관해 논의하고 있지만, 앞의 논의는 질적 연구에도 해당된다. 질적 심층연구에서 발견한 내용은 종종 숫자 검사를 통해 검증될 수 있다. 예를 들어, 데이비드 실버만(David Silverman)이 환자들이 개인병원에서 받은 암 치료와 영국 국립의료원(NHS)에서 받은 암 치료를 비교하려고 했을 때, 그는 우선 의사와 환자들 간의 상호작용에 대한 심층분석을 선택했다.

> 내 분석방법은 주로 질적이며 … 나는 의사와 환자들이 말한 것뿐만 아니라, 상황에 대한 간단한 민속지, 특정한 행태자료 등을 사용했다. 그러나 이에 덧붙여서 코딩 형식을 개발하여 의사와 환자 간의 상호작용에 대한 다수의 대략적인 측정을 할 수 있었다.
>
> (1993: 163)

이러한 수치 자료가 실버만의 질적 관찰에 기반한 해석을 정교하게 해주었을 뿐만 아니라, 상황에 대해 심층적으로 이해할 수 있게 되면서 훨씬 더 적절한 양적 분석을 할 수 있도록 해주었다. 아래 인용문에서 질적 접근과 양적 접근 간의 상호관계를 확인할 수 있다.

> 전반적인 내 인상은 개인병원에서의 진료가 NHS에서보다 훨씬 더 길게 이루어진다는 것이다. 조사를 해보니, 전자의 경우가 후자보다 거의 두 배나 길다는 것과(20분 대 11분) 그 차이가 통계적으로 유의미하다는 것을 자료가 보여주었다. 하지만 어떤 이유였는지 잘 모르지만, NHS의 한 의사가 비정상적으로 진료시간이 짧다는 것을 알게 되었다. 나는 두 분야를 제대로 비교하려면 이 의사를 빼야 하고, 두 분야에서 한 명의 의사에 의해 이루어진 진료시간을 비교하는 것이 공평하다고 생각했다. 이렇게 하자 NHS와 개인병원 진료시간의 차이가 평균 3분 미만으로 감소했다. 비록 유의미도가 낮아지긴 했지만, 이 차이는 여전히 통계적으로 유의미한 것이었다. 그런데 마지막으로 같은 의사가 진료한 새 환자들만을 비교했더니 NHS 환자들이 평균 4분이나 더 오래 진료를 받는 것으로(개인병원의 30분에 비해 34분) 나타났다.
>
> (1993: 163-164)

이 예는 사회조사연구에서 접근방법들을 조합해서 사용함으로써 얻게 되는 이득을 잘 보여준다. 질적 분석과 양적 분석을 조합하는 것은 특히 강력한 힘을 발휘할 수 있다.

14.5 이원분석

이원분석

두 변수 간의 경험적 관계를 확인할 목적으로, 두 변수를 동시에 분석한다. 단순한 퍼센트 표를 만드는 것이나 단순 상관계수를 계산하는 것이 이원분석의 예이다.

일원분석과는 대조적으로, 하위집단 비교는 두 개의 변수를 포함한다. 이런 의미에서, 하위집단 비교는 일종의 이원분석(bivariate analysis)이 되어 두 변수를 동시에 분석하는 것이 된다. 그러나 일원분석의 경우와 마찬가지로 하위집단 비교의 주된 목적은 기술에 있다. 그러나 사회조사연구에서 대부분의 이원분석은 변수들 간의 관계를 결정한다는 또 하나의 요소가 첨가된다. 따라서 일원분석과 하위집단 비교는 연구대상인 사람들(혹은 다른 분석단위들)에 대해 기술하는 것에 초점을 두는 반면에, 이원분석의 경우에는 변수들과 변수들 간의 경험적 관계에 초점을 두게 된다.

〈표 14-9〉는 하위집단 비교의 한 예로 볼 수 있다. 이 표는 2014년 GSS 자료로 남성과 여성의 예배참석 정도를 개별적으로 기술하고 있다. 이 표는—비교적으로 또한 기술적으로—연구대상 여성들이 남성들보다 더 빈번하게 예배에 참석한다는 것을 보여준다. 그러나 이 표는 동시에 설명적 이원분석이라고도 볼 수 있는데, 이 경우에 표는 약간 다른 정보를 제공한다. 예를 들어 성별이라는 변수가 예배참석이라는 변수에 영향을 미친다는 사실을 알려준다. 다시 말해, 예배참석 행태는 독립변수인 성별에 의해 부분적으로 영향을 받는 종속변수로 볼 수 있다.

이렇게 볼 때, 설명적 이원분석이란 1장에서 소개했던 '변수언어(variable language)'를 포함한다. 초점을 약간 바꾸면, 더 이상 상이한 하위집단으로서의 남성과 여성에 대해서가 아니라 다른 변수에 영향을 미치는 성이라는 한 변수가 관심이다. 〈표 14-9〉의 이론적 해석은 2장에서 논의했던 찰스 글록(Charles Glock)의 위로가설(comfort hypothesis)에서 따올 수 있다.

1. 미국 사회에서 여성은 여전히 2등 시민으로 취급받는다.
2. 현재 세상에서 제대로 지위를 갖지 못한 사람은 지위를 얻기 위한 대안으로 종교에 귀의할 것이다.
3. 그래서 여성들이 남성들보다 더 종교적이다.

표 14-9 남성과 여성의 예배참석률, 2012년

	남성	여성
매주	24%	33%
덜 자주	76	67
100%(빈도)	(1,148)	(1,378)

출처: GSS 2014, NORC.

〈표 14-9〉에 제시된 자료는 이러한 논리를 뒷받침해주고 있다. 여성들 가운데 33%가 매주 예배에 참석하는 데 비해 남성의 그 비율은 24%이다.

변수들 간의 인과관계 논리를 고려한다는 것은 백분율 표를 작성하고 해석하는 데 있어서 중요한 함의를 갖는다. 새로운 자료를 분석하는 데 있어서 가장 중요한 점의 하나는 주어진 표에서 '어느 방향으로 퍼센트를 계산할지'를 정하는 것이다. 예를 들자면 〈표 14-9〉의 경우에 응답자를 남성과 여성의 두 집단으로 분리하고 나서 각 집단의 행태를 기술하고 있다. 이런 방식으로 표를 만드는 것이 올바른 방법이다. 그러나 틀린 방식이기는 하지만 표를 다른 방식으로 구성할 수도 있다. 응답자를 우선 예배참석 정도에 따라 집단으로 나눈 다음에, 각 집단에 남성과 여성이 차지하는 백분율을 밝히는 방식으로 표를 만들 수도 있다. 그러나 설명을 목적으로 한다면 이러한 방식은 아무런 의미가 없다. 〈표 14-9〉는 성이 예배참석에 영향을 준다는 것을 보여준다. 표를 다른 방식으로 만들면, 예배참석 정도가 성을 결정하는 것이 되므로, 이것은 물론 말이 안 된다. 사람의 행태가 성을 결정할 수는 없기 때문이다.

자료분석에서 주의해야 할 또 다른 점은 백분율 표를 어떻게 해석할 것인가의 문제이다. 〈표 14-9〉를 "여성 중 오직 33%만이 매주 예배에 참석하고 67%는 그보다 덜 참석한다고 답했다. 그러므로 누군가가 여성이란 점이 매주 한 번씩보다 더 적게 예배에 참석하도록 한다."고 해석할 수 있다. 물론 이렇게 표를 읽는 것은 잘못된 것이다. 한 변수로서의 성이 예배참석에 영향을 미친다는 결론은 반드시 남성과 여성의 비교에 근거해야 하기 때문이다. 구체적으로 말해서 33%와 24%를 비교하여, 여성이 남성에 비해 매주 예배에 참석할 가능성이 더 높다고 보아야 한다. 설명적 이원분석표를 읽고 해석하는 데는 하위집단 비교가 필수적이다.

나는 〈표 14-9〉를 제시하면서 일반적으로 쓰이는 방식인 세로방향으로 퍼센트 쓰기(percent down) 방식을 사용했다. 이 용어는 각 종렬(column)의 백분율을 모두 더하면 100%가 되게 하는 방식이다. 이 방식으로 만들어진 표는 횡렬(row)을 따라 읽는다. 즉, '매주'에 해당하는 횡렬에서 남성 응답자와 여성 응답자가 각각 몇 %씩 예배에 참석하고 있는가를 살펴본다.

표에서 퍼센트를 계산하는 방향은 임의적인 것이며, 어떤 연구자들은 가로방향으로 퍼센트를 내는 것을 선호하기도 한다. 이 경우 〈표 14-9〉의 내용을 나타내기 위해서 여성과 남성은 표의 왼쪽에 위치하여 두 개의 횡렬을 나타내고, '매주' 및 '덜 자주'는 표의 상단에 위치하여 종렬로 나타나게 된다. 이에 따라 표에 나타난 숫자들이 한 바퀴 돌게 되어 각 횡렬의 퍼센트를 모두 합하면 100%가 되게 된다. 따라서 이 경우엔 종렬을 따라 밑으로 표를 읽게 되지만, 각 성별에 따라 어느 정도 예배에 참석하는지를 확인하는 것은 마찬가지이다. 어느 경우이건 논리와 결론은 마찬가지이고, 다만 표기하는 방식이 다를 뿐이다.

따라서 다른 사람이 만든 표를 읽기에 앞서, 어느 방향으로 퍼센트가 계산되었는지를 먼저 살펴보아야 한다. 일반적으로 그러한 사항은 표의 제목에서나 분석되고 있는 변수들 간의 관계 논리를 통해서 명확히 나타난다. 그러나 정확성을 기하기 위해서는 각 횡렬과 종렬의 퍼센트를 합해보면 좋다. 만약 종렬마다 백분율을 더해서 100이 된다면 이 표는 세로방향으로 퍼센트 쓰기를 한 것이다. 만약 횡렬의 퍼센트 합이 100이 된다면, 가로방향으로 퍼센트가 계산된 것이다. 따라서 원리는 다음과 같다.

1. 만약 표가 세로방향 퍼센트 쓰기이면, 횡렬을 읽어 비교할 것
2. 만약 표가 가로방향 퍼센트 쓰기이면, 종렬을 읽어 비교할 것

백분율표 만들기

〈그림 14-8〉은 두 개의 변수를 가지고 백분율표를 만드는 논리를 보여주고 있다. 변수로는 성별(gender)과 성평등에 대한 태도를 사용했다.

또 다른 예를 보자. 우리가 마리화나 합법화 문제에 관한 신문사설의 논조가 어떤지를 확인하는 데 관심이 있다고 치자. 전국 각지에서 표집된 일간신문에 대해 특정 해에 이 주제를 다룬 사설들에 대한 내용분석을 하게 된다. 각 사설은 마리화나 합법화에 대해 호의적, 중립적, 비호의적이라는 세 가지 범주로 구분된다. 그런데 지방 신문이 도시지역 신문보다 이런 문제에 더 보수적일 가능성이 크기 때문에, 신문사설의 논조와 신문이 출판되는 지역유형 간의 관계에 관심을 가질 수 있다. 그래서 각 신문과 사설들이 출간되는 지역의 인구수에 따라 범주로 나누었다고 하자.

〈표 14-10〉은 지방신문과 도시신문의 편집정책을 기술하는 가상적인 자료를

표 14-10 **마리화나 합법화에 대한 신문사설 논조: 가상적 자료**

마리화나 합법화에 대한 사설 논조	공동체 규모	
	10만 명 미만	10만 명 이상
호의적	11%	32%
중립적	29	40
비호의적	60	28
100%(빈도)	(127)	(438)

a. 성평등을 선호하거나(+), 선호하지 않는(–) 남성과 여성

b. 남성과 여성을 분리(독립변수)

c. 각 성별 집단에서 성평등을 선호하는 사람과 그렇지 않은 사람을 분리(종속변수)

d. 표의 각 칸(cell)에서 수 세기

e. 여성 중 몇 퍼센트가 성평등을 선호하는가?

f. 남성 중 몇 퍼센트가 성평등을 선호하는가?

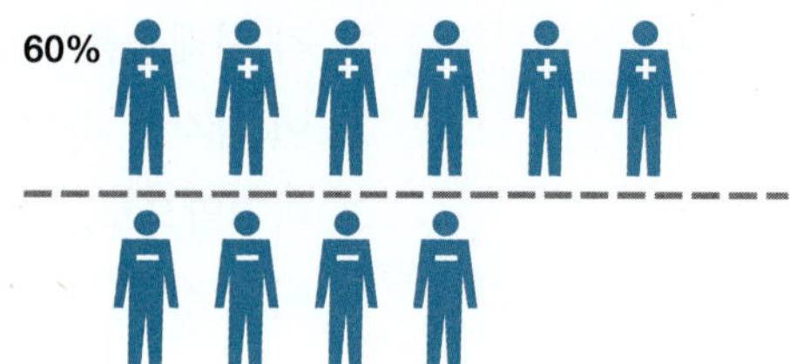

g. 결론: 남성과 여성 양쪽 모두의 다수가 성평등을 선호하지만, 남성보다 여성이 더 그러하다.
따라서 성별은 성평등에 관한 태도에 영향을 미치는 변수 중의 하나인 것으로 여겨진다.

	여성	남성
성평등 선호	80%	60%
성평등 비선호	20	40
전체	**100%**	**100%**

그림 14-8 **백분율표 만들기**

보여준다. 이 예에서 분석단위는 개별 사설이다. 〈표 14-10〉은 인구 10만 명 이하(주: 10만 명을 기준으로 한 것은 간단한 예시를 하기 위한 것이며, 어떤 절대적인 의미에서 인구 10만 명이 도시와 지방을 나누는 기준이라는 의미는 아니다.)의 지역에서 출판되는 신문 표본 중에 마리화나에 관한 주제를 다룬 사설이 127개임을 보여준다. 이중에서 11%(14개)는 마리화나 합법화에 대해 호의적이고, 29%는 중립적이고, 60%는 비호의적이었다. 인구 10만 명 이상인 도시지역에서 출판되는 신문 표본 중 이 주제를 다룬 사설 438개 중에서 32%(140개)는 마리화나 합법화에 대해 호의적이고, 40%가 중립적이고, 28%는 비호의적이었다.

지방과 도시지역 신문의 편집방향을 비교하는 이 가상적인 연구에서, 기대했던 것처럼 지방신문들이 도시신문들보다 마리화나 합법화에 덜 호의적이라는 것이 밝혀졌다. 더 높은 비율(32%)의 도시신문 사설이 지방신문 사설(11%)보다 더 호의적이라는 것을 보고 이런 결론을 내리게 된다. 지방신문이 도시신문보다 더 비호의적(도시의 28%에 비해 60%임)이라는 것도 안다. 이 표는 지역의 크기(주민수)가 마리화나 합법화 사안에 대한 신문의 편집방향에 영향을 끼치는 것이지, 편집방침이 지역의 크기를 결정하는 것은 아니라고 가정하고 있다는 점을 염두에 두자.

이원분석표 만들기와 읽기

변수 간의 관계를 설명하는 이원분석표를 만드는 데 필요한 절차를 살펴보도록 하자.

1. 각 사례들을 독립변수의 속성에 따라 집단으로 분류한다.
2. 이 각각의 하위집단을 종속변수의 속성에 따라 기술한다.
3. 마지막으로, 독립변수의 속성에 따라 분류된 집단들이 종속변수의 속성을 어느 정도 가지고 있는지를 비교한다.

이러한 과정에 맞추어서 성과 성평등 의식에 대한 태도를 다시 한번 분석해보도록 하자. 앞서 제시한 대로, 성은 독립변수가 되고 성평등에 대한 태도는 종속변수가 된다. 따라서 다음과 같이 분석하면 된다.

1. 응답자들을 각자의 성별에 따라 남성과 여성의 두 집단으로 나눈다.
2. 두 집단 각각에 대해서 성평등에 대한 찬성과 반대의 비율을 알아본다.
3. 남성과 여성 집단을 성평등에 대해 찬성하는 비율에 따라 비교한다.

마리화나 합법화에 관한 사설 논조의 예에서는 지역의 크기(주민수)가 독립변수가 되며, 신문의 편집방향이 종속변수가 된다. 이 경우, 표는 다음과 같은 과정에 따라 만들어진다.

1. 사설들을 그 신문이 출간되는 지역의 크기별로 하위집단으로 구분한다.
2. 하위집단으로 나눈 사설들에 대해서 마리화나 합법화에 대해 호의적인지, 중립적인지, 비호의적인지를 확인한다.
3. 두 하위집단을 마리화나 합법화에 대해 호의적인 비율로 비교한다.

이원분석은 전형적으로 인과관계를 설명하려는 목적을 가지고 있다. 앞의 두 가지 가설적인 예들은 사회과학자들이 사용하는 인과성의 본질이 어떤 것인지를 보여준다.

위에서 예로 들었던 표와 같은 형식의 표는 교차표(contingency tables)라고 부르는데, 이는 종속변수의 속성 값이 독립변수의 속성 값에 조건적(contingent)이라는 것을 의미한다. 교차표가 사회과학에서 보편적으로 사용되고 있음에도 불구하고, 그 형식은 아직 표준화되지 않다. 그 결과, 연구결과물들을 보면 현재 여러 가지 형식이 혼재되어 쓰이고 있는 것을 볼 수 있다. 표가 읽기 쉽고 이해하기 쉽기만 하다면 표의 양식을 표준화하기 위해 애쓸 필요도 없을 것이다. 그럼에도 불구하고 자료를 제시하는 표를 작성하는 데 있어서 일반적으로 따라야 하는 여러 가지 지침이 있다.

교차표
변수들 간의 관계를 퍼센트 분포로 제시하는 방식이다.

1. 표에는 내용을 잘 나타내줄 수 있으면서 간결하게 표현된 제목이 있어야 한다.
2. 가능한 한 표에는 변수들의 본래 의미를 정확하게 나타내야 한다. 그렇지 못하다면 표에는 요약되어 있더라도 본문 속에 쉽게 풀어서 설명해야 한다. 이 점은 특히 변수가 태도를 묻는 문항에 대한 응답으로부터 도출된 경우에 매우 중요한데, 그 이유는 질문을 어떻게 하느냐에 따라서 응답 내용이 의미하는 바가 상당히 달라질 수 있기 때문이다.
3. 각 변수의 속성은 명확하게 나타나야 한다. 복잡한 응답범주명은 축약될 수 있지만 그 의미는 표에 명확하게 나타나야 하며 동시에 충분한 설명이 본문에 나와 있어야 한다.
4. 표에서 백분율이 보고되는 경우, 백분율이 계산된 전체사례수가 제시되어야 한다. 전체 사례수를 알면 백분율과 전체사례수로부터 언제라도 계산할 수 있기 때문에, 각 범주에 대해서 사례수를 별도로 보고할 필요는 없다.

오히려 모든 빈도와 백분율을 함께 제시하는 경우, 표가 혼란스러울 수 있으며 따라서 표를 읽기가 어려워질 수 있다.

5. 무응답 등의 경우처럼 사례를 표에서 제외시키는 경우에 그 사례수는 반드시 표에 나타나야 된다.

교차표의 형태로 두 변수 간의 인과적 분석논리를 소개하긴 했지만 이 주제에 적절한 다른 많은 형태들이 있다. 분산을 나타낼 경우 그래프가 한 가지 대안인데, 두 변수 간의 관계를 가시적으로 드러내 보여준다. 국가를 분석단위로 사용해서, 예를 들면 출생률과 영아사망율 간의 관계를 조사할 수 있다. 사실 시간에 따라 관계가 어떻게 발전하는지를 볼 수도 있다.

14.6 다원분석 소개

다원분석
여러 변수들 간의 동시적 관계에 대한 분석. 나이, 성, 사회계급이 예배참석에 미치는 영향을 동시에 조사하는 것이 다원분석의 한 예이다.

세 개 이상의 변수를 동시에 분석하는 다원분석(multivariate analysis)의 논리는 이원분석의 확장으로 볼 수 있다. 다원분석표는 기본적으로 이원분석표를 작성할 때와 동일한 절차를 밟아서 만들지만, 하위집단에 대한 더 복잡한 기술(description)을 바탕으로 한다. 하나의 독립변수와 하나의 종속변수를 갖는 것이 아니라 둘 이상의 독립변수를 갖게 된다는 점에서 다르다. 따라서 하나의 종속변수를 하나의 독립변수만을 바탕으로 해서 설명하는 것이 아니라 둘 이상의 독립변수를 가지고 설명하게 된다.

앞서 언급했던 예배참석의 예를 다시 들어보자. 이번에는 응답자의 나이 또한 예배참석에 영향을 줄 수 있다는 생각을 한다고 가정해보자(글록의 위안 가설은 나이 든 사람들이 젊은 사람들보다 더 종교적이라는 점을 제시하고 있다). 다원분석표를 작성하는 첫 단계로서 전체 응답자들을 성별과 연령이라는 두 가지 독립변수를 동시에 고려하여 젊은 남성, 나이 든 남성, 젊은 여성, 나이 든 여성의 네 가지 하위집단으로 구분해야 한다. 그러고 나서 각 하위집단들을 종속변수인 예배참석에 대해서 살펴보며 비교한다. 2006년 GSS 자료에서 얻어진 결과는 〈표 14-11〉이다.

〈표 14-11〉은 세로방향으로 퍼센트 쓰기 형식을 따라 만들어졌으며, 따라서 가로방향으로 읽어서 비교해야 한다. 이 표를 해석하면 여러 가지 중요한 결론을 도출해낼 수 있다.

1. 남성과 여성 모두에서 나이 든 사람들이 젊은 사람들보다 예배에 더 자주

표 14-11 **다원분석표: 예배참석, 성별과 연령, 2006년**

"예배에 얼마나 자주 참석하십니까?"				
	40세 미만		40세 이상	
	남성	여성	남성	여성
거의 매주*	19%	27%	31%	41%
덜 자주	81	73	69	59
100%(빈도)	(832)	(958)	(1,211)	(1,477)

* 거의 매주는 '매주 한 번 이상', '매주', '대부분 매주'를 포함한다.
출처: GSS 2006, NORC.

참석한다. 여성의 경우, 40세 미만 응답자 가운데 27%와 40세 이상 응답자 가운데 41%가 매주 예배에 참석하고 있다. 남성의 경우에 그 비율은 각각 19%와 31%이다.

2. 각 연령집단 안에서 여성이 남성보다 예배에 더 자주 참석하는 경향을 보이고 있다. 40세 미만 응답자들 가운데 27%의 여성이 매주 참석하고, 남성의 경우는 19%가 여기에 해당한다. 40세 이상의 경우에는 각각 41%의 여성과 31%의 남성이 매주 예배에 참석한다.
3. 표에 나타난 바와 같이, 성별과 연령은 예배 참석률에 비슷한 영향을 미치고 있다는 것을 알 수 있다.
4. 연령과 성별은 예배참석에 대해서 독립적인 영향을 미친다. 한 독립변수의 특정 속성 내에서 두 번째 독립변수의 속성이 예배참석에 여전히 영향을 미치고 있다.
5. 마찬가지로, 두 개의 독립변수들은 예배참석 행태에 누적적인 영향을 미치고 있다. 나이 든 여성들이 가장 자주 참석하고(41%), 젊은 남성들이 가장 덜 자주(19%) 참석한다.
6. 나이와 종교행사 참여도 간에 긍정적(positive) 관계가 있다고 말하는 것은 상당히 타당하다. 나이가 들수록 종교집회 참여가 증가한다. 만약 나이 든 사람들이 덜 참석한다면 부정적(negative) 관계가 있다고 말할 수 있다. 하지만 성별의 경우에는 이런 식의 설명을 할 수가 없는데, 그것은 성별이 남성과 여성을 구분하는 데 있어서 본질적으로 어느 쪽이 높다든가 낮다든가 하는 차이가 없는 명목변수이기 때문이다.

이 장을 끝내기 전에 그런 자료를 제시하는 대안적인 형식을 한번 살펴보자. 이 장에서 이제까지 소개한 표들 중 여러 개는 다소 비효율적인 면을 갖고 있다.

표 14-12 **표 14-11의 단순화**

	거의 매주 예배참석을 하는 사람의 백분율	
	남성	여성
40세 미만	19%(832)	27%(958)
40세 이상	31%(1,211)	41%(1,477)

출처: GSS 2006, NORC.

종속변수인 예배참석이 오직 두 가지 속성만 갖는 이분(dichotomous)변수인 경우에, 한 가지 속성값을 알면 나머지 하나는 자연히 알게 된다. 즉, 만일 40세 미만의 여성 가운데 23%가 매주 예배에 참석하는 것을 안다면, 자동적으로 나머지 77%는 그보다 덜 자주 참석한다는 것을 알 수 있다. 따라서 매주 한 번 이하로 참석하는 사람의 백분율을 제시하는 것은 불필요하다.

이 점을 고려해볼 때, 〈표 14-11〉을 〈표 14-12〉와 같은 형식으로 바꾸어 제시할 수 있다. 〈표 14-12〉에서 거의 매주 예배에 참석한다고 응답한 사람들의 백분율이 두 독립변수의 교차점에 해당하는 칸에 제시되어 있다. 각 퍼센트 옆의 괄호 안에 쓰인 숫자는 그 퍼센트가 계산된 총 사례수이다. 그래서 예를 들면, 표본에서 나이가 40세 미만인 여성이 958명이고, 그중 27%가 매주 예배에 참석한다는 것을 알 수 있다. 여기서 958명의 여성 중 262명이 매주 참석하고 나머지 696명(혹은 73%)은 그보다 덜 자주 참석한다는 것을 계산할 수 있다. 이 새로운 표가 앞의 표보다 읽기가 더 쉬울 뿐만 아니라, 정보를 잃어버리지도 않는다.

14.7 사회학적 진단

여기서 탐색하고 있는 다변수 기법들은 사회문제를 점검하는 데 강력한 도구로 사용될 수 있다. 의견을 사실로 바꾸거나 자료분석을 통해 이데올로기적 논쟁을 가라앉히는 데 사용될 수도 있다.

한 예로, 성별과 소득의 문제로 돌아가보자. 노동시장에서 여성들이 남성들보다 지속적으로 더 적은 임금을 받는 이유를 설명하기 위한 여러 시도가 이루어졌다. 그중 한 가지 설명은 전통적인 가족관계 유형 때문에 집단적으로 볼 때 여성들이 노동시장에 덜 참여하고 많은 여성들이 일정한 정도까지 자녀양육을 끝마친 다음에야 경제활동에 나선다는 것이다. 따라서 집단적으로 볼 때, 여성들이 남성들보다 직장에서 연공서열이 낮을 수밖에 없고, 임금수준은 연공을 반영한다는 것이다. 〈표 14-13〉에 나타난 것처럼, 센서스청이 1984년에 행한 연구결과

표 14-13 성별, 근무연한과 소득, 1984년(21~64세의 전일제 근로자)

현 직장 근무연한	시간당 평균임금		여성/남성비
	남성	여성	
2년 미만	$8.46	$6.03	.71
2~4년	$9.38	$6.78	.72
5~9년	$10.42	$7.56	.73
10년 이상	$12.38	$7.91	.64

출처: U.S.Bureau of the Current Population Reports, Series P-70, No.10, *Male-Female Differences in Work Experience, Occupation, and Earning, 1984* (Washington, DC:U.S.Government Printing Office, 1987): 4.

는 이러한 추론이 부분적으로 옳다는 것을 보여준다.

먼저 〈표 14-13〉은 직장 근무연한이 실제로 소득에 영향을 미친다는 것을 보여준다. 남성과 여성 양자 모두에서 직장 근무기간이 긴 사람들이 임금을 더 많이 받는다. 표의 첫째와 둘째 종렬을 아래로 읽으면 이것을 알 수 있다.

한편 이 표는 근무연한을 불문하고, 여성들이 남성들보다 임금을 덜 받는다는 것을 보여준다. 이것은 표의 횡렬에 따라 평균임금을 비교해서 읽으면 나타나며, 남성 대비 여성의 임금비가 셋째 종렬에 나타나 있다. 이에 따라, 근무연한이 소득을 결정하는 중요한 요인이기는 하지만 이것만으로 여성이 남성보다 임금을 더 적게 받는 이유가 적절하게 설명된다고 보기는 어렵다. 표를 보면 10년 이상의 근무연한을 가진 여성들($7.91)이, 2년 미만의 짧은 근무연한에 해당하는 남성들($8.46)보다 임금이 훨씬 더 적은 것을 볼 수 있다.

직장 근무기간이 남성과 여성 간 임금격차를 완전하게 설명하지 못하기 때문에, 다른 설명이 가능하다. 교육수준, 자녀양육 의무 등이 그것이다. 〈표 14-13〉을 만들어냈던 연구자들은 성차별 이외에 임금격차를 설명할 여지가 있는 다른 변수들 중 중요한 것들을 조사해보았다. 현재 직장의 근무연한 이외에 그들이 고려했던 변수들에는 다음과 같은 것들이 포함된다.

- 현 직업 종사기간
- (어떤 직업이건) 일한 경험이 있는 전 기간
- 통상 전일제로 일하는지의 여부
- 혼인상태
- 거주하는 도시나 지역의 규모
- 노조 가입 여부
- 직업 종류

- 기업규모(총 종업원수)
- 사경제 부문 근로자인지 공공부문 근로자인지의 여부
- 이전 직장을 비자발적으로 떠났는지의 여부
- 전 직장 이후 현 직장을 얻기까지의 기간
- 인종
- 장애를 가지고 있는지 여부
- 건강 상태
- 자녀들의 연령
- 고등학교를 다닌 적이 있는지의 여부
- 고등학교에서 취득한 수학, 과학, 외국어 과목 수
- 사립고등학교를 다녔는지, 공립고등학교를 다녔는지의 여부
- 최종 교육수준
- 속해 있는 직업에서 여성의 비율
- 대학의 전공분야

여기에 열거된 변수들은 임금수준에 어느 정도 영향을 미치고 있을 가능성이 있는데, 만약 그렇다면 남성과 여성 간의 임금격차를 설명하는 데 도움이 될 수 있다. 이 모든 변수들을 분석에 포함시켰을 때, 연구자들은 남성과 여성 간 소득격차의 60%를 설명할 수 있었다. 그렇다면 나머지 40%는 여기서는 고려하지 못한 다른 '그럼직한' 변수들의 영향이거나 아니면 편견 때문이다. 이런 종류의 결론은 여러 변수들의 영향을 동시에 고려하는 다원분석을 통해서만 내릴 수 있는 것이다.

나는 이 예가 일상 대화에 함축된 논리가 어떻게 양적 자료분석으로 표현되고 검증될 수 있는지를 보여주길 원한다. 11장에서 제시된 자료를 한번 살펴보자.

2016년에 전일제(full-time)로 일한 남성근로자의 주급 중앙값(median)은 $969이다. 같은 여성근로자는 평균 $784 혹은 남성근로자 대비 81%(U.S. Bureau of Labor Statistics, 2017, 표 9)를 벌었다. 그러나 그런 차이가 성차별을 나타내는가 아니면 정당한 요인들을 반영한 것인가?

예를 들어, 교육이 소득에 영향을 미치는데, 과거에 여성들은 남성들에 비해 교육수준이 낮았다고 주장하는 사람들이 있다. 그래서 교육수준의 차이가 오늘날 여성이 평균적으로 남성에 비해 소득이 더 적은 이유를 설명하는지를 확인하는 데서 시작해보자. 〈표 14-14〉는 이 가설을 검증하는 자료로 제공한다.

표에서 보듯이, 비교하는 각각의 교육수준 모두에서 여성이 남성에 비해 훨씬 덜 번다. 분명히 교육이 소득격차를 설명하지 않는다.

표 14-14 전일제 근로자의 주급 중앙값, 2016년

	남성	여성	남성 소득 대비 여성 소득비
전제 근로자	$969	$784	0.81
고졸 이하	$551	$423	0.77
고졸	$769	$599	0.81
대학 중퇴	$896	$688	0.77
대졸(학사)	$1,348	$994	0.74
대학원 이상	$1,707	$1,257	0.74

참고: 이 표는 남성과 여성이 동일한 교육수준을 이수했음에도 불구하고 양자 간에 일관된 소득 격차가 있는 것을 보여준다.
출처: Bureau of Labor Statistics, Usual Weekly Earnings of Wage and Salary Workers, Fourth Quarter 2016. January 27, 2017, Table 9. Quartiles and selected deciles of usual weekly earnings of full-time wage and salary workers by selected characteristics, 2016 annual averages.

성(sex와 gender)은 일반적으로 남성과 여성 사이의 단순하고 분명한 분할이라고 여겨진다. 하지만 사회과학자들은 sex와 gender가 그리 단순하지 않고 훨씬 복잡한 문제라는 것을 안다. 예를 들어 성전환자들은 외과수술이나 호르몬 요법을 통해 자신들의 생물학적인 성을 영구적으로 바꾸기를 선택한 사람들이다. 분명히 그러한 급격한 변화는 여러 가지 적응할 점과 도전을 야기할 것이고 흥미로운 연구주제가 될 것인데, 크리스텐 쉴트(Kristen Schilt)는 이 점에 대해 집중적으로 연구했다.

여러 유형의 연구들이 직장에서 여성의 불리한 지위를 지적하는데, 실제의 성전환자에 대한 연구는 개인수준에서 gender의 효과를 보여준다. 여러 사례에서 연구대상자는 고용되어 있는 조직에서 같은 일자리를 유지한 상태로 자신들의 성을 변경했다. 이에 따라 여성에서 남성으로 성전환한 사람들은 임금 상승과 권위의 증가를 경험할 가능성이 높다. 다른 연구에서 남성에서 여성으로의 성전환은 그 반대의 경험을 초래했음을 보여준다. 이와 같은 개인수준의 설명이 여성들이 남성들에 비해서 동일한 일을 하는 경우에조차도 돈을 덜 번다고 하는 일관된 통계적 연구결과를 지지한다.

실생활에서의 다원자료분석의 또 다른 예로 소수집단 구성원은 백인에 비해 은행대출 신청을 거부당하기 쉽다는 평범한 관찰에 대해 생각해보자. 이것에 반대되는 설명은 문제가 된 소수집단 구성원들이 이전에 파산을 경험했을 가능성이 더 크거나, 요청한 대출에 대한 보증을 서줄 사람이 더 적거나 하다는 것일 텐데, 이 두 가지 모두 대출을 승인하거나 거부하기에 합당한 요인들이다. 하지만 앞에서 검토했던 다원분석은 이러한 주장의 불일치를 쉽게 해결해줄 수 있다.

이전에 파산경험이 없거나 일정 수준의 보증을 확보한 사람들만을 살펴본다고 해보자. 백인이나 소수집단 구성원이 그들이 요청한 대출을 똑같이 받는가? 같은 분석을 보증의 수준에 따라 나눈 부분집단에 대해 해볼 수도 있다. 만약 각 부분집단에서 백인과 소수집단 구성원들이 똑같이 대출을 받는다면, 인종적 차별이 없다고 결론을 내릴 필요가 있다. 그러나 만약 소수민족 구성원이 여전히 대출을 받는 비율이 낮다면, 파산경험이나 보증의 차이가 설명요인이 아니라 차별이 작용하고 있다는 주장을 뒷받침하는 것이 된다.

사회조사는 사람들의 공동체를 돕는 데 중요한 역량을 발휘할 수 있다는 점을 분명히 지적할 필요가 있다. 현재 상태가 어떤지를 결정하는 데 도움을 줄 수 있고, 종종 어디로 가야 하는지를 제시해줄 수도 있다.

사회학적 진단의 세계에 발을 들여놓은 것을 환영한다!

14.8 윤리와 양적 자료분석

13장에서 나는 질적 자료분석에서 개입되는 주관성이 왜곡된 분석의 위험을 증가시킨다고 지적했다. 따라서 경험이 많은 연구자들은 이것을 피할 줄 안다. 하지만 많은 사람들이 양적 분석은 주관적인 편견과 관련이 없다고 생각한다. 불행하게도 이것은 꼭 맞는 말은 아니다. 수학적으로 분명해 보이는 분석에서조차도 어떤 특정한 발견을 선호하는 방식으로 변수를 정의하고 측정할 여지가 많다. 양적 분석은 이 점에 주의해야 한다. 때로는 가설을 미리 주의 깊게 특정화하는 것이 이런 위험을 방지해주는데, 자료가 우리에게 보여주는 것을 그대로 보여주어야 한다.

계량분석자들은 공식적 가설들과 덜 공식적인 기대에 대해 보고할 의무가 있다. 여러분이 한 특정 변수가 성적 편견의 강력한 원인이라고 생각하는데, 자료분석은 그런 기대와 상반된다고 가정해보자. 상관관계의 결여를 보고해야 하는데, 왜냐하면 그런 정보가 향후에 같은 주제로 연구를 수행할 학자들에게 유용하기 때문이다. 무엇이 편견을 야기하는지를 발견하는 것이 보다 만족스러울 것이지만 무엇이 그것을 초래하지 않는지를 아는 것도 매우 중요하다.

조사대상자의 프라이버시를 보호하는 것은 질적 연구에서와 마찬가지로 양적 연구에서도 중요하다. 하지만 양적 연구의 경우에 조사대상자가 누구인지를 확인할 수 없다는 것이 훨씬 어려운 자료를 모으고 기록하기에 보다 용이하다. 하지만 경관이 사회조사에서 불법마약을 사용했다고 응답한 학생 응답자들의 이름을 밝히기를 요구한다면 이슈가 더 커질 수 있다. (그런데 그 이름을 밝히지 말아라. 필요하다면 설문지를 '사고로라도 태워버려라'.)

어떻게 생각하는가 재논의

이 장은 통계적 조작을 가능하도록 하기 위해 많은 세부사항을 제거하는 자료의 분석에서 과연 의미 있고 유용한 무엇인가를 확인할 수 있을지를 질문하면서 시작했다. 우리가 살펴본 것처럼 이에 대한 대답은 당연히 '네'이다.

양적 분석은 사회 변동을 확인할 수 있는 도구일 수 있다. 예를 들어 백인과 소수인종의 남성과 여성 간 평균소득을 계산해보면 아주 똑같은 일을 하고 있는 사람들 간에 존재하는 불평등을 확인할 수 있다. 그러한 양적 분석은 상당한 월급을 받는 특별한 여성이나 소수인종에 대한 예외적인 증거를 뛰어넘는 강한 지표이다. 우리는 또한 투표의 예처럼 질적 현상을 양적 분석하는 것도 상당히 정밀하게 이루어질 수 있다는 것을 보았다.

핵심은 질적 연구와 양적 연구는 모두 사회생활을 이해하는 데 있어서 적절하고 강력한 연구방법일 수 있다는 것이다. 더군다나 이 두 가지 연구방법이 함께 사용된다면 더욱더 유용할 수 있다.

머리말

- 모든 자료는 애초에 질적이다. 하지만 통계분석을 위해서는 양화되어야만 한다.
- 양적 분석은 조사연구자들이 자료를 숫자 형태로 전환하고 그것을 통계분석에 적용하는 기법을 포함한다.

자료의 양화

- 나이나 소득 같은 일부 자료들은 원래 수치적이다.
- 양화(quantification)는 종종 범주로 나누어 코드화하고 난 뒤 여기에 숫자를 대입하는 것이다.
- 연구자는 센서스청의 직업분류처럼 기존의 코딩체계를 사용할 수도 있고, 자신만의 코딩범주를 개발할 수도 있다. 어느 경우이건 코딩체계는 연구의 성격과 목적에 적합해야 한다.
- 코드북이란 (1) 각각의 변수에 부여된 특정 표시의 의미와 (2) 변수 하나하나마다 그 변수가 가질 수 있는 속성에 해당하는 코드가 기재된 문서이다.

일원분석

- 일원분석은 한 변수에 대한 분석이다. 일원분석은 두 개 혹은 그 이상 변수들 간의 관계를 분석하지 않기 때문에, 기본적인 목적은 설명이 아니라 기술에 있다.
- 연구자들은 여러 기법을 이용하여, 다루기 용이할 뿐만 아니라 가능한 한 상세한 정보를 잃지 않으면서 원자료를 요약할 수 있다. 빈도분포, 평균, 집단자료(grouped data), 분산측정치들이 모두 한 변수에 대한 자료를 요약하는 방식이다.

하위집단 비교

- 하위집단 비교는 어떤 변수와 관련하여 하위집단 사이의 유사성과 차이점을 기술하는 데 사용된다.
- 응답범주를 묶는 것과 '모름' 응답을 다루는 것이 자료를 제시하고 해석하는 데 있어서 중요한 두 가지 기법이다.

이원분석

- 이원분석은 집단 간 비교보다는 변수들 간의 관계에 초점을 둔다. 이원분석은 독립변수와 종속변수 간의 통계적 관계를 탐색하는 것이다. 통상적으로 이원분석의 목적은 기술보다는 설명을 하는 데 있다.
- 이원분석 결과는 종종 교차표 형태로 제시되는데, 이는 독립변수가 종속변수에 미치는 영향을 보여주는 식으로 만들어진다.

다원분석 소개

- 다원분석은 여러 변수들 간의 동시적 관계를 분석하

기 위한 방법이다. 두 변수 간의 관계를 보다 완벽하게 이해하기 위해서도 사용될 수 있다.

- 이 장에서 논의된 주제들이 주로 양적 연구와 연관되어 있지만, 해당 논리와 기법은 질적 연구에서도 유용하게 적용될 수 있다.

사회학적 진단

- 사회학적 진단은 민족이나 성차별과 같은 사회문제의 성격을 결정하는 데 이용되는 양적 분석기법이다.

윤리와 양적 자료분석

- 질적 분석의 경우에서와 마찬가지로, 양적 분석에서도 편견 없는 분석과 결과보고가 매우 중요한 윤리적 문제이다.
- 양적 자료분석과 결과의 보고에서 연구대상자의 프라이버시가 매우 중요하다.

핵심용어

교차표(contingency table)
다원분석(multivariate analysis)
분산(dispersion)
불연속변수(discrete variable)
빈도분포(frequency distribution)
산술평균(mean)
양적 분석(quantitative analysis)
연속변수(continuous variable)
이원분석(bivariate analysis)
일원분석(univariate analysis)
중앙값(median)
최빈값(mode)
코드북(codebook)
평균(average)
표준편차(standard deviation)

사회조사연구 제안: 양적 자료분석

이 연습문제에서 여러분은 분석을 위한 계획을 그려봐야 된다. 이전의 연습문제들에서는 분석될 변수들을 특정화하고 그런 변수들을 어떻게 측정할 것인지를 정확하게 규정했을 것이다.

이제 분석을 어떻게 수행할 것인지 계획을 적어보라. 목표가 원래 기술적인 것인가 아니면 설명적인 것인가? 만약 설명적인 것이라면 단순 이원분석을 계획하고 있는가 아니면 다원분석인가? 이 지점에서 여러분은 단순교차(tabular) 분석을 할 것인지 아니면 이 장에서 논의된 것보다 더 복잡한 기법을 사용할 것인지 정해야 된다. 어떤 컴퓨터 프로그램을 사용하든지 그것은 그리 큰 문제가 아니다. (SPSS이건 아니면 SAS이건…) 일반적으로 사용되는 것이기만 하다면 말이다.

만약 여러분이 정확한 가설을 도출했다면 결과의 의미를 확정지어줄 통계적 유의 수준을 정하고 싶을 것이다. 하지만 이것이 항상 필요한 것은 아니다.

복습문제

1. 여러분이 다니는 대학의 다양한 학문분야는 어떤 범주로 분류될 수 있을까? 그 전공들을 의미 있는 변수에 따라 범주화할 수 있는 코딩체계를 만들어보라. 그러고 나서 다른 변수를 이용해서 다른 코딩체계를 한 번 더 만들어보라.
2. 여러분 자신을 수치화된 맥락에서 본다면 몇 가지 방식으로 묘사할 수 있는가? 여러분이 본질적으로 수치화될 수 있는 특성들은 어떤 것인가? 여러분의 질적 특성들 중 몇 가지 특성을 양적 맥락에서 표현해볼 수 있겠는가?
3. 아래의 정보를 이용하여 교차표를 만들고 해석해보라. 150명의 민주당원들이 최저임금 증액에 찬성하고, 50명은 반대한다. 공화당원 중에서는 100명이 찬성하고, 300명이 반대한다.
4. 아래에 제시한 표의 가상적 자료를 이용하여 다음의 내용을 보여주는 표를 만들고 해석하라.
   a. 연령과 낙태에 대한 태도 간의 이원관계
   b. 정치적 지향과 낙태에 대한 태도 간의 이원관계
   c. 연령, 정치적 지향과 낙태에 대한 태도를 연결하는 다원관계

연령	정치적 지향	낙태에 대한 태도	빈도
젊음	진보	찬성	90
젊음	진보	반대	10
젊음	보수	찬성	60
젊음	보수	반대	40

연령	정치적 지향	낙태에 대한 태도	빈도
늙음	진보	찬성	60
늙음	진보	반대	40
늙음	보수	찬성	20
늙음	보수	반대	80

CHAPTER

15

다원분석의 논리

개관

정교화 모형은 다원분석과 인과분석에 대한 근본 논리를 조사하는 데 사용한다. 간단한 백분비표에서 이러한 논리를 적용한 탐구는 더 복잡한 분석 방법들을 이해하는 기반이 된다.

Rawpixel.com/Shutterstock.com

학습목표

- 정교화 모형의 목적을 설명할 수 있다.
- 반복의 예를 제시할 수 있다.
- 설명의 예를 제시할 수 있다.
- 해석의 예를 제시할 수 있다.
- 특정화의 예를 제시할 수 있다.
- 사후가설화의 위험을 설명할 수 있다.

15.1 머리말

이 장에서 우리는 다원분석과 인과분석에 대한 근본 논리를 조사하기 위해 정교화 모형을 사용할 것이다. 간단한 백분비표(percentage tables) 형태에서 이러한 논리의 탐구는 보다 복잡한 분석 방법들을 이해하는 기반을 제공한다, 우리는 또한 14장에서 소개된 질적 사회연구에서 다원분석의 논리를 깊게 철저히 조사할 것이다. 이는 이전에 언급했던 변수들 간의 인과성에 근거한다. 4장에서 인과성의 기준들을 조사하면서 허위관계에 대한 아이디어를 소개했다. 본 바와 같이, 때때로 두 변수의 관계가 인과적 관계처럼 보이지만(예, 황새의 수와 출산율), 좀 더 조심스럽게 분석을 하면 그 관계가 제3의 변수(도시 대 농촌)의 영향에 기인한 것임을 알 수 있다. 이 장에서 살펴볼 것이지만, 매우 다양한 다원 관계들이 존재하고 있다.

이런 화제를 탐구하기 위해, 우리는 정교화 모형(elaboration model), 해석 방법, 라자스펠드(Lazarsfeld) 모형 혹은 컬럼비아학파 모형 등 다양하게 언급되고 있는 사회과학적 접근방식을 이용할 것이다. 이런 많은 명칭들이 반영하는 바는, 정교화 모형은 라자스펠드가 컬럼비아대학 재직 시 개발한 방식으로, 변수들 간의 경험적 관계를 해석하기 위해 변수들 사이의 경험적 관계를 정교화하는 것을 목표로 한다는 사실이다. 결과적으로 정교화 모형은 다원분석을 행하는 한 방식이다.

정교화 모형
제3변수의 효과를 통제함으로써 두 방법 사이의 관계를 이해하는 논리적 방법. 본래 폴 라자스펠드에 의해 개발되었다. 정교화 분석의 여러 가지 결과들로는 반복, 특정화, 설명, 해석이 있다.

연구자들은 두 변수 간의 관계를, 그와 동시에 추가 변수들을 함께 고려하면서 이해하고자 할 때 정교화 모형의 논리를 사용한다. 하지만 추가 변수들이 명칭을 들먹이면서 모델에서 항상 언급되는 것은 아니다. 정교화 모형은 백분비표라는 매체수단을 통해 일차적으로 개발되었지만, 16장에서 보여주듯이 다른 통계 기

어떻게 생각하는가

연구자에게 끊임없는 딜레마는 인과결정요인들에 관한 것이다. 투표선택, 종교선호, 편견 등을 야기하는 것은 무엇인가? 흔히 우리는 그러한 변이들에 관련되는 변수들, 가령 여성은 남성보다 예배에 더 잘 참석하는 경향이 있음을 발견할 수 있지만, 우리가 실제로 그 원인(cause)을 발견한 방식은 모른다. 어떻게 우리는 관찰된 상관관계가 실제로는 다른 어떤 것에 의해 야기되지 않았음을 확실시할 수 있는가?

이 장의 말미에 있는 〈어떻게 생각하는가: 재논의〉를 참조하라.

Earl Babbie

법들과 함께 사용될 수 있다.

나는 정교화 모형이 사회연구에서 인과분석의 논리를 가장 명료하게 보여줄 수 있는 그림을 제공한다는 사실을 굳게 믿는다. 특히 이 방법은 교차표(contingency table)의 사용을 통해 과학적 분석의 논리 과정들을 잘 묘사하고 있다. 더욱이 만일 여러분이 교차표들을 이용하여 정교화 모형의 사용을 완벽하게 이해할 수 있다면, 부분회귀(partial regression)와 로그리니어(log-linear) 모형과 같은 좀 더 복잡한 통계 기법들을 사용하고 이해할 수 있는 능력도 크게 향상될 것이다.

어떤 의미에서 정교화 분석에 대한 논의는 4장에서 논의한 허위관계에 대한 조사를 확장한 것이다. 여러분도 기억하겠지만, 사회연구에서 인과관계들에 대한 한 가지 기준은 두 변수 간에 관찰된 관계가 어떤 다른 변수에 의해 인위적으로 야기되지 않는다는 것이다. 이를테면, 화재에 동원된 소방차의 수와 화재 손실액 사이의 정적(positive) 관계의 경우에서, 우리는 화재 규모가 소방차와 손실 사이의 표면적 관계를 잘 해명하는 것을 본다. 화재가 크면 클수록 더 많은 소방차가 올 것이다. 화재가 크면 클수록 손실이 더 많을 것이다. 이 가설적 예에서 사용된 논리는 정교화 모형의 논리와 동일한 것이다. 정교화 모형을 탄생시킨 초기 예들이 도해하는 바와 같이, 사회연구들은 흔히 사회생활에 대한 반직감적인 이해를 드러낸다.

가설적 예와 실제 예를 모두 사용하면 관찰된 관계의 검사(testing)가 다양한 발견과 논리적 해석들에서 초래된다는 사실을 알 수 있다. 허위관계는 단지 하나의 가능성일 뿐이다.

정교화 모형의 창시자 중 한 명인 패트리샤 켄달(Patricia Kendall)의 글 〈정보와 도구: 왜 정교화를 하는가?〉는 정교화 모형을 사용하는 또 다른 강력한 정당성을 제공한다.

정보와 도구 왜 정교화를 하는가?

순수 통제실험(true controlled experiment)에는 여러 측면이 있다. 가장 중요한 측면은 (1) 우연(chance)의 범위 내에서 동일시되는 실험집단과 통제집단을 생성하고[이를 위해 개인들을 두 집단에 배정할 때 난수표를 사용하거나 동전을 던지는 등과 같은 무작위화 과정(randomization process)을 거친다], (2) 자극을 주는 것이 외적 사건이 아니라 실험자라는 사실을 확실하게 하고, (3) 그 자극이 가정했던 결과들을 낳는지 보기 위해 기다리는 것이다.

예를 들면, 아이비리그 대학에 다니면 다른 대학에 다닐 때보다 전문가로서 더 성공하게 된다는 가설을 세울 수 있다. 우리는 어떻게 순수실험을 통해 이것을 연구할 것인가? 여러분은 다음과 같이 말할 수 있다. "40대인 사람들을 뽑아서 그들 중 아이비리그에 다녔던 사람들을 찾아내고, 그들이 다른 학교에 다녔던 사람들보다 더 성공했는지를 본다." 만약 이것이 여러분의 대답이라면, 여러분은 틀렸다.

순수실험은 연구자에게 몇 개의 고교 3학년 학급을 선정하고, 각 학급의 학생들을 무작위적으로 실험집단과 통제집단으로 나눈 다음, 실험집단에 속한 자들은 아이비리그 대학에 보내고(그들의 재정적 상황이나 학문적 자질에 상관없이, 그리고 그들을 받아들이려는 대학의 희망에 상관없이) 통제집단에 속한 학생들은 다른 대학에 보내고 나서 약 20년 뒤, 즉 그들이 전문가로서 성장할 때까지 기다린 후에 이 두 집단의 상대적인 성공을 측정해야 할 것이다. 하지만 이는 현실적으로 불가능한 과정이다.

한편 사회학자들은 결손가정이 청소년 비행을 조장한다는 가설을 연구한다. 우리는 어떻게 이것을 실험으로 연구할 수 있을까? 만약 여러분이 위의 예를 따른다면, 순수실험을 통해 이 가설을 연구하는 것이 완벽하게 불가능하다는 것을 알 것이다. 실험자가 해야 할 일을 잠시 생각해 보라!

순수실험이 요구하는 사항들은 사회학 연구에서 너무 비현실적이어서, 우리는 아주 사소한 상황을 제외하고는 거의 모든 경우 덜 이상적인 방법을 사용해야만 한다. 학생들이 어떤 형태의 강의에서 더 많은 것을 배우는지, 또는 어떤 영화가 관객의 태도를 바꾸는지를 실험으로 연구할 수 있다. 그러나 이런 것들은 우리가 진정으로 관심을 가지는 종류의 질문이 아니다.

그러므로 우리는 그 자체의 단점을 가지는 근사치—일반적으로 설문조사—에 의존한다. 하지만 정교화 모형을 통해 설문조사 자료를 시험하고, 그 자료들이 가지는 단점들을 설명하며, 중요한 쟁점에 관해 좀 더 복잡한 결론을 이끌어낼 수 있다.

패트리샤 켄달(Patricia L. Kendall)
Department of Sociology, Queens College, CUNY

15.2 정교화 모형의 기원

정교화 모형이 발달하게 된 역사적 기원은 과학적 연구가 현실에서 작동하는 방식을 잘 보여주는 예이다. 1장에서 언급한 바와 같이, 제2차 세계대전 중 사무엘 스토퍼(Samuel Stouffer)는 미국 군대 내에서 특별 사회연구 분과를 조직하고 운영했다. 전쟁 동안 그 분과는 병사들을 대상으로 다양한 설문조사를 시행했다. 이들의 연구목적은 다소 변화하기는 했지만, 일반적으로 병사들의 전투 효율성에 영향을 미치는 요인들을 밝히는 데 초점을 맞추었다.

몇몇 연구는 군대 내의 사기에 대해 조사했다. 사기가 전투의 효율성에 영향을 미치는 것처럼 보였기 때문에, 사기를 향상시키면 전투를 보다 효율적으로 하게 될 것이다. 스토퍼와 그의 동료들은 사기에 영향을 미치는 변수들을 찾아내려고 노력했다. 부분적으로 이들 연구자들은 일반적으로 받아들여지고 있는 다음과 같은 명제들을 경험적으로 확증하려고 노력했다.

1. 진급은 확실히 병사의 사기에 영향을 미치므로 진급률이 낮은 부대의 병사는 상대적으로 사기가 낮다.
2. 남부에 아직 남아 있는 인종분리와 인종차별을 생각할 때, 북부의 훈련소에서 훈련받은 흑인 병사들이 남부에서 훈련받은 흑인 병사들보다 사기가 더 높다.
3. 교육을 많이 받은 병사들이 적게 받은 병사들보다 징집된 것에 대해 더 불쾌하게 여긴다.

각 명제는 논리적으로 타당하며 일반 상식에서도 참이라고 여겨졌다. 스토퍼는 각 명제를 경험적으로 검증하고자 했다. 그러나 놀랍게도 그 어떤 명제도 확증되지 않았다.

우리는 1장에서 첫 번째 명제를 논의했다. 기억할 수 있듯이, 스토퍼는 헌병부대(진급률이 가장 낮았던 부대)에서 근무했던 병사들이 육군항공대(진급률이 가장 빨랐던 부대)의 병사들보다 진급에 대해 불만을 적게 표시하는 것을 발견했다. 다른 명제들도 마찬가지로 예상과 달랐다. 남부에서 훈련받은 흑인 병사와 북부에서 훈련받은 흑인 병사는 일반적으로 사기에서 차이가 거의 없었다. 그리고 교육수준이 낮은 징집병들이 교육수준이 높은 징집병보다 징집된 것에 더 유감을 표했다.

이런 발견을 숨기려고 하거나 단지 통계적 유의도만을 검증하여 그 결과를 보고하는 대신에 스토퍼는 '왜?'라는 질문을 던졌다. 그는 이 질문에 대한 대답을 준거집단(reference group)과 상대적 박탈(relative deprivation)이란 개념에서 찾았다. 간단히 말해, 스토퍼는 병사들이 군대생활에서 자신의 지위를 절대적이고 객관적인 기준으로 평가하지 않고 주위의 다른 사람들과 비교한 자신의 상대적 지위에 근거하여 평가한다고 주장했다. 그들은 자신의 준거집단 사람들과 자신을 비교했으며, 그 비교에서 자신이 불리한 위치에 있을 때 상대적 박탈을 느꼈다.

스토퍼는 이런 논리에 따라 자신의 경험적 자료에서 발견된 비정상적인 결과들에 대한 답을 얻었다. 병사들은 진급에서 자신의 경험을 주위의 다른 사람들과 비교함으로써 진급체제의 공정성을 판단했다. 진급이 거의 없거나 매우 느린 곳인 헌병부대에서, 병사는 자신보다 자격이 없으면서 빠르게 진급한 사람들을 거의 보지 못했다. 하지만 승진율이 빠른 육군항공대에서는 많은 병사들이 자격이 떨어짐에도 불구하고 빠르게 진급한 동료들을 보게 된다. 그 결과, 흥미롭게도 헌병부대 부대원은 자신의 진급체제가 비교적 공정하다고 말했고 육군항공대 부대원은 그렇지 않다고 말했다.

흑인 병사들의 사례도 비슷한 분석으로 설명할 수 있다. 흑인 병사들은 남부와 북부의 조건을 비교하지 않고, 자신의 지위를 주위에 있는 일반 흑인 민간인들과 비교했다. 인종차별이 극심했던 남부에서, 흑인들은 병사가 되는 것이 주변의 비우호적인 문화적 규범으로부터 자신을 다소간 격리시켜 준다는 사실을 발견했다. 남부의 흑인 민간인들은 대체로 차별대우를 받았고, 자긍심이나 좋은 직업과 같은 것이 거부되었던 반면, 흑인 병사들은 약간 더 좋은 지위를 차지했다. 하지만 북부에서는 흑인 병사들이 만나는 흑인 민간인들 중에 많은 사람들이 보수가 좋은 직업을 가졌다. 그리고 차별이 그다지 심하지 않았기 때문에, 병사가 되는 것이 공동체에서 자신의 지위를 확보하는 데 별 도움이 되지 않았다.

끝으로, 교육수준이 높은 징집병들이 낮은 징집병들보다 징집을 더 잘 받아들이는 의외의 결과도 준거집단과 상대적 박탈이라는 개념으로 설명할 수 있다. 스토퍼는 다음과 같이 추론했다.

1. 전반적으로 볼 때, 사람들은 친구들과 비슷한 교육수준을 갖는다.
2. 교육수준이 낮은 징집 연령의 남자들이 교육수준이 높은 남자들보다 반숙련직 생산라인의 직업과 농업에 종사할 가능성이 더 높다.
3. 전쟁 시기에 많은 생산라인 산업과 농업은 국가의 이해관계에 절대적으로 중요하다. 따라서 이런 산업부문에 종사하는 노동자들과 농부들은 징집이 유예된다.
4. 교육을 거의 받지 못한 남자들은 교육을 많이 받은 남자들보다 징집이 유예되는 직업의 친구들이 있을 가능성이 더 높다.
5. 자신과 친구들을 비교할 때, 교육수준이 낮은 징집병이 교육수준이 높은 징집병보다 차별받는다고 느낄 가능성이 더 높다.

(Stouffer et al., 1949-1950: 122-27)

스토퍼의 설명은 그 세 개의 이례적인 발견에 대해 신비의 껍풀을 벗겼다. 하지만 그런 것들은 미리 계획한 연구의 일부가 아니었기 때문에 이를 검증할 경험적 자료가 없었다. 그럼에도 불구하고, 스토퍼의 논리적 해설은 나중에 발달시킬 정교화 모형, 즉 다른 변수들을 통제함으로써 두 변수 간의 관계를 이해할 수 있는 기반을 만들었다.

라자스펠드와 컬럼비아대학의 동료들은 1946년 정교화 모형을 공식적으로 발달시켰다. 라자스펠드와 패트리샤 켄달은 스토퍼의 병사 연구를 방법론적으로 검토하면서, 경험적 자료가 있다면 정교화 모형의 논리를 사용해 교육과 징집 수용에 관한 스토퍼의 주장을 증명할 수 있는 가설적 표를 제시했다(Kendal and Lazarsfeld, 1950).

정교화 모형의 중심 논리는 두 변수 사이에서 관찰된 관계와 한 변수가 다른 변수를 야기할 수 있는 가능성으로 시작한다. 스토퍼의 예에서, 최초의 두 변수는 '교육수준'과 '징집의 공정성 수용'이었다. 병사의 교육수준은 징집되기 전에 결정되었기(그리고 징집되는 것에 대한 의견을 가졌기) 때문에 '교육수준'은 원인이나 독립변수였고 '징집의 수용'은 결과나 종속변수였다. 하지만 우리가 방금 본 것과 같이 관찰된 관계는 연구자가 기대했던 것과 반대였다.

정교화 모형은 처음에 관찰된 관계에 대한 다른 변수들의 영향을 조사한다. 때때로 이런 분석은 인과관계가 일어나는 기제(mechanism)를 밝혀낸다. 다른 경우, 정교화 분석은 인과관계의 존재를 전적으로 부정하기도 한다.

제시된 예에서 추가변수는 병사의 친구가 징집되었는지 아니면 징집이 유예되었는지 여부이다. 스토퍼의 추론적 설명에서 이 변수는 교육을 더 많이 받은 병사들이 징집에 대해 더 수용적일 것이라는 주장이 실제로 얼마나 논리적이었는지를 보여주었다. 왜냐하면 그들의 친구들이 징집되었을 가능성이 있기 때문이다. 교육을 거의 받지 못한 사람들은 흔히 징집이 유예되는 직업을 갖고 있을 가능성이 높으므로 이들 중 징집된 사람은 자신이 불공평한 대우를 받았다고 느끼게 된다.

켄달과 라자스펠드는 교육과 징집수용이 긍정적 관계가 있음을 보여주고 있는 스토퍼의 자료를 가지고 시작했다[〈표 15-1〉 참조]. 〈표 15-1〉과 이어지는 표들에서 '징집이 유예되었어야 했다'와 '징집이 유예되지 말았어야 했다'는 징집자들이 자신의 상황에 대해 내린 판단을 나타내며, 후자는 자신들이 징집된 것이 공정하다는 느낌을 나타낸다.

표 15-1 교육과 징집수용에 대한 스토퍼 자료의 요약

	높은 교육수준	낮은 교육수준
징집이 유예되지 말았어야 했다	88%	70%
징집이 유예되었어야 했다	12	30
합계	100 (1,761)	100 (1,876)

출처: 〈표 15-1〉~〈표 15-4〉는 다음 책을 출판한 맥밀란 출판사에서 허가를 받아 수정된 것이이다. Robert K. Merton and Paul F. Lazarsfeld (eds.), *Continuities in Social Research: Studies in the Scope and Method of "The American Soldier."* (The Free Press, 1950). 이 책은 1978년 Robert K. Merton에 의해 개정되었다.

표 15-2 교육과 친구의 징집유예 사이의 가설적 관계

징집유예된 친구가 있는가?	높은 교육수준	낮은 교육수준
예	19%	79%
아니오	81	21
합계	100 (1,761)	100 (1,876)

표 15-3 친구들의 징집유예와 응답자 자신의 징집수용 간의 가설적 관계

	징집유예된 친구가 있는가?	
	예	아니오
징집이 유예되지 말았어야 했다	63%	94%
징집이 유예되었어야 했다	37	6
합계	100 (1,819)	100 (1,818)

그런 다음 켄달과 라자스펠드는 만약 병사들에게 그들의 친구 대부분이 징집되었는지 아니면 징집이 유예되었는지를 질문했더라면 그 분석이 어떠했을지를 보여주기 위해 가설적인 표들을 만들었다. 〈표 15-2〉는 교육을 많이 받은 병사들 가운데 19%가 자신의 친구들이 징집유예되었다고 한 반면, 교육을 적게 받은 병사들 중에서는 79%가 징집을 유예받은 친구가 있음을 가설적으로 보여주고 있다.

교육을 많이 받은 병사들과 교육을 적게 받은 병사들의 수가 스토퍼의 진짜 자료와 동일하다는 점에 주목하라. 이후 제시된 표들에서, 징집된 것을 수용하거나 이에 불만을 표한 사람의 수도 본래 자료와 같다는 것을 알 수 있다. 단지 친구들이 징집유예되었거나 되지 않았다고 말한 수만 꾸민 것이다.

스토퍼의 설명은 징집유예된 친구들이 있는 병사들은 그런 친구들이 없는 병사들보다 자신의 징집에 더 유감의 뜻을 표했을 것이라고 가정했다. 〈표 15-3〉은 그런 가정을 지지하는 가설적인 자료를 보여준다.

〈표 15-2〉와 〈표 15-3〉에 있는 가설적 자료들은 스토퍼가 자신의 설명에서 구체화시켰던 연계들을 확증할 것이다. 첫째, 낮은 교육수준의 병사들은 높은 교육수준의 병사들보다 징집유예를 받은 친구들이 더 많았다. 둘째, 친구들의 징집유예는 병사들로 하여금 자신도 징집유예가 되었어야 했다고 생각하게 만들었다. 스토퍼는 이런 두 관계가 교육수준과 징집수용 사이의 본래관계를 명료하게 한다고 주장했다. 켄달과 라자스펠드는 스토퍼의 설명에 동조할 가설적 표를 만들

표 15-4 징집유예된 친구 유무에 따른 교육과 징집수용 간의 가설적 관계

	징집유예된 친구가 있다		징집유예된 친구가 없다	
	높은 교육수준	낮은 교육수준	높은 교육수준	낮은 교육수준
징집이 유예되지 말았어야 했다	63%	63%	94%	95%
징집이 유예되었어야 했다	37	37	6	5
합계	100 (335)	100 (1,484)	100 (1,426)	100 (392)

었다[〈표 15-4〉 참조].

본래 발견하고자 했던 것은 높은 교육수준의 징집자들이 낮은 교육수준의 사람들보다 징집을 더 공정한 것으로 수용한다는 것이었음을 상기하자. 하지만 〈표 15-4〉에서 징집이 유예된 친구가 있다고 보고한 사람들 가운데서 교육수준이 징집의 수용에 아무런 영향을 미치지 않았다는 것에 우리는 주목해야 한다. 교육을 많이 받은 집단과 적게 받은 집단 둘 다에서 63%가 자신의 징집을 수용하고 있다. (즉, 그들은 징집이 유예되지 말았어야 했다고 말한다.) 마찬가지로, 교육수준은 징집유예가 된 친구가 없는 사람들 가운데서도 징집의 수용에 유의미한 영향을 미치지 않았다. 94%와 95%의 사람들이 자신들이 징집유예가 되지 말았어야 했다고 말했다.

한편, 교육수준이 높은 사람들 가운데서 징집의 수용은 징집유예가 된 친구가 있는지의 여부와 강하게 관련되어 있다. 63% 대 94%이다. 교육수준이 낮은 사람들에서도 마찬가지다. 그러고 나면 〈표 15-4〉의 가설적 자료는 교육이 단지 징집유예가 된 친구들의 유무란 매개를 통해서만 징집의 수용에 영향을 미친다는 스토퍼의 주장을 지지할 것이다. 교육을 많이 받은 징집자들은 징집이 유예된 친구가 있을 가능성이 낮고, 그런 사실에 의해 자신의 징집을 더 잘 수용할 것이다. 교육을 덜 받은 사람들은 징집이 유예된 친구가 있을 가능성이 더 높고, 그런 사실로 인해 자신들의 징집을 수용할 가능성이 낮다.

스토퍼의 설명이나 가설적 자료들 모두가 본래관계의 실체를 부정하지 않는다는 사실을 인식하라. 교육수준이 높아짐에 따라 자신의 징집에 대한 수용력이 증가되었다. 하지만 이런 경험적 관계의 본질은 제3의 변수를 도입함으로써 해석되었다. '친구들의 징집유예' 변수는 본래관계를 부정하지 않았다. 단지 본래관계가 일어났던 인과기제를 명료하게 해주었을 뿐이다.

이것은 정교화 모형과 다원분석에서 핵심이다. 두 변수들(교육수준과 징집수용) 사이에 있는 경험적 관계를 관찰한 후, 우리는 다른 변수들(징집유예가 된 친구들의 유무와 같은)을 도입하여 얻은 결과를 통해 그 경험적 관계의 본질을 이해하려고 추구했다. 기계적으로 말하면, 먼저 검정변수(test variable) 또는 소위 통제변수(control variable)에 따라 표본을 하위집단으로 나눈다. 앞의 예에서, 징집유예된 친구의 존재여부가 검정변수이고, 표본은 징집이 유예된 친구를 가진 집단과 그런 친구가 없는 집단으로 나뉜다. 이때 본래 두 변수 간의 관계(징집수용과 교육수준)는 각 하위 표본들에서 구분되어 다시 계산된다. 이런 방식으로 산출된 표들을 부분표(partial table)라고 부르며, 그 부분표에서 발견되는 관계를 부분관계(partial relationships), 또는 부분성(partials)이라고 칭한다. 그런 다음 이 부분관계를 전체 표본에서 발견된 최초의 관계와 비교한다. 최초의 관계는 무차관계(zero-order relationship)라 하며, 어떤 검정변수도 통제되지 않았음을 뜻한다.

비록 정교화가 처음에는 가설적인 자료를 통해 논증되었지만, 그것은 실제로 측정된 변수들 사이의 관계를 분석하기 위한 논리적인 방법으로 전개되어왔다. 앞으로 보겠지만, 우리의 첫 번째 가설적인 예는 정교화 모형에서 얻을 수 있는 하나의 예일 뿐이며 다른 것들도 많다.

검정변수
두 개의 변수들 사이에 있는 관계를 더 명료하게 만들려는 시도에서 일정 상태로 고정시키는 변수. 예를 들어, 교육과 편견 사이의 관계를 발견한 후 우리는 성별을 일정 상태로 고정시키면 교육과 편견의 관계를 남성들 사이에서만, 그리고 여성들 사이에서만 조사할 수 있다. 이 예에서 성별은 검정변수가 될 것이다.

부분관계
정교화 모형에서 부분관계는 제3의 변수에 의해 정의된 하위집단의 사례들을 조사할 때 생기는 두 변수 간의 관계가 된다. 정당과 낙태에 대한 태도 사이의 무차관계로 시작할 때, 우리는 그 관계가 남성과 여성 집단 각각에서도(즉, 성별을 통제할 때) 참으로 유지되는지를 살펴볼 수 있다. 남성들 사이에서 발견되는 관계와 여성들 사이에서 발견되는 관계는 부분관계가 된다. 부분관계는 때때로 부분성으로 불린다.

무차관계
정교화 모형에서, 이것은 어떤 검정변수도 통제되지 않은 상황에 있는 두 변수 간의 본래관계이다.

15.3 정교화 패러다임

이 절에서는 정교화 분석을 이해하기 위한 지침을 제공한다. 우선 우리는 검정변수가 다른 두 변수에 선행(antecedent)하고 있는 (시간적으로 앞선) 것인지, 두 변수를 매개(intervening)하고 있는 것인지를 반드시 알아야 한다. 왜냐하면 다원분석에서 이러한 위치는 다른 논리적 관계를 제시하기 때문이다. 만약 검정변수가 매개변수라면(즉, 교육수준, 징집유예가 된 친구의 유무, 징집수용에서와 같이), 분석은 〈그림 15-1〉에서 보여준 모형에 근거한다. 이런 다변량 관계의 논리는 독립변수(교육수준)가 매개변수(징집유예가 된 친구의 유무)에 영향을 미치고, 그것은 다시 종속변수(징집의 수용)에 영향을 미친다.

만약 검정변수가 독립변수와 종속변수 모두에 선행한다면 다른 모형이 사용되어야 한다[〈그림 15-2〉 참조]. 여기서 검정변수는 '독립'변수와 '종속'변수 모두에게 영향을 미친다. 당연히 독립변수와 종속변수란 용어가, 엄격히 말해, 그림

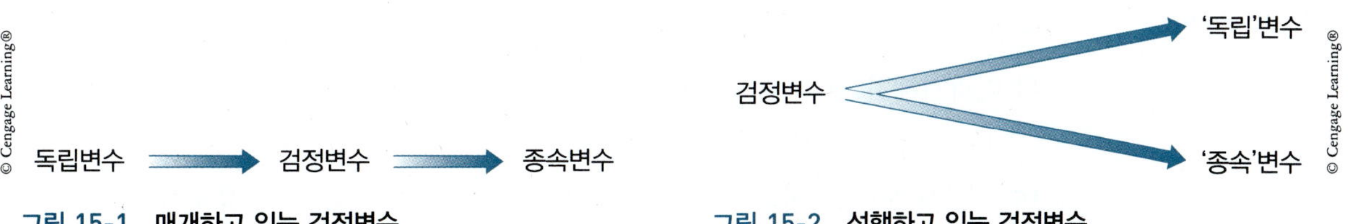

그림 15-1 매개하고 있는 검정변수

그림 15-2 선행하고 있는 검정변수

표 15-5 정교화 패러다임

본래관계와 비교될 부분관계	검정변수	
	선행	매개
동일한 관계	반복	반복
약하거나 없어짐	설명	해석
분리*	특정화	특정화

* 하나의 부분관계는 본래관계와 동일하거나 그보다 더 커지지만, 다른 부분관계는 본래관계보다 더 작아지거나 의미가 없어지는 것을 의미한다.

에서 잘못 사용되었다는 사실을 안다. 사실 우리는 하나의 독립변수(검정변수)와 두 개의 종속변수를 가진다. 단지 앞의 예와 연속성을 유지하기 위해 부정확한 용어를 사용했을 뿐이다. '독립'변수와 '종속'변수는 검정변수와 갖고 있는 관계로 인해 서로 경험적으로 관련되지만, 그 변수들 사이에는 인과적 연계가 존재하지 않는다. 그 변수들의 경험적 관계는 단지 그 변수들과 검정변수와의 우연한 관계 때문에 산출된 것일 뿐이다. (계속되는 예들은 이런 관계를 더 명료하게 해준다.)

〈표 15-5〉는 정교화 분석을 이해하기 위한 지침이다. 표에 있는 두 개의 행은 앞서 서술된 의미에서처럼 검정변수가 선행되는지 매개되는지를 가리킨다. 표의 왼쪽 편은 독립변수와 종속변수 간의 본래관계와 비교되어야 하는 부분관계들의 특성을 보여준다. 이 표에 있는 내용은 각 사례에 대한 기술적인 주석, 즉 반복(replication), 설명(explanation), 해석(interpretation), 특정화(specification)를 제시한다. 이제 우리는 이것들 각각을 차례로 살펴볼 것이다.

반복

반복
정교화 모델과 관련하여 쓰이는 기술적 용어로서, 처음 관찰된 두 변수 간의 관계가 통제변수를 일정 상태로 유지했을 때도 지속하기 때문에 본래의 관계가 참이라는 견해를 지지해주는 정교화의 결과를 의미한다.

부분관계들이 본래관계와 본질적으로 동일할 때, 검정변수가 선행하건 매개하건 상관없이 반복(replication)이란 용어를 그 결과에 부여한다. 이것은 본래관계가 검정 조건들하에서 반복한다는 사실을 의미한다. 만약 앞의 예에서, 징집이 유예된 친구가 있는 사람과 없는 사람 모두에게 교육이 여전히 징집수용에 영향을 미친다면, 우리는 본래관계가 반복하고 있다고 말할 수 있다. 하지만 주의할 점은 그런 발견이 본래관계에 대한 스토퍼의 설명을 확증하는 것은 아니라는 사실이다. 징집유예된 친구들의 존재여부는 교육이 징집수용에 영향을 미치는 과정과 관련된 인과기제가 아닐 수도 있다.

반복이 무엇인지를 살펴보기 위해, 〈표 15-3〉과 〈표 15-4〉로 돌아가보자. 〈표 15-3〉에서 보여준 바와 같이, 최초 발견은 징집유예된 친구의 유무가 병사가 징집에 대해 느끼는 방식에 강하게 영향을 미쳤다는 사실이었음을 생각해보라. 만일 이 관계를 처음에 발견했다면, 여러분은 그 관계가 교육수준이 다른 병사들에게도 똑같이 나타나는지를 알고자 했을 것이다. 여러분은 교육을 통제변수 혹은 검정변수로 만들어 그러한지를 발견할 수 있다.

〈표 15-4〉는 교육을 검정변수로 사용했더라면 만들어졌을 표와 약간은 다르지만 그런 조사 결과들을 포함하고 있다. 그럼에도 불구하고, 우리는 이 표에서 징집유예된 친구의 유무가 교육수준이 높은 병사이건 낮은 병사이건 징집에 대해 갖는 느낌에 여전히 영향을 미치는 것을 본다. (열 1과 3을, 그리고 열 2와 4를 비교하라.) 이런 결과는 징집유예된 친구의 유무와 징집에 대한 태도의 관계가 반복된 것을 나타낸다.

연구자들은 표본의 하위집단에서도 자신의 발견이 반복될 것을 희망하면서 정교화 모형을 자주 사용한다. 예를 들어, 만약 우리가 교육과 편견 사이의 관계를 발견했다면, 이 본래관계가 안정적임을 시험하고자 연령, 지역, 인종, 종교 등과 같은 검정변수들을 도입할 수 있다. 만약 본래관계가 젊은이와 노인, 다른 지역 사람들 사이에서도 동일하게 반복된다면, 우리는 본래관계가 참(true)이고 일반적인 것이라고 결론을 내리는 근거를 갖게 된다.

설명

설명(explanation)은 허위관계(spurious relationship)를 기술하기 위해 사용하는 용어이다. 허위관계는 본래관계가 검정변수의 도입을 통해 거짓으로 드러나는 것이다. 이것은 두 가지 조건을 요구한다. (1) 검정변수가 반드시 독립변수와 종속변수 모두에게 선행되어야 한다. (2) 부분관계들이 없어지거나 본래관계에서 발견된 것보다 유의미하게 더 작아야 한다. 이제 몇몇 예를 통해 이런 상황을 설명할 것이다.

설명
두 변수 간의 본래관계가 선행 검정변수를 도입했을 때 사라지기 때문에 허위인 것으로 드러나는 정교화 모형의 결과이다.

우리가 4장에서 다루었던 한 예를 살펴보자. 지역들에서의 황새 수와 출생률 사이에는 경험적 관계가 있다. 황새의 수가 많은 지역일수록 출생률이 높다. 이런 경험적 관계는 황새 수가 출생률에 영향을 미친다고 가정하도록 유도한다. 그러나 한 선행변수가 이 관계를 잘 해명해준다. 농촌지역은 도시지역보다 황새 수가 많고 출생률도 높다. 농촌지역들만 떼어보면, 황새 수와 출생률 사이에 아무 관계가 없다. 도시지역들만 떼어보아도 아무 관계가 없다.

〈그림 15-3〉은 농촌 · 도시 변수가 황새 수와 출생률 사이의 표면적 관계를 불러일으킨 방식을 그림으로 보여주고 있다. 그림 I은 본래관계를 보여준다. 황새 수가 많은 도시와 마을 가운데 한 군데를 제외하고는 모두 높은 출생률을 보이고

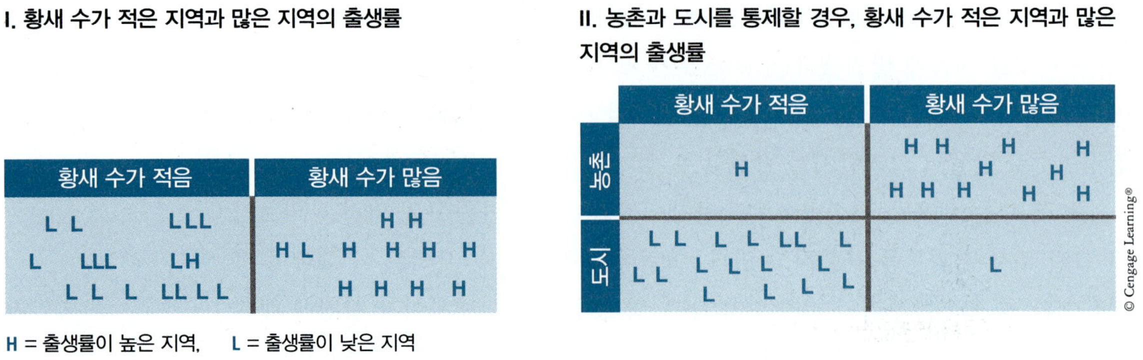

I. 황새 수가 적은 지역과 많은 지역의 출생률

황새 수가 적음	황새 수가 많음
L L LLL L LLL LH L L L LL L L	H H H L H H H H H H H H

H = 출생률이 높은 지역, L = 출생률이 낮은 지역

II. 농촌과 도시를 통제할 경우, 황새 수가 적은 지역과 많은 지역의 출생률

	황새 수가 적음	황새 수가 많음
농촌	H	H H H H H H H H H H H
도시	L L L L LL L L L L L L L L L L L	L

그림 15-3 황새와 출생아에 관한 실태조사

있고, 황새가 적은 도시와 마을 가운데 한 군데를 제외하고는 모두 낮은 출생률을 보이고 있음에 주목하라. 백분비로 바꾸면, 황새가 많이 있는 도시와 마을 가운데 93%가 높은 출생률을 보인 반면, 단지 7%만이 낮은 출생률을 보였다. 이는 상당히 큰 차이이고, 두 변수 간의 강한 상관관계를 나타내고 있다.

그림 II는 도시와 농촌을 분리한 다음, 각 지역에서 따로따로 황새 수와 출생아를 조사했다. 이제 우리는 농촌지역은 모두 출생률이 높고, 도시지역은 모두 출생률이 낮다는 것을 알 수 있다. 농촌지역 중에서는 단지 한 곳에서만 황새 수가 적고, 도시지역 중에서는 단지 한 곳에서만 황새 수가 많음에 주목하라.

4장에서 언급했듯이, 여기 또 다른 유사한 예가 있다. 화재를 진압하는 소방차 수와 화재 피해 사이에는 정적(positive) 관계가 있다. 많은 소방차가 출동하면, 많은 피해가 있다. 어떤 이는 아마 이런 사실로부터 소방차가 피해를 야기한다고 가정할 수 있다. 하지만 선행 검정변수로 화재 규모를 도입함으로써 본래관계를 잘 해명해줄 수 있다. 큰 화재는 작은 화재보다 더 큰 손실을 입히고, 소방차들이 더 많이 출동해야 할 것이다. 단지 큰 화재만을 본다면, 우리는 본래관계가 사라지는 것(또는 아마 관계가 그 반대로 되는 것)을 볼 것이고, 작은 화재만을 볼 때도 같은 결과가 나타날 것이다.

마지막으로 진짜 연구를 예로 들어보자. 나는 수년 전 전문의들이 졸업한 지역과 노인의료보장(Medicare)에 관한 그들의 태도 사이에 어떤 경험적 관계가 있음을 발견했다(Babbie, 1970). 문제를 간단하게 하기 위해 미국 동부와 남부만을 검토하겠다. 미국 동부지역에서 의과대학을 다녔던 전문의들 중 78%가 노인의료보장에 대해 찬성한다고 말했고, 남부에서 의과대학을 다녔던 전문의들 중 59%가 그렇다고 말했다. 이런 발견은 남부가 일반적으로 동부보다 그 프로그램에 더 반대하는 것 같으며, 의과대학 훈련이 의사의 의료태도에 영향을 미치는 것처럼 보인다는 관점에서 이해되었다. 하지만 그 관계는 선행변수로서 전문의의 성장

표 15-6 성장지역, 교육받은 지역, 노인의료보장에 대한 태도

		노인의료보장에 찬성한 의사들의 백분비	
		성장지역	
		동부	남부
의과대학 교육을 받은 지역	동부	84	50
	남부	80	47

출처: Earl R. Babbie, *Science and Morality in Medicine* (Berkeley: University of California Press, 1970): 181.

지역을 도입했을 때 잘 해명되었다. 동부에서 성장한 전문의들 가운데 89%가 동부에 있는 의과대학에 다녔고, 11%는 남부의 의과대학에 다녔다. 남부에서 성장한 전문의들 가운데 53%가 동부의 의과대학에 다녔고, 47%는 남부의 의과대학에 다녔다. 게다가 전문의들이 성장한 지역은 노인의료보장에 대한 태도와 관계가 있었다. 동부에서 성장한 전문의들 가운데 84%가 노인의료보장에 찬성한 반면, 남부에서 성장한 전문의들은 49%가 찬성했다.

〈표 15-6〉은 (1) 성장지역, (2) 의대교육을 받은 지역, (3) 노인의료보장에 대한 태도라는 세 변수 간의 관계를 나타낸다. 동부에서 성장한 전문의들은 그들이 어디서 의과대학을 다녔느냐에 상관없이 노인의료보장에 찬성하는 경향이 있었다. 남부에서 성장한 전문의들은 노인의료보장에 비교적 덜 찬성하는 경향이 있었고, 그들이 다녔던 의과대학의 위치는 그런 태도에 거의 영향을 미치지 않았다. 그러므로 이 자료는 의대교육을 받은 지역과 노인의료보장에 관한 태도 사이의 본래관계가 허위였다는 것을 보여준다. 그것은 단지 성장지역이 의과대학 소재 지역과 노인의료보장에 대한 태도에 동시에 영향을 미침으로써 나타난 것이다. 〈표 15-6〉과 같이 성장지역을 고정시켰을 때, 본래관계는 부분관계들 속에서 사라진다.

〈일상생활에 개념 적용하기: 아이비리그 대학의 출신과 전문직에서의 성공〉에서 정교화 모형의 창시자 중 한 사람인 패트리샤 켄달이 연구자가 '설명'을 가정했지만 '반복'을 발견하게 된 연구를 보여준다. 그 자료들은 최근의 것이 아니지만, 이 화제는 여전히 학생들에게 매우 중요하다. 여러분의 전문가적 성공은 여러분이 적절한(right) 대학을 나왔는가에 어느 정도 달려 있을까?

해석

해석은, 검정변수가 위치한 시점과 그 차이에서 오는 함축들을 제외하고는 설명과 유사하다. 해석(interpretation)은 검정변수 혹은 통제변수가 독립변수가 종속변

해석
정교화 모형과 관련되어 사용되는 기술적 용어이다. 이는 독립변수가 종속변수에 영향을 미치는 과정에서 통제변수가 매개요인으로 밝혀지는 연구 결과물을 나타낸다.

 일상생활에 개념 적용하기 아이비리그 대학의 출신과 전문직에서의 성공

설문조사 분석가들이 느끼는 가장 큰 위험은 아마 자신이 인과적이라고 기대하는 관계가 허위로 드러나는 일일 것이다. 즉, X와 Y 간의 본래관계가 선행 검정요인에 의해 설명되는 것이다. 구체적으로 말해, X와 Y 간의 부분관계들이 선행변수가 일정하게 고정될 때는 0으로 축소된다.

이것은 수십 년 전에 수행되었던 한 연구의 주된 발견에서 분명히 가능한 것이었다. 나의 컬럼비아대학 대학원 동창생 중의 한 명인 패트리샤 살터 웨스트(Patricia Salter West)는 1만 명의 「타임 매거진(Time Magazine)」 남성 구독자들에게서 얻은 설문지에 근거하여 박사학위 논문을 썼다. 웨스트가 발달시킨 많은 가설들 중에는 아이비리그(브라운, 컬럼비아, 코넬, 다트머스, 하버드, 펜실베니아 대학, 프린스턴, 예일) 졸업생들이 나중에 전문직에서 다른 대학 졸업생들보다 더 성공적—그들의 연간소득으로 정의되었다—이라는 것이 있었다.

최초의 표[〈표 1〉 참조]는 웨스트의 기대를 지지했다. 비록 내가 그 숫자들을 만들었지만, 그 숫자들은 웨스트가 자신의 연구에서 실제로 발견했던 것과 매우 일치하고 있다. 아이비리그 대학 졸업생이 다른 대학의 졸업생보다 전문직에서 성공할 가능성이 상당히 높다.

그러나 잠시 기다려보라. 그 관계가 전형적인 허위관계가 될 수 있지 않을까? 자신의 아들을 아이비리그 대학에 보낼 수 있을 정도로 여유가 있는 자들은 누구인가? 당연히 부유한 사람들이다.* 그리고 아들이 성공적인 경력을 갖도록 도와줄 수 있는 사업체와 전문직 간의 연계를 제공할 수 있는 사람들은 누구인가? 역시 부유한 가정이나 유복한 가정의 사람들이다.

다시 말해, 학생들의 사회경제적 지위는 그 표면적인 인과관계를 잘 해명해줄 것이다. 실제로, 웨스트의 발견은 그것이 참이 될 수 있음을 시사하고 있다.

〈표 2〉에 의하면, 아이비리그 대학 출신 중 1/3이 부유한 가족 출신이었고 11명 중 한 명꼴로 유복하지 않은 가족 배경을 가졌다. 따라서 두 변수, X와 T 간에는 상당히 높은 상관관계가 있다. (가족의 사회경제적 지위[T]와 전

표 1*

뒷날 전문직에서의 성공(Y)	출신대학(X)	
	아이비리그 대학	그 외 대학
성공	1,300(65%)	2,000(25%)
실패	1,700(35%)	6,000(75%)
합계	2,000(100%)	8,000(100%)

* 유일하게 출판된 웨스트의 연구는 합계를 포함하고 있지 않았기 때문에 관련 숫자들을 만들어야만 했다. Ernest Havemann and Patricia Salter West, *They Went to College* (New York: Harcourt Brace, 1952).

표 2
가족의 사회경제적 지위(SES)에 따른 아이비리그 대학 출신 여부

출신대학(X)	가족의 사회경제적 지위(T)	
	높은 SES	낮은 SES
아이비리그 대학	1,500(33%)	500(9%)
그 외 대학	3,000(67%)	5,000(91%)
합계	4,500(100%)	5,500(100%)

수에 영향을 미치기 위해서는 거쳐야 하는 매개요인임을 발견하는 연구결과를 나타낸다. 교육, 징집유예된 친구, 징집수용에 대한 앞의 예는 해석을 잘 설명해 주는 탁월한 예이다. 징집의 수용에 미치는 교육의 영향은 정교화 모형에 의해 잘 설명되지 않지만, 그것은 여전히 참(true) 관계이다. 진정한 의미에서 교육수준의 차이는 차별적인 징집수용 태도를 야기한다. 매개변수, 즉 징집유예된 친구의 유무는 그 관계가 생기는 데 있어 거쳐야 할 기제를 해석하는 데 도움을 준다. 즉, 해석은 본래관계에 대한 타당성을 부정하기보다는 그 관계가 기능하는 데 있

표 3 T가 고정될 때 X와 Y의 부분관계

뒷날의 성공(Y)	높은 SES 가족(T)		낮은 SES 가족(T)	
	아이비리그 대학(X)	그 외 대학(X)	아이비리그 대학(X)	그 외 대학(X)
성공	1,000(67%)	1,000(33%)	300(60%)	1,000(20%)
실패	500(33%)	2,000(67%)	200(40%)	4,000(80%)
합계	1,500(100%)	3,000(100%)	500(100%)	5,000(100%)

문직에서의 성공[Y] 사이에도 유사하게 높은 상관관계가 있다.)

소위 이런 한계 상관관계(marginal correlation)의 크기는 아이비리그 대학 출신의 인과적 특성에 관한 웨스트의 가설이 부정확할 수 있음을 시사한다. 오히려 학생들 가족의 사회경제적 지위가 그녀가 관찰했던 본래관계를 설명한다는 것을 시사한다.

하지만 아직 끝난 것은 아니다. 중요한 질문은 일단 검정요인을 통제하면 부분관계들이 어떻게 되는가이다. 〈표 3〉은 그런 것들을 보여준다.

이들 부분관계들이 보여주는 바는, 가족의 사회경제적 지위가 같을 때조차 아이비리그 출신과 뒷날 전문직에서의 성공 간에 여전히 현저한 관계가 있다는 것이다. 그 결과, 웨스트의 최초 가설은 그녀가 수행했던 분석으로부터 지지를 받았다.

그럼에도 불구하고, 웨스트가 자신의 가설을 증명한 것은 결코 아니다. 본래관계를 설명할 수 있는 추가적인 선행요인들은 거의 항상 존재한다. 예를 들어, 학생들의 지능(지능검사나 SAT 점수로 측정된)을 고려해보자. 아이비리그 대학들은 학생들의 우수함에 자부심을 갖는다. 그러므로 그 대학들은 매우 탁월한 자질을 지녔지만 입학금과 등록금을 낼 능력이 없는 학생들에게 상당한 장학금을 수여하려고 할 것이다. 일단 이런 명문대에 입학하면, 똑똑한 학생들은 뒷날 전문직에서 성공할 수 있는 기술과 인맥을 발달시킬 것이다. 웨스트에게는 자신이 연구했던 남성들의 지능에 대한 자료가 없었기 때문에, 그런 검정요인이 도입되면 부분관계들이 사라질 것인지를 연구할 수 없었다.

결과적으로 정교화 패러다임은 조사자들로 하여금 어떤 가능성은 배제하고 또 어떤 가능성은 지지할 수 있게 해준다. 그러나 정교화 프로그램이 어떤 것을 증명해주는 것은 아니다.

패트리샤 켄달(Patricia L. Kendall)
Department of Sociology, Queens College, CUNY

* 웨스트는 가족의 사회경제적 지위에 대한 직접적인 자료가 없었기 때문에 부유한, 즉 사회경제적 지위가 높은 사람들을 아들이 대학을 다니는 4년 동안 완벽하게 지원을 한 사람들로 정의했다. 그녀는 덜 부유한, 즉 사회경제적 지위가 낮은 사람들을 자신이 돈을 벌어 대학을 다닌 아들을 둔 부모들로 정의했다.

어 거쳐야 할 과정을 명료하게 해준다.

해석에 대한 또 다른 예가 있다. 연구자들은 결손가정 아이들이 그렇지 않은 가정의 아이들보다 비행자가 될 가능성이 더 높다는 것을 관찰했다. 하지만 그런 관계는 감독(supervision)과 같은 검정변수의 도입을 통해 해석될 수 있다. 감독을 받은 아이들의 비행률은 부모들의 이혼 여부로부터 영향을 받지 않는다. 감독을 받지 못한 아이들 가운데서도 동일한 결과가 사실로 나타났다. 본래관계를 산출한 것은 결손가정과 감독 결핍 사이의 관계였던 것이다.

특정화

이따금 정교화 모형은 서로가 유의미하게 상이한 부분관계들을 산출한다. 이를테면, 첫 번째 부분관계는 두 변수의 본래관계와 같거나 더 강하고, 두 번째 부분관계는 본래관계보다 더 약하거나 관계가 없어질 수 있다. 정교화 패러다임에서는 이런 상황을 **특정화(specification)**라고 한다. 우리는 본래관계가 일어나는 조건들을 특정화한다.

특정화
이는 정교화 모형과 연관되어 사용되는 기술적인 용어로, 처음에 관찰된 두 변수 간의 관계는 통제변수가 생성한 어느 하위집단에서는 반복되지만, 다른 하위집단들에서는 반복되지 않는 정교화 결과를 나타낸다. 여러분은 이러한 입장에서 본래관계가 존재하는 조건들을 특정화할 수 있다. 이를테면, 남자들 사이에는 본래관계가 존재하지만 여자들 사이에는 존재하지 않는다.

이제 이 책의 앞에서 언급했던 종교적 몰입의 근원에 관한 연구(Glock, Ringer and Babbie, 1967: 92)를 상기해보자. 이 연구는 성공회 교인들에게 몰입은 사회계급이 올라감에 따라 감소된다는 것을 발견했다. 그 발견은 〈표 15-7〉에 보고되어 있다. 이 표는 계급이 서로 다른 여성 교구원들 간의 평균 교회몰입 수준을 조사한 것이다.

글록(Glock)은 이 발견을 다른 맥락의 분석에서 해석하면서 교회몰입이 현세에서 은총을 거부당한 사람들에게 대안적인 은총을 제공한다고 결론짓고 있다. 이런 결론은 여자들이 남자들보다 더 종교적인 이유, 나이를 먹은 사람들이 젊은 사람들보다 더 종교적인 이유 등을 설명한다. 글록은 사회계급(수입과 교육에 의해 측정된)이 낮은 사람들이 상류계급의 사람들보다 세속적인 사회에서 자아존중감을 획득할 기회가 더 적다고 추론했다. 그는 그런 생각을 보여주기 위해, 여성이 세속적인 조직에서 직위를 가졌을 가능성은 사회계급과 강하게 관련되어 있음을 지적했다(〈표 15-8〉 참조).

표 15-7 성공회 여성들의 사회계급과 평균 교회몰입도

	사회계급				
	낮음				높음
	0	1	2	3	4
평균 몰입도	.63	.58	.49	.48	.45

참고: 여기에서는 백분비 대신 평균 점수를 사용한다.
출처: 〈표 15-7〉, 〈표 15-8〉과 〈표 15-9〉는 Charles Y. Glock, Benjamin B. Ringer, and Earl R. Babbie. *To Comfort and to Challenge* (Berkeley: University of California Press, 1967)에서 발췌한 것으로 캘리포니아 대학 출판사의 허가를 받아 사용했다.

표 15-8 사회계급과 세속적인 조직에서의 직위점유 여부

	사회계급				
	낮음				높음
	0	1	2	3	4
세속적 조직에서 직위를 가진 자들의 백분비	46	47	54	60	83

참고: 표에서는 백분비가 사용되었다.

표 15-9 사회계급에 따른 교회몰입과 세속적인 직위점유 여부

	사회계급에 대한 평균 교회몰입				
	낮음				높음
	0	1	2	3	4
직위가 있음	.46	.53	.46	.46	.46
직위가 없음	.62	.55	.47	.46	.40

그런 다음 글록은 만일 계급이 낮은 여성들이 현세에서 은총을 받을 기회가 차단되었기 때문에 교회몰입과 관련되었다면, 현세에서 은총을 받은 여성들에게는 본래관계가 나타나지 않아야 한다고 추론했다. 현세에서 은총을 받은 것에 대한 대략적인 지표로서, 그는 세속적인 직위를 가졌는지를 변수로 사용했다. 그런 검정에서, 세속적인 직위를 가진 여성들 사이에서 사회계급은 교회몰입에 관계되지 않아야 했다.

〈표 15-9〉는 특정화에 대한 예를 제시한다. 세속적인 조직에서 직위를 가지고 있는 여성들 가운데는 본질적으로 사회계급과 교회몰입 간에 관계가 없었다. 결과적으로, 〈표 15-9〉는 본래관계가 유지되는 조건들을 특정화하고 있다. 즉, 세속적인 세계에서 은총을 받지 못한 여성들 사이에서만 본래관계가 유지되었다.

특정화란 용어는 정교화 패러다임에서 검정변수가 선행변수인지 매개변수인지에 상관없이 사용된다. 어느 경우에나 그 의미는 동일하다. 우리는 본래관계가 유지되고 있는 특정 조건들을 구체화한다.

패러다임의 재련

앞 절들에서는 라자스펠드와 그의 동료들이 발전시킨 정교화 모형의 기본 논리를 제시했다. 여기서는 논리적으로 가능한 변형들 일부를 살펴보자. 그 변형들은 모리스 로젠버그(Morris Rosenberg, 1968)의 책에서 볼 수 있다.

첫째, 기본 패러다임은 두 변수 간의 최초 관계를 가정한다. 하지만 보다 포괄적인 모델에서 부정적인 관계와 긍정적인 관계를 차별화하는 것이 유용하다. 더욱이 로젠버그는 본래관계가 없을 때조차 정교화 모형을 사용할 것을 제안한다. 그는 한 예로서 노조원 멤버십(membership)과 유태인을 노조위원으로 임명하는 것에 대한 태도에 관한 연구를 인용하고 있다[〈표 15-10〉 참조]. 최초 분석에서는 노조원이 된 기간이 그 태도와 아무런 관계가 없다는 사실을 보여주었다. 즉, 노조원이 된 지 4년 미만인 사람들은 4년 이상 된 사람들과 마찬가지로 유태인 노조원을 받아들이려고 하지 않았다. 하지만 노조원들의 연령이 노조원이 된

표 15-10 억제변수의 예

1. 유태인에 대한 태도와 노조에 가입한 기간 사이에는 분명한 관계가 없다		
	조합의 소속기간	
	4년 미만	4년 이상
유태인의 노조 가입에 개의치 않는 사람들의 백분비	49.2 (126)	50.5 (256)

2. 각 연령집단에서 노조 가입기간이 길수록 유태인의 노조 가입을 받아들이는 성향이 증가한다			
		조합의 소속기간	
		4년 미만	4년 이상
유태인의 노조 가입에 개의치 않는 사람들의 백분비, 연령	29세 이하	56.4 (78)	62.7 (51)
	30～49세	37.1 (35)	48.3 (116)
	50세 이상	38.4 (13)	56.1 (89)

출처: Morris Rosenberg, *The Logic of Survey Analysis* (New York: Basic, 1968), 88-89.

억제변수
정교화 모형에서 진짜 관계가 무차수준에서 나타나는 것을 방해하는 검정변수이다.

기간과 유태인에 대한 태도 사이의 관계를 억제하고(suppress) 있다는 것을 발견했다. 전반적으로 젊은 노조원들이 나이 든 노조원들보다 유태인에 대해 더 호의적이었다. 물론, 젊은 노조원들은 나이 든 노조원들만큼 노조에 가입한 기간이 길지 않을 것이다. 그러나 특정 연령집단들 내에서는 노조에 가장 오래 있었던 사람들이 유태인 노조원을 받아들이는 데 가장 호의적이었다. 이 경우 연령은 노조원이 된 기간과 유태인 노조원에 대한 태도 사이의 관계를 감추는 억제변수(suppressor variable)였다.

둘째, 기본 패러다임은 본래관계보다 약하거나 같게 되는 부분성에 초점을 맞추지만, 무엇이 본래관계와 부분관계 간에 유의미한 차이를 구성하는지를 특정화할 수 있는 지침들을 제공하지는 않는다. 정교화 모형을 사용할 때, 여러분은 주어진 부분성이 본래관계보다 유의미하게 더 약한지 그렇지 않은지를 임의로 결정하고 있는 자신을 자주 발견할 것이다. 이것은 패러다임에 또 하나의 차원이 보태질 수 있다는 것을 시사한다.

셋째, 본래관계보다 더 약하거나 같은 부분성에 대한 기본 패러다임이 가지는 한계점은 두 가지 다른 가능성들을 무시한다. 어떤 부분관계는 본래관계보다 더 강할 수 있다. 또 다른 한편 어떤 부분관계는 본래관계와 반대가 될 수 있다. 이를테면, 본래관계에서는 정적이지만 부분관계에서는 부적이 될 수 있다.

로젠버그는 후자의 가능성에 대한 가설적인 예를 제공하고 있다. 여기서 연구

표 15-11 왜곡변수의 예(가설적)

1. 노동계급 사람들이 중간계급 사람들보다 시민운동에 더 진보적인 것으로 보인다		
시민권 점수	중간계급	노동계급
높음	37%	45%
낮음	63	55
	100	100
100%=	(120)	(120)

2. 인종을 통제하면, 중간계급이 노동계급보다 시민운동에 더 진보적인 것으로 보인다				
	사회계급			
시민권 점수	흑인		백인	
	중간계급	노동계급	중간계급	노동계급
높음	70%	50%	30%	20%
낮음	30	50	70	80
	100	100	100	100
100%=	(20)	(100)	(100)	(20)

출처: Morris Rosenberg, *The Logic of Survey Analysis* (New York: Basic, 1968), 94-95.

자는 자신의 연구에서 노동계급 응답자들이 중간계급 응답자들보다 시민권 운동을 더 지지한다는 사실을 발견할 수 있다[〈표 15-11〉 참조]. 로젠버그는 이 예에서 인종이 계층과 태도 사이의 진짜 관계를 뒤집는 왜곡변수(distorter variable)일 수 있다는 것을 제안한다. 미국 흑인들이 백인들보다 시민운동을 더 지지할 것이지만, 그들은 노동계급 응답자들 가운데 과다하게 대표되어 있고 중간계급에서는 과소하게 대표되어 있을 것이다. 그렇지만 중간계급 흑인 응답자들은 노동계급 흑인들보다 시민운동을 더 지지할 것이고, 동일한 관계가 백인들 사이에서도 발견될 것이다. 인종을 고정시키고 나면, 연구자는 시민권에 대한 지지가 노동계급보다 중간계급에서 더 크다고 결론을 내릴 것이다.

왜곡변수
정교화 모형에서 무차관계의 방향을 뒤바꾸는 검정변수이다.

왜곡변수의 또 다른 예가 있다. 미샬 드 세브(Michal de Seve)는 동일한 조직에서 남녀직원들의 초봉을 조사했을 때 여자가 남자보다 평균적으로 더 많은 초봉을 받고 있음을 발견하고 놀랐다. 왜곡변수는 최초의 고용시점이었다. 많은 여성들이 비교적 최근에 고용되었는데, 이때는 많은 남자들이 고용되었던 과거의 시점보다 전반적으로 임금이 높은 시기였다[E. Cook(1995)에서 재인용].

이 모든 새로운 차원들은 특정화의 개념을 더욱더 복잡하게 만든다. 만약 어떤 부분관계는 본래관계와 동일하고 다른 부분관계는 본래보다 더 강하게 된다면, 여러분은 그 상황에 어떻게 반응해야 하는가? 여러분은 본래관계가 유지되는 조건을 특정화해야 하지만, 본래관계를 좀 더 명료하게 해주는 또 다른 조건도 특정화해야 한다.

마지막으로, 기본 패러다임은 두 개의 하위범주를 갖는 검정변수들에 일차적으로 초점을 맞추었다. 실제로 정교화 모형은 이론에서나 사용에 있어 그렇게 제한적이지 않다. 검정변수가 표본을 셋 이상의 하위표본으로 나눌 때 기본 패러다임은 더 복잡하게 된다. 그리고 둘 이상의 검정변수들이 동시에 사용될 때는 더욱더 복잡하게 된다.

이 모든 것들을 기본적인 정교화 모형의 결점을 지적하기 위해 말한 것은 아니다. 반대로 정교화 모형이 단순 연산방식(algorithm)—연구 분석에서 거쳐야 할 일련의 절차들—이 아니라는 점을 강조하고자 했다. 오히려 정교화 모형은 우선적으로 연구자가 자신의 자료를 이해하는 데 도움을 주는 논리적 절차이다. 정교화 모형에 대해 확실하게 이해하면 복잡한 모형분석이 더 쉬워질 것이다. 그러나 정교화 모형이 어느 변수를 통제변수로 도입해야 한다거나 어떤 정의의 결론이 정교화된 모형의 결과에 대한 본질이 되는지를 제시하는 것은 아니다. 이런 모든 것은 반드시 여러분의 현명한 판단에 근거해야 한다. 그런 현명한 판단은 다방면에 걸친 경험에서 나올 것이다. 나는 기본적인 정교화 패러다임에서 과잉 단순화를 지적함으로써, 모형이 단지 논리적 기틀을 제공하고 있다는 논점을 인식시키고자 했다. 여러분은 기본 패러다임을 도해하기 위해 사용된 예들보다 훨씬 더 복잡한 세련된 분석을 발견할 것이다.

동시에, 만약 여러분이 기본 모형을 완벽하게 이해한다면 상관관계, 회귀분석, 그리고 요인분석들과 같은 기법들도 쉽게 이해할 수 있을 것이다. 16장에서는 정교화 모형의 맥락에서 부분 상관관계와 부분 회귀계수와 같은 기법들을 설명할 것이다.

15.4 정교화와 사후가설화

사후가설화
이미 수집되어 있는 자료들을 확인한 후에 만들어진 가설. 이는 의미 없는 구상물이 되기도 하는데, 그것을 부정할 방법이 없기 때문이다.

정교화 모형에 관한 논의를 마치기 전에 사후가설화(ex post facto hypothesizing)라고 불리는 잘못된 추론화 형태와 연관시켜 정교화 모형을 검토해보자. 방법론 문헌을 읽어보면 사후가설화의 문제점을 경고하는 수많은 문헌들을 발견할 수 있을 것이다. 그런 권고가 의도하는 바는 옳지만, 경험이 없는 연구자들은 때때로 그것이 함축하는 바를 혼동할 수 있다.

'사후(ex post facto)'는 '사실 후(after the fact)'를 의미한다. 두 변수들 간의 경험적 관계를 관찰한 다음에 그 관계에 대한 추론을 제시할 때, 우리는 때때로 이를 '사후가설화'라고 부른다. 변수들 간의 관계를 이미 안 다음에 두 변수들을 연계하는 가설을 만든다는 것이다. 이 책의 앞부분에서 논의된 바와 같이, 모든 가설들이 의미가 있기 위해서는 반드시 반증을 받을 수 있어야 한다는 사실을 상기하라. 만약 여러분의 가설을 반증할 경험적 발견을 구체화할 수 없다면, 그것은 연구자가 사용하는 진정한 의미의 가설이 아니다. 그러므로 여러분이 일단 두 변수 간의 관계를 관찰하고 나면 그런 관계에 대한 가설은 반증될 수 없을 것이라고 추론할 것이다.

여러분이 사후에 기만적인 가설로 경험적 결과를 치장하는 것뿐이라고 말한다면 그것은 꽤 공정한 평가이다. 여성이 남성보다 더 종교적이란 사실을 관찰한 후, 여성이 어떤 일반적인 사회적 행위의 역동성 때문에 남성보다 더 종교적일 것이라고 주장하면 안 된다. 그렇게 한다면 여러분의 사례는 처음의 관찰에 의존하는 것이다.

사후가설화를 반대하는 결과로 생겨나는 불행한 후과(後果)는 사후에 훌륭하면서 정직한 가설을 설정하지 못하게 만드는 데 있다. 비록 그 과정이 제대로 추론되지 않는 수많은 쓸모없는 가설을 만들어낼지라도, 경험이 없는 연구자들은 흔히 자료를 조사하기 전에 반드시 모든 가설을 만들어야 한다고 생각하는 경향이 있다. 게다가 그들은 사전의 가설들을 확증하지 않는 경험적 관찰 관계들을 버리기까지 한다.

사무엘 스토퍼가 병사들의 사기에 관한 비정상적인 발견들을 감췄어야 했다고 생각하는 연구자는 거의 없는 것이 확실하다. 스토퍼는 특이한 경험적 관찰들을 지적했고 그런 발견들에 대한 근거들을 가설화하는 작업에 착수했다. 그리고 그의 추론화 작업은 그 이후 후배 연구자들에게 매우 귀중한 것으로 증명되었다. 중요한 것은 그의 '사실 후(after the fact)' 가설이 그 자체로 검정될 수 있었다는 사실이다.

하지만 여기에서 좀 더 복잡한 논점이 만들어질 수 있다. 누구나 자료에서 관찰된 경험적 관계를 설명하기 위해 가설들을 만들 수 있지만 정교화 모형은 동일한 자료 체계 내에서 그런 가설들을 검정할 수 있는 논리적 도구를 제공한다. 이런 검정의 좋은 예는 사회계급과 교회몰입에 대한 앞의 논의에서 볼 수 있다. 글록은 사회적 박탈이론으로 본래관계를 설명했다. 만약 그가 거기서 멈추었다면, 그의 설명은 흥미로울 뿐 설득력이 있지는 않았을 것이다. 하지만 그는 그 논점을 뛰어넘었다. 만약 가설이 정확하다면, 사회계급과 교회몰입 사이의 관계는 세속적인 사회에서 은총을 받은 여성들—세속적인 조직에서 직위를 가진 사람들—사이에서는 사라질 것이라는 점에 그는 주목했다. 그런 다음 그 가설에 대한 경험적 검정을 시행했다. 새로운 가설이 자료에 의해 확증되지 않았더라면 그는

어떻게 생각하는가 재논의

이 장을 시작하면서 두 변수가 또 다른 변수와 상관되어 있을 때 진짜 원인인지를 알 수 있는지에 관한 문제를 지적했다. 예를 들어, 젠더(성별)가 소득 차이를 가져오는 중요한 원인이라고 흔히 알려져 있다. 평균적으로 여성의 소득은 남성의 소득보다 더 적다. 이러한 차이는 데이터에 의해 지지된다.

반론은 진짜 원인이 연공서열이라는 것이다. 여성 피고용인은 전통적인 가족 책무들로 인해 남성 피고용인보다 평균적으로 연공서열이 더 낮다는 사실을 데이터가 확인해준다. 하지만 연공서열을 일정하게 해도, 가령 동일한 연공서열을 지닌 남성 집단과 여성 집단을 조사해도 여성은 여전히 소득이 더 적다.

또 다른 반론은 남성이 높은 지위의 직업을 점유하는 경향이 있다는 것이다. 남성은 의사이고 여성은 간호사이다. 남성은 사장이고 여성은 비서이다. 하지만 직업을 고정해도 남성은 여전히 소득이 더 높다. 남성 의사는 여성 의사보다 돈을 더 많이 번다. 이런 예는 많다.

정교화 모형은 관찰된 변이를 틀린 원인과 동일시하지 못하도록 하는 보호막을 제공한다.

다시 생각해야만 했을 것이다.

이런 부가적인 조언들은 자료 분석이 현명한 판단과 인내를 요구하는 연속적인 과정이라는 점을 보여주고 있다. 가설들을 조심스럽게 펼쳐놓고 의례적인 형태로 그 가설들을 검정하고 있는 연구자는 단지 의례적인 연구만을 해낸다.

사후 증거들이 전통 유형의 증거들보다 힘이 약해 보인다는 사실이 염려된다면, '과학적 증명'은 용어적 모순(contradiction in terms)이라는 초기의 주장을 되풀이해서 말하겠다. 어떤 것도 결코 과학적으로 증명되지 않는다. 가설, 설명, 이론, 혹은 예감은 모두 끊임없는 반증의 시도라는 흐름에서 도망칠 수 있지만, 그 어느 것도 어떤 절대적인 의미에서 증명될 수는 없는 것이다. 그러고 나면, 가설의 수용은 진정한 의미에서 보면 가설이 검정되고 부정되지 않는 정도에 관한 함수일 뿐이다. 그러므로 어떤 가설도 한 번의 시험에 기초해서 옳다고 생각해서는 안 된다. 이는 가설이 경험적 자료를 관찰하기 전에 생성되었는지 혹은 후에 생성되었는지와는 상관없다. 여러분은 이런 것을 염두에 두면서, 자료에서 얻은 가장 값비싼 소득을 부정해서는 안 된다. 항상 자료에 대한 정직한 이해에 도달하고, 더 일반적인 이해를 위한 의미 있는 이론들을 발전시키고자 노력해야 하며, 그런 이해에 도달하는 방식에는 걱정할 필요가 없다.

요점

머리말

- 정교화 모형은 사회연구에 타당한 다원분석 방법이다. 이는 일차적으로 다른 다원분석의 기본 논리를 보여주는 논리적 방법이다.

정교화 모형의 기원

- 폴 라자스펠드와 패트리샤 캔달은 교육수준과 군대 징집에 대한 사무엘 스토퍼의 연구에 관한 가설적 표들을 제공하기 위해 정교화 모형의 논리를 사용했다.
- 부분관계(또는 부분성)는 검정변수 또는 통제변수의 어떤 속성에 근거한 사례들의 하위집단 내에서 관찰된 관계이다.
- 무차관계는 제3의 변수가 일정하게 유지되거나 통제되지 않은 상태에서 두 변수 사이에서 관찰된 관계이다.

정교화 패러다임

- 정교화의 기본 단계는 다음과 같다. (1) 두 변수 간에 어떤 관계가 존재하는지를 관찰한다. (2) 제3의 변수는 연구 중인 사례들이 그 변수의 속성에 따라 분할된다는 점에서 일정하게 유지된다. (3) 변수의 본래관계는 각 하위집단 내에서 다시 계산된다. (4) 본래관계를 각 하위집단 내에서 발견된 관계와 비교하면 본래관계를 더 완벽하게 이해하게 된다.
- 변수들 간의 논리적 관계는 검정변수가 다른 두 변수보다 선행하는지 또는 그 변수들 사이에서 매개하는지에 따라 달라진다.
- 정교화 분석의 결과는 반복(일련의 부분관계들이 상응하는 무차관계와 본질적으로 동일함), 설명(일련의 부분관계들이 선행변수를 일정하게 하면 본질적으로 영으로 감소함), 해석(일련의 부분관계들이 매개변수를 일정하게 하면 본질적으로 영으로 감소함), 특정화(한 부분관계는 감소되고, 이상적으로는 영으로 되며, 다른 관계는 본래관계와 동일하거나 더 강하게 남아 있음)가 될 수 있다.
- 억제변수는 다른 두 변수 간의 관계를 숨긴다. 왜곡변수는 다른 두 변수 간의 관계를 분명히 뒤바뀌게 만든다(−에서 +로 또는 +에서 −로).

정교화와 사후가설화

- 사후가설화, 즉 이미 관찰되어 있는 관계들을 '예측하는' 가설의 전개가 과학에서 타당하지 않은 이유는 그런 가설을 부정하기가 불가능하기 때문이다. 관찰된 관계가 그것이 존재하고 있는 방식일 것이라고 추론하는 것을 막을 수는 없지만, '가설'의 형태에서 그런 추론을 형성해서는 안 된다. 더 중요한 것은, 관찰된 관계와 그것에서 가능한 추론들이 아직 조사되지 않은 다른 관계에 대한 가설들을 제시할 수 있다는 것이다. 정교화 모형은 이런 형태로 자료분석을 전개하는 데 있어 뛰어난 논리적 장치가 된다.

핵심용어

검정변수(test variable)
무차관계(zero-order relationship)
반복(replication)
부분관계(partial relationship)
사후가설화(ex post facto hypothesizing)
설명(explanation)
억제변수(suppressor variable)
왜곡변수(distorter variable)
정교화 모형(elaboration model)
특정화(specification)
해석(interpretation)

사회조사연구 제안: 정교화 모형

16장의 연습문제를 참고하라.

복습문제

1. 교육, 징집유예된 친구들, 징집된 것에 대한 태도에 대한 스토퍼–켄달–라자스펠드의 예들을 검토하라. 그들이 징집유예된 친구들과 징집되는 것에 대한 태도

사이의 관계로 시작해서, 교육을 통제했다고 가정해 보라. 그들은 어떤 결론에 도달했을까?

2. (1) 반복, (2) 해석, (3) 설명, (4) 특정화에 대한 정교화 논리를 여러분 자신의 말로 기술하라.
3. 아이비리그 대학과 후일의 전문직 성공에 관한 예문을 검토하라. 패트리샤 켄달이 "[부분관계의 분석으로부터 지지를 받음]에도 불구하고, 웨스트는 그녀의 가설을 결코 증명하지 못했다."라고 말했을 때 켄달이 의미한 바를 여러분 자신의 말로 설명해보라. 웨스트의 연구에서부터 어떤 결론을 끌어내는 것이 정당한가?
4. 억제변수와 왜곡변수에 대한 가설적인 예들을 들어보라.
5. 허위관계를 발견하여 보고한 연구를 웹(Web)에서 찾아보라. 그 기록이 있는 웹의 주소를 제시하고 발견했던 것을 인용하거나 말을 바꾸어 설명해보라.

CHAPTER

16

사회통계학

개관

통계학은 자료의 특성을 요약하고, 변수들 간의 관계를 측정하며, 표본을 통해 모집단에 대한 추론을 가능하게 한다. 사회조사에서 보편적으로 사용되는 몇 가지 기본 통계기법에 익숙해지는 일은 사람들이 일반적으로 생각하는 것만큼 그렇게 어려운 것이 아니다.

alphaspirit/Shutterstock.com

학습목표

- 기술통계학의 논리와 기법을 이해할 수 있다.
- 추리통계학의 논리와 기법을 이해할 수 있다.
- 사회조사에서 사용되는 다양한 다변량분석 기법의 논리를 이해할 수 있다.

16.1 머리말

내가 수년간 경험한 바에 의하면, 많은 학생들이 통계학을 두려워한다. 통계학이 자신을 바보나 벙어리로 만들고, 깃털 빠진 오리, 거품만 잔뜩 있는 맥주 또는 버튼 없는 리모컨처럼 느끼게 만든다는 등 학생들의 반응은 실제로 각양각색이다.

양적 연구에 학생들이 두려움을 느끼는 이유는 수학과 통계학을 어렵다고 생각하기 때문이다. 실제로 수많은 연구결과들은 학생들이 잘 모르는 도식으로 가득 차 있다. 사회조사에서 통계학은 중요한 역할을 담당하지만, 그 역할을 균형된 관점에서 바라볼 필요가 있다.

경험적 연구는 수학의 적용 이전에 논리의 적용이다. 수학은 단지 양적 자료분석에 요구되는 논리성을 편리하고 효율적으로 유지하는 언어일 뿐이다. 통계학은 수학의 응용영역의 하나로서 각종 자료분석을 위해 사용된다. 이 장은 여러분에게 통계학을 본격적으로 가르치거나 통계학으로 여러분을 고문하기 위해 썼다기보다는 여러분으로 하여금 통계학을 배우고 이해하게끔 하는 논리체계를 소개할 목적으로 썼다. 여러분은 아마도 통계학 과목을 수강해야 할 필요가 있을지 모르며, 그 경우 여러분은 이 장을 통해 통계학의 개요를 이해할 수 있을 것이다.

이 장에서는 우선 두 가지 종류의 통계기법(기술통계 및 추리통계)을 소개할 것이다. 기술통계(descriptive statistics)는 자료를 정리하고 요약하는 데 사용되는 통계학이다. 한편, 추리통계(inferential statistics)는 관찰결과에 대한 추리, 다시 말해 표본자료에서 얻어진 결과를 바탕으로 모집단에 대한 추리를 행하는 데 사용되는 통계학이다. 두 가지 통계학을 소개한 다음에는 여러분이 사회과학적 문헌들을 읽을 때 접하게 되는 몇몇 다원분석의 기법들을 간략히 소개할 것이다.

어떻게 생각하는가

지구상의 여러 사회마다 경제, 종교, 가족, 문화 등이 제각각이다. 그처럼 상이한 차이를 연구하기 위해 동일한 연구방법이 사용될 수가 있을까? 서로 다른 사회마다 서로 다른 연구방법이 필요할까?

이 장을 학습하고 나면 이러한 질문에 답을 할 수 있을 것이다.

이 장의 말미에 있는 〈어떻게 생각하는가: 재논의〉를 참조하라.

Earl Babbie

16.2 기술통계

이미 언급했다시피, 기술통계(descriptive statistics)는 자료의 특성을 정리하고 요약할 목적으로 사용된다. 즉, 한 가지 변수의 특성을 기술하거나 또는 여러 변수들 간의 관계를 기술할 경우에 기술통계를 사용한다. 보다 구체적인 설명을 살펴보기로 하자.

기술통계
표본 내 한 변수의 특성, 또는 여러 변수들 간의 관계의 특성을 요약 · 정리하는 통계기법. 기술통계에서는 단순히 표본의 특성을 요약해주는 데 비해, 추리통계에서는 표본 특성의 요약을 넘어서서 해당 표본이 추출된 모집단에 대해 통계적으로 추정을 행한다.

자료의 요약

과학적 연구에서는 흔히 수많은 자료의 수집이 이루어진다. 예를 들어, 2천 명의 응답자를 대상으로 서베이를 하면서 각 응답자에게 100가지씩 질문을 했다고 하자. (이 정도 크기의 자료는 그리 큰 것도 아니다.) 이 경우 총 응답은 무려 20만 개에 이른다! 따라서 모든 자료를 일일이 일람하고 일정한 결론을 내릴 수 있는 사람은 없다. 결국 이 같은 자료는 어떠한 방식으로든 정리하고 요약해야 그 특성을 이해할 수 있다.

〈표 16-1〉은 양적 조사를 통해 얻은 원자료(raw data)의 일부분이다. 행렬(matrix)의 형태로 제시된 이 표에서 행(row)은 응답자(또는 분석단위)를 나타내고, 열(column)은 변수를 나타내며, 행과 열이 만나는 각 칸(cell)의 수치는 주어진 변수에 대한 응답자의 대답을 나타낸다. 이를테면, 표의 첫 번째 열은 응답자의 성별을 나타내는데, 예컨대 1이 남성을 나타내고 2가 여성을 나타낸다고 가정할 경우, 첫 번째 응답자와 두 번째 응답자는 남성이며 세 번째 응답자는 여성임을 알 수 있다.

연령의 경우에도 첫 번째 응답자에 해당하는 3이라는 숫자는 해당 응답자의 연령이 30~39세의 연령임을 나타내고, 마찬가지로 두 번째 응답자에 해당하는 4

표 16-1 원자료의 행렬

	성별	연령	학력	수입	직업	지지정당	정치적 성향	종교	종교의 중요성
응답자 A	1	3	2	4	1	2	3	0	4
응답자 B	1	4	2	4	4	1	1	1	2
응답자 C	2	2	5	5	2	2	4	2	3
응답자 D	1	5	4	4	3	2	2	2	4
응답자 E	2	3	7	8	6	1	1	5	1
응답자 F	2	1	3	3	5	3	5	1	1

는 그 사람의 연령이 40~49세임을 나타낸다. 연령이라는 변수를 어떠한 방식으로 코딩했는지와 관계없이(14장 참조), 〈표 16-1〉의 각 숫자는 해당 응답자의 연령을 나타낸다.

사실 응답자의 애초 응답을 토대로 이러한 원자료를 만드는 과정에서 이미 자료의 요약 및 축소가 이루어진 셈이다. 이를테면, 30~39세의 연령대에 속한 사람들의 연령은 모두 3으로 입력되었으며, 결국 응답자들이 실제로 응답한 60~70가지의 서로 다른 연령값들은 6~7가지 연령범주로 축소된 것이다.

이러한 원자료를 더욱더 요약하고 정리하는 방법으로는 일원적 통계(최빈값, 중앙값, 평균값 등의 중심집중치, 그리고 범위와 표준편차 등의 산포치 등)를 산출하는 방법이 있고, 우리는 이미 14장에서 이것들에 대해 공부했다. 일원적 통계 외에 변수들 간의 연관관계를 산출함으로써 자료를 정리하고 요약할 수도 있다.

관련성 측정

두 변수 간의 연관관계도 자료의 행렬로 제시할 수 있는데, 이번에는 교차빈도 분포로 소개될 것이다. 〈표 16-2〉는 교육수준과 편견의 정도라는 두 변수 간의 관계에 대한 행렬표이다. 그것은 교육과 편견 간 관계의 성격과 정도를 결정하는

표 16-2 교육수준과 편견 정도에 대한 가상적 원자료

	교육수준				
편견 정도	무학	중졸	고졸	대졸	대학원졸
높음	23	34	156	67	16
중간	11	21	123	102	23
낮음	6	12	95	164	77

데 필요한 모든 정보를 제공한다.

표를 보면, 예컨대 교육을 전혀 받지 않았으며 동시에 편견이 높은 사람들은 23명이며, 대학원을 졸업했으며 동시에 편견이 낮은 사람들은 77명이다.

이 표를 자세히 살펴보면, 두 변수 간의 관계에 대한 중요한 정보가 담겨 있는 것을 알 수 있다. 즉, 교육수준이 '무학'에서 '대학원'으로 높아짐에 따라 대체로 편견이 감소하고 있다. 그렇지만 이러한 해석은 단지 전반적인 경향일 뿐, 두 변수 간의 관련성에 대해 보다 엄밀하게 해석하려면 일정한 기술통계를 산출해야만 한다. 구체적으로 어떠한 통계치를 산출하는가 하는 문제는 일차적으로 해당 변수의 성격에 달려 있다.

이제 두 변수 간의 연관성을 정리하고 요약하는 구체적 통계치들에 관해 알아보도록 하자. 이러한 통계치들은 모두 비율적 오류축소(proportionate reduction of error, PRE)라는 논리에 근거하는 수치들이다.

비율적 오류축소

어떤 변수의 값을 예측할 때 생기는 오류가 다른 변수의 값을 알면 어느 정도 줄어들 수 있는지를 통해 두 변수 간의 관계의 정도(또는 강도)를 평가하려는 논리. 예를 들어, 사람들의 교육수준을 알 경우 그들의 수입을 일정 부분 예측할 수 있게 되는데, 이는 두 변수 간의 관계가 존재함을 뜻한다.

비율적 오류축소가 구체적으로 어떻게 가능한지 알아보기 위해서, 먼저 응답자가 어떤 질문에 대해 '예'라고 답했는지 '아니오'라고 답했는지를 여러분이 알아맞혀야 한다고 가정해보자. 이때 여러분이 이 변수에 대한 전체 응답자들의 응답결과(이를테면, '예'는 60%, '아니오'는 40%)를 이미 알고 있다고 하자. 이 경우, 여러분은 항상 최빈범주(modal category)인 '예'라고 대답해야만 응답오류를 최소화시킬 수가 있다.

이제 여러분이 이러한 질문에 대한 전체적 응답결과와 또 다른 변수(응답자의 성별) 사이의 관련성까지도 이미 알고 있다고 가정하자. 즉, 여러분은 응답자의 성별까지도 알고 있는 상태에서 응답자의 응답결과('예'와 '아니오')를 추정하는 중이다. 이 경우 만일 두 변수가 연관성을 지니고 있다면, 여러분이 응답자의 성별을 알고 있는 상태에서 추정하는 것이 성별을 모르는 상태에서 추정하는 것에 비해 더 정확할 것이다. 이는 두 변수 간의 관계가 이미 알려져 있음으로 인해 추정오류의 감소비율을 계산해낼 수 있음을 뜻하므로, 당연히 두 변수 간의 관계가 강하면 강할수록 오류의 감소 정도는 더 커지기 마련이다.

이러한 '비율적 오류축소'의 논리는 해당 변수가 어떠한 측정 속성을 지니는 변수(명목변수나 서열변수 또는 등간변수)인가에 따라 약간씩 다르게 적용된다. 따라서 다음으로는 각 변수별로 산출될 수 있는 상관관계 통계치에 어떤 것이 있는지 알아볼 것이다. 물론 이러한 통계치들은 수많은 수치들 가운데 일부에 지나지 않는다.

명목변수

두 변수가 모두 명목변수(성별, 종교, 인종 등)일 경우 람다(λ)라는 통계치(또는 상관관계 계수)가 계산된다. [람다는 알파벳의 L자에 해당하는 그리스 문자로서, 통계학에서는 그리스 문자들이 종종 사용되곤 한다. 미국인들이 흔히 사용하는 "뭐가 뭔지 도대체 모르겠다(It's all Greek to me)."라는 표현도 통계학에서 사용되는 그리스 문자와 관련이 있는 것일까?] 람다는 두 변수 가운데 한 변수의 분포가 미리 알려져 있음으로 해서 다른 변수의 값을 추정할 때 줄어드는 오류의 비율을 근거로 산출된다.

다음의 예를 생각해보자. 내가 여러분에게 한 방에 모두 100명의 사람들이 있는데 그 사람들 각각의 성별을 맞혀보라고 했다고 하자. 만일 그 사람들 가운데 50명은 남성이고 50명은 여성이라면, 여러분의 대답 가운데 반은 맞고 반은 틀릴 것이다.

이번에는 그 사람들의 직업을 여러분에게 알려주면서 그 사람의 성별을 맞혀보라고 했다고 치자. 그 사람이 트럭운전사라고 알려주면 여러분은 그 사람의 성별을 무엇이라고 하겠는가? 최근에는 여성 트럭운전사도 있기는 하지만 아직도 대부분의 트럭운전사는 남성이므로 아마도 '남성'이라고 대답하는 편이 현명할 것이다. 또 어떤 사람이 간호사라고 알려주면, 마찬가지 이유로 그 사람은 '여성'이라고 대답하는 편이 현명할 것이다. 직업을 알려준 상태에서 성별을 맞힐 경우에도 오류가 생겨나기는 하지만, 이러한 오류는 직업을 알려주지 않았을 경우의 오류에 비해서는 상대적으로 적기 마련이다. 이처럼 오류가 줄어드는 것—직업을 알기 때문에 성별추정에 있어서 비율적 오류축소가 일어나는 것—은 성별과 직업 사이에 연관관계가 존재하기 때문이다.

람다가 어떻게 계산되는지 알기 위해 또 다른 예를 들어보기로 하자. 〈표 16-3〉은 성별과 고용상태 간의 관계에 대한 가상적 교차표이다. 전체적으로 볼 때, 2,000명 가운데 1,100명은 취업한 상태이고 900명은 실업한 상태이다. 여러분에게 고용상태의 전체 분포만을 알려주고 각 사람의 고용상태를 알아맞히라고 하면, 여러분이 매번 '실업'이라고 대답할 경우에 생겨나는 오류보다는 매번 '취업'이라고 답할 경우에 생겨나는 오류가 더 적기 때문에 '취업'이라는 대답을 계속할 것이다. 이 경우(고용상태에 대한 정보만이 알려진 경우) 2,000번의 예측 가운데 900번의 오류가 생겨난다.

표 16-3 성별과 고용상태에 관한 가상적 교차표

	남성	여성	계
취업	900	200	1,100
실업	100	800	900
계	1,000	1,000	2,000

이제 여러분에게 고용상태의 전체 분포 외에 성별 분포(성별 고용상태의 분포)까지도 알려주었다고 하자. 이 경우 여러분의 예측은 이전과는 판이하게 다를 것이다. 즉, 해당자가 남성이라면 여러분의 예측은 매번 '취업'일 것이고, 해당자가 여성이라면 여러분의 예측은 매번 '실업'일 것이다. 이 경우에 생겨나는 오류는 모두 300번(남성 실업자일 때의 100번+여성 취업자일 때의 200번)이다. 다시 말해, 성별을 몰랐을 때의 오류(900번)에 비해 성별을 알고 나면 600번의 오류가 줄어드는 셈이다.

조금 전에도 말했듯이, 람다는 한 가지 변수의 분포만을 알 경우에 생기는 오류에 비해 두 가지 변수 모두의 분포를 알 경우에 줄어드는 오류의 비율로 계산된다. 다시 말해, 앞의 예에서 람다(λ)는 0.67(=600/900)이다. 바로 이와 같은 방식으로 람다는 성별과 고용상태 간의 연관관계를 통계적으로 보여준다.

만일 성별과 고용상태가 통계적 독립[통계적 독립(statistical independence)이란 두 변수가 전혀 연관을 갖지 않는 상태를 지칭함]을 유지한다면 남성 중 취업자의 비율과 여성 중 취업자의 비율은 정확히 일치할 것이다. 이 경우 성별을 미리 안다는 사실이 고용상태에 대한 예측에서 생겨나는 오류에 아무런 영향도 못 미치며, 따라서 람다는 0이 된다. 한편, 남성은 모두 취업한 상태이고 여성은 모두 실업한 상태라면, 성별을 알기만 하면 고용상태를 완벽하게 예측해낼 수 있다. 이 경우 람다는 1(900/900)이 되어서, 두 변수 간에는 완벽한 연관관계가 존재함을 알 수 있다.

람다는 두 가지 명목변수 사이의 관련성을 나타내주는 여러 가지 상관관계 계수들 중 하나에 불과하다. 람다 이외의 계수들에 대한 설명은 다른 통계학 교재들을 참고하기 바란다.

서열변수

서열변수들(사회계급, 신앙심, 소외 등) 간의 연관성은 감마(γ)라는 계수로 산출한다. 람다와 마찬가지로 감마도 한 변수에 대해 알아서 다른 변수의 값을 예측하는 정도로 계산된다. 그러나 람다가 변수의 정확한 값을 예측해내는 것을 전제로 하는 데 비해 감마는 변수의 값의 서열적 범위를 예측해내는 것을 전제로 한다는 점이 다르다. 즉, 두 변수에 대해 여러 사례들이 이루는 짝(matched pair)과 관련하여, 한 변수에서 점하는 서열적 위치가 다른 변수에서 점하는 서열적 위치와 어떻게—정적(positive)으로 또는 부적(negative)으로—연관되는가에 초점을 둔다.

예를 들어, 한 무리의 초등학생들이 있다고 할 때 이들의 연령과 키 사이에 연관관계가 존재하는지를 알아본다고 하자. 이를 위해선 우선 각각의 학생들 간의 짝을 빠짐없이 만들어야만 한다(Brett과 Sophia, Brett과 Terrell, Sophia와 Terrell 등). 이때 연령의 순위와 키의 순위가 같은 학생들로 이루어지는 짝에 대해서는 신경을 쓸 필요가 없다. 그러고 나서 남겨진 무리, 연령의 순위와 키의 순위가 서로 일치하지 않는 짝들은 두 부류—(1) 연령이 높으면 키도 큰 짝들('정적' 짝들), (2) 연령이 높은데 키는 더 작은 짝들('부적' 짝들)—로 구분한다. 이를테면, Brett이 Sophia에 비해 연령이 높고 키도 크면 이 두 사람으로 이루어진 짝은 정적 짝으로 간주되며, Brett이 Sophia에 비해 연령은 높지만 키는 작으면 이 두 사람으로 이루어진 짝은 부적 짝으로 간주된다. (이들이 만일 연령도 같고 키도 같으면 신경 쓸 필요가 없다.)

이제 연령과 키가 연관성을 지니는지 알아보려면 정적 짝의 수와 부적 짝의 수를 서로 비교해보면 된다. 정적 짝의 수가 부적 짝의 수보다 더 많으면 두 변수는 정적 상관관계를 이루고, 반대로 부적 짝의 수가 정적 짝의 수보다 더 많으면 두 변수는 부적 상관관계를 이룬다. 정적 짝의 수와 부적 짝의 수가 정확히 같을 경우에는 연령과 키가 통계적으로 독립적(independent)이어서 어떠한 상관관계도 없다.

보다 사회과학적인 예로, 신앙심이 정치적 보수성과 정적 상관관계를 이룬다고 가정할 경우, 만일 A라는 사람이 B라는 사람보다 신앙심이 더 높다면 여러분은 A가 B보다 더 보수적이라고 예측할 것이다. 이 예측에 실제로 부합하는 사례들(짝들)의 수(또는 비율)가 바로 감마의 계산근거가 된다.

〈표 16-4〉는 사회계급과 편견 간의 관계를 보여주는 가상적 표이다. 표를 자세히 살펴보면, 계급이 높을수록 편견이 적다는 사실을 확인할 수 있다. 즉, 계층과 편견 간에는 부적 상관관계가 존재한다. 이 경우 감마는 두 가지 수치—(1) 정적 짝의 수, (2) 부적 짝의 수—를 바탕으로 산출된다. 한편, 정적 짝의 수를 구하기 위해서는 표의 모든 칸에 해당하는 각 숫자를 그 숫자의 오른쪽 아래 부분에 위치한 모든 수치들을 더한 값으로 곱해준 후, 이들을 다시금 모두 합산한다. 즉, 〈표 16-4〉의 정적 짝의 수 $=200(900+300+400+100)+500(300+100)+400(400+100)+900(100)=340{,}000+200{,}000+200{,}000+90{,}000=830{,}000$이다.

표 16-4 사회계급과 편견 사이의 관계에 대한 가상적 자료

편견	사회계급		
	하층	중층	상층
낮음	200	400	700
중간	500	900	400
높음	800	300	100

다른 한편, 부적 짝의 수를 구하기 위해선 표의 모든 칸에 해당하는 숫자들마다 그 숫자를 숫자의 왼쪽 아래에 위치한 모든 수치들을 더한 값으로 곱해준 후, 이들을 다시금 모두 합산한다. 〈표 16-4〉의 부적 짝의 수=700(500+800+900+300)+400(800+300)+400(500+800)+900(800)=1,750,000+440,000+520,000+720,000=3,430,000이다. 최종적으로, 감마는 다음과 같이 구한다.

$$\text{감마}(\gamma) = \frac{(\text{정적 짝의 수})-(\text{부적 짝의 수})}{(\text{정적 짝의 수})+(\text{부적 짝의 수})}$$

이 예에서 감마값은 (830,000−3,430,000)/(830,000+3,430,000)=−0.61이다. 여기서 감마값의 부호가 마이너스(−)라는 사실은 애초의 예상대로 두 변수(사회계급과 편견) 간의 관계가 부적임을 뜻한다. 그리고 0.61이라는 수치는 부적 짝의 수가 정적 짝의 수에 비해 61% 더 많다는 것을 의미한다.

람다(λ)는 최솟값이 0이고 최댓값이 1임에 비해, 감마(γ)는 최솟값이 −1이고 최댓값은 1이어서 두 변수 간의 관계의 크기뿐 아니라 방향까지도 나타내는 것을 알 수 있다. 명목변수에는 서열이 존재하지 않는다는 사실을 상기할 때, 관계의 방향은 당연히 무의미하다. (만일 람다값의 부호가 마이너스라면 이는 한 변수의 값을 예측해냄에 있어서 다른 변수의 값을 모를 경우에 비해서 알 경우에 오히려 더 많은 오류가 발생했음을 의미하는 것으로 논리적으로 있을 수 없는 일이다.)

〈표 16-5〉는 사회조사에서 감마가 어떻게 사용되는지를 보여주기 위한 또 다른 예이다. 과부가 자신의 사망한 남편에 대해 얼마만큼의 신뢰를 유지하는지 알아보기 위해, 로파타(Helena Lopata, 1981)는 301명의 과부들을 표집해서 설문 조사를 실시했다. 각 과부들로 하여금 사망한 남편이 어떠한 사람이었는지를 다음의 유의미한 차이의 범주로 나누어 답하도록 했다.

성향								
긍정적 극단								부정적 극단
아주 좋은 사람	1	2	3	4	5	6	7	아주 나쁜 사람
아주 유용한 사람	1	2	3	4	5	6	7	전혀 쓸모없는 사람
아주 진실한 사람	1	2	3	4	5	6	7	아주 부정한 사람
아주 탁월한 사람	1	2	3	4	5	6	7	아주 열등한 사람
아주 친절한 사람	1	2	3	4	5	6	7	아주 무례한 사람
아주 우호적인 사람	1	2	3	4	5	6	7	아주 잔악한 사람
아주 온화한 사람	1	2	3	4	5	6	7	아주 차가운 사람

표 16-5 사망한 남편에 대한 신뢰감을 측정하기 위한 어의차이들 사이의 감마계수

	유용하다	진실하다	탁월하다	친절하다	우호적이다	온화하다
좋다	0.79	0.88	0.80	0.90	0.79	0.83
유용하다		0.84	0.71	0.77	0.68	0.72
진실하다			0.83	0.89	0.79	0.82
탁월하다				0.78	0.60	0.73
친절하다					0.88	0.90
우호적이다						0.90

출처: Helena Znaniecki Lopata, "Widowhood and Husband Sanctification" *Journal of Marriage and the Family* (May 1981): 439-450.

응답자들은 자신들의 사망한 남편에 대해 각각의 반대되는 성향의 짝에 점수를 매기도록 요청받았다. 각각의 성향에 대한 짝과 연결된 일련의 숫자들이 서열변수임을 주목하라.

그러고 나서 로파타는 여러 차원들이 어떠한 연관관계를 지니는지까지 파악하길 원했다. 적절하게도 그녀는 관계도구로 감마를 선택했다. 〈표 16-5〉는 그녀가 어떻게 자신의 조사결과를 보여주는지를 나타내고 있다.

이러한 표를 흔히 상관관계표(correlation matrix)라고 부른다. 각 차원들이 만나는 칸에 형성되는 상관관계는 감마이다. 예를 들어, 첫 번째 차원(남편이 좋은 사람인 정도)과 두 번째 차원(남편이 유용한 사람인 정도) 사이의 감마는 0.79이다. 상관관계표는 여러 변수들 사이에 형성되는 여러 상관관계 계수들을 매우 편리하게 제시해줘서, 종종 여러분은 조사문헌에서 상관관계표를 발견하게 될 것이다. 이 경우, 비록 어떤 짝들이 다른 것들보다 더 강하게 연관되어 있을지라도, 우리는 모든 변수들이 서로 꽤 강하게 연관되어 있음을 알 수 있다.

감마는 서열변수 사이의 관련성을 나타내주는 여러 가지 상관관계 계수들 가운데 하나에 불과하다. 감마 외의 주제에 대한 설명은 다른 통계학 교재들을 참고하기 바란다.

등간변수 혹은 비변수

등간변수나 비변수들(연령, 수입, 학업성적 등) 간의 상관관계는 피어슨 상관계수(Pearson's product-moment correlation, r)를 통해 산출한다. 이 계수의 계산은 너무 복잡하기 때문에 이 책에서는 자세히 논의할 수 없다. 그 대신 몇 가지 일반적인 사항들만을 논의하겠다.

감마나 람다와 마찬가지로, r도 한 변수에 대해 알면 다른 변수를 예측할 수 있는 가능성을 근거로 계산한다. 하지만 등간변수나 비변수와 같은 연속형 변수의 경우, 한 변수에 대한 정보를 토대로 다른 변수의 정확한 값을 예측하기는 거의 불가능하다. 그럼에도 불구하고, 이 변수들은 명목변수나 서열변수보다 더 풍부한 정보를 담고 있기 때문에 그것을 십분 활용할 필요가 있다. 사실 r은 한 변수의 값을 알면 다른 변수의 값을 얼마나 정확히 예측할 수 있는가를 통해 산출된다.

r의 계산에 대해 더 자세히 알아보기 위해, 어떤 변수를 통해 다른 변수의 값을 예측한다고 하자. 만일 해당 변수가 명목변수라면, 최빈값을 근거로 예측을 행할 경우에 오류를 가장 많이 줄일 수 있을 것이다. 하지만 등간변수나 비변수의 경우에는 해당 변수의 평균값을 근거로 예측해야만 예측오류를 가장 많이 줄일 수 있다. 물론 평균을 근거로 예측한다고 해서 오류가 없어지지는 않겠지만, 오류를 최소화시킬 수 있는 것은 사실이다. 예를 들어, 사람들의 수학연수를 근거로 수입을 예측한다고 할 때, 수학연수가 0년인 사람의 평균수입은 얼마이고, 1년인 사람의 평균수입은 얼마이며, 2년인 사람의 평균수입은 얼마인지 등을 여러분이 이미 알고 있다면 여러분의 예측에서 생겨나는 오류는 다른 어떤 기준을 통한 예측에서보다 적을 것이다.

람다의 경우에 예측오류는 최빈값을 근거로 계산하지만, r의 경우 예측오류는 실제로 관찰된 값(actual value)과 평균값(mean)의 차이에 대한 제곱의 합—전체 이산(total variation)—을 근거로 계산한다.

이 말이 무엇을 뜻하는지 알아보기 위해, 이제 우리의 시야를 한층 넓혀 더 큰 주제인 회귀분석의 틀 내에서 상관관계를 다시금 논의하기로 하자.

회귀분석

두 변수 사이의 관계를 기술하는 일반적 공식은 $Y=f(X)$라는 함수이다. "Y는 X의 함수다."라고 읽는 이 공식은 Y의 값을 X 값의 변이(또는 변화)로 설명할 수 있다는 것을 뜻한다. X와 Y 사이의 함수관계를 다른 말로 표현하면 "X가 Y의 원인이다." 또는 "X 값이 Y 값을 결정한다."라고도 말할 수 있다. 회귀분석(regression analysis)은 X와 Y 사이의 함수관계를 규명하는 방법이다. 회귀분석은 규명하려는 함수관계가 얼마나 복잡한가에 따라 여러 가지 형태로 구분된다. 가장 단순한 형태의 회귀분석에 대해 먼저 살펴보기로 하자.

회귀분석
변수 간 관계가 방정식의 형태로 나타나는 자료분석 방법

선형 회귀분석

선형 회귀분석(linear regression analysis)은 가장 명확하고도 단순한 형태의 회귀분석으로서, 두 변수 간에 완벽한 선형 연관성이 존재하는 경우에 사용한다.

선형 회귀분석
두 가지 비변수 간의 관계를 가장 잘 나타내주는 직선 방정식을 찾아내는 통계분석의 유형

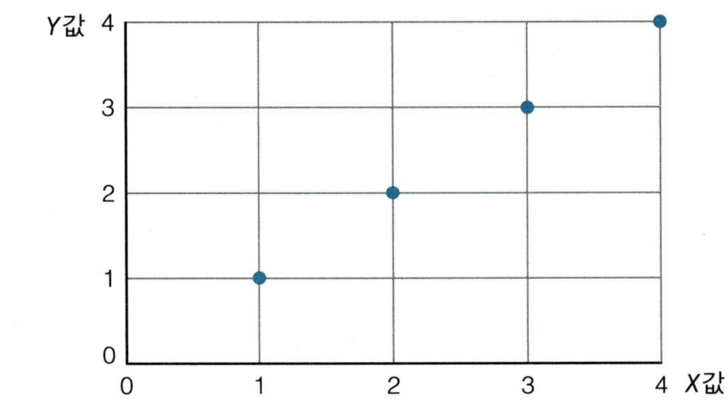

그림 16-1 X와 Y 값이 이루는 단순한 산포도

〈그림 16-1〉은 X와 Y 사이의 관계와 관련된 가상적 자료에 대한 산포도(散布圖, scattergram)이다. 이 산포도에는 모두 4개의 사례가 있는데, 각 사례들마다 X 값과 Y 값이 만나는 지점이 일직선상에 놓여 있다. 다시 말해, X 값이 1이면 Y 값도 1이고, X 값이 2이면 Y 값도 2이며, X 값이 3이면 Y 값도 3이고, X 값이 4이면 Y 값도 4이다. 이 경우 X와 Y 사이의 관계는 $Y=X$라는 함수 또는 회귀등식(regression equation)이나 회귀모형(regression model)으로 설명된다. 이와 같이 네 개의 사례들이 정확히 일직선상에 놓여 있는 경우, 이 사례들의 정중앙을 관통하는 선 또한 $Y=X$이며, 이 선이 바로 회귀선(regression line)이 된다.

선형 회귀모형은 기술적(descriptive)으로 매우 유용해서, X와 Y 간의 연관관계를 시각적으로 이해할 수 있게 해줄 뿐만 아니라, 두 변수 간의 관계를 가장 효율적으로 요약하게 해준다. 선형 회귀모형에는 기술적 유용성 이외에 추정적 유용성까지도 있어서, X와 Y의 구체적 값들을 예측하는 것 또한 가능하게 한다. 이를테면, 앞의 예의 경우 만일 X가 3.5이면 Y도 3.5라는 추정이 가능하다.

〈그림 16-1〉은 물론 가상적인 경우로서, 실제로 4개의 사례로 이루어진 연구는 거의 없을뿐더러 두 변수 간의 관계 또한 그처럼 완벽하게 선형인 경우는 거의 없다.

실제 상황에 보다 가까운 예는 〈그림 16-2〉일 것이다. 이 그림은 인구수(X)와 인구당 범죄율(Y) 간의 관계에 관한 산포도이다. 이 산포도에서 각 점은 도시를 나타내며, 이 점의 위치는 그 도시의 인구수와 범죄율을 나타낸다. 〈그림 16-1〉에서와 마찬가지로, Y 값(범죄율)은 X 값(인구수)과 대체로 일치하므로, X 값이 증가함에 따라 Y 값도 증가하는 경향이 있다. 하지만 이 경우 X와 Y 사이의 연관관계는 〈그림 16-1〉보다는 명확하지가 않다.

〈그림 16-2〉의 경우 산포도 위의 모든 점들을 연결해주는 직선이 없다. 다만 여러 점들의 정중앙을 관통하는 대략적인 선만을 그릴 수 있다. 〈그림 16-2〉에는

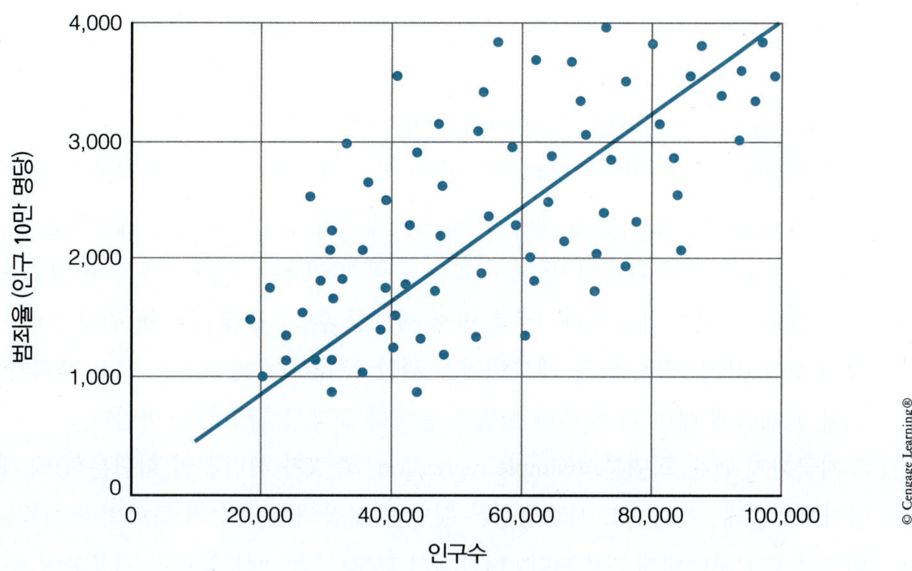

그림 16-2 도시인구와 범죄율 간의 산포도에 그어진 회귀선(가상적)

내가 이러한 선을 그려놓았다.

대수의 기본 논리에 따르면, X와 Y 간의 직선은 $Y=a+bX$라는 등식(방정식)으로 표현된다. 이때, X와 Y는 각기 변수이며, a는 X가 0일 경우의 Y 값(Y 절편)이고, b는 이 등식의 기울기이다. a와 b의 값을 알면, 각 X 값에 해당하는 Y 값을 계산해낼 수 있다.

보다 격식을 차려 설명하자면, 회귀분석은 산포도상의 모든 점들의 분포를 가장 잘 나타내주는 기하학적 선(회귀선)을 찾아내는 방법이라고 말할 수 있다. 회귀선은 변수들 간의 연관관계를 수학적으로 '기술'해줄 뿐 아니라, X 값을 근거로 Y 값을 '추정'하게 해준다. 예를 들어, 〈그림 16-2〉의 경우에는 어떠한 도시의 인구수를 알면 그 도시의 범죄율을 추정적으로 예측해낼 수 있다.

이제 X 값을 근거로 Y 값을 추정할 수 있게 해주는 회귀선에 대해 보다 상세히 알아보기로 하자. 회귀선은 일반적으로 $Y'=a+bX$로 표현되는데, 이때 a와 b는 각기 상수(계수)이고, X는 독립변수값이며, Y'은 X를 근거로 추정된 종속변수(Y)의 값이다. a와 b의 값은 종속변수의 관찰값(Y)과 추정값(Y') 간 차이의 절대거리를 최소화시키는 값이다. 관찰값(Y)과 추정값(Y') 간의 차이를 모든 사례들마다 제곱한 후 다시 합산한 것을 설명되지 않는 변량(unexplained variation)이라고 부르는데, 이는 X를 바탕으로 Y를 설명함에 있어서 설명되지 않는 오차(errors)를 나타낸다.

한편, 설명된 변량(explained variation)은 전체 변량과 설명되지 않는 변량 사이의 차이이다. 그리고 설명되는 변량을 전체 변량으로 나누어주면 마치 람다

(λ)의 계산과 유사한 비율적 오류축소치(PRE measure)가 산출된다. 회귀분석에서는 이를 결정계수(r^2)라고 부르며, 피어슨 상관관계 계수(r)를 제곱한 것과 같다. 예컨대, $r=0.7$이라면 $r^2=0.49$가 되며, Y의 변량 가운데 49%가 X에 의해 설명되었음(51%는 설명되지 않는 오류임)을 뜻한다. r과 r^2 가운데 실제로 어떤 것을 먼저 계산하는가 하는 문제에 있어서는 대개의 경우 r을 먼저 계산하는데, 그 이유는 X와 Y 간의 관계의 방향(+ 또는 −)에 따라 r은 +값도 가질 수 있고 −값을 가질 수도 있기 때문이다. (r^2를 먼저 계산한 후 그 값에 루트를 취하면 r은 항상 +값만 갖게 된다.) r을 계산해내기 위한 통계분석 패키지는 여러 가지가 있는데, r 계산에 대한 더 자세한 설명은 통계학 교재를 참고하기 바란다.

지금까지 단순 회귀분석(simple regression, 즉 X가 하나뿐인 회귀분석)에 대해 알아보았는데, 아쉽게도 사회현상은 상당히 복잡해서 복수의 독립변수들(X's)에 의해서 Y가 설명되게 마련이다. 14장에서 본 것처럼, 백분율표를 사용하여 두 개 이상의 변수를 분석하는 게 가능하다. 여러 변수들의 분포를 동시에 제시하고 그들 간의 관계를 파악하는 것이 기본적으로 가능하긴 하지만, 변수의 수가 증가함에 따라 그런 표는 지나치게 복잡해져서 변수들 간의 관계파악이 실제로 무척 어려워진다. 회귀분석(구체적으로 다중 회귀분석)은 이러한 문제를 잘 해결해준다.

다중 회귀분석

다중 회귀분석
일정한 종속변수에 대한 두 가지 이상의 독립변수의 영향을 나타내주는 등식을 찾아내는 통계기법

사회과학에서는 주어진 종속변수가 여러 가지 독립변수들에 의해 동시적인 영향을 받는 경우가 매우 흔하다. 다중 회귀분석(multiple regression analysis)은 바로 이러한 경우에 사용된다. 예를 들어, 베벌리 여그(Beverly Yerg, 1981)는 체육교육의 효과를 분석하면서 다음과 같은 다중 회귀등식을 사용한 바 있다.

$F=b_0+b_1I+b_2X_1+b_3X_2+b_4X_3+b_5X_4+e$,

이때,

F=학생의 최종 성적

I=학생의 최초 성적

X_1=교사의 지도 정도

X_2=교사의 체육실력

X_3=교사의 피드백 제공 정도

X_4=교사 실기의 명확도

b=회귀계수

e=잔차

(Adapted from Yerg, 1981: 42)

단순 회귀분석에서와 달리, 이 회귀등식에는 한 가지 독립변수(X)가 아닌 복수의 독립변수들(X's)이 존재할 뿐 아니라 회귀계수도 하나(b)가 아닌 복수의 계수들(b's)이 존재한다. 또한 Y 절편의 기호도 단순 회귀분석에서의 기호(a) 대신에 b_0라는 새로운 기호를 사용하고 있다. 그리고 단순 회귀분석에서와 마찬가지로 이 등식에서도 X에 의해 설명되지 않는 Y의 변량 또는 잔차를 나타내는 기호(e)가 사용된다.

이 다중 회귀분석에서 b_1, b_2, b_3, b_4는 Y에 영향을 미치는 X들(X_1, X_2, X_3, X_4) 각각의 영향을 나타낸다. 이 경우에도 복수의 상관관계 계수(R, 대문자 사용)를 산출하여 복수의 독립변수들이 종속변수를 설명하는 정도를 파악해낼 수 있다. 이 예에서 $R=0.877$인데, 이는 Y 변량의 77%($0.877^2=0.77$)가 여러 X들에 의해 동시적으로 설명되었음을 의미한다.

부분 회귀분석

15장의 정교화 모형(elaboration model)에 대한 설명에서 우리는 제3의 검증변수(test variable)가 통제된 상태에서의 두 변수 간 관계를 검토한 적이 있다. 이를테면, 연령을 통제한 상태에서 교육수준이 편견에 미치는 영향을 검토했는데, 이를 위해 교육수준과 편견 사이의 관계를 각 연령집단별로 산출하고 비교했다.

부분 회귀분석(partial regression analysis)은 이와 마찬가지 논리를 사용한다. 즉, 제3의 변수가 통제된 상태에서 두 변수 간의 관계를 계산해낸다. 또한 정교화 모형에서와 마찬가지로, 제3의 변수가 통제되지 않은 상태에서 계산된 두 변수 간의 관계를 제3의 변수가 통제된 상태에서 계산된 두 변수 간의 관계와 비교해서 전반적 관계를 파악해낸다.

부분 회귀분석
회귀분석의 일종으로, 정교화 모형에서처럼 제3의 변수가 통제된 상태에서 이루어지는 회귀분석

곡선형 회귀분석

앞에서는 직선으로 표현되는 변수들 간의 관계에 대해서만 논의했다. 하지만 회귀분석은 변수들 간의 관계가 직선이 아닌 경우에도 사용될 수 있는 일반적인 분석기법이다.

직선함수와 마찬가지로 곡선함수도 등식으로 표현할 수 있다. 예를 들어, $X^2+Y^2=25$라는 등식은 반경이 5인 원을 말한다. 변수에 2 이상의 승(乘)을 하면 직선이 아닌 곡선이 형성된다. 함수뿐 아니라 실제의 경험적 현상에 있어서도 모든 변수들 간의 관계가 반드시 직선이라고 생각할 만한 하등의 이유가 없다. 따라서 경우에 따라서는 곡선형 회귀분석(curvilinear regression analysis)이 현상에 대한 적절한 이해를 도울 수 있다.

곡선형 회귀분석
회귀분석의 일종으로, 변수들 간의 관계를 직선보다는 곡선으로 표현하는 분석

회귀선은 두 가지 기능을 수행한다는 앞서의 지적을 상기해보자. 두 가지 기능

가운데 하나는 경험적 관찰을 용이하게 하는 것이고, 다른 하나는 표본에서 나타난 관계를 바탕으로 모집단의 상황(모수)을 통계적으로 추정해내는 것이다. 아마도 가장 복잡한 회귀선은 산포도 내의 모든 관찰치들을 연결하는 선일 텐데, 이러한 선은 완벽한 경험적 관찰을 가능하게 할지는 몰라도 모집단의 상황에 대한 통계적 추정은 거의 불가능할 것이다.

이 책의 앞부분에서 우리는 자료를 적절히 제시하기 위해서는 정밀성(detail)과 효용성(utility) 사이에 균형을 유지할 필요가 있다고 강조한 적이 있었다. 결국 연구자는 가장 충실하면서도 가장 단순한 자료제시를 시도해야 하는 셈인데, 이러한 요구는 회귀분석에도 마찬가지로 적용된다. 즉, 자료는 실제의 상황을 적절히 표현하면서도 가능한 한 단순한 형태로 제시되어야 하며, 바로 이러한 이유로 인해 선형 회귀분석이 가장 일반적으로 사용된다. 요컨대, 곡선형 회귀분석이 연구자에게 새로운 가능성을 열어주는 것은 사실이지만 결코 모든 문제를 해결해 줄 수는 없다.

회귀분석의 주의사항

통계적 추리를 위한 목적으로 회귀분석을 사용할 경우에는 몇몇 통계적 전제들—즉, 단순무작위 표집, 비표집오류(nonsampling error)의 부재(不在), 연속형으로 측정된 변수의 사용 등—이 충족되어야만 한다. 그런데 사회과학적 연구들이 이러한 전제들을 빠짐없이 충족시키는 경우는 흔치 않기 때문에 회귀분석에서 주의가 요구되게 마련이다.

그리고 선형이든 곡선형이든 회귀선은 내삽(interpolation, 즉 실제로 관찰된 범위 이내에 놓인 사례들에 대한 추정)에는 유용하지만 외삽(extrapolation, 실제로 관찰된 범위 이외에 놓인 사례들에 대한 추정)에는 그다지 유용하지 않다는 점을 기억해야만 한다. 외삽을 위해 회귀분석을 사용해서는 안 되는 이유는 다음의 두 가지이다. 첫째, 논리적이지 못한 예측이 이루어질 가능성이 있다. 인구수와 범죄율에 관한 회귀식에서 예컨대 1,000명의 인구를 지닌 작은 도시(이는 실제 관찰된 인구의 범위에서 벗어나는 경우임)에서 1년에 123회의 범죄가 일어날 것이라는 말도 안 되는 예측이 이루어질 가능성이 있다. 이러한 문제는 결국 범죄율에 대한 예측이 적절하기 위해선 실제 관찰이 이루어진 인구수의 범위 이내로 한정되어야만 함을 시사하는 것이다. 회귀분석을 외삽을 위해 사용해서는 안 되는 두 번째 이유는 연구자들이 이와 같은 문제점을 가볍게 보는 경향이 있어 관찰이 이루어진 범위 밖에 대한 추정이 심심치 않게 행해지는 실상 때문이다.

이제까지 일정한 측정수준을 지니는 변수들 간의 관계를 분석하는 기법들에 대해 논의했는데, 여러 가지 다양한 측정수준의 변수들이 동시에 분석될 경우에는 문제가 복잡해진다. 이 책에서 이러한 경우에 사용되는 통계기법들을 일일이 설명하지는 않겠으나, 다만 UCLA대학교에서 제공하는 온라인 사이트(출처: 앨라배마대학교 James Leeper 박사)를 참고하기 바란다.

16.3 추리통계

수많은 사회과학 연구 프로젝트들은 대부분 일정한 모집단에서 추출한 표본에서 얻은 자료를 다룬다. 이를테면, 서베이에서는 표집한 사람들을 대상으로 면접을 실시하며, 표집한 이혼사례들을 코딩하고 분석하고, 표집한 신문들을 내용분석을 통해 검토한다. 연구자가 표본을 분석할 때는 표본 그 자체의 분석에 관심이 있는 것이 아니라 대개 그 표본을 추출한 모집단에 관해 어떠한 진술을 하려는 목적이 있게 마련이다. 따라서 일원분석이든 다원분석이든 표본으로부터 얻은 결과는 모집단에 대한 추리의 근거가 된다.

이 절에서는 추리통계(inferential statistics)에 관해 설명하기로 한다. 추리통계란 표본에서 관찰된 결과를 바탕으로 모집단에 대한 통계적 추정을 시도하려 할 때 사용하는 통계기법을 말한다. 우선 일원자료를 사용한 추리통계에 대해 알아보고, 이어서 다원자료를 사용한 추리통계에 대해 알아보기로 하자.

추리통계
표본관찰을 통해 얻은 발견으로부터 규모가 더 큰 모집단을 추정하는 데 적절한 일단의 통계 계산기법

일원추리

14장에서는 일원자료를 제시하는 방법에 대해 설명했는데, 그때 우리는 각각의 요약통계치들이 표본의 특성을 기술하는 데 사용되는 것을 알 수 있었다. 이제 그와 같은 요약통계치들을 사용하여 모집단에 대해 진술하는 방법을 알아보기로 하자. 이 절에서는 백분율과 평균이라는 두 가지 일원통계치에 대해서 설명하겠다.

만일 표집된 사람들 가운데 50%가 작년에 감기에 걸렸다고 한다면, 모집단에서 감기에 걸렸던 사람의 비율에 대한 최적의 추정치는 50%일 것이다. (이러한 추정은 물론 단순무작위 표집을 전제로 한다.) 하지만 모집단에서 작년에 감기에 걸렸던 사람의 비율이 정확히 50%일 가능성은 거의 없다. 이 경우, 만일 매우 정교한 표집이 이루어졌다면 표본의 결과를 모집단에 적용시킬 경우 발생하는 오차의 범위를 추정해내는 것이 가능하다.

7장의 표집이론(sampling theory)에 대한 설명에서 오차범위의 추정과 관련되는 통계치에 대해 이미 설명했으므로 여기서는 대략적으로만 논의하겠다. 백분율의 경우 표준오차(standard error)는 다음과 같이 계산된다.

$$\sqrt{\frac{p \times q}{n}}$$

7장에서 이미 설명했듯이, 표준오차는 표집오류(sampling error)를 추정할 때 매우 중요하다. 이를테면, 모수(population parameter)가 표본통계치(sample statistics)를 중심으로 표준오차 단위로 하나 위 또는 아래 사이에 놓여 있을 확률은 68%이며, 모수가 표본통계치를 중심으로 표준오차 단위로 둘 위 또는 아래 사이에 놓여 있을 확률은 95%이고, 모수가 표본통계치를 중심으로 표준오차 단위로 셋 위 또는 아래 사이에 놓여 있을 확률은 99.9%라는 등의 진술이 가능하다.

그러므로 표준오차에 대한 진술에는 신뢰수준(confidence level, 예를 들어 95%)과 신뢰구간(confidence interval, 예를 들어 ±2.5%)이라는 두 가지 사항이 필히 포함되게 마련이다. 예를 들어, 1,600명의 표집인원 가운데 50%가 지난해에 감기에 걸렸었다고 말한다면, 모집단에 있는 사람들 가운데 감기에 걸렸던 사람의 비율이 47.5%와 52.5% 사이에 놓여 있을 확률은 95%라고 말할 수 있다.

이 예에서 우리는 표본자료를 바탕으로 모집단에 대해 추정했는데, 이 경우 다음과 같은 사항들을 유념해야 한다.

첫째, 추정의 기반이 되는 표본은 반드시 모집단으로부터 추출된 것이어야 한다. 예를 들어, 전화번호부에서 추출된 표본은 해당 도시에서 전화를 소유한 사람들에 대한 통계적 추정의 근거는 될 수 있어도 그 도시의 전체 인구에 대한 통계적 추정의 근거는 될 수가 없다.

둘째, 추리통계에는 여러 가지 전제가 요구된다. 우선 표집과정이 단순무작위 표집이어야 한다. 비록 무작위 표집보다 계통적 표집(systematic sampling)이 더 자주 사용되기는 하지만, 무작위 표집도 잘만 하면 추정의 문제가 심각하지 않다. 층화표집(stratified sampling)은 표본의 대표성을 향상시키기 때문에 추정의 문제가 거의 없다. 집락표집(cluster sampling)은 표집오류의 추정치가 너무 작다는 점에서 추정상 문제가 있다. 비확률표집의 전형적 방법인 임의표집(street corner sampling)은 결코 통계적 추정의 대상이 될 수 없다. 추리통계의 또 다른 전제로 100%의 응답률—즉, 표집된 모든 응답자들이 빠짐없이 응답하는 것—도 있다. 응답률이 떨어질수록 추정의 어려움은 점점 더 커지게 마련이다.

비표집오류
표집오류 외의 원인에 의해 생겨나는 오류. 예를 들어 응답자가 질문을 잘못 이해해서 생기는 오류, 면접원 또는 코딩하는 사람이 잘못 기록해서 생기는 오류 등이 있다.

셋째, 추리통계에서는 표집오류만을 다룰 수 있을 뿐 비표집오류(nonsampling error, 예를 들면 입력과정의 오류, 설문문항에 대한 응답자에 그릇된 이해 등)는 다룰 수 없다. 이를테면, 모집단의 47.5~52.5%에 해당하는 사람들이 전년도에 감기에 걸렸었다고 '진술했다'고 표현하면 올바른 표현이지만, 47.5~52.5%에 해당하는 사람들이 전년도에 감기에 '실제로 걸렸다'고 표현할 수는 없다. 대개 극히 정교한 표집이 이루어질 경우 표집오류보다는 비표집오류가 상대적으로 더 큰 경향이 있으므로 표본의 결과를 모집단으로 일반화할 때는 각별한 주의가 요구된다.

통계적 유의도 검증

어떤 두 변수 간의 관계가 의미 있는지, 강한지, 중요한지, 흥미를 유발하는지, 또는 보고할 만한 가치가 있는지 등의 문제에 대한 과학적 대답은 정해져 있지 않다. 아마도 이 문제에 대한 궁극적 대답은 연구자가 그 관계의 중요성에 대해 사람들을 설득할 수 있는 능력에 달려 있다고 보아야 할 것이다. 추리통계 가운데 바로 이러한 점에서 연구자의 설득능력을 보좌하는 기법이 존재하는데, 이를 모수적 유의도 검증(parametric test of significance)이라고 부른다. 용어 자체가 의미하듯이, 모수통계(parametric statistics)는 표본이 추출된 모집단에 관해 일정한 전제가 존재하는 통계를 말하는데, 모수통계는 통계적 유의도(statistical significance)를 결정하게 해준다. 통계적 유의도란 일상적인 '중요성'을 뜻하는 것이 결코 아니다. 통계적 유의도는 다만 표본에서 나타난 결과가 오로지 표집오류라는 원인 한 가지에 의해서만 관찰된 결과일 뿐 다른 원인에 의한 것이 아님을 뜻한다. 바로 이 점 때문에 연구자들은 종종 통계적 유의도와 실질적 유의도(substantive significance)를 구분하곤 하는데, 실질적 유의도란 변수들 간의 관계가 의미 있는 차이를 말할 수 있을 만큼 충분히 큰 상황을 가리킨다. 통계적 유의도는 계산해낼 수 있지만, 실질적 유의도는 항상 자의적 판단에 따르는 것이다.

통계적 유의도
표본에서 관찰된 관계가 오직 표집오류 때문에 생겨났을 가능성을 나타내는 용어

통계적 유의도 검증(test of statistical significance)이라는 용어는 사회과학적 연구에서 빈번히 사용되지만, 그 이면에 있는 논리는 실제로 매우 미묘할 뿐만 아니라 종종 곡해되기도 한다. 이 논리는 이 책의 다른 부분에서 이미 언급된 표집의 논리에 근거한다. 이 논리를 이해하기 위해서, 잠시 일원자료에 있어서의 표집오류의 개념에 대한 기억을 더듬어보기로 하자.

통계적 유의도 검증
표본에서 관찰된 관계가 오직 표집오류 때문에 생겨났을 가능성을 나타내는 검증

일반적으로 모수에 대한 유일하고도 최적의 추정치는 다름 아닌 표본통계치라는 사실은 이미 지적한 바 있었다. 하지만 모수와 표본통계치가 정확히 일치할 수는 없는 노릇이다. 모수가 어떠어떠한 범위(즉, 신뢰구간) 내에 놓일 확률을 말하는 이유도 바로 여기에 있다. 신뢰구간 내에 존재하는 불확실성은 바로 표집오류 때문이라는 것이 통계적 유의도 검증의 기본 논리이다. 이러한 논리를 다른 말로 표현하자면, 표집오류라는 원인 한 가지만에 의해서 모수 신뢰구간 밖에 놓일 가능성은 거의 없다는 뜻이다. 그러므로 예컨대 모수가 45~55% 사이에 놓여 있다는 말은 만일 추정상 오차가 발생한다 하더라도 그 오차가 표집오류 이외의 원인에 기인했을 가능성은 거의 없음을 뜻한다. 이것이 바로 통계적 유의도 검증

의 이면에 놓인 기본 논리이다.

통계적 유의도 논리

통계적 유의도의 논리는 모집단에서 표본이 추출되는 과정을 보여주는 일련의 그림을 통해 가장 잘 설명할 수 있다. 한편, 이러한 설명을 위해서는 다음과 같은 전제들이 요구된다.

1. 모집단에서 두 변수 간의 상호 독립성에 대한 전제
2. 일정한 확률표집의 과정을 통해 추출된 표본의 대표성에 대한 전제
3. 두 변수의 표본을 구성하는 요소들의 복합적 분포에 대한 전제

〈그림 16-3〉은 남성과 여성이 각각 정확히 절반씩 차지하고 있으며 총 인원이 256명인 가상적인 모집단에 대한 그림이다. 또한 이 그림에는 각 사람들이 남녀평등에 대해 어떠한 생각을 갖고 있는지도 나타나 있는데, 남녀평등에 찬성하는 사람들은 흰색 원으로 표시되고 반대하는 사람들은 파란색 원으로 표시되어 있다.

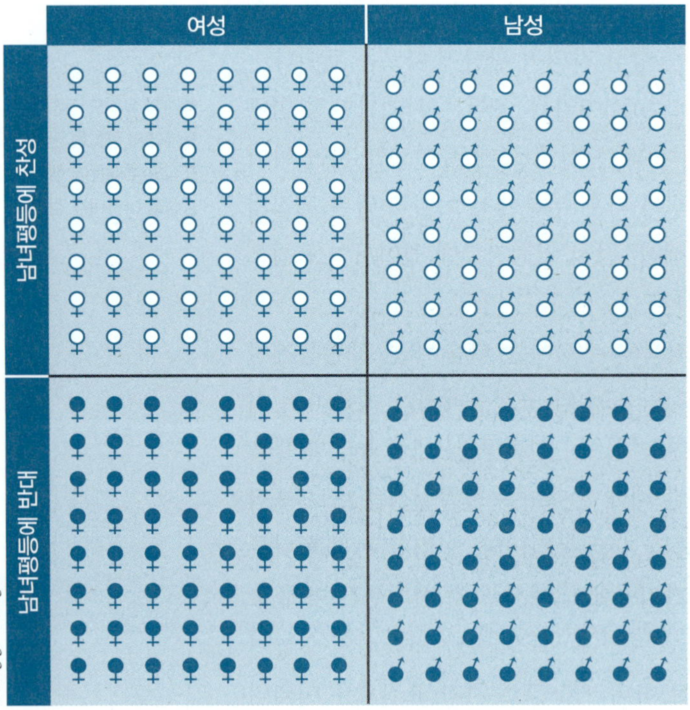

여성 | 남성

남녀평등에 찬성

남녀평등에 반대

	여성	남성
남녀평등에 찬성	50%	50%
남녀평등에 반대	50%	50%
	100%	100%

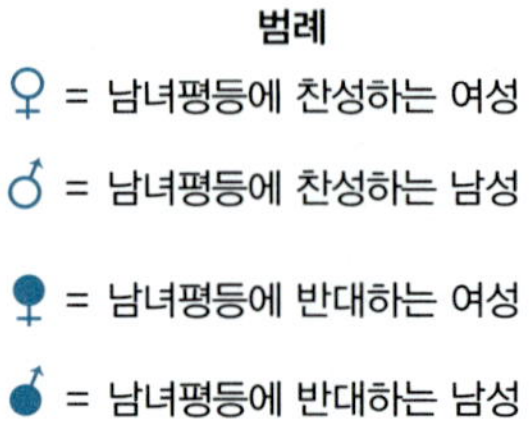

범례

♀ = 남녀평등에 찬성하는 여성

♂ = 남녀평등에 찬성하는 남성

♀ = 남녀평등에 반대하는 여성

♂ = 남녀평등에 반대하는 남성

그림 16-3 **남녀평등에 찬성 또는 반대하는 남성 및 여성의 연구**

이 그림에서 연구자의 관심은 과연 성별과 남녀평등에 대한 견해 사이에 어떠한 관계가 있는지를 밝히는 것이다. 보다 구체적으로 말하자면, 연구자는 남성들에 비해 여성들이 남녀평등에 대해 더 찬성하는지를 규명하려 한다. 그 이유는 남녀평등으로 인해 이득을 얻는 쪽은 여성일 가능성이 더 높기 때문이다. 〈그림 16-3〉을 자세히 살펴보고 두 변수 간에 어떤 관계가 있는지를 알아보자.

이 그림을 잘 살펴보면, 성별과 남녀평등에 대한 견해 사이에는 아무런 관계도 없음을 알 수 있다. 즉, 남성 중 정확히 1/2이 찬성하고 정확히 1/2이 반대하며, 마찬가지로 여성의 경우에도 정확히 1/2이 찬성하고 정확히 1/2이 반대한다. 비율적 오류축소(PRE)에 대한 앞서의 논의를 기억해보면, 이 경우 어떤 사람의 성별을 안다는 것이 남녀평등에 대한 그 사람의 견해를 추정하는 과정에서 생기는 오류를 줄이는 데 아무런 도움이 되지가 않는다. 〈그림 16-3〉의 표를 보면 이러한 사실이 잘 드러난다.

한편, 〈그림 16-4〉는 모집단[〈그림 16-3〉 참조]으로부터 1/4에 해당하는 표본을 추출한 결과를 보여준다. 이 경우 표본의 대표성을 유지하기 위해 모집단의 정중앙에서 정사각형 모양의 영역에 위치한 4각의 표본을 추출했다. 모두 네 가

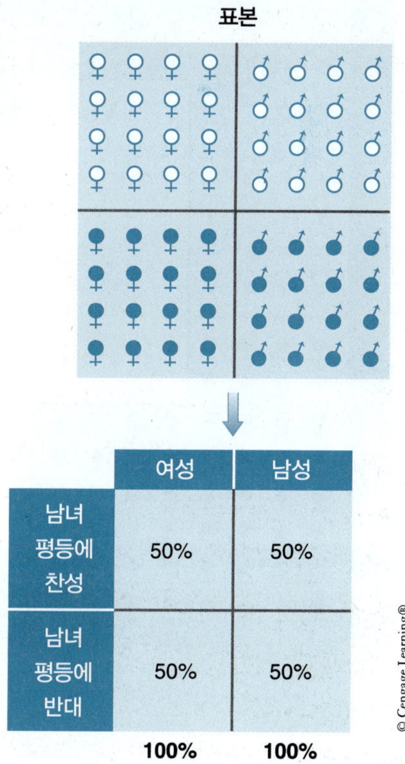

	여성	남성
남녀 평등에 찬성	50%	50%
남녀 평등에 반대	50%	50%
	100%	100%

그림 16-4 **대표성 있는 표본**

지 유형의 사람들 각기로부터 16명씩을 추출했기 때문에 추출한 표본은 성별이 정확히 반반이고 남녀평등에 대한 견해도 정확히 반반으로 나뉘어 있다.

〈그림 16-4〉의 표본을 바탕으로 모집단에서 두 변수 간의 관계를 추정하면 그 추정은 정확하다. 7장에서 논의된 표집의 논리에 따르면, 표본에서 두 변수 간에는 아무런 관계가 없다. 또한 표집이 관례적인 표집의 원칙에 근거해 이루어진 한, 모집단에서도 두 변수 간에는 아무런 관계가 없다고 결론지을 수 있다.

물론, 실제 상황에서의 표본이 이 예에서처럼 모집단을 완벽하게 대표하는 경우는 거의 없다. 즉, 모집단에서 성별과 남녀평등에 대한 견해 사이에 아무런 관계가 없다 하더라도, 실제 상황에서는 남녀평등에 반대하는 남성 또는 여성이 몇 명씩 더 추출되거나 아니면 찬성하는 남성 또는 여성이 몇 명씩 더 추출되는 등의 결과가 생길 것이다. 7장에서도 지적했듯이, 이와 같은 조그마한 변이들은 확률표본에서 늘 있는 극히 정상적인 일이다.

한편, 〈그림 16-5〉는 표본의 대표성에 심각한 문제가 있는 상황이다. 이 그림

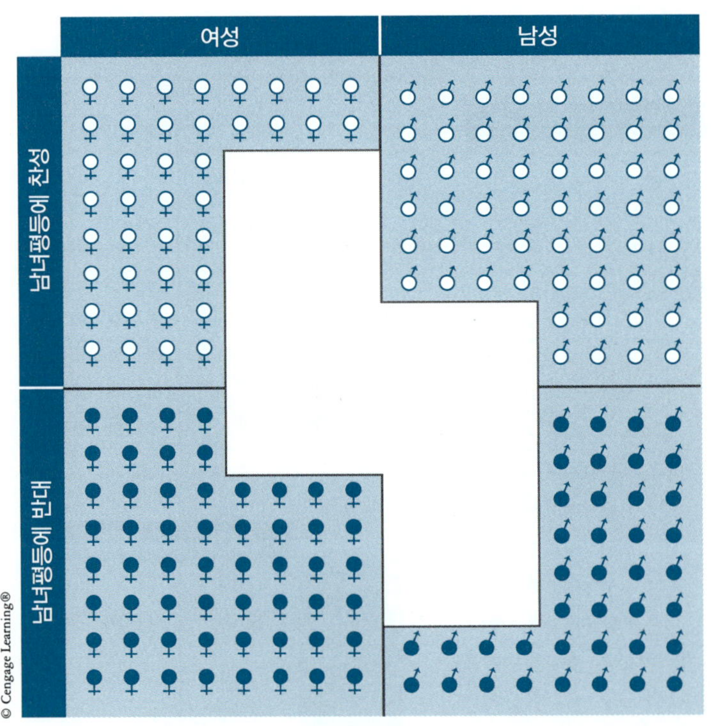

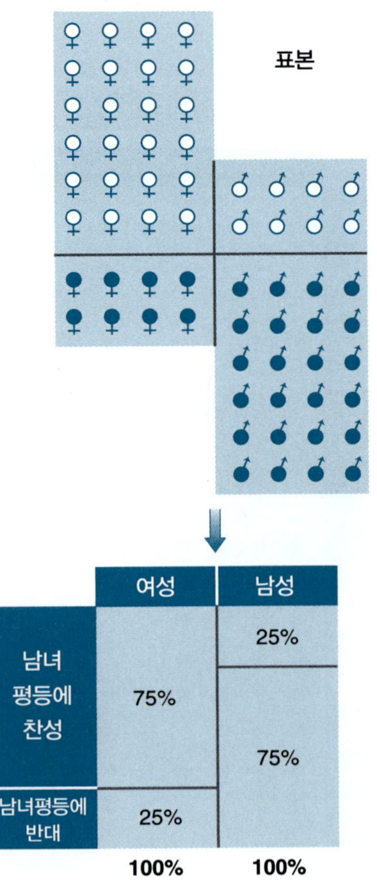

그림 16-5 **대표성 없는 표본**

에서는 남녀평등에 찬성하는 여성의 비율 및 반대하는 남성의 비율이 모집단에서보다 비정상적으로 더 많이 표집되었다. 즉, 그림의 오른쪽 하단의 표에 나타나듯이, 표집된 사람들 가운데 여성의 3/4이 찬성하지만 남성은 1/4만이 찬성한다. 모집단에서는 두 변수 사이에 아무런 관계가 없다 해도 이와 같이 표본을 추출했다면, 아마도 두 변수 간의 관계에 대한 우리의 결론은 크게 잘못되었을 것이다.

이미 지적했듯이, 적절한 확률표본추출이 이루어진다면 〈그림 16-5〉에서와 같이 부정확한 표본을 추출할 가능성은 많지 않다. 사실 〈그림 16-5〉에서와 같은 표집은 상당히 비현실적인 상황이지만, 〈그림 16-6〉에서와 같은 표집은 현실성이 높은 상황이다.

〈그림 16-6〉에 표집된 바에 의하면, 성별과 남녀평등에 대한 견해 사이에는 강한 관계가 나타난다. 이 경우 두 변수 간의 관계가 강한 이유는 〈그림 16-5〉에서와는 다르다. 〈그림 16-6〉에서는 대표성이 매우 높은 표본을 추출했으며, 모집단에서와 같이 표본에서도 두 변수 간의 관계가 강하다. 즉, 여성이 남성에 비해 남녀평등에 찬성하는 견해가 더 많은데, 이러한 관계는 모집단뿐 아니라 표본에서도 나타난다.

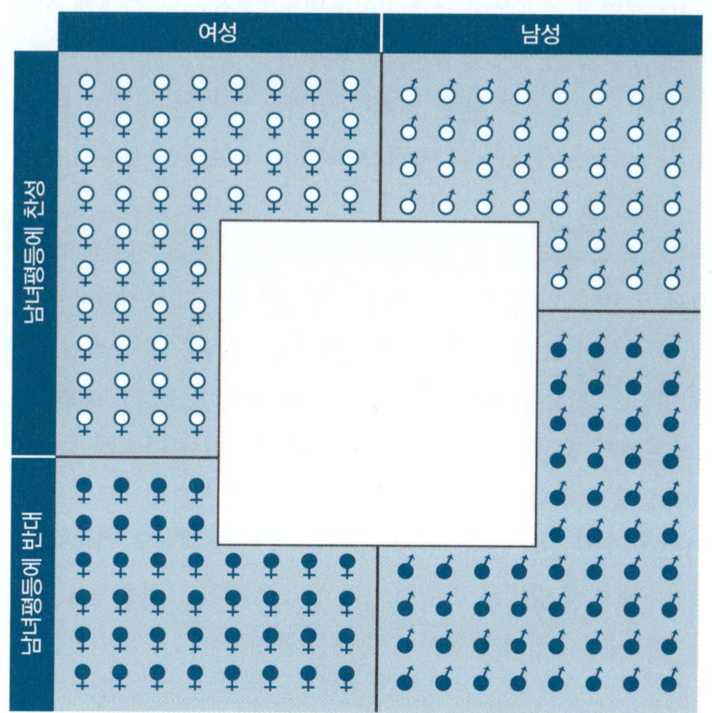

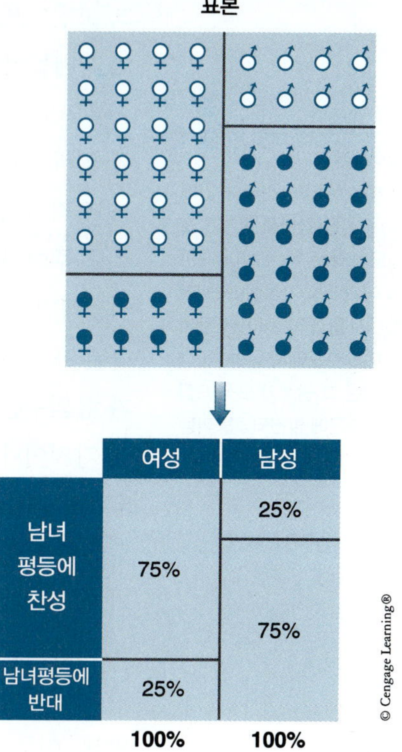

그림 16-6 **두 변수 간에 연관성이 있을 경우 대표성 있는 표본**

물론, 실제 상황에서는 모집단의 분포에 대해 알 수가 없으며 그것이 바로 표본을 추출하는 이유가 된다. 그러므로 만일 추출한 표본을 바탕으로 두 변수 간의 관계가 강하다는 사실을 〈그림 16-5〉에서도 발견하고 〈그림 16-6〉에서도 발견했다면, 그러한 발견이 모집단의 상황을 정확히 반영하는 것인지 아니면 단순한 표집오류 때문인지를 규명해야 한다.

요컨대, 통계적 유의도 검증의 기본 논리는 다음과 같다. 모집단에서는 두 변수가 서로 독립적인데 표본에서는 일정한 관계가 나타나서 무언가 일관성을 잃은 상황이라면, 그 원인은 두 가지 가능성—(1) 표본의 대표성 부족, (2) 모집단에서 두 변수 간의 관계가 실제로 존재함—가운데 하나로 귀착된다. 이때, 확률표집의 방법에 관한 논리 및 통계학에서 대표성 결여(또는 표집오류)의 정도에 대한 다양한 확률관련 지침을 얻을 수 있다. 즉, 간단히 말해 대표성 결여의 정도가 약할 가능성은 높고, 반대로 대표성 결여의 정도가 높을 가능성은 '낮다'고 주장할 수 있다.

결국 표본자료에서 관찰된 관계의 통계적 유의도는 항상 확률적으로만 진술되게 마련이다. 이를테면 '0.05 수준에서 유의미한($p \le 0.05$)'이라는 표현은 표본에서 발견된 관계가 오직 표집오류에 기인한 관계일 확률이 100 가운데 5 이내라는 뜻이다. 달리 표현하자면, 만일 모집단에서 두 변수가 상호 독립적일 뿐 아니라 그 모집단으로부터 100개의 확률표본이 추출되었다면, 표본에서는 단 5개 이내의 사례들에서만 두 변수 간의 관계가 발견된다는 뜻이다.

유의도 검증에 있어서 신뢰구간과 매우 밀접한 연관을 지니는 개념이 또 하나 있다. 이는 다름 아닌 유의수준(level of significance)으로 표본에서 관찰된 관계가 오직 표집오류에 기인했을 확률을 의미한다. 신뢰구간과 마찬가지로 유의수준도 주어진 모집단으로부터 여러 가지 표본들이 추출되는 상황을 전제로 한다. 이를테면, 모집단에서 두 변수 간의 관계가 없다고 가정할 때, 그 모집단에서 추출된 표본 가운데 몇 퍼센트가 표본에서 발견된 것과 같은 관계를 나타낼 것인지가 유의수준이다. 일반적으로 통용되는 유의수준은 0.05와 0.01 그리고 0.001 등 세 가지이다. 이는 표본에서 발견된 관계가 표집오류에 기인했을 가능성이 각기 5/100, 1/100, 1/1,000임을 뜻한다.

유의수준
통계적 유의도 검증에 있어서, 관찰된 경험적 관계가 표집오류라는 이유 하나 때문에 생겨났을 가능성(또는 확률). 예를 들어, 어떠한 관계가 0.05 수준에서 유의미하다는 말은 그 관계가 오직 표집오류 때문에 발견되었을 가능성이 5/100 이하라는 뜻이다.

유의도 검증을 하는 연구자들이 유의수준을 정하는 방법은 대체로 다음의 두 가지 가운데 하나이다. 첫 번째 방법은 관행적으로 미리 정해진 유의수준을 그대로 사용하는 것이다. 이들은, 예컨대 일정한 수준에서 통계적으로 유의미한 관계가 발견되면, 그 관계가 모집단에서도 진정으로 존재하는 것으로 간주한다. 다시 말해, 이들은 그 관계가 오로지 표집오류에 기인할 가능성을 이러한 방법으로 배제시키는 것이다.

두 번째 방법은 관행적인 유의수준(0.05, 0.01, 0.001)을 무시한 채, 구체적인 유의수준을 사용하는 것이다. 이를테면, 어떠한 관계가 0.05 수준에서 유의미하다고 말하는 대신에 0.023 수준에서 유의미하다고 말함으로써, 발견된 관계가 오직 표집오류에 의한 것일 확률이 23/1,000임을 보여준다.

카이제곱

카이제곱(χ^2)은 사회과학에서 빈번히 사용되는 유의도 검증기법이다. 이 검증에서 영가설(null hypothesis, H)은 “모집단에서 두 변수 간의 관련성이 없다.”이다(2장 참조). 이 검증을 위해서는 먼저 두 변수 각각의 분포를 바탕으로 두 변수가 교차되어 새로이 형성하는 교차분포표(또는 관찰빈도표)를 만들어낸다. 다음으로, 만일 두 변수 간에 아무런 관련이 없다고 가정했을 경우에 형성되는 교차분포표를 만들어낸다. 이 표의 각 칸(cell)에 제시되는 빈도를 가리켜 기대빈도(expected frequency)라고 한다. 그러고 나면, 두 표(즉, 관찰빈도표 및 기대빈도표)의 각 칸에 제시된 수치들의 차이를 서로 비교하고 그 차이가 오직 표집오류에 기인한 것인지의 가능성(또는 확률)을 결정한다.

예를 들어, 특정한 교회종파에서 신자들의 성별과 예배참석 간의 관계를 분석한다고 하자. 이 관계를 검증하기 위해 100명의 신자들을 무작위 표집했다. 표집의 결과 남성은 40명이고 여성은 60명이며, 이들 가운데 70명은 지난 주 예배에 참석했다고 응답하고 나머지 30명은 참석하지 않았다고 응답했다.

만일 성별과 예배참석 사이에 연관성이 없다면, 표집된 남성들 가운데 70%는 예배에 참석하고 30%는 참석하지 않았어야 할 것이다. 마찬가지로, 여성들 가운데서도 70%는 참석하고 30%는 참석하지 않았어야 할 것이다. 즉, 〈표 16-6〉의 I(기대빈도)에서처럼 28명의 남성과 42명의 여성이 예배에 참석하고 12명의 남성과 18명의 여성은 참석하지 않았어야 한다.

〈표 16-6〉의 II(관찰빈도)에는 표본에서 실제로 관찰한 빈도가 나타나 있다. 보는 바와 같이, 20명의 남성이 예배에 참석했고 20명의 남성은 참석하지 않았다고 응답했으며, 50명의 여성은 참석하고 10명의 여성은 참석하지 않았다고 응답했다. 이제 기대빈도(I)와 관찰빈도(II)를 서로 비교해보면, 기대했던 것보다 다소 적은 수의 남성들이 예배에 참석한 반면, 기대했던 것보다는 다소 많은 수의 여성들이 예배에 참석했음을 알 수 있다.

카이제곱(χ^2)은 다음과 같이 계산한다. 교차분포표의 각 칸마다 (1) 관찰빈도와 기대빈도의 차이를 구해서, (2) 그 차이를 제곱하고, (3) 차이의 제곱을 다시 기대빈도로 나누어준다. 이렇게 해서 각 칸마다 계산된 수치들을 모두 다 더해

표 16-6 카이제곱에 대한 가상적 설명

Ⅰ. 기대빈도	남성	여성	계
예배참석	28	42	70
예배불참	12	18	30
계	40	60	100
Ⅱ. 관찰빈도	**남성**	**여성**	**계**
예배참석	20	50	70
예배불참	20	10	30
계	40	60	100
Ⅲ. (관찰빈도−기대빈도)^2÷기대빈도	**남성**	**여성**	
예배참석	2.29	1.52	$\chi^2 = 12.70$
예배불참	5.33	3.56	$p < 0.001$

주면 그 값이 바로 카이제곱이다. 〈표 16-6〉의 III를 보면, 이렇게 구한 카이제곱이 12.70이다.

카이제곱의 값은 표본에서 나타난(또는 관찰된) 교차빈도와 기대빈도(즉, 두 변수가 전혀 연관이 없다고 가정할 경우 예상되는 빈도) 사이의 전체적 격차를 한꺼번에 보여준다. 물론 그 같은 격차가 존재한다는 사실 한 가지만으로 두 변수가 연관성을 지닌다고 말할 수는 없는데, 그 이유는 실제로 모집단에서 두 변수 간에 연관성이 없다 하더라도 일상적인 표집오류에 의해 그러한 격차가 생겼을 가능성이 있기 때문이다. 그렇지만 카이제곱의 크기가 그러한 가능성을 검증할 수 있게 한다.

관찰된 두 변수 간의 관계에 대한 통계적 유의도 검증을 위해서는 표집분포(sampling distribution)상의 일정한 χ^2 수치(기각치, critical value)를 활용해야 한다. 그런데 이 수치를 활용하려면 자유도(degree of freedom)를 알아야 한다. 자유도에 대해 설명하기 위해 다음의 상황을 가정해보자. 만일 여러분에게 평균이 11인 숫자 3개를 제시해보라고 하면, 여러분은 수많은 경우의 수치들—(11, 11, 11), (10, 11, 12), (−11, 11, 33) 등—을 제시할 것이다. 이제 세 가지 수치들 가운데 하나는 7이어야 한다고 여러분에게 말해도, 평균이 11이 되도록 하는 나머지 두 가지 수치들의 경우를 여전히 수없이 많이 제시할 것이다.

이번에는 세 수치들 가운데 하나는 7이고 다른 하나는 10이어야만 한다고 여러분에게 말하면, 여러분이 제시할 수 있는 수치는 단 하나뿐이다. 즉, 세 수치의 평균이 11이므로 세 수치들의 합은 33이어야 하는데, 두 수치의 합이 17이라면 나머지 한 수치는 자동적으로 16이 되어 버린다. 이 경우, 자유도가 2라고 말한다. 세 수치들 가운데 2개는 여하한 값을 가질 수 있지만, 일단 두 수치가 정해지고 나면 세 번째 수치는 자동적으로 결정되게 마련이다.

보다 일반화시켜서 말하면, N개의 수치들의 평균이 있다고 할 때 자유도는 $N-1$이 된다. 이를테면, 23개 수치들의 평균을 말한다면, 이들 가운데 22개의 수치들은 어떠한 값도 가질 수 있지만 나머지 1개는 자동적으로 특정한 수치로 정해지게 된다.

이러한 논리는 카이제곱에 의해 분석된 이원표(bivariate table)에 그대로 적용된다. 예를 들어, 모두 이분변수(dichotomous variable)인 성별(남성/여성)과 낙태에 대한 태도(찬성/반대) 간의 관계를 나타내는 가상적 교차빈도표를 생각해보기로 하자. 표에는 두 변수의 한계빈도(marginal frequency)들만이 제시되어 있다.

낙태에 대한 태도	남성	여성	계
찬성			500
반대			500
계	500	500	1,000

이 표의 한계빈도들은 알기 쉽게 모두 동일한 숫자(500)임에도 불구하고, 네 가지 칸에 들어갈 수 있는 수치들의 조합은 무수히 많다. 예컨대, 남성의 500명이 찬성하고 여성의 500명이 반대할 수도 있고, 반대로 여성의 500명이 찬성하고 남성의 500명이 반대할 수도 있으며, 각 칸의 수치들이 모두 250일 수도 있고, 그 밖에도 실로 무수히 많은 경우들이 있을 수가 있다.

그렇다면 한계빈도가 이미 정해져 있는 상태에서 우리가 자유롭게 숫자를 부여할 수 있는 칸의 수는 모두 몇 개나 될 것인지가 문제인데, 이 예에서 답은 1개이다. 예컨대, 낙태에 찬성하는 남성이 300명이라면, 반대하는 남성은 자동적으로 200명이고 찬성하는 여성은 200명이며 반대하는 여성은 300명이 되는 식으로 나머지 세 칸의 수치들이 자동적으로 결정되기 때문이다.

따라서 이 경우 자유도는 1이다. 이제, 다른 예로 3×3 교차표를 만들어놓고 한계빈도가 미리 알려져 있다고 가정한 상태에서 자유도가 몇 개인지를 스스로 생각해보기 바란다.

카이제곱에 있어서 자유도는 교차표의 {행의 수−1}×{열의 수−1} 또는 $(r-1)(c-1)$로 계산된다. 그러므로 방금 말한 3×3 교차표의 경우 자유도는 $(3-1)(3-1)=(2)(2)=4$이다.

앞에서 예시된 성별과 예배참석의 관계에서 행의 수가 2이고 열의 수도 2이므로(한계빈도를 나타내는 행 및 열은 제외해야 함) 자유도는 1이 된다. 카이제곱의 표집분포표(부록 B)를 살펴보면, 두 변수 간에 아무런 관계가 없다고 가정된 모집단으로부터 무작위 표집이 이루어졌으며 자유도가 1일 경우 기각치인 2.7보다 더 큰 카이제곱을 얻을 가능성은 10%라는 것을 알 수 있다. 이는 그와 같은 모집단으로부터 100개의 표본을 뽑았을 때, 뽑힌 표본들 가운데 단 10개에서만 2.7과 같거나 또는 이보다 더 큰 카이제곱이 발견된다는 의미이다. 마찬가지 논리로, 표본들 가운데 6.6보다 더 큰 카이제곱이 발견될 가능성은 1%이며, 10.8보다 더 큰 카이제곱이 발견될 가능성은 0.001%에 불과하다. 카이제곱의 수치가 크면 클수록 그 수치가 오직 표집오류에 기인한다고 말하기는 점점 더 어려워진다.

앞의 예에서 우리가 표본에서 얻은 카이제곱은 12.70이었다. 모집단에서 성별과 예배참석 간에 관계가 없으며 또한 그 모집단으로부터 크기가 큰 표본이 추출되었다고 가정할 때, 이만한 크기 이상의 카이제곱 수치가 오로지 표집오류에 기인하여 발견될 가능성은 0.001%에 지나지 않는다. 즉, 그 확률이 0.001이라는 말이다. 그러므로 성별과 예배참석은 0.001 수준에서 통계적으로 유의미하다고 말할 수 있다. 다시 말해, 표본에서 발견된 두 변수 간의 관계가 오직 표집오류만에 의해서 생겨났을 가능성이 거의 없으므로 영가설(H_0)을 기각하고, 따라서 모집단에서 두 변수 간에 관계가 존재하는 것으로 결론을 내린다.

t–검증

카이제곱은 앞의 예에서 보는 바와 같이 명목변수나 서열변수 자료들 사이의 통계적 연관성을 검증하는 데에 적합하다. 한편, 등간변수나 비율변수처럼 측정수준이 높은 경우를 생각해보기로 하자. 이를테면, 남성과 여성 사이에 유의미할 정도의 체중차이가 존재하는지를 알고 싶다고 할 때, 남성과 여성 각각의 표본에서 얻은 자료를 바탕으로 평균체중을 측정해낸다. 예를 들어서, 남성의 평균체중은 170파운드이고 여성의 평균체중은 135파운드였다고 하자. 이 정도의 차이는 일견 상당한 정도의 차이로 보일 수 있다. 그러나 표본에는 단지 2명의 남성과 2명의 여성만이 있었다고 할 경우 그와 같은 성별 체중차이는 몸집이 큰 남성과 몸집이 작은 여성만을 우연히 표집했기 때문에 생겨난 차이일 수 있으며, 따라서 그 경우 성별 체중차이를 발견했다고 결론지으려 들지는 않을 것이다.

t–검증(혹은 'Student's *t*–검증'이라고도 부름)은 집단의 평균들 간 차이의 통계적 유의도를 검증하는 기법이다. *t*–수치를 계산해내기 위한 공식은 이 책에서 이미 소개된 여러 통계치들을 포함하며, 따라서 그 논리를 자세히 소개하기로 하겠다.

우선, t 값은 집단 평균들 사이의 차이가 클수록 커지게 된다.

t 값은 또한 표본의 크기가 클수록 커지며, 따라서 큰 표본에서 발견된 차이일수록(카이제곱 검증에서와 마찬가지로) 통계적으로 유의미할 가능성이 크다. 아울러 t 값은 각 집단 내 수치들이 지니는 변량이 작을수록 커진다. 성별과 체중에 대한 앞의 예에서 t 값은 다음과 같은 경우에 커지게 된다.

- 남성과 여성 각각의 평균체중의 차이가 클 경우
- 표본의 크기가 클 경우
- 대다수 여성들의 체중이 여성 평균체중 근처에 몰려 있으며, 대다수 남성들의 체중 또한 남성 평균체중 근처에 몰려 있을 경우(실제로는 그렇기 쉽지 않겠지만, 극단적인 예를 들자면, 체중이 가장 많이 나가는 여성이 체중이 가장 적게 나가는 남성에 비해 체중이 덜 나갈 경우)

t 값이 계산되고 나면 어느 통계책에나 제시되고 있는 t–검증표상의 수치와 서로 비교해본다. 이와 같은 비교를 통해 t 값의 유의도를 감별해내는데, 이는 여러분이 표본에서 관찰했던 차이가 단순히 표집오차 때문인지(카이제곱 검증에 서와 동일한 논리임)의 여부를 알려주는 것이다.

변수들 사이의 관련성을 나타내주는 대부분의 측정치들은 이와 유사한 방법으로 통계적 유의도를 검증해낸다. 통계책에 제시되는 검증표들은 주어진 관련성이 통계적으로 유의미한지 아닌지, 그리고 어느 정도 수준에서 그러한지 등을 결정하게 해준다. 통계책들마다 그와 같은 통계표를 어떻게 사용하는지에 대한 설명이 제시되고 있다.

가설검증의 결과는 두 가지 결과를 지니는데, 그중 하나는 영가설(H_0)을 수용하는 것이고(즉, 변수들 사이에 관련성이 없음), 다른 하나는 영가설을 기각하는 것이다(변수들 사이에 관련성이 있음).

실제로 여러분이 정확한 결론에 도달하는 상황 중에는 두 가지 서로 다른 경우가 존재한다. 모집단에서 변수들 사이에 실제로 관련성이 존재하지 않는 상황에서 영가설을 수용하는 경우가 그 하나이고, 다른 하나는 두 변수들 사이에 관련성이 실제로 존재하는 상황에서 영가설을 기각하는 경우이다.

통계학자들은 이와 같은 견지에서 두 가지 종류의 오류에 대해 이야기한다. 먼저 제1종 오류(Type I error)란 영가설을 잘못해서 기각하는 오류로서, 모집단에서 변수들 사이에 관련성이 실제로 존재하지 않음에도 불구하고 관련성이 존재한다고 결론을 내릴 경우에 발생하는 오류를 말한다. 다시 말해, 표본에서 관찰해낸 관련성이 표집오차의 결과일 뿐 전체 모집단의 실제 상황을 반영하지 못하는 경우에 발생하는 오류이다. 다음으로 제2종 오류(Type II error)는 영가설을 잘못해서 수용하는 오류로서, 모집단에서 변수들 사이에 관련성이 실제로 존재함에도 불구하고 관련성이 존재하지 않는다고 결론을 내릴 경우에 발생하는 오류를 말한다.

다음 표는 이와 같은 용어들을 일목요연하게 정리해본 것이다.

		실제 상황	
		관련성 있음	관련성 없음
표본에서 발견된 변수들 사이의 관련성에 대한 결론	관련성 있음	정확!	제1종 오류
	관련성 없음	제2종 오류	정확!

예를 들어, 혁신적 교육 프로그램의 도입이 일탈률을 과연 감소시키는지를 검증한다고 하자. 혁신적 교육 프로그램을 실행하기 위해서는 상당히 많은 비용이 소요된다고 가정할 때, 여러분은 제1종 오류(즉, 해당 프로그램이 실제로는 제대로 작동하지 않음에도 불구하고 잘 작동한다고 그릇된 결론을 내리게 될 가능성)를 범하지 않기 위해 상당히 고심하게 될 것이다. 한편, 혁신적 교육 프로그램을 실행하기 위한 비용이 적게 소요될뿐더러 실행으로 인한 대가가 크다고 가정할 경우에는 여러분은 제2종 오류(즉, 실질적인 해결책을 놓치게 될 가능성)를 범하지 않기 위해 고심하게 될 것이다.

주의사항

유의도 검증은 변수들 간의 어떠한 관련성이 통계적으로 의미 있는 것인지를 결정하기 위한 객관적 기준으로 작용한다. 그로 인해 모집단에서 관련성이 없을 가능성이 높은 관계들을 의미 없는 것으로 배제시킬 수 있게 해준다. 하지만 유의도 검증을 스스로 행하는 사람들이나 또는 남이 행한 유의도 검증결과를 살피는 사람들은 다음과 같은 여러 가지 위험요소들에 주의해야 한다.

첫째, 통계적 유의도(statistical significance)는 실질적 유의도(substantive significance)와 구분된다는 것을 알아야 한다. 이를테면, 어떠한 연관관계가 표집오류에 의한 것이 아니라고(즉, 통계적으로 유의미하다고) 주장하는 것이 통계적으로는 합당할지 모르지만, 그 관계는 실질적으로 상당히 미약한 것일 수도 있다. 표집오류는 표본의 크기와 반비례하므로 표본이 크면 클수록 표집오류는 줄게 마련이다. 따라서 예컨대 0.1 정도의 상관관계는 표본이 클 경우에는 일정한 유의수준에서 통계적으로 유의미하겠지만 표본이 작을 경우에는 유의미하지 않을 것이다. 결국, 표본의 크기가 크면 클수록 상관관계가 표집오류에 기인할 가능성은 점점 줄어들게 되지만, 그 상관관계가 실제로는 거의 0에 가깝고 매우 미약한 것일 수 있다.

통계적 유의도와 실질적 유의도 사이의 구분은 실제로 관찰한 차이가 표집오류에 기인하지 않는다는 사실이 100% 확실하게 알려져 있는 경우를 예시해보면 가장 잘 이해할 수 있다. 이는 다름 아닌 전수조사(모집단에 포함된 모든 사례들을 관찰하는 조사)의 경우이다. 예를 들어, 우리가 미국과 러시아의 모든 공무원들의 나이를 이미 알고 있다고 가정하자. 미국 공무원들의 평균나이는 45세이고 러시아 공무원들의 평균나이는 46세라고 하자. 우리가 두 나라 공무원들의 나이를 모두 다 알고 있으므로 표집오류는 있을 수 없다. 이 경우, 우리는 미국 공무원들에 비해 러시아 공무원들의 나이가 더 많기는 하지만 그 차이가 실질적으로는 그다지 대단하지 않다고 단언할 수 있다. 두 나라 공무원들의 나이가 통계적으로는 유의미한 차이를 보일지 몰라도, 그 차이가 실제로는 거의 없는 것이나 다름없다.

둘째, 방금 언급한 예가 여러분에게 혼동을 야기할 수도 있으므로, 통계적 유의도는 전수조사의 결과로 얻은 관계에는 적용할 수 없다는 사실을 분명히 해둘 필요가 있다. 누차 지적했듯이, 통계적 유의도 검증은 표본에서 얻어진 관계가 오로지 표집오류에 기인할 가능성을 의미하는 것이므로, 표집이 없다면 표집오류도 없고 따라서 유의도 검증도 있을 수 없다.

셋째, 유의도 검증은 신뢰구간을 계산할 때와 동일한 표집전제들(예를 들어, 무작위 표집 등)에 근거한다는 사실을 감안할 때, 만일 실제 표집과정에서 이 전제들 가운데 어느 하나라도 충족되지 않는 경우에는 엄밀히 말해 유의도 검증이 사실상 불가능하다고 보아야 한다.

이 책에서는 주로 카이제곱 검증 및 t-검증을 바탕으로 통계적 유의도 검증에 대해 설명했지만, 사회과학에서 보편적으로 사용되는 통계치들은 그 밖에도 여러 가지가 있다. 그 가운데 변량분석(analysis of variance)이 가장 일반적이다.

나는 통계적 유의도 검증에 대한 편견을 갖고 있다. 물론 유의도 검증의 논리는 합당한 것이므로 그 논리에 반대하지는 않는다. 그보다 나는 그 논리가 우리에게 도움을 주기보다는 오히려 해를 줄까봐 우려한다. 내 논지는 다음과 같다.

1. 유의도 검증은 표집과 관련된 일련의 전제하에 실시되는데, 그러한 전제들이 실제 표집설계에서 완벽히 충족되는 경우는 거의 없다.
2. 유의도 검증은 비표본오차(nonsampling error)가 없다고 가정하는데, 이 또한 실제 경험적 측정에서는 대개의 경우 충족되기 어려운 가정이다.

3. 통계적 유의도 검증은 실제로 전제가 위반된 상태에서 얻어진 통계치들을 대상으로 이루어지는 경우가 너무도 흔하다[예를 들어, 서열적 변수를 가지고 피어슨 상관관계 계수(r)를 산출하는 경우].
4. 통계적 유의도가 '관계의 강도'라든지 또는 실질적 유의도를 의미하는 것으로 잘못 이해되는 경우가 너무나 많다.

나의 이러한 우려는 심리학 학술지 9개와 의학 학술지 3개에서의 편집방침을 분석한 최근의 연구(Sterling, Rosenbaum, and Weinkam, 1995)를 통해서도 여실히 확인된다. 이 연구에 의하면, 변수들 간의 관계가 통계적으로 유의미하지 않다는 이유로 학술지들이 논문의 게재를 거부하는 것으로 드러났다. 게재거부를 알리는 서신을 그대로 인용해보면 다음과 같다.

> 안타깝게도 우리는 이 논문을 게재할 수가 없습니다. 이 논문은 매우 잘 쓰였고 연구가 매우 치밀합니다. 하지만 연구자의 예상과 상반되는 결과가 발견되었기 때문에 이 분야의 연구에 대한 기여도가 떨어집니다. 우리는 귀하가 이 분야의 연구를 계속해서 하시고 앞으로도 귀하의 다른 논문들을 심사하게 되기를 희망합니다.
>
> (Sterling et al., 1995: 109)

예컨대, 어떤 연구자가 X가 Y의 원인인지를 알아보기 위한 훌륭한 연구를 진행한다고 하자. 그런데 자료분석의 결과, 두 변수 간의 관계가 통계적으로 유의미하지 않다면, 유의미하지 않다는 사실을 확인하는 것만으로도 족하다. 마찬가지로 암의 원인이 무엇이고, 전쟁의 원인이 무엇이며, 청소년 비행의 원인이 무엇인지를 알고자 할 때, 사람들이 일반적으로 생각하는 원인이 실제로는 원인으로 작용하지 않는다는 사실을 확인하는 것만으로 족하다. 그러한 확인이 있기에 연구자는 다른 원인을 찾으려고 노력할 수가 있다.

그럼에도 불구하고, 사람들의 예상을 벗어나는 연구결과는 안타깝게도 학술지에 게재되지 못하는 경향이 있다. 이러한 상황에서 다른 연구자는 X와 Y 간에 아무런 관계가 없다는 연구결과가 이미 있었는지를 전혀 알지 못한 채 두 변수 간의 관계에 대한 연구를 또 다시 계속하게 된다. 그 결과 수많은 연구들이 헛된 것이 될 뿐 아니라 이들 가운데 어떤 연구도 게재되지 못하며, 결국 X가 Y의 원인이라는 연구문제는 그것으로 끝나버리게 된다.

확률적으로 말하자면, 수많은 연구들이 수행되면 X와 Y 간에 유의미한 관계를 발견하는 연구들이 있을 수밖에 없다. 실제로 두 변수 간에 아무런 관계가 없다 하더라도 100번의 연구 가운데 5번의 연구에서는 0.05 수준에서 유의미한 연구결과들이 나타날 수 있다. 유의도 수준이 0.05라는 의미가 바로 이것이기 때문이다. 다시 말해, 100번의 연구가 수행되면 실제로는 존재하지 않는 관계를 존재하는 것으로 발견하는 연구가 5번쯤은 나타나기 마련이며, 이러한 5번의 연구결과들만 학술지에 게재되게 된다.

그러므로 통계적 유의도 검증에 지나치게 의존하면 심각한 문제를 야기하게 된다. 그렇지만 나는 역설적이게도 유의도 검증이 여러분에게 매우 유용한 자산이 될 수 있다는 사실을 강조하고 싶다. 비록 내 지적의 많은 부분들이 유의도 검증에 대해 보수적 견해(모든 전제들이 충족된 경우에 한해서 검증할 것임을 강조한다는 점에서)를 피력한 것이 사실이지만, 내가 일반적으로 생각하는 바는 그와 정반대이다.

즉, 나는 통계기법(연관성을 보여주는 통계이든 유의도 검증이든)을 활용해서 자료를 이해하는 데 도움이 되는 한, 여러분에게 어떤 기법이든 적극적으로 사용하기를 적극 권한다. 이를테면, 명목변수들을 가지고 피어슨 상관관계를 계산한다거나 또는 확률적이지 못한 표집결과를 가지고 통계적 유의도 검증을 한다 하더라도 그것이 자료이해에 도움이 된다면 얼마든지 할 수 있다. 나의 이러한 주장은 정교화 모형의 또 다른 선구자인 하난 셀빈(Hanan Selvin)이 지적한 '자료준설 기법(data-dredging technique)'이라는 논리와 부합한다. 즉, 어떠한 기법이든 그것이 궁극적으로 자료의 이해를 돕고 사회에 대한 이해를 돕는 한 무방하다.

그렇지만 이렇게 극단적인 자유가 치러야 할 대가 또한 있게 마련인데, 그것은 다름 아니라 엄격한 통계적 해석을 삼가야 한다는 것이다. 이를테면, 0.05 수준에서 유의미하다는 사실 하나만으로 여러분의 연구결과가 중요해질 수는 없다. 연구결과의 발견이 어떠한 과정을 통해 이루어졌는지와 관계없이, 경험적 자료는 정당한 방식으로 제시되어야 할 뿐만 아니라 그 중요성 또한 논리적으로 주장되어야 한다.

16.4 기타 다원분석 기법

이 책에서는 이제까지 교차분석 등과 같이 비교적 단순한 통계분석 기법들을 위주로 설명했다. 사실 정교화 모형 및 여타 자료분석의 예들도 가능한 한 단순한 방식으로만 설명했다.

이제는 정교화 모형의 논리적 관점에서 여러 가지 다원분석 기법들을 개략적으로 살펴보기로 하겠다. 한편, 이후의 설명은 각 다원분석 기법을 어떻게 사용하는가에 대한 설명이라기보다는 여러분이 앞으로 문헌을 읽는 도중에 그러한 기법들을 접하게 될 경우에 대비해서 이해를 돕기 위한 설명일 따름이다. 다음에서 논의되는 여러 기법들—경로분석, 시계열 분석, 요인분석, 변량분석, 판별분석, 로그리니어 모형(log-linear model), GIS(Geographic Information System)—은 사회과학자들이 사용하는 수많은 다원기법들 가운데 일부에 지나지 않는다.

경로분석

경로분석
변수들 간의 인과관계를 도형으로 제시하는 다원분석 기법

경로분석(path analysis)은 변수들 간의 관계를 이해하기 위한 인과모형(causal model)에 관한 것이다. 경로분석은 회귀분석에 근거를 두면서도 다른 분석기법과 달리 변수들 간의 인과관계를 시각적으로 보여주는 데 아주 유용한 기법이다. 경로분석에서 한 변수는 다른 변수에 의해 결정된다고 전제하기 때문에 독립변수와 종속변수의 구분이 확연하다. 독립변수와 종속변수의 구분이 경로분석에서만 확연한 것은 물론 아니지만, 경로분석에는 변수들 간의 관계를 나타내주는 독특한 방법이 있다.

잠시 15장에서 소개된 정교화 모형[〈그림 15-1〉 참조]에 대한 기억을 더듬어 보기로 하자. 변수들 간의 인과관계는 대략 독립변수 → 매개변수 → 종속변수의 형태이다.

이는 독립변수가 매개변수에 영향을 끼치고 매개변수는 다시 종속변수에 영향을 끼친다는 것을 의미한다. 경로분석은 이와 유사한 인과관계를 상정하지만 대개의 경우 보다 여러 변수들 간의 인과관계를 동시에 상정한다.

경로분석은 여러 변수들 간의 인과관계의 망을 그림으로 제시하는 것 외에 각 인과관계의 강도까지도 나타내준다. 인과관계의 강도는 회귀분석을 사용해서 계산되는데, 이 수치는 정교화 모형의 부분관계(partial relationship)와 유사하다. 경로분석에서 인과관계의 강도를 나타내주는 수치를 경로계수(path coefficient)라 부르며, 경로계수는 모형 내 여러 변수들이 통제된 상태에서 일정한 두 변수들 간의 인과관계의 강도를 나타내준다.

예를 들어, 〈그림 16-7〉은 기독교인들 사이에 나타나는 반유대적 정서의 종교적 원인에 관한 것이다. 그림에 포함된 다섯 가지 변수들을 왼쪽에서부터 차례로 설명하면, (1) 정통성(orthodoxy)은 사람들이 하나님이나 예수 또는 성경의 기적 등에 관한 보편적 믿음을 유지하는 정도를 가리키고, (2) 특수성(particularism)은 자신이 믿는 종교가 유일한 진리라고 믿는 정도를 가리키며, (3) 십자형을 가한 유대인에 대한 견해(historical Jews as 'crucifiers')는 예수를 십자가에 못 박은 사람이 유대인들이라고 생각하는 정도를 가리키고, (4) 유대인에 대한 종교적 반감(religious hostility)은 유대인이 기독교로 개화하지 않으면 신이 그들을 벌하

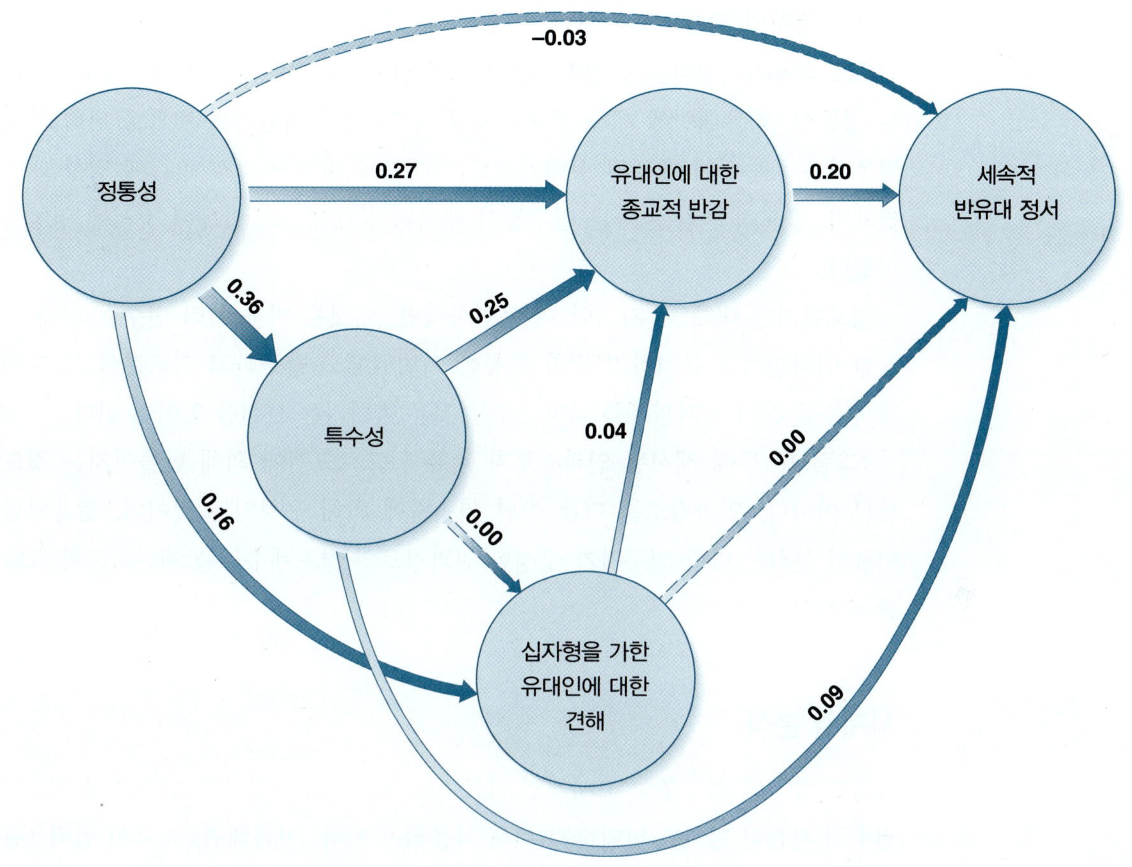

그림 16-7 반유대주의의 종교적 원인에 대한 도해

출처: Rodney Stark, Bruce D. Foster, Charles Y. Glock, and Harold E. Quinley, *Wayward Shepherds—Prejudice and the Protestant Clergy*. 1971 by Anti-Defamation League of B'nai Brith. Harper & Row, Publisher, Inc.

거나 저주를 내릴 것이라고 믿는 정도를, 그리고 (5) 반유대 정서(secular anti-Semitism)는 유대인들이 장사를 하면서 다른 사람들을 속이고 나라에 불충한다는 등의 생각을 하는 정도를 가리킨다.

이 경로모형을 제시한 연구자는 다음과 같은 인과관계를 상정했다. 반유대 정서는 다섯 가지 변수들 간에 생성되는 일련의 인과관계에 따라 생겨나는데, 구체적으로 정통성이 특수성의 원인이 되며, 정통성과 특수성은 다시 십자형을 가한 유대인에 대한 견해의 원인이 되고, 이들(정통성, 특수성, 십자형을 가한 유대인에 대한 견해)은 다시금 유대인에 대한 종교적 반감의 원인으로 작용하며, 이러한 변수들(정통성, 특수성, 십자형을 가한 유대인에 대한 견해, 유대인에 대한 종교적 반감)은 최종적으로 반유대 정서의 원인으로 복합적으로 작용한다.

한편, 변수들 간에 상정된 이와 같은 인과관계가 실제의 경험적 사실과 정확히 일치하지는 않았다. 예컨대, 분석의 결과 십자형을 가한 유대인에 대한 견해가 반유대 정서의 원인으로 작용하지 않았으며, 특수성도 반유대 정서의 직접적 원인으로 작용하기보다는 간접적 원인으로만 작용했고, 반유대 정서는 특수성보다는 정통성 및 유대인에 대한 종교적 반감에 더 많이 기인하는 것으로 나타났다. 정통성은 특수성이 배제된 상태에서도 유대인에 대한 종교적 반감에 영향을 미쳤으며, 종교적 반감은 다른 변수들이 배제된 상태에서도 반유대 정서에 영향을 미쳤다.

경로분석에 대해 한 가지만 더 부연하자면, 이것은 비록 여러 변수들 간의 복잡한 인과관계를 분석하기 위한 훌륭한 기법임에도 불구하고 경로분석 그 자체가 변수들 간의 인과관계를 나타내주는 것은 아니라는 사실을 알아야 한다.

〈그림 16-7〉에 제시된 인과경로가 컴퓨터 프로그램에 의해 만들어지는 것도 물론 아니다. 인과경로는 다름 아닌 연구자에 의해 구성되는 것이며, 컴퓨터를 이용한 분석은 다만 연구자가 구성한 인과경로의 경로계수들을 계산하도록 도와줄 따름이다.

시계열 분석

다양한 방식의 회귀분석이 시계열 자료(time-series data)를 분석함으로써 일정한 변수의 시간적 변화를 파악하기 위해 사용되곤 한다. 이를테면, 미국의 범죄율은 해마다 증가하는 경향이 있는데, 시계열 분석(time-series analysis)을 실시함으로써 이러한 변동의 장기적 추이를 관찰하고, 변동의 원인(인구증가, 경제여건의 부침)을 설명하며, 미래의 범죄율을 예측해낼 수 있다.

시계열 분석
변수(예를 들어 범죄율)의 변화추이를 시간의 변화에 따라 분석하는 기법

간단한 예로, 〈그림 16-8〉을 생각해보자. 이 그림은 가상적 도시의 절도율이 연도에 따라 어떻게 변화하는지에 관한 것이다. 그림의 각 점은 해당 연도에 발생해서 경찰에 보고된 절도행위의 수를 나타낸다.

절도의 원인들 가운데 하나가 과잉인구라고 가정해보자. 즉, 인구의 과잉 및 밀집은 사람들로 하여금 심리적 스트레스와 좌절감을 경험하게 함으로써 여러 종류의 범죄를 유발한다고 하자. 앞에서 논의한 회귀분석의 논리에 근거하여 절도율과 인구밀도 사이의 관계를 대변하는 회귀선을 그림에서와 같이 만들어볼 수 있다. (이때 분석단위는 연도이다.) 그러면 각 점들의 정중앙을 관통하는 최적의 회귀선을 바탕으로 각 연도마다 인구밀도에 상응하는 절도율을 계산할 수 있다. 설명을 쉽게 하기 위해, 이 도시의 인구수 및 인구밀도가 해마다 지속적으로 증가하고 있다고 가정한다면, 해마다 인구밀도의 증가에 따라 절도율도 지속적으로 증가한다는 사실을 그림의 회귀선을 통해 알 수 있다.

시계열 분석은 실제로 이러한 단순한 예에 비해 더 복잡한 것이 보통이다. 시

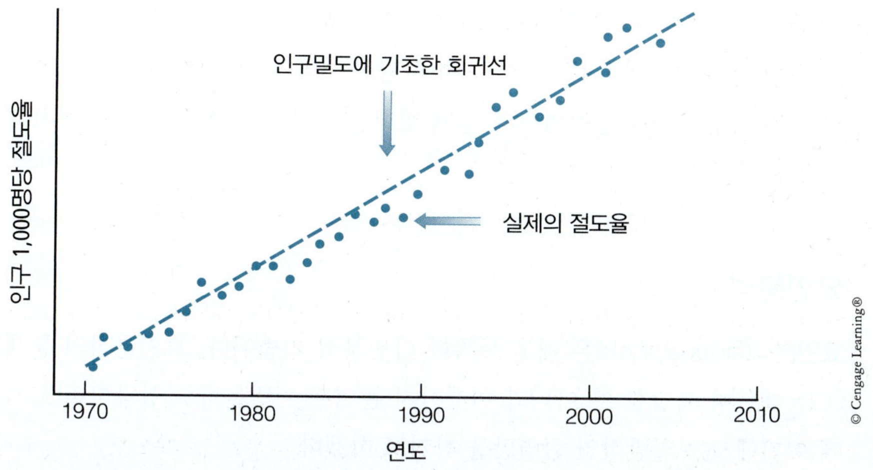

그림 16-8 **가상적 도시에서의 연도별 절도율**

계열 분석이 복잡한 이유 중 하나는 원인변수가 한 가지 이상이기 때문이다. 예를 들어, 절도율에 영향을 미치는 원인은 인구밀도 외에 실업률도 있다. 그렇다면 절도율은 두 가지 요인을 근거로 추정해야 하는데, 이 경우 회귀선은 단순한 형태의 직선일 수가 없다. 이를테면, 인구밀도가 증가함에 따라 실업률은 올라갈 수도 있고 내려갈 수도 있는데, 그 결과 절도율에 대한 예측은 부침을 거듭하게 마련이다.

절도율과 실업률 간의 관계를 보다 면밀히 생각해보면, 사람들이 실직하자마자 바로 절도를 행하는 것은 아닐 것이다. 처음에는 저축한 돈을 쓰거나 아니면 취업이 될 것이라는 전제하에 주위로부터 돈을 빌리기도 하다가 이도 저도 여의치 않을 때 최후의 수단으로 절도를 행하게 된다.

이처럼 복잡한 내용을 분석하기 위해선 시간적 간격을 도입하는 회귀분석(time-lagged regression analysis)을 사용해야 한다. 이를테면, 주어진 연도의 절도율을 전년도 실업률 또는 전년도와 해당 연도의 실업률의 평균을 바탕으로 추정하는 회귀선을 상정해야 한다. 그 밖에도 수많은 가능성들을 염두에 두고 추정해야 한다.

앞의 예 외에도 시간적 간격을 추정에 도입해야 하는 경우는 수도 없이 많다. 예를 들어, 역사적으로 볼 때 가난한 나라들은 사망률과 출생률이 동시에 높기 때문에 자국의 인구를 유지하고 있는데, 만일 (의료발전이나 위생 또는 농업진흥을 통해) 사망률이 급격히 감소하게 되면 그 나라의 출생률 또한 종국에는 감소하겠지만 사망률 및 출생률이 감소하기까지 인구가 급증하게 된다. 다른 예를 들자면, 고속도로에서 속도위반에 대한 대대적인 단속을 실시하면 종국에는 주행속도가 떨어지게 되지만, 운전자들이 단속의 심각성을 인지하기까지는 일정한 기간(며칠, 몇 주, 또는 몇 개월) 동안 속도가 떨어지지 않게 마련이다.

이와 같은 경우 회귀등식은 매우 다양한 형태를 보인다. 결국 시계열 분석의 관건은 연구자가 종속변수의 실제 변화를 제대로 설명해낼 수 있는지의 여부이다.

요인분석

요인분석
한 무리의 구체적 자료에 잠재하는 공통의 차원 또는 요인을 찾아내기 위한 복잡한 대수통계 기법

요인분석(factor analysis)은 매우 독특한 다원분석 기법이다. 요인분석의 통계적 기초는 대단히 복잡할 뿐 아니라 이제까지 논의된 기법들과도 상당히 다르기 때문에 여기에서는 일반적인 설명만을 하기로 하겠다.

요인분석은 여러 변수들의 값의 변화에서 나타나는 일정한 유형을 밝혀내기 위한 복잡한 대수기법이다. 이를 위해, 요인분석에서는 인위적인 차원(요인, factor)을 만들어낸 후 실제로 관찰한 변수(들)와 이 차원 또는 요인과의 관련성을 검토하게 된다. 이는 매우 복잡한 분석이어서 컴퓨터를 필수적으로 활용해야만 한다.

요인분석이 사용된 단순한 예로서 중국 상하이의 사회변동에 대한 연구를 살펴보기로 하자. 지아밍 션(Jiaming Sun, 2008)은 요인분석을 사용해서 사람들의 일련의 태도들에 일정한 전반적 지향방식이 존재하는지를 알아보려 했다. 〈표 16-7〉은 그의 분석의 일부분이다.

표에 제시된 것처럼 앞의 네 가지 진술들은 요인 1과 상관관계가 높고 뒤의 세 가지 진술들은 요인 2와 상관관계가 높다. 앞 네 가지 진술들은 션이 '세속적 합리성'이라고 명명한 지향방식이라고 해석해볼 수 있으며, 나머지 세 가지 진술들

표 16-7 상하이 사람들의 현대적 지향방식과 전통적 지향방식

	요인	
	1	2
내 인생의 주된 목표는 백만장자가 되는 것이다	0.6544	0.0742
나는 높은 소득과 높은 위험도를 지닌 일자리를 추구한다	0.6568	−0.1174
부자가 되는 것은 영광스러운 것이다	0.3727	0.1977
현대사회에서 권위를 존중하는 것은 중요하지 않다	0.3574	−0.0744
힘 있는 사람들과는 의견을 달리하지 않는 것이 좋다	0.0347	0.4968
자연재해나 사회문제가 발생하더라도 대세를 따르는 것이 좋다	0.0070	0.4890
가족적 배경이나 개인적 관계가 개인의 지위에 가장 중요하다	0.0139	0.3570

출처: Jiaming Sun. 2008. *Global Connectivity and Local Transformation: A Micro Approach to Studying the Effect of Globalization in Shanghai*. Lanham, MD: University Press of America, p. 110.

은 전통적 지향방식이라고 해석해볼 수 있다.

이제 요인분석이 사용된 좀 더 복잡한 예를 살펴보기로 하자. 수많은 사회과학자들이 일탈문제를 연구해왔는데, 이 문제를 보다 깊숙이 들여다보면 일탈의 유형이 매우 다양하다는 것을 알 수 있다. 실제로 모리스 포슬런드(Morris Forslund, 1980)는 와이오밍 주의 조그마한 도시에 거주하는 고등학생들을 대상

표 16-8 일탈행위에 대한 요인분석

일탈행위	요인 1	요인 2	요인 3	요인 4
	재산범죄	선도의 어려움	약물사용 및 무단결석	폭력
가로등 파손	0.669	0.126	0.119	0.167
유리창 파손	0.637	0.093	0.077	0.215
의류진열대 파손	0.621	0.186	0.186	0.186
2~50달러 상당의 물품 훔침	0.616	0.187	0.233	0.068
타이어 펑크 냄	0.587	0.243	0.054	0.156
50달러가 넘는 물품 훔침	0.548	−0.017	0.276	0.034
달걀이나 쓰레기 등 무단투기	0.526	0.339	−0.023	0.266
2달러 이하 상당의 물품 훔침	0.486	0.393	0.143	0.077
학교에서 책상 등에 놓인 물건 훔침	0.464	0.232	−0.002	0.027
자동차 주인의 허락 없이 차량 사용	0.461	0.172	0.080	0.040
아무 곳에나 페인트 칠함	0.451	0.237	0.071	0.250
부모의 말에 복종 안 함	0.054	0.642	0.209	0.039
책상이나 벽 등에 낙서	0.236	0.550	−0.061	0.021
저속한 용어의 사용	0.134	0.537	0.045	0.100
교사나 교직원에게 복종 안 함	0.240	0.497	0.223	0.195
부모 면전에서 반항	0.232	0.458	0.305	0.058
아무에게나 장난전화 함	0.373	0.446	0.029	0.135
마리화나 피움	0.054	0.064	0.755	−0.028
자극성 약물 사용	0.137	0.016	0.669	0.004
학교를 핑계로 거짓말함	0.246	0.249	0.395	0.189
부모의 부재 시 음주	0.049	0.247	0.358	0.175
무단결석	0.101	0.252	0.319	0.181
다른 사람을 때림	0.309	0.088	0.181	0.843
격한 싸움을 함	0.242	0.266	0.070	0.602
변량 %	67.2	13.4	10.9	8.4

출처: Morris A. Forslund, *Patterns of Delinquency Involvement: An Empirical Typology*, paper presented at the Annual Meeting of the Western Association of Sociologists and Anthropologists, Lethbridge, Alberta, February 8, 1980. The table above is adapted from page 10.

으로 실시한 설문조사 결과를 바탕으로 여러 종류의 일탈행위를 분류했다. 그의 설문문항들은 학생들로 하여금 자신들이 행한 여러 종류의 일탈행위들에 관해 일일이 응답하도록 한 것이었는데, 이와 같은 응답결과에 요인분석이 시도되었다. 그 결과는 〈표 16-8〉에 나타나 있다.

표를 보면, 여러 가지 종류의 비행행위가 왼쪽 첫 열에 제시되어 있다. 표에 있는 수치들은 분석을 통해 형성한 네 가지 요인들과 각 비행행위의 연관성을 보여주는 요인들의 부하값이다. 포슬런드는 각 요인들을 검토한 후 각 요인들에 일정한 개념을 달아주었다. 그는 표에서 괄호 안에 들어간 부분들을 근거로 개념을 달아주었는데, 이러한 결정과 관련하여 그는 다음과 같이 언급했다.

> 전체 표본자료에서 모두 네 가지 특정한 비행유형이 발견되었다. 설명된 변량순으로 말하자면, 발견된 비행유형은 구체적으로 다음과 같다. (1) 재산범죄(절도 및 기물파손 포함), (2) 선도의 어려움, (3) 약물사용 및 무단결석, (4) 폭력. 절도와 기물파손이 동일한 요인이라는 사실은 흥미롭고도 놀라운 사실이다. 아마도 재산범죄를 행하는 고등학생들은 절도와 기물파손을 동시에 저지르는 것 같다. 약물사용과 음주, 무단결석이 같은 요인을 형성한다는 것 또한 흥미로운 사실이다.
>
> (1980: 4)

이와 같은 전반적 유형을 발견한 후 포슬런드는 남학생들과 여학생들 집단을 구분한 상태에서 별도의 요인분석을 실시했다. 그 결과 전체 학생들에게서 발견된 유형과 거의 똑같은 결과를 각 성별집단에서도 마찬가지로 발견했다.

이 예는 요인분석이 여러 가지 지표들에 내재하는 지배적인 유형을 밝혀내기 위한 아주 유용한 방법임을 여실히 보여준다. 즉, 지배적인 유형을 밝혀내기 위해 수많은 상관관계들(단순 상관, 부분 상관, 복수 상관)을 일일이 비교하는 대신에 요인분석을 실시하면 된다. 이 과정에서는 컴퓨터를 매우 유용하게 사용할 수 있다.

요인분석에서는 그 결과물이 사람들이 쉽게 이해할 수 있는 방식으로 제시된다. 즉, 일정한 요인에 연결된 지표들이 어떤 것들인지를 일목요연하게 제시해줌으로써 어떤 지표들이 어떤 개념을 구성하는지 쉽게 알게 해준다. 아울러 일정한 요인에 대해 부하값이 큰 지표와 그렇지 못한 지표를 구분하는 것도 가능하게 해준다.

그러나 요인분석에는 문제점도 있다. 첫째, 앞서 언급했다시피 요인의 추출은 개념의 실질적인 의미가 배제된 상태에서 이루어진다. 이 때문에 확연히 구분되는 몇몇 개념들이 경험적으로는 동일한 요인을 형성하는 경우가 종종 있을 수 있다. 예를 들어, 편견과 신앙심이 주어진 요인에 대해 높은 정적 부하값을 갖고 동시에 교육수준은 그 요인에 높은 부적 부하값을 갖는 경우가 있을 수 있다. 물론 이러한 세 가지 변수들은 서로 밀접한 연관성을 지니는 것이 사실이지만, 이 경우 세 가지 변수들로 형성된 요인은 과연 어떠한 개념이 되는 것일까? 미숙한 연구자들은 아마 그러한 요인을 '종교적 · 편견적 학력부족'과 같은 말도 안 되는 개념으로 명명하는 오류를 범할 것이다.

둘째, 요인분석은 기본적인 철학적 견지에서 비판을 받곤 한다. 가설이 유용하려면 반증 가능해야만 한다. 만약 가설이 반증되는 조건들이 명시되어 있지 않다면 그러한 가설은 동어반복(tautology)이거나 무용지물이 된다. 어떤 의미에서 볼 때, 요인분석에는 이와 같은 결함이 있다고 말할 수 있다. 왜냐하면 어떠한 자료가 분석되더라도 요인분석은 일정한 요인(들)을 추출해내기 때문이다. 따라서 '변수들 간에 일정한 유형이 발견되는가?'라는 질문에 대한 요인분석의 대답은 항상 '그렇다'이다. 그러므로 요인분석의 결과를 평가할 때에는 이러한 사실을 반드시 고려해야만 한다. 요인의 추출이 추출된 요인의 의미까지도 보여주는 것일 수는 없다.

요인분석에 대한 나의 견해는 다른 복잡한 통계기법들에 대한 견해와 마찬가지이다. 즉, 요인분석은 사회과학적 연구를 위해 대단히 유용한 도구이므로 자료를 이해하는 데 도움이 된다면 언제라도 사용할 필요가 있다. 하지만 요인분석은 단지 도구일 뿐 그 자체가 신비한 해결책까지 제시해줄 수는 없다.

이 장에서 이제까지 논의된 분석기법들은 사회과학자들이 보편적으로 사용하는 여러 기법들 가운데 일부일 뿐이다. 여러분은 앞으로 더 많은 공부를 하면서 통계분석 기법들에 대해 보다 깊이 이해할 기회를 갖게 될 것이다.

변량분석

변량분석(analysis of variance, ANOVA)에서는 앞에서 소개한 통계적 유의도 검증의 논리를 그대로 이용한다. 변량분석의 기본 원리는 우선 사례들을 독립변수에 상당하는 집단(들)으로 묶고 이 집단들 간에 종속변수상 차이가 얼마나 있는지 분석해낸다. 그리고 이러한 집단 간 차이의 정도를 다시금 일정한 무작위 분포상 기준과 서로 비교해서, 해당 사례들을 여러 집단들에 무작위적으로 할당했을 경우에도 그러한 차이가 여전히 발견될 가능성이 있는지를 검토하는 것이다.

변량분석
모든 분석사례들을 먼저 독립변수의 영향력을 나타내는 복수의 집단들로 구분한 후, 이 집단들 간의 차이(종속변수에 있어서의 차이) 정도가 통계적으로 유의미한지 검증하는 통계분석 기법

이제 변량분석의 가장 일반적인 두 가지 방식인 일원 변량분석(one-way ANOVA) 및 이원 변량분석(two-way ANOVA)에 대해 간략히 살펴보겠다.

일원 변량분석

예를 들어, 공화당 지지자들이 민주당 지지자들에 비해 실제로 더 부유한지 여부를 알아보기 위해 두 정당 지지자들 간 소득수준을 비교한다고 하자. 이를 위해서는 우선 여러 사람들을 표집해서 그들에게 (1) 어떤 정당을 지지하는지, (2) 지난해 소득이 얼마였는지를 묻는다. 각 정당 지지자 집단의 평균(mean) 또는 중앙치(median) 소득을 계산한 결과, 공화당 지지자들의 평균소득이 21,000달러였고 민주당 지지자들의 평균소득이 19,000달러였다고 하자. 결국 공화당 지지자들이 민주당 지지자들에 비해 더 부유한 것으로 나타났는데, 문제는 이와 같은 차이가 과연 '유의미'한가이다. 즉, 이러한 차이가 과연 두 집단이 무작위적으로 선정되었을 경우에도 여전히 발견될 가능성이 있겠는가 하는 문제이다.

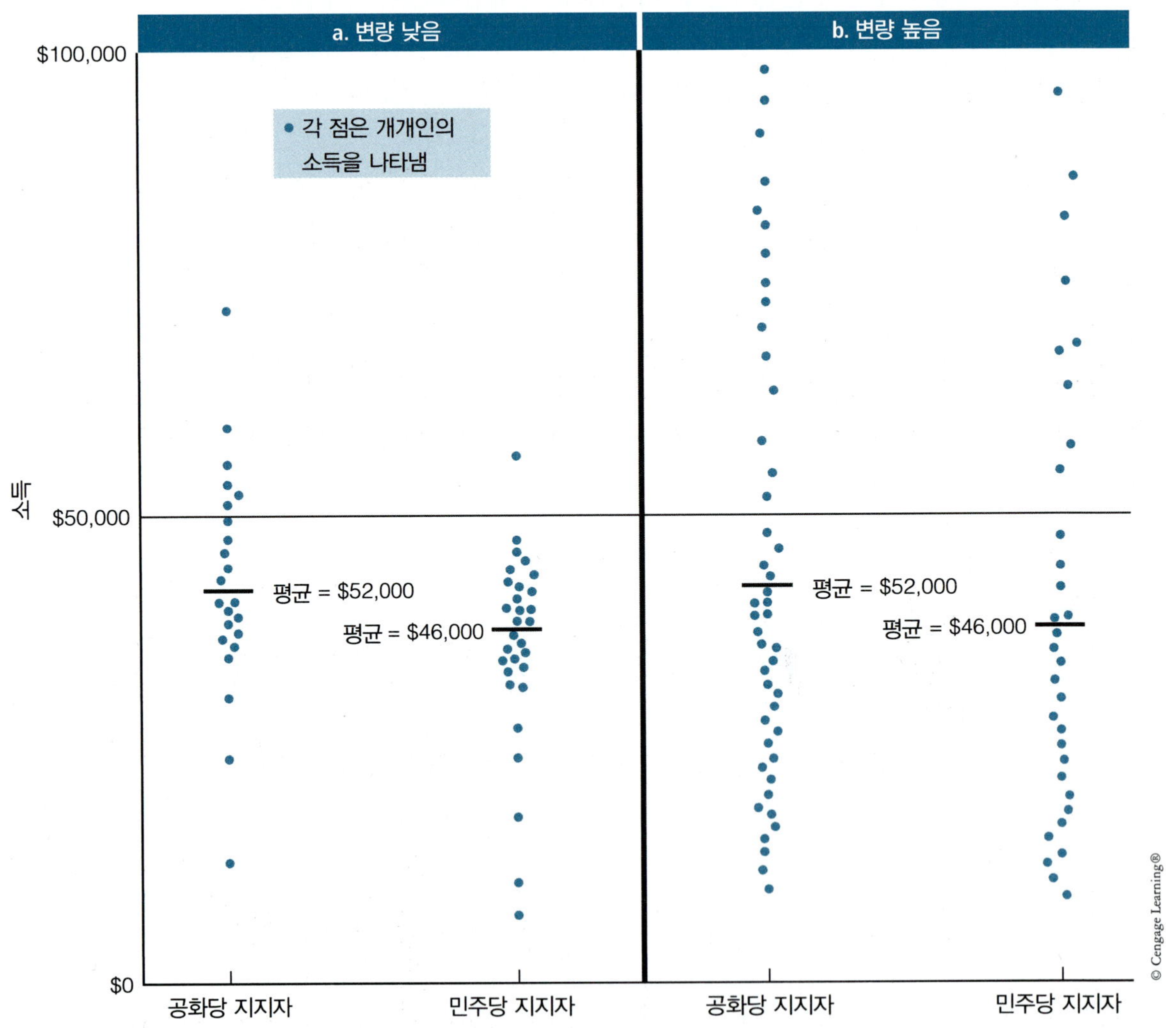

그림 16-9 **공화당 및 민주당 지지자들 소득분포의 두 가지 형태**

변량분석은 변량(variance)을 분석해냄으로써 이 문제에 대한 답을 제시한다. 아주 간단히 말해, 어느 분포(예를 들어, 소득분포)의 변량은 한 무리의 값들이 평균값과 얼마나 가깝게 수렴되어 있는지 또는 얼마나 멀리 분산되어 있는지의 정도를 나타내주는 통계치이다.

〈그림 16-9〉는 변량이란 무엇인가를 잘 설명해준다. 두 분포(a, b) 모두에서 공화당 지지자들의 평균소득은 52,000달러이고 민주당 지지자들의 평균소득은 46,000달러이다. 그러나 (분포 a)에서는 각 정당 지지자들의 대부분이 평균을 중심으로 몰려 있는 데 비해, (분포 b)에선 각 정당 지지자들의 대부분이 평균으로부터 멀리 퍼져 있다. 이 경우 (분포 b)가 (분포 a)에 비해 변량이 더 크다고 말한다. 외견상으로 봐서 (분포 b)보다는 (분포 a)가 두 정당 지지자들의 소득차이를 더 확연히 나타낸다고 말할 수 있겠는데, 그 이유는 (분포 b)의 경우 평균차이가 집단 간 차이 때문이기보다는 각 집단 내 무작위적 표집오차 때문일 가능성이 더 크기 때문이다.

변량분석에서는 이와 같은 외견상 해석 대신 보다 정교한 통계적 계산을 시도한다. 즉, 집단 간에 나타난 평균차이를 표준오차로 나누는 방식으로 표본통계치를 계산해낸 후, 이것을 표준화된 이론적 통계표와 비교해서 통계적 유의도 정도를 가늠해낸다. 이를테면, 표본에서 나타난 집단 간 평균차이가 순전히 표집오차 때문에 발견되었을 가능성이 천 번 가운데 한 번 있다고 이야기할 수 있을 경우, 그 같은 차이는 '0.001 수준에서 유의미하다'고 말하게 된다.

이 예에서 실제 계산과정은 생략된 채 통계검증의 기본 논리만을 제시했다.

이 예에서처럼 두 집단 간 평균차이를 비교하는 검증을 흔히 't – 검증'이라고 한다. 한편 비교하고자 하는 집단이 두 개 이상일 경우에는 그 검증을 ANOVA라고 하며, 이 경우 보다 많은 비교가 이루어져야 하기 때문에 계산과정이 약간 더 복잡해진다. 그 기본적인 논리는 집단평균을 둘러싸고 집단 내에서 발생하는 변량과 집단 간에 발생하는 변량을 서로 비교해본 후 그 차이에 대해 통계적 유의도를 검증하는 절차를 밟는 것이다.

이원 변량분석

일원 변량분석은 오직 두 변수 사이의 관계(예를 들어, 정당지지와 소득 사이의 관계)에 관한 것이기 때문에 이원분석(bivariate analysis)에 해당한다. 하지만 사회조사는 다원분석(multivariate analysis)인 경우가 많은데, 이원 변량분석에서는 세 변수 이상의 관계를 동시에 분석할 수 있다. 예를 들어, 공화당 지지자들과 민주당 지지자들의 소득차이가 교육수준과 일정한 관계가 있다고 하자. 이때 연구자의 가설은 민주당 지지자들에 비해 공화당 지지자들의 학력이 더 높을 뿐만 아니라 고학력자들이 저학력자들에 비해 소득이 더 높다고 가정할 때, 이원 변량분석에서는 두 변수(정당지지와 교육수준)가 소득을 설명해내는 영향력을 마치 15장에서 논의된 정교화 모형의 논리 그리고 부분 상관 및 회귀분석의 논리와 유사한 방식으로 가늠해낸다.

로그리니어 모형

로그리니어 모형
복수의 속성을 지니는 여러 명목변수 사이의 복잡한 관계를 관찰빈도와 기대빈도를 비교하는 방식으로 분석하는 통계기법

로그리니어 모형(log-linear model)은 다소 복잡한 대수 계산을 포함하는데, 변수들 사이의 상호관련성을 산출해내고 기대빈도와 관찰빈도를 서로 비교하는 방식이다. (이와 같은 방식은 기본적으로 앞 장에서 소개된 카이제곱과 유사하다.) 레이놀즈(H. T. Reynolds)는 다음과 같이 말한다.

> 다른 분석기법들과 마찬가지로 로그리니어 분석에서 연구자는 자신의 자료에 부합할 것이라고 믿는 통계모형을 우선 제시한다. 그 모형은 변수들 상호간 관련성에 대한 잠정적 예측에 해당한다. 다음으로 연구자는 일정한 크기를 지니는 표본으로부터, 만일 그 모형이 정말로 사실일 경우에 예상되는 기대빈도를 산출해낸다. 그러고 나서 연구자는 그러한 수치(추정치) F를 관찰값과 비교한다.
>
> (1977: 76-77)

로그리니어 분석에서 검증할 모형을 설정할 때, 연구자는 각 독립변수와 종속변수 간의 직접적 관계, 여러 독립변수들 간의 복합적 관계, 정교화 모형(elaboration model)에서와 같은 세 개 이상의 변수 간의 관계 등을 유기적·복합적으로 검토한다. 앞에서 말한 예에서 세 가지 변수를 예로 들어 설명해보기로 하자.

가령, 정당지지는 정치적 성향 및 인종과 함수관계를 이룬다고 가정할 경우, 설정가능한 모형으로는 (1) 정치적 성향이 정당지지에 미치는 직접적 영향, (2) 인종이 정당지지에 미치는 직접적 영향, (3) 인종이 정치적 성향에 미치는 영향, (4) 인종이 정치적 성향과 정당지지 사이의 관계에 미치는 영향, (5) 정치적 성향이 인종과 정당지지 사이의 관계에 미치는 영향 등이 있을 수 있다. 이 모형들은 제각기 일정한 타당성을 가질 수 있지만, 이들 가운데 어떤 모형이 가장 중요하고 어떤 모형을 실제로 무시해도 좋을 만한지 알 수 있는 근거는 로그리니어 모형이 제시해준다. 로그리니어 모형의 계산과정은 복잡다단한 것이 사실이지만, 소프트웨어 프로그램이 이를 손쉽게 해결해준다. 로짓(logit)이나 프로빗(probit) 또는 MFA(multi-way frequency analysis) 등과 같은 분석에서도 사실상 로그리니어 모형이 사용된다.

한편, 로그리니어 모형은 두 가지 문제점 또는 한계를 지닌다. 먼저 로그리니어 모형의 분석논리에는 실제로는 충족되기 어려운 수학적 · 통계적 전제가 필요하다. (이 문제는 너무 복잡해서 더 이상 소개하지 않겠다.) 또 하나, 여타 통계기법과 마찬가지로 로그리니어 분석의 결과는 상당히 복잡해서 즉각적으로 이해하기가 결코 쉽지 않다. 이로 인해 로그리니어 분석은 백분율표 등과 같은 단순한 방법으로 처리할 수 있는 통계분석에는 적합하지 않다. 결국 로그리니어 분석은 간단한 분석표로는 해결하기 어려운 복잡한 상황에 가장 적합하다고 말할 수 있다.

오즈비 분석

변수들 사이의 관련성을 분석하기 위한 또 하나의 기법으로 특정한 사건(event)이 발생할 오즈(odds)를 사용하는 것이 있다. 예를 들어, 주사위 2개를 동시에 던졌을 때 두 수치의 합이 나타내는 결과로는 모두 36가지가 있을 수 있는데, 각각의 결과는 오즈가 서로 다르다. 이를테면, 2가 나타날 가능성(흔히 'snake eyes'라고 부름)은 오로지 한 가지 경우(1-1)밖에 없으며, 이에 대한 오즈는 1:35가 된다. 한편, 7이 나타날 가능성은 모두 6가지 경우(1-6, 6-1, 2-5, 5-2, 3-4, 4-3)가 있을 수 있으며, 이에 대한 오즈는 6:30이 된다. 이러한 차이는 일견 별것 아닌 것처럼 보일 수도 있겠지만, 실제로 7이 나타날 가능성은 2가 나타날 가능성에 비해 6배나 더 많다. 이와 같은 논리를 사회과학 연구에서 변수들 사이의 관련성을 분석하기 위해 사용할 수 있다.

가령 여러분이 청소년 비행에 관심이 있다고 하자. 국립청소년범죄센터(National Center for Juvenile Justice)에서 2009년에 발표한 바에 따르면, 10~17세 남성 가운데 범죄로 인해 체포된 비율(범죄 피의자 포함)은 약 9%(0.086422)이며, 여성의 해당 비율은 약 4%(0.038782)라고 한다. 결국 성별차이는 약 5%인 셈인데, 이 정도의 차이는 얼핏 별것 아닌 것처럼 보일 수 있다. 하지만 체포가 이루어지는 경우는 상대적으로 희소한 경우임을 인식할 필요가 있는데, 그렇게 본다면 남성의 체포율이 여성의 체포율에 비해 대략 2배 이상 더 높다는 사실을 알 수 있다. 이 경우 남성의 체포율에 대한 오즈비(odds ratio)는 다음과 같이 계산된다.

오즈비
서로 다른 발생 가능성과 관련된 오즈(odds)를 비교하는 방식으로 변수들 간의 관련성을 분석하는 통계기법

	체포됨	체포되지 않음
남성	.086422	.913578
여성	.038782	.961218

$$\text{오즈비} = \frac{(.086422 \times .961218)}{(.038782 \times .913578)} = 2.344608703$$

오즈비가 1.00으로 나타난다면 이는 남성의 체포율과 여성의 체포율 사이에 차이가 전혀 없음을 의미한다. 오즈비가 1.00이 넘는다면 이는 남성이 여성에 비해 체포율이 더 높음을 의미한다. 오즈비가 0.00에서 1.00 사이라면 이는 여성의 체포율이 더 높음을 의미한다. 만일 여성 체포율의 오즈비를 계산하고 싶다면 분모와 분자를 서로 바꾸는 방식으로 계산하면 된다.

지리정보시스템(GIS)

지리정보시스템
손쉬운 이해를 위해 일정한 지역단위를 바탕으로 계량 데이터를 시각적으로 보여주는 기법

이제 마지막으로 지리정보시스템(Geographic Information Systems, GIS)이라는 매우 색다른 분석기법에 대해 살펴보기로 하자. 사회과학자들이 흔히 사용하는 자료의 상당수는 일정한 지역적 단위—국가, 군, 주, 시, 센서스 단위 등—를 바탕으로 제시되는 경우가 많다. 그러한 자료를 통계표의 형태로 제시할 수 있지만, 그림을 사용해서 제시하면 시각적 · 즉각적 이해에 많은 도움이 된다. 바로 이 때문에 미국 센서스청 자료 또한 최근 점차 그림의 형태로 제시되는 경향이 있다.

이를테면, 미국의 최근 대통령 선거결과를 각 주별로 구분해서 적색(공화당 지지) 주와 청색(민주당 지지) 주로 표시한 그림을 본 적이 있을 것이다. 두 가지 색만을 사용할 경우 공화당 및 민주당에 대한 지지가 비교적 균등하게 섞여 있는

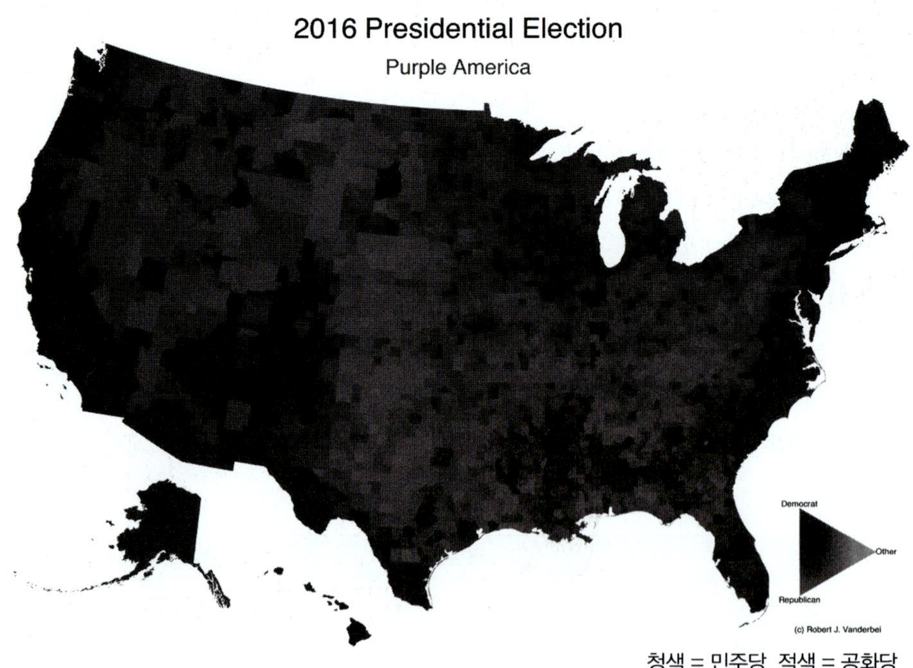

그림 16-10 2016년 미국 대통령 선거에 대한 GIS 결과
원서의 청색과 적색은 이 책에서는 각각 검은색과 회색으로 표시되었다.–옮긴이 주
출처: Robert Vanderbei, "Election 2016 Results" (http://www.princeton.edu/~rvdb/JAVA/election2016/).

주를 구분할 수 없기 때문에 그러한 주는 보라색을 사용해서 표시할 수도 있을 것이다.

한편, 일정한 주 내에서도 군별로 정당지지가 갈리는 경우가 있을 수 있으므로 군을 분석단위로 삼을 수도 있을 것이다. 공화당은 대체로 시골지역에서 많은 표를 얻고 민주당은 대체로 도시지역에서 많은 표를 얻은 경향이 있다. 예를 들어, 2012년도 대통령 선거결과를 놓고 반더베이(Vanderbei, 2012)는 GIS 기법을 사용해서 2016년도 대선 투표유형을 보여주었다. 〈그림 16-10〉에서 분석단위는 군(郡, county)으로서, 각 정당쪽 색깔로 쏠리면 쏠릴수록 지지가 강함을 의미하며, 각 군의 높이는 제곱마일당 투표자의 수를 나타낸다. (높이가 높을수록 해당 군은 도시적 성격을 지닌다.)

여러분이 만일 이러한 분석기법에 대해 더 잘 알기를 원한다면 'GIS' 또는 'Geographic Information Systems'라는 용어를 사용해 웹을 검색해보기를 권한다. 여러분이 이 책을 읽을 때쯤에는 어쩌면 이 기법에 대한 새로운 응용이 이미 나와 있을지도 모르겠다. 그리고 이 기법 및 그 응용은 미국에서만 국한해 사용될 수 있는 것이 결코 아니다.

이상의 설명을 통해 사회과학자들이 일반적으로 사용하는 기본적인 통계분석 기법들에 대한 소개를 마쳤다. 앞서 말했다시피, 이러한 소개는 각 기법의 기본적 내용만을 다룬 것일 뿐만 아니라 여기서 소개되지 않은 수많은 여타 기법들이 존재하는 것도 사실이다. 이상에서 소개된 내용은 여러분이 나중에 더 깊이 공부하게 되거나 또는 우연히 접하게 될 통계기법들에 익숙해질 수 있도록 하기 위한 개괄적인 소개에 지나지 않는다.

인구분석

인구학은 인구에 대한 연구이다. 인구학자들은 인구의 크기와 구성, 시간적 변화 등을 연구한다. 구체적으로 말해, 인구학자들은 인구의 증가 혹은 인구과잉 등의 문제에 관심을 갖는데, 이를테면 〈그림 16-11〉은 지난 2,000년 동안 세계 인구의 증가를 시각적으로 보여준다.

내가 이 책을 쓰는 현 시점에 세계 인구는 거의 75억 명에 육박하며, 매일 25만 명가량씩 증가하고 있다. 인구학자들이 인구를 추적하고 이해하기 위해 주로 사용하는 용어 및 개념 등은 다음과 같다.

인구의 크기와 증가는 단지 두 가지 요인의 함수로서, 출산과 사망이 그것이다. 출산에 대한 가장 단순한 측정은 조출생률(crude birth rate, CBR)인데, 1년 동안 출생아 수를 전체 인구 수로 나누어준 것이다. 대개의 경우 이 수치에 1,000을 곱

조출생률
한 해 동안 출생한 아이의 수를 전체 인구 수로 나눈 수치

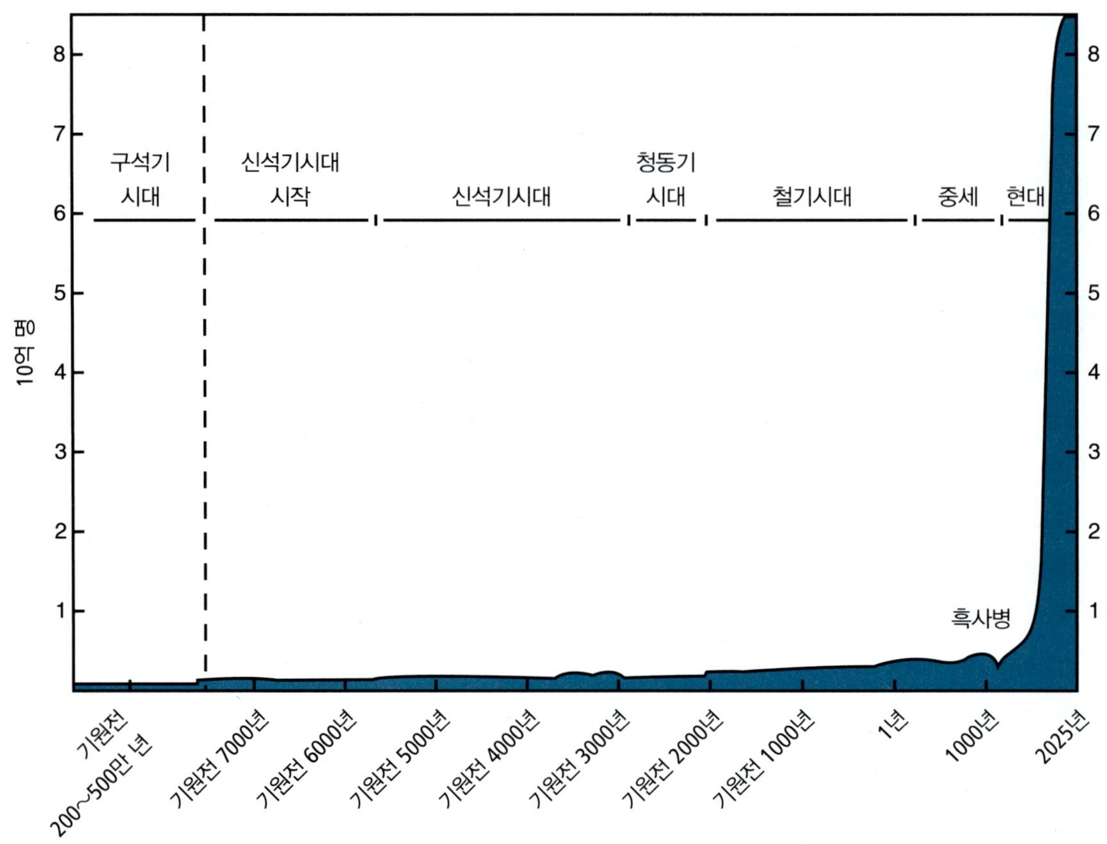

그림 16-11 시대별 세계 인구 증가

출처: http://www.susps.org/overview/numbers.html

해주고, 이를 인구 1,000명당 X명 출생이라고 부른다. 예를 들어, 서부 아프리카에 있는 니제르라는 국가의 경우 2015년도 조출생률은 50/1,000이었음에 비해, 같은 해 일본에서는 8/1,000이었다(Population Reference Bureau, 2015).

조사망률
한 해 동안 사망자의 수를 전체 인구 수로 나눈 수치

조사망률(crude death rate, CDR)은 조출생률과 대비되는 사망 비율이다. 니제르와 일본을 다시 비교해보면, 니제르의 CDR은 11/1,000임에 비해 일본의 CDR은 10/1,000이었다. 한편, 두 나라 사이의 엄청난 인구변화 차이를 주목할 필요가 있는데, 니제르의 인구는 1,000명당 39명씩 증가하고 있었음에 비해 일본의 인구는 실제로 1,000명당 2명씩 감소하고 있었다. 조출생률에서 조사망률을 빼면 일정한 지역의 자연증가율(rate of natural increase)이 산출되는데, 니제르의 경우 자연증가율은 연간 4%이다(PRB, 2015).

자연증가율
조출생률(CBR) – 조사망률(CDR)

한 나라의 인구증가율을 알게 되면 간단하면서도 아주 유용한 계산도 가능해지는데, 이를테면 인구증가율을 70으로 나누어주면 배가시간(doubling time)이 산출된다. 예컨대, 니제르의 경우 현재 인구증가 속도대로라면 18년마다 인구수가 두 배가 되며, 그에 따라 식료품, 물, 집, 학교, 병원 등도 두 배로 필요하게 된다.

(a)
남성
니제르, 2014년도
여성
100+
95–99
90–94
85–89
80–84
75–79
70–74
65–69
60–64
55–59
50–54
45–49
40–44
35–39
30–34
25–29
20–24
15–19
10–14
5–9
0–4
2 1.6 1.2 0.8 0.4 0
0 0.4 0.8 1.2 1.6 2
인구(단위 = 백만 명)
연령집단
인구(단위 = 백만 명)

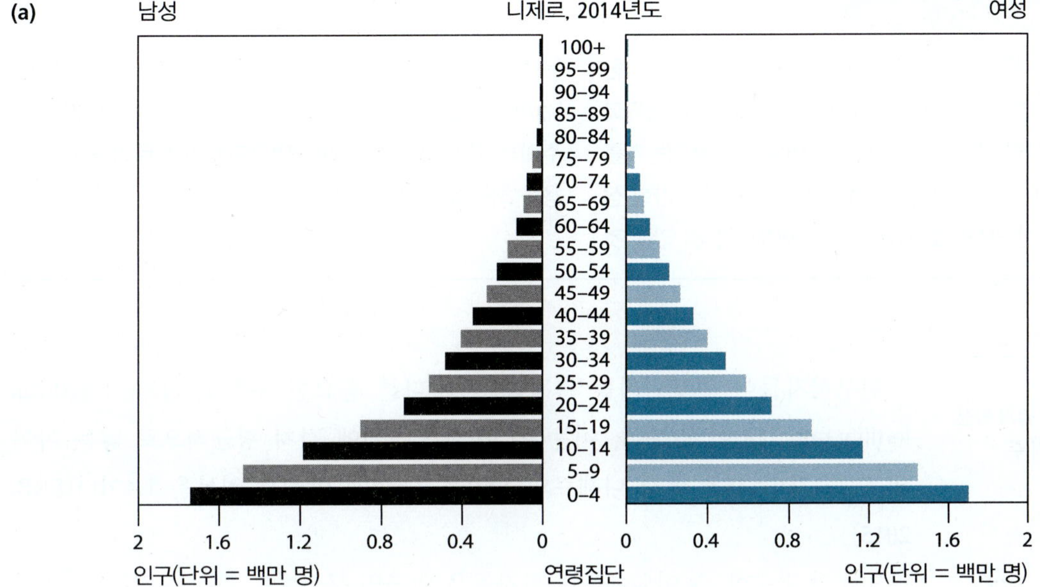

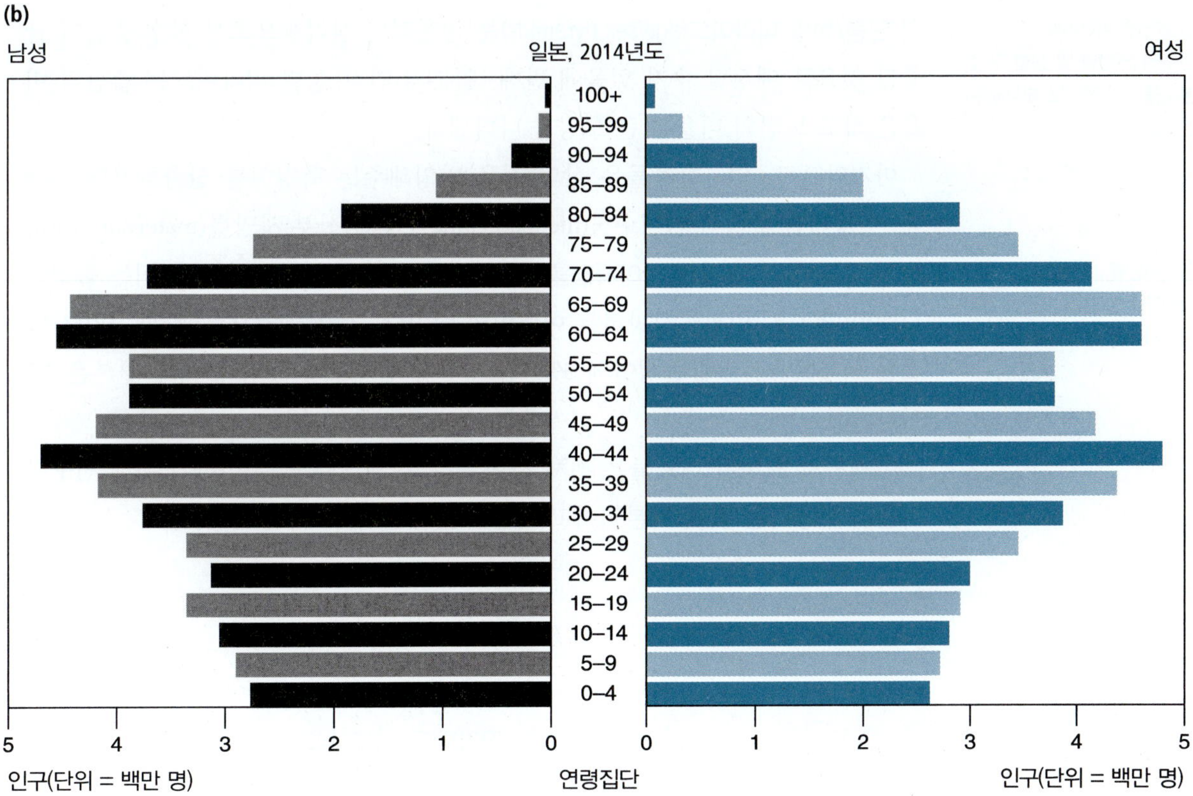

(b)
남성
일본, 2014년도
여성
100+
95–99
90–94
85–89
80–84
75–79
70–74
65–69
60–64
55–59
50–54
45–49
40–44
35–39
30–34
25–29
20–24
15–19
10–14
5–9
0–4
5 4 3 2 1 0
0 1 2 3 4 5
인구(단위 = 백만 명)
연령집단
인구(단위 = 백만 명)

그림 16-12 연령/성별 인구구성 피라미드: 니제르(a)와 일본(b) 비교

출처: http://www.indexmundi.com/niger/age_structure.html, http://www.indexmundi.com/japan/age_structure.html

어떻게 생각하는가 재논의

인구분석에 대한 최근의 연구들을 유심히 살펴보면 가령 특정한 조사연구 기법이 한 사회 내에서 어떻게 사용되고 서로 다른 사회들을 비교하기 위해 어떻게 사용되는지를 알 수 있다. 이 장에서 소개된 여러 기법들 또한 다양한 상황에서 다양한 방식으로 사용된다. 문제점이 전혀 없는 것은 물론 아니어서, 예컨대 인구분석의 경우 사용 가능한 데이터의 질은 국가마다 천차만별이어서, 이를테면 전체주의적 국가들의 경우 외부 연구자에게 자료의 공개적 사용을 허용하지 않곤 한다.

합계출산율
한 여성이 평생에 걸쳐 평균적으로 낳는 아이의 수

인구학자들이 인구변화를 측정하는 또 다른 중요한 수치로 합계출산율(total fertility rate, TFR)이 있는데, 이는 한 여성이 평생에 걸쳐 평균적으로 낳는 아이의 수를 가리킨다. 현재 니제르의 TFR은 7.6임에 반해서 일본은 1.4이다(PRB, 2015).

연령/성별 피라미드
인구의 연령별 및 성별 구성 분포를 시각적으로 제시해주는 그래프

인구의 단순한 수 이외에 인구학자들은 인구의 구성에도 관심을 갖는데, 가장 대표적으로는 연령과 성별에 주목한다. 〈그림 16-12〉에서 보는 것처럼, 니제르의 연령/성별 피라미드(age/sex pyramids)는 전형적인 삼각형으로서 향후 출산이 급증할 것으로 예상할 수가 있음에 반해, 일본의 연령/성별 피라미드는 출산의 비율은 작고 노년의 비율은 큰 모양을 나타낸다.

영아사망률
출생아 1,000명당 1년 이내에 사망하는 어린이의 수

마지막으로, 인구학자들은 삶의 질을 반영해주는 측정치를 산출하기도 하는데, 이를테면 출생시 기대수명(life expectancy) 및 임산부 사망률(maternal death) 등이 그것이다. 그밖에 영아사망률(infant mortality rate, IMR)도 있는데, 이는 출생아 1,000명당 1년 이내에 사망하는 어린이의 수이다. 전 세계적으로 볼 때 영아사망률은 약 50(즉, 전체 출생아의 5%) 정도이며, 니제르가 60임에 비해 일본은 2.1이다.

이제까지 제시된 내용들은 전체 사회 혹은 전체 인류를 분석하기 위해 인구학자들이 사용하는 몇몇 기본적이고 핵심적인 개념 및 수치일 뿐이다.

머리말

- 통계학은 수학의 응용 분야로서 다양한 계량분석을 위해 특별히 필요하다.

기술통계

- 기술통계는 자료를 정리하고 요약하기 위한 통계학이다. 기술통계치 가운데는 한 변수의 속성의 분포를 요약, 정리해주는 것도 있고, 여러 변수들 간의 연관성을 요약, 정리해주는 것도 있다.
- 변수들 간의 연관관계를 요약, 정리해주는 기술통계치를 관련성 측정치(measure of association)라고 부른다.
- 관련성 측정치들은 비율적 오류축소(즉 propor-tionate

reduction in error, PRE)의 논리에 근거한다. 이 논리는 두 가지 오류—(1) 한 변수만의 빈도분포를 알고 있는 상태에서 그 변수의 속성들을 예측할 경우에 생겨나는 오류, (2) 두 변수 간의 전 체적 교차빈도분포를 알고 있는 상태에서 한 변수의 분포를 바탕으로 다른 변수의 분포를 예측할 경우에 생겨나는 오류—사이의 비교를 바탕으로 한다. 구체적으로, 두 변수가 모두 명목변수일 경우에는 람다(λ)를 계산하고, 서열변수일 경우에는 감마(γ)를 계산하며, 등간 또는 비율변수일 경우에는 피어슨 상관관계 계수(r)를 계산한다.

- 회귀분석은 일정한 등식을 사용하여 독립변수(들)의 값을 바탕으로 종속변수의 값을 예측하는 기법이다.
- 회귀등식은 회귀선을 바탕으로 산출되는데, 이 기하학적 선은 산포도상에서 실제로 관찰된 점들과 예측된 점들 사이의 절대거리를 최소화해주는 선이다.
- 회귀분석의 종류로는 선형 회귀분석, 다중 회귀분석, 부분 회귀분석, 곡선형 회귀분석 등이 있다.

추리통계

- 추리통계는 표본에서 얻어진 자료를 바탕으로 모집단의 특성을 추정(또는 모집단으로 일반화를 시도)하려는 목적으로 사용되는 통계학이다. 추리통계치 중에는 한 가지 변수의 특성을 추정하기 위한 것도 있고, 여러 변수들 사이의 관계를 통계적으로 추정하고 검증하는 것도 있다.
- 모집단의 특성을 추정하려면 신뢰구간 및 신뢰수준을 명시해야 한다. 신뢰구간과 신뢰수준은 확률이론을 전제로 할 뿐 아니라, 일상적인 확률표집 기법이 사용되었다는 것을 전제로 해서 계산된다.
- 표본에서 발견된 변수들 간의 연관관계를 바탕으로 모집단의 상황을 추정해내려면 통계적 유의도 검증이 필요하다. 통계적 유의도 검증은 만일 모집단에서 두 변수 간 관계가 전혀 없다고 가정했을 경우와 비교했을 때, 표본에서 실제로 발견된 관계가 오직 표집오류라는 이유 하나 때문에 생겨났을 가능성을 추정해내는 것이다. 통계적 유의도 검증 또한 확률이론 및 일상적인 확률표집 기법을 전제로 한다.
- 표본에서 관찰된 변수들 간 연관관계의 유의수준은 그 관계가 오직 표집오류에 의해서만 발견되었을 가능성 또는 확률의 형태로 제시된다. 이를테면, 어떠한 관계가 0.05 수준에서 유의미하다는 말은 해당 관계가 표집오류 때문에 생겨났을 가능성이 100번 중에 5번을 넘지 않음을 뜻한다.
- 사회조사에서 통계적 유의도 검증을 할 경우, 가장 보편적으로 사용되는 유의수준으로는 0.05, 0.01, 0.001이 있다. 하지만 이는 단지 관행일 뿐이다.
- 범주형 자료에 보편적으로 사용되는 통계적 유의도 검증은 카이제곱(χ^2) 검증이다.
- t-검증은 집단들 사이의 평균차이의 유의도를 검증하기 위해 보편적으로 사용된다.
- 통계적 유의도를 실질적 유의도와 구분할 필요가 있는데, 실질적 유의도란 표본에서 관찰된 관계가 실제로 강하고 중요하며 충분한 의미를 지닌다는 뜻이다.
- 엄격히 말해, 통계적 유의도 검증에 필요한 통계적 전제(들)는 실제로는 완벽하게 충족될 수 없다고 보아야 한다. 그럼에도 불구하고 유의도 검증은 자료의 분석 및 해석에 매우 유용하다.

기타 다원분석 기법

- 경로분석은 여러 변수들 간의 인과관계의 망을 시각적, 도식적으로 제시하는 기법이다. 경로분석에서는 각 독립변수가 종속변수에 끼치는 영향을 인과경로로 보여준다. 경로계수는 변수들 간의 부분적 관계를 나타내는 표준화된 회귀계수이다.
- 시계열 분석은 일정한 변수(예를 들어, 범죄율)의 시간적 변화추이를 분석하는 기법이다.
- 요인분석은 컴퓨터를 사용해서만 이루어질 수 있는데, 이는 여러 변수들의 값 변화에서 나타나는 일정한 유형이나 차원을 밝혀내는 분석기법이다. 이러한 유형이나 차원을 요인(factor)이라 부르는데, 이는 비록 실제 관찰한 어느 변수와도 완벽히 일치하지는 않지만 상당한 관련성을 보여주는 가상적, 인위적 차원이다. 요인부하값은 관찰변인과 요인 간의 관련성 정도를 나타내는 수치이다.

- 변량분석(ANOVA)은 비교집단들 간에 발생하는 변량과 각 집단들 내에서 발생하는 변량을 서로 비교하는 방식으로 이루어지는데, 구체적으로 집단 간 변량 또는 차이가 단순히 무작위 표집의 결과로 생겨난 것인지, 아니면 집단들 사이에 실제로 존재하는 차이인지를 통계적으로 판가름하는 방식으로 이루어진다.
- 로그리니어 모형은 복수의 속성을 지니는 여러 명목변수들 간의 복잡한 관계를 분석하는 통계기법이다.
- 오즈비 검증(odds-ratio test)은 일정한 사건(event)이 발생할 오즈를 바탕으로 변수들 사이의 관련성을 검증하는 기법이다.
- GIS는 손쉬운 이해를 위해 일정한 지역단위를 바탕으로 계량 데이터를 시각적으로 보여주는 기법이다.
- 인구분석은 다양한 수치들을 사용해서 인구를 연구한다.

핵심용어

경로분석(path analysis)
곡선형 회귀분석(curvilinear regression analysis)
기술통계(descriptive statistics)
다중 회귀분석(multiple regression)
로그리니어 모형(log-linear model)
변량분석(analysis of variance, ANOVA)
부분 회귀분석(partial regression analysis)
비율적 오류축소(proportionate reduction in error, PRE)
비표집오류(nonsampling error)
선형 회귀분석(linear regression analysis)
시계열 분석(time-series analysis)
연령/성별 피라미드(age/sex pyramids)
영아사망률(infant mortality rate, IMR)
오즈비(odds ratio)
요인분석(factor analysis)
유의수준(level of significance)
자연증가율(rate of natural increase)
조사망률(crude death rate, CDR)
조출생률(crude birth rate, CBR)
지리정보시스템(Geographic Information Systems, GIS)
추리통계(inferential statistics)
통계적 유의도(statistical significance)
통계적 유의도 검증(test of statistical significance)
합계출산율(total fertility rate, TFR)
회귀분석(regression analysis)

사회조사연구 제안: 양적 자료분석

14~16장에서는 모두 양적 자료분석의 여러 가지 내용들을 소개했다. 이 연습문제에서 여러분은 분석계획을 세워보기 바란다.

앞서 제시된 문제에서 여러분은 분석할 변수들을 설정하고 각 변수를 구체적으로 어떻게 측정할 것인지를 생각했었다. 이제 여러분은 분석을 어떻게 실시할 것인지를 생각해야 한다. 자료분석을 위해 구체적으로 어떠한 분석방법을 시도할 것인지(예를 들어, 교차분석, 다중 회귀분석, 요인분석 등)를 계획해야만 한다. 통계분석용 컴퓨터 프로그램과 관련해서는 대단히 특이하거나 일상적으로 사용되지 않는 프로그램이 아닌 한 어떤 프로그램(SPSS, SAS 등)을 사용해도 무방하다.

구체적인 가설을 이미 설정해냈다면 통계적 유의수준 또한 정해야 하지만, 이는 반드시 필요한 것은 아니다.

복습문제

1. 변수들 간의 연관관계를 산출할 때 기본이 되는 비율적 오류축소(PRE)의 논리를 여러분 자신의 말로 설명하라.
2. 회귀분석의 목적을 여러분 자신의 말로 설명하라.
3. 관련성 측정치와 통계적 유의도 검증의 차이점을 여러분 자신의 말로 설명하라.
4. 기존의 문헌들을 검토하여 통계적 유의도를 적용한 연구를 찾고, 그 연구에서 과연 통계적 유의도가 제대로 사용되었는지를 비판적으로 보고하라.

CHAPTER

17

사회조사 읽기 및 보고서 작성

개관

사회조사는 사람들에게 효과적으로 전달되지 않으면 소용없다. 타인의 조사자료를 읽고 자신의 조사결과를 보고서로 작성하기 위해서는 특별한 기술이 필요하다.

Dragon Images/Shutterstock.com

학습목표

⊙ 문헌 검토의 기능과 구조에 대해 논할 수 있다.
⊙ 사회조사를 쓰는 데 고려할 사항을 파악하고 논의할 수 있다.
⊙ 사회조사를 읽고 작성하는 데 필요한 윤리적 이슈를 설명할 수 있다.

17.1 머리말

의미 있는 과학적 조사는 의사소통과 서로 피할 수 없는 연관을 맺고 있지만, 이 관계가 항상 쉽고 간단한 것은 아니다. 사회과학자라고 해서 반드시 자신의 조사방법 및 조사결과를 사람들에게 잘 전달하는 것은 아니다. 그래서 타인의 조사를 읽고 이해하기가 어려울 뿐 아니라 자신의 조사를 상세히 글로 작성하여 사람들에게 자신의 아이디어를 효과적으로 전달하기도 쉽지 않다. 마지막인 이 장에서는 이 두 가지 문제에 대해 살펴보고자 한다.

먼저 사회조사 읽기에 관해 살펴본 다음 사회조사서 작성에 대해 논의할 것이다. 이 두 주제에 관련하여 도움을 줄 수 있는 지침들이 있지만, 두 마리 토끼를 잡기 위해서는 실천이 중요하다는 것을 깨닫게 될 것이다. 사회과학적 조사를 많이 읽을수록 그만큼 이해하기 쉬워지고, 사회조사보고서를 작성하기도 수월해진다. 이 장의 마지막 절에서 논의되는 것처럼 윤리적 차원의 문제도 더 분명해진다.

17.2 사회조사 읽기

특히 사회조사가 포함된 문헌 '읽기'는 간단한 일이 아니다. 먼저, 가장 도움이 되는 자료에 집중하기 위해서는 문헌검토를 준비해야 한다. 이어서 앉아서 찾은 자료를 읽으려면 기술이 필요하다. 끝으로 인터넷에서 자료를 찾아서 평가하는 방법을 알아야 한다.

문헌검토 준비

현장기반이론(grounded theory) 방법론자를 제외한다면 대부분의 사회과학자

어떻게 생각하는가

인터넷은 학기 리포트를 위한 거대한 정보 창고 같지만 일부 교수는 인터넷상의 데이터는 질적으로 신뢰할 수 없다며 웹 자료를 꺼린다. 그럼 여러분은 어떻게 해야 할 것인가? 먼저, 이 장을 읽고 나서 이 장의 말미에 있는 〈어떻게 생각하는가: 재논의〉를 참조하라.

Earl Babbie

는 문헌검토와 함께 연구 프로젝트 설계부터 시작한다. 대부분의 독창적 연구(original research)는 기존 연구들을 기반으로 이루어진 것으로 볼 수 있다. 이미 밝혀진 것과 밝혀지지 않은 것이 무엇인지 알 수 있는 방법이 바로 문헌검토이다.

여러분은 자신이 연구하고자 하는 핵심 개념을 중심으로 관련 문헌을 검색하려고 하든, 이라크전 참전병사, 컴퓨터 해커, 가톨릭 신부, 동성애 운동선수 등 특정 집단을 대상으로 연구하려고 하든, 아무튼 먼저 자신의 주요 연구관심을 대표하는 일련의 용어들을 정해야 할 것이다.

대학도서관에는 아마도 도서관 또는 온라인에서 이용할 수 있는 몇 가지 검색 방법이 있을 것이다. 가령 사형에 관한 태도 연구를 설계한다고 하자. 도서관에서 InfoTrac College Edition을 이용할 수 있다면, 여러분은 사형에 관한 8,735개의 참고기사와 5,489개의 정기간행물 참고문헌을 찾을 수 있을 것이다. InfoTrac College Edition은 검색범위를 좁혀나갈 수 있도록 색인이 되어 있어서 나는 곧바로 사형의 '여론'에 관한 사이트 249개를 찾을 수 있었다. 그중에는 문헌인용들과 온라인으로 읽을 수 있는 논문들도 있었다.

온라인으로 논문을 찾아 읽으려면 pdf 형식으로 내려받기가 가능한지 알아보아야 한다. pdf 형식의 자료는 페이지 번호가 원문과 동일하기 때문에 특정 부분을 인용하거나 복사하는 데 편리하다. 때로는 초록을 읽거나 논문 전체를 무료로 읽을 수 있으며 구입할 필요가 있을 수도 있다.

페이지 상단에서 성명, 제목, 주제 또는 기타 검색어 기입란을 볼 수 있다. 나는 '인종차별'을 기입하여 관련 자료 8,082개를 확인하고 '분류' 옵션에서 'Newest to Oldest'를 검색하도록 했다. 그중 일부는 다음과 같았다.

- Leonard, David J., Playing While White: Privilege and Power on and off the Field/Dr. David J. Leonard. Seattle: University Washington Press, 2017.
- Corthron, Kara Lee, Truth of right now/Kara Lee Corthron. New York: Simon

Pulse, 2017. PZ7.1.C673 Tr 2017.

- Cloud Tapper, Suzanne, Views on slavery: in the words of enslaved Africans, merchants, owners, and abolitionists/Suzanne Cloud Tapper. New York, NY: Enslow Publishing, 2017. E441.C595 2017 Request in Jefferson or Adams Building Reading Rooms

때로는 간단한 웹 검색으로 쉽게 시작할 수 있다. 한번 구글(Google), 빙(Bing) 또는 야후(Yahoo)를 이용하여 극형(capital punishment) 또는 사형(death penalty)에 대한 웹 정보를 찾아보라. 문구를 찾으려면 인용부호를 사용하라. 검색결과의 폭을 좁히기 위해서는 '여론(public opinion)'을 덧붙여 검색할 수도 있다. 일반적으로 온라인으로 검색하면 엄청나게 많은 검색결과를 볼 수 있지만, 그중 대부분은 별로 도움이 되지 않을 것이다. 좋은 정보를 가려내려면 시간이 필요하다. 이 장의 후반에서는 웹 검색을 위한 보다 자세한 지침들을 제시할 것이다.

문헌검색의 절차를 어떻게 시작하든 간에 7장에서 논의한 눈덩이표집(snow sampling)과 같은 방법을 항상 고려해야 한다. 특별히 유용한 단행본이나 논문을 찾았으면 저자가 인용한 문헌들을 기록해둔다. 이들 문헌 중에 유용한 것이 있을 것이다. 반복해서 나타나는 참고문헌들도 발견하게 될 것이다. 그것들은 주제와 관련된 중요한 문헌들이다. 바로 이 점이 중요하다. 문헌검토는 소수의 자료인용만으로 '겉치레(window dressing)'하는 것이 아니기 때문이다. 문헌검토는 연구설계를 할 때 이전 연구자들이 만들어낸 지식체계에 천착하여 필요한 지식을 이용하기 위함이다.

중요한 정보를 확인했다면 읽어서 프로젝트에 유용한 것들을 찾아내야 한다. 다음은 조사문헌을 읽기 위한 지침들이다.

학술지와 단행본 읽기

여러분도 짐작하듯이, 사회조사보고서는 소설처럼 처음부터 끝까지 순차적으로 읽는 것이 아니다. 물론 소설처럼 읽을 수도 있지만, 가장 효과적인 방법은 아니다. 그럼 여기서 형식상 다른 학술지 논문과 단행본을 읽는 기본 지침들을 살펴보자.

초록
연구논문의 요약. 초록은 통상 논문의 시작으로서 연구목적, 사용된 연구방법, 그리고 주요 연구결과를 제시한다.

학술지 논문 읽기

대부분의 학술지 논문은 초록(abstract)으로부터 시작한다. 그 초록을 먼저 읽어보면 연구목적, 사용된 연구방법 그리고 주요 연구결과를 파악할 수 있다.

흥미진진한 탐정 또는 스파이 소설에서는 손에 땀을 쥐는 긴장감이 소설 전체에 감돌고, 그 긴장감은 의외의 결말로 해소된다. 대부분 논문의 저자가 의도하는 효과는 이런 것이 아니다. 사회조사는 구조상 점강적(anticlimactic) 방법을 취하고 있다. 사회과학 연구자는 X와 Y의 인과관계를 놓고 독자를 긴장시키거나 지루하게 만들기보다는 초록에서 연구의 핵심을 확실히 밝힌다.

초록은 두 가지 기능을 수행한다. 첫째, 초록을 읽어보면 논문을 마저 읽을 것인지의 여부를 판단할 수 있다. 논문을 쓰기 위해 문헌검토를 하고 있다면, 초록에서 그 논문의 타당성을 평가할 수 있다. 둘째, 초록은 논문의 나머지 부분을 읽는 데 필요한 틀을 만든다. 연구방법 또는 결론과 관련하여 질문이 생기고 논문을 읽을 계획도 세우게 된다. (질문사항을 노트에 적어놓고 답을 확실히 얻고자 하는 것은 좋은 방법이다.)

초록을 읽고 나서 곧바로 논문 마지막 부분에 있는 논문 요약 또는 결론으로 갈 수 있다. 이렇게 하면 논문이 무엇에 관한 것인지에 대해 보다 상세한 그림을 그릴 수 있다. (탐정 및 스파이 소설을 이런 방법으로 읽으면 읽는 속도는 빠를 수 있지만 흥미는 떨어질 것이다.) 생각나는 질문사항이나 의견들은 노트에 적어놓는 것이 좋다.

다음에는 표제어와 표 또는 숫자에 주의하면서 논문을 대충 훑어본다. 대충 훑다 보면 관심을 끄는 부분도 있겠지만, 그렇다고 해서 그것들을 면밀히 연구할 필요는 없다. 이렇게 하면서 논문에 점차 익숙해져야 한다. 저자의 결론을 정확히 파악해내고, 그 결론에 도달하기 위해 사용된 연구방법이 무엇인지도 대략적으로 알아내야 한다.

논문 전체를 신중히 읽는다면, 표제어가 어디 있으며 각 장이 논문 전체 논리에 어떻게 부합하는지를 알게 될 것이다. 인용할 내용이 있는 페이지는 나중에 찾기 쉽게 표시해둔다.

논문을 신중히 읽고 난 다음, 다시 한번 전체적으로 재빨리 훑어보는 것이 좋다. 이 방법은 개별 나무에 집중한 후 숲 전체를 바라보는 것과 같다.

Earl Babbie

책을 소화하는 이보다 더 좋은 방법은 없다.

논문에서 읽은 내용을 완전히 이해하고 싶으면 이해한 내용을 설명할 사람을 찾는다. 특정 교과목에 관련된 논문을 읽는다면, 설명할 사람을 찾는 데 문제가 없어야 할 것이다. 연구주제와 연관이 없는 사람에게 읽은 내용을 조리있게 설명할 수 있다면, 여러분은 그 내용을 완전히 자기 것으로 만들었다고 할 것이다.

연구 모노그래프
출판되거나 미출판된 단행본 분량의 연구조사 보고서. 연구 모노그래프는 교재, 논문집(book of essays), 소설 등과는 구분된다.

단행본 읽기

논문을 읽는 방법은 간혹 연구 모노그래프(research monograph)라고도 불리는 단행본처럼 분량이 많은 보고서를 읽는 데 적용할 수 있다. 길이가 긴 조사보고서는 논문과 동일한 기본 형식과 거의 동일한 구조를 가지고 있다. 보고서에서는 초록 대신 서문과 첫 장에서 연구목적, 방법 그리고 주요 연구결과들을 제시한다. 서문은 초록에 비해 덜 형식적이고 대개 이해하기도 쉽게 쓰여 있다.

논문과 마찬가지로 단행본의 경우 구성, 표, 숫자 그리고 그 외의 눈에 띄는 그림을 살펴보면서 전체적으로 훑어보는 것이 좋다. 이 단계를 잘 넘기면 단행본에 익숙해질 수 있다. 그리고 논문 읽기에서 제시했듯이, 줄곧 주의하여 질문과 의견을 기록해놓아야 한다.

단행본을 좀 더 신중히 읽는 단계에서는 각 장을 동일한 과정으로 읽어나가야 한다. 처음 단락을 읽고 앞으로 전개될 내용이 무엇인지 파악하고, 이어서 개요를 제시하는 결론 단락을 읽는다. 단행본에 좀 더 익숙해지려면 먼저 장 전체를 훑어본 다음 기록하면서 신중하게 읽어나간다.

일반적인 독서 및 감상 방법과는 달리, 전문서적은 간혹 일부분을 건너뛰고 읽어도 된다. 어느 부분을 건너뛸 것인지는 책을 읽는 목적에 따라 다르다. 목적상 책의 일부분만 읽어도 되는 경우가 있다. 그러나 연구자의 연구결과에 관심이 있는 경우, 저자가 제시한 결론의 질을 평가하기 위해서는 사용된 연구방법(누구를, 어떻게, 언제 연구했는가)에 주의를 기울여야 한다.

조사보고서 평가

이 절에서는 연구조사보고서를 읽고 평가하는 데 생길 수 있는 질문들에 대해 살펴볼 것이다. 이 질문들은 앞의 일부 장들을 쓰면서 생각한 것으로서, 한 주제에 대해 보다 많은 정보를 얻는 데도 필요하다. 실제 조사보고서를 읽으면서 더 많은 질문을 가질 수 있지만, 나는 여러분이 이들 질문을 통해 조사보고서의 의미를 파악하고 예상되는 문제에 대해 주의하기를 바란다.

이론적 지향

- 연구에 이론적 요소가 있는가? 이론에 관한 참고문헌이 누락되진 않았는가?
- 연구자의 주요 패러다임 또는 이론적 지향을 파악할 수 있는가? 보고서의 문헌검토 부분과 그 밖의 부분에서 인용된 저자들을 통해 그 단서를 찾을 수 있다.
- 다른 한편으로, 저자가 일부 패러다임 또는 이론을 반박하려 하는가?

- 이론 또는 가설이 검증되었는가?
- 이론적 지향은 어떻게 자료수집과 자료선택 등 연구에 사용된 방법론에 영향을 주었는가?
- 사용된 방법론은 관련된 이론적 이슈들에 적절한가?

연구설계

- 연구의 목적은 탐색, 기술, 설명 중 어느 것이었는가?
- 누가 연구를 수행했는가? 누가 연구비를 부담했는가? 연구의 동기는 무엇이었는가? 연구결론이 연구비 지원자 또는 연구자의 사적 이해관계나 관심에 부합할 경우에는 그 가치가 떨어질 수 있으므로, 이 점에 특별히 주의를 기울여야 할 것이다.
- 분석단위는 무엇이었는가? 분석단위가 연구목적과 부합하는가? 연구에서 도출된 결론이 분석단위에 부합하는가? 예를 들어, 연구자가 도시를 연구해놓고 개인들을 대상으로 한 주장으로 마무리하지는 않았는가?
- 연구는 횡단연구인가 종단연구인가? 횡단적 관찰에 근거해서 종단적 주장을 할 경우에 특별히 주의해야 할 것이다.
- 종단적 자료가 수집되었다면 각 시점에서 동일한 측정이 이루어졌는가? 조사자료일 경우, 각 시기에 동일한 질문을 했는가? 보고서에서 범죄율 또는 빈곤율을 비교할 경우, 이들 개념이 각 시기에 동일하게 정의되었는가? (예를 들면, 빈곤 개념은 자주 변한다.)
- 패널연구가 수행되었다면 모든 연구과정에서 누락된 대상은 누구였는가?

측정

- 연구된 개념들은 무엇이라고 이름 붙여졌는가?
- 연구자가 변수들의 다른 차원들을 설명했는가? 분석과 보고서에서 이런 점들이 충분히 고려되었는가?
- 이들 차원과 개념을 측정하는 데 어떤 질적 또는 양적 지표가 채택되었는가? 각각의 지표는 측정대상을 타당하게 측정하는가? 다르게 측정할 수 있는 지표는 없는가? 측정은 신뢰할 수 있는가? 신뢰도는 검증되었는가?
- 각 변수의 측정수준은 명목측정, 서열측정, 등간측정, 비측정 중 어느 것인가? 측정수준은 적절한가?
- 합성측정(composite measurements, 지수, 척도, 또는 유형분류)들이 사용되었는가? 사용되었다면, 연구목적에 부합하는가? 그 측정들은 정확히 구성되었는가?

표집

- 표본연구가 적절했는가? 또는 모든 요인들이 연구되어야 했는가? 무작위 표본추출이 항상 가능한 것이 아니라는 점을 명심해야 한다.
- 표집이 필요했다면 확률표집 기법이 적절했는가, 아니면 유의적 · 눈덩이 또는 할당표집이 적절했는가? 적절한 표본설계가 사용되었는가?
- 연구자는 어떤 모집단에 대해 결론을 내리려 하는가?
- 연구자의 목적은 무엇인가? 통계적 기술이 목적이라면 철저한 확률표집 기법이 필요하다.
- 확률표집을 선택했을 경우, 어떠한 표집틀을 사용했는가? 표본은 연구자가 관심을 갖는 모집단을 적절히 대표하는가? 모집단의 어떤 요소들이 표집틀에서 생략되었으며, 어떤 극단적 요소들이 포함되었는가?
- 단순무작위 표집, 계통적 표집 또는 집락표집 중 어떤 표집기법이 사용되었는가? 연구자는 표집에 앞서 표집틀을 층화했는가? 층화변수는 제대로 선택했는가? 층화변수들은 연구 중인 변수들과 관련이 있는가?
- 표본크기는 얼마인가? 표본 중 얼마가 응답했는가? 응답자와 무응답자의 차이는 무엇인가?
- 응답자들이 표본으로 선택된 사람들을 대표한다고 가정할 경우, 그 크기의 표본에서 어떤 표집오차를 예상하는가?
- 가령 연구자는 모집단과 응답자의 성별분포, 연령, 민족성, 교육 또는 수입을 비교하여 대표성 검증을 했는가?
- 연구대상 개인들(또는 기타 분석단위들)은 궁극적으로 그들이 속한 모집단을 대표하는가? 즉, 표본에서 나온 결론이 모집단 또는 일상생활에 대해 무엇을 알려주는가?
- 예를 들어, 질적 연구와 같이 확률표집이나 통계가 적절하지 않은 경우 연구현상을 개관할 수 있는 대상과 관찰이 채택되었는가? 연구자는 이상하거나 확인되지 않은 사례들에 특별히 유의했는가?

실험

- 실험에서 주요 독립변수는 무엇인가? 예를 들어, 실험자가 얻고자 하는 실험효과는 무엇인가?
- 실험동기는 무엇인가?
- 실험에 관련된 기타 변수들은 무엇인가? 그 변수들은 측정되었는가?
- 각 변수는 정의되고 측정되었는가? 변수와 측정에 있어 타당도 및 신뢰도의 문제는 무엇인가?

- 적절한 통제집단을 사용했는가? 피실험자들은 무작위 선택 또는 짝맞추기로 실험집단과 통제집단에 각각 할당되었는가? 할당은 정확히 이루어졌는가? 연구자는 실험집단과 통제집단의 피실험자들에 대한 초기 비교가능성(intial comparability)의 근거를 제시했는가?
- 종속변수에 대해 사전 · 사후측정이 있었는가?
- 실험에서 발생할 수 있는 위약효과(또는 호손 효과)는 무엇인가? 그 문제에 대해 주의했는가? 예를 들어, 이중눈가림 설계를 채택했는가?
- 역사, 성숙, 조사, 측정도구, 통계적 회귀, 선정오차, 피험자 사망, 모호한 인과적 시간순서, 처치의 확산 또는 모방, 보상, 보상경쟁 또는 사기저하 등의 내적 타당도 문제가 있는가?
- 외적 타당도 문제가 있는가? 실험자는 실험결과가 현실생활에 적용될 것이라고 어떻게 확신하는가?

서베이 조사

- 연구는 표집관련 문제들에 대처하는가?
- 응답자에게 어떤 질문을 했는가? 질문을 정확한 용어로 표현했는가? 단지 의역한 질문을 제시하는 조사보고서에 주의해야 한다.
- 폐쇄형 질문을 했을 경우, 응답범위가 적절하게, 망라적으로, 상호배타적으로 주어졌는가?
- 개방형 질문을 했을 경우, 응답은 어떻게 범주화했는가? 연구자는 개방형 응답을 코딩하는 데 있어 자신의 편견이 개입하지 않도록 조심했는가?
- 모든 질문은 명료하고 분명한가? 응답자들이 질문을 오해하지는 않았는가? 오해했다면, 응답이 연구자가 가정한 것이 아닌 다른 것을 의미하는가?
- 응답자들은 질문에 응답할 수 있는 능력이 있었는가? 만약 능력이 없다면, 그들이 어떻게든 응답했더라도 그 응답은 아무런 의미가 없다.
- 두 가지 이상의 의미로 해석될 수 있는 쌍렬식(double-barreled) 질문이 있는가? 접속어(그리고, 또는 등)를 찾아본다. 응답자들이 두 질문에 대해 하나는 찬성하고 다른 것은 반대할 수도 있는데, 두 질문에 모두 찬성하거나 반대하도록 질문하지는 않았는가?
- 질문에 부정어가 포함되었는가? 만약 포함되었다면, 응답자가 그 용어를 오해해서 잘못 응답하지 않았는가?
- 사회적 바람을 담고 있어서 응답에 영향을 미칠 수 있는 위험한 질문이 있는가? 질문내용이 옳고 그름을 묻는 것이어서 응답자가 일반적 통념에 맞춰 응답했는가?

- 여러분이라면 각 문항에 대해 어떻게 응답하겠는가? 내가 응답자라면 과연 어떻게 응답할지를 생각하면서 모든 질문들을 검토해야 한다. 여러분이 응답하는 데 어려움이 있었다면 다른 사람들도 마찬가지이다. 그런 다음, 다양한 입장(자유주의와 보수주의, 종교인과 비종교인 등)에서 보고 각각의 입장에서 질문이 어떻게 들릴지 생각해본다.
- 연구자는 기존 자료들에 대한 이차분석을 했는가? 만약 이차분석을 했다면, 그 자료에 의한 연구의 질을 평가한다. 또한 분석에 사용된 자료가 현재 연구목적에 적합한가? 처음 질문한 문항들이 현재 분석하고자 하는 변수들에 적합한가?

현장연구

- 연구자의 접근법이 근거하고 있는 이론적 패러다임은 무엇인가?
- 연구는 가설을 검증하기 위한 것인가, 아니면 관찰을 통해 이론을 형성하기 위한 것인가? 또는 이론에 대한 관심이 아예 없는가?
- 연구에서 주요 변수들은 무엇인가? 이들 변수는 어떻게 정의되고 측정되었는가? 타당도의 문제는 없는가?
- 신뢰도는 어떤가? 동일한 사건을 관찰하는 다른 연구자도 똑같은 방식으로 사물들을 분류하겠는가?
- 관찰내용의 분류(classification of observations)가 임의적으로 이루어져 연구결과나 연구가설에 영향을 미칠 가능성이 있는가?
- 예를 들어, '집단의 도덕적 기준은 매우 보수적이었다'는 결론이 내려졌다면 '도덕적 기준'의 의미는 무엇인가?
- 연구결과를 사회에 얼마나 일반화시킬 수 있는가? 이와 관련하여 연구자는 어떤 주장을 했는가? 그 주장의 근거는 무엇인가?
- 사람들을 대상으로 면접이 이루어졌다면 그들은 어떻게 선택되었는가? 그들은 대표성이 있는가?
- 연구자는 연구 중에 있는 사건들에 얼마나 참여했는가? 그 참여가 사건 자체에 어떤 영향을 끼쳤는가?
- 연구자는 연구자로서 자신의 신분을 밝혔는가? 만약 밝혔다면, 그것이 관찰대상자의 행동에 어떤 영향을 미쳤는가?
- 연구자가 관찰대상자에게 개인적 감정(긍정적/부정적)을 보였는가? 그랬다면, 그 감정이 관찰과 그것에서 도출된 결론에 어떤 영향을 끼쳤는가?
- 연구자의 문화적 정체성 또는 배경이 관찰한 사실에 대한 해석에 어떤 영향을 미쳤는가?

내용분석

- 분석의 주요 변수들은 무엇인가?
- 분석된 자료의 출처와 형태는 무엇인가? 자료가 연구질문에 적합한가?
- 분석된 자료의 시간범위(time frame)가 연구질문에 적합한가?
- 분석단위는 무엇인가?
- 양적 분석이 이루어졌다면, (1) 자료출처에서 적절한 표본이 선택되었는가? (2) 적절한 통계기법이 사용되었는가?
- 질적 분석이 이루어졌다면, (1) 적절한 자료가 검토되었는가? (2) 연구자의 결론이 제시된 자료와 논리적으로 일치하는가?

기존 통계자료의 분석

- 분석할 자료는 누가 처음 수집했는가? 자료수집의 방법에 결함이 있었는가? 자료수집의 원래 목적은 무엇이었는가? 그 목적이 수집된 자료에 영향을 미쳤는가?
- 자료의 분석단위는 무엇이었는가? 분석단위가 현재 연구질문과 향후의 결론에 적절한가? 생태학적 오류(ecological fallacy)가 생길 위험이 있는가?
- 언제 자료가 수집되었는가? 자료는 현재 관심대상에 여전히 적절한가?
- 현재 연구에서 분석할 변수들은 무엇인가? 원래 연구자들이 사용한 개념정의들이 현재 연구대상에 적합한가?

비교역사분석

- 연구는 기술분석인가, 설명분석인가? 횡단비교 또는 시간에 따른 변화가 연구에 포함되는가?
- 분석단위(국가, 사회운동)는 무엇인가?
- 주요 변수들은 무엇인가? 설명분석일 경우, 어떤 인과관계를 조사하는가?
- 기존 통계자료, 내용분석, 서베이 또는 현장연구 같은 기타 연구기법들이 연구에 사용되었는가? 이러한 측면들을 평가하려면 이 절에서 제시된 지침들을 활용하면 된다.
- 자료의 범위(예를 들어, 비교된 단위들 또는 단위들의 특성을 보기 위해 이루어진 관찰의 수)가 분석에 적합한가?
- 사료 및 기타 자료를 사용했다면, 누가 무슨 목적으로 그 자료를 만들어냈는가? 자료에 편향이 있는가? 예를 들어, 귀족계층이 소장한 일기는 당대의 농부생활을 반영하지 못할 것이다.

평가연구

- 분석해야 할 사회적 개입(intervention)은 무엇인가? 사회적 개입은 어떻게 측정되었는가? 타당도 또는 신뢰도의 문제가 있는가?
- 적합한 사람들(또는 기타 분석단위)을 관찰했는가?
- '성공(success)'은 어떻게 정의되었는가? 성공은 어디서—개인, 조직, 범죄율—나타나는가? 그리고 적절히 측정되었는가?
- 연구자는 개입을 성공으로 또는 실패로 판단했는가? 그 판단은 제대로 되었는가?
- 누가 연구비를 지원했고 누가 실제로 연구를 수행했는가? 연구자는 객관적이었는가? 연구후원자가 어떤 식으로든 간섭하지는 않았는가?

자료분석

- 연구목적 및 설계에서 질적 또는 양적 분석의 필요성을 제시했는가?
- 비표준화된 자료가 어떻게 코드화되었는가? 이 질문은 질적 · 양적 분석 모두에 적용된다. 코드는 어느 정도로 (1) 이전 이론에 기초했는가? 아니면 (2) 자료에 의해 생성되었는가?
- 연구자는 타당한 모든 분석을 수행했는가? 적합한 변수들을 확정해서 조사했는가? 두 변수 간에 관찰된 상관관계는 제3의 선행변수에 의한 허위관계인가?
- 연구결과가 정말로 중요한가? 예를 들어, 관찰된 하위집단 간 차이가 크거나 유의미한 것인가? 실천적 함의가 있는가?
- 연구자가 실제 연구결과의 범위를 벗어난 결론 및 함의를 도출했는가?
- 자료분석 및 해석에서 논리적 오류가 있는가?
- 경험적 연구관찰에서 사회생활에 대한 근거이론의 기초가 되는 새로운 유형의 관계가 나타났는가? 연구자는 새로운 이론에 반하는, 밝혀지지 않았던 사례들을 찾아냈는가?
- 자료분석에 사용된 통계기법은 관련된 변수들의 측정수준에 적절한가?
- 통계적 유의도 검증이 사용되었다면, 그 결과는 정확히 해석되었는가? 통계적 유의도가 실제 유의도와 혼동되었는가?

보고하기

- 연구자는 연구가 지닌 의미를 기존 연구와 관련하여 살펴보았는가? 연구는 기존 연구를 보강, 변경, 반복 또는 반박하는가?
- 대체적으로 연구자는 연구설계 및 실행에 필요한 상세한 사항들을 충분히

보고했는가? 보고서에 실은 상세한 사항들에 특별히 애매하거나 미비한 부분이 있는가?

- 연구자는 연구설계 또는 실행에서 나타난 오류나 한계를 보고했는가? 주제와 관련한 향후 연구를 위한 개선점을 제안했는가?

이 절의 목적은 사회조사보고서를 읽고 이해하는 데 있다. 여러분은 이 장의 마지막에서 양적 · 질적 논문을 읽는 연습을 할 것이다. 앞에서 말했듯이, 여러분은 사회조사보고서를 읽는 실력이 실습과 함께 향상된다는 사실을 깨닫게 될 것이다.

독자가 읽을 사회조사보고서를 작성하는 방법에 대해 논의하기 전에, 점차 널리 이용되고 있는 인터넷 자료를 읽고 평가하는 방법에 대해 살펴보자. 인터넷에서는 검색방법을 알면 유용한 자료들을 찾을 수 있지만, 알지 못하면 쓰레기만 접하게 된다.

현명한 인터넷 활용법

20세기를 마감하는 시기에 월드와이드웹(World Wide Web)은 사회조사를 위해 매우 가치 있는 도구로 발전했다. 월드와이드웹은 기하급수적으로 확장함으로써 인류의 머리이자 지식, 여론 그리고 신념의 보고로서 지적 통찰력을 제공하지만 오해와 편견을 낳을 수도 있다. 웹은 점차 강력한 실체로서 진화해나갈 것이다. 화약이나 텔레비전과 마찬가지로, 이 기술의 힘이 항상 현명하게 이용될 것이라는 보장은 없다. 나는 웹 이용을 반대하기보다는 장려하는 입장이지만, 많은 동료들이 우려하는 문제들을 염두에 두고 있다.

이 절에서는 사회과학자에게 유용한 웹사트를 공유하고 웹 검색에 대한 몇 가지 조언을 할 것이다. 이어서 웹을 이용하면서 나타나는 주요 문제들에 대해 언급하고, 그 문제들을 예방하는 방법을 제시하고자 한다.

유용한 웹사이트

먼저 핵심 웹사이트 몇 개만을 언급하고, 중요한 웹 검색방법에 대해 조언하고자 한다.

월드와이드웹이 진화하면서 사회과학자들이 이용할 수 있는 온라인 자료들이 엄청나게 증가했다. 게다가 확신하건대, 이미 여러분은 관심 있는 정보를 검색할 수 있다. 현재 목적에 관심을 집중하기 위해 여러분이 확인해볼 수 있는 일반적으로 유용한 웹사이트는 다음과 같다.

- 종합사회조사(General Social Survey)
- 미국 센서스청(U.S. Bureau of the Census)
- 미국간이통계(USA Statistics in Brief)
- 미시건대학교 웹 통계자료(Statistical Resources on the Web, University of Michigan)
- 사회과학 가상도서관(Social Science Virtual Library)
- 질적 연구자료(QUALPAGE: Resources for Qualitative Research)
- 영국 서레이대학교 컴퓨터 보조 질적 자료분석 소프트웨어(Computer Assisted Qualitative Data Analysis Software, University of Surrey, England)

이제 여러분이 기대하는 어떤 정보가 웹 어딘가에 있지만, 여러분은 그곳이 어딘지 알지 못한다고 가정하자. 그리고 웹을 탐색하는 몇 가지 아이디어들을 알아보자.

웹사이트 검색

웹에는 셀 수 없을 만큼 엄청난 정보들이 있다. 웹에 있는 '사실' 또는 자료의 수량을 추정하는 것은 불가능한 일이다. 그러나 여러분이 할 수 있는 질문 대부분은 웹에서 그 답을 찾을 수 있다. 하지만 그 답을 구하는 데는 관련 기술이 필요하다.

구글이나 기타 검색엔진에서, 예를 들어 각국의 'Infant mortality rate'(영아사망률)을 검색한다. 따옴표 안에 검색어를 기입하면 검색엔진(search engine)이 세 단어가 모두 포함된 웹사이트들을 알려주기보다는 정확한 구절을 제시할 것이다. 〈그림 17-1〉은 내가 검색한 결과를 보여준다.

검색엔진
월드와이드웹을 통해 웹사이트에 특정 용어들이 나타나도록 설계된 컴퓨터 프로그램

여러분이 보듯이, 50만 개 이상의 웹사이트가 검색되었다. 어떤 웹사이트는 영아사망률에 대한 개념 정의에 초점을 맞췄으며 다른 웹사이트는 세계 또는 특정 국가에 대한 데이터를 제공한다. 국가를 비교한 사이트도 있고 영아사망률 변화를 보여주는 사이트도 있다. 아프리카의 영아사망에 관심을 갖고 검색하기 위해 아프리카 '영아사망률'을 검색했다.

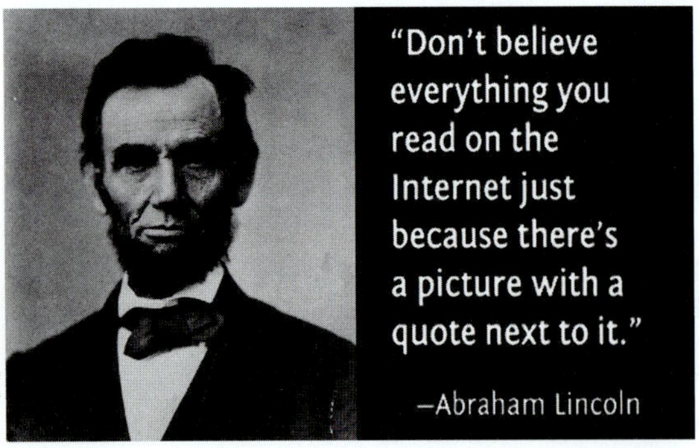

다른 많은 검색엔진과 같이, 구글은 아프리카와 영아사망률 두 단어가 포함된 사이트를 찾았다. 〈그림 17-2〉는 첫 번째 검색결과를 보여준다.

〈그림 17-2〉에 있는 일부 웹사이트는 매우 일반적인 내용이지만 아프리카 영아사망률에 대한 정

"Don't believe everything you read on the Internet just because there's a picture with a quote next to it."
–Abraham Lincoln

Photo: Library of Congress Prints and Photographs Division [LC-USZ62-12950]

"인터넷에서는 사진 옆에 인용문이 있다고 해서 모두 믿지는 마십시오."– 에이브러햄 링컨

Infant mortality rate - The World Factbook
https://www.cia.gov/.../2091rank.html ▾ Central Intelligence Agency (CIA) ▾
Infant mortality rate compares the number of deaths of infants under one year old in a given year per 1,000 live births in the same year. This rate is often used as ...

List of countries by **infant mortality rate** - Wikipedia, the free ...
en.wikipedia.org/.../List_of_countries_by_**infant_mortality_rat**... ▾ Wikipedia ▾
The **infant mortality rate** (IMR) is the number of deaths of infants under one year old per 1,000 live births. This rate is often used as an indicator of the level of ...

Infant mortality - Wikipedia, the free encyclopedia
en.wikipedia.org/wiki/Infant_mortality ▾ Wikipedia ▾
Infant mortality rate (IMR) is the number of deaths of children less than one year of age per 1000 live births. The rate for a given region is the number of children ...
Infant mortality rate - Causes - Measuring IMR - Societal infrastructure

Infant Mortality - Centers for Disease Control and Prevention
www.cdc.gov/.../inf... ▾ United States Centers for Disease Control and Preve... ▾
Oct 1, 2012 - The death of a baby before his or her first birthday is called infant mortality. The **infant mortality rate** is an estimate of the number of infant deaths ...

Mortality rate, infant (per 1,000 live births) | Data | Table
data.worldbank.org › Indicators ▾ World Bank ▾
Infant mortality rate is the number of infants dying before reaching one year of age, per 1,000 live births in a given year. Estimates developed by the UN ...

Images for **"Infant Mortality Rate"** Report images

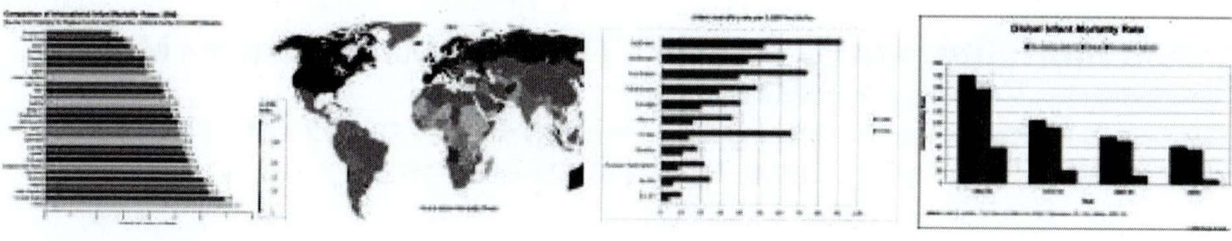

More images for **"Infant Mortality Rate"**

Infant Mortality Rate - The Henry J. Kaiser Family Foundation
kff.org/global-indicator/**infant-mortality-rate/** ▾ Kaiser Family Foundation ▾
Infant Mortality Rate (Total Deaths per 1,000 Live Births) .... **Infant Mortality Rate**: The number of infant deaths in a given year divided by the number of live births ...

그림 17-1 'Infant Mortality Rate'(영아사망률) 검색
출처: © 2014 Google. 2014년 5월 9일, 오후 1:00 내려받음.

The infant mortality rate (IMR) is the number of deaths of infants under one year old per 1,000 live births. This rate is often used as an indicator of the level of health in a country. The infant mortality rate of the world is **49.4** according to the United Nations and 42.09 according to the CIA World Factbook.

List of countries by **infant mortality rate** - Wikipedia, the free ...
en.wikipedia.org/wiki/List_of_countries_by_**infant_mortality_rate** Wikipedia ▾

Feedback

Infant mortality rate - The World Factbook
https://www.cia.gov/.../2091rank.html ▾ Central Intelligence Agency (CIA) ▾
Infant mortality rate compares the number of deaths of infants under one year old in a given year per 1,000 live births in the same year. .... 51, South **Africa**. 41.61.

List of countries by **infant mortality rate** - Wikipedia, the free ...
en.wikipedia.org/.../List_of_countries_by_**infant_mortality_rat**... ▾ Wikipedia ▾
List of countries by **infant mortality rate** ... The **infant mortality rate** (IMR) is the number of deaths of infants under one year old per 1,000 .... South **Africa**, 42.15, - >.

WHO | Infant mortality
www.who.int/gho/urban_health/.../en/ ▾ World Health Organization ▾
For example, the urban poorest 20% in **Africa** have witnessed a decrease in **infant mortality rate** from 99 per 1000 live births in the 1990s to 70 per 1000 live ...

Africa's infant mortality rate threatens growth potential - SA...
www.sabc.co.za/.../**Africa**'s-**infa**... ▾ South African Broadcasting Corporation ▾
Aug 1, 2013 - **Africa's** growth potential is at risk if the continent does not take care of its new- borns who continue to die at birth.

Infant mortality rate by country - Thematic Map - **Africa** - M...
www.indexmundi.com/map/?v=29&r=af&l=en ▾
Reading Data. Please Wait. Rendering Map. Please Wait. □ 9 - 22 □ 22 - 34 □ 34 - 47 □ 47 - 60 □ 60 - 74 □ 74 - 88 □ 88 - 102 □ 102 - 116. Mauritius, 11.2.

Images for **Africa "infant mortality rate"** Report images

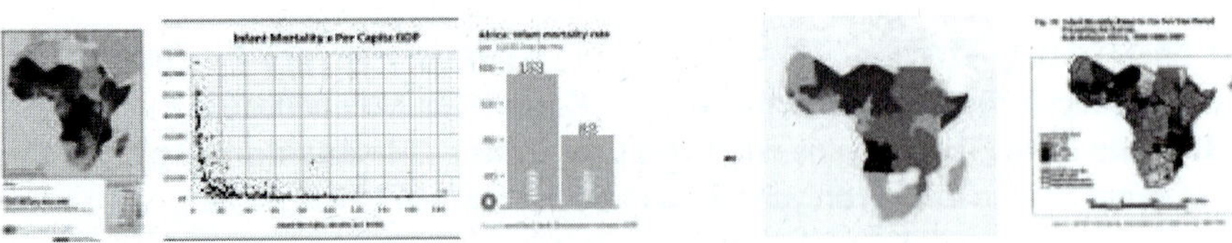

More images for **Africa "infant mortality rate"**

그림 17-2 "Africa 'Infant Mortality Rate'"(아프리카 영아사망률) 검색
출처: © 2014 Google. 2014년 5월 9일 오후 1:05 내려받음.

보도 포함되어 있음을 가정할 수 있다. 목록 일부는 아프리카를 특별히 다루고 있다.

첫 번째 웹링크는 Wikipedia로서 웹 커뮤니티가 편집한 무료 백과사전이다. Wikipedia의 급속한 성장은 학계의 대화거리인 동시에 걱정거리이다. Wikipedia가 어떻게 확대되고 사용자 친화적인지에 대해 아무도 묻지 않지만, 검색내용이 항상 정확한 것은 아니며 오류도 많다는 점 때문에 염려하는 사람도 많다. 간혹 예를 들어 정당 후보자들을 서로 반대하며 Wikipedia에 악의적으로 글을 올리는 경우가 있다. 이러한 폐단에 대한 최근 학계의 대응으로는, 가장 자유로운 인문대학 중 하나로 알려진 미들베리칼리지(Middlebury College)의 역사학부(2007)에서 학생들이 과제나 시험에서 Wikipedia의 글을 인용하는 것을 금지한 것을 들 수 있다. 이에 대해 Wikipedia의 비난이 염려되었지만, 미들베리대학은 다음과 같은 입장을 분명히 했다.

> 역사학부는 온라인 백과사전을 수업내용의 출처로 사용하는 것을 금지한다고 의결했지만, 일부 언론보도처럼 학생들에게 Wikipedia에 접속한다거나 학습수단으로 사용하지 말 것을 제안하지는 않았다. 사실 역사학부는 Wikipedia가 이례적으로 편리하고 일부 목적을 위해서는 지극히 유용하다는 찬사를 보냈다.
>
> (Middlebury College, 2007)

원하는 대로 검색하고, 검색된 웹링크들을 방문하는 것은 유용한 실습이다. 일부 사이트는 자료표(tables of data)가 아니라 주제에 대한 논의를 담고 있다는 것을 알게 될 것이다. 다른 사이트들은 제한된 자료들('특정 국가들')을 보여준다. 그래서 이런 웹링크 목록은 자료를 얻기 위한 하나의 단계일 뿐, 최종 단계는 아니다. 〈어떻게 할 것인가: Google Scholar와 기타 온라인 자료 활용〉을 참조하라.

인터넷 자료의 질 평가

이제 여러분은 웹검색에 대해 충분히 알게 되었으니 경험을 통한 학습을 할 수 있다. 여러분은 웹에 있는 자료를 찾는 것이 수월해졌다는 것을 바로 깨닫게 될 것이다. 그러나 찾은 자료들에 대해 평가하는 것은 좀 더 어려운 일이다. 이미 언급했지만 자료의 질 문제에 대해서는 할 말이 더 있다. 사실 많은 사람들이 이 문제에 대해 여러 가지 조언을 했다. 여러분은 그런 조언이 어디에 있다고 생각하는가? "웹"이라고 대답했다면, 옳은 대답이다.

한 검색엔진을 열고 '웹사이트 평가(evaluating websites)'와 관련된 웹사이트를 찾아보자. (다른 철자를 사용하면 더 많은 결과를 찾을 수 있다. 예를 들어 '웹사

어떻게 할 것인가 **Google Scholar와 기타 온라인 자료 활용**

조사자료를 위한 웹을 검사하는 데 있어 Google Scholar는 여러분이 주제에 초점을 맞춰 검색할 수 있도록 도움을 준다. 가령 '동성 결혼(same-sex marriage)' 연구에 관심을 가지고 기존 연구를 찾고자 한다면, 검색창에 'same-sex marriage'를 쓰고 '검색'을 클릭한다. 일반 구글 검색에서는 'same-sex marriage' 단어가 있는 많은 웹사이트들을 보여주지만, 이중에 많은 부분이 문헌검토에 도움이 되지 않을 수 있다. 이에 비해 Google Scholar는 여전히 개선되어야 할 것이 많지만, 그래도 더 엄선된 웹사이트를 제공할 것이다.

'Advanced Scholar Search'에서는 학술논문으로만 제한하여 검색할 수 있다. 특정 저자나 학술지에 한해서 검색할 수도 있고 관심영역을 정하여 학술논문을 검색할 수도 있다.

특히 사회과학 연구에 유용한 온라인 자료가 있다. 대학도서관에는 수백 개의 학술지를 위한 온라인 저장소인 JSTOR에 대한 라이센스가 있을 수 있다. 이곳에는 사회학에 관한 학술저널이 백 개가 넘는다. 이 서비스에 접근할 수 있으면 특정 제목 또는 저자를 검색하거나 특정 주제에 대한 기사를 더 광범위하게 검색할 수 있다. 한 가지 제한사항은 독자들이 학술지를 직접 구독하기를 바라는 학술지 발행인과의 합의로 인해 최신 저널은 제공되지 않는다는 것이다. 비포함기간은 일반적으로 3~5년이기 때문에 그 이전 것은 무료로 다운로드하고 사용할 수 있다.

또 다른 유용한 자료는 학술지 논문 초록의 온라인 개요서인 Sociological Abstracts이다. 출판사 ProQuest는 자신들의 사이트가 "사회학 및 사회 및 행동 과학 관련 분야의 국제적 문헌을 요약하고 색인한다"고 한다. 데이터베이스는 1,800개 이상의 연재물 간행물에서 발췌한 학술논문의 초록과 서평에 대한 인용과 함께 책 초록, 책의 장(chapter), 논문 및 학회 논문도 제공한다."(http://www.csa.com/factsheets/socioabs-set-c.php. 2019년 12월 14일 검색) 논문 전체를 내려받을 수는 없지만 연구 관심사와 가장 많이 관련된 논문들이 실린 학술지를 파악하고 그 학술지로 가서 실제 논문을 찾을 수 있다.

이들은 학교도서관에서 사용할 수 있는 온라인 자료의 두 가지 예일 뿐이다.

이트 평가(evaluating Web sites)'를 입력하면 이와 유사하지만 다른 항목을 찾을 수 있다. 〈그림 17-3〉은 유용한 조언들이 얼마나 되는지를 보여준다.

이들 대부분의 웹사이트 주소에 보이는 .edu만으로 알 수 있듯이, 웹사이트 평가는 대학들의 관심주제이다. 많은 사이트들이 이 주제에 대해 서로 다르게 접근하고 있지만, 그들이 제공하는 지침은 몇 가지 공통요소를 지니고 있다. 하나 또는 그 이상의 사이트를 깊이 연구하는 것이 좋다. 여기서 웹사이트에 있는 자료를 평가하는 데 있어 공통된 질문이나 제안들을 개괄하면 다음과 같다.

1. **누가/무엇이 웹사이트의 저자인가?** 웹사이트에서 정보를 얻는 데 있어 직면하는 가장 큰 두 가지 위험요소는 (1) 편향과 (2) 조잡함(sloppiness)이다. 웹의 일반적 장점은 거의 모든 웹사이트를 이용할 수 있고 검열이 없다는 것이다. 그러나 이러한 장점들은 사람들이 웹에 거의 모든 것을 올려놓을 수 있다는 위험성을 나타내기도 한다. 그러므로 주의해야 할 첫 번째 사항은 누가(조직 또는 개인) 웹사이트의 저자인가이다.

Evaluating Web Sites: Criteria and Tools - Olin & Uris Libraries
olinuris.library.cornell.edu/ref/.../webeval.htm... ▾ Cornell University Library ▾
Feb 13, 2014 - The User Context: The most important factor when **evaluating Web sites** is your search, your needs. What are you using the Web for?

Five criteria for evaluating Web pages - Olin & Uris Libraries
olinuris.library.cornell.edu/ref/.../webcrit.html ▾ Cornell University Library ▾
Apr 29, 2014 - Evaluation of Web documents, How to interpret the basics. 1. Accuracy of Web Documents. Who wrote the page and can you contact him or her ...

Evaluating Web Sites, UMD Libraries
www.lib.umd.edu/tl/.../evaluating-... ▾ University of Maryland, College Park ▾
Feb 7, 2014 - **Evaluating Web Sites**. Scope: The purpose of this page is to provide guidelines that may be used to determine the quality and accuracy of the ...
Authority and accuracy - Purpose and content - Currency

net.TUTOR: **Evaluating Web Sites**
liblearn.osu.edu/tutor/les1/ ▾ Ohio State University ▾
Evaluating Web Sites: Why bother with this tutorial? This tutorial will help you figure out what online information you can believe. It will help you: Avoid being ...

Evaluating Web Pages: Techniques to Apply & Questions to ...
www.lib.berkeley.edu/.../Eval... ▾ University of California, Berkeley Libraries ▾
May 8, 2012 - Why evaluate Web pages (many examples of good and bad pages, Checklist for evaluating, Techniques for finding out who is responsible, who ...

Unit 1 : Web Research Guide : **Evaluating Web Sites**
www.classzone.com › Web Research Guide › Unit 1 ▾
Unit 1 : Web Research Guide **Evaluating Web Sites**. As you've already learned, anyone with a computer and an Internet connection can publish on the Web.

Evaluating Web Sites - Indiana University Libraries
www.libraries.iub.edu/?pageId=1002223 ▾ Indiana University Bloomington ▾
Apr 4, 2013 - **Evaluating Web Sites**. Since almost anything can be put online, it is necessary to critically evaluate the information you find on the web.

Evaluating Web Sites - UMUC Library
www.umuc.edu/.../websiteeval... ▾ University of Maryland University College ▾
Welcome to this Information and Library Services Tutorial on **evaluating Web sites**. In this tutorial, you will learn how to determine whether a Web site contains ...

Evaluating Web Sites | Libraries | Colorado State University
lib.colostate.edu › Libraries ▾ Colorado State University ▾
Evaluating Web Sites Tutorial. How long does this tutorial take? This tutorial takes approximately 3-5 minutes. What does this tutorial cover? What are the five ...

Checklist for Evaluating Web Resources | USM Libraries ...
usm.maine.edu › USM Libraries ▾ University of Southern Maine ▾
Is the Web a good research tool? This question is dependent on the researcher's objective. As in traditional print resources one must use a method of critical ...

그림 17-3 '웹사이트 평가(Evaluaing Websites)' 검색

출처: ©2014 Google. 2014년 5월 9일 오후 1:25 내려받음.

2. **웹사이트가 특정 의견을 옹호하는가?** 월드와이드웹에 있는 많은 사이트들은 정치, 종교, 민족주의, 또는 기타 특정 의견을 지지하기 위해 만들어졌다. 이들 사이트에서 제공하는 자료가 간혹 거짓이긴 하지만, 그렇다고 해서 모두 그런 것은 아니다. 노골적인 거짓말을 하는 웹사이트를 제외하면, 대부분의 웹사이트는 특정 의견을 증명하는 관련 자료를 제공한다. 웹사이트가 사리에 맞게 객관적인지 또는 다른 속셈이 있는지는 대개 알 수 있다. 여러분이 확신할 만큼 극단적으로 행하는 웹사이트들을 조심해야 한다.
3. **웹사이트가 정확하고 완전한 참고문헌을 제시하는가?** 자료가 제공되면 그 자료의 출처가 어디인지, 어떻게 만들어졌는지를 알 수 있다. 웹사이트에서 자료를 제공한다면, 그 자료를 처음 만들어낸 연구자를 확인할 수 있는 자료를 충분히 제시하고 있는가? 또는 웹사이트 저자 자신이 자료를 편집했다면, 그 연구방법에 대해 상세한 설명을 충분히 하고 있는가? 그들이 그러한 설명 없이 자료를 제공한다면, 그 정보는 버리고 다른 데로 옮겨가야 한다.
4. **자료들이 최근 것인가?** 웹의 또 다른 일반적 문제는 자료들이 게시되고 나서 잊힐 수 있다는 점이다. 예를 들어 범죄율, 평화협정기록 등에 관한 지나치게 오래된 자료를 찾을 수 있다. 찾은 정보가 목적상 시의적절한지 확인해야 한다.
5. **자료가 공인된 것인가?** 미국 센서스청(U.S. Bureau of the Census), 노동통계청(Bureau of Labor Statistics), 전국보건통계센터(National Center for Health Statistics), 그리고 기타 공식 정부연구 사이트에서 자료를 찾으려는 것은 좋은 생각이다. FedStats는 연구기관의 자료를 찾기에 적합한 출발지점이다. 10장에서 보았듯이, 공공기관들이 제시하는 자료가 반드시 '참(true)'은 아니지만, 그 기관들은 확실한 객관성에 근거하고 있고 그 목표를 성취하는 데 필요한 자료를 지원하기 위한 견제/균형장치를 가지고 있다.
6. **웹사이트가 대학의 연구 사이트인가?** 정부의 연구기관과 마찬가지로 대학의 연구센터 및 연구소는 일반적으로 안전한 정보원으로서, 전문연구 수행과 그를 지원하기 위한 견제/균형장치(동료평가 등) 마련에 전념하고 있다. 이 책 전체에서 시카고대학교 전국여론조사센터(National Opinion Research Center)에서 정규적으로 수행하는 종합사회조사(General Social Survey)가 언급되었다. 거기에 있는 자료는 신뢰할 수 있고, 자료에 대한 정당성을 믿고 이용할 수 있으며, 교수도 그 정보이용에 대해 문제 삼지 않을 것이다.
7. 자료가 다른 사이트들의 자료와 일치하는가? 어디서든지 가능한 한 자료를 확인(비교검토)해야 한다. 우리는 이미 한 번의 웹 검색에서 하나 이상의 자료출처를 찾아낼 것을 알고 있다. 그 출처들이 제공하는 자료들을 비교하

는 시간을 가져야 한다. 일부 사이트들이 근본적으로 동일한 자료를 제공한다면, 모두 믿고 사용할 수 있다. 매사가 그렇듯 효과적인 웹 활용은 실천과 더불어 개선될 것이다. 게다가 웹 자체는 여러분의 웹 활용과 함께 진화해나갈 것이다.

인터넷 자료 인용

웹 자료를 이용할 경우, 독자가 그 원자료를 참조하여 맥락적으로 이해할 수 있도록 서지인용(bibliographic citation)을 제시해야 한다. 그렇게 해야 잠시 후 이 장에서 논의될 표절문제로부터 벗어날 수 있다.

이 장 후반에서 살펴볼 수 있는 서지인용을 위한 많은 표준형식들이 있다. [〈어떻게 할 것인가: 참고문헌 인용〉 참조] 그러나 불행하게도 웹 자료는 이들 형식을 따르지 않는다.

다행히도 많은 조직들이 웹 인용문제에 대처하고 있다. 나를 믿지 않는다면 여러분이 좋아하는 웹 검색엔진으로 가서 '웹 인용(web citations)'을 검색해보라. 수많은 지침을 찾을 수 있을 것이다.

여러분의 교수는 특정 형식의 웹 인용을 선호할 것이다. 그러나 여기서 참고문헌 인용을 위한 공통 요소들을 살펴보자.

- **URL** 또는 웹 주소. 예를 들어 http://www.census.gov/newsroom/press-releases/2015/ch15-56.html은 2013년 중반부터 2014년 중반까지 플로리다(Flodida) 지역 면적의 빠른 확장에 대한 자료를 제공한다. 그래서 내가 여러분에게 Miami-Fort Lauderdale-West Palm Beach가 1년에 주민 66,000명이 증가했다고 말하면, 여러분은 곧바로 나의 자료출처로 갈 수 있다.
- 사이트에 접속한 날짜와 시간. 여러분도 알 수 있듯이 많은 사이트들이 가끔씩 바뀐다. 여러분이 해당 사이트를 방문한 일시는 독자에게도 유용할 것이다. 일부 편집기준은 이를 포함하자고 하지만 이에 반대하는 기준도 있다. 의심스러우면 교수와 발행인에게 문의할 수 있다. 정보는 너무 적은 것보다 더 많은 것이 좋다. 위에서 인용한 자료는 2015년 3월 30일에 접속하여 얻은 것이다.
- 여러분이 인용한 자료에는 저자와 제목, 그리고 발행정보가 있을 것이다. 이것들은 인쇄자료를 인용하는 방법과 동일하게 인용되어야 한다(예: Doe, John. 2015. "How I Learned to Love the Web." *Journal of Web Worship* 5(3):22-45).
- 여러분은 InfoTrac College Edition 또는 다른 매체에 있는 학술지 논문을

URL
일반적으로 'http://'로 시작하는 웹주소로서, 'uniform resource locator'나 또는 'universal resource locator'를 의미한다.

읽기 위해 웹을 이따금 이용하게 될 것이다. 검색자료는 페이지 번호가 매겨진 인쇄형식으로 제공될 것이다. 이런 자료에서 인용할 내용이 있으면 정확한 페이지 번호를 기입해야 한다. 번호가 없으면 해당 자료가 발행된 지역을 인용할 수 있다. 이렇게 하는 이유는 다른 독자들이 여러분이 이용한 본래 웹 자료를 참조할 수 있도록 도와주기 위함이다. 여러분은 이따금 웹사이트에 게시된 논문의 정확한 위치를 제시할 수 없지만, 대부분의 브라우저에서는 이용자가 특정 단어 또는 문구만으로도 인용된 자료를 참조할 수 있도록 해준다.

웹 인용의 가변성은 디지털 콘텐츠 영구식별자(Digital Object Identifier, DOI)를 대표하는 국제 DOI 재단(International DOI Foundation, IDF)이 제기한 문제이다. 이 시스템에 따르면, 논문과 같은 디지털 콘텐츠는 IDF 번호로 등록되고 DOI 번호로 분류된다. 등록된 콘텐츠는 논문이 원래 웹 위치에서 제거된 경우에도 남은 웹 링크를 통해 찾을 수 있다. 출처를 인용할 때 가능한 경우 DOI 번호가 포함되어야 한다. 여러분은 이 귀중한 인용 도구를 DOI 웹사이트에서 더 잘 배울 수 있다.

17.3 사회조사보고서 작성

조사결과를 적절하게 전달하지 못한다면 지금까지 논의과정에서 쏟은 모든 노력은 헛된 것이 될 것이다. 다시 말해, 좋은 사회조사보고서가 되기 위해서는 무엇보다도 문장력이 좋아야 한다. 숫자만 봐도 자명하다고 하겠지만, 숫자는 숫자일 뿐 아무것도 의미하지 않는다. 쓰는 용어나 문장이 지나치게 복잡하면 오히려 의사소통이 어려워진다.

여러분에게 해줄 첫 번째 조언은 대략 3개월 간격으로 윌리엄 스트렁크와 E. B. 화이트(William Strunk Jr. and E.B. White)의 명저 『형식의 요소(The Elements of Style)』(1999)를 읽고 또 읽으라는 것이다. 열심히 읽어서, 내용의 10%라도 완벽하게 이해한다면 독자가 이해하고 연구결과를 인정하도록 만들 수 있다.

다음으로, 과학적 보고서는 몇 가지 기능이 있다는 점을 이해할 필요가 있다. 첫째, 보고서는 일련의 자료와 아이디어를 독자들에게 전달해야 한다. 독자들이 평가할 수 있도록 구체적인 내용을 명확하고 상세히 제공해야 한다. 둘째, 여러분의 보고서는 과학지식 체계에 기여해야 한다. 여러분은 겸손하면서도, 자신의 조사보고서가 사회적 행동에 관한 지식의 발전에 기여한다고 생각해야 한다.

일상생활에 개념 적용하기 | 의사소통이 핵심이다

사회조사 또는 그 외에 어떤 가치 있는 것을 추구하든 여러분은 인생에서 무엇을 하든 이 장에서 설명하는 기술을 정기적으로 사용하고 있는 자신을 발견할 것이다. 대학이 고용주에게 졸업생을 더 잘 준비시킬 수 있는 방안을 물으면, 전문분야와 상관없이 가장 일반적인 대답은 바로 글쓰기 교육이다. 어떤 직업을 선택하든 여러분은 문헌 또는 데이터를 읽고 논리정연하게 글을 쓸 수 있는 능력이 있으면 큰 혜택을 누릴 수 있다. 또한 여러분이 현대의 전형적인 대학생이라면 여러 가지 직업을 가질 수 있다. 효과적으로 읽고 쓰는 능력이 있으면 어디서든 좋은 대우를 받을 수 있다.

끝으로, 보고서는 후속 연구를 자극하고 방향을 제시해야 한다. 읽기 및 쓰기 방법을 더 잘 알려면 〈일상생활에 개념 적용하기: 의사소통이 핵심이다〉를 참조하라.

기본 준비 고려사항

앞서 열거한 일반적 지침에도 불구하고 보고서마다 용도가 다르다. 한 목적에 적합한 보고서가 다른 목적에는 전혀 부적절할 수 있다. 여기에서는 보고서를 쓸 때 고려해야 할 몇 가지 기본사항을 짚어보고자 한다.

독자

보고서의 초안을 만들기 전에 누가 보고서를 읽기 바라는지를 자문해봐야 한다. 일반적으로, 동료 과학자들과 일반 독자를 구분해야 한다. 전문과학자들을 상대로 보고서를 쓴다면, 그들은 이미 상당한 지식을 갖고 있다는 가정하에 세세하게 설명하기보다는 요약하는 편이 나을 것이다. 그리고 일반 독자에 비해 더 많은 전문용어를 사용할 수 있을 것이다.

동시에 과학에는 분파가 있다는 점을 염두에 두어야 한다. 여러분과 가까운 동료에게는 익숙한 용어와 가정 및 기법이지만 다른 과학자들에게는 혼란스러울 수 있다. 이 점은 기법뿐 아니라 내용에도 적용된다. 예를 들어, 종교사회학자가 일반 대중을 상대로 보고서를 쓴다면, 종교사회학자를 대상으로 할 때보다 더 자세히 기존 연구결과들에 대해 설명해야 할 것이다.

보고서의 형식과 분량

여기서의 의견은 서면 및 구두 보고서에 모두 적용된다. 그러나 이 두 형식은 보고서의 특성에 영향을 미칠 것이다.

연구조사 프로젝트에서 도출될 수 있는 다양한 보고서에 대해 생각해보는 것이 도움이 된다. 우선, 학술지에 싣는 짧은 연구노트(research note)를 준비할 수 있다. 그런 보고서는 대략 1~5페이지여야 하며(두 줄 간격으로 타이핑하여), 간략하고 직설적이어야 한다. 짧은 지면에 현장의 상태를 자세히 실을 수 없으므로 방법론 부분도 축약되어야 한다. 기본적으로 독자에게 연구결과를 간략한 연구노트 형태로 쓰는 이유를 밝히고, 그 결과가 무엇인지 알려야 한다.

종종 연구자는 연구후원자를 위해 보고서를 준비해야 한다. 물론 그런 보고서의 분량은 매우 다양하다. 그런 보고서를 쓸 때는 독자들—학자든 일반인이든—과 후원자가 처음에 프로젝트를 후원한 이유를 염두에 두어야 한다. 흥미를 주지 못하거나 가치가 없는 연구결과를 가지고 후원자를 싫증나게 만드는 것은 나쁜 전략일 뿐 아니라 나쁜 태도이기도 하다. 동시에 조사가 기본 과학지식 발전에 기여한 바를 요약하는 것도 유용하다.

워킹 페이퍼(working papers)는 또 다른 형태의 조사보고서이다. 특히 대규모 복잡한 프로젝트에서는 자료의 분석 및 해석에 대한 논평이 필요하다. 워킹 페이퍼는 암묵적으로 논평을 바라는 시험적 발표이다. 워킹 페이퍼는 또한 분량이 다양할 수 있으며, 프로젝트 결과의 전체 또는 일부분만을 실을 수 있다. 워킹 페이퍼는 연구자의 명성에 직접적인 영향을 끼치지 않기 때문에 연구자는 전반적으로 정당화하기 어려운 잠정적인 해석을 자유롭게 제시해도 되며, 그 상태로 평가받을 수도 있다.

많은 조사 프로젝트는 논문 형태로 전문 학술회의에서 발표된다. 많은 경우, 학술논문과 워킹 페이퍼는 목적이 같다. 동료들이 관심을 둘 만한 결과와 아이디어를 발표하면서 그들의 논평을 요청할 수 있다. 학술논문의 분량은 회의를 주최하는 조직에 따라 다를 수 있지만 분량이 너무 많지 않은 것이 좋다. 워킹 페이퍼에서는 여러 가설적 결론을 제시할 수 있지만, 학술회의 참석자들은 그 긴 내용을 들어주지 않는다. 들을 의무도 없다. 관심 있는 청중은 발표 후 언제나 더 구체적인 내용을 요청할 수 있고, 관심 없는 청중은 회의장을 빠져나갈 수 있다.

아마도 가장 보편적인 조사보고서는 학술지에 실린 논문일 것이다. 분량은 다양하며, 기존 학술지 논문의 분량을 검토해봐야 한다. 그러나 대강 한 행씩 띄어 인쇄한 25페이지 분량이면 좋을 것이다. 학생의 기말보고서도 이 형식을 따라야 한다. 일반적으로 훌륭한 학술논문이 될 것 같은 기말보고서가 훌륭한 기말보고서이다.

단행본은 가장 훌륭한 대표적 형태의 조사보고서이다. 단행본은 분량과 내용면에서 워킹 페이퍼와 동일하지만, 더 다듬어져서 출판된다. 조사결과를 서적으로 출판한다는 것은 더 큰 중요성과 가치를 갖기 때문에 독자에 대한 의무감이 특별히 커야 한다. 논평을 통해 여러분의 아이디어를 바꾸려 하는 동료들도 있을 수 있지만, 조사결과를 비판 없이 수용하는 독자도 있을 것이다.

보고서의 목적

이 책의 앞부분에서 사회조사 프로젝트의 여러 가지 목적에 대해 살펴보았다. 보고서를 준비할 때는 이러한 목적을 염두에 두어야 한다.

어떤 보고서는 주로 관심주제를 탐색하는 데 초점을 둘 수 있다. 그런 경우에는 결론이 잠정적이고 불완전하다. 연구자는 독자에게 연구의 탐색목적을 분명하게 밝히고, 프로젝트의 한계를 명시해야 한다. 탐색적 보고서는 조사주제에 대해 보다 발전된 조사방향을 제시하는 데 기여한다.

대부분의 보고서는 연구의 기술적 목적을 반영하는 기술적 요소를 갖는다. 표본에만 적용되는 기술과 모집단에 적용하는 기술을 주의 깊게 구분해야 한다. 추론적 기술을 하는 경우에는 독자에게 있을 수 있는 오차의 범위가 어느 정도인지 밝혀야 한다.

설명의 목적을 갖고 있는 보고서들은 변수들 간 인과관계를 밝히고자 한다. 보고서를 읽는 독자에 맞게 계산과 결론에 깔려 있는 설명규칙을 자세히 서술해야 한다. 그리고 기술의 경우처럼, 독자에게 결론이 지닌 함의를 제시해야 한다.

이론에 근거한 가설을 검증하고자 하는 경우 가설은 명백하고 간결해야 한다. 어떤 기준에 의해 가설이 기각되거나 채택되는지, 그리고 그것이 이론적 기초에 어떤 영향을 미치는지 자세히 설명해야 한다.

마지막으로, 일부 조사보고서는 실천행동을 제안하는 목적을 갖고 있다. 예를 들어, 편견을 연구하는 연구자가 연구결과에 기초하여 편견을 줄일 수 있는 방법을 제안할 수 있을 것이다. 그러나 연구자 자신의 가치와 성향이 자신의 제안과 상충될 수 있기 때문에 이 목적은 종종 해결하기 곤란한 문제를 야기할 수 있다. 연구자는 자신의 가치에 따라 제안할 수 있지만, 구체적 실천행동은 자료에 의해 정당화되어야 한다. 따라서 연구자는 실증적 자료에서부터 행동제안까지의 논리를 특별한 주의와 함께 자세히 설명해야 한다.

보고서 구성

보고서는 형식과 목적에 따라 약간씩 다르게 구성되지만, 조사자료를 제시하는 일반적 형식을 알고 있는 것이 도움이 된다. 다음의 내용은 학술논문에 직접적으로 적용되지만 약간 변형하면 대부분의 조사보고서 형식에도 적용된다.

목적과 개관

연구목적과 주요 분석결과에 대해 간략한 문장으로 시작하는 것이 좋다. 학술논문에서 개관은 초록 또는 개요의 형식을 취하는 경우도 있다.

일부 연구자는 이것이 어렵다고 한다. 예를 들어, 분석에는 상당량의 탐색작업이 필요하고, 주요 조사결과는 상상력이 풍부한 연역과정과 자료조작을 통해서만 가능하다. 따라서 연구자는 조사과정을 시간에 따라 서술하여 독자가 어느 정도 흥분과 놀라움으로 그 과정을 따르도록 할 수 있다. 보고서는 이런 형식으로 조사과정의 정확한 기술 정도에 따라 교육적 가치가 평가된다. 그렇지만 많은 독자는 연구 전체에 대한 이해가 없어서 목적과 결론 또한 이해하지 못해 연구의 중요성도 이해하기 어려워한다.

오래된 격언이 있다. "그들에게 당신이 설명하려고 하는 것을 설명하라. 설명하고 또 설명하라. 당신이 그들에게 설명하고자 하는 것을." 조사보고서를 준비하면서 이 격언을 명심하면 좋은 성과를 얻을 것이다.

문헌검토

다음으로, 조사보고서가 보편적 과학지식 체계에서 차지하는 비중을 밝혀야 한다. 연구자는 연구의 전체 목적을 제시하고 기존 연구에 대해 동의하는 것과 동의하지 않는 것을 지적하면서, 독자에게 기존 연구에 대한 최신 정보를 제공해야 한다. 문헌검토를 통해 연구의 가치를 밝힘으로써 연구의 토대를 마련해야 한다.

연구자가 기존 아이디어에 도전하는 경우도 있을 수 있다. 그런 경우 연구자는 그 아이디에 대한 기존 연구를 철저히 검토해야 한다. 그리고 기존 연구에서 고려되지 않은 요소나 기존 연구의 논리적 오류를 지적해야 한다.

연구자가 연구자들 사이의 불일치를 해소하는 데 관심이 있다면, 찬성 입장과 반대 입장의 연구들을 각각 요약하고, 마지막으로 입장이 다른 이유를 제시해야 한다.

문헌검토는 특정 주제에 관한 기존 연구를 열거함으로써 독자에게 참고문헌으로서의 기능을 한다. 그러나 기존 연구검토의 도입부는 세 페이지가 넘지 않도록 해야 한다. 참고문헌으로서의 기능은 보고서 마지막 부분에 참고문헌 목록으로 충분하기 때문에, 문헌검토는 현재 연구와 관련 있는 연구에 한해서 이루어지도록 해야 한다[〈어떻게 할 것인가: 참고문헌 인용〉 참조].

표절
다른 사람의 말이나 생각을 자기의 것인 양 표현하는 지능적인 절도행위

표절 예방

다른 사람의 조사를 보고할 때는 누가 무엇을 얘기했는지를 명확히 밝혀야 한다. 즉, 표절(plagiarism)을 예방하는 것이 중요하다. 표절은 다른 사람의 말이나 생각

어떻게 할 것인가 **참고문헌 인용**

논문에서 참고한 문헌의 출처를 인용하는 것은 중요하다. 인용은 정확히 해야 한다. 인용을 정확히 하는 것은 어려운 일이 아니지만, 인용형식이 여럿인 것이 약간의 걸림돌이 된다. 여기서는 가장 일반적인 방식을 소개할 것이므로, 여러분은 이중에서 교수가 지정하는 방식을 선택하면 된다. 서적과 논문에 대한 정보는 다음과 같이 한다.

서적 정보

저자: C. Wright Mills

제목: The Power Elite

출판도시: New York

출판사: Oxford University Press

출판연도: 1956

논문 정보

저자: Sharon Sassler and Anna Cunnigham

제목: How Cohabitors View Childbearing

학술지명: Sociological Perspectives

출판연도: 2008

출판월/계절: Spring

권: 51

번호: 1

페이지: 3-28

'원자료'가 있는 경우에는 다음의 방식 중 한 방식을 선택하여 작성할 수 있다.

ASA(American Sociological Association) 방식

Mills, C. Wright. 1956. *The Power Elite*. New York: Oxford University Press.

Sassler, Sharon and Anna Cunningham. 2008. "How Cohabitors View Childbearing." *Sociological Perspectives* 51:3-28.

MLA(Modern Language Association) 방식

Mills, C. Wright. *The Power Elite*. New York: Oxford University Press, 1956.

Sassler, Sharon, and Anna Cunningham. "How Cohabitors View Childbearing." *Sociological Perspectives* 51.1 (2008): 3-28.

APSA(American Political Science Association) 방식

Mills, C. Wright. 1956. *The Power Elite*. New York: Oxford University Press.

Sassler, Sharon, and Anna Cunningham. 2008. "How Cohabitors View Childbearing." *Sociological Perspectives* 51(Spring): 3-28.

APA(American Psychological Association) 방식

Mills, C. Wright. (1956). *The power elite*. New York: Oxford University Press.

Sassler, S., & Cunningham, A. (2008). How cohabitors view childbearing. *Sociological Perspectives*, 51(1), 3-28.

을 훔쳐서 의도적이든 우연이든 자기의 것인 양 표현하는 절도행위이다. 표절은 특히 문헌검토와 관련하여 대학생들 사이에 일반화되어 있고 때로는 명확히 드러나지 않기 때문에 여기서는 이 문제를 다루고자 한다. 물론 이 문제는 글 쓰는 모든 행위에 적용된다는 것을 알아야 한다.

다음은 표절에 관한 주요한 기본 규칙이다.

- 인용부호나 독자들이 원자료에서 인용문을 찾을 수 있도록 인용문의 출처

를 밝히는 인용주 없이는 다른 사람의 말을 그대로 사용할 수 없다. 일반적 규칙에 따르면, 인용주 없이 여덟 단어 이상의 구절을 인용하는 것은 연방 저작권법을 위반하는 행위이다.

- 다른 사람의 말을 편집하거나 바꾸어 수정한 것을 자신의 것처럼 제시하는 것도 허용되지 않는다.
- 마지막으로, 다른 사람의 생각을 완전히 다른 말로 표현할 때도 자신의 생각인 것처럼 제시하는 것이 허용되지 않는다.

다음 예들은 다른 사람의 글을 사용하는 데 있어 허용되는 경우와 허용되지 않는 경우를 구분하는 데 도움이 될 것이다.

원문

성장의 법칙

체계는 갓난아기와 같다. 일단 하나를 얻게 되면 계속 갖고 있게 된다. 체계는 없어지지 않는다. 그와는 반대로 체계는 매우 놀랄 만한 지속성을 보여준다. 체계는 단지 지속하는 것이 아니라 성장한다. 성장하면서 잠식한다. 체계의 성장 잠재력은 파킨슨(Parkinson)에 의해 잠정적이고 예비적인 방식으로 조사되었다. 파킨슨은 행정체계는 하는 일과 무관하게 연평균 5~6%의 성장을 유지한다고 결론을 내렸다. 파킨슨이 얘기한 것은 옳았으며, 그가 이 중요한 주제를 심각하게 연구하기 시작한 것에 대해 충분히 존중해야만 한다. 그러나 우리는 이제 파킨슨이 인식하지 못했던 것, 즉 파킨슨의 법칙과 유사한 일반체계에 대해 제시한다.

체계 자체는 매년 5~6% 성장하는 경향이 있다.

이 법칙은 가장 일반적인 가능한 공식, 즉 체계우주론의 하나인 빅뱅이론의 서막이다.

체계는 알려진 우주를 채우려고 팽창하는 경향이 있다.

(Gall, 1975: 12-14)

이제 기말보고서에서 갤(Gall)의 글을 사용할 때 허용 가능한 몇 가지 방식을 보도록 하자.

- 허용 가능 존 갤은 자신의 저서 『Systemantics』에서 체계와 유아 간에 재미있는 비교를 한다. "체계는 갓난아기와 같다. 일단 하나를 얻게 되면 계속

갖고 있게 된다. 체계는 없어지지 않는다. 그와는 반대로 체계는 매우 놀랄 만한 지속성을 보여준다. 체계는 단지 지속하는 것이 아니라 성장한다."*

- **허용 가능** 존 갤은 체계가 갓난아기와 같다고 경고한다. 만들어진 체계는 지속된다. 갤은 더 문제가 되는 것은 체계가 계속 더 크게 성장한다는 것이라고 한다.*
- **허용 가능** 체계는 지속하고, 심지어는 성장하고 잠식하는 자연적 경향이 있다고 주장되어왔다(Gall, 1975: 12).

마지막 방식을 사용할 경우에는 참고문헌에 완전한 인용주가 필요하다. 각주 또는 미주를 완벽하게 달아도 된다. 적절한 인용주 형식을 위해 미국심리학회 또는 미국사회학회 및 시카고 방식(Chicago Manual of Style) 같은 다양한 조직의 참고문헌 기술방식을 참조하라.

이번에는 흔히 저지르는 실수이지만, 허용되지 않는 인용의 예들을 살펴보자.

- **허용 불가** 이 글에서는 우리가 조직에서 만들어낸 사회체계의 몇 가지 특성을 살펴보고자 한다. 첫째, 체계는 어린아이와 같다. 여러분은 일단 하나를 얻게 되면 놓지 않는다. 체계는 없어지지 않는다. 그와는 반대로 체계는 매우 놀랄 만한 지속성을 보여준다. 체계는 단지 지속하는 것이 아니라 성장한다. [인용부호와 완전한 인용주 없이 다른 사람의 글을 직접적으로 인용하는 것은 허용되지 않는다.]
- **허용 불가** 이 글에서는 우리가 조직에서 만들어낸 사회체계의 몇 가지 특성을 보고자 한다. 첫째, 체계는 어린아이들과 매우 비슷하다. 일단 하나를 얻으면 그것은 여러분의 것이다. 체계는 없어지지 않는다. 체계는 지속한다. 체계는 단지 지속하는 것이 아니라 사실상 성장한다. [다른 사람의 글을 편집하여 일부 표현만 수정한 채로 자신의 것처럼 제시하는 것은 허용되지 않는다.]
- **허용 불가** 이 글에서는 우리가 조직에서 만들어낸 사회체계의 몇 가지 특성을 보고자 한다. 내가 주목한 한 가지 특성은, 일단 만들어낸 체계는 전혀 사라지지 않는 것처럼 보인다는 것이다. 그와는 반대로, 체계는 실제로 성장하는 경향이 있다. 그런 면에서 체계는 어린아이와 아주 비슷하다고 말할 수 있다. [다른 사람의 아이디어를 말만 바꾸어 자신의 것처럼 제시하는 것은 허용되지 않는다.]

* John Gall, *Systematics: How Systems Work and Especially How They Fail* (New York: Quadrangle, 1975), 12.

앞에서 제시한 허용될 수 없는 각각의 예는 표절의 예로서 심각한 위법행위이다. 인정하지만 약간의 '애매한 부분(gray areas)'도 있다. 어떤 아이디어는 개인이 아니라 공공에 속하는 경우가 있다. 또한 자신이 생각한 것을 이미 다른 사람이 글로 써놓았을 경우도 있다. 이 밖의 또 다른 경우에 대해서는 담당교수와 상의하도록 한다.

조사는 당연히 다른 연구자들과 함께하는 것이다. 그렇다고 타인의 글을 부적절하게 사용하는 것은 심각한 위법행위이다. 그래서 이 문제를 좀 더 자세히 다루었다. 표절에 대한 예방학습은 학자로서 '성숙'해지는 한 과정이다.

연구설계 및 실행

독자가 조사의 방법론적 설계와 실행을 이해할 수 없으면, 조사결과와 결론이 흥미 있는 조사보고서라도 큰 실망을 줄 수 있다. 모든 과학적 조사결과의 가치는 자료수집 및 분석방법에 따라 정해진다.

예를 들어, 서베이의 설계와 실행을 보고할 때는 언제나 모집단, 표집틀, 표집방법, 표본크기, 자료수집 방법, 응답률, 자료처리 및 분석방법이 포함되어야 한다. 다른 방법을 적용할 때도 상세히 서술해야 한다. 경험 많은 연구자는 독자가 조사를 평가하는 데 필요한 이 모든 요소를 일목요연하게 보고할 수 있다.

분석과 해석

기존 연구검토와 조사설계 및 실행방법을 서술한 후에는 조사자료를 제시한다. 자료제시에 관한 세부적인 지침은 뒤에서 제시하기로 하고, 여기에서는 몇 가지 일반적인 내용을 언급하고자 한다.

자료의 제시, 자료의 조작 및 해석은 하나의 논리로 통합되어야 한다. 정리되지 않은 내용들은 보고서의 끝에 제시하고 관련이 적은 분석과 결과를 나열하면 독자는 관심과 흥미를 잃는다. 분석은 여러 단계를 거치므로 각 단계가 모두 명료해야 한다. 단계별 분석에 대한 이유를 밝히고 그와 관련된 자료를 제시하며 결과를 해석한 후에는 그 결과와 다음 단계 분석의 관련성을 적시해야 한다.

요약과 결론

앞에서 언급한 격언에 따르면 조사보고서를 요약하는 것은 매우 중요하다. 요약에 있어 모든 조사결과를 낱낱이 재검토하는 것은 피해야 하지만, 주요 결과들에 대해서는 그 중요성을 다시 한번 강조하면서 정리해야 한다.

결론은 조사에서 발견한 것과 후속 연구의 방향을 제시하는 방식으로 기술한다. 최근 학술논문들을 살펴보면, 상당히 많은 논문들이 "반드시 더 많은 연구가 필요하다."는 문장으로 결론을 내리는 것을 볼 수 있다. 이렇게 결론짓는 것이 아마 옳을지도 모른다. 그러나 후속 연구의 성격에 대해 적절한 제안을 할 수 없다면 별로 가치가 없는 결론이다. 여러분은 자신의 조사가 지닌 한계를 검토하고, 후속 연구에서 그 한계를 극복할 방법을 제안해야 한다.

분석보고서 작성 지침

자료분석의 결과는 최대한 상세하고 논리정연하게 제시해야 한다. 이를 위해서는 다음과 같은 목표들을 끊임없이 염두에 두어야 한다.

양적 자료는 독자가 다시 계산할 수 있도록 제시되어야 한다. 예를 들어, 백분율표는 독자가 범주를 합쳐서 백분율을 다시 계산할 수 있어야 한다. 독자가 백분율을 여러분이 제시한 것과 반대 방향으로도 계산할 수 있을 만큼 충분한 정보를 제공해야 한다.

2차 분석자가 동일 자료에서 분석을 다시 할 수 있도록 분석의 모든 내용을 아주 자세히 서술해야 한다. 이는 2차 분석자가 동일한 지수와 척도 및 동일한 표를 만들어낼 수 있고, 동일한 회귀식을 얻을 수 있으며, 동일한 요인과 요인 부하값 등을 얻을 수 있어야 한다는 것을 의미한다. 물론 그렇게 하는 경우는 거의 없지만, 보고서를 그런 식으로 제공한다면 독자는 보고서를 훨씬 더 용이하게 평가할 것이다.

상세히 보고해야 한다. 만약 질적 분석을 하고 있다면 독자가 여러분과 함께 관찰한 것 같은 느낌이 들도록 상세한 정보를 충분히 제공해야 한다. 연구자의 해석을 뒷받침하는 자료만 제시하는 것만으로는 불충분하다. 다른 자료도 함께 제공해야 한다. 여러분의 해석이 가장 타당한 것으로 받아들여지기를 원하겠지만, 독자가 여러분과는 다른 결론에 이를 수도 있을 만큼 충분한 정보를 제공해 주어야 한다. 사실, 독자는 조사가 헤비메탈 그룹에 대한 참여관찰이건, 배심원의 판결에 관한 실험이건, 다른 어떤 종류의 연구이건 간에 전체 연구를 독자적으로 완벽하게 반복할 수 있어야 한다. 반복 가능성이 과학의 근본적 규범이라고 했던 것을 기억하라. 하나의 조사로는 논지가 입증되지 않는다. 일련의 연구가 이루어질 때 비로소 논지가 생기기 시작한다. 조사가 반복될 수 없다면, 일련의 의미 있는 연구도 있을 수 없다.

결론을 위한 자료를 통합해야 한다. 보고서에서 자료, 분석 및 해석을 통합하는 것이 중요하다고 이미 앞에서 언급했다. 이를 위한 보다 구체적인 지침을 보자. 표, 도표 및 그림은 설명하는 내용과 함께 위치시키고 본문에 통합해야 한다. 보고서에서 분석을 서술하고 모든 표를 부록으로 묶는 학생들이 종종 있다. 하지만 이런 방식은 독자를 성가시게 한다. 일반 규칙에 따르면 (1) 표를 제시하는 목적을 서술하고, (2) 표를 제시하고, (3) 표를 검토하고 해석하는 것이 좋다.

명확한 결론을 끌어내야 한다. 조사는 통상 일반적인 결론을 끌어내려는 목적으로 하지만, 그런 결론에 대한 구체적인 근거를 신중히 적시해야 한다. 그렇지 않으면 독자에게 근거 없는 결론을 받아들이도록 할 수 있다.

독자가 결론을 정확히 평가할 수 있도록 그에 필요한 자질이나 조건을 명시한다. 일반적으로 연구자는 결론의 한계와 결함을 가장 잘 알고 있기 때문에 그런 내용을 독자에게도 알려 도움을 받도록 해야 한다. 그렇지 않으면, 후속 연구의 방향을 잘못 제시할 수 있고, 결과적으로 조사비용을 낭비하는 격이 될 수 있다.

초반에 지적했던 것처럼, 조사보고서는 가능한 한 문어체로 써야 한다. 명료하게 글을 쓰는 것은 어떤 사람들에게는 쉽지만 일반적으로 어려운 일이다. 다시 한번 스트렁크와 화이트(Strunk & White)의 저서를 읽을 것을 권한다. 모든 연구자가 다음과 같은 과정을 따르는 것이 좋을 것 같다. 쓰기, 스트렁크와 화이트의 저서 읽기, 교정하기, 스트렁크와 화이트의 저서 다시 읽기, 다시 교정하기. 이렇게 하려면 보고서 작성이 어렵고 시간도 많이 들겠지만, 과학은 원래 그런 것이다.

아무리 완벽한 조사의 설계, 신중한 조사의 실행, 탁월한 분석의 조사라도 결과가 타인에게 전달되지 않으면 전혀 쓸데없는 것이다. 이 절에서는 그 목적을 위해 일반적인 지침을 제공하고자 했다. 최선의 지침은 논리, 명확성, 정직함이다. 이 모든 것을 직접 실행에 옮기는 것이 궁극의 왕도이다.

보고서 발표

이 장은 여러분이 조사방법 과목에서 하는 조사 프로젝트에 특별히 신경을 써서 썼지만, 요즘은 대학원생은 물론 학부생도 자신의 조사결과를 학술서 또는 학술논문으로 발표하고 있다는 사실을 명심해야 한다.

발표하는 방법으로는, 가령 미국사회학회에서 논문으로 발표할 수 있지만, 전국학회보다는 학생에게 좀 더 개방적인 주 또는 지역학회를 찾을 수 있다. 학생 참가자를 위해 특별 세션 프로그램을 마련한 학회들도 있다. 학회 웹사이트를 보면 논문신청이 가능한 주제와 학회개최와 관련된 정보들을 얻을 수 있다.

일반적으로 여러분은 각 주제에 대해 3~5개의 논문으로 세션을 계획하고 있는 조직위원에 논문을 제출할 것이다. 조직위원은 제출된 논문 중에 게재할 논문을 선택한다. 학술회의에서의 구두발표는 보통 청중의 질문을 포함하여 15~20분 걸린다. 논문을 그대로 읽는 발표자도 있고 논문을 보면서 말로 하는 발표자도 있다. 점차 파워포인트나 이와 유사한 형태로 발표하는 사람들도 있다.

학술지에 논문을 게재하려면 특정 연구주제에 관한 논문을 모아 게재하는 논문집을 찾아보는 것이 좋을 것이다. 다시 말하지만, 학생 저자들이 접근하기 용이한 학술지는 주 또는 지역학회가 발행하는 학술지이다. 모든 학술지에는 소정의 원고형식 및 논문투고 요강이 있다. 일반적으로 학술지에 투고한 논문에 대해서는 세 명 또는 익명의 논평자들이 회람하고, 편집인에게 비평이나 권고사항을 전한다. 이것은 '동료심사(peer review)' 과정이라고 불린다. 때로는 투고한 논문이 그대로 채택된다. 수정 또는 재검토를 위해 되돌려 보내지는 논문도 있고, 아예 거부되는 논문도 있다. 원고 투고부터 게재 또는 거부 결정까지의 모든 과정에는 수개월이 걸릴 수 있으며, 논문이 실제 게재되기까지는 더 많은 시간이 지체될 수도 있다.

동료심사 과정은 학술출판만의 독특한 특성으로서 책이나 논문이 연구주제에 적합한지를 확인하는 데 필요하다. 동료심사는 논문의 혁신성을 강조하여 까다롭게 이루어질 가능성이 높지만 논문 게재를 장려하는 의견이 많으므로 호의적인 학술지나 출판사를 찾을 수 있을 것이다. 논문 게재 여부는 제출된 논문의 학술적 가치를 기준으로 결정된다. 온라인 학술지가 점차 늘어나는 출판 환경에서 여러분은 동료심사를 하는 학술지와 편집자가 심사하는 학술지를 구분하여 찾아볼 수 있다.

발행 비용을 충당하기 위해 잡지사는 간혹 저자에게 논문 게재를 조건으로 약간의 비용을 요구하기도 한다. 일반적으로 저자는 친구 또는 가족에게 주기 위해, 그리고 동료의 요청에 따라 소위 '별쇄본'을 추가로 받는다.

17.4 사회조사 읽기 및 작성 윤리

이미 조사보고서 쓰기와 관련된 일부 윤리적 이슈에 관해 언급했다. 하지만 연구문헌 읽기와 관련된 윤리적 이슈들도 있다. 문헌검토를 하면서 여러분은 자신의 입장을 지지하는 보고서를 보고 마음이 끌릴 수 있다. 빠르고 방대한 검색이 가능한 인터넷 덕분에 마음에 드는 연구문헌만 선별할 수도 있다. 이로 인해 연구자는 기존의 연구결과들의 역사를 서술하는 데 있어 전문가로서의 진실성을 보여주기가 쉽지 않다.

이 장은 이 책의 요체를 결론짓는 부분이므로, 이 마지막 절에서는 조사윤리가 단순히 방해받지 않는 한 한 번쯤 고려되어야 할 사항이 아니라 사회과학의 기본 요소임을 명확히 하고 싶다. 조사윤리는 항상 강조된 사안이 아니다. 내가 처음

어떻게 생각하는가 재논의

인터넷에는 방대한 양의 정보가 있지만 모두 신뢰할 수 있고 학술연구에 사용할 수 있는 것은 아니다. 이 장에서는 사용할 수 있는 정보를 분류하기 위한 지침을 제안했다. 예를 들어, 정부 웹사이트 또는 대학 연구센터 및 기관에서 제공하는 데이터는 완벽하지는 않지만 일반적으로 신뢰할 수 있다. 데이터 수집 방법을 명확히 하는 것은 좋은 증거가 된다. 활용한 출처를 명확히 문서화하는 것도 마찬가지이다. 특정 관점이나 의제를 강요하는 웹사이트에 주의해야 한다. 그들의 데이터는 유효하고 유용할 수 있지만 주의가 필요하다. 사용한 방법이나 보고한 변수의 정확한 의미에 대해 모호한 웹사이트는 절대 신뢰하지 말아야 한다. 마지막으로, 가능하면 여러 웹사이트에 동의를 구한다.

경우에 따라서는 웹 출처의 신뢰성을 판단하는 데 도움이 되는 유용한 도구인 SourceWatch 웹사이트를 찾을 수 있다. 때로는 '연구팀'이라고 하지만 실제로는 홍보회사이거나, 개인 '전문가'라고 하지만 특정 회사 또는 업계를 지원하는 결과를 보고하는 것처럼 보이기도 한다.

교재를 쓸 때만 하더라도 조사윤리를 다루는 것에 반대하는 의견이 있었다. 연구주제를 윤리적으로 다루는 것을 반대하는 연구자들은 단순히 저서에서 윤리를 주제의 하나로 다루는 것조차 반대했다. 하지만 윤리에 대한 태도가 수년에 걸쳐 대체로 변했다. 윤리에 관한 논의가 여러분의 실제 사회조사에, 그리고 더 나아가 삶에 어떤 형태로든 도움이 되길 바란다.

이 장과 이 책에서 내가 바라는 것이 여러분에게도 사회조사를 즐겁게 착수하고 실행하기 위한 발판이 될 것이라고 믿는다. 향후 여러분은 사회과학적 눈으로 세상을 탐구할 수 있는 도구를 가지고 편견의 원인에 대해 깊이 생각하거나, 정치적 집회를 관찰하거나, 텔레비전의 최근 경향에 호기심을 갖게 될 것이라고 믿는다.

요점

머리말

- 유의미한 과학적 연구는 반드시 소통과 결부되어 있다. 과학적 연구를 읽고 쓰는 데는 실천이 필요하다.

사회조사 읽기

- 사회조사연구자는 예를 들어 문헌검토를 하기 위해 도서관과 인터넷을 포함한 많은 정보원을 활용할 수 있다.
- 학술문헌을 읽는 것은 소설과 같은 여타 작품을 읽는 것과 다르다.
- 학술문헌을 읽을 때 그 문헌이 무엇에 관한 것인지 잘 이해하기 위해 먼저 초록을 읽고, 소소한 내용은 대충 읽은 뒤, 결론을 읽어야 한다.
- 사회과학 문헌을 읽을 때는 질문을 던지고 질문사항들을 적어놓아야 한다.
- 조사보고서를 읽을 때 주의해서 볼 사항은 이론적 지향, 조사설계, 측정방법, 표집, 그리고 이 책에서 논의된 몇 가지 자료수집 방법에 대한 구체적 이유 등이다.
- 인터넷은 사회과학연구자를 위한 강력한 도구이지만

위험도 따른다.

- 웹에서 읽는 모든 것이 반드시 사실인 것만은 아니다.
- 자료의 원출처는 어떤 자료출처보다 더 중요하다.
- 웹 출처를 평가할 때는 다음과 같은 질문을 해야 한다.
  누구 또는 무엇이 웹사이트의 저자인가?
  사이트가 특정 입장을 옹호하는가?
  사이트가 정확하고 완전한 참고문헌을 제시하는가?
  자료가 최근의 것인가?
- 공공기관의 자료에도 오류가 있을 수 있지만, 공공기관은 일반적으로 좋은 자료출처의 역할을 한다.
- 보고서를 읽는 독자는 가능한 한 어디에서나 자료를 검증(비교검토)해야 한다.
- 여타 참고문헌처럼 웹 인용주는 완전해야 하고, 인용된 자료를 독자가 참조하고 검토할 수 있어야 한다.

사회조사보고서 작성

- 좋은 문장 쓰기로부터 시작되는 좋은 사회조사보고서 쓰기는 감명을 주기보다는 전달하는 데 더 큰 의미가 있다.
- 보고서를 쓸 때 독자 및 목적을 염두에 두는 것이 중요하다.
- 표절, 즉 다른 사람의 용어 또는 아이디어를 자기 것인 양 제시하는 것을 피하는 것이 가장 중요하다. 다른 사람이 먼저 사용한 용어를 사용할 때는 언제나 인용부호 또는 인용을 의미하는 표시를 분명히 해야 한다. 다른 사람의 말 또는 아이디어를 바꾸어 사용할 때는 그 출처에 대해 완전한 참고문헌을 제시해야 한다.
- 조사보고서에는 조사설계 및 실행에 대한 설명이 포함되어야 한다.
- 분석은 모든 단계에서 분명히 이루어져야 하며, 그에 대한 결론은 구체적이어야 하지만 지나치게 상세할 필요는 없다.
- 좋은 보고서가 되기 위해 연구자는 상세하게 설명하고, 증거자료들을 통합하고, 명료한 결론을 내려야 한다.
- 학생이 학술회의에서 논문을 발표하거나 학술지에 논문을 게재하는 경우가 점차 증가하고 있다.

사회조사보고서 읽기 및 작성 윤리

- 문헌은 특정 관점에 치우치지 않도록 편견 없이 검토되어야 한다.
- 조사윤리는 사회과학의 기본 요소로서 나중으로 미룰 사안이 아니다.

핵심용어

검색엔진(search engine)
연구 모노그래프(research monograph)
초록(abstract)
표절(plagiarism)
URL

사회조사연구 제안: 제안서 조합

여러분이 이 책 전체에서 사회조사연구 제안을 위한 연습문제를 다 풀었다면, 이제 제안서를 완성하는 데 필요한 모든 것을 가졌다고 할 것이다. 이 장에서는 문헌검토와 사회조사보고서 쓰기를 위한 추가적인 지침을 제공했다. 따라서 여러분은 이제 이미 읽은 문헌들을 검토해서 정리할 수 있다.

여러분은 이제 제안서에 들어갈 각 부분을 하나로 통합할 단계에 있다. 여기서 1장에서 논의한 개요를 한번 보자.

머리말(1장)
문헌검토(2장, 15장)
문제, 질문, 주제 정하기(5장, 6장, 12장)
연구설계(4장)
자료수집 방법(4장, 8~11장)
조사대상 선택(7장)
윤리적 쟁점(3장)
자료분석(13장, 14장)
참고문헌(15장)

이 제안서 형식은 여러분이 이 책에서 제공한 자료를 모두 이해했다는 증거로 제시해도 좋을 듯하다. 이 제안서 형식은 석사 또는 박사논문 제안서에도 유사하게 활용할 수 있다. 사회조사를 계속할 경우 조사비용을 지원받는 데도 이 제안서 형식을 활용할 수 있을 것이다. 조사비용을 위한 제안을 할 경우에는 필요한 비용과 그 사용처를 포함한 프로젝트 예산도 첨부해야 한다.

여러분이 이 제안서 형식을 어떻게 사용하든 나는 아무쪼록 여러분이 성공하기를 기원한다.

복습문제

1. 다음의 양적 연구조사보고서를 분석하라: Stanley Lieberson, Susan Dumais, and Shyon Baumann, "The Instability of Androgynous Names: The Symbolic Maintenance of Gender Bounaries," *American Journal of Sociology* 105 (5): 1249(이 논문은 InfoTrac College Edition 등을 통해 인쇄물 또는 온라인으로 이용 가능하다). 다음과 같은 질문을 길잡이로 사용하라.
   a. 연구의 이론적 배경은 무엇인가?
   b. 남녀양성, 인종, 성별 격리(gender segregation)와 같은 주요 변수들을 어떻게 개념화 · 조작화했는가?
   c. 연구는 어떠한 자료에 근거하고 있는가?
   d. 통제변수가 있는가?
   e. 분석단위가 무엇인가?
   f. 어떤 종류의 분석이 이루어졌는가?
   g. 저자는 무엇을 발견했는가?
   h. 연구의 강점과 약점은 무엇인가?
2. 다음의 질적 연구조사보고서를 분석하라: Dingxin Zhao, "State-Society Relations and the Discurses and Activities of the 1989 Beijing. Student Movement," *American Journal of Sociology* 105 (6): 1592(이 논문은 InfoTrac College Edition 등을 통해 인쇄물 또는 온라인으로 이용 가능하다). 다음과 같은 질문을 길잡이로 사용하라.
   a. 저자의 주요 연구질문은 무엇인가?
   b. 저자는 어떠한 이론적 틀들을 참조했으며, 그중 어떤 것을 이용했는가?
   c. 저자는 어떠한 방법론을 사용했는가? 어떤 종류의 자료수집을 채택했는가? 분석단위가 무엇인가?
   d. 저자는 가설을 세웠는가? 세웠다면 어떤 가설인가?
   e. 저자는 국가, 국가사회, 전통주의와 같은 주요 단어를 어떻게 개념화했는가? 저자는 어떠한 종류의 새로운 이상적 국가를 제시하는가?
   f. 저자의 연구결과는 무엇인가?
   g. 연구의 함의는 무엇인가? 여러분은 저자의 연구에 수긍했는가, 아니면 연구의 약점을 발견했는가?

부록

무작위 수

51426	00609	13501	16557	13914	33401	84598	16256	51886	31407	94431	10793	10437	65142
50202	20368	36181	05719	11720	47252	68129	97583	78197	64506	96094	15565	54451	10894
68568	00811	38612	96130	76686	98080	22397	65709	66476	29072	47294	95575	92207	31912
43803	59549	54997	72125	73689	20448	09636	54932	10780	46568	93704	35864	19104	72771
99389	22930	38246	01741	85862	35913	68450	51989	87203	22966	39965	23689	94496	90819
40012	09599	48287	56312	98800	21764	69339	39265	38708	24879	89908	65194	11479	38897
46202	33334	78502	63224	55138	65208	52970	75762	52422	01538	12774	62448	83373	48356
92106	13420	52252	75044	17710	30572	64791	02170	58265	23490	39625	51822	13088	79273
55478	36951	81131	16564	75192	83624	19837	64199	17127	04287	89202	12485	27127	54445
95888	44841	62382	80884	41749	80051	89305	29619	46255	19437	42118	56365	19354	21687
63752	70740	30727	98221	04142	43663	93794	20051	29352	38160	07908	65877	90653	28600
39706	31586	36108	21662	71438	12980	39471	95774	86372	03985	78977	26533	16177	19726
70394	94351	22457	26801	66505	05939	35468	29290	83141	69893	35443	64588	98379	40997
24328	66613	72883	35679	11468	49960	10713	06650	94072	47238	49989	40700	04282	37164
19300	45923	02358	27187	53193	40040	94551	16006	44819	04925	36322	81318	07767	09898
75264	17274	99313	09819	74081	47019	83766	11652	61463	20523	17156	15633	56306	65756
61801	25803	99036	74158	25691	61586	22711	80610	53411	84833	38944	31905	05475	69018
51217	44878	35559	55558	54991	12802	24869	45978	50192	21129	97197	15798	16251	68202
80240	54443	82312	97509	57848	83730	69741	43918	99146	09401	55696	17022	23857	14574
52058	89814	64024	29716	72872	59060	68771	66883	08409	85650	85535	85659	93365	43147
28459	18054	31177	77817	73215	55952	59266	30908	26528	81941	94064	52738	85015	99236
61246	56005	30027	95365	51401	72313	43067	14424	25467	47268	63945	27477	15643	73537
64100	53865	24106	70497	98741	91230	49381	16109	15636	16555	99646	78224	43983	48557
86649	17968	99209	86506	51521	34845	47716	61783	72090	15828	93790	29199	85979	59513
25994	32188	15125	28244	35374	82169	98415	27443	10709	21036	77242	12126	15384	10038
91142	68443	71595	87285	77954	46246	43484	93725	57598	33343	37333	37216	86209	29308
85900	89177	35463	37290	65502	75996	60430	40129	97891	48432	96420	61864	34334	06783
80799	23668	67958	69297	12726	35953	57968	43241	47098	03344	84356	86620	93556	51283
96429	41318	94091	36041	27081	80307	38085	84416	35484	07293	45607	36954	91408	51122
47970	10032	89346	10458	18396	93085	25303	83518	68633	32246	82215	28022	67577	97594
72469	59185	78412	11529	26258	21622	18997	52703	26386	56264	80550	46328	47601	89508
67758	71528	75788	42499	19816	16366	01923	29047	00929	72309	21973	59609	53886	34762
98899	22430	75503	56128	21692	97528	24181	20498	78282	66143	54062	79651	73197	30479
12783	48846	49102	17462	24321	78119	98103	68108	13053	91442	04370	84795	34596	15559
46012	45951	87514	80718	57246	91049	95869	90799	78772	46759	29270	28549	11024	77259
03802	82683	41036	11652	53416	61231	51368	23180	62110	23975	32641	67415	34552	87859
15233	04412	14981	76133	77223	44150	22899	49528	36601	97438	29735	27053	12035	81149
29038	70437	05264	30181	36015	94583	16736	28591	20148	53382	09045	50572	99809	63712
02961	30256	34194	34334	11052	23123	88313	51754	07802	41996	03053	38116	24801	64168
35986	08834	25394	26990	57065	63223	13898	33035	84740	44562	13701	25133	55081	40397
71900	93567	50485	95879	67273	87232	94444	09030	08914	04127	36022	54394	80624	60780
71636	79416	04009	04816	81154	31183	30180	19287	18649	76657	81725	94613	62678	32329
28010	26202	02931	81693	11016	37412	18796	20687	28658	13534	44323	16054	76065	48823
03870	02084	34849	43767	18860	01671	06733	05498	10132	04989	39545	72690	81462	75170
31477	68171	64406	09515	29907	72703	75049	61420	90245	41068	12575	93035	18373	73411
25614	54466	03882	67569	13505	02072	52211	58587	81052	77367	91151	75498	52612	77712
74941	42963	28344	64694	97337	34082	88194	13248	23073	83715	70668	43871	03296	32279
08517	09792	30412	82657	38555	79673	27647	18285	78424	42930	61875	25523	84968	65998
90480	10239	61101	84024	52762	99826	31814	59060	02842	76857	99268	73679	15476	92050
87847	84094	41958	29071	08573	15421	62826	33761	65766	17441	77041	30304	41012	21646
24391	94530	09143	27232	36091	34644	94255	13645	37154	30047	47498	55516	38359	79844
55283	62245	40637	76395	50206	98347	69760	95167	58415	19706	60279	21390	48122	87803
72589	45685	38527	12482	28532	14584	00017	71969	72628	46885	88039	29798	87566	42624
74982	12483	10512	26011	41648	52838	87777	39674	39136	25753	19433	84394	91015	56247
11886	35640	93381	21030	90738	44326	01786	81989	17993	03289	82912	96744	68234	98726

03777	40789	53138	84902	65517	67119	43016	45594	99378	26264	86455	41026	59843	91783
77434	88814	80202	35045	23861	66976	34547	62509	17306	39141	95877	56427	51271	21327
24031	79905	97125	99910	02012	98644	44131	90151	37559	85274	85888	83933	00595	05395
61411	26229	47339	39764	06203	89006	52147	66580	97816	46291	64695	19294	48456	65158
67605	28722	84993	40213	74203	17588	67884	65144	46757	76731	91814	82825	14921	09640
08399	54673	57424	52049	10022	80280	31618	30265	07223	01091	16857	12886	52200	25183
24661	01155	82608	14475	34709	18864	24666	80520	83407	31450	76563	13025	29970	71077
99946	90982	42196	89827	77686	97350	53420	85961	58836	63948	45483	41791	61909	92707
20479	03337	72012	68631	05734	66688	47879	27971	81284	71171	11497	16424	05229	33760
05878	82649	94108	04121	11154	97428	28550	50033	58366	16488	91552	31099	07497	37391
26765	43188	54789	34860	18404	87493	45808	69413	63670	65165	56961	36021	59176	45006
15069	48616	94053	66582	03240	19418	03006	92491	49077	15557	01484	40976	06847	95247
68642	49316	36286	17395	96578	75722	19864	04578	84155	99469	51186	12091	83697	21341
55787	36896	06645	76602	81478	47159	93149	92944	83403	35955	27043	82757	10447	95157
06646	80150	16643	42758	51005	50512	14497	88500	99547	95014	19788	52496	45661	82747
66780	49368	50975	19424	95851	61634	25554	87257	85018	02944	12394	02527	88003	77793
88208	75978	21467	13547	96535	86968	67281	08110	53381	54810	43583	96063	95300	86188
30356	70518	23955	20891	79713	56715	83046	79108	04521	41114	57848	31624	78945	25332
36986	65744	62601	56588	87171	27663	30679	25292	79814	97617	53606	77353	73868	87559
06312	95954	66193	09065	21998	34974	45725	00429	27951	58058	53538	71743	52870	53884
22033	94983	28160	08825	24088	23067	37465	08067	87338	13078	89357	05941	05270	82129
30452	89567	71981	33583	28892	18855	58394	39515	86250	42349	00832	41061	99545	26312
87612	59785	04514	02606	69365	28933	42218	91714	27058	40027	09691	54653	57232	56866
51590	24073	86172	55704	96959	73360	17055	66148	08078	20372	36932	71432	62588	72328
57163	99264	22454	55588	78458	91353	27547	27991	19627	63115	63099	59856	74653	69930
48780	80362	32025	83247	38147	91095	96062	50857	55831	62380	29003	80076	22990	60988
98912	00813	03183	15462	72115	02817	32788	30368	34305	07644	56157	65898	18561	37797
39402	14014	30652	27732	93899	78595	31964	36084	97566	34682	72458	98496	77969	14661
03842	24891	56006	26115	48801	26504	77741	82048	19748	83084	35668	23498	83585	31927
75596	26192	94550	45662	62572	34149	13402	85687	24250	65416	45033	48814	17003	76631
03591	98982	17722	51727	71369	62706	32211	09130	80850	19401	70052	37468	63436	82305
90888	86243	39999	02703	47268	00308	85152	09997	19070	04917	24351	48171	78505	66626
08573	24734	09760	51974	95354	16357	15969	12817	61896	31250	80066	38064	24088	98685
70629	30816	81429	71243	93048	43257	81387	95825	93165	20492	55200	56831	91286	79550
97402	96506	80817	15478	27808	04941	37273	69213	36638	85812	47422	16816	61468	53373
27250	03388	28225	96621	44165	59379	29178	87172	79478	58092	17710	63104	60684	97932
65971	48407	61392	11205	21776	03233	27068	46038	92918	25029	31686	15337	82092	17198
94424	24776	37573	52605	58251	42114	51162	20341	21685	79477	41030	33130	89819	35592
67035	34237	80576	98987	86458	05605	65635	39528	30420	75826	89077	50686	49972	97172
26583	89285	05050	72244	74086	97706	65120	16301	67917	21787	51785	59042	87324	30893
43684	96716	85263	40147	12867	00177	74088	19076	22915	72550	04976	52557	22961	71430
58977	02675	44573	43331	58957	22473	30080	35672	41973	70946	13049	35109	15024	45136
09507	92785	19629	14846	08127	93307	95036	78313	52446	01067	51465	62061	36698	04085
01738	05229	77024	21950	74783	42771	76450	63057	61615	34045	30701	18141	04768	00347
13403	24248	37469	17695	29452	29346	96446	72124	08531	06716	03668	98751	47708	03926
47813	95237	28518	84809	79497	25096	62922	86883	98553	32668	23650	12537	73446	80052
32411	26508	55034	61179	95124	83411	36322	87567	78589	69819	54656	09644	02350	65753
90886	05927	51880	67581	39310	01761	37345	36425	12883	77970	06829	65588	31084	04563
19712	56193	05978	74167	03347	36293	18145	39273	41897	64083	35547	67152	06188	94961
38191	90572	51923	10301	36802	90114	81194	55254	80329	49383	44090	15160	34222	23886
82520	77570	64671	06575	01907	54598	75591	12631	16676	49430	24133	66462	41574	16974
35050	44842	31469	43533	39343	79219	21618	89864	47156	13642	10654	88072	01650	18002
41269	69507	96835	61976	91903	54412	56619	65650	22130	25349	54952	08277	24992	53833
63840	22761	16566	18174	17073	15678	06395	72369	23714	69974	12838	71230	73589	55864
48616	17356	68349	30107	18604	60016	36241	30883	10979	28281	92015	73791	68528	54736

카이제곱 분포

Probability

	0.995	0.99	0.975	0.95	0.90	0.75
df	0.005	0.01	0.025	0.05	0.10	0.25
1	0.0000393	0.000157	0.000982	0.00393	0.0158	0.101
2	0.0100	0.0201	0.0506	0.103	0.211	0.575
3	0.0717	0.115	0.216	0.352	0.584	1.21
4	0.207	0.297	0.484	0.711	1.06	1.92
5	0.412	0.554	0.831	1.15	1.61	2.67
6	0.676	0.872	1.24	1.64	2.20	3.45
7	0.990	1.24	1.69	2.17	2.83	4.25
8	1.34	1.65	2.18	2.73	3.49	5.07
9	1.73	2.09	2.70	3.33	4.17	5.90
10	2.16	2.56	3.25	3.94	4.87	6.74
11	2.60	3.05	3.82	4.57	5.58	7.58
12	3.07	3.57	4.40	5.23	6.30	8.44
13	3.57	4.11	5.01	5.89	7.04	9.30
14	4.07	4.66	5.63	6.57	7.79	10.2
15	4.60	5.23	6.26	7.26	8.55	11.0
16	5.14	5.81	6.91	7.96	9.31	11.9
17	5.70	6.41	7.56	8.67	10.1	12.8
18	6.26	7.01	8.23	9.39	10.9	13.7
19	6.84	7.63	8.91	10.1	11.7	14.6
20	7.43	8.26	9.59	10.9	12.4	15.5
21	8.03	8.90	10.3	11.6	13.2	16.3
22	8.64	9.54	11.0	12.3	14.0	17.2
23	9.26	10.2	11.7	13.1	14.8	18.1
24	9.89	10.9	12.4	13.8	15.7	19.0
25	10.5	11.5	13.1	14.6	16.5	19.9
26	11.2	12.2	13.8	15.4	17.3	20.8
27	11.8	12.9	14.6	16.2	18.1	21.7
28	12.5	13.6	15.3	16.9	18.9	22.7
29	13.1	14.3	16.0	17.7	19.8	23.6
30	13.8	15.0	16.8	18.5	20.6	24.5
40	20.7	22.2	24.4	26.5	29.1	33.7
50	28.0	29.7	32.4	34.8	37.7	42.9
60	35.5	37.5	40.5	43.2	46.5	52.3
70	43.3	45.4	48.8	51.7	55.3	61.7
80	51.2	53.5	57.2	60.4	64.3	71.1
90	59.2	61.8	65.6	69.1	73.3	80.6
100	67.3	70.1	74.2	77.9	82.4	90.1

continued

	Probability						
	0.50	0.25	0.10	0.05	0.025	0.01	0.005
df	0.50	0.25	0.10	0.05	0.025	0.01	0.005
1	0.455	1.32	2.71	3.84	5.02	6.63	7.88
2	1.39	2.77	4.61	5.99	7.38	9.21	10.6
3	2.37	4.11	6.25	7.82	9.35	11.3	12.8
4	3.36	5.39	7.78	9.49	11.1	13.3	14.9
5	4.35	6.63	9.24	11.1	12.8	15.1	16.8
6	5.35	7.84	10.6	12.6	14.5	16.8	18.6
7	6.35	9.04	12.0	14.1	16.0	18.5	20.3
8	7.34	10.2	13.4	15.5	17.5	20.1	22.0
9	8.34	11.4	14.7	16.9	19.0	21.7	23.6
10	9.34	12.5	16.0	18.3	20.5	23.2	25.2
11	10.34	13.7	17.3	19.7	21.9	24.7	26.8
12	11.34	14.8	18.5	21.0	23.3	26.2	28.3
13	12.34	16.0	19.8	22.4	24.7	27.7	29.8
14	13.34	17.1	21.1	23.7	26.1	29.1	31.3
15	14.34	18.2	22.3	25.0	27.5	30.6	32.8
16	15.34	19.4	23.5	26.3	28.8	32.0	34.3
17	16.34	20.5	24.8	27.6	30.2	33.4	35.7
18	17.34	21.6	26.0	28.9	31.5	34.8	37.2
19	18.34	22.7	27.2	30.1	32.9	36.2	38.6
20	19.34	23.8	28.4	31.4	34.2	37.6	40.0
21	20.34	24.9	29.6	32.7	35.5	38.9	41.4
22	21.34	26.0	30.8	33.9	36.8	40.3	42.8
23	22.34	27.1	32.0	35.2	38.1	41.6	44.2
24	23.34	28.2	33.2	36.4	39.4	43.0	45.6
25	24.34	29.3	34.4	37.7	40.6	44.3	46.9
26	25.34	30.4	35.6	38.9	41.9	45.6	48.3
27	26.34	31.5	36.7	40.1	43.2	47.0	49.6
28	27.34	32.6	37.9	41.3	44.5	48.3	51.0
29	28.34	33.7	39.1	42.6	45.7	49.6	52.3
30	29.34	34.8	40.3	43.8	47.0	50.9	53.7
40	39.34	45.6	51.8	55.8	59.3	63.7	66.8
50	49.33	56.3	63.2	67.5	71.4	76.2	79.5
60	59.33	67.0	74.4	79.1	83.3	88.4	92.0
70	69.33	77.6	85.5	90.5	95.0	100.0	104.0
80	79.33	88.1	96.6	102.0	107.0	112.0	116.0
90	89.33	98.6	108.0	113.0	118.0	124.0	128.0
100	99.33	109.0	118.0	124.0	130.0	136.0	140.0

부록 C

정상곡선 영역

z	0.00	0.01	0.02	0.03	0.04	0.05	0.06	0.07	0.08	0.09
0.0	0.0000	0.0040	0.0080	0.0120	0.0160	0.0199	0.0239	0.0279	0.0319	0.0359
0.1	0.0398	0.0438	0.0478	0.0517	0.0557	0.0596	0.0636	0.0675	0.0714	0.0753
0.2	0.0793	0.0832	0.0871	0.0910	0.0948	0.0987	0.1026	0.1064	0.1103	0.1141
0.3	0.1179	0.1217	0.1255	0.1293	0.1331	0.1368	0.1406	0.1443	0.1480	0.1517
0.4	0.1554	0.1591	0.1628	0.1664	0.1700	0.1736	0.1772	0.1808	0.1844	0.1879
0.5	0.1915	0.1950	0.1985	0.2019	0.2054	0.2088	0.2123	0.2157	0.2190	0.2224
0.6	0.2257	0.2291	0.2324	0.2357	0.2389	0.2422	0.2454	0.2486	0.2517	0.2549
0.7	0.2580	0.2611	0.2642	0.2673	0.2704	0.2734	0.2764	0.2794	0.2823	0.2852
0.8	0.2881	0.2910	0.2939	0.2967	0.2995	0.3023	0.3051	0.3078	0.3106	0.3133
0.9	0.3159	0.3186	0.3212	0.3238	0.3264	0.3289	0.3315	0.3340	0.3365	0.3389
1.0	0.3413	0.3438	0.3461	0.3485	0.3508	0.3531	0.3554	0.3577	0.3599	0.3621
1.1	0.3643	0.3665	0.3686	0.3708	0.3729	0.3749	0.3770	0.3790	0.3810	0.3830
1.2	0.3849	0.3869	0.3888	0.3907	0.3925	0.3944	0.3962	0.3980	0.3997	0.4015
1.3	0.4032	0.4049	0.4066	0.4082	0.4099	0.4115	0.4131	0.4147	0.4162	0.4177
1.4	0.4192	0.4207	0.4222	0.4236	0.4251	0.4265	0.4279	0.4292	0.4306	0.4319
1.5	0.4332	0.4345	0.4357	0.4370	0.4382	0.4394	0.4406	0.4418	0.4429	0.4441
1.6	0.4452	0.4463	0.4474	0.4484	0.4495	0.4505	0.4515	0.4525	0.4535	0.4545
1.7	0.4554	0.4564	0.4573	0.4582	0.4591	0.4599	0.4608	0.4616	0.4625	0.4633
1.8	0.4641	0.4649	0.4656	0.4664	0.4671	0.4678	0.4686	0.4693	0.4699	0.4706
1.9	0.4713	0.4719	0.4726	0.4732	0.4738	0.4744	0.4750	0.4756	0.4761	0.4767
2.0	0.4772	0.4778	0.4783	0.4788	0.4793	0.4798	0.4803	0.4808	0.4812	0.4817
2.1	0.4821	0.4826	0.4830	0.4834	0.4838	0.4842	0.4846	0.4850	0.4854	0.4857
2.2	0.4861	0.4864	0.4868	0.4871	0.4875	0.4878	0.4881	0.4884	0.4887	0.4890
2.3	0.4893	0.4896	0.4898	0.4901	0.4904	0.4906	0.4909	0.4911	0.4913	0.4916
2.4	0.4918	0.4920	0.4922	0.4925	0.4927	0.4929	0.4931	0.4932	0.4934	0.4936
2.5	0.4938	0.4940	0.4941	0.4943	0.4945	0.4946	0.4948	0.4949	0.4951	0.4952
2.6	0.4953	0.4955	0.4956	0.4957	0.4959	0.4960	0.4961	0.4962	0.4963	0.4964
2.7	0.4965	0.4966	0.4967	0.4968	0.4969	0.4970	0.4971	0.4972	0.4973	0.4974
2.8	0.4974	0.4975	0.4976	0.4977	0.4977	0.4978	0.4979	0.4979	0.4980	0.4981
2.9	0.4981	0.4982	0.4982	0.4983	0.4984	0.4984	0.4985	0.4985	0.4986	0.4986
3.0	0.4987	0.4987	0.4987	0.4988	0.4988	0.4989	0.4989	0.4989	0.4990	0.4990

Abridged from Table I of *Statistical Tables and Formulas*, by A. Hald (New York: John Wiley & Sons, Inc., 1952).

추정 표집오차

이 표를 이용하는 방법은 다음과 같다. 우선 표집크기와 표본 이항분포의 근접한 퍼센티지 분포 간 교차점을 찾아라. 교차점의 숫자는 95% 신뢰수준에서의 추정 표집오차를 나타내며, + 혹은 −퍼센트로 나타낸다.

예를 들어, 400명의 응답자로 이루어진 표본에서 60%는 '긍정', 40%는 '부정'으로 답했다고 하자. 표본오차는 ±4.9퍼센트로 측정된다. 따라서 신뢰구간은 55.1~64.9%이다. 95%의 신뢰수준에서, '긍정'에 답할 사람들의 비율은 모집단 전체 중 55.1~64.9% 사이에 있다고 추정한다.

Sample Size	**Binomial Percentage Distribution**				
	50/50	60/40	70/30	80/20	90/10
100	10	9.8	9.2	8	6
200	7.1	6.9	6.5	5.7	4.2
300	5.8	5.7	5.3	4.6	3.5
400	5	4.9	4.6	4	3
500	4.5	4.4	4.1	3.6	2.7
600	4.1	4	3.7	3.3	2.4
700	3.8	3.7	3.5	3	2.3
800	3.5	3.5	3.2	2.8	2.1
900	3.3	3.3	3.1	2.7	2
1000	3.2	3.1	2.9	2.5	1.9
1100	3	3	2.8	2.4	1.8
1200	2.9	2.8	2.6	2.3	1.7
1300	2.8	2.7	2.5	2.2	1.7
1400	2.7	2.6	2.4	2.1	1.6
1500	2.6	2.5	2.4	2.1	1.5
1600	2.5	2.4	2.3	2	1.5
1700	2.4	2.4	2.2	1.9	1.5
1800	2.4	2.3	2.2	1.9	1.4
1900	2.3	2.2	2.1	1.8	1.4
2000	2.2	2.2	2	1.8	1.3

참고문헌

Abdollahyan, Hamid, and Taghi Azadarmaki. 2001. "Sampling Design in a Survey Research: The Sampling Practice in Iran." Paper presented at the meeting of the American Sociological Association, Washington, DC, August 12–16.

Abdulhadi, Rabab. 1998. "The Palestinian Women's Autonomous Movement: Emergence, Dynamics, and Challenges." *Gender and Society* 12 (6): 649–73.

Aburdene, Patricia. 2005. *Megatrends 2010*. Charlottesville, VA: Hampton Roads.

Ackland, Robert, and Rachel Gibson. 2013. "Hyperlinks and Networked Communications: A Comparative Study of Political Parties Online." *International Journal of Social Research Methodology* 16 (3): 231–44. doi: 10.1080/13645579.2013.774179.

Akerlof, Karen, and Chris Kennedy. 2013. "Nudging toward a Healthy Natural Environment: How Behavioral Change Research Can Inform Conservation." Fairfax, VA: George Mason University Center for Climate Change, Communication . http://climatechangecommunication.org/report/nudging-toward-healthy-natural-environment-how-behavioral-change-research-can-inform.

American Association for Public Opinion Research (AAPOR). 2008. *Standard Definitions: Final Dispositions of Case Codes and Outcome Rates for Surveys*. 5th ed. Lenexa, KS: AAPOR.

American Association for Public Opinion Research (AAPOR). 2009, March. *An Evaluation of the Methodology of the 2008 Pre-Election Primary Polls*. Deerfield, IL: AAPOR.

American Association for Public Opinion Research (AAPOR) Cell Phone Task Force. 2010. *New Considerations for Survey Researchers When Planning and Conducting RDD Telephone Surveys in the U.S. with Respondents Reached via Cell Phone Numbers*. http://www.aapor.org/AAPORKentico/Education-Resources/Reports/Cell-Phone-Task-Force-Report.aspx.

American Sociological Association. "Teaching Ethics throughout the Curriculum." https://www.asanet.org/teaching-learning/faculty/teaching-ethics-throughout-curriculum.

Andorka, Rudolf. 1990. "The Importance and the Role of the Second Economy for the Hungarian Economy and Society." *Quarterly Journal of Budapest University of Economic Sciences* 12 (2): 95–113.

Arbesman, Samuel. 2012. *The Half-Life of Facts: Why Everything We Know Has an Expiration Date*. New York: Penguin.

Asch, Solomon. 1958. "Effects of Group Pressure upon the Modification and Distortion of Judgments," pp. 174–83 in *Readings in Social Psychology*, 3rd ed., edited by Eleanor E. Maccoby et al. New York: Holt, Rinehart & Winston.

Asher, Ramona M., and Gary Alan Fine. 1991. "Fragile Ties: Sharing Research Relationships with Women Married to Alcoholics," pp. 196–205 in *Experiencing Fieldwork: An Inside View of Qualitative Research*, edited by William B. Shaffir and Roberta A. Stebbins. Thousand Oaks, CA: Sage.

Ashley, Amaya, and Stanley Presser. 2017. "Nonresponse Bias for Univariate and Multivariate Estimates of Social Activities and Roles," *Public Opinion Quarterly* 81 (1): 1–36. https://doi.org/10.1093/poq/nfw037.

Auster, Carol J., and Lisa A. Auster-Gussman. 2014. "Contemporary Mother's Day and Father's Day Greeting Cards: A Reflection of Traditional Ideologies of Motherhood and Fatherhood?" *Journal of Family Issues* 37(9), 1294–1326. https://doi.org/10.1177/0192513X14528711.

Auster, Carol J., and Claire S. Mansbach. 2012. "The Gender Marketing of Toys: An Analysis of Color and Type of Toy on the Disney Store Website." *Sex Roles* 67 (7/8): 375–88. doi: 10.1007/s11199-012-0177-8.

Babbie, Earl. 1966. "The Third Civilization." *Review of Religious Research*, Winter, pp. 101–21.

Babbie, Earl. 1967. "A Religious Profile of Episcopal Churchwomen." *Pacific Churchman*, January, pp. 6–8, 12.

Babbie, Earl. 1970. *Science and Morality in Medicine*. Berkeley: University of California Press.

Babbie, Earl. 1982. *Social Research for Consumers*. Belmont, CA: Wadsworth.

Babbie, Earl. 1985. *You* Can *Make a Difference*. New York: St. Martin's Press.

Babbie, Earl. 2004. "Laud Humphreys and Research Ethics." *International Journal of Sociology and Social Policy* 24 (3/4/5): 12–18.

Bailey, William C. 1975. "Murder and Capital Punishment." In *Criminal Law in Action*, edited by William J. Chambliss. New York: Wiley.

Bailey, William C., and Ruth D. Peterson. 1994. "Murder, Capital Punishment, and Deterrence: A Review of the Evidence and an Examination on Police Killings." *Journal of Social Issues* 50: 53–74.

Ball-Rokeach, Sandra J., Joel W. Grube, and Milton Rokeach. 1981. "Roots: The Next Generation—Who Watched and with What Effect." *Public Opinion Quarterly* 45 (1): 58–68.

Barkan, Steven E., Michael Rocque, and Jason Houle. 2013. "State and Regional Suicide Rates: A New Look at an Old Puzzle." *Sociological Perspectives* 56 (2): 287–97. doi: 10.1525/sop.2013.56.2.287.

Barker, Kriss, and Miguel Sabido, eds. 2005. *Soap Operas for Social Change to Prevent HIV/AIDS: A Training Guide for Journalists and Media Personnel*. Shelburne, VT: Population Media Center.

Bart, Pauline, and Patricia O'Brien. 1985. *Stopping Rape: Successful Survival Strategies*. New York: Pergamon.

Beatty, Paul C., and Gordon B. Willis. 2007. "Research Synthesis: The Practice of Cognitive Interviewing." *Public Opinion Quarterly* 71 (2): 287–311.

Becker, Penny Edgell. 1998. "Making Inclusive Communities: Congregations and the 'Problem' of Race." *Social Problems* 45 (4): 451–72.

Bednarz, Marlene. 1996. "Push Polls Statement." Report to the AAPORnet listserv, April 5. http://www.aapor.org/ethics/pushpoll.html.

Belenky, Mary Field, Blythe McVicker Clinchy, Nancy Rule Goldberger, and Jill Mattuck Tarule. 1986. *Women's Ways of Knowing: The Development of Self, Voice, and Mind*. New York: Basic Books.

Bell, Derrick A. 1980. "*Brown v. Board of Education* and the Interest Convergence Dilemma." *Harvard Law Review* 93: 518–33.

Bellah, Robert N. 1970. "Christianity and Symbolic Realism." *Journal for the Scientific Study of Religion* 9: 89–96.

Bellah, Robert N. 1974. "Comment on the Limits of Symbolic Realism." *Journal for the Scientific Study of Religion* 13: 487–89.

Belmont Report. https://www.hhs.gov/ohrp/regulations-and-policy/belmont-report/index.html.

Berbrier, Mitch. 1998. "'Half the Battle': Cultural Resonance, Framing Processes, and Ethnic Affectations in Contemporary White Separatist Rhetoric." *Social Problems* 45 (4): 431–50.

Berg, Bruce L. 1989. *Qualitative Research Methods for the Social Sciences*. Boston: Allyn and Bacon.

Berkowitz, Dana, and Maura Ryan. Fall 2011. "Bathrooms, Baseball, and Bra Shopping: Lesbian and Gay Parents Talk about Engendering Their Children." *Sociological Perspectives* 54 (3): 329–50.

Beveridge, W. I. B. 1950. *The Art of Scientific Investigation*. New York: Vintage Books.

Bhattacharjee, Yudhijit. 2013. "The Mind of a Con Man Scientist," *New York Times Magazine*, April 26. http://www.nytimes.com/2013/04/28/magazine/diederik-stapels-audacious-academic-fraud.html?pagewanted=all&_r=1&.

Bian, Yanjie. 1994. *Work and Inequality in Urban China*. Albany: State University of New York Press.

Biddle, Stuart J. H., David Markland, David Gilbourne, Nikos L. D. Chatzisarantis, and Andrew C. Sparkes. 2001. "Research Methods in Sport and Exercise Psychology: Quantitative and Qualitative Issues." *Journal of Sports Sciences* 19 (10): 777–809.

Bielby, William T., and Denise Bielby. 1999. "Organizational Mediation of Project-Based Labor Markets: Talent Agencies and the Careers of Screenwriters." *American Sociological Review* 64: 64–85.

Black, Donald. 1970. "Production of Crime Rates." *American Sociological Review* 35 (August): 733–48.

Blair, Johnny, Shanyang Zhao, Barbara Bickart, and Ralph Kuhn. 1995. *Sample Design for Household Telephone Surveys: A Bibliography 1949–1995*. College Park: Survey Research Center, University of Maryland.

Blaunstein, Albert, and Robert Zangrando, eds. 1970. *Civil Rights and the Black American*. New York: Washington Square Press.

Bogle, Kathleen A. 2008. *Hooking Up: Dating and Relationships on Campus*. New York: New York University Press.

Bolstein, Richard. 1991. "Comparison of the Likelihood to Vote among Preelection Poll Respondents and Nonrespondents." *Public Opinion Quarterly* 55 (4): 648–50.

Bottomore, T. B., and Maximilien Rubel, eds. [1843] 1956. *Karl Marx: Selected Writings in Sociology and Social Philosophy*. Translated by T. B. Bottomore. New York: McGraw-Hill.

Bowen, Glenn. 2009. "Supporting a Grounded Theory with an Audit Trail: An Illustration." *International Journal of Social Research Methodology* 12 (4): 305–16.

Boyle, John M., Faith Lewis, and Brian Tefft. 2010, December. "Segmented or Overlapping Dual Frame Samples in Telephone Surveys." *Survey Practice*. http://surveypractice.org/2010/12/08/segmented-or-overlapping-samples/.

Brennan, Mike, and Jan Charbonneau. 2009. "Improving Mail Survey Response Rates Using Chocolate and Replacement Questionnaires." *Public Opinion Quarterly* 73 (2): 368–78.

Brick, J. Michael. 2011. "The Future of Survey Sampling." *Public Opinion Quarterly* 75 (5): 872–88.

Brick, J. Michael, W. R. Andrews, Pat D. Brick, Howard King, Nancy. A. Mathiowetz, and Lynne Stokes. 2012. "Methods for Improving Response Rates in Two-Phase Mail Surveys." *Survey Practice* 5 (3). http://surveypractice.org/index.php/SurveyPractice/article/view/17/html.

Broom, Alex, Kelly Hand, and Philip Tovey. 2009. "The Role of Gender, Environment, and Individual Biography in Shaping Qualitative Interview Data." *International Journal of Social Research Methodology* 12 (1): 51–65.

Browne, Kath. 2005. "Snowball Sampling: Using Social Networks to Research Non-heterosexual Women." *International Journal of Social Research Methodology* 8 (1): 47–60.

Burawoy, M., A. Burton, A. A. Ferguson, K. J. Fox, J. Gamson, N. Gartrell, L. Hurst, C. Kurzman, L. Salzinger, J. Schiffman, and S. Ui, eds. 1991. *Ethnography Unbound: Power and Resistance in the Modern Metropolis*. Berkeley: University of California Press.

Byrne, Anne, John Canavan, and Michelle Millar. 2009. "Participatory Research and the Voice-Centered Relational Method of Data Analysis: Is It Worth It?" *International Journal of Social Research Methodology* 12 (1): 67–77.

Cahn, Naomi, and June Carbone. 2010. *Red Families v. Blue Families: Legal Polarization and the Creation of Culture*. New York: Oxford University Press.

Campbell, Donald T. 1976. *Assessing the Impact of Planned Social Change*. Hanover, NH: Public Affairs Center, Dartmouth College.

Campbell, Donald, and Julian Stanley. 1963. *Experimental and Quasi-Experimental Designs for Research*. Chicago: Rand McNally.

Campbell, M. L. 1998. "Institutional Ethnography and Experience as Data." *Qualitative Sociology* 21 (1): 55–73.

Carpini, Michael X. Delli, and Scott Keeter. 1991. "Stability and Change in the U.S. Public's Knowledge of Politics." *Public Opinion Quarterly* 55 (4): 583–612.

Carr, C. Lynn. 1998. "Tomboy Resistance and Conformity: Agency in Social Psychological Gender Theory." *Gender and Society* 12 (5): 528–53.

Carroll, Lewis. [1895] 2009. *Through the Looking-Glass and What Alice Found There*. Oxford: Oxford University Press.

Census Bureau. *See* U.S. Bureau of the Census.

Charmaz, Kathy. 2006. *Constructing Grounded Theory: A Practical Guide through Qualitative Research*. Thousand Oaks, CA: Sage.

Cheung, Yuet Wah. 2009. *A Brighter Side: Protective and Risk Factors in the Rehabilitation of Chronic Drug Abusers in Hong Kong*. Hong Kong: Chinese University Press.

Chirot, Daniel, and Jennifer Edwards. 2003. "Making Sense of the Senseless: Understanding Genocide." *Contexts* 2 (2): 12–19.

Choi, Bernard C. K., and Anita W. P. Pak. 2005. "A Catalog of Biases in Questionnaires." *Preventing Chronic Disease* 2 (1). http://www.cdc.gov/pcd/issues/2005/jan/04_0050.htm.

Chossudovsky, Michel. 1997. *The Globalization of Poverty: Impacts of IMF and World Bank Reforms*. London: Zed Books.

Christian, Leah Melani, Don A. Dillman, and Jolene D. Smyth. 2007. "Helping Respondents Get It Right the First Time: The Influence of Words, Symbols, and Graphics in Web Surveys." *Public Opinion Quarterly* (1): 113–25.

Christian, Leah, Scott Keeter, Kristen Purcell, and Aaron Smith. (2010, May 20). "Assessing the Cell Phone Challenge." Executive Summary. Pew Center Publications. http://pewresearch.org/pubs/1601/assessing-cell-phone-challenge-in-public-opinion-surveys.

Coates, Rodney D. 2006. "Towards a Simple Typology of Racial Hegemony." *Societies without Borders* 1: 69–91.

Coleman, James. 1966. *Equality of Educational Opportunity*. Washington, DC: U.S. Government Printing Office.

Collins, G. C., and Timothy B. Blodgett. 1981. "Sexual Harassment . . . Some See It . . . Some Won't." *Harvard Business Review*, March–April, pp. 76–95.

Comstock, Donald. 1980. "Dimensions of Influence in Organizations." *Pacific Sociological Review*, January, pp. 67–84.

Comte, Auguste. 1822. *Plan de Travaux Scientifiques Nécessaires pour Réorganiser la Société*. [Publisher city and name unknown].

Connolly, Scott, Katie Elmore, and Wendi Stein. 2008. *Qualitative Assessment of* Outta Road, *an Entertainment-Education Radio Soap Opera for Jamaican Adolescents*. Shelburne, VT: Population Media Center.

Conrad, Clifton F. 1978. "A Grounded Theory of Academic Change." *Sociology of Education* 51: 101–12.

Contemporary Sociology. 2008. *A Symposium on Public Sociology: Looking Back and Forward*. 37 (6, November).

Cook, Elizabeth. 1995. Communication to the METHODS listserv, April 25, from Michel de Seve (T120@music.ulaval.ca) to Cook (EC1645A@american.edu).

Cook, Thomas D., and Donald T. Campbell. 1979. *Quasi-Experimentation: Design and Analysis Issues for Field Settings*. Chicago: Rand McNally.

Cooper-Stephenson, Cynthia, and Athanasios Theologides. 1981. "Nutrition in Cancer: Physicians' Knowledge, Opinions, and Educational Needs." *Journal of the American Dietetic Association*, May, pp. 472–76.

Correll, Shelley J., Stephen Benard, and In Paik. 2007. "Getting a Job: Is There a Motherhood Penalty?" *American Journal of Sociology* 112 (5): 1297–338.

Couper, Mick P. 2001. "Web Surveys: A Review of Issues and Approaches." *Public Opinion Quarterly* 64 (4): 464–94.

Couper, Mick P. 2008. *Designing Effective Web Surveys*. New York: Cambridge University Press.

Couper, Mick P. 2011. "The Future of Modes of Data Collection." *Public Opinion Quarterly* 75 (5): 889–908.

Couper, Mick P., and Peter V. Miller. 2008. "Web Survey Methods: Introduction." *Public Opinion Quarterly* 72 (5): 831–5.

Craig, R. Stephen. 1992. "The Effect of Television Day Part on Gender Portrayals in Television Commercials: A Content Analysis." *Sex Roles* 26 (5/6): 197–211.

Crawford, Kent S., Edmund D. Thomas, and Jeffrey J. Fink. 1980. "Pygmalion at Sea: Improving the Work Effectiveness of Low Performers." *Journal of Applied Behavioral Science*, October–December, pp. 482–505.

Curtin, Richard, Stanley Presser, and Eleanor Singer. 2005. "Changes in Telephone Survey Nonresponse over the Past Quarter Century." *Public Opinion Quarterly* 69 (1): 87–98.

Danieli, Ardha, and Carol Woodhams. 2005. "Emancipatory Research Methodology and Disability: A Critique." *International Journal of Social Research* 8 (4): 281–96.

Datta, R., Nyojy U. Khyang, Hla Kray Prue Khyang, Hla Aung Prue Kheyang, Mathui Ching Khyang, and Jebunnessa Chapola. 2015. "Participatory Action Research and Researcher's Responsibilities: An Experience with an Indigenous Community." *International Journal of Social Research Methodology* 18 (6): 581–99, http://dx.doi.org/10.1080/13645579.2014.927492.

Davis, Fred. 1973. "The Martian and the Convert: Ontological Polarities in Social Research." *Urban Life* 2 (3): 333–43.

Day, Lemuel, Christopher Bader, and Ann Gordon. 2014. "The Chapman University Survey on American Fears." http://www.chapman.edu/wilkinson/research-centers/babbie-center/survey-american-fears.aspx.

Day, Lemuel, Christopher Bader, and Ann Gordon. 2018 "America's Top Fears 2018." https://blogs.chapman.edu/wilkinson/2018/10/16/americas-top-fears-2018/.

Death Penalty Information Center. 2017. http://www.deathpenaltyinfo.org/murder-rates-nationally-and-state.

De Coster, Stacy. 2005. "Depression and Law Violation: Gendered Responses to Gendered Stresses." *Sociological Perspectives* 48 (2): 155–87.

Deflem, Mathieu. 2002. *Policing World Society: Historical Foundations of International Police Cooperation*. New York: Oxford University Press.

DeFleur, Lois. 1975. "Biasing Influences on Drug Arrest Records: Implications for Deviance Research." *American Sociological Review* 40: 88–103.

de Leeuw, Edith D. 2010. "Mixed-Mode Surveys and the Internet." *Survey Practice* 3 (6). www.surveyresearch.org.

de Leeuw, E. D., and J. J. Hox. 2011. "Internet Surveys as Part of a Mixed-Mode Design," pp. 45–76 in *Social and Behavioral Research and the Internet: Advances in Applied Methods and Research Strategies*, edited by M. Das, P. Ester, and L. Kaczmirek. New York: Taylor & Francis.

Delgado, Richard. 2002. "Explaining the Rise and Fall of African American Fortunes—Interest Convergence and Civil Rights Gains." *Harvard Civil Rights–Civil Liberties Law Review* 37: 369–87.

Denscombe, Martyn. 2009. "Item Non-Response Rates: A Comparison of Online and Paper Questionnaires." *International Journal of Social Research Methodology* 12 (4): 281–91.

Dillman, Don A. 1978. *Mail and Telephone Surveys: The Total Design Method*. New York: Wiley.

Dillman, Don A. 2009. *Mail and Internet Surveys: The Tailored Design Method*. 3rd ed. Hoboken, NJ: Wiley.

Dillman, Don A. 2012. "Introduction to Special Issue of Survey Practice on Item Nonresponse." *Survey Practice* 5 (2). www.surveypractice.org.

Doyle, Sir Arthur Conan. [1891] 1892. "A Scandal in Bohemia." First published in *The Strand*, July 1891. Reprinted in *The Original Illustrated Sherlock Holmes*, pp. 11–25. Secaucus, NJ: Castle.

DuBois, W. E. B. 1903. *The Souls of Black Folk*. Chicago: McClurg.

Duneier, Mitchell. 1999. *Sidewalk*. New York: Farrar, Straus, & Giroux.

Dunne, Ciarán. 2011. "The Place of Literature Review in Grounded Theory Research." *International Journal of Social Research Methodology* 14 (2): 111–24.

Durkheim, Emile. [1893] 1964. *The Division of Labor in Society*. Translated by George Simpson. New York: Free Press.

Durkheim, Emile. [1897] 1951. *Suicide*. Glencoe, IL: Free Press.

Eastman, Crystal. 1910. "Work-Accidents and Employers' Liability." *The Survey*, September 3, pp. 788–94.

Edin, Kathryn, and Maria Kefalas. 2005. *Promises I Can Keep: Why Poor Women Put Motherhood before Marriage*. Berkeley: University of California Press.

Editorial. 2011, May. *International Journal of Social Research Methodology* 14 (3): 171–78.

Edwards, Adam, William Housley, Matthew Williams, Luke Sloan, and Malcolm Williams. 2013. "Digital Social Research, Social Media and the Sociological Imagination: Surrogacy, Augmentation, and Re-orientation." *International Journal of Social Research Methodology* 16 (3): 245–60. doi: 10.1080/13645579.2013.774185.

Ellison, Christopher G., and Darren E. Sherkat. 1990. "Patterns of Religious Mobility among Black Americans." *Sociological Quarterly* 31 (4): 551–68.

Emde, Matthias, and Marek Fuchs. 2012. "Exploring Animated Faces Scales in Web Surveys: Drawbacks and Prospects." *Survey Practice* 5 (1). http://surveypractice.org.

Emerson, Robert M., Kerry O. Ferris, and Carol Brooks Gardner. 1998. "On Being Stalked." *Social Problems* 45 (3): 289–314.

Farquharson, Karen. 2005. "A Different Kind of Snowball: Identifying Key Policymakers." *International Journal of Social Research* 8 (4): 345–53.

Farrall, Steven, Ben Hunter, Gilly Sharpe, and Adam Calverley. 2016. "What 'Works' When Retracing Sample Members in a Qualitative Longitudinal Study?" *International Journal of Social Research Methodology* 19 (3): 287–300. http://dx.doi.org/10.1080/13645579.2014.993839

Fausto-Sterling, Anne. 1992. "Why Do We Know So Little about Human Sex?" *Discover* Archives, June. http://cas.bellarmine.edu/tietjen/Human%20Nature%20S%201999/why_do_we_know_so_little_about_h.htm.

Federal Communications Commission (FCC). 2015. Wireless Phones and the National Do-Not-Call List. http://www.fcc.gov/guides/truth-about-wireless-phones-and-national-do-not-call-list.

Festinger, Leon, Henry W. Reicker, and Stanley Schachter. 1956. *When Prophecy Fails*. Minneapolis: University of Minnesota Press.

Fevre, Ralph, Amanda Robinson, Trevor Jones, and Duncan Lewis. 2010. "Researching Workplace Bullying: The Benefits of Taking an Integrated Approach." *International Journal of Social Research Methodology* (13) 1: 71–85.

Fielding, Nigel. 2004. "Getting the Most from Archived Qualitative Data: Epistemological, Practical and Professional Obstacles." *International Journal of Social Research Methodology* 7 (1): 97–104.

Ford, David A. 1989. "Preventing and Provoking Wife Battery through Criminal Sanctioning: A Look at the Risks." September, unpublished manuscript.

Ford, David A., and Mary Jean Regoli. 1992. "The Preventive Impacts of Policies for Prosecuting Wife Batterers," pp. 181–208 in *Domestic Violence: The Changing Criminal Justice Response*, edited by E. S. Buzawa and C. G. Buzawa. New York: Auburn.

Fox, Kathryn J. 1991. "The Politics of Prevention: Ethnographers Combat AIDS among Drug Users," pp. 227–49 in *Ethnography Unbound: Power and Resistance in the Modern Metropolis*, edited by M. Burawoy, A. Burton, A. A. Ferguson, K. J. Fox, J. Gamson, N. Gartrell, L. Hurst, C. Kurzman, L. Salzinger, J. Schiffman, and S. Ui. Berkeley: University of California Press.

Frankel, Mark S., and Sanyin Siang. 1999 November. "Ethical and Legal Aspects of Human Subjects Research on the Internet: A Report of a Workshop." Washington, DC: American Association for the Advancement of Science. http://www.aaas.org/spp/dspp/sfrl/projects/intres/main.htm.

Galesic, Mirta, Roger Tourangeau, Mick P. Couper, and Frederick G. Conrad. 2008. "Eye-Tracking Data: New Insights on Response Order Effects and Other Cognitive Shortcuts in Survey Responding." *Public Opinion Quarterly* 72 (5): 892–913.

Gall, John. 1975. *Systemantics: How Systems Work and Especially How They Fail*. New York: Quadrangle.

Galton, Francis. 1889. *Natural Inheritance*. New York: Macmillan.

Gamson, William A. 1992. *Talking Politics*. New York: Cambridge University Press.

Gans, Herbert. 1971. "The Uses of Poverty: The Poor Pay All." *Social Policy*, July–August, pp. 20–24.

Gans, Herbert. 2002. "More of Us Should Become Public Sociologists." *Footnotes*, July–August. Washington, DC: American Sociological Association. http://www.asanet.org/footnotes/julyaugust02/fn10.html.

Garant, Carol. 1980. "Stalls in the Therapeutic Process." *American Journal of Nursing*, December, pp. 2166–67.

Gard, Greta, ed. 1993. *Ecofeminism: Women, Animals, Nature*. Philadelphia: Temple University Press. Quoted in Linda J. Rynbrandt and Mary Jo Deegan. 2002. "The Ecofeminist Pragmatism of Caroline Bartlett Crane, 1896–1935." *American Sociologist* 33 (3): 60.

Garfinkel, H. 1967. *Studies in Ethnomethodology*. Englewood Cliffs, NJ: Prentice-Hall.

Gaventa, J. 1991. "Towards a Knowledge Democracy: Viewpoints on Participatory Research in North America," pp. 121–31 in *Action and Knowledge: Breaking the Monopoly with Participatory Action-Research*, edited by O. Fals-Borda and M. A. Rahman. New York: Apex Press.

Geertz, Clifford. 1973. *The Interpretation of Cultures*. New York: Basic Books.

General Social Survey. http://gss.norc.org/Documents/other/GSS%20Response%20Period%20and%20Field%20Period.pdf.

Glaser, Barney, and Anselm Strauss. 1967. *The Discovery of Grounded Theory: Strategies for Qualitative Research*. Chicago: Aldine.

Glock, Charles Y., Benjamin B. Ringer, and Earl R. Babbie. 1967. *To Comfort and to Challenge*. Berkeley: University of California Press.

Gobo, Giampietro. 2006. "Set Them Free: Improving Data Quality by Broadening the Interviewer's Tasks." *International Journal of Social Research Methodology* 9 (4): 279–301.

Gobo, Giampietro. 2011. "Glocalizing Methodology? The Encounter between Local Methodologies." *International Journal of Social Research Methodology* 14 (6): 417–37.

Goffman, Erving. 1961. *Asylums: Essays on the Social Situation of Mental Patients and Other Inmates*. Chicago: Aldine.

Goffman, Erving. 1963. *Stigma: Notes on the Management of a Spoiled Identity*. Englewood Cliffs, NJ: Prentice-Hall.

Goffman, Erving. 1974. *Frame Analysis*. Cambridge, MA: Harvard University Press.

Goffman, Erving. 1979. *Gender Advertisements*. New York: Harper & Row.

Gong, Rachel. 2011. "Internet Politics and State Media Control: Candidate Weblogs in Malaysia." *Sociological Perspectives* 54 (3): 307–28, doi: 10.1525/sop.2011.54.3.307.

Graham, Laurie, and Richard Hogan. 1990. "Social Class and Tactics: Neighborhood Opposition to Group Homes." *Sociological Quarterly* 31 (4): 513–29.

Greenwood, Peter W., C. Peter Rydell, Allan F. Abrahamse, Jonathan P. Caulkins, James Chiesa, Karyn E. Mode, and Stephen P. Klein. 1994. *Three Strikes and You're Out: Estimated Benefits and Costs of California's New Mandatory-Sentencing Law*. Santa Monica, CA: Rand.

Greenwood, Peter W., C. Peter Rydell, and Karyn Model. 1996. *Diverting Children from a Life of Crime: Measuring Costs and Benefits*. Santa Monica, CA: Rand.

Griffith, Alison I. 1995. "Mothering, Schooling, and Children's Development," pp. 108–21 in *Knowledge, Experience, and Ruling Relations: Studies in the Social Organization of Knowledge*, edited by M. Campbell and A. Manicom. Toronto, Canada: University of Toronto Press.

Gronvik, Lars. 2009. "Defining Disability: Effects of Disability Concepts on Research Outcomes." *International Journal of Social Research Methodology* 12 (1): 1–18.

Groves, Robert M. 2006. "Nonresponse Rates and Nonresponse Bias in Household Surveys." *Public Opinion Quarterly* 70 (5): 646–75.

Groves, Robert M. 2011. "Three Eras of Survey Research." *Public Opinion Quarterly* 75 (5): 861–71.

Gubrium, Jaber F., and James A. Holstein. 1997. *The New Language of Qualitative Method*. New York: Oxford University Press.

Hammersley, Martyn, and Anna Traianou. 2011. "Moralism and Research Ethics: A Machiavellian Perspective." *International Journal of Social Research Methodology* 14 (5): 379–90.

Hartsock, Nancy. 1983. "The Feminist Standpoint," pp. 283–310 in *Discovering Reality*, edited by S. Harding and M. B. Hintikka. Boston: D. Riedel.

Hawking, Stephen. 2001. *The Universe in a Nutshell*. New York: Bantam Books.

Hedrick, Terry E., Leonard Bickman, and Debra J. Rog. 1993. *Applied Research Design: A Practical Guide*. Thousand Oaks, CA: Sage.

Hempel, Carl G. 1952. "Fundamentals of Concept Formation in Empirical Science." *International Encyclopedia of United Science II*, no. 7.

Heritage, J. 1984. *Garfinkel and Ethnomethodology*. Cambridge: Polity Press.

Heritage, John, and David Greatbatch. 1992. "On the Institutional Character of Institutional Talk," pp. 99–137 in *Talk at Work*, edited by P. Drew and J. Heritage. Cambridge, England: Cambridge University Press.

Higginbotham, A. Leon, Jr. 1978. *In the Matter of Color: Race and the American Legal Process*. New York: Oxford University Press.

Hill, Lewis. 2000. *Yankee Summer: The Way We Were: Growing up in Rural Vermont in the 1930s*. Bloomington, IN: First Books Library.

Hilts, Philip J. 1981. "Values of Driving Classes Disputed." *San Francisco Chronicle*, June 25, p. 4.

Hogan, Richard, and Carolyn C. Perrucci. 1998. "Producing and Reproducing Class and Status Differences: Racial and Gender Gaps in U.S. Employment and Retirement Income." *Social Problems* 45 (4): 528–49.

Howard, Edward N., and Darlene M. Norman. 1981. "Measuring Public Library Performance." *Library Journal*, February, pp. 305–8.

Howell, Joseph T. 1973. *Hard Living on Clay Street*. Garden City, NY: Doubleday Anchor.

Huberman, A. Michael, and Matthew B. Miles. 1994. "Data Management and Analysis Methods," pp. 428–44 in *Handbook of Qualitative Research*, edited by Norman K. Denzin and Yvonna S. Lincoln. Thousand Oaks, CA: Sage.

Hughes, Michael. 1980. "The Fruits of Cultivation Analysis: A Reexamination of Some Effects of Television Watching." *Public Opinion Quarterly* 44 (3): 287–302.

Humphreys, Laud. 1970. *Tearoom Trade: Impersonal Sex in Public Places*. Chicago: Aldine.

Hurst, Leslie. 1991. "Mr. Henry Makes a Deal," pp. 183–202 in *Ethnography Unbound: Power and Resistance in the Modern Metropolis*, edited by M. Burawoy, A. Burton, A. A. Ferguson, K. J. Fox, J. Gamson, N. Gartrell, L. Hurst, C. Kurzman, L. Salzinger, J. Schiffman, and S. Ui. Berkeley: University of California Press.

Husser, Jason A., and Kenneth E. Fernandez. 2013. "To Click, Type, or Drag? Evaluating Speed of Survey Data Input Methods." *Survey Practice* 6 (2). http://www.surveypractice.org.

Iannacchione, Vincent G., Jennifer M. Staab, and David T. Redden. 2003. "Evaluating the Use of Residential Mailing Addresses in a Metropolitan Household Survey." *Public Opinion Quarterly* 67 (2): 202–10.

Ibrahim, Saad Eddin. 2003. "Letter from Cairo." *Contexts* 2 (2): 68–72.

Im, E.-O., and Wonshik Chee. 2012. "Practical Guidelines for Qualitative Research Using Online Forums," *Comput Inform Nurs.* 30(11): 604–11. doi: 10.1097/NXN.0b013e318266cade.

Irwin, John, and James Austin. 1997. *It's About Time: America's Imprisonment Binge*. Belmont, CA: Wadsworth.

Ison, Nicole L. 2009. "Having Their Say: Email Interviews for Research Data Collection with People Who Have Verbal Communication Impairment." *International Journal of Social Research Methodology* 12 (2): 161–72.

Isaac, Larry W., and Larry J. Griffin. 1989. "Ahistoricism in Time-Series Analyses of Historical Process: Critique, Redirections, and Illustrations from U.S. Labor History." *American Sociological Review* 54: 873–90.

Jackman, Molly R., and Lauri Kanerva. 2016. Evolving the IRB: Building Robust Review for Industry Research." *Washington and Lee Law Review Online* 72 (3). http://scholarlycommons.law.wlu.edu/cgi/viewcontent.cgi?article=1042&context=wlulr-online.

Jackman, Mary R., and Mary Scheuer Senter. 1980. "Images of Social Groups: Categorical or Qualified?" *Public Opinion Quarterly* 44 (3): 340–61.

Jackson, Jonathan. 2005. "Validating New Measures of the Fear of Crime." *International Journal of Social Research* 8 (4): 297–315.

Jacobs, Bruce A., and Jody Miller. 1998. "Crack Dealing, Gender, and Arrest Avoidance." *Social Problems* 45 (4): 550–69.

Jaffee, Daniel. 2007. *Brewing Justice: Fair Trade Coffee, Sustainability and Survival*. Berkeley: University of California Press.

Jasso, Guillermina. 1988. "Principles of Theoretical Analysis." *Sociological Theory* 6: 1–20.

Jensen, Arthur. 1969. "How Much Can We Boost IQ and Scholastic Achievement?" *Harvard Educational Review* 39: 273–74.

Jobes, Patrick C., Andra Aldea, Constantin Cernat, Ioana-Minerva Icolisan, Gabriel Iordache, Sabastian Lazeru, Catalin Stoica, Gheorghe Tibil, and Eugenia Udangiu. 1997. "Shopping as a Social Problem: A Grounded Theoretical Analysis of Experiences among Romanian Shoppers." *Journal of Applied Sociology* 14 (1): 124–46.

Johnson, Jeffrey C. 1990. *Selecting Ethnographic Informants*. Thousand Oaks, CA: Sage.

Johnston, Hank. 1980. "The Marketed Social Movement: A Case Study of the Rapid Growth of TM." *Pacific Sociological Review*, July, pp. 333–54.

Johnston, Hank, and David A. Snow. 1998. "Subcultures and the Emergence of the Estonian Nationalist Opposition 1945–1990." *Sociological Perspectives* 41 (3): 473–97.

Jones, James H. 1981. *Bad Blood: The Tuskegee Syphilis Experiments*. New York: Free Press.

Kaplan, Abraham. 1964. *The Conduct of Inquiry*. San Francisco: Chandler.

Kaplowitz, Michael D., Timothy D. Hadlock, and Ralph Levine. 2004. "A Comparison of Web and Mail Survey Response Rates." *Public Opinion Quarterly* 68 (1): 94–101.

Kasl, Stanislav V., Rupert F. Chisolm, and Brenda Eskenazi. 1981. "The Impact of the Accident at Three Mile Island on the Behavior and Well-Being of Nuclear Workers." *American Journal of Public Health*, May, pp. 472–95.

Kebede, Alemseghed, and J. David Knottnerus. 1998. "Beyond the Pales of Babylon: The Ideational Components and Social Psychological Foundations of Rastafari." *Sociological Perspectives* 42 (3): 499–517.

Keeter, Scott, and Kylie McGeeney. 2015. Pew Research Will Call More Cellphones in 2015. http://www.pewresearch.org/fact-tank/2015/01/07/pew-research-will-call-more-cellphones-in-2015/.

Kendall, Patricia L., and Paul Lazarsfeld. 1950. "Problems of Survey Analysis," pp. 133–96 in *Continuities in Social Research: Studies in the Scope and Methods of "The American Soldier,"* edited by Robert K. Merton and Paul Lazarsfeld. New York: Free Press.

Kentor, Jeffrey. 2001. "The Long Term Effects of Globalization on Income Inequality, Population Growth, and Economic Development." *Social Problems* 48 (4): 435–55.

Khayatt, Didi. 1995. "Compulsory Heterosexuality: Schools and Lesbian Students," pp. 149–63 in *Knowledge, Experience, and Ruling Relations: Studies in the Social Organization of Knowledge*, edited by M. Campbell and A. Manicom. Toronto, Canada: University of Toronto Press.

Kidder, Jeffrey L. 2005. "Style and Action: A Decoding of Bike Messenger Symbols." *Journal of Contemporary Ethnography* 34 (2): 344–67.

Kilburn, John C., Jr. 1998. "It's a Matter of Definition: Dilemmas of Service Delivery and Organizational Structure in a Growing Voluntary Organization." *Journal of Applied Sociology* 15 (1): 89–103.

Kinnell, Ann Marie, and Douglas W. Maynard. 1996. "The Delivery and Receipt of Safer Sex Advice in Pretest Counseling Sessions for HIV and AIDS." *Journal of Contemporary Ethnography* 24: 405–37.

Kinsey, Alfred C., et al. 1948. *Sexual Behavior in the Human Male*. Philadelphia: Saunders.

Kinsey, Alfred C., et al. 1953. *Sexual Behavior in the Human Female*. Philadelphia: Saunders.

Knowles, Caroline. 2006. "Handling Your Baggage in the Field: Reflections on Research Relationships." *International Journal of Social Research Methodology* 9 (5): 393–404.

Koopman-Boyden, Peggy, and Margaret Richardson. 2013. "An Evaluation of Mixed Methods (Diaries and Focus Groups) When Working with Older People." *International Journal of Social Research Methodology* 16 (5): 389–401. doi:10.1080/13645579.2012.716971.

Koppel, Ross, Joshua P. Metlay, Abigail Cohen, Brian Abaluck, A. Russell Localio, Stephen E. Kimmel, and Brian L. Strom. 2005. "Role of Computerized Physician Order Entry Systems in Facilitating Medication Errors." *Journal of the American Medical Association* 293: 1197–203.

Kramer, A. D. I., Jamie E. Guillory, and Jeffrey T. Hancock. 2014. "Experimental Evidence of Massive-Scale Emotional Contagion through Social Networks," PNAS | June 17, 2014 | vol. 111 | no. 24, pp. 8788–8790.

Kreuter, Frauke, Stanley Presser, and Roger Tourangeau. 2008. "Social Desirability Bias in CATI, IVR, and Web Surveys: The Effects of Mode and Question Sensitivity." *Public Opinion Quarterly* 72 (5): 847–65.

Krueger, Richard A. 1988. *Focus Groups*. Thousand Oaks, CA: Sage.

Kubrin, Charis E. 2005. "I See Death around the Corner: Nihilism in Rap Music." *Sociological Perspectives* 48 (4): 433–59.

Kubrin, Charis E., and Ronald Weitzer. 2003. "Retaliatory Homicide: Concentrated Disadvantage and Neighborhood Culture." *Social Problems* 50 (2): 157–80.

Kuhn, Thomas. 1970. *The Structure of Scientific Revolutions*. Chicago: University of Chicago Press.

Kvale, Steinar. 1996. *InterViews: An Introduction to Qualitative Research Interviewing*. Thousand Oaks, CA: Sage.

Lakoff, George. 2002. *Moral Politics: How Liberals and Conservatives Think*. Chicago: University of Chicago Press.

Larcker, David F., and Anastasia A. Zakolyukina. (2010, July 29). "Detecting Deceptive Discussions in Conference Calls." Rock Center for Corporate Governance Working Paper No. 83. Palo Alto, CA: Stanford University Graduate School of Business. http://ssrn.com/abstract=1572705.

Laumann, Edward O., John H. Gagnon, Robert T. Michael, and Stuart Michaels. 1994. *The Social Organization of Sexuality*. Chicago: University of Chicago Press.

Lee, Motoko Y., Stephen G. Sapp, and Melvin C. Ray. 1996. "The Reverse Social Distance Scale." *Journal of Social Psychology* 136 (1): 17–24.

Lewins, Ann, and Christina Silver. 2009. "Choosing a CAQDAS Package." July. http://eprints.ncrm.ac.uk/791/1/2009ChoosingaCAQDASPackage.pdf.

Libin, A., and J. Cohen-Mansfield. 2000. "Individual versus Group Approach for Studying and Intervening with Demented Elderly Persons: Methodological Perspectives." *Gerontologist*, October 15, p. 105.

Lincoln, Yvonna S., and Egon G. Guba. 1985. *Naturalistic Inquiry*. Beverly Hills, CA: Sage.

Link, Michael W., Joe Murphy, Michael F. Schober, N., Trent D. Buskirk, Jennifer Hunter Childs, and Casey Langer Tesfaye. 2014. "Mobile Technologies for Conducting, Augmenting and Potentially Replacing Surveys: Report of the AAPOR Task Force on Emerging Technologies in Public Opinion Research." April 25. http://www.aapor.org/AAPORKentico/AAPOR_Main/media/MainSiteFiles/REVISED_Mobile_Technology_Report_Final_revised10June14.pdf.

Linton, Ralph. 1937. *The Study of Man*. New York: D. Appleton-Century.

Literary Digest. 1936a. "Landon, 1,293,669: Roosevelt, 972,897." October 31, pp. 5–6.

Literary Digest. 1936b. "What Went Wrong with the Polls?" November 14, pp. 7–8.

Lofland, John. 2003. *Demolishing a Historic Hotel*. Davis, CA: Davis Research.

Lofland, John, David Snow, Leon Anderson, and Lyn H. Lofland. 2006. *Analyzing Social Settings: A Guide to Qualitative Observation and Analysis*. 4th ed. Belmont, CA: Wadsworth.

Lopata, Helena Znaniecki. 1981. "Widowhood and Husband Sanctification," *Journal of Marriage and the Family*, May: 439–50.

Lynd, Robert S., and Helen M. Lynd. 1929. *Middletown*. New York: Harcourt, Brace.

Lynd, Robert S., and Helen M. Lynd. 1937. *Middletown in Transition*. New York: Harcourt, Brace.

Lynn, Peter, ed. *Methodology of Longitudinal Surveys*. Hoboken, NJ: Wiley, 2009.

Madison, Anna-Marie. 1992. "Primary Inclusion of Culturally Diverse Minority Program Participants in the Evaluation Process." *New Directions for Program Evaluation* 53: 35–43.

Maeda, H. 2015. "Response Option Configuration of Online Administered Likert Scales," *International Journal of Social Research Methodology* 18 (1): 15–26. http://dx.doi.org/10.1080/13645579.2014.885159.

Mahoney, James, and Dietrich Rueschemeyer, eds. 2003. *Comparative Historical Analysis in the Social Sciences*. New York: Cambridge University Press.

Malakhoff, Lawrence A., and Matt Jans. 2011. "Towards Usage of Avatar Interviewers in Web Surveys." *Survey Practice* 4 (3). http://surveypractice.org.

Manning, Peter K., and Betsy Cullum-Swan. 1994. "Narrative, Content, and Semiotic Analysis," pp. 463–77 in *Handbook of Qualitative Research*, edited by Norman K. Denzin and Yvonna S. Lincoln. Thousand Oaks, CA: Sage.

Marshall, Catherine, and Gretchen B. Rossman. 1995. *Designing Qualitative Research*. Thousand Oaks, CA: Sage.

Marx, Karl. [1867] 1967. *Capital: A Critique of Political Economy*. New York: International Publishers.

McAlister, Alfred, Cheryl Perry, Joel Killen, Lee Ann Slinkard, and Nathan Maccoby. 1980. "Pilot Study of Smoking, Alcohol, and Drug Abuse Prevention." *American Journal of Public Health*, July, pp. 719–21.

McGeeney, Kylie. 2015. "Tips for Creating Web Surveys for Completion on a Mobile Device." July 15. http://www.pewresearch.org/2015/06/11/tips-for-creating-web-surveys-for-completion-on-a-mobile-device/.

McGrane, Bernard. 1994. *The Un-TV and the 10 mph Car: Experiments in Personal Freedom and Everyday Life*. Fort Bragg, CA: Small Press.

Meadows, Donella H., Dennis L. Meadows, and Jørgen Randers. 1992. *Beyond the Limits: Confronting Global Collapse, Envisioning a Sustainable Future*. Post Mills, VT: Chelsea Green.

Meadows, Donella H., Dennis L. Meadows, Jørgen Randers, and William W. Behrens, III. 1972. *The Limits to Growth*. New York: Signet Books.

Meko, Tim, Denise Lu, and Lazaro Gamio. "How Trump Won the Presidency with Razor-Thin Margins in Swing States, *Washington Post*, November 11, 2016. https://www.washingtonpost.com/graphics/politics/2016-election/swing-state-margins/.

Menjívar, Cecilia. 2000. *Fragmented Ties: Salvadoran Immigrant Networks in America*. Berkeley: University of California Press.

Merton, Robert K. 1938. "Social Structure and Anomie." *American Sociological Review* 3: 672–82.

Merton, Robert K. 1957. *Social Theory and Social Structure*. New York: Free Press.

Merton, Robert K., and Alice Kitt. (1950). "Contributions to the Theory of Reference Group Behavior." Glencoe, IL: Free Press. Reprinted in part from *Studies in the Scope and Method of "The American Soldier,"* edited by R. K. Merton and Paul Lazarfeld. Glencoe, IL: Free Press.

Middlebury College. 2007. http://www.middlebury.edu/about/newsevents/archive/2007/newsevents_633084484309809133.htm.

Milgram, Stanley. 1963. "Behavioral Study of Obedience." *Journal of Abnormal Social Psychology* 67: 371–78.

Milgram, Stanley. 1965. "Some Conditions of Obedience and Disobedience to Authority." *Human Relations* 18: 57–76.

Millar, Morgan M., and Don A. Dillman. 2012. "Encouraging Survey Response via Smartphones: Effects on Respondents' Use of Mobile Devices and Survey Response Rates." *Survey Practice* 5 (3). www.surveypractice.org.

Miller, Peter V. 2010. "The Road to Transparency in Survey Research." *Public Opinion Quarterly* 74 (3): 602–06.

Miller, Wayne, and June Lennie. 2005. "Empowerment Evaluation: A Practical Method for Evaluating a National School Breakfast Program." *Evaluation Journal of Australiasia* 5 (2): 18–26.

Milner, Murray, Jr. 2004. *Freaks, Geeks, and Cool Kids: American Teenagers, Schools, and the Culture of Consumption*. New York: Routledge.

Mirola, William A. 2003. "Asking for Bread, Receiving a Stone: The Rise and Fall of Religious Ideologies in Chicago's Eight-Hour Movement." *Social Problems* 50 (2): 273–93.

Mitchell, Richard G. Jr. 1991. "Secrecy and Disclosure in Fieldwork," pp. 97–108 in *Experiencing Fieldwork: An Inside View of Qualitative Research*, edited by William B. Shaffir and Robert A. Stebbins. Thousand Oaks, CA: Sage.

Mitchell, Richard G. Jr. 2002. *Dancing at Armageddon: Survivalism and Chaos in Modern Times*. Chicago: University of Chicago Press.

Morgan, David L., ed. 1993. *Successful Focus Groups: Advancing the State of the Art*. Thousand Oaks, CA: Sage.

Morgan, Lewis H. 1870. *Systems of Consanguinity and Affinity*. Washington, DC: Smithsonian Institution.

Moskowitz, Milt. 1981. "The Drugs That Doctors Order." *San Francisco Chronicle*, May 23, p. 33.

Moynihan, Daniel. 1965. *The Negro Family: The Case for National Action*. Washington, DC: U.S. Government Printing Office.

Myrdal, Gunnar. 1944. *An American Dilemma*. New York: Harper & Row.

Naisbitt, John, and Patricia Aburdene. 1990. *Megatrends 2000: Ten New Directions for the 1990's*. New York: Morrow.

National Center for Health Statistics, "Wireless Substitution: Early Release of Estimates from the National Health Interview Survey, July–December 2016, Released May 2017. https://www.cdc.gov/nchs/data/nhis/earlyrelease/wireless201705.pdf.

National Center for Juvenile Justice. 2009. "National Arrest Rates by Offense, Sex, and Race." October 31. http://ojjdp.ncjrs.org/ojstatbb/crime/excel/JAR_2008.xls.

Nature Conservancy. 2005. "The Nature of Science on the Sacramento River." *Nature Conservancy* [newsletter], Spring–Summer.

Neuman, W. Lawrence. 1998. "Negotiated Meanings and State Transformation: The Trust Issue in the Progressive Era." *Social Problems* 45 (3): 315–35.

Noy, Chaim. 2008. "Sampling Knowledge: The Hermeneutics of Snowball Sampling in Qualitative Research." *International Journal of Social Research Methodology* 11 (4): 327–44.

Olson, Kristen, and Andy Peytchev. 2007. "Effect of Interviewer Experience on Interview Pace and Interviewer Attitudes." *Public Opinion Quarterly* 71 (2): 273–86.

O'Neill, Harry W. 1992. "They Can't Subpoena What You Ain't Got." *AAPOR News* 19 (2): 4, 7.

Onwuegbuzie, Anthony J., and Nancy L. Leech. 2005. "On Becoming a Pragmatic Researcher: The Importance of Combining Quantitative and Qualitative Research Methodologies." *International Journal of Research Methodology* 8 (5): 375–87.

Överlien, Carolina, Karin Aronsson, and Margareta Hydén. 2005. "The Focus Group Interview as an In-Depth Method? Young Women Talking about Sexuality." *International Journal of Social Research* 8 (4): 331–44.

Park, Hyunjoo, M. Mandy Sha, and Yuling Pan. 2014. "Investigating Validity and Effectiveness of Cognitive Interviewing as a Pretesting Method for Non-English Questionnaires: Findings from Korean Cognitive Interviews." *International Journal of Social Research Methodology* 17 (6): 643–58. http://dx.doi.org/10.1080/13645579.2013.823002.

Pearson, Geoff. 2009. "The Researcher as Hooligan: Where 'Participant' Observation Means Breaking the Law." *International Journal of Social Research Methodology* 12 (3): 243–55.

Perinelli, Phillip J. 1986. "Nonsuspecting Public in TV Call-in Polls." *New York Times*, February 14, letter to the editor.

Perrow, Charles. 2002. *Organizing America: Wealth, Power, and the Origins of Corporate Capitalism*. Princeton, NJ: Princeton University Press.

Petersen, Larry R., and Judy L. Maynard. 1981. "Income, Equity, and Wives' Housekeeping Role Expectations." *Pacific Sociological Review*, January, pp. 87–105.

Petrolia, Daniel R., and Sanjoy Bhattacharjee. 2009. "Revisiting Incentive Effects: Evidence from a Random-Sample Mail Survey on Consumer Preferences for Fuel Ethanol." *Public Opinion Quarterly* 73 (3): 537–50.

Picou, J. Steven. 1996a. "Compelled Disclosure of Scholarly Research: Some Comments on High Stakes Litigation." *Law and Contemporary Problems* 59 (3): 149–57.

Picou, J. Steven. 1996b. "Sociology and Compelled Disclosure: Protecting Respondent Confidentiality." *Sociological Spectrum* 16 (3): 207–38.

Plutzer, Eric, and Michael Berkman. 2005. "The Graying of America and Support for Funding the Nation's Schools." *Public Opinion Quarterly* 69 (1): 66–86.

Popper, Karl. 2002 [1934]. *The Logic of Scientific Discovery*. New York: Routledge Classics.

Population Communications International. 1996. *International Dateline* [February]. New York: Author.

Population Reference Bureau, World Population Data Sheet 2015. http://www.prb.org/pdf15/2015-world-population-data-sheet_eng.pdf.

Porter, Stephen R., and Michael E. Whitcomb. 2003. "The Impact of Contact Type on Web Survey Response Rates." *Public Opinion Quarterly* 67 (4): 579–88.

Powell, Elwin H. 1958. "Occupation, Status, and Suicide: Toward a Redefinition of Anomie." *American Sociological Review* 23 (4): 131–39.

Presser, Stanley, and Johnny Blair. 1994. "Survey Pretesting: Do Different Methods Produce Different Results?" pp. 73–104 in *Sociological Methodology 1994*, edited by Peter Marsden. San Francisco: Jossey-Bass.

Prewitt, Kenneth. 2003. "Partisan Politics in the 2000 U.S. Census." *Population Reference Bureau*, November. http://www.prb.org/Template.cfm?Section=PRB&template=/Content/ContentGroups/Articles/03/Partisan_Politics_in_the_2000_U_S__Census.htm.

Priede, Camilla, and Stephen Farrall. 2011. "Comparing Results from Different Styles of Cognitive Interviewing: 'Verbal Probing' vs 'Thinking Aloud.'" *International Journal of Social Research Methodology* 14 (4): 271–87.

Procter, Rob, Farida Vis, and Alex Voss. 2013. "Reading the Riots on Twitter: Methodological Innovation for the Analysis of Big Data." *International Journal of Social Research Methodology* 16 (3): 197–214. doi: 10.1080/13645579.2013.774172.

Public Opinion Quarterly. 2006. 70 (5). [Special issue: *Nonresponse Bias in Household Surveys*].

QSR International. 2011. "NVivo 9: Getting Started." http://download.qsrinternational.com/Document/NVivo9/NVivo9-Getting-Started-Guide.pdf.

Quoss, Bernita, Margaret Cooney, and Terri Longhurst. 2000. "Academics and Advocates: Using Participatory Action Research to Influence Welfare Policy." *Journal of Consumer Affairs* 34 (1): 47–61.

Ragin, Charles C., and Howard S. Becker. 1992. *What Is a Case? Exploring the Foundations of Social Inquiry*. Cambridge, England: Cambridge University Press.

Rasinski, Kenneth A. 1989. "The Effect of Question Wording on Public Support for Government Spending." *Public Opinion Quarterly* 53 (3): 388–94.

Rauch, Jonathan 2010 May. "Do 'Family Values' Weaken Families?" *Dallas Morning News*. http://www.dallasnews.com/opinion/commentary/2010/05/28/Jonathan-Rauch-Do-family-9089.

Redfield, Robert. 1941. *The Folk Culture of Yucatan*. Chicago: University of Chicago Press.

Reinharz, Shulamit. 1992. *Feminist Methods in Social Research*. New York: Oxford University Press.

Reynolds, H. T. 1977. Analysis of Nominal Data. Beverly Hills, CA: Sage.

Rhodes, Bryan B., and Ellen L. Marks. 2011. "Using Facebook to Locate Sample Members." *Survey Practice* 4 (5). http://36.22.354a.static.theplanet.com/index.php/SurveyPractice/article/view/83/pdf.

Riecken, Henry W., and Robert F. Boruch. 1974. *Social Experimentation: A Method for Planning and Evaluating Social Intervention*. New York: Academic Press.

Roethlisberger, F. J., and W. J. Dickson. 1939. *Management and the Worker*. Cambridge, MA: Harvard University Press.

Rogers, Everett M., Peter W. Vaughan, Ramadhan M. A. Swalehe, Nagesh Rao, and Suruchi Sood. 1996. "Effects of an Entertainment-Education Radio Soap Opera on Family Planning and HIV/AIDS Prevention Behavior in Tanzania." Report presented at a technical briefing on the Tanzania Entertainment-Education Project, Rockefeller Foundation, New York, March 27.

Roper, Burns. 1992. ". . . But Will They Give the Poll Its Due?" *AAPOR News* 19 (2): 5–6.

Rosenberg, Morris. 1968. *The Logic of Survey Analysis*. New York: Basic Books.

Rosenthal, Robert, and Lenore Jacobson. 1968. *Pygmalion in the Classroom*. New York: Holt, Rinehart & Winston.

Ross, Jeffrey Ian. 2004. "Taking Stock of Research Methods and Analysis on Oppositional Political Terrorism." *American Sociologist* 35 (2): 26–37.

Rossi, Peter H., Mark Lipsey, and Howard E. Freeman. 2002. *Evaluation: A Systematic Approach*. 6th ed. Thousand Oaks, CA: Sage.

Rossman, Gabriel. 2002. *The Qualitative Influence of Ownership on Media Content: The Case of Movie Reviews*. Paper presented to the American Sociological Association, Chicago. Reported in *Contexts* 2 (2, Spring 2003): 7.

Rothman, Ellen K. 1981. "The Written Record." *Journal of Family History*, Spring, pp. 47–56.

Rubin, Herbert J., and Riene S. Rubin. 1995. *Qualitative Interviewing: The Art of Hearing Data*. Thousand Oaks, CA: Sage.

Sacks, Jeffrey J., W. Mark Krushat, and Jeffrey Newman. 1980. "Reliability of the Health Hazard Appraisal." *American Journal of Public Health* 70: 730–2.

SaferSpaces. 2014. "Mapping and Spatial Design for Community Crime Prevention." http://www.saferspaces.org.za/be-inspired/entry/mapping-and-spatial-design-for-community-crime-prevention.

Sanders, William B. 1994. *Gangbangs and Drive-bys: Grounded Culture and Juvenile Gang Violence*. New York: Aldine De Gruyter.

Santos, Robert, Trent Buskirk, and Andrew Gelman. AAPOR Ad Hoc Committee on Credibility Interval. 2012. "AAPOR Statement: Understanding a 'Creditability Interval' and How it Differs from the 'Margin of Sampling Error' in a Public Opinion Poll." http://www.aapor.org/Understanding_a_credibility_interval_and_how_it_differs_from_the_margin_of_sampling_error_in_a_publi.htm.

Saunders, Benjamin, Jenny Kitzinger, and Celia Kitzinger. 2015. "Anonymising Interview Data: Challenges and Compromise in Practice." *Qualitative Research* 15 (5): 616–31.

Saxena, Prem. 2012. *Social, Religious and Regional Institutions in Navi Mumbai*. Navi Mumbai, India: City and Industrial Development Corporation of Mahrashtra.

Saxena, Prem C., Andrzej Kulczycki, and Rozzet Jurdi. 2004. "Nuptiality Transition and Marriage Squeeze in Lebanon—Consequences of Sixteen Years of Civil War." *Journal of Comparative Family Studies* 35 (2): 241–58. [Special issue on turbulence in the Middle East].

Saxena, Prem C., and Dhirendra Kumar. 1997. "Differential Risk of Mortality among Pensioners after Retirement in the State of Maharashtra, India." *Genus* 53 (1/2): 113–28.

Scarce, Rik. 1990. *Ecowarriors: Understanding the Radical Environmental Movement*. Chicago: Noble Press.

Scarce, Rik. 1999. "Good Faith, Bad Ethics: When Scholars Go the Distance and Scholarly Associations Do Not." *Law and Social Inquiry: Journal of the American Bar Foundation* 24 (4): 977–86.

Schiflett, Kathy L., and Mary Zey. 1990. "Comparison of Characteristics of Private Product Producing Organizations and Public Service Organizations." *Sociological Quarterly* 31 (4): 569–83.

Schilt, Kristen. 2006. "Just One of the Guys? How Transmen Make Gender Visible in the Workplace." *Gender and Society* 20 (4): 465–90.

Schmitt, Frederika E., and Patricia Yancey Martin. 1999. "Unobtrusive Mobilization by an Institutionalized Rape Crisis Center: 'All We Do Comes from Victims.'" *Gender and Society* 13 (3): 364–84.

Schutz, Alfred. 1967. *The Phenomenology of the Social World*. Evanston, IL: Northwestern University Press.

Schutz, Alfred. 1970. *On Phenomenology and Social Relations*. Chicago: University of Chicago Press.

Sense, Andrew J. 2006. "Driving the Bus from the Rear Passenger Seat: Control Dilemmas of Participative Action Research." *International Journal of Social Research Methodology* 9 (1): 1–13.

Shaffir, William B., and Robert A. Stebbins, eds. 1991. *Experiencing Fieldwork: An Inside View of Qualitative Research*. Thousand Oaks, CA: Sage.

Shea, Christopher. 2000. "Don't Talk to the Humans: The Crackdown on Social Science Research." *Lingua Franca* 10 (6): 27–34.

Sherif, Muzafer. 1935. "A Study of Some Social Factors in Perception." *Archives of Psychology* 27: 1–60.

Silver, Nate. 2010a. "The Broadus Effect? Social Desirability Bias and California Proposition 19." *FiveThirtyEight* (blog), *New York Times*, July 26. http://www.fivethirtyeight.com/2010/07/broadus-effect-social-desirability-bias.html.

Silver, Nate. 2010b. " 'Robopolls' Significantly More Favorable to Republicans Than Traditional Surveys." *FiveThirtyEight* (blog) *New York Times*, October 28. http://fivethirtyeight.blogs.nytimes.com/2010/10/28/robopolls-significantly-more-favorable-to-republicans-than-traditional-surveys/.

Silverman, David. 1993. *Interpreting Qualitative Data: Methods for Analyzing Talk, Text, and Interaction*. Thousand Oaks, CA: Sage.

Silverman, George. 2005. "Qualitative Research: Face-to-Face Focus Groups, Telephone Focus Groups, Online Focus Groups." http://www.mnav.com/qualitative_research.htm.

Simi, P., and Robert Futrell. 2015. *American Swastika: Inside the White Power Movement's Hidden Spaces of Hate*. Lanham, MD: Rowman & Littlefield.

Singer, Eleanor, and Mick Couper. Fall 2014. "The Effect of Question Wording on Attitudes toward Prenatal Testing and Abortion." *Public Opinion Quarterly* 78 (3): 751–60.

Singer, Eleanor, Robert M. Groves, and Amy D. Corning. 1999. "Differential Incentives: Beliefs about Practices, Perceptions of Equity, and Effects on Survey Participation." *Public Opinion Quarterly* 63 (2): 251–60.

Skedsvold, Paula. 2002. "New Developments Concerning Public Use Data Files." *Footnotes* 30 (1): 3.

Skocpol, Theda. 2003. *Diminished Democracy: From Membership to Management in American Civic Life*. Norman: Oklahoma University Press.

Smith, Aaron. 2013. "Smartphone Ownership." June 5. Report from the Pew Research Center's Internet and American Life Project. www.pewinternet.org/reports/2013/Smaartphone-Ownership-2013.aspx.

Smith, Andrew E., and G. F. Bishop. 1992. *The Gallup Secret Ballot Experiments: 1944–1988*. Paper presented at the annual conference of the American Association for Public Opinion Research, St. Petersburg, FL, May.

Smith, Dorothy E. 1978. *The Everyday World as Problematic*. Boston: Northeastern University Press.

Smith, Vicki. 1998. "The Fractured World of the Temporary Worker: Power, Participation, and Fragmentation in the Contemporary Workplace." *Social Problems* 45 (4): 411–30.

Snow, David A., and Anderson, Leon. 1987. "Identity Work among the Homeless: The Verbal Construction and Avowal of Personal Identities." *American Journal of Sociology* 92:1336–71.

Sorokin, Pitirim A. 1937–1940. *Social and Cultural Dynamics*. 4 vols. Englewood Cliffs, NJ: Bedminster Press.

Special Issue. 2013, May. "Computational Social Science: Research Strategies, Design and Methods." *International Journal of Social Research Methodology* 16 (6).

Spencer, Liz, Jane Ritchie, Jane Lewis, and Lucy Dillon. 2003. *Quality in Qualitative Evaluation: A Framework for Assessing Research Evidence*. London: National Centre for Social Research. http://www.cabinetoffice.gov.uk/strategy/~/media/assets/www.cabinetoffice.gov.uk/strategy/qqe_rep%20pdf.ashx.

Spohn, Cassie, and Julie Horney. 1990. "A Case of Unrealistic Expectations: The Impact of Rape Reform Legislation in Illinois." *Criminal Justice Policy Review* 4 (1): 1–18.

Srole, Leo. 1956. "Social Integration and Certain Corollaries: An Exploratory Study." *American Sociological Review* 21: 709–16.

Stark, Rodney. 1997. *The Rise of Christianity: How the Obscure, Marginal Jesus Movement Became the Dominant Religious Force in the Western World in a Few Centuries*. San Francisco: HarperCollins.

Stearns, Cindy A. 1999. "Breastfeeding and the Good Maternal Body." *Gender and Society* 13 (3): 308–26.

Steinmetz, Katy. 2013."What Twitter Says to Linguists." *Time*, September 9. http://content.time.com/time/magazine/article/0,9171,2150609,00.html.

Stephens-Davidowitz, Seth. 2013. "How Many American Men Are Gay?" *New York Times Sunday Review*, December 7. http://www.nytimes.com/2013/12/08/opinion/sunday/how-many-american-men-are-gay.html?pagewanted=1&_r=0&hp&rref=opinion.

Sterling, T. D., W. L. Rosenbaum, and J. J. Weinkam. 1995. "Publication Decisions Revisited: The Effect of the Outcome of Statistical Tests on the Decision to Publish and Vice Versa." *American Statistician* 49 (1): 108–12.

Stouffer, Samuel, et al. 1949–1950. *The American Soldier*. 3 vols. Princeton, NJ: Princeton University Press.

Strang, David, and James N. Baron. 1990. "Categorical Imperatives: The Structure of Job Titles in California State Agencies." *American Sociological Review* 55: 479–95.

Strauss, Anselm. 1977. *Social Psychology of George Herbert Mead*. Chicago: University of Chicago Press.

Strauss, Anselm, and Juliet Corbin. 1994. "Grounded Theory Methodology: An Overview," pp. 273–85 in *Handbook of Qualitative Research*, edited by Norman K. Denzin and Yvonna S. Lincoln. Thousand Oaks, CA: Sage.

Strauss, Anselm, and Juliet Corbin. 1998. *Basics of Qualitative Research: Techniques and Procedures for Developing Grounded Theory*. Thousand Oaks, CA: Sage.

Strunk, William, Jr., and E. B. White. 1999. *The Elements of Style*. 4th ed. Boston: Allyn and Bacon.

Swalehe, Ramadhan, Everett M. Rogers, Mark J. Gilboard, Krista Alford, and Rima Montoya. 1995. *A Content Analysis of the Entertainment Education Radio Soap Opera 'Twende na Wakati' (Let's Go with the Times) in Tanzania*. Arusha,

Tanzania: Population Family Life and Education Programme (POFLEP), Ministry of Community Development, Women Affairs, and Children, November 15.

Takeuchi, David. 1974. "Grass in Hawaii: A Structural Constraints Approach." M.A. thesis, University of Hawaii.

Tan, Alexis S. 1980. "Mass Media Use, Issue Knowledge and Political Involvement." *Public Opinion Quarterly* 44 (2): 241–48.

Tandon, Rajesh, and L. Dave Brown. 1981. "Organization-Building for Rural Development: An Experiment in India." *Journal of Applied Behavioral Science*, April–June, pp. 172–89.

Taylor, Jerome. 2008. "An Illness That Has Defied Medical Science." *The Independent*, February 4. http://www.independent.co.uk/opinion/commentators/jerome-taylor-an-illness-that-has-defied-medical-science-777669.html.

Thomas, W. I., and Dorothy Swain Thomas. 1928. *The Child in America: Behavior Problems and Programs*. New York: Knopf.

Thomas, W. I., and Florian Znaniecki. 1918. *The Polish Peasant in Europe and America*. Chicago: University of Chicago Press.

Thompson, Paul. 2004. "Researching Family and Social Mobility with Two Eyes: Some Experiences of the Interaction between Qualitative and Quantitative Data." *International Journal of Social Research Methodology* 7 (3): 237–57.

Tocqueville, Alexis de (2000). *Democracy in America*. Chicago: The University of Chicago Press.

Tourangeau, Roger, Mick P. Couper, and Frederick G. Conrad. 2013. "'Up Means Good': The Effect of Screen Position on Evaluative Ratings in Web Surveys." *Public Opinion Quarterly* 77 (S1): 69–88. [Special issue: *Topics in Survey Measurement and Public Opinion*].

Tourangeau, Roger, and Cong Ye. 2009. "The Framing of the Survey Request and Panel Attrition." *Public Opinion Quarterly* 73 (2): 338–48.

Trepagnier, Barbara. 2006. *Silent Racism: How Well-Meaning White People Perpetuate the Racial Divide*. Boulder, CO: Paradigm.

Trials of War Criminals before the Nuremberg Military Tribunals under Control Council Law No. 10. Nuremberg, October 1946–April 1949. 1949–1953. Washington, DC: U.S. Government Printing Office. http://www.ushmm.org/research/doctors/indiptx.htm.

Tuckel, Peter, and Harry O'Neill. 2002. "The Vanishing Respondent in Telephone Surveys." *Journal of Advertising Research*, September–October, pp. 26–48.

Turk, Theresa Guminski. 1980. "Hospital Support: Urban Correlates of Allocation Based on Organizational Prestige." *Pacific Sociological Review*, July, pp. 315–32.

Turner, J. H., ed. 1989. *Theory Building in Sociology: Assessing Theoretical Cumulation*. Newbury Park, CA: Sage.

Union of Concerned Scientists. 2005. "Political Interference in Science." October 23. http://ucsusa.org/scientific_integrity/interference/.

United Nations. 2015. "Human Development Report: Statistical Annex." http://hdr.undp.org/sites/default/files/hdr_2015_statistical_annex.pdf.

U.S. Bureau of the Census. 2012. Statistical Abstract of the United States. Washington, DC: U.S. Government Printing Office.

U.S. Bureau of Labor Statistics, Usual Weekly Earnings of Wage and Salary Workers, Fourth Quarter 2016. January 27, 2017, Table 9.

U.S. Department of Health and Human Services. 2002. http://www.grants.nih.gov/grants/policy/coc/index.htm/.

Van Cleave, Nicole G. 2016. *Crook County: Racism and Injustice in America's Largest Criminal Court*. Palo Alto, CA: Stanford University Press.

Vanderbei, Robert. "Election 2016 Results." http://www.princeton.edu/~rvdb/JAVA/election2016/.

Veroff, Joseph, Shirley Hatchett, and Elizabeth Douvan. 1992. "Consequences of Participating in a Longitudinal Study of Marriage." *Public Opinion Quarterly* 56 (3): 325–27.

Vigen, Tyler. 2014. "Spurious Correlations." http://www.tylervigen.com.

Votaw, Carmen Delgado. 1979. *Women's Rights in the United States*. United States Commission on Civil Rights, Inter-American Commission on Women. Washington, DC: Clearinghouse Publications.

Walker, Shayne, Anaru Eketone, and Anita Gibbs. 2006. "An Exploration of Kaupapa Maori Research, Its Principles, Processes, and Applications." *International Journal of Social Research Methodology* 9 (4): 331–44.

Wall, Sarah. 2008. "Easier Said Than Done: Writing an Autoethnography." *International Journal of Qualitative Methods* 7 (1): 38–53. http://ejournals.library.ualberta.ca/index.php/IJQM/article/view/1621/1144.

Wallace, Walter. 1971. *The Logic of Science in Sociology*. Hawthorne, NY: Aldine.

Ward, Lester. 1906. *Applied Sociology*. Boston: Ginn.

Warner, W. Lloyd. 1949. *Democracy in Jonesville*. New York: Harper.

Waters, Jaime. 2015. "Snowball Sampling: A Cautionary Tale Involving a Study of Older Drug Users." *International Journal of Social Research Methodology* 18 (4): 367–80. http://dx.doi.org/10.1080/13645579.2014.953316.

Webb, Eugene J., Donald T. Campbell, Richard D. Schwartz, and Lee Sechrest. 2000. *Unobtrusive Measures*. Rev. ed. Thousand Oaks, CA: Sage.

Weber, Max. [1905] 1958. *The Protestant Ethic and the Spirit of Capitalism*. Translated by Talcott Parsons. New York: Scribner.

Weber, Max. [1925] 1946. "Science as a Vocation," pp. 129–56 in *From Max Weber: Essays in Sociology*, edited and translated by Hans Gerth and C. Wright Mills. New York: Oxford University Press.

Weber, Max. [1934] 1951. *The Religion of China*. Translated by Hans H. Gerth. New York: Free Press.

Weber, Max. [1934] 1952. *Ancient Judaism*. Translated by Hans H. Gerth and Don Martindale. New York: Free Press.

Weber, Max. [1934] 1958. *The Religion of India*. Translated by Hans H. Gerth and Don Martindale. New York: Free Press.

Weiss, Carol. 1972. *Evaluation Research*. Englewood Cliffs, NJ: Prentice-Hall.

Wells, T., J. T. Bailey, and M. W. Link. 2013. "Filling the Void: Gaining a Better Understanding of Tablet-based Surveys." *Survey Practice* 6 (1). www.surveypractice.org.

Wharton, Amy S., and James N. Baron. 1987. "So Happy Together? The Impact of Gender Segregation on Men at Work." *American Sociological Review* 52:574–87.

White, William S. 1997. Communication to APP-SOC listserv (appsoc@miagra.ucs.edu) from wwite@jaguar1.usouthal.edu, October 11.

Whyte, W. F. 1943. *Street Corner Society*. Chicago: University of Chicago Press.

Whyte, W. F., D. J. Greenwood, and P. Lazes. 1991. "Participatory Action Research: Through Practice to Science in Social Research," pp. 19–55 in *Participatory Action Research*, edited by W. F. Whyte. New York: Sage.

Wieder, D. L. 1988. *Language and Social Reality: The Case of Telling the Convict Code*. Lanham, MD: University Press of America.

Wiles, Rose, Amanda Coffey, Judy Robinson, and Sue Heath. 2012. "Anonymisation and Visual Images: Issues of Respect, 'Voice' and Protection." *International Journal of Social Research Methodology* 15 (1): 41–53.

Williams, Malcolm, and Kerryn Husk. 2013. "Can We, Should We, Measure Ethnicity?" *International Journal of Social Research Methodology* 16 (4): 285–300. doi: 10.1080/13645579.2012.682794.

Wilson, Camilo. 1999. Private e-mail, September 8.

Wolff, Kurt H., ed. and trans. 1950. *The Sociology of Georg Simmel*. Glencoe, IL: Free Press.

Worthy, M., and D. Mayclin. 2013. "A Comparison of Data Quality Across Modes in a Mixed-Mode Collection of Administrative Records." *Survey Practice* 6 (2).

Yeager, D. S., and Jon A. Krosnick. 2012. "Does Mentioning 'Some People' and 'Other People' in an Opinion Question Improve Measurement Quality?" *Public Opinion Quarterly* 76 (1): 131–41.

Yeager, D. S., and Jon A. Krosnick. 2011. "Does Mentioning 'Some People' and 'Other People' in a Survey Question Increase the Accuracy of Adolescents' Self-Reports?" *Developmental Psychology* 47 (6): 1674–79. doi:10.1037/a0025440.

Yerg, Beverly J. 1981. "Reflections on the Use of the RTE Model in Physical Education." *Research Quarterly for Exercise and Sport*, March, pp. 38–47.

Yinger, J. Milton, Kiyoshi Ikeda, Frank Laycock, and Stephen J. Cutler. 1977. *Middle Start: An Experiment in the Educational Enrichment of Young Adolescents*. London: Cambridge University Press.

Zimbardo, Philip. 1971. The Stanford Prison Experiment: A Simulation Study on the Psychology of Imprisonment. https://www.prisonexp.org.

용어 설명

ㄱ

가설(hypothesis) 더 일반적인 명제로부터 나온 경험적 실제에 대한 구체적이고 검증 가능한 기대이다. 더 일반적으로 말하자면, 이론으로부터 도출된 사물의 본질에 대한 하나의 기대이다. 이것은 만약 이론이 옳다면 실제 세계로부터 관찰될 수 있는 것에 대한 진술이기도 하다.

가중치 부여(weighting) 서로 다른 확률로 표본에 추출된 사례들에 서로 다른 가중치를 배정하는 것. 가장 간단한 시나리오에서, 각 사례는 그것이 추출될 확률의 역수와 동일한 가중치를 부여받는다. 모든 사례들이 동일한 추출 확률을 가질 때는 가중치가 필요하지 않다.

개념(concept) '의자'와 같이 실제 의자의 전체적인 집합체를 대표하는 개념

개념지도화(concept mapping) 이론형성에 도움을 주는 개념들과 그것들 사이의 관계를 그래픽화하는 것

개념화(conceptualization) 모호하고 정밀하지 않은 생각(개념)들이 보다 구체화되고 정확해지는 정신적 과정. 예를 들어 편견을 연구한다면, 여러분은 '편견'을 어떤 의미로 쓰는가? 편견에는 어떤 종류가 있으며, 그것들은 무엇인가?

개방형 질문(open-ended question) 응답자가 자신의 말로써 답을 제공하도록 요구하는 질문. 심층적이거나 질적인 면접은 거의 전적으로 개방형 질문에 의존한다.

개방형 코딩(open coding) 질적 자료분석에서의 초기 분류 및 개념 라벨 붙이기 과정. 개방적 코딩에서 코드는 조사자의 자료검색과 질문에 의해 제기된다.

거시이론(macrotheory) 제도, 전체 사회, 또는 사회 속 상호작용의 '거대한 그림'을 이해하기 위한 이론. 칼 마르크스의 계급투쟁에 대한 연구가 거시이론의 한 예이다.

거트만 척도(Guttman scale) 여러 개의 구별된 관찰치들을 요약하여 더 일반적인 변수를 나타내는 합성측정 유형이다.

검색엔진(search engine) 월드와이드웹을 통해 웹사이트에 특정 용어들이 나타나도록 설계된 컴퓨터 프로그램

검정변수(test variable) 두 개의 변수들 사이에 있는 관계를 더 명료하게 만들려는 시도에서 일정 상태로 고정시키는 변수. 예를 들어, 교육과 편견 사이의 관계를 발견한 후 우리는 성별을 일정 상태로 고정시키면 교육과 편견의 관계를 남성들 사이에서만, 그리고 여성들 사이에서만 조사할 수 있다. 이 예에서 성별은 검정변수가 될 것이다.

경로분석(path analysis) 변수들 간의 인과관계를 도형으로 제시하는 다원분석 기법

계통적 표집(systematic sampling) 목록의 매번 k번째 요소들이 표본에 포함되는 확률표집의 형태. 예를 들어, 대학 학생명부에서 매 25번째 학생이 표본에 포함된다.

고지된 동의(informed consent) 연구대상이 연구에 내포된 위험 가능성을 충분히 이해하고 자발적으로 참여해야 한다는 규범

곡선형 회귀분석(curvilinear regression analysis) 회귀분석의 일종으로, 변수들 간의 관계를 직선보다는 곡선으로 표현하는 분석

교차표(contingency tables) 변수들 간의 관계를 퍼센트 분포로 제시하는 방식이다.

구성 타당도(construct validity) 측정이 이론적 관계의 틀에서 기대된 바대로 다른 변수들과 연관된 정도

귀납(induction) 특정한 관찰에서부터 일반 원리가 발전된다는 논리적 모델. 유대교도나 가톨릭교도가 기독교도보다 민주당에 투표하는 경향이 높은 것을 보고 미국에서 종교적 소수자는 민주당에 더 가깝다는 결론을 내릴 수 있고, 그렇다면 그 이유가 무엇인지를 찾아야 된다. 이것이 귀납의 예이다.

기술통계(descriptive statistics) 표본 내 한 변수의 특성, 또는 여러 변수들 간의 관계의 특성을 요약 · 정리하는 통계기법. 기술통계에서는 단순히 표본의 특성을 요약해주는 데 비해, 추리통계에서는 표본 특성의 요약을 넘어서서 해당 표본이 추출된 모집단에 대해 통계적으로 추정을 행한다.

기준관련 타당도(criterion-related validity) 측정이 어떤 외부의 기준에 연관된 정도. 예를 들어 대학입학시험의 타당도는 학생의 성공적인 대학 생활을 예측하는 능력과 연관되며, 예측 타당도라고 부른다.

기호학(semiotics) 기호와 기호에 연관된 의미에 관한 연구. 흔히 내용분석과 함께 연구된다.

ㄴ

내용분석(content analysis) 기록된 의사소통 내용들(책, 웹사이트, 그림, 법률 등)을 분석하는 기법

내용 타당도(content validity) 측정이 개념에 포함된 의미들의 범위를 포괄하는 정도

내적 비타당도(internal invalidity) 실험결과로부터 이끌어낸 결론이 실험에서 일어난 것을 정확하게 반영하지 않을 가능성을 의미한다.

눈덩이표집(snowball sampling) 현장연구에서 자주 전개되는 비확률표집 방법이며, 면접을 한 각 개인들에게 다음에 면접할 사람들을 말해달라고 요청할 수 있다.

ㄷ

다원분석(multivariate analysis) 여러 변수들 간의 동시적 관계에 대한 분석. 나이, 성, 사회계급이 예배참석에 미치는 영향을 동시에 조사하는 것이 다원분석의 한 예이다.

다중시계열 설계(multiple time-series design) 일련의 자료보다 훨씬 더 많고 오랜 시간 동안 수집된 자료를 이용하는 설계로, 비교가 가능하다. 이런 자료로는 여러 주 또는 여러 시에서 오랜 기간에 걸쳐 나타난 교통사고율을 들 수 있다.

다중 회귀분석(multiple regression analysis) 일정한 종속변수에 대한 두 가지 이상의 독립변수의 영향을 나타내주는 등식을 찾아내는 통계기법

단순무작위 표집(simple random sampling) 모집단을 구성하는 단위들에 번호들이 할당되는 확률표집의 형태. 일련의 무작위 숫자들이 산출되고 나면, 그 번호들을 가진 단위들이 표본에 포함된다.

대표성(representativeness) 표본의 특성이 그 표본이 추출될 모집단과 동일한 특성을 가지는 속성을 말한다. 함축적으로, 표본의 분석에서 유도된 기술과 설명은 모집단의 특성을 유사하게 나타낸다고 가정된다. 대표성은 표집 방법에 의해 향상되며 일반화 가능성과 추론통계의 사용을 제공한다.

대화분석(conversational analysis, CA) 대화의 세밀한 것들을 주도면밀하게 분석하는 것. 대화 중에 발생하는 일시적 정지, 중첩, 웅얼거리기 등까지 포함하는 거의 완벽에 가까운 대화 베끼기(전사)를 기초로 이루어진다.

독립변수(independent variables) 어떤 분석에서 별 문제가 되지 않고 주어진 것으로 여겨지는 변수. 독립변수는 종속변수를 초래하거나 결정한다고 여겨진다. 만약 우리가 신앙의 정도를 성의 일부, 즉 여성이 남성보다 신앙심이 더 강하다고 생각하면 성은 독립변수이고 신앙심은 종속변수이다. 주어진 변수는 분석의 한 부분에서는 독립적이고 다른 부분에서는 종속된 것으로 취급될 수 있음을 유의하자. 신앙심은 범죄율의 측면에서 독립변수가 될 수 있다.

등간측정(interval measures) 변수를 순서가 있고 인접한 값 간에 같은 거리를 갖는 속성으로 기술하는 측정수준이다. 화씨온도가 한 예인데, 17도와 18도 간의 거리가 89도와 90도 간의 거리와 같기 때문이다.

ㄹ

로그리니어 모형(log-linear model) 복수의 속성을 지니는 여러 명목변수 사이의 복잡한 관계를 관찰빈도와 기대빈도를 비교하는 방식으로 분석하는 통계기법

리커트 척도(Likert scale) 렌시스 리커트가 사회조사에서 측정의 수준을 높이기 위해 개발한 합성측정 유형으로, 표준화된 응답 범주를 사용하여 설문지 문항들이 갖는 상대적인 강도를 결정한다. 리커트 문항은 매우 찬성, 찬성, 반대, 매우 반대와 같은 응답 범주를 사용한다. 이런 문항들은 리커트 척도 구성과 다른 유형의 합성측정에 사용된다.

ㅁ

메모작성(memoing) 현장기반이론과 같은 질적 조사분석을 위해 기록이 자료의 일부분이 되게 하는 것. 메모는 개념을 묘사하고 정의하며 방법론의 이슈를 다루거나, 또는 초기 이론형성을 가능하게 만든다.

면접(interview) 어떤 사람(면접원)이 다른 사람(응답자)에게 일련의 질문을 하여 자료를 수집하는 서베이 조사의 한 방법. 면접은 대면적으로 혹은 전화로 시행된다.

명목측정(nominal measures) 변수의 속성이 오직 망라적인 특성과 상호배타적인 특성만을 가진 변수. 다시 말해, 서열, 등간 및 비측정과는 달리 변수를 단지 서로 다른 속성으로 구분하는 측정수준이다. 성별이 명목측정의 한 예이다.

모수(parameter) 모집단에 있는 어떤 변수에 대한 요약 기술

모집단(population) 연구의 요소들을 이론적으로 특정화한 총합체이다.

모호성 관용(tolerance for ambiguity) 상충되는 견해를 부정하거나 무시하지 않고 그것들을 동시에 마음속에 간직할 수 있는 능력

무작위 추출(random selection) 각 요소들이 추출되는 과정에서 여타 다른 사상과 독립적이며 동일한 추출 기회를 가지는 표집 방법이다.

무작위화(randomization) 피험자들을 실험집단과 통제집단에 무작위적으로 배정하는 기법

무차관계(zero-order relationship) 정교화 모형에서, 이것은 어떤 검정변수도 통제되지 않은 상황에 있는 두 변수 간의 본래관계이다.

문항분석(item analysis) 합성측정에 포함된 각 문항이 측정에서 독립적인 공헌을 하는지 아니면 다른 문항이 공헌하는 바를 다시 반복하는지에 대한 평가를 말한다.

미시이론(microtheory) 개인의 친밀한 관계나 상호작용 수준에서의 사회생활을 이해하기 위한 이론. 소녀의 행동이 소년의 행동과 어떻게 다른가를 실험하는 것이 미시이론의 한 예이다.

민간방법론(ethnomethodology) 암묵적이고 늘 말로 표현되지 않

는 가정이나 동의를 발견하는 것에 초점을 맞춘 사회적 삶의 연구. 이러한 것들을 발견하기 위한 방법으로 동의를 의도적으로 위반하는 것을 종종 채택한다.

민속지학(ethnography) 설명보다는 상세하고 정확한 묘사에 초점을 맞춘 사회생활적 보고

ㅂ

반복(replication) (1) 오차를 드러내거나 감소시키기 위해 실험을 되풀이하는 행위. 1장 참조. (2) 정교화 모델과 관련하여 쓰이는 기술적 용어로서, 처음 관찰된 두 변수 간의 관계가 통제변수를 일정 상태로 유지했을 때도 지속하기 때문에 본래의 관계가 참이라는 견해를 지지해주는 정교화의 결과를 의미한다. 15장 참조

반향성(reactivity) 사회조사에서 피험자들은 자신들이 연구대상이라는 사실에 반응할 수도 있다. 따라서 피험자들은 자신들이 늘 해오던 것과 다른 행동을 보일 수 있다.

방법론(methodology) 발견의 과학, 과학적 연구의 절차

법칙정립적(nomothetic) 어떤 일련의 조건이나 현상에 영향을 미친 몇몇 인과요인을 찾아내어 설명하려는 접근법. 학생들이 어떤 대학을 선택하는지를 결정하는 2~3개의 핵심 요인—지리적 근접성, 명성 등—을 상상할 것

변량분석(analysis of variance, ANOVA) 모든 분석사례들을 먼저 독립변수의 영향력을 나타내는 복수의 집단들로 구분한 후, 이 집단들 간의 차이(종속변수에 있어서의 차이) 정도가 통계적으로 유의미한지 검증하는 통계분석 기법

변수(variables) 속성의 논리적인 집합. 성(sex)이라는 변수는 남성과 여성이라는 속성으로 구성된다.

변수지향적 분석(variable-oriented analysis) 특정 변수를 묘사하거나 설명하는 분석

보가더스 사회적 거리 척도(Bogardus social distance scale) 다른 부류의 사람들과 사회적 관계를 맺기를 원하는 정도를 측정하는 기법. 몇 개의 구별된 응답을 요약하면서도 원래의 자료가 갖는 상세함을 효율적으로 유지할 수 있는 방법이다.

부분관계(partial relationships) 정교화 모형에서 부분관계는 제3의 변수에 의해 정의된 하위집단의 사례들을 조사할 때 생기는 두 변수 간의 관계가 된다. 정당과 낙태에 대한 태도 사이의 무차관계로 시작할 때, 우리는 그 관계가 남성과 여성 집단 각각에서도(즉, 성별을 통제할 때) 참으로 유지되는지를 살펴볼 수 있다. 남성들 사이에서 발견되는 관계와 여성들 사이에서 발견되는 관계는 부분관계가 된다. 부분관계는 때때로 부분성으로 불린다.

부분 회귀분석(partial regression analysis) 회귀분석의 일종으로, 정교화 모형에서처럼 제3의 변수가 통제된 상태에서 이루어지는 회귀분석

분산(dispersion) 평균 같은 한 중간값 주위에 값이 분포된 정도. 범위는 분산 측정의 간단한 예이다. 그래서 집단의 산술평균 나이는 37.9살이고, 범위는 12~89살이라고 말할 수 있다.

분석단위(units of analysis) 연구대상 혹은 연구대상자. 사회과학 연구에서 가장 전형적인 분석단위는 개인이다.

불연속변수(discrete variable) 성별이나 종교성의 경우처럼 속성이 서로 다르거나 연속적이지 않은 변수이다. 이것은 속성이 다음 속성에 연결되는 연속변수와 대비된다. 그래서 성별의 경우에는 남성과 여성 간에 값이 진전되는 성질이 없다.

비개입적 연구(unobtrusive research) 연구하고자 하는 사회현상에 영향을 끼치지 않는 상태에서 이루어지는 연구로서, 내용분석, 기존 통계자료의 분석, 비교역사분석 등이 포함된다.

비교역사분석(comparative and historical research) 사회 혹은 기타 사회적 단위를 시간적 간격을 두고 서로 비교 · 분석하는 기법

비균등 통제집단(nonequivalent control group) 실험집단과 유사하나 대상이 무작위로 선정되지 않은 통제집단. 이런 유형의 통제집단은 실험집단과 관련 있는 변수나 종속변수 측면에서 볼 때 실험집단과는 상당히 다르다.

비밀성(confidentiality) 연구자가 특정인의 응답을 밝힐 수 있지만 그렇게 하지 않겠다고 공개적으로 약속할 때 비밀이 보장된다.

비율적 오류축소(proportionate reduction of error, PRE) 어떤 변수의 값을 예측할 때 생기는 오류가 다른 변수의 값을 알면 어느 정도 줄어들 수 있는지를 통해 두 변수 간의 관계의 정도(또는 강도)를 평가하려는 논리. 예를 들어, 사람들의 교육수준을 알 경우 그들의 수입을 일정 부분 예측할 수 있게 되는데, 이는 두 변수 간의 관계가 존재함을 뜻한다.

비측정(ratio measures) 변수를 명목, 서열 및 등간측정의 모든 특징에 덧붙여 '실질적인 0점'에 기반한 속성으로 기술하는 측정수준이다. 나이는 비측정의 한 예이다. 5장과 등간측정, 명목측정, 서열측정 참조

비판적 현실주의(critical realism) 사물이 효과를 나타내는 한 실제로 존재한다고 주장하는 패러다임

비표집오류(nonsampling error) 표집오류 외의 원인에 의해 생겨나는 오류. 예를 들어 응답자가 질문을 잘못 이해해서 생기는 오류, 면접원 또는 코딩하는 사람이 잘못 기록해서 생기는 오류 등이 있다.

비확률표집(nonprobability sampling) 확률이론이 제시하지 않은 방식들로 표본을 추출하는 기법. 이용가능한 연구대상자 의존하기, 유의적(판단적) 표집, 할당표집, 눈덩이표집이 그 예에 속한다.

빈도분포(frequency distribution) 표본에서 한 변수의 속성들이 관찰되는 횟수에 대한 기술. 표본 중 53%는 남성이고 47%는 여성이라고 보고하는 것이 빈도분포의 간단한 예이다.

ㅅ

사례기술적(idiographic) 어떤 특정한 조건이나 현상을 초래한 개별적인 사례를 원인을 찾아내어 설명하려는 접근법. 왜 현재 재학 중인 대학을 선택하게 되었는지 모든 이유를 열거해본다고 상상해볼 것. 이 모든 이유가 주어지면, 다른 선택을 한다는 것이 상상하기 어려울 것이다.

사례연구(case study) 촌락, 가족, 또는 비행 청소년 집단과 같은 몇 가지 사회현상에 대한 단일 사례의 심층연구

사례지향적 분석(case-oriented analysis) 각 사례를 매우 상세하고 주도면밀하게 천착해 이해하려는 분석

사례확장법(extended case method) 마이클 버러워이가 사례연구의 관찰 시 기존 사회이론의 결점을 발견하고 이를 보완하기 위해 개발한 방법이다.

사전조사(pretesting) 피험자들이 독립변수를 나타내는 자극에 노출되기 전에 종속변수를 측정하는 것

사회생물학(sociobiology) 사회행위를 단지 유전적 특징과 행동으로 설명할 수 있다는 견해에 기반을 둔 패러다임

사회적 가공물(social artifacts) 사회적 존재의 생산물 혹은 행동. 분석단위가 될 수 있다.

사회지표(social indicator) 사회생활의 본질이나 질적인 측면을 반영하는 측정치로서, 범죄율, 영아사망률, 인구 10만 명당 의사 수 등이 있다. 사회지표는 종종 사회변화의 특성을 결정하기 위해 모니터링되기도 한다.

사후가설화(ex post facto hypothesizing) 이미 수집되어 있는 자료들을 확인한 후에 만들어진 가설. 이는 의미 없는 구상물이 되기도 하는데, 그것을 부정할 방법이 없기 때문이다.

사후설명(debriefing) 연구에 참여한 경험에 대해 알아보기 위해 연구대상과 인터뷰하는 것. 연구대상이 연구에 참여함으로써 해를 입었을 가능성이 있는 경우 매우 중요하다.

사후조사(posttesting) 피험자들이 독립변수에 노출된 후에 다시 한번 종속변수를 측정하는 것

산술평균(mean) 여러 관찰에서 얻어진 값을 더해서 관찰 수로 나누어 계산된 평균. 열 과목에서 4.0학점, 한 과목에서 F학점을 받으면, 학점의 산술평균은 3.6이다.

상관(correlation) 두 변수 간 경험적 관계에서 (1) 한 변수의 변동이 다른 변수의 변동과 관련되어 있거나 (2) 한 변수의 특정한 속성이 다른 변수의 특정한 속성과 관련되어 있는 경우. 예를 들면, 교육수준이 높아질수록 소득수준이 높아진다는 점에서 교육과 소득은 상관이 있다고 말한다. 상관은 그 자체로 두 변수 간 인과관계를 구성하지는 않지만, 인과관계에서 하나의 판단기준이다.

생태학적 오류(ecological fallacy) 집단에 대한 관찰만으로 개인에 대해 잘못 결론을 이끌어내는 것

서스톤 척도(Thurstone scale) 변수의 다양한 지표에 심사원이 부여한 가중치에 따라 구성한 합성측정 유형이다.

서열측정(ordianal measures) 변수를 어떤 차원에서 순서를 매길 수 있는 속성으로 기술하는 측정수준이다. 고, 중, 저의 속성으로 구성된 사회경제적 지위가 한 예이다. 5장 그리고 등간측정, 명목측정, 비측정 참조

선택적 코딩(selective coding) 현장기반이론에서 사용되는 코드로, 이 분석은 모든 자료의 총체 내에서 규명된 여타 개념들을 조직하는 핵심적인 개념을 규명하기 위해서 개방형 코딩과 축 코딩의 결과 위에서 구축된다.

선형 회귀분석(linear regression analysis) 두 가지 비변수 간의 관계를 가장 잘 나타내주는 직선 방정식을 찾아내는 통계분석의 유형

설명(explanation) 두 변수 간의 본래관계가 선행 검정변수를 도입했을 때 사라지기 때문에 허위인 것으로 드러나는 정교화 모형의 결과이다.

설문지(questionnaire) 분석에 적합한 정보를 이끌어내기 위해 고안된 질문과 그 외 유형의 문항들을 담고 있는 문서. 설문지는 주로 서베이 조사에 사용되나 실험, 현장조사, 다른 관찰양식에서도 사용된다.

속성(attributes) 사람이나 사물의 특성

시계열 분석(time-series analysis) 변수(예를 들어 범죄율)의 변화 추이를 시간의 변화에 따라 분석하는 기법

시계열 설계(time-series design) 속도제한을 줄이기 전후의 교통사고율에 대한 연구와 같이 일정기간 동안 실행된 측정이 포함된 연구설계

신뢰구간(confidence interval) 모수가 놓일 것으로 예상되는 값들의 범위이다.

신뢰도(reliability) 같은 현상을 반복적으로 측정할 때, 매번 같은 결과를 얻을 수 있도록 하는 측정방법상의 특징이다. 서베이의 경우에 "지난 주에 교회에 갔는가?"라는 질문은 "평생동안 예배에 몇 번 정도 참석했는가?"라는 질문에 비해 높은 신뢰도를 기대한다. 타당도와 혼동하지 말아야 한다.

신뢰수준(confidence level) 모수가 주어진 신뢰구간 안에 놓일 가능성을 추정한 확률. 즉 35% 내지 45%의 유권자들이 후보자 A를 선호하고 있음을 95% 확신할 수 있다.

실증주의(positivism) 오귀스트 콩트에 의해 소개된 철학적 체계로, 과학적 주장에 대한 합리적 증거나 반증으로 인식할 수 있는 객관적 실체를 나타낸다.

실험집단(experimental group) 실험에서 실험자극을 받은 피험자 집단

ㅇ

액면 타당도(face validity) 어떤 변수의 합리적인 측정치로 보이도록 만드는 지수의 특성. 종교행사에 참여하는 빈도가 한 개인의

종교성을 나타내는 지표라는 점은 많은 설명이 없이도 수긍할 수 있는데, 이것이 액면 타당도이다.

양적 분석(quantitative analysis) 관찰이 반영하는 현상을 기술하고 설명하기 위한 목적으로 관찰을 숫자로 표현하고 조작하는 것

어의차이(semantic differential) 응답자로 하여금 두 개의 서로 반대되는 형용사(예를 들면, 교과서를 '지루하다' 혹은 '흥미롭다'로 평가하는 것처럼)로 무언가를 '매우', '약간', '어느 쪽도 아님', '약간', '매우'와 같은 수식어를 사용하여 평가하도록 요구하는 설문지 형식이다.

억제변수(suppressor variable) 정교화 모형에서 진짜 관계가 무차 수준에서 나타나는 것을 방해하는 검정변수이다.

엡셈(EPSEM) 일명 균일확률 추출방법으로, 모집단의 각 성원이 표본에 추출될 가능성을 동일하게 만든 표본설계이다.

연구 모노그래프(research monograph) 출판되거나 미출판된 단행본 분량의 연구조사 보고서. 연구 모노그래프는 교재, 논문집(book of essays), 소설 등과는 구분된다.

연구 모집단(study population) 표본이 실제로 추출되는 요소들의 총합체이다.

연령/성별 피라미드(age/sex pyramids) 인구의 연령별 및 성별 구성 분포를 시각적으로 제시해주는 그래프

연속변수(continuous variable) 나이나 소득의 경우처럼, 속성이 지속적인 값을 갖는 형태의 변수이다. 한 집단에 속한 사람들의 나이가 21, 22, 23, 24살 등의 속성 값을 갖고, 경우에 따라서는 몇 년씩을 묶어서 나눌 수도 있다. 이런 변수는 성별 혹은 종교성의 경우처럼 속성이 불연속적인 구분을 이루는 불연속변수와 대비된다.

연역(deduction) 일반 원리에 기반하여 특정한 가설적 기대가 발전된다는 논리적 모델. 학장들은 모두 완고하다는 일반 원리에서 출발해서, 이 분도 수강 변경을 허락하지 않을 것이라고 기대할 수 있다. 이러한 기대가 연역의 결과이다.

영가설(null hypothesis) 가설검증 및 통계적 유의도의 검증과 연관되어 있으며, 연구대상 변수들 간에는 아무런 관계가 존재하지 않는다는 가설이다. 통계적으로 영가설을 기각한 후에는 변수들 간에 관계가 있다고 결론지을 수 있다.

영아사망률(infant mortality rate, IMR) 출생아 1,000명당 1년 이내에 사망하는 어린이의 수

오즈비(odds ratio) 서로 다른 발생 가능성과 관련된 오즈(odds)를 비교하는 방식으로 변수들 간의 관련성을 분석하는 통계기법

왜곡(bias) 측정되고 있는 것을 특정한 방향으로 잘못 대표하는 결과를 낳는 경향이 있는 측정기법의 특성. 예를 들어, "귀하는 대통령이 직무를 잘 수행한다고 생각하지 않습니까?"라는 설문 문항은 일반적으로 더 호의적인 응답을 조장하게끔 왜곡하는 것이라 하겠다.

왜곡변수(distorter variable) 정교화 모형에서 무차관계의 방향을 뒤바꾸는 검정변수이다.

외적 비타당도(external invalidity) 실험결과로부터 이끌어낸 결론을 '현실'세계로 일반화시킬 수 없을 가능성

외적 타당도(external validation) 지수나 척도와 같은 측정이 동일한 변수의 다른 추정 지표와 어떤 관계를 갖는지 조사하여 측정의 타당도를 검증하는 과정이다. 예컨대, 지수가 편견을 잘 측정한다면 편견을 나타내는 다른 지표와도 연관성이 있어야 한다.

요소(element) 모집단을 구성하는 단위이자 표본에 추출된 단위이다. 이와 구별해야 하는 분석단위는 자료분석에서 사용된다.

요인분석(factor analysis) 한 무리의 구체적 자료에 잠재하는 공통의 차원 또는 요인을 찾아내기 위한 복잡한 대수통계 기법

유사실험(quasi experiment) 통제실험과 유사하나 사전/사후실험이나 통제집단과 같은 요소가 결여된 정밀하지 않은 조사

유의수준(level of significance) 통계적 유의도 검증에 있어서, 관찰된 경험적 관계가 표집오류라는 이유 하나 때문에 생겨났을 가능성(또는 확률). 예를 들어, 어떠한 관계가 0.05 수준에서 유의미하다는 말은 그 관계가 오직 표집오류 때문에 발견되었을 가능성이 5/100 이하라는 뜻이다.

유의적 표집(purposive sampling) 비확률표집의 한 형태로, 연구자의 판단하에 가장 유용하거나 가장 대표성이 있다고 생각되는 것들을 관찰될 단위들로 추출하는 방법이다. 판단적 표집(judgmental sampling)이라고도 한다.

유형(typology) 두 개 이상의 변수에 대한 특성에 따라 관찰(전형적으로 명목변수)한 것을 분류하는 것이다. 신문의 정치적 지향을 진보적-도시, 진보적-농촌, 보수적-도시, 혹은 보수적-농촌으로 분류하는 것이 한 예이다.

응답률(response rate) 서베이에 참가한 사람의 수를 서베이에 추출된 사람의 수로 나눈 수치로, 퍼센트의 형태로 되어 있다. 이것은 완성률(completion rate) 또는 자기기입식 서베이의 경우, 완성되어 돌아온 설문지의 비율인 회수율(return rate)이라고 불리기도 한다.

응답자(respondent) 서베이 설문지에 응답함으로써 분석자료를 제공해주는 사람

이론(theory) 생활의 특정한 측면과 연관된 관찰을 체계적으로 설명한 것. 예를 들어, 청소년 범죄, 사회계급 또는 정치혁명 등이 있다.

이원분석(bivariate analysis) 두 변수 간의 경험적 관계를 확인할 목적으로, 두 변수를 동시에 분석한다. 단순한 퍼센트 표를 만드는 것이나 단순 상관계수를 계산하는 것이 이원분석의 예이다.

이익수렴(interest convergence) 다수집단원은 어떤 행동이 다수집단의 이익을 지지할 때만 소수의 이익을 지지한다는 의제

이중눈가림 실험(double-blind experiment) 실험자와 피험자 모두가 누가 실험집단이고 누가 통제집단인지 알지 못하도록 설계된 실험

이차분석(secondary analysis) 한 연구자에 의해 수집되고 처리된

자료가 흔히 다른 목적으로 다른 사람에 의해 재분석되는 연구형태. 서베이 자료의 경우에 특히 적합하다. 이차분석을 위한 자료의 저장과 분배를 위해 자료보관소나 도서관이 있다.

익명성(anonymity) 익명성은 연구자와 연구결과의 독자 모두가 특정 응답과 응답자를 찾아낼 수 없을 때 보장된다.

인식론(epistemology) 앎의 과학, 지식의 체계

인지 면접(cognitive interviewing) 응답자가 질문을 이해하거나 해석하는 방법을 배우기 위해 면접 환경에서 진행되는 잠재적인 질문

일원분석(univariate analysis) 기술(description)을 위해 한 변수에 대해 분석하는 것. 주로 분포, 평균, 분산측정치 등의 예가 있으며 이원분석이나 다원분석과 구분된다.

ㅈ

자연주의(naturalism) 어떤 객관적인 사회적 실재가 존재하고 정확하게 관찰되고 보고될 수 있다는 가정하에 행하는 현장연구의 한 접근방법

자연증가율(rate of natural increase) 조출생률(CBR) – 조사망률(CDR)

잠재적 내용(latent content) 내용분석에 있어서 현재적 내용과 구분되는 개념으로서, 분석할 내용의 기저에 깔린 의미를 지칭한다.

정교화 모형(elaboration model) 제3변수의 효과를 통제함으로써 두 방법 사이의 관계를 이해하는 논리적 방법. 본래 폴 라자스펠드에 의해 개발되었다. 정교화 분석의 여러 가지 결과들로는 반복, 특정화, 설명, 해석이 있다.

정보제공자(informant) 연구하고자 하는 사회 현상을 잘 알고 있으면서 알고 있는 바를 기꺼이 말해주는 사람. 응답자(respondent)와 혼동하지 말 것

제도민속지학(institutional ethnography) 개인의 사적인 경험이 권력관계를 비롯해 다른 제도적 특징을 드러내는 데 사용되는 조사기법

조건부 질문(contingency question) 단지 몇몇의 응답자들에게만 해당되는 서베이 질문으로, 어떤 다른 질문에 대한 응답에 의해 결정된다. 예를 들어, 모든 응답자들에게 '코사노스트라 회사'에 다니는지를 물어볼 수 있는데, 이중에 "예"라고 응답한 사람에게만 얼마나 자주 회사모임과 피크닉에 가는지를 물어볼 수 있다. 이때 후자의 질문이 조건부 질문이다.

조사망률(crude death rate, CDR) 한 해 동안 사망자의 수를 전체 인구 수로 나눈 수치

조작적 정의(operational definition) 관찰이 분류될 수 있는 조작이라는 관점에서 어떤 것에 대한 명확하고 구체적인 정의. '학과목에서 A학점 받기'의 조작적 정의는 '기말시험에서 90% 이상의 정답'이다.

조작화(operationalization) 개념화 다음에 나타나는 단계. 조작화는 조작적 정의를 개발하는 과정이거나 변수측정에 포함되어 있는 정확한 조작을 구체화하는 것이다.

조출생률(crude birth rate, CBR) 한 해 동안 출생한 아이의 수를 전체 인구 수로 나눈 수치

종단연구(longitudinal study) 상이한 시점에서 수집된 자료를 포함하는 연구설계

종속변수(dependent variables) (독립변수라고 불리는) 다른 변수에 종속되거나 그것에 의해 발생된다고 여겨지는 변수. 만약 소득이 부분적으로 정규교육 수준의 함수라면, 소득은 종속변수로 취급된다.

중앙값(median) 관찰치를 순서로 나열했을 때 '중간'에 해당하는 사례의 값을 대변하는 평균. 만약 5명의 나이가 16, 17, 20, 54, 88살이라면, 중앙값은 20살(산술평균은 39살)이다.

지리정보시스템(Geographic Information Systems, GIS) 손쉬운 이해를 위해 일정한 지역단위를 바탕으로 계량 데이터를 시각적으로 보여주는 기법

지수(index) 몇 개의 구체적인 관찰치들을 요약하고 서열을 매겨서 좀 더 일반적인 차원을 대표하는 합성측정의 유형이다.

지표(indicator) 연구하고자 하는 변수를 반영한 것으로 여겨서 선택한 관찰. 예를 들면, 예배에 참석하는 것은 종교성의 한 지표로 고려될 수 있다.

질적 면접(qualitative interview) 서베이 면접과 대조되는 것으로, 질적 면접은 표준화된 질문들의 사용에 기초한 것이 아니라 심층적으로 논의될 일련의 주제에 기초한다.

질적 분석(qualitative analysis) 사회적 관계의 숨겨진 의미와 유형을 드러내는 것을 목적으로 하는 관찰의 비수치적 조사와 해석. 역사적 조사와 현장조사의 가장 전형적인 분석이다.

집락표집(cluster sampling) 자연적인 집단(집락)들이 일차 표집된 다음, 선정된 각 집단에서 구성원들을 추출하는 다단계 표집. 예를 들어, 여러분은 학교 명부에서 미국 대학들에 대한 표본을 추출하고, 그 추출된 학교들 각각에서 학생들의 명부를 구한 다음, 각 학교에서 표본을 추출할 수 있다.

짝맞추기(matching) 실험에서 피험자들을 하나 또는 그 이상의 변수상 유사성에 근거하여 짝을 짓고 그들 중 한 사람은 실험집단에, 다른 한 사람은 통제집단에 배정하는 과정

ㅊ

차원(dimension) 개념의 특정화될 수 있는 측면. 예를 들어 '종교성'은 신념 차원, 의례 차원, 헌신 차원, 지식 차원 등으로 특정화될 수 있다.

참여행동 연구(participatory action research, PAR) 조사대상자들에게 조사의 목적과 절차에 대한 통제권이 주어진 사회조사의 한

접근방법. 조사자가 조사대상자보다 우위에 있다는 암묵적 가정에 대한 도전으로 고안된 방법

척도(scale) 몇 개의 항목들 사이에 논리적 혹은 경험적 구조를 갖는 합성측정의 유형이다. 척도의 예로는 보가더스 사회적 거리, 거트만, 리커트, 서스톤 척도가 있다.

초록(abstract) 연구논문의 요약. 초록은 통상 논문의 시작으로서 연구목적, 사용된 연구방법, 그리고 주요 연구결과를 제시한다.

초점집단(focus group) 함께 모여 면접하는 피험자 집단으로, 논의의 증진을 위해 일시적으로 소집됨. 주로 상품평가 같은 것을 소비자에게 물으려는 시장조사자가 사용한다.

최빈값(mode) 가장 빈번하게 관찰되는 값이나 속성을 보여주는 평균. 표본에 1,000명의 개신교도, 275명의 가톨릭교도, 33명의 유대교도가 있다면, 개신교가 최빈 범주이다.

추리통계(inferential statistics) 표본관찰을 통해 얻은 발견으로부터 규모가 더 큰 모집단을 추정하는 데 적절한 일단의 통계 계산 기법

추세연구(trend study) 모집단의 특정 특징을 시간에 따라 추적하는 종단연구의 한 유형

축 코딩(axial coding) 현장기반이론에서 발생하는 개방형 코딩의 결과를 재분석하여 생산되는 코딩. 주요하고 일반적인 개념을 규명하는 것을 목적으로 한다.

층화(stratification) 표집하기 전에 모집단을 구성하고 있는 단위들을 동질성 집단들(또는 층)로 묶는 것. 이 절차는 단순무작위 표집, 계통적 표집, 집락표집과 연계해서 사용할 수 있으며, 최소한 층화 변수하에서 표본의 대표성을 향상시킨다.

친밀감(rapport) 마음이 열리고 신뢰하는 관계. 특히 연구자와 관찰대상자 사이의 질적 연구조사에서 중요한 관계

ㅋ

캐물음(probe) 어떤 질문에 대해 보다 완전한 대답을 이끌어내기 위해 면접에서 이용되는 기법. 이것은 응답자가 대답을 보다 정교하게 만들도록 부추기는 데 사용되는 비직접적 용어 또는 질문이다. 예를 들면, "다른 것은 더 없나요?", "그것은 어떻습니까?"와 같은 것들이 있다.

코드북(codebook) 자료 처리 및 분석과정에서 자료 파일에서 각 자료 항목의 위치를 알려주는 문서. 일반적으로 코드북은 자료 항목의 위치와 각 변수들의 속성 값을 대변한 코드의 의미를 보여준다.

코딩(coding) 전산처리 및 분석을 위해 원자료를 표준화된 형태로 전환하여 기호를 부여하는 작업

코호트 연구(cohort study) 관찰을 할 때 상이한 구성원으로부터 자료를 수집한다 할지라도, 특정한 하위모집단, 즉 코호트가 시간이 지남에 따라 연구되는 연구. 예를 들어, 설문지를 5년마다 발송하여 1970년 학급의 직업경력을 조사하는 연구는 코호트 연구가 될 것이다.

크기비례 확률(probability proportionate to size, PPS) 집락들이 동일한 확률이 아니라(EPSEM 참조), 집락들의 크기에 비례하는 확률—하위표집되는 단위들의 수에 의해 측정되는—로 추출되는 다단계 집락표집 형태를 말한다.

ㅌ

타당도(validity) 측정하려고 의도된 개념을 정확하게 반영하는 측정을 기술하는 용어. 예를 들어, 지적 능력을 측정하는 데 있어서 지능지수 점수를 측정하는 것이 도서관에서 보낸 시간을 측정하는 것보다 더 타당할 것이다. 비록 측정의 궁극적인 타당도는 결코 밝혀질 수 없지만 액면 타당도, 기준관련 타당도, 내용 타당도, 구성 타당도, 내적 타당성 및 외적 타당성 등에 기초해서 상대적인 타당도에는 합의할 수 있다.

통계적 유의도(statistical significance) 표본에서 관찰된 관계가 오직 표집오류 때문에 생겨났을 가능성을 나타내는 용어

통계적 유의도 검증(test of statistical significance) 표본에서 관찰된 관계가 오직 표집오류 때문에 생겨났을 가능성을 나타내는 검증

통계치(statistic) 표본의 변수에 대한 요약 기술로, 모집단의 모수를 추정하기 위해 사용된다.

통제집단(control group) 실험에서 실험자극을 받지 않았다는 점을 제외하고는 모든 점에서 실험집단과 유사한 피험자 집단. 실험이 끝날 무렵, 통제집단과 실험집단을 비교하여 실험자극의 효과를 보여준다.

특정화(specification) 이는 정교화 모형과 연관되어 사용되는 기술적인 용어로, 처음에 관찰된 두 변수 간의 관계는 통제변수가 생성한 어느 하위집단에서는 반복되지만, 다른 하위집단들에서는 반복되지 않는 정교화 결과를 나타낸다. 여러분은 이러한 입장에서 본래관계가 존재하는 조건들을 특정화할 수 있다. 이를테면, 남자들 사이에는 본래관계가 존재하지만 여자들 사이에는 존재하지 않는다.

ㅍ

패널 사망력(panel mortality) 일부 패널 연구대상자들이 연구에 지속적으로 참여하지 않는다.

패널연구(panel study) 종단연구의 한 유형으로서, 자료는 여러 시점에 걸쳐 동일한 사람들(표본 혹은 패널)로부터 수집된다.

패러다임(paradigms) 우리가 무엇을 보고 어떻게 그것을 이해하는지를 결정짓는 관찰과 이해를 위한 모델이거나 뼈대이다. 갈등적 패러다임은 사회행동을 한 방향으로 보게 유도하지만, 상호작

용주의적 패러다임은 그것을 다르게 볼 수 있도록 유도한다.

평가연구(evaluation research) 사회문제를 해결하기 위한 목표를 가지고 있는 프로그램과 같은 사회적 개입이 어떤 충격을 주는지를 결정하는 연구이다.

평균(average) 전형적으로 혹은 일반적으로 집중경향(중심집중치)을 나타내는 모호한 용어인데, 산술평균, 중앙값, 최빈값이 수학적 평균의 중요한 예들이다.

폐쇄형 질문(closed-ended question) 응답자가 조사자가 마련한 보기 중에서 대답을 선택하도록 요청받는 서베이 질문. 폐쇄형 질문은 서베이 조사에서 매우 인기가 있는데, 그 이유는 이것이 탁월한 응답 통일성을 제공해주고 개방형 질문보다 응답을 더 쉽게 처리할 수 있다는 것이다.

표절(plagiarism) 다른 사람의 말이나 생각을 자기의 것인 양 표현하는 지능적인 절도행위

표준편차(standard deviation) 산술평균 주위에 값이 퍼진 정도를 측정하는데, 모든 경우의 약 68%가 평균으로부터 ±1표준편차 내에 놓이고, 95%는 ±2표준편차, 99%는 ±3표준편차 내에 놓이는 방식으로 측정한다. 따라서 예를 들어, 집단의 나이가 산술평균 30살이고, 표준편차가 10살이면 68%는 20~40살에 놓인다. 표준편차가 작을수록 값이 산술평균 주위에 조밀하게 밀집되고, 표준편차 값이 크면 값이 넓게 퍼진다.

표집간격(sampling interval) 모집단에서 표본에 선출될 요소들의 표준거리이다.

표집단위(sampling unit) 표집의 단계에서 추출을 위해 고려되는 요소나 요소들의 집합

표집비(sampling ratio) 모집단 요소들이 표본에 추출되는 비율이다.

표집오차(sampling error) 확률표집에서 기대할 수 있는 오차의 수준. 표집오차를 결정하는 공식은 세 개의 요인 즉 모수, 표본크기, 표준오차를 포함한다.

표집틀(sampling frame) 표본이 추출될 모집단을 구성하고 있는 단위들의 목록 또는 의사 목록. 만약 표본이 모집단을 대표하려고 한다면, 표집틀이 모집단의 모든(또는 거의 모든) 구성원들을 포함해야 함이 필수적이다.

프로그램 평가/성과평가(program evaluation/outcome assessment) 사회적 개입이 의도한 결과를 산출했는지 판단하는 것

ㅎ

할당표집(quota sampling) 표본의 특성을 모집단의 특성과 동일하게 만들기 위해, 미리 특정화한 특성들에 근거하여 요소들을 표본에 추출하는 비확률표집이다.

합계출산율(total fertility rate, TFR) 한 여성이 평생에 걸쳐 평균적으로 낳는 아이의 수

합의 실제(agreement reality) 우리가 주위 사람들과 함께 공유하는 문화의 부분이나 그 자체로서 '알고 있는' 것들

항시비교방법(constant comparative method) 현장기반이론 방법의 한 구성요소로서, 이 방법에서 특정 관찰은 다른 관찰들과 비교되고 귀납적 이론의 개발에 핵심 역할을 담당한다.

해방적 조사(emancipatory research) 사회적 약자집단에 혜택을 부여할 목적으로 시행되는 연구조사

해석(interpretation) 정교화 모형과 관련되어 사용되는 기술적 용어이다. 이는 독립변수가 종속변수에 영향을 미치는 과정에서 통제변수가 매개요인으로 밝혀지는 연구 결과물을 나타낸다.

허위관계(spurious relationships) 변수 간에 우연히 발견되는 통계적 상관으로서, 어떤 제3의 변수에 의해 유발된다.

현장기반이론(grounded theory) 전개되는 관찰들을 지속적으로 비교함으로써 이론을 산출하려는 귀납적 접근. 관찰을 통해 검증될 가설을 도출하는데, 이론이 사용되는 가설검증은 매우 다르다.

현장기반이론 방법(Grounded Theory Method, GTM) 글레이저와 스트로스가 개발한 귀납적 접근방법으로서, 이 방법에 의하면 이론은 연역적으로 도출된 것이라기보다 자료의 조사를 통해서만 도출된다.

현장실험(field experiment) 실험실 밖, 자연상태에서 행해지는 공식적 실험

현재적 내용(manifest content) 내용분석에 있어서 잠재적 내용과 구분되는 개념으로서, 분석할 내용의 겉으로 드러난 구체적 내용을 지칭한다.

확률표집(probability sampling) 표본이 확률이론, 특히 무작위 기제에 의해 추출되는 방법. 확률표집에는 균일확률 추출방법(EPSEM), 크기비례 표집(PPS), 단순무작위 표집, 계통적 표집 등이 있다.

환원주의(reductionism) 일부 연구자의 오류로서 연구 중인 현상에 적합한 것으로 여겨지는 유형의 개념을 엄격하게 제한(환원)하는 것

회귀분석(regression analysis) 변수 간 관계가 방정식의 형태로 나타나는 자료분석 방법

횡단사례분석(cross-case analysis) 단일 변수지향 또는 사례지향 분석 어느 것이든 한 가지 이상의 검토를 포함하는 분석

횡단연구(cross-sectional study) 단일 시점을 대표하는 관찰에 근거한 연구

URL 일반적으로 'http://'로 시작하는 웹주소로서, 'uniform resource locator' 또는 'universal resource locator'를 의미한다.

영문-국문 용어대조표

A

abstract 초록
age/sex pyramids 연령/성별 피라미드
agreement reality 합의 실제
analysis of variance, ANOVA 변량분석
anonymity 익명성
attributes 속성
average 평균
axial coding 축 코딩

B

bias 왜곡, 편향, 어긋남
bivariate analysis 이원분석
Bogardus social distance scale 보가더스 사회적 거리 척도

C

case-oriented analysis 사례지향적 분석
case study 사례연구
closed-ended question 폐쇄형 질문
cluster sampling 집락표집
codebook 코드북
coding 코딩
cognitive interviewing 인지 면접
cohort study 코호트 연구
comparative and historical research 비교역사분석
concept 개념
concept mapping 개념지도화
conceptualization 개념화
confidence interval 신뢰구간
confidence level 신뢰수준
confidentiality 비밀성
constant comparative method 항시비교방법
construct validity 구성 타당도
content analysis 내용분석
content validity 내용 타당도
contingency question 조건부 질문
contingency tables 교차표
continuous variable 연속변수
control group 통제집단
conversational analysis 대화분석
correlation 상관
criterion-related validity 기준관련 타당도
critical realism 비판적 현실주의
cross-case analysis 횡단사례분석
cross-sectional study 횡단연구
crude birth rate 조출생률
crude death rate 조사망률
curvilinear regression analysis 곡선형 회귀분석

D

debriefing 사후설명
deduction 연역
dependent variables 종속변수
descriptive statistics 기술통계
dimension 차원
discrete variable 불연속변수
dispersion 분산
distorter variable 왜곡변수, 편향변수
double-blind experiment 이중눈가림 실험

E

ecological fallacy 생태학적 오류
elaboration model 정교화 모형
element 요소
emancipatory research 해방적 조사
epistemology 인식론
EPSEM 엡셈
ethnography 민속지학

ethnomethodology 민간방법론
evaluation research 평가연구, 평가조사
experimental group 실험집단
explanation 설명
ex post facto hypothesizing 사후가설화
extended case method 사례확장법
external invalidity 외적 비타당도
external validation 외적 타당도

F

face validity 액면 타당도
factor analysis 요인분석
field experiment 현장실험
focus group 초점집단
frequency distribution 빈도분포

G

Geographic Information Systems 지리정보시스템
grounded theory 현장기반이론
Grounded Theory Method 현장기반이론 방법
Guttman scale 거트만 척도

H

hypothesis 가설

I

idiographic 사례기술적
independent variables 독립변수
index 지수
indicator 지표
induction 귀납
infant mortality rate 영아사망률
inferential statistics 추리통계
informant 정보제공자
informed consent 고지된 동의
institutional ethnography 제도민속지학
interest convergence 이익수렴
internal invalidity 내적 비타당도
interpretation 해석
interval measures 등간측정
interview 면접
item analysis 문항분석

L

latent content 잠재적 내용
level of significance 유의수준
Likert scale 리커트 척도
linear regression analysis 선형 회귀분석
log-linear model 로그리니어 모형
longitudinal study 종단연구

M

macrotheory 거시이론
manifest content 현재적 내용
matching 짝맞추기
mean 산술평균
median 중앙값
memoing 메모작성
methodology 방법론
microtheory 미시이론
mode 최빈값
multiple regression analysis 다중 회귀분석
multiple time-series design 다중시계열 설계
multivariate analysis 다원분석

N

naturalism 자연주의
nominal measures 명목측정
nomothetic 법칙정립적
nonequivalent control group 비균등 통제집단
nonprobability sampling 비확률표집
nonsampling error 비표집오류
null hypothesis 영가설

O

odds ratio 오즈비
open coding 개방형 코딩
open-ended question 개방형 질문
operational definition 조작적 정의
operationalization 조작화

ordinal measures 서열측정

P

panel mortality 패널 사망력
panel study 패널연구
paradigms 패러다임
parameter 모수
partial regression analysis 부분 회귀분석
partial relationships 부분관계
participatory action research 참여행동 연구
path analysis 경로분석
plagiarism 표절
population 모집단
positivism 실증주의
posttesting 사후조사
pretesting 사전조사
probability proportionate to size 크기비례 확률
probability sampling 확률표집
probe 캐물음
program evaluation/outcome assessment 프로그램 평가/성과평가
proportionate reduction of error 비율적 오류축소
purposive sampling 유의적 표집

Q

qualitative analysis 질적 분석
qualitative interview 질적 면접
quantitative analysis 양적 분석
quasi experiment 유사실험
questionnaire 설문지
quota sampling 할당표집

R

randomization 무작위화
random selection 무작위 추출
rapport 친밀감
rate of natural increase 자연증가율
ratio measures 비측정
reactivity 반향성
reductionism 환원주의
regression analysis 회귀분석
reliability 신뢰도
replication 반복
representativeness 대표성
research monograph 연구 모노그래프
respondent 응답자
response rate 응답률

S

sampling error 표집오차
sampling frame 표집틀
sampling interval 표집간격
sampling ratio 표집비
sampling unit 표집단위
scale 척도
search engine 검색엔진
secondary analysis 이차분석
selective coding 선택적 코딩
semantic differential 어의차이
semiotics 기호학
simple random sampling 단순무작위 표집
snowball sampling 눈덩이표집
social artifacts 사회적 가공물
social indicator 사회지표
sociobiology 사회생물학
specification 특정화
spurious relationships 허위관계
standard deviation 표준편차
statistical significance 통계적 유의도
statistic 통계치
stratification 층화
study population 연구 모집단
suppressor variable 억제변수
systematic sampling 계통적 표집

T

test of statistical significance 통계적 유의도 검증
test variable 검정변수
theory 이론
Thurstone scale 서스톤 척도
time-series analysis 시계열 분석
time-series design 시계열 설계
tolerance for ambiguity 모호성 관용
total fertility rate 합계출산율

trend study 추세연구

typology 유형

U

units of analysis 분석단위

univariate analysis 일원분석

unobtrusive research 비개입적 연구

V

validity 타당도

variable-oriented analysis 변수지향적 분석

variables 변수

W

weighting 가중치 부여

Z

zero-order relationship 무차관계

찾아보기

ㄴ

ㄷ

ㄹ

ㅁ

ㅂ

ㅅ

ㅇ

ㅈ

ㅊ

ㅋ

ㅌ

ㅍ

ㅎ